重庆市志

主　修　唐良智

主　审　屈　谦　唐　慎

总编辑　刘文海

重庆市志

环境保护志

(1991—2010)

重庆市生态环境局 编纂

西南师范大学出版社

图书在版编目(CIP)数据

重庆市志·环境保护志:1991—2010/重庆市生态环境局编纂. —重庆:西南师范大学出版社,2019.1
ISBN 978 - 7 - 5621 - 9306 - 7

Ⅰ.①重… Ⅱ.①重… Ⅲ.①重庆—地方志 ②环境保护—工作概况—重庆—1991—2010 Ⅳ.①K297.19 ②K297.19

中国版本图书馆 CIP 数据核字(2018)第 295972 号

责任编辑 张昊越
封面设计 张小卉 殷智

重庆市志·环境保护志
(1991—2010)
重庆市生态环境局 编纂
CHONGQING SHI ZHI HUANJING BAOHU ZHI

西南师范大学出版社出版、发行
重庆世强彩印有限公司印刷

幅面尺寸:210mm×285mm 1/16 印张:42 插页:14 字数:1300 千字
2019 年 10 月第 1 版 2019 年 10 月第 1 次印刷

ISBN 978 - 7 - 5621 - 9306 - 7
定价:298.00 元

重庆市地方志编纂委员会

主 任 委 员：唐良智　市委副书记、市政府市长
副主任委员：张　鸣　市委常委、宣传部部长
　　　　　　刘学普　市人大常委会副主任
　　　　　　屈　谦　市政府副市长
　　　　　　宋爱荣　市政协副主席
　　　　　　程　洪　重庆警备区副政委
　　　　　　欧顺清　市政府秘书长
委 员 单 位：市纪委监委机关、市委办公厅、市人大常委会办公厅、市政府办公厅、市政协办公厅、市委组织部、市委宣传部、市委统战部、市委政法委、市委编办、市发展改革委、市教委、市科技局、市经济信息委、市民族宗教委、市公安局、市民政局、市司法局、市财政局、市人力社保局、市规划自然资源局、市生态环境局、市住房城乡建委、市城市管理局、市交通局、市水利局、市农业农村委、市商务委、市文化旅游委、市卫生健康委、市退役军人事务局、市应急局、市审计局、市政府外办、市国资委、市市场监管局、市统计局、市高法院、市检察院、重庆警备区、市档案馆、市志办

2011年2月22日，重庆市政协主席邢元敏（中）率在渝全国政协委员考察次级河流整治工程

2011年1月28日，环保部副部长吴晓青（中）在重庆市环保局调研

2011年11月9日,环保部副部长李干杰(左三)听取工作人员汇报重庆市九龙坡区金凤镇新农村建设

2006年3月7日,中加环保交流合作(中国重庆)

2014年5月21日,非洲考察团参观重庆丰盛垃圾焚烧发电厂

2006年11月1日,国家环保总局在涪陵调研环保工作

2008年5月26日,国家环保部在渝举办节能减排核查核算培训班

2010年10月12日,全国辐射安全监管工作经验交流会(西部)在渝召开

2011年3月19日,重庆市召开重点流域水污染防治规划实施情况考核交换意见会

巫山县国家级生态区验收现场(2005年8月摄)

2011年10月21日，重庆市创模环境信息能力标准化建设项目启动会暨合同签订仪式

2011年4月14日，市环境监察总队在现场处理环境突发事件

2011年,涪陵化工企业环境应急演练实况

2011年6月8日,市环保局局长曹光辉(左)做客新华网

2011年6月1日,重庆市环保官方微博开通仪式

2011年7月8日,重庆市环保局接受中巴媒体联合采访

市区道路旁的隔音屏（2009年摄）

工作人员在监察夜间工地噪声（2010年摄）

2011年3月25日,重庆市召开重金属污染防治工作会

利用水泥窑修复污染土壤项目启动(2011年摄)

重庆主城蓝天行动——人工增雨作业现场(2010年摄)

江北区唐家沱污水处理厂(40万吨/日)(2010年摄)

搬迁到荣昌县的嘉化厂污水处理后可养鱼（2007年摄）

2011年6月5日，市环保局副局长张智奎（左一）带队夜查噪声，为中、高考和市民休息营造安静的环境

环境违法案件庭审现场（2006年摄）

中欧生物多样性项目重庆示范项目总结（2011年摄）

2009年3月6日,市环保局与渝北区签订战略合作协议

2006年1月21日,重庆市环保局与贵州环保宣教中心交流

2011年4月19日,河北省承德市政府"创模"代表团来渝进行创模交流

九龙电厂脱硫装置投运后(2005年摄)

搬迁后的重庆钢铁股份有限责任公司全貌(2010年摄)

近3年,共受理群众投诉近10万件(今年1-9月受理28943件),化解环境积案282件,解决突出环境问题274件。

"12369"环保举报热线接受群众投诉(2007年摄)

及时收贮废旧放射源，消除安全隐患（2010年摄）

定期举行重庆市辐射事故应急演练（2010年摄）

重庆市举行大规模次生环境事件应急综合演练(2010年摄)

重庆市主城区机动车排气检测线现场(2011年摄)

车载移动实验室（2009年摄）

重庆市青少年环境教育工作会暨"重庆国奥村杯"中小学"创模"环境征文竞赛颁奖活动（2011年摄）

重庆市南川区金佛山国家级自然保护区(2007年摄)

国家环保产业发展重庆基地——远达环保(2004年摄)

由重钢集团营运管理的西南地区第一座城市垃圾焚烧发电厂——重庆同兴垃圾发电厂（2010年摄）

秀山县土壤修复采样（2009年摄）

巴南区南湖饮用水水源地（2011年摄）

云阳县国家级生态文化村（2013年摄）

九龙坡区饮用水水源地保护（2009年摄）

大巴山国家级自然保护区（2005年摄）

巫山段长江防护林(2010年摄)

南川区生态良好的农田(2010年摄)

盘溪河次级河流清淤（2011年摄）

重庆市大气环境综合观测超级实验室（2010年摄）

重庆市"十一五"总量减排完成情况

化学需氧量
- 新增量 14.8万吨
- 减排基数 26.9万吨
- 实际减排 18.4万吨
- 2010年排放量 23.3万吨

二氧化硫
- 新增量 21.0万吨
- 减排基数 83.7万吨
- 实际减排 30.8万吨
- 2010年排放量 73.9万吨

化学需氧量和二氧化硫分别超额完成15%和18%，名列西南第一、西部第二。

重庆市"十一五"减排完成情况

序

环境保护事业在中国伴随着改革开放的进程已经走过了30多年的历史,30多年来,几代环保人经过卓绝的探索、奋斗,使环境保护事业从无到有,从小到大,从弱到强,从默默无闻到进入国家经济政治社会生活的主干线、主战场和大舞台,环保人创造了属于自己的辉煌历史。

可以说,中国环境保护的历史就是不断探索中国环境保护新道路的历史。20世纪70年代初,立足于工业化起步和局部地区环境污染的现实,我们开始探索避免走先污染后治理的环保道路。特别是改革开放30多年来,付出了艰辛的努力,在新道路的探索中,环保事业不断发展。80年代确立了环境保护的基本国策地位,明确了"预防为主防治结合,谁污染谁治理,强化环境管理"的三大政策体系,制定了八项环境管理制度,向环境管理要效益。进入90年代后,提出由污染防治为主转向污染防治和生态保护并重;由末端治理转向源头和全过程控制,实行清洁生产,推动循环经济;由分散的点源治理转向区域流域环境综合整治和领先产业结构调整;由浓度控制转向浓度控制与总量控制相结合,开始集中治理流域性、区域性环境污染。

重庆市环保工作起步较早。1974年5月,国务院成立环境保护领导小组办公室,同年11月,重庆市便成立了环境保护局,当时为市政府的组成部门,是全国各省(市)中成立最早的环保一级局。

重庆市环保机构成立后,首先着手解决突出的环境问题,开展了嘉陵江重庆城区江段水污染调查、磨滩河水域污染调查、桃花溪沿岸污染源调查、电镀废水污染调查等项目,为选择重点进行治理做准备,并在此基础上制定了全市第一个《工业"三废"重点治理项目计划》和《重庆市环境保护十年(1976—1986年)规划纲要》。之后,从抓典型示范着手,开展污染源治理,包括在电镀企业推进无氰电镀和废水治理、重庆发电厂粉尘治理等重点工程。以点带面,开展"一控双达标"专项行动,大力推进工业污染整治。特别是随后开展的清洁能源改造,对改善主城区空气质量起到重要作用。在此期间还贯彻"预防为主"的方针,开始加强对建设项目管理,以控制新污染源的产生。随后,推进"四大行动"、严格项目准入,将污染防治工作转向全面防控、防治结合、预防为主、源头控制。

从20世纪70年代以来,随着对环境保护认识的不断深化,重庆市的环保工作得到不断重视和加强,在经济社会快速发展的同时,环保事业得到长足发展。特别是直辖以来,环保工作得到空前重视,上升到党和国家战略高度。1997年,党中央将"生态环境保护与建设"作为"四件大事"之一交办给重庆;2007年全国"两会"期间,胡锦涛总书记在参加重庆代表团审议时的"314"重要讲话中强调,要狠抓节能减排与环境保护;2009年,国务院出台《关于推进重庆市统筹城乡改革和发展的若干意见》(国发〔2009〕3号),要求重庆实施资源环境保障战略,树立生态立市和环境优先的理念,建设长江上游生态文明示范区,把环境保护作为落实国家战略部署的重要工作予以推进。

重庆市委、市政府高度重视环境保护,把环境保护同改善民生紧密结合起来,与经济建设、社会发展同部署、同推进、同考核。历届市委、市政府主要领导坚持在每年"两会"期间召开环境保护座谈会、工作会，对加强环境保护多次做出重要批示和重大决定。特别是重庆直辖后，环保队伍不断壮大，环保事业迅猛发展，环境保护工作取得了卓越成就，展现了几代环保人不懈奋斗和追求的历程。

环境保护新道路是一个海纳百川、崇尚实践、高度开放的系统工程，是一个不断丰富、不断发展、不断提高的过程，在探索的道路上需要所有环保人前赴后继，永不停息。我们要以海洋一样博大的胸怀，给那些勇于探索、大胆实践的地方、单位、个人，创造更加宽松的环境，提供施展才华的舞台，让他们轻装上阵、纵横驰骋；借鉴人类社会一切保护环境的有益经验，站在新的历史起点上，大胆实践，不断创新，将重庆环境保护新道路的探索推向一个新的阶段。

《重庆市志·环境保护志(1991—2010)》编纂委员会
2017年6月

凡 例

一、**指导思想** 《重庆市志·环境保护志(1991—2010)》(以下简称本志)以马列主义、毛泽东思想、邓小平理论、"三个代表"重要思想、科学发展观和习近平新时代中国特色社会主义思想为指导,遵循党和国家的路线、方针、政策、法律和法规,坚持辩证唯物主义和历史唯物主义的观点和方法,客观地记述重庆市环保事业发展历程。

二、**时限** 本志记述时间上限为1991年,下限为2010年,个别内容根据需要适当上溯或下延。

三、**范围** 本志记述空间范围以2010年重庆市的行政区划为准。

四、**体例** 遵循横排竖写和按事类分篇设志的原则,采用述、记、志、图、表、录等多种体裁,以志为主,同时辅以图片。

五、**文体** 本志除引文外,一律采用规范的语体文,记述体;一律遵从国家统一规定的简化汉字、标点符号、数字等用法。

六、**称谓** 本志中机构、会议、职务、地名、人物称谓,一律按当时的规范称谓或习惯称谓记述;专用名词在不产生歧义的情况下,全称与简称做局部统一。人物一般直呼其名,首次出现时冠以职务,不用褒贬之词。

七、**数据及计量单位** 本志引用数据以业务主管部门的统计资料为准,立足于真实、准确。计量单位,采用中华人民共和国法定计量单位。

八、**资料** 本志资料主要来源于市环保局档案室、《重庆年鉴》,以及各区县环保局上报资料。

目　录

综述 ··· 1
大事记 ·· 9

第一篇　自然环境与环境质量

第一章　自然环境 ·· 82
第一节　地理位置 ·· 82
第二节　气候与气象 ··· 83
第三节　地形与地貌 ··· 85
第四节　土壤与耕地 ··· 85
第五节　水资源 ··· 86
第六节　矿产资源 ·· 89

第二章　环境质量 ·· 90
第一节　大气环境 ·· 90
第二节　水环境 ··· 94
第三节　声环境 ··· 100
第四节　土壤环境 ·· 105
第五节　固体废物 ·· 106
第六节　辐射环境 ·· 109

第二篇　环境污染防治

第一章　大气污染防治 ·· 118
第一节　烟、粉尘污染防治 ·· 118
第二节　机动车尾气控制 ··· 122
第三节　二氧化硫及酸雨控制 ··· 124
第四节　保护臭氧层和防止气候变化行动 ·· 128

第二章　水污染防治 ··· 129
第一节　饮用水水源保护 ··· 130
第二节　次级河流整治 ·· 132
第三节　工业废水治理 ·· 135

　　　　第四节　船舶污染防治 ……………………………………………………………… 136
　　　　第五节　城市及库区水污染整治 ………………………………………………… 137
　　第三章　噪声污染治理 …………………………………………………………………… 139
　　　　第一节　建筑施工噪声和社会生活噪声治理 …………………………………… 139
　　　　第二节　工业噪声治理 …………………………………………………………… 141
　　　　第三节　交通噪声治理 …………………………………………………………… 143
　　第四章　固体废物污染防治 ……………………………………………………………… 146
　　　　第一节　一般工业固体废物污染防治 …………………………………………… 146
　　　　第二节　危险废物污染防治 ……………………………………………………… 149
　　　　第三节　城市生活垃圾污染防治 ………………………………………………… 154
　　　　第四节　危险化学品环境管理污染防治 ………………………………………… 155
　　　　第五节　土壤污染防治 …………………………………………………………… 159
　　第五章　辐射污染防治 …………………………………………………………………… 161
　　　　第一节　放射性污染防治（包括放射性废物处理）……………………………… 161
　　　　第二节　电磁辐射污染防治 ……………………………………………………… 165
　　第六章　城市环境综合整治 ……………………………………………………………… 167
　　　　第一节　产业结构调整 …………………………………………………………… 167
　　　　第二节　城市功能区划 …………………………………………………………… 168
　　　　第三节　城市环境污染防治 ……………………………………………………… 169
　　　　第四节　城市环境综合整治定量考核 …………………………………………… 170
　　　　第五节　环保模范创建 …………………………………………………………… 171
　　　　第六节　主城区环境综合整治专项行动 ………………………………………… 172
　　第七章　农村环境综合整治 ……………………………………………………………… 179
　　　　第一节　畜禽养殖污染防治 ……………………………………………………… 179
　　　　第二节　面源污染防治（农药、化肥、薄膜等）…………………………………… 180
　　　　第三节　乡镇企业污染防治 ……………………………………………………… 181
　　　　第四节　农业固体废物处理 ……………………………………………………… 182
　　第八章　清洁生产 ………………………………………………………………………… 183
　　　　第一节　清洁生产审核 …………………………………………………………… 183
　　　　第二节　清洁能源开发 …………………………………………………………… 185

第三篇　生物多样性保护与利用

　　第一章　生物多样性 ……………………………………………………………………… 187
　　　　第一节　生物多样性保护概况 …………………………………………………… 187
　　　　第二节　生态系统多样性 ………………………………………………………… 190
　　　　第三节　生物多样性面临的困境 ………………………………………………… 191
　　　　第四节　生物多样性的利用 ……………………………………………………… 192
　　第二章　自然保护区建设 ………………………………………………………………… 193
　　　　第一节　自然保护区概况 ………………………………………………………… 194
　　　　第二节　国家级自然保护区 ……………………………………………………… 195

第三节　重庆市自然保护区建设 …… 202
第三章　森林公园建设 …… 204
　　　第一节　国家森林公园 …… 204
　　　第二节　重庆市市级森林公园 …… 209
第四章　风景名胜区建设 …… 214
　　　第一节　国家级风景名胜区 …… 214
　　　第二节　市级风景名胜区 …… 221
第五章　生态工程与生态恢复 …… 233
　　　第一节　生态环境建设 …… 233
　　　第二节　天然林资源保护 …… 236
　　　第三节　退耕还林工程 …… 239
　　　第四节　园林绿化 …… 242
　　　第五节　水土保持和水土流失治理 …… 242
　　　第六节　三峡库区消落带治理 …… 244
　　　第七节　重点资源开发的生态环境保护 …… 249

第四篇　环境管理

第一章　环境管理机构 …… 251
　　　第一节　环境管理体制 …… 251
　　　第二节　重庆市环境保护委员会 …… 252
　　　第三节　重庆市环境保护局 …… 258
　　　第四节　区县(自治县)环境保护局 …… 269
第二章　环境规划 …… 282
　　　第一节　综合性规划 …… 282
　　　第二节　环境要素专项规划 …… 289
第三章　环境标准 …… 410
　　　第一节　地方污染物排放标准 …… 410
　　　第二节　标准化工作规范 …… 411
第四章　排污费征管与使用 …… 412
　　　第一节　排污费征收 …… 413
　　　第二节　排污费管理和使用 …… 414
第五章　建设项目环境保护管理 …… 415
　　　第一节　环境影响评价制度 …… 417
　　　第二节　"三同时"制度 …… 422
　　　第三节　建设项目环境影响评价分级审批管理 …… 424
第六章　污染源监督管理 …… 433
　　　第一节　限期治理制度 …… 433
　　　第二节　排污许可证制度 …… 433
　　　第三节　辐射安全许可制度 …… 434
第七章　污染物排放总量控制 …… 435

第一节　"一控双达标"工作 …………………………………… 435
　　第二节　主要污染物总量减排 …………………………………… 435
　　第三节　排污权有偿使用和交易 ………………………………… 436
第八章　环境保护工作长效机制 …………………………………… 438
　　第一节　环境保护目标责任制 …………………………………… 438
　　第二节　环境保护推进机制 ……………………………………… 439
　　第三节　环境保护参与机制 ……………………………………… 439
　　第四节　环境保护考核奖惩机制 ………………………………… 442
第九章　区域环境管理 ……………………………………………… 444
　　第一节　流域环境管理 …………………………………………… 444
　　第二节　开发区环境管理 ………………………………………… 446
　　第三节　工业企业环境管理 ……………………………………… 447
第十章　环境资金投入 ……………………………………………… 448
第十一章　环境信访、统计和档案 ………………………………… 450
　　第一节　人大建议、政协提案办理 ……………………………… 450
　　第二节　环境信访和环境投诉 …………………………………… 451
　　第三节　环境统计 ………………………………………………… 452
　　第四节　环境保护档案 …………………………………………… 453
第十二章　环境信息化建设 ………………………………………… 454
　　第一节　基础能力建设 …………………………………………… 454
　　第二节　信息资源建设 …………………………………………… 455
　　第三节　应用系统建设 …………………………………………… 456
　　第四节　政府网站建设 …………………………………………… 456
　　第五节　重大项目 ………………………………………………… 457
第十三章　环境技术管理 …………………………………………… 459
　　第一节　重庆市环境工程评估中心 ……………………………… 459
　　第二节　环境技术评估专家库管理 ……………………………… 460
　　第三节　环境影响评价机构管理 ………………………………… 461
　　第四节　环境保护设计单位管理 ………………………………… 463

第五篇　环境监测

第一章　环境监测机构 ……………………………………………… 464
　　第一节　市级环境监测 …………………………………………… 464
　　第二节　区县环境监测站 ………………………………………… 466
第二章　环境质量常规监测管理 …………………………………… 475
　　第一节　环境质量常规监测 ……………………………………… 475
　　第二节　环境质量监测报告制度 ………………………………… 511
第三章　污染源和污染事故监测 …………………………………… 514
　　第一节　污染源监督监测 ………………………………………… 514
　　第二节　环境污染事故应急监测 ………………………………… 517

第四章 环境监测网络 ... 521
第一节 水、大气和声环境监测网络 ... 521
第二节 土壤和生态环境监测网络 ... 523
第三节 辐射环境监测网络 ... 524

第五章 环境监测质量控制 ... 525
第一节 持证上岗和能力认定 ... 525
第二节 实验室质量控制 ... 526

第六章 环境监测能力建设 ... 527
第一节 实验室分析能力建设 ... 527
第二节 环境监测技术装备能力建设 ... 528
第三节 环境质量分析评价能力建设 ... 530
第四节 环境监测站标准化建设 ... 531

第七章 环境监测技术及成果 ... 533
第一节 环境监测领域及技术手段 ... 533
第二节 环境监测科研 ... 534

第六篇　环境保护法制建设

第一章 环境保护法规 ... 538
第一节 地方法规制定 ... 538
第二节 行政规章 ... 539
第三节 规范性文件 ... 539

第二章 环境保护执法 ... 540
第一节 重庆市环境监测总队 ... 540
第二节 环保执法检查 ... 541
第三节 环保专项行动 ... 544
第四节 环境风险防范 ... 545
第五节 环境应急 ... 545
第六节 环境污染事故调查与处理 ... 546
第七节 环境保护行政诉讼 ... 548

第七篇　环境保护科技与产业

第一章 环境科学研究 ... 550
第一节 环境科研机构 ... 550
第二节 环境科研和成果 ... 552
第三节 环保技术示范及推广 ... 564

第二章 环保产业 ... 573
第一节 环保产业发展概况 ... 573
第二节 环保资质认可 ... 578

第八篇　环境宣传教育

第一章　组织机构	580
第一节　重庆市环境境保护宣传教育中心	580
第二节　《环境保护导报》社	581
第三节　《重庆环境科学》杂志社	581
第四节　《中国环境报》重庆记者站	583
第二章　环境宣传	583
第一节　新闻宣传	583
第二节　社会宣传	584
第三节　专题宣传	584
第三章　环境教育	589
第一节　党政干部环境教育	590
第二节　环保从业人员教育	590
第三节　青少年环境教育(环境教育基础)	591
第四章　绿色创建活动	595
第一节　绿色社区	595
第二节　绿色学校	597
第五章　公众参与	602
第一节　信息公开与信息发布	602
第二节　群众监督与维权	602
第三节　民间环保组织	603
第六章　国际合作和交流	603
第一节　国际环境交流与合作	603
第二节　互访活动	606
第三节　国际合作项目	607
第七章　举办国际会议	610
专　记	612
附　录	622
编后记	664

综 述

重庆市是目前全国面积最大、行政管辖最宽、人口最多的直辖市,位于东经105°17′~110°11′、北纬28°10′~32°13′之间的青藏高原与长江中下游平原的过渡地带,地处较为发达的东部地区和资源丰富的西部地区的接合部,东临湖北、湖南,南靠贵州,西接四川,北连陕西,是长江上游最大的经济中心、西南工商业重镇和水利交通枢纽,是我国重要的老工业基地之一。重庆市位于中国西南、长江上游地区、三峡库区腹心地带,中心城区为长江、嘉陵江所环抱,鳞次栉比,依山傍水,故有"山城"和"水城"之称。由于历史、人口、资源和生产方式等多方面因素的影响,长期以来,重庆市环境污染严重,库区生态环境脆弱,是全国环境保护和生态建设的重点地区。

重庆直辖之初,百业待兴,百万移民搬迁、老工业基地改造、扶贫开发、生态环保等重大历史任务,都摆在年轻的直辖市面前。环境问题突出,一是城市环境空气质量仍然受到二氧化硫和尘的严重影响。1996年,城区环境空气质量仍属较重污染,区县城镇环境空气质量总体上属中度污染。原主城区(渝中区、九龙坡区、江北区、南岸区、沙坪坝区、大渡口区、渝北区、北碚区、巴南区)及两市一地(即万县市、涪陵市和黔江地区)城市(镇)属煤烟型污染,酸雨污染仍较严重。1996年,重庆市国控点酸雨频率为66.2%,pH平均值为4.47;工业粉尘、道路和施工扬尘对环境空气质量的影响也较明显。二是长江、嘉陵江重庆城区江段水质受生活污水影响严重,表现为生活污水中(主要是粪便污水)的大肠菌群超标,对两江水质影响非常明显;此外,非离子氨、石油类、化学需氧量以及挥发酚、总磷等污染物或指标也存在较明显的超标现象。在考虑大肠菌群指标的情况下,两江城区江段水质属重度污染至严重污染级别,郊区县断面属中度污染,两江对照断面水质属轻度污染。三是次级河流污染加重,未受污染的河流和江段越来越少。1996年,重庆市监测的28条次级河流84个监测断面中,水质属重度污染至严重污染的断面占40%以上,属于好或较好的监测断面仅占11.8%,属于中度污染的监测断面占48.2%。

直辖之后,面对诸多环境和生态问题,重庆市委、市政府在党中央、国务院的正确领导下,将环境保护工作摆上了重要议事日程,提出了"造就一个清新、洁净的新重庆"、打造"江城、山城"两个品牌、甩掉"火炉"和"雾都"两顶帽子的环保工作目标,认真贯彻落实中央关于坚持环境保护基本国策、实施可持续发展战略的一系列方针政策和重要部署,紧紧围绕"山水园林城市工程"和"青山绿水工程"两大战略,以主城区大气污染防治和三峡库区水环境保护为重点,实施了"蓝天""碧水""绿地"和"宁静"等一系列行动计划,全市经济、社会在快速发展的同时,环境保护工作也取得了显著成绩。

1991—2010年,全市环境质量保持稳定,环境污染和生态环境破坏的趋势基本得到控制,主城区环境空气质量明显改善,长江、嘉陵江、乌江(重庆段)水质良好,次级河流水质状况总体保持稳定。具体表现在:

(1)城区环境空气质量进一步好转。2008年,主城区环境空气质量满足优良的天数达297天,占全年比例首次超过80%,达到81.1%,比首次发布日报的2000年高出30.7个百分点。主城区空气中二氧化硫、二氧化氮、可吸入颗粒物年日均值分别为0.063毫克/米^3、0.043毫克/米^{3}和0.106毫克/米^3,二氧化氮年日均值满足国家二级标准,二氧化硫和可吸入颗粒物年日均值分别超过国家二级标准0.05倍和0.06倍。空气质量达到2000年以来的最好水平。全市大部分郊区县的环境质量保持稳定,共有27个区县的环境空气质量达到国家二级标准。

(2)水环境质量保持稳定。2008年,长江、嘉陵江、乌江(重庆段)水质保持稳定,21个监测断面均满足Ⅲ类水质标准。全市58条主要次级河流的122个监测断面中,满足水域功能要求的断面占78.7%,与1996年相比上升18个百分点。全市饮用水源地水质达标率100%,55个城镇饮用水源地水质和8个国控点断面水质全部满足水域功能要求。

(3)城市声环境质量保持稳定。2008年,主城区区域环境噪声平均值为54.4分贝,道路交通噪声平均值为67.7分贝。其余区县城区区域环境噪声平均值为53.7分贝,道路交通噪声平均值为65.9分贝。

(4)辐射环境质量良好。2008年,全市辐射环境各项指标均处于正常水平,与往年相比无显著变化。全市土壤中和长江、嘉陵江、乌江(重庆段)水中的放射性指标处于正常水平。

(5)污染物排放总量控制成效显著。2008年,全市工业废水达标排放率达到93.5%,城市生活污水集中处理率达到72%,工业二氧化硫排放达标率为81.9%,工业烟尘排放达标率为90%,工业粉尘排放达标率为94.2%;累计建成烟尘控制区318千米^2,主城区全面建成基本无煤烟区,300个社区建成无煤烟社区,覆盖面积146千米^2,主城区清洁能源使用率达94.9%;累计建成噪声达标区532.84千米^2,环境噪声达标区覆盖率达到72.8%,累计建成安静居住小区50个;全市工业固体废弃物综合利用率达79.1%,城市生活垃圾无害化处理率达79.1%。

(6)生态环境不断改善。截至2008年底,全市城市园林绿地28859公顷,公园绿地10504公顷,绿化覆盖面积31820公顷,城市公园169个,城市建成区绿地率达33%,绿化覆盖率达35.9%,人均公园绿地9.63米^2,全市森林覆盖率达34%。全市共建成各种类型、不同级别的自然保护区52个,建成森林公园69个。

(7)环境监管能力得到明显提高。已基本形成了市、区县、乡镇三级环境管理网络体系,40个区县均设立了一级环保局,全市100个乡镇设立了环保机构或设了专(兼)职环保员。2008年,全市环保系统实有人数为2396人,较直辖初期(1097人)增加1299人,全市已设立乡镇环保机构209个,26个区县环境监测站达到了标准化建设,环境监测能力不断提高;全市41个环境监察机构达到国家标准化建设标准,初步形成了突发环境事件应急体系。

但是,由于历史、人口、资源和生产方式等多方面因素的影响,产业结构不合理、经济增长方式粗放,其能耗、物耗高,污染强度大。加之诸多不利的自然条件(如山岭重丘,气象扩散条件差),全市环境污染、生态破坏、资源浪费的现象仍比较严重,发展与环境的矛盾比较突出,制约着全市经济、社会的可持续协调发展。具体表现在:

(1)环境污染问题依然突出。水环境保护压力大,饮用水源供水安全存在隐患,农村中小型人畜饮水保护任务艰巨,主要次级河流29%的断面水质不能满足水域功能要求,部分城市江段以及部分城市区域的次级河流的水环境问题仍然突出,三峡库区腹心地带部分入江支流回水顶托段水体频繁发生"水华"现象并呈加重趋势。大气污染依然严重,主城区二氧化硫、可吸入颗粒物年日均浓度值分别超过国家二级标准0.05倍和0.06倍,还有4个区县的环境空气质量未达到国家二级标准。城市噪声污染源大量增加,局部区域、部分路段的噪声污染问题日渐突出,已成为市民投诉最多的环境问题。全市火电、水泥、化工、医药等污染重的企业较多,结构性特征导致主要污染物减排难度较大,固体废物综合利用率有待进一步提高。2008年,工业固废综合利用率和城市生活垃圾无害化处理率都仅为79.1%,危险废物处置工艺简单,未达到国家要求,二次污染事故时有发生,对环境和人体健康构成较大威胁。辐射环境安全存在隐患,相当一部分放射源管理不当,辐射安全管理压力巨大,辐射污染事故和民事纠纷日益增多。

(2)生态环境破坏趋势尚未得到有效遏制。森林资源总量不足,森林覆盖率不高,林种结构单一,生态系统功能退化,三峡库区森林覆盖率距国家要求还有一定差距。水土流失较为严重,土地退化和石漠化趋势明显。生物物种资源保护乏力,自然保护区面积占辖区面积的比例比全国平均水平低近4个百分点,生物多样性锐减,外来物种入侵日趋加重,生物安全受到严重威胁。矿山开发破坏严重,全市矿山占用、破坏和影响土地32万公顷,污染影响土地近12万公顷,其中全市仅有2.84%的土地得到治理恢复。城市生态绿化水平依然较低,城市建成区绿化覆盖率比全国平均水平低8个百分点,人均公共绿地面积仅为全国平均水平的68%。

(3)农村环境保护形势严峻。农村饮用水源水质达标率低,垃圾未进行收运和处置,居住环境"脏、乱、差"现象严重;面源污染问题凸显,畜禽养殖、化肥、农药、农膜等污染加重,造成土壤生产力不断下降和水体污染日益加剧,土壤污染和酸化问题日趋严重;工业污染有向农村地区转移的趋势;农村环保机构缺乏,环境保护投入不足,环境保护的机制、体制不能满足统筹城乡发展、建设社会主义新农村的要求。

(4)生态保护压力不断增大。1991—2010年是全市基础设施建设提速、产业发展加快的重要时期,交通、水利、能源等一大批重大工程项目陆续开工建设,若不加大生态环境保护力度,势必造成对原本脆弱的生态环境和极其有限的资源的不可逆转的破坏,导致环境污染加重、水土流失加剧、地质灾害频发等问题。

(5)新的环境问题凸现。随着经济、社会发展和人民群众对环境质量要求的不断提高,一些新的环境问题日益受到关注。三峡水库建成运行后,蓄水导致库区水文条件发生变化,受流速、温度和污染物排放等综合影响,滞水区及回水顶托段的富营养化和"水华"现象以及消落区生态环境问题等将成为三峡库区最主要的水环境问题。同时,三峡水库175米蓄水后,水库的高水位运行,导致两江及三峡库区干支流水文情势变化,水环境性状发生很大变异,将对全市饮用水源安全产生不利影响。随着新产品、新技术的发展,放射性废物、有毒有害有机物、新化学物质等对环境和人体健康将可能带来潜在危险。农村集约化、规模化农业的发展也将导致一系列的环境问题出现;报废汽车、废旧电子电器等大量废弃物以及污水处理产生的污泥等非传统废弃物急剧增加。居室环境污染、外来物种入侵等新问题将日益严重。

直辖以来,重庆市经历了3个"五年计划",即"九五"计划(1996—2000年)、"十五"计划(2001—2005年)和"十一五"计划(2006—2010年),从环境管理目标和战略着眼,把环境保护提高到了一个新水平。

(1)第九个五年计划(1996—2000年)

该阶段认真实行可持续发展战略,坚持经济发展、移民安置与保护生态环境相协调的原则,处理好人口、资源、经济、环境之间的关系,做好国土资源保护和开发以及环境保护和污染防治工作。将环境保护和污染防治工作作为各级政府的重要任务。坚持经济效益、社会效益和生态效益三统一,经济建设、城乡建设与环境保护同步规划、同步实施、同步发展三同步原则,以防为主、防治结合。对三峡成库后的生态环境问题尽快制定对策措施,通过调整生产力布局、优化产业结构、改善能源结构和增加环保设施等措施,严格控制污染物排放,强化治理,提高"三废"处理率,使环境质量逐步好转,努力把三峡库区建设成为环境与经济协调发展的生态经济示范区。

该阶段环境保护的主要目标是:到2000年,全市环境污染和生态破坏的恶化趋势得到控制,城市环境质量有所改善;长江及其主要支流嘉陵江、乌江的主要指标控制在Ⅲ类水域标准,次级河流水质也要有所改善;城市大气悬浮粒、二氧化硫有所降低,工业固体废弃物综合利用率、垃圾无害化处理率、噪声达标区覆盖率都要有较大提高。

①实施三大环保工程

"九五"期间,重庆市环境保护主要实施以城市污水、工业废水和主要次级河流为重点的水污染综合治理工程;以控制酸雨和重点企业烟气治理为主的大气污染控制工程;以城市生活垃圾、工业固体废弃物综合利用和无害化处理为主的固体废弃物处理工程。

②增加环保投入

各级财政增加环保投入,建立政府环保基金。坚持"污染者负担"原则,进一步完善排污收费制度,加强环保职能部门的监管力度。争取国家及流域周边地区对三峡成库后水体污染防治的支持,制定优惠政策,鼓励外资投向环保领域,争取世行、亚行等国际金融组织的环保贷款和外国政府的优惠贷款。

③大力发展环保产业

重点发展性能先进、可靠、经济、高效的大气污染控制设备,水污染控制设备,固体废弃物处理设备,废物资源综合利用设备,降噪振动控制设备,节能、节水设备,电子、生物工程和高新技术产业环保技术装备,先进适用的环境监测仪器仪表,污染事故应急处理装备和各种环境保护专用材料,将生产环保设备用于库区污染防治。

④加强环保立法和执法监督

制定三峡库区生态环境保护法,建立库区移民工程和城市建设生态环境保护的监察制度以及新建工业项目环保一票否决制。加强制定三峡库区环保规划。

⑤加大国土开发整治力度

根据国家统一规划,对长江、嘉陵江、乌江流域进行综合整治。山区耕地以坡改梯为主攻方向,增加可利用耕地资源。努力建设好基本农田保护区和农副产品生产基地,大力发展生态农业,实现农业生产的良性生态循环。以小流域为单位,加快实施造林工程,增加植被面积,提高三峡库区森林覆盖率,控制水土流失。

⑥提高抗御自然灾害的能力

开展地质灾害勘查评价,建立预警预报系统,重灾点采取必要的工程防护措施。库区移民迁建与地质灾害治理同步实施,避开地质灾害地段新建城镇和布局重大项目。地质灾害防治的重点主要有三峡库区干流沿岸崩塌地裂等。增强对地震灾害的防、抗、救的能力,进一步健全和完善防震减灾工作体系,提高监测预报水平,建设项目实行抗震设防。实施港口泥沙淤积整治及防洪工程,增强防洪抗洪能力。

⑦保护好自然风景区

继续建设好缙云山、金佛山、江津四面山三个国家级自然保护区,加快建设大宁河小三峡风景区、武隆白马山自然保护区等。

⑧搞好资源综合开发利用

加强土地管理,坚持合理用地,节约用地,依法用地,计划用地,保护耕地资源,规范完善土地市场。推行节约用水、计划用水,加强水资源特别是饮用水资源保护。统一全市地质矿产管理,完善有偿开采制度,建立起矿产资源勘查、开发、投入的良性循环机制。

事实证明,"九五"期间,在党中央的正确领导下,全市各族人民紧紧抓住设立直辖市、三峡移民迁建和库区开发、实施西部大开发等重大机遇,开拓进取,扎实工作,使国民经济和社会发展取得显著成就,生态建设和环境保护进展良好,可持续发展战略有效实施。

(2)第十个五年计划(2001—2005年)

该阶段坚持环境保护基本国策,污染防治和生态保护并重,依法保护环境,提高全民环境意识,依靠经济增长方式转变和科技进步,以改善环境质量为立足点,保障全市环境安全。"十五"期间,全面实施"山水园林城市"和"青山绿水"两大战略,围绕经济结构战略性调整主线,依靠政策创新,最终使得全市的生态建设和环境保护得到加强,可持续发展能力有较大提升。

该阶段环境保护目标:通过实施一批污染防治重大工程,环境质量明显改善。长江、乌江、嘉陵江水质控制在国家地表水环境质量Ⅲ类标准内,主要次级河流水质基本达到水域功能标准,饮用水水源保护区、风景游览区水质得到明显改善,跨区县次级河流水质达到界面水质标准。主城区和部分区县城区环境空气质量基本达到二级标准。城市环境噪声达到功能区标准。通过实施生态保护和建设工程，有效遏制生态恶化趋势，保障生态环境安全。初步建立适应社会主义市场经济体制和重庆市特点的环境保护政策法规和管理体系。具体指标是，人口自然增长率控制在6.5‰以内，到2005年，全市总人口控制在3183万人以内。资源开发利用合理有效。重点地区生态恶化的趋势得到控制，城市环境质量显著改善。2005年，全市森林覆盖率提高到30%，城市建成区绿化覆盖率达到25%，城市人均公共绿地达到4米^2。城市生活垃圾无害化处理率达到70%以上，城市污水集中处理率达到60%以上，三峡库区水质达到国家地表水环境质量Ⅲ类标准。防灾减灾能力增强。

在改善环境质量方面，坚持经济发展、城乡建设、移民迁建与环境保护同步规划、同步实施。严格执法监督，保障环境安全。强化宣传教育，提高全民的环境保护意识。推广清洁生产技术，发展环保产业。

实施"碧水"工程。完成世行贷款城市环境项目，建成一批库区重点城镇污水处理项目、工业废水处理项目和次级河流综合整治项目，加大水污染治理力度。2005年，城市污水处理率提高到60%，长江、嘉陵江、乌江水质控制在国家地表水环境质量Ⅲ类标准内。积极推广富营养化水体生物修复技术，10条污染严重的次级河流恢复水域功能。注重防治农村地区的面源污染。

实施"清新"工程。完成中日环保示范城市项目，推进清洁能源、汽车排气污染防治、工业废气治理、餐饮油烟污染防治和二次扬尘控制，加快城市中小锅炉煤改气。加快工业区域布局调整，依法关闭污染严重、危害人民健康的企业。2005年，主城区二氧化硫、烟尘、工业粉尘排放量削减20%以上，主城区和双桥、铜梁、大足、荣昌、永川、万州的空气环境质量达到二级标准，渝西22个区县的酸雨面积减少50%，酸雨频率低于30%。

实施固体废物无害化处理工程。加快城市垃圾处理厂建设，完善固体废物收集和运输系统，提高生活垃圾及危险废物集中处理能力。综合利用工业固体废物，推进垃圾资源化。2005年，城市生活垃圾无害化处理率和工业固体废物综合利用率分别达到70%和80%，实现危险废物安全处置。

加强噪声监督管理，城区噪声达到国家标准。重点加强学校、医院、商务区、居住区的环境噪声控制。

在加强生态建设方面，实施以三峡库区为重点的"青山绿水"工程和以主城区为重点的"山水园林城市"工程，提高生态环境质量，注意发挥生态的自我修复能力。重点建设重要公路、铁路、江河沿线绿色通道，形成20万公顷的林带。建设主城区生态绿化圈、都市圈生态防护带。提高中小城市绿化覆盖率，建成10个山水园林城市。加快推进封山植树、天然林保护、自然保护区建设。保护野生动物。抢救性保护和恢复大巴山区、武陵山区及重要水库、湖泊的生态功能。对重点资源开发地区实行强制性保护，对自然保护区和风景名胜区实行积极性保护。

按照"因地制宜、宜农则农、宜林则林、宜草则草"的原则，推进25°以上的坡耕地退耕还林还草和荒山绿化，全面实施封山育林，对现有宜林荒地和疏林地实施林草植被重建，对25°以下坡耕地实施综合治理，加快治理水土流失。争取完成退耕还林还草30万公顷，其中退耕造林10万公顷，荒山造林20万公顷；完成森林资源管护239万公顷，荒山荒地绿化67万公顷，封山育林17万公顷，飞播造林10万公顷。完成坡耕地综合治理10万公顷，治理水土流失面积100万公顷，建成15个水土保持生态园区。

推进高效生态农业建设。全面实施沃土工程、稻田生态工程、草场草地建设工程、庭院生态工程和农村新能源工程。"十五"期间争取完成沃土工程10万公顷，稻田生态工程67万公顷，利用宜草荒地和疏林地建设草场草地67万公顷，建成庭院生态户50万户。

事实证明，"十五"期间，全市经济、社会发展取得巨大成就，是全市发展快、人民得实惠多、生态环境发生显著变化的五年。实施西部大开发战略开局良好,中央交办的"四件大事"取得重要进展,生态环保等基础设施建设取得重大进展。

(3)第十一个五年计划(2006—2010年)

该阶段紧紧围绕建设长江上游经济中心、全面建设小康社会的战略目标,坚持环境保护基本国策,统筹经济发展、社会进步与环境保护,在发展中解决生态环境问题,在保护中促进发展。坚持以推进经济结构调整和转变经济增长方式为根本,依靠科技进步,创新体制机制,倡导生态文明,着力解决关系人民群众切身利益的突出矛盾和主要问题,努力建设资源节约型和环境友好型社会,努力让人民群众喝上干净的水,呼吸清洁的空气,吃上放心的食物,在良好的环境中生产生活。加强环境保护和生态建设,使得中央交办的"四件大事"取得新的重大成果。

到2010年,在保持国民经济平稳较快增长的同时,全市重点地区的环境质量得到改善,基本遏制生态环境恶化趋势。在上游来水水质达标的前提下,长江、嘉陵江、乌江干流水质总体保持稳定并力争有所提高;城市环境空气质量明显改善,主城区环境空气质量基本达到二级标准;农村环境质量局部有所改善;生态建设取得实效,水土流失状况有所改善,重点生态功能区、自然保护区等生态功能有所恢复;生态环境监测预警体系逐步完善。到2010年,环境质量和生态状况明显改善。具体指标是,基本形成防治水环境污染、大气环境污染、水土流失、地质灾害等的生态环保体系,森林覆盖率达到36%,城市人均绿地面积明显提高;万元工业增加值二氧化硫排放量和化学需氧量分别降低到32千克和5千克,城市污水集中处理率和生活垃圾无害化处理率分别达到80%和90%,三峡库区长江干流水质保持在Ⅱ~Ⅲ类标准内,主城区环境空气质量满足Ⅱ级天数达到290天以上,基本遏制生态环境恶化的趋势。

坚持预防为主,综合治理,切实改变先污染后治理、边治理边污染的状况。实施"碧水""蓝天""绿地""宁静"行动计划,努力遏制生态环境恶化趋势。

实施"碧水行动"计划。着力推进工业废水治理达标工程,降低工业企业排污强度。加快推进次级河流水污染综合整治项目,重点整治19条次级河流流域范围内的工业污染、生活污染和养殖污染等,有重点地实施河道清淤。强化污水和垃圾处理设施的规范运营和监管,着力解决垃圾填埋场渗漏问题。大力推广配方施肥、叶面施肥等科学施肥技术,鼓励使用缓释可控化肥、有机肥和高效低毒农药,支持集约养殖和发展沼气,努力控制农村面源污染。优化饮用水水源地选址,整治饮用水水源保护区环境,坚决取缔饮用水水源地的直接排污口,到2010年,主城区、区县城区、农村集中式饮用水水源地水质达标率分别达到100%、95%、70%。

实施"蓝天行动"计划。治理城市扬尘污染,严格控制建筑施工扬尘和机动车运输污染,推广使用改性沥青路面,加强道路冲洗和清扫保洁,结合城市绿化消除城市建成区裸露地面,大幅度降低空气中可吸入颗粒物浓度。督促企业实施清洁能源技术改造,加强对火电、建材等行业的重点污染源治理,加快城市污染企业的改造搬迁。开展无煤烟区域建设,实施餐饮油烟及其他废气综合治理。控制机动车排气污染,严格执行车辆淘汰报废制度和准入及年检制度,推广使用单燃料CNG汽车,"十一五"末机动车年检首检和路检达标率分别达到95%、90%。

实施"绿地行动"计划。落实生态区划,明确不同区域的生态功能,继续推进天然林保护工程,促进自然生态的保护和恢复。继续推进退耕还林,"十一五"期间完成退耕还林、荒山荒地造林、封山育林共计1300万亩,进一步提高森林覆盖率。开展以小流域治理为重点的水土保持综合整治工程,新增治理水土流失面积1.5万千米^2。加强野生动植物保护区、自然保护区建设和湿地建设。着手实施岩溶地区石漠化防治工程。继续实施矿山地质环境恢复与保护工程,加强采煤沉陷区治理。强化地质灾害防治。保护城市周边自然山体,防止过度开发。广泛发动群众造绿、护绿,对城市宜绿空间全面进行绿化,加大投入,力争将主城区建设成为国家园林城市。

实施"宁静行动"计划。落实工业、船舶和道路交通噪声控制工程,加强商业噪声监督管理,全面推进功能区噪声达标建设和"安静小区"建设,到2010年,建成120个"安静小区",城区噪声达标区覆盖率达60%以上,有效防止噪声扰民问题。

完善环保政策机制。严格实施污染物排放总量控制和排放许可制度,推行环境影响评价和"三同时"制度。加强生态环保监管,赋予更严格的生态环保执法权,鼓励社会公众参与并监督环境保护,努力解决影响经济、社会发展特别是严重危害人民健康的突出问题。按照谁开发谁保护、谁受益谁补偿的原则,加快建立生态补偿机制。建立社会化多元化环保投资、融资机制,运用经济手段推进污染治理市场化进程。实行环境标识、环境认证和绿色采购制度。健全环境、气象、地质灾害等监测预报服务体系,提高环境监测水平。

在重庆直辖十周年之际,胡锦涛总书记在全国十届五次会议重庆代表团审议时对重庆的工作给予了充分的肯定,对重庆的发展做出了重要部署,要求重庆必须坚持走新型工业化道路,努力转变经济增长方式,提高经济增长的质量和效益,使老工业基地焕发生机,重振雄风;要在节能降耗和保护环境上狠下功夫,把节约资源和保护环境放在更加突出的位置,统筹人与自然的和谐发展,确保长江上游和三峡库区腹心地带的生态安全。胡锦涛总书记的重要讲话,对于做好新阶段重庆的环保工作提出了新的更高的要求。

重庆市环境管理工作起步较早。1949年11月重庆解放,翻开了重庆历史新的一页。在党和国家的高度重视下,重庆市于1974年11月便在全国率先成立了环境保护局,这是全国第一个正式列入政府编制序列的环保机构。重庆市把环境保护列入重要议事日程,并将之作为经济发展中的一项重要内容开展工作。此后,相继成立了市环境监测站、市环境污染检查管理处、市环境科学学会、市环保技术装备服务公司等,各区县也陆续建立了环保机构和监测站,不少大中型企业也根据企业环保的需要建立了相应机构。30多年来,重庆市环境保护工作大致经过了1974—1979年的起步阶段、1980—1990年的发展阶段、1991—1996年的创新阶段。不同的发展阶段均有不同的建树。

1974—1979年的起步阶段,主要是初步开展环境现状和污染源调查;开展以"三废"治理和综合利用为主要内容的污染防治工作,开始实行"三同时"、污染源限期治理等管理制度;从抓典型着手,开展污染源治理;贯彻以防为主的方针,控制新污染源的产生。

1980—1990年的发展阶段,人们的环境意识普遍提高,深化了对全市环境问题的认识;把环境管理摆在环保工作的首位,环境管理逐步走上法制轨道;污染控制由分散抓点源治理转向以预测、规划为指导,把综合整治与重点污染源治理结合起来;结合经济体制改革,相应地开展了环境保护体制改革;污染治理速度加快,控制污染的能力明显增强。

就直辖前的1996年来看,中央的决定使重庆既面临着新的发展机遇,又有安置百万移民、消除贫困、发展经济和保护环境四大艰巨任务。特别是因三峡工程截流在即,三峡水库库区的80%在重庆市境内,水污染防治及移民安置等工作日益紧迫,环境形势十分严峻。针对这种新形势,直辖以后,重庆市以改善环境质量为目标,认真贯彻第四次全国环境保护会议精神,以保护饮用水水源、防治大气污染为重点,巩固和发展噪声污染防治成果,全面加大环境执法力度,在全市保持经济增长的情况下,环境质量基本稳定,工业污染防治、城市环境综合整治和生态环境保护等方面取得了进展。

直辖以来,重庆市经济、社会发展成就巨大。在经济持续发展的基础上,重庆市各项社会事业也都得到快速发展。中央交付的移民安置任务顺利完成,一系列重大基础设施建设顺利开工,交通与商贸日益活跃,生态重庆之魅力逐步显现。全市高度重视生态与环保,投入巨资实施小流域和水土流失治理工程,"蓝天""碧水""青山"工程,城市大气污染和噪声污染得到明显控制,一批污水处理厂、垃圾处理场建成投入运行,库区水质保持在Ⅱ、Ⅲ类标准,地质灾害防治、天然林保护和退耕还林还草初见成效,生态环境得到有效改善。

直辖以来,重庆市环境保护工作驶入快车道。重庆遵照中央关于集中精力办好"四件大事"、实现重庆新的振兴的重要指示,认真贯彻落实科学发展观,加强环境保护和生态建设。重庆市委、市政府高度重视生态建设与环境保护,全市上下站在办好"四件大事"、实施好西部大开发战略、确保三峡工程长期安全运行和建设长江上游经济中心的战略高度,认真贯彻落实中央关于坚持环境保护基本国策、实施可持续发展战略的一系列方针政策和重要部署,将环境保护纳入全市国民经济和社会发展计划,紧紧围绕"山水园林城市工程"和"青山绿水工程"两大战略,以主城区大气污染防治和三峡库区水环境保护为重点,实施了包括"碧水""蓝天""绿地""宁静"等在内的一系列重大决策和行动计划,环境保护基本国策地位逐步得到落实和加强,全市生态环境建设与保护工作取得了明显成效。

大事记

1991 年

1月3日　市环保局下发《重庆市环保系统纠正行业不正之风加强廉政建设纲要》。
1月8日　市政府任命喻登荣为市环保局副局长。
1月25日　市政府任命吉光树为市环保局副局长。
2月2日　市环保局下发通知,明确重庆市环境保护行政复议工作由原成立的市环境污染事故调处委员会负责。
2月6日　市政府下发《关于调整市环境保护委员会成员的通知》。
2月19日　市环保局下发《关于重庆市环保系统评选"七五"期间先进的通知》。
3月1日　市环保局、市财政局联合行文印发《关于加强环境保护资金管理若干规定的实施办法》。
3月4日　市政府下发贯彻执行《国务院关于进一步加强环境保护工作的决定》的通知。
3月16日　市环保局下发《关于对授予"重庆市环境优美工厂"企业进行复查和申报评选"环境优美工厂"的通知》。
4月6日　经市编委行文批复,同意市环保局人事处增挂监察处牌子,同时承担监察工作。
4月17日　市第二环境科研监测站改为市污染源监督监测站。
4月18—20日　市环保局在合川县环保局召开办公室工作会议。
5月29日　市政府办公厅召开重庆市第五次环境保护新闻发布会。
5月30日　市环保局行文批复,同意委托市环保工程设计研究所组建国家级环保产品质量检测中心。
6月1日　市环境保护委员会在雾都宾馆二楼会议室召开第二次全委会。
6月14日　市环保局党组任命赵孝章为重庆市污染源监督监测站站长,张道武兼副站长。
6月18日　重庆市环境监测工作会议在中国人民解放军总后红楼招待所召开。
7月8—16日　重庆市环境保护考察团赴日本进行了为期8天的考察。
7月8日至8月3日　重庆市9区赴北京市、天津市、山东省和东北等地考察环境保护工作。
7月10日　市环保局成立重庆市环境保护工程设计所,为县级事业单位。
7月11日　市环保局下发《重庆市环境噪声达标区建设规划实施意见》。
7月21日　市环境保护委员会表彰"环境与发展"宣传先进单位。
7月27日　四川省环保局明确全省第一批重点工业污染企业名单,重庆市占16户。
8月8日　市环保局执行"超标污水和超标环境噪声排污费征收"新标准。
8月26日　市环保局下发《关于进一步加强环保信息工作的通知》。

9月5日　重庆市第四次环保监测工作会议在渝召开。

9月13日　市环境科研所郑有斌被国家环保局特派参加赴日培训。

9月26日　市环保工程设计研究所筹建环保书店。

9月27日　《重庆市饮用水源污染防治暂行办法》论证会在市环保局4楼会议室召开。

9月28日　市环保局出台确定重庆市污染源监督监测站职能的规章制度。

10月29—31日　重庆市区县环保局局长、监理所所长会议在大坪市公安局刑警大队招待所召开。

11月2日　市环保局党组印发《关于加强对群团工作领导的决定》。

12月6日　市环保局下发《关于贯彻实施水环境标准中几个问题的通知》。

12月25日　市环境保护委员会1991年度第3次全委会在市委小礼堂会议室召开。

1992 年

1月7日　市委组织部通知，喻登荣任环保局专职副局长。

1月15日　经市委组织部批准，市环保局郭成模随国家环保局小组赴日本考察。

1月22—23日　1991年度环保目标责任书考核工作会议在巴县召开。

1月27日　市政府第39号令颁布《重庆市环境噪声标准适用区域划分规定》，自3月1日起施行。

1月28日　重庆城区环境噪声达标区建设工作会议在江北区环保局会议室召开。

1月30日　市环保局下发《重庆市1992年环境保护计划（草案）》，要求各区县和各部门对指标的调整提出意见，按规定时间反馈到市环保局计划处。

2月12日　市环保局下发1992年环保工作要点。

是日　市环保局向各区县环保局下发《关于清理检查废铅熔炼厂点的通知》。

3月1日　市环保局等6家联合发出《关于开展"环境与发展"宣传月活动的通知》。

3月4日　市环保局表彰1991年度环境宣传教育先进集体和先进个人。受表彰的先进集体：15个，先进个人：36人。

3月18—20日　重庆市烟尘控制区工作会在长寿县召开。

3月21日　市环保局表彰1991年度环保监理工作和排污收费财务工作先进个人。

3月23日　市环保局下发废止37个规范性文件的通知，该类文件从下发之日起停止执行。

3月24—25日　重庆市乡镇工业污染源调查办公室主任会议在南岸区召开。

3月25日　市环境科研监测所高世东赴日本进修。

3月25日至4月30日　百余名环保专家云集重庆进行"大气污染控制野外综合观察实验"。此次实验，旨在弄清重庆市大气污染物的扩散、迁移、转化和分布规律，为国家科委下达的中英合作开展的重点科研项目——"重庆市大气污染控制规划研究"，提供必要的外场观察资料。

4月11日　市编委批复，同意市环保局将市环保产品质量检验中心从市环保工程设计所划出，挂靠在市污染源监督监测站。

4月13日　市环境保护委员会下达对綦江流域进行污染综合整治的通知。

4月22—24日　市环保系统办公室主任会议在长寿县召开。参会人员为各区县环保局、局直属单位办公室主任或副主任。

4月23日　市环保局下达印发《重庆市环境质量监测管理办法》的通知。

4月28日　市环保局下达印发《重庆市环境监测报告制度》的通知。

5月8日　市环保局下发《关于开展环保执法检查的通知》。

5月14日　《重庆市饮用水源保护区污染防治管理办法》由市政府第33号令发布,自6月5日起实施。

5月24日　重庆川东化工厂甲酸钠生产工段的碱洗液误排入其他处理装置容器后生成硫化氢毒气,随下水道泄出,致使居住在厂界内的农民夫妇二人当即中毒毙命于污水沟旁,同时还毒死1头奶牛、3只鸡。

6月10日　市环保局邀请部分区县环保局负责人召开环保改革座谈会。

6月19—23日　西南8市(重庆、成都、昆明、个旧、贵阳、南宁、桂林、拉萨)第8次环保工作协调会在重庆雾都宾馆召开。

7月1日　吉光树任市环保局党组书记;免去林定恕市环保局党组书记职务。

7月6日　市环保局函告西藏自治区城乡建设环保厅,重庆市同意支援建设昌都市环境监测站,已将30万元援建款汇往该厅。

是日　市环境保护委员会通报表彰"环境与发展"宣传月活动组织工作先进集体暨优秀作品。

7月7日　市政府任命吉光树为市环保局局长;免去林定恕的市环保局局长职务。

7月8日　市环保局下发对1991年度执行环境保护目标责任达标单位进行奖励的通知。获奖单位有19个区县政府和10个主管局。

7月9日　市环保局出台《重庆市排污费征收、解缴和使用管理的考核评奖办法》,自5月1日起执行。此办法一定,3年不变。

8月12日　经市政府同意,市环保局、市建设管理局联合发布《关于加强建筑施工场界噪声管理通告》。

8月28日　市长孙同川签发政府第41号令,发布《重庆市烟尘控制区管理办法》,自1992年9月1日起施行。

9月30日　市政府任命张光辉为市环保局副局长;免去刘万敏的市环保局副局长职务。

10月12—13日　重庆市环保环境监理所长会议在巴县环保局召开。

10月13日　市环境保护委员会印发控制重庆酸雨系统工程项目建议书认证会议纪要的通知。

10月16日　市环保局下发《关于加强对重庆市排放大气污染物许可证管理的通知》。

10月27—29日　中日大气污染防治对策研讨会在重庆扬子江假日饭店举行。来自日本、韩国的62位学者、专家与中国的专家、教授及企业界人士共140多人参加会议。

11月11日　国家环保局表彰环保规划、计划编制工作先进单位和先进个人。先进单位有市环保局;先进个人为郭成模、常永官2人。

12月8日　市环保局被市统计局评为1992年度社会统计工作先进单位,获二等奖。

12月30日　市编委通知市环保局,同意市环境监理处增挂重庆市环境监理大队的牌子,实行两块牌子、一套班子。

1993 年

1月12日　市政府表彰1992年度城市管理先进集体,市环保局获一等奖。

1月15日　重庆市1993年第一次环境保护委员会议在市环保局召开。

是日　市环保局批复,同意市环境科研监测所建组重庆科林环境工程技术有限公司。

1月17日　市政府召开创建卫生城市总结表彰大会,市环保局获创建卫生城市工作一等奖和城市管理目标责任制一等奖。

2月9日　副市长唐情林在市政府环境保护新闻发布会上发布《重庆市环境质量状况公报》。

2月11日　1993年建设项目环境管理协调会在市环保局4楼会议室召开。

2月12日　市环保局对北碚轧钢厂违反《环保法》的行为下达行政处罚决定书，对该厂处以罚款8000元，并令其限期完成污染治理。

2月15日　市环保局下发《1992年度各区(市)县环境监测业务工作考评结果的通知》。

2月19日　市委组织部、市人事局、市环保局三家联合行文，下发《关于在各级党校、干校开展环境教育的通知》。

2月26—27日　市环保局在石桥铺石桥饭店召开编制企业污染防治规划动员及技术培训会议。

3月7日　市环保局印发《重庆市环保局关于加强廉政建设的暂行规定》。

3月11日　市环保局对重庆市排放水污染物许可证工作中做得好的79家企业进行通报表扬。

3月16日　经市环保局批复，同意市环境科研监测所挂"重庆酸雨研究中心"牌子。

3月19日　市政府批转市环保局《关于开展环境监理员试点工作的请示》。

3月20日　市环境科学研究所、市环境工程设计所联合组建"重庆市环境保护工程技术承包公司"，为全民所有制企业，具有法人资格。

3月31日　重庆地区酸沉降物对环境影响及对策研究鉴定会在市环科所召开。

是日　经市编委批复，同意市环保局环境保护导报社的人员编制由25名增加至44名，经费自收自支。

5月20日　市环保局印发《重庆市污染源监测管理办法》，自公布之日起施行。

5月23—25日　美国之音驻香港记者苏菲来渝采访，其间了解江水污染及酸雨的研究和处理，并采访了环保局负责人。

5月28日　经市环保局批复，同意市环保工程设计所成立"重庆市东方环保设备厂"，为集体所有制企业。

6月10日　市政府批转市环保局《关于开展加强环境保护执法检查严厉打击违法活动的报告的通知》。

6月20日　市环保局发布《重庆市锅炉大气污染物排放标准适用区域的规定》。

7月9日　市十二届人大常委会第一次会议决定：任命吉光树为市环保局局长。

7月16日　市政府批转市环保局《关于扩大重庆市燃煤二氧化硫污染控制区范围的请示》。

7月22日　以副市长唐情林为团长、市环保局副局长徐淑碧等为成员的重庆市环境考察团一行5人赴日本广岛、东京和大阪等地考察。

8月2日　市环保局下发《关于开展全市污染防治设施检查的通知》。

8月9日　市环保局下发《关于建设项目环境影响评价中有关问题规定的通知》。

8月25日　经市政府批复，同意四川维尼纶厂、嘉陵机器厂、重钢(集团)公司第5厂、永荣矿务局发电厂、永荣矿务局荣昌洗选厂为市环境保护先进企业。

8月30日　经市编委批复，同意市环保局成立重庆市环保教育培训中心，为处级事业机构。

9月27日　市政府下发调整市环境保护委员会成员的通知，市环保局局长吉光树为市环境保护委员会副主任。

10月13日　市环保局通报表彰1993年度环境统计工作评比的获奖单位。评出一等奖10名，二等奖11名，三等奖9名，并给予物质奖励。

10月23日　市环保局、市财政局联合下发《关于分级征收排污费的通知》。

10月29日　市环保工作会议在市政府底楼大会议室召开。

是日　市政府做出对高质量完成环保目标责任书的区(市)县进行表彰的决定。一等奖:江北县政府等9个,二等奖:九龙坡区政府等13个,三等奖:江北区政府等15个。

11月5日　市环境保护委员会下发《重庆市环境保护委员会议事规则》。

11月19日　环境污染治理单位会议在市环保局底楼会议室召开。

12月6—8日　第一届中德环保技术交流会在南坪西南经协大厦(西南大酒店)召开。

1994 年

1月7日　市环境监测中心站观察到一次"黑雨"。此次降雨过程收集雨样850毫升,颜色酷似黑墨水,与正常雨呈天壤之别,雨样静置2小时30分后,底无明显沉降物出现,经中速过滤后,滤液仍呈黑灰色,滤纸上有黑色不溶物。

1月13日　副市长唐情林在市政府二楼三会议室主持召开会议,研究解决长寿县府办发〔1993〕75号文件《关于1994年度排污费征收管理的通知》中存在的有悖于国家环保法规的问题。参加会议的有市人大、市建委、市财政局、市法制局、市环保局等有关负责人。

1月20日　1993年11月22日新华通讯社《国内动态》(第2998期)报道的一篇题为《三峡地区污染日趋严重、长江干流水质恶化值得引起关注》的文章,引起国务院、四川省、重庆市领导的重视。市委书记孙同川、市长刘志忠均做了批示。

1月29日　市环保局下发《1994年重庆市区(市)县环境监测工作安排意见》。

2月21—22日　区(市)县环保局局长会议在江北区大石坝蓝箭宾馆召开。

2月28日　市环保局下发1993年度各区(市)县排污费征收、解缴和使用管理考核结果的通报。

3月1日　市环保局行文发布《1993年度各区(市)县环境监测业务工作考核结果》。

3月15日　市环保局印发《重庆市排放污染物许可证管理暂行办法》。

3月28日　市环保局下发成立重庆市环境保护局外事办公室的通知。

4月1日　市环保局下达行政处罚决定书,对重庆嘉陵化工厂排放高锰酸钾进入嘉陵江造成江水污染进行处罚。

是日　市环保局印发《重庆市排污征收管理若干问题的规定》。

5月11日　国家环保局、中华全国妇女联合会联合行文,表彰在环保事业中做出突出贡献的女性,市环保局副局长徐淑碧榜上有名。

5月19日　市环保局转发《国家环保局关于进一步加强环境监测工作的决定》。

5月26日　重庆市环境保护执法动员大会在市政府底楼大会议室召开。会议由市政府副秘书长于学信主持,参加会议的有政府、市级有关部门及21个区(市)县人大常委会、政府、环保局的负责人。

6月1日　市环保局转发国家环保局《关于严格控制台湾有害废物转移到大陆处置的通知》。

6月24—28日　以市人大副主任冯克熙为团长、市环保局局长吉光树等为团员的重庆市环保代表团赴英国曼彻斯特市参加1994年全球环境与发展大会。

7月14日　重庆南岸区弹子石广场至杨家塆河边区段的城市下水道发生爆炸。

7月20日　市环保局、市委宣传部、市广播电视局联合下发《关于开展"重庆环保世纪行"宣传活动的通知》。

7月25日　市环保局针对全市各级环境管理部门有干部约800余人、企业环保干部约200余人,而参加国家环保局认可的培训的仅79人这一状况,下发《关于进一步加强环保干部岗位培训工作的通知》。

7月29—30日　重庆市环保工作会议在北碚区北泉公园召开。

10月16日　市环保局下达对重庆特殊钢铁(集团)公司向嘉陵江倾倒废渣的处罚决定。

10月20日　《环境保护信息》第34期登载:1993年全国37个城市环境综合整治定量考核结果中,重庆市名列倒数第二位。

10月22日　市环保局获国家环保排放大气污染物许可证制度试点工作先进集体,重庆油漆厂获先进企业,吉光树、廖世国、陈盛梁、汪玲丽等获先进个人。

11月1日　市计委、市环保局联合转发国家计委、国家环保局《关于印发环境保护计划管理办法的通知》。

11月17日　市环保局下发《关于表彰重庆市1980—1994年排污收费先进集体和先进个人的通报》。

11月21日　市环保局、市教委联合下发《关于表彰环境教育先进个人的通报》。

是日　由市环境保护教育培训中心编印的《重庆环境保护20年》画册,正式与广大环保工作者见面。编入图片254幅,近1万字,中英文对照说明。

12月6日　1995年环境统计年报布置会暨环境统计表彰会在市环保局底楼会议室召开。

12月9日　《环境保护信息》第40期登载市长刘志忠的题为《一定要把环保基本国策落到实处》的文章。

1995 年

2月7日　市环保局印发重庆市1995年环境监理工作要点。

2月9日　市环保局、市教委、重庆环境科学学会联合下发《关于在全市中小学开展第九届环境征文竞赛活动的通知》。

2月13日　市环境保护委员会下发《1994年重庆环保电视专题片展播获奖情况的通报》。

2月15日　市政府命名渝中区朝天门等19个街镇为建设环境噪声达标区先进单位。

2月21—22日　重庆市环境保护工作会议在南岸区政府会议室召开。

2月24日　市机构编制委员会行文批复,同意市环保局将综合计划处承担的外经工作,与办公室分管的外事工作合并,在局办公室增挂"外事外经办公室"牌子。

3月8日　市环保局印发《1994年度各区(市)县环境监测业务工作考评结果》。评出一等奖6个,二等奖8个,三等奖6个,鼓励奖1个。

3月22—23日　1995年第一次环境监测站站长工作会在巴南区环保局召开,局长吉光树在会上做了讲话。

3月30日　1995年环境宣传教育工作会议在市环保局底楼会议室召开。

4月3日　市委宣传部、市环保局、市广电局联合下发《关于在全市开展"爱我重庆,共创美好家园——环境保护知识竞赛"的通知》。

4月5日　市环保局下发《关于开展环境污染事故隐患检查的通知》。

4月8日　市环保局荣获1994年度目标责任完成先进单位,受到市政府通报表彰。

4月15日　《重庆市环境违法案件调查处理办法》论证会议在市环保局4楼会议室召开。

4月20日　市环保局下发《关于进一步抓好区(市)县环境监理试点工作的通知》。

5月18日　四川省环保局表彰城市环境综合整治定量考核及建设烟尘控制区、噪声达标区先进集体、先进个人,市环保局榜上有名。

6月7日 重庆市委批复,同意市环保局党组代行党委职权。

6月13日 市人大办公厅、市政府办公厅联合下发《关于开展环境执法检查重点抽查活动的通知》。

6月16日 经市机构编制委员会批复,同意市环境保护工程设计所更名为重庆市环境保护工程设计研究院。

7月10日 市环保局通报重庆市在国家环保局和团中央统一部署的环境宣传教育活动中,受到国家环保局、团中央表彰的先进单位和个人。

7月27日 市政府表彰禁止燃放烟花爆竹先进集体和责任人,市环保局榜上有名。

8月11日 市长刘志中签发市政府第75号令,颁布《重庆市环境噪声污染防治管理办法》,自1995年8月20日起施行。

8月16日 《环境保护信息》第22期登载:《重庆市环境科学》荣获"全国中文核心期刊"及"四川省优秀期刊"称号。

8月20日 市环保局副局长徐淑碧随国家环保局10人赴英国、荷兰执行世界银行B-6子项考察任务。

8月25日 市政府批转市环保局、市工商局《关于加强饮食、娱乐、服务业环境管理工作的请示》。

9月1日 市政府办公厅下发《关于加强风景名胜区保护管理工作的通知》。

9月13日 市环保局印发《重庆环境保护外事外经工作管理暂行规定》。

9月19日 市环保局发布重庆市无公害标志产品及其生产企业名称的公告。有5家企业的6种产品被批准为重庆市无公害标志产品。

9月21日 市环保局下发组织开展《中华人民共和国大气污染防治法》《重庆市环境噪声污染防治管理办法》宣传周活动的通知。

10月5日 市环保局下发《重庆市环境污染纠纷、事故调查处理办法》。

10月7日 市环保局、市公安交通管理局联合下发处理违反《重庆市人民政府关于严格控制机动车喇叭噪声的通告》的行为的通知。

10月12日 市环保局印发《重庆市环境污染防治设施监督管理办法》。

10月28日 市环保局、市教委联合下发《关于举办中学环境教育示范课活动的通知》。

10月31日 经重庆市国家安全局批复,同意市环保局成立国家安全小组,由吉光树任组长、徐淑碧任副组长。

11月10日 市环保局、市国土局联合转发国家土地管理局、国家环保局《关于印发〈自然保护区土地管理办法〉的通知》。

11月14日 市委组织部通知,市委同意徐淑碧任市环保局纪检组组长(兼)。

11月27日 由国家环保局宣教司和中国环境科学会联合主办的全国中小学生"我需要地球,地球需要我"环境征文比赛结果在北京揭晓,重庆市有5人获奖,名列全国前茅,受到国家环保局的通报表彰。

是日 市政府下发成立小安溪、璧北河河流综合整治协调管委会的通知。两处主任均由副市长唐情林担任。

12月11日 市环保局下发表彰1995年度环境综计先进单位和先进个人的通知。

1996 年

1月10日　市环境保护委员会第三届第四次全体委员会议在市环保局一会议室召开。

1月30日　集中式生活饮用水水源保护污染防治工作会议在市环保局一会议室召开。

2月9日　全市环境保护会议在渝州宾馆召开。

2月16日　市政府表彰1993年至1995年全市城管目标责任制先进集体,市环保局获三等奖。

3月11日　市环保局下达《关于进一步加强排污费征收工作的通知》。

3月12日　四川省环保局表彰全省环境质量监测与数据编报工作先进集体,市环境监测站获一等奖。

3月15日　国家环保局、铁道部联合行文,表彰1995年"6·5"世界环境日宣传活动先进单位,重庆市环保局榜上有名。

3月18日　市委、市政府表彰奖励1995年创建卫生城市先进单位,市环保局获"创卫优秀奖",市环境科研监测所获"创卫贡献奖"。

3月25日　市环保局下发《关于组团赴美参加"环境管理和污染治理技术国际会议"及考察的通知》。

3月27日　璧北河河流综合整治协调管理委员会全体成员会议在北碚宾馆召开,会议由主任委员、副市长唐情林主持。

4月1日　市政府第91号令发布《重庆市控制燃煤二氧化硫污染管理办法》,自1996年7月1日起施行。

4月4—5日　1996年全市环境监测工作会议在市环境监测中心站一号楼三会议室召开。

4月5日　国家环保局决定重庆市环境监测中心站作为国家环保局长江暨三峡生态环境监测网中心站,并挂牌工作。

4月19日　小安溪河流综合整治协调管理委员会全体成员会议在永川怡园宾馆召开,主任委员、副市长唐情林主持了这次会议。

4月29日　市政府发布《扩大机动车禁鸣区域的通告》,自1996年5月20日起施行。

5月3日　北碚区童家溪镇发生一起因环境污染纠纷引发的械斗事件,造成3人受重伤。

5月16日　重庆中药总厂井水遭受六价铬污染,生活用水发生困难。

是日　璧山县梅江河遭严重污染,马坊镇数千群众饮水困难。

5月28日　市环保局下发《关于开展排污口规范化整治工作的通知》。

6月5日　市政府为解决东风化工厂的污染问题,召开专题办公会议。

6月26日　为期9天的重庆市环保干部法规轮训班共3期于当日全部结束,受训达340余人。

7月11日　国家环保局下达重庆市1996年环保计划指标。

8月1日　市环保局做出表彰1995年度创建卫生城市先进集体和先进个人的决定,获表彰的先进集体有渝中区环保局等91个单位,先进个人有马正朝等22人。

8月23日　市政府发布《控制机动车排气污染的通告》,自1996年9月10日起施行。

9月10日　《三峡工程重庆市淹没影响区环境保护规划》论证会在市环保局4楼会议室召开。

9月19日　市政府办公厅转发《国务院关于环境保护若干问题的决定》。

9月26日　重庆北碚宏大集团公司纸板厂(原北碚纸板厂)环保办公室,在1991年被评为重庆市环保战线"七五"期间先进集体。后该厂长期忽视环境保护,在生产过程中排放未经治理达标的废水入河流,造成严重污染,受到四川省人大、政府环保执法检查团的严肃批评。经市环保局研究决定:即日起取消其先进集体称号。

10月22日　市环境科研监测所接受日本广岛市卫生局赠送的阴离子自动再生抑制仪1台、抑制仪真空泵2台。

10月23日　市政府下达重庆市第一批责令取缔关停污染严重企业名单,共247户。其中取缔165户,关闭54户,停产28户。

10月28日　市环保局、市乡镇企业管理局等4家单位联合下发《关于开展重庆市乡镇工业污染源调查的通知》。

11月11日　市环保局出台《重庆市环境保护行政处罚听证规则》。

11月12—13日　重庆市乡镇工业污染源调查技术培训会议在江北区蓝箭宾馆举行。

12月2日　市环保局下达制定重庆市污染源监督监测站1997年环境监测工作计划任务书的通知。

12月19日　市政府印发《关于加强环境保护工作若干问题的决定》。

12月23日　重庆市第八次环境保护会议在市政府办公厅底楼大会议室召开。

12月26日　市环境保护委员会下发《关于建立全市环境综合整治定量考核责任单位联系网络的通知》。

12月29日　市政府下发明确重庆市"九五"期间城市环境综合整治定量考查目标任务的通知。

1997 年

1月12日　重庆市委宣传部、市环保局等4家单位联合行文下发"1996年重庆环保世纪行"宣传活动好新闻评比结果的通报。评出一等奖3个,二等奖8个,三等奖20个。

1月30日　市环境监测站获四川省"八五"环境质量报告编报工作一等奖,四川省"八五"重点工业污染源排污状况报告编报工作一等奖。

2月14日　位于永川市临江镇沙湾村的永川铅锡合金冶炼厂发生职工集体铅中毒事件。

3月14日　市环保局下发"八五"期间重庆市环境监测"优质实验室"和"优秀实验员"评选结果的通知。

3月18日　市环保局开展树立"新重庆环保形象"专题宣传活动。

3月19日　重庆市环境保护委员会三届五次会议在市环保局一会议室召开。

3月28日　市环保局开展环保科普宣传活动。

4月14日　国家环保局表彰环保系统对口支援三峡工程先进单位,市环保局获此殊荣。

4月18日　以国家环保局局长解振华为团长,监察部副部长李至伦为副团长的环保监督检查团来渝检查重庆市贯彻落实《国务院关于环境保护若干问题的决定》的情况。

是日　市环保局表彰重庆市"八五"环境质量报告书评审获奖的先进单位。

4月19日　三峡工程环境保护暨对口支援会在渝召开。此次会议由国家环保局领导主持,参加会议的有国务院三峡办,建设部、交通部、国家环保局,全国26个省、自治区、直辖市、计划单列市环保局以及三峡库区受援的26个区、市、县政府和环保局的领导,市委、市人大、市政府领导出席了会议。

4月24日　长江上游水污染防治规划工作会议在市环保局4楼会议室召开。

5月4日　长寿化工总厂污水处理车间发生爆炸,造成当场死亡12人、伤5人的重大事故。

6月24日　市环保局行文批复,同意市环境科研监测所接受日本环境厅海外环境协力中心赠送的2台US-410型自动酸雨采样器。

7月2日　国家环保局表扬长江三峡库区、太湖流域水质同步监测参加单位,重庆市有市环保局、环境监测站等11个市县环保局、环境监测站受到表扬。

7月9日　市委下达通知,吉光树任市环保局党组书记。

7月15日　市环保局表彰1996年度市级排污收费先进集体和个人。

7月30日　市政府任命吉光树为重庆市环境保护局局长。

8月6日　市环境科研监测所获全国环境保护系统先进监测单位,并受国家环保局表彰。

8月8日　市委组织部下发通知,徐淑碧任市环保局党组副书记,周百兴、张光辉2人任市环保局党组成员。

是日　市委组织部通知,原市环保局局长林定恕离休。

8月25日　市政府任徐淑碧、周百兴、喻登荣、张光辉为市环保局副局长。

9月3日　经市政府同意,重庆市从9月的第一周(9月6日)开始,开展城区环境周报,即每周星期五、六分别在重庆电视台、《重庆日报》上公布城区环境空气质量状况。

9月5日　市环保局发文通知摄制电视系列片《千秋大业话环保》,拟于大江截流前后在重庆电视台播出。

9月15—21日　市人大城乡建设环境委员会副主任卢义慈率市环保、交管和尾气办等部门领导一行6人赴上海、广州、深圳3市考察机动车污染管理工作。

9月18日　重庆市排污口规范化整治试点工作通过国家环保局验收。

9月18—21日　重庆市环境宣传教育工作会议在忠县县委招待所召开。

10月5日　重庆市环境科学研究所完成的"重庆'八五'酸沉降研究"获1997年度国家环保局科技进步三等奖。

10月19日　重庆市环保系统办公室工作会议在巴南区南温泉南泉旅游山庄召开,局长吉光树、副局长徐淑碧出席,并做了讲话。

10月31日　市环境保护委员会在永川市颐园宾馆召开重庆市西部地区水污染会议。

11月4日　大溪河(凤嘴江)孝子河流域综合整治协调管理委员会会议在南川市市委招待所召开。

11月6日　龙溪河流域综合整治协调管理委员会会议在长寿县环保局会议室召开。

11月18日　重庆市环保项目库项目编报工作会议在市环保局4楼会议室召开。

11月27日　市环保局对1997年部分重点次级河流水质同步监测工作进行表彰。

12月1日　市环保局表彰1996年度环境统计先进单位和先进个人。

12月2日　1997年,市环保局为民办成6件实事。

1998年

1月5—6日　市环保局局长吉光树和4位副局长带队分别到南岸、巴南、沙坪坝、九龙坡、大渡口等5区向市人民代表和政协委员报告1997年环保工作和环保为民办实事的完成情况,听取了代表、委员对环保工作的意见和建议。

1月20日　市政府办公厅批准成立重庆市环境保护委员会第一届委员会,委员会由47个单位的49名委员组成,副市长甘宇平任环委会主任,市长助理唐情林、市政府副秘书长雷尊宇、市环保局局长吉光树、市建委副主任顾庭勇、市计委副主任郭长生、市经委副主任吴冰、市科委副主任叶光政任环委会副主任。

2月4日 市政府发出通告,规定从7月1日起本市区域内禁止使用、销售含铅汽油。

2月13日 市环委会一届一次会议在市政府二楼四会议室举行。副市长甘宇平到会讲话,会议由市政府副秘书长雷尊宇主持。

2月16日 吉光树向全国九届人大代表、全国政协委员汇报了三峡库区环境质量和中日环境合作示范城市的有关工作情况。会后,人大代表、政协委员就以上两个问题提出了议案和提案。

是日 副局长徐淑碧主持研究了中日环境合作示范城市的项目准备工作。

2月18—23日 根据市委、市政府的统一安排,市环保局党组召开了机关作风整顿党员大会,党组书记、局长吉光树进行了动员,为期3个月的作风整顿工作开始。这次作风整顿与党员年度评议、推行公务员试点工作和1997年年终工作总结结合起来进行,收到了较好的效果。

3月9—12日 国家中日环境示范城市检查团来渝检查重庆市项目准备工作,市政府副秘书长雷尊宇汇报了工作。检查团由国家环保局副局长王扬祖任团长,专家有:王汉臣、舒惠芬、夏光、刘鸿亮、魏复盛。市人大副主任肖祖修、市政协副主席张国忠出席汇报会,市长助理唐情林参加了考察团意见交换会议。

3月9—13日 局党组决定:成立3个考察小组,组长分别由副局长周百兴、张光辉,组织人事处副处长覃天英担任,对局机关现任处级领导干部和拟提任处级干部的人员进行考察,并先后共找了102人了解情况。

4月16日 局党组书记吉光树宣布该局处级干部任免通知,任命涂传益等16名处级领导,并对新任处级干部进行集体谈话。徐淑碧、张光辉、喻登荣等局领导参加了集体谈话。吉光树对处级干部提出了四项要求并约法十章。

4月18—19日 重庆市环境保护工作会议在渝召开。参加会议的有全市各区县政府分管领导和环保局局长、市级有关部门代表共196人,市人大副主任陈之惠、副市长李德水、市长助理唐情林等领导出席了会议并发表讲话。

4月27日 万元、新光、安定3家造纸厂,按照国家有关规定,全面停止化学制浆。

5月5日 重庆市的排污申报登记工作通过国家环保总局验收。

6月12日 市政协主席张文彬率领政协视察团视察市环保工作。吉光树、徐淑碧分别就全市的环境保护工作和中日环境合作示范城市日元贷款项目的情况向视察团做了汇报。

5月13—15日 重庆市环境保护监测工作会议召开。

5月18日 市委行文任命江时玉为市环保局党组成员、纪检组组长。

5月25日 市环保局的机关作风整顿工作顺利通过了市级验收。

是日 大足县生态农业试点县通过了市级验收。

6月1日 国家环保总局副局长祝光耀听取了重庆市环保工作情况汇报后,在重庆市进行了短暂考察。

6月5日 市环保局举行了纪念"6·5"世界环境日暨消除白色污染全民动手日活动。

6月21日 交通部、国家环保总局"保护长江资源"宣传月活动开幕式在重庆市举办。

6月14日 国家环保总局顾问王扬祖一行抵达万州区检查三峡库区的环保工作。

6月20日至7月9日 市环保局加强了高考期间建筑施工噪声管理,并于7月6—9日夜间组织执法人员进行了夜间巡查。

6月20日 市长助理唐情林召集市环保、工商、技监等部门负责人在市政府召开了推广无铅汽油工作会议,会议通报了推广无铅汽油的工作进展情况并对联合执法事宜做了部署。

6月29日 市人大举行《重庆市环境保护条例》发布会。市政府举行了"禁白""禁铅"的新闻发布会,决定从7月1日起两通告开始生效。

7月1日　市环保局吉光树等到上清寺等地宣讲《重庆市环境保护条例》。

是日　市长助理唐情林组织环保、技术监督、工商等部门检查了禁止使用含铅汽油和一次性塑制泡沫餐具的执行情况。

7月2日　世界银行第一期贷款项目工作会议在市环保局召开。

7月6—9日　局长吉光树到长寿、垫江、梁平等地进行调查研究,并与当地环保部门全体职工共同学习《重庆市环境保护条例》。

7月8日　市环保局召开创建卫生城市的环保工作会议,对完成创卫中的环保指标任务做出部署。

7月21日　市环保局会同市政局、市移民局、长航港监处等有关单位,研究实施"库区环保形象工程"的有关事宜。

7月22日　市环保局与美国纳西公司讨论环保国际合作交流事项。

7月23—24日　市环保局组织《重庆市环境保护条例》首期培训班,共有181人参加,市人大副主任陈之惠到会并讲话。

7月27日　受市政府委托,吉光树向市人大常委会做环保法律法规实施情况的汇报。

7月31日至8月7日　《重庆市环境保护条例》第二、三期培训分别在万州、武隆进行,两期共有190人参加。

8月3日　中日环境合作示范城市项目领导小组举行第二次会议。会议原则通过了优选项目、备选项目的确定以及"项目办"的工作程序等有关问题。

8月3—7日　中日环境合作示范城市项目日方专家委员会代表团来渝考察,对重庆市上报的6个优选项目逐一进行了审议提问。

8月10—11日　中日环境合作示范城市项目日方专家委员会第二次联合会议在北京举行。会议一致同意重庆市提出的6个优选项目。

9月7日　市委书记张德邻在万州移民开发区检查工作时指出:"根据国务院的指示和这次灾后的反思,我们要考虑移民、生产发展和生态环境保护相结合的问题。以牺牲环境为代价来安置移民这条路是走不通的。如果这样做,将来还要做二茬工作,后患无穷。总书记要求我们做好四件事,第四件就是生态环境保护。移民除了原来提出的'移得出、安得稳、能致富'外,还要增加生态环境方面的内容,这个问题解决了,才能一劳永逸,我希望这个问题引起我们的思考和重视。"

9月7—10日　全国人大重庆地区代表视察重庆三峡库区环保工作。9月7日,人大代表听取了市政府甘宇平副市长关于库区环保工作的情况汇报。8—9日视察了库区环保工作。10日,市政府领导听取了人大代表对库区环保工作的意见。市环保局副局长喻登荣参加了汇报会和听取代表意见的会议。

9月11日　国务院总理朱镕基、军委副主席迟浩田和国务院有关部委办局的领导,在渝州宾馆听取了市委、市政府关于洪涝灾害后的恢复重建工作和生态环境保护、建设工作的情况汇报。市环保局局长吉光树参加了汇报会议。

9月22日　重庆大学举行春晖计划活动开幕式,市环保局局长吉光树在会上做关于重庆市环境保护情况及对策措施的报告,并回答留学人员的提问。国家环保总局科技标准司副司长余德辉来渝参加了春晖计划活动,在此期间考察了市环科所、通用集团公司和珞璜电厂,并分别与吉光树、喻登荣、张光辉等局领导进行了交流。

9月24日　市环保局在渝北区召开了主城区"推广清洁燃料现场会",市长助理唐情林出席会议并讲话。

9月29日　市长蒲海清、副市长甘宇平及市级有关部门负责人在渝州宾馆听取了春晖计划工作团的汇报,会后,市环保局局长吉光树盛情邀请12位留学人员到市环保局座谈。

10月12—14日　厦门市环保局局长吴子琳、副局长谢海生一行5人抵渝,13—14日到对口支援单位——梁平县环保局考察,并援助20万元用于梁平县环保局办公用房建设。

10月21—23日　山东省环保局副局长徐刚一行3人抵渝,23日到对口支援单位——忠县环保局考察,并表示年底前援助忠县15万元用于加强忠县环保局自身建设。

10月27日　福建省环保局副局长郑更新率三明市、晋江市等环保局的领导一行5人抵渝,于次日赴对口支援单位——万州区天城环保局考察工作,并援助20万元用于天城环保局加强自身建设。

10月29日　市委副书记刘志忠召集会议,听取有关部门关于生态环境保护工作的汇报,并研究了召开全市生态环境保护会议的筹备工作。副局长徐淑碧参加了会议。

10月　市委组织部任命王力军为市环保局党组成员、局长助理。

11月16—18日　市人大组织对全市开展环境保护执法大检查。检查分三个组进行,分别由市人大副主任金烈、陈之惠和市人大城环委主任蔚立信带队,深入渝中区、永川市、璧山县和涪陵市、万州区抽查了污染治理和生态环境保护情况。吉光树、徐淑碧、周百兴等局领导参加。

11月18日　市人事局副局长杜再文率该局机关主要处室负责人到市环保局验收推行国家公务员制度试点工作。

11月19日　市监察局局长何事忠率工商局、劳动局、民政局等部门的有关领导一行24人到市环境保护局进行了行政效能试点的现场检查。

12月8日　世界银行贷款用于自身建设部分的空气质量监测仪器采购国际招标开标会在重庆小天鹅宾馆举行,美国、法国、日本等国家的8家公司参加了投标。

12月11日　空气质量监测仪器采购评标会议在南山花园酒店召开。

12月21日　市委书记张德邻在重庆市纪念党的十一届三中全会20周年大会上强调:"我市地处长江上游,防治区域特别是库区环境污染,保护和优化生态环境,责任重大,任务艰巨,必须坚持经济发展、城乡建设、移民迁建与环境保护同步规划、同步实施的方针,着力抓好污染治理和水土保持工作,大搞植树造林,保护植被,搞好长江上游重庆辖区特别是三峡库区的生态工程建设,把我们共同的长江和美好的家园建设好、治理好、保护好,实现经济社会的可持续发展。"

12月21—22日　重庆市第一个申报环境保护模范区县的渝北区,经过专家评审并通过验收。

12月24日　《重庆市自然保护区发展规划(1998—2010年)》经专家评审并获得通过。

12月25日　市环保局召开环保执法检查情况汇报会,由市环保局抽调参加市人大常委会环保执法检查的人员汇报了三个执法检查组的检查情况。

是日　《重庆市长江三峡库区水污染防治条例》《重庆市控制机动车排气污染管理办法》通过拟定、反复征求意见、修改等程序,历时半年,完成送审稿。

12月29日　国务院总理朱镕基和国务院有关部委办局的领导在重庆渝州宾馆听取了市委、市政府关于三峡移民工作及库区生态环境保护与建设情况的汇报。市环保局局长吉光树参加。

12月30日　市人大副主任陈之惠率市人大城环委和渝中区人大、区政府、市公用局、市环保局有关领导对大溪沟饮用水水源保护区标志设置情况进行了检查。这是对当年环保执法检查提出的整改问题的跟踪督察。

1999年

1月4日　副市长甘宇平主持召开了中日环境合作示范城市项目领导小组会议。市长助理唐情林、市政府副秘书长雷尊宇、市环保局局长吉光树及副局长徐淑碧,以及有关部门的负责人参加了会议。

1月11日　市长助理唐情林主持召开了禁止使用含铅汽油、推广无铅汽油工作情况汇报会,会议对1998年禁止使用含铅汽油的工作做了总结,对1999年无铅汽油的推广工作做了具体部署。市环保局副局长周百兴、喻登荣参加了会议。

1月12日　市环保局局长吉光树主持召开了渝北区创建重庆市环境保护模范区验收会,会议一致同意上报市政府命名渝北区为重庆市环境保护模范区。

1月13日　市环保局召开座谈会,副局长徐淑碧与联合国环境署专家就重庆市生态环境问题进行了座谈。

1月26日　重庆市1998年环保世纪行表彰大会在市环保局召开。局长吉光树、副局长张光辉参加了大会。

2月8日　重庆市环境监测中心、重庆市环境科学研究院正式成立,市环保局局长吉光树主持了挂牌仪式。

2月10—11日　市环保局领导分别到近郊区环保局进行春节前慰问。

2月25—26日　重庆市环境保护工作会议在渝州宾馆召开。参加会议的有全市各区县政府分管领导、环保局局长和市级有关部门代表共196人。市委副书记、副市长甘宇平和市人大常委会副主任陈之惠、市长助理唐情林等领导出席了会议并发表了讲话。

2月27日　重庆市委召开第38次常委会议。会议决定重庆市生态环境建设主要应抓好如下几件事:(1)加大宣传教育的力度,形成新闻舆论监督,提高全民的环境保护意识。(2)加大执法力度,打击一切破坏环境的违法犯罪行为。(3)新的城市建设特别是小城镇建设,要与生态环境保护和建设同步规划、同步施工、同步建设、同步检查。(4)加强领导,成立由市长任组长,有关分管副市长任副组长,计委、建委、环保等部门为成员的全市生态环境建设领导小组。市委、市政府每年分别至少要开专题会研究一次生态环境建设问题。

3月1日　市长助理唐情林主持召开了长江沿岸垃圾处理整治协调会议。市环保局副局长喻登荣及有关部门参加了会议。

3月8日　日本善邻协会代表、日本国安田火灾株式会社在重庆扬子江假日饭店举行捐赠仪式,向重庆市捐赠600万日元(分年支付),用于贫困地区的生态环境保护。市环保局局长吉光树、副局长徐淑碧出席捐赠仪式。

3月12—14日　市环保局局长吉光树参加在京召开的全国环境保护工作会议和中央人口、资源、环境工作汇报会议。

3月17日　南泉采石厂状告市环保局诉讼案在重庆市第一中级人民法院开庭审理后,中院宣判市环保局胜诉。

3月22—26日　市长助理唐情林率领市环保局等部门一行14人,深入梁平县检查龙溪河上游的污染情况。

3月29日至4月3日　由国家环保总局、中国技术进出口总公司主办,市环保局承办的第二届全国日元贷款技术与信息交流会在重庆举行并获得圆满成功。

3月31日　重庆市区县环保局局长暨环境监测、宣传教育工作会议在渝北宾馆召开。

4月5日　市政府召开长江沿岸垃圾整治会,市环保局副局长喻登荣参会。

4月12日　副市长甘宇平、市长助理唐情林视察桃花溪,对桃花溪流域综合治理的体制、目标、组织保证、资金来源、规划可行性研究等提出了明确的要求,强调在2003年必须根治全流域污染,完成相应河道整治。市环保局副局长喻登荣随行。

4月14日　市长蒲海清在桃花溪现场办公,再次强调该届政府要让桃花溪水变清。市环保局副局长张光辉参加。

4月14—19日　国家"控制白色污染"联合执法检查组来渝,开始为期一周的执法检查。市长助理唐情林、市政府副秘书长雷尊宇、市环保局局长吉光树及副局长喻登荣参加了汇报会。15日起沿长江而下,对涪陵、丰都、万州、巫山等地控制白色污染的情况进行了检查。19日,根据检查的结果,国家环保总局副局长汪纪戎对重庆市控制白色污染、整治固体废弃物的成绩给予了肯定,并对下一步的工作提出了几点意见。

4月19日　市政府第37次常务会审议并原则通过市环保局、市计委《长江上游(重庆部分)水污染整治规划》和《重庆自然保护区发展规划》。

4月22日　市长助理、市环委会副主任唐情林在市政府二楼四会议室主持召开了重庆市环境保护委员会一届二次全委会议。市委副书记、副市长、市环委会主任甘宇平,市政府副秘书长、市环委副主任雷尊宇,市环委会委员及成员单位代表等参加了会议。

4月27日　在重庆治理长江白色污染总结会上,副市长甘宇平、市长助理唐情林对工作进行了总结,并对下阶段的工作做出部署。

4月30日　唐情林主持召开了桃花溪综合治理工作会,对桃花溪河道清淤、垃圾清理、污染治理三大块工作进行分工,明确了对口负责的原则。

5月11—13日　市环保局局长吉光树主持召开会议,对重庆水泥厂老厂、重庆嘉陵化工厂、渝港钛白粉公司的环境污染问题进行了专题研究,有关局领导及有关人员参加了会议。

5月16日　《重庆市环境保护办事指南》经市政府审查批准,正式印发。

5月19日　市人大副主任陈之惠率队在重庆水泥厂进行了调查研究,旨在帮助国有困难企业早日脱困。市环保局局长吉光树参加了调研。

5月25—26日　市环保局局长吉光树主持召开会议,对重庆造纸厂、重庆西泉造纸厂的环境污染问题进行了专题研究,有关局领导及有关人员参加了会议。

是日　吉光树还会见了日本海外协力资金会理事一行,就中日环境合作示范城市项目的有关问题与日方进行了友好会谈。副局长徐淑碧参加。

5月28日　市环保局与市妇联、市级机关党工委在重庆市劳动人民文化宫举行了"让环境走进生活报告会",全市市级机关女职工共有1000多人参加了报告会。会上为抵制使用一次性塑料袋而制作的10000多个可重复使用的尼龙袋销售一空。

6月1日　市政协召开城环委委员会议,城环委副主任、市环保局副局长徐淑碧参加。

6月8日　西南师范大学举行资源环境学院成立大会。副局长周百兴应邀出席并做讲话。

是日　重庆市首家环境绿色学校通过了评估验收。副局长张光辉参加。

是日　重庆市"双达标"动员暨环境保护模范区命名表彰电视电话会议在市电信局举行。会议由市长助理唐情林主持,市委副书记、副市长甘宇平为市的第一个环境保护模范区——渝北区授牌,并做了讲话。市环保局局长吉光树对"双达标"工作做了部署,副局长徐淑碧、周百兴、喻登荣、张光辉及局纪检组组长江时玉参加。

6月9日　市委副书记、副市长甘宇平在市政府主持环保工作专项会议,听取了市环保局关于环境保护有关问题的汇报,研究了进一步加强环保工作的措施。市长助理唐情林、市政府副秘书长雷尊宇参加了会议。

6月10日　市环保局与世界银行城市发展研究调研团举行会谈。市环保局副局长徐淑碧参加。

6月19—25日　国家环保总局在桂林举行领导干部可持续发展战略研讨会议。市政府副秘书长雷尊宇、市环保局局长吉光树参加。

7月13日　渝北区召开创建环保模范区表彰暨"一控双达标"动员大会。市环保局局长吉光树出席了会议,并做了讲话。

7月14日　市环保局纪检组组长江时玉主持召开了由有关处室参加的局系统防汛抗旱工作会议,传达了中央和市里的防汛抗旱工作会议精神,局系统防汛抗旱工作做出了周密部署。

7月15日　市环保局副局长周百兴赴南川对金佛山自然保护区的保护情况进行检查。

7月23日　成都市环保局局长吴松柏率领有关人员来渝学习环境管理方面的经验,重点考察了渝北区创建全市的第一个环保模范区的成功做法。

7月26—30日　市环保局机关全体干部进行了为期一周的普通话培训,并顺利地通过了考核。

8月3日　市人大代表视察东方化工厂的污染治理情况。市环保局局长吉光树、副局长喻登荣陪同前往。

8月4日　市政协视察重庆市饮用水水源的保护工作。市环保局副局长徐淑碧、喻登荣陪同前往。

8月10日　市环保局副局长徐淑碧赴京参加国家环保总局召开的环保"十五"规划工作会议。

8月12日　市人大组织视察医院污水的治理情况。市环保局副局长喻登荣同前往。

8月15—17日　国家环保总局副局长祝光耀一行4人来渝检查自然保护区和农村生态环境保护的情况。市政府副秘书长雷尊宇,市环保局局长吉光树,市环保局副局长徐淑碧、周百兴参加并分别汇报了有关工作情况。

8月16日　国家环保总局日贷办来渝检查市日元贷款示范城市项目的工作进展情况,副局长徐淑碧汇报了有关工作的进展情况。

是日　市政府第37次常务会审议并原则通过了市环保局《在我市酸雨控制区和SO_2污染控制区开始征收SO_2排污费的请示》。会议决定从1998年1月1日起,对污染控制区内企事业单位每吨燃煤征收0.2元二氧化硫排污费。市环保局局长吉光树参加了会议。

8月20日　渝中区的市人大代表视察重庆市"两江"水环境保护情况,督促有关企业加大力度防治污染,保护好饮用水水源。市环保局局长吉光树报告了"两江"水环境保护的工作情况,并陪同参加了视察。

8月24日　国家环保总局人事司就环保双重管理体制问题来渝进行调研,并与市委组织部、市编委进行了座谈。市环保局局长吉光树、副局长张光辉参加了座谈会。

8月25日　市政府召开了长江水污染防治协调工作会,市环保局副局长喻登荣参加会议。

是日　市政府召开全市创卫迎检工作会议,就创卫的有关问题进行部署。市环保局局长吉光树参加了会议。

9月3—6日　农工民主党中央主席、全国人大常委会副委员长蒋正华率团来渝就重庆库区水环境保护进行视察。市环保局副局长喻登荣为该团成员,局长吉光树陪同视察。

9月13日　市环保局会同市监察局赴黔江开发区就排污费的征收情况进行检查,纠正了该区在征收排污费过程中的一些错误行为。

9月14日　唐家桥污水处理厂正式通过市级验收。市环保局副局长周百兴参加验收。

9月15日　澳门地区全国政协委员来渝视察,市环保局局长吉光树、局长助理王力军陪同。

9月15—20日　重庆市创卫迎检工作全面展开,国家环保总局检查团来渝听取了市环保局关于环境保护工作有关问题的汇报后,肯定了重庆市环保工作取得的成绩,就进一步加强环保工作提出了一些建设性意见。副市长甘宇平、市长助理唐情林参加汇报,市环保局局长吉光树、副局长徐淑碧参加了全程检查。

9月19—21日　市环境监测中心以优异成绩通过了国家环保总局组织的环境监测资质认证考核。

9月30日　市环保局举行"庆国庆,迎回归"联欢会,全体机关干部参加。

10月10日　城口县举行日本捐赠200万日元用于生态环境保护示范林工程项目的转赠仪式,市环保局局长吉光树和城口县县长向和平代表双方在协议书上签字。

10月18日　南川市举行日本国际善邻协会资助南川市102.6亿日元用于该市生态环境建设的转赠签字仪式。市环保局副局长徐淑碧参加了签字仪式。

10月21日　市环保局以"讲学习、讲政治、讲正气"为主要内容的"三讲"教育拉开了帷幕。上午,由市环保局党组副书记、副局长徐淑碧主持召开动员大会,党组书记、局长吉光树做动员报告,市委派驻巡视组组长李有国做了讲话。机关、监理大队全体职工及局属单位负责人100余人参加动员大会。

11月1日　市政府法制办公室组织部分专家对《三峡重庆库区水污染防治条例》进行论证。市环保局副局长徐淑碧参加论证会。

11月11日　由国家环保总局投资,重庆市环保局负责承建的长江朱沱水质自动监测仪建成并投入试运行,自动监测上报水温、pH酸碱度、溶解氧、电导率、氨氮、TOC(总有机磷含量)、COD(化学需氧量)等数据,加强了对长江流域省界断面水质变化和污染物出境总量等情况的监控。

11月12日　重庆市委、市政府在"三讲"教育整改方案中提出要切实加强环境保护工作,搞好生态环境建设与保护,并提出了每年定期听取环保部门的汇报等6条具体的整改措施。

11月17—18日　市政协主席张文彬率领市政协生态环境保护视察团视察重庆市的环境保护工作。市环保局局长吉光树向视察团汇报了重庆市直辖以来的环境保护工作的进展情况,副局长徐淑碧陪同视察。

11月22日　市的地面水域功能区划工作已全部完成,全市有地面水域功能区划任务的37个区市县(自治县)均出台了辖区内地面水域适用功能类别划分规定文件。

11月23—28日　国家环保总局、监察部联合检查团来渝对市政府贯彻执行《国务院关于环境保护若干问题的决定》的情况进行检查。市环保局局长吉光树、副局长喻登荣、局长助理王力军陪同参加了检查。

11月24日　"三峡库区环境科学研究中心"挂牌仪式在市环境科学研究院举行,市环保局副局长张光辉出席挂牌仪式。

12月2日　重庆市金佛山自然保护区顺利通过了国家级自然保护区的评审,成为重庆市第一个国家级的自然保护区。

12月16日　市环保局组织"迎澳门回归文艺节目会演",全市环保系统300多名干部职工观看了演出。

12月22—23日　部分在渝的全国人大代表视察重庆市的环保工作。代表们听取了局长吉光树对重庆市环境保护工作情况的汇报后,前往东风化工厂、渝钛白公司等地做实地视察。副局长徐淑碧、喻登荣陪同参加。

12月23日　市环保局召开部分重点企业"双达标"工作会议。会上交流了一些企业的"双达标"工作经验,部署了下一阶段的任务。会议由副局长喻登荣主持,局长吉光树做重要讲话。

2000 年

1月7日　由市环保局党组副书记、副局长徐淑碧主持召开"三讲"教育总结大会,党组书记、局长吉光树做总结报告,市委派驻巡视组组长李有国做了讲话,肯定了该局"三讲"教育所取得的成绩。历时3个月之久的市环保局局级领导班子和领导干部的"三讲"教育圆满结束。

1月8日　市政府在市环保局召开环保工作专题会议。市委副书记、代市长包叙定，市委副书记、常务副市长王鸿举，市委副书记、副市长甘宇平，副市长吴家农，市政府秘书长刘成义，市长助理唐情林，副秘书长吴连帆、雷尊宇、傅钟鼎及16个市级部门的主要领导出席会议，听取了全市环保工作情况汇报，研究解决了重庆市环保工作急需解决的重大问题。会后，市政府印发了《关于环境保护工作有关问题的会议纪要》。

1月13—15日　重庆市2000年环境保护工作会议在蓝箭宾馆召开，来自各区县环保局的200多名代参加了会议。

1月22—24日　国家环保总局副局长宋瑞祥一行6人来渝考察重庆市环保装备产业化生产基地建设工作情况。

2月14日　副市长陈际瓦到市环保局调研。

2月23—24日　市委书记贺国强，市委副书记、副市长甘宇平，市委常委、秘书长滕久明及市级有关部门的负责人一行，考察了市主城区有代表性的几个点的环境保护工作，并在市环保局召开了市委环保工作座谈会，听取了吉光树关于全市环保工作的情况汇报。贺国强做了重要讲话。会后，市委印发了《重庆市环境保护工作座谈会会议纪要》。

2月24日　市人大副主任周建中到市环保局听取了全市环保工作情况的汇报，要求把加强环境保护法制建设作为重庆市环境保护工作的指导思想，努力推进环保工作的法制化。

2月25日至3月6日　市环保局局长吉光树和几位副局长分别带队，到全市43个区县，宣传贯彻贺国强、包叙定对环境保护工作的重要指示精神，并督促检查了"一控双达标"等工作。

3月7日　市政府发布《关于实施清洁能源工程严格控制大气污染的通告》。

3月14日　市政府出台《关于在重庆市部分区域内实施清洁能源工程建设的实施方案》。

3月21日至4月2日　贺国强、包叙定率重庆市党政代表团赴上海、天津、北京3个直辖市进行为期10天左右的访问，局长吉光树随团考察。

3月23日　由副局长徐淑碧主持召开重庆市环保执法研讨会。各区县环保部门、市高级人民法院的有关人员共40余人参加了会议。市人大副主任周建中出席会议并做了讲话。

3月27—28日　市环保局、市劳动局组织了清洁能源的工程技术与产品交流展示会，来自全国各地的42个燃气、燃油设备生产厂家在展示会上充分展示了自己的设备和技术，为锅炉业改造单位选择安全、质优、价廉的产品与技术提供了一个机会。

3月28日　市环保局、市监察局联合出台《关于违反环境保护法律法规行政处分的暂时规定》，并于即日起开始施行。

4月17—22日　国家环保总局副局长王心芳一行10人来渝，就长江三峡库区水污染治理和国家环保"十五"规划进行了为期5天的考察和调研。

4月18日　重庆市召开2000年环境保护技术与准备展览会，共有国内外50多家企业参展。市环保局副局长张光辉出席开幕式并做讲话。

是日　重庆市环保系统行风评议工作拉开了帷幕。上午，由市环保局党组副书记、副局长徐淑碧主持召开动员大会，党组书记、局长吉光树做动员报告。机关、监理大队全体职工，近郊区环保局局长及局属单位负责人100余人参加大会。

4月20日　市政府批准重庆市2000年环境保护"一控双达标"实施方案。

4月25日　市政府召开中日环境合作示范城市项目工作会议，听取"日元贷款项目办公室"关于日元贷款项目进展情况的汇报，确定了增选项目。吉光树、徐淑碧参加了会议。

9月11—18日　市环保局局长张绍志去市委党校参加区县和市级部门党政主要领导研讨班学习。

9月14—17日　市政府分别在广场宾馆和涪陵宏声度假村召开"一控双达标"片会。各区县政府分管领导、环保局局长和市级有关部门分管领导参加，副市长陈际瓦做了讲话。

9月18日　市人大副主任金烈、康纲有及各专委会领导在市人大307会议室听取了市环保局局长张绍志关于环境保护工作情况的汇报。

9月22—29日　市环保局机关经过竞争上岗演讲、民主测评、公示、双向选择、党组集体研究，完成了机构改革"三定"工作，任命了机关各处室、监理大队、后勤服务中心的领导27名。

9月25—30日　日本国际协力银行专家代表团来渝对中日环保合作示范城市项目进行最终评估，中日双方签订了备忘录，确定重庆发电厂烟气脱硫、天然气加气站和重庆市重点污染源自动监控系统3个项目的贷款额度为32.59亿日元。

10月9日　市环保局举行第一个局长接待日，并确定从10月起，以后每月第1个星期一为局领导接待日。

10月18—19日　市环保局局长张绍志陪同市委书记贺国强会见英国副首相普雷斯科特，19日上午参加英国副首相来渝访谈会。

10月21日　三峡库区生态环境保护工作座谈会在宜昌召开。全国人大常委会副委员长邹家华做了重要讲话。市人大副主任金烈、市环保局局长张绍志参加会议并汇报了重庆市生态环境保护工作情况。

10月24日　市公安局、市环保局联合召开机动车排气污染防治工作会。局长张绍志、巡视员喻登荣参加会议。

11月7—11日　市人大常委会组织了为期5天的环保专项执法检查。检查的主要内容包括"一控双达标""清洁能源工程"、医院污水治理、新污染控制等情况。市人大常委会主任王云龙担任检查组组长。

11月17—19日　国家环保总局、监察部联合对重庆市贯彻落实《国务院关于环境保护若干问题的决定》的情况进行执法检查。17日、19日上午，市政府副秘书长雷尊宇主持汇报会和交换意见会，张绍志、市监察局副局长杨颖嘉等向检查组汇报了重庆市环境保护工作情况。国家环保总局副司长牟广丰代表检查组对重庆贯彻落实国务院决定所做的工作和取得的成效给予了充分肯定。

11月20日　市委组织部副部长张远林、市委统战部副部长彭永辉到市环保局宣读陈万志任环保局副局长的任命通知。

11月23日　市环保局在局四会议室召开了市级主管部门"一控双达标""清洁能源工程"工作督办会。

11月30日　副局长徐淑碧主持召开嘉陵江船舶噪声污染控制协调会。重庆港监、渔政、长江港监等部门参加了会议。

是日　市政府召开重庆市2000年行风评议评估大会，市环保局以11票优秀、37票合格、无不合格票的成绩被评为合格等次。

12月6日　市环保局召开主城区"清洁能源工程"调度会，主城各区环保局参加会议。

是日　重庆市环境保护工程设计研究院召开转制职工动员大会。环保局副局长曹光辉、巡视员周百兴参加了会议。

12月14—15日　广东省环保局局长袁征一行到巫山开展对口支援工作，并参加了巫山县环保局综合大楼奠基仪式。市环保局副局长王力军陪同前往。

12月15日　市政府在重庆发电厂礼堂举行重庆市主城区四大污染源关停仪式。市长包叙定在会上宣布，重庆发电厂2台5万千瓦机组、重庆龙章铜版纸厂化学制浆车间、重庆市市政沥青厂从2000年12月15日17时正式关闭，重庆水泥厂老厂从12月20日关停。市环保局副局长徐淑碧在大会上做了发言。

12月20日　市环保局副局长王力军主持召开空气质量预报工作会,市气象局、环科院参加了会议,确定从2001年6月5日起开展主城区空气质量预报。

12月29日　市环保局在此次机构改革中有王雪飞等9人符合提前离岗条件,局党组为这9人举行了欢送会。

是日　经公开招聘考核,原四川省环保局国际合作处处长张勇被市委组织部任命为重庆市环保局副局长、局党组成员。

2001年

1月4日　市环保局局长张绍志主持召开重庆市市级自然保护区评审委员会会议。会议审议通过了《重庆市市级自然保护区评审委员会组织工作制度》,还通过了黔江小南海和奉节天坑地缝为市(省)级自然保护区。市政府副秘书长雷尊宇到会讲话。

1月8日　市人大副主任周建中率城环委领导到市环保局听取工作汇报。

1月8—11日　副局长曹光辉赴京参加全国环保厅局长会议。参会代表受总理朱镕基接见。

1月10—16日　张绍志列席市人大一届四次会议。

1月11日　市委、市政府召开首次重庆市人口资源环境工作座谈会。市委、市人大、市政府、市政协主要领导及市级部门主要负责人、各区县党政一把手参加了会议。贺国强、包叙定分别做了重要讲话。张绍志在会上就环境保护工作做了发言。

1月19日　市委副书记、副市长甘宇平率市政府副秘书长王耘农、市环保局张绍志到国家环保总局汇报工作。总局局长解振华、副局长汪纪戎及有关司长听取汇报后,表示将在三峡库区水污染治理、对口支援、环保监测能力建设等方面予以重点支持。

1月19日　按照市人事局的统一部署和安排,市环保局对6名报考"环境规划管理"职位的考生进行了面试。最后确定了笔试、面试总成绩最高的邓小滂为拟录用对象,参加体检和政审。

1月21日　局机关、监理大队、监测中心(环科院)、工程院、机关后勤服务中心、教育培训中心职工共350余人在江北区第18中学举行了隆重的重庆市环保局系统迎春游园活动。

2月5—9日　受市政府委托,市环保局和市监察局联合组成12个核查验收组,对全市40个区县和两个开发区的"一控双达标"和"清洁能源工程"工作进行核查验收。

2月12—13日　市2001年环境保护工作会议在渝州宾馆新俱乐部召开。市委、市人大、市政府、市政协领导和市级有关部门分管环保工作的领导,各区县政府分管环保工作的领导、环保局局长,部分市属企业主要负责人共200余人参加了会议。

2月13日　在渝九届全国政协委员沿长江、嘉陵江视察了重庆市主城工业废水、城市污水和城市垃圾的污染问题及整治情况,市政协主席张文彬主持召开了三峡库区环境保护问题座谈会,市环保局副局长徐淑碧做了关于三峡库区环境保护情况的汇报。

2月22日　国家环保总局副局长王心芳等一行人,在渝州宾馆就三峡库区污水处理厂、垃圾处理场和绿色工程项目规划、建设问题,听取了市环保局局长张绍志和市级有关部门的汇报,并与市委副书记、副市长甘宇平交换了意见。

3月12日　市环保局局长张绍志列席中央人口资源环境工作座谈会。

3月13—14日　重庆市召开全市第一次电磁辐射及放射环境监督管理工作会。各区县环保部门、市级有关部门和部分科研院所共80多人参加会议。市环保局副局长王力军到会讲话。

3月15—22日　重庆市组织对各区县党政一把手和市级各部门主要领导进行环保专项考核。考核由市委办公厅、市政府办公厅牵头,市委组织部、市人大城环委、市政协城环委、市监察局、市环保局、市委督查室、市政府督查室等单位抽人组成环保专项检查考核组,分5路进行考核督查。

3月26日　市环保局在重庆锅炉厂召开清洁能源工程现场座谈会。2001年有燃煤锅炉改造任务的区县环保局(办)主要领导,市经委有关领导,市机电控股集团、重庆锅炉总厂主要负责人及相关人员参加了会议,市行评代表应邀出席了会议。

3月27日　市环保局召开全市环保局局长会议,各区县环保局局长、局属各单位主要负责人、机关各处室负责人参加了会议。

4月6日　市环保局机关党委在局顶楼会议室召开换届选举大会。曹光辉代表上届机关党委做工作报告。大会选举出徐淑碧、林定恕、李阳熙、许布策、张智奎、徐渝、高晓渝等7位局机关党委委员。

4月11—15日　市区县和市级部门党政主要领导干部培训班第三期在香港举行。张绍志参加培训。

4月11—20日　市委副书记、副市长甘宇平到三峡库区考察移民工作,副局长曹光辉陪同前往。

4月17—20日　国家环保总局纪检组组长曾晓东来渝考察工作,纪检组组长江时玉陪同。

4月18日　局长张绍志、副局长张勇、巡视员吉光树及局办公室、污管处负责人到渝中区,与区委书记刘隆柱、区长洪天云及有关部门、单位的负责人等,重点就新华化工厂、重庆干电池总厂等工业企业的"退二进三"问题进行研究。

4月19日　市政府副秘书长雷尊宇检查主城区"清洁能源工程"进展情况。

4月28日　市政府在市政府常委会议室召开环境保护工作专题会。市环保局局长张绍志汇报了主城区大气污染、城市环境综合整治定量考核及2001年全市环境保护有关工作。市长包叙定主持会议并做了重要讲话。

4月28—29日　市环保局召开全市建设项目环境管理暨环境监察工作会。各区县环保局、局属各单位及环保局有关人员参加会议。

5月10日　市环保局召开重庆市环境形势分析会。市环科院、重庆大学、重庆钢铁设计研究院、第三军医大学等单位的专家和市环保局处级以上干部40余人参加了会议。

5月23日　国家环保总局、经贸委、监察部、林业局联合召开全国打击环境违法活动电视电话会议。市委副书记、副市长甘宇平及市级有关部门的领导,各区县政府分管领导及有关部门的负责人参加了会议。

5月23—24日　国家环保总局秸秆禁烧检查组来渝实地检查重庆市的秸秆禁烧工作。

5月30日　市环委会召开2001年第一次会议。会议听取了市环保局关于《重庆市环境保护第十个五年计划纲要》《重庆市生态环境现状调查报告》和《重庆市严肃查处环境违法行为专项行动方案》的汇报,并进行了审议。

6月3日　由市委宣传部、市环保局、市精神文明办公室共同组织的"重庆市新世纪绿色文明行动启动仪式"在朝天门广场举行。市委副书记、副市长甘宇平,市委常委、宣传部部长邢元敏,市人大副主任冯克熙,市政协副主席黄立沛,市级有关部门、驻渝部队、中小学生以及社会各界代表共4000余人参加了活动。活动的主题是"保护生态环境,倡导绿色文明"。甘宇平做讲话,张绍志带领现场群众进行宣誓。

6月4日　市环保局举行《重庆市2000年环境状况公报》发布会,通过新闻媒体正式发布《重庆市2000年环境状况公报》。公报主要反映水环境、大气环境、固体废物、城市噪声、辐射与放射环境、园林绿化、耕地与农业生态、森林与草地、自然保护与生物多样性、气象与自然灾害、人群健康11个方面的内容。

6月5日　由市教委、市环保局、重庆环境科学学会联合主办的第三届重庆市中小学生环境征文竞赛(艳阳杯)活动圆满结束并召开颁奖大会。征文竞赛活动主题是"绿色奥运,绿色世纪",38个区县的60多万名中小学生参加了这项活动。经过认真评选,评出一等奖15名,二等奖30名,三等奖60名。

是日 主城区空气质量预报正式在重庆卫视、重庆人民广播电台播出,同时在《重庆晨报》上刊载。

6月11—16日 全市组织7个组,分赴各区县,对严肃查处环境违法行为专项行动情况进行检查。

6月12日 广东省环保局到巫山县开展对口支援工作,给予40万元的资金援助。

6月18日 重庆市环境监察总队正式挂牌。经重庆市机构编制委员会批复同意,重庆市环境监理大队更名为重庆市环境监察总队,编制由30名增加到50名,经费渠道为财政拨款。

6月19日 市委、市政府召开环保专项检查考核汇报会,张绍志代表市委、市政府环保专项检查考核组汇报了对全市各区县党政一把手环保实绩考核和对市级有关部门2000年环保工作专项检查考核的情况,市委副书记、副市长甘宇平听取汇报后做了讲话。

6月26日 局机关党委在局顶楼会议室召开纪念建党80周年部分党员座谈会。

6月29日 张绍志主持召开市环保系统博士座谈会,听取了博士(含博士生)对环保工作的建议和意见,勉励大家在各个岗位上为重庆市环保工作再立新功。

6月30日 市环保局在市委小礼堂隆重举行重庆市环境保护局系统庆祝建党80周年活动。市委副书记、副市长甘宇平,市人大城环委主任蔚立信、市政府副秘书长雷尊宇等领导及行评代表出席会议并为受表彰的先进单位和个人颁奖。

是日 主城区"清洁能源工程"全面完成。

7月2日 市信访办、市监察局、市环保局联合在市环保局四会议室召开会议,专题研究重棉一厂锅炉改造及处罚有关问题。

7月6日 由市环境宣传教育中心与西南师范大学联合举办的环境科学专业研修班举行开学典礼。副局长陈万志出席典礼并讲话。

7月10—12日 市环保局在嘉陵宾馆举办污染治理企业资质培训班。副局长张勇出席并讲话。

7月11日 重庆市环保科研监测基地建设监理招标评标在五环招投标公司进行。局长张绍志、副局长曹光辉、纪检组组长江时玉及基建办参加。

7月12日 主城区"清洁能源工程"工作小结会在永川召开。张绍志、徐淑碧、王明吉及主城各区环保局局长参加会议。

7月17日 按照副市长王鸿举的批示,市环保局会同国土资源与房屋管理局、市广电局、市工商局、市公安局到南岸区政府,共同研究地球卫星站周围采石场关停事宜。局长张绍志参加会议。

7月17—20日 市环保局与市监察局组成联合检查组,对江北、合川、梁平等地的查处环境违法行为专项行动工作进行督查。

7月20日 局长张绍志、副局长陈万志接待中华环保世纪行采访团。

7月23日 市委召开常委扩大会,传达国务院三峡移民暨对口支援工作会议精神,研究了重庆市的意见,决定分别成立重庆市三峡库区水污染防治领导小组和三峡库区地质灾害防治领导小组。

7月25—26日 重庆市环境监测工作会议在万州区召开。副局长张勇出席会议并讲话。

8月2日 市环保局在涪陵区宏声度假村召开区县环保局局长会议,布置三峡库区水污染防治规划编报事宜。局长张绍志、副局长张勇参加会议。

8月6日 市委副书记、副市长甘宇平一行到市环保局现场办公,听取了局长张绍志关于2001

年上半年环境保护工作的情况汇报,研究了有关工作,并对下一步的工作提出了要求。

8月7日　市环保局副局长张勇组织召开三峡库区水污染防治规划编制工作启动会。

8月12—18日　国家环保总局监督管理司副司长牟广丰一行对三峡库区水污染防治项目进展情况进行检查。副局长曹光辉陪同前往。

8月15—19日　以国家环保总局监督管理司司长祝兴祥为组长,国家环保总局、铁道部、监察部和中央电视台等单位联合组成环保执法检查组,对重庆境内渝怀铁路建设中落实生态环境保护措施的情况进行检查。副局长徐淑碧陪同前往。

8月23日　国家环保总局在北京召开三峡库区水污染防治规划研讨会,张勇参加。

9月2日　局长张绍志率领局领导班子全体成员到重庆大学,与书记祝家麟、校长吴中福、副校长罗固源等就加强局、校合作,搞好重庆环保工作等进行了广泛深入的座谈。

9月3日　副局长徐淑碧参加全国政协环保会议。

9月12日　市委副书记、副市长甘宇平率市级有关部门人员对渝中区"清洁能源工程"完成情况进行验收。

9月9—17日　张皓若率全国人大常委会检查组来渝检查重庆市《水污染防治法》执行情况。副局长曹光辉陪同。

9月12—19日　国家环保总局副局长王心芳一行就落实国务院三峡移民对口支援工作会议精神,对重庆三峡库区水污染防治规划项目进行实地考察。9月19日上午,检查组与甘宇平和市级有关部门交换了意见并听取了三峡库区水污染防治规划编制的汇报。副局长张勇陪同调研检查。

9月19日　局党组成员、纪检组组长江时玉带队到万州五桥走马镇开展扶贫工作。

9月23日　綦江县篆塘镇綦江化工搪瓷厂氯氧化锑沉淀池渗漏,造成珠滩镇沿河村民的饮用水被污染,致19位村民中毒住院,门诊就诊病人达119人。綦江县未及时报告。

9月27日　国家三峡库区水污染防治领导小组及办公室成员会议在京召开。原则通过了国家环保总局组织编制的重庆市三峡库区水污染防治规划,待报国务院批准后实施。重庆市委副书记、副市长甘宇平,市环保局局长张绍志,副局长张勇参加。

10月8日　中国环境使者考察团抵重庆,局长张绍志到红楼宾馆会见考察成员并介绍重庆市环境保护有关情况。

10月9—12日　西南六省七方会议在成都举行,副局长张勇随同重庆团参会。

10月10日　国家环保总局司长祝兴祥一行到南川检查开发建设环境保护管理工作。副局长曹光辉陪同前往。

10月17—23日　中日技术合作酸雨、二氧化硫污染控制技术及管理培训班在嘉陵宾馆举行。全国各地环保局从事酸雨研究的监测科研人员60余人参加了培训。副局长陈万志出席开班典礼。

10月18日　市三峡库区水污染防治领导小组在长寿召开会议,通报了国家三峡库区水污染防治领导小组第一次会议有关情况和《重庆市三峡库区水污染防治规划》、库区实施第一批水污染治理项目及库底清理工作的进展情况,讨论和审议《重庆市三峡库区水污染防治领导小组工作意见》。

10月22—24日　全国环保重点城市环保局局长座谈会在天津召开,总局局长解振华到会讲话。局长张绍志参加会议。

10月23日　中日固废处理及资源化技术讨论会在人民宾馆进行。副局长徐淑碧参加会议。

是日　全国环境统计软件培训会在雾都宾馆召开。

10月24—29日　市环保局在嘉陵宾馆举办全市环保局局长研讨班。机构改革后各区县及万州龙宝、天城、五桥,市经开区、高新区环保局(办)局长(主任)45人参加。市环保局6位局领导亲自授课。

10月26日 秀山县汞矿渣坝发生坝垮塌,导致9000余吨渣浆外泄,进入溶溪河,致使坝区下游及溶溪河溪口段较大流域被污染。副局长曹光辉率监察、监测人员赶赴现场,采取应急措施控制污染,并及时报告市政府和国家环保总局。

10月29日 副市长黄奇帆、副秘书长雷尊宇一行4人到市环保局调研工作。在听取了市环保局基本情况及主要工作情况的汇报后,黄奇帆对下一步的工作提出了要求。

11月2日 市环保局在嘉陵宾馆举办市环保系统生态环保培训班。局机关各处室及有关区县环保局的人员参加培训,副局长陈万志出席并讲话。

11月7日 长寿长峰化工厂一车间的反应釜发生爆炸,数吨纯苯原料随爆炸燃烧并同消防水注入经过厂区的小河,爆炸冲击波将附近的苯胺车间的部分苯胺贮存桶冲倒,发生苯胺泄漏,导致厂区小河和龙溪河水质污染。市环保局派出以助理巡视员王明吉为组长的事故调查处理小组帮助长寿县开展施救工作。

11月21日 中日大气环境监测技术研究会在渝通宾馆召开。副局长徐淑碧参加会议。

11月27日 市一届人大常委会第37次会议表决通过了《重庆市长江三峡库区流域水污染防治条例》。

11月28日 国家环保总局、国家移民开发局联合在重庆召开了长江三峡库区库底固体废物清理技术规范讨论会,明确了库底清理工作中所涉及的环保清库对象因子、清运固体废物的鉴别指标、鉴别标准和采样鉴别方法,以及固体废物清运过程以及清运后的处置等有关技术要求,确定了考核验收的技术指标体系。副局长徐淑碧参加会议。

是日 市环保局、市监察局联合开展全市自然保护区执法检查。检查历时半个月,分别对南川金佛山、江津四面山、武隆天生三桥等6个自然保护区进行了检查。

12月3—5日 在渝全国人大代表视察环保、移民等工作。局长张绍志汇报了重庆市环保工作情况。

12月13日 市长包叙定主持召开市政府第97次常务会,审议通过主城区"五管齐下"净空措施。

是日 市委常委、市纪委书记赵海渔一行到市环保局检查环保工作。局长张绍志汇报了全市环境保护及环保系统党风廉政建设工作情况。

12月17日 三峡工程重庆库区水污染治理项目首批国债项目开工典礼在江津市隆重举行。贺国强、包叙定、王云龙、张文彬等市领导出席典礼并启动开工按钮,局长张绍志主持开工典礼。

12月19—20日 局长张绍志、副局长徐淑碧等一行对龙溪河流域梁平、垫江段的污染源、水质状况进行了调研,对落实龙溪河流域污染治理有关精神后综合整治的进展情况进行了检查,并在垫江县召开了梁平、垫江、长寿三县县政府分管领导和环保局局长参加的龙溪河流域污染综合整治工作会。

12月21日 市环保局在广场宾馆召开区县环保局老局长座谈会。21名在本轮区县机构改革中离任的环保局局长参加了座谈会,局长张绍志主持会议。

12月31日 市政府举行仪式宣布关闭重庆发电厂最后两台5万千瓦机组,同时启动桃花溪流域污染综合整治工程。仪式由副市长黄奇帆主持,市长包叙定出席仪式并做了重要讲话。

2002 年

1月7日　市环保局首次开展重庆市十大环境新闻评选活动,评选出《蓝天白云重回山城》等2001年十大环境新闻。副局长陈万志参加了此次活动。

1月8日　全国第五次环境保护会议在北京召开。市长包叙定和全市县级以上政府主要领导、分管领导及各部门主要负责人共1020人参加会议。

1月10—14日　《重庆市长江三峡库区流域水污染防治条例》培训班在煤田宾馆举行。市级有关部门、各区县环保局有关人员100余人参加了培训,副局长曹光辉、陈万志分别参加两期培训班的开班典礼。

1月11—13日　全国环境保护工作会议在北京召开,会议主题是贯彻落实第五次全国环保会议精神,研究部署2002年环保工作。局长张绍志出席。

1月14日　市政府第102次常务会议审议通过了《重庆市环境噪声污染防治办法》,该办法从2002年3月10日起正式施行。

1月18—22日　副局长王力军、张勇分别带队前往江苏、广东等地衔接对口支援工作。

1月22日　市委书记贺国强率副市长黄奇帆、市政府副秘书长刘成义及市级有关部门领导进行了环保专题研究。他们先后实地考察了重庆棉纺一厂等4个单位的环保工作,还到市环保局听取了全市环保工作汇报,充分肯定了近年环保工作取得的成就,提出打造重庆"江城""山城"两块品牌,摘掉"火炉""雾都"两顶帽子的奋斗目标。

1月25日　市委、市政府召开2002年全市人口资源环境工作座谈会。市委、市人大、市政府、市政协主要领导及市级部门主要负责人、各区县党政一把手参加了会议。贺国强、包叙定分别做了重要讲话,局长张绍志在会上就环保工作做了发言。

1月26日　市人大一届六次会议举行环保专题会议,来自41个代表团的人大代表对重庆直辖5年来的环保工作进行了专题审议。市政府副秘书长雷尊宇代表市政府做环境保护工作汇报,局长张绍志参加。

2月6日　重庆市环境科学学会换届选举大会在华渝宾馆举行。市环保局副局长王力军主持大会,市人大副主任周建中、局长张绍志到会并讲话。

2月7日　历时一个半月的"为了环境更美好"人民群众有奖专题征集建议活动结束。活动组委会共收到市民各种环保建议、意见700余条,市政府对获奖的24个建议颁发了证书和奖金。市环保局副局长陈万志参加颁奖典礼。

2月9日　局机关及环境监察总队全体职工在雾都宾馆举行迎春联欢活动。副局长徐淑碧代表党政工团致新春贺词。

3月1日　2002年全市环境保护工作会议在渝州宾馆召开,副市长黄奇帆主持会议,包叙定在会上做重要讲话。市委、市人大、市政府、市政协领导,各区县政府分管领导及环保局局长,市级有关部门负责人共230余人参加会议。

3月2日　全市区县环保局局长会议在渝州宾馆召开。会议由局长张绍志主持,研究贯彻落实2002年全市环保工作会议精神,布置2002年全市环保工作。

3月4—14日　由市委办公厅、市政府办公厅牵头,组织有关部门参与,分别对全市40个区县党政一把手的环保工作成绩进行考核。考核采取自查与重点抽查相结合的方式进行,并对万州区、黔江区等27个区市县进行抽查。

3月25日　市环保局表彰2001年全市环保系统政务信息工作先进单位、优秀信息员和撰稿积极分子。

3月28—29日　重庆市环保系统政务信息工作暨政务信息员业务培训会在市邮电学院举行。

4月3日　经市政府批准同意在北部新区经开园内设立重庆环保产业园区,占地2千米^2。

4月12日　市环保局将万州等18个区县划定为大气污染物总量控制区。

4月15日　市环保局命名渝北区仙桃完全小学等19所中小学校为第二批绿色学校。

是日　市环保局表彰重庆市环境教育优秀教师和"环保小卫士"。

4月17日　市政府出台《重庆市三峡库区及其上游水污染防治规划实施方案》。

4月22日　重庆市三峡库区水污染防治领导小组召开第二次会议。

4月23日　市环保局会同市市政委、市移民局在万州召开了重庆三峡水库二期蓄水库底固体废物清理工作暨技术培训会。参加人员涉及8个区县的环保、市政(建委)和移民部门,并邀请重庆大学、重庆钢铁设计研究总院的部分专家参与。

5月9日　市长包叙定主持召开了市政府第110次常务会议,专题研究了巩固和发展城市环境综合整治问题。局长张绍志列席参加了此次会议。

5月16日　市环保局纪检组组长江时玉到垫江县环保局检查指导工作。

5月26日　市环保局开展绿色社区创造活动。

5月27日　市环保局下发《关于开通12369环保举报热线相关事宜的紧急通知》。

5月31日　歌乐山市政水泥厂遗失废放射源一事,被市环保局、市公安局、市卫生局联合行文通报。

6月1日　重庆长安公司按国家要求,全面停止化油器车辆的生产,实现了向生产电喷加三元催化转化器汽车的平稳过渡,大大降低了新生产汽车的尾气排放量,国家检查组对此高度称赞。

6月2日　市环保局下发表彰重庆市绿色奉献奖获得者的决定。

6月14日　市政府印发《关于加强龙溪河流域污染综合整治的通知》,明确了取消长寿湖网栏养殖的工作目标、实施步骤、限期和责任单位。

6月25日　市环保局发布《重庆市饮用水源保护区划分技术规范(试行)》。

是日　市环保局就启动梁滩河流域综合治理工作召开协调会,副局长徐淑碧参加。

7月15日　市环保局开展绿色幼儿园创建活动。

7月23日　市委办公厅、市政府办公厅联合行文通报各区县党政一把手2001年环保工作实绩考核结果。

7月26日　市环保局下发《关于组团赴欧洲进行环境保护考察的通知》。

7月30日　市环保局在该局会议室召开"如何在新起点上实现重庆环境保护的新跨越"专题研讨会。局长张绍志在会上做了讲话。

8月15日　《重庆三峡工程二期蓄水库底固体废物清理验收工作方案》出台。

8月21日　市环保局开展创建环境优美乡镇活动。

8月27日　市环保局出台《重庆市环境保护新闻宣传管理办法(试行)》。

8月29日　市环保局规范机动车尾气污染监督管理。

8月30日　三峡库区水污染防治领导小组第二次会议召开。

9月3—4日　局长张绍志率队在南川市检查环保工作。

10月15日　重庆市环境监测中心、沙坪坝区环境监测站、渝北区环境监测站荣获国家环保总局表彰的"九五"期间全国环保系统监测工作先进单位;荣获先进个人的有杨三明(市环境监测中心副主任)等6人。

10月26日　市环保局开展重庆市第六届中小学生环境征文竞赛活动。

10月28日　市环保宣传教育中心主办的综合性公众环境信息网"重庆环境"开通试运行。

10月29日　国家环保总局表彰全国环境监察先进集体和先进工作者,重庆市环境监察总队、奉节县环保局、漆林、印建恒、黄均利榜上有名。

是日　国家环保总局表彰全国环境政策法制工作先进集体和先进个人,重庆市环保局政策法规处、副局长曹光辉榜上有名。

11月7日　市环保局转发全国第一起环境监管失职犯罪案及其警示材料。

11月10日　《重庆市"十五"期间城市环境综合整治定量考核指标实施细则》出台。

11月17日　市政府出台《重庆市饮用水源保护区划分规定》。

11月18日　国家环保总局表彰全国"双达标"工作先进集体和先进个人,重庆市环保局、渝中区环保局、徐淑碧、张一民、黄美芳榜上有名。

11月29日　市环保局召开重庆市环境监测工作会议。

11月30日　重庆市已全部完成三峡库区二期迁移线以下固体废物清理的任务。

12月23日　市政府行文通知,张光辉退休,免去其重庆市环保局巡视员职务。

2003 年

1月6—9日　全国环境保护工作会议在北京召开。副局长张勇参加了会议。

1月6—13日　全国环保系统第三次纪检工作会议在北京召开。市局纪检组组长江时玉参加了会议。

1月6—13日　市政协二届一次会议召开,局系统委员陈万志、王力军、钟成华出席会议,副局长徐淑碧列席会议。

1月8日　国家环保总局副司长张联一行来市环保局对环保内设机构及职能运行情况进行调研,副局长曹光辉、助理巡视员王明吉及有关处室负责人参加座谈会。

是日　市环保局对嘉陵江白色泡沫污染进行查处,针对江北猫儿石市政排污水产生十几千米长的泡沫带,污染嘉陵江,困扰环保部门多年的问题,市局宣教处、污控处组织市环境监察总队、市环境监测中心、江北区环保局,从2002年12月30日至2003年1月8日,分5组出动170余人次,进行24小时连续监控,查出4家违法排污企业,消除了嘉陵江的白色泡沫污染。市局对参与查处行动的单位及有关人员进行了通报表彰。

1月8—15日　市人大二届一次会议召开,市环保系统张绍志、刘明(巫溪县环保局局长)代表出席了会议。

1月12—17日　国家环保总局副局长王兴芳对《重庆市三峡库区水污染防治规划》实施情况进行考察。实地考察了巫山县、奉节县、万州区、垫江县、涪陵区及长寿区的水污染防治工作情况及长生桥垃圾处理场、南滨路污水截流工程的建设进展,17日在渝州宾馆听取了副市长余远牧关于三峡库区水污染防治工作的汇报,并交换了意见。局长张绍志、副局长张勇陪同考察并参加了17日的汇报会。

1月21日　市人大副主任周建中率市人大城环委负责人在市环保局召开立法调研座谈会。局长张绍志等局领导参加座谈会。

2月10日　市政府第二次常务会审议通过了《重庆市人民政府关于进一步控制主城区尘污染的通告》,自2003年5月1日起施行。

2月12日　副市长赵公卿、副秘书长何智亚到市环保局进行工作调研。局长张绍志等局领导参加了汇报会。

2月13日　局长张绍志主持部分环保专家座谈会,听取专家对环保工作的意见和建议。

2月18日　副市长余远牧召开三峡库区水污染防治工作汇报会,对三峡库区水污染防治工作进行了全面布置,要求在保证工程质量的前提下,特事特办,追赶进度,确保到6月底,库区一批污染治理项目建成投用。

2月19日　市环保局通报了2002年环保系统工作目标考核结果:渝北区等30个区县的环保局获环保工作考核一等奖,九龙坡区环保局等7个区县环保局获环保专项考核一等奖。

2月24日　市政府召开全市规划建设管理暨国土环境保护工作会议。会议由副秘书长何智亚主持,环保、规划、国土、建设、园林、市政6部门主要领导分别做工作报告,市委常委、副市长黄奇帆,副市长赵公卿出席会议并讲话。

2月25日　全市环保局局长会议在渝州宾馆召开。各区县环保局局长,机关各处室、局属各单位负责人参加了会议。

3月2—10日　由国家环保总局纪检组组长曾晓东带队,总局与国家监察部等9部委组成联合检查组,分两路对重庆市巫山、奉节、云阳、万州、涪陵、丰都、石柱、忠县8个区县(自治县)政府及有关部门实施《重庆市三峡库区水污染防治规划》的情况进行了行政监察,并与副市长余远牧交换了意见。徐淑碧、曹光辉、江时玉陪同检查并参加了10日的交换意见会。

3月7日　市政府在涪陵召开会议,传达国家三峡库区水污染防治领导小组第三次会议精神,部署贯彻意见。副市长余远牧在讲话中要求库区10座污水处理厂和13个垃圾处理场在6月1日蓄水前投入运行。

3月9日　2003年中央人口资源环境工作座谈会在京召开。市长王鸿举以"坚持一把手亲自抓负总责,努力建设秀美的山川"为题在会上发言,汇报了重庆市近几年围绕落实"一把手责任制",加强生态环境建设和环境保护6个方面的工作。

3月11日　市环保局、市妇联组织的"妇女、科技、环保"植树活动在巴南区拉开序幕,局长助理王业耀及机关女职工参加了活动。

3月12日　由市委督查室、市政府督查室牵头组成8个考核组,对2002年度区县党政一把手环保工作实绩进行考查。

3月20日　市委召开电视电话会,传达全国"两会"和中央人口资源环境工作座谈会精神。市委书记黄镇东要求按照中央统一部署,结合重庆市实际,认真抓好人口资源环境工作。市环保局处级以上领导干部参加了会议。

3月26日至4月4日　市环保局分别在南岸区、永川区、武隆县、开县召开主城、渝西、渝东南、三峡库区4个片区环保局局长会议,传达2003年中央人口资源环境工作座谈会精神,布置全市环保系统工作。局长张绍志等局领导出席了会议。

4月10日　全市环境影响评价工作会议在劳动宾馆召开,副局长曹光辉参加了会议。

4月11日　环境影响评价法培训班在劳动宾馆举行开班仪式,副局长曹光辉出席并做了讲话。

4月16日　市长王鸿举在市环保局召开环保工作调研会,副市长赵公卿、副秘书长何智亚及市级有关部门领导参加了会议。局长张绍志全面汇报了环保工作情况。

4月16—20日　全国环境监察工作会在大连召开,副局长曹光辉前往参加。

4月18日　市环保局召开全市环境宣教工作会议。

是日　重庆市召开第六届中小学生环境征文表彰会,纪念"4·21"地球日。大会对征文获奖集体、个人和辅导教师进行表彰,局长张绍志做征文工作总结报告,市人大副主任周建中做重要讲话。市政协副主席夏培度及市级有关部门领导出席会议。

4月22—27日　国家长江三峡工程二期移民验收专家组和终验组对重庆市三峡库区二期移民工作进行验收,副局长徐淑碧参加。

4月23日　市环保局召开紧急会议,布置"非典"防治工作。会议由局长张绍志主持,传达了市委、市政府及国家总局关于做好防治"非典"工作的要求,布置了环保系统防治"非典"的各项工作。

4月28日　国家环保总局副局长王兴芳在渝州宾馆参加国家长江三峡工程二期移民验收总结会议期间,安排时间听取重庆市环保工作汇报。局长张绍志、副局长徐淑碧参加了汇报会。

4月29日　市政府召开三峡工程二期移民验收工作总结会,局长张绍志、副局长徐淑碧参加了会议。

是日　重庆环保世纪行执行委员会第一次会议在汇源大厦举行。局长张绍志、副局长陈万志参加了会议。

5月12—18日　全国人大环资委主任委员朱育理率领的全国人大检查组一行9人,对重庆市《固体废物管理办法》执行情况进行检查。市委书记、市人大常委会主任黄镇东会见了检查组人员,市人大常委会副主任金烈、周建中及副市长赵公卿、市人大城环委主任杨荣良、市政府副秘书长何智亚、局长张绍志陪同检查。

5月13—15日　副局长王力军带领检查组,对重庆市21家环保治理设计证书、4家污染治理设施运营证书持证单位进行了检查。

5月21日　"重庆环保世纪行"新闻发布会在广场宾馆召开,市人大副主任周建中到会讲话,人大城环委主任杨荣良做了新闻发布。局长张绍志、副局长陈万志参加了会议。

5月26日　国务院副秘书长汪洋召开会议,研究三峡库区水污染防治工作。会议对水库蓄水前准备工作及蓄水后水质变化情况进行了论证研讨,要求加快推进库区水污染防治规划项目的实施,确保库区水环境安全。副市长余远牧、局长张绍志参加了会议。

5月29日至6月14日　由市建委、市环保局、市市政委、市计委、市财政局、市水务集团联合组建的市三峡库区首批水环境项目工程试运行验收组,对市江津、长寿、涪陵、石柱、武隆、万州、云阳等地10座污水处理厂进行工程试运行前验收。副局长张勇参加了验收工作。

5月31日　市环保局与市委宣传部、市文明办、市市政委、团市委、市妇联等单位在全市联合发起以清洁长江、嘉陵江、乌江以及各区县辖区内主要次级河流岸边污染物和水面漂浮物为主要内容的"清洁母亲河活动",迎接6月1日三峡库区蓄水,确保三峡库区水质安全。市委常委、在渝的副市长及人大、市政协等主要领导参加了在江北嘴组织的清理漂浮物活动。局长张绍志等局领导及有关处室负责人参加了活动。

6月2—6日　副局长王力军到巫山、奉节、云阳、万州、忠县、丰都、涪陵7个区县对三峡库区二期蓄水水质同步监测工作进行指导、督查。

6月4日　市政府新闻办公室、市环保局在局顶楼会议室联合举行2003年重庆市环境新闻发布会。

6月8—17日　由司长周建带队的国家环保总局督察组赴三峡库区,对落实国务院领导关于三峡工程蓄水要十分重视水污染治理、确保三峡库区水质清洁的指示进行现场督察。

6月16日　国家环保总局在雾都宾馆召开了实施三峡上游水污染防治计划督察会议,听取了重庆、四川、贵州、云南各省市环保有关工作的情况,研究了下一步实施三峡库区及上游水污染防治计划的具体工作。张勇等局领导以及有关处室负责人参加了会议。

6月17—18日　市委二届三次全委会在渝州宾馆召开,研究加快城镇化建设工作,局长张绍志参加了会议。

7月2—4日　国务院在北京召开全国重点流域区域污染防治工作会,副市长赵公卿、局长张绍志参加会议,赵公卿在会上做了发言。

7月15—19日　总局库区水环境与生态监测能力建设项目评估组来渝考察。副局长王力军陪同。

7月16—21日　总局污控司副司长刘鸿举率有关专家,对小江、梁滩河、清水溪等库区的次级河流的综合整治情况进行了调查。副局长张勇陪同。

7月20—21日　总局组织召开了"清理整顿不法排污企业,保障人民健康环保行动"环保工作会议。副局长徐淑碧参加。

8月26日　市政协召开"五管齐下"净空工程进展情况通报会。局长张绍志受市政府委托通报了"五管齐下"净空工程进展情况。

9月10—16日　市人大《重庆市三峡库区水污染防治条例》执法检查团分3个检查组对7个水环境保护任务重、难度大的库区区县进行了重点抽查,并就如何共同推进三峡库区流域水污染防治工作与湖北省人大常委会交换了意见。市人大常委会金烈、周建中等7名副主任参加了检查。

9月22日　在渝中区的市人大代表到市环保局听取主城区"五管齐下"净空工程情况汇报,局长张绍志汇报了"五管齐下"净空工程的进展情况。

9月29日　市政府废旧电池回收新闻通报会在市局顶楼会议室举行,副市长赵公卿出席,并做了讲话。局长张绍志及副局长徐淑碧、曹光辉参加。

11月5—10日　全国部分城市环保局局长座谈会在渝举行,各对口支援省市环保局暨部分城市环保局局长、办公室主任、计财处处长120余人参会,副市长赵公卿、总局司长周建及张绍志等局领导参加了会议。

11月13日　市环保局创建市直机关文明单位工作顺利通过验收组的验收。

11月14日　副市长赵公卿检查"五管齐下"工作进展情况,局长张绍志在会上汇报了"五管齐下"及进一步控制尘污染措施的进展情况。

11月17日　重庆环保世纪行执委会在广场宾馆召开第二次会议,会议讨论了警示教育图片展和年终表彰大会方案,通报了渝西地区集中采访方案。张绍志、徐淑碧参加了会议。

11月17—20日　副局长徐淑碧参加了在沙坪坝丽苑酒店举行的新闻发言人培训班。从此,市环保局恢复了新闻发言人制度。

11月20—27日　副局长陈万志参加了在中央社院的"三个代表"学习班。

11月21日　市环保局组织的大足县国家级生态示范区市级验收会在大足县举行,市人大城环委、市政协城环委、市政府办公厅、市林业局、市农业局等有关单位派人参加了会议。会议邀请了都江堰市环保局、成都市环保局、西南农大等有关单位的专家参加了评审工作,局长张绍志任验收组组长,经过专家组和验收组的评审,大足县顺利通过了市级验收。

11月23—25日　副局长徐淑碧陪同副市长余远牧到武隆县调研移民工作。

11月23—26日　全国环保系统行风建设工作会议在京召开,局长张绍志参加。

12月12日　市人大副主任周建中对主城区"五管齐下"净空工程进行检查,市政府副秘书长何智亚肯定了"五管齐下"工作取得的成绩,也指出了目前存在的问题,提出工作要求,市政府办公厅、督察室及有关部门、区政府负责人参加了会议,局长张绍志、副局长徐淑碧参加。

12月15日　市环保局抽调各处室及部分区县环保局负责人组成考核组,对全市40个区县环保局进行2003年工作目标任务考核。

12月18日　局长张绍志组织召开渝中区基本无煤区建设验收会,副市长赵公卿出席会议,并做讲话。

12月18—19日　全市环境监测工作会议在蓝剑宾馆举行。局长张绍志、副局长王力军参加会议,并做了讲话。

12月25—31日　局长张绍志、副局长王力军率领市环境监测中心、局办公室、监察总队有关专家和人员,到开县参与了开县"12·23"井喷事故救援工作。总局副局长汪纪戎带领总局监察局、监测总站的人员到开县现场指挥。

12月29日　市委、市政府民心工程之一的公众环境信息显示屏揭幕仪式在人民广场举行。

12月29—30日　全市环保系统行风建设工作会议在雾都宾馆召开。国家环保总局监察局监察专员王清华、市纪委代表出席了会议并讲话。局领导,机关各处室、局属各单位副处级以上领导,区县环保局局长、纪检组组长、监察支队队长、监测站站长参加了会议。

2004 年

1月5—11日　副局长陈万志参加市政协二届二次会议。

1月6—12日　局长张绍志参加市人大二届二次会议。

1月7日　2004年全市人口资源环境工作座谈会在市委二楼会议室举行。市委书记黄镇东、市长王鸿举在会上就人口资源环境工作做出重要指示。局长张绍志参加会议并在会上汇报了重庆生态环境保护和建设方面的工作。

1月7—10日　全国环保系统第三次纪检监察工作暨第一次审计工作会议在北京召开。纪检组组长廖肇禹和监察室的负责人参加会议。

1月9日　市人大二届二次会议生态环境保护建设与农业农村经济发展记者招待会在广场宾馆召开,局长张绍志就三峡库区水环境保护工作有关问题回答了记者提问。

是日　副市长赵公卿视察了江山9号客轮船舶污水治理示范工程和重庆康达大晁公司。局长张绍志、副局长徐淑碧陪同视察。

1月12日　大足石刻创建市级环保示范景区验收工作在大足举行。局长张绍志任验收组组长,主持验收工作。

1月13日　市人大城环委、市政府办公厅、市政协城环委、市级有关部门的负责人组成验收组,对万盛黑山谷创建市级环保示范景区工作进行了验收。局长张绍志、副局长陈万志参加了验收工作。

1月14日　市政协副主席夏培度在市环保局听取局长张绍志对环保工作的汇报。副局长徐淑碧、王力军参加了汇报会议。

是日　市人大副主任周建中一行到市环保局调研。

2月2—4日　局长张绍志随同重庆市党政代表团赴川访问。

2月16日　市委副书记姜异康到市环保局听取环保工作汇报。局长张绍志做环保局的班子建设、业务工作等方面的汇报。

2月18日　2004年重庆环保世纪行委员会第一次会议在广场宾馆召开,会议听取并审议了《重庆市环保世纪行2003年工作总结和2004年工作计划》《2003年环保世纪行专项经费使用情况》《2004年重庆环保世纪行新闻宣传方案》以及重庆环境警示教育图片巡回展的进展情况。局长张绍志、副局长陈万志参加了会议。

2月19日　局长张绍志在铜梁县组织召开碳酸锶产业发展调研工作会。市监察局、市政府督查室等市级有关部门负责人,有关县(市)政府分管领导及相关部门负责人参加了会议。

2月24—25日　全国部分环保局局长座谈会在京举行,副局长曹光辉和办公室的人员参加了会议。

2月27日　丰都县生态示范区创建工作动员大会在丰都县召开,局长张绍志在动员大会上做了讲话,副局长陈万志和自然处负责人参加了动员大会。

2月28日　重庆市环境警示教育周图片巡回展启动仪式在人民广场揭幕。市人大副主任周建中、副市长赵公卿、市政协副主席夏培度等领导出席。

3月1—14日　局长张绍志赴京参加第十届全国人民代表大会二次会议。

3月1—13日　副局长陈万志赴京参加全国政协十届二次会议。

3月10日　2004年中央人口资源环境工作座谈会在京召开。局长张绍志列席座谈会。

3月10—13日　全国环保系统纪检监察工作会议及表彰大会在京召开。纪检组组长廖肇禹参加会议。

3月11日　全国清理整顿违法排污企业座谈会在京召开。局长张绍志在会上做典型发言。

3月11—12日　全国环保厅局长座谈会在京召开。国家环保总局局长解振华出席会议并讲话。局长张绍志参加会议。

3月16日　2003年党政一把手环保实绩考核工作动员会在市委办公厅召开，局长张绍志及副局长徐淑碧、曹光辉、王力军、陈万志参加了动员会。

3月17日　市长王鸿举签署市政府第164号令，发布《重庆市人民政府关于对主城区易撒漏物质实行密闭的通告》，自2004年7月1日起施行。

3月23日至5月13日　市委督查室、市政府督查室牵头，在市委组织部、市监察局、市环保局等市级部门抽调人员，组成8个考核组对40个区县政府和市级有关部门2003年党政一把手环保实绩进行了考核。渝北、北碚等13个区县和市发改委、市环保局等6个部门的考核得分超过了90分。

3月25日　市环保工作会议在渝州宾馆召开，局长张绍志在会上通报了2003年环保工作取得的成绩和存在的问题，部署2004年全市环保工作，副局长徐淑碧传达2004年中央人口资源环境工作座谈会等会议精神。市长王鸿举出席会议并做重要讲话。

4月15日　市长王鸿举、副市长赵公卿、副秘书长何智亚在市政府召开了3个主城区易撒漏物质施行密闭运输动员会，要求施工单位、运输单位支持主城区净空工程。局长张绍志参加会议。

4月16—17日　天原化工总厂液氯汽化器及储槽发生氯气泄漏事故。市环保局启动应急处理方案，调动市环境监测中心和主城4个区环境监测站的技术人员赶赴现场，通过连续两昼夜不间断的监测，为事故指挥中心提供了800多个监测数据，对指挥中心的科学决策发挥了重要作用。局长张绍志、副局长王力军自始至终参加了抢险工作。

4月20日　国家环保总局、发展改革委、监察部、工商总局、司法部、安全监管局联合召开2004年全国"整治违法排污企业，保障群众健康"环保专项行动电视电话会议。副市长赵公卿在重庆分会场上做了讲话。局长张绍志、副局长徐淑碧等局领导参加了会议。

4月21日　全市环保系统行风评议动员大会在雾都宾馆召开。会议由副局长曹光辉主持，局长张绍志做了动员报告，市纪委常委卢长荣出席并讲话。

是日　全市环保局长会在雾都宾馆召开。局领导和机关各处室、局属各单位负责人参加会议。

4月22日　全市环境教育表彰会在市政协议政厅举行。会议对市级绿色学校、幼儿园和基地进行了命名，对环境征文竞赛获奖人员、环境教育优秀教师和环保小卫士进行了表彰。市政协副主席夏培度在会上做了讲话。局长张绍志、副局长陈万志参加。

4月26日　国家环保总局、公安部、卫生部联合召开电视电话会议，在全国范围内开展的"清查放射源，让百姓放心"专项行动正式启动。副局长王力军，辐射处、监察总队等处室负责人在重庆分会场参加会议。

4月26—27日　全国环境监察会议在京举行。国家环保总局副局长汪纪戎出席会议并讲话。副局长张勇和监察总队负责人参加了会议。

4月26—28日　局长张绍志去市委党校参加市纪委、市委组织部组织的《中国共产党纪律处分条例》《中国共产党党内监督条例》研讨班。

5月2日至6月6日　副局长曹光辉参加市委组织部组织的重庆市领导干部赴美国高级研修班。

5月9—10日　全国重点流域水污染防治工作现场会在江苏无锡召开。国务院副总理曾培炎出席会议并发表重要讲话。局长张绍志和办公室的人员参加了会议。

5月12—13日　国家环保总局在重庆市召开全国重点流域船舶污染防治工作座谈会。会议由国家环保总局污染控制司副司长刘鸿志主持，市政府顾问甘宇平代表市政府致辞，副局长徐淑碧介绍了重庆市三峡库区水环境保护及船舶污染治理情况。

5月26日　市三峡库区水污染防治领导小组第5次会议在涪陵区召开，落实全国重点流域水污染防治工作会精神，对三峡库区水环境项目建设和运行中的有关问题进行了研究。副市长余远牧出席会议并讲话。副局长徐淑碧及污控处负责人参加。

5月31日　市政府组织召开"五管齐下"净空工程通报会暨"蓝天行动"宣传周启动仪式。局长张绍志、副局长张勇分别通报了"五管齐下"净空工程实施进展和部分未达标的污染源单位、项目，赵公卿做了讲话。

6月1—5日　市环保局、市建委、市市政委等部门联合开展"护卫蓝天"联合执法行动。环保小记者、环保志愿者参与了联合执法。

6月4日　"6·5"新闻发布会在市政府新闻发布中心举行。局长张绍志在会上通报了2003年环境质量状况、2003年党政一把手环保实绩考核结果，副局长张勇回答了记者提问。局领导及宣教处、综合处、办公室等处室负责人参加。

6月5日　市长王鸿举在《重庆日报》发表题为《打好大气污染防治攻坚战，让市民呼吸清洁的空气》的署名文章。

是日　"重庆环境"网站在线对话在局四会议室举行。局长张绍志，副局长陈万志、张勇做客重庆环境网，与重庆市众多关心生态环境建设的网民就"参与蓝天行动，共享清新空气"有关话题进行了网络对话。

6月7日　市委组织部副部长张远林到市环保局顶楼会议室召开市环保局处级以上领导干部会，并代表市委、市政府宣布了市环保局新一届领导班子成员名单。免去张绍志市环保局党组书记、市环保局局长职务，调任市委巡视组组长；免去徐淑碧市环保局党组副书记、市环保局副局长职务；任命曹光辉为市环保局党组书记、市环保局局长；任命黄红、张智奎为市环保局党组成员、市环保局副局长。新老班子实现顺利交接。

6月12日　市环保局在广场宾馆举行处级领导干部竞争上岗演讲大会，43位人才纷纷上台发表演讲，竞争11个处级领导岗位。局领导及机关各处室、局属各单位的人员参加。

6月14日　全市新任市管领导干部集体廉政谈话会议在雾都宾馆召开，副局长黄红、张智奎，纪检组组长廖肇禹，巡视员徐淑碧参加。

6月18日　市环保局机关进行双向选择，处室领导选择处员，处员选择处室，经过双向选择，13位同志进行了轮岗交流。

6月23日　市人大副主任周建中一行到市环保局听取工作汇报。

6月27日　主城片区环保局局长会议在雾都宾馆举行。局领导，办公室、宣教处、污控处、监察总队、环境监测中心的负责人和主城区环保局局长参加了会议。

6月29日　市政协副主席夏培度率队到市环保局听取工作汇报。

6月30日　副市长赵公卿、副秘书长何智亚一行到市环保局调研。

是日　按照市政府要求，卫生、公安等部门的核安全监管职能划转给环保部门，明确环保部门为核安全主管部门,负责放射源的生产、进出口、销售、使用、运输、贮存和废弃物处置安全的统一监管。

7月6—10日 由国家环保总局纪检组组长曾晓东带队,国家环保总局、监察部、建设部、交通部、三建委等7部委联合组成检查组,来渝检查三峡库区漂浮物清捞工作情况。副局长张智奎、纪检组组长廖肇禹、助理巡视员江时玉和污控处全程陪同检查。

7月6—15日 六省七方经济协调会第19次会在西藏召开,局长曹光辉参加了会议。

7月7—9日 国家环保总局"清查放射源,让百姓放心"专项行动工作检查片区会在成都举行,副局长张勇和辐射处的负责人参加会议。

7月13—15日 2002—2003年度政务信息工作及信息员培训会在黔江召开。副局长张智奎,机关各处室、局属各单位负责人,各区县环保局负责政务信息工作的领导参加了会议。

7月19日 市人大副主任唐情林率市人大有关专委人员对主城区净空工程进行了视察。局长曹光辉、副局长张智奎陪同参加。

7月19—20日 大足国家级生态示范区通过国家环保总局考核验收组的验收。

7月20日 市环保产业协会第三届第二次会员大会暨第二次理事会议在雾都宾馆召开,局长曹光辉参加会议并讲话。副局长王力军、黄红和科技处负责人参加了会议。

8月4—10日 市环保局分别在合川、武隆和万州召开片区环保局局长会。

8月19日 主城区净空工程调度暨环境质量形势分析会(第一次)在市政府办公厅召开。局长曹光辉在会上汇报了主城区净空工程进展情况,环科院对主城区空气环境质量形势进行了分析,各区政府和市有关部门负责人发了言。副局长黄红、张智奎及副总工徐渝参加了会议。

9月14日 三峡库区水污染防治领导小组第六次会议在市政府办公厅召开。

9月17日 市环保局创建市级文明单位动员大会在广场宾馆举行。局长曹光辉在会上做了动员报告,要求全局职工积极行动,参与创建市级文明单位活动。

9月24日 中编办、总局组成联合调研组对三峡库区水环境保护工作进行调研,并在雾都宾馆召开座谈会。局长曹光辉汇报了重庆市三峡库区水环境保护情况,副局长黄红、张智奎,巡视员徐淑碧,市级有关部门负责人参加了会议。

9月29日 三峡库区水污染防治工作电视电话会在市委办公厅举行。局长曹光辉在会上通报了三峡库区水环境保护工作情况。

10月9日 主城区净空工程调度会(第二次)在市政府办公厅召开,局长曹光辉在会上汇报了第一次调度会以来各项工作的进展情况。

10月12日 全国政协"保护母亲河"及"长江万里行"活动座谈会在雾都宾馆召开,局长曹光辉、副局长张智奎出席。

10月27—28日 市委二届六次全委会议在渝州宾馆举行,局长曹光辉参加了会议。

11月2日 重庆—维也纳环保专题研讨会在市外办举行。双方就加强两市环保合作的问题进行了研讨。局长曹光辉在会上介绍了重庆环保工作的基本情况。

11月3日 市政府2005年社会、经济发展思路务虚会在市政府办公厅召开,局长曹光辉参加,并在会上汇报了2004年的工作任务完成情况以及下一步的工作思路。

是日 全市行风评议测评会在雾都宾馆举行。曹光辉向大会汇报了市环保局开展行风评议的有关情况。

11月5—20日 国家环保总局举行厅局长培训班,局长曹光辉参加了培训。

11月6—7日 中国循环经济发展论坛2004年年会在上海举行。副局长张勇和科技处负责人参加了会议。

11月9—11日 全国应急监测技术培训及经验交流会在雾都宾馆举行。副局长黄红、副总工徐渝和科技处、监测中心负责人参加了交流会。

11月11日　国家环保总局对库区畜禽养殖污染防治工作进行了为期3天的执法检查。副局长王力军,总队和自然处负责人参加了执法检查。

11月23日　市委宣传部、市级机关党委宣传部和大溪沟街道办事处等有关部门组成验收组,对市环保局创建市级文明单位进行验收。

11月29日　市政府纪念重庆市环境保护事业开创30周年暨环境形势报告会在市委小礼堂举行。副市长童小平和国家环保总局纪检组组长曾晓东出席会议并讲话。局长曹光辉在会上简单汇报了30年重庆市环保工作取得的成绩。会议对重庆市环境保护先进单位和重庆市环境保护30年突出贡献奖获得者进行了表彰,市人事局和市环保局对环保系统的先进集体和先进工作者进行了表彰。

是日　重庆市三峡库区社会、经济发展工作会在渝州宾馆举行,局长曹光辉参加了会议。

12月8日　副市长赵公卿到市环保局听取环保工作汇报。局长曹光辉汇报了2004年环保目标任务完成情况和2005年环保工作要点。

12月11—12日　部分省市生态环境保护工作座谈会在雾都宾馆举行。副局长王力军和自然处负责人参加了座谈会。

12月20日　主城区净空工程调度会(第三次)在市政府办公厅举行。局长曹光辉汇报了2004年主城区净空工程各项任务的完成情况以及下一步的工作思路。

2005 年

1月11—16日　副局长王力军、陈万志参加市政协二届三次会议。

1月12—17日　局长曹光辉列席市人大二届三次会议。

1月12日　2005年全市人口资源环境工作座谈会在市委二楼会议室举行。市委书记黄镇东、市长王鸿举出席会议并做重要讲话。市级各部门、各区县党政主要负责人参加了会议。局长曹光辉在会上就重庆环境保护工作发言。

1月有17日　挪威—重庆三峡环保研讨会在金源饭店举行。局长曹光辉为会议致辞,副局长张勇做了大会发言。会议就挪威和重庆的环保合作进行了磋商,并商定在6月底再次举行研讨会,促进双方在环保领域的合作。

1月20—21日　市环保局在雾都宾馆召开2005年全市环境监测暨执法工作会。各区县环保局分管领导和相关业务科室负责人参加了会议。

1月25日　市政府召开主城区净空工程调度会第五次会议,就全面做好2005年净空工作进行了部署。

1月25—26日　局长曹光辉参加在京召开的2005年全国环境保护工作会议。

1月31日　市政协副主席夏培度一行到市环保局听取局长曹光辉对环境保护工作的汇报。

是日　市环保局召开局系统保持共产党员先进性教育活动动员大会。至此,局系统共产党员先进性教育活动全面启动。

2月2日　主城区环保工作座谈会在雾都宾馆召开,主城各区政府分管领导、环保局局长参加了座谈会。

2月6日　市环保局会同工商、农业、林业、园林等单位组成联合执法组,开展了"一枝黄花"的执法检查,对主城区内花市销售"一枝黄花"的行为进行了清查。随后,全市各区县环保、工商、林业、园林等单位在全市范围内也开展了此项活动。

是日　由市环保局和民盟重庆市委联合主办的春节联欢晚会在市委小礼堂举行。

是日　杨伟智从部队转业到市环保局任局党组成员、局长助理。

2月7日　国家环保总局和国家统计局联合发出通知,决定在北京、天津、河北、辽宁、浙江、安徽、广东、海南、重庆、四川等地启动以环境核算和污染经济损失调查为内容的绿色GDP试点工作。

2月12日　局系统60多名处级以上党员领导干部到歌乐山烈士陵园开展宣誓活动,并参观了红岩魂革命历史纪念馆。

2月22日　市委副书记、市委保持共产党员先进性教育活动领导小组副组长姜异康,市委常委、组织部部长、市委保持共产党员先进性教育活动领导小组副组长马儒沛一行,到市环保局检查指导先进性教育活动。

3月7日　2004年度党政一把手环保实绩考核工作全面展开,考核由市委办公厅、市政府办公厅组织进行,涉及全市40个区县、2个开发区和15个市级部门。经考核,渝北、北碚等13个区县和市公安局、市发政委、市环保局等6个部门的成绩属于"好",城口、彭水为"一般"。

3月8日　重庆市三峡库区水污染防治领导小组第七次会议在市政府办公厅召开。局长曹光辉代表领导小组办公室进行了工作汇报。

3月12日　中央人口资源环境工作座谈会在京举行。市委书记黄镇东、市长王鸿举参加了会议,局长曹光辉列席会议。

3月12—13日　局长曹光辉参加了全国环保厅局长座谈会,并作为地方环保局局长代表在座谈会上做交流发言。

3月13—14日　纪检组组长廖肇禹参加在京召开的全国环保系统党风廉政建设工作会议。

3月17日　市长王鸿举主持召开市政府环境保护专题会议。局长曹光辉在会上汇报近年来工作的进展情况、环境形势、存在的问题和下一步的工作思路。

3月21日　全市环境保护工作会议在雾都宾馆召开。副市长赵公卿出席会议并做重要讲话,市级有关部门、重点企业负责人,各区县政府分管领导、环保局局长及市环保局副处级以上领导干部参加了会议。

3月21—22日　全市环保局局长会议在雾都宾馆召开。

3月24日　局系统50多名处级以上党员领导干部分别到重庆市第二监狱接受警示教育,到铜梁县红军团接受革命传统教育。

3月25日　市政府第50次常务会审议通过了《重庆市主城"蓝天行动"实施方案》。

3月28—29日　全市环保系统纪检监察工作会在东方花苑饭店召开。局长曹光辉、纪检组组长廖肇禹出席会议并讲话。各区县环保局纪检组组长参加会议。

4月1日　市环境科学学会第8届学术年会在两江丽景酒店召开,中国工程院院士魏复盛,重庆保护创新基地首席专家、博士生导师、研究员金相灿,清华大学大气污染防治专家、博士生导师、教授贺克斌以及西南农业大学生态保护专家、博士生导师、教授戴思锐到会做报告。学会常务理事、会员及来自各大专院校、科研院所的学者汇集一堂,为重庆市的环境保护事业出谋划策。局长曹光辉参加会议并致辞。

4月19日　市政行风检查组到市环保局指导工作。

4月21—22日　中华环保联合会成立大会在北京召开,副局长王力军参加了大会。

4月22日　2005年环境宣教工作会在联谊宾馆召开,副局长陈万志出席会议讲话。

是日　市环保局、市教委在联谊宾馆召开第8届环境征文表彰大会。局长曹光辉、副局长陈万志和市教委负责人参加了表彰大会。

4月25日　全国绿色营区授牌仪式在重庆通信学院举行,重庆通信学院被评为全军绿色营区。局长曹光辉参加了授牌仪式并致辞。

4月27日　市政府召开主城区"蓝天行动"第6次调度会暨环境质量形势分析会。副市长赵公卿出席会议并做讲话。局长曹光辉、副局长张智奎参加了会议。

4月29日　市环保局召开全市环保系统政风行风评议暨严查企业违法排污专项行动动员大会。

5月8—31日　副局长王力军在四川外语学院学习外语。随后,于6月1日至9月4日,赴美国学习国外先进的环境管理经验。

5月11日　市政府在雾都宾馆召开全市重点企业污染防治工作会议,市级有关部门和各重点企业负责人参加了会议。局长曹光辉、副局长张智奎参加会议。

5月14日　由市科委和市环保局联合主办的重庆市第五届科技活动周开幕仪式暨用科技打造三峡库区青山绿水蓝天主题图片展在江北区举行。

5月16—21日　副局长黄红、张智奎分别带队赴北京、上海、沈阳、湖北、江苏、武汉和南京等地进行调研,重点学习外地环境管理的机制、体制,饮用水水源保护和大气污染防治等方面的先进经验。

5月19日　渝中区代表团23名市人大代表到市环保局听取了"蓝天行动""碧水行动"工作进展汇报,市政府副秘书长何智亚,市人大城环委、市人大代联委、市政府办公厅和市环保局等相关部门负责人参加了会议。

5月24日　中国西部地区环境监测管理研讨会在渝举行。中国环境监测总站及西部12省市环境监测中心站负责人参加了会议。

5月28日　市环保局在北碚区组织召开全市环保系统办公室主任政务信息会。市环保局副局长张智奎出席会议并讲话。全市环保系统办公室主任及政务信息员100余人参加了会议。

5月30—31日　市委二届七次全委会在渝州宾馆举行,曹光辉参加会议。

6月1日　市规委会二届五次会议在市委办公厅举行,曹光辉参加会议。

6月2日　市政府举行"6·5"世界环境日新闻发布会。会议发布了2004年的环境质量公报,通报了2004年党政一把手环保实绩考核结果。局长曹光辉、副局长张勇参加了新闻发布会。

6月4日　市环保局联合举办市领导牵手环保小卫士视察"蓝天行动"活动,副市长赵公卿及市级有关部门主要负责人视察了部分重点建筑工地的扬尘污染控制情况,机动车尾气监测、重点企业污染防治工作和九龙坡区的"6·5"世界环境日宣传活动等。局长曹光辉、副局长张智奎陪同参加。

6月5日　曹光辉参加渝北区组织的"6·5"世界环境日宣传活动,并代表国家环保总局对渝北区创建国家级模范城区进行授牌。

是日　市政府组织"同在蓝天下——市民与市政府有关职能部门负责人对话"活动。市级有关部门负责人和部分市民代表就重庆市的环境保护工作进行了直接对话。副局长陈万志、张智奎参加。

6月8日　市机构编制委员会批准,市环保局增设重庆市12369环保举报受理中心,与市环境监察处实行一套班子、两块牌子,合署办公,其职责主要是受理环境事件公众举报,承担环境污染与生态破坏事故的应急指挥和调度等。

6月10日　国家环保总局等六部委召开全国整治违法排污企业、保障群众健康环保专项行动电视电话会议,部署全国环保专项整治工作。重庆市共设立37个分会场,800余人参加电视电话会议。

6月14日　市政协副主席李兵率领市政协提案委、城环委等领导视察主城区饮用水水源保护工作,实地考察主城区大溪沟水厂和梁沱水厂取水点的水源保护情况后,在梁沱水厂会议室召开了市政协二届三次会议《关于我市主城区饮用水源保护的建议》(第193号)重点提案督办会。市委督查室、市政府督查室、市市政委及市水务集团公司的领导陪同并参加了会议。局长曹光辉、副局长张智奎参加会议并汇报有关情况。

6月20日　市环保局在雾都宾馆召开自然保护区工作会。市级有关部门负责人、有关专家参加了会议。局长曹光辉、副局长万志出席会议。

6月22日　市人大副主任周建中一行在东方花苑饭店听取环保工作汇报。局长曹光辉汇报了上半年来工作的进展情况、存在的问题及下一步工作思路。

6月28日　全国环境执法工作会在京召开。局长助理杨伟智和总队负责人参加了会议。

6月30日　中挪环境保护研讨会在希尔顿酒店举行。挪威环境代表团、挪威工商业界环保产业代表团和重庆市有关单位、环保企业近100人出席研讨会。局长曹光辉和副局长张勇参加了会议并做大会发言。

是日　由市直机关党工委和市环保局联合主办的"让党旗在蓝天下飘扬——重庆市党员环保知识竞赛"活动，经过普遍答题、预赛之后，选拔出6个代表队在重庆电视台举行决赛，渝中区代表队荣获金奖。

7月8—27日　副局长张智奎前往意大利、奥地利出席环境保护与可持续发展司局长研讨会。

7月11日　重庆市环保产业协会常务理事会在同兴垃圾处理厂举行，局长曹光辉、副局长黄红参加了会议。

7月12日　市政府召开"蓝天行动"调度会第6次会议。局长曹光辉、副局长张智奎参加会议并汇报了有关工作情况。

7月13日　市科学发展观与环境保护巡回宣讲活动正式启动，副局长陈万志做了题为"科学发展观与环境保护"的首场报告。宣讲活动由8位知名专家和学者组成宣讲团，在全市40个区县巡回宣讲。

7月26日　"福特汽车环保奖"重庆电影周启动仪式在重庆大学举行，副局长陈万志参加。

8月7—11日　国家环保总局组织湖南、贵州、重庆环保部门和地方政府对三省市交界地区的锰污染情况进行了调查研究，并组织三省市共同制定了整治方案，大力整治三省交界地区的锰污染。副局长张智奎参加。

8月11日　市政府主持召开了三峡库区水污染防治领导小组第八次会议。局长曹光辉、副局长张智奎参加了会议。

8月11—12日　市环保局组织召开全市2005年电磁环境污染源申报登记工作培训会。各区县环保部门和部分电磁辐射源单位共70余人参加了会议。

8月12日　市长王鸿举主持召开市政府环境保护专题会议。会议专题听取了市环保局等部门和单位对3月17日市政府环境保护专题会议精神的贯彻落实情况及深入开展环保工作的汇报。

8月13—16日　局长曹光辉陪同市领导赴贵州参加六省七方经济协作会。

8月22日　市政府第58次常务会议审议并原则通过《重庆市主城尘污染防治办法（草案）》和《重庆市"碧水行动"实施方案（2005—2010年）》。

8月31日至9月4日　局长曹光辉率队到城口、巫溪调研环境保护工作。

9月9日　市政协副主席夏培度及部分政协委员听取了重庆市水环境保护情况汇报。

9月15—17日　国家环保总局对"锰三角"污染情况进行督查，副市长赵公卿参加了督查工作会，副局长王力军陪同。

9月16日　由市环保局和市委组织部联合举办的区县党政领导环境保护与循环经济研讨班开学仪式在雾都宾馆举行，局长曹光辉为学员做了"重庆市环境形势与对策"的专题报告。此次研讨班分为国内培训和境外培训两个阶段。

是日　由市委宣传部组织的"总编台长看环保"座谈会在底楼会议室举行。市委常委、市委宣传部部长何事忠,市委宣传部副部长张鸣出席会议并讲话。局领导和总编(台长)就如何做好环境保护宣传工作做了交流。

9月20—22日 中国工程院组织的"三峡库区及其上游水污染防治战略咨询"研讨会在雾都宾馆举行,国家环保总局副局长汪纪戎、中国工程院副院长沈国舫出席研讨会。局长曹光辉、副局长张智奎参加。

是日 国家环保总局副局长汪纪戎一行来渝调研重庆市环境保护工作。局长曹光辉、副局长张智奎陪同。

9月28日 市人大召开二届第十九次会议,审议市政府关于水环境保护情况的报告。受市政府委托,局长曹光辉汇报近年来的水环境保护工作及下一步的工作重点。

9月28日至10月1日 副局长黄红陪同市领导出席韩国2005年首尔世界市长论坛。

10月1日 市政府颁布《重庆市主城尘污染防治办法》,从即日起施行。

10月8—9日 副局长王力军陪同副市长赵公卿赴湖南省花垣县参加国家环保总局组织召开的湘黔渝三省(市)交界地区锰污染防治工作会。

10月11—13日 第五届亚太城市市长峰会在重庆召开,局长曹光辉参加会议,市环保局对口接待前来参会的乌鲁木齐市代表团。

10月11日 局长曹光辉会见挪威索尔－特隆德拉格市代表团和澳大利亚昆士兰州代表团,并向代表团介绍市的环保工作基本情况,双方就环保领域的合作问题进行了洽谈。

10月13日 副局长张勇在加拿大驻重庆领事馆会见加拿大阿尔伯塔省和埃德盟顿市代表团。副局长张勇向来宾介绍了重庆市的污水处理、污水处理厂的污泥处理及固体废物的处理等方面的情况,并就双方合作进行了磋商。

10月14—28日 局长曹光辉赴欧洲考察学习。

10月17日 来自印度、泰国、尼泊尔、日本、澳大利亚、美国的数十名资深记者来市环保局采访。副局长张勇接待了来访记者,并就三峡地区的环境保护问题回答了记者的提问。

10月17—21日 副局长张智奎与市政协城环委领导一道参加全国政协在安徽合肥组织召开的长江流域十省市水污染防治研讨会。

10月18日 副局长王力军参加市委中心组学习,并在会上做了题为"认真贯彻十六届五中全会精神,为构建环境友好型社会而努力奋斗"的发言。

10月18—20日 市委督查室和市政府督查室会同市级有关部门到秀山县检查锰污染防治工作进展情况,局长助理杨伟智参加。

10月19—21日 副局长黄红赴黔江、酉阳、秀山调研环境监测工作。

10月25日至11月24日 副局长黄红参加了市委党校厅局级干部进修班学习。

10月25—26日 市人大组织开展《环境影响评价法》贯彻实施情况现场调研活动。

10月26日 市政协召开第二届委员会第三十四次主席会,听取市政府关于"蓝天行动"和"碧水行动"实施进展的汇报,副局长张智奎受市政府委托汇报了有关情况。

10月26—28日 国家环保总局对重庆市黄桷垭镇创建全国环境优美乡镇工作进行了验收。

10月27日 市纠风办在市委办公厅组织召开了政风行风评议测评会,副局长王力军在会上汇报了市环保局2005年政风行风评议工作的开展情况。

10月28日 市人大副主任周建中带队视察主城区污染企业搬迁工作进展情况。

是日 市政府召开主城区"蓝天行动"第七次调度会。副市长赵公卿出席会议并做重要讲话。副局长张智奎在会上汇报工作情况。

10月29日 巫山县创建国家级生态示范区通过国家环保总局组织的专家组的考核验收,成为三峡库区第一个、重庆市第二个通过国家级专家考核验收的国家级生态示范区建设试点县域。

10月31日至11月3日　副局长张勇在北京参加国家环保总局组织召开的核与辐射安全工作会议。

11月1日　澳大利亚印蒂格公司的执行董事吉布森先生和特鲁斯先生以及布里斯班市市长办公室亚太总监维德先生访问市环保局。副局长张智奎接待来宾,并就改善重庆空气质量等问题进行了交流。

11月3日　2005年亚太城市市长峰会主城区环境整治和建设工作表彰大会在国际会展中心召开。市环保局被评为先进单位,刘亚飞、张卫东、凌海源、任利、廖世国等被评为优秀个人。

11月6日　北碚区创建国家环境保护模范城区工作顺利通过国家环保总局专家组的考核验收。

11月7日　经市编办批准,市环保局成立重庆市环境工程评估中心,承担建设项目环境影响评估、咨询等相关业务。

11月10日　亚太城市市长峰会总结表彰大会在人民大礼堂举行。市环保局被评为先进单位,曹光辉、张智奎、高晓渝、王勤、卓吉华、周红君、张卫东、凌海源等同志被评为优秀个人。

是日　市纠风办政风行风考察组对市环保局2005年的政风行风评议工作进行了检查考证。

11月11日　经市委批准,唐德刚任市环保局党组成员、局长助理(副厅局级)。

11月12—14日　局长曹光辉在渝州宾馆参加重庆市委二届八次全委会会议。

11月15日　部分在渝全国人大代表视察环境监察工作。局长曹光辉汇报了近年来重庆市的环境执法情况、存在的问题及建议。

11月16—19日　全国人大常委会委员王梅祥带队,全国人大环资委、国家环保总局和中科院化学所的领导和专家一行,来市调研碳酸锶污染防治工作,市人大副主任周建中参加了情况交流座谈会。调研组先后到大足、铜梁以及民丰农化公司进行了现场调研,局长曹光辉受市政府委托做了工作汇报,副局长王力军陪同调研。

11月18—27日　副局长张智奎赴南非参加锰污染防治国际论坛。

11月23日　市委宣传部、市级机关党委宣传部和大溪沟街道办事处等有关部门组成验收组,对市环保局创建市级文明单位进行复查验收,顺利通过。

11月24日　垫江县英特化工有限公司一甲基乙烷反应釜因在生产过程中投加过氧化氢时速度过快,导致发生爆炸,反应釜中约6吨含苯物料爆炸燃烧,其中约4.1吨未燃烧的苯系物随消防水进入流经垫江县新民镇的桂溪河,致使附近空气和水体受到污染。经过连续6昼夜的奋战,最终妥善处置了该事故造成的环境污染问题,受到国务院、国家环保总局和市委、市政府的充分肯定。

11月28—30日　副局长黄红赴济南参加全国污染源自动监控工作现场会。

11月28日至12月4日　副局长王力军带队赴秀山县专项督查锰污染问题。

12月1日　国家环保总局召开"进一步加强环境监管、严防发生污染事故"电视电话会议。会议结束后,局长曹光辉立即召开紧急会议,通报了垫江县苯污染事故的处理情况,并对贯彻落实电视电话会议精神做了全面部署。

12月5日　市环保局会同市级有关部门对璧山县青杠镇创建环境优美乡镇进行了验收。

12月6日　全市"十五"环境宣教总结表彰暨"十一五"环境宣教工作研讨会在嘉陵宾馆举行。

12月7—9日　民盟中央全会在京召开,副局长陈万志参加了会议。

12月7—10日　副局长张勇赴京参加全国环境规划工作会。

12月8日　市级机关党委、团委组成验收组,对市"12369"环保举报受理中心青年文明号进行复查,市环境监察总队负责人汇报了创建工作的有关情况,副局长张智奎参加。

12月12日 环保世纪行采访活动在底楼会议室举行,就市的水环境保护工作的有关情况进行了采访。随后,世纪行组委会组织记者对荣昌、铜梁、垫江等地的水环境问题进行了系列的采访报道。

12月13日 国家环保总局人事司副司长章少民一行来渝调研环保机构,在雾都宾馆举行座谈会。

12月14日 全市环境监测站站长务虚会在南岸召开,副局长黄红参加了会议。

12月16日 市环境安全检查交换意见会在雾都宾馆举行。国家环保总局监察局局长蒋延东通报了检查工作情况,指出了存在的问题,并提出工作建议。

12月20—21日 市直机关第9次党建工作会在建设宾馆召开,局长助理杨伟智参加了会议。

12月28日 全市财政工作会在雾都宾馆举行,副局长黄红参加了会议。

2006 年

1月10日 常务副市长黄奇帆到市环保局调研工作,在听取了局长曹光辉的工作汇报后,针对"十一五"环保工作做了重要指示。

1月11—16日 局长曹光辉列席市人大二届四次会议,副局长陈万志参加了市政协二届四次会议。

1月15—18日 三峡库区水污染防治部际联席会议在京召开,副市长余远牧、副秘书长谭大辉、局长曹光辉、副局长张智奎参加了会议。

1月17日 市环保局等市级部门负责人和澳大利亚布里期班市代表、印蒂格公司代表在重庆联合举办了"重庆—布里斯班大气污染控制技术研讨会"。副局长张勇参加。

1月19日 市政协副主席夏培度一行到市环保听取全市环保工作汇报。

1月20日 市人大副主任周建中一行到市环保局调研,曹光辉汇报了"十五"期间环保工作取得的成绩、存在的问题,"十一五"期间的环保工作思路和2006年的工作重点。

1月20—27日 副局长王力军带队,对秀山县锰污染整治工作进行检查验收。

1月24日 总编(台长)看环保座谈会在雾都宾馆举行,局长曹光辉就2005年环境保护工作各项任务的完成情况及2006年工作计划向市内主要新闻媒体进行了通报,双方就如何做好环境保护工作的宣传,提高公众的环境意识进行了交流。

2月11日 三峡工程三期清库动员大会在渝州宾馆召开。副局长张智奎参加会议。

2月20日 一辆装载有12吨苯胺的东风牌罐车在渝涪高速公路长寿但渡段发生倾翻,有8吨左右的苯胺泄漏进入了附近的农田,其中120~140千克苯胺流经农田进入了龙溪河。市、区环保等部门立即启动应急预案,对泄漏的苯胺进入龙溪河造成的污染进行治理。

2月20—28日 由市委办公厅、市政府办公厅牵头,从市委督查室、市政府督查室、市监察局、市委组织部、市人事局和市环保局等单位抽调人员组成10个考核督导组,对区市县(自治县)党政一把手和市级有关部门负责人2005年度环保实绩进行考核。考核结果:渝北区、黔江区、大足县等25个区市县(自治县)和市财政局、市发改委、市公安局、市环保局、市建委等10个市级部门的得分在90分以上,属于环保实绩好;梁平县、石柱县、江北区等15个区县和市科委、市水利局、市移民局等7个市级部门的得分在80~90分之间,属于环保实绩较好。

2月23—25日 国家环保总局检查组到重庆检查建设项目环境风险防范工作,检查组听取了市政府关于环境影响评价制度管理、防范环境风险的工作汇报,并到长寿、涪陵和万州等地重点检查了重庆市化工项目的环境风险防范有关工作。副局长张勇陪同参加。

3月1日　国家环保总局局长周生贤在京主持召开直辖市环保工作座谈会,局长曹光辉和万州、北碚环保局主要负责人参加。

3月1—12日　副局长陈万志赴京参加全国政协十届四次会议。

3月7日　中加环保技术合作洽谈会暨城市可持续发展研讨会在希尔顿酒店举行。副局长王力军参加。

3月13日　国家三峡库区库底清理专家审查会在市移民局召开,副局长张智奎参加。

3月14日　重庆市三峡库区库底清理审查会在市移民局举行,副局长张智奎参加。

3月20—25日　国家环保总局副局长王玉庆陪同全国政协原副主席钱正英一行来渝调研。局长曹光辉、副局长张智奎陪同。

3月28日　全市环保工作会在渝州宾馆举行。副市长余远牧出席会议并做重要讲话。市政协副主席夏培度及市委督查室、市政府督查室、市高院、市检察院、市人大城环委、市政协城环委等部门负责人出席了会议。各区县政府分管领导、环保局局长,市级有关部门、重点企业负责人及市环保局副处级以上领导干部参加了会议。

3月28—29日　全市环保局局长座谈会暨全市环保局局长会在渝州宾馆举行。

3月30日　副局长陈万志参加市政协常委会会议。

4月2—6日　局长曹光辉陪同市委书记汪洋到忠县、开县、长寿等地调研库区环保工作。

4月5日　国家环保总局正式命名北碚区为国家环境保护模范城区,北碚区成为重庆市渝北区之后的全国第5个国家环境保护模范城区。

4月7日　重庆市在雾都宾馆召开"蓝天行动"第八次调度会,副市长余远牧主持并对下一步工作做了重点布置。

4月11日　副市长余远牧到市环保局调研,听取局长曹光辉的工作汇报。

4月12日　重庆市召开2005年度环保世纪行总结表彰大会暨2006年度活动启动仪式,重庆环保世纪行组委会主任、市人大常委会副主任周建中出席会议并讲话。

4月17日　国务院召开了第六次全国环境保护大会电视电话会议,市环境监察总队、涪陵区环保局及渝北区环保局被国家环保总局授予"全国环境保护系统先进集体"荣誉称号,市环保局污控处处长高晓渝被授予"全国环境保护系统先进工作者"荣誉称号。

5月9日　局长曹光辉陪同市长王鸿举会见了丹麦外交环境代表团,副局长张智奎陪同丹麦外交环境代表团在渝考察。

5月9—13日　中国工程院"三峡库区及其上游水污染防治战略咨询项目"重庆研讨会在雾都宾馆召开。

5月10日　市政府召开市环委会三届一次全体会议,就下一步环保工作做出明确部署。会议原则通过重庆市《关于加强环境保护若干问题的决定(送审稿)》。

5月16日　市委中心学习组举行了环境形势与环境法制建设报告会。报告会由市委书记汪洋主持,特邀中华环保基金会理事长、全国人大环资委原主任委员、原国家环保局局长曲格平教授主讲。市委中心学习组成员,市人大常委会组成人员,市级各部门的领导干部,主城九区党委、人大、政府、政协的班子成员,市人大常委会二届二十四次会议的有关列席人员等共计1100余人参加了报告会。

5月22—24日　受全国人大委托,市人大常委就《中华人民共和国固体废物污染环境防治法》《中华人民共和国水污染防治法》《中华人民共和国大气污染防治法》的执法情况进行检查。局长曹光辉及副局长王力军分赴万州、永川等地检查执法情况。

5月24—25日　《三峡库区及其上游水污染防治规划》修编项目审查会在雾都宾馆召开。

5月29日　全国大气污染防治工作会在天津召开,副局长张智奎参加。

是日 "中国履行《关于持久性有机污染物的斯德哥尔摩公约》国家实施计划"西部地区座谈会在重庆市召开。

5月31日 全国"严查企业排污行为,保障群众健康"环保专项行动电视电话会议召开,曹光辉、王力军及廖肇禹参加。

6月5日 市环保局公布市首批"重庆市环境友好企业"名单。西南铝业(集团)有限责任公司、重庆电池总厂、重庆拉法基水泥有限公司、重庆金益烟草公司、重庆朝阳气体有限公司5家企业荣膺该称号。

6月6日 副市长余远牧主持召开市三峡库区水污染防治领导小组第九次会议,部署三峡库区水污染保护的各项工作,曹光辉、张智奎参加。

6月8日 挪威—重庆能源环保产业合作研讨会在希尔顿酒店召开,副局长张勇参加。

6月13—14日 中华环保世纪行来渝进行采访活动。

6月18日 市环保局搬迁至江北区大石坝冉家坝旗山路252号新办公地址办公,正式启用办公OA系统,实现无纸化办公。

6月20日 市人大《环评法》执法检查汇报会在广场宾馆召开,局长曹光辉,副局长王力军、张勇参加会议。

6月20—23日 市人大副主任周建中带队前往涪陵、长寿、江津、璧山、九龙坡、江北,现场抽查工业园区和重点企业执行环评制度和"三同时"制度情况。

6月20—24日 副局长张智奎组织市发改委、市市政委等到万州等地进行库区移民环境保护验收。

6月30日 副市长余远牧主持召开市三峡库区水污染防治领导小组第十次会议,专题研究万州申明坝污水处理厂建设有关工作。市政府顾问甘宇平出席会议,市环保局、市发改委等部门和单位负责人参加。

7月2—3日 市环保局召开"四大行动"新闻通报会,通报了2006年上半年实施"蓝天""碧水""绿地""宁静"四大行动的进展情况。

7月4日 经市政府第二届第136次常委会会议审定批准,重庆市环境监察总队由正处级全额拨款事业单位升格为副厅级事业单位。

7月6日 市环保专项行动领导小组召开重庆市2006年环境违法行为挂牌督办案件新闻通气会,公布了2006年重庆市七大环境违法挂牌督办案件。

7月12—16日 西部省会城市环保工作座谈会在乌鲁木齐市召开,副局长王力军一行参加。

7月16日 国家环保总局在北碚区举行国家环境保护模范城区授牌仪式。

7月17日 市人大二届城乡建设环境保护委员会第十七次全体会议在广场宾馆召开,副局长张勇参加会议。

7月20日 市政府召开重庆市第一次环境保护"四大行动"调度会,副市长余远牧出席并做重要指示,局长曹光辉、副局长张智奎参加。

7月24日 市委组织部行文任命涂传益、覃天英为市环保局副巡视员。

7月24—27日 国家三期移民水污染防治检查验收组到市云阳、万州、涪陵等地检查验收工作。局长助理杨伟智全程陪同。

7月28日 市政府召开第九次环境保护大会。市长王鸿举出席会议并发表重要讲话。

7月29日 全市环境评价工作会在石油宾馆召开。

8月10日 国家环保总局与市政府签订总量消减目标责任书。局长曹光辉、副局长张智奎、副巡视员覃天英参加。

8月14日 国家环保总局召开落实主要污染物总量削减目标责任书视频会议,局长曹光辉,副局长张勇、黄红、张智奎,纪检组组长廖肇禹参加。

8月12—24日　市环保局组成6个由局领导带队的调研小组,分赴上海、昆山、宁波、温州等经济发达地区和有关区县就环保部门在服务民企、服务发展方面存在的问题及对策等8个方面开展调研。

8月18—23日　直辖市环保局局长座谈会在重庆召开,局长曹光辉,副局长黄红、张智奎参加。

8月22日　市委召开"四五"普法总结表彰大会,市环保局被评为"四五"普法先进单位并在总结表彰大会上进行书面交流。

8月27—30日　副局长陈万志赴成都参加了全国生态工作会。

8月28日　市政府召开了环境保护"四大行动"第二次调度会。副市长余远牧做重要讲话。

8月30日　英国驻重庆副总领事来市环保局访问。副局长张勇接待。

9月2日　"宁静行动"实施方案通过国家专家评审。

9月5—29日　副局长张智奎参加中央组织部举办的中奥项目地方经济发展与环境保护研究班,赴德国学习先进的环境保护管理经验。

9月14日　国家环保总局展开全国饮用水水源交叉执法检查,副局长王力军赴福建等地检查。

9月19日　局长曹光辉参加在广场宾馆召开的环保世纪行工作座谈会。

9月24—27日　国家环保总局检查组到江北区、九龙坡区、云阳县、武隆县检查饮用水水源保护工作,局长助理唐德刚陪同。

9月25日　在涪陵区召开渝东南片区环保局局长会,局长曹光辉出席并做重要讲话。

9月26日　市委常委、组织部部长马儒沛到市环保局检查"执政为民,服务发展"学习整改活动情况。

9月28日　重庆市饮用水水源保护专项执法检查交换意见会在五洲大酒店召开,局长曹光辉及局长助理唐德刚参加会议。

10月8日　国家环保总局办公厅领导来市环保局检查密码保密工作。

10月14—17日　六省区经济协作会在君豪大饭店召开。西南督查中心主任马宁、局长曹光辉、监察总队队长唐幸群参加会议。

10月17日　市政府在雾都宾馆召开环境保护"四大行动"第三次调度会。副市长余远牧,主城九区政府及经开区、高新区管委会分管领导、环保局局长,市环保局、市级相关部门领导,新闻记者参加了会议。

10月19日　全市绿色社区工作培训会在煤田宾馆举行。

是日　市人大常委会领导来局检查《重庆市行政执法责任制条例》实施情况。

是日　威尔士—重庆环保合作研讨会在万豪酒店召开,副局长张勇参加。

10月22日　局长曹光辉陪同市领导赴美国等地学习环保管理经验。

10月24日　副局长王力军带队赴美国学习考察环保法治经验。

10月28日　国家环保总局贯彻落实国务院《关于环境保护的决定》和第六次全国环保大会精神专题调研组到九龙坡区、北碚区、长寿区及涪陵区调研。

10月30日　市环境科学院举行成立30周年纪念大会,副局长黄红参加。

11月7—9日　全国固体废物管理工作会在山东省召开,重庆市做了书面交流,局长助理唐德刚参加。

11月8—10日　《重庆市三峡库区中重点产业发展规划环境影响评价技术方案》讨论会在重庆市召开。曹光辉、张勇参加。

11月15日　市政协视察重庆电池总厂搬迁工作,王力军陪同。

是日　市政协视察同兴垃圾处理厂,张智奎陪同。

是日　西南督查中心主任马宁到市环境监察总队视察工作。曹光辉、张勇及总队长唐幸群参加。

11月16日　四川省泸州市火电厂发生16.9吨燃料油(柴油)泄漏事故,影响重庆市长江水域。

11月17日　主城区2006年空气质量优良天数达到260天,提前44天完成2006年主城"蓝天行动"目标。

11月21日　市人大常委会第27次会议专题讨论《重庆市环保条例》,曹光辉、王力军、张勇及总队长唐幸群参加。

11月21—24日　副局长陈万志参加全国部分城市环保局局长座谈会暨农村小康环保行动计划交流会。

11月23—26日　国家环保总局局长周生贤陪同国务院领导视察三峡库区,局长曹光辉陪同。

11月29日　全市环境监测站站长会在蓝箭宾馆召开。

11月30日　全市环境统计和考核工作研讨会在渝北区召开。

是日　局长曹光辉做客新华网,参加了由市委宣传部、市政府新闻办公室主办,市环保局和新华网重庆频道共同承办的"直辖十周年·重庆变迁"网上访谈活动,与网民进行了一次集中在线对话。

12月1日　市环保局首次聘请重庆大学教授王里奥、徐龙君,西南大学资源环境学院教授魏世强担任市环保局特约环境监察员。

是日　国家环保总局副局长潘岳来渝参加全国行政复议工作座谈会全体会议。曹光辉、张智奎参加。

是日　全市固体废物污染防治工作会在西亚大酒店召开。

12月5日　西南督查中心挂牌仪式暨五省市区环境执法工作座谈会在成都召开。曹光辉、唐幸群参加。

12月5—8日　由国家环保总局会同监察部组成检查组,联合湘、黔、渝三省市政府,对三省市交界地区电解锰企业的锰污染整治工作进行检查验收,重庆市秀山地区锰污染工作顺利通过验收。

12月6—8日　中国环境监测总站站长魏山峰调研库区水质,副局长黄红陪同。

12月8日　国家环境保护总局和国家统计局在重庆市召开绿色国民经济核算试点工作验收评审会,重庆市绿色国民经济核算试点工作顺利通过国家评审验收。

12月11日　副局长陈万志赴京参加全国政协会。

是日　市政府第87次常务会审议通过《重庆市"宁静行动"实施方案(2006—2010)》。

是日　全国第一次环境政策法制工作会议在京召开,副局长王力军参加。

12月14日　市长王鸿举组织召开市环委会三届二次全体会议。会议审议并原则通过了《重庆市2007年环境保护工作要点(送审稿)》。

12月18—22日　副局长张勇带队赴各区县进行2006年环保系统目标任务考核。

12月19—21日　山东省环保局局长张凯来渝联系对口支援事宜,局长曹光辉、副局长王力军陪同到忠县等地调研。

12月21日　市人大副主任周建中带队来市环保局视察环保工作。

2007 年

1月8日 市委组织部下发《关于调整区县(自治县)环境保护部门干部管理体制有关问题的通知》,规定区县(自治县)环境保护局实行以区县(自治县)党委管理为主,市环境保护局党组协助管理的干部双重管理体制。区县(自治县)环境保护局党组(党委)书记、副书记及局长、副局长的任免,应事先征求市环保局党组的意见。

是日 英国环保代表团来市环保局座谈,副局长张智奎参加。

1月9日 英国贸易总署国际司环保产业局与英国驻重庆领事馆、重庆市环保局联合举办了固体废物管理与污水处理研讨会。副局长张智奎参加。

是日 市环保局召开2006年"八大民心工程"及建设、提案情况新闻通报会。

1月11—14日 国家环保总局污染物总量控制检查第十二组检查了重庆市主要污染物总量消减目标的落实情况。

1月12日 市环保局、市发改委、市国土房管局及市规划局召开四部门工作联系会议,局长曹光辉,副局长张勇、张智奎参加。

1月15日 三峡库区及其上游水污染防治战略咨询会议第二阶段征求意见会在市环保局召开,副市长余远牧,市政府副秘书长程志毅,局长曹光辉,副局长黄红、张智奎参加会议。

1月15—18日 全国环保厅局长会议在京召开,曹光辉参加会议。

1月18日 市政府召开环境保护"四大行动"第四次调度会。会议由副局长王力军主持,副市长余远牧出席并做重要讲话。

2月1日 全市环保工作会在渝州宾馆举行。副市长余远牧出席会议并做重要讲话。

2月1—2日 全市环保局局长座谈会暨全市环保局局长会在渝州宾馆举行。

2月9日 市环境监察总队顺利通过国家一级达标验收。

2月12日 市政协副主席夏培度来市环保局座谈,局领导参加。

3月5—13日 市党政一把手考核的10个考查组分赴40个区县进行现场督查考核。

3月16日 重庆市召开全市污染源普查领导小组第一次全体会议,研究部署重庆市2007年污染源普查工作。局长曹光辉、副局长张勇参加会议。

3月23日 中英应对全球气候变化公众论坛在重庆大学召开,副局长张智奎参会并就重庆采取有效措施积极应对全球变暖做了重要演讲。

3月30日 市政府召开环境保护"四大行动"第五次调度会。副局长张智奎汇报了环保"四大行动"进展情况。副市长余远牧出席并做了重要讲话。

4月2日 局长曹光辉参加重庆党政代表团赴四川学习考察。川渝签署协议共建成渝经济区,环保成为此次合作的重点,双方将共建长江上游生态屏障。

4月4日 《重庆市环保行政执法责任制实施办法》出台。

4月5日 副局长张智奎率市政府"蓝天行动"督查组到一季度实施"蓝天行动"进度滞后的渝北区进行调研、指导和督查。

4月9日 市环保局与气象局签订联合开展主城区空气环境质量分析与预测协议。

是日 全市首次开展重点辐射污染源普查,并建立污染源档案和信息数据库。

4月15—21日 中共中央办公厅督查室主任曾宪金率领中办、国办联合督查组来渝进行为期7天的督查。

4月16日 局长曹光辉陪同市领导出访巴西等国。

4月19日　"重庆市环境污染事故应急监测处置技术预案"顺利通过专家组的验收。

4月20日　"感受重庆——中外媒体易地采访"活动集中采访重庆库区水环境保护工作。天津电视台、美国皇后电视台参与采访。

4月23日　局长助理杨伟智主持召开枣子岚垭变电站建设工程协调会，落实副市长余远牧于4月9日主持召开的"关于主城区电网建设专题会议"精神。

4月24日　"感受重庆—中外媒体易地采访"宣传活动集中采访直辖十年环保事业。

4月24—26日　《三峡库区重庆段水环境监测能力建设项目可行性研究报告》通过国家发改委委托的上海投资咨询公司的评估。

4月25日　市政府环保四大行动督查推进组副组长、副局长张智奎主持召开2007年环保"四大行动"第一次联络员会议。

4月26日　《重庆市主要污染物总量控制管理办法》出台。

是日　2006年度重庆市科学技术奖励项目揭晓。市环保局组织市环科院开展的"重庆市主城区大气污染控制行动计划研究——重庆主城'蓝天行动'实施方案"获科技进步二等奖，"三峡库区重庆段抢救性生态调查及标本库建立"获科技进步二等奖。

4月28日　国务院召开环保专项行动电视电话会议。重庆市各区县政府、市政府有关部门和有关单位负责人分别在主城区分会场或部分区县分会场参加会议。

4月29日　"2006年重庆市主城区PM_{10}源解析研究"顺利通过专家组验收。

4月30日　全市化工、医药行业危险废物申报登记试点工作圆满结束。

5月8日　市环保局牵头召开"整治违法排污企业，保障群众健康"环保专项行动部门联席会议，市环境监察总队队长唐幸群参加会议。

是日　《2007年重庆市饮用水源保护实施方案》印发实施。

5月9日　市环保局召开新闻通报会，正式启动主题为"辉煌的十年，奋进的环保""直辖十年看环保"的"6·5"世界环境日系列宣传活动。

5月11日　副局长张智奎主持召开环保系统环保"四大行动"联络员会议，会后印发了环保系统环保"四大行动"联络员制度，明确了市环保局机关处室、局属单位、主城区环保局实施环保"四大行动"的分管领导和联络员。

5月14日　副局长张智奎做客由市纠风办和重庆人民广播电台共同举办的《阳光重庆》在线访谈节目，围绕"参与环境保护，共享清新环境"主题，现场接受市民的投诉与咨询。

5月15日　中学生校园"气候酷派"环保宣传方案设计比赛重庆地区决赛在万豪酒店举行。来自西师附中、万州二中、重庆十一中、外国语学校、重庆市二十二中的5支代表队脱颖而出，进入全国总决赛。

5月16日　市环保局实施《重庆市环境保护局"环保干部大下访"活动实施方案》，为期半年的"环保大下访"活动正式启动。

5月17日　市环保局领导和局系统处级以上领导干部到市监狱接受警示教育。

是日　国家环保总局来渝考察拉法基并行处理污泥工作，副局长张智奎陪同考察。

5月18日　中央编办监督检查司司长于宁、国家环保总局人事司司长李建新、国家环保总局环境监察局副局长田为勇一行，到重庆调研环境执法工作。

是日　市人大二届第三十一次会议三审表决通过《重庆市环境保护条例》，条例将于9月1日起施行。

5月22日　重庆市清华中学等6所学校和蒋兆频等6名教师，被国家环保总局、教育部联合评为第四批全国"绿色学校"创建活动先进单位和个人。

5月22—24日　市政府"蓝天行动"督查组组长、市政府督查室主任何力率领监察建设、市政、环保等市级主管部门,到大渡口区、沙坪坝区、渝中区调研督查"蓝天行动"进展情况。副局长张智奎参加。

5月23日　市政府办公厅转发《重庆市清理违反国家环境保护法律法规的错误做法和规范性文件工作实施方案》。

5月23—27日　中共重庆市第三次代表大会召开,吉光树、曹光辉出席,总队长唐幸群列席,曹光辉当选为市纪委委员。

5月25—27日　国家环保总局西南环保督查中心主任马宁一行,到重庆市调查铜钵河跨界污染问题,市环境监察总队队长唐幸群参与调查。

5月29日　市环保局组织召开环境保护与经济发展专家座谈会。20多名专家学者围绕主题为重庆未来建言献策,局长曹光辉、副局长王力军、局长助理唐德刚参加。

5月30日　北碚区西师社区、荣昌县桂花社区被国家环保总局评为2007年全国"绿色社区"创建活动先进社区。

5月31日　《重庆市城市区域环境噪声标准适用区域划分规定调整方案》印发实施。

是日　国家环保总局辐射环境监测技术中心来渝主持开展国家辐射环境监测上岗证考试工作。重庆市辐射站32名技术管理人员参加考试。

6月1日　市环保局、团市委联合开展的"2007重庆拒绝废电池污染"系列活动正式启动。

6月5日　副市长余远牧在重庆市直辖十年环境保护新闻发布会上发布直辖十年重庆环境保护基本情况和2006年全市环境状况。局长曹光辉、副局长张智奎出席。

是日　"直辖十年·百万市民看环保"活动在解放碑步行街正式启动。

6月6日　市政府召开综合整治扬尘污染专题会,副市长余远牧出席。

6月6—8日　局长曹光辉到国家环保总局,就胡锦涛总书记做出"314"总体部署和重庆实施"一圈两翼"发展战略后,重庆环保面临的新形势、新任务和新构想等进行了汇报,争取总局对市环保局打造"西部领先,全国一流"的重庆环保的支持。

6月7日　市委三届第二次常委会会议首个议题审议通过2006年度党政一把手环保实绩考核结果。

6月7—9日　市环保局组织的"直辖十年·百万市民看环保"实地体验活动,分别到渝北区、经开区、九龙坡和北碚区、市12369环保举报受理中心举行。

6月8日　市环保局举行"直辖十年看重庆"大型主题宣传集中采访活动,副局长张智奎向重庆主流媒体记者通报了直辖十年环保工作的开展情况并回答记者提问。

6月8—13日　市环保局直属事业单位环科院、宣教中心、机动车排气污染管理中心公开招聘工作人员14名。

6月10日　中国工程院院士魏复盛率中国工程院、中国环境科学研究院、长江海事局等部门的18名环保专家到巫山考察大宁河水质,为"三峡库区及其上游水污染防治战略咨询项目"收集资料和信息。

6月12日　重庆市成功申报2006年欧盟生物多样性保护示范赠款项目,获赠资金1200万元。

是日　市委办公厅、市政府办公厅通报2006年度党政一把手环保实绩考核结果,并对17个区县予以通报表彰。

6月13日　垫江辐照场放射源安全隐患处置工作领导小组组长、局长助理杨伟智在垫江县政府主持召开专题会议,正式实施垫江辐照场放射源安全隐患处置工作。

6月13—14日　挪威南特伦德拉格郡代表团来渝访问考察,曹光辉陪同市领导会见了代表团成员,副局长张勇就加强两地环保合作交流与代表团进行了探讨。

6月14日　首次面向高校举办大学生"拜耳青年环境特使（重庆地区）评选活动"。我市3名大学生取得"特使"候选人资格,将与来自北京、上海等地的大学生共同参加拜耳青年环境特使评选夏令营。

6月14—15日　国家环保总局环境监察局来渝开展"建设完备环境执法监督体系"专题调研,总队长唐幸群陪同。

6月15日　全市环保系统试用电子公文交换和污染源减排动态管理系统。

6月18日　重庆直辖十年庆祝大会在人民大礼堂隆重举行,会议表彰了128名"重庆直辖十年建设功臣",市环保局高晓渝获此殊荣。

6月20—22日　建设"一圈两翼"渝东北片区专题会在万州举行,局长曹光辉出席并做题为"立足'三大功能定位'抓服务,统筹推进渝东北地区发展"的发言。

6月24日　市"整治违法排污企业,保障群众健康"环保专项行动领导小组办公室通报2007年重庆市第一批共8件重大环境违法挂牌督办案件。

6月25—29日　国家环保总局西南环保督查中心副主任郭伊均率队来渝核查总量减排工作。

6月27日　垫江辐照场贮源井水中的164枚废弃放射源安全装入贮源铅罐,并于28日安全运离重庆。

6月28日　市纪委、市监察局对市环保局上半年"执政为民,服务发展"学改活动情况进行检查考核。

7月3日　中国履行《关于持久性有机污染物的斯德哥尔摩公约》国家实施计划启动大会在北京举行,副局长沈金强代表重庆环保局做大会发言。

7月4日　国家环保总局召开"坚决贯彻中央领导批示精神,依法严肃处理环境违法行为"电视电话会议,重庆市下设38个分会场,共计500余人参加会议。

7月10日　市长王鸿举主持会议,专题研究全市节能减排有关工作。局长曹光辉参加并汇报减排工作情况。

7月11—14日　全国湖泊污染防治工作会在安徽省召开,副市长余远牧、曹光辉参加会议并在会上做交流发言。

7月15日　全市环保部门电子政务传输系统正式开通并投入运行。

7月27日　市环保局召开机关党员大会,选举产生新一届机关党委和首届机关纪委。

是日　市政府召开环保"四大行动"第六次调度会,重点研究了"碧水行动"等问题。副局长张智奎参加。

8月3日　市人大办公厅、市政府办公厅、市委宣传部及市环保局联合下发《关于学习宣传贯彻〈重庆市环境保护条例〉的通知》。

8月6日　市环保局召开2007—2008年度民主评议政风行风工作动员大会。会上局长曹光辉就全系统行风工作提出具体要求。

8月14日　市政府办公厅下发《关于成立重庆市节能减排工作领导小组的通知》。

8月17日　国家环保总局召开全国抓整治促减排、造纸行业环保专项督查电视电话会议。

8月21日　市政府办公厅印发《重庆市三峡库区流域水环境突发公共事件应急预案》。

8月23—24日　市委组织部和市环保局联合举办党政领导干部学习《重庆市环境保护条例》专题培训班。

8月28日　重庆市举行《重庆市环境保护条例》新闻发布会。市人大城环委副主任刘楚雄就条例相关内容做新闻发布。局长曹光辉就新闻媒体关心的问题现场回答记者提问。

8月29—30日　《重庆市环境保护条例》区县环保干部培训班在重庆市委党校举办。各区县环保局主要领导以及部分业务骨干参加培训。

8月30日　局长曹光辉赴中央党校学习。

8月31日　市环保局、市国资委、市工商联在市委党校联合举办服务对象学习《重庆市环境保护条例》专题培训班。各有关企业分管领导及环保管理负责人参加培训。

9月1日　新修订的《重庆市环境保护条例》正式实施。

9月3日　直辖市环保局局长会在天津市举行。局长曹光辉、副局长张智奎参加了会议。

9月5日　市长王鸿举主持召开节能减排工作领导小组会。王鸿举对节能减排提出了启动行政首长问责制和区域限批制等新要求。

9月10日　市环保局组织全市部分核技术应用单位、区县环保部门及市辐射站等单位代表召开贯彻实施《放射性同位素与射线装置安全和防护条例》调研评估座谈会。

9月12日　市辐射站与核工业第二研究设计院和市环保局基建办召开了重庆市放射性废物库建设项目辐射防护工艺设计交底协调会。

9月13日　全国人大调研组来渝调研环保工作,副局长张智奎陪同调研。

9月16日　《中国环境报》宣传工作会在福建省厦门市召开。重庆市江北区环保局获先进集体称号,合川区环保局陈伟获先进个人称号。

9月17日　国家环保总局正式批复,同意将重庆市列为全国统筹城乡环境保护工作试点单位。

9月18日　全国污染源普查工作办公室副主任陈善荣率普查试点检查组来渝检查。

9月18—22日　市环保局组织开展城市公共交通周及无车日活动,先后开展"环境保护日"宣传、"清洁能源日"宣传、"无车日"宣传咨询和空气质量监测对比分析。

9月20日　国家环保总局调研组来渝调研,副局长张勇陪同。

9月21日　市委副书记张轩一行来市环保局检查市第二次党代会精神贯彻落实情况。

9月24日　全国政协环资委环境监测考察组来渝考察,副局长黄红陪同。

9月25日　副局长张智奎就统筹城乡环境保护工作试点接受重庆卫视采访。

9月28日　市环保"四大行动"督查推进组召开2007年第二次联络员会议,要求强力推进"四大行动",确保完成年度目标。

9月29日　局业务办公会审议通过《"蓝天行动"修订方案》。

10月8日　市政府办公厅印发《重庆市节能减排综合性工作方案》。

10月9日　国家环保总局来渝验收合川双槐电厂。

10月10日　全市电磁辐射设备(设施)申报登记工作会召开,电磁辐射设备(设施)申报登记被纳入排污申报登记整体工作体系。

10月11日　重庆市首次发放船舶废油收集经营许可证。

是日　国家环保总局来渝验收綦江松藻安稳电厂。

10月12日　全国污染源普查试点工作总结会在渝召开。

10月15日　市环保局与美国韦恩郡环保局签署双方合作谅解备忘录。

10月24日　市污染源普查领导小组办公室制定并印发《重庆市第一次全国污染源普查实施方案》。

10月24—26日　第五届西部省会城市环保工作年会在成都召开,副局长张勇参加会议。

10月25日　国家环保总局来渝验收遂渝铁路。

10月29日　市环境监察总队队长唐幸群走进重庆人民广播电台《阳光重庆》直播间,围绕"贯彻环保条例,加强环境执法"主题与听众进行在线交流。

10月30日　重庆市完成清理违反国家环境保护法律法规的错误做法和规范性文件的自查工作。全市共有11个区县清理出违反国家环境保护法律法规的错误做法和文件35件,均得到了纠正。

11月1日　市委组织部、市环保局联合举办的"领导干部环境保护与循环经济专题培训班"开班,副局长张勇参加培训。

11月4—9日　国家环保总局西南环保督查中心在重庆市开展环境执法后督察工作。

11月—7日　重庆市2007年环境统计、考核和总量减排培训会在合川区召开。

11月7—9日　重庆环保世纪行记者分别深入九龙坡区、潼南县、涪陵区,就曾经采访报道过的桃花溪治理、民丰化工厂搬迁、乌江沿线水泥厂搬迁等问题开展新闻回访活动。

11月14日　全国河流污染防治工作会在郑州市召开,副局长张智奎出席会议。

11月16—7日　全国环保系统办公室主任座谈会在重庆召开,国家环保总副局长周建出席会议并发表重要讲话。

11月19日　市政府常务会审议通过《主城区"蓝天行动"实施方案(修订稿)》。

11月20日　中日合作水污染总量减排和重要水域水环境管理等综合研讨会在渝举行,副局长张智奎出席会议。

11月21日　市环境监测中心完成搬迁工作。

11月23日　市政府召开环保"四大行动"第七次调度会,副市长余远牧出席并对"四大行动"的推进提出新要求。

11月26—27日　全国循环经济试点工作会在渝召开,副市长黄红参加。

11月26—28日　全国环保系统规划工作会在京召开,副局长沈金强参加并代表重庆市环保做交流发言。

12月3日　市委办公厅、市政府办公厅印发新修订的《重庆市党政一把手环保实绩考核办法》。

12月5日　英国驻重庆总领事馆和市环保局联合主办的中英气候变化和环境保护科普研讨会在渝举行。

是日　市环保局召开环境保护新闻通报会。市环保局新闻发言人张智奎向市内主要媒体通报了今年"蓝天行动"和饮用水水源保护等重点工作的进展情况,近期市民和媒体关心的次级河流污染整治和《三峡库区及其上游水污染防治修编规划》的有关情况。

12月6日　全市危险化学品环境安全管理工作暨培训会召开。局长助理唐德刚出席会议并做讲话。

12月10日　拉法基瑞安重庆特种水泥工厂年排放2000吨二氧化硫和1338吨灰尘、价值700万元的3台水泥立窑生产线成功爆破。

12月11日　重庆环保世纪行组委会召开2003—2007年度总结表彰大会。市人大副主任周建中、市政府副市长余远牧出席会议并分别做重要讲话。

是日　国家环保总局来渝验收开县白鹤电厂。

12月12日　市长王鸿举主持召开节能减排工作领导小组会,会议同意市环保局提出的建立区域限批制度和环境准入制度的提议。

12月13日　副局长张智奎走进重庆人民广播电台《阳光重庆》直播间,围绕饮用水水源保护主题与听众进行在线交流。

12月13—16日　亚洲环境执法论坛在北京召开,市环境监察总队队长唐幸群出席并做大会发言。

12月15日　三峡工程175米运行水质影响及供水安全战略研究评审会在京举行,局长曹光辉、副局长黄红出席。

12月17—21日　市环保局组织开展2007年度环保系统工作目标现场检查考核工作。

12月19日　市环保局、市工商局联合发出通知,正式在全市建立餐饮行业环保监管与工商登记协作机制。

12月20日　市委宣传部、市统筹城乡综合配套改革办公室、市环保局共同举办"学习贯彻十七大精神,推进统筹城乡环境保护"论坛。

是日　市环保局和市质量技术监督局联合发布《重庆市水泥工业大气污染物排放标准》和《重庆市燃煤电厂大气污染物排放标准》。

12月24日　重庆市在经开区、高新区启动房地产类建设项目环境适宜性评定试点工作。

12月25日　全国重点湖泊水库生态安全调查及评估项目第二次工作会议将三峡库区确定为全国重点湖库生态安全评估的首批项目。

12月26日　市环境保护局、中国人民银行重庆营业管理部、中国银行业监督管理委员会重庆监管局联合下发了《关于落实环保政策法规防范信贷风险有关工作的通知》,决定从2008年3月1日起正式将21类环保信息纳入人民银行企业和个人信用信息库。

12月27日　市政府召开全市污染源普查动员电视电话会议。

是日　市环保局、市文明办、市市政委联合做出决定,命名万州区枇杷坪社区等16个社区为第二批重庆市绿色社区。

12月29日　市政府印发《重庆主城"蓝天行动"实施方案(2008—2012年)》。

12月31日　2007年实现主城区空气质量满足优良天数289天,比例为79.2%,空气综合污染指数为2.71,为开展空气质量日报以来的最好水平。21个郊区县的空气环境质量达到二级标准。

2008 年

1月4日　国务院召开第一次全国污染源普查电视电话会议。副市长余远牧在重庆分会场就重庆开展污染源普查试点工作的体会做大会发言。

1月14日　副市长余远牧带队检查渝中区、沙坪坝区、北部新区扬尘污染较严重的3个施工工地并提出整改要求。

1月14—15日　全市环保系统监察工作座谈会、2008年全市环保局局长会和全市环保系统党风建设工作会在东方花苑酒店召开。

1月29日　民盟重庆市委、重庆市环保局联合举办2008年迎春联欢会。

1月30日　中央电视台《今日说法》栏目就市环保局查处"张某非法收集医疗废物的案件"进行专题报道。

1月31日　国家环保总局、国家发展和改革委员会联合印发《三峡库区及其上游水污染防治规划(修订本)》。

是日　重庆市召开新闻单位负责人座谈活动,全面总结2007年环境新闻宣传工作,研究部署2008年工作思路。

2月1日　由市环保局牵头申报的中国—欧盟生物多样性保护示范重庆市生物多样性保护主流化和能力建设赠款项目正式签约,获赠资金143万美元。

2月4日　副市长凌月明到市环保局检查指导环保工作。

2月13日　市长王鸿举主持召开市环委会三届一次全体会议,全面研究部署2008年环保工作。

2月14日　市人大副主任王洪华率领市人大城环委、移民工委有关负责人等到市环保局视察指导环保工作。

2月18日　市政协副主席夏培度率领市政协城环委负责人一行到市环保局视察指导环保

工作。

2月20日　重庆市召开强制性清洁生产审核和主城区环境污染安全隐患重点企业搬迁新闻通报会。

2月25日　市环保局副局长王力军陪同市长王鸿举会见丹麦大使。

2月25—28日　全国污染源普查工作会在昆明召开,市环保局副局长张勇出席会议。

2月26—27日　国家环保总局信息中心和总量办公室分别来渝调研和视察,市环保局副局长黄红、张智奎分别陪同。

2月27—29日　全国环境监测工作会在京召开,市环保局副局长黄红出席会议。

2月28日　市政府召开2008年"四大行动"第一次调度会,副市长凌月明出席会议并就2008年"四大行动"做重要部署,局长曹光辉、副局长张智奎出席。

3月3日　局长曹光辉、副局长张勇赴京向国家环保总局局长周生贤以及其他局领导汇报重庆环保工作情况。

是日　市环保局副局长张智奎到中央党校中青年干部培训班学习。

3月10日　市环保局与交通管理局联合印发并实施《在用机动车排气污染路检工作方案》。

是日　市政府办公厅印发实施《重庆市工业项目环境准入规定》。

3月17日　市委办公厅、市政府办公厅印发《关于进一步建立和完善重庆市环境保护工作长效机制的意见》。

3月18日　全国持久性有机污染物调查(西南片区)培训研讨会在渝举行,副局长黄红出席会议。

3月20日　局长曹光辉率队到九龙坡区调研环境保护工作。

3月22日　市环保局机关和下属单位干部职工在经开区参加了全市"创建国家园林城市,打造生态宜居重庆"春季义务植树活动。

3月24—25日　副局长王力军参加在京召开的全国核与辐射安全监管工作会;监察总队队长唐幸群参加在京召开的全国环境执法工作会。

3月24—27日　局长曹光辉在市委党校参加第一期市党政领导干部现代经济知识强化培训班。

4月1日　副市长凌月明率队现场督查主城"蓝天行动"工作落实情况。局长曹光辉陪同检查。

4月2日　国家环保部办公厅档案处和国家普查办负责人一行对重庆市沙坪坝区污染源普查档案管理工作进行调研。

是日　市环保局副局长王力军带领局系统职工在缙云山参加第十一届爱鸟周活动。

4月3日　市环境监察总队队长唐幸群主持召开全市环境执法后督察工作会议,铜梁、秀山等28个区县环保局分管领导和监察支(大)队队长共计60余人参加会议。

4月8—11日　西南地区水体富营养化座谈会在成都召开,环境监察总队队长唐幸群参加。

4月9日　《中国环境报》2008年发行工作座谈会在重庆召开,副局长王力军出席会议,《中国环境报》吉林、河北、江苏等地的20余名记者站负责人参加会议。

4月9—11日　全国环保系统环境经济政策工作会在京举行,副局长沈金强参加。

4月10日　市环保局召开"重庆市统筹城乡环境计划征求意见会",市发改委、市经委、市规划局等10余部门的相关负责人参加讨论。

4月11日　主城"蓝天行动"座谈会在渝北区召开,副局长黄红主持会议,主城九区环保局,市环保局经开区、高新区分局负责人参加会议。

是日　2008年重庆环保世纪行组委会召开第一次全体会议,市人大常委会主任陈光国、副市长凌月明出席会议并发表讲话,局长曹光辉、副局长王力军参加。

4月14日　省级区域环境战略研究工作会在南京召开,副局长王力军出席会议。

是日　市人大办公厅、市政府办公厅、市委宣传部、市人大城环委、市环保局5家单位联合发出《关于举办重庆市纪念"6·5"世界环境日暨全民减排宣传周活动的通知》。

4月14—15日　遵义市政府工作考察团来渝调研环保工作,局长曹光辉、市环境监察总队队长唐幸群先后参加座谈或陪同调研。

4月14—16日　全国政协副主席钱正英来渝调研环保工作,局长助理唐德刚陪同。

4月16日　市环保局在全国率先开发运行了工业污染源产排污系数核算信息系统。

4月18日　全国伴生放射性污染源普查监测数据质量保证审核培训班开班,副局长王力军出席并讲话。

是日　重庆的友好市郡——挪威南特伦德拉格郡的阿尼·布稚霍特副郡长,南特伦德拉格郡议会议员阿伯格斯波顿女士、海蒂·福斯南特女士一行3人到访市环保局。

4月22日　副局长黄红主持召开主城二氧化硫浓度升高原因分析及对策措施专题会。

4月25日　丹麦驻华大使馆能源与环境参赞马海一行到访市环保局,就《重庆与丹麦合作伙伴计划项目方案》及6月4日"丹麦水论坛"与市环保局副局长张勇进行交流。

4月27日　副局长黄红率队到太原、长沙等地学习考察城市大气污染控制工作经验。

4月28日　副局长张勇出席重庆与霍尼韦尔举行的合作项目签约仪式。

4月29日　局长曹光辉为南岸区中心组做题为"重庆环境保护形势与任务"的报告。

5月4日　市人大副主任郑洪来环保局视察环保工作。曹光辉汇报了全市环保工作情况。

5月7日　重庆市编制委员会批复,同意市环保局设立污染物减排处和重庆市环境保护督查办公室,增加局机关行政编制15名。

5月8日　副局长黄红主持召开城市道路交通噪声污染防治专题会。

是日　重庆市政府与德国外交部联合举办的"德中同行"的"城市环保节能减排展览活动周"在市人民广场举行,市长王鸿举、副市长周慕冰出席开幕式并致辞。副局长张勇出席并参观展览。

5月9日　市政府环保"四大行动"督查推进组召开2008年环保"四大行动"第二次联络员会议,市政府督查室、市监察局、市发改委等16个成员参加会议。

5月11日　由市环保局和德国杜塞尔多夫中国中心主办的"德中环保论坛:水——生命元素"在人民大礼堂人民广场成功举行。

5月12日　市环保局向四川省环保局发出慰问信,代表全市环保系统干部职工向四川省环保系统干部职工及其家属表示问候,并承诺随时待命支援地震灾区的环境应急处置工作。

5月12—13日　三峡库区及其上游水流域环境管理专题研究班在渝举行。

5月14日　市环保局向四川地震灾区捐款198550元。

5月15日　市环保局局长助理杨伟智带队,将50套帐篷、100床被套、100床棕垫、100床竹丝席以及一批食品和药品送往四川省环保局,同时调配2台越野车供当地环保部门使用。

是日　局长曹光辉陪同市长王鸿举会见美国东西方中心记者,并回答记者提问。

5月15—16日　"绿色重庆——中德可持续发展长江论坛"在人民广场举行,副局长王力军出席并致辞。

5月16日　市环保局组织第一批17名环境监察人员和8辆执法车组成支援小组,赴四川进行抗震救灾环境应急工作援助。

5月16—31日,市环保局副局长黄红在意大利参加环保部中意环境管理和可持续发展研讨班。

5月19日　市环保局系统集中举行"向汶川大地震遇难者志哀"仪式及捐款活动。局长曹光辉再次带头向灾区人民捐献一个月工资。

5月19—23日　中美环境立法与执法合作项目第一次研讨会暨项目启动会议在京举行,市环境监察总队队长唐幸群参加。

5月21日　美国国家环境署(USEPA)水质科学与技术部主管William先生,应邀来市环保局做题为"湖泊与水库营养盐(水华污染)控制"的讲座。

是日　市环保局局长助理杨伟智带队,将135顶帐篷、200桶食用油及大量药品等第二批救灾物资运抵成都,用于绵竹、元等受灾地区环保部门干部职工解决住宿、办公等实际困难。

5月22日　海南省国土环境资源厅就抗震救灾向市环保局发来慰问信。

是日　重庆市举办2008年绿色创建系列工作培训班,全市区县环保局的分管领导及环保宣教工作负责人共80余人参加培训。

5月23日　市政府召开全市2008年节能减排工作会议。

5月24日　环保部办公厅印发《关于表彰四川省、重庆市环境保护局和西南、西北环保督察中心积极应对地震灾害防范次生环境污染的通报》。

5月25日　市环保局组织第二批共12名应急人员和6辆执法车组成环境监察支援小组赴成都开展抗震救灾环境应急工作。

5月26日　全国第一期燃煤电厂二氧化硫减排核查核算培训班在渝举行,局长曹光辉出席并致辞,市环境监察总队队长唐幸群参加。

5月26—27日　加强地方履行保护臭氧层国际公约能力建设座谈会在上海举行,局长助理唐德刚参加。

5月28日　环保部党组成员祝光耀一行5人来重庆梁平、潼南、涪陵、南川等受灾区县,查看环保系统受灾情况。

5月29日　节能环保与可持续发展论坛暨中国环境科学学会2008年学术年会在重庆召开。环境保护部党组成员祝光耀,全国政协人口环境资源委员会副主任、中国环境科学学会理事长王玉庆,副市长周慕冰出席开幕式并讲话。局长曹光辉、副局长王力军参加。

5月30日　市环保局召开了重庆市2008年第二次环境影响评价工作座谈会,主城区环评机构的负责人、特邀专家以及市环保局从事建管工作和评估工作的全体人员共70余人参加会议。

6月1日　市环保局按环保部西南环保督查中心要求,分4批共抽调48名执法人员、24辆执法车辆及驾驶员前往四川地震灾区参加抗震救灾环境应急工作。

6月2日　由市人大办公厅、市政府办公厅、市委宣传部、市人大城环委、市环境保护局联合主办,市环保宣教中心、新华网重庆频道承办的"我的家园我呵护·集团手机报"短信环保公益广告语征集评选活动揭晓。朱婧等2人编写的"今天你环保了吗?有时,只需一分钟!"等2条短信环保公益广告语分获一、二等奖。颁奖仪式上,2名获奖者将共计9997元奖金委托新华社重庆分社捐献给重庆红十字会,支援四川地震灾区。

6月3日　市级"减排行动在社区"活动在渝北区龙湖南苑社区启动。随后,全市100个"绿色社区"或创建中的"绿色社区"将同步开展"减排行动在社区"活动。

6月4日　市政府召开环境保护新闻发布会。市政府副秘书长欧顺清在会上发布了2007年全市环境状况,通报了2007年度重庆市党政一把手环保实绩考核结果,污染物总量减排和污染源普查工作进展情况。26家新闻单位、42名记者参加报道。新华网重庆频道、华龙网、市政府新闻网对新闻发布会进行了全程直播。

6月5日　由市人大办公厅、市政府办公厅、市委宣传部、市人大城环委、市环保局共同举办的重庆市纪念"6·5"世界环境日暨全民减排宣传周广场环境文化活动在解放碑举行。

是日　局长曹光辉走进新华网重庆频道直播室,围绕"加强环境保护,促进节能减排"主题与网友进行在线交流,重庆各大媒体记者现场进行采访报道。

6月6日　市环保局党组将366名党员交纳的24.4187万元"特殊党费",全部上交中组部转送地震灾区。至此,市环保局干部职工累计为地震灾区捐款72.2万余元。

6月8日　市固废管理中心组织10名人员的专业处置队伍,携带环境保护部斯德哥尔摩公约履约办公室紧急调配的一台日处理8吨的高温蒸汽非焚烧处置设备和相应医疗废物收运车,赶赴重灾区彭州处置当地及其周边地区的医疗废物。

6月10日　市政府第10次常务会审议通过2007年度城市环境综合整治定量考核结果。

6月14日　重庆对话——城市发展与环保中德高层论坛在重庆市申基索菲特酒店举行。副局长张勇向中外媒体介绍了重庆市环保工作情况。

6月15日　市环保局组织40人啦啦队参加奥运火炬在重庆的传递活动。

6月17日　环境保护部环境工程评估中心在京主持召开了《巴斯夫欧洲公司巴斯夫重庆40万吨/年MDI项目环境影响报告书》技术评估会。

6月18日　局长曹光辉参加全市"解放思想、扩大开放"工作交流会,并做了题为"实现环境质量大改善、促进重庆经济大发展"的交流发言。

6月19日　由中国环科院副院长段宁带队的国家普查办第9核查组,抽取长寿区、梁平县作为核查样本区,对重庆市第一次全国污染源普查表格填报质量进行核查,认为重庆的污染源普查工作达到了国家要求。

6月20日　市环保局邀请市消防培训中心专业人员对机关及直属单位近120人进行了消防安全知识培训。

6月22—30日　由环保部规划与财务司司长舒庆带队,国家发改委、国土资源部、水利部、环保部、林业局、国务院三建委6个部委有关负责人和专家组成的国务院专题调研第九调研组来重庆,对市生态建设与环境保护专题进行了为期9天的调研。

6月25日　市环保局对熊勇等113名抗震救灾先进个人予以通报表彰。

6月26日　市环保局局长助理唐德刚带队赴绵阳慰问参加抗震救灾的重庆医疗废物处置突击队。

6月27日　监察总队队长唐幸群做客重庆人民广播电台《阳光重庆》节目,围绕"加强环境执法,推进节能减排"主题与广大听众开展互动交流。

6月29日　以乔纳施·道宾哥为团长的"联合国对中国履行《关于持久性有机污染物的斯德哥尔摩公约》国家实施计划编制项目独立评估团"一行3人来市环保局,对《中国履行斯德哥尔摩公约实施计划》进行评估并实地考察了重庆民丰农药化工厂。

6月30日　市委宣传部纪检组组长张耀府带队来市环保局进行上半年"执政为民、服务发展"学改活动检查考核。

7月1日　市委举行"七一"表彰大会,市环保局获重庆市委、市政府联合授予的抗震救灾先进集体称号,市环境监察总队邹渝、市固体废物管理中心谢靖宇获抗震救灾先进个人称号。市环境监测中心郭平获市委授予的抗震救灾优秀共产党员称号。

7月2日　市环保局、市经委、市统计局、市电力公司等部门相关负责人在重庆分会场参加了环保部召开的2008年上半年主要污染物总量减排核查核算视频电视会。

7月4日　市政府组织召开2008年环保"四大行动"和总量减排第二次调度会,检查第一次调度会议定事项的落实情况,并对下一步工作进行研究部署。

是日　市固废中心组织永川、双桥、铜梁、大足、荣昌、璧山等区县环保局和卫生局负责人在永川区召开了"永川片区医疗废物集中处置工作会"。局长助理唐德刚出席并讲话。

7月5日　以西南环保督察中心副主任杨为民为组长的环境保护部2008年上半年主要污染

物总量减排工作核查组第16小组,通过听报告、查阅档案资料和现场核查重点企业等方式,对重庆市上半年主要污染物总量减排工作情况、新增减排措施、新增排放量等进行了全面核查核算。

7月7日　全国人大常委会副委员长路甬祥一行来渝对市《环境影响评价法》执行情况进行检查。副局长张勇、沈金强陪同检查。

7月9日　市环保局副巡视员涂传益主持召开局系统政务信息和新闻发布工作会议,就加强局系统政务信息和新闻发布工作提出明确要求。会后出台了《重庆市环保局政务信息和新闻发布工作规程》。

7月10日　由英国驻重庆总领馆、市政府新闻办、市经委、市环保局联合主办,华龙网承办的"重庆市节能减排金点子大赛"正式启动。副局长王力军出席并做现场在线交流。

7月14日　《新建铁路兰州至重庆线环境影响报告书》通过环保部和铁道部组织的专家评审。

7月15日　为期两天的重庆市2008年区县环保局局长专题培训班开班,来自全市各区县环保局的相关领导干部参加培训。

7月15—18日　环保部医疗废物设施评估组相关专家对重庆市"1+6+6"的医疗废物处置设施建设规划布点调整建议进行调研评估。

7月16日　市环保局启动全市工业园区环境基础信息调查工作。调查范围为市级及以上的48个工业园区及其拓展区、含34个都市工业园在内的工业集中区、市级部门认可的其他工业集中区。

7月17日　市环保局副局长黄红调研九龙坡区"四大行动"推进情况,要求完善机制、加强督办,以实施项目推动环境质量的改善。

7月21日　重庆市举行"绿色之旅"重庆站启动仪式暨新闻发布会。来自中国和印度的33名青少年气候大使将考察学习重庆在环保事业和节能减排方面所取得的成就。

是日　"共建环境友好型社会"全国环保知识竞赛活动圆满结束。市环保局获优秀组织奖,13人获优秀奖。

7月22日　市政府2008年第13次常务会审议并原则通过《重庆市三峡库区及其上游水污染防治规划(修订本)实施方案》。

7月23日　环境保护部做出《关于表彰全国环保系统抗震救灾先进集体和先进个人的决定》,市环境监察总队和市环境监测中心被评为全国环保系统抗震救灾先进集体,市环保局曹光辉等9人被评为全国抗震救灾先进个人。

7月25日　重庆市全面开展城镇污水处理厂及垃圾填埋场专项检查工作。

7月26日　副市长凌月明召集市委督查室、市政府督查室、市环保局、市监察局、市经委、市农业局、市卫生局、市林业局和铜梁县、大足县政府有关负责人召开会议,专题研究渝西地区碳酸锶生产企业环境污染整治工作。

7月30日　副局长黄红主持召开2008年主城区环保"四大行动"工作第二次座谈会,主城各区环保局及市环保局有关处室负责人参加会议。

是日　重庆巴南富豪水泥有限公司丢失一枚Ⅴ类放射源。市环保局接到事故报告后指导巴南区环保局迅速启动了辐射事故应急预案,并派专业技术人员赶赴现场,及时搜寻到丢失的放射源。

8月1日　副市长凌月明召开专题会,针对推进主城排水工程三级管网改造工作提出7条措施,要求当年确保完成100千米。

是日　市环保局首次启用环保审批强制措施,对铜梁县、大足县实施环境保护"区域限批"。

8月5日　中国林科院教授李迪强来渝对环境监测中心开展的生物多样性项目进行指导。

8月6日　国家发改委批准《重庆市三峡库区水环境监测能力建设项目可行性研究报告》。

8月12日　环保部和人事部联合组织的2008年度环境影响评价工程师职业资格考试成绩揭晓,重庆市共有559人参加考试,考试合格人数为38人。

8月13日　市固废中心组织全市各区县环保局和卫生局负责人召开重庆市医疗废物申报登记试点工作会。局长助理唐德刚出席并讲话。

8月13—26日　重庆市承担并圆满完成赴西藏支援污染源普查数据录入工作的任务。

8月15日　巫山大昌大宁河饮用水水源浮标水质自动监测站正式运行。

8月18日　《重庆市生态功能区》完成修编工作,并得到市政府的批复认可。

8月18—22日　市环保局局长曹光辉带队到彭水县和石柱县调研环保工作。

8月19—22日　三峡库区水环境监测能力建设项目实施工作片区会先后在南岸区、涪陵区、万州区、永川区召开。

8月21日　局长曹光辉带领有关人员去大足、铜梁两县,对5家碳酸锶生产企业(6个厂)的停产治理情况进行实地督办检查。

8月25—30日　副局长沈金强带队赴沈阳、大连、天津3个模范环保城市学习创建国家环境保护模范城市的经验。

8月28日　市人大常委会执法调研组组织开展《重庆市环境保护条例》贯彻执行情况调研。

8月30日　由英国驻重庆总领馆、市委宣传部、市经委、市环保局联合举办的"重庆市节能减排金点子大赛"举行了颁奖典礼,共收到市内外"金点子"64个,《重庆节能减排36个"一"》等6件作品分获金、银、铜奖。大赛组委会决定将获奖"金点子"上报市委、市政府,应用于"节能减排"实际工作中。

8月31日　重庆市通过环保系统政务外网完成了全市污染源普查数据第二次上报的初报工作。

9月1日　局长曹光辉主持召开2008年第五次局务会。会议审议并原则通过了《重庆市主城区燃煤设施清洁能源改造实施方案(送审稿)》《"中国区域环境保护"系列之"重庆环境保护"丛书的编辑方案、《重庆市"碧水行动"实施方案(2008—2012年)(送审稿)》。

9月1—2日　环境保护部环境工程评估中心在重庆市召开了由市环评单位——中冶赛迪技术股份有限公司编制的《重庆钢铁(集团)有限责任公司节能减排、实施环保搬迁工程环境影响报告书》的技术评估会。与会专家和代表对该工程的可行性进行了充分的论证和评估。

9月8—11日　全国重点流域水污染防治工作会在山东济宁召开,局长曹光辉参加。

9月8—18日　副局长王力军陪同市领导赴法国图卢兹市和挪威南特伦德拉格郡等友好市郡考察。

9月9日　全市环境监察系统"依法行政、文明执法、树立形象"专项教育培训班在渝北举行,市环境监察总队队长唐幸群出席开班典礼并做动员讲话。

9月10—11日,重庆市环境监察管理高级培训班在渝北区举办,监察总队队长唐幸群出席开班典礼并做动员讲话。

9月11日　市政府"四大行动"督察推进组成员单位对双桥区、璧山县列入当年目标任务的污水垃圾项目的进展情况进行了督查。

9月12日　副市长凌月明在局长曹光辉的陪同下到环境保护部汇报主要污染物总量减排等相关环保工作。

9月16—23日　应日本外务省环境省的邀请,局长曹光辉一行赴日访问,考察环境污染治理、在线监测等技术。

9月19日　市环保局污控处、推进办、监察总队做客重庆市政风行风热线节目《阳光重庆》,围绕"污染物总量减排"话题与听众交流,并现场接受市民的环保投诉。

9月22日　全国环境监察标准化建设项目工作会议在京举行。市环境监察总队队长唐幸群参加会议。

9月23日　副局长黄红在北部新区主持召开2008年主城区环保"四大行动"工作第三次座谈会。主城各区环保局及市环保局有关处室负责人参加。

是日　上海市环保局来渝调研环保部门机构改革工作。副局长沈金强出席座谈会。

9月24日　加拿大环保代表团来访。副局长张勇与代表团成员进行深入交流。

9月26—27日　市环保局在贵阳市召开的全国环保系统政府网站建设研讨会上做题为"全员参与,服务公众,打造市民满意的环境保护信息网站"的大会交流发言。

9月27日　市环保局举行重庆市首次辐射事故应急演练。演练由副局长王力军主持。

9月30日　主城自6月6日以来连续实现117个蓝天,创开展空气质量日报9年来最好水平。

10月9日　上海市人大、环保局有关负责人组成的环保考察团来渝考察饮用水水源保护管理及立法工作。

10月15日　"生态宜居和环保模范城市"集中新闻采访先后在渝北区和大足县举行,副局长王力军出席采访活动。

10月17—19日　直辖市环保局局长座谈会在北京举行,副局长黄红,市环境监察总队队长唐幸群出席会议。唐幸群代表重庆做了题为"打造高素质环境执法队伍,提升环境监督管理能力"的大会交流发言。

10月17—21日　环保部评估中心在渝州宾馆举办生物多样性评价培训班和水利水电环境影响评价培训班。

10月19日　第四届环境与发展中国(国际)论坛在京举行,副局长黄红出席。

10月19—21日　全国环境信访培训会在河北举行,市环保局作为五个先进单位之一,在大会上做了题为"全力以赴,全员参与,做好新时期重庆环境信访工作"的交流发言。

10月20日　市长王鸿举主持召开市政府第20次常务会议,审议并原则通过了《重庆市"碧水行动"实施方案(2008年—2012年)(修订稿)》。

10月有20—23日　全国辐射安全经验交流座谈会在广西桂林市召开,重庆市典型辐射事故案例分析在会上得到环保部领导的充分肯定。

10月22日　国家"水专项"管理办公室对市"三峡水库水污染防治与水华控制技术及工程示范"项目进行了论证。

10月24日　市人大节能减排视察组对合川区污水处理厂和双槐电厂,万盛区红岩煤矿和国电重庆恒泰发电厂,以及长寿区化工厂和川维厂的节能减排工作进行视察。

10月27—30日　环保部环境应急与事故调查中心副主任张志敏带队赴秀山县进行"加强环境监管,优化区域经济发展"的实地调研。

10月28日　市环保局、新华网重庆频道联合开办的"生态环保专题"正式推出。

10月30日　局长曹光辉在江北区做环境保护形势专题报告。

是日　市政府召开2008年环保"四大行动"和总量减排第三次调度会。

10月31日　"中英低碳周"开幕。会议期间召开了"应对气候变化国际研讨会""气候变化经济学讲座"和"中英低碳发展重庆论坛"。

11月4日　市委常委、组织部部长陈存根一行深入市环保局视察环保工作及学习实践科学发展观活动开展情况。

11月5日　市环保局制定并组织实施《三峡工程175米试验性蓄水期间水质加密监测工作方案》。先后对重庆市境内长江、嘉陵江、乌江("三江")干流19个断面和长江36条一级支流80个断面的地表水,"三江"干流及库区回水区内的饮用水水源地进行5次水质同步加密监测,为试验性蓄水期间饮用水水源地水质安全和库区水质安全提供了技术保障。

是日　中加经贸合作论坛——环境保护产业对接会在洲际酒店举行,副局长张勇出席会议。

11月7日　中意环保合作环境应急演练在京举行,市环境监察总队队长唐幸群率领局应急管理工作人员出席演练活动。

11月10日　沈阳市环保局来渝调研环保工作,局长助理杨伟智全程陪同。

11月10—17日　环保部环境监察局局长陆新元带队,一行6人对湘黔渝三省市锰行业污染综合整治情况进行实地调研。

11月12日　环保部环评司长祝兴祥组织专家等一行19人来重庆召开"三峡库区化工石化产业环境与发展研讨会"。

11月12—21日　市环保局副局长王力军率队赴黑龙江、沈阳等地进行城市环境项目公众参与子项考察调研。

11月12日至12月8日　市环保局副局长沈金强赴加拿大参加中央统战部第44期党外领导干部出国研修班培训。

11月15日　环保部污控司副司长凌江来渝开展科学发展观调研,在渝召开了全国14省、自治区(直辖市)污控处处长工作座谈会,并与重庆市部分区县环保局局长座谈。

11月17日　副局长张勇接受美国《芝加哥论坛报》记者采访。

11月18日　重庆市总量减排工作培训会在江北区阳光酒店召开,全市42个区县环保局局长、分管局长、减排部门负责人、经办人员和市环境监测中心、市环境监察总队、市环境保护宣教中心等单位共180余人参加了培训会。市环保局局长曹光辉出席并做重要讲话。

是日　局长助理杨伟智与学习实践办公室人员到綦江、南川等地调研。

11月19日　局长曹光辉带队到大渡口区开展"经济发展与环境保护协调机制"课题调研。

11月20日　德国联邦议院环境委员会以霍恩为团长的环境代表团来访,市人大与德国代表团举行座谈会,副局长张勇参加并介绍重庆环境保护情况。

11月24日　市政府第23次常务会审议通过《重庆市统筹城乡环境保护工作方案(2008—2020年)》。

11月27日　市政府下发《关于印发重庆市碧水行动实施方案的通知》,调整2008—2012年全市加强水污染防治和水环境保护的目标任务和工作措施。

11月28日　市环保局局长曹光辉一行到江津区调研环保工作。

11月28日至12月4日　市环保局副局长王力军带队,对九龙坡、长寿、铜梁、綦江、武隆、彭水6个区县进行放射源安全专项检查。

12月1日　环保部在云南省大理市召开洱海保护经验交流会,唐幸群率领污控处的有关人员参加会议。

12月3日　市环保局局长曹光辉带队深入潼南县调研环保工作。

12月4日　全市固体废物环境管理工作会在雾都宾馆召开。市环保局局长助理唐德刚出席并做重要讲话。

12月5日　市环境工程评估中心主持召开重庆市2008年度环境影响评价专家座谈会。

是日　全市青少年环境教育表彰会在市少年演播厅举行,市环保局副局长王力军出席。

12月10日　按照中挪POPs地方履约能力建设项目内容的约定,环境保护部斯德哥尔摩公约履约办组织挪威水环境研究所、中科院生态中心、清华大学有关专家来渝进行污染场地调查与技能培训。

12月11日　市环保局组织开展总量减排档案核查工作,全市42个区县环保局负责总量减排的相关人员和市环科院相关专家参加了核查。

12月12日　全国环评工作会在京召开,局长曹光辉、副局长张勇出席。

12月15日　主城空气质量优良天数达到290天,提前16天实现全年蓝天目标,为2000年开展空气质量日报监测以来最好水平。

12月15—16日　副局长王力军到巫山县出席神农架地区及三峡库区生态环境保护工作联谊会。

12月17日　市环保局副局长王力军到开县调研环保工作。

12月19日　市政府批准《重庆市环境空气质量功能区划分规定》,自2009年1月1日起实施。

12月25日　市环保局印发《重庆市环境保护"十二五"规划编制工作方案》。

12月26日　市环境监察总队队长唐幸群主持召开了全市总量减排迎检工作培训会,全市42个区县环保局局长、分管局长、减排部门负责人、统计部门负责人、监察部门负责人、监测部门负责人和市环境监测中心、市环境监察总队、污控处等单位共230余人参加了培训会。

12月30日　市环保局机关档案工作晋升重庆市一级标准通过专家组检查验收。

2009年

1月4—10日　环保部第16核查组对重庆市2008年总量减排工作进行了检查核算。

1月5日　重庆市2008年主要污染物总量减排工作汇报会在五洲酒店举行,市环保局局长曹光辉、市环境监察总队队长唐幸群出席会议。

1月5—8日　全国臭氧、雾霾、温室气体监测试点工作阶段总结会议在重庆市召开。市环境监测中心就"臭氧、雾霾"试点在会上做交流发言。

1月9日　《重庆政协报》开设"科学发展看环保"专题,专访市环保局局长曹光辉。

是日　《中国环境报》专访市环境监察总队队长唐幸群并刊发名为《敢于执法善于执法的女队长——记重庆市环境监察总队队长唐幸群》的文章。

1月12日　2009年全国环境保护工作会在京召开,局长曹光辉参加,并做题为"创新环评管理,促进科学发展"的交流发言。

1月13日　重庆市召开履行《关于持久性有机污染物的斯德哥尔摩公约》协调执行工作总结会,局长助理唐德刚出席。

1月15日　市政府法制办在市环保局举行行政执法人员培训及考试。市环保局系统50余人参加培训及考试,并均取得行政执法证件。

1月19日　局长曹光辉率队看望了局系统的离休干部、部分退休干部、困难党员干部、生病住院的老同志等24名党员干部,并致以亲切的节日问候。

1月20日　2009年全市环保局局长暨党风廉政建设工作会在渝州宾馆召开。干部160余人参加了会议。

是日　2009年全市环保工作会在渝州宾馆召开。

2月1日　市政府公布2008年度全市政府公众信息网站考评结果,"重庆环境保护"政府公众信息网(网址:http//:www.cepb.gov.cn)在全市政府部门公众信息网站考核中排名第一,市环保局被评为"市政府部门公众信息网站建设管理先进单位"。同时,环保部公布了2008年度省级环保局(厅)政府网站绩效评估结果,"重庆环境保护"政府公众信息网绩效在全国排名第8。

2月4日　市政府召开市环委会三届二次全体会议。市环委会主任、市长王鸿举出席会议并做重要讲话。

2月5日　市环保局在全市外宣工作会上做了题为"加强新闻发布形成良性互动,为环保工作营造良好的舆论氛围"的大会交流发言。市环保局宣教处被市委宣传部、市精神文明办、市委外宣办评为2008年度全市宣传思想工作先进单位。

2月10日　局长曹光辉、副局长张智奎到九龙坡区调研重庆发电厂、九龙发电厂的环保搬迁工作。

是日　锰三角区域环境综合整治信息调度会在北京召开,市环境监察总队队长唐幸群参加会议。

2月11日　国家专项三峡库区水环境监控预警技术示范项目在重庆召开工作会。

2月13日　《重庆日报》开设"领导干部话整改"专题,刊发了局长曹光辉的署名文章——《强化整改落实工作,促进环境保护与经济发展相协调》。

2月16日　环保部组织召开长江环保执法行动视频会议。市环保局相关处室(单位)、市环境监察总队和本次行动所涉及的区县分管领导和监察支(大)队队长共70余人参加重庆分会场会议。

2月16—17日,环保部组织召开环境监测工作会,副局长黄红参加。

2月17日　第一次全国污染源普查工作会在南京市召开,副局长张勇参加。

2月18—20日　全国环保科技工作会暨水体污染控制与治理科技重大专项实施启动会在京召开,涉及重庆市的两个项目及三个课题(国家"十一五"财政预算约3.1亿元)正式启动实施。副局长黄红参加。

2月19日　重庆环保世纪行执委会对26件2008年度环保世纪行参评新闻作品进行了评审。《重庆晚报》的《六百家工厂扎堆,歌乐山"肺叶"功能退化》获特等奖。《重庆日报》的《龙头寺公园纸上谈兵被批评》等3篇文章获一等奖。重庆电视台、重庆人民广播电台、公民报和华龙网等的6件作品获二等奖。《重庆时报》《中国环境报》等的9件作品获三等奖。

2月22日　市委、市政府领导和来自市级机关与九龙坡区的6万余名干部群众在九龙坡区白市驿巴渝森林公园开展春季植树活动。副局长王力军率领局30名干部职工参加此次活动。

2月23日　环保部在重庆市召开环评机构体制改革座谈会。

2月23—25日　全国污染防治工作现场会在上海召开,副局长张智奎参加。

2月24—26日　全国人大环资委副主任委员蒲海清一行对重庆市大气污染防治工作情况进行考察调研。

2月25日　《半月谈》杂志专访并刊发曹光辉的《从实践看中国经济保增长六大难点突破》,对重庆市环境保护工作为经济发展保驾护航和党政一把手环保实绩考核制度进行了深度报道。

2月26日　新加坡驻成都总领事来访,副局长张勇参加会见。

2月27日　市三峡库区水污染防治领导小组召开2009年第一次全体会议,副局长张智奎参加,并汇报工作。

3月2—7日　市环境监察总队赴日本考察分散型污水处理装置。

3月4日　加拿大达尔豪斯大学校长来访,副局长王力军参加会谈。

是日　《三峡库区生态安全评估报告》通过国家环保部组织的专家验收。

3月9日　市政府召开2009年"四大行动"和总量减排第一次调度会。局长曹光辉、副局长黄红参加。

3月9—31日　副局长王力军率队对万州、涪陵、丰都、武隆等10余个区县开展放射源安全专项检查和督查。

3月10日　市环保局举行新闻通报会,新闻发言人副局长张智奎向在渝主流媒体通报了近期环境保护情况。

是日　市政府办公厅组织召开渝西片区督查工作座谈会,市环保局被评为督查工作先进单位并在会上受到表彰。

3月11日　局长曹光辉、副局长张智奎到环保部汇报工作。

是日　英国威尔士代表团来访,市环保局总工程师温汝俊参加会谈。

3月12—13日　副局长张智奎陪同市领导到彭水、武隆等地调研。

3月16日　市环保局对未完成2008年主要污染物总量减排目标任务的长寿区和潼南县实施环境保护区域限批。

3月17　市召开电磁辐射环境管理工作新闻通报会,副局长王力军通报了全市电磁辐射环境状况和全市电磁辐射环境管理工作的有关情况。

3月18日　局长曹光辉为沙坪坝区领导干部做了题为"科学发展观与环境保护"的专题报告。

3月19日　市政府召开新闻发布会,通报了朝天门水域现"黑水"和出现巨浪的调查结果。市环保局新闻发言人、副局长张智奎就环保部门现场调查、采样、监测等情况回答了记者提问。

3月20日　市政府督查室主任、市政府"蓝天行动"督察组组长何力,市环保局副局长、市政府"蓝天行动"督察组副组长黄红,市监察局监察专员刘京生,市市政委副主任陈泯及市建委、市交委等单位到江北区推进"蓝天行动"工作。

3月23—24日　全国农村环保工作会在京召开,副局长王力军参加。

3月25日　2009年全国环境执法暨环境应急管理工作会在京召开,唐幸群参加。

3月26日　2009年重点辐射源单位辐射安全工作会在雾都宾馆召开,副局长王力军出席。

是日　副市长凌月明到长寿区调研饮用水水源保护工作,局长曹光辉、副局长张智奎陪同。

3月26—28日　市环保局组织各区县环保局51名分管负责人和新闻发言人参加了市政府新闻办组织的全市领导干部突发公共事件处置与媒体应对培训班。

3月29日　市环保"四大行动"督察推进组组织开展市级联合执法检查工作,分3个片区对主城九区、北部新区尘污染控制和机动车禁鸣工作进行检查和指导,对检查中发现的部分尘污染源进行现场查处。

3月31日　局长曹光辉一行调研龙溪河流域综合整治,并在垫江县召开了龙溪河流域综合整治工作座谈会,听取梁平县、垫江县、长寿区对龙溪河污染综合整治工作的情况汇报。

4月2日　市召开重庆环保世纪行组委会2009年第一次全体会议。

4月3日　在全市公文信息工作会上,市环保局做了题为"围绕中心,服务大局,为全市环保工作提供坚实的信息支撑"的大会发言。

4月7日　荷兰驻华使馆科技参赞范科艺到市环保局访问,就荷兰王国与重庆的环境保护科技合作与市环科院进行了深入的交流。

4月9日　副局长张智奎带队,对大足县碳酸锶污染整治进行验收。

4月14日　市环保局在系统内成立了中—丹梁滩河流域综合整治方案研究项目中方领导小组和技术小组。

4月14日　国家环保专项行动领导小组成员单位在京联合召开2009年全国"整治违法排污企业,保障群众健康"环保专项行动电视电话会议。副市长凌月明等参加重庆市级分会场会议,40个区县主要领导、分管领导和相关职能部门、环保系统干部职工共计800余人参加了区县分会场会议。

4月15—16日　环保部部长周生贤带队赴湘黔渝"锰三角"地区调研锰污染整治工作成效,并现场召开湘黔渝交界"锰三角"地区环境综合整治工作座谈会。

4月18日　市政府环保"四大行动"督察推进组制定并启用《重庆市环保"四大行动"执法检查环境违法行为告知书》。

4月29日　重庆市成功召开全市环境应急管理暨专项行动工作会议。各区县环保局分管领导及监察支(大)队队长共计120人参加了会议。

4月30日　局长助理唐德刚出席天原化工总厂原址污染场地治理修复项目领导小组工作会，会议审议通过了治理项目招标的招标方案和招标工程总价及评分标准，明确了工作进度安排。

5月1日　华龙网生态环保专题正式与网民见面，这是重庆市环保局继成功开通新华网重庆频道生态环保专题、《重庆日报》的《生态立市·环境优先》专栏之后，与主流媒体的又一合作。

5月4日　市环保局"四大行动"督察推进办公室和市环境监察总队应急处负责人做客全市政风行风热线节目《阳光重庆》，就市民关心的环保话题与听众在线交流，并现场接受环保投诉。

5月5日　重庆市组织召开贯彻落实国家《环境监测质量管理三年行动计划》动员会。

5月7日　市环保局召开新闻通报会，副局长张智奎通报了渝西地区碳酸锶行业污染整治和全市强制性清洁生产审核工作的有关情况并回答了媒体提问。新华社重庆分社、重庆电视台、重庆电台、华龙网等11家媒体参加。

5月8日　市环保局解除对大足和铜梁两县建设项目的环境影响评价文件限批。

是日　中日合作小城镇分散型污水处理示范项目——万州区白羊镇和忠县马灌镇顺利通过日本和清华大学专家组成的专家组的预验收。

5月12日　市环保局组织局系统处级以上党员领导干部和机关有关处室人员共60余人，到重庆市九龙监狱进行党风廉政"现身说法"警示教育。

5月13日　市举行辐射安全监管工作暨辐射污染源普查工作总结会议。

5月13—16日　全国二氧化硫减排核查核算培训会在渝举行，局长曹光辉、副局长张智奎出席会议。

5月14日　重庆市环境保护局邀请重庆大学教授王里奥、重庆电力学试验研究院高级工程师徐禄文、重庆市辐射环境监督管理站高级工程师田伟做客华龙网，与广大网友共同探讨电磁辐射防护问题。

5月15日　重庆市举行区县空气自动监测系统交接暨技术培训会。

5月18日　环保部中日环境保护中心主任唐丁丁一行来渝调研中日合作小城镇分散型污水处理示范项目和日元贷款项目的进展情况。

5月18—19日　局长曹光辉带领相关处室负责人到对口联系单位——忠县，进行环保工作调研，并应邀为该县领导干部做了题为"环境保护与科学发展"的专题报告。

5月19日　苏州市环保局来渝考察，局长助理唐德刚陪同。

5月25日　市政协副主席陈万志一行来市环保局，督办《关于切实加大主城区次级河流污染整治力度的建议》的办理情况。

5月26日　环保部、环保部环境规划院和重庆市环保局就重庆市医院废物集中处置设施建设规划布点调整方案的有关问题召开了协调会，局长助理唐德刚参加。

6月1日　全市40个区县实现环境空气自动监测日报。

6月2日　市环保局会同市委宣传部、市科委、市教委、市经委联合主办，以"科学认知电磁环境·充分享受现代生活"为主题的重庆市电磁环境科普知识竞答活动结果揭晓，并举行了颁奖仪式。

6月3日　由市政府办公厅、市委宣传部、市人大城环委、市政协城环委、市环保局、渝北区政府联合主办的重庆市纪念"6·5"世界环境日暨"城乡一体·环保同行"启动仪式在渝北区隆重举行。

6月5日　副局长张智奎带队开展夜间噪声巡查，为考生和市民营造安静的环境。

是日　局长曹光辉、副局长张智奎做客新华网，就重庆市环境保护工作和市民关心的环保话题,与网友进行在线交流。来自重庆、四川、上海、广州等地以及海外的网民累计5.72万人次在线观看了访谈活动。网民在线提问和论坛征集问题291个,曹光辉、张智奎在线回答网民提问21个。

6月6日　重庆市2009年"酷中国"全民低碳行动暨"城乡统筹·环保同行"环境保护现场宣传活动在九龙坡区白市驿镇清河村举行。

6月7日　环保部核安全总工程师陆新元、监察局局长邹首民到市环保局检查指导工作。

6月7—9日　市环保局组成4个检查组,对市涉及辐照装置、探伤企业、医疗机构等的31家Ⅲ类以上涉源单位进行放射源安全隐患大排查。

6月8—9日　全国电解锰行业污染整治工作会议在重庆市秀山县召开。

6月8—12日　越南河内市公安局副局长阮德宜率领市政府环保代表团一行13人来渝对环保设备制造、污水处理、垃圾发电、环境监测仪器仪表和环保执法等专题开展学习考察。

6月10日　市环保局与越南河内公安局签署合作谅解备忘录,为今后进一步加强双方在环保领域的信息交流、智力引进、技术与环保项目合作打下坚实基础。

6月11日　河南省环保厅来市环保局考察。

6月12日　市环保局与市人大常委会办公厅、市人大城环委在《公民报》联合开设了《重庆环保世纪行——环保大家谈》专栏。市人大常委会主任陈光国发表开栏目寄语。

6月16日　市环保局与万盛区签订环境保护战略合作协议。

6月18日　昆明市环保局来渝考察,局长助理唐德刚陪同。

6月22日　市环保局与市卫生局召开医疗废物应急管理工作联系会。

6月22—25日　中日合作小城镇分散型污水处理设施竣工验收仪式在忠县马灌镇举行。

6月23日　副局长张智奎到重庆绿色志愿者联合会开展调研,并对下一步工作提出要求。

　　是日　挪威南特伦德拉格郡阿尼·布霍特副郡长率代表团一行到市环保局访问。

6月24日　副市长凌月明主持召开市政府2009年环保"四大行动"暨总量减排第二次调度会。

　　是日　市环保局邀请重庆城市形象推广大使、重庆红岩革命历史博物馆馆长厉华做了题为"红岩魂——忠诚与背叛"的专题报告。

6月25日　美国韦恩郡经贸局局长来市环保局访问。

6月26日　重庆市环境文化促进会第一次会员代表会议暨成立大会召开。

　　是日　加拿大驻重庆领事馆领事来市环保局访问。

6月29日　环境保护部办公厅主任胡保林为组长的全国重点流域水污染防治专项规划实施情况考核组来渝对三峡库区及其上游水污染防治规划实施情况进行检查考核。局长曹光辉、副局长张智奎全程陪同检查。

6月30日　重庆市召开城区及工业企业土地污染防治工作讨论会,局长助理唐德刚出席。

　　是日　3月下旬,重庆市开展的主城尘污染控制和机动车禁鸣七部门联合执法检查百日行动圆满结束,累计出动检查人员800余人次,出动检查车辆200台次,检查建筑施工工地705个、房屋拆迁工地108个、建筑垃圾(回填)场89处、城市道路117条,发出督办函件48份、环境违法行为告知书15份,处理环境违法行为2068件,纠正机动车违章鸣号4000台次,实施处罚96万元。

7月2日　环保部、建设部、水利领导和有关专家组成考核组,来渝考核《三峡库区及其上游水污染防治规划(修订本)》的实施情况。

7月13日　环保部总量减排半年检查组对重庆市2009年上半年总量减排情况进行检查。

7月28日　市长王鸿举主持召开2009年节能减排工作领导小组会,局长曹光辉作为领导小组成员参加了会议并汇报2009年全市总量减排情况。

8月3日　市环保局纪检组长廖肇禹做客《阳光重庆》直播室,围绕"加强环保工作,推进建设"主题与听众进行在线交流,接受市民环保投诉和咨询 30 多个,对市民提出的 9 个问题进行了现场解答。

8月12日　副局长黄红主持库区水环境监测能力项目环境监测车发车仪式。

8月13日　市环保局与綦江县签订市区合作协议。

是日　市环保局召开"光辉历程——新中国成立 60 周年"环境保护媒体采访座谈会。副局长张智奎向媒体通报了新中国成立以来市环境保护事业的发展情况和取得的成就。

9月2日　市政府下发《主要污染物排放权交易试点方案》,将在有关区县中开展排污权交易试点。

9月11日　环保部党组成员、总工万本太率检查组一行,对重庆市贯彻落实环保部《环境监测质量管理三年行动计划》及履行环境监测质量管理职责情况进行检查。

9月12日　国务院办公厅政府信息公开督察调研组到市环保局检查、调研政府信息公开工作。

9月12—13日　环保部核安全司副司长叶民、核安全司核技术处长刘怡刚、环保部核与辐射安全中心研究员范深根等组成的专家组对重庆市城市废物库项目进行了环保竣工验收。

9月16日　环保部环境应急办副巡视员马建华一行专程考察重庆市"12369"环保举报受理中心运行情况。

9月17日　重庆市第一次全国污染源普查工作在全国率先顺利通过国家验收。

9月18日　市环保局、市外经贸委与丹麦驻渝领事馆联合举办"丹麦—中国重庆水环境日"活动。副市长周慕冰代表市政府与丹麦大使馆签署了《促进双方在节能和环保领域开展经贸和技术合作备忘录》,进一步推进丹麦和重庆在环保领域的投资与合作。

9月20日　市环保局印发《重庆市节假日和三峡工程 175 米蓄水期间环境污染防范工作方案》,决定从 2009 年 9 月 20 日至 2010 年 4 月 30 日全面启动重庆市重大突发环境事件分级应急响应机制,进入应急状态。

9月22日　市环保局在市文化宫礼堂举行市环保系统庆祝中华人民共和国成立 60 周年文艺晚会。

9月23日　瑞典政府瑞中环境技术合作代表团一行,在高级代表马茨·丹宁格先生的率领下对重庆市进行了友好访问。副局长张智奎陪同副市长周慕冰会见瑞典代表团一行,并向代表团介绍了重庆环境保护工作的有关情况。

是日　市环保局启动蓝天"百日行动",采取六项举措力保空气质量的继续改善。

10月14日　市环保局局长曹光辉参加了由中组部、环保部主办的"新型工业化与生态文明建设专题研究班",赴英国研讨交流新环境经济政策、改善空气和水环境质量、资源管理等工作以及可持续发展、气候变化、新型绿色经济手段、绿色消费、可持续城市化等方面的理论和实践。

10月19日　市环保局与黔江区政府签订创"国家模范城镇"协议。

10月20日　市长王鸿举和瑞典驻华大使林川签署《重庆—瑞典合作备忘录》,将在节能减排、可再生能源、工业领域的环保技术等领域开展合作,并将联合拟订一个为期 3 年的工作计划,在重庆市建立示范区域展示瑞典生物能源、生物燃料等方面的先进的环境保护技术。

11月4日　市政府督查室、市监察局、市城乡建委、市市政委、市交委、市国土房管局、市环保局、市园林局、市公安交管局 9 个部门启动冬春季主城尘污染控制和机动车禁鸣联合执法检查"百日行动"。

11月10日　国际中国环境基金会(IFCE)总裁何平博士一行到市环保局进行友好访问。

11月23日　市环保局解除对潼南县建设项目的环境影响评价文件限批。

11月25日　市环保局组织对中挪持久性有机污染物(POPs)地方实施规划的技术实施方案

和编制大纲进行了评审。

是日 市环保局与重庆大学签订协议,确定建立战略合作关系,在环境科学研究、技术咨询、信息交流、人才培养等方面开展广泛深入的合作。

12月2日 由英国总领事馆文化教育处、市环保局、市教委联合主办的"气候酷派——绿色校园行动"成果展示暨颁奖典礼在重庆市少年宫隆重举行。副局长张智奎出席颁奖典礼。

12月3日 重庆市友好城市——挪威南特伦德拉格郡的政府代表团在副郡长阿尼·布霍特的带领下对市环保局进行了友好访问,副局长张智奎会见了副郡长一行。

12月8日 局长曹光辉、副局长黄红在上海参加了直辖市环保局局长会,来自京、津、沪、渝4个直辖市的环保局局长们充分交流环境经验和思路,并积极推动四城市在环保领域的合作。

12月20日 重庆主城区空气质量满足优良天数达到300天。

12月25日 副市长凌月明主持举行了重庆市主要污染物排放权交易启动仪式,在当日的交易中,共有化学需氧量排放权87吨和二氧化硫排放权1189吨成功进行了交易。这是西部地区首批主要污染物排放权交易。

2010 年

1月11日 市三峡库区水污染防治领导小组2010年第一次全体会议召开。

1月12日 重庆环境文化促进会召开首届年会。市政协副主席夏培度、重庆环境文化促进会会长(原副市长)赵公卿、市委办公厅副秘书长周传航、市政府办公厅副秘书长刘国正、局长曹光辉等出席。

1月13日 环保部、国家发改委、交通运输部、国务院三峡办等有关部委组成三峡库区水污染防治工作调研组,对重庆市《三峡库区及其上游水污染防治规划(修订本)》项目建设、运行以及市三峡库区水污染防治"十二五"规划思路等进行了调研,对市水污染防治工作提出重要建议意见。

1月18日 市环保局到对口扶贫点万州区郭村镇安全村开展"送温暖,惠民生"慰问活动。

是日 环保部对外合作中心在渝召开"中挪POPs地方履约能力建设项目2009年度评审会"。市环保局、北碚区环保局、挪威水研究所、清华大学、中科院生态中心等项目参与单位参加会议。

1月20日 市长黄奇帆在2010年政府工作报告中正式提出主城区要创建国家环境保护模范城市。

2月3日 副局长张智奎主持召开代表建议、政协提案交办会。2010年,市环保局接收市人大三届三次会议代表建议71件、市政协三届三次会议政协提案51件。其中,环保局主办43件,协办79件。

2月26日 副局长张智奎参加《阳光重庆》在线访谈。

是日 经环保部核定,重庆市2009年二氧化硫排放量比上年减少3.63万吨,下降4.64%;化学需氧量排放量比上年减少0.19万吨,下降0.81%,均超额完成了国家下达的减排目标。

3月1日 重庆环保世纪行组委会组织开展重庆环保世纪行2009年度优秀新闻作品评选活动,评出特等奖1篇,一等奖3篇,二等奖6篇,三等奖9篇。

3月2日 市环委会主任、市长黄奇帆主持召开市环境保护委员会三届三次全体会议。

3月5日 重庆市召开2010年全市环保工作会。

是日 2010年全市环保局局长暨党风廉政建设工作会召开,各区县环保局局长、纪检组组长及市环保局副处级以上领导干部参加。

3月17日　全国环境监测站站长会在重庆召开。

3月18日　环保部信息中心到市环保局检查调研,检查组对市环保局一期信息化建设取得的成绩给予了较高评价,对二期信息系统建设提出意见建议。

3月20日　全国环保科技工作会在重庆召开。

3月22日　市环境监察总队环境应急与事故调查处副处长龚宇获得"人民满意的公务员"称号,受到市政府的表彰。

3月24日　市环保局组织召开《重庆市(主城区)创建国家环境保护模范城市总体规划(征求意见稿)》市级部门征求意见会。

3月25日　2010年主城区环保局创"国模"暨"四大行动"工作第一次座谈会在大渡口区召开。

3月30日　市政府办公厅召开新闻发布会,通报《重庆市机动车排气污染防治办法》相关情况,并宣布从4月1日起,市主城区在用机动车检测正式实施简易工况法。

4月1日　市环保局牵头召开创模专项方案部门对接会,召集市级相关部门会商重庆市主城区创建国家环保模范城市部门分工协作方案。

4月8日　由英国总领事馆文化教育处和重庆环保宣教中心联合主办的"气候酷派——绿色校园行动"带队教师培训在市外国语学校举行,来自全市各区县的近100名中学环境教育骨干教师参加培训。

4月10日　环保部污防司副司长汪键主持召开《重庆市创建国家环境保护模范城市规划(2010—2013年)》专家评审会,中国工程院院士郝吉明、中国环保产业协会副会长樊元生等8位知名专家组成的规划评审专家组审查通过了该规划。

4月19日　市政府召开次级河流污染综合整治预备会,副市长凌月明参加会议并就整治思路、治理方案、任务分解、落实责任等提出具体要求。

4月27日　"中国·重庆——流域水环境风险预警平台研究学术研讨会"在重庆召开。中国工程院院士李德毅、德国哈根大学教授Bernd J. Kraemer、德国水质监测预警专家Werner Bohm等国内外专家共同为重庆市水流域预警监控工作献计献策。

4月28日　由市环保局会同市人力社保局、市总工会联合举办的2010年重庆市环境监测技术大比武操作部分决赛在重庆市环境监测中心举行。

4月30日　副市长凌月明带队向环保部专题汇报重庆市环境保护工作。

5月7日　由市环境科学研究院主研的"重庆市环境准入规定研究"和参与的"模拟过氧化物酶催化酚类物质氧化降解的动力学研究"分别荣获重庆市科技进步奖三等奖、重庆市自然科学奖三等奖。

5月10日　副局长张智奎做客全市政风行风热线节目《阳光重庆》,围绕"加强机动车排气污染控制,改善城市空气环境质量"主题与听众进行在线交流。

5月13日　市政府第70次常务会议审议并原则通过《重庆市创建国家环境保护模范城市规划(2010—2013年)》。

5月19日　环保部与市政府在北京签订《农村环境连片整治示范工作部市协议》,该协议对重庆市农村环境整治具有推动作用。

5月22日　由中国—欧盟生物多样性项目重庆示范项目办公室承办的"保护生物多样性,就是保护我们的未来"的国际生物多样性宣传日活动在南山植物园举行。

5月27日　长江流域区域经济社会发展与水环境保护研讨会在重庆召开。

6月1日　局长曹光辉随同副市长凌月明一行出访挪威、瑞典。

6月2日　副局长王力军和相关处室参加了2010年全国自然生态和农村环保视频会议。

6月3日　环境污染责任保险试点企业投保签约仪式在北碚区举行,市环保局总工程师温汝俊出席。

是日　市政府召开2010年"6·5"环境保护新闻发布会。

6月12日　局长助理唐德刚赴湖北花垣县参加"锰三角"联防联控座谈会。

6月17日　副市长凌月明主持召开会议,研究主城区14条重点整治次级河流的综合整治工作思路以及整治资金筹措有关问题。

6月23日　市选派36名干部赴香港参加"经济发展与环境保护"专题培训。

6月24日　丹麦环境大臣凯伦·埃勒曼女士携丹麦环境部、驻华使馆和驻渝领事馆相关人员一行访问市环保局。

是日　局长曹光辉参加中共重庆市第三届委员会第七次全体会议。

6月26日　环保嘉年华在重庆人民大礼堂广场正式启动。副局长张智奎出席开园仪式。

6月30日　三峡库区及其上游水污染防治部际联席会议在重庆召开,国家发改委、财政部、住房与城乡建设部、交通运输部、水利部、三峡办、长江水利委员会等部门,湖北省、重庆市、四川省、贵州省及云南省等省市人民政府联席会议成员,以及环保部各司局的主要负责人参加了会议。

7月2日　办公室印发《重庆市环境保护局系统创建国家环境保护模范城市工作推进机制》,成立局长曹光辉任指挥长,其余局领导任副指挥长,机关各处室及局属单位主要负责人为成员的局创模工作指挥部。

7月12日　"2010年台胞青年千人夏令营重庆分营暨海峡两岸大学生三峡环保行"活动在重庆正式启动。

7月12—16日,环保部对重庆市总量减排工作进行核查,核查结果,今年上半年重庆市化学需氧量较去年同期减排1.61%,二氧化硫较去年同期减排3.05%,达到了时间进度要求。

7月19日　市政府第76次常务会审议通过了主城区14条次级河流水环境综合整治实施方案。

7月21日　市政府召开重庆市创建国家环境保护模范城市动员大会。

是日　由市创模办和华龙网联合制作的"重庆市创建国家环境保护模范城市"专题网页正式开通。新华网重庆频道、重庆市人民政府公众信息网、重庆市环保局政府公众信息网、重庆环保在线、重庆环境和重庆市固体废物管理中心网等有关网站同步链接。

7月26日　匈牙利共和国驻重庆总领事馆总领事巴托里·贝洛先生拜访市环保局。副局长张智奎接待了总领事一行。

7月27日　市环保局组织召开全市环保系统创模动员大会,市环保局机关全体干部职工、下属单位中层以上干部以及主城九区、长寿区、江津区、合川区、璧山县环保部门负责人参加了会议。

7月28日　市环保局按照市委、市政府统一要求,组织召开了经开区、高新区与南岸区、九龙坡区环保局业务工作移交仪式,成为第一个完成移交工作的市级部门驻区机构。

是日　市政协视察组到市环保局视察重庆市创建国家环境保护模范城市的推进情况。

7月29日　市环保局获得扶贫工作先进单位称号,局长助理杨伟智获得扶贫工作先进个人称号。

7月30日　环保部污防司原司长、中国环保产业协会副会长樊元生作为资深创模专家来渝指导创模工作,并作为访谈嘉宾做客重庆电视台《重庆论坛创模之路》栏目。

8月4日　局长曹光辉做客全市政风行风热线节目《阳光重庆》,围绕"创建国家环境保护模范城市,提升城市品质"主题,与听众进行互动交流,回答市民关心的环保问题,并现场受理市民的环保投诉。

8月6日　巴南区召开创建国家环境保护模范城市动员大会。市创模领导小组办公室副主任、局长曹光辉出席会议并讲话。

8月10日　局长曹光辉接受《重庆时报》专访。

8月11日　局长曹光辉做客新华社,参与"创国模重庆,提升城市品质"在线访谈活动。

8月12日　市人大副主任王洪华到市环保局检查市三届人大第三次会议0333号重点建议的办理情况。

8月13日　市政府召开重庆市农村环境综合整治领导小组第一次会议,副市长凌月明要求市环保局会同发改委、建设、农业、国土、市政、水利、卫生、林业等部门,在尊重民意、突出重庆特色的基础上,将2010—2012年全市各系统涉农项目资金进行充分整合,强力推进农村环境连片整治示范工作。

8月16日　九龙坡区召开创建国家环境保护模范城市动员大会,市创模领导小组办公室副主任、市环保局局长曹光辉出席并讲话。

8月17日　市委第三巡视组到市环保局调研,听取了创建国家环境保护模范城市有关工作的汇报,对库区和农村环境保护工作提出了意见和建议。

8月18日　渝中区召开创建国家环境保护模范城市动员大会,市创模领导小组办公室副主任、市环保局局长曹光辉出席并讲话。

是日　市环保局与万州区签订共建重庆第二大城市环保合作协议,曹光辉、张勇、张智奎,相关处室负责人以及万州区相关负责人参加签字仪式。

8月19日　市政府召开节能减排领导小组会议,副市长童小平出席并做重要部署。

8月23日　局长曹光辉与万盛区党委、政府商谈环保工作。

8月24日　北碚区召开创建国家环境保护模范城市动员大会,市创模领导小组办公室副主任、市环保局局长曹光辉出席并讲话。

8月25日　市政府正式印发《重庆市主要污染物排放权交易管理暂行办法》。

8月27日　大渡口区召开创建国家环境保护模范城市动员大会,市创模领导小组办公室副主任、市环保局局长曹光辉出席并讲话。

8月31日　市环保局与市委外宣办联合举办重庆市环保系统新闻发布及网络宣传专题培训班。40个区县环保局新闻发言人,以及全市环保系统宣传骨干130余人参加培训。

9月1日　丰都县召开创建重庆市环境保护模范县动员大会,副局长张智奎应邀出席并讲话。

9月2日　局长曹光辉与秀山县委、县政府座谈环保工作,就进一步加强锰污染防治和环保能力建设等问题进行深入交流。

9月5日　由团市委、市环保局等联合举办的重庆市青少年投身国家环境保护模范城市创建主题活动正式启动。

9月7日　市创模领导小组办公室副主任、市政府副秘书长刘国正率市监察局、市环保局、市政府督查室等组成的检查调研组到市市政委、市发改委和南岸区政府专项调研创模工作。

9月8日　环保部整治农村地区工业企业专项督察组对重庆市整治农村地区工业企业情况进行督察考核。

9月10日　市人大常委会副主任王洪华视察部分区创建国家环境保护模范城市工作情况,市人大城环委主任姚代云,市创模办副主任、市环保局局长曹光辉,相关新闻媒体参加了本次活动。

9月13日　第一届全国环境监测专业技术人员大比武重庆代表队由副局长张勇带队,一行共18人,前往北京参加全国大比武活动。

9月14日　市政府副秘书长张明树率领市创模领导小组办公室相关人员赴环保部汇报创模工作,环保部污防司副巡视员汪键等领导听取了市创模领导小组办公室副主任、市环保局局长曹光辉关于重庆市创模工作推进情况的汇报。

9月16日　重庆市环保义务监督员征聘活动正式启动,首批将面向全社会征聘环保义务监督员100人,以促进涉及群众切身利益的环境问题的解决,提升市民对环境保护的满意度。

9月20日　副局长张智奎一行赴法国、捷克,进行土壤修复及环保工作考察。

9月21日　重庆市召开创建国家环境保护模范城市宣传教育工作调度会。

9月27日　市政府通过《重庆市农村环境连片整治示范实施计划》《重庆市农村环境连片整治示范项目管理暂行办法》《重庆市农村环境连片整治示范工作推进机制》等行政规章,将由市政府办公厅印发实施。

9月28日　副局长王力军主持开展辐射事故应急演练。

9月29日　市政府在璧山县召开次级河流综合整治现场会,副市长凌月明对全市次级河流综合整治做重要部署,要求相关区县、部门学习借鉴璧南河整治经验,加快推进主城14条次级河流污染综合整治。

10月1日　市环保局正式启用"重庆环保"标志,全市环保系统将通过执行《重庆环保cls视觉形象管理手册》,进一步提升重庆环保整体形象,全力打造"西部一流,全国领先"的重庆环保。

10月6日　由中国环境保护部、美国环保局、美国商务部、美国贸易发展署共同主办的第一届中美环保产业论坛在美国举行。局长曹光辉随同重庆市代表团参加了论坛,并出席重庆钢铁(集团)有限责任公司和美国卡万塔能源集团在垃圾焚烧发电领域长期合作协议签字仪式。

10月11日　市环保局印发《重庆市农村环境连片整治示范项目技术指南(试行)》,为重庆市农村环境连片整治示范提供技术支撑。

10月12日　由环保部生态司组织的"生物多样性保护战略与行动计划编制交流研讨会"在重庆召开。

10月14日　2010年直辖市环保局局长座谈会在重庆召开,来自京、津、沪、渝4个直辖市的环保局局长及相关处室负责人就"十二五"环保规划等事宜进行深入交流。

10月15日　市环保局印发《市环保局"一评二讲三公示"工作要则》,进一步深化局系统创先争优活动。

10月18日　环保部科技司、规财司、人事司相关领导及中国城市建设研究院、清华大学、中国环境科学学会等的专家在重庆钢铁集团环保投资有限公司组织召开了建设"国家环境保护垃圾焚烧处理与资源化工程技术中心"可行性论证会,并一致同意通过该工程中心的可行性论证。

10月19日　局长曹光辉带领分管副局长及相关处室负责人先后到渝北区、江北区和北部新区,调研次级河流综合整治情况。

10月21日　2010年西南地区建设项目环保"三同时"监督检查和竣工环保验收现场检查工作座谈会在重庆召开。会上有关省市环保(局)与环保部西南督查中心形成并签订了监管工作协调机制。

是日　重庆市举办创模宣传进乡镇活动启动仪式。

10月23日　由重庆市创建国家环境保护模范城市领导小组办公室和华龙网主办的"创建国家环保模范城市手机报"正式开通。

10月26日　市人大副主任王洪华带领重庆环保世纪行记者团对主城次级河流整治开展集中采访活动,记者团对北部新区、江北区、九龙坡区次级河流整治工程的推进情况进行了深入采访。

10月27　局长曹光辉深入库区对2010年三峡工程175米试验性蓄水安全监测与防范工作进行检查、调研。

10月29日　局长曹光辉及有关分管领导和处室负责人与巫溪县委、县政府领导座谈环保工作。

11月3日　重庆环保世纪行组委会、市创模办联合开展了"次级河流污染整治记者行"采访活动,15家中央媒体和市属主流媒体参与了采访报道,并开设环保世纪行专栏,集中对伏牛溪和跳蹬河进行了深入报道。

  是日 市政府在全国率先批准实施《重庆生物多样性保护策略与行动计划》,这是继国务院批准执行《中国生物多样性保护战略与行动计划》后,首个省级政府的生物多样性保护举措。

  11月4日 环保部、商务部、科技部联合行文,同意重庆永川港桥工业园建设国家生态工业示范园区。

  11月5日 市环保局组织市级相关部门对渝中区创建模范城市工作进行验收。

  11月10日 副市长凌月明带领市发改委、市环保局等相关部门和单位负责人调研跳蹬河、伏牛溪流域综合整治情况。

  是日 局党组成员、局长助理唐德刚会见来渝考察POPs废物现状的联合国工业发展组织环境管理司副司长Mohamed Eisa及环保部外经办官员一行。

  11月14日 市环保局召开首批环保义务监督员聘任大会,该批环保义务监督员是通过网络公开投票选出,将经过专业培训后,从事环境保护义务监督工作。

  11月17—18日 环保部第七次全国环保大会调研组赴重庆调研,西南西北各省市环保厅局长、西南西北环保督查中心负责人、核安全监督站负责人参加调研活动。

  11月20日 "绿色校园行动"重庆地区总决赛暨颁奖仪式在重庆外国语学校举行。

  11月22日 市环保局、市财政局联合印发《重庆市农村环境连片整治项目管理暂行办法》。

  11月24日 市政府办公厅印发《关于进一步加强畜禽养殖环境管理的通知》,将绕城高速环线以内全部划定为禁养区。

  11月25日 环保部、人力社保部和全国总工会在京举行第一届全国环境监测专业技术人员大比武颁奖仪式。由邓力、卢邦俊、王赞春、彭莉等选手组成的重庆代表队荣获团体二等奖,全国排名第六,位列4个直辖市之首,是唯一获得团体奖的西部省市。在全国20个个人奖中,重庆市代表占据三席,其中邓力获二等奖,卢邦俊和王赞春获三等奖。

  11月25—26日 环保部在重庆召开中挪环境管理能力建设项目——水泥窑共处置废物技术培训交流会。

  11月26日 重庆市召开设立环境法庭和开展环境公益诉讼试点工作研讨会。市人大内司委、市人大城环委、市高院、市检察院、市环保局及西南政法大学有关领导和专家参加会议。

  11月30日 市环保局局长曹光辉带队到大渡口区调研环保工作。

  是日 市"蓝天行动"推进组决定从2010年12月到2011年3月,整合市级环保、市政、公安等部门在全市集中开展"尘污染控制百日行动"。

  12月1日 市环保局组织经开区、高新区分局举行资产交接仪式,将两个分局整合为市环保局北部新区分局。

  12月2日 市长、市创模领导小组组长黄奇帆主持召开重庆市创建国家环境保护模范城市领导小组会议,市委常委、市委宣传部部长、市创模领导小组副组长何事忠,市政府副市长、市创模领导小组副组长兼市创模办主任凌月明,市政府副秘书长、市创模办副主任欧顺清,市创模领导小组成员及有关区县政府、有关单位主要负责人参加了会议。

  12月10日 局长曹光辉接受《中国环境报》"中国环保新道路及构建绿色经济"专题调研组的专访。

  12月15日 副巡视员覃天英分别会见日本日中经济友好协会和挪威南特伦德拉格郡政府中国事务代表。

  12月16日 全国环境应急管理工作会在重庆召开。16日下午,环保部与重庆市政府联合开展了2010年次生突发环境事件应急演练,应急演练由市委常委刘光磊担任指挥长,市政府副秘书长严晓光主持。

12月17日　市财政局、市环保局联合分两批下达农村环境连片整治示范2010年中央预算资金2.5亿元。重庆市是国家8个农村环境连片整治示范省市中唯一的直辖市。

12月20—24日　市环保局分10个组,开展了2010年度县(自治县)环保系统工作目标检查考核。

12月22日　市环保局局长曹光辉带领市环保局相关处室负责人到潼南县调研环保工作,与潼南县政府签订了《统筹城乡环境保护战略合作协议》,并就化工园区管理、主要污染物总量减排、统筹城乡环保、加强环境执法等问题与潼南县政府交换了意见。

是日　市环保局、人力资源和社会保障局、总工会联合发文,通报表彰在全国环境监测专业技术人员大比武中涌现出的先进集体和先进个人。

12月23日　总工程师温汝俊主持召开规范行政处罚裁量权专题会议,专题研究讨论《重庆市环境保护行政处罚程序规定》《重庆市环境保护行政处罚裁量基准》等内容。局相关处室、所属单位及部分区县环保局参加。

12月24日　市政府召开重庆市第一次全国污染源普查总结表彰电视电话会议。

12月25—27日　重庆市农村环境连片整治示范项目招投标工作完成,农村环境连片整治示范进入项目建设阶段。

12月27日　市环保局行文通知,万州区、涪陵区环境监测站通过《重庆市环境监测站建设标准(试行)》二级二类站标准验收,九龙坡区、南岸区、北碚区、巴南区、长寿区、永川区、南川区、荣昌县和璧山县环境监测站通过二级三类站标准验收。

12月28日　市环保局组织相关单位对江北区市级环保模范区进行验收。

12月30日　市环保局组织相关单位对巴南区市级环保模范区进行验收。

是日　重庆市第一笔排污权交易成交。本次排污权交易涉及的主要污染物是COD(化学需氧量),由涪陵区葵花药业集团(重庆)有限公司以1.66万元/吨的价格竞得7吨排放权。

第一篇 自然环境与环境质量

第一章 自然环境

第一节 地理位置

重庆市位于中国内陆西南部,长江上游,四川盆地东部边缘,地跨东经105°17′~110°11′、北纬28°10′~32°13′,处于青藏高原与长江中下游平原的过渡地带。东临湖北、湖南,南接贵州,西靠四川,北连陕西,是长江上游最大的经济中心、西南工商业重镇和水陆交通枢纽。1997年3月14日,第八届全国人民代表大会第五次会议通过了设立重庆直辖市的决议。

重庆市辖区总面积8.24万千米^2,东西长470千米,南北宽450千米,下辖19个区、21个县,其中19个区为:万州区、涪陵区、渝中区、大渡口区、江北区、沙坪坝区、九龙坡区、南岸区、北碚区、万盛区、双桥区、渝北区、巴南区、黔江区、长寿区、江津区、合川区、永川区、南川区;21个县为:綦江县、潼南县、铜梁县、大足县、荣昌县、璧山县、开县、忠县、梁平县、云阳县、奉节县、巫山县、巫溪县、城口县、垫江县、武隆县、丰都县、石柱土家族自治县、彭水苗族土家族县、酉阳土家族苗族县、秀山土家族苗族县。

重庆地势由南北向长江河谷逐级降低,西北和中部以丘陵、低山为主,东南部靠大巴山和武陵山两座大山脉,地形起伏较大。

重庆辖区辽阔,域内峰峦叠翠,江河纵横。北有大巴山,东有巫山,东南有武陵山,南有大娄山,地貌以丘陵、山地为主,坡地面积较大,成层性明显,分布着典型的石林、峰林、溶洞、峡谷等喀斯特景观。主要河流有长江、嘉陵江、乌江、涪江、綦江河、大宁河等。长江干流自西向东横贯全境,流程长达665千米,横穿巫山三个背斜,形成著名的瞿塘峡、巫峡、西陵峡,即举世闻名的长江三峡。嘉陵江自西北而来,三折入长江,有沥鼻峡、温塘峡、观音峡,即嘉陵江小三峡。

钟灵毓秀的山川地理孕育了集山、水、林、泉、瀑、峡、洞为一体的奇特壮丽的自然景观。最负盛名的立体画廊长江三峡奇峰陡立、峭壁对峙,以瞿塘雄、巫峡秀、西陵险而驰名中外。更有流晶滴翠的大宁河小三峡、马渡河小小三峡,千姿百态,各具魅力。神奇的自然地理还造就了有"天然基因宝库"之称的南川金佛山、全球同纬度地区唯一幸存最大原始森林的江津四面山等自然资源富集之地,以及乌江、嘉陵江、大宁河等壮丽的江河峡谷,小南海、长寿湖、青龙湖等幽深的湖泊。

重庆市中心城区被长江、嘉陵江所环抱,挟两江、拥群山,各类建筑依山傍水,鳞次栉比,错落有致,素以美丽的"山城""江城"著称于世。

第二节 气候与气象

重庆地区属亚热带季风气候区。其主要气候特点是:冬暖、春早、夏长、秋凉;云雾多,日照少,湿度大,风力小,无霜期长;雨量充沛,却时空分布不均;气候温和,但气象灾害频繁,气候资源丰富且光热水同季。

(一)气象基本情况

据重庆市1997—2008年气象资料统计,市区年平均气温在18.7℃左右,年降雨量为814.8~1508毫米,年日照总时数为703.8~1117.1小时,年平均风速为1.3~1.6米/秒(见表1-1)。

表1-1　　　　　　　　　重庆市1997—2008年气象基本情况表

年份(年)	降雨量(mm)	平均气温(℃)	日照时数(h)	平均相对湿度(%)	平均风速(m/s)	平均气压(10^2Pa)
1997	898.8	18.5	943.0	79	1.4	983.8
1998	1508.0	19.2	941.9	79	1.5	983.0
1999	1305.6	18.5	833.6	81	1.5	983.2
2000	1010.9	18.2	9611	80	1.4	983.0
2001	814.8	18.8	1050.4	78	1.6	983.3
2002	1430.6	18.8	1117.1	80	1.6	983.3
2003	1025.0	18.9	875.7	80	1.6	983.2
2004	1182.1	18.4	974.7	78	1.3	984.0
2005	1019.8	18.6	903.9	77	1.4	982.5
2006	839.6	19.2	1114.3	75	1.4	982.9
2007	1439.2	19.0	856.2	81	1.3	983.3
2008	985.3	18.6	703.8	82	1.3	983.9

注:此表为重庆市区资料,摘自《重庆统计年鉴》(2009年版)。

(二)主要气象特征

气温:重庆市地势由西向东抬升,沿长江河谷向南北倾斜,北有秦岭、大巴山脉阻挡,北方冷空气不易侵入,气温高于同纬度其他地区;且海拔高差大(73.1~2796.8米),南北纬度相差4°以上,因而形成了独特复杂的气候。

降雨量:重庆市常年雨量充沛,但分配不均,主要降雨量都集中在4—9月,占全年雨量的70%~90%,其中6—8月降雨量可达全年雨量的50%以上,有光、热、水同季的特点。雨量地域差异较大,东部和中部沿长江两岸广大地区的年降雨量为1000~1200毫米;东南部和东北部的年降雨量为1200~1500毫米,而西部个别地区(如潼南、大足),全年降雨量则不足1000毫米。

日照数：重庆地区年日照时数为703.8～1117.1小时，仅为可照时数的24%～36%，比同纬度的武汉、南京、上海等地显著偏少，是全国日照最少的地区之一。日照与大气环流密切相关，在7月、8月副热带高压控制时，全市晴天少云，高温，暑热严重，此时的月日照时数可达200～250小时。5—9月日照时数占全年的80%以上。全年日照时数较少的时候是冬季（12月至次年2月），可出现全月无日照的现象。

风：重庆市地形复杂，常年风速较小，平均风速在1.3～1.6米/秒之间波动，且多数地方在1米/秒左右，甚至不足1米/秒。冬、春季节北方冷空气入侵可形成寒潮大风，风速一般为10～20米/秒，其持续时间较长，影响范围较宽；夏季雷雨天气时，常伴有阵性大风，风速为17～25米/秒，最大风速可达30米/秒以上，此种风破坏力极大，但持续时间较短。

雾：多雾是重庆气候的一大特点，雾成之后不易消散，形成大雾笼罩，素有"雾都""雾重庆"之称。随着气候变化和城市规模的扩大，雾在城市呈减少趋势，市区年平均雾日为50天左右。

（三）气候

重庆市地处中纬度，属亚热带季风气候区，具有冬暖春早、夏热伏旱、秋雨多、湿度大以及云雾多等特征。

1997—2008年，重庆市年均气温在18.2℃～19.2℃之间波动。其中城口县年均气温为13.7℃，具有冬暖春早、夏热秋迟的特点。重庆市大部分地区最冷月（1月）平均气温为7℃～8℃，极端最低气温为-13.2℃，比南京、武汉市分别高1.8℃和5.1℃；按候温法划分的四季标准，重庆市大部分地区在2月底至3月初就先后进入春季，较南京、武汉早20～30天；最热月（7—8月）平均气温为24.8℃～29.3℃，极端最高气温（彭水苗族土家族自治县）高达44.1℃，大部分地区≥35℃的高温日数在20天以上，长江河谷地带海拔300米以下地区，多年平均达30～40天；大部分地区秋季延迟到9月中下旬，比武汉、南京偏晚10～20天。

重庆市辖区内多年≥10℃的积温为4200℃～6200℃。无霜期长，年平均无霜期达280～350天，而武汉、南京分别为239、225天，仅与重庆市海拔1900米的金佛山相近，因此重庆又是我国中纬度地区热量资源最丰富的地区之一。

山地丘陵多，地形地貌复杂，云雾多，日照少，是全国光热资源最低值地区之一。日照时数空间分布是东部多于西部、北部多于南部，时间分布是夏多冬少，春季略多于秋季。各地冬季（12月至次年2月）、春季（3—5月）、夏季（6—8月）、秋季（9—11月）的日照分别占年总日照时数的10%、20%～30%、40%～50%、12%～24%。太阳年辐射总量除黔江、酉阳、彭水、秀山为3000毫焦/米^{2}外，其余均在3500～4000毫焦/米^2，较同纬度的武汉、南京、上海市少1/3左右。

重庆市常年雨量充沛，年降雨量为1038～1186毫米，东部及南部山地高达1300～1400毫米。域内降水分配不均，全年降水以夏季最多，占全年降水总量的40%左右；春、秋季各占27%左右；冬季最少，不足5%。降水空间分布呈现东部多于中、西部，山地大于丘陵、河谷、平坝。年降水日数（日降雨量≥0.1毫米的天数）为120～170天，一般年际变化不大。一年之中，雨水主要集中在春夏之交（4—6月）和9—10月，平均每月有15～18天降雨；最少的是7—8月，平均不足10天。降雨多在夜晚，夜雨总量占全年降雨量的60%～70%。

重庆市辖区内年蒸发量为770～950毫米，远小于降水量，相对湿度70%～80%，在三峡峡口及其附近的巫山县、奉节县、云阳县，每年12月中旬至翌年2月中旬出现极端干旱期，相对湿度为60%左右，其余时间均较湿润。

第三节　地形与地貌

重庆市地处大巴山断褶带、川东褶皱带和川鄂湘黔隆起褶皱带三大构造单元的交汇处，地貌以山地、丘陵为主，约占总面积的94%，其余为沟谷和台地。东部、东北部、南部为盆周中、低山区，中部为平行岭谷丘陵区，西部为川中丘陵区。区域内地貌明显受地质构造控制，背斜成山、向斜成谷，山脉走向大致与构造线一致。由于本区地处间歇性隆升的中国大陆第二阶梯的前沿，与相邻的第三大阶地上相对下沉的江汉平原形成巨大的地形反差，河流强烈下切侵蚀，形成本区地表起伏、地形破碎的格局，为坡面流水和重力侵蚀创造了良好的条件。西部海拔一般在500~900米之间，东部海拔高一般在1000~2500米之间。最高海拔2796.8米，最低海拔73.1米，相对高差2723.7米。

重庆市域内存在各个构造体系：新华夏构造体系的渝东南川鄂湘黔隆褶带，渝西川中褶带，渝中川东褶带，经向构造的渝南川黔南北构造带和渝东北大巴山弧形褶皱断裂带等。

由于地质条件复杂，各构造体系不同的岩层组合，差异性很大的构造特征和发生、发育规律，塑造了复杂多样的地形地貌形态。主要有4个特征：

地势起伏大，层状地貌明显。全市最低点在巫山县碚石村鱼溪口，海拔73.1米；最高点为巫溪、巫山和湖北神农三县交界的阴条岭，海拔2796.8米，相对高差2723.7米；东部、南部和东南部地势较高，多在海拔1500米以上；西部地势较低，多为海拔300~400米的丘陵。

地貌以山地、丘陵为主。全市地貌类型分中山、低山、高丘陵、中丘陵、低丘陵、缓丘陵、台地、平坝等8大类，其中山地（中山和低山）面积62413.24千米^2，占辖区面积的75.8%；丘陵面积近14985.76千米^2，占18.2%；平地2964.22千米^2，占3.6%；平坝面积1976.14千米^2，占2.4%。

地貌形态区域分异明显。华蓥山—巴岳山以西为丘陵地貌；华蓥山至方斗山之间为平行岭谷区；北部为大巴山中山同地；东部、东南部和南部属巫山、大娄山山区。

喀斯特地貌分布广泛。在东部和东南部地区，喀斯特地貌大量集中分布，地下水和地表喀斯特形态发育较好。在北斜条形山地中发育了渝东地区特有的喀斯特槽谷奇观。在东部和东南部的喀斯特山区分布着典型的石林、峰林、洼地、浅丘、落水洞、溶洞、暗河、峡谷等喀斯特景观。

第四节　土壤与耕地

土壤的形成，是气候、地形、母质、生物、水文以及人为活动的产物。重庆市在特定的地质、地貌、气候、水文和植被条件下，土壤具有明显的形成特点和分布规律，发育的土壤类型多样。

重庆本地土壤分为水稻土、新积土、紫色土、黄壤、黄棕壤、石灰（岩）土、红壤、山地草甸土8个土类、16个亚类。重庆市主要土壤及其分布（见表1-2）。

表1-2　　　　　　　　　　重庆市主要土壤及其分布(2005年)

土壤类型	总面积 ($\times 10^4$ hm²)	耕地面积 (万 hm²)	占耕地比例 (%)	分布地区
水稻土	110.10	110.10	42.75	800米以下的河谷阶地、丘陵、低山坡的溶蚀槽坝
新积土	2.96	2.19	0.85	河床一、二级阶地
紫色土	171.27	78.78	30.59	1400米以下的西部丘陵地区、涪陵、南川、丰都、云阳、忠县、万州、开县等
黄壤	199.39	41.38	16.07	500~1500米的低、中山和丘陵地带，长江及大支流沿岸三、四、五级阶地
黄棕壤	47.91	3.60	1.40	1500米以上的中山区(城口、巫山、开县、奉节、巫溪等)
石灰(岩)土	76.91	21.47	8.34	1500米以下的岩溶中山和背斜低山槽谷(涪陵、武隆、南川、万州、黔江等)
山地草甸土	2.15			1500~2700米的高山地带
合计	610.69	257.52	100.00	

第五节　水资源

重庆市的水资源情况主要由地表水资源、地下水资源、过境水资源、水能资源以及水资源的时空分布特征来反映。地表水资源中主要包含了降水量和河流径流的情况。根据对重庆市各区县的降水资料的分析，重庆市多年平均降水量为1208.3毫米。降水受高气压气团的控制，受地形和季风的影响，时空分布极不均匀。一是多年平均降水量地域分布差异很大，东部高于西部，北部大于南部，中、低山区大于丘陵河谷地区，大巴山区和酉阳、秀山一带是降水量的高值中心，其降水量可达1508毫米，西部潼南、铜梁和大足一带降水相对较少，只有1000毫米左右。二是降水年内分布不均，4—10月的降水量占全年降水量的85%左右，汛期降水量占全年的60%~85%。三是降水的年际变化比较大，同一观测站最大年降水量为最小年降水量的1.5~4.2倍。重庆市当地径流全由大气降水补给，其年际变化和年内分配都与同期降水呈正相关。各地不同的降水量、地形和下垫面因素决定了当地的径流情况。全市多年平均径流深620.7毫米。

重庆市境内出露的地层大多为沉积岩类，主要为碎屑岩和碳酸盐岩两类。受长江侵蚀基准面的控制，地貌条件有利于地下径流的排泄。北、东、东南部群山环绕，碳酸盐岩广布，地下水富集，浅层地下水循环迅速；西南部红层浅丘地区地下水补给条件不利，交替循环相对较弱，地下水贫乏；中、西部平行岭谷地区地下水富集程度介于前两者之间。

全市区域内降水形成的地表和地下水资源总量(不包括外来地表水资源量和地下水资源量相加，扣除两者间相互转换的重复计算量)，2008年为576.93亿米³，折合径流深700.2毫米。其中，地表水资源量576.93亿米³，地下水资源量88.4亿米³，重复计算量88.4亿米³，平均产水系数0.59，产水模数每千米²为70.02万米³。

重庆市的过境水量十分丰富。全市有入境河流36条，出境江河主要是长江，巫山县的碚石是总出口。此外，出境的还有任河流入汉水，酉水流入沅水，但其出境的水量都相对较小。

重庆市水资源的时空分布极为不均。大体情况是西南部丘陵地区和华蓥山以西的平行岭谷地区，水资源量少，农耕发达，人口密度大，水资源供需矛盾突出，当地水资源可利用量不能满足要求。华蓥山以东至方斗山之间的平行岭谷地区,当地水资源基本能满足要求。南部低山深丘地区满足当地水需求则有余。北部、东部、东南部山区的水资源较为丰富。

(一)地表水

河流水系

重庆市境内江河纵横,水网密布,均属长江水系。以 600 余千米长江干流为线,汇集了嘉陵江、渠江、涪江、乌江、大宁河等五大支流及上百条小河流。除任河流入汉江,酉水汇入北河注入沅江流入洞庭湖,濑溪河和大清河注入沱江外,其余均在重庆市境内注入长江。总计流域面积大于 50 千米^2 的河流有 374 条,其中流域面积大于 1000 千米^2 的河流有 36 条,流域面积大于 3000 千米^2 的河流有 18 条(见表 1 - 3)。

表 1 - 3　　　　　　　　**重庆市流域面积大于 3000 千米^2 河流情况表**

编号	河名	全流域		重庆市境内		多年平均流量(m^3/s)
		面积(km^2)	长度(km)	面积(km^2)	长度(km)	
1	长江	1800000	6300.0	82403	683.8	11067.0
2	嘉陵江	157900	1120.0	9262	153.8	2120.0
3	乌江	86900	1020.0	28554	235.0	1610.0
4	渠江	32900	720.0	1602	72.7	744.0
5	涪江	36400	700.0	4369	123.2	572.0
6	酉水	8530	477.0	3981	110.0	267.0
7	芙蓉江	7794	231.0	1574	35.0	189.0
8	綦江	7068	216.8	4394	153.0	122.0
9	阿蓬江	5585	249.0	3018	139.0	151.0
10	小江	5173	117.5	5173	117.5	116.0
11	任河	4900	163.0	2356	128.0	106.0
12*	郁江	4617	175.0	3085	87.0	134.0
13	大宁河	4200	142.7	4200	142.7	98.0
14	琼江	4329	235.0	1223	95.4	37.8
15	御临河	3861	208.4	908	58.4	50.7
16	濑溪河	3257	238.0	1632	118.3	34.2
17	龙溪河	3248	218.0	3248	218.0	54.0
18	磨刀溪	3179		2790		60.3

长江是我国第一大江,自西南向东北横贯市境,北有嘉陵江,南有乌江汇入,形成不对称网状水系。长江在江津羊石镇入重庆市境,流经重庆市 17 个区县,在巫山县碚石镇出境,境内江段长 683.8 千米,占长江总长的 10.85%,入境(朱沱站)多年平均径流量 2692 亿米^3,出境(巫山站)多年平均径流量 4292 亿米^3。三峡库区形成后,回水长达 600 多千米,水面更加宽阔,给三峡库区的水环境保护提出了更高的要求。

嘉陵江是长江的主要支流之一,广元城区江段以上为嘉陵江上游,广元至合川城区江段为嘉陵江中游,合川城区以下至河口为下游。嘉陵江从重庆市合川区古楼镇入境,在合川城区附近接纳涪江和渠江后向南过沥鼻峡、温塘峡、观音峡,经北碚区、沙坪坝区、渝北区和江北区,在市中心的朝天门汇入长江。河流全长1120千米,流域面积157900千米²,河口多年平均流量2120米³/秒。重庆市境内嘉陵江干流长153.8千米,流域面积9262千米²,落差43.1米。流域内属亚热带季风气候区,多年平均气温为16℃~18℃,常年降水集中在5—10月,多年平均降水量约1000毫米。

乌江发源于贵州省威宁县的乌蒙山麓,在酉阳县万木镇入境,经彭水、武隆,在涪陵城东注入长江。河流全长1020千米,流域面积86900万千米²,境内流域面积28554千米²,长235千米,多年平均径流量519亿米³,多年平均流量1610米³/秒。

长江、嘉陵江、乌江(重庆段)枯水期平均流量($P=85\%$)(见表1-4)。

表1-4　　　　　　　　长江、嘉陵江、乌江(重庆段)枯水期平均流量

河流		水文站	距河口距离(km)	枯水期平均流量(m³/s)
嘉陵东	渠江	岳池县罗渡溪	56	100
	涪江	合川小河坝	81	110
	干流	武胜	167	203
		北碚	60	428
乌江		龚滩(酉阳)	188	430
		彭水	155	439
		武隆	65	551
长江		朱沱	2646	2709
		寸滩	2492	3039
		清溪场	2366	4157
		沱口	2171	3975

全市有过境河流31条,多年平均入境水量4460.39亿米³。其中长江占80%以上,嘉陵江9.9%,乌江6.6%,其他小河占2.5%。入境水量是以长江干流寸滩水文站的径流量为控制,出境(巫山站)多年平均径流量为4292亿米³,再扣除总面积上的当地径流量,即为各河流进入重庆地域的总入境水量。重庆市当地地表水为569.33亿米³/年,多年平均径流深461毫米,径流系数为0.42。

2008年,全市当地地表水资源量为576.93亿米³,比2007年偏少12.98%,较多年平均值偏多1.62%。

2008年,长江、嘉陵江、乌江水质评价结果表明:"三江"重庆段水质保持稳定,21个监测断面均满足Ⅲ类水质标准。

(二)地下水

1.地下水资源类型及分布

水文地质分区:重庆市地下水系降水入渗补给,地下水资源量的地区分布特征与降水分布具备一致性,呈现由东往西递减的趋势,这也符合重庆市地质岩类分布的特征。根据大地构造单元和区域地貌形态的不同,将全市地下水资源划分为三个区:

盆中红层丘陵水文地质区:位于重庆西部,地下水为基岩裂隙水,地下水资源相对较贫乏;

盆东平行岭谷水文地质区:分布于重庆中部,各类地下水均有分布,地下水资源较为丰富;

大巴山、武陵山盆周岩溶中低山水文地质区：位于渝东南部和东北部，属四川盆地盆周山地区的一部分。地下水以碳酸盐岩岩溶水主，夹少量基岩裂隙水，地下水资源丰富，但分布不均。

在行政分区中，酉阳县的地下水资源量最为丰富，巫溪县次之，渝中区最小。在流域分区中，北岸盆地区的地下水资源量最大，北岸盆地边沿区次之，濑溪河区最小。

地下水类型：全市地下水类型主要分为三类：碳酸盐岩岩溶水、基岩裂隙水、松散岩类孔隙水。碳酸盐岩岩溶水的分布面积共计 28407.18 千米^2，占全市总面积的 34.46%，是重庆地下水中最丰富的一类，但含水极不均一，富水性受地层岩性、地貌、水文网、岩溶发育程度等多种因素影响，富水性差异极大。基岩裂隙水在本区出露总面积为 54023.72 千米^2，占全市总面积的 65.54%。松散岩类孔隙水零星分布在长江、嘉陵江、涪江等江河两岸的漫滩、阶地，以及垫江、梁平山间盆地区。地下水主要储存在砂卵石层中，分布面积小，一般无供水意义。

2. 地下水天然补给

根据本市水文地质特征与已有资料，选用地下径流模数法和渗入系数法计算境内地下水天然补给资源量。

重庆市总面积为 8.24 万千米^2，各类地下水的分布面积为：碳酸盐岩岩溶水 28407.18 千米^2，占总面积的 34.46%；基岩裂隙水 54023.72 千米^2，占总面积的 65.54%。

重庆市地域内多年平均径流量为 143.83 亿米^3，其中碳酸盐岩岩溶水为 117.88 亿米^3，基岩裂隙水为 25.95 亿米^3。大气降水渗入补给量为 152.03 亿米^3/年，其中碳酸盐岩类岩溶水为 126.48 亿米^3/年，基岩裂隙水为 25.55 亿米^3/年。

重庆市多年年降雨量为 1038~1186 毫米，合降雨量为 975.75 亿米^3。降雨量地区分布不均匀，西部少，东北及东南部较多，呈由东向西逐渐减小的趋势；降雨量年际变化较大，年降雨量最大、最小比值高达 4.24；降雨量年内分配不均，主要集中在 4—10 月；连续四个月最大降雨量占全年总量达 40.3%~62.9%。

重庆市多年平均径流深为 620.7 毫米，为全市多年平均降雨量 1184.1 毫米的 52.4%。径流量地区分布不均匀，西部少，东北及东南部较多，与降雨的地区分布有一致性。径流的年际变化较大，年内分布不均匀，主要集中在 4—10 月；连续最大 4 个月径流集中在 5—8 月，占全年的 59.4%~63.7%，不利于利用。

总之，重庆市水资源状况不容乐观，面临水资源总量短缺、利用难度大、水污染较为严重的多重压力，需进一步加强水资源综合管理，保护好水资源，以实现重庆市人口、资源、环境和经济的协调发展。

第六节 矿产资源

矿产资源是工业的物质基础，是经济社会发展的重要保障，矿业经济的持续发展和壮大，加快了工业化进程，促进了社会进步。加强对矿产资源的勘察、开发利用和保护，以及对矿山生态环境的保护和治理，可以促进矿产资源的可持续利用，以满足国民经济和社会发展对矿产资源的需求。

矿产资源类型。重庆市已发现矿产 68 种（含亚矿种），占全国（171 种）的 40%；查明矿产资源储量 60 种，占全国（159 种）的 38%。已发现各类矿产地 1222 处，其中金属 408 处，非金属 476 处，煤炭 338 处；大型矿床 46 处，中型矿床 100 处。

重庆市矿产资源总体不丰富，但具有特色优势矿产。具有现实资源优势的矿产主要有天然气、煤、地热、锶矿、锰矿、铝土矿、毒重石（钡矿）、水泥灰岩、汞矿、石膏、粉石英、铁矿、岩盐等，具有找矿潜力的矿产主要有硫铁矿、炼镁白云岩、铜、铅、锌等。

已查明保有资源储量在全国排名前10位的矿产有17种。其中天然气、岩盐资源分布范围广、资源丰富,锶矿和毒重石为特色优势矿产,储量大、质量优,锰矿保有资源储量居全国第5位,汞矿为全国罕见的特大型矿床,为构建重庆市特色资源加工业及其发展提供了丰富的物质基础。

市域内饮用矿泉水资源较丰富,主要为硅酸矿泉类型,泉水中含多种微量元素,可做饮用和医疗用。

重庆矿产资源的总体特征是:大型矿床少,中小型矿床多;能源矿产、非金属矿产多,金属矿产少;共生、伴生矿床多,单一矿床少;贫矿、难选冶矿多,富矿少。

矿产资源分布。重庆市矿产资源分带较明显,分布相对集中。市域矿产资源主要分布在渝东北城口锰、钡成矿带,巫山铁、煤成矿带,云阳—开县粉石英成矿远景区,长寿—万州天然气、岩盐、铁成矿远景区,渝中地热、煤、铁成矿远景区,渝西锶、煤成矿带,渝南铝、煤、硫成矿带,渝东南锰、汞、铅锌多金属成矿带等八大成矿区带或成矿远景区,均在全国占有较重要的地位。其中渝东南锰、汞、铅锌多金属成矿带处于全国16个重要成矿区带之一的鄂西湘西多金属成矿带的西部,市域属四川含油气岩盐盆地和渝东—湘鄂西含油气构造的一部分,渝南铝、煤成矿带属黔北成矿带的北延部分,渝东北城口锰、钡成矿带处于川陕渝鄂成矿带的中段。

重庆市天然气储量丰富,拥有一定数量的煤炭资源和水能资源。已探明天然气储量3650亿米^3,其中可采储能量2678亿米^3,占全国10%左右,年产60多亿米^3,并且不断有新的发现,资源总量还在增加。已探明煤炭资源储量30.49亿吨,占全国3‰,保有资源储量209705万吨。预测全市煤层气资源总量为703.07亿米^3。水力资源理论蕴藏量2300万千瓦,占全国的3.3‰,其中经济可开发量为820万千瓦,占全国的2%。

第二章 环境质量

第一节 大气环境

一、区域空气质量(主城区)

"九五"期间,大气环境质量明显改善。监测结果表明:2001年1—11月,市主城区空气中二氧化硫浓度平均值为0.108毫克/米^3,较2000年同期下降了27.7%;主城区环境空气质量达到和好于二级以上的天数比例为57.5%。

2001年,开展了主城区空气质量预报。在市气象局的密切配合下,建立了适合重庆特点的空气质量预报模型,从6月5日起,主城区空气质量预报已在重庆电视台、重庆人民广播电台播出,同时在《重庆晨报》上刊载。

2002年,主城区空气中二氧化硫年日均浓度为0.091毫克/米^3,超标0.52倍;日均浓度范围为0.003~0.424毫克/米^3,日均值超标率为16.07%,最大日均值超标1.83倍。各监测点中,二氧化硫年日均浓度较高的是九龙坡区杨家坪、南岸区南坪和渝中区解放碑监测点,分别为0.129毫克/米^3、

0.11毫克/米³和0.102毫克/米³,分别超标1.15倍、0.83倍、0.7倍,日均值超标率分别为34.5%、23.8%和16.2%。与去年相比,主城区空气中二氧化硫年日均浓度下降15.7个百分点;各监测点中,除南坪有所上升外,其余监测点二氧化硫年日均浓度均有不同程度下降(降幅为7.9%~28.1%),其中天星桥下降幅度最大。

综合评价表明,主城区环境空气质量为中度污染。综合污染指数的平均值为5.54,较上年下降0.9。1991—2002年综合污染指数呈逐年下降趋势。

2003年,主城区环境空气质量达到和好于二级的天数为238天,占全年的65.2%,比2002年提高4.7个百分点。

2004年,主城区环境空气质量较2003年有所好转,满足二级天数的比例为66.4%,较2003年上升1.2个百分点。

2005年,主城区空气质量满足二级天数的比例为72.9%,较2004年上升6.5个百分点;主要污染物PM_{10}、二氧化硫和二氧化氮的浓度分别为0.12毫克/米³、0.073毫克/米³和0.048毫克/米³,空气综合污染指数为3.02,分别较2004年下降15.5%、35.4%、28.4%和27.1%。

"十五"期间,重庆市主城区空气中二氧化硫年均值为0.1毫克/米³,超过国家二级标准0.67倍;日均值范围为0.001~0.563毫克/米³,日均值超标率为19.14%,最大日均值超标2.75倍,出现在2001年。与"九五"相比,主城区空气中二氧化硫均值下降47.9%,日均值超标率下降了36.8个百分点。"十五"期间,二氧化硫日均值范围主要集中在0.05~0.1毫克/米³,占31.6%;与"九五"相比,日均值分布在低浓度段(≤0.1毫克/米³)的比例明显上升,高浓度段(>0.2毫克/米³)的比例有较大幅度下降。

2006年,主城区空气中二氧化硫年均值为0.074毫克/米³,超过国家二级标准0.23倍;日均值范围为0.001~0.265毫克/米³,日均值超标率为3.2%,最大日均值超标0.77倍。主城区空气中二氧化氮年均值为0.047毫克/米³,达到国家二级标准;日均值范围为0.002~0.167毫克/米³,日均值超标率为0.5%,最大日均值超标0.39倍。主城区空气中可吸入颗粒物年均值为0.111毫克/米³,超过国家二级标准0.11倍;日均值范围为0.004~0.435毫克/米³,日均值超标率为19.6%,最大日均值超标1.9倍。主城区年均降尘量为7.74吨/(千米²·月)[范围为1.75~17吨/(千米²·月)],超过参考标准[3.81吨/(千米²·月)]1.03倍。

2007年,主城区空气中二氧化硫年均值为0.065毫克/米³,超过国家二级标准0.08倍;日均值范围为0.003~0.313毫克/米³,日均值超标率为3.7%,最大日均值超标1.09倍。主城区空气中二氧化氮年均值为0.044毫克/米³,比2006年下降6.4%,达到国家二级标准;日均值范围为0.003~0.185毫克/米³,日均值超标率为0.2%,最大日均值超标0.54倍。2007年,主城区空气中可吸入颗粒物年均值为0.108毫克/米³,超过国家二级标准0.08倍;日均值范围为0.006~0.488毫克/米³,日均值超标率为20.1%,最大日均值超标2.25倍。主城区年均降尘量为6.8吨/(千米²·月)[范围为1.57~43.2吨/(千米²·月)],超过参考标准[3.8吨/(千米²·月)]0.79倍。

2008年,主城区空气中二氧化硫年均值为0.063毫克/米³,超过国家二级标准0.05倍;日均值范围为0.002~0.245毫克/米³,日均值超标率为3.3%,最大日均值超标0.63倍。主城区空气中二氧化氮年均值为0.043毫克/米³,达到国家二级标准;日均值范围为0.003~0.153毫克/米³,日均值超标率为0.42%,最大日均值超标0.28倍。主城区空气中可吸入颗粒物年均值为0.106毫克/米³,超过国家二级标准0.06倍;日均值范围为0.004~0.467毫克/米³,日均值超标率为17.1%,最大日均值超标2.1倍。主城区年均降尘量为6.61吨/(千米²·月)[范围为1.8~10.19吨/(千米²·月)],超过参考标准[3.75吨/(千米²·月)]0.76倍。

2009年,主城区环境空气质量满足优良的天数为303天,较2008年增加6天,提前23天完成市政府年度目标任务,为开展空气质量日报以来的历史最好水平,各主要污染物浓度均比上年有所下降。沙坪坝区提前48天完成年度目标任务,增幅居主城区第一,其余绝大部分区县城区的空气质量均有改善,提前一年完成"十一五"300天的"蓝天目标"。

2010年,主城区环境空气质量满足优良的天数达到311天,较2005年增加45天,空气综合污染指数由2005年的3.017下降为2.31,其他31个区县的空气质量明显改善,均达到环境建设的年度目标任务。

二、城市空气质量

"九五"期间,重庆市主城区和近郊区、远郊区城镇二氧化硫浓度总体呈下降趋势,但远郊区2000年浓度比1999年有所上升。主城区、近郊区氮氧化物浓度逐年上升;主城区总悬浮颗粒物浓度逐年上升;近郊区和远郊区总悬浮颗粒物浓度逐年下降;主城区和远郊区降尘量变化不大,远郊区降尘量有逐年上升的趋势;主城区和远郊区硫酸盐化速率逐年下降趋势明显;近郊区硫酸盐化速率也有下降趋势。

"九五"期间大气环境质量评价。空气污染指数:主城区大气综合污染指数在1996年到1999年期间逐年下降,2000年又有所上升;近郊区空气污染指数1997年比1996年高,但随后逐年下降,2000年为最低;远郊区空气污染指数1996年到1999年逐年下降,但2000年比1999年有所上升。总的来说,空气综合污染指数呈现下降趋势,重庆市主城区的空气质量在逐步好转。

"九五"期间,主城区二氧化硫等标污染负荷系数为40.9%,远高于近郊区(30.4%)和远郊区(35.2%)。主城区二氧化硫等标污染负荷系数在40%以上的测点的比例为57.1%。二氧化硫等标污染负荷系数高于40%的区县,其中近郊区占28.6%,远郊区占33.3%。部分区县的总悬浮颗粒物污染较重,全市空气中以总悬浮颗粒物为首要污染物的区县占8.33%,其中近郊区占14.29%,远郊区占6.67%。

"十五"期间,主城区二氧化硫浓度先降后升,2005年又有较大幅度下降。可吸入颗粒物浓度总体呈缓慢下降趋势。二氧化氮浓度2001—2003年变化不大,2004年上升较大,2005年又有所下降。降尘量以2001年最高,2002年和2003年下降幅度较大,2004年有所上升,2005年又有所下降。

主城区空气中二氧化氮年均值为0.049毫克/米^3,达到国家二级标准;日均值范围为0.002~0.201毫克/米^3,日均值超标率为1%,最大日均值超标0.68倍,出现在2004年。与"九五"相比,主城区二氧化氮年均值上升40%。

主城区空气中可吸入颗粒物年均值为0.142毫克/米^3,超过国家二级标准0.42倍;日均值范围为0.003~0.613毫克/米^3,日均值超标率为35.7%,最大日均值超标3.09倍,出现在2003年。与"九五"相比,主城区可吸入颗粒物年均值下降4.7%。

主城区月均降尘量为9.68吨/(千米^2·月),超过参考标准[4.35吨/(千米^2·月)]1.22倍;月均值范围为2.88~21.2吨/(千米^2·月),最大月均值出现在2001年。与"九五"相比,主城区降尘量月均值下降15.4%。

"十五"期间郊区县城镇空气中主要污染物浓度。二氧化硫浓度年均值为0.063毫克/米^3,超过二级标准(0.06毫克/米^3)0.05倍。日均值范围为0.001~1.515毫克/米^3,日均值超标率为6.2%,最大日均值超标9.1倍。各区县二氧化硫浓度年均值范围为0.016~0.178毫克/米^3,其中城口县最高,巫溪县最低;各区县中,二氧化硫浓度年均值达二级标准的区县有18个(占60%)。

郊区县城镇空气中二氧化氮浓度年均值为0.026毫克/米^3,达到二级标准。日均值范围为0.001~0.721毫克/米^3,日均值超标率为0.1%,最大日均值超标5.01倍。各区县二氧化氮浓度年均值范围为0.009~0.050毫克/米^3,其中璧山县最高,黔江区、武隆县最低,各区县二氧化氮浓度年均值均达标。

郊区县城镇空气中总悬浮颗粒物年均值为0.188毫克/米^3,达到二级标准。日均值范围为

0.003～1.189毫克/米³,日均值超标率为9.3%,最大日均值超标2.96倍。在各区县中,总悬浮颗粒物年均值达到二级标准的区县有19个(占63.3%),其余11个区县(占36.7%)的年均值超过二级标准。

郊区县城镇月均降尘量在1.38～20.08吨/(千米²·月)范围内,平均降尘量为7.2吨/(千米²·月),超参考标准0.66倍。郊区县城镇年均降尘量范围为2.73～13.18吨/(千米²·月)。有24个区县的降尘量超过参考标准,占77.4%;丰都县、武隆县、璧山县、黔江区、双桥区、垫江县和巫溪县等7个区县低于参考标准,占22.6%。

2006年,全市城镇空气中二氧化硫年均值为0.052毫克/米³,达到二级标准。日均值范围为0.001～0.600毫克/米³,日均值超标率为2.4%,最大日均值超标3倍。全市城镇空气中二氧化氮年均值为0.032毫克/米³,达到二级标准。日均值范围为0.001～0.26毫克/米³,日均值超标率为0.2%,最大日均值超标1.2倍。全市城镇空气中可吸入颗粒物年均值为0.1毫克/米³,达到二级标准。日均值范围为0.003～0.81毫克/米³,日均值超标率为11.6%,最大日均值超标4.4倍。全市城镇空气中年均降尘量在0.68～28.39吨/(千米²·月)范围内,平均降尘量为6.66吨/(千米²·月),超过参考标准[3.81吨/(千米²·月)]0.75倍。

2006年,郊区县城镇空气中二氧化硫年均值为0.042毫克/米³,达到国家环境空气质量二级标准。日均值范围为0.001～0.6毫克/米³,日均值超标率为1.6%,最大日均值超标3倍。郊区县城镇环境空气中二氧化氮年均值为0.024毫克/米³,达到二级标准。日均值范围为0.001～0.26毫克/米³,日均值超标率为0.03%。环境空气中可吸入颗粒物年均值为0.093毫克/米³,达到二级标准。日均值范围为0.006～0.81毫克/米³,日均值超标率为7.1%,最大日均值超标4.4倍。郊区县城镇年均降尘量范围为2.53～10.94吨/(千米²·月),平均降尘量为6.29吨/(千米²·月)。

2006年,主城区空气综合污染指数为2.93。主城区空气中PM_{10}、二氧化硫、二氧化氮的负荷比分别为37.9%、42.1%和20%。PM_{10}和二氧化硫是主要污染物。主城区日空气质量属于一级、二级、三级和四级的天数分别为35天、252天、77天和1天,分别占9.6%、69%、21.1%和0.3%;首要污染物为可吸入颗粒物和二氧化硫,分别占83.3%和16.7%。全年日空气质量满足二级的天数占78.6%。

2006年,郊区县城镇空气综合污染指数范围为1.03～3.24,平均值为1.93。郊区县空气中PM_{10}、二氧化硫、二氧化氮的负荷比分别为48.2%、36.3%和15.5%。可吸入颗粒物是主要污染物。

2006年,全市城镇空气综合污染指数平均为2.27。主城区空气中PM_{10}、二氧化硫和二氧化氮的负荷比分别为44.1%、38.2%和17.7%。PM_{10}和二氧化硫对全市空气质量的影响较大。

2007年,郊区县城镇空气中二氧化硫年均值为0.039毫克/米³,达到国家环境空气质量二级标准。日均值范围为0.001～0.993毫克/米³,日均值超标率为1.1%,最大日均值超标5.62倍。郊区县城镇空气中二氧化氮年均值为0.023毫克/米³,达到二级标准。日均值范围为0.001～0.2毫克/米³。郊区县城镇空气中可吸入颗粒物年均值为0.082毫克/米³,达到二级标准。日均值范围为0.006～0.319毫克/米³,日均值超标率为2.5%,最大日均值超标1.13倍。郊区县城镇年均降尘量范围为2.42～10.02吨/(千米²·月),平均降尘量为5.82吨/(千米²·月),超过参考标准0.53倍。

2007年,全市城镇空气中二氧化硫年均值为0.047毫克/米³,达到二级标准。日均值范围为0.001～0.993毫克/米³,日均值超标率为1.9%,最大日均值超标5.62倍。全市城镇空气中二氧化氮年均值为0.030毫克/米³,达到二级标准。日均值范围为0.001～0.2毫克/米³,日均值超标率为0.2%。最大日均值超标0.67倍。全市城镇空气中可吸入颗粒物年均值为0.09毫克/米³,达到二级标准。日均值范围为0.006～0.488毫克/米³,日均值超标率为8.2%,最大日均值超标2.25

倍。全市城镇空气中年均降尘量在1.28~43.2吨/(千米^2·月)范围内,平均降尘量为6.33吨/(千米^2·月),超标0.67倍。

2008年,郊区县城镇空气中二氧化硫年均值为0.036毫克/米^3,达到国家空气质量二级标准。日均值范围为0.001~0.272毫克/米^3,日均值超标率为0.39%,最大日均值超标0.81倍。郊区县城镇空气中二氧化氮年均值为0.023毫克/米^3,达到二级标准。日均值范围为0.001~0.104毫克/米^3,郊区县城镇环境空气中可吸入颗粒物年均值为0.079毫克/米^3,达到二级标准,日均值范围为0.002~0.328毫克/米^3,日均值超标率为2.1%,最大日均值超标1.2倍。郊区县城镇年均降尘量范围为2.03~8.93吨/(千米^2·月),平均降尘量为5.5吨/(千米^2·月),超过参考标准0.47倍。

2009年,主城区环境空气质量持续改善,满足良好天数的比例为83%(303天),比上年上升1.6个百分点(多6天)。主城区空气综合污染指数呈下降趋势,从2001年的3.84下降到2009年的2.4,降幅为37.5%。2009年,主城区空气中二氧化硫、二氧化氮、可吸入颗粒物年均浓度分别为0.053毫克/米^3、0.037毫克/米^{3}和0.105毫克/米^3;二氧化硫和二氧化氮年均浓度达标,可吸入颗粒物年均浓度超标0.05倍。与上年相比,可吸入颗粒物、二氧化硫、二氧化氮年均浓度分别下降0.9%、15.9%和14%。郊区县城镇空气质量较好,空气中二氧化硫、二氧化氮、可吸入颗粒物年均浓度均达到国家环境空气质量二级标准。万州区、双桥区、潼南县等16个区县城镇的空气质量达到二级标准,占郊区县城镇总数的51.6%。

第二节 水环境

一、江河水质("三江"、次级河流)

1."三江"水质

重庆境内地表水系由长江、嘉陵江、乌江以及众多的中小支流、湖库组成。1997—2008年,重庆市各区县环境监测站系统地对长江、嘉陵江、乌江重庆段(以下简称"三江")和70余条次级河流水质进行了监测。

"三江"水质状况。各年度《重庆市环境质量报告书》中,关于"三江"重庆段水质评价状况如下:

"九五"期间"三江"水质状况。《1996—2000年重庆市环境质量报告书》对"九五"期间"三江"重庆段水质状况做了评价,并对1991—2000年"三江"重庆段主要控制断面十年的水质变化趋势做了评述。

1996—2000年"三江"重庆各断面水质指标中,年均值超Ⅲ类水标准、对水质影响大的项目是粪大肠菌群、总磷、非离子氨和石油类,它们是"九五"期间影响"三江"水质的主要污染物。"九五"期间,长江、嘉陵江重庆段水质以Ⅱ类、Ⅲ类水质为主,乌江重庆段总体水质良好,稳定在Ⅱ类;"三江"重庆段水质有15项指标出现超标,其中长江出现超标项目7~9项,嘉陵江出现超标项目5~10项,乌江出现超标项目1~4项。1996—2000年,长江总体年均水质以Ⅱ类、Ⅲ类水为主,分别占统计断面年数的32.9%和40%,属Ⅳ类水占24.3%,属Ⅰ类和Ⅴ类水的各有1年,仅各占1.4%;嘉陵江总体年均水质仍以Ⅱ类、Ⅲ类水为主,分别占统计断面年数的30%和50%,属Ⅳ类水占20%;乌江总体水质基本稳定,两断面年均水质除1999年的麻柳嘴断面为Ⅲ类水外,其余年份水质均为Ⅱ类水(见表1-5)。

表1-5　　　　　　　　　1996—2000年"三江"水质评价结果（W值）

水质类别	长江		嘉陵江		乌江	
	断面年数	占统计断面年数/%	断面年数	占统计断面年数/%	断面年数	占统计断面年数/%
Ⅰ	1	1.4	—	—	—	—
Ⅱ	23	32.9	6	30	9	90
Ⅲ	28	40.0	10	50	1	10
Ⅳ	17	24.3	4	20	—	—
Ⅴ	1	1.4	—	—	—	—

"十五"期间"三江"水质状况。《2001—2005年重庆市环境质量报告书》对"十五"期间"三江"重庆段水质状况做了评价。2001—2005年出现超标的项目有粪大肠菌群、石油类、总磷、化学需氧量、溶解氧和氨氮6项，其中粪大肠菌群指标连续5年超标，断面超标率居高不下，均值超标项目也只有粪大肠菌群1项，因此，"三江"水体中的首要污染物是作为评价水体卫生状况指标的粪大肠菌群，总磷也连续5年有超标现象出现，石油类指标有4年有超标现象出现，但超标率都不高，因此，次要污染物应是石油类和作为评价水体富营养状态指标的总磷。化学需氧量、溶解氧和氨氮这3项指标只在个别年份有超标现象出现，超标率也很低。2001—2005年，"三江"重庆段水质总体良好，满足水域功能要求，水质类别以Ⅱ~Ⅲ类为主，且满足Ⅱ类的断面比例有逐年上升的趋势，由2001年的45.45%上升至2005年的74.07%（见表1-6）。总体上，2001—2005年，乌江水质好于嘉陵江和长江；长江出入市境断面水质良好，水质类别均满足Ⅱ类。长江、嘉陵江枯水期水质好于平水期，平水期水质好于丰水期；乌江枯水期水质好于丰水期，丰水期水质好于平水期。

表1-6　　　　　　2001—2005年长江、嘉陵江和乌江水质评价类别评价结果统计

水质类别	2001年	2002年	2003年	2004年	2005年	2001—2005年
Ⅰ类/%	—	—	11.11	14.81	7.41	3.70
Ⅱ类/%	45.45	65.38	62.96	55.56	74.07	66.67
Ⅲ类/%	45.45	30.77	25.93	29.63	18.52	29.63
Ⅳ类/%	9.10	3.85	—	—	—	—

2006年以来"三江"水质状况。2006年，"三江"只有粪大肠菌群出现超标。水质属于Ⅰ类、Ⅱ类和Ⅲ类的断面的比例分别为18.2%、72.7%和9.1%。长江14个断面水质属于Ⅰ类、Ⅱ类和Ⅲ类的断面分别占7.1%、78.6%和14.3%，入境断面朱沱和出境断面培石的水质均为Ⅱ类；嘉陵江3个断面水质均为Ⅱ类；乌江5个断面水质均为Ⅰ~Ⅱ类。

2007年，"三江"只有粪大肠菌群出现超标。水质属于Ⅰ类、Ⅱ类和Ⅲ类的断面分别有3个、15个和3个，分别占14.3%、71.4%和14.3%。长江14个断面中，水质属于Ⅰ类、Ⅱ类、Ⅲ类的分别有3个、9个和2个，分别占21.4%、64.3%和14.3%，入境断面朱沱的水质为Ⅱ类，出境断面培石的水质为Ⅰ类；嘉陵江大溪沟断面水质为Ⅲ类，其余2个断面水质为Ⅱ类；乌江4个断面水质均为Ⅱ类。

2008年，"三江"出现超标的项目有粪大肠菌群和总磷，均值超标的项目只有粪大肠菌群。水质属于Ⅰ类、Ⅱ类和Ⅲ类的断面分别有1个、18个和2个，分别占4.8%、85.7%和9.5%；长江14个断面中，水质属于Ⅰ类、Ⅱ类、Ⅲ类的分别有1个、11个和2个，分别占7.1%、78.6%和14.3%，

入境断面朱沱的水质为Ⅲ类，出境断面培石的水质为Ⅱ类；嘉陵江3个断面和乌江4个断面水质均为Ⅱ类。

2009年，"三江"重庆段水质保持稳定，23个监测断面水质均满足水域功能要求，"三江"水质除扇沱、鱼嘴2个市控断面属于Ⅲ类水质外，其余21个断面（含8个国控监测段面）均属于Ⅱ类水质。

2010年，"三江"重庆段水质保持稳定，23个断面水质均满足Ⅱ类水质标准和水域功能要求，其中水质属于Ⅰ类和Ⅱ类的断面分别有3个和20个，分别占13%和87%，与2009年相比，水质满足Ⅱ类的断面比例上升8.7个百分点。长江15个断面中，水质属于Ⅰ类和Ⅱ类的分别有2个和13个，入境断面朱沱和出境断面培石的水质均为Ⅱ类。嘉陵江4个断面水质均为Ⅱ类。乌江4个断面除万木断面水质为Ⅰ类外，其余3个断面水质为Ⅱ类。

2. 次级河流水质

"九五"期间次级河流水质状况。"九五"时期，次级河流年均浓度出现超标的项目有12～15项，历年出现的超标项目基本相同，大多属有机污染物。由此说明次级河流的污染带有普遍性；其主要超标项目是化学需氧量、高锰酸盐指数、石油类、粪大肠菌群、非离子氨、挥发酚、生化需氧量。与"八五"期间比较，"九五"时期次级河流超标项目数与"八五"期间基本相同（"八五"期间超标14项）。主要超标项目也大体相同，表明次级河流的污染具有时间的连续性。"九五"时期有62.5%～93.8%的次级河流受到多项污染物不同程度的污染，它们是化学需氧量、高锰酸盐指数、生化需氧量、非离子氨、粪大肠菌群，这几项指标的年均浓度值在较多河流断面中呈逐年上升趋势，说明次级河流污染在逐渐加重。次级河流的水域功能评价表明，"九五"时期，在监测的次级河流中，水质不满足水域功能的断面的比例由1996年的39.3%上升到2000年的63.1%。5年间几乎有一半的河流断面不能满足水域功能要求，说明次级河流水质污染面广，污染有逐渐扩大和加重的趋势。

"十五"期间次级河流水质状况。2001—2005年，全市71条次级河流的184个断面中，出现超标的项目为粪大肠菌群、化学需氧量、石油类、五日生化需氧量、氨氮、高锰酸盐指数、总磷、溶解氧、挥发酚、阴离子表面活性剂等，超标断面的比例分别为73%、62.2%、53.3%、53%、51.7%、48.6%、47%、42.2%、34.7%、26.2%。

2001—2005年，全市71条次级河流的184个断面的水质评价结果表明：水质属Ⅰ类、Ⅱ类、Ⅲ类、Ⅳ类、Ⅴ类和劣Ⅴ类的断面分别有19个、29个、53个、38个、13个和32个，分别占监测断面的10.3%、15.8%、28.8%、20.6%、7.1%和17.4%；其中，满足Ⅲ类水质的断面占监测断面总数的54%，满足水域功能要求的断面占56%。次级河流的主要污染项目为氨氮、五日生化需氧量、石油类；影响次级河流为Ⅴ类和劣Ⅴ类的项目是氨氮、五日生化需氧量、高锰酸盐指数、溶解氧和挥发酚，特别是氨氮污染较重。断面水质为Ⅴ类和劣Ⅴ类的断面中，污染最重的指标是氨氮的断面占64.4%；其次是五日生化需氧量，占26.7%。2001—2005年，次级河流水质满足Ⅲ类水质的断面的比例逐年上升，从2001年的54.7%上升到2005年的63.7%。满足Ⅲ类水质的断面的比例于2001年和2005年均为平水期最高，枯水期次之，丰水期最低；2004年则是丰水期最高，平水期次之，枯水期最低；2002年和2003年为丰水期最高，枯水期次之，平水期最低。

2006年以来次级河流水质状况。2006年，58条次级河流中，出现超标的项目有15项，年均值出现超标的项目有13项，其中超标断面数较多的项目有粪大肠菌群、化学需氧量、高锰酸盐指数、五日生化需氧量、总磷、氨氮、石油类，断面超标率分别为37.8%、23.1%、14.9%、19.8%、19.3%、20%、22.3%。水质为Ⅰ类、Ⅱ类、Ⅲ类、Ⅳ类、Ⅴ类和劣Ⅴ类的断面分别有22个、21个、44个、10个、10个和15个，分别占监测断面的比例为18%、17.2%、36.1%、8.2%、8.2%和12.3%；其中，满足水域功能的断面占72.1%，不满足水域功能的占27.9%。

2007年,58条次级河流的120断面中有12个项目出现超标,年均值出现超标的项目有9项,其中粪大肠菌群、化学需氧量、氨氮、总磷、五日生化需氧量、石油类和高锰酸盐指数年均值超标的断面的超标率分别为38.8%、27.7%、21%、16.8%、16.5%、16.4%和14.3%。水质为Ⅰ类、Ⅱ类、Ⅲ类、Ⅳ类、Ⅴ类和劣Ⅴ类的断面的比例分别为10.8%、20.9%、37.5%、17.5%、2.5%和10.7%。水质较差的河流有清水溪、大溪河(九龙坡)、一品河、花溪河、磨滩河、高滩河、卧龙河等。

2008年监测的58条次级河流的122个断面中,出现超标的项目有10项,均值出现超标的项目有9项,其中粪大肠菌群、化学需氧量、氨氮、五日生化需氧量、总磷和石油类年均值超标的断面的超标率分别为35.8%、23%、19.7%、19.5%、18.9%和18.6%。水质为Ⅰ类、Ⅱ类、Ⅲ类、Ⅳ类、Ⅴ类和劣Ⅴ类的断面的比例分别为12.3%、24.6%、36.9%、14.7%、2.5%和9%。其中,满足水域功能要求的断面的比例为78.7%,不满足水域功能的占21.3%。水质较差的河流有清水溪、大溪河(九龙坡)、一品河、花溪河、磨滩河、高滩河、卧龙河等。

2009年,全市57条主要次级河流的117个监测断面中,水质为Ⅰ类、Ⅱ类、Ⅲ类、Ⅳ类、Ⅴ类和劣Ⅴ类的断面的比例分别为12.8%、25.6%、38.5%、13.7%、1.7%和7.7%,其中满足水域功能要求的断面占79.5%。与2008年相比,次级河流水质满足Ⅲ类和满足水域功能要求的断面的比例分别上升3.1个和0.8个百分点。

2010年,53条次级河流的98个断面水质监测结果:Ⅰ类、Ⅱ类、Ⅲ类、Ⅳ类、Ⅴ类和劣Ⅴ类的断面的比例分别为9.2%、28.5%、43.9%、9.2%、4.1%和5.1%。

二、库区支流水质

从2004年起,重庆市库区有关区县环境监测站对辖区内的一级支流进行了水质预警和应急监测。预警监测为在每条河流的回水区的上游设1个断面,中段设1~2个断面,每年3—10月的10日前采样监测1次,监测项目为14~21项,并且每月须对回水区至少开展3次不定期巡查;应急监测为"水华"出现就必须立即开展应急监测工作,直至"水华"结束,监测项目为8~11项。水质营养状况评价采用总氮、总磷、透明度、高锰酸盐指数和叶绿素a共5项指标。

2004—2008年,库区一级支流水质和营养状况见表1-7。

表1-7　　　　　　　2004—2008年库区一级支流水质和营养状况统计　　　　　　　单位:%

水质和营养		2004年	2005年	2006年		2007年		2008年	
				上游	中段	上游	中段	上游	中段
状况级别	Ⅰ~Ⅱ类	61.5	92.3	68.2	62.5	60.7	60.0	74.1	71.0
	Ⅲ类	30.8	/	18.2	16.7	17.9	15.0	14.8	18.4
	Ⅳ类	/	/	9.1	8.3	17.9	20.0	7.4	5.3
	Ⅴ类	7.7	3.8	/	4.2	/	5.0	/	/
	劣Ⅴ类		3.8	4.5	8.3	3.6	/	3.7	5.3
营养状况级别	贫营养	3.8	19.2	4.5	4.2	/	/	/	/
	中营养	50.0	65.4	81.8	41.7	85.7	75.0	88.9	65.8
	轻度富营养	38.5	7.7	9.1	37.5	7.1	17.5	7.4	26.3
	中度富营养	7.7	3.8	4.5	12.5	71	7.5	3.7	2.6
	重度富营养	/	3.8	/	4.2	/	/	/	5.3

2004年,库区13条一级支流的26个断面中,出现超标的项目有粪大肠菌群、化学需氧量、石

油类、氨氮、总磷、高锰酸盐指数和溶解氧等7项,其中出现超标断面数较多的项目为粪大肠菌群和化学需氧量。水质为Ⅰ~Ⅱ类、Ⅲ类和劣Ⅴ类的断面分别有16个、8个和2个,分别占61.5%、30.8%和7.7%。水质呈中度富营养、轻度富营养、中营养和贫营养的断面分别有2个、10个、13个和1个,分别占7.7%、38.5%、50%和3.8%。巫山县神女溪、抱龙河和大宁河部分河段在3—9月曾出现过"水华"现象。

2005年,库区13条一级支流的26个断面中,出现超标的项目有粪大肠菌群、生化需氧量、化学需氧量、总磷、高锰酸盐指数、氨氮、石油类、溶解氧和pH等9项。除万州区苎溪河回水区最差,其南门口和关塘口的断面水质分别为劣Ⅴ类和Ⅴ类外,其余河流断面水质均为Ⅰ~Ⅱ类。水体呈重度富营养、中度富营养、轻度富营养、中营养和贫营养的断面分别有1个、1个、2个、17个和5个,分别占3.8%、3.8%、7.7%、65.4%和19.3%。2005年3—5月,巫山县的神女溪、大溪河、抱龙河、大宁河,云阳县的磨刀溪、汤溪河、长滩河,万州区的滚渡河,奉节县的梅溪河、草堂河、朱衣河共11条河流发生"水华"现象。

2006年,库区23条一级支流的46个断面中,出现超标的项目有粪大肠菌群、生化需氧量、化学需氧量、总磷、高锰酸盐指数、氨氮、石油类、溶解氧和pH等9项。22个回水区上游断面,水质为Ⅰ类、Ⅱ类、Ⅲ类、Ⅳ类和劣Ⅴ类的断面的比例分别为36.4%、31.8%、18.2%、9.1%和4.5%,24个回水区中段断面,水质为Ⅰ类、Ⅱ类、Ⅲ类、Ⅳ类、Ⅴ类和劣Ⅴ类的断面的比例分别为12.5%、50%、16.7%、8.3%、4.2%和8.3%。回水区上游水体为贫营养、中营养、轻度富营养和中度富营养的断面的比例分别为4.5%、81.8%、9.2%和4.5%,回水区中段水体为贫营养、中营养、轻度富营养、中度富营养和重度富营养的断面的比例分别为4.2%、41.7%、37.5%、12.5%和4.1%。2006年2—11月,巫山县的神女溪、大溪河、抱龙河、大宁河、三溪河,云阳县的磨刀溪、汤溪河、澎溪河、长滩河,奉节县的梅溪河、草堂河、朱衣河、墨溪河共13条河流发生"水华"现象。

2007年,库区33条一级支流的68个断面中,出现超标的项目有粪大肠菌群、总磷、石油类、高锰酸盐指数、化学需氧量、五日生化需氧量、氨氮、溶解氧和pH等9项。28个回水区上游断面,水质为Ⅰ类、Ⅱ类、Ⅲ类、Ⅳ类和劣Ⅴ类的断面的比例分别为25%、35.7%、17.9%、17.9%和3.5%,40个回水区中段断面,水质为Ⅰ类、Ⅱ类、Ⅲ类、Ⅳ类和Ⅴ类的断面的比例分别为15%、45%、15%、20%和5%。回水区上游水体为中营养、轻度富营养和中度富营养的断面的比例分别为85.8%、7.1%和7.1%,回水区中段水体为中营养、轻度富营养和中度富营养的断面的比例分别为75%、17.5%和7.5%。2007年3—12月,巫山县的大溪河、抱龙河、大宁河,丰都县的朗溪河,奉节县的梅溪河、草堂河、朱衣河,云阳县的澎溪河共8条河流出现了"水华"现象。

2008年,库区32条一级支流的65个断面中,出现超标的项目有粪大肠菌群、总磷、石油类、高锰酸盐指数、化学需氧量、五日生化需氧量、氨氮、溶解氧和pH等9项。27个回水区上游断面,水质为Ⅰ类、Ⅱ类、Ⅲ类、Ⅳ类和劣Ⅴ类的断面的比例分别为22.2%、51.9%、14.8%、7.4%和3.7%,38个回水区中段断面,水质为Ⅰ类、Ⅱ类、Ⅲ类、Ⅳ类和劣Ⅴ类的断面的比例分别为10.5%、60.5%、18.4%、5.3%和5.3%。回水区上游水体为中营养、轻度富营养和中度富营养的断面的比例分别为88.9%、7.4%和3.7%,回水区中段水体为中营养、轻度富营养、中度富营养和重度富营养的断面的比例分别为65.8%、26.3%、2.6%和5.3%。2008年1—11月,巫山县的大宁河和丰都县的龙河共2条河流出现了"水华"现象。

2009年,库区一级支流回水区水体呈富营养化的断面占34%。奉节县的草堂河、梅溪河、朱衣河,巫山县的大宁河、大溪河、神女溪、抱龙河、三溪河和云阳县的澎溪河,其回水区部分河段曾发生"水华"现象。

2010年,库区38条一级支流回水区水体呈富营养化的断面占42.2%,与2009年相比,上升8.2个百分点。

三、饮用水水源水质

"九五"期间饮用水水源地水质监测结果。1997年,13个水源地水质出现超标的项目有6项,超标较为严重的项目有粪大肠菌群和非离子氨,源水超标率分别为87.2%和82%,两个项目在13个水源点均出现不同程度的超标,超标率范围分别为50%~100%和60%~100%。其次是锰、化学需氧量、生化需氧量和挥发酚,超标率分别为25%、25%、6%和4%。净水水质中出现超标的项目有总铁和硒,超标率分别为3.8%和2.5%。

1998年,13个水源地水质出现超标的项目有11项,超标最为严重的项目仍然是粪大肠菌群,超标率为92.3%。13个水源点中有8个点的超标率为100%,4个点为83%,1个点为67%。其次分别是凯氏氮、非离子氨、总磷、高锰酸盐指数和化学需氧量,超标率在23%~65.4%。超标率在10%以下的项目有5项,分别是亚硝酸盐氨、溶解性铁、铅、锰和挥发酚。净水水质出现超标的项目只有渝路水厂和江北水厂的汞,超标率均为8.3%,最大值分别超标20.3倍和8.7倍。

1999年,12个饮用水水源水质达标率为87.5%,各水厂达标率范围为83.3%~92.9%。源水出现超标的项目有4项,超标最为严重的项目仍然是粪大肠菌群,超标率为91.6%,有8个水源地源水超标率为100%;非离子氨超标率为16.7%~66.7%,最大值为0.16毫克/升。高锰酸盐指数仅在高家花园、北碚文星湾和团山堡3个水源地未出现超标,其余水源地源水超标率范围为16.7%~50%。挥发酚在9个水源地源水中出现超标,超标率为16.7%~33.3%。

"十五"期间,全市饮用水水源地水质出现超标的项目有11项,分别是溶解氧、高锰酸盐指数、阴离子表面活性剂、溶解性铁、氨氮、挥发酚、五日生化需氧量、石油类、总磷、粪大肠菌群和锰。其中出现超标的断面(点位)数占比大于10%的项目有粪大肠菌群、总磷、石油类、溶解氧和高锰酸盐指数,分别占监测断面(点位)总数的69.7%、27.6%、21.5%、10.3%和10.3%,其余项目的断面超标率范围为1.9%~8.3%。年均值出现超标的项目有五日生化需氧量、石油类、总磷、粪大肠菌群和锰等5项,其中粪大肠菌群超标最为普遍。78个饮用水水源地断面(点位)水质属于Ⅱ类、Ⅲ类、Ⅳ类和Ⅴ类的比例分别为41%、50%、7.7%和1.3%,满足饮用水水源地水域功能要求的断面的比例为91%。

"十五"期间,主城区饮用水水源地水质出现超标的项目有粪大肠菌群、石油类、总磷、高锰酸盐指数、氨氮、挥发酚和锰等7项,其中出现超标的断面(点位)数占比大于10%的项目有粪大肠菌群、石油类和总磷,分别占监测断面(点位)总数的100%、31.8%和18.2%,其余项目的断面超标率范围为4.5%~9.1%。年均值出现超标的项目有粪大肠菌群和石油类2项,石油类只有嘉陵江大兴村断面出现超标,粪大肠菌群的超标率为95.4%。22个饮用水水源地断面(点位)水质属于Ⅱ类、Ⅲ类和Ⅳ类的比例分别为36.4%、59.1%和4.5%。除江北区大兴村断面外,其余21个断面均满足饮用水水源地水域功能要求。

2001—2008年饮用水水源地水质状况。2001—2008年,有13个项目的监测值出现超标,2003年和2004年超标情况最为严重,分别超标11项和10项;2006年和2007年超标6项;2002年与2005年超标5项;2008年超标4项;2001年超标2项。其中超标最严重的项目为粪大肠菌群,8年均有断面出现超标;其次为溶解氧、高锰酸盐指数、生化需氧量、总磷和锰,有5年测值出现超标;石油类有4年测值出现超标;其余项目只有1~3年测值出现超标。

2009年,7个国家饮用水水源地和11个回水区内集中式饮用水水源地均满足饮用水水源地水域功能要求。

2010年,全市集中式饮用水水源地水质较好,56个城市集中式饮用水水源地中,年均值满足饮用水水源地水域功能要求的断面的比例为100%;1170个乡镇集中式饮用水水源地中,年均值满足饮用水水源地水域功能要求的断面占比89.5%。

第三节　声环境

一、区域声环境

直辖以来,分别对主城、近郊、远郊各区开展了区域环境噪声监测,监测结果(见表1-8)。

(一)"九五"期间区域环境噪声质量

"九五"期间,重庆市主城区区域环境噪声平均值为56.2分贝,噪声值较高的3个区分别是经济开发区(62.9分贝)、高新区(62.8分贝)和渝中区(59.2分贝),噪声值较低的是巴南李家沱(54.3分贝)、渝北龙溪镇人和(54.1分贝)。从噪声值的年际变化看,"九五"期间,主城区区域环境噪声逐年上升,从1996年的55.3分贝上升到2000年56.9分贝。重庆市近郊区区域环境噪声平均值为60.2分贝,年均值范围为57.7~61.6分贝。1996年、1997年和1998年璧山县的噪声值最高,分别是70.1分贝、76.1分贝和68.8分贝;江津市在1999年和2000年的噪声值最高,分别是67.7分贝和67.9分贝。渝北区1997年、1998年和2000年的噪声值分别是52.9分贝、53.4分贝和53.7分贝,为各(市)区县中最低。"九五"期间,重庆市远郊区区域环境噪声平均值为61.4分贝。噪声值较高的区县分别是巫山县、石柱县、开县,噪声值大于68分贝,噪声值较低的区县是垫江县和黔江区,噪声值低于56分贝。

(二)"十五"期间区域环境噪声质量

"十五"期间,主城区区域环境噪声等效声级范围为51.7~57.2分贝,平均等效声级为55.3分贝,等效声级以渝中区、江北区、九龙坡区、经开区和高新区较高(在55.8~72.2分贝之间),其余较低;各区县城镇区域环境噪声等效声级范围为52.5~66.4分贝,平均等效声级为57.8分贝,其中以开县、巫山县为高,其声级均超过65分贝,璧山县、城口县、永川市、万盛区和黔江区次之,其声级在52.5~54.9分贝之间。"十五"期间,全市区域环境噪声等效声级分布在51.7~66.4分贝之间,平均等效声级为56.3分贝。其中以开县、巫山县较高,其声级均超过65分贝;北碚区、璧山县、南岸区、城口县、永川县、万盛区、巴南李家沱、巴南区、渝北区、大渡口区、黔江区、渝北区人和镇和沙坪坝区较低,其声级在51.7~55分贝之间。用秩相关系数法分析表明:2001—2005年,全市区域环境噪声等效声级除南岸区和北碚区呈显著上升趋势,长寿区、巫山县、黔江区、酉阳县、合川市和南川市呈显著下降趋势外,其余区县无显著变化。总体而言,全市城镇区域环境噪声平均等效声级较"九五"未呈明显改善趋势。

(三)2006年以来区域环境噪声质量

2006年,主城区区域环境噪声等效声级范围为52.3~56.7分贝,平均为54.4分贝,比2005年下降0.3分贝;郊区县城镇区域环境噪声等效声级平均为55.1分贝,比2005年下降1.6分贝;秀山县城镇区域环境噪声等效声级最高,为60.9分贝;长寿区最低,为51.2分贝;全市城镇区域环境噪声等效声级平均为54.6分贝,比2005年下降0.9分贝。

2007年,主城区区域环境噪声等效声级范围为52.2~58分贝,平均为54.5分贝,比2006年微升0.1分贝;郊区县城镇区域环境噪声等效声级平均为54.2分贝,比2006年下降0.9分贝;奉节县城镇区域环境噪声等效声级最高,为58.4分贝;秀山县最低,为48.6分贝;全市城镇区域环境噪声等效声级平均为54.4分贝,比2006年下降0.2分贝。

2008年,主城区区域环境噪声等效声级平均为54.5分贝;各区区域环境噪声等效声级范围为52.7~56.7分贝;郊区县城镇区域环境噪声等效声级平均为53.7分贝,比2007年下降0.5分贝;奉节县城镇区域环境噪声等效声级最高(为57.6分贝);长寿区最低(为49.5分贝)。

表1-8　　　　　　　　1997—2008年全市区域环境噪声监测结果　　　　　　（单位：分贝）

监测结果 年份	主城平均	近郊区县平均	远郊区县平均	全市城镇
1997年	55.7	61.6	59.5	/
1998年	56.1	60.8	/	/
1999年	56.8	59.9	61.1	/
2000年	56.9	57.7	61.4	/
2001年	55.9	57.9	60.1	/
2002年	55.9	56.4	60.6	57.6
2003年	54.9	58.0		57.6
2004年	55.1	57.3		56.9
2005年	54.7	56.7		55.5
2006年	54.4	55.1		54.6
2007年	54.5	54.2		54.4
2008年	54.5	53.7		/

2009年，主城区声环境质量保持稳定，属较好水平。全年区域环境噪声等效声级平均为54.2分贝，比上年下降0.3分贝；网格噪声达标率95.2%，上升0.7个百分点。声源构成仍以社会生活噪声为主。道路交通噪声等效声级平均为67.8分贝，与上年持平；噪声超过70分贝的交通干线长度占比为21%，上升4个百分点。功能区环境噪声昼夜等效声级平均为55.5分贝，下降0.3分贝；小时噪声达标率昼间97.7%，夜间83.3%，比上年分别上升2.1个百分点和持平。2003—2009年，主城区区域环境噪声和道路交通噪声质量均为较好。

郊区县城镇区域环境噪声质量平均为较好，平均等效声级为53.7分贝，与上年持平；网格噪声达标率94.3%，比上年上升0.7个百分点。声源构成仍以社会生活噪声为主。郊区县城镇区域环境噪声质量属较好和轻度污染的分别有26个和5个，分别占83.9%和16.1%，与上年相比，属轻度污染的区县减少3个。郊区县城镇道路交通噪声质量平均为好，平均等效声级为65.9分贝，与上年持平。郊区县城镇功能区环境噪声昼夜等效声级平均为54.5分贝，与上年持平。

2009年，各区县区域环境噪声平均值不超过56分贝。全市建成市级安静小区20个，累计有72个。

2010年，全市噪声达标区覆盖率达73.7%，较2005年增加30.6个百分点，声环境质量不断改善。

二、道路交通声环境

（一）"九五"期间道路交通噪声质量

1．"九五"期间道路交通噪声监测点位设置

1997—2000年，主城区道路交通噪声监测路段和监测总长度相同，分别为148个路段和262.8千米。1997年，开始对万县、涪陵和黔江城区道路交通噪声进行监测，共监测25个路段。1997—2000年，郊区县道路交通噪声监测设置路段和总长度逐年增加情况见表1-9。

表1-9　　　　　　　　　　1997—2000年全市道路交通噪声监测情况

监测情况 年份	主城		近郊区县		远郊区县	
	路段(个)	总长(千米)	路段(个)	总长(千米)	路段(个)	总长(千米)
1997年	148	262.8	108	89.9	25	38.68
1998年	148	262.8	113	94.6	115	81.56
1999年	148	262.8	123	119.5	128	101.40
2000年	148	262.8	137	137.3	137	137.30

2."九五"期间道路交通噪声监测结果

"九五"期间,重庆市主城区中,渝中区和沙坪坝区的交通噪声水平较高,每年均高于70分贝,九龙坡区在1999年、江北区在1996年的交通噪声高于70分贝。从年际变化看,仅有渝北区逐年有所下降;北碚区在1996年至1999年逐年下降,但2000年又有所上升;其他区趋势不明显。重庆市近郊区县中,潼南县的交通噪声平均值最高,在1996年、1997年和2000年连续3年位于各区(市)县之冠;1998年和1999年的噪声平均值以江津市最高;巴南区交通噪声平均值在1996年、1997年和2000年3年中最低;1998年和1999年噪声平均值最低的分别是万盛区和双桥区。大足县、万盛区、双桥区和渝北区4个区县的噪声平均值连续5年保持在70分贝以下。重庆市远郊区县中,道路交通噪声平均值较高的地区分别是巫溪县、巫山县、开县和忠县。

(二)"十五"期间道路交通噪声质量

2001—2005年,在主城区设置道路交通噪声监测点为212个路段,监测路段总长度每年略有不同。郊区县城镇所设交通干线噪声监测点的数量和长度逐年增加,2001—2003年为278个,监测路段长度为273千米;2004年,郊区县城镇共设监测点366个,监测路段长度为466.2千米;2005年,郊区县监测道路总长度为283.7千米(见表1-10)。

表1-10　　　　　　　　　　2001—2005年全市道路交通噪声监测情况

监测情况 年份	主城		郊区县	
	路线(个)	总长(千米)	路线(个)	总长(千米)
2001年	212	331.3	278	273.0
2002年	212	330.8	278	273.0
2003年	212	330.8	278	273.0
2004年	212	336.8	366	466.2
2005年	212	340.3	232	283.7

"十五"期间,重庆市主城各区道路交通噪声平均等效声级范围为62.8~69.7分贝,平均为67.7分贝。用秩相关系数法评价表明:"十五"期间,主城各区中仅大渡口区和北碚区的道路交通噪声呈显著上升趋势,其余各区无明显变化。总体而言,"十五"期间,主城区城市道路交通噪声平均等效声级较"九五"呈明显改善趋势。郊区县城镇道路交通噪声平均等效声级范围为65.0~81.9分贝,平均为70.8分贝。用秩相关系数法评价表明:"十五"期间,31个区县的城镇道路交通噪声中,除涪陵区、万盛区、双桥区、荣昌县、城口县、黔江区、江津市、合川市和南川市9个区(市)县的道路交通噪声下降趋势显著外,其余22个区县无明显变化。"十五"期间,重庆市各区县城镇

道路交通噪声平均等效声级范围为62.5~83.6分贝,平均为69.1分贝。总体而言,除2001年外,道路交通噪声等效声级比"九五"呈明显改善趋势。

(三)2006年以来道路交通噪声质量

2006年,主城区道路交通噪声设监测点276个,监测路段总长为418.98千米;郊区县城镇共设监测点367个,监测路段长度为472千米。

2007年,主城区道路交通噪声设监测点276个,监测路段总长为456.16千米;郊区县城镇共设监测点371个,监测路段长度为478.3千米。

2008年,主城区道路交通噪声设监测点269个,监测路段总长为450.53千米;郊区县城镇共设监测点378个,监测路段长度为504.27千米。

2006—2008年,全市各城镇道路声环境质量总体较好。

直辖以来,主城区、郊区县道路交通噪声监测结果(见表1-11)。

表1-11　　　　　1997—2008年全市道路交通噪声监测结果　　　　(单位:分贝)

监测结果 年份	主城平均	近郊区县平均	远郊区县平均	全市城镇
1997年	69.0	72.5	/	/
1998年	68.6	74.4	74.7	/
1999年	69.1	72.5	74.1	/
2000年	69.9	70.2	74.2	/
2001年	67.4	69.0	75.5	/
2002年	67.6	67.5	73.1	/
2003年	67.5	69.0	68.2	/
2004年	68.1	68.0	68.3	
2005年	67.9	69.2	68.4	
2006年	67.7	67.8	67.8	
2007年	68.0	66.8	67.4	
2008年	67.7	65.9	/	

三、功能区声环境

(一)"九五"期间功能区噪声质量

"九五"期间,重庆市主城区功能区噪声昼间平均值为52.1分贝,夜间平均值为44.6分贝,昼夜平均为53.2分贝。主城区功能区环境噪声昼间、夜间和昼夜平均噪声呈逐年上升趋势。近郊区县在1999年和2000年进行了功能区环境噪声监测。1999年,近郊区县功能区环境噪声昼间平均值为63.4分贝,夜间平均值为55.6分贝,昼夜平均值为64.9分贝。从区县讲:荣昌县、铜梁县和潼南县功能区环境噪声值较高,万盛区、渝北区和合川市功能区环境噪声值较低。远郊区县功能区环境噪声昼间平均值为65.4分贝,夜间平均值为58.2分贝,昼夜平均值为65.6分贝。远郊区县功能区环境噪声值较高的区县有垫江县、酉阳县、石柱县、巫溪县、巫山县、忠县和奉节县,而万州区和涪陵区功能区环境噪声值较低。

(二)"十五"期间功能区噪声质量

"十五"期间,主城区功能区环境噪声昼夜平均值为55.1分贝,昼间为54.3分贝,夜间为46.4

分贝;1996—2005 年,主城区功能区环境噪声整体呈逐年上升的趋势,其中 2000 年达到一个峰值之后略有所下降,但 2002—2004 年仍呈逐年缓慢上升的态势,2005 年达到最大。昼夜等效声级变化范围从 1996 年的 51.3 分贝到 2005 年的 57.6 分贝,昼间、夜间等效声级也有明显的上升趋势。"十五"期间,郊区县功能区环境噪声昼夜平均值为 58.5 分贝,昼间为 58.3 分贝,夜间为 48.9 分贝;昼夜等效声级从 2001 年的 61.2 分贝下降到 2005 年的 57.5 分贝,呈逐年下降的趋势;昼间、夜间等效声级也有明显的下降趋势,分别是从 61.4 分贝下降到 57.2 分贝和从 50.8 分贝下降到 48.0 分贝。

"十五"期间,全市城镇功能区环境噪声昼间等效声级为 57.2 分贝,昼夜等效声级为 56.6 分贝,夜间等效声级为 48.1 分贝。"十五"期间,全市功能区环境噪声无明显变化,昼夜等效声级在 57.2~57.8 分贝之间波动;昼间、夜间等效声级分别在 56.7~57.4 分贝和 48.0~48.5 分贝之间波动。

(三)2006 年以来的功能区噪声质量

2006 年,主城区功能区噪声等效声级昼间平均值为 55.8 分贝,夜间为 49.6 分贝,昼夜为 57.2 分贝;郊区县城镇功能区环境噪声昼间等效声级为 56.7 分贝,夜间等效声级为 47.3 分贝,昼夜等效声级为 56.9 分贝;全市城镇功能区环境噪声昼间等效声级为 56.8 分贝,夜间等效声级为 48.2 分贝,昼夜等效声级为 57.3 分贝。

2007 年,主城区功能区噪声等效声级昼间平均值为 55.9 分贝,夜间为 47.6 分贝,昼夜为 56.5 分贝;郊区县城镇功能区环境噪声昼间等效声级为 54.6 分贝,夜间等效声级为 45.7 分贝,昼夜等效声级为 55.0 分贝;全市城镇功能区环境噪声昼间等效声级为 56.1 分贝,夜间等效声级为 47.3 分贝,昼夜等效声级为 56.5 分贝。

2008 年,主城区功能区噪声等效声级昼间平均值为 54.6 分贝,夜间为 46.9 分贝,昼夜为 55.5 分贝;郊区县城镇功能区环境噪声昼间等效声级为 53.9 分贝,夜间等效声级为 45.3 分贝,昼夜等效声级为 54.4 分贝。

直辖以来,全市功能区环境噪音声监测结果(见表 1-12)。

表 1-12　　　　1997—2008 年全市功能区环境噪声监测结果　　　　(单位:分贝)

监测结果 年份	主城昼夜平均	近郊区县昼夜平均	远郊区县昼夜平均	全市城镇昼夜平均
1997 年	51.4	/	65.5	/
1998 年	53.3	/	61.9	/
1999 年	53.8	64.9	69.7	/
2000 年	55.9	60.3	65.5	/
2001 年	54.3	60.4	65.5	/
2002 年	54.3	58.1	63.7	/
2003 年	55.4	58.6		58.0
2004 年	55.3	58.5		57.8
2005 年	57.6	57.5		57.7
2006 年	57.2	56.9		57.3
2007 年	56.5	55.0		56.5
2008 年	55.5	54.4		/

第四节　土壤环境

一、土壤普查

2006年8月至2009年10月,按照原国家环保总局《关于开展全国土壤污染状况调查的通知》(环发〔2006〕116号)要求,开展了重庆市土壤污染状况专项调查工作。

(一)土壤普查监测布点及项目

在全市范围内,按网格法共布设点位766个,采集样品1600个,测试重金属、农药残留、有机污染物及其浸出态、理化指标等共72项指标。其中,在"七五"土壤环境背景值调查的21个点位同点采集剖面样品55个;在重污染企业周边、工业遗留或遗弃场地、固体废物集中处理场地、主要蔬菜基地、污灌区、大型交通干线两侧以及社会关注的环境热点区域等11类重点区域共布设点位680个;在土壤放射性调查点位采集99个样品,测试放射性指标7项。共获得监测数据10.17万个。

(二)土壤普查监测结果基本情况

重庆市土壤多呈中偏酸性,钾含量相对较高,有机质、氮含量相对较低,磷含量低。土壤多为中壤土和轻黏土。

各指标分布特征为氟、铬、钒、铅、锌、镍、钴、铜等8种元素分布较均匀;锰、砷、硒分布不均;汞和镉分布极不均。pH<5的酸性土壤中,汞、硒含量较高;pH 7~8的中偏碱性土壤中,钒、氟、镉、锰、砷、铜、锌较高;pH>8的碱性土壤中,铬、钴、镍较高。除多氯联苯外,其他各项指标均有检出。

(三)土壤环境质量状况

依据《全国土壤污染状况评价技术规定》(环发〔2008〕39号),在本次土壤调查点位布设精度下,结果表明重庆市土壤环境质量状况总体尚好,林、草地相对耕地质量较好,黄壤、水稻土相对紫色土质量较好。与"七五"调查结果相比,部分点位的土壤背景值有所增加。重庆市土壤(岩石)整体放射性水平调查结果为正常。

重庆市土壤污染的主要特征为:一是以重金属污染为主,主要污染物是镉、钒、镍、锌和铅等重金属,仅个别点位出现多环芳烃等有机污染。二是以单项污染物污染为主,超标点位主要为单因子污染,渝东北、渝东南局部金属元素地质丰度异常区和受特征工业污染的重点区域表现为复合污染。三是以轻微污染为主,大部分超标点位表现为轻微污染,仅个别点位为中度和重度污染。

二、土壤环境质量

黄壤是重庆市第一大类土壤,也是重庆市的地带性土壤,分布面积达199.39万公顷,占重庆市土地总面积的24.2%,其中耕地41.38万公顷,占耕地总面积的16.2%;紫色土是本市第二大类土壤,也是主要的耕作土壤之一,面积为171.27万公顷,占土地总面积的20.8%,其中耕地面积78.78万公顷,占全市耕地总面积的30.9%;水稻土是重庆市主要耕作土壤,面积达109.42万公顷,占全市耕地面积的42.9%,土地总面积的13.3%;石灰(岩)土包括黄色石灰土和黑色石灰土两个亚类,全市分布总面积为74.18万公顷,占土地总面积的9%,其中耕地20.89万公顷,占耕地面积的8.2%。上述四种主要土壤类型合计占全市土地总面积的67.3%,占全市耕地面积的98%。其余土壤类型均属零星分布,面积小于50万公顷。

"九五"以来,重庆市对三峡库区蓄位淹没区的土壤、部分区县的农用土壤进行了监测。

(一)"九五"期间的土壤环境监测及质量

"九五"期间,重庆市对万盛、綦江、大足、永川、忠县、武隆等农用土壤进行了监测,监测项目有铜、锌、镉、铅、汞、砷、氟、pH和吸着水等;对库区135米水位淹没区的巫山、奉节、云阳、万州、忠县、开县和丰都等区县的土壤进行监测,监测项目有 pH、氟、总氮、磷、钾、有机质、铜、铅、锌、镉、汞、砷等;对三峡库区 145 米水位淹没区的巫山、奉节、云阳、万州、忠县、开县和丰都等区县的土壤进行监测,监测项目有 pH、铜、铅、锌、镉、汞、砷、氟、氮、磷、钾、有机质等。

整个"九五"期间监测的 12 个区县的农用土壤中,pH 平均值范围为 7.09~8.09,平均值为 7.69,属弱酸性的土壤测点占全部测点的 14.7%,偏碱性的土壤测点占全部测点的 85.3%。其中万盛、綦江、大足、永川、武隆、忠县及奉节等区县的土壤 pH 平均值在 6.5 以下。三峡库区的巫山、云阳、万州、忠县、开县、丰都 6 区县的土壤 pH 平均值范围为 7.69~8.09,各区县总平均值在 7.5 以上,土壤总体偏碱性。

土壤中铜、铅、锌、铬、汞、砷、氟元素的含量,用《土壤环境质量标准》(GB 15618—1995)中的二级标准进行统计,綦江、大足两县土壤各测点的元素均未超标;万盛区、永川市、忠县、武隆县个别测点土壤中的镉和汞出现超标。

三峡库区的巫山、奉节、云阳、万州、忠县、开县及丰都等区县 145 米水位淹没区土壤中测定的铜、铅、锌、镉、镍、铬、汞、砷含量,除丰都县有一个测点的汞含量超标外,其他均符合 GB 15618—1995 中的土壤环境质量二级标准,无超标现象。土壤中有机质、氟、氯、磷、钾虽无土壤质量标准比较,但查阅了重庆地区土壤普查有关资料,含量属正常范围。

用综合污染指数法对万盛、綦江、大足、永川、忠县、武隆等区县的土壤和三峡库区 145 米水位淹没区的巫山、奉节、云阳、万州、忠县、开县及丰都等 13 个区县的土壤进行评价,以 GB 15618—1995 中的土壤环境质量二级标准为评价标准,选定铜、铅、锌、镉、镍、铬、汞、砷等 8 项参数,评价结果表明:监测的区县土壤的综合污染指数(P)都很小(P<0.5),土壤均为未受污染。

(二)"十五"期间的土壤环境监测及质量

整个"十五"期间(2001—2005 年),重庆市农业环境保护监测站根据重庆市基本农田保护区土壤环境质量监测规划,对沙坪坝区、江北区、南岸区、九龙坡区、万州区、涪陵区、江津市、合川市、长寿区、万盛区、铜梁县、梁平县、垫江县、南川市、忠县、云阳县、永川市、大足县 18 个区县(自治县、市)的基本农田土壤进行了定点监测,监测项目为 pH、铜、锌、铅、镉、汞、砷、铬。评价结果表明,全市基本农田土壤综合评价为清洁。

2001—2005 年,重庆市农业环境保护监测站对全市 29 个区县(自治县、市)的 119 个蔬菜基地的土壤环境进行了监测,监测项目为 pH、铅、镉、汞、砷、铬。监测结果评价执行《土壤环境质量标准》(GB 15618—1995)二级标准。评价结果表明:全市菜地土壤综合评价为清洁。

2001—2005 年,对三峡库区重庆段 135 米水位至 175 米水位间的库区消落带土壤中的 18 个项目进行了监测。选取汞、砷、锌、铅、镍、铬、铜、镉 8 项指标为评价参数,采用 GB 15618—1995 中的土壤环境质量二级标准统计,评价方法用单项污染指数和均值综合污染指数法。消落带土壤评价表明:所监测的 175 米水位以下消落带的 17 个区县的土壤中,9 个区县(石柱县、涪陵区、长寿区、渝北区、奉节县、巫溪县、巫山县、万州和开县)的土壤中的各重金属指标均达标,土壤综合污染指数都小于 0.5,土壤未受到污染;8 个区县的土壤综合污染指数大于 0.5 小于 1.8,土壤受到轻微污染。

第五节 固体废物

一、固体废物环境状况

(一)"九五"期间固体废物环境状况

1997 年直辖当年,全市工业固体废物产生量为 1149.14 万吨,综合利用量为 623.05 万吨,处置总量为 120.99 万吨,排放量为 73.58 万吨,贮存量 331.52 万吨,全市工业固体废物综合利用率为 54.22%。产生量较大的固体废物依次为煤矸石347.48万吨(占总量的30.24%)、炉渣166.7万吨(占总量14.51%)、粉煤灰161.11万吨(占总量14.02%)、冶炼废渣141.42万吨(占总量12.31%)。

1998年,全市工业固体废物产生量为1367.7万吨,综合利用量为597万吨,处置总量为79.4万吨,排放量为40.9万吨,贮存量275.2万吨,全市工业固体废物综合利用率为43.65%。产生量较大的固体废物有:煤矸石579.2万吨、炉渣257.2万吨、粉煤灰153.4万吨,其产生量分别占总量的42.35%、18.81%、11.22%。

1999年,全市固体废物产生量为1302万吨,其中一般工业固体废物973万吨,占总产生量的74.73%;危险废物(重点是铬渣、磷肥渣、废酸或固态酸等)为75.57万吨,占总产生量的5.8%;城市生活垃圾为253万吨(其中三峡库区垃圾产生量为186.2万吨,主城九区垃圾产量为120.45万吨),占总产生量的19.43%。固体废物产生量排列顺序为:一般工业固体废物产生量>城市生活垃圾产生量>危险废物产生量。全年固体废物综合利用量为655万吨,处置量为91万吨,排放量为94.19万吨,贮存量为464.19万吨,综合利用率为50.31%。

2000年,全市工业固体废物产生量为1305.28万吨。综合利用量为828.01万吨,综合利用率为63.44%;处置量为183.7万吨,处置率为14.07%;排放量为238.42万吨;贮存量为225.39万吨。其中,危险废物产生量为31.85万吨,排放量为0.19万吨。

(二)"十五"期间固体废物环境状况

2001年,全市工业固体废物产生量为1300.41万吨,较2000年略有减少;排放量为168.23万吨。危险废物产生量为44.84万吨,综合利用量为25.11万吨。城市生活垃圾年产生量为275万吨。其中,工业固体废物和危险废物的综合利用率分别为74.1%和56%。

2002年,全市工业固体废物产生量为1348.01万吨,较上年增长3.7%;综合利用量为960.95万吨,比2001年增加了9%,综合利用率为71.27%;处置量为68.78万吨,占产生量的5.1%;排放量为160.94万吨,占产生量的11.9%;贮存量为221.23万吨,占产生量的16.4%。全市环境统计工业企业固体废物中的危险废物排放量为41吨,比2001年减少了8.56%;城市生活垃圾年产生量为290万吨,较上年增长5.45%。

2003年,全市工业固体废物产生量为1335.58万吨,较上年减少0.92%;综合利用量为967.98万吨,综合利用率为72.48%;处置量为73.54万吨;排放量为141.69万吨;贮存量为232.4万吨。其中,危险废物产生量为45.69万吨,综合利用量为28.57万吨;城市生活垃圾年产生量为317万吨,较上年增长9.31%,生活垃圾二次污染较为突出。

2004年,全市工业固体废物产生量增长较快,综合利用水平有所提高。城市生活垃圾产生量略有增长,主城区和库区生活垃圾无害化处理率有较大提高。工业固体废物产生量为1489.42万吨,较上年增11.52%;综合利用量为1093.35万吨,综合利用率为73.41%;处置量为62.09万吨;排放量为117.97万吨;贮存量为269.4万吨。其中,危险废物产生量为42.69万吨;城市生活垃圾产生量为264.27万吨。

2005年,工业固体废物产生量增长较快,城市生活垃圾产生量略有增长。全市工业固体废物产生量为1776.78万吨,较上年增加19.29%;综合利用水平有所提高,综合利用量为1329.39万吨,综合利用率为74.82%;处置量为122.41万吨;排放量为184.5万吨;贮存量为208.69万吨。危险废物产生量为13.08万吨,综合利用量为10.24万吨,排放量为0.49万吨,处置量为2.31万吨,贮存量为0.06万吨。全市城市生活垃圾产生量为321.2万吨。城市生活垃圾无害化处理率达59%,主城区生活垃圾无害化处理率为91.2%,三峡库区13座垃圾处理场服务范围内的生活垃圾无害化处理率为90%。

(三)一般工业固体废物现状

1. 一般工业固体废物基本情况

根据2007年全国第一次污染源普查结果,重庆市一般工业固体废物产生于辖区内的40个区县,涉及38个行业的25315家企业,产生量4259.32万吨,利用量3147.05万吨,处置量为557.83万吨,贮存量260.19万吨,倾倒丢弃量为294.24万吨。

废物综合利用方式有8种,以建筑材料、再循环再利用的方式为主;处置方式有7种,以围隔堆存、永久性贮存、填埋、置放于地下或地上等方式为主;贮存方式有4种,以灰场堆放和其他贮存(不包括永久性贮存)方式为主。

2. 一般工业固体废物种类

重点固体废物种类有:碎石沙砾、粉煤灰、煤矸石、尾矿、冶炼废渣、炉渣、磷石膏、脱硫石膏等。其中,粉煤灰、煤矸石、炉渣、冶炼废渣、脱硫石膏的利用率在80%以上。

3. 一般工业固体废物重点源

全市一般工业固体废物产生量前5位的企业,其产生固体废物的总量达625.41万吨,占全市当年总产生量的27.2%。

非金属矿采选业、电力与热力生产和供应业、煤炭开采和洗选业、化学原料及化学制品制造业、黑色金属冶炼及压延加工业、非金属矿物制品业、有色金属矿采选业、农副食品加工业8个行业,其产生、使用、处置、贮存和倾倒丢弃的固体废弃物均占全市行业量的85%以上,是一般工业固体废物重点行业。

4. 一般工业固体废物地域分布

渝西经济走廊的一般工业固体废物产生量、利用量、倾倒丢弃量大于都市发达经济圈和三峡库区生态经济区;三峡库区生态经济区的贮存量大于渝西经济走廊;固体废物产生、利用的区县主要为南岸、江津、大渡口、永川、合川、南川、渝北、綦江、万盛、涪陵、九龙坡、荣昌12个区县;涪陵、秀山、南川的处置量占全市处置量的74.1%,是处置量较多的区县;开县、万盛、江津、武隆、秀山、綦江6个区县的贮存量占全市贮存量的75.4%,是贮存量较多的区县;合川、永川、荣昌、渝北、长寿、城口、奉节7个区县的倾倒丢弃量占全市倾倒丢弃量的64.4%,是倾倒丢弃量较大的区县。

(四)工业危险废物现状

1. 工业危险废物基本情况

根据2007年全国第一次污染源普查的统计结果,重庆市工业危险废物涉及36个行业的8071家企业,涵盖《国家危险废物名录》中的37类危险废物,产生量32.59万吨,利用量23.04万吨,处置量7.62万吨,贮存量12610.57吨,倾倒丢弃量6817.46吨。

工业危险废物以铺路、制建筑材料、回收其他有效成分、再生酸或碱等方式利用,其利用量占总利用量的90.4%。处置方式以焚化处理法、其他处理、陆上焚化、置放于地下或地上、物理化学处理5种处置方式为主,占全市处置量的95.5%。贮存方式有渣场堆放、尾矿库堆放、其他贮存(不包括永久性贮存)3类。倾倒丢弃的方式有7种,以向水体排放废油类、废酸碱及其他高浓度液态废物倾倒、混入生活垃圾进行堆置为主。

2. 工业危险废物种类

全市产生工业危险废物37类,含铬废物、废碱、废酸、废有机溶剂、精(蒸)馏残渣、染料与涂料废物、废矿物油、表面处理废物8类废物的产生、利用量都分别占全市的85.9%以上,是重点工业危险废物。废碱、精(蒸)馏残渣、染料与涂料废物、表面处理废物、废乳化液、废矿物油、农药废物7类废物的处置量占全市处置总量的95.4%。含锌废物、含钡废物、含铬废物的贮存量占全市贮存总量的85%。废碱、染料与涂料废物、石棉废物、表面处理废物、废矿物油、废乳化液的倾倒丢弃量占了全市倾倒丢弃总量的98.1%。

3. 工业危险废物重点源

重庆民丰化工有限责任公司、中国石化集团四川维尼纶厂等50家企业的工业危险废物产生量占全市工业危险废物总量的91%左右,是工业危险废物产生的主要企业。排前五位的重庆民丰化工有限责任公司等5家企业共产生危险废物65044吨,占全市总产生量的20%。

重点产废行业有化学原料及化学制品制造业、造纸及纸制品业、黑色金属冶炼及压延加工业、交通运输设备制造业、有色金属冶炼及压延加工业5个行业,其产生、利用量都为全市产生、利用总量的92.0%左右。造纸及纸制品业、交通运输设备制造业、化学原料及化学制品制造业、纺织业、金属制品业等的处置量占全市处置量的87.4%。有色金属冶炼及压延加工业、化学原料及化学制品制造业的贮存量占全市贮存量的95.9%。造纸及纸制品业、交通运输设备制造业的倾倒丢弃量占全市倾倒丢弃量的89.7%。

4. 工业危险废物地域分布

都市发达经济圈的工业危险废物产生量与利用量大于其他两个经济区;渝西经济走廊的工业危险废物处置量大于其他个两经济区;三峡库区生态经济区的贮存量、倾倒丢弃量大于其他两个经济区。沙坪坝、长寿、铜梁、梁平、巴南5个区县是主要的工业危险废物产生、利用区县。铜梁、渝北、丰都、巴南、永川5个区县的处置量占全市处置量的82.6%,是处置量较大的区县。武隆、城口两县的贮存量占全市贮存量的84.6%。梁平、渝北、巴南、九龙坡、涪陵等区县的倾倒丢弃量占全市倾倒丢弃量的96.5%。

(五)医疗废物产生现状

根据2007年重庆市医疗废物申报登记调查情况,2007年纳入试点登记的有3644家医疗机构,其医疗废物产生量为6247.06吨。居前五位的分别是:医院4211.85吨、卫生院1141.92吨、门诊部464.8吨、妇幼保健院(所、站)142.17吨、社区卫生服务中心(站)100.97吨,分别占总产生量的67.42%、18.28%、7.44%、2.28%、1.62%。370家医院占申报数的10.15%,使用病床数为28123床,据此测算全市医院医疗废物产污系数为0.4千克/床·日。纳入试点的30%的小型医疗废物产生单位(门诊部)共1897家,占申报数的52.06%;2007年,医疗废物产生为20千克/家·月。据申报的医疗机构及医疗废物的产生量推算,2007年度我市医疗废物产生总量约为9547吨。

医疗废物产生量位于前3位的区县是渝中区1128.44吨、沙坪坝区1047.58吨、涪陵区349.02吨,分别占总产生量的18.06%、16.77%、5.59%。医院集中的渝中区、沙坪坝区的医疗废物产生总量明显高于其他区县。

(六)电子电器废物现状

重庆市的电子废弃物主要由居民家庭、行政事业单位、非电子产品生产企业、电子产品生产企业4个来源构成。根据调查,2008年市场回收量约为4.8万吨,其中居民家庭4.14万吨,行政事业单位2000吨,非电子产品生产企业600吨,电子产品生产企业4000吨。

第六节 辐射环境

一、陆地环境 γ 辐射剂量率

自然界长期存在的放射性现象,直到100多年前才首次为人类所发现。进入20世纪中叶,人类才掌握和利用核能为自身造福。

射线的种类很多,主要的有以下三种:

α 射线其本质是氦($_2^4$He)的原子核,是高速运动的粒子。因此,射线乃是氦核流,在空气中的行径很短,在固体或生物组织中只有30~130微米。穿透能力虽弱,但电离作用强。

β 射线是一种电子流。其粒子质量只有 α 粒子的万分之几。在空气中的行径最大可达10余米,在生物组织中达数毫米。穿透能力较 α 粒子强。γ 射线是波长在 10^{-4} 微米以下的电磁波,运

动最快,不带有电荷,有很强的穿透力,可以射入生物组织深部,危害最大。

重庆市从2002年起对主城区的环境地表γ辐射剂量率和电场强度进行监测。首先在2002年布点598个,对主城区的环境地表γ辐射剂量率和电场强度进行普查;2003年优化布点,把点位确定为105个。2005年再次优化布点,把点位确定为24个,并在当年增加了1个γ辐射吸收剂量率连续监测和γ辐射累积剂量监测点、24个空气中氡浓度监测点、7个地表水和1个饮用水中放射性监测点、9个土壤中放射性监测点。

环境地表γ辐射剂量率。2002年,重庆市环境监测中心开始进行辐射环境质量监测,在主城12区设监测点598个,监测项目是环境地表γ辐射剂量率。

2003年,在主城9区设监测点105个,监测项目是环境地表γ辐射剂量率。

2004年6月20日,重庆市辐射环境监督管理站(以下简称市辐射站)成立,辐射环境质量监测由市辐射站承担,在主城9区设监测点105个,监测点位与2003年一致,监测项目是环境地表γ辐射剂量率。

2005年,市辐射站在2004年主城9区105个监测点位的基础上重新优化为主城9区和重庆经济技术开发区、重庆高新技术开发区及北部新区共24个监测点位,开展了环境地表γ辐射剂量率监测。

2002—2005年重庆市环境地表γ辐射剂量率监测布点情况见表1-13。

表1-13　　　　　2002—2005年重庆市环境地表γ辐射剂量率监测点位表

年份(年)	地区	设点数(个)	点位名称
2002	重庆市主城区	598	
2003—2004	渝中区	12	红岩革命纪念馆、五一技校、重庆电视台、下徐家坡、鹅岭公园、水果批发市场、急救中心、会仙楼地王广场、长运九码头、渝中区委、市三院、渝州汽车总厂
	沙坪坝区	22	第二棉纺厂、土湾车站、地质仪器厂、沙坪坝、市七中、农药厂、嘉陵集团、磁器口、沙坪公园、西南医院、井口镇、双碑、重特钢、童家桥、精神病医院、上桥、玉清寺、石堰村、渣滓洞、田坝、中梁山、三道拐
	高新区	7	石桥铺转盘、重庆饮料厂、建筑机械厂、西南服装厂、重庆啤酒厂、汽车研究所、科园四路路口
	大渡口区	18	长征机械厂、伏牛溪车站、银都大厦、西南建材市场、打锣田、大渡口区区政府、四号电站、茄子溪、重钢六厂、重钢集团、重钢大门、石棉厂、有机化工厂、调运处、敬老院、唐家湾、何家湾、玻纤厂
	江北区	18	肥皂厂、江北农场、墨水厂、石马河、通用集团、南桥寺、石子山、长安一厂、天原化工厂、渝州大学、渝通宾馆、江北一院、观音桥农贸市场、松龙驾校、鲤鱼池停车场、五里店转盘、交通机械配件厂、航道船舶修理所
	经开区	2	电子24所、四公里立交
	南岸区	11	长江电工厂、后堡47栋、扬子江假日饭店、六公里、泉水山庄、重庆卷烟厂、制药七厂、省二监狱、重庆邮电学院、南山公园、区政府
	巴南区	11	大江工业集团、市养鸡场、鱼洞镇、渝钛白、红光加油站、农科所、马王坪正街、蓄电池厂、无线电四厂、南温泉广场、学堂嘴
	九龙坡区	4	厨房设备厂、毛线沟、重庆发电厂、杨家坪

续表

年份（年）	地区	设点数(个)	点位名称
2005	渝中区	2	渝中区委、鹅岭公园
	沙坪坝区	2	磁器口、西南医院
	高新区	2	重庆饮料厂、科园四路路口
	大渡口区	2	大渡口区政府、重钢集团
	江北区	2	渝通宾馆、江北一院
	经开区	2	电子24所、四公里立交
	南岸区	2	扬子假日饭店、泉水山庄
	巴南区	2	鱼洞镇、南温泉广场
	九龙坡区	2	杨家坪、重庆发电厂
	北部新区	2	维格公司、海王星大厦
	北碚区	2	西南大学、北温泉
	渝北区	2	冉家坝市环保局办公楼前、空港工业园区

2005年重庆市主城区环境地表γ辐射剂量率的测定范围为51.5~105.9纳戈/时，全市的平均值为78.8纳戈/时，与2004年主城区环境γ辐射空气吸收剂量率比较，无显著性差异。重庆市主城区的电离辐射环境质量状况良好。

γ辐射剂量率连续监测和γ辐射累积剂量监测情况。2005年，布设γ辐射吸收剂量率连续监测和γ辐射累积剂量监测点1个，地点在重庆市渝中区重庆市辐射环境监督管理站楼顶。2006年，监测点位无变化。

2006年辐射环境质量。《重庆市辐射环境质量报告书(2006年)》对2006年度重庆市辐射环境质量的结论如下：

γ辐射剂量率。从监测结果分析，全年月平均测量值范围为0.12~0.125微戈/时，年平均为0.123微戈/时，主城区全年γ辐射变化趋势平稳；特别是2006年10月朝鲜核试验期间，所监测的数据的月平均值为0.125微戈/时，为全年平均值的1.02倍，无异常变化，说明该事件对重庆市没有造成影响。

所监测各区域原野环境地表γ辐射剂量率存在一定的差异，范围值为59~92纳戈/时，这是由于不同天然本底水平和人类活动影响所致，全市年平均值为76纳戈/时，与2005年平均值(78纳戈/时)相比在正常的波动范围内。

2007年γ辐射剂量率。连续监测，新增点位万州区晒网坝。环境地表累积γ辐射剂量率监测有渝中区、鹅岭公园、沙坪坝区西南等11个点位。从监测结果分析，重庆市主城区全年γ辐射剂量率月平均测量值范围在0.084~0.137微戈/时之间，年平均为0.111微戈/时，所监测的全年γ辐射水平变化呈现上半年略高于下半年，分析原因为监测仪器性能变化所致，经重新对仪器进行校准和数据修正，可得全年变化基本保持稳定，与2006年相比处于同一水平。

2008年辐射环境监测布点、监测项目及频率。2008年，重庆市环境地表γ辐射剂量率、空气中氡浓度、环境电磁辐射、累积γ辐射剂量率、γ辐射剂量率连续监测，以及空气中氚、气溶胶、沉降物放射性监测，地表水和饮用水辐射环境监测，土壤辐射环境监测等监测点位和2007年保持一致，监测项目及频率也和2007年相同。

γ辐射剂量率。γ辐射剂量率自动站连续测量月平均值范围在85.3~88.4纳戈/时之间,年平均为87纳戈/时。2008年全年的测量值保持基本稳定。

所监测各区域原野环境地表γ辐射剂量率瞬时测量值为54~69纳戈/时(已扣除宇宙射线的响应值),全市平均值为62纳戈/时,与2007年平均值(63纳戈/时)相比在正常的波动范围内。

各个监测点位监测的累积剂量所换算的γ剂量率在上、下半年基本保持稳定,与现场监测的瞬时γ剂量率基本吻合。

2009年,辐射环境监测点位及项目、频次与2008年保持一致。γ辐射连续空气吸收剂量率月均值范围在81.1~84纳戈/时之间,年平均为82.2纳戈/时,处于正常涨落范围内。

所监测各区域原野环境地表γ辐射剂量率瞬时测量值范围为53~68纳戈/时(已扣除宇宙射线的响应值),全市年平均值为61纳戈/时,与2008年的年均值(62纳戈/时)相比处于同一水平。累积测得γ辐射空气吸收率年均值为80纳戈/时,与2008年(85纳戈/时)相比处于同一水平。

2010年γ辐射剂量率。γ辐射连续空气吸收剂量率月均值范围在78~83.2纳戈/时之间,年平均为81纳戈/时,处于正常涨落范围内。

所监测各区域原野环境地表γ辐射剂量率瞬时测量值范围为44~46纳戈/时(已扣除宇宙射线响应值),年平均为64纳戈/时,与2009年(61纳戈/时)相比处于同一水平。累积测得γ辐射空气吸收剂量率年均值为85纳戈/时,与2009年(80纳戈/时)相比,处于同一水平。

二、空气放射性(氡浓度)监测

由于重庆市辐射环境监测工作开展较晚,监测布点在不断优化,监测项目也不断增多,给2001—2004年监测数据的比较造成了很大困难。

2005年,空气中氡浓度平均值为10.7贝可/米^3。

2005年,空气中氡浓度监测点为主城9区和重庆经济技术开发区、重庆高新技术开发区及北部新区共24个监测点位(见表1-14)。

表1-14　　　　　　　　　　2005年重庆市空气中氡监测点位表

年份(年)	城市(地区)	设点数(个)	点位名称
2005年	渝中区	2	渝中区委、鹅岭公园
	沙坪坝区	2	磁器口、西南医院
	高新区	2	重庆饮料厂、科园四路路口
	大渡口区	2	大渡口区政府、重钢集团
	江北区	2	渝通宾馆、江北一院
	经开区	2	电子24所、四公里立交
	南岸区	2	扬子假日饭店、泉水山庄
	巴南区	2	鱼洞镇、南温泉广场
	九龙坡区	2	杨家坪、重庆发电厂
	北部新区	2	维格公司、海王星大厦
	北碚区	2	西南大学、北温泉
	渝北区	2	冉家坝市环保局办公楼前、空港工业园区

2006年各点位监测所得的氡浓度存在一定差异,测量范围为4.48~20.75贝可/米³,全市年平均为9.51贝可/米³,与2005年平均值(10.7贝可/米³)比较无明显变化。

2007年,扩大对空气放射性的监测,包括空气中氡浓度及空气中氚、气溶胶、沉降物等监测。

空气中氡浓度:2007年,各点位所监测的氡浓度不存在显著的异常值,测量范围为6.31~18.68贝可/米³,全市主城区年平均为12.06贝可/米³,与2006年平均值(9.51贝可/米³)比较无明显变化。

空气中氚(HTO):根据监测结果分析,重庆市主城区区域内空气中氚放射性比活度低于22.6毫贝可/米³,与全国测量范围(<7.3~30.3毫贝可/米³)相比,处于正常水平。

气溶胶:从监测结果分析,2007年重庆市主城区的气溶胶总α平均值为0.72毫贝可/米³,处于全国测量范围(0.04~4.34毫贝可/米³)内;总β平均值为1.92毫贝可/米³,处于全国测量范围(0.40~25.7毫贝可/米³)内,总体处于正常水平。

沉降物:沉降物放射性监测项目包括总α、总β。从监测结果分析,2007年重庆市主城区的沉降物在单位时间和单位面积内对地面基本无影响。

2008年空气放射性监测情况如下。

空气中氡浓度:2008年,各点位所监测的氡浓度不存在显著的异常值,测量范围为5.89~16.4贝可/米³,全市主城区年平均为8.94贝可/米³,与2007年平均值(12.06贝可/米³)比较无明显变化。

空气中氚(HTO):重庆市主城区区域内空气中氚放射性比活度低于15毫贝可/米³,与2007年监测结果相比,处于正常水平。

气溶胶:2008年重庆市主城区的气溶胶总α平均值为0.26毫贝可/米³,总β平均值为1.02毫贝可/米³,与2007年监测结果相比,无明显变化。

沉降物:重庆市主城区在单位时间和单位面积内的沉降物监测数据表明,总α、总β结果正常,未出现异常核素。

2009年空气放射性监测情况。空气中氡浓度测值范围在6.4~15.4贝可/米³之间,全年均值为13.5贝可/米³,处于本底水平;气溶胶和沉降物中总放射性处于本底水平;氚(HTO)低于检出限,与去年相比处于同一水平。

2010年空气放射性监测情况。空气中氡浓度测值范围在6.7~11.2贝可/米³之间,全市年均值为9.7贝可/米³,处于本底水平;气溶胶和沉降物中总放射性处于本底水平;氚(HTO)低于检出限,与去年相比处于同一水平。

三、土壤放射性监测

从2005年开始进行土壤放射性监测,设监测点11个,原则上在主城区每个区设1个监测点,具体布点情况(见表1-15)。

表1-15　　　　　　　　　　　2005年重庆市土壤监测点位表

年份（年）	地区	设点数/个	点位名称	年份（年）	地区	设点数/个	点位名称
2005	渝中区	1	鹅岭公园	2005	九龙坡区	1	重庆发电厂
	沙坪坝区	1	西南医院		北部新区	1	维格公司
	高新区	1	科园四路路口		北部新区	1	海王星大厦
	大渡口区	1	大渡口区政府		北碚区	1	西南大学
	经开区	1	电子24所		渝北区	1	冉家坝市环保局办公大楼
	巴南区	1	南温泉广场		—	—	—

由于土壤是放射性核素承载和转移的主要介质,对土壤的放射性监测是辐射环境质量监测的重点,从各区土壤监测的数据分析得出:

^{238}U 的测量值范围为 15.84～49.2 贝可/千克,全市平均值为 32.4 贝可/千克。

^{226}Ra 的测量值范围为 27.58～50.79 贝可/千克,全市平均值为 35.94 贝可/千克。

^{232}Th 的测量值范围为 42.72～54.84 贝可/千克,全市平均值为 47.31 贝可/千克。

^{40}K 的测量值范围为 384.46～642.74 贝可/千克,全市平均值为 522.75 贝可/千克。

重庆市土壤中的^{137}Cs 主要来自20世纪地表核试验和核电事故泄漏,但经过长期衰变、雨水的冲刷和土壤的翻覆,表层土壤的^{137}Cs 比活度已大大降低,对公众的健康基本不构成危害。

所监测土壤中总 α、总 β 未见异常,并和对应点位天然放射性核素比活度测量结果相吻合。

2006年土壤放射性总体处于较低水平,与国家环境天然放射性水平调查(国家环境保护局,1995)重庆区域测量值相比在同一水平,与2005年数据相比无显著变化。

2007年土壤的放射性监测是辐射环境质量监测的重点。从各点位土壤监测的数据分析得出:

^{238}U 的测量值范围为 7.18～48.82 贝可/千克,全市平均值为 28.63 贝可/千克。

^{226}Ra 的测量值范围为 21.86～49.37 贝可/千克,全市平均值为 30.14 贝可/千克。

^{232}Th 的测量值范围为 31.64～62.19 贝可/千克,全市平均值为 50.18 贝可/千克。

^{40}K 的测量值范围为 269.35～922.53 贝可/千克,全市平均值为 614.31 贝可/千克。

^{90}Sr 的测量值范围为 0.11～4.1 贝可/千克,全市平均值为 0.89 贝可/千克。

^{137}Cs 的测量值范围为 0.03～2.04 贝可/千克,全市平均值为 0.32 贝可/千克。

2007年土壤放射性总体处于较低水平,与国家环境天然放射性水平调查(国家环境保护局,1995)重庆区域测量值相比在同一水平,与2006年数据相比无显著变化。

2008年土壤放射性总体处于较低水平,与国家环境天然放射性水平调查(国家环境保护局,1995)重庆区域测量值相比在同一水平,与2007年数据相比无显著变化。

^{238}U 的测量值范围为 9.55～45.18 贝可/千克,全市平均值为 33.06 贝可/千克。

^{232}Th 的测量值范围为 9.83～53.15 贝可/千克,全市平均值为 39.01 贝可/千克。

^{226}Ra 的测量值范围为 21.7～63.35 贝可/千克,全市平均值为 31.09 贝可/千克。

^{40}K 的测量值范围为 193.05～812.15 贝可/千克,全市平均值为 539.86 贝可/千克。

^{90}Sr 的测量值范围为 0.23～5.8 贝可/千克。全市平均值为 1.53 贝可/千克。

^{137}Cs 的测量值范围为 0.16～1.94 贝可/千克,全市平均值为 0.41 贝可/千克。

2009年土壤各核素放射性水平与上年相比无明显变化。天然放射性核素,铀、钍、镭测量值与1983—1990年全国环境天然放射性水平(重庆区域)调查结果处于同一水平;人工放射性核素,锶-90、铯-137处于本底水平；未检出其他人工放射性核素。

2010年土壤各核素放射性水平与上年相比无明显变化。天然放射性核素，铀、钍、镭测量值与1983—1990年全国环境天然放射性水平（重庆区域）调查结果处于同一水平；人工放射性核素，锶-90、铯-137处于本底水平；未检出其他人工放射性核素。

四、地表水和饮用水放射性监测

2005年，重庆市开始对长江、嘉陵江、乌江重庆段断面进行水放射性监测，布设主要江河水系监测断面7个。其中长江入境处1个断面，重庆市主城区上游、下游各1个断面；嘉陵江入境处1个断面，主城区2个断面；乌江设了1个断面。监测断面情况见表1-16。

表1-16　　　　　　　　2005年重庆市主要江河水系监测断面分布表

年份（年）	水系	所在地区（城市）	河流	点位数	断面名称
2005	长江	大渡口区	长江	1	丰收坝水厂
	长江	江北区	长江	1	寸滩水文站
	长江	永川市	长江	1	朱沱水文站
	嘉陵江	合川市	嘉陵江	1	利泽水文站
	嘉陵江	沙坪坝区	嘉陵江	1	磁器口
	嘉陵江	渝中区	嘉陵江	1	大溪沟
	乌江	武隆县	乌江	1	白马镇

饮用水放射性监测。2005年，在重庆市辐射环境监督管理站实验室布设饮用水放射性指标监测采样点1个。

重庆处于长江中上游地区，在库区蓄水后，水质环境对中下游居民健康有重要影响，2006年，通过对长江及支流和取自长江流域的自来水的放射性水平进行监测，得出如下结论：

长江主干流重庆段水体总α平均值为0.06贝可/升、总β平均值为0.19贝可/升；长江支流嘉陵江重庆段水体总α平均值为0.05贝可/升、总β平均值为0.16贝可/升；长江支流乌江重庆段总α平均值为0.09贝可/升、总β平均值为0.11贝可/升；各河流水体中^{226}Ra、^{232}Th、^{40}K放射性处于正常水平，库区蓄水对长江水体的放射性没有产生明显的影响。

所监测的饮用水水源的放射性水平符合国家标准（总α小于0.1贝可/升，总β小于1贝可/升）。

2007年，通过对长江及支流和取自长江流域的自来水的放射性水平进行监测，得出如下结论：

长江水系重庆段水体总α平均值为0.04贝可/升，总β平均值为0.1贝可/升；^{238}U、^{232}Th、^{226}Ra、^{40}K、^{90}Sr、^{137}Cs放射性处于正常水平，与重庆境外长江各流域段没有明显的差异。

所监测的饮用水水源的放射性水平符合国家标准（总α小于0.1贝可/升，总β小于1.0贝可/升）。

2008年，长江水系重庆段水体总α平均值为0.04贝可/升，总β平均值为0.09贝可/升；^{238}U、^{232}Th、^{226}Ra、^{40}K、^{90}Sr、^{137}Cs放射性处于正常水平，与2007年相比变化趋势平稳，与重庆境外长江各流域段相比也没有出现明显异常。

所监测的饮用水的放射性水平符合国家标准（总α小于0.5贝可/升，总β小于1.0贝可/

升)。

2009年,长江水系重庆段水体总α平均值为0.03贝可/升,总β平均值为0.09贝可/升;^{238}U、^{232}Th、^{226}Ra、^{40}K、^{90}Sr、^{137}Cs放射性强度、浓度处于日常涨落范围内;未检出其他人工放射性核素。与2008年相比,无明显变化。

2010年,长江水系重庆段水体总α平均值为0.02贝可/升、总β平均值为0.10贝可/升;^{238}U、^{232}Th、^{226}Ra、^{40}K、^{90}Sr、^{137}Cs放射性强度、浓度处于日常涨落范围内;未检出其他人工放射性核素。与2009年相比,无明显变化。

五、电磁辐射监测

1999—2000年,对全市辐射和放射环境状况分别进行了调查。

1999年,根据对重庆移动通信公司和中国联通公司重庆分公司共计840个具有6种地形和人文环境特征的手机900兆赫兹GSM网基站的回顾性环境影响评价,得出如下主要结论:发射功率为42毫瓦分贝、增益为9和12的两种天线造成的环境电磁波近场最大距离约为2.5米。远场天线主瓣轴线方向最大功率密度出现在当天线增益为12、天线高度为10米时,其数值为9.5微瓦/厘米^2。在距基站20米外,任何一环境位置的电磁波功率密度都能满足8微瓦/厘米^{2}的评价标准要求。900兆赫兹GSM网基站投入运行后,对重庆环境的电磁辐射影响是可以接受的,不会对周围公众的健康造成危害。

至2000年底,完成城区高压送、变电系统室内110千伏变电站环评,得出电场强度和磁场感应强度不会对环境造成污染的结论。开展了室外110千伏以上送、变电系统环评;启动了广播发射台、雷达、电视发射台、特种无线电台等强电磁波发射系统和轻轨、干线电气化铁道等工频强辐射系统的环评工作,工业、科学、医疗设备的电磁能应用等辐射情况调查也开展起来。

2005年,电磁辐射监测优化布点方案后,主城区电磁环境质量监测共布设监测点24个,具体布点情况与环境地表γ辐射吸收剂量率相同。

2005年,重庆市环境综合电场强度的测定范围为0.16~1.7伏/米,平均值为0.35伏/米,与2004年比较,无显著性差异。主城区环境中电场强度水平远低于《电磁辐射防护规定》(GB 8702—88)中公众照射的电场强度导出限值(12伏/米)。因此,重庆市主城区的电磁辐射环境质量状况良好。

2006年重庆市辐射环境质量监测项目及频率见表1-17。

表1-17　　　　　　　　2006年重庆市辐射环境质量监测项目及频率

环境要素	监测对象	监测类型或分析核素	采样频度
环境辐射水平	γ剂量率	连续监测	1次/5min
	γ剂量率	瞬时测量	1次/0.5a
空气	氡浓度	氡浓度	2次/a
水	地表水	总α、总β、^{236}Ra、^{232}Th、^{40}K	1次/0.5a
	饮用水		1次/0.5a
土壤	表层土壤	总α、总β、^{238}U、^{232}Th、^{226}Ra、^{40}K、^{137}Cs	2次/a
环境电磁辐射	电磁辐射(0.1~3000 MHz)	电场强度功率密度	2次/a

环境电磁辐射具有较强的区域性,一般人口密集区大于稀疏区,工业发达区大于落后区,尤其重点辐射源对区域的影响更大,通过2006年监测数据得出:

渝中区和九龙坡区的电磁辐射水平具有显著性,渝中区的电场强度为全市平均值的2.1倍,功率密度为3.3倍;九龙坡区的电场强度为全市平均值的2倍,功率密度为2.7倍,经过调查分析认为主要由于所监测点位即鹅岭公园附近存在广播电视发射塔,杨家坪步行街密集安装各大通信公司基站,但所有的监测结果都未超过公众照射导出限值(综合电场强度:12伏/米;功率密度:0.4瓦/米^2)。

2006年电磁辐射水平与2005年相比,变化趋势平稳。

2007年环境电磁辐射监测,增加了晒网坝(国控点)点位。

为保持监测的连续性和数据的可比性,2007年采用与2006、2005年相同的点位。

通过2007年监测数据得出:主城大部分区域的电磁辐射处于较低水平,其中综合电场强度监测范围值为0.22~0.85伏/米,平均值为0.36伏/米;功率密度监测范围值为0.0001~0.0025瓦/米^2,平均值为0.0005瓦/米^2,渝中区和九龙坡区的监测值较其他区高,渝中区的综合电场强度为全市平均的1.7倍,功率密度为2.2倍;九龙坡区的电场强度为全市平均的2.4倍,功率密度为5倍,与2006年的监测结果基本吻合。所有点位的监测结果都未超过公众照射导出限值(综合电场强度:12伏/米,功率密度:0.4瓦/米^2)。

2007年电磁辐射水平与2006年相比,变化趋势平稳。

2008年,主城大部分区域的电磁辐射处于较低水平,其中综合电场强度监测范围值为0.21~0.68伏/米,平均值为0.34伏/米;功率密度监测范围值为0.0001~0.0013瓦/米^2,平均值为0.0004瓦/米^2。全市电磁辐射监测结果与2007年(综合电场强度:0.36伏/米、功率密度:0.0005瓦/米^2)相比,变化趋势平稳。所有点位的监测结果都低于公众照射导出限值(综合电场强度:12伏/米,功率密度:0.4瓦/米^2)。

2009年,电磁辐射各点位的监测项目为综合电场强度和功率密度。其中综合电场强度监测范围值为0.18~0.59伏/米,平均值为0.33伏/米;功率密度测值范围为0.0001~0.0006瓦/米^2,平均值为0.003瓦/米^2,与2008年相比,无明显变化。频率范围为0.1~3000 MHz的综合电场强度测量值低于《电磁环境控制限值》中规定的公众曝露控制限值(12伏/米)。

2010年电磁辐射水平。综合电场强度区域测值范围为0.12~0.68伏/米,年均值为0.36伏/米;功率密度区域测值范围为0.0001~0.0014瓦/米^2,年均值为0.0004瓦/米^2,与2009年相比无明显变化。综合电场强度测量值均低于《电磁环境控制限值》中规定的公众曝露控制限值(12伏/米^2)。

第二篇　环境污染防治

第一章　大气污染防治

重庆市空气中的主要污染物是二氧化硫和烟、粉尘,据监测数据显示:2001年重庆市主城区空气中的二氧化硫年均浓度为0.108毫克/米^3,年均降尘量为11.7吨/千米^2·月。烟、粉尘构成中,燃煤烟尘占29.6%,钢铁、冶金、工业尘占18.6%,地面扬尘占19.3%,建筑建材尘占19.7%,汽车尾气微粒占6.7%,其他占6.1%。重庆的地理气象条件不利于大气污染物的扩散,曾有"雾都"之称。加之能源结构以本地高硫高灰分煤为主(煤中的硫分和灰分的平均含量大于3.5%和25%,分别是全国平均水平的4倍和2倍以上),20世纪空气污染严重,是全国十大重污染城市之一,空气质量优良天数在全国47个环保重点城市中常处于后几位。1991—2010年,重庆市为进一步改善空气质量,加强大气污染防治工作,多管齐下控制扬尘污染、煤及粉烟尘污染,深化机动车排气污染防治,开展重点行业专项整治,大气污染防治工作取得明显成效。

第一节　烟、粉尘污染防治

一、实施污染企业环保搬迁或取缔、关停

1991年,搬迁企业有两家:地处沙坪坝区的原西南制药一厂污染严重,重庆大学师生、外籍教师及周围群众对此反映强烈。市政府、市环保局决定对其实施搬迁,该迁建工程原定于1990年底完工,由于资金缺口等原因进展延缓,故延至1991年。位于南岸大佛段居民区的南玻厂是市轻工局下属的一家小厂,在生产过程中所排烟尘产生污染,多次引发厂群纠纷,矛盾尖锐。1990年7月,市经委、市环保局、市轻工局、市日用工业品公司和南岸区政府召开专门会议研究决定:1991年12月31日前将该厂搬迁。

原市中区(渝中区)是重庆市的政治、行政和经济指挥中心,也是重庆市的门户。由于区域面积小,人口密度大,工业企业夹杂于居民住宅、机关学校、商业网点之中,污染扰民严重。1991—2000年,从该区搬迁的工业企业有83家(市属以上企业50家,区属以下企业33家),关、停、并、转企业12家,消除工业废气污染源34个。

1992年,因环境污染而搬迁的企业(车间)有26家,关、停、并、转企业12家。

1993—1996年,共取缔、关停15类污染严重企业241家(不含"两市一地"),占首批应取缔、关停的97.5%。削减工业废气46589.1万标准米^3/年。

1996年,"两市一地"取缔、关停污染严重企业76家。

1997年,全市共取缔、关停15类污染严重企业466家,完成了当年市政府提出的工作目标。

1998年,市环保局对取缔、关停的15类污染严重企业进行全面复查,新查出"15小"企业60家,全部予以取缔、关停,有效地防止了"15小"企业的死灰复燃。根据国家限令,督促涪陵新光造纸厂、长寿安定造纸厂、万州万元造纸厂于1998年4月30日前按期停止了化学制浆,并帮助制定了替代、转产或搬迁的方案。

1999年,按期取缔、关停15类污染严重企业560家,停止对库区污染严重的3家中型造纸厂的化学制浆。

2000年,全市纳入"一控双达标"考核的工业污染企业共5169家,其中属于关停的有2362家,占45.7%。

2001年,按期关闭重庆发电厂最后2台5万千瓦发电机组。

2002年,实施主城区大气污染企业关迁改调。当年,列入关停或搬迁的企业有7家。市政府召开专题会,明确了重庆嘉陵化学制品有限公司整体搬迁到荣昌县的方案和时限要求。

2003年,完成重庆冶金活性石灰石厂等4家大气污染企业的关迁改调,启动重庆嘉陵化学制品有限公司、重庆新华化工厂、重庆干电池总厂的搬迁工作,部分已完成一期工程;制定重庆朝阳化工厂、重庆灯头厂、重庆印铁制罐厂等企业的搬迁方案。

2004年,完成4家大气污染企业的关迁改调,其中关闭重庆民丰农化公司红矾钠老生产线,搬迁重庆嘉陵化学制品有限公司、广厦重庆一建公司、重庆油墨厂有限公司,其余企业的关迁改调工作稳步推进。

2005年,完成重庆新华化工厂、重庆干电池总厂等4家污染企业的搬迁工作。

2006年,市政府审议通过第二批53户污染企业搬迁名单;主城区4家污染企业完成搬迁。重钢集团公司老四号高炉关闭停运。

2007年,关闭重庆内燃机电厂、渝永电力股份公司共6台13.41万千瓦燃煤机组,完成主城区20家污染企业的环保搬迁,重钢集团环保搬迁到长寿区江南钢城进展顺利。

2008年,完成20家污染企业的环保搬迁。同时推进大气污染源在线系统建设,103家重点企业现场终端自动监控系统建成并与环保部门联网。

2009年,对40家污染搬迁企业开展原址场地环境风险定性评估工作,在重庆西南合成制药股份有限公司等3家企业实施原址场地环境污染定量评估。

2010年,完成25家污染企业的环保搬迁,累计完成污染企业搬迁113家。

二、严格企业准入标准,有效控制新污染源

市政府和市环保局在治理烟、粉尘过程中,对主城区采取严格企业准入制,有效地控制了新污染源的产生。1996—2010年,做了以下三个方面的工作:

(1)修订完善重庆市工业项目环境准入规定,研究实施重污染行业统一定点、统一规划;建立和完善电镀、电力、冶金、化工、医药、印染、农副食品加工、建材等重点行业的环境准入标准,严格控制这些行业的污染项目建设,上述行业的新建项目应进入环保基础设施较为完善的工业园区或工业集中区并实行污染集中控制。工业园区或工业集中区严格按相关规划和产业定位要求引进工业项目,避免因盲目引资造成工业门类混杂、产业交叉污染。主城区一律禁止新建冶金、钢铁、炼焦、火电、水泥、电解铝、化工等环境风险等级较高的工业企业,在长江、嘉陵江的主城区江段及其上游区域,严格限制沿江河建设可能对饮用水水源带来安全隐患的化工、造纸、印染、电镀等工业项目,禁止建设可能排放剧毒物质和持久性有机污染物的工业项目,主城区上风向地区严格限制建设可能对主城区空气质量达标造成较大影响的大型燃煤工业项目;渝西地区以解决功能性缺水为重点,渝东北地区以保护三峡库区水环境安全、敏感水域水质为主,要重点控制耗水量大、水污染物排放强度高、对饮用水水源造成安全隐患的工业企业进入;渝东南地区以强化生态建设和保护为重点,要严格限制生态破坏较大的工业项目进入。强化新建项目的清洁生产,主城区和重点流域新建工业项目的清洁生产水平应达到国内先进水平。

2006年,制定并实施严于国家标准的地方标准,严格环境准入,从严控制新上工艺落后、能耗高、污染严重的项目。制定《重庆市环境准入规定》,制发《重庆市锶盐工业污染物排放标准》,编制完成《重庆市建设工地降尘排放标准》《燃煤行业大气污染物排放标准》《造纸工业污染物排放标准》。

(2)坚持"疏""堵"结合,实行分类审批,严把建设项目环评关。对符合产业政策和环保准入要求,有利于保民生、促转型的项目,加快环评审批进度;对已开展规划环评的项目,适当简化环评程序;对简单低水平、重复建设、"两高一资"和产能过剩的项目从严把关。进一步深化"批项目、核总量"制度,把流域、区域污染物排放问题指标作为审批项目环评的前置条件,对新增污染物排放项目实施严格的问题前置审核,以深入推进规划环评为抓手,建立和完善重庆环境与发展综合决策机制。加快建立规划环评的齐抓共管机制,推进规划环评早期介入,与规划编制互动。充分发挥规划环评的作用,以总量控制和质量改善为导向,根据区域环境承载力和行业排污水平,确定产业布局和重点发展方向,促进全市生产力的合理布局、资源的优化配置及产业结构的优化升级。完善规划环评与项目环评联运机制,未进行环境影响评价的规划所包含的建设项目,不予受理其环境影响评价文件;将区域规划环评作为受理审批区域内高耗能高污染项目环评文件的前提,对钢铁、水泥、平板玻璃、多晶硅、煤化工等产能过剩、重复建设行业及流域开发、开发区建设,凡未依法开展规划环评的,建设项目环评文件一律不予受理。强化环保验收管理。坚持关口前移,针对重点行业、敏感区域和敏感问题,集中力量抓好重点项目验收的环境监管。积极推进施工期环境监理,建立健全环保验收全过程管理制度。

1997年,为控制新污染,重庆市加强了对各类开发区和房地产开发建设项目、乡镇企业新上项目的环境管理,对违法建设项目予以查处,加大执法力度。全市共审批建设项目1178个,其中编制环境影响评价报告书370个,报告表695个,办理备案446个,环境影响评价执行率100%。全年共验收建设项目266个,"三同时"执行率100%,新增废气处理能力60亿米^3/年。

1998年,重庆市进一步规范建设项目环境管理,整顿评价市场,健全环境影响评价制度,全市共审批建设项目162个,其中编制环境影响评价报告书42个,报告表861个,办理备案657个,环境影响评价执行率95.88%。当年建成投产项目837个,"三同时"执行率73%,新增废气处理能力89.9亿米^3/年。

(3)积极对接国家产业振兴规划和新兴产业规划,推动西部现代产业高地建设,特别突出发展高新技术产业和现代服务业,加快农业现代化进程。大力培育电子信息产业、汽车摩托车装备制造、天然气石油化工、新材料、能源工业和轻纺劳动密集型产业等"6+1"工业支柱产业,重点推进新能源汽车、环保设备、轨道交通设备、生物医药、风电装备、笔记本电脑、计算机芯片、软件及信息服务外包等战略新兴产业,着力发展现代物流、科技研发、金融保险、软件信息、中介会展、文化传媒等生产性服务业,加快发展商贸、旅游休闲等生活性服务业。

三、推行清洁生产、控制污染源头

因第八章有专章介绍,这里不再赘述。2005年开展强制性清洁生产审核工作。市环保局在1998—2005年中,从两方面入手,推行清洁生产,治理污染源。

一是进一步贯彻落实《中华人民共和国清洁生产促进法》,加快清洁生产技术的创新研发和推广运用,完善清洁生产的技术标准体系和审核技术指南,依法推进清洁生产。建立生产者责任延伸制度,引导企业广泛采用清洁生产技术进行产品设计,按照绿色产品的要求加快升级换代,实现产品生命周期全过程的资源利用和生态影响最小化。

二是全面推进清洁生产审核。严格落实国家环保部《关于进一步加强重点企业清洁生产审核工作的通知》要求，完善促进清洁生产审核的有关政策，制定重点企业清洁生产审核年度计划，全面完成全市《重点企业清洁生产行业管理名录》所列全部重点行业企业的清洁生产审核和评估验收。进一步深化火电、冶金、建材、医药、食品、造纸、化工等重污染行业的清洁生产审核工作，依法对污染物排放超过国家、地方标准和排放铅、汞、镉、铬、类金属砷等重金属的企业以及其他使用有毒、有害原料进行生产或者在生产中排放有毒、有害物质的企业实施强制性清洁生产审核，全面提高制造业的清洁生产水平，建设国家先进制造业基地。加大对企业实施清洁生产的财政支持力度，对传统产业进行改造升级，通过清洁生产审核评估的企业，其清洁生产审核费用、实施清洁生产方案费用优先享受市、区政府固定资产投资及技改资金、清洁生产专项资金、污染减排专项资金和环保专项资金的支持。

2005年，重庆九龙电厂 1×200 兆瓦机组烟气脱硫设施投入运行。通过电煤调配和电力调度，基本保障了精煤、洗煤、优质煤优先供应主城区，做到了脱硫设施与主机的同步运行。新建机组也基本做到脱硫设施与在线监测装置同步投运。

四、巩固和扩大基本无煤烟区，开展无煤烟社区（街道）建设

2003—2010年，重庆市在推进燃煤设施清洁能源改造工程中，针对主城九区，结合国家模范城市创造工作，修订并落实《重庆市主城区燃煤设施清洁能源改造实施方案》，加大力度推进对原有燃煤设施的改造。2010年，完成渝中区等区整体建成无煤烟区，其余各区建成区的无煤烟街道建设，其余镇街全部建成基本无煤烟社区（街道）。

2003年，渝中区、北碚区、渝北区、经开区和高新区建成基本无煤烟区，建成基本无煤烟街道（镇），主城九区全面建成基本无煤烟区。2005年，主城区16个街道的61个居民社区建成无煤烟区域。2006年，主城建成60余个无煤烟社区。2007年，主城区建成106个无煤烟社区和8个基本无煤烟区域。2008年，主城区新创建21个无煤烟社区，全市建成烟尘控制区的覆盖率达到70%。2009年，主城以外的区县城区全部建成烟尘控制区，烟尘控制面积累计达397千米^2。

五、行业燃煤锅炉废气污染治理

在实施燃煤锅炉清洁能源改造的基础上，研究制订重庆市燃煤锅炉地方排放标准，推动燃煤锅炉实施废气深度治理。2000年，完成主城区燃煤茶水炉改造、关停1500台，完成率100%；完成主城区10蒸吨以下燃煤锅炉改造、关停998台，占应改造锅炉总数1153台的86%，提前完成市政府确定的三分之二的年度改造、关停任务。2001年，投入3.8亿元，改造、关停1500台燃煤茶水炉和1153台10蒸吨及其以下燃煤锅炉，年减少用煤136万吨，减排烟尘3.5万吨，大气环境质量明显改善。监测表明：当年重庆市主城区环境空气质量达到和好于Ⅱ级以上的天数占56.7%，上升5.6个百分点。2002年，主城区12台10蒸吨以上燃煤锅炉完成洁净煤工程改造。2004年，通报主城区6批354个未达标的空气污染源名单并督促有关单位整改，完成157台工业炉窑的粉（烟）尘治理。2006年，嘉陵集团、长安汽车公司和西南合成制药二分厂共9台燃煤锅炉改造为18台燃气锅炉。2007年，实行重点燃煤单位限期治理，每小时10蒸吨及以上的32台燃煤锅炉均安装在线监测设备。实施主城无煤区域内45台燃煤锅炉、71台茶炉及大灶的洁净煤工程改造。2008年，继续开展电煤、油气质量检测和公示工作。对245个空气污染源进行曝光、挂牌和治理督办。推进大气污染源在线系统建设，103家重点企业现场终端自动监控系统建成并与环保部门联网。2009年，主城区538台燃煤锅炉完成清洁能源改造，从严控制新建20蒸吨以上燃煤锅炉，全面淘汰20蒸吨以下燃煤锅炉，完成20蒸吨及以上燃煤锅炉在线监测设备的安装运行。

六、城市餐饮油烟污染治理

市政府从1998年开始在主城九区的餐饮业全面禁止使用燃煤（含原煤、型煤），推广使用清洁

燃料,为以后油烟污染治理打下基础。2001年,渝中区完成4条油烟污染防治示范街的建设。2003年,主城区完成584家餐饮企业的油烟排放治理。2004年,主城区完成575家餐饮企业的油烟排放治理。2005年,继续对主城区餐饮业进行油烟污染治理,妥善解决餐饮业的油烟扰民纠纷。2006年,主城区完成100余家餐饮企业的油烟污染治理。

2001—2010年,在城市餐饮油烟污染治理工作中,市政府抓了两个方面的工作:

一是合理规划饮食服务业布置。中心城区饮食服务业逐步实现统一规划、统一定点,并使用天然气、电等清洁能源;加强对饮食服务业的规划控制,禁止在不含商业裙楼的住宅楼、未配套专用烟道的商住综合楼、商住综合楼内与居住层相邻的楼层、与周边住宅楼距离过近的场所新建、扩建、改建产生油烟、废气、恶臭或者其他损害人体健康的气味的饮食服务项目;加紧对上述场所已建成的扰民饮食服务项目的限期整改,对逾期未完成整改或整改无效的,限期关闭或者搬迁。

二是加强对饮食服务业的监督管理。禁止在公共场所露天经营烧烤等产生油烟、废气的饮食服务项目。城市建成区内现有排放油烟的餐饮企业和单位食堂必须安装油烟净化设备,并建立油烟治理设施运行维护制度,按要求定期对油烟净化装置进行清洗,确保油烟达标排放。油烟排气筒的朝向和高度应避开易受影响的建筑物。

第二节 机动车尾气控制

重庆市机动车排气污染状况。随着经济的高速发展,汽车逐步进入家庭,重庆市机动车保有量每年以17%以上的增幅快速递增。2010年,重庆市机动车保有量达140万辆,主城九区机动车保有量约50万辆(其中汽车超过40万辆)。由于主城区山路、坡路和桥梁、隧道较多,主干道车辆分流能力弱,车辆怠速行驶情况多等,导致机动车尾气排放量增大,且扩散条件差。

据监测,重庆市主城区主干道两侧空气中85.5%的一氧化碳、36.6%的碳氢化合物、86.3%的氮氧化合物来自机动车尾气。长期监测结果表明,主城区空气中二氧化氮浓度呈逐年上升趋势,由2002年的0.038毫克/米^{3}上升至2006年的0.047毫克/米^3(高于机动车保有量多于重庆市的成都、上海等城市),升幅为23.7%。主城区空气中二氧化氮浓度的上升,与主城区机动车保有量的持续大幅增加关系密切。据2006年重庆主城大气尘源(PM_{10})解析研究报告得知,机动车尾气对尘污染贡献值为37.17微克/米^3,分担率达到15.11%,位居PM_{10}污染分担率的第4位。可见,机动车排气污染已经成为影响城市环境质量的重要因素。

重庆市机动车排气污染控制采取的主要措施:

大力推广清洁燃料。2010年,全市累计推广天然气汽车4.4万辆,建成天然气站64座,主城95%以上的出租车和92%的公交大客车已改用天然气。天然气汽车保有量为40484辆(其中主城区30241辆,其他区县10243辆)。2006年,全市天然气汽车售气量为3.4亿米^3,替代燃油约22万吨。

客运柴油中巴车退出主城区。客运柴油车由于营业频率高和柴油品质不高等原因,长期冒黑烟,影响城市环境和城市形象,重庆市从2002年起有计划地实施客运柴油车退出主城区工作,市政府出台优惠政策,要求客运柴油车全部转换成CNG(压缩天然气,下同)大客车或CNG出租车。2004年底,主城区1800辆19座及以下的客运柴油中巴车退出主城区。2005年底,主城区余下的645辆20~25座的客运柴油车也退出主城区,中巴车冒黑烟影响市容和空气质量的问题得到解决。

加强机动车排气路检工作。为深化机动车排气污染防治的延伸管理,重庆市强化了机动车排气路检工作。对主城区外的24家机动车安全技术检验机构开展了机动车排气污染物检测资质委托工作,全面开展主城区 8 家简易工况法场站建设;编制了机动车环保标志管理方案;加强了对在用机动车排气的路检路查工作,主城区 6 个路检点共检测机动车 5.3 万余辆;遥测机动车尾气 6 万余辆;查处冒黑烟车 1000 余辆。对排气超标的机动车发放《重庆市在用机动车排气超标限期治理单》,由车主自主选择有资质的机动车维修企业进行治理以达到国家标准。在主城区城市外环交通干线以内的区域和两路镇城区、鱼洞镇城区、北碚城区以及 210 国道童家院子至双凤桥路段、212 国道北碚至沙坪坝路段,通过目测发现行驶的机动车排放黑烟尾气的,严格执法,并责令驾驶员立即采取措施消除黑烟污染。

1993 年,在汽车尾气控制上,全年安装 20000 台汽车曲轴箱强制通风装置(PVA 阀),同时,筛选了 JCQⅢ型 PCV 汽车尾气净化节油装置并进行安装。

1994 年,汽车尾气控制取得阶段性成果。在 1993 年全面对汽车曲轴箱安装 PCV 汽车尾气净化节油装置的基础上,1994 年进一步对近 40000 台汽车安装了 JCQⅢ型 PCV 汽车尾气净化节油装置,已达应安装汽车的 50%,减污、节油效果显著,减轻了汽车尾气对城区大气的污染。

1995 年,全年安装 JCQⅢ型 PCV 汽车尾气净化节油装置 30000 台,安装量已达到应安装总数的 60%。在此基础上,出台了对机动车排气污染强化管理的规范性文件,使该项工作步入法制化管理轨道。

1996 年,市政府出台《重庆市人民政府关于控制机动车排气污染的通知》,对机动车的生产、销售、维修、使用实行全过程环境管理。当年,全市 16 个生产厂家和 41 个销售单位的 1.1 万辆新车和 6 万辆在用车按规定办理《机动车排气合格证》。在城区 4 个主要入城路口设置路检点,路检行驶车辆 7548 车次,强制治理 6403 辆超标车,先后 12 次组织上路检查汽车冒黑烟的执法活动,累计出动 1.1 万人次,检查车辆 14.3 万车次。前后两次分别在《重庆日报》《重庆晚报》上集中曝光 777 车次尾气冒黑烟的柴油车的牌号,现场查处 171 车次,237 车次自动接受处理。控制机动车尾气污染取得初步成效。

1997 年,对全市生产、销售的 8 万辆新车办理《机动车排气合格证》;对在用车辆加强路检和年检,安装节油净化装置,全市机动车排气合格率达到 80% 以上;重点针对尾气冒黑烟的柴油车,制定机动车排气污染防治方案,组织推广 CNG 汽车,改装 CNG 汽车 500 辆,淘汰柴油大客车 40 余辆,年末实行禁止冒黑烟柴油中巴车进入主城区范围。

1998 年,继续开展机动车尾气治理,规范尾气净化产品市场,强化对机动车的路查路检,提高尾气治理的合格率,将 536 辆柴油车改为汽油车,解决机动车冒黑烟的问题。为控制机动车尾气中铅的污染,重庆市从 1998 年 7 月 1 日起,全面禁止销售,使用含铅汽油,推广无铅汽油。

1999 年,重庆市认真贯彻国家机动车排气污染防治技术政策,强化对机动车的年检和路检,对尾气净化装置,指定厂家进行重新筛选,对尾气超标车辆的简易维修保养进行规范化管理。还将汽车尾气污染控制与汽车产业发展紧密结合,组织全市 27 家机动车生产企业申报国家排气达标名录。主动与北京、上海等地环保部门联系,较好地解决了重庆市生产的机动车因受地方排放标准限制而难以进入外地市场的问题。争取到国家环保总局同意重庆市就地开展新生产机动车排气检测工作,有力地支持了重庆市汽车产业的发展,实现了环保效益和经济效益的"双赢"。

2001 年,推进 CNG 汽车改造工作。全年检测机动车 2.51 万辆次,责令其中 1.48 万辆尾气超标车辆进行治理。2001 年底,全市城区已建成 CNG 加气站 13 座,在建 7 座,改 CNG 汽车累计 2600 辆。在全市开展了禁止生产、销售化油器类轿车及 5 座客车的执法大检查。

2002 年,年检机动车 22.67 万辆,尾气首检达标率 90.2%,路检机动车 3.18 万辆,路检达标率 75.2%,查处尾气冒黑烟车辆 3.45 万辆次,主城区机动车冒黑烟现象基本消除。主城区累计建成 CNG 加气站 22 座(全市共 29 座),累计改造 CNG 汽车 3500 辆(全市共 5000 辆)。公交系统 19 座以下客运中巴车全部退出主城区。完成化油器类车辆改电控补气加三元催化器或改 CNG 汽车示范工作。

2003年,开展机动车尾气路检和机动车黑烟污染专项整治行动,查处冒黑烟的机动车6975辆次,路检机动车尾气达标率76.9%;完成4050辆9座及以下化油器类轻型车改为电控补气加三元催化器或改为CNG汽车。主城累计建成CNG加气站30座,累计有6610辆机动车改为CNG汽车。

2004年,主城区累计完成9座及以下化油器类轻型车改电控补气加三元催化器汽车3万辆,改CNG汽车1.2万辆,1400辆19座及以下柴油车退出主城区。全市完成机动车年检40.37万辆,路检机动车3.72万辆,尾气年检首次检查达标率和路检达标率分别达93.5%和80.9%。

2005年,在主城区设立7个机动车排气路检点,路检机动车3.8万辆,路检达标率81.1%。查处冒黑烟柴油车3330辆次。新增CNG汽车2633辆,95%的出租车和92%的公交大客车改为CNG汽车,新增出租车和公交车全部为CNG汽车。25座以下柴油中巴车全部退出主城区。

2006年,检测机动车尾气3.5万辆,达标率88.1%。启动机动车排气简易工况法检测和环保分类标志管理前期工作。

2007年,检测机动车1万余辆次,遥测机动车4万辆次,汽油车排气合格率86.6%,柴油车排气合格率73.3%。主城区和永川等区新增公交车和出租车一律使用CNG汽车。全市累计增加CNG汽车4.3万辆,建成CNG加气站64座。建成主城区简易工况法检测示范站。

2008年,检测机动车2.94万辆,尾气排放合格率89.5%,纠正尾气排放超标车辆2031辆。

2009年,主城区8个简易工况法场站基本建成。委托主城区以外的26个机动车安检机构进行机动车尾气检测。主城区全年检测机动车5.3万余辆,遥测机动车6万余辆,查处冒黑烟车1000余辆。

2010年,加大对尾气排放超标车辆的打击力度,检测机动车21.3万余辆。实行主城区在用机动车环保标志规范管理,共发环保标志18万余张。

第三节 二氧化硫及酸雨控制

酸雨污染状况及危害。重庆地区为全国酸雨重灾区的中心,引起了国际社会和国内各界的广泛关注。根据重庆市40个区县的降水监测结果,2006—2008年,重庆市酸雨频率为49.3%,酸雨雨量占监测总雨量43.9%,降水pH范围为3.2~8.5,降水pH均值为4.82,酸雨pH均值为4.48。从变化趋势上看,2008年降水的酸度比2005年有所增加,但其中酸雨雨样的pH均值比2005年有所降低。从降水离子组成分析,重庆市降水中的硫酸根离子、硝酸根离子均在逐年升高,而钙离子有明显的降低,其对酸性离子的缓冲作用有所削弱。其中,硫酸盐和硝酸盐的当量浓度比值在3∶1左右浮动。

从2005—2008年,国控点酸雨频率呈增加趋势,降水pH逐渐降低。酸雨频率增加了50.3%,氢离子浓度增加了54.9%。两控区2006年降水pH均值为4.7,酸雨频率为59.8%,降水pH同比下降0.09,酸雨频率上升7.2个百分点。2007年降水pH同比下降0.13,酸雨频率下降3.2个百分点。2008年降水pH同比上升0.1,酸雨频率上升2.6个百分点,2005—2008年,国控点、酸雨控制区降水pH变化相对较小。

酸雨污染的季节变化是冬季酸雨出现频率高,夏季出现频率低,这与大气污染的季节变化趋势是一致的。从酸雨的离子组合来看,阴离子以硫酸根离子为主,占80%以上,为硫酸型酸雨。酸雨污染对重庆的生态环境和经济发展带来极为不利的影响。在酸雨的影响下,许多建筑材料会很快失去光泽,特别是由于颗粒物的作用,致使在建筑物表面产生"黑层"效应。对几种装饰材料的试验表明天然大理石、人造大理石和瓷砖等均不耐酸雨的腐蚀。酸雨对金属材料的腐蚀和影响十分明显。重庆地区钢材的腐蚀速率要比酸雨区的南京等地高出一倍以上,因而钢架构筑物的维修周期相应要缩短一半。试验表明重庆碳钢的腐蚀率不仅大大高于国内许多地区,而且比世界上许多国家和地区要高。酸雨对土壤、农作物和森林产生不良的影响,也对人体产生危害。研究表明,酸雾对人体肺功能有明显影响,对呼吸道有急性损伤。据专题研究结果,重庆市每年因酸雨造成的直接经济损失达5.46亿元,占同期国民生产总值的3.19%。

二氧化硫排放总量减排进展情况。根据《国务院关于"十一五"期间全国主要污染物排放总量控制计划的批复》,"十一五"期间,重庆市的二氧化硫排放总量在2005年83.7万吨的基础上,到2010年削减至73.7万吨,削减10万吨,减排率为11.9%。按照国家环保总局《关于印发〈二氧化硫总量分配指导意见〉的通知》和《重庆市"十一五"污染物总量减排实施方案》,重庆市结合实际情况,按照"整体控制、总量削减、突出重点、分区要求"的原则,综合考虑各个区县的环境容量、排放基数、排放强度、工程削减能力、产业结构等因素,2006年7月以《重庆市人民政府办公厅关于印发"十一五"化学需氧量及二氧化硫总量控制计划的通知》,将二氧化硫总量指标及削减任务分解到各区县,市政府与各区县政府签订了减排目标责任书。

根据环境保护部核定结果,2006年,重庆市二氧化硫排放量为85.95万吨,同比增加2.25万吨,增长率2.69%;2007年,二氧化硫排放量为82.62万吨,同比减排3.33万吨,减排率为3.87%;2008年,二氧化硫排放量为78.24万吨,同比减排4.38万吨,减排率为5.3%,累计完成"十一五"减排目标任务的54.6%。

总量减排的主要措施及效果。①建立健全机制体制,为减排提供制度保障。重庆市先后建立和完善目标责任,新增量管理、计划管理、预警、部门协调制度,市政府修改重新颁发的《重庆市环境保护条例》,将主要污染物排放总量控制作为重要内容,总量减排工作步入法制化轨道。市政府印发了《关于加强主要污染物总量减排工作的实施意见》《主要污染物总量减排统计监测及考核办法》,将主要污染物总量减排直接与责任人的业绩挂钩、与当地政府主要负责人的政绩挂钩、与环境质量的改善挂钩,形成了全社会参与减排、有责任减排的浓厚氛围,确保了主要污染物总量减排工作的顺利开展。②推进三大减排措施,有效削减了污染物的存量。一是大力调整产业结构,关停并转了一批落后企业。2006—2008年,重庆市关停了重庆渝永电力股份有限公司、云阳南溪火电厂等14家28台小火电机组共36.4万千瓦装机容量,淘汰了落后水泥生产线48条共638万吨产能,淘汰了落后炼钢产能350万吨。二是强力推进工程治理,推进和深化工业燃煤锅炉窑炉的设施建设和改造。中梁山煤电气有限公司、万州索特盐化有限公司等完成新建烟气脱硫设施,合川双槐电厂、珞璜电厂、恒泰电厂等燃煤发电机组完成烟气脱硫设施改造,提高了脱硫设施投运率和脱硫效率。三是强化管理减排措施,增强减排效果。对燃煤发电、水泥、碳酸锶等行业制定并执行严格的污染物地方排放标准。积极推进污染物排放在线监测装置的安装,重庆市63家大气重点污染源现已安装在线监测装置,实现与市环保局的联网实时监管,确保稳定达标排放。③严控新增排量,提高环境准入门槛。市政府印发《重庆市工业项目环境准入规定》,市环保局下发了《重庆市建设项目主要污染物总量指标管理办法》,明确了建设项目实行"批项目核总量"和"增一降一"的审批制度,把污染物总量指标作为审批项目环评的前置条件,将总量控制作为环保验收的基本要求。项目审批增加了总量指标会审程序,要求新增污染物排放量的工业项目必须确定污染物替代削减方案,落实污染物总量指标来源,经总量减排管理部门核准后方可审批环境影响评价文件,建设项目替代方案列入重庆市的年度减排重点项目,同时纳入总量减排考核、建设项目试生产及环境保护验收审批内容。

2010年,已完成白鹤电厂、磨心坡电厂、川维厂、华能集团重庆珞璜电厂二期等的锅炉脱硫设施改造,关停28个共36.4万千瓦小火电机组,共削减二氧化硫11.3万吨;完成钢铁、有色金属、建材、化工等行业共68个重点工程减排项目,共削减二氧化硫1.7万吨。完成203家重点企业自动监控系统建设,并与环保部门联网,涵盖了市内污水处理、造纸、化工、水泥、发电等重点水污染行业和二氧化硫排放企业。

规划任务措施落实情况。①完善法律法规,依法治污。1991—2010年,为落实国家酸雨、二氧化硫污染防治方面的政策法规,重庆市加强了相关政策法规体系的建立健全工作,先后修订颁布《重庆市环境保护条例》,出台《关于控制主城区采(碎)石场和小水泥厂尘污染的报告》《关于进一步控制主城区尘污染的通告》《重庆市主城尘污染防治办法》等地方法规和政府规章,制订实施了水泥工业大气污染物排放标准、燃煤电厂大气污染物排放标准和锶盐行业排放标准等地方标准,为重庆市大气污染防治提供了有力的法制保障。特别是新修订《重庆市环境保护条例》,在明确各级政府的环境保护责任、环境监督管理制度规定、环境违法行为处罚等方面都有重大突破和创新,在全国产生了积极影响。②制定规划方案,有序开展防控。2006年,国家环保总局发布《全国酸雨和二氧化硫污染防治规划》,为确保规划内容得到较好的贯彻落实,重庆市结合实际,重新编制实施了《重庆市酸雨和二氧化硫污染防治规划(2008—2012年)》,该规划以总量减排为主线,以控制火电行业排放的二氧化硫和氮氧化物为重点,采取整体控制和分区要求相结合,分别规划了酸雨区面积控制目标、硫沉降控制目标、二氧化硫环境浓度控制目标、排放量削减目标以及分区目标。为推进规划实施,相继制定实施了主城区清洁能源工程、"五管齐下"净空工程和"蓝天行动"实施方案。特别是2005年市政府颁布实施的"蓝天行动"方案,通过采取控制扬尘污染、控制燃煤及粉烟尘污染、控制机动车排气污染、保护及恢复区域生态环境、完善环境监控手段及建立和完善保障机制等措施,促进了主城区空气质量的不断改善。2008年,重庆市又对"蓝天行动"方案进行了细化和完善,并将规划目标和任务延长至2012年,将通过一系列措施,使主城区空气质量满足优良的天数逐步增加并稳定在300天以上。③健全制度机制,增强效果。重庆市委、市政府每年都要将重庆市年度环境保护工作目标任务、突出环保问题分解下达给各区县党委、政府和市级相关部门,纳入重庆市重大事项督查范围和区县经济、社会发展综合考核,并从2000年起在全国率先开展了党政一把手环保实绩考核,考核结果报市委常委会审定后,作为干部年度考核和任用考察的重要内容。其中主城"蓝天行动"每年都作为市委、市政府为民办实事的"民心工程"项目予以重点推进。2006年,市委、市政府印发《关于加强环境保护若干问题的决定》,市委办公厅、市政府办公厅印发《关于进一步完善环境保护工作长效机制的意见》,实行环保部门领导干部双重管理。为促进环境质量改善,市政府成立了环保"四大行动"督查推进办公室,从市环保局、市建委、市市政委抽调专门人员参加环保"四大行动"日常巡查和督查督办工作。建立完善了部门联动机制、部门月例会制度、市区季例会制度,定期召开"四大行动"高度会、专题会、现场会和协调会,初步建立了空气质量分析机制和预警报机制,收到了很好的效果。

加强监管能力建设。在酸雨监测方面,重庆市设立酸雨监测点43个,其中酸控区酸雨监测点23个(5个为国家酸雨监测点),非酸控区酸雨监测点20个,形成酸雨监测网络。在空气质量监测方面,重庆市在城区和远郊区建立了15个空气自动站,开展二氧化硫、氮氧化物、臭氧、PM_{10}等污染物的实时在线监测,并积极筹备建立监控指标更加全面的空气质量监测超级站。在监督管理方面,加强设施日常运行监管。积极推动企业建立在线自动监控装置,建立脱硫设施运行台账。2008年底前,所有燃煤脱硫机组已与市环保局完成在线自动监控系统联网。对未按规定和要求运行脱硫设施的电厂加大处罚力度,并将运行情况向社会公布。严格按设施运行效果扣减脱硫电价,较好地促进了对燃煤电厂的监管。

1991—2010年,重庆市通过对主要燃煤设施的清洁能源改造,对主力发电厂的燃煤锅炉新建烟气脱硫设施或进行脱硫设施改造,对10万千瓦以下老机组的锅炉进行改造,循环流化床锅炉加装烟气脱硫装置等,在冬季用电高峰时段、夏季高峰及其他敏感时期合理调度发电,采取低硫煤掺烧等措施,较好地解决了高硫分造成的排放压力,基本实现了按许可证要求排放,达到了重庆市"十一五"二氧化硫削减实施方案的进度要求,2008年中期考核年已完成"十一五"减排目标的一半以上。2009—2010年,重庆市进一步加大机制体制建设,强化燃煤设施监管,扩大清洁能源改造范围并加快进度,2009年实现减排4%,2010年完成"十一五"减排11.9%的目标任务,规划目标按期完成。

城市环境空气质量改善情况。1991—2010年,通过二氧化硫及酸雨控制,重庆市主城区环境空气质量持续好转。2005—2007年,主城区空气质量满足二级优良指数的天数分别为266、287和289天。2008年,满足二级优良指数的天数达到了297天,占全年天数的81.1%,比2005年多31天,上升11.7个百分点。空气中二氧化硫、二氧化氮和可吸入颗粒物的年均浓度分别为0.063毫克/米^3、0.043毫克/米^{3}和0.106毫克/米^3;二氧化氮的年均浓度达标,二氧化硫和可吸入颗粒物的年均浓度分别超标0.05倍和0.06倍。与2005年相比,可吸入颗粒物、二氧化硫和二氧化氮的年均浓度分别下降11.7%、13.7%和10.4%。主城区降尘量为6.61吨/千米^2·月,超过参考标准0.76倍,比2005年下降21%。2009年,主城区空气质量满足二级优良指数的天数达到303天,优良天数占全年天数的比例为83%,较2008年增加6天,较2000年增加了116天。在全国47个环保重点城市中的排名为第39位;在4个直辖市中的排名为第3位(上海334天,天津306天,重庆303天,北京283天)。2010年,1—8月主城区空气质量满足二级优良指数的天数的比例为91.4%(222天),首要污染物为可吸入颗粒物。主城区空气中的主要污染物即可吸入颗粒物、二氧化硫和二氧化氮的平均浓度分别为0.096毫克/米^3、0.049毫克/米^{3}和0.038毫克/米^3;可吸入颗粒物、二氧化硫和二氧化氮浓度达标。

主城以外区县的城镇空气质量自2005年也持续好转,2008年,空气中二氧化硫、二氧化氮和可吸入颗粒物的年均浓度分别为0.036毫克/米^3、0.023毫克/米^{3}和0.079毫克/米^3,均达到国家环境空气质量二级标准。与2005年相比,2008年空气中二氧化硫、氮氧化物、可吸入颗粒物的浓度和降尘量分别下降23.4%、8%、44.8%和14.3%。万州区、黔江区和江津区等25个区县的城镇空气质量达到二级标准,占总数的80.6%,比2005年增加了7个区县,比例增加了20.6%。

二氧化硫及酸雨控制中存在的问题。①煤耗中高硫煤所占比重较大。重庆市消费的煤炭主要产于本地,而本地煤质低、含硫高。含硫率低于0.8%的低硫煤仅占9%,而高硫煤约占91%,平均含硫率为3.5%。因此,在消费相同吨位煤炭的情况下,二氧化硫减排和达标排放的压力大大高于低硫煤省市。②面源(或无组织排放源)污染仍然比较重。重庆市从2000年开始实施清洁能源工程,主城九区和其他区县的城区较好地推行了此项工作。但郊区县的多数乡镇和农村还没有实施。核心区之外的小型锅炉和窑炉都采用低矮烟囱排放,对局地环境影响明显。根据模拟结果显示,面源对近地表浓度的贡献达34.9%,面源污染仍然严重。③产业结构调整的压力仍然较大,重庆是传统的老工业基地,且大多属于机械、冶金、化工、制药、建材和电力(火电)等高耗能行业。2010年,重庆市已关停并转了落后的产能企业2294家,但仍有相当数量的企业需要进行结构调整和产业升级,需要一定的时间。④技术监管保障需进一步提高。点源污染的排放具有瞬时扩散快的特点,监察人员巡查的监管方式已不能满足环保的要求,加快推进自动在线监测装置的建设是当务之急。2010年,重庆市已对包括国控重点源在内的63家废气排放企业安装了在线系统,但自动在线装置的设备型号及参数设置多样,监测取样方式不统一,其建设规范、技术规范和管理都有待完善。⑤周边污染源的影响。重庆市同时也遭受到周边省市的影响。分析表明:重庆市地区二氧化硫浓度内部源贡献占57.8%,外部源贡献占42.2%;重庆地区硫沉降内部源贡献占44.7%,外部源贡献占55.3%。以位于四川省的广安电厂为例,2005年的模拟结果显示:2010年,如果广安电厂的二氧化硫未经处理而直接排放,则其全年对重庆主城区的贡献值将达11.47微克/米^3。在极端的气象条件下(西北偏北风为主导风向时)将产生更大的影响。⑥气象条件限制。重庆市属典型的山区河谷地形,地形复杂。地面风场受河谷地形影响,各季均以西北风为主,年均风频11.8%;风速较低且各向差异较小,年均在1.1~1.7米/秒之间;静风频率较高,年均25%左右;混合层较低,逆温频率高;雾日多,平均每年雾日约100天。这些特有的气象条件极不利于空气中污染物(包括二氧化硫)的扩散。根据重庆市《主城区空气质量与气象相关性研究》结论,从有利、不利于污染物扩散的天气形势统计情况来看,有利于污染物扩散的天气形势出现的概率仅为39.8%,而不利于污染物扩散的天气形势的比例达60.2%。

第四节　保护臭氧层和防止气候变化行动

臭氧层破坏的危害。臭氧层是人类赖以生存的保护伞,由于臭氧层有效地挡住了来自太阳的紫外线的侵袭,才使得人类和地球的各种生物能够生存、繁衍和发展。臭氧层耗损的加剧,导致的后果将十分严峻。臭氧层减少和破坏的主要危害包括:皮肤癌和白内障患者增多,降低人的免疫力,传染病发病率增加;威胁农业,破坏生态系统,过量的紫外线辐射会使植物的光合作用受到抑制,减缓农作物的生长,农作物质量下降,导致减产;紫外线辐射还会损害海洋生物、浮游生物等整个水生生态系统,以及可能导致生物物种的减少和突变等。

为在国际范围内采取实质性的控制措施保护臭氧层,使人类避免受到因臭氧层破坏而带来的不利影响,联合国环境规划署在1987年组织召开了"保护臭氧层公约关于含氯氟烃议定书全权代表大会",并形成了《关于消耗臭氧层物质的蒙特利尔议定书》(以下简称《蒙特利尔议定书》)。

中国政府十分重视臭氧层保护工作,于1991年签署加入了《蒙特利尔议定书》伦敦修正案、哥本哈根修正案,并于1992年根据《蒙特利尔议定书》的规定和国家经济技术等情况,编制了《中国逐步淘汰消耗臭氧层物质国家方案》。

重庆市根据国家方案于2008年初启动该项工作,2008年初已将淘汰消耗臭氧层物质工作纳入了市政府"四大行动"中的"蓝天行动"计划。由市政府主要领导担任组长的"四大行动"推进办公室负责统一协调调度,并建立了多部门参与的定期联席会议工作机制。为便于监管与执法有机统一,授权市固体废物管理中心承担具体日常工作。

重庆市在2008—2010年推进《中国逐步淘汰消耗臭氧层物质国家方案》落实的行动中,做了以下工作:

(1)摸清重庆市消耗臭氧层物质基础数据。从2008年上半年开始,重庆市消耗臭氧层物质(ODS)管理办公室成立调查小组,制定调查方案,确定技术路线和调查范围;该管理办公室积极与相关部门、行业协会协调、合作,获取ODS信息资料,向相关生产、消费、使用企业发放调查表,通过现场调查、核实及重点企业座谈会等展开了ODS的重庆市调查工作。通过调研,掌握了真实、全面、丰富的基础资料,基本摸清重庆市生产、消费、使用领域中消耗臭氧层物质情况,建立了ODS生产和使用企业的信息数据库,为巩固淘汰成果和实施ODS持续监督、管理奠定了基础。

(2)实施淘汰消耗臭氧层物质能力建设。①加强淘汰消耗臭氧层物质能力建设。2008年,市政府利用重庆市固体废物管理工作会议,对基础环保管理人员进行以ODS知识及国家颁布的各项保护臭氧层的方针、政策、法规为内容的培训,参训人员182名,在环保系统开展ODS网络在线培训。市环保局将淘汰消耗臭氧层物质环境管理人员在线培训工作纳入了2009年度区县环保工作目标考核内容,规定了培训对象、培训任务、完成时限,落实了奖惩措施。市环保局、42个区县环保局的环境管理人员共189人参加培训。ODS管理办公室开通了辅导热线,安排专人指导区县开展在线培训工作,组织日常学习的交流。2010年,区县已有144名参训人员考试取得培训合格证书。②设立淘汰消耗臭氧层物质能力示范区县。为建立省级和区县级协调配合、辖区负责、指导督促的工作机制,研究探索适合重庆市的 ODS 环境管理方式,2009 年,重庆市在长寿区、涪陵区(化工企业集中和涉及 ODS 行业较多的区县)开展了加速淘汰消耗臭氧层物质环境管理能力区县示范、试点工作。通过试点工作积累经验,探索适合重庆市实际的 ODS 管理模式、管理方法,推动重庆市区县全面、深入开展淘汰消耗臭氧层物质管理。③提升政府和公众意识。为做好履行保护臭氧层公约的宣传工作,提高政府、环境管理人员、社会公众保护臭氧层的意识,动员全社会参与和支持 ODS 工作。2008 年及 2009 年上半年共编制工作简报 8 期,印制发放宣传海报 5000 份、宣传手册 2 万份、宣传纪念品 1000 份;固废网站开辟有宣传专栏;主城区公众环保显示屏有滚动标语;开展臭氧层保护进社区、进学校宣传活动;世界环境日、国际保卫臭氧层日,在 ODS 环境管理能力示范区县、公众集中区域开展了保护臭氧层有奖知识问答、科普展览、发放宣传手册和宣传海报、咨询解答、少儿书画展览等形式多样的主题宣传活动。通过宣传,广大群众对 ODS 工作有了更准确的了解,对保护环境、消除污染有了更深刻的认识。

(3)提前准备含氢氯氟烃淘汰工作。2010 年,针对当前氢氯氟烃淘汰的新动向,帮助重庆市相关企业积极应对,早谋对策,市环保局组织 30 余家汽车空调、家用电器制造企业召开了加速淘汰消耗臭氧层物质工作会议。传达了环保部淘汰消耗臭氧层物质工作会议精神,总结重庆市前阶段工作的开展情况,对淘汰含氢氯氟烃淘汰工作进行了动员和部署。

(4)开展回收消耗臭氧层物质工作。为加快推进重庆市汽车维修行业、报废机动车拆解行业中空调制冷剂的回收和利用工作,在环保部环境保护对外合作中心的帮助下,会同市交委、市商委对重庆市主要汽车维修企业和报废机动车拆解企业进行了业务培训,确保中心提供的 CFC-12 制冷剂回收设备运转正常。回收设备投入运行,有力保证了汽车空调制冷剂在维修和拆解环节不随意排放。为保护臭氧层,消除 ODS 的环境隐患,巩固淘汰成果,与相关部门多次协商,决定开展 ODS 回收工作。淘汰哈龙集中回收、储存、精制、再循环工作已完成前期准备工作,正积极筹划启动和实施。

保护臭氧层工作取得初步成效。至 2010 年,重庆市政府各职能部门密切配合,协力推进 ODS 淘汰工作。按照国家相关要求,在政府采购、建设项目管理、汽车维修、商品管理等领域建立氯氟烃以及哈龙淘汰制度;设立举报热线电话,在生产、流通领域开展检查,打击"三非行为";在消防行业、泡沫行业、制冷行业、烟草行业,溴甲烷实现了淘汰;药用气雾剂行业、清洗(溶剂)行业、化工助剂行业的 ODS 淘汰工作正在进行中;市场上基本实现了无氟利昂产品的销售,重庆市淘汰 ODS 和产品技术替代工作取得了阶段性成果。

第二章 水污染防治

在 1991—2010 年的 20 年中,重庆市政府认真贯彻落实江河湖泊休养生息战略,坚持"预防为主、保护优先、综合治理"的方针,大力实施《三峡库区及其上游水污染防治规划》,制定《三峡库区及其上游水污染防治规划实施方案》和《重庆市碧水行动实施方案》,推进六大污染综合防治工程,加强三大环境能力建设,强化五项保障措施,加大重庆三峡库区水环境保护工作力度,取得了明显成效。

一是水环境保护基础设施建设取得突破。在西部率先实现"县县建成生活污水处理厂",累计建成城镇污水处理厂(含小城镇污水处理设施)155座,新建排污管网4000余千米,长寿等区县的工业园区污水处理厂建成投运,与2005年相比,污水日处理能力由57.8万吨提高到240万吨,处理率由不足30%提高到83%。累计建成城市垃圾处理场(含小城镇垃圾处理设施)50座,垃圾无害化率由2005年的59%提高到94%。污水集中处理率、垃圾无害化处理率位居全国前列。

二是工业企业结构调整和库底清理成效明显。完成库区1397家工业企业的搬迁和结构调整,先后启动5批165家污染企业的环保搬迁项目,已累计完成113户企业的环保搬迁。全面完成三峡库区二、三、四期库底固体废物的清理,清理处置生活垃圾306万吨,清理处置一般工业固体废物26万吨,清理危险废物1.9万吨,清理处置废放射源18枚。推进农村面源污染防治,累计完成农村沼气建设130万户。三峡水库蓄水以来,清理漂浮垃圾94万余吨。

三是环境监管能力大幅提升。重庆市环境监测中心的监测能力已经达到400余项,进入省级先进站的行列;40个区县的监测分析能力平均为90项,比2005年增加29项,具备对6个片区中心区域性特征污染物进行监测的能力,实现全市出入境断面、主要饮用水水源地水质的监测周报。全市构建了由1个应急监测中心和6个应急监测分中心组成的应急监测网络。全市污水处理厂及重点工业企业共计268家建成自动监测系统现场终端,并与环保部门联网。全市环境监察标准化建设通过西部等级验收。全市已有30个区县通过一级验收,8个区县通过二级验收,26个区县加强了环境污染事故应急处置的信息化建设,对易发生污染事故的单位建立了污染源及污染事故隐患动态档案。

四是水环境保护长效机制得到建立。强化环境准入,制定出台了《重庆市工业项目环境准入规定》,优化经济增长方式,调整产业结构,引导库区工业企业向园区集中。强化法制建设,颁布实施了《重庆市环境保护条例》《重庆市长江三峡库区流域水污染防治条例》等一批地方性法规,为重庆市水污染防治工作提供了可靠的法制保障。强化资金投入,积极争取国家投入,"十一五"期间,重庆争取国家用于水环境保护的资金投入达35亿元以上。强化目标考核,出台《关于进一步建立完善环境保护工作长效机制的意见》,每年将水环境保护的各项目标任务按年度分解到有关区县、市级有关部门和单位,并将其实施情况作为年度党政一把手政绩考核和环保实绩考核的重要内容。

2010年,重庆库区水环境质量稳中趋好,长江出境断面水质连续5年保持在Ⅱ类水质以内,在全国七大水系中处于最好水平。城市饮用水水源地水质达标率连续3年为100%,群众饮水安全得到充分保障。与2005年相比,主要次级河流满足水域功能要求的断面的比例从64.9%提高到84.7%。

第一节 饮用水水源保护

20年坚持把保护饮用水水源、保障群众饮水安全作为全市首要任务,把饮用水水源保护列为"民心工程"予以重点推动。清理了饮用水水源地保护区范围内的所有工业污染源、市政排污口和餐饮娱乐船,取缔了饮用水水源地保护区范围内的网箱围栏水产养殖,完成全市1000人以上集中式饮用水水源地保护区的划定工作。

1991—2010年,饮用水水源保护工作的主要措施。①加强领导,落实责任。重庆市委、市政府重视饮用水水源保护工作,将"碧水行动"等"四大行动列"作为重庆市环保的中心工作,成立环保"四大行动"督查推进组,建立了调度会制度,制定了《重庆市碧水行动实施方案》,全力推进三峡库区水环境保护及饮用水水源保护工作。为了使饮用水水源保护工作切实取得成效,2004年,市政府将饮用水水源保护工作列为"八大民心工程"之一,各级各部门高度重视,成立相应的整治工作领导小组,由分管市领导担任领导小组组长,并落实各部门的责任,保证目标的顺利完成。2006年,市政府再次把饮用水水源保护确定为"八大民心工程"之一,并制定"在年底,主城区饮用水水源地水质达标率达到97%,远郊区县城区水质达标率达到94%"的目标。同时将饮用水源保护纳入区县党政一把手环保实绩考核的重要内容。②制定法规,加强宣传。为把饮用水水源的保护纳入法制化轨道,提升饮用水水源保护的法律地位,2003年,市环保局会同市法制办,修订了《重庆市饮用水水源污染防治办法》,并于2004年3月1日实施。该办法颁布后,市环保局会同有关部门通过电台、电视、报纸等多种传媒进行广泛宣传,增强了社会各界保护饮用水水源的自觉性和责任感。③协调配合,加强督查。饮用水水源保护工作涉及面广,需要多部门、多单位及全社会的积极参与,为确保饮用水水源地水质达标,市级有关部门及相关区政府多次召开工作会,统一认识,协调配合,齐抓共管,共同推进饮用水水源保护工作。市委、市政府督查室加大饮用水水源保护工作的督查力度,促进有关问题的解决。同时,加强新闻媒体的舆论监督作用,促进责任单位进一步加快工作进度,确保目标和任务的圆满完成。④强化执法,加大监管。重庆市直辖后至2010年,市环保局加大饮用水水源保护的执法监管力度,会同市交委、市市政委、市港航局等有关部门开展了主城区范围内的餐饮船舶污染整治执法检查,督促相关单位加强治理。各区县环保、建设、水利、卫生、公安、农业、林业等部门联合执法,对养殖污染、船舶污染以及工业污染等破坏饮用水水源的行为进行了联合查处,有力促进了饮用水水源保护工作的开展。市专项行动领导小组办公室对群众长期投诉的28件水污染案进行了督办,促使一批群众关心的环境问题得到了妥善解决。

1991—2010年,饮用水水源保护工作的主要进展:1991年,市政府加强对位于饮用水水源保护区的排污大户的执法监督。作为重庆市主要饮用水水源的嘉陵江,大体保持三类水质标准。如计入大肠菌群进行评价,则城区江段均属于严重污染或重污染级。建设城市污水处理厂,已显得越来越必要。1992年,市政府颁布《重庆市饮用水水源保护区污染防治管理办法》。市环保局重点抓了饮用水水源的保护,使饮用水水源水质达标率一直保持在90%左右。对全市577户工业排污大户,通过评价,筛选出195户重点源和378个排污口,安装227套治理装置,当年削减污染物质14.4万吨。至当年底,完成82个污染治理项目,减少排入水体的污染物质达7.4万吨。1994年,市政府把保护饮用水水源、开展水环境综合整治提上议事日程。当年向国务院报送了《关于加快重庆水污染治理的报告》,引起国务院副总理邹家华等领导的重视。国家环保局组织高层次的"长江三峡水污染及环境等管理调查团"来渝进行调查。环保部门根据国务院领导的指示和调查的意见制定出水污染防治实施方案,上报国务院待批。1995年,以保护饮用水水源为重点,市港监、公用、城建等部门积极配合,支持水污染防治和饮用水水源保护工作,使水污染防治有新的进展。长江、嘉陵江重庆城区江段饮用水水源保护被纳入政府工作日程,对保护区内停靠的船只、水上餐厅、养殖点等进行清理搬迁,对主要工业、生活废水污染源提出限期治理要求。对187家企业的水污染物排放许可证进行换证,巩固水污染物排放许可证制度。制定了《重庆市水污染防治方案》,向国家报送水污染防治的建设项目,当年安排排污费2500万元用于唐家桥污水处理厂工程建设。1996年,划定近郊9区饮用水水源保护区范围,对保护区内的27个污染源实行限期治理,当年完成19个项目;近郊7区饮用水水源水质达标率已在92%以上,超过原计划2个百分点。完成"两江"城区段饮用水水源保护区内30个市政排污口的污水截流规划及渝中区水厂取水口上游的生活污水截流工程。严格控制流动污染源进入一级追踪程序区内。建成流动污染源垃圾收集船,减轻船舶垃圾对"两江"的污染。1997年,饮用水水源保护工作取得新的进展。对保护区内的工业污染源,实行限期治理和排污总量控制。全市完成《水污染物排放许可证》的核实、换发工作,进一步削减了水污染物排放量。潼南县切实加强对涪江、琼江两条次级河流的保护,使琼江潼南段的水质明显改善。重庆东风化工厂投资上千万元,完成了防渗漏铬渣场建设和对老铬渣的转运任务,完成整个厂区的清污分流及含铬地下渗出水的回收工程,减轻了对嘉陵江饮用水水源的污染。1998年,为适应重庆市直辖后环境保护的要求,市政府重新修订颁布了《重庆市饮用水水源保护区污染防治管理办法》,并于当年7月1日起施行。全面清查、整治饮用水水源保护区内的排污口,更新饮用水水源保护区标志,对群众反映强烈的重点污染源进行限期治理。2000年,万州区、渝北区划定了城市和农村的饮用水水源保护区。2002年,完成饮用水水源保护区现状调查和饮用水水源保护区重新划定;制定饮用水水源保护区内重点工业污染源整治方案,整治保护区内的垃圾和建筑弃土,限期治理保护区内的超标排污企业。市环保局与市卫生局、市市政委、市爱卫办联合发布《关于加强餐饮业含油废水废渣管理的通告》,完成150家餐饮企业含油废水废渣的治理。2003年,重新划定饮用水水源保护区,对保护区内的排污企业、垃圾和建筑弃土等进行整治。加大对《关于加强餐饮业含油废水废渣管理的通告》的执行力度,督促建成废油回收处理加工厂,基本形成回收网络,完成400家餐饮企业含油废水废渣的治理。2004年,在主城区21个饮用水水源保护区设置81块饮用水水源保护区界碑。全面整治主城区饮用水水源,保护区内的6个工业污染源完成整治,保护区范围内的16艘餐饮娱乐船舶有10艘完成治理,其余6艘迁出保护区。完成主城区外其他区县集中式饮用水水源保护区的污染整治和保护区界碑的设置。2005年,继续推进饮用水水源保护区污染综合整治,巩固饮用水水源保护区污染整治成果,开展保护区内餐饮娱乐船舶污染治理和持续有机污染物调查研究。关闭重钢公司自备生活水厂和唐家沱太平冲自备生活水厂等。2006年,市委、市政府把饮用水水源保护作为"民心工程"予以大力推动,完成全市乡镇集中式饮用水水源保护区划定;开展旱灾期间饮用水水源保护。市环保局在8月内两次下发紧急通知,要求各区县环保部门进一步加大对饮用水水源保护区的监管力度,确保饮用水水源安全。8月31日—9月3日,重庆市在主城九区开展加强饮用水水源保护、严防旱灾期间水污染事故专项执法检查行动,共出动执法人员200余人次,检查集中式饮用水水源地近100个,旱灾期间未发生水污染事故,保障了旱灾期间的饮水安全。2007年,编制《重庆市城市饮用水水源地环境保护规划》,完成重庆市水污染现状调查。全市取缔保护区内的工业排污口18个、生活排污口48个,取缔网箱养鱼35处。主城区关闭56家企业自备水厂和乡镇水厂,主城区饮用水水源一级保护区范围内的8艘餐饮船舶全部迁出保护区。2008年,完成《重庆市城镇饮用水安全保障规划》编制。基本完成900个乡镇的饮用水水源调查工作。完成三峡工程175米水位蓄水对库区饮用水水源影响的调查工作。取缔饮用水水源二级保护区内的工业排污口和肥水养殖。2009年,实施饮用水水源安全隐患大排查,完成全市乡镇集中式饮用水水源地调查评估工作,督促长寿区妥善解决饮用水水源隐患。投资2亿元,取缔三峡库区库湾和河道养鱼网箱1.5万个。开展农村饮水安全项目建设,新建农村饮水工程1.4万处,解决135万农村居民的饮水安全问题。2010年,全市集中式饮用水水源一、二级保护区内的工业排污口全部取缔,超额完成库区142个市政直排口的整治任务,库区受175米水位蓄水影响的饮用水水源的整治项目完工12个。

第二节　次级河流整治

重庆水系较为发达,长江、嘉陵江、乌江"三江"流域分布600多条流域面积在50千米^{2}以上的次级河流,其中流域面积在100千米^{2}以上的就有237条。重庆市委、市政府实施主城区次级河流综合治理是满足群众环境要求、提升宜生水产、改善城市形象的迫切需要,也是达到创模要求的必需之举。考虑到当时重庆市的经济能力和创模考核的时限要求,整治工作的着力点是突出污染治理,消除黑臭现象和实现水环境功能达标,主要是"治水",而不是全面"治河"。根据次级河流水质情况和沿岸污染分布情况,重庆纳入重点整治的次级河流共有21条。重点实施截污控源和污染严重河段清淤,并按照次级河流区位和水域要求分类整治,河道尽量保持自然生态。流域生态建设和景观建设,由区县结合创建国家森林城市、国家生态园林城市统筹规划、分步实施。重点整治次级河流受流域生活污染(30%～70%)、工业污染(10%～60%)、养殖业和农村面源污染(5%～25%)影响,河流水质不能稳定达到水域功能要求,部分河段水质黑臭明显,群众反映强烈。根据次级河流实际情况,重庆确定了次级河流整治思路,着力解决主要矛盾,突出整治重点,实现消除黑臭或达到水域功能目标,并随着经济、社会发展和城市建设需求,在统筹考虑生态修复的前提下,由区县因地制宜地逐步实施流域生态建设和景观建设。1995—2010 年,重庆按照确定的整治思路,强力推进,次级河流综合整治取得初步成效。九龙坡区桃花溪、巴南区黄溪河等次级河流受流域生活污染、工业污染、养殖污染等影响,水体又黑又臭,经过整治,基本恢复了流域生态,水质消除了黑臭。

1991—2010 年,重庆从 6 个方面入手抓了 21 条河流的治理工作:

(1)制定整治方案。根据各条河流的区位以及污染源分布,制定 21 条河流"一河一策"的整治实施方案,并由市政府印发实施。根据实施方案,主城区 14 条河流至 2012 年 6 月底,建设 4 座城市污水处理厂,总规模 21 万吨/日,污水干管 126 千米,污水收集管网 148 千米,15 个片区三级管网;建设 28 座镇级和 23 座村级污水处理设施,总规模 78197 吨/日;建设 6 个垃圾中转站,总规模 990 吨/日,29 个镇级垃圾收运系统,清运陈垃圾 33 万吨,陈垃圾场封场 4 处;河道清淤 204 千米、562 万米^3。生活污染治理是次级河流水环境综合治理的重点,可以使流域的生活污水处理率达到 95%,生活垃圾收集处理率达到 100%,消除污染物总量近 50%。主城区以外 7 条河流,建设 117 个城镇污水处理厂,规模 18.6 万吨/日,管网 374 千米;建设集中居民点污水站 43 个,规模 0.63 万吨/日;建设 49 个收集转运站,规模 686 吨/日;建设垃圾填埋场 5 个,规模 539 吨/日,清理陈垃圾 61 万吨;河道清淤 96 千米,清淤泥 251 万吨。

(2)落实工作责任。由市政府与区县政府签订整治目标责任书,并由市政府办公厅分年度下达 21 条次级河流综合整治的目标任务,明确每个工业、养殖、生活污染整治项目的具体要求。

(3)建立工作机制。市政府印发会议协调、信息通报、督查督办、资金保障、监督考核等次级河流综合整治工作推进机制和加快次级河流综合整治的工作意见,各区县采取"督导长"和"河段长"制度,由区县、镇街、党政领导分段包干负责,强力实施次级河流整治。

(4)落实整治资金。明确了次级河流综合整治市、区县两级资金筹措方案,在积极争取国家资金支持的基础上,至 2010 年时,已安排 21 条次级河流综合整治地方债券 9 亿元,管网配套资金 2.59 亿元,同时安排地方债券 5 亿元,解决了次级河流整治资金难的问题。

(5)强化督查考核。定期开展河流整治现场检查工作,定期在主要媒体通报项目进展和水质情况。开展次级河流综合整治项目推进和水质改善"双目标"考核,将考核结果纳入区县党政一把手环保实绩考核。

(6)开展农村面源污染防治。加快无公害食品、绿色食品和有机食品基地建设,推广测土配方施肥,库区生态农业试点示范区县建设已扩大到 15 个。同时,按照"种养结合、生态养殖、以地定畜、资源综合利用"的思路,调整畜禽养殖布局、养殖结构和养殖方式。对畜禽养殖散户,结合生态家园富民工程的实施,加强户用沼气池建设。2010 年,三峡库区累计投入 4.76 亿元,发展农村户用沼气 53.14 万户,占库区总农户的 15.5%。对专业养殖户,推进标准化畜禽养殖小区建设,配套建设沼气池或粪尿集中处理设施,实施污染相对集中治理。对规模化畜禽养殖,实施污染综合治理,建成畜禽养殖场沼气工程 550 处,促进畜禽粪污的资源化利用和无害化处理,形成了能源生态型和能源环保型等多种养殖场污染治理模式。严禁在三峡水库、饮用水水源地保护区以及规划的非投饵性网箱养殖区内开展投饵性网箱养殖。

截至 2010 年底,21 条重点整治次级河流已完成 2103 个整治项目,其中,完成了 198 个生活污染治理项目,关闭和治理企业541家、养殖场(户)1354家,完成河道清淤60千米、100万米^3,改造污水管道128千米,清运垃圾11万吨。通过推进次级河流综合整治,全市53条次级河流98个断面水质满足水域功能的比例达到84.7%,满足Ⅲ类水质的比例达到81.5%。

20年次级河流整治历程:

1991年,全市主要次级河流处于污染较严重的状况。1992年,次级河流的污染越发加剧,有的次级河流基本上成为臭水沟、黑水河,严重地影响了当地的农业生产和沿河两岸的人畜饮水,污染大有蔓延、加重之势。1993年,全市主要次级河流污染严重,其水质呈恶化趋势。1994年,次级河流污染更为严重,水环境质量呈恶化趋势。1995年,次级河流整治工作开始起步,成立流域整治协调机构,对污染严重的小安溪河、璧北河流域进行污染源调查,编制整治规划。1996年,市政府成立小安溪河、璧北河、花溪河流域综合整治协调委员会,完成小安溪河、璧北河的整治规划。1997年,次级河流流域综合整治取得初步成效。永川市、铜梁县、合川市、璧山县、北碚区和巴南区已开始实施小安溪、璧北河、花溪河流域的综合整治规划,铜梁县还开展了巴川河的综合整治,小安溪河上游永川段已逐步恢复使用功能。此外,孝子河、龙溪河和凤嘴江—大溪河流域成立流域协调管理委员会,南川市、万盛区、梁平县、垫江县、长寿县和武隆县分别编制了流域的综合整治规划。1998年,加快了次级河流的综合整治步伐,小安溪等河流的综合整治已见成效,孝子河流域综合整治工程已正式开工,并启动龙溪河、大溪河综合整治规划的编制工作。1999年,为落实国务院对三峡重庆库区水污染整治工作的要求,市政府批准实施了《长江上游(重庆段)水污染整治规划》,明确提出控制目标、治理方案和保证措施,为实施长江上游水污染治理工程奠定了基础。次级河流综合整治工作取得成效,全年完成11条次级河流的规划编制工作。铜梁县巴川河、璧山县璧南河流域的综合整治工程取得阶段性成果;万盛区孝子河的综合整治工程已开工;"小安溪流域污染整治倒计时行动"计划已启动;桃花溪、梁滩河、龙溪河流域综合整治工作提上议事日程,进入组织实施阶段。2000年,通过综合整治,小安溪河流域水质有所改善,桃花溪、永川河、孝子河等次级河流综合整治工作开始启动。2001年,次级河流综合整治工作取得新进展,长寿湖网箱、网栏肥水养鱼污染水质问题已落实解决方案,桃花溪流域综合整治工作正式启动,清水溪流域综合整治行动方案已制定,进入可行性研究和环境影响评价阶段。2002年,桃花溪整治工程落实资金4亿余元,部分项目开工建设;清水溪流域综合整治列入西部环境保护国债项目,争取到2800万元国债资金,完成项目可行性研究报告、环境评估、地质灾害影响评估等审批,开工建设松山段、磁器口入江口段2个示范段;争取到位1600万元国债资金用于孝子河综合治理工程,完成孝子河流域截污分流管网建设、部分河道清淤、两岸护坡工程建设、沿河重点企业污水治理;市政府印发《加强龙溪河流域污染综合整治的通知》,长寿湖网箱养殖全部被取缔。2003年,桃花溪、清水溪污染综合整治一期工程进展顺利。梁滩河、御临河、璧南河、桃花河污染综合整治开工在即。小安溪流域加强对两岸工业污染源的监督检查,开始对碳酸锶厂实施整治。小江、花溪河、琼江河综合整治开展规划和前期准备工作。2004年,市政府印发《关于加快推进我市次级河流水污染综合整治工作的意见》。桃花溪流域综合整治二期工程启动,开工敷设清水溪一期污水截流干管,梁滩河、御临河、桃花河治理项目前期准备工作完成,完成濑溪河、大溪河、花溪河、彭溪河流域水污染综合整治规划编制,其余10条次级河流的治理已进行规划编制等前期工作。2005年,完成19条次级河流的综合整治规划编制,启动桃花溪、清水溪、梁滩河等5条次级河流综合整治工程。2007年,桃花溪流域综合整治二期工程、清水溪整治二期工程、梁滩河污染综合治理一期工程主污水处理厂、桃花溪一期工程污水截流干管、濑溪河龙水段河堤及截污干管建成。澎溪河流域生活污水治理项目中的开县水位调节坝开工建设;打捞并转运长江干流和次级河流水域垃圾12万余吨。2008年,国家发改委和环保部联合印发《三峡库区及其上游水污染防治规划(修订本)》,重庆市小流域污染综合整治项目得到重点支持。国家批复梁滩河、苎溪河流域水环境综合治理工程投资概算。清水溪流域综合整治二期工程D标段项目完成。2009年,市政府印发《加快推进次级河流综合整治工作的意见和考核暂行办法》,实行部门牵头负责制,以及次级河流污染整治项目和水污染改善"双目标"考核制度,初步建立起会议协调、项目调度、监督考核、信息报送等次级河流综合整治协调推进机制。纳入《三峡库区及其上游水污染防治规划(修订本)》的8条次级河流,有2条的整治概算获国家批复,4条的整治概算通过国家评估,2条的整治概算上报国家审批。2010年,以"截污控源、改善水质、消除黑臭"为目标,推进次级河流综合整治。市政府批复梁滩河等14条次级河流"一河一策"的综合整治方案,签订整治目标责任书,明确3年的综合整治任务,落实9亿元地方债券和2.59亿元管网配套资金,实行"双目标"考核,流域内生活污染、养殖污染和工业污染整治项目加快推进。完成1063个整治项目,关闭和治理288家企业、623个养殖场(户),河道清淤60千米,改造污水管道50千米,清运垃圾11万吨。

第三节 工业废水治理

1991—2010年,重庆市工业废水治理做了以下四个方面的工作:

(1)加大产业结构的调整。2008年市政府制定《重庆市工业项目环境准入规定》,严格环境准入,加快产业结构调整,结合三峡工程蓄水,完成了库区1397家工业企业的搬迁和结构调整,关闭了不能稳定达标的造纸企业28家、碳酸锶企业14家、小电镀企业60多家。重庆三次产业结构由2005年的13.4:45.1:41.5调整为8.7:55.3:36,规模以上工业企业利润超过400亿元,增长2.8倍,万元生产总值能耗累计下降20.9%,主要污染物减排任务超额完成。以环境保护优化经济发展,引导企业进园区集聚、集约发展,"6+1"支柱产业集群发展壮大,以惠普、宏碁和富士康、英业达、广达为龙头的1亿台笔记本电脑生产基地强势崛起,汽车摩托车产值超过3000亿元,装备制造、化工医药、材料工业、轻纺工业产值均突破1000亿元,形成百亿级园区20个、百亿级企业15户。

(2)实施主城区污染企业环保搬迁。20年间,重庆市为改善主城区环境质量和城市形象,出台了财政税费返还、土地出让补偿、职工养老和医疗等多方面的环保搬迁优惠政策,启动5批共165户污染企业的环保搬迁工作,2010年,已完成重庆主城区范围内113家工业企业的环保搬迁工作,通过搬迁,完成产业升级改造和完善污染治理设施。据统计,已搬迁的113户企业,年均销售收入比之前增长83%,年均万元产值能耗下降64%,年均削减化学需氧量8300余吨,年均削减二氧化硫1.1万余吨,大部分企业实现了"搬大、搬强、搬活、消除污染和安全隐患"的目标。

(3)强化工业园区污染防治工作。实施工业园区规划环评,全市48个工业园区82个组团完成规划环评审查,全市138个工业集中区已有42个通过规划环评。全市工业园区已投产或在建的2000余家企业中,环评执行率已达到98%以上,绝大部分落实了环保"三同时"制度。80%以上的工业园区设置了环保管理机构或专职环境管理人员,70%以上的工业集中区配备了专职或兼职的环境管理人员。所有的工业园区均将污染集中处理设施纳入园区发展规划,根据入园企业污水和工业固体废物排放情况适时建设相对集中的污水、工业固废处理设施以及配套污水收集管网。2007年,全市已有20余个园区采取建设集中污水处理厂或依托城市污水处理厂的方式对污水进行了集中处理,另有10余个工业园区正在开展集中污水处理厂的建设工作。此外,重庆还建成了2座危险废物处置场,能满足全市工业园区危险废物的处置需要。在园区集约发展和集中控制污染方面,重庆长寿化工园区走在了全市前列。长寿化工园区始终贯彻"环境保护一体化"的开发建设理念,积极开展环境保护及循环经济工作,通过采取一系列环境保护措施和手段,有效实现了园区"三废"的达标排放,节能减排效果明显。长寿化工园区的污水治理采取两级治理模式:第一级是企业建设污水处理站,对自己产生的污水进行预处理,使其特征污染因子达一级排放标准,常规污染因子达三级排放标准;第二级是建设化工园区污水处理厂,集中处理园区企业污水,达一级排放标准后排入长江。为解决园区企业污水治理问题,化工园区投资约1500万元,建设完成约4000米的污水管网及一座600米^{3}的污水调节池,同时引进重庆中环水务有限责任公司投资,建设园区二级污水处理厂。该厂近期规划污水治理能力为4万吨/日,远期规划污水治理能力为8万吨/日,并可根据园区发展情况,适时扩大污水治理能力。截至2007年7月,中环水务已投资近2亿元,建成投运园区公共污水管道长约7000米、日处理工业污水能力2万吨的污水处理一期工程,运行状态良好,具备年消减有机污染物2880吨的能力。2007年,中环水务污水处理厂实际处理废水约8000吨/日,年实际减排有机污染物约1200吨。2010年,三期工程完成基础及构筑物工程,正式投入使用。园区污水处理能力达到4万吨/日,完全能满足园区企业对污水处理设施的需要。2010年,已有环球石化、建滔、云天化、康乐药业、长杨热能等企业编制出循环经济工作方案,进一步的工作在逐步实施中。

(4)强化工业企业环境监管。对全市造纸、电镀、电解锰、碳酸锶、重金属等行业进行专项整治,制订了主城区工业企业达标工作方案,对不能稳定达标的企业实施限期治理,对企业环境污染违法行为启动"按日累加处罚",督促184家水污染物排放企业安装了在线监测、监控装置,确保工业企业达标排放。

1991年,全市工业企业外排废水3.76亿吨,安排治理资金8700万元,项目521个,当年竣工456个,形成处理废水能力15万吨/日。1992年,全年工业废水的处理率和达标率分别为53.7%、53.1%。1993年,新增废水处理能力177.6万吨/年。1994年,全市共完成66个污染治理项目,总投资3359.8万元,新增废水处理能力464.4万吨/年。1995年,对主要工业废水污染源提出限期治理要求,制定了《重庆市水污染防治方案》,向国家报送水污染防治的建设项目,安排排污费2500万元用于唐家桥污水处理厂工程建设。1996年,共取缔、关停污染严重企业15种、241家,削减工业废水1993.2万吨/年。1997年,为贯彻《国务院关于环境保护若干问题的决定》,全市各地区、各工业主管部门开展《2000年工业污染源分期治理达标规划》的编制工作。主要工业主管部门和特大型企业已编报规划24个。全市共取缔、关停污染严重企业15种、469家,减少排放工业废水3732万吨/年。1998年,全市机械、轻工业等行业含重金属的工业废水处理率已达到88.6%。1999年,市政府印发《重庆市2000年工业污染源达标排放和城市环境功能区达标工作方案》,并召开电视电话会议进行部署。市环保局向社会公布90家重点工业污染企业名单,下达限期治理通知。2000年,全市纳入"一控双达标"考核的工业污染企业有5169家,已完成达标任务的有5157家,达标率为99.8%,其中占全市主要污染物排放负荷65%以上的工业企业有90家,已完成达标任务的有83家,达标率为92.2%。2001年,新增废水处理能27.59万吨/日。2003年,加强对工业废水处理设施的监管,保证工业废水达标排放。2004年,重庆民丰化工公司含铬废水处理厂建成投入运行,日处理含铬废水800米^3,建成含铬废水截流坝工程。完成对全市176家电镀生产企业(厂点)的污染整治,一批小碳酸锶企业关闭或停产。2005年,加强工业废水治理,全市65个重点污染源治理项目除3个搬迁外,其余治理项目已完成主体工程。

第四节 船舶污染防治

重庆市的船舶污染防治工作,是在1995年将长江、嘉陵江城区段的饮用水水源保护纳入市政府的工作日程时开始的。当时提出对保护区内的停靠船只、水上餐厅进行清理搬迁。正式启动该项工作,则是在2002年。当年市交委牵头拟订库区船舶污染治理方案,编制了船舶废弃物接收处置工程和危险化学品船舶洗舱基地建设工程可行性报告,编制了船舶污染治理项目建议书和可行性研究报告。市环保局开展大型船舶污染治理技术示范。2003年,启动三峡库区船舶的污水治理扩大示范工程,重庆长江轮船公司等5家公司的7艘船舶完成限期治理。推进船舶污染接收处置工程和化学品船舶洗舱基地建设。2004年,完成12艘大中型船舶生活污水治理示范工程和20余艘船舶污水治理示范工程。保护区范围内的16艘餐饮娱乐船舶有10艘完成治理,其余6艘迁出保护区。2005年,在饮用水水源保护区内,对餐饮娱乐船舶进行污染治理。2006年,30匹马力以上的船舶全部安装油污分离器。新打造或新改造的逆水航程在4小时以上、客位在100个以上的客船和600总吨以上的机动货船均安装了生活污水处理设备。2007年,在重庆籍319艘新建船舶上和80艘在用船舶上安装生活污水处理装置,启动污水产生量大、污染负荷高的60艘跨省运输船舶的生活污水治理项目。2008年,完成在60艘船舶上安装污水处理装置的任务。2010年,新建造船舶全部安装上生活污水处理装置,老船舶分期分批实施治理。在重庆主城区、万州区、巫山县等主要客运港区设置了固体垃圾接收船舶,库区25千瓦以上的运输船舶已基本按要求配备了油水分离设备和污水储存装置,约600艘船舶安装了一体化生化处理装置。

第五节　城市及库区水污染整治

三峡库区是国家的淡水资源战略储备库,库区生态建设与环境保护工作的成效直接关系到三峡工程的安全运行,关系到库区特别是长江中下游的生态安全,关系到南水北调等重大战略的实施。1991—2010年,重庆市坚持以水质改善和饮用水水源保护为重点,大力推进实施《三峡库区及其上游水污染防治规划(修订本)》和《重庆市"碧水行动"实施方案》,开展城镇生活污染整治、工业污染防治、船舶污染防治、次级河流综合整治等,加大库区水环境保护的力度,确保了库区的水质稳定和环境安全。主要开展了以下工作:

一、推进环境基础设施建设

在国家的支持下,重庆市加快建设城市污水处理项目、主城排水三级管网和工业园区污染防治设施。全市建成50个城市污水处理厂和21个小城镇污水处理项目,建成32个城市垃圾处理场和16个小城镇垃圾处理项目。主城区垃圾焚烧项目初设通过国家概算审查,万州垃圾处理二期工程完成可研报告审查,建成4个工业园区废水处理厂。

二、对全市区县属以上医院的病毒、病菌废水进行综合治理

1998年,完成全市191家区县属以上医院病毒、病菌废水治理设施运行情况的复查工作,对未进行废水治理的14家医院下达了限期治理任务。主城9区范围内的104家区属以上医院的病毒、病菌废水处理率达94%,超额完成处理率达80%的目标任务。1999年,市环保局组织筛选了一批先进、可靠的治理技术,安排资金297万元,用作22家资金困难医院的污染治理贷款和环保部门的工作经费补助,从技术、资金上给予大力支持,千方百计推动治理工作的开展,基本完成当年市政府下达的工作目标。主城9区范围内的104家区属以上医院的病毒、病菌废水处理率达到95.2%,达标率达到80.27%。2000年,对全市196家区县级、50张病床以上医院的病毒、病菌废水进行综合治理,已有190家医院建成195套处理设施,病毒、病菌废水处理率97%,达标率81%。

三、加大库区工业污染防治力度

市环保局制《工业项目环境准入规定》,防止有重大环境风险的项目进入库区。制定相应政策引导工业企业向工业园区集中,坚持集中控制工业污染、集中防范工业项目环境风险。完成了淹没工矿企业的搬迁调整任务,主城区66户企业完成环保搬迁任务。开展造纸、电镀、电解锰、碳酸锶等行业的专项整治,强化了化工行业的环境安全检查。

四、对库区饮用水水源的保护

清理饮用水水源地保护区范围的所有工业污染源、市政排污口和餐饮娱乐船,完成重庆市500人以上集中式饮用水水源地保护区的划定工作。禁止在三峡库区水域进行网箱、网栏养殖,市级有关部门联合开展了三峡水产养殖专项执法行动。发布《关于禁止销售和使用含磷洗涤剂的通告》,从2003年1月1日起开始在重庆市范围内禁止销售和使用含磷洗涤剂。据评估,通过"禁磷",重庆市每年减少磷排放3130吨。2002年出台《重庆市人民政府关于禁止销售和使用含磷洗涤剂的通告》(以下简称《禁磷通告》)。自2003年1月《禁磷通告》开始实施以来,全市绝大部分区县结合本地实际积极开展了"禁磷"工作。全市在两个月时间内共发放"禁磷"宣传资料3万余份,出动执法人员400余人次,共检查了3400余家单位和个人,对违反《禁磷通告》的400余家单位和个人进行了查处,查封了大量含磷洗涤剂。各区县高度重视"禁磷"工作,通过电视、电台、报纸、宣传栏、宣传车、传单、标语等形式积极宣传《禁磷通告》,采取电视跟踪报道执法情况等方式,使广大市民对"禁磷"工作有更多的认识和了解,为全面"禁磷"奠定了坚实的群众基础。各区县由政府组织或由环保部门牵头开展了"禁磷"联合执法检查,使无磷洗涤剂产品占领了主要市场。各区县高度负责,积极采取了大量切实有效的措施,使当地的"禁磷"工作取得显著的成效:江津将"禁磷"工作全面深入到各乡镇,通过报纸、电台、电视、传单、制作录音带等方式宣传《禁磷通告》;江津环保部门多次会同该市工商、质监等有关部门对销售、使用含磷洗涤剂的单位和个人进行调查摸底,联合清理、检查了1866家销售、使用洗涤剂的单位和个人(均进行了登记造册),共查出含磷洗涤剂89453千克,并对这些单位和个人给予警告;在随后的执法检查中,查处了124家仍在销售和使用洗涤剂的单位和个人,查封含磷洗涤剂900多千克,罚款1090元。云阳成立了以分管副县长为组长的"禁磷"工作领导小组,向全县65个镇(乡)、县级各部门转发了《禁磷通告》和实施意见,要求各级干部在"禁磷"工作中做到三个带头(即带头宣传、带头支持、带头参与),并将"禁磷"工作作为一项重要内容纳入了城市环境综合整治中,进行定期和不定期的检查。渝北将"禁磷"工作作为创国家环保模范城区的一项重要工作来抓,制定了实施方案,通过电视、报纸进行了连续半个月的宣传,并散发了大量的传单,使《禁磷通告》家喻户晓。其后,由分管副区长带队,对销售、使用洗涤剂的情况进行了拉网式的执法检查。潼南、巫溪、石柱成立了以政府分管领导为组长的"禁磷"工作领导小组;潼南县领导发表了"禁磷"电视专题讲话;巫溪、奉节的执法力度大,分别查封价值3万元和多达3000千克的含磷洗涤剂,并对违反《禁磷通告》的单位和个人予以曝光;永川、南川、石柱均检查200家以上的单位和个人;万州开展了电视、报纸、图片、传单、抽奖、咨询等多种形式的宣传。

五、做好库底固体废物清理和漂浮物清捞

圆满完成三峡库区二、三、四期库底固体废物清理工作,清理处置生活垃圾306万吨、一般工业固废260万吨,清理危险废物1.9万吨,清理处置废放射源18枚。三峡水库蓄水以来,重庆市财政累计安排清漂经费1.46亿元,配备31艘机械化清理水上漂浮物船舶和27辆垃圾压缩式运输车。市环保局持续开展库区漂浮物清理工作,累计打捞处置漂浮垃圾72万余吨;尤其在三峡工程175米试验性蓄水期间,重庆市组织了"万人清理水上漂浮物大突击活动",2个月清理漂浮物10万余吨,缓解了三峡坝前清理漂浮物的压力,确保了库区蓄水的安全和水域的清洁。推进船舶废弃物集中处理和化学品运输船舶洗舱基地建设工程,在重庆主城区、万州、巫山等主要客运港区设置了固体垃圾接收站,库区25千瓦以上的运输船舶均配备了油水分离设备和污油水储存装置,1300余艘船舶安装了一体化生化处理装置。

六、推进次级河流污染综合整治(第二节已述)

七、开展库区船舶污染治理(第四节已述)

八、开展农村面源污染防治(第七章第二节已述)

九、实施消落带生态环境保护

市环保局下发《关于加强三峡水库消落区管理的通知》,加大消落区管理力度;启动消落区综合治理项目,开县调节坝、奉节胡家坝消落区生态环境整治工程相继开工建设;加强了消落带整治的生物措施,启动了"三峡库区消落带生态恢复及综合整治技术与示范"和"三峡库区水土流失与面源污染控制试验示范"等科技支撑项目,开展了消落带耐淹植物栽培试验。三峡工程蓄水以来,库区重庆段的水环境质量总体保持稳定,长江、嘉陵江和乌江重庆段水质满足Ⅱ类的断面的比例逐年上升。2009年,"三江"(长江、嘉陵江、乌江)重庆段水质保持稳定,水质属于Ⅱ类和Ⅲ类的断面的比例分别为91.3%和8.7%。

第三章 噪声污染治理

重庆是一个综合性的老工业城市,城市布局不合理,工业区、商业区、生活区相互混杂,无明显的功能分区。重庆又是山城,道路狭窄,弯多坡高,车流量大,鸣笛多,且集中于干线,交通堵塞严重。随着城市经济建设的发展,重庆市环境噪声污染日趋严重,交通噪声普遍超标,建筑工地施工噪声、工业固定噪声扰民突出,社会生活噪声在重庆市闹市中已成为一大公害。

重庆市从1989年开始,全面开展噪声污染的综合整治工作,已形成多方配合、齐抓共管、全面整治噪声污染的局面。环保部门对噪声污染治理实施统一监督管理,公安、交通、航运等部门对社会生活噪声和交通噪声实施监督管理。在工业噪声控制方面:对建设项目严格执行"三同时"制度;对超标噪声源开征超标排污费;对噪声扰民严重的单位下达限期治理任务。在建筑施工噪声控制方面:建立建筑施工申报制度,开征噪声超标排污费,对建筑施工噪声实行以块为主、条块结合,谁审批、谁负责的管理体制。在社会生活噪声控制方面:实行环保部门和公安部门分工负责制,环保部门负责对歌舞厅、夜总会、体育场馆等场所实施监督管理;由公安部门对集市喧闹声、广场喇叭声、公共场所噪声和家庭娱乐噪声等进行监督管理。在禁放烟花爆竹工作中,环保部门负责上下协调,统一管理,并组建由公安、工商、城管、民政、文化等部门组成的综合执法队伍,联合执法,使禁放工作一举成功。在交通噪声控制方面:由市环保部门、公安部门和重庆警备区密切配合,严格巩固市政府禁鸣成果,扩大禁鸣范围,有力地控制了交通噪声污染。

从1992年开始,开展建设环境噪声达标区工作,有计划地对近郊9区的工业固定噪声、建筑施工噪声、交通噪声和社会生活噪声进行综合整治。

第一节 建筑施工噪声和社会生活噪声治理

1991年,城区环境噪声昼夜平均等效声级为59.9分贝,比1990年下降1分贝。

1992年,城区白天时段环境噪声平均等效声级为56.4分贝(A),深夜时段平均等效声级为49分贝(A)。1992年1月27日,市政府颁布《重庆市环境噪声标准适用区域划分规定》,并从3月1日起施行。原于1983年11月25日颁布的《重庆市区域环境噪声标准适用地带范围的规定》同时废止。1992年8月12日,市政府同意市环境保护局、市建设管理局发布《关于加强建筑施工场界噪声管理的通告》,该通告自发布之日起执行。

1993年,城区功能区噪声平均等效声级为57.4分贝,其中昼间为55.8分贝,比1992年降低0.6分贝,夜间为49.1分贝。噪声达标区建设工作进展顺利,近郊7区以政府名义召开动员大会,成立了建设噪声达标区的领导小组,制定工作计划,明确工作责任,并将任务层层分解落实到基层。噪声扰民污染源的限期治理项目下达90个,已按行业逐一落实。社会生活噪声控制试点已初见成效,南岸区、市中区先后完成市政府下达的"社会生活噪声管理试点"任务。南岸区政府颁布了《控制社会生活噪声管理办法》,并在辖区内广泛张贴布告,开展集中的执法宣传周活动。南岸国际商业城开工,购了一万余元的鞭炮,为严格执行《控制社会生活噪声管理办法》的规定,经过做工作,开工仪式上只播放了鸣鞭炮的录音,受到广大群众的欢迎。

1994年,城区功能区噪声平均等效声级为58.4分贝,其中昼间为56.8分贝,夜间为50.2分贝,比1993年均有所提高。从1992年开始到1993年底止,在近郊7区的16条街道、3个镇和3个小片区建成环境噪声达标区,并通过市政府组织的验收。建成达标区98.66千米^2,在城区的建成覆盖率达52.4%,受益人口114.8万人。1994年1月6日,市环保局向近郊7区政府下发《重庆市环境噪声达标区建设验收标准》,要求检查《关于加强建筑施工场界噪声管理的通告》在达标区的范围内的执行情况,重点检查是否结束对建筑施工噪声放任自流的局面。抽选2~3个施工场地进行现场检查。检查社会生活噪声控制的开展情况,着重检查达标区内各种社会生活噪声扰民的情况是否有所好转,抽选1~2个点做现场检查。

1995年,城区区域环境噪声平均等效声级为55.6分贝,比上年降低2.8分贝,城区环境噪声明显减轻。全市已建成噪声达标区107.7千米^2,在城区的建成覆盖率达到57.3%。发布《关于加强城市社会生活噪声管理的通告》,加强了对歌舞厅、夜总会、音像放映厅等文化娱乐、体育场所的生活噪声的管理,初步改变了城市声环境质量。渝中区强化对社会生活噪声、建筑施工噪声的管理,取得显著成效。继城区禁止燃放烟花爆竹之后,铜梁等远郊区县也颁布实施了禁止燃放烟花爆竹的规定,减轻了社会生活噪声的污染。

1996年,城区功能区噪声昼夜平均值为51.3分贝,区域环境噪声昼间平均值为55.3分贝。全市又新建成噪声达标区56千米^2。对建筑施工噪声和社会生活噪声的环境管理进一步加强。全市629个产生社会生活噪声污染的单位受到查处。

1997年,声环境质量总体维持在1996年的水平上,主城区功能区噪声昼夜平均值为51.4分贝,区域环境噪声平均值为55.7分贝。全面推行建筑工地夜间作业申报、审批、通告制度,控制夜间施工的噪声污染。市环境监理大队、渝中区、江北区、万县市等加强了夜间巡查工作。

1998年,社会生活噪声成为影响环境质量的主要因素。主城区区域环境噪声平均值为56.1分贝,功能区环境噪声昼夜平均值为53.3分贝。全市新增3个噪声达标区,使全市噪声达标区范围扩大至114千米^2,噪声达标区覆盖率达65.9%。认真做好高考期间的噪声管理,为考生提供了良好的学习和考试环境,得到了市领导和广大群众的好评,并受到国家环保总局的表彰。1998年12月21日,市政府重新印发《重庆市城市区域环境噪声标准适用区域划分规定》,自1999年1月1日起施行。原于1992年1月27日颁布的《重庆市环境噪声标准适用区域划分规定》同时废止。建筑施工噪声和社会生活噪声扰民日趋严重,成为市民投诉的环境"热点"。全年受理的4714件环保投诉中,近半数都是反映噪声扰民问题。

1999年,主城区区域环境噪声平均值、功能区环境噪声平均值分别为56.8分贝、53.8分贝,较上年略有上升。社会生活噪声管理得到加强。为了保证全市中、高考的顺利进行,重庆市从1999年6月20日至7月10日,开展环境噪声执法大检查,全市共进行夜间巡查224次,处理信访投诉320件,对81家违法单位进行处罚,为考生提供了良好的考试、学习和休息环境,得到社会的普遍好评。

2000年,主城区区域环境噪声平均值、功能区环境噪声平均值基本控制在国家标准之内。加大社会生活噪声管理力度。市环保局转发《国家环保总局、公安部、国家工商行政管理局关于加强社会生活噪声污染管理的通知》,要求各地迅速对城镇居民集中的营业性饮食服务单位和娱乐场所的社会生活噪声进行联合检查。全市被检查单位有3713家,超标313家,下达限期治理714个,经整改达标311个,治理经费833.8万元。强化对建筑施工噪声扰民的监督检查。严格把关建筑工程夜间连续施工的审批工作,加大执法力度,每周星期一、三、五晚上由市环境监理大队、监测中心组成联合执法检查小组进行夜间巡查,有群众投诉或检查到未经审批擅自夜间施工的,从严处罚。

2001年,主城区区域环境噪声平均值、功能区环境噪声平均值基本控制在国家标准之内。黔江区、荣昌县等区县开展了噪声达标区建设工作。

2002年,严格夜间建筑施工审批,严查噪声扰民问题,市政府监察总队对600余件夜间违法施工行为实施行政处罚。

2003年,全市环境噪声达标区达37个,总面积173千米^2。继续加强对建筑施工噪声的夜间巡查和对中、高考期间环境噪声的监督管理,开展创建"安静小区"示范工作。

2004年,继续加大对建筑施工噪声夜间巡查的力度,黔江区等7个区县建设环境噪声达标区通过验收,全市环境噪声达标区的面积新增53.8千米^2,累计达226.8千米^2。丰都三合镇建成1个市级安静小区。

2005年,建筑施工噪声得到有效控制。

2006年,启动"宁静行动",着力解决噪声扰民问题。市政府审议通过《重庆市"宁静行动"实施方案》。继续开展环境噪声达标区建设,28个区县建成噪声达标区333千米^2。开展社会生活噪声专项整治,建成环保、公安、文化、工商行政管理等部门联合执法检查制度,重点整治文化娱乐场所噪声。

2007年,重庆市继续实施"宁静行动"取得较大进展,市环保局联合公安、文广、工商行政管理和文化执法部门开展娱乐场所、城区居住区社会生活噪声专项整治。全市新建环境噪声达标区99.29千米^2,累计建成432.29千米^2。涪陵区、南岸区、北碚区等建成30个市级安静居住小区。

2008年,全市新建环境噪声达标区152.7千米^2,建成20个市级安静居住小区。对主城区14个街(镇)的经营性文化娱乐场所进行检查整治。城市主城区环境噪声达标区覆盖率为71.2%,远郊区县环境噪声达标区覆盖率为75%。

2009年,开展中考、普通高考、成人高考期间环境噪声专项整治,全市出动执法人员3964人次,重点整治6395个考场周边区域,保障考生的学习和休息环境。完成45个文化娱乐场所的噪声污染治理。新(扩)建环境噪声达标区40千米^2,全市累计建成市级安静居住小区72个。

2010年,坚持部门联动实施"宁静行动"。开展文化娱乐场所噪声污染整治,开展群众反映强烈的、投诉较多的营业性文化娱乐场所夜间噪声整治,开展中考和高考期间噪声整治。规范夜间施工噪声临时许可证审批流程,加强对区县审批工作的监管,缓解了环境噪声扰民问题。

第二节　工业噪声治理

1991—2010年,重庆市对工业噪声治理,主要采取以下三条措施:

一是严格控制新污染源。禁止在0类区和1类区新建、扩建、改建产生环境污染的工业企业。禁止在居民住宅楼内开办产生噪声污染的机动车修配厂、加工厂、印刷厂等。严格限制在2类区新建、扩建、改建产生环境噪声污染的工业企业。

新建工业项目要求厂界噪声达标排放。对新建、扩建、改建的项目要严格将防治噪声污染纳入环境影响评价和"三同时"内容。对可能产生环境噪声污染的新建项目，必须经环评审查同意选址建设，工商部门方可办理营业执照，未办理环保手续的工业企业，工商部门不得办理营业执照。项目竣工验收时必须出具工业厂界噪声达标排放的相关材料。

二是对噪声污染源进行治理，对污染企业实行搬迁。原有工业污染源必须按照全市有关要求，严格执行排污申报和排污许可证制度，严格执行工业企业厂界噪声标准，对超标企业依法实施治理、限产、搬迁、关停。对位于人口稠密区、噪声不达标、居民反应强烈的噪声污染工业企业，各区县政府制订并实施搬迁计划和限期治理计划。2010年，完成主城区工业噪声污染安全隐患企业的搬迁，各区县完成一批噪声污染企业的限期治理和关闭、搬迁工作。对在限期治理期间内不能完成的，当地县级以上人民政府已依法实施停产治理。

三是淘汰落后的工艺和设备，鼓励使用低噪声的技术和设备。淘汰落后的生产工艺和设备，不得引进不符合国家环境保护规定的技术和设备，禁止生产、销售和进口不符合国家、行业、地方规定的噪声标准的产品。鼓励采用低噪声的新技术、新工艺、新设备，采取吸声、消声、隔声、隔振和阻尼减振等治理措施，减轻噪声对环境的影响。

1992年12月，市环保局对噪声污染源的治理能充分选择较好的治理厂家，组织力量专门对治理厂家进行有关资金、技术、设备情况的调查，形成调查报告，向需要治理噪声的企业进行推荐。

柴油机房噪声治理好的厂家：重庆华光噪声振动控制设备厂、重庆电器工业公司、重庆两江环保技术设备服务部、重庆振兴环保设备厂、重庆三和环保通风设备工程安装处。

发电厂噪声综合整治好的厂家：重庆农机研究所、光明消声器厂、重庆华光噪声振动控制设备厂

纺织车间噪声综合控制好的厂家：光明消声器厂

车间混响和冲压噪声控制好的厂家：光明消声器厂、重庆振兴环保设备厂

空压机房噪声治理好的厂家：重庆华光噪声振动控制设备厂、重庆三和环保通风设备工程安装处

锅炉房噪声控制好的厂家：重庆农机研究所、重庆电器工业公司、光明消声器厂、重庆华光噪声振动控制设备厂、重庆三和环保通风设备工程安装处、重庆两江环保技术设备服务部、重庆振兴环保设备厂

泵房噪声控制好的厂家：重庆振兴环保设备厂、重庆电器工业公司

空调噪声控制好的厂家：重庆振兴环保设备厂

1992年，消除工业固定噪声源41个；1994年，消除工业固定噪声源42个；1995年，消除工业固定噪声源9个，市政府对沙坪坝区天星桥等4个街道的环境超标区建设进行验收，4个建设区内的工业固定声源均达到验收标准。2005年，工业噪声得到有效控制。2007年，重庆市继续实施"宁静行动"，取得较大成效。市环保局联合公安、文广、工商行政管理部门对加工企业进行噪声专项整治，完成39家噪声污染企业的限期治理和8家工业噪声污染企业的搬迁。2008年，完成31家噪声污染企业的限期治理和7家工业噪声污染企业的搬迁。对主城区14个街（镇）的小型加工企业的噪声污染实施分步综合整治。2009年，全面实施"宁静行动"。加强对工业噪声的监督管理，环境噪声达标区覆盖率达到73.7%，新建市级安静居住小区25个。2010年，全面实施"宁静行动"，开展工业噪声综合整治专项行动，新建市级安静居住小区45个。

第三节 交通噪声治理

1991—2010年,重庆市在以下5个方面对交通噪声实施治理:

一、道路交通噪声控制

(1)道路建设的噪声防护。道路规划时预留必要的噪声防护距离。在确定道路建设布局时,根据国家《城市区域环境噪声标准》(GB 3096—1993)和重庆市政府批准的城市区域环境噪声标准适用区域划分方案及民用建筑隔声设计规范,合理划定建筑物与铁路、高速公路、一级公路、二级公路、城市快速路、城市主干路、城市轨道交通(地面段)等交通干线的噪声防护距离,并提出相应的规划设计要求。

新建道路及两侧建设和管理。交通项目建设的线路选择充分考虑避让噪声敏感目标,避免穿越城镇中心城区。合理规划道路两侧用地功能,城市交通干线两侧噪声防护距离以内的区域,宜进行绿化或作为非噪声敏感性建筑物用地,严格限制建设住宅等噪声敏感建筑物,噪声防护距离以内已有的噪声敏感建筑物,进行搬迁或采用行之有效的防噪措施,确保建筑物的声环境质量达到相应区域噪声标准。交通干线噪声防护距离以外相邻区域的土地利用以工业仓储、商业服务为主,或以非噪声敏感建筑物间隔,不宜直接作为0类、1类声环境功能区。

(2)对噪声敏感建筑物的防护。加强对原有道路两侧噪声敏感建筑物的防护。加快降噪路面建设,结合实施主城区"蓝天行动",主城区A类控制区全部道路和B类控制区建成区主次干道的新建、扩建、翻修使用改性沥青,主城区内环线以内交通干线敏感路段采用多孔性材料等低噪措施进行建设。对原有主干道、高架路、高速公路等交通线路,噪声敏感目标的声环境质量不达标、交通噪声长期扰民的路段,建设声屏障,按《声屏障声学设计及测量规范》(HJ/T90—2004)的要求,结合《重庆市创建国家园林城市实施方案》,在道路两侧建设噪声绿化防护带;对已有的交通干线与两侧噪声敏感建筑物之间距离过小而造成严重环境噪声污染的,安装隔声窗。

在噪声敏感目标邻近区域新建交通项目,建设单位应根据环境影响评价结论采取声屏障、绿化防护带等有效措施保证噪声敏感目标的声环境质量达标,或予以搬迁;在征得所有权人同意的条件下,采取隔声窗等建筑隔声措施使室内达到相应的标准要求。

在城市交通干线两侧区域建设噪声敏感建筑物,建设单位应根据环境影响评价结论采取有效措施保证声环境质量达标;在征得所有权人同意的条件下,采取隔声窗等隔声措施使室内达到相应的标准要求。为保证市民的环境知情权,要求开发商对住宅环境质量进行公示或告知,在售房前公布有关部门认定的建筑物所在地的声环境状况及建筑隔声情况。

(3)机动车噪声污染控制。严格控制机动车辆的机械噪声,推广使用低噪声车辆。将噪声检测纳入机动车年检内容,对在用车进行定置噪声检测,对不满足要求的车辆不得发放年检合格证,并要求限期治理。

划定城市机动车禁鸣区,严格控制机动车辆鸣笛和其他信号装置噪声。2010年,全市区县城区划完禁鸣区,在主城区禁止机动车在内环高速公路以内及北碚城区、两路城区、鱼洞城区、北部新区以内鸣笛;其他区域的禁鸣路段由区县人民政府规定,原则上应将区县政府所在地、学校、医院、居住密集区等区域纳入;随着城市建设的发展,新增的城市敏感建筑物集中区域和主城外围11个组团应逐步纳入禁鸣区。特种车辆安装的警报器除执行紧急任务外不得使用。

加强交通管理,综合降低道路交通噪声污染。对位于敏感建筑物附近的公交车站场进行调整,禁止机动车占道停车,加强公交车进出站管理和调整,合理设置交通信号与标志、标线,发展智能交通,保证道路畅通,降低交通噪声。禁止过境货运车辆穿越城区,夜间运输城市建筑渣土,其运行线路、运行时段应事先向有关主管部门备案,并严格按照规定时速行驶。

(4)道路干线噪声污染控制。道路干线(包括高速公路、一级公路、二级公路、城市快速路、城市主干道、城市次干道等)噪声控制标准执行交通噪声"4b"类控制标准,即昼间70分贝,夜间60分贝。

二、铁路噪声污染控制

将新建铁路项目的噪声污染控制纳入环评和"三同时"内容,从线路避让、建设形式等方面有效降低铁路噪声对沿途城市敏感目标的影响。逐步加强对原有线路两侧敏感目标的保护,对学校、医院、住宅等敏感建筑采取建设隔声窗、修筑绿化隔离带、封闭建设等降噪措施。

加强城区列车鸣笛管理。划定重庆新老枢纽和区县城区范围铁路机车限制鸣笛区。在限制鸣笛区域内,铁路机车限制鸣笛,按照成都铁路局《城区限制铁路机车(轨道车)鸣笛办法(试行)》执行。铁路噪声控制标准执行交通噪声"4c"类控制标准,即昼间70分贝,夜间65分贝。

三、船舶噪声污染控制

进入主城港区(长江郭家沱以上至马桑溪大桥以下水域及嘉陵江高家花园大桥以下水域)、涪陵及万州港区的船舶执行《内河船舶噪声级规定》(GB 5980—2000)。年检时对于主辅机噪声超过规定标准的船舶,限期进行改造,实现噪声达标。禁止挂浆机船在主城港区内航行、停泊和作业。

加强主城港区船舶鸣笛管理,船舶在重庆港区禁止使用高音量喇叭,应使用低噪声音响设备,禁止在主城港区试鸣汽笛,尽可能减少习惯性鸣笛,加大监管力度,查处船舶违规使用声响设备的行为。合理调整主城港区客船的发班时间,减少夜间船舶流量,除特殊情况外,23:00—次日7:00禁止客船发班。

对采砂船作业实行采矿许可管理,主城港区实施卸载作业的运砂船舶一律使用岸电,其他情况以及采砂作业时尽量使用岸电,主城港区禁止夜间(22:00—次日7:00)作业,严肃查处噪声超标扰民的作业行为,情节严重者取消作业许可证。

严格加强对渔船的行为管理,划定合理的夜间作业区域,主城港区高家花园大桥至黄花园大桥的嘉陵江段严禁夜间作业,加大巡逻及违章查处力度。

港区航道噪声控制标准执行交通噪声"4a"类控制标准,即昼间65分贝,夜间60分贝。

四、城市轨道交通噪声污染控制

城市轨道交通项目尽量避开沿线重要敏感建筑物。如果必须穿越敏感目标,建设方必须采取相应的降噪措施,或者道路红线设置过渡区,确保达到规定标准。原有的轨道两侧,禁止建设噪声敏感建筑物,如确需建设时,建设方必须采取有效的防噪措施,确保环境噪声达标。城市规划应明确轨道两侧预留一定的噪声防护距离,防护距离以内宜进行绿化或作为交通设施、仓储设施等非噪声敏感性应用,禁止建设噪声敏感建筑物,对已有的噪声敏感建筑物,应搬迁或采取修建声屏障、隔声窗、绿化防护带等降噪措施。

城市轨道交通地面段噪声控制标准执行交通噪声"4a"类控制标准,即昼间65分贝,夜间60分贝。

五、航空噪声污染控制

合理规划利用机场周边的土地,WECPNL(加权等效连续感觉噪声级)大于75分贝的机场周围区域,禁止规划新建住宅、学校、幼儿园及医院等噪声敏感建筑物。对机场附近的噪声敏感建筑物实施防护,加强绿化,安装机场隔声窗、隔音材料等防噪设施或调整建筑物内部结构,以达到相应的标准。

在用和拟用航空器噪声符合《航空器型号和适航合格审定噪声规定》的相关要求。对于在用的、噪声大的旧飞机,应对其发动机采取消音措施。

机场噪声控制标准执行《机场周围飞机噪声环境标准》(GB 9660—88)的规定。

六、1991—2010 年，交通噪声治理情况

1991 年，重庆城区交通干线噪声平均等效声级为 75.8 分贝，比 1990 年下降 0.9 分贝，同全国各大城市比较，重庆仍处于高噪声环境中。

1992 年，交通噪声在白天时段的平均等效声级为 73 分贝，超过国家标准 3 分贝。经市政府批准，由市环保局、市公安局联合颁布《关于严格控制机动车喇叭声的通告》。

1993 年，交通噪声平均等效声级为 73.21 分贝，超标 3.1 分贝。交通噪声污染仍处于较高水平。全年对交通噪声控制情况进行监督检查。

1994 年，交通噪声平均等效声级为 71.8 分贝，初步改善了重庆市局部地区的声环境质量。

1995 年，实施《关于严格控制机动车喇叭噪声的通告》，在渝中区所有通车道路和其他近郊区主要交通干道全面禁止机动车鸣号，使城市道路噪声平均等效声级由禁鸣前的 73.5 分贝下降到 69.5 分贝。

1996 年，机动车禁鸣范围扩大到城市 5 个区的 18 条街道、路段，环保部门、公安部门和重庆警备区主动配合，严格执行市政府禁鸣通告，加强现场执法，严肃处理违章行为，不断巩固禁鸣成果，有力地控制了机动喇叭噪声污染。市政府发布等效声级《重庆市人民政府关于扩大机动车禁鸣区域的通知》。

1997 年，道路交通噪声平均等效声级为 69 分贝。继续开展机动车禁鸣的执法检查，将禁鸣范围扩大到整个城区的主干道，巩固和扩大了禁鸣成果。

1998 年，继续开展机动车禁鸣执法检查，通过新闻媒体公布违章禁鸣车辆 700 余车次。

1999 年，道路交通噪声平均等效声级为 69.1 分贝。继续抓好机动车禁鸣成果的巩固工作，对 351 辆违禁车辆进行处罚。涪陵区城区禁鸣工作行动迅速，工作力度大，取得明显成效。

2000 年，加强对内河船舶噪声扰民的监督管理。重庆市城区有长江和嘉陵江围绕，船舶行驶昼夜不断，船舶夜间噪声扰民投诉不断，尤其是嘉陵江的部分机械性能差的船舶。从当年 10 月开始，由市环保局牵头，与长江港监、重庆市港监、渔政、环境监理、环境监测等部门一起，针对过往船只，以市政府通告或市长令的形式出台限时运行的规定，对汽笛声、扬声器做了限时使用的规定。

2001 年，查处机动车违章鸣号 6600 辆次，在《重庆日报》曝光 36 期，接受处罚车辆 5000 辆。黔江、荣昌等区县开展了城区机动车禁鸣。

2002 年，市环保局会同有关部门制定《噪声污染防治管理办法实施意见》，扩大机动车禁鸣范围；市环保局与公安部门联合查处机动车违章鸣号 7227 辆次。

2003 年，巩固机动车禁鸣成果，查处违章鸣号车辆 9307 辆次。

2004 年，全年查处违章鸣号车辆 6651 辆次。

2005 年，交通噪声得到有效控制。

2006 年，海事、铁路、公安等部门加强对主城港区内船舶、铁路机车和机动车噪声污染的监督管理。

2007 年，开展交通噪声综合整治。

2008 年，开展交通噪声敏感路段、敏感目标调查，实施对部分公交站场和车辆的综合管理，减少交通噪声的影响。

2009 年，把机动车违章鸣号等纳入主城区 7 部门联合执法"百日行动"内容中，对机动车违章鸣号下达环境违法行为告知书并给予处罚，纠正机动车违章鸣号行为 1.4 万件。

2010 年，开展《重庆市"宁静行动"实施方案》修订工作，坚持部门联动实施"宁静行动"，完善禁鸣禁行交通标志。

第四章 固体废物污染防治

重庆市认真贯彻执行固体废物污染防治法律法规,加强固体废物污染防治环境监管,实施危险废物规范化管理,推进危险废物、医疗废物处置设施建设,生活垃圾无害化处理率、固体废物综合利用率和危险废物利用处置率逐年提升,危险废物及时安全处置。

第一节 一般工业固体废物污染防治

一、一般工业固体废物的定义

一般工业固体废物是指工业生产活动中产生的,未被列入《国家危险废物名录》或者根据国家规定的危险废物鉴别标准和鉴别方法判定不具有危险特性的工业固体废物。根据《一般工业固体废物贮存、处置场污染控制标准》(GB 18599—2001)中对一般工业固体废物的定义,又可以将其分为Ⅰ类一般工业固体废物和Ⅱ类一般工业固体废物。Ⅰ类一般工业固体废物是指按照 GB 5086 规定的方法进行浸出试验而获得的浸出液中,任何一种污染物的浓度均未超过 GB 8978 最高允许排放浓度,且 pH 在 6~9 之内的一般工业固体废物。Ⅱ类一般工业固体废物是指按照 GB 5086 规定的方法进行浸出试验而获得的浸出液中,有一种或一种以上的污染物的浓度超过 GB 8978 最高允许排放浓度,或者是 pH 在 6~9 之外的一般工业固体废物。

二、1991—2010 年,重庆市工业固体废物污染防治情况

(一)加强日常监管。重庆市对一般工业固体废物的管理是按照国家颁布的《中华人民共和国固体废物污染环境防治法》中对于工业废物的相关规定执行。对于所产生的工业固体废物实行申报制度,产生工业固体废物的单位必须按照环保部的规定,向所在地区县环保部门提供工业固体废物的种类、产生量、流向、贮存、处置等有关资料。

(二)严格行政审批。根据《中华人民共和国固体废物污染环境防治法》,对于转移出重庆市辖区进行贮存、处置的一般工业固体废物严格执行固体废物转移许可审批制度。转移一般工业固体废物出重庆市辖区进行贮存、处置的企业,必须向市环保局提出申请,市环保局接到申请,与接收地省级环保部门协商并获得同意后,方可做出审批。

(三)完成三峡水库库底堆存工业固体废物的清理工作。三峡水库库底清理是三峡工程建设的一项重要工作,固体废物清理又是其中的重要组成部分,涉及面广、情况复杂、任务繁重、责任重大。固体废物清理直接关系到三峡库区及下游的水环境质量、水库发电、航运安全和重大疫情控制。

2010 年,为了保证三峡水库能够按期蓄水发电,重庆市先后完成了对三峡工程二、三、四期蓄水重庆库区库底固体废物的清理工作,对万州区、涪陵区等 16 个区县库底堆存的一般工业固体废物进行了全面清理,并通过国家验收。其中计划清理量 257.89 万吨(其中清运量 26.73 万吨,就地

处置量231.16万吨),实际清理260.49万吨(其中清运22.61万吨,就地处置237.88万吨),实际清理量为计划的101%,确保了三峡工程按期蓄水发电及库区水质安全。

(四)开展碳酸锶生产固废专项调查。2008年7月,共出动82人次,对渝西片区15家关闭企业、6家碳酸锶生产企业、3家碳酸锶深加工企业开展固体废物污染专项调查。

此次调查采取查看企业废渣处置情况、渣场污染防治设施、渣场周边环境,查阅相关记录以及走访周边居民的方式进行。在检查中,对渣场废渣、渣场周边土壤等进行了采样,送市环境监测中心测定,并针对检查情况和监测结果进行技术分析和综合评估。通过此次检查,基本摸清重庆市渝西片区碳酸锶行业固体废物污染状况,并提出了"一厂一策"的固体废物管理要求和整治方案。

(五)强化渣场尾矿库环境安全专项整治。2008年,按照市政府办公厅《关于立即开展矿山安全专项整治工作的紧急通知》,以及《重庆市环境保护局关于重庆市尾矿库环境安全专项整治工作方案》,要求各区县环保部门在当地政府的统一领导下,全面开展辖区内的尾矿库环境安全隐患排查及督促整改工作,对存在的环境安全隐患进行评价,并分类进行整改。10月上旬,市环保局组织10个督查小组,对40个区县及高新区、经开区的尾矿库环境安全隐患自查工作进行检查,同时抽查了区县部分企业,对工作开展不力的区县进行督促,对存在环境安全隐患的企业提出了分类整改要求或予以处罚。此次专项整治工作中,共排查尾矿库600余处,下达限期整改75家。2010年,重庆市建立重庆市范围的尾矿库环境安全隐患数据库,强化源头管理,加强日常监管;对存在重大环境安全隐患的单位立即下达限期整治任务,对逾期未完成的单位报请当地政府依法予以关停,消除环境安全隐患。

2006年11月,为加强重庆市铬渣污染综合治理环境监管,市固体废物管理中心编制了《重庆农化(集团)股份有限公司铬渣老污染综合治理环境监督管理工作方案》。

2008年,重庆市综合利用铬渣70831吨;每月新产生的约3000吨新渣全部实现综合利用,累计利用铬渣、含铬废渣及铬污染土壤约50万吨。潼南新厂区的填埋场完成施工。

10月,市环境保护局、市经济委员会联合上报《关于重庆市铬渣污染治理工作督办检查情况的报告》。

为加强对尾矿库环境安全隐患的排查和监管,2008年9月,印发《重庆市尾矿库环境安全专项整治工作方案》,并于11月向市政府上报《重庆市环境保护局关于开展尾矿库环境安全专项整治工作的报告》,印发《重庆市环境保护局关于继续深入抓好尾矿库环境安全专项整治工作的通知》。

11月,印发《重庆市环境保护局关于继续推进化工原料及产品包装废物污染环境整治工作的通知》,继续推进包装废物环境污染整治行动。

2009年9月,印发《重庆市环境保护局关于督促加快五里渣场污染整治工作进度的函》《重庆市环境保护局关于督促武隆县国锰有限责任公司实施废渣污染整治的函》《重庆市环境保护局关于妥善解决历史遗留金属冶炼废渣污染问题的函》《重庆市环境保护局关于督促重庆市川渝矿业有限责任公司实施钡渣污染整治的函》《重庆市环境保护局关于督促重庆酉阳国营汞矿实施废渣污染整治的函》,推进废渣污染整治工作。

同月,向环保部上报重庆市加强督办铬渣污染治理的有关情况和《重庆市环境保护局关于铬渣污染治理工作督办检查情况的报告》。

2010年2月,环保部组织有关单位和专家对重庆民丰化工有限责任公司三峡库区环境治理搬迁结合技术进步项目5万吨/年红矾钠搬迁工程、铬渣老污染综合治理填埋场项目进行了现场核查并召开了研讨会,提出了要求。市环保局先后下发《关于重庆民丰化工有限责任公司老厂区截污坝监测井的布设及监测方案有关问题的函》《关于民丰化工有限责任公司老厂区铬污染设备解毒有关问题的函》《关于清理处置重庆民丰化工有限责任公司老厂区地下含铬废渣及含铬污染物的函》以及《关于重庆民丰化工有限责任公司老厂区构筑物分类处置有关问题的函》4个文件。多次组织民丰化工召开专题会议,督促企业按照铬渣整治规范,落实责任,确保整治不留死角。

3月,为尽快推进重庆民丰化工有限责任公司老厂区铬渣污染综合整治工作,加强新厂区铬渣利用或处置的环境监督管理工作,印发《重庆市环境保护局关于加强铬渣污染防治有关工作的通知》。

1—6月,民丰化工共综合利用铬渣74067.03吨,老厂区地面铬渣及含铬废渣已完成整治,老厂区地面无铬渣及含铬废渣遗留,截至2010年6月底,已累计综合利用铬渣和含铬废渣62万吨。9月向环保部上报《重庆市环境保护局关于铬渣污染治理工作督办检查有关情况的报告》。同月,印发《重庆市环境保护局转发关于开展非法制售皮革蛋白粉等皮革破碎制品清理整顿工作通知的通知》。

三、1991—2010年,工业固体废物治理情况

1991年,全市产生工业固体废物682万吨,其中已被综合利用297万吨;全市历年累计堆存工业固体废物8250万吨,占地4180亩,其中占耕地438亩。当年安排治理资金8700万元,竣工项目456个,其中形成固体废物处理能力达53万吨/年。

1992年,市、区县两级环保部门共审批建设项目891个,审批环境影响报告书(表)773个,这些项目中,可形成固体废物处理能力达42万吨/年。1992年,工业废渣的排放量比1987年减少52.7%,综合利用废渣的能力净增17万吨/年。生活废渣污染通过创建卫生城市有了明显改变,"两江"沿岸的弃渣堆初步得到整治,使多年垃圾下河污染水体的"老大难"问题得到一定的解决。

1993年,建设项目竣工验收259项,总投资为7.94亿元,其中环保投资为1580万元,形成"三废"年处理能力中,工业固体废物物占17.1万吨。

1994年,完成66个污染治理项目,总投资为3359.8万元,新增废渣综合利用和处理能力达到9.6万吨/年。

1995年,完成市属以上工业重点污染源治理项目32项,总投资2788.5万元,新增工业固体废物综合利用和处理能力2.2万吨/年。

1996年,共验收建设项目484项,全部执行了环保"三同时"制度,形成固体废物处理能力32.4万吨/年。

1997年,共验收建设项目2666项,"三同时"执行率达到100%,这些项目总投资29亿元,其中环保投资占2.5%,新增固体废物处理能力20万吨/年。

1998年,环保投资1.21亿元,占总投资的1.52%,新增固体废物处理能力459.5万吨/年。

1999年,市环保局会同市级有关部门、有关区县对长江、铁路沿线的垃圾、工业固体废物、建筑弃渣进行综合整治,投入资金6亿元,整治沿江垃圾321处、72.2万吨,清除建筑弃土36.2万米^3、工业固体废物11万吨,接收8600多艘次船舶的垃圾1265吨。

2000年,市环保局牵头成立重庆市固体废物清理协调小组及其办公室,组建固体废物管理服务中心,加强对库底固体废物清理的技术指导和监督。三峡工程二期蓄水水位线以下的巫山、奉节、忠县、云阳、石柱、万州、丰都、涪陵8个区县均按期完成库底固体废物清理工作,清运和就地处置一般工业固体废物200.48万吨,其中清运16.86万吨。

2004年,开展三峡工程三、四期蓄水库底废物的核查,查明有一般工业固体废物332.72万吨。

2008年,三峡工程175米水位蓄水库区库底固体废物清理工作完成,并通过国家验收。

2009年,全市工业固体废物产生量2618.17万吨,综合利用量2067.3万吨,处置116.82万吨,排放149.86万吨,贮存284.19万吨。

2010年,全市工业固体废物产生量2893.97万吨,综合利用量2316.79万吨,处置155.2万吨,排放133.63万吨,贮存288.35万吨。

第二节 危险废物污染防治

一、危险废物的定义及危害性

《中华人民共和国固体废物污染环境防治法》规定,危险废物是指列入国家危险废物名录或者根据国家规定的危险废物鉴别标准和鉴别方法认定的具有危险特性的固体废物。危险废物包括固态、半固态(泥态)、液态和置于容器中的气态废物。国家对放射性废物有专门的管理规定,并有专门的管理部门对其进行管理,因此不纳入危险废物管理范围。

根据《中华人民共和国固体废物污染环境防治法》中的相关规定,家庭日常生活中产生的废药品及其包装物,废杀虫剂、消毒剂及其包装物,废油漆和溶剂及其包装物,废矿物油及其包装物,以及废胶片及废相纸、废荧光灯管、废温度计、废血压计、废镍镉电池和氧化汞电池、电子类危险废物等,可以不按照危险废物进行管理。如果以上废弃物从生活垃圾中分类收集后,其运输、贮存、利用或者处置,按照危险废物进行管理。

《医疗废物管理条例》中规定,医疗废物是指医疗卫生机构在医疗、预防、保健以及其他相关活动中产生的具有直接或者间接感染性、毒性以及其他危害性的废物。根据《国家危险废物名录》中的有关规定,医疗废物也属于危险废物。

电子废物是指废弃的电子电器产品、电子电器设备(以下简称产品或者设备)及其废弃零部件、元器件,以及环境保护部会同有关部门规定纳入电子废物管理的物品、物质。包括工业生产活动中产生的报废产品或者设备,报废的半成品和下脚料,产品或者设备维修、翻新、再制造过程产生的报废品,日常生活或者为日常生活提供服务的活动中废弃的产品或者设备,以及法律法规禁止生产或者进口的产品或者设备。

危险废物的危害性是指危险废物特殊的危害性质,主要是有毒害性、腐蚀性、易燃性、反映性和传染性等。许多危险废物的危害性质不是单一的,除了具有污染环境的有毒有害性质外,有的危险废物有多种对环境造成危害的性质。

危险废物对环境的污染和对人体的危害。危险废物如果处理处置不当,其中有害的化学物质、病原微生物等可通过大气、土壤、地表或者地下水进入生态系统,形成化学物质型污染和病原型污染,对人体产生危害,同时破坏生态环境,导致不可逆的生态变化。危险废物的环境污染不同于水和大气污染。水和大气的污染直接污染环境,危害人类健康,而危险废物是通过水、大气、土壤等途径进入环境,从而形成和产生污染的。

危险废物对人体健康的危害是一个十分复杂的问题。当污染物在短时间内通过空气、水、食物链等介质进入人体时,往往造成危害;如果小剂量污染物持续不断地侵入人体,则需要经过较长时间才能显露出对人体的危害;这些危害甚至会影响子孙后代的健康。所以危险废物的环境污染对人体健康的危害包括急性危害、慢性危害和远期危害。

二、危险废物污染防治的原则和管理制度

根据《中华人民共和国环境保护法》《中华人民共和国固体废物污染环境防治法》和联合国《控制危险废物越境转移及其处置巴塞尔公约》的要求,中国危险废物污染防治总的指导原则是实行重点防治和严格管理。危险废物占工业固体废物总量的5%~10%,种类繁多,性质复杂,对人体健康和环境有着严重的危害,必须将其作为污染物防治和法律控制的重点,应对其提出比一般废物污染防治更为严格的要求,采取更为严厉的法律制度和更为严格的法律措施,在法律上做更为严格的特别规定。

为了体现对危险废物污染环境实行重点防治和严格管理的法律精神和原则,在危险废物污染防治管理工作中,除了要遵守固体废物管理的一般性制度外,还要遵守一些特别的管理制度,这些制度包括危险废物经营许可证制度、危险废物转移联单制度。

危险废物经营许可证制度

危险废物的危险特性决定了并非任何单位和个人都可以从事危险废物的收集、贮存、处置等经营活动。从事此类经营活动的单位,必须具备专业技术条件,具有相应的管理和操作、经营能力,拥有相应的处置设备和设施;从事此类活动的工作人员也必须具有一定的专业技术知识和能力,即从事此类活动的单位及其工作人员都必须具备一定的专门性的资格条件,否则有可能在收集、贮存和处置过程中对环境造成污染。对危险废物经营活动实行许可证管制,是法律限制措施的重要形式和依法实施、加强监督管理的重要手段。

危险废物转移联单制度

危险废物转移联单制度,又称转移报告单或危险废物流向报告单制度,是指在危险废物转移时,其转移者、运输者和接受者,不论各环节涉及者的数量多寡,均应按国家规定的统一格式、条件和要求,对所交接、运输的危险废物如实进行转移报告单的填报登记,并按程序和期限向有关环境保护部门报告。

三、1991—2010年,重庆市危险废物污染防治管理情况

(1)危险废物处置设施建设。在市环保局的积极推进下,2000年,璧山和长寿两个危险废物处置场基本建设完工。两座危险废物处置场的年处置能力达6.42万吨/年,主要包括焚烧装置、填埋场和污水处理站等设施,极大增强了重庆市危险废物的处置能力。

(2)医疗废物处置设施建设。重庆市除主城区已建成同兴医疗废物处理厂,负责对主城9区内所产生的医疗垃圾进行处置外,永川、万州、涪陵也已建成医疗废物处理中心。年处置医疗废物能力为8395吨。2010年,黔江地区的医疗废物处理中心也在积极筹备中。这些区域性集中医疗废物处理中心的建成,为重庆市医疗废物的安全处理提供了保障。

(3)加强日常管理工作。重庆市在落实各项危险废物管理法规、危险废物管理机构和危险废物处理处置机构的基础上开展了以下5个方面的危险废物管理工作:

一是转移审批及转移联单管理。重庆市所产生的危险废物从产生、收集、贮存、运输到利用、处理、处置转移的全过程,实行了转移联单制度,从而对危险废物的转移有效地进行了监督管理。与此同时,开展危废转移网上申报与审批的论证;力争做到所有危险废物产生单位执行危险废物转移审批和危险废物转移联单制度;指导区县环保局规范执行危险废物辖区转移审批制度,提高审批速度;开展了电子转移联单试点工作。

2008年,重庆市共转移审批344件,其中退件2件,批准市内转移290件,一次性转移51件,跨省转移3件。共发放危险废物转移联单3755份,发放区县环保局医疗废物转移联单8430份;2008年共批准转移危险废物22.5万吨,实际转移危险废物18.8万吨。

二是危险废物经营许可证管理。2004年《危险废物经营许可证管理办法》(以下简称《办法》)正式施行后,市环保局根据《办法》规定的危险废物经营许可条件,结合重庆市实际,探索危险废物经营许可证审批的条件和程序,明确开展危险废物经营能力及环境风险评估,提高审批质量。2004年,市环保局对重庆市固体废物管理服务中心和重庆天志环保有限公司发放了经营46种危险废物的许可证,对重庆同兴医疗废物处理有限公司发放了经营医疗废物的许可证。

2005年4月1日,新修订的《中华人民共和国固体废物污染环境防治法》(以下简称《固废法》)生效实施,将危险废物利用活动纳入危险废物经营许可证管理制度并提高危险废物收集、贮存、利用、处置经营许可证的审批权限。市环保局认真贯彻新修订的《固废法》,全面推行危险废物经营许可证制度。从2005年至2007年,先后对经营较混乱和不规范的感光材料废物、废铅酸蓄电

池和危险废物废包装桶的利用处置单位开展了专项环境整治工作,要求相关经营单位按照危险废物经营许可证审批条件进行限期整改,并为符合危险废物经营许可条件的单位颁发了许可证。截至 2008 年底,重庆市共发放危险废物综合经营许可证 23 个。

为提高行政审批效率和科学性,重庆市根据《办法》的规定,结合本市实际,确定了危险废物经营许可证的申请条件和审批程序,还在审批中建立了技术审查和专家评审制度,提高了许可审批的科学性。同时,根据便民行政原则,优化审批程序、缩短审批时间,将《办法》规定的审批时限由 20 个工作日减到 15 个工作日,并围绕危险废物经营许可证审批建立了相关廉政制度,规范了审批人员和评审专家的行为,以保证危险废物经营许可证核发的公平性和公正性。

在逐步规范重庆市危险废物综合经营活动的基础上,市环保局按照新修订的《固废法》的要求,从 2006 年开始将危险废物收集经营许可证的审批权下放给各区县环保部门,推进危险废物收集经营许可证的发放工作。为此,市环保局在 2006 年下发文件明确了危险废物收集经营许可证的审批条件和审批程序,以指导各区县发放危险废物收集经营许可证。截至 2008 年底,重庆市各区县共发放危险废物收集经营许可证 11 个。

危险废物经营单位处置、利用设施建成后一般需要利用危险废物进行 3 ~ 6 个月的试生产,而此时按照《办法》的规定发放有效期 5 年的经营许可证显然不合适。为解决危险废物经营单位在试生产期间利用危险废物的问题,重庆市在严格执行《固废法》和《办法》的基础上,结合实际,对处于试生产阶段的单位发放危险废物经营临时许可证,既加强了对危险废物的监管,也为企业提供了必要的支持。

三是对危险废物产生机构的监管。分工实行片区管理为主的原则,将重庆市区县共划分为 8 个片区,明确专人负责对片区内的重点危险废物污染源开展管理工作,对于位置敏感、较为典型、存在较大环境风险等特性的危险废物污染源实施"一源一策"的专门管理。重庆市各区县环保局确定了专人负责医疗废物的环境监管工作,定期对辖区内医疗机构的医疗废物管理情况进行检查,市环保局对部队医院、市级医院等大型医疗机构实行不定期抽查。重点检查医疗废物转移审批制度及转移联单制度执行情况,医疗废物分类收集、暂存情况及暂存间消毒记录、交接记录等;严厉打击违规处置医疗废物、倒卖医疗废物等违法行为。对重庆市医疗机构的医疗废物管理进行了集中检查,对医疗废物混入生活垃圾中处理、未按时报送转移联单、医疗废物流失等违法行为进行了行政处罚。

四是对危险废物集中处置机构的监管。持有《危险废物经营许可证》的单位是市、区两级环保部门的重点监管单位。环保部门每月对危险废物集中处置单位进行监督检查,重点检查危险废物收运、暂存、处置情况及记录,设备运行记录,危险废物管理台账记录,转移联单执行情况,应急预案落实情况等,督促其认真执行危险废物月报、年报制度。对现场检查发现的问题下达限期整改,对违法行为进行查处,督促安全处置危险废物,确保环境安全。

五是电子废物管理。根据《废弃电器电子产品回收处理管理条例》中的相关规定,积极推进重庆市电子废物管理。重庆市已对电子废物回收处理企业进行了招标,重庆中天环保产业(集团)有限公司中标,电子废物处理场的选址以及建设正在筹备中。

三峡库区库底清库。根据三峡水库蓄水进度要求,对重庆市三峡库区库底堆存的危险废物进行了排查和清理,二、三、四期计划清理量为 19244.544 吨,实际清理 20260.644 吨,实际清理量为计划的 105.3%,按时完成了清理任务,并通过国家验收,有力保障了三峡水库的环境安全。

(4)开展危险废物管理台账试点工作。危险废物产生单位建立台账,是危险废物申报登记制度的基础,是产生单位管理危险废物的重要依据,有利于夯实重庆市危险废物环境管理基础,进一步提高重庆市危险废物环境管理水平。2008 年,环保部将重庆市确定为全国开展危险废物产生单位建立台账试点地区。按照国家有关文件要求,结合重庆市实际情况,确定重庆市医药化工、摩托车制造、汽车制造、有色金属压延加工、危险废物集中处理行业的25家企业作为危险废物管理台账试点单位。经过近一年的试点工作,初步建立起了重庆市的危险废物管理台账模式,积累了工作经验,达到了试点目的。

2009年,环保部再次将重庆市确定为全国开展危险废物产生单位建立台账二期试点地区。考虑到重庆市再选择一些行业和企业进行试点有重复第一期试点工作的可能,为深化重庆市危险废物环境管理基础,依据2007年的第一次全国污染源普查结果,在总结一期台账试点工作的基础上,在重庆市全面开展危险废物产生单位建立台账工作。此项工作的开展,有利于重庆市危险废物的规范化管理,保障环境安全。

1996年,合理处置危险废物,加强废物综合利用。围绕实施《固废法》,在完成固体废物申请登记的基础上,加大了对危险废物处理的力度。东风化工厂投资近1000万元建设铬渣无渗漏中转渣场,将堆积在江边多年的老铬渣转运入场,减轻了其对嘉陵江的水污染。

1999年,为防治危险废物污染,重庆市从当年的10月1日起执行危险废物转移联单制度,对危险废物的产生转移和处置实行全过程跟踪管理。

2000年,加强危险废物的环境管理,组织开展进口原料利用的废铜、废铝、废镍、废纸的环境风险评估工作。

2001年,开展了危险废物管理的有关工作。

2002年,加强了危险废物处置工作。处置库底危险废物1.55万吨。拟订《重庆市危险废物管事办法》,确定了重庆市危险废物处置场建设业主。

2003年,开展危险废物防治工作,对全市危险废物产生量、去向、污染现状进行核查,建成主城区危险废物中转场,危险废物处置场已批准三项,主城区医疗废物处置场建设已签订特许协议。开展淘汰高汞电池(生产、销售)执法检查,启动废电池回收和处置工作,回收储存、处置废电池5000千克。在全市开展剧毒急性鼠药专项惩治,集中无害化销毁3.8吨"毒鼠强"等剧毒鼠药。

2004年,查明三峡水库三、四期蓄水库底危险废物53.08万吨。规范危险废物经营许可证申办程序和危险废物转移联单运作程序。主城区和长寿危险废物处置项目环境评价报告书通过了国家环保总局的复核。主城区北碚同兴医疗废物处置场建成,涪陵、黔江、永川3个医疗废物处置场建设进行前期工作。开展废电池回收和"毒鼠强"安全处置工作,回收废电池约8吨,对全年收缴的近3吨剧毒鼠药"毒鼠强"进行安全焚烧处置。

2005年9月,市环保局印发《关于进一步加强关闭破产企业遗留危险废物环境管理的通知》,强化重庆市关闭破产企业危险废物的环境监管。

2006年,编制完成危险废物污染防治规划,推行危险废物经营许可证制度,向8家企业核发危险废物经营许可证。主城区、长寿危险废物集中处置场建设进展顺利。对废旧电视机、电冰箱、电脑和手机等电子废物的产生量及去向进行重点调查,摸清其产生量、收集及处理处置渠道、二次污染等情况。加强对民丰农化公司铬渣污染治理全过程的监控,使其治理工作有序开展。11月,印发《重庆市环境保护局关于开展全市工业危险废物申报登记试点及重点行业工业危险废物产生源专项调查工作的通知》,开展重点行业工业危险废物产生源专项调查工作。12月,市环保局与市卫生局共同研究拟订了《重庆市人民政府关于进一步加强医疗废物管理的通告》,强化重庆市医疗废物的监督管理,规范处置工作。

2007年,加强危险废物经营许可现场复核和技审、进口废物环境管理、危险废物综合利用和集中处置等监管工作。5月,向国家环保总局上报《重庆市环境保护局关于报送工业危险废物申报登记试点及重点行业工业危险废物产生源专项调查总结的报告》。

同月,市政府下发《关于进一步加强医疗废物管理的通告》。按照要求,市固体废物管理中心印发《关于进一步规范医疗废物环境管理的通知》,并于10月将检查情况上报市环保局。

9月19日,市固体废物管理中心在九龙坡区含谷镇查获杨××、张××夫妇非法收集、贮存33.9吨一次性输液管、注射器等医疗废物,并于10月19日将该案移交市公安局九龙坡分局立案查处。

11月,印发《关于进一步明确医疗废物管理有关规定的通知》,对医疗卫生机构、医疗废物处置单位、区县环保局的医疗废物管理职能职责进行明确。

2008年,强化危险废物经营许可后期监督管理。对进口废物加工利用单位实行备案登记管理制度,开展不定期现场检查。全面推行危险废物转移联单制度,批准转移危险废物1.49万吨,批准民丰农化公司转移铬渣15万吨。环保部确定重庆市为全国开展危险废物产生单位建立台账试点地区,市固体废物管理中心组织实施,编印《危险废物产生单位试点工作方案》。

万州区、涪陵区、黔江区委托相关单位完成医疗废物处置设施建设可行性研究报告和环境影响评价报告的编制。

8月,市环保局、市卫生局联合下发《重庆市医疗废物申报登记试点工作方案》,全面开展重庆市医疗废物申报试点工作,并将试点工作情况于12月上报国家环保部。

2009年,全市环保部门对358个危险废物产生重点单位和22个危险废物经营单位进行监督检查,对8家废铅酸蓄电池再生企业进行专项检查。开展废矿物油专项整治行动,集中检查持废矿物油收集许可证的15个单位。璧山县、长寿区的2个危险废物处置场单项工程通过验收并试运行。

5月,市环保局转发环保部办公厅《关于进一步加强危险废物管理防范事故风险紧急通知的通知》。

8月,市制定《重庆市抗生素药渣及废氯化汞触媒等危险废物产生及处置专项检查工作实施方案》,并下发专项检查通知。

9月,环保部将重庆市纳入第二期全国开展危险废物产生单位建立台账工作试点城市。

10月,全市完善医疗废物环境管理应急机制,组织区县环保部门、医疗机构及医疗废物集中处置单位认真贯彻落实《医疗废物应急处置预案》,加大了医疗环境检查监管力度,向环保部办公厅函告了《市环保局贯彻落实应对甲型H1N1流感疫情医疗废物管理预案情况》。

为摸清重庆市抗生素药渣和废氯化汞触媒等危险废物的产生、贮存、利用及处置现状,对危险废物转移、利用、处置等各环节进行规范管理,解决危险废物无序流动、无序利用和无序处置的问题,市环保局开展全市抗生素药渣及废氯化汞触媒等危险废物产生及处置专项检查。

12月,印发《重庆市环境保护局关于贯彻危险废物经营单位记录和报告经营情况指南的通知》,市固体废物管理中心认真组织学习指南。

万州区、涪陵区、黔江区医疗废物处置设施规划布点调整方案由国务院批准。

市环保局与市卫生局建立部门联动机制,共同应对甲型流感疫情,联合印发《重庆市环境环保局重庆市卫生局关于加强医疗废物和医疗废水监管的紧急通知》,制定《重庆市应对甲型H1N1流感疫情医疗废物管理及应急处置预案》,要求各区县环保部门开展医疗废物专项检查。

2010年,全面实施危险废物转移联单制度,开展危险废物经营单位在线监测监控系统建设,完成铬渣污染综合整治工作。

3月,印发《重庆市环境保护局关于加强危险废物环境监督管理的通知》。

4月,印发《重庆市环境保护局关于进一步加强危险废物经营管理的通知》,规范危险废物经营单位的经营活动。下发《关于印发工业危险废物产生单位建立管理台账实施方案的通知》,对开展危险废物产生单位建立台账工作提出了具体的工作内容和要求。6月向环保部报送了《重庆市环境保护局开展工业危险废物产生单位建立台账工作的报告》。7月,组织开展危险废物专项检查,印发了《重庆市环境保护局转发2010年危险废物污染防治督查工作方案的通知》。8月,正式启用了电子联单管理系统,逐步实现纸质联单向电子联单过渡,印发《重庆市环境保护局关于启用危险废物转移电子联单的通知》。9月,市环保局、市卫生局联合印发《重庆市创建国家环境保护模范城市医疗废物和医疗废水污染整治实施方案的通知》,主城9区全面开展医疗废物污染整治工作。市环保局、市卫生局又联合起草《关于对主城区医疗废物实行集中处置和相对集中处置分类管理的通知》,提升重庆市医疗卫生机构医疗废物环境监管水平。

第三节　城市生活垃圾污染防治

为了引导城市生活垃圾处理及污染防治技术发展,提高城市生活垃圾处理技术水平,促进社会、经济和环境的可持续发展,国家先后颁布了《中华人民共和国固体废物污染环境防治法》《城市生活垃圾处理及污染防治技术政策》《生活垃圾填埋场污染控制标准》(GB 16889—2008)《生活垃圾焚烧污染控制标准》(GB 18485—2001)以及《城镇垃圾农用控制标准》(GB 8172—87)等法律法规以及技术标准,为城市垃圾污染防治管理提供了管理依据。

国家对城市生活垃圾的管理遵循的是"减量化、资源化、无害化"的原则,对垃圾产生实行全过程管理,从源头减少垃圾的产生。对于已产生的垃圾,积极进行无害化处理和回收利用,防止环境污染。

一、城市生活垃圾防治管理

重庆市大力推行生活垃圾分类收集处置,对城市垃圾分类收集做了大量的宣传和硬件设施准备工作,加快建立完善再生资源回收网络与再利用网络体系。但是由于市民传统的垃圾弃置习惯尚未彻底转变,总体而言,采用的垃圾收运方式仍然是混合收运。混合收集方法是将各种垃圾(包括有机物、无机物,可回收的废品,还有部分有害物质,如干电池、废油等)未经分类直接混合收集。

由于经济发展落后和技术条件限制等原因,2003年之前,重庆市没有一个规范的垃圾无害化处理场。大部分生活垃圾都沿用落后的处理方式:简易填埋、简易焚烧,或有组织或无组织地倾倒在江边,利用河水的涨落将垃圾冲到下游,对生态环境造成了极大危害。

随着2003年7月1日长生桥生活垃圾填埋场投入运营,重庆市的城市生活垃圾开始采用无害化处理的方式。截至2010年,重庆市已建成垃圾处理场50个,处理能力达到1.08万吨/日。主城区已建有2座现代化的卫生填埋场和一座垃圾焚烧发电厂,无论从技术上还是规模上来讲,在国内同类项目中都是比较先进的。重庆市所产生的大部分城市垃圾都已经实现无害化处理,随着重庆市对小城镇垃圾处理设施的投入,城市垃圾无害化处理率达到90%以上。

二、三峡库区淹没区堆存垃圾清理

由于受经济条件所限和生活习惯的影响,长期以来,三峡库区城镇的生活垃圾基本上采用露天堆放、自然填沟或填坑的简单方式,甚至沿长江干流及支流两岸自然堆放,沿江倾倒,造成江面垃圾增加,长江水质污染,对三峡环境造成极大威胁。为了保护三峡水库蓄水后的水质安全,对重庆市境内三峡水库坝前175米加2米风浪线按20年一遇洪水回水线以下的淹没区域内堆存的生活垃圾进行了排查和清理,计划清理量288.96万吨(其中清运138.78万吨、就地处置150.18万吨),实际清理306.93万吨(清运137.27万吨、就地处置169.66万吨),完成率106.22%,确保了三峡水库按期蓄水发电以及库区水质安全。

三、城市生活垃圾防治

1992年,通过创建卫生城市,城市生活垃圾清运率进一步提高,建成4座生活垃圾处置场。"两江"沿岸的弃渣堆初步得到整治,使多年垃圾下河污染水体的"老大难"问题得到一定解决。

1997年,秀山县积极开展了城市生活垃圾综合利用研究工作。

1998年,市环保局对涪陵龙王沱港水面垃圾问题采取有效措施进行治理,打捞垃圾2000余吨,改变了涪陵港口的形象。

1999年,加强对水上船舶和岸边生产垃圾的综合整治,逐步减轻了"白色垃圾"。但是重庆市城市生活垃圾年产生量为200万吨,当时只能基本做到清运出城进行简易处理,多数未达到无害化处理的要求,易造成二次污染。

2007年6月,市固体废物管理中心对重庆主城区污水处理厂污泥产生及处置情况进行深入调查。

11月24日,市环保局、市发改委、市财政局、市市政委、重钢集团、环卫集团就长生桥和黑石子垃圾填埋场渗滤液处置设施改造问题进行了专题研究,并向市政府提交了《重庆市环境保护局关于长生桥和黑石子垃圾填埋场渗滤液处置设施改造工程有关意见的报告》。

12月,将重庆拉法基水泥有限公司采用水泥窑共处置设施处置污泥的成功案例报送至环境保护部办公厅。同月,印发《重庆市环境保护局转发环保部办公厅关于加强城镇污水处理厂污泥污染防治工作通知的通知》,组织开展污泥防治工作。

第四节 危险化学品环境管理污染防治

一、完善制度,健全机构

危险化学品环境管理,制度建设至关重要。2006年7月,市委、市政府颁发的《关于加强环境保护若干问题的决定》,确立了一系列加强危险化学品环境风险防范工作的制度,包括环境安全监督检查制度、环境安全隐患报告制度、突发环境事件应急制度、环境污染和生态破坏事故报告制度及通报制度等。2007年,市人大审议通过的《重庆市环境保护条例》,增加了大量与危险化学品环境风险防范有关的规定。这些都为重庆市危险化学品环境风险防范和应急体系建立提供了制度保证。

同时,为加强重庆市危险化学品环境风险防范,市环保系统内部职能进行了整合。2006年成立了市固体废物管理中心,专门从事危险化学品环境监督管理,之后各区县环保局也确定兼职人员管理危险化学品。重庆市危险化学品环境管理体系初步建立,监管能力有所加强。

二、强化建设项目环境风险管理

重庆市环保系统一直对涉及危险化学品的建设项目严格执行环境影响评价制度。2004年《建设项目环境风险评价技术导则》(HJ/T 169 – 2004)出台后,重庆市各级环保部门要求危险化学品单位必须开展环境风险评价,对涉及危险化学品的批准项目要求其采用先进的生产工艺、技术和设备,提高生产的稳定性和安全性,同时提高风险管理水平和应急能力,以消除或减低环境风险,并把好环保验收关,要求环境风险防范措施必须落实才能通过环保验收。

2005—2006年,市环保局根据国家环保总局要求,对2001年以来已批复的所有建设项目的环境风险进行全面排查。对有环境风险的80多个危险化学品建设项目补做环境风险评价,并落实环境风险防范的有关措施,以有效消除这些建设项目潜在的环境隐患。

三、积极探索,强化监管

(一)开展调查,夯实工作基础

为摸清危险化学品家底,2006年,市安监局、市环保局对重庆市危险化学品单位开展全面普查,初步掌握了重庆市4729家危险化学品单位的基本情况;2007—2009年对重庆市293家重点危险化学品单位建立数据库,并逐步进行更新。其中169家危险化学品单位的环境基础信息与市环保局GIS系统结合,为研究危险化学品环境安全管理方法和管理存在的问题提供了可靠依据,为危险化学品的全过程监管和事故应急打下了基础。

(二)建立监管体系,推动监管工作

通过建立"分级管理、属地管理"相结合的市、区县两级危险化学品环境安全监管体系,市环保系统进一步明确了危险化学品环境风险防范责任和主要工作方向,通过改进考核方法,调动重庆市环保系统的工作积极性。同时,采取现场检查、实地指导、及时督导等多种方式对区县环保局工作加强业务领导,并以专家指导、现场观摩、经验交流等形式对区县环保局危险化学品环境安全监管工作人员进行培训,以提高其业务水平。

(三)建立排查制度,及时消除隐患

重庆市环保系统每年都对危险化学品单位持续开展环境安全隐患排查,建立了环境安全隐患检查制度。特别是在重大节假日、汛期、第四季度、中高考期间,重庆市环保系统均投入大量人力进行拉网式排查,监督相关单位及时消除隐患,切实保障人民群众的环境安全,促进经济健康地发展。

(四)以应急预案为抓手,督促企业落实措施

市环保系统以完善突发环境事件应急预案为重要管理抓手,督促危险化学品企业落实环境风险防范措施。根据国家环保总局《危险废物经营单位编制应急预案指南》和市环保局《重庆市危化品单位突发环境应急预案编制指南(试行)》,对重庆市危险化学品企业开展了指导工作。2006—2009年,重庆市300多家危险化学品企业完成了突发环境事件应急预案备案。通过这些应急预案的实施,增强了企业对危险化学品的环境风险意识,积极采取环境风险防范措施,提高了应急能力。

四、加强应急能力建设

(一)加强了环境应急支撑体系的建设

市环保局建立了应急专家、应急监测数据和污染源地理信息库,编制了重庆市环境事件应急指挥系统、应急监测设备调用及危化品处置查询系统、重庆市环境应急监测管理系统等。搭建了以"12369"中心为基础的环境应急指挥平台,实现环境应急事件受理、甄别、指挥、预案管理、地理位置查询、周边环境查询、厂区平面图查询、文件传输等功能,使环境应急响应更加科学、快速。

(二)提高环境应急能力

在环保部和市政府的支持下,重庆市环保系统投入大量资金,编制并实施重庆市环境监测预警体系建设项目,2006—2008年累计投入4600余万元,加强环境应急指挥、监察、监测、预警的环境应急设备的现代化建设,使环保系统处理突发性环境事件的能力逐步加强。2010年,重庆市环保系统拥有各类环境应急监测与防护设备780台套,专用环境应急指挥和监测车13辆,初步形成对空气、水、固废、土壤中有毒物质进行快速监测的能力。

五、重庆市危险化学品防治情况

重庆市有毒化学品进出口始于1999年,2000年有酉阳汞矿进出口汞(每年84吨),申报用汞总量每年150吨,还有赤血盐钾出口。

2001年,同意四川天然气化工研究原永川化研所定点处置废弃氰化物。

2002年,开展危化品专项整治,市环保局主要管理废弃危化品(污染管理处负责)。根据国家环保总局和国家经济贸易委员会文件《关于开展中国杀虫剂类持久性有机污染物有关情况调研的通知》开展调研。

2003年,对停产倒闭企业遗留危废(危化品)进行调查,加强对停产倒闭企业的环保管理。

开展"毒鼠强"清查和高毒农药清查活动,市环保局配合市化工行业管理办公室制定收缴剧毒鼠药的处置方案并执行,实现过程监督。

重庆市在非典期间加强对过氧乙酸等消毒废弃物的管理。

市环保局下发《重庆市环境保护局关于贯彻〈新化学物质环境管理办法〉的通知》,要求各区县环保部门督促单位履行申报登记义务,对新化学物质新、改、扩项目进行环评时,将登记证作为重要依据,加强新化学物质监管,及时报告新化学物质危害环境情况。

开展日本遗弃化学武器防范工作,市政府办公厅召开专题会议,形成纪要,确定建立日本遗弃化学武器伤害防范工作联席会议制度,由市化武办牵头,市环保局负责化学武器遗弃点的环境保护工作及污染源控制工作。

2004年,在深化危化品安全专项整治行动中,明确市环保局增加的职责为废弃危化品管理。

4—7月,指导特钢液氨处置,并进行监测。

5月26日,市环保局联合公安、安监,根据市政府办公厅《开展化工企业安全生产大检查的紧急通知》,对永川化研所和服务中心进行检查。

永川环保局发出《关于编制〈危险废物、危险化学品环境污染事故应急处置预案〉的通知》,提出《危险废物、危险化学品环境污染事故应急处置预案编制说明》,要求辖区内的危险物品、危险化学品从业单位于6月30日将处置预案送环保部门备案。

对重庆化工研究院防空洞内的6类危险化学品全部进行安全处置。

为强化对废弃危险化学品和危险废物污染环境的监督管理,2004年成立重庆市固体废物管理中心,负责对废弃危险化学品的环境管理,同时负责制定危险化学品应急措施和预案。

2005年5月至9月,市环保局配合市安监局开展道路运输危险化学品安全专项整治工作,提高了道路运输危险化学品事故的现场处置能力,增强了应急技能。

根据市质监局《关于开展危险化学气瓶安全专项检查整治工作的通知》,市环保局、市质监局、市安监局和市商委联合开展危险化学品气瓶安全专项检查整治工作。

市环保局参与对14家危险化学品生产、经营、储存、运输单位的督查,共查出安全隐患90项。

12月,市环保局配合市安监局开展原重庆化工总厂主排洪洞安全隐患排查工作,并主要负责对涵洞周边环境、水质污染等情况进行督查。

2006年,市环保局下发《关于开展全市危险化学品环境安全专项整治工作的通知》,要求各区县环保局对危险化学品生产、销售、运输、储存、使用和废弃危险化学品处置等环节的环境安全隐患实施排查,整改隐患,完善制度和应急预案。

在江津柏林镇"5·9"农药事件发生后,市环保局对全市农药环境安全防范情况进行了调查,并提出了加强农药环境安全防范的措施。

8月,市环保局根据《重庆市政府办公厅关于填报〈重庆市危险化学品处置单位基本情况统计表〉的通知》,对重庆市废弃危险化学品处置单位的基本情况进行统计,全市有重庆市固体废物管理中心和重庆天志环保有限公司2家从业单位。

市环保局开展危险化学品普查清理工作,下发文件,摸清全市废弃危险化学品现状,强化对废弃危险化学品处置单位的普查清理,进一步推进危险化学品环境安全专项整治工作。

8—9月,市环保局对沙坪坝、高新区、垫江、梁平、万州、忠县和石柱共7个区县的危险化学品普查清理工作进行督查,对排查中发现的81处安全隐患进行清理整顿。

12月,重点对重庆市长江、嘉陵江、乌江段及其他次级河流沿岸的生产、贮存、使用危险化学品及处置废弃危险化学品等存在安全风险的企事业单位进行环境安全检查。

2007年,开展危险化学品环境管理工作,初步建立了危险化学品环境安全管理工作和应急处置系统。

1月15—19日,市环保局对南岸、渝北、长寿、九龙坡、大渡口各区开展的危险化学品环境安全专项整治工作进行检查。

6月,市固体废物管理中心对各危险化学品从业单位先后下发两个文件,要求危险化学品从业单位制定本单位的突发环境污染事件应急预案,明确预防措施和一旦发生突发环境污染事件的应急办法。

12月,市环保局召开"重庆市危险化学品环境安全管理工作暨培训会",使全市危化品环境管理者充分交流了危险化学品环境安全管理的工作经验。

2008年4月,市环保局下发《重庆市环境保护局关于加强全市危险化学品环境安全监管工作的通知》,要求各区县环保局加强危险化学品环境安全监管工作,建立健全市、区两级危险化学品环境安全监管体系,确保危险化学品环境安全。全市各区县环保局积极开展危险化学品应急管理工作,2008年共调查危化品单位277家,备案危化品单位突发环境事件应急预案169家,在隐患排查中共发现环境安全隐患138处。

2009年1月,市环保局对重庆威尔德·浩瑞医药化工有限公司申请增补4种化学物质列入已在中国境内生产或者进出口的化学物质名单进行初审。

市环保局加快推进中挪合作持久性有机污染物(简称POPs)地方履约能力建设项目的实施进度,加强二噁英生物筛查能力建设,4月购进二噁英快速生物筛查实验室仪器设备。

5月,市环保局委托有关评估单位对原重庆有机化工厂(位于大渡口区临江村1号)的原址场地进行了环境风险评估,根据原址环境风险评估报告及市固体废物管理中心的技术审查意见,判别该地块未经治理修复,不宜作为居住用地建设开发。

对二噁英类POPs国控重点排放源企业开展了减排示范工作。

8月,开展POPs更新调查工作,调查结果显示,全市杀虫剂类POPs混合物总量为141276.674千克,二噁英类POPs排放源涉及废弃物焚烧、制浆造纸、水泥生产、铁矿石烧结、炼钢、焦炭、铸铁、热浸镀锌钢、再生有色金属类、镁生产、聚氯乙烯、遗体火化共12类、523家企业。

市环保局开展二噁英类POPs重点排放源企业的信息核实工作。经核实,重庆市国控重点排放源企业4家,其中3家企业的信息与2007年POPs调查情况一致,1家有变更;再生有色金属生产排放源的22家企业中,有9家企业的信息无变更,6家企业的年产量、2家企业的除尘设施有变更,5家企业已经破产关闭。

9月,市环保局下发《重庆市环境保护局关于加强危险废物和危险化学品环境安全隐患排查及整治工作的通知》,对全市危险化学品环境安全隐患开展了排查和整治。

11月,对重庆市重点行业和领域开展了新增POPs的生产、使用、进出口以及排放等现状的调查工作。

2010年,市环保局对重庆兴发金冠化工有限公司、渝德科技(重庆)有限公司和重庆中科渝芯电子有限公司3家有毒化学品进出口单位开展环保预审,对重庆关西涂料有限公司申请增补3种化学物质列入已在中国境内生产或者进出口的化学物质名单进行初审。

3月,市环保局下发《重庆市环境保护局关于印发重庆市重点行业企业环境风险及化学品检查工作方案的通知》和《重庆市环境保护局关于明确全国重点行业企业环境风险及化学品检查表填报要求的通知》,在全市开展重点行业企业环境风险及化学品检查工作,建立重点行业企业环境风险和化学品档案及数据库。

4月,市环保局在全市选择重点行业和领域开展新增POPs的生产、使用等现状的调查工作。

5月,市环保局完成POPs"十二五"规划编制工作,并开始实施。

6月,市环保局下发《重庆市环境保护局关于开展2010年重庆市二噁英重点排放行业更新调查的通知》,开展全市二噁英重点排放行业(废弃物焚烧、铁矿石烧结、炼钢生产和再生有色金属生产行业)更新调查工作。

市环保局组织各区县环保局开展全市流通领域杀虫剂类 POPs 联合执法检查工作,并于9月对本次执法检查工作进行了现场核查。

7月,为确保重点行业企业环境风险及化学品检查工作质量,市环保局对检查工作开展情况进行了调研,并及时下发《关于全市重点行业企业环境风险及化学品检查工作进展情况的通报》,改正检查工作中的问题,确保检查工作质量通过环保部核查。

第五节　土壤污染防治

随着重庆市城市化建设进程的加快,搬迁企业原址土壤污染问题凸显。市环保局按照城区土壤污染预防与治理修复双管齐下的原则,保质保量地完成重庆市土壤污染调查工作。扎实推进城区土壤污染防治工作,继续实施北碚、永川土壤污染修复整治工程,在重庆开展全国土壤环境监管试点。

一、开展全市土壤污染现状调查

掌握全市土壤污染的类型、程度和分布,建成全市土壤污染状况调查样品库和数据库,对重点区域按不同土地利用类型评价土壤环境质量,评估土壤污染风险,划分土壤环境安全等级,分析土壤污染物种类、原因及污染变化趋势。

二、开展土壤污染监测

根据土壤污染调查结果,明确重庆市重点监测区及重点监测项目。结合"七五"期间土壤调查数据,完善数据库并建立重庆市土壤环境质量信息平台。适应新形势,进一步优化重庆市土壤背景点布设和常规监测污染物类型。

三、开展土壤污染综合整治示范

重点对POPs、重金属污染超标的土壤和城区近郊重点区域受污染的农田土壤进行综合治理,对重庆天原化工厂、重庆农药化工(集团)有限公司等存在较高环境风险的搬迁企业的原址进行重点修复治理,在主城近郊建立重庆污染土壤修复示范基地1~2座。

四、对工业用地和工业园区周边土壤污染的监管

禁止将有毒、有害废物用作肥料或用于造田,严禁危险废物占用、污染耕地。强化对城区新增建设用地和废弃污染场地的环境监管,组织开展城区搬迁企业原址场地再利用土壤环境质量评价及风险评估,并依据评估结论对污染原址场地进行治理修复。钢铁、化工等工业用地及固体废物堆放场、军事基地等,在转换土地用途前,必须进行土壤污染风险评估。开展区县工业固体废物堆放场污染状况调查,并对场地污染严重的分批进行整治。

五、建立土壤污染监管体系

开展土壤农药、化肥残留动态监控,特别加强对无公害食品、绿色食品、有机食品种植基地的土壤污染状况的监控,逐步实施定期监测制度。

六、重庆市土壤防治工作历年实施情况

2004年9月,印发《重庆市环境保护局转发国家环保总局关于切实做好企业搬迁过程中环境污染防治工作的通知的通知》,开展污染场地环境管理工作基础调研。

2005年9月,印发《重庆市环境保护局关于切实做好企业搬迁后原址土地开发中防治土壤污染工作的通知》,正式启动污染场地环境管理工作。

2006年8月,印发《重庆市环境保护局关于加强关停破产搬迁企业遗留工业固体废物环境保

护管理工作的通知》

9月,开展重庆市第一个搬迁企业原址场地——西南制药二厂原址场地环境风险评估工作,并依据评估结果,下达对业主单位的环境管理要求。

2007年,重庆市在全国首推利用市财政专项资金推进污染场地调查和环境风险评估工作,全年完成25家拟搬迁工业企业的原址场地环境风险评估工作,为推进污染场地环境风险评估工作打下基础。

2008年,完成30家拟搬迁工业企业的原址场地环境风险评估工作。

4月,重庆市第一个污染场地治理修复项目——重庆博森电气(集团)有限公司原址污染土壤修复工程正式启动,同年7月,该项目顺利完工并通过验收。该场地采取异地清运处置,缩短治理修复时间,土地流转和开发建设进度加快,原址土地很快建成了连接渝中区、沙坪坝区的滨江主干道路,有效地改善了主城区的交通环境。

5月,为推进污染物场地联合监管机制建立,市环保局、市国土资源和房屋管理局和市规划局联合向市政府提交《关于进一步规范和加强我市关闭及搬迁企业污染场地监督管理工作的请示》。

6月,重庆市出台《重庆市人民政府办公厅关于加强我市工业企业原址污染场地治理修复工作的通知》,对污染场地治理修复的对象范围、基本要求和责任主体做了明确认定,在严格环境风险评估和治理修复监管的同时建立起各部门联合监管机制。

2009年,完成55家拟搬迁工业企业的原址场地环境风险评估工作。

9月,市规划局、市国土房管局分别下发文件,要求各有关部门进一步落实污染场地环境管理要求,深化联合监管机制和部门信息共享机制。

10月,在全国率先开展新建工业企业场地预警防控体系示范试点工作,选择了重庆钢铁(集团)有限公司等5家企业开展试点。

12月,重庆市正式启动第一块POPs污染场地——重庆天原化工厂原址污染场地的土壤治理修复工程。

2010年,完成62家拟搬迁工业企业的原址场地环境风险评估工作。

6月,完成了当时全国最大的POPs污染场地——重庆天原化工厂原址污染场地的场内法理修复工程。

开展长安工业(集团)有限公司五里店厂区和记黄埔杨家山项目一期工程等5块污染场地的治理修复工作。

同月,承担的环保部"重庆市POPs及其他污染场地无害化管理和治理规划研究项目"通过环保部验收。

12月,和世行合作,完成了"重庆市城区污染场地管理对策研究"调研课题,以课题研究指导实践,为下一步重庆市污染场地环境管理建立长效机制、规范程序、技术支撑等奠定了基础。

同月,世行发布最新研究报告《中国污染场地的修复与再开发的现状分析》,以专题案例形式对重庆市污染场地的地方法规、政策、资金投入、管理机制等进行了介绍,充分肯定了重庆市政府和管理部门的重视以及显著的工作成效。

第五章 辐射污染防治

随着经济、科学技术的发展,放射性同位素与射线装置广泛应用于工业、农业、医学、国防、资源和科研等各个领域。放射性同位素与射线的固有特性决定了它能造福于人类,但由于防护和保安措施不当等原因,也有可能对人体健康、环境和社会安全造成一定程度的影响和危害。因此,为了保障职业人员、公众的健康与安全,保护环境,促进核技术的应用与发展,对涉及辐射照射的活动应实施必要的控制,对核技术应用的辐射防护与安全应进行严格的管理。

国家从 20 世纪 60 年代初开始逐步建立了适合本国国情的辐射防护与安全法规体系,特别在《中华人民共和国放射性污染防治法》颁布实施以后,进一步完善了辐射安全法律法规,已形成了较为完整的体系。

第一节 放射性污染防治(包括放射性废物处理)

随着《中华人民共和国放射性污染防治法》的实施,中央机构编制委员会明确了环保部门为核安全主管部门,负责放射源的生产、进出口、销售、使用、运输、贮存和废弃处置安全的统一监管。国务院发布《放射性同位素与射线装置安全和防护条例》,建立了对放射性同位素和射线装置实行科学监管的一系列制度,法律法规赋予了环境保护主管部门对放射性同位素与射线装置的安全防护工作实施统一监督管理的职能。

根据中央编办精神,重庆市环保局顺利完成了与卫生行政部门的辐射安全监督职能的划转工作,市机构编制委员会于 2003 年底批准成立重庆市辐射站,切实履行辐射安全监管职能。

一、重庆市放射性污染防治

《放射性同位素与射线装置安全和防护条例》等法律法规颁布实施以来,市环保局围绕辐射环境管理,认真贯彻实施相关法律法规,完善辐射环境安全监管工作机制,积极推进和规范辐射安全许可、放射性同位素转让审批与转移备案等相关行政许可管理工作,加强放射性废物收贮和废物库安全管理,确保重庆市辐射环境安全,取得了阶段性成果。重庆市 2005 年、2007 年、2009 年、2010 年未发生辐射事故;辐射安全等环境管理工作与专项任务多次得到上级表彰,2005 年 5 月被国家环保总局授予"全国清查放射源专项行动工作先进集体"称号,2010 年 5 月被市政府评为"第一次全国污染源普查先进集体"。

(一)完善监管工作机制,为辐射安全提供保障

重庆市对放射性同位素与射线装置应用单位(以下简称核技术利用单位)的辐射安全许可实行属地管理、分级审批的原则,按照有关法规规定,市环保局于 2008 年委托区县环保局核发医用Ⅲ类射线装置应用单位的辐射安全许可证,2010 年印发了《关于委托核发使用Ⅳ、Ⅴ类放射源与Ⅲ类射线装置单位辐射安全许可证的通知》,依法增加委托区县环保部门的许可审批事项,市环保局负责除环保部审批发证以外单位的许可审批。同时,加强对区县环保部门许可相关工作的指导与

督促。

(二)落实管理措施,保障辐射安全监管

重庆市不断规范行政审批和监督管理程序,根据规定和要求,不断完善辐射安全许可制度、放射性同位素转让审批与转移备案制度、辐射相关人员防护安全培训制度、废旧放射源收贮处理制度及辐射事故应急处理报告制度等制度。制定了核技术类建设项目环境影响评价审批程序及专家审评管理办法,以及辐射安全许可和放射性同位素转让审批等程序规定;同时,对建设项目环评与"三同时"制度执行情况,以及辐射安全许可、放射性同位素转让审批与转移备案等工作均实行政务公开。

1. 规范并严格执行辐射安全许可制度

一是加大许可证核发工作力度,将所有核技术利用单位纳入监管范围。通过许可证审查工作,能发现并消除安全隐患,提高许可证申请单位的辐射安全防护意识和水平,对满足辐射安全与防护要求的核技术利用单位审查颁发许可证。以创模工作为契机,与市卫生局沟通、协调,联合下发《关于加强放射诊疗单位辐射安全许可工作的通知》,进一步加大许可证核发工作力度。二是强化监督管理,严格执行辐射安全许可制度,规范许可程序,提高审批工作效能。进一步规范、完善许可审批制度,制定印发《重庆市辐射安全许可证延续管理办法》《重庆市辐射安全许可管理规定(试行)》,制定了《核技术利用辐射安全监管系统使用管理办法(暂行)》;在项目审查中,严格按照有关法律法规及国家标准要求,进一步规范程序、优化办事流程,采取便民服务措施、提高服务质量,简化程序、减少审批时间、提高效能;建立委托许可考核办法,督促、指导区县环保部门开展许可证审核、颁发及许可管理相关工作。三是积极组织开展辐射管理业务培训和辐射工作人员培训。先后多次召开全市核技术利用辐射安全监管业务培训会,将相关许可事项向区县环保局监督员做了详细的讲解;召开全市辐射监管工作会议,对区县环保局监督员进行了辐射环境管理业务培训和核技术利用辐射安全监管系统培训;组织各类各项辐射安全防护培训(2004年至2010年共50期、5000余人次),提高了辐射工作人员和监管人员的辐射安全意识与管理水平。四是加大执法力度,有力推进许可证的颁发工作。按照国家的统一部署,市和区县环保部门按照分级审批、管理要求,加大了监督检查力度,进一步清理核技术利用单位存在的问题,并督促其整改落实,按要求申办辐射安全许可证,有力地推动了许可证的颁发工作。对于不能满足要求或未在规定期限内申办许可证的单位,依法责令其停止违法行为,并提出限期整改要求。

2. 加强日常监督管理,确保辐射环境安全

一是突出重点,切实加强对高活度放射源的辐射安全监管和安保工作,严防放射源丢失、被盗、失控等重、特大辐射事故和案件的发生。强化对γ探伤等高活度移动放射源运输环节和使用现场等风险点的监督管理工作,实行严格审查准入制度,按照国家环保总局2007年下发的《关于γ射线探伤装置的辐射安全要求》等法规标准及辐射安全要求,对使用与暂存场所、人员条件、监测仪器设备、防护用品,以及放射源运输、使用的防护安全管理制度与措施及其应急方案等进行严格审查;制定异地使用放射源开展无损探伤检测的辐射安全服务指导书,进一步加强辐射安全监管指导与服务,以提高辐射安全意识与风险防范水平,严防重、特大事故的发生。二是严格执行辐射安全责任制。按照相关的法律法规规定,与全市的重点辐射源应用单位签订了《辐射安全责任书》,进一步落实企业辐射安全主体责任;每年定期召开Ⅰ类、Ⅱ类和Ⅲ类放射源单位辐射安全管理工作会议;按照放射源的用途和分类,分别落实有效的辐射安全防护措施和安保措施,督促企业将放射源安全纳入企业安全生产管理范畴,执行好日常巡查检查与记录工作,防止放射源丢失、被盗等辐射事故的发生。三是强化现场监督检查。按照环保部对辐射源的现场监督检查大纲的规定,结合重庆市实际,加强现场监督检查,在现场检查中发现存在不符合原审批许可要求的、放射源应用存在安全隐患的加大限期整改力度,对违反相关法律法规规定的行为依法进行查处;实施

企业守法信用管理,对管理到位、安全记录好的守法企业减少监督检查频次,对有违法记录和安全状况相对较差的企业加大监督检查力度,督促其加强管理,保障辐射环境安全;适时开展对水泥、煤炭、探伤行业的放射源安全专项清查、整治活动,发现安全隐患及时督促整改,对安全隐患大的重点源单位增加现场监督检查频次。四是实施放射源在线监控工作。在放射源监控试点工作的基础上,逐步实施对重点单位的放射源进行在线监控,对固定放射源采用视频监控,对移动放射源采用 GPS 定位等监控办法,建立放射源监控系统,将分散的放射源有效监管起来,实现对放射源丢失等异常事件的及时发现、及时报告、及时调查追缴、及时控制和处置,提高放射源丢失事件的应急指挥和处置能力。五是认真落实放射源安全月报和辐射事故季报(零报告制度)等辐射安全报告制度。强化重点辐射源监管,落实放射源安全报告制度。在工作中创新管理思路和手段,建立重点辐射源单位法人(负责人)、辐射工作人员档案,通过通信、专题会议等方式提醒其加强安全管理,或通知(通报)有关事项,及时沟通和反馈辐射源安全管理等相关信息。六是建立部门联动机制。加强与公安、卫生等部门及单位的协调,开展联合检查,强化放射源的安全监管。对确定为重点监管的放射源应用单位,按照其辐射安全情况实行分类管理,促进重点源单位提高核与辐射安全意识,严防重、特大辐射事故的发生。七是定期召开监管部门和监督员专题工作会议,及时通报发现的放射源安全隐患、监管工作中的重点环节等问题,并研究解决的对策和具体措施。八是完善辐射安全监管信息系统,提升信息化管理水平。率先组织国家核技术利用辐射安全监管信息系统的使用培训,并较好地使用监管信息系统对放射源进行动态管理,完善废物库放射源收贮信息数据资料,实现对在用和报废放射源的数据化管理;定期对系统的申报资料、数据信息进行整理、审批登记,解答、解决服务对象和区县环保部门使用系统中出现的问题;建立更新机制,及时更新审批的放射源监管信息(RAIS3.0 数据库)。

3. 强化辐射源现场监督执法,严查环境违法行为

加强监督执法,依法查处核技术利用项目不按规定执行环评、"三同时"制度和辐射安全许可证制度,以及超许可范围、不按规定办理转移备案手续等违法行为。

为落实放射源安全监管各项措施,对采用辐照装置、γ射线探伤等的重点辐射源单位,以及安全文化素养、管理水平和安全状况相对较差的辐射工作单位,加大监督检查力度,增加检查频次,并对易发生放射源丢失、被盗和失控的辐射工作单位开展不定期的突击检查。至 2010 年,共检查辐射工作单位 500 多家,出动执法人员约 1200 人次,对在检查中发现的辐射安全隐患、环境违法行为,依法责令其限期整改,并督促其整改措施到位,消除安全隐患。

对在检查中发现的较大、重大环境违法行为,或逾期未完成限期整改的,依法严格做出行政处罚。从 2004 年 7 月起,市环保局共处罚巴南区富豪水泥厂、秀山三磊水泥公司等有违法行为的 19 家辐射单位,处罚金额共计 60 多万元,有力地打击了环境违法行为,督促各项辐射防护安全与污染防治措施的整改落实,促进了区域性、结构性辐射安全隐患的解决。

(三)完善辐射事故应急机制,及时、妥善处理辐射事件

加强辐射事故应急体系建设,应急处置能力不断提高。一是建立较为完备的应急管理体系,不断完善应急预案,建立健全突发辐射环境事件预警、应急机制;二是强化日常安全管理制度,确保各项安全防范措施的落实,做好应急设备的维护检测工作;三是做好应急管理日常培训学习和宣传工作,提高应急人员的应急处理意识和应急实战能力。

1. 加强应急装备建设

2004—2010 年,重庆市申请中央资金和市级财政资金 3136 万元用于市级辐射站及区县辐射环境应急监管能力建设,构建了 4 个辐射连续监测子站,并投入辐射事故应急处置专项经费约 20 万元,以满足应急监测需要。

2010 年,市辐射站已具备应急响应能力、样品分析测试能力及辐射防护装备、应急指挥车、应

急监测车,为各区县配备了应急监测设施设备,重庆市辐射事故应急处置能力得到进一步提升。

2. 健全辐射事故应急体系,制定并不断完善应急预案

一是制定重庆市各项核安全与辐射事故应急预案。编制了《重庆市环境保护局辐射事故应急预案》《重庆市综合应急救援环境服务应急预案辐射应急响应分预案》,编制的《重庆市核安全灾难事故应急预案》于2009年颁布实施,并按规定完成了修订工作;配合市公安局制定《重庆市突发社会安全事件专项应急预案》《重庆市核与辐射工作单位反恐怖防范工作标准》。

二是建立并完善了核安全与辐射事故应急机制,各区县环保局和重点涉源单位均落实了分管领导和应急联络人及联系方式,初步建立起全市辐射事故应急网络;按市应急救援总队和市环境应急服务队的要求,编制了市政府应急救援队伍(环境应急服务队辐射分队)建设发展规划,拟定了核安全与辐射事故应急服务专项预案及辐射分队训练大纲。

三是在原有辐射事故应急体系的基础上,根据国家环保部《辐射事故应急预案》等有关规定,结合重庆市历年辐射事故(事件)应急管理和应急演习经验,进一步修订了辐射事故应急预案。

3. 组织应急演练,切实提高应急响应能力

市环保局于2008年成功举行首次辐射事故应急演习,2010年会同北碚区公安分局、环保局等部门和单位成功举行了工业γ射线探伤、Ⅱ类放射源丢失的重大辐射事故应急演习,并组织参加了市综合应急救援拉动演练。通过演习,验证了重庆市辐射事故应急预案的科学性和可行性,检验了各部门、各单位之间协调配合、上下联动的能力,锻炼了辐射专业队伍的快速反应能力和科学高效处置的能力,为辐射事故应急响应与处理提供了宝贵的经验,达到了展示重庆市辐射突发事故应急力量、提高重庆市辐射事故应急处理能力和检验预案、锻炼队伍的目的。

4. 及时妥善处理辐射事故与事件,保障环境安全

一是2004年7月以来,市环保局调查处理了南川市白沙水泥有限公司(2004年)、九龙坡崇兴水泥厂(2006年)、丰都县人民医院(2008年)的3起丢失放射源事故;2005年,妥善处理了巴南区第二人民医院放疗中心违反操作规程致使其场所发生^{192}Ir放射性污染的事件;2010年,妥善、安全处理了重庆川东南地质矿产检测中心在黔江区进行放射源测井所发生的卡源事件,及时消除了辐射安全隐患和群众的恐慌心理,保障了当地的辐射环境安全。

二是圆满完成应急相关工作。在日本福岛核事故应急中,制定了货物入境监测应急处理方案,编写了辐射科普知识,组织事故风险评估分析及协调应急工作,及时开展应急监测工作,上报监测数据900余个,编发信息73份。

5. 及时处理辐射投诉纠纷事件,切实维护社会稳定

进一步规范辐射投诉处理程序,有效化解因辐射而引起的群体性事件。2004—2010年,调查处理800多起辐射投诉纠纷和10余起工业X射线探伤造成人员误照射等放射性投诉事件。及时妥善处理群众投诉,保障投诉人的合法环境权益,维护辐射环境安全,对群众投诉做到件件有回复,事事有回音,进一步建立和完善投诉处理程序,规范处理行为,即规范接听、规范处理、规范移交、规范回复,从而更好地化解了矛盾,保证了投诉处理质量,提高了公众满意率。

二、重庆市放射性废物处理

辐射安全监管职能划转到环保部门后,为收贮、妥善处置放射性废物,彻底解决废旧、闲置及社会无主放射源存在的安全隐患,确保重庆市辐射环境安全,经国家环保总局批准同意在重庆市设置了放射性废物库。在收贮废旧放射源工作方面,一是积极申请市财政经费支持,对破产、倒闭企业放射源和社会无主放射源进行了及时收贮;二是对退役放射源和不具备存放保管条件的废旧、闲置或备用放射源进行了强制收贮。

在2004年"清查放射源,让百姓放心"专项行动中,通过核查发现,重庆市退役或闲置的放射源数量较多,且大多数无档案资料,安全隐患较大。为了解决此问题,在重庆市设置放射性废物库

之前，协助四川省辐射环境管理监测中心站收贮了废旧放射源共105枚。重庆市的放射性废物库建成后，为保证安全、顺利收贮废旧放射源，拟定了放射源退役程序与收贮方案，组织废弃、闲置放射源的收贮工作。

按照国家有关城市放射性废物库选址及建设技术要求，重庆市放射性废物库建设项目于2007年9月开工建设，2008年完成基础设施建设，并于2009年9月通过了环保部组织的废物库建设项目竣工环境保护验收。市辐射站建立并完善了放射性废物库运行组织保障体系和管理制度体系，制定了城市放射性废物库运行维护管理规章制度，规范了废物库的运行维护与管理。

为防止废旧放射源长期闲置带来安全隐患，按照国家有关法律法规要求，2004—2009年，市辐射站组织对493枚废旧放射源和约400升（约300千克）放射性废物进行了收贮，并按照环保部要求，于2009年将所收贮的废放射源和放射性废物清理移交给中核清源环境技术工程有限责任公司，安全运往西北国家放射性废物处置场和废源集中贮存库。

解决放射性废物引发的突出问题，确保辐射环境安全，垫江辐照场放射源安全隐患得到妥善处置。垫江辐照场辐照装置无安全连锁、进出口管制等安全措施，存在严重的安全隐患，被市委、市政府列入2005年、2006年、2007年的突出环境问题。经各方努力，2007年将辐照场165枚废旧放射源交由中核清源环境技术工程有限责任公司运抵国家废源集中贮存库，并对污染的贮源井水与淤泥、井壁及辐照室内环境进行去污处理，圆满完成了安全隐患处置项目，彻底消除了该辐照场址存在的放射源重大安全隐患。

西南大学核技术应用辐照室实施安全退役。西南大学核技术应用辐照室是重庆市历史遗留下来的一大辐射问题。2010年，采取有力措施，督促西南大学辐照室实施退役工作，通过历时4个多月的努力，收贮了污染贮源井底泥、土壤等放射性废物约1.2吨，消除了辐射安全隐患，使其达到了无限制开放使用要求，解决了政府及群众关心的突出环境问题。

第二节　电磁辐射污染防治

重庆市开展电磁辐射污染防治工作始于2002年，主管部门为市环保局辐射与放射环境管理处，2003年底，市辐射站成立，此项工作交由市辐射站负责。2002—2010年，重庆市电磁辐射污染防治，做了以下几方面的工作。

一是严格建设项目环评和"三同时"制度，确保环评、"三同时"制度执行率100%。全市豁免水平以上的电磁辐射项目均严格执行了环评、"三同时"制度，针对广播电视、雷达等功率较大的电磁辐射项目，市环保局还印发《重庆市建设项目环境保护设计备案材料标准样式及设计备案编制规定（试行）》，要求项目在开工前，提交环保设计备案。

二是建立输变电项目选址控制机制。2010年重庆市已制定了到2020年的电网专项规划，全市输变电设施的整体布局基本确定，环保部门在单个项目的规划选址阶段提前介入，参加选站、选线的现场踏勘与会议讨论，提出选址是否满足环保要求的意见，避免因选址不当或选址变更造成的纠纷投诉，加快已规划的输变电项目的审批和建设。对老城区因扩容新建的输变电设施，合理规划布局，尚未建成的变电站尽可能选择大型公共绿地建站或建户内变电站。对新开发区域建设的110千伏和220千伏输变电设施，要求规划优先于房地产等其他项目的建设。

三是完善公众参与工作，严把项目审批关。对编制环境影响报告书打捆审批的移动通信基站建设项目，严格按照《环境影响评价公众参与暂行办法》的要求，开展公众参与，充分听取公众意见，减少后续矛盾。对涉及公众利益的输变电项目，根据《关于加强城市建设项目环境影响评价监督管理工作的通知》要求，对城市已建成区（包括主城区和区县县城）的拟建输变电项目，完善和细化公众参与工作。根据输变电项目的评价范围确定公众调查的范围,要求调查对象具有良好的代表性,并充分征求利益相关企事业单位、行政部门的意见。对于输电线项目,必须征求线路跨越的敏感点的居民和单位的意见。

四是以创模为契机,大力推动通信基站项目的环境管理。由于通信基站数量大,存在历史欠账,市环保局要求通信运营商按期建设的基站打捆编制环评报告书报批,该报告书分为全市的总册和相关区县分册,项目包括该期新建的基站和部分历史遗留基站。报告书审批通过后,还按照相关环保法律法规的要求编制项目的竣工调查报告,每个基站在环评和验收过程中均要求进行监测。

五是强化输变电设施周边房地产建设项目审批。针对群众对房地产项目周边输变电设施反映极为强烈的问题,市环保局印发《关于加强输变电设施周边房地产建设项目审批工作的通知》,要求周边50米范围内已建有110千伏以上输变电设施的房地产项目将电磁辐射纳入环境影响评价之中,并在售房时向购房者公告;周边200米范围内已建有110千伏以上输变电设施的房地产项目,开发商在售房时将输变电设施的基本情况向购房者进行公告。通过市、区县两级环保部门的有效监管,切实保障了人民群众的身体健康和合法权益,防止了因输变电设施建设引发的群体性事件。

六是进一步简化内部办事程序,提高审批效率。市环保局下发了《简化公众服务内部办事程序方案》,将国务院《建设项目环境保护管理条例》中规定的环境影响报告表的审批时限由30个工作日缩短为10个工作日,报告书的审批时限由60个工作日缩短为15个工作日,为输变电和通信基站建设开辟了绿色通道。

二、加大执法力度,及时妥善处理群众投诉

一是开展专项检查,督促电磁辐射类建设项目严格执行环评、"三同时"制度。2010年以来,市环保局每年均组织检查小组对全市在建电磁辐射类建设项目进行专项检查,加强对投运输变电项目的监管,要求建设单位在项目正式投入运行前依法申请环保试生产,指导电力部门进一步细化了户内变电站设计施工中的噪声污染防治措施,优化噪声治理方案,确保噪声达标排放。

二是建立限期督办和企业负责人约谈机制。根据电磁辐射类建设项目专项检查情况,对检查中发现的未批先建等环境违法行为,市环保局均第一时间依法下发文件,要求建设单位限期整改,并针对违法问题,约谈企业负责人。2010年,市环保局针对市电力、电信、移动、联通公司环境违法行为下发限期文件50件,约谈企业负责人7次。

三是加强部门间沟通协调,建立群众投诉处理工作机制。对群众反映强烈的电磁辐射环保投诉问题,市环保局下发《关于进一步加强辐射投诉处理的通知》,明确市、区县两级环保部门职责,按类别处理或者依属地处理投诉等,对群众反映的问题,耐心细致地解释,及时进行处理,做到了件件有着落,事事有回音。针对群众反映强烈的输变电设施和通信基站建设的有关问题,市环保局会同市规划、通信管理等部门和市电力公司、各通信运营商等单位联合建立专家库,及时组织专家释疑解惑。

三、建立电磁辐射设施(设备)申报登记制度

为掌握全市电磁源的基本状况,进一步规范电磁辐射设施(设备)监管,从2008年起,重庆市将电磁辐射设施(设备)申报登记纳入排污申报的整体工作体系,同时建立了重庆市电磁辐射设施(设备)动态数据库,及时更新全市电磁辐射设备(设施)数据,为全市电磁环境的规范管理奠定了扎实的基础。为确保申报工作的顺利完成,市环保局每年利用召开全市辐射监管工作会议的时间,举办申报登记培训班,对全市各区县环保局、市属大型企业和各相关单位负责申报登记的人员进行培训。同时,制定严格的申报登记核查程序,每年的12月15日至次年的1月15日由相关单

位向区县环保部门申报,然后由区县环保部门在1月25日前现场对申报内容进行核查后上报市局,市局根据区县上报的内容进行抽查,最后由市局将审定的数据录入到申报登记系统数据库中,并将相关信息反馈给各区县环保部门,确保申报登记工作质量,实现电磁辐射设备(设施)的动态管理。

四、加强科普宣传,为日常监管营造良好氛围

2008—2010年,市环保局会同市委宣传部、市经信委、市电力公司、通信运营商等部门和单位,利用"4·22"地球日、"6·5"环境日等机会,通过召开新闻通报会、网络在线访谈、媒体报道、编制宣传册、录制宣传片、走进社区等多种形式,开展了一系列电磁辐射科普知识宣传工作,在群众中引起了良好的反响,消除了部分群众对电磁辐射的恐慌心理,取得了良好的社会效果,得到了市政府有关领导的肯定。如110千伏李子坝变电站和110千伏杨家坪变电站,变电站周围群众由于担心电磁辐射影响等,一直反对项目的建设,市环保局组织编写电磁辐射环保宣传册和宣传展板,邀请环保专家进社区,对群众正面耐心地答疑解惑,普及公众的电磁辐射环保知识,争取了多数群众的理解和支持,最终推动该变电站顺利落地。

第六章 城市环境综合整治

1991—2010年,重庆市委、市政府为进一步加强城市环境保护工作,针对城市环境存在的主要问题,全面推动城市环境综合整治工作,加强城市环境基础设施建设,加大环保资金投入,提高城市环境管理水平,改善城市环境质量,促进城市可持续发展,助推构建和谐宜居重庆、实现科学发展。

第一节 产业结构调整

重庆自1997年直辖以来,产业结构不断优化。从直辖初期第一、二、三产业比重分别占24%、34%、42%,到2008年底已调整为11.29%、47.74%、40.97%。虽然第一产业占国内生产总值(GDP)的比例不断下降,但是第三产业的比例仍然偏小,第二产业的比重在不断上升,在工业内部,重型化趋势比较明显,结构性污染依然突出。重庆市资源型、高能耗、高污染企业比重大,经济发展依然靠工业与投资拉动,粗放型发展模式短时间内难以改变。"十一五"期间单位GDP能耗和主要污染物排放强度虽然有所降低,但均高于国家或发达地区平均水平。2009年重庆市单位GDP能耗在全国排15位,低于全国平均水平,分别是北京、天津、上海的1.9倍、1.4倍、1.6倍。随着经济快速发展,污染物总量减排面临新增量大幅度增加、存量削减空间有限的双重压力,粗放型经济增长方式对资源与环境造成的压力更加凸显。

第二节 城市功能区划

市环保局严格执行《重庆市主体功能区规划》《重庆市生态功能区划(修编)》，推进以区域环境准入为主导的生产力布局体系建设，提高产业准入和环境保护准入门槛，形成合理的空间开发结构。严格执行重庆市工业项目环境准入规定，对不符合环境准入规定的项目，不得审批、核准和备案。

一、指导思想

以可持续发展理论和生态学原理为指导，实施区域可持续发展战略，突出三峡库区的重要生态环境地位，以改善环境质量、维护生态系统服务功能为前提，以保障统筹城乡发展和"一圈两翼"社会、经济发展战略的顺利实施为目标，为区域社会、经济和环境协调、持续发展提供科学的理论基础，促进资源的合理开发与利用，提高生态环境承载力和人居生活质量。

二、区划原则

(1)可持续发展原则。促进资源合理开发与利用，避免盲目开发资源和破坏生态环境，保护生物多样性，增强区域社会、经济发展的生态环境支撑能力。

(2)发生学原则。根据区划生态环境问题、生态敏感性、生态服务功能与生态系统结构、过程、格局的关系，确定主导因子及区划依据。

(3)区域相关原则。综合考虑自然区域和行政区域，妥善处理区县级尺度和全市尺度的关系。

(4)相似性原则。任何一个生态系统结构、过程和服务功能存在相似性和差异性。

(5)区域共轭原则。任何一个生态单元必须是完整的个体，不存在彼此分离的部分。

(6)前瞻性原则。充分把握生态系统结构与功能演变趋势且具有前瞻性。

三、区划范围

重庆市行政区域范围，辖区面积8.2万千米^2。

四、区划目标

(1)明确区域生态系统类型的结构与过程特征。

(2)诊断区域主要生态环境问题及成因。

(3)分析不同生态因子和生态过程对人类活动胁迫的敏感性特点。

(4)评价不同生态环境要素的生态服务功能的重要性。

(5)制定全市生态功能区划方案。

(6)揭示重庆市区域生态环境问题的形成机制。

(7)提出生态环境保护和建设的对策。

五、区划依据

生态功能分区是依据区域生态环境的敏感性、生态服务功能的重要性以及生态环境特征的相似性和差异性而进行的地理空间分区。生态功能区划进行三级分区。

(1)一级区划。以中国生态环境综合区划三级区为基础，根据重庆市地形、地貌和气候等自然生态环境特征的空间变化进行适当的调整。

(2)二级区划。主要依据生态系统的相似性和生态服务功能类型的基本一致性，结合生态系统类型空间分布的定性分区。

(3)三级区划。依据生态服务功能的重要性、生态环境的敏感性与主要生态环境问题的综合评价，按照其空间分布的差异性和相似性进行分区。

六、区划方法

在重庆市生态环境现状评价、生态脆弱性评价和生态服务功能重要性评价的基础上,采用地理信息系统(GIS)空间叠加技术方法,集成专家知识,自上而下和自下而上相结合,利用主导因素法,按区域内差异最小、区域间差异最大的原则以及区域共轭原则,依次逐级划分生态功能区,并根据行政单元完整性进行修订,最终确定重庆市生态功能区划的基本界线。

按照生态功能区划规程要求,一级区划应维持区内气候特征的相似性与地貌单元的完整性。二级区划主要以生态系统类型和生态服务功能类型为依据,区划时应保持区内生态系统类型与过程的完整性,同时兼顾生态服务功能类型的一致性。三级区划主要采用生态敏感性和生态服务功能重要性的评价结果,并分别考虑其生物多样性、水源涵养、营养物质保持、水土保持等方面的生态服务功能与生态脆弱性特征的相似性与差异性。

第三节 城市环境污染防治

为进一步改善城区环境质量,深入开展了城市环境综合整治工作,并根据环境保护部办公厅《关于做好2010年全国城市环境综合整治定量考核工作的通知》和重庆市环境保护委员会《关于重庆市"十一五"城市环境综合整治定量考核有关问题的通知》的要求,严格开展城区环境综合整治考核。

一、强化领导

市环保局成立主城区环境综合整治工作领导小组,负责城市环境综合整治领导工作,定期或不定期召开协调会推进环境综合整治工作中问题的解决,督促各项整治任务按期完成,通报整治工作进展,协调有关问题。

二、明确目标

以"看不见异常排污行为、听不到扰民噪声、闻不到环境污染异味"为目标,短期与长效相结合,改善主城区环境质量。深化环保"四大行动",加强控制城市各类扬尘污染、机动车排气污染防治、燃煤及粉(烟)尘和餐饮业油烟整治,巩固基本无煤区,重点消除城区工业黑烟污染。开展主城区两江四岸、轨道交通二号线工业和餐饮趸船排污口整治工作,整治主城区饮用水水源周边污染源,严格控制噪声污染扰民。

三、集中整治和加强监管相结合

(1)控制道路和施工扬尘污染。落实主城区"蓝天行动"工作措施,环保部门协调市政、建设和房管部门督促做好土地整治、建筑工程、房屋拆迁、道路维护和改造等施工扬尘污染控制工作,督促主城区易撒漏物质实行密闭运输,房屋拆迁施工单位要按照要求洒水降尘和密闭运渣。

(2)整治工业废气污染。各区环保部门要开展城区10蒸吨以上燃煤锅炉和工业窑炉达标排放的日常巡查,基本消除主城区两江四岸、轨道交通二号线、高速公路和主干道沿线及市级风景名胜区可视范围内的黑烟现象。

(3)控制机动车排放黑烟污染。环保部门联合公安交管部门查处机动车排放黑烟污染,城区禁止冒黑烟的机动车上路行驶。

(4)加强其他废气整治。开展检查执法,及时查处违规燃煤行为。在城市建成区内积极协调并处理产生油烟等污染扰民活动,禁止在城区露天焚烧垃圾、油毡、假冒伪劣商品等物质。开展极端天气下的应急检查,确保国庆期间空气质量良好。

(5)整治饮用水水源地保护区周边环境。加强主城区饮用水水源地保护区周边环境污染源整治和水质监测工作,巩固饮用水水源地保护区内餐饮船舶污水治理、餐饮趸船搬迁、工业污水排污口的整治成果。

（6）查处工业污水直排两江行为。环保执法人员定期加大对长江、嘉陵江主城区江段污水排放状况的检查频次,基本消除主城区江段餐饮船舶污水、白色泡沫或其他水污染问题,对于违法违规行为及时依法从严查处。

（7）从严控制夜间噪声扰民。主城区建筑施工工地除抢险、抢修或施工特殊需求外,一律禁止夜间22:00到次日6:00施工。城区工业企业厂界噪声必须实现达标排放。配合公安、文广等部门加大对娱乐场所噪声扰民的整治力度。

（8）巩固机动车禁鸣成果。配合交通管理部门开展明纠暗查,在重点地区、窗口地区和繁华地区开展集中纠正机动车违章鸣号行为。

（9）强化社会生活噪声监管。强化繁华地段和窗口地区的环境噪声综合整治,配合公安部门开展社会噪声扰民行为的查处,减少噪声夜间扰民投诉。

第四节　城市环境综合整治定量考核

城市环境综合整治定量考核（简称"城考"）是中国城市环境管理基本制度之一。国家通过一系列指标（环境质量、污染控制、环境建设、环境管理等4类24项指标）综合评定一个城市的环境保护情况。重庆市开展此项工作始于1988年,在全国的排名一直靠后。1992—1999年公布的排名分别为倒数第1、2、3、6、7、3、4名（1996年未公布）。

1990年,重庆市环保局在总结"城考"工作时认为:通过两年定量考核,对推动城市综合整治确有激励作用,但也暴露出明显的问题。定量考核办法对各城市、各区县均采用同样的标准,没有考虑不同的自然环境条件和经济发展特点,没有区别不同的背景值和历史形成的差距,即未区别不同的起跑线,难以检验各地实际的努力程度和进展情况,不利于调动各方的积极性。此外,也出现了形式主义的检查,甚至弄虚作假等行为。后来在实际操作过程中对考核的标准逐步修正,趋于完善。

1991年,重庆市"城考"取得较好成绩,为58.6分,比1990年的49.4分（如按当年考核口径应为60.5分）增长18.6%。北碚区区域环境综合整治项目1991年被评为全国城市环境综合整治优秀项目,受到国家环境保护局表彰。

1992年,重庆市参加四川省"城考"取得60分,比1991年58.6分增长2.4%。

1993年,完成了"城考"的汇总编报任务。

1997年,"城考"名次上升了3位,达到预定目标。

1998年,参加"城考"的共有市直管的29个区（市）县（城口县从1999年开始参加全市"城考"）。"城考"指标分为环境质量、污染控制、环境建设和环境管理4大类共23项指标,考评总计分为86分。1998年度各区（市）县"城考"得分平均为57.65分;根据综合得分排名顺序,排列前10名的区（市）县依次是北碚区、渝北区、江北区、黔江区、九龙坡区、南岸区、大足县、合川市、万盛区和沙坪坝区;排列后5名的区（市）县依次是梁平县、垫江县、南川市、綦江县和涪陵区。

"九五"期间,尽管重庆市已连续3年开展"城考"工作,也组织开展过多次技术培训,但各地职能部门负责"城考"工作的经办人调整变化较大,梁平、丰都、垫江、南川、武隆等县又是首次参加全市"城考"工作,因而各地城市环境管理工作发展不平衡,部分区（市）县的"城考"工作很不规范,一些人员对"城考"指标含义、评分计算公式和指标考核范围均未能熟练掌握和理解,部分区（市）县片面追求"城考"分数,致使"城考"结果未能完全反映各地的城市环境综合整治实际情况。

2000年,重庆市"城考"总分为70.36分(满分为89分),比1999年度提高1.4分。在全国46个城市中只有7个城市的得分在75分以下,重庆市是其中之一。全国城市"城考"平均得分为80.6分,重庆市低于全国平均分10.24分。重庆市饮用水水源水质达标率和危险废物处置率指标得分为考核城市中最低。

2000年,纳入全市"城考"的区县在原有30个区(市)县的基础上,新增渝东南片区10个县,共有40个区(市)县。考核结果综合评分排列前13名的区(市)县依次为:渝北区、北碚区、南岸区、合川市、江北区、九龙坡区、涪陵区、江津市、沙坪坝区、大足县、万盛区、大渡口区和渝中区;排列后5名依次为忠县、秀山县、酉阳县、彭水县和石柱县。

自2002年起,市"城考"的区(市)县为19个,考核指标包括环境质量、污染控制、环境建设和环境管理4大类16项,总计80分。2002年各区(市)县"城考"平均得分为60.68分,得分率为75.8%;环境质量类、污染控制类、环境建设类、环境管理类指标平均得分率分别为73.7%、80.7%、75.6%、68.6%。考核得分排列前5名的依次为北碚区、渝北区、南岸区、九龙坡区和沙坪坝区。

2006—2008年,市对区"城考"结果(见表2-1)。

表2-1　　　　　　　　　　　2006—2008年重庆市"城考"结果

年度	"城考"指标	"城考"总计(分)	"城考"平均(分)	"城考"排名
2006年	环境质量、污染控制、环境建设和环境管理4大类13项	89	69.58	渝北区、北碚区、渝中区、南岸区、巴南区、江北区、黔江区、大渡口区、涪陵区、江津区、长寿区、沙坪坝、九龙坡区、合川区、万州区、南川区、双桥区、永川区和万盛区
2007年		89	70.23	渝北区、南岸区、北碚区、渝中区、巴南区、江北区、九龙坡区、大渡口区、沙坪坝区、涪陵区、万州区、黔江区、江津区、长寿区、合川区、南川区、永川区、万盛区和双桥区
2008年		90	77.67	渝北区、北碚区、南岸区、巴南区、渝中区、江北区、九龙坡区、大渡口区、黔江区、涪陵区、江津区、万州区、永川区、沙坪坝区、合川区、南川区、双桥区、万盛区和长寿区

第五节　环保模范创建

根据重庆的实际,1998年重庆市环保局向市政府提出了在全市创建环境保护模范区(市)县活动,树立一批环境与社会、经济协调发展,环境质量良好的环境保护模范区(市)县,以此推动重庆市可持续与环境保护进程的建议。重庆市政府及时批转了市环保局的请示,向全市发出通知,市环保局迅速制定了《环境保护模范区县(市)实施细则(试行)》,全市的"创模"活动开始启动。

在区(市)县开展创建环境保护模范城区的工作得到了不少区(市)县政府的响应。市政府的文件发出后,即有一些区(市)县政府做了研究和部署。渝北区地处城市北大门,是全市对外开放的重要空港所在地,区位优势明显。进入20世纪90年代以来,得益于重庆江北机场建成投入使用,210国道重庆至两路镇建成通车,全区经济、社会得到迅速发展,先后获得"国家级卫生县城""重庆市山水园林城区"等称号。随着经济、社会发展,人民生活水平提高,社会公众对环境质量的要求也进一步提升。区政府加强领导,加大投入治理和改善城区环境。到1997年底,该区的"城考"、环境保护投资指数、环境质量指标、环境建设和环境管理等方面都处于全市领先水平。渝北区被选定为"创模"试点区,以推动全区环境保护再上一个新台阶,树立全市"创模"的样板。1999年3月30日,渝北区被命名为"重庆市环境保护模范区"。不少市内外的地方政府前去学习经验,在社会产生广泛影响。国家环保总局的多数领导都先后视察了该区的"创模"工作,并给予一致好评。渝北区的典型带动了不少区(市)县的"创模"活动。北碚区、南岸区、沙坪坝区政府相继提出了"创模"的目标;大足县、铜梁县、璧山县等也积极创造条件。1999年,开展创建环境保护模范区县,为创建国家环境保护模范城市探索经验和奠定基础。2001年,渝北区、南岸区分别开展了全国、全市环境保护模范城区的创建和申报工作。2002年,首次实行创建环境保护模范城市公示制度。北碚区、南岸区被市政府命名为"市级环境保护模范城市"。2003年,推进环境保护模范区县创建工作。渝北区、北碚区、巫山县、黔江区等区县积极创建环境保护模范区县,潼南县双江镇、永川市双竹镇、丰都县高家镇、九龙坡区西彭镇、南岸区黄桷垭镇、大足县龙水镇、巴南区南泉镇、江津市白沙镇8个镇进行创建环境优美乡镇试点,南岸区黄桷垭镇环境规划通过了评审。2006年4月5日,国家环保总局正式命名北碚区为"国家环境保护模范城区",北碚区成为重庆市继渝北区之后的全国第5个国家环境保护模范城区。

第六节 主城区环境综合整治专项行动

一、烟尘控制区建设(1990—1998年)

重庆市烟尘控制区建设工作是从1985年市中区和江北区的观音桥片区首批试点开始的,历时近7年,共计投入资金约1.2亿元,治理、更新、改造炉窑灶14700台。燃煤装置的改善,可使全市每年减少排放二氧化硫2万吨、烟尘2万吨,节煤34万吨。

1990年,全市9个区的67个街道办事处所辖地区及12个县政府所在镇全部建成烟尘控制区,由市政府逐一检查验收并命名。1991年,南桐矿区建成烟尘控制区。至此,全市21个区县的城市部分已全部建成烟尘控制区。建成区面积188.4千米^2,建成区内受益人口290万人。在烟尘控制区内,80%以上排烟装置的烟尘浓度和90%以上排烟装置的烟气色度达到国家排放标准。城市内昔日到处烟囱冒黑烟的状况基本改变,大气环境质量得到一定改善。

1992年,全市21个区(市)县城关镇都先后建成了烟控区,面积达217千米^2。治理炉、窑、灶14000多台眼,受益人口达284万人。

1993年,对烟尘控制区的巩固情况进行检查,各区(市)县为巩固烟控区的建设成果,做了大量的工作。沙坪坝区、九龙坡区对辖区内100多台锅炉进行监视性监测,严格监督,发现问题及时解决。永川市、万盛区烟控区建设班子健全,人员落实,专人专职,监督有力。长寿县结合政府换届及时调整烟控区建设班子,责任落实到镇。江北区专门召集有任务的厂家开会,传达贯彻落实锅炉新标准。市中区、南岸区、巴县等为了解决大灶的回潮问题,引进先进灶具搞试点。

1994年,烟尘控制区建设成果继续得到有效巩固。按照国家锅炉大气污染排放新标准和创建卫生城市相关指标的要求,全市狠抓了烟控区的巩固工作,并努力解决烟控区建设中的遗留问题。通过对近郊7区的复查,锅炉烟尘达标率达到73.7%,比1993年有较大幅度提高。

1995年,继续巩固烟尘控制区建设成果,城区燃煤锅炉、窑炉、茶水炉和大灶的烟色、烟尘达标,基本符合国家标准。

1996年，深化烟尘控制区巩固工作，改善能源结构。按照新的规范要求，加大监督监测力度，使建成的烟尘控制区的达标率继续保持100%。

1997年，建成缙云山自然保护区烟尘控制区，禁止餐饮、娱乐、服务业散烧原煤，推广使用清洁燃料。

1998年，进一步搞好烟尘控制区建设，在城区范围内全面开展了燃煤设施烟尘治理达标活动，先后投入250万元，对城区139台烟尘排放超标的锅炉进行治理，做到达标排放，巩固了烟尘控制区建设成果，使烟尘控制区覆盖率达到了90%。

二、"清洁能源"工程(2000—2010年)

2000年，完成主城区燃煤茶水炉改造，关停1500台，完成率100%；完成主城区10蒸吨以下燃煤锅炉改造，关停998台，占应改造锅炉总数1153台的86%，提前完成市政府确定的三分之二的年度改造、关停任务。继续在全市餐饮、服务行业推广使用清洁燃料。在荣昌、潼南、开县等18个县(自治县)政府所在地区推广使用清洁能源。在已通过验收的5个区县中，改造炉灶6000多台眼，年减烧燃煤约41276吨，年减排二氧化硫1337吨、烟尘4167吨。

2001年，完成了主城区"清洁能源"工程。投入3.8亿元，改造、关停了1500台燃煤茶水炉和10蒸吨及其以下燃煤锅炉1153台，年减少用煤136万吨(占燃煤电厂以外用煤量的60%)，年削减二氧化硫7.8万吨，减排烟尘3.5万吨，大气环境质量明显改善。

2002年，巩固和扩大主城区"清洁能源"工程成果，完成791个燃煤大灶改用清洁能源。

2003年，完成23台大于10蒸吨的锅炉的洁净煤工程改造。

2006年，嘉陵集团、长安汽车公司和西南合成制药二分厂的9台燃煤锅炉改为18台燃气锅炉。

2007年，实行重点燃煤单位限期治理，10蒸吨及以上的32台燃煤锅炉均安装在线监测设备。实施无煤区域内45台锅炉(炉窑)、71台眼茶水炉及大灶的清洁能源改造。

2009年，启动主城区第二阶段"清洁能源"工程，完成538台燃煤设施的清洁能源改造。

2010年，完成529台设备的清洁能源改造(累计完成1084台)，超额完成市政府确定的主城区第二阶段清洁能源改造任务。

三、"五管齐下"净空工程(2002—2004年)

2002年初，市政府印发《重庆市主城区五管齐下净空措施实施方案》和《关于控制主城区采(碎)石场和小水泥厂尘污染的通告》，出台一系列优惠政策，并安排5500万元专项资金实施"五管齐下"净空工程。(1)关闭主城区采(碎)石场、小水泥厂。对主城区600千米^{2}范围和环线高速公路以内区域的采(碎)石场和窑径3米及以下的立窑小水泥厂(生产线)实施关闭，共关闭采(碎)石场399家、小水泥厂4家。市政府批准《重庆市新建采石场规划布局方案》，完成6个碎石生产基地的初步选址。(2)加强主城区机动车排气污染控制。年检机动车22.67万辆，尾气首检达标率90.2%；路检机动车3.18万辆，路检达标率75.2%；查处尾气黑烟车3.45万辆次，主城区机动车冒黑烟现象基本消除。主城区累计建成CNG加气站22座(全市共29座)，累计改造CNG汽车3500辆(全市共5000辆)。公交系统19座以下客运柴油中巴车全部退出主城区行驶。完成化油器汽车改电控补气加三元催化器或改CNG汽车示范工作。(3)绿化硬化主城区裸露地面。完成裸露地面绿化66.4万米^2，拆违绿化31.63万米^2，树池绿化4.27万个，裸露地面封闭硬化41.73万米^2，拆违硬化地面11.53万米^2，土路封闭硬化83千米，超额完成全年任务。(4)完成主城区12台大于10蒸吨燃煤锅炉的洁净煤工程改造。(5)实施主城区大气污染企业关迁改调。列入关停或搬迁的企业有7户，重庆发电厂2×5万千瓦机组已关闭，其余单位基本确定了搬迁方案；市政府召开专题会，明确了重庆嘉陵化学制品有限公司整体搬迁到荣昌县的方案和时限要求；列入技术改造项目的 5 家企业全面启动。

2003 年,"五管齐下"净空工程实施。关闭主城区 600 千米^2 和环线高速公路以内区域的采(碎)石场 623 家、小水泥厂 7 家。开展机动车尾气路检和机动车黑烟污染专项整治行动,查处冒黑烟的机动车 6975 辆次,路检机动车尾气达标率 76.9%;完成 4050 辆 9 座及以下化油器轻型汽车改为电控补气加三元催化器或改为 CNG 汽车。主城区累计建成 CNG 加气站 30 座,累计有 6610 辆机动车改为 CNG 汽车。完成裸露地面绿化 764 万米^2,树池绿化 5.4 万个,封闭硬化土路 94 万米^2,23 台大于 10 蒸吨的锅炉完成洁净煤工程改造。完成重庆冶金活性石灰石厂等 4 家大气污染企业的关迁改调,启动重庆嘉陵化学制品有限公司、重庆新华化工厂、重庆干电池总厂的搬迁工作,部分已完成一期工程;制定重庆朝阳化工厂、重庆长江化工厂、重庆灯头厂、重庆印铁制罐厂等企业的搬迁方案。

2004 年,重庆市深化"五管齐下"净空工程。净空措施:加强机动车排气污染控制,主城区累计完成 9 座及以下化油器轻型车改电控补气加三元催化器汽车 3 万辆,改 CNG 汽车 1.2 万辆,1400 辆 19 座及以下柴油车退出主城区行驶。全市完成机动车年检 40.37 万辆,路检机动车 3.72 万辆,尾气年检首检达标率和路检达标率分别达 93.5% 和 80.9%。完成 4 家大气污染企业的关迁改调,其中关闭重庆民丰农化公司红矾钠老生产线,搬迁重庆嘉陵化学制品有限公司、广厦重庆一建公司、重庆油墨厂有限公司,其余企业的关迁改调工作稳步推进。重庆九龙电力股份公司 20 万千瓦机组烟气脱硫工程项目建成投入试运行。

四、进一步控制主城区尘污染措施(2003—2004 年)

2003 年,市政府发布《关于进一步控制主城区尘污染的通告》和《进一步控制主城区尘污染实施方案》,深化"五管齐下"净空工程。控制主城区尘污染措施:主城区 1000 多个建筑工地采取设置围挡设施等措施,85% 的工地达到尘污染控制要求。长江路、四公里立交、建新东路等主城区主干道翻修全部使用改性沥青铺路面。开展带泥带尘车辆上路行驶查处工作,新增 70 辆密闭运输环卫垃圾车,机械化清扫率达到 30%。市政府发出《关于易扬尘物质运输车改加盖密闭方式工作实施方案》,要求运输易扬尘物质车辆实行加盖密闭。完成对 282 台工业炉窑排放粉(烟)尘和 584 家餐饮企业排放废气的治理。渝中区、北碚区、渝北区、经开区和高新区的建成区基本建成无煤区,共建成基本无煤区街道(镇)50 个。

2004 年,控制主城区尘污染。通报 6 批 354 个未达标空气污染源名单并督促有关单位整改。主城区干道翻修、改造全部使用改性沥青。7 月 1 日起,主城区易撒漏物质实行密闭运输,改造密闭车辆 3500 辆。开展主城区"千人百日"联合执法行动,设立 60 余个固定执法岗亭和 40 个流动执法检查点,对未实行加盖密闭运输或沿途抛撒的车辆进行查处。完成 157 台工业炉窑粉(烟)尘治理和 575 家餐饮企业油烟废气污染治理,建成 31 个基本无煤区街道(镇),主城建成区全面建成基本无煤区。

五、"蓝天、碧水、绿地、宁静"环保四大行动(2005—2010 年)

2005—2010 年,重庆市围绕主城区大气污染防治和三峡库区水污染防治两大重点,启动实施"蓝天、碧水、宁静、绿地"环保行动。2005 年,市政府成立环境保护"四大行动"领导小组,定期分析环境质量形势,及时研究解决"蓝天行动""碧水行动""绿地行动"和"宁静行动"推进工作中存在的问题。

(一)"蓝天行动"

2005—2010 年,市政府发布有关"蓝天行动"的市长令、管理办法、文件、规章、规范、方案等共 21 件,特别是出台了《重庆市主城尘污染防治办法》(渝府令第 188 号)、《重庆市人民政府关于对主城区易撒漏物质实行密闭运输的通告》(渝府令第 164 号),保证了"蓝天行动"的顺利实施。市政府定期通报工作的进展情况和解决有关难点问题。市委、市政府连续三年将"蓝天行动"列为"民心工程",每年将"蓝天行动"工作任务分解到主城各区政府和市级有关部门,并制定了主城各区的分区"蓝天目标",将"蓝天目标"纳入各区经济、社会发展综合指标考核,并作为党政一把手环保实绩考核的重要内容。市人大、市政协多次视察主城区"蓝天行动"推进实施情况。市政府发文成立市政府主城区"蓝天行动"督查组,由市政府督查室主任任组长,市环保局、市监察局分管领导任副组长,办公室设在市环保局,2005年1月起从市环保局、市建委、市市政委抽调专员开展"蓝天行动"日常巡查和督查督办工作。组织污染源曝光,发出督办通知,进行挂牌督办,促进了重点地区、重点时段和重点污染源整改;通过开通"蓝天行动"公众信息网及网上、电话投诉,发布空气质量排名,曝光未达标污染源名单,曝光突出污染源照片,挂牌督办等措施进一步加大督查力度,强化新闻舆论和社会监督。"蓝天行动"督查组制定了《主城蓝天行动空气污染源案件挂牌督办及摘牌程序规定》,以解决主城"蓝天行动"实施过程中的重点、难点问题。市环保局也专门成立了"四大行动"推进办公室,以解决市环保局负责"蓝天行动"实施过程中遇到的重点和难点问题。

多管齐下控制扬尘污染。市"蓝天行动"督查组4次发布空气质量预警;市级9部门横向联手,与主城各区纵向联动,两次开展联合执法"百日行动",督办和挂牌137处污染源,依法立案查处施工工地161件,查处违规运渣车1434台次。在重点工地和道路安装远程电子监控扬尘设施,购置多功能道路冲洗洒水车,安装全自动冲洗机,建设江北国际机场航站楼等扬尘控制示范工地,依靠科技手段控制扬尘污染取得了积极成效。制定了空气质量保障方案,两次实施"蓝天行动"人工增雨作业并初见成效。

有效控制燃煤及粉(烟)尘污染。完成污染企业搬迁25户。市政府启动了主城区第二阶段"清洁能源"工程,完成538台燃煤设施的清洁能源改造,可削减燃煤35万吨,减排二氧化硫2.1万吨。主城以外区县城区全部建成烟尘控制区,累计建成烟尘控制区面积397千米^2,平均覆盖率达70%以上。

深化机动车排气污染防治。对主城外的24家机动车安全技术检验机构开展了机动车排气污染物检测资质委托工作,全面开展主城区8家简易工况法场站建设;编制了机动车环保标志管理方案;主城区6个路检点共检测机动车5.3万余辆;机动车尾气遥测6万余辆;查处冒黑烟车1000余辆。

制定并实施控制扬尘的规定和规范。市政府制定发布了2个控制扬尘的市长令,发出了6个控制扬尘的规范性文件。9个市级部门制定了控制行业扬尘技术规范,在全国产生良好反响,确保了控尘工作有章可循。

初步建立长效管理机制。在市"蓝天行动"督查组的推动下,市级各部门和主城各区政府建立了工作责任制,成立了领导小组,形成了日常巡查、上下联动、交叉检查、案件移送、信息通报、定期曝光、挂牌督办、跟踪整改、违规处罚的管理机制,通过显示屏、报纸、电视、网站等宣传,使"蓝天行动"深入人心,"蓝天行动"列直辖十年10件环保事件之首。

铺装沥青路面。重庆市主城区累计共完成道路铺装沥青路面520余千米,约占主要道路面积的50%。212国道改造道路,石板坡长江大桥复线、石小路、石新路、杨石路、高九路等新建、改造道路全部铺装沥青路面,内环高速公路"白改黑"全面完成。主城4车道以上道路基本完成了铺装沥青路面。

控制机动车带泥、带尘和撒漏污染。各区在控制机动车带泥上路和沿途撒漏方面均做了大量的工作,要求在施工工地出口处派人把守、24小时巡查,发现问题立刻会同有关部门解决。

加强道路冲洗、清扫保洁。市政部门加强了道路洒水、清扫保洁的力度和频率。对于主要路段和窗口地区、施工区域,少则每天组织冲洗一次,多则每隔3~4小时冲洗一次,使道路扬尘明显减少,起到了立竿见影的效果。一些区还制定了严格的清扫保洁程序,规定清扫和保洁前必须洒水,严格控制了清扫保洁过程中的二次扬尘。

严格施工扬尘管理。建设部门加大了对主城区2000余个建筑工地的扬尘污染监控力度,通过组织项目建设、监理、施工等单位召开现场整改会,研究整改措施,制定扬尘控制专题方案,帮助工程建设工期紧、施工条件差的企业克服困难。对重点、难点工程进行专项整治检查,督促未办理安全报监等建设手续的业主单位完善相关建设手续,同时对扬尘控制整改不力的单位实施处罚。除对建筑施工扬尘控制工作实行每月通报外,市建委还对扬尘控制工作不到位的建筑工地的违法行为、整改情况及相关处理结果予以通报,并记入不良记录,在建设工程信息网上公示,增加企业的违法违规成本,对未落实文明施工的企业形成震慑。

规范建筑渣土消纳场管理。对现有的合法建筑渣土消纳场,实行了标准化管理,严格执行建筑渣土准运证制度,使进出渣场车辆带泥上路的现象大为减少。

"蓝天行动"实施后,重庆空气质量得到明显改善。2010年,主城区环境空气质量优良天数达到311天,比2009年增加8天,区县环境空气质量达到国家二级标准的有20个。

(二)"碧水行动"

"碧水行动"包括饮用水水源保障、城镇生活污染整治、工业污染防治、农村面源污染防治、船舶污染防治、次级河流综合整治、环境监控与风险防范工程、环境管理与科技创新工程以及建立和完善保障机制等多方面的内容,旨在通过该行动,改善重庆市的水环境质量,保障饮用水安全,提高环境监管能力,促进经济、社会和环境的和谐发展和可持续发展。

"碧水行动"实施范围:"碧水行动"实施范围为重庆市所辖行政区范围,重点为辖区范围内长江、嘉陵江、乌江及其主要支流的水环境保护和城镇居民饮用水水源保护。

"碧水行动"的目标:推进次级河流综合整治。市政府印发了加快推进次级河流综合整治工作的意见和考核暂行办法,实行"部门牵头负责制"、次级河流污染整治项目和水质改善的"双目标"考核制度,初步建立了次级河流污染综合整治会议协调、项目调度、监督考核和信息报送等综合整治协调推进机制。2010年,在2009年的基础上将纳入《三峡库区及其上游水污染防治规划(修订本)》中的8条次级河流。梁滩河生活污染治理项目累计完成投资23亿元,苎溪河开工建设河道清淤项目,濑溪河流域部分截流管网工程完工,御临河部分城镇垃圾处理项目建成,桃花河城区河道整治一期工程完成,澎溪河、小安溪、龙溪河流域部分工业和畜禽养殖整治项目动工,清水溪全面截流工程基本完成。

加强饮用水水源保护。实施了饮用水水源安全隐患大排查,完成了全市乡镇集中式饮用水水源地调查评估工作,督促长寿区妥善解决了饮用水水源隐患问题。2010年,投入2亿多元,取缔三峡库区库湾和河道网箱1.5万个,有力保障了饮用水水源安全。开展了农村饮水安全项目建设,新建农村饮水工程1.4万处,解决了135万农村居民的饮用水安全问题。加强环境基础设施建设。城市污水垃圾处理项目、主城排水三级管网建设和工业园区污染防治设施加快建设。全市建成50个城市污水处理厂和21个小城镇污水处理项目,建成32个城市垃圾处理场和16个小城镇垃圾处理项目。主城区垃圾焚烧项目初设通过国家概算审查,万州区垃圾处理二期工程完成可研报告审查,建成4个工业园区废水处理厂。2010年,纳入《三峡库区及其上游水污染防治规划(修订本)》的86个工业项目的治理,完成项目45个,在建30个。

"碧水行动"实施至2010年底时,长江、嘉陵江、乌江重庆段水质保持稳定,23个断面水质均满足Ⅱ类水质标准和水域功能要求,其中水质属于Ⅰ类和Ⅱ类的断面分别有3个和20个,与2009年相比,水质满足Ⅱ类的断面比例上升8.7个百分点。53条次级河流的98个断面的水质监测结果表明:Ⅰ类、Ⅱ类、Ⅲ类、Ⅳ类、Ⅴ类和劣Ⅴ类的断面比例分别为9.2%、28.5%、43.9%、9.2%、4.1%和5.1%。库区38条一级支流回水呈富营养的断面比例为42.2%,与2009年相比,上升8.2个百分点。饮用水水源地水质较好,56个城市集中式饮用水水源地中,年均值比例为100%。

（三）"绿地行动"

市环保局组织编制《重庆市"绿地行动"实施方案（2006—2010）》，2005年3月，经市政府批准实施。

"绿地行动"实施范围为重庆市所辖行政区范围，面积8.24万千米^2。

工作目标：通过实施"绿地行动"，至2010年，基本遏制全市生态环境恶化的趋势，部分地区的生态环境质量有所改善。建立高效、统一的生态环境监管体系，重要生态功能保护区的生态系统和生态功能基本稳定，城市生态环境得到有效保护，人居环境不断改善，自然保护区管护质量有所提高，农村环境综合整治初见成效，影响社会、经济发展特别是严重危害人民健康的突出生态环境问题得到有效解决，为广大人民群众在良好的环境中生产、生活，为社会、经济的可持续发展，提供坚实的生态保障。

"绿地行动"主要包括：三峡库区生态功能保护区建设、农村小康环保行动、生物多样性保护、生态示范创建、生态人居优化、生态监管能力建设、人工生态安全、资源开发和基础设施建设的生态维护以及生态文明等9大工程。

"绿地行动"实施情况：

加强生态环境保护。编制了《重庆市生态质量监测评估指标体系（试行）》，开展了40个区县的生态质量评估。切实加强生物多样性保护和生物安全管理。完成了长江上游生态屏障生物多样性保护和物种资源评估示范。启动了欧盟项目之重庆特有、濒危物种生境调查。完成了重庆市生物物种资源调查和编目，编制了《重庆市生物物种资源保护和利用规划》，开发了重庆市生物物种资源库，实现了重庆市生物物种资源及保护利用信息的共享。1999年，市政府批准实施《重庆市生态环境建设规划》（渝府发〔1999〕44号）。渝北区于2004年12月建成国家环保模范城市后，北碚区也在2006年成功建成。2014年12月、2007年，大足县、巫山县先后成功建成国家级生态示范区。保质保量完成了重庆市土壤污染调查工作。继续实施北碚区、永川区土壤污染修复整治工程，在重庆开展全国土壤环境监管试点。

推进生态建设与恢复。实施"绿地行动"5年来，全市造林350万亩，管护天然林3582万亩，完成速丰林基地建设100万亩，完成库区生态屏障森林建设41万亩。全市森林覆盖率达到35%。完成创建"国家园林城市"国家验收，建成鸿恩寺、龙头寺等城市公园10个，社区公园40个，新增城市生态林100万米^2、城市绿地300万米^2。开展了消落区示范项目建设、植被构建、生态修复和安全评估。在三峡库区选择了3个点开展消落区生态恢复示范。完成万盛区东林煤矿、南桐煤矿和北碚区天府煤矿等5个矿山治理项目。生态移民和易地扶贫搬迁完成5.62万人。完成石漠化治理6万公顷，治理水土流失面积4632.8千米^2。实施生态家园富民工程及生态示范村建设，完成10个生态示范村建设和5.954万户移民的"一池六改"任务。

2010年，全市新造林300万亩，低效林改造200万亩。全市累计投入水土保持资金47.23亿元，初步治理水土流失面积2418.73千米^2，其中，三峡库区投入资金37.71亿元，初步治理水土流失面积1822.86千米^2。2010年末，全市累计种草保留面积达到8.13万公顷，其中，人工种草4.12万公顷，改良草地4.01万公顷。

（四）"宁静行动"

"十五"以来，重庆市高度重视环境噪声污染防治工作，通过实施机动车禁鸣、建筑施工噪声控制、环境噪声达标区建设等措施，出台《重庆市环境噪声污染防治办法》，加强了工业噪声、交通噪声、建筑施工噪声、社会生活噪声的综合整治，加大了监督检查力度，城市声环境质量得到一定程度的改善，但噪声污染问题仍然突出，为进一步控制环境噪声污染，改善城市声环境质量，2006年12月11日，重庆市政府出台了《重庆市"宁静行动"实施方案（2006—2010年）》。"宁静行动"方案主要从噪声源头控制、传播途径控制、噪声敏感目标保护等方面着手，从合理规划布局和调整城市环境噪声功能区、工业噪声污染防治、建筑施工噪声污染防治、交通噪声污染防治、社会生活噪声污染防治、加强噪声污染监管和创建工作6方面，综合采用管理措施和技术措施，逐步改善城市声环境质量。

通过实施"宁静行动"，加强了工业噪声、建筑施工噪声、交通噪声、社会生活噪声污染防治，并通过"安静居住小区"和环境噪声达标区建设，重庆市的声环境质量得到进一步改善。2009年，全市声环境质量继续保持稳定。主城区功能区环境噪声昼夜等效声级平均为55.5分贝，昼间为54.9分贝，夜间为46.6分贝。

2010年12月，主城区区域环境噪声平均值为54.2分贝，网格噪声达标率为93.1%；声源构成以社会生活噪声为主。主城区道路交通噪声平均值为68.0分贝；噪声超过70分贝的交通干线的长度占24.7%。主城区1~4类功能区环境噪声昼夜等效声级分别为50.6，52.7，54.1和61.6分贝，小时噪声达标率昼间为100%，夜间为79.2%。2010年，建成120个"安静小区"，城区噪声达标区覆盖率达到60%以上，有效防止了噪声扰民问题。

六、创建国家环保模范城市（2008—　　）

国家环境保护模范城市是中国城市环境保护含金量最高的荣誉称号，已成为各级地方党委、政府贯彻落实科学发展观和构建和谐社会的重要载体，成为生态文明建设和转变发展方式的重要抓手，成为建设资源节约型和环境友好型社会的重要平台。在2008年召开的市委三届三次全委会上就提出了创建国家环保模范城市的要求。之后，经过大量调研和可行性研究，市政府将创模工作列入政府工作报告。市委三届七次全委会，又将创模确定为市委、市政府民生工程的重要内容。

以主城区为整体，开展创建国家环境保护模范城市活动，着重落实6大任务：

(1)实施经济结构调整，推进产业优化升级，加快发展方式转变，提高经济发展水平。

(2)强化污染防治措施，解决突出环境问题，全面改善环境质量。

(3)加强基础设施建设，提高污染防控水平，增强城市综合承载能力，推动城镇化健康发展。

(4)加强环境综合整治，改善城市容貌，统筹城乡环境保护。

(5)加强创模保障工作，提升环境保障水平，打造"西部领先、全国一流"的重庆环保，探索环保新道路。

(6)加强创模宣传教育引导，完善公众参与制度，推进全民环境教育，倡导健康文明生活方式。

重点实施8大系列工程：

(1)实施优化发展系列工程，包括优化发展工程、结构调整工程、产业升级工程。

(2)实施空气质量达标系列工程，包括扬尘控制工程、燃煤及机动车排气控制工程、空气环境质量预警预控工程。

(3)水环境质量达标系列工程，包括河流整治工程、饮水保障工程、国家水污染防治规划实施工程。

(4)实施基础设施建设系列工程，包括城市污水垃圾处理设施建设工程、城市森林工程、环境安全工程。

(5)实施企业环保达标系列工程，包括工业企业稳定达标工程、企业深度治污工程（含重金属防治工程）、固废综合处置工程。

(6)实施环境能力建设系列工程，包括机制创新工程、能力提升工程、监管网络工程。

(7)实施城乡环境整治系列工程，包括城市容貌工程、城市环境综合整治工程、农村环境综合整治工程。

(8)实施公众满意度提升系列工程，包括宣传教育工程、公众维权工程、示范创建工程。

按照市政府创模规划，重庆创模范围包括主城9区（含北部新区），涉及152个街道（镇），面积5473千米^2。主城周边合川、江津、长寿和璧山相关环境整治工作也纳入创模范围。创模工作涉及

1个总体目标、3个实施阶段、6项主要任务、8大系列工程、100类2300余个具体项目。通过落实以上系列任务和实施系列工程项目,确保到2013年,建成国家环保模范城市,突破发展"瓶颈",提升城市品质,打造经济健康发展、基础设施健全、环境质量良好、生态良性循环、城市优美宜居的新重庆。

为动员全社会投入创模行动,市政府召开了创模动员大会,印发了创模规划和实施意见,主城各区也召开了各区动员大会,细化了本区域创模实施方案,建立了创模工作任务分解、督查督办、年终考核等系统的推进工作机制,各类创模项目正有条不紊地推进。此外,积极推进市级环保模范区县创建工作,巩固渝北、北碚国家环保模范城区创建成果,巩固提升南岸、九龙坡市级环保模范城区创建成果,完成江北、沙坪坝、巴南、大渡口、渝中、璧山等区县创建市级环保模范城区,主城各区力争全面达到国家环保模范城市指标要求,万州、涪陵、合川、江津、永川、黔江6个中心城市创建国家环保模范城市,建成一批定位清晰、特色鲜明的环保模范城市群。

2010年,市委、市政府把主城9个区整体创建国家环保模范城市作为促进民生改善的重要内容,列入市委三届七次全委会关于做好当前民生工作的决定和市委三届八次全委会关于"十二五"规划建议,成立以黄奇帆任组长的重庆市创建国家环保模范城市领导小组,建立创建国家环保模范城市推进机制,分解落实工作任务,完善督查考核和问责奖励办法,促进创建国家环保模范城市8大系列工程(环保优化发展系列工程、空气质量达标系列工程、水环境质量达标系列工程、基础设施建设系列工程、企业环保达标系列工程、环保能力建设系列工程、城乡环境整治系列工程、公众满意度提升系列工程)深入实施。2010年,新增5项指标达到考核要求,至此,重庆市创建国家环保模范城市中26项考核指标已有20项达标。黔江、云阳、九龙坡、南岸、渝中、江北、巴南7个区县建成市级环境保护模范区县,涪陵、永川、合川、江津、南川等18个区县正在创建市级环境保护模范区县。

第七章　农村环境综合整治

重庆市积极争取中央农村环保"以奖促治"资金,强化农村环境综合整治,着力改善农村居民生产、生活环境。2008年,争取中央农村环保资金816万元,在13个区县13个建制村实施了农村环境综合整治项目。2009年,争取中央农村环保资金2818万元,在29个区县35个建制村实施了农村环境综合整治项目。2010年,环保部、财政部将重庆市纳入全国首批农村环境连片整治示范省市范畴,支持重庆市中央农村环保资金2.5亿元,在9个区县223个建制村实施了农村环境连片整治项目。项目实施后,项目村的生活污水、垃圾得到有效处理,农村人居环境得到有效改善,百姓环保意识不断增强,初步发挥出良好的环境效益、经济效益和社会效益。

第一节　畜禽养殖污染防治

畜禽养殖业是重庆市农村经济的重要支柱产业,是农民增收的重要途径,推进畜禽养殖业的健康发展,对于保障市场肉食品供应,维护市场畜禽产品价格平稳,提高人民群众的生活质量都具有重要作用。但也应看到重庆市畜禽产业经历的是从分户散养逐步发展到规模化饲养,从无序发展到计划引导的发展历程,重生产、轻排污比较普遍。加之畜禽养殖业自身经济实力较弱,抗风险能力差,大多数畜禽养殖场缺乏必要的排污设施,畜禽粪便未经处理就地排放,造成一些农田、村落污染和小流域、小水系、塘、库等水体污染,加重了重庆市村镇工程性缺水压力,给人们的生活饮用水安全带来较大威胁。全市畜禽养殖业污染又主要表现在畜禽养殖场粪便、废物就地排放和污染较为集中上。加强畜禽养殖场污染整治,实施畜禽养殖业划定区域管理,有效保护饮用水水源是实现农村经济可持续发展的重要措施,也是畜禽产业持续健康发展的必要条件。

2005年,开展农村环境保护工作,进行畜禽养殖污染防治调研,编制畜禽养殖污染防治方案并组织实施。在合川、南川、涪陵等区(市)县开展规模化畜禽养殖场(区)环境评价、"三同时"执行等试点工作。

2006年,开展畜禽养殖污染专题调研和畜禽养殖区域划分工作,加强对集约化畜禽养殖场和屠宰场所的环境监管。

2007年,市政府印发《重庆市畜禽养殖区域划分管理规定和重庆市畜禽养殖区域划分及养殖污染控制实施方案》(渝府发〔2007〕103号)。要求各区县人民政府应制定畜禽养殖发展规划,划定畜禽禁养区、限养区、适养区。力争通过4年时间,分期分批实施畜禽养殖场取缔、搬迁、整合、污染综合治理等,逐步调整全市畜禽养殖业的空间布局。强化畜禽养殖污染防治,强化养殖业与种植业的有机结合,规范畜禽养殖环境管理,促进畜禽养殖业健康有序发展。

2009年,开展全市畜禽养殖污染防治情况调查。

2010年,市政府办公厅下发《关于进一步加强畜禽养殖环境管理的通知》(渝办发〔2010〕343号),明确绕城高速公路环线以内区域全部划定为畜禽禁养区;绕城高速公路环线以外涉及次级河流综合整治的区域,重新划定畜禽禁养区和限养区。

第二节 面源污染防治(农药、化肥、薄膜等)

2010年,重庆对面源污染防治的主要措施是加快无公害食品、绿色食品和有机食品基地建设,推广测土配方施肥,库区生态农业试点示范区县建设已扩大到15个。同时,按照"种养结合、生态养殖、以地定畜、资源综合利用"的思路,调整畜禽养殖布局、养殖结构和养殖方式。对畜禽养殖散户,结合生态家园富民工程的实施,加强户用沼气池建设,至2010年底,三峡库区累计投入4.76亿元,发展农村户用沼气53.14万户,库区农村户用沼气占库区总农户的15.5%。对专业养殖户,推进标准化畜禽养殖小区建设,配套建设沼气池或粪尿集中处理设施,实施污染相对集中治理。对规模化畜禽养殖,实施污染综合治理,建成畜禽养殖场沼气工程550处,促进畜禽粪污的资源化利用和无害化处理,形成了能源生态型和能源环保型等多种养殖场污染治理模式。严禁在三峡水库、饮用水水源地保护区以及规划的非投饵性网箱养殖区内开展投饵性网箱养殖。

农药、化肥污染比较突出是重庆农村环境存在的主要问题。长期过量使用农用化学品,使污染物在土壤中大量残留,对生态环境、食品安全和农业持续发展构成威胁。特别是土壤污染具有累积性、滞后性和不可逆性的特点,治理难度大、成本高、周期长。

1998—2010年,重庆农村农业生产使用化肥、农药、薄膜情况:1998年,农用化肥施用量为551.5千克/公顷,氮、磷、钾比例不够合理,农药使用量为4.6千克/公顷,以有机磷农药为主。

1999年,农用化肥施用量为446千克/公顷,部分地区用量偏高,农药使用量为7.28千克/公顷,以有机磷农药为主。

2000年,氮肥施用量为138.7千克/公顷,磷肥施用量为79.3千克/公顷,农药使用量为4.5千克/公顷,以有机磷农药为主。

2001年,氮肥施用量为128.9千克/公顷,磷肥施用量为46.62千克/公顷,农药使用量为5.37千克/公顷,以有机磷、菊酯类农药为主。

2002年,农业面源污染呈加重之势。氮肥、磷肥施用量分别为132.9千克/公顷和47.1千克/公顷,农药使用量为5.5千克/公顷,以有机磷、菊酯类农药为主。

2003年,氮肥、磷肥施用量分别为204.5千克/公顷和77.3千克/公顷,农药使用量为9.1千克/公顷,以有机磷、菊酯类农药为主。

2004年,化肥、农药污染不容忽视。氮肥、磷肥施用量分别为220.1千克/公顷和80.44千克/公顷,农药使用量为9.24千克/公顷,以杀虫剂和杀菌剂为主。

2005年,氮肥、磷肥施用量分别为220.8千克/公顷和84.72千克/公顷,农药施用量为9.45千克/公顷,以杀虫剂和杀菌剂为主,农膜使用量为2.75万吨。

2006年,氮肥、磷肥施用量分别为226.22千克/公顷和87.81千克/公顷,农药施用量为9.55千克/公顷,农膜使用量为2.82万吨。

2007年,氮肥、磷肥施用量分别为234.49千克/公顷和90.02千克/公顷,农膜使用量为3.01万吨,农药施用量为2.04万吨。全面禁止5种高毒农药的生产、销售和使用,收缴高毒农药6.21吨。

2008年,氮肥、磷肥、钾肥施用量分别为223.71千克/公顷、77.46千克/公顷、21.15千克/公顷,农膜使用量为3.09万吨,农药施用量为2.1万吨。

2009年,氮肥施用量为227.92千克/公顷,磷肥施用量为80.44千克/公顷,钾肥施用量为17.87千克/公顷,农膜使用量为3.47万吨,农药施用量为2.2万吨。

2010年,氮肥施用量为49.3万吨,磷肥施用量为17.5万吨,农膜使用量为3.7万吨,农药施用量为2.1万吨。

第三节　乡镇企业污染防治

1999年全市有乡镇工业企业45002家,其中乡镇集体工业企业8666家,对环境有较大影响的造纸、印染、皮革、酿酒、水泥、石灰、砖瓦、化工、炼焦及煤炭采选等企业有2929家,比上年减少269家;私营、个体工业企业36336家,其中对环境影响较大的建材、化学及煤炭采选等企业有9552家。1999年乡镇企业工业废水排放总量为3817.4万吨,主要污染物化学需氧量排放3.04万吨,与1995年相比分别减少8.92%和56.57%;工业废气排放总量为394亿标准米^3,主要污染物二氧化硫排放13.11万吨、烟尘排放6.49万吨、工业粉尘排放9.84万吨,与1995年相比分别减少9.83%、0.86%、36.39%和46.75%;工业固体废弃物排放259万吨,与1995年相比减少42.83%。

乡镇工业企业在环境保护方面存在的主要问题是企业点多面广,管理难度大,治理难度也大。一方面,虽有各级、各部门的监督管理,但仍不时有新的污染企业产生,增加了治理和管理的难度。另一方面,1999年,工业企业废水排放达到排放标准的只有65.67%;工业废水经处理的只有50.15%,工业废气经消烟除尘处理的只有55.66%,虽比1995年分别提高了19.14和39.4个百分点,但与县以上工业企业比较,仍处于比较低的水平。造纸、饮料酒行业废水排放中,主要污染物化学需氧量排放量占乡镇工业排放总量的70.63%;水泥、砖瓦、石灰等建材行业废气排放中,主要污染物二氧化硫、烟尘、工业粉尘排放分别占乡镇工业排放总量的65.12%、33.15%、51.93%。上述行业是乡镇工业企业产生污染的主要行业。

乡镇企业的污染防治在整体上采取"以防为主,防、管、治相结合"的对策,在管理方法上坚持

"自然资源的开发利用与保护增殖并重"和"谁污染、谁治理,谁开发、谁保护"的原则。结合重庆市具体情况,1991—2010年,对乡镇企业污染防治主要采取了以下措施:

(一)技术预防与整治措施(1991—1999年)

1. 编制环境区划、实现合理布局

根据重庆市的气候、土壤、资源、交通、人口、经济和文化等不同情况,从区域的角度(不局限于现有行政区划)来协调经济发展、自然资源开发和环境保护之间的关系,确定相应区域的主要功能,发挥各自优势,做到经济、社会和环境效益的统一。

2. 充分利用资源优势,大力发展无污染少污染企业

重庆市自然资源十分丰富,风景名胜地众多,农业上盛产茶叶、各种水果和蚕茧;竹、木、麻、藤器和蜀绣是重庆市的传统手工艺品。应大力发展小水电、旅游业、种植业、食品加工业、养殖业和手工艺品业等无污染少污染企业。

3. 开展乡镇企业污染治理技术和政策、法规的研究

乡镇企业规模小,资金少,生产灵活,转产容易,现有的污染治理工艺及设备不完全适用于乡镇企业。应当研制简易小型而灵活的环保设备以适应乡镇企业的需要。乡镇的环境容量一般较小,应对环境区划或乡镇的环境容量、生态平衡进行全面的研究,以作为制定有关政策、法规和标准的依据。

4. 开展乡镇企业污染集中整治

结合小型工业企业集中区、中小型企业创业基地、工业都市楼宇等布局,根据各小型工业企业排水少的特点,建设区域性的污染集中治理设施,在歌乐山建成6座污染集中治理设施,其中怡欣村食品加工点污水集中处理设施投资300多万元,规模500 m^3/天,有效处理了该片区的食品废水。

(二)2000—2010年采取措施

1. 提高环境意识,普及环境教育

从多方面以多种方式深入普及宣传环保的意义,使得这一工作有一个比较坚实的群众基础,积极推动乡镇企业污染防治。

2. 提高管理水平

市环保局组织各级环保员定期学习,开办乡镇环保员短训班进行培训,提高乡镇环保员的业务能力。

3. 严格审批手续

对中央不准兴建的乡镇企业坚决把关;对产生污染的企业要坚持实行"三同时"制度。

4. 加强立法执法,严禁污染转嫁

乡镇企业多处于环境容量小的乡镇或次级河溪旁,因此,应制订乡镇一级的地方法规和实施细则。

5. 发挥银行职能,严格控制污染

银行充分发挥经济杠杆作用,对禁办的企业,坚决不予贷款;对污染型企业,应坚持审批手续后贷款;对环保验收不合格企业,应责令返工,拒不执行者收回贷款。

第四节 农业固体废物处理

对农业固体废物的处理,重庆市起步较晚,过去处于放任状态,进入21世纪后,才逐渐引起重视,2007年市政府制定《农村环境保护规划》后,开始推行此项工作。2010年前,重庆市起步做了

以下工作：

积极推进无公害地膜和可回收地膜的使用。在农村地区建设垃圾收运系统，实现村收集、镇转运和县处理，减少农村固废随意丢弃；严格环境准入，要求新建企业履行"三同时"制度，严防污染向农村转移。

2009年，全市处置畜禽养殖排放粪便4324万吨、农用薄膜3.47万吨，防治农业固体废物取得一定成效。2010年，全市211个集镇的生活垃圾进行了无害化处理。

第八章　清洁生产

重庆市进一步贯彻落实《清洁生产促进法》，加快清洁生产技术创新研发和推广运用，完善清洁生产的技术标准体系和审核技术指南，依法推进清洁生产。建立生产者责任延伸制度，引导企业广泛采用清洁生产技术进行产品设计，按照绿色产品的要求加快升级换代，实现产品生命周期全过程的资源利用和生态影响最小化。

第一节　清洁生产审核

重庆市自2005年开展强制性清洁生产审核工作以来，每年下达强制性清洁生产审核名单，不断加大强制性清洁生产审核工作力度。至2009年底，重庆市累计完成强制性清洁生产审核企业数达到154家，公布污染物排放情况企业数达到154家，覆盖了钢铁、有色冶炼、石化、化工、纺织、造纸、制造业、建材、火电和医药等行业。2010年，145家企业完成了强制性清洁生产审核验收（部分企业因停产等原因暂缓实施），共产生各种清洁生产方案3587项，其中无/低费方案2923项，中/高费方案664项。企业在开展清洁生产审核过程中组织实施各类方案达3000余项，其余方案拟定了实施计划。通过清洁生产方案的实施，企业取得了较好的环境效益与经济效益，累计减少化学需氧量排放5500吨，减少二氧化硫排放8800吨，节水26500万吨，节电17500万千瓦·时；清洁生产实际完成投资额20270万元，获得经济效益26933万元，其中节能降耗的经济效益为26700万元，削减污染物排放的经济效益为233万元。

其中，比较典型的重庆长寿化工有限责任公司，原本环保欠账多、污染重，通过开展清洁生产审核工作，全面梳理分析工艺、原材料以及管理等各个环节的问题，针对性地提出和实施了氯丁胶废气综合利用、干法乙炔改造、氯丁橡胶废水治理等方案，在全厂产能扩大的情况下，污染物排放总量和排放强度反而大幅下降。同时，通过开展强制性清洁生产审核，部分行业的清洁生产技术取得进展，在中国环境科学院和国家清洁生产中心的帮助下，重庆市率先结合"锰三角"专项整治，开展电解锰行业强制性清洁生产审核试点工作，全面摸清行业污染现状，从工艺等各个环节提出了过氧化氢氧化、电解区和钝化区分开、改进搅拌方式等清洁生产方案，提高了可溶性锰回收率，减少了锰渣产生量，并不断总结电解锰等重点行业的审核经验，为行业审核标准的制定提出了建议。此外，结合重庆市主城区污染企业搬迁，开展搬迁企业强制性清洁生产审核工作，着重分析搬迁前的污染现状,调查、研究行业先进清洁生产要求,提出并在搬迁后实施工艺更新换代、设备和原辅材料替代、管理制度完善等方案,为企业搬大、搬强、搬好做出贡献,同时也大幅提高了企业的清洁生产水平,降低了排污强度。

通过清洁生产审核,增强了企业清洁生产的意识,摸清了企业的产排污环节,明确了企业污染治理和节能降耗的重点内容,企业通过在审核过程中实施清洁生产方案,实现了环境保护与经济发展的双赢。清洁生产审核由强制逐渐成为企业的一种自觉自愿行为。2010年,重庆市共有100多家工业企业开展了自愿清洁生产审核工作。

强制性清洁生产审核工作的顺利推进和成效的取得,离不开强有力的措施和完善的工作机制。重庆市的主要做法是,建立了一套政策规章体系,做好了两方面的工作结合,强化了三个层面的推进督促,增强了四个方面的工作支撑。

一、建立一套政策规章体系

市政府在2003年就制定《关于促进清洁生产的实施意见》,将清洁生产纳入重庆市国民经济和社会发展规划以及环境保护等规划,作为转变经济增长方式的重要手段。重庆市2007年9月1日修订实施的《重庆市环境保护条例》对强制性清洁生产审核提出更严的要求,除"双超、双有"企业外,对排污量大、环境影响较大的企业均要求开展强制性清洁生产审核工作。2006—2008年,环保局连续印发《关于进一步规范管理清洁生产审核咨询机构的通知》《重庆市强制性清洁生产审核实施办法(试行)》和《关于进一步规范强制性清洁生产审核工作的通知》等规章文件,对强制性清洁生产审核名单的确定、审核工作的开展、强制性清洁生产审核的评审验收、强制性清洁生产审核企业的监督管理、审核机构的管理提出了具体要求,规范了审核工作和验收程序。

二、强化两方面的工作结合

一是强化清洁生产审核与环保各项工作的结合。重庆市结合各阶段环保工作加大审核力度,对未完成总量减排任务的企业、碳酸锶和电解锰污染整治企业、重金属行业等专项整治企业、创模区县有关企业开展审核工作,促进企业实施清洁生产,提高污染防治水平,推动节能减排目标的实现。二是强化与市发改委、市经济和信息化工作委员会等市级部门工作的结合,建立联动工作机制。对通过强制性清洁生产审核论证提出的循环经济示范项目,由市发改委争取国家资金支持,已上报拉法基水泥厂等56个项目。对通过审核论证提出的技术应用示范、推广示范项目,由市经济和信息化工作委员会争取国家资金支持,已上报南松医药等5家企业。建立审核联系工作机制,定期将要求开展审核的企业名单报送证监和金融部门,推进绿色信贷。按照国家有关规定,对清洁生产设备(产品)和节水设备(产品)给予税收减免鼓励,对符合国家资源综合利用条件的企业进一步落实税收优惠政策。

通过清洁生产审核的重庆环球石化有限公司将甘薯制酒精过程中产生的酒糟,经过厌氧处理生产沼气(8万米^3/天),用于企业自建锅炉的辅助燃料,每年可节约3200吨标煤,同时减少二氧化硫、二氧化碳以及烟尘等废物的排放。重庆长杨热能有限公司的蒸汽锅炉采用循环流化床固态脱硫工艺,脱硫效果显著,有效减少了二氧化硫排放量;将蒸汽生产过程中产生的约12万吨煤渣用作重庆润江水泥有限公司生产水泥的原料,实现一般工业固体废物零排放。

三、做好了三个层面的督促推进

由市环保局确定每年的审核重点行业,在征求区县意见的基础上下达年度强制性清洁生产审核计划,并召开新闻发布会,在主要媒体上公布审核名单,定期、不定期检查督促,组织开展评审验收,对没有按时上报审核计划、公布产排污状况或完成强制性清洁生产审核工作的企业进行督办、通报。召开重庆市清洁生产审核工作会议,将审核工作开展情况作为区县环保系统考核的重要工作内容,由区县环保部门负责日常的监管和具体的指导、督促工作,定期上报审核工作进展,对未按要求完成的企业实施处罚。召开重庆市清洁生产审核工作推进会,由企业清洁生产审核领导小组和主要领导具体抓,强化公司员工的参与度,要求的宣贯培训、征求意见、总结验收等程序一个都不能少,一环扣一环,层层抓落实。

四、增强了四个方面的工作支撑

一是增强审核结果应用的支撑,将清洁生产审核与环境管理相结合,将强制性清洁生产审核作为企业申请上市和再融资的环境保护核查,国家和市级污染治理资金补助以及创建环境友好企业的重要条件,将清洁生产审核报告提出的清洁生产目标作为企业污染减排、排污申报、排污许可证核发的重要依据。审核验收中强调污染源和产污排污状况要清楚,要求验收前后进行对比监测,通过监测报告计算和物料衡算得出相关污染物浓度、总量数据,与排污许可证等进行核实对比。对企业排污申报不实和存在超标、超总量的提出整改方案。对审核发现的落后产能移交经济主管部门督促淘汰。对审核发现的环境监测、监察等管理问题,要求区县环保部门整改完善,有效促进了环保各项工作的开展。二是增强审核咨询单位和专家队伍的技术支撑。2010年,重庆市有审核单位28家,相关技术人员300多名,为顺利推进审核提供了强有力的技术支撑。对审核单位实行分行业的资质管理,提高了行业准入标准,建立了咨询机构退出机制和年度考核制度,开展了咨询机构清洁生产审核报告质量审查,对咨询机构存在的问题进行了通报,切实提高审核报告质量。建立了重庆市清洁生产审核专家库,落实了清洁生产审核、环境保护方面的专家以及化工、石化、医药等行业的专家,除环保部门组织专家评审验收外,咨询单位和企业还依托环保和行业专家的力量,在审核开展过程中就邀请专家参与,着重从生产全过程找出问题症结,提出可行方案。三是增强资金投入的支撑。重庆市每年从市级环保排污费中安排专项资金对强制性清洁生产审核企业给予资金补助支持,累计对审核工作安排补助资金533万元。此外,对企业通过审核提出的中/高费方案,从市级排污费中安排专项资金予以优先支持。四是增强审核社会监督工作的支撑。在确定年度清洁生产审核计划后,重庆市均召开新闻通报会,并在主要媒体和市环保局网站上公布审核名单,由新华网、人民网、中国环境报、《重庆日报》社、重庆电视台、重庆电台等20多家媒体对审核工作开展情况进行了报道。要求企业在当地媒体上公布产污、排污状况,接受社会公众的监督。建立清洁生产激励机制,将通过审核的企业向社会宣传和公布,以帮助企业树立良好的企业形象,提高企业的知名度和产品的竞争力。

第二节 清洁能源开发

一、实施主城区燃煤锅炉(炉窑)清洁能源改造

在主城区全面实施燃煤设施清洁能源改造。2000—2010年,先后对主城区2737千米^2、119个街道(镇)范围内1153台10蒸吨以下的燃煤锅炉和1500台燃煤茶水炉全部改烧天然气、液化气、电等清洁能源。对455台燃煤工业炉窑实施清洁能源改造,城区95个街道(镇)创建基本无煤区,300个社区建成无煤社区,治理餐饮业油烟废气1280家。清洁能源改造工程总投资约40亿元,每年约减少燃煤200万吨,削减二氧化硫11万吨、可吸入颗粒物5.7万吨、氮氧化物1万吨。

二、区县城区建设烟尘控制区和推广清洁能源

为改善区县城区大气环境质量,各区县高度重视烟尘控制区建设和推广清洁能源工作,继续扩大建设区县烟尘控制区和推广清洁能源,将郊区县烟尘控制区建设和推广清洁能源工作纳入每年度环保目标考核。2010年,重庆市已累计完成污染企业搬迁113户;市政府启动主城区第二阶段"清洁能源"工程,完成538台燃煤设施的清洁能源改造,可削减燃煤35万吨,减排二氧化硫2.1

万吨。主城以外区县城区全部建成烟尘控制区,累计建成烟尘控制区面积397千米^2,平均覆盖率达70%以上。

三、控制城区社会生活燃煤污染,创建无煤烟区和基本无煤烟区

2010年,主城区全面建设基本无煤区、无煤区,居民推广使用天然气等清洁能源;主城区餐饮业、企事业单位、机关食堂1500台燃煤大灶及茶水炉全部改用清洁能源。主城区全面建成基本无煤烟区,300个居民社区成功创建无煤烟区,累计创建面积达146千米^2,覆盖人口163万人,无煤烟区内禁止销售和使用燃煤,主城区民用清洁能源使用率达到94.88%。

主城九区结合国家环保模范城市创建工作,修订并落实《重庆市主城区燃煤设施清洁能源改造实施方案》,合理调配天然气和电力资源,加大力度推进现有燃煤设施的改造,力争在2012年前全面完成20蒸吨以下燃煤工业锅炉、小窑炉、大灶及茶水炉的清洁能源改造;完成渝中区等区整体建成无煤区,其余主城各区建成区的建成街道建成无煤烟街道,其余镇街全部建成基本无煤烟区。远郊区县城镇地区应结合城镇发展规划和天然气管网建设规划,制定分阶段燃煤设施清洁能源改造方案,在有燃气管网的街道(镇),对餐饮业和食堂炉灶、茶水炉、小窑炉、大灶以及10蒸吨以下燃煤工业锅炉等实施清洁能源改造。

严格限制高硫煤使用。全面实施煤炭质量例行监测,严控高硫煤和劣质煤进入重庆,加强对煤炭开采、运输和使用环节的煤质监控并定期公布监控结果。以火电、冶金、水泥等主要耗煤行业为监控重点,严格限制高硫煤的使用;大力推进低硫、低灰分配煤中心建设,确保优质电煤的供应,主城区及其周边区县的主力燃煤电厂必须储备足量的洗煤、精煤和低硫煤,确保冬春季节和重污染时段储备和使用的低硫煤。

第三篇　生物多样性保护与利用

第一章　生物多样性

第一节　生物多样性保护概况

生物多样性是指来自所有来源包括陆地、海洋和其他水生生态系统的活的生物体的多样性，以及包含这些生物的生态复合体，包括物种内、物种之间和生态系统间的多样性。

生物多样性是地球上的生命经过几十亿年发展进化的结果，是人类社会赖以生存和发展的物质基础，它们的未知潜力为人类的生存发展显示了不可估量的美好前景。人类的衣、食、住、行及物质文化生活在许多方面都与生物多样性有着密切的关系，生物多样性为人类提供了所需要的全部食品、许多药物和多种工农业原料，具有重要的艺术、美学、文化、科学、旅游价值。而且生物多样性对维护生态平衡、保护环境起着关键作用，主要表现在维持全球气体平衡、调节气候、涵养水源、保持水土、吸收分解污染物、贮存营养元素、促进养分循环和维持地球上物质和能量的平衡等。当今世界正面临着人口、资源、环境、粮食与能源五大危机，这些危机的解决都与地球上的生物多样性有着密切的关系。正是丰富的生物多样性使人类的生存和实现可持续发展成为可能，保护生物多样性是人类生存环境的保护、改善和持续利用的一个最为重要的方面，是未来工农业持续稳定发展的基础。生物多样性的保护和持续利用已成为当今国际社会普遍关注的问题之一。

重庆市在2000年初进行着许多保护生物多样性的努力，但这些工作大多缺乏协调，存在着大量的浪费性重复，并且缺乏战略重点。

一、植物多样性

重庆市位于青藏高原与长江中下游平原的过渡地带，中国经济发达的东部地区与资源富集的西部地区的接合部，长江上游三峡库区及四川盆地东南部。地理位置上，重庆市位于我国地势的第二级阶梯与第三级阶梯的过渡带，是典型的生态脆弱区；在整个长江流域的经济发展和生态环境保护中，重庆市是长江上游的重要生态屏障，起着举足轻重的作用。

重庆市地处四川盆地东南边缘，北纬28°10′~32°13′，东经105°11′~110°11′，面积82403千米^2。地质地貌复杂，山地、丘陵众多，环境异质性高；地貌以山地、丘陵为主，占辖区面积的94%以上。北、东、南三面均为山区，在西部和西南部分地区有丘陵和平坝分布，大巴山横亘北部，山脊呈西北至东南走向,海拔一般在1500~2200米。巫山、武陵山和七曜山位于东部及东南部,呈东北至西南走向,海拔一般在1000~2000米。地势陡峭,河谷深切,长江自西而东,横切巫山,形成著名的长江三峡。东南多石灰岩,有岩溶地貌发育。西南以低山和丘陵为主。

重庆市市域内气候适宜,水热条件充沛,气候垂直差异显著,河流众多,水体环境多样化。气候属亚热带季风气候,受地形影响,气温较同纬度的长江中下游偏高。重庆的气候特征总体来说具有冬暖、春早、夏热、秋雨、湿度大、云雾多、日照少、四季分明、雨量充沛、光热雨同季的特点,但各地受地形因子的影响较大,气候的垂直差异大,立体气候明显。自然土壤以黄壤为主,另有山地黄壤、黄棕壤和亚高山草甸土。优越的地理位置和复杂的自然条件,特别是历史上未直接受到第四纪冰川寒流的影响,因而保存和发展了丰富的原始的珍稀孑遗植物,造就了丰富多样的生态系统类型和极高的物种多样性,成为中国17个生物多样性的关键地区之一。

重庆市地质地貌复杂,气候垂直差异显著,具有复杂的生物多样性,野生动植物资源极其丰富,其中不乏大量珍稀濒危物种,这些珍稀濒危动植物不仅是生物多样性的重要组成部分,还有较高的科研和经济社会价值,所以重庆的生物多样性在全国占十分重要的地位。保护生物多样性,合理利用和发展野生动植物资源,对于维护生态平衡、改善自然环境和发展国民经济具有重要意义。自然环境和地理条件形成了重庆市植物的多样性。

根据重庆市多个自然保护区的有关资料,《四川植物志》《中国高等植物图鉴》《中国植物志》《四川动物志》《中国动物志》《中国植物红皮书》(第一册,1992)、《第二批珍稀濒危保护植物考察种名录》(1987)、《国家重点保护野生植物名录》(1996)、《国家重点保护野生植物名录(第一批)》(1999)等文献,以及生物多样性的调查,初步统计重庆有植物342科、1769属、6949种,其中被子植物175科、1310属、5236种,裸子植物10科、33属、81种,蕨类植物41科、115属、712种,苔藓植物64科、180属、404种,地衣植物8科、8属、25种,藻类植物44科、123属、491种。高等植物(被子植物、裸子植物、蕨类植物和苔藓植物)共290科、1638属、6433种,维管植物(被子植物、裸子植物和蕨类植物)226科、1458属、6029种。

根据《中国植物红皮书》第一册,重庆市有保护植物38科、60属、68种,其中蕨类3科、3属、3种,裸子植物7科、14属、16种,被子植物28科、43属、49种。按保护级别分,属一级保护的有桫椤、银杉、水杉、秃杉、金花茶和珙桐6种;二级保护的有荷叶铁线蕨、狭叶瓶尔小草、攀枝花苏铁、银杏、大果青杠、金钱松等28种;三级保护的有秦岭冷杉、麦吊云杉、黄杉、穗花杉、黄连、红豆树等34种。

根据《国家重点保护野生植物名录》,重庆市有保护植物58种,其中一级保护植物10种,二级保护植物48种。根据《国家重点保护野生植物名录(第一批)》,重庆市共有重点保护野生植物61种,其中,蕨类植物3科、4属、5种,裸子植物7科、12属、20种,被子植物18科、27属、36种。国家一级保护植物16种,主要有苏铁、银杏、银杉、水杉、红豆杉、珙桐、金佛山兰等;国家二级保护植物45种,主要有金毛狗、秦岭冷杉、金钱松、篦子三尖杉、白豆杉、香榧等。

综合《中国植物红皮书》(第一、二册)、《国家重点保护野生植物名录》(1996)和《国家重点保护野生植物名录(第一批)》(1999),重庆市共有国家珍稀濒危保护植物133种,分属62科、105属,其中蕨类植物8科、9属、10种,裸子植物7科、17属、24种,被子植物47科、79属、99种,金花茶、攀枝花苏铁、夏蜡梅、任木、梓叶槭为引种植物。

二、珍稀濒危植物和植被多样性

(一)珍稀濒危植物的地理分布

由于地质运动和人为活动等诸多因素对环境的剧烈影响,使珍稀濒危植物分布不均衡,并大部分局限于重庆市边缘山区,垂直分布多在海拔500~1500米的常绿阔叶林或常绿落叶混交林内,且多呈零星残遗分布状。从其水平分布来看,三峡库区珍稀濒危植物多集中在库区中下游段。

重庆市国家重点保护的野生植物的特点是种类丰富而分布集中。以较能反映重庆地带性植被特征的金佛山、四面山、缙云山三地的植物区系进行分析。三地的蕨类植物种质资源都丰富,裸子植物的类群表现出科属少、种类多的特点;被子植物的类群与种质资源也十分丰富。这些特点在这三地中尤其是金佛山最为突出。缙云山、金佛山、四面山的科的分布区类型中,热带成分占主要地位,分别为60.83%、67.49%和67.75%;温带成分分别占39.17%、28.46%和27.42%。可见该区虽处亚热带,但仍具有一定的温带过渡性质。值得一提的是,长期以来,一般认为世界上存活的银杏仅源于天目山。李建文等(1999)报道,金佛山保存了自然界残存的野生银杏原始类群,最大树龄2500年。野生银杏的类群多样,包含着丰富的种质基因。

(二) 植被多样性

复杂的地理条件和植物地理成分,加之交错混杂的分布,使重庆市的植被类型多种多样,主要以森林植被为主。重庆市有天然林116.1万米^2,占全市森林面积的67%,主要分布在重庆市的东部、东南部和南部地区,其中江津、万盛、南川、武隆、彭水、石柱、城口、巫溪、巫山、万州、奉节、云阳、黔江等区县的天然林分布最多。主要植被类型有:

(1) 常绿阔叶林:栲树林;小叶栲林;峨眉栲林;青冈栎林;银木荷林;石栎林;华木荷林;四川大头茶林;等等。

(2) 常绿落叶阔叶混交林:灯台树+大头茶+朴树林;峨眉栲+云山青冈+大穗鹅耳枥林;巴东栎+鹅耳枥林;巴东栎+付氏花楸林;曼青冈+化香树林;嘉利树+曼青冈林。

(3) 暖性针叶林:马尾松林;杉木林;柏木林;马尾松+杉木材;银杉林等。

(4) 竹林:慈竹林;毛竹林;平竹林;方竹林。

(5) 常绿阔叶灌丛:光叶山矾+柃木林;月月青+女贞林等。

(6) 暗针叶林:巴山冷杉林;秦岭冷杉林等。

(7) 草甸:香青草甸;箭竹草甸。

三、动物多样性

重庆市复杂的地理条件,温和湿润的气候,以及丰富的植物多样性,为动物的生存提供了适宜的生境。根据不完全记载统计,重庆市有动物16纲、88目、390科、3685种,其中原生动物3纲、11目、18科、36种;轮虫动物1纲、2目、7科、31种;环节动物2纲、2目、2科、7种;软体动物2纲、3目、4科、9种;节肢动物4纲、30目、242科、2813种;脊椎动物4纲、40目、117科、789种。脊椎动物中,哺乳动物9目、25科、135种,鸟类19目、50科、344种,爬行动物3目、12科、57种,两栖动物2目、8科、50种,鱼类7目、22科、203种。

根据1988年12月10日国务院批准的《国家重点保护野生动物名录》,重庆市有保护动物69种,其中国家一级保护动物有中华鲟、达氏鲟、金雕、绿尾虹雉、黑叶猴、云豹、金钱豹等12种。一级保护物种主要分布在盆周山地,特别集中在南川、江津、城口、巫溪、巫山等地,约90%的国家一级保护物种分布在上述五地区县市。国家二级保护动物57种,主要有大鲵、白琵鹭、黑脸琵鹭、大天鹅、小天鹅、水獭、黄喉貂、猕猴、穿山甲、黑熊、大灵猫、小灵猫、金猫、毛冠鹿、豹猫、南狐、林麝、水鹿、藏原羚、斑羚、豺、勺鸡、红腹锦鸡、白寒鸡、朱雀、蓝喉太阳鸟、黄腰太阳鸟、金画眉、斑头鸺等。根据1998年汪松主编的《中国濒危动物红皮书》,重庆市有濒危动物53种,其中属濒危(E)级的有17种,包括白鲟、尖尾蝮、大鲵、蟒蛇、黑鹳、黑脸琵鹭、绿尾虹雉等;易危(V)级的有32种,包括胭脂鱼、中华鲟、达氏鲟、黑眉锦蛇、白琵鹭、大天鹅、小天鹅等;稀有(R)级两种,雕鸮和红翅绿鸠;未定(I)级两种,即乌梢蛇和棕三趾鹑。综合《国家重点保护野生动物名录》(1988)和《中国濒危动物红皮书》(1998),重庆市共有保护动物82种,隶属于5纲、17目、32科。二级保护动物主要分布在城口、南川、江津以及三峡库区等地,其中城口县保护动物最多。分布区域较窄的二级保护动物主要有岩羊、马麝、白臀鹿等,主要集中在城口的大巴山自然保护区内。

重庆市还有丰富的微生物资源,据不完全记载,有真菌3纲、16目、31科、70属、190种。

第二节 生态系统多样性

一、重庆生态系统构成情况

生态系统是由生物与其生活的环境共同构成的统一体。由于重庆市复杂的地理条件,温和湿润的气候,丰富的植物资源,以及人类活动的影响,形成了生态系统的多样性。重庆市生态系统可以分为以下几类:(1)森林生态系统。森林生态系统又可分为人工林和天然林系统,人工林包括果园等经济林系统,天然林系统包括针叶林、针阔叶混交林、落叶阔叶林、常绿落叶阔叶混交林和常绿阔叶林等。其中常绿阔叶林生态系统,是重庆市的优势生态系统,主要分布在大巴山、七曜山、武夷山、巫山、金佛山东、南部中低山区以及嘉陵江峡谷区。这里集中分布着珍稀的动植物资源,金佛山、大巴山、缙云山等自然保护区分布在这一类型的生态系统中。(2)水域生态系统。水域生态系统中,三峡水库将是重庆市一大特殊系统。这一生态系统主要分布在三峡库区内,是由三峡水库的消落带与环库生态带构成。(3)草地生态系统,在重庆市各海拔地段均有分布,主要分布区集中在东南盆周山地和东北中山区。(4)农田生态系统。农田生态系统主要有旱地和水田两个子系统,在辖区内的各区县均有分布,集中分布在两个区域,西部低山丘陵区和中北部河谷与低山丘陵区。前者主要分布在海拔500米以下的区域,耕地面积69.67万公顷,占重庆市总耕地面积的27.32%;后者包括梁平、垫江、长寿的全部以及奉节、云阳、万县、石柱、丰都、涪陵等的一部分地区。(5)农牧复合生态系统,在三峡库区和平行岭谷的低山丘陵区还存在一些农林、农牧生态系统。

二、生态系统评价

森林生态系统主要分布在重庆市从江津、南川、涪陵、丰都、忠县到梁平一线及其以南地区和从开县到云阳一线以及以东地区,这些地区的森林资源合计面积占全市的83.34%。

草地生态系统在重庆市各海拔地段均有分布,主要分布区域有东南盆周山地和东北中山区。东南盆周山地区包括涪陵、武隆、丰都、彭水、酉阳、秀山、黔江等地,东北中山区包括万州、云阳、开县、奉节、巫山、巫溪、城口等地。

水域系统主要是辖区内的江河、坝库、塘,各地均有分布,随着2003年三峡水库蓄水发电,水域面积显著增加,而且三峡水库水位季节性消落将形成新的巨大的水域生态系统,并且与水田、池塘及长江各级支流连接成巨大的消落带湿地生态系统。

从生态类型的构成和分布看,重庆市生态系统的构成和分布对维护库区生态环境和发展区域经济是不理想的。森林和草地生态系统所占比例不足40%,而且现存的自然植被及人工和半人工营造的森林,保土、蓄水功能低,不足以保持库区水土。其他灌丛和草丛,由于过伐、过牧,更不能较好地阻止水土流失。只有通过土地的合理规划建设,保护并发挥现有的和即将营造的森林和其他植被类型的最大效益,才能较好地维护库区生态环境。重庆市农田生态系统占32.7%,由于生产不合理、技术落后,保土保水功能低下,对于维护库区生态环境安全,其负面影响大于正面影响。需要通过调整农业发展战略,加强生态农业建设,加大陡坡退耕还林(或还草)力度,从而提高农业生态系统的生态环境服务功能。由于来自工业、农业和城乡的污染,以及三峡大坝蓄水后,水体面积增大,自净能力降低,水域生态系统功能受到影响。

三、生态系统类型繁多,结构复杂

重庆市山地、丘陵众多,环境异质性高,因此生态类型多样,自然生态系统中的植被垂直带、群系、群落与小生境等不同尺度的生态系统类型极具多样化。重庆自然生态系统与人工生态系统的交融，地形与气候对自然生态系统的控制，植被生态系统对河流及人工生态系统的作用，使得生态系统的结构复杂。此外，重庆市生态系统还表现出地理区域、地形地貌、气候、植被区划等方面大尺度的、复合型过渡特征。

遗传多样性丰富。重庆市地方农作物、经济作物、药材品种或变异类型繁多，地方畜禽与驯养动物品种或变异类型丰富，遗传资源具有特有性与不可替代性。

山地生物多样性和河流生物多样性丰富。重庆市山地众多，河流纵横，山地生物多样性和河流生物多样性丰富是其独特的优势。

第三节 生物多样性面临的困境

重庆市生物多样性丰富，但是在巨大的"自然—人工"二元干扰下，全市生物多样性受到巨大的影响，生物多样性保护还存在着诸多问题，主要的问题包括以下几个方面：

环境污染问题尚未得到有效遏制，生态环境破坏严重。重庆市域内环境污染问题较为严重，虽然经过治理取得了一定的成效，但都市区的大气污染问题、次级河流污染、农村面源污染仍未得到有效遏制。据了解，2009年，长江、嘉陵江和乌江重庆段水质保持稳定，各断面水质全部满足Ⅲ类水质标准和水域功能要求，长江出入境断面水质均为Ⅱ类。2009年，重庆3个考核断面水质除巫山培石断面8月为Ⅲ类外，其余均达到Ⅱ类以上。但是重庆58条主要次级河流的122个监测断面中，不能满足水域功能要求的仍占了近三成，特别是污染严重的梁滩河，其水域功能几乎丧尽。次级河流整治涉及面广、资金需求量大、生态恢复缓慢，成为库区水环境保护最大的困难之一。重庆近年通过建立次级河流水质目标考核、水污染补偿和落实综合整治责任等制度，加大了次级河流污染综合整治工作力度。2009年，重庆纳入《三峡库区及其上游水污染防治规划（修订本）》的8条次级河流的整治工程已全面开工建设。较2008年全年水质监测平均数据，2009年，17条次级河流的29个监测断面除大溪河1个断面化学需氧量指标恶化外，其余28个断面中有12个断面化学需氧量浓度下降，16个断面满足水域功能要求；除梁滩河1个断面氨氮指标恶化外，其余28个断面中有13个断面氨氮浓度下降，15个断面满足水域功能要求。

生境丧失和片断化趋势仍未得到有效控制，生物多样性丧失严重。由于大规模建设开发，野生生物生境丧失，生境片段化加剧。各种建设项目和开发区占用自然绿地、农田、河岸等自然生境，导致区域景观生态体系的结构破碎，自然生境的片断化日益严重，人工景观斑块增多。野生动植物物种丰富区的面积不断减少，重庆市自然生态系统趋于萎缩，海拔1000米以下天然植被大多消失，结构与功能衰退；河流径流量减少，季节性加剧，水环境质量下降，修建电站等各种水利设施导致河流减脱水，使水生生境衰退，河流生物多样性降低；土壤污染，耕地地力与调节能力下降；城镇生态系统环境质量下降，污染加剧。大型兽类个体数量减少，生存能力退化；鸟类和鱼类种类与种群数量急剧减少；低海拔稀有植物物种种群数量减少，种质资源及野生亲缘种丧失，珍贵药用野生植物数量锐减，部分地区生物多样性严重衰退。随着人口不断增长，毁林开荒严重，大量森林资源被破坏，再加上长期大量使用农药以及污染物向环境中排放，使生态脆弱区域的物种受到威胁，不少资源逐渐处于濒危状态甚至消失绝迹。重庆市内的华南虎等已难见踪迹。对关键物种过度开发导致生物物种濒危加剧。一些经济价值很高的物种如天麻、杜仲、厚朴等也逐渐枯竭。此外，种植结构的单一化导致乡土农业遗传资源大量损失。

环保基础设施严重短缺。对于发展是硬道理的片面理解，导致在经济建设中出现急功近利和以过度消耗资源换取经济发展的现象。先发展起来再改善生态和保护环境的思想，造成生态环境保护投入偏低。一些地区已经形成先破坏、后建设,先污染、后治理的现实,背上了沉重的生态和环境债务。在城市化与工业化的过程中,环保基础设施的建设严重滞后。重庆都市区的环保基础设施通过这几年的建设,有了一定程度的好转,但广大农村地区的城镇环保基础设施仍严重短缺,导致城镇及农村生态环境得不到有效改善。

贫困问题十分突出。重庆市目前仍然有相当的贫困人口,贫困人口主要分布在生物多样性丰富的区域。重庆市的几个生物多样性关键区域,如大巴山区的城口县、开县、巫溪县、巫山县,武陵山区的石柱县、丰都县,乌江流域的武隆县、彭水县等,都是国家级贫困县,因为生计的问题,贫困人口对生物资源的破坏仍难以得到有效控制。因此,如何解决贫困人口的生计,将脱贫与生物多样性保护有机结合,是目前面临的最大难题。

由于人工采伐过度,导致现存森林面积狭小、碎裂分散。针叶树由于树干端直、材质优良、出材率高首先成为采伐的对象。70%的天然林已被采伐,各种阔叶树林也所剩不多。森林破坏最明显的直接后果是引起环境的剧烈改变,原来适应于阴湿森林环境中的一些物种,如苔藓、蕨类以及多种无脊椎动物等,首先受到威胁,许多高等植物和脊椎动物也趋于消失。

对动植物资源掠夺式地开发利用,使物种急速减少。华南虎的濒危是剧烈捕杀的结果。肉苁蓉、锁阳等名贵中药植物日渐稀少,也是过采所致。有些植物如三尖杉和红豆杉(紫杉),被发现为新型抗癌药物后,立即遭到大规模采伐破坏,使资源急剧减少。

生物多样性减少。人口的增加、资源的破坏和环境的污染等造成物种栖息地环境发生剧烈改变,珍稀野生动植物丰富区的面积不断减少,海拔1000米以下的天然植被大多消失;一些重点保护区原以森林群落为主的脊椎动物,现已演变为以草灌群落为主,鸟类和鱼类的种类与种群数量急剧下降;低海拔稀有植物物种种群数量减少,种质资源及野生亲缘种丧失,珍贵药用野生植物数量锐减,部分地区生物多样性严重衰退。重庆市在2010年有保护植物133种,被列入《中国植物红皮书》88种;保护动物98种。现有自然保护区面积低于全国平均水平的14.81%。

外来物种入侵不容忽视。调查发现2010年,有53种外来生物已在重庆出现。其中,紫茎泽兰、空心莲子草、毒麦、凤眼莲、假高粱、非洲大蜗牛、福寿螺、牛蛙等8种被列入原国家环境保护总局和中国科学院公布的首批危害严重的16种外来入侵生物名单,特别是福寿螺、紫茎泽兰、一枝黄花等外来入侵种对重庆市生态环境和农业生产造成了严重危害。

第四节 生物多样性的利用

发展野生动物养殖业和野生植物种植业,是保护和合理利用资源的一条重要途径。

自1992年《生物多样性公约》签署以来,重庆市在生物多样性保护方面开展了一系列相关工作,并取得了初步成效。

自然保护区建设稳步推进。2009年,在重庆市建立了49个自然保护区,其中三峡库区建立了17个自然保护区,面积32.85万千米^2,占库区面积的5.66%。已建成的自然保护区对重庆市三峡库区的生物多样性保护发挥了重要作用。林业部门负责组建陆生动植物重点监测站,进行了三峡库区动植物的重点监测与保护。

生物多样性异地保护工作进展顺利。初步建成了重庆市及三峡库区珍稀濒危动植物抢救、繁育及迁地保护中心,进行了野生动植物的迁地保护,它们与有关单位一起,在野生动植物的繁育及迁地保护方面发挥了重要作用。此外,一些大专院校和科研机构在作物、家养动物品种的搜集、保存方面也开展了大量工作。

三峡库区生态环境保护工作逐步开展。三峡库区环境保护与三峡水利工程、百万移民备受世人关注。库区环境保护的好坏不仅关系三峡工程的长期安全运行,而且关系长江中下游地区人民的生存和发展,还直接影响中国政府对外的形象与投资环境,对亚洲甚至全球的生态安全带来影响。《国务院办公厅关于加强三峡工程建设期三峡水库管理的通知》《三峡库区及其上游水污染防治规划》《重庆市三峡库区全面建设小康社会总体发展规划纲要》《三峡水库周边绿化带建设工程规划》《三峡库区经济社会发展规划》《长江三峡区域旅游发展规划纲要》《三峡库区水域纳污能力及限制排污总量意见》和《三峡库区牧草和草食家畜产业化发展模式及核心技术》等规划、法规的制定,三峡库区生态环境教育部重点实验室、三峡库区生态农业与可持续发展研究室等机构的成立,以及以科技部"十五"攻关项目三峡库区生态环境安全及生态经济系统重建关键技术研究与示范等工作为代表的各种环保、发展政策措施的落实,国家和社会、海内外的有识之士,从各方面为三峡库区做了大量工作,倾注了大量心血。

生物多样性保护机构逐步健全。重庆市环境保护局作为生物多样性保护的综合管理机构,与重庆市林业局、重庆市园林局、重庆市农业局等各部门,充分协调、有机配合,在加强现有自然保护区建设的同时,在森林公园、风景名胜区、园林绿地的规划、建设和管理中,明确提出了生物多样性保护内容。针对生物多样性保护的迫切需求,建立了重庆市生物物种资源保护联席会议制度,切实加强了生物多样性保护工作,通过保护有典型意义的森林、草地、湿地等自然生态系统和珍稀濒危野生生物,建成了布局合理、类型多样、管理科学、执法严格的自然保护网络和野生动植物保护体系。

生物多样性保护研究成果卓著。中国科学院、重庆大学、西南大学、重庆市自然博物馆、重庆市森林病虫防治检疫站、重庆师范大学等科研机构和大专院校对重庆市生物多样性展开了一系列研究,其中对物种多样性层次的研究较多,研究区域集中在三峡库区和各自然保护区,在生物多样性的基础研究方面取得了大量成果。生物多样性宣传教育逐渐普及。通过建立绿色学校示范点,在重庆市各级各类中小学开展生物多样性保护的宣传教育。非政府组织在生物多样性保护中也发挥着越来越重要的作用。重庆市绿色志愿者联合会开展了大量民间保护活动,获得了世界自然基金会(WWF)的小额资助项目"重庆武隆芙蓉江黑叶猴保护的社区活动项目"。重庆大学绿色志愿者服务队、西南大学绿色志愿者服务队获得了世界自然基金会(WWF)资助的"长江湿地使者行"等项目。

一个区域的生物多样性是时间、空间环境的函数,是该区域环境长期作用的结果,是该地的重要自然历史遗产。就区域自然保护而言,选择该区域中生物多样性保存最好和最完善的地点加以保护是十分重要和必要的。以重庆的现状分析,自然保护的重点应放在亚热带山地森林生态系统,即以金佛山、大巴山、缙云山、四面山、白马山等为主的自然保护区。这些保护区的建立,既保护了生活于其中的受国家保护的野生动植物,也保护了重庆典型的自然生态系统。

第二章 自然保护区建设

建立自然保护区是保护自然资源和自然环境最重要、最有效的措施之一,自然保护区是生物多样性的重要原始分布地,是国家生物资源的重要战略储备基地,是维护生态安全,促进生态文明,实现国民经济全面、协调、可持续发展以及建设人与自然和谐社会的重要保障。重庆市的自然保护区在保护野生动植物资源、维持生物多样性、改善环境、调节气候以及带动周边经济发展等方面正发挥着越来越大的作用。

第一节 自然保护区概况

一、自然保护区

自然保护区是保护和利用自然资源的重要基地,是保护生物多样性最有效的方式,通过保护有典型意义的自然生态系统、珍稀濒危野生生物等,以维持生物多样性,保证自然资源的可持续利用和生态环境的良性循环,对于实现西部大开发、重庆市大发展战略目标,促进重庆经济发展,显得尤为重要。重庆市自20世纪70年代末期开始建立自然保护区以来,截至2009年底,已建立自然保护区总数为49个,总面积达820万公顷。其中,国家级自然保护区4个,面积21.86万公顷;市级自然保护区22个,区县级自然保护区23个。这些保护区在生物多样性保护方面发挥了很大的作用。

1979年4月,重庆市建立第一个自然保护区——缙云山自然保护区,到1997年重庆市直辖以前共建了8个自然保护区,面积为29142公顷,占全市面积的0.35%。重庆市直辖后,加快了自然保护区的建设步伐,在3年时间里,新建了10个自然保护区,到2000年6月底,共建成18个自然保护区,总面积25.3万公顷,占全市面积的3.07%。接下来的3年,自然保护区建设速度更快,又新建了25个自然保护区。2003年底,重庆市已建自然保护区43个,其中国家级自然保护区3个,市(省)级自然保护区12个,县级自然保护区28个;保护区总面积达到81.89万公顷,占全市面积的9.94%,其中国家级保护区面积18.55万公顷,占全市面积的2.25%,市(省)级保护区面积20.22万公顷,占全市面积的2.45%,县级保护区面积43.12万公顷,占全市面积的5.23%。重庆市自然保护区数量增长很快,已基本形成规模,大大小小不同类型的自然保护区在保护野生动植物资源、维持生物多样性、改善环境、调节气候以及带动周边经济发展等方面发挥着越来越大的作用。

二、自然保护区发展建设的三个阶段

(一)起步阶段(1979—1996年)

重庆市自然保护区的建设始于20世纪70年代末期。1979年4月,当时的重庆市革命委员会依据《中华人民共和国森林法(试行)》规定,批准建立了重庆市第一个自然保护区——缙云山自然保护区。7月,经原四川省革命委员会批准,建立了南川金佛山自然保护区。从1980年到1996年底,又先后建立了6个自然保护区。截至1996年12月,重庆市共建立各类自然保护区8个,保护区面积29142公顷。

(二)开始发展阶段(1997—1999年)

1997年重庆市直辖后,将生态环境建设与保护作为全市四件大事之一,自然保护区建设开始提上了各级政府的议事日程。1997年重庆市新建立了4个自然保护区。到1999年底,自然保护区已达到16个,保护区面积达到249802万公顷。这一阶段,自然保护区建设开始得到发展。但是,所建的自然保护区,均为地方级自然保护区,没有国家级自然保护区,保护区面积占国土面积的比例偏小,自然保护区管理比较薄弱。

(三)快速发展阶段(2000年以后)

在国家实施西部大开发战略和2000年国家林业局西部地区自然保护区座谈会的推动下,重庆

市自然保护区建设呈现快速发展势头。一是各级党委、政府重视自然保护区建设,重庆市委、市政府于2001年将自然保护区建设指标列入重庆市实施西部大开发战略十件大事的内容进行考核;二是市人大、市政协开展自然保护区地方立法调研和考察;三是市政府针对部门职责交叉、重复评审、效率不高等问题,明确规定:森林野生动植物自然保护区申报、评审、建立、审批总规以及保护区建立后必要的适当调整等,均由林业主管部门负责承办并向市政府提出审核意见,支持自然保护区行政主管部门依法履行职责;四是重庆市林业局组织力量,编制了《重庆市野生动植物保护及自然保护区建设工程总体规划》,经重庆市发改委批准纳入全市发展计划;五是林业主管部门将自然保护区建设与管理作为重点工作来抓。这一阶段,自然保护区建设获得了快速发展。截至2006年,重庆市共建立各级各类自然保护区50个,其中国家级自然保护区4个,市级自然保护区20个,县级自然保护区26个。

三、自然保护区的主要类型

(一)森林生态系统类型

2010年,以森林生态系统为主要保护对象建立的自然保护区共有江津四面山自然保护区、武隆白马山自然保护区、城口大巴山自然保护区、北碚缙云山自然保护区,面积15.15万公顷。

(二)珍稀植物系统类型

以珍稀植物类为重点保护对象建立的自然保护区共3个:南川金佛山自然保护区、石柱黄水水杉自然保护区和大足西山桫椤自然保护区,面积42988公顷。

(三)珍稀动物系统类型

以珍稀动物为主要保护对象建立的自然保护区有3个:酉阳三道沟大鲵自然保护区、沙坪坝龙头山和巴南安澜鹭类自然保护区,面积4600公顷。

(四)地质遗迹系统类型

以地质遗迹为重点保护对象的自然保护区有1个:奉节天坑地缝自然保护区,面积4557公顷。

(五)草原(草甸)系统类型

以草原(草甸)为重点保护对象的自然保护区有1个:城口神田自然保护区,面积8350公顷。

第二节　国家级自然保护区

2010年,重庆市建有国家级自然保护区4个,包括缙云山国家级自然保护区、大巴山国家级自然保护区、金佛山国家级自然保护区和长江上游珍稀、特有鱼类国家级自然保护区,长江上游珍稀、特有鱼类自然保护区为四川省、重庆市、贵州省、云南省共管,面积3.32万公顷,在渝面积1.03万公顷。

一、缙云山自然保护区

缙云山自然保护区是中国亚热带常绿阔叶林类型生态系统保持很好的区域,区内自然资源丰富,自然环境优美,是重庆市乃至整个西南地区难得的精华之地,是集多种功效于一体的国家级自然保护区。

(一)生态效益

保存了丰富的生物物种基因。缙云山生物资源丰富,含有大量的珍稀濒危物种、当地特有种和模式种,是三峡地区乃至全国一个重要的亚热带地区生物资源基因库。缙云山自然保护区的建立,不仅能维持保护区所有生物物种长期稳定,还能使珍稀濒危物种得以繁衍发展。

涵养水源,保持水土。缙云山保护区较好地保存了具有全国代表性的亚热带常绿阔叶林,拥有森林5456.2公顷,森林覆盖率达72%,当暴雨降临时,森林可降低暴雨对土壤的冲刷强度,将大量水分储存起来,从而达到涵养水源、保持水土的目的。

调节气候,减免灾害。缙云山自然保护区拥有大面积结构稳定的森林生态系统,能对温度、湿度、降水和风速产生不同程度的影响,形成良好的小气候,空气清新湿润,呈现出气温昼低夜高、冬暖夏凉的特点。保护区的森林对周边地区以及重庆的气候起着至关重要的调节作用,并能抵御水、旱、风、霜、冰雹等自然灾害,是促进农业稳定高产的保证。

净化空气,保护环境。重庆市作为老工业城市,环境污染严重,尤其是降水酸化明显。缙云山自然保护区的森林每年可吸收空气中的浮尘409万吨、二氧化碳108万吨、二氧化硫6.5万吨,放出新鲜氧气78万吨,因此,净化了空气,减轻了环境污染。

(二)社会效益

环境保护宣传教育的重要阵地。缙云山自然保护区是一个自然博物馆,森林生态系统良好,动植物资源达2000多种,是森林、生态、动物、植物、环境、水文、气候等学科理想的天然实验室,是各类院校良好的教学实习基地。缙云山自然保护区作为中国中小学绿色教育行动野外实习基地,可举办森林、生态、生物、环保等科学考察,以及科普旅游和夏令营等活动,利用实物、模型、标本、图片、展览等多种形式普及科学知识,进行自然保护教育,增强人们对自然的了解和认识,开展生物多样性保护调查研究,促进保护事业的发展。

科学研究的理想基地。缙云山自然保护区的森林是一个完整的生态系统,通过资源清查、生物资源恢复、环境因子监测等一系列实验研究,可了解生态系统内部各组分的结构、功能、生产力及变化规律,以便有效地对生态系统进行管理,探索出合理利用生物资源的途径,从而为制定国民经济发展规划、自然资源合理开发及自然植被的恢复和发展等,提供科学依据。

促进地方经济发展的重要动力。缙云山自然保护区通过在指定区域发展旅游业,对名贵药材、特用经济林、稀有野生花木进行引种繁育,以及林果丰产试验和珍稀动植物饲养、繁殖的研究,以保护区为中心,通过技术辐射,推广应用,必将产生巨大的经济效益,直接影响周边地区的产业结构,增加群众的经济收入,改善生产和生活条件,有力地促进地方国民经济发展和社会进步。

旅游避暑胜地。缙云山自然保护区的景观资源十分丰富,是人们旅游、休闲、避暑疗养的好地方,已成为著名的旅游胜地。

(三)经济效益

保护区重点在于保护。在保护好的基础上,依照法规规定,充分利用其得天独厚的自然条件在指定区域进行合理开发。

根据缙云山旅游市场调查,现在缙云山每年的旅游收入约为288.5万元。

多种经营收益。缙云甜茶、藏菜、春笋加工、旅游产品开发、花卉培植等多种经营每年可赢利50多万元。

二、大巴山自然保护区

大巴山自然保护区于2003年6月6日按照国务院国办发〔2003〕54号文批准成立。大巴山自然保护区属森林生态系统类型自然保护区,区内生态良好,生物多样性富集,是全国生物多样性保护的11个关键区域之一。

大巴山自然保护区位于中国西南部重庆市东北部的大巴山南麓城口县境内。东邻陕西省平利县、镇坪县,南接重庆市的巫溪县、开县,西连四川省的万源市,北与陕西省紫阳县、岚皋县接壤。地理坐标为东经108°27′07″~109°16′40″,北纬31°37′27″~32°12′15″,区内最高处为东南部的光头山,海拔2685.7米,最低点为西北部的田湾,海拔754米,相对高差1931.7米。保护区总面积13.6万公顷,其中核心区4.26万公顷,缓冲区3.15万公顷,实验区6.19万公顷。由于整个山势雄伟浑厚,山峰重峦叠嶂,溪间峡谷纵横,地形地貌复杂,加之过去交通不便,人烟稀少(1998年全县人口密度为65人/千米²),人为破坏较少,大面积的原始和次生林连续成片,是中国华东、日本植物区系西行,喜马拉雅区系东衍,华南植物区系北上与华北的温带植物区系南下的交接地带,也是华中植物区系的核心区。

大巴山自然保护区属于森林生态系统类型自然保护区。主要保护对象是亚热带森林生态系统及其生物多样性,不同自然地带的典型自然景观,典型森林野生动植物资源。大巴山自然保护区是森林生态系统研究的天然实验室,是生物演变、生物遗传和生物多样性的基因库。为了有效地保护大巴山独特的自然环境和生物多样性,贯彻国际《生物多样性公约》精神,落实《中国生物多样性保护行动计划》,2008年将大巴山列为优先领域保护区之一。

大巴山自然保护区地质构造复杂,属大巴山弧形褶皱带,复式背斜,向斜密集,断裂十分发育,尤以任河流域断裂最为发育。多数断裂与岩层走向基本一致,多北西—南东向,岩层倾角50°~70°不等,整个地形东南高,西北低,主要分布着第四系、三叠系、二叠系、寒武系、奥陶系、震旦系、志留系地层,从新生系至古生系各地层几乎全有分布,岩石种类较多,主要分布各种石灰岩、页岩、板岩、砂页岩等。

大巴山自然保护区地处大巴山南麓,因受复杂的地形地貌影响,发育了众多的溪谷河流,流域面积达101~1000千米²的河流12条,1000千米²以上的1条。其中任河和前河为保护区的两条主要河流,任河源于高望区东安乡与陕西交界的老鸦铺七星洞,县境流程128千米,是城口县境内最长的一条河流,流域面积2360.74千米²,从坪坝区沿河乡岔溪口流入四川省的万源市,最后汇入汉水;前河发源于明通区燕麦乡四合村的光头山,境内流程62千米,流域面积927.86千米²,从周溪乡的土堡寨流入四川省的宣汉县,汇入嘉陵江。由于古老的地质演变,保护区内还形成了不少暗河,地下水资源总量为6.22亿米³,占境内水资源总量的20%,地下水主要以碳酸盐岩裂隙溶洞水为主,其次是孔隙水、变质岩裂隙水。

大巴山自然保护区属四川盆地北亚热带东北部山地黄壤区,各类土壤的分布因受地质构造和地貌条件、生物、气候、水文等因素的综合影响,随地质和地形条件的不同而变化,形成的土类、土属、土种较多,从下到上分布着水稻土(500~1200米)、黄壤(1500米以下)、黄棕壤(1500~2000米)、棕壤(2000~2450米)、亚高山草甸土(2200~2685米)及石灰岩土6个土类、14个土属、73个土种。土壤普遍具有有机质偏高、土层薄等特点。

大巴山自然保护区属亚热带温湿气候,其气候因受太阳辐射、大气环流和自然环境的综合影响,具有山区立体气候的特征。其主要气候特点是:气候温和、雨量充沛、日照较足、四季分明、冬长夏短、无霜期长、湿度大,以及春季气温回升较快,但不稳定。常有"倒春寒"现象,并时有干旱、洪涝、低温连阴雨、大风、冰雹等灾害发生。据历年气象记载,城口常年平均气温为13.7℃,年际变化为13℃(1974年)~14.5℃(1966年)。7月平均气温最高,多年平均值为24.8℃,1月平均气温最低,多年平均值为2.4℃。历年极端最高气温为39.3℃(1995年9月6日),极端最低气温为-13.2℃(1977年1月30日),最大相差达52.5℃。常年平均无霜期为213天,最长为274天。年均降雨日为166天,年均降水量为1418.1毫米,最多年份为1755.8毫米(1963年),最少年份为829.2毫米(1966年)。降雨量分配不均,主要集中在5月至9月的汛期,占全年降雨量的77.4%。常年平均相对湿度为79%,年均风速为0.4米/秒,风向多为西南风。年平均日照时数为1267.3小时,年太阳辐射总量为91.904千卡/厘米²。由于保护区内地势起伏较大,海拔高低悬殊,气候垂直差异较大,立体气候明显。据有关部门测定,海拔每升高100米,气温就下降0.6℃,导致形成了低、中、亚高山三种不同气候特征。

大巴山自然保护区的植物区系属亚热带常绿阔叶林区川东盆地偏湿性常绿阔叶林亚带,盆地东北部中山植被地区,大巴山植被小区。保护区地处亚热带温湿气候区,气候温和,雨量充沛,日照较足,四季分明,自然环境复杂而优越。区内植物起源古老,种类繁多,特有性极强。本区还是著名的第三纪植物的避难所,珍稀、濒危、孑遗的特有种、属植物都相当丰富,是我国不可多得的北亚热带植物集中分布区。

大巴山自然保护区的植物种类十分丰富,早在18世纪就引起了国际植物界的注目,据资料统计,该区共有高等植物资源282科、1454属、4907种(亚种、变种)。其中,苔藓植物61科、148属、266种,蕨类植物39科、98属、420种,裸子植物9科、26属、64种,被子植物173科、1182属、4157种(亚种、变种)。

大巴山自然保护区地质古老,生态系统较为完整,森林覆盖率达79.3%,珍稀、濒危、孑遗植物众多。据不完全统计,该区有国家重点保护植物230种:其中国家一级保护植物有崖柏、光叶珙桐、珙桐、红豆杉、南方红豆杉、银杏、独叶草及栽培的水杉、莼菜等共12种;国家二级保护植物有篦子三尖杉、秦岭冷杉、大果青杠、巴山榧、连香树、杜仲、香樟、楠木、红豆树、厚朴、水青树、崖柏、香果树、榉木及兰科植物共124种。

模式植物采自该保护区的有289种,其中以"巴山"或"城口"命名的植物45种,标本均收藏于国内外许多著名的标本馆中,有重大的国际影响。

大巴山自然保护区还有被世界自然保护联盟(IUCN)宣布绝灭的植物——崖柏属的崖柏。崖柏属柏科植物,仅产于中国重庆市城口县的大巴山自然保护区,早在18世纪末,便由法国传教士法吉斯(P. forges)在该保护区内发现。此后的一百多年中,虽有人多次不断前往产地调查,但均未发现其踪迹。于是1998年世界自然保护联盟(IUCN)公布的世界受威胁植物红色名录中,将崖柏列为中国已灭绝的三种植物之一。1999年10月,重庆市国家重点保护野生植物骨干调查队到城口考察时,在当地林业部门的配合下,历尽艰辛,终于重新发现了已"消失"的崖柏野生居群,并采到了带球果的标本,并在《植物杂志》2000年第3期上向世界宣布"崖柏没有绝灭"。崖柏主要分布在该自然保护区海拔800~2100米的石灰岩山地。由于多年砍伐和开荒种地,仅局限在溪谷两岸向阳的悬崖峭壁和人迹罕至的山脊地段。崖柏的结子母株及实生苗非常稀少,自然更新困难。此外,生存环境的改变还导致大量的植株死亡。种群处于极度濒危状态,亟待加强保护。

大巴山自然保护区有野生动物150科、706种。其中,鸟类共有14目、35科、106属、183种;两栖纲有2目、4科、10属、12种;爬行纲有2目、6科、12属、18种;兽类有9目、23科、53属、65种;保护区内昆虫资源极为丰富,已经鉴定的有11目、70科、378种。

大巴山自然保护区有国家重点保护野生动物共539种。其中一级有豹、云豹、金雕、林麝4种;二级有金猫、黑熊、猕猴、鬣羚、苍鹰、秃鹫、红腹角雉、红腹锦鸡、鹰鹗、灰鹤、大鲵、中华虎凤蝶等35种。

大巴山自然保护区的鱼类共12科、37属、50种。区内以高山鱼类区系复合体和一些适应山区生活的平原鱼类区复合体的种类为主,具有多个区系复合体成分。其主要分布在任河、前河和后裕河及它们的主要支流内,少部分生长在塘库和水田中。其中铲颌鱼、斑鳜、长江鱼、鲶鱼等主要分布于任河;裂腹鱼主要分在任河上游流域和前河全段及鱼泉内;倒刺鲃、华鳊、马口鱼等主要分布于前河及其支流;红尾条鳅、钝吻鮠、西昌华吸鳅和石斑等主要分布于后裕河;泥鳅、黄鳝、鲤鱼、鲫鱼、青鳉、食蚊鱼等主要生长在塘库和水田中。保护区最常见的鱼种是多鳞铲颌鱼、长江鱼和宽鳍鱲;最稀少的是长须裂腹鱼和三角鲂;最珍贵的是斑鳜和几种裂腹鱼。保护区的鱼类全部为淡水鱼,其主要组成是鲤科30种,占总种数的60%,其次是鲍科4种,平鳍鳅科、鳅科各3种,鮡科、脂科各2种,鲶科、鳜虎科、青鳉科、胎鳉科、鰕虎五科及合鳃鱼科各1种。种类上以裂腹鱼最多,共有中华裂腹鱼、齐口裂腹鱼、重口裂腹鱼、长须裂腹鱼和四川裂腹鱼5种。

三、金佛山自然保护区

金佛山自然保护区于1979年建立,1988年8月1日被国务院批准为国家重点风景名胜区;1994年12月19日,被林业部审定为国家森林公园;1999年11月被中国科协批复为全国科学教育基地;2000年4月被批准为国家级自然保护区。2001年3月6日,金佛山动植物标本馆正式开馆,该馆位于金佛山西坡脚下,面积2500平方米,展出植物标本5000多种,动物标本500多种。保护区位于重庆南川市境内,地处大娄山北坡。东邻重庆市武隆县、贵州省道真县,南与贵州省正安、桐梓两县接壤,西与重庆市万盛区相连,北邻南川县城隆化镇。地理坐标为东经107°00′~107°20′,北纬28°50′~29°20′,总面积4.19万公顷,是一个以银杉、珙桐等珍稀植物及森林生态系统为主要保护对象的自然保护区。

金佛山被誉为齐聚"峨眉之秀,青城之幽,剑阁之险,夔门之雄"的特点,是闻名遐迩的"巴蜀四大名山"之一。由金佛、箐坝、柏枝3山108峰组成,金佛山主峰风吹岭海拔2251米,是大娄山脉的最高峰。拔峻冲霄,云蒸霞蔚,每当阳光照射时,悬崖峭壁一派金光闪烁,宛若一尊顶天立地、身披金衣的佛像,金佛山之名即由此而来。保护区为石灰岩喀斯特地貌。地层岩性主要为寒武系、奥陶系、二叠系、三叠系灰岩、白云岩、白云灰岩及黏土岩、粉砂岩为主的碎岩夹碳酸岩。在漫长的地质年代里经外力风化、侵蚀、切割、冲刷、搬运,形成了海拔1000米以上,相对高差500~1000米的奇峰异石、陡岩绝壁景观。海拔800~1000米,为栖霞灰岩凌空耸立的低山峡谷壮美景观。保护区为亚热带湿润季风气候,冬短、春早、夏长,雨热同季,气候垂直变化明显。年均气温8.2℃,年降水量1434毫米,地处四川盆地东南边缘向云贵高原的过渡地带,境内山势陡峭、峡谷险峻。保护区基带植被为中亚热带常绿阔叶林,森林覆盖率达85%以上,且垂直分布明显,原始森林保存面积较大。区内植物区系成分复杂多样,物种多样性富集,孑遗植物和特有植物种类多,为中国植物资源最丰富的自然保护区之一。金佛山地貌奇特,瀑布、流泉、溪流密布,海拔2000米以上的亚高山溶洞群世所罕见。金佛山自然保护区是中国为数不多的集生物多样性丰富、自然景观奇特于一体的自然保护区,在保护、科研和合理利用等方面都有很高的价值。保护区时而云雾骤至,云海波涛翻滚,时而雨过天晴,云、雨、霞、雾、雪、风形成了自然保护区独特美丽的气象景观。著名的水体景观有常年水量恒定的"一碗水"和闻声即断的石钟泉,以及龙岩飞瀑、水花岩瀑、三层瀑。

(一)植物资源

根据吴征镒植物区系分区,保护区属于泛北极植物区,中国—日本森林植物亚区,主要特点是木本植物、特有孑遗植物丰富。据报道,目前金佛山有记载或已经发现的植物已达294科、1588属、5600余种。共分布有种子植物183科、1256属、4764种,野生种子植物达160科、1111属、4093种,其中模式产地植物347种,地方特有植物136种。国家一级保护植物有银杉、水杉、珙桐、人参、刺桫椤;国家二级保护植物有银杏、水青树、鹅掌楸、独蒜兰、野生茶、篦子三尖杉、杜仲、连香树、福建柏等;国家三级保护植物有领春木、天麻、红豆树、云南七叶树、穗花杉、黄枝油杉、金钱槭、厚朴、楠木、八角莲等。银杉、方竹、大叶茶、杜鹃王、银杏被称为"金山五绝"。金佛山由于海拔较高,山地各部位的气候、土壤比较复杂,加上长期以来或多或少受人为活动的影响,因此植被类型较多,主要有亚热带常绿阔叶林、常绿阔叶与落叶阔叶混交林、山地矮林、亚热带针叶林、灌丛、草甸等六大植被类型。其中,亚热带常绿阔叶林是该区水平地带性最重要的植被,也是垂直地带性的基带植被。金佛山自然保护区的植物种类十分丰富,有不少是中国特有植物和珍稀濒危植物。依据1987年公布的中国珍稀濒危植物名录,确认金佛山自然保护区内有47种珍稀濒危植物(包括栽培种),隶属于32科、43属。从受威胁的程度来看,濒危种有5种,稀有种有18种,渐危种有24种。

金佛山自然保护区分布的珍稀濒危植物,不仅是宝贵的种质资源,具有十分重要的经济意义,而且在植物分类学与地理学研究中具有重要价值。保护区的银杉有"植物中熊猫"的美称,它生长于金佛山老梯陡岩下的二岩上和中长岗两处,共500多株,最高17米,平均为12米,胸径最大38厘米,平均22厘米。这是中国迄今发现的银杉分布最多的地区,幼树在区内多达1900多株。保护区内有2000多株古生大茶树,证明了中国巴蜀是世界茶叶的起源地之一。金佛山杜鹃王高12米,胸围近4米,三人合抱,是世界上名副其实的杜鹃王。金佛山杜鹃有33种,30多万株。金佛山古银杏高26米,胸围11.6米,老态龙钟,当地人称"白果娘娘"。金佛山珙桐、粗榧、小虫草被誉为"金山三宝",人参、竹米、天竺黄则为"金山三精"。

1. 金佛山自然保护区珍稀濒危植物区系主要特征

地理成分复杂,具有明显的温带性质。金佛山自然保护区的43属珍稀濒危植物分别属于8个分布区类型,可以归并成第一类世界分布1属、1种,即蒙古黄耆;第二、五、七类热带成分12属、13种,如红豆树、天麻、穗花杉、巴东木莲等,占总属的27.91%;第八、九、十四类温带成分17属、20种,如华榛、黄连、峨眉黄连、厚朴、鹅掌楸等,占总属的30.23%;第十五类中国特有分布13属、13种,占总属的30.23%。因此,金佛山自然保护区的珍稀濒危植物以温带成分为主。

植物区系古老。金佛山自然保护区属于中国—日本森林植物亚区的核心部分,这是一个相当丰富和古老的植物区,特别表现在区系的古老性方面,即该区保留了很多第三纪甚至更古老的孑遗植物,如银杉、水杉、穗花杉、福建柏、鹅掌楸、珙桐等珍稀濒危植物。孑遗植物和珍稀濒危植物较多是此区的一个显著特点。

特有植物分布和热带亚洲分布占优势。在金佛山自然保护区的43属、47种珍稀濒危植物中,中国特有分布属、种的数量最多,为13属、13种,分别占属、种总数的30.23%和27.66%。特有的珍稀濒危植物有银杏、银杉、水杉、青檀、杜仲、金钱槭、伯乐树、银鹊树、珙桐、明党参、猬实、独花兰和金佛山兰。该区是银杉和金佛山兰的为数极少的零星分布区之一。金佛山自然保护区珍稀濒危植物中热带亚洲(印度—马来西亚)分布有8属、9种,分别占属、种总数的18.6%和19.15%,居第二位。热带亚洲成分有福建柏、穗花杉、舌柱麻、巴东木莲、长瓣短柱茶、云南山茶花、胡豆莲、龙眼和木瓜红,为热带亚洲植物区系的研究提供了极为宝贵的材料。

单型属、少型属较多。金佛山自然保护区珍稀濒危植物的各类成分中,单型属(所在属仅含1种)、少型属(所在属含2~3种)有19属,占属总数的44.19%。它们大多是经过第四纪冰期作用后残留下来的古老属。

2. 珍稀濒危植物初步评价

根据拟订的定量评价指标体系,经过认真研究,计算出金佛山自然保护区各种植物的蕴藏系数、濒危系数、遗传损失系数、利用价值系数、保护等级系数、生境类型系数,然后计算出综合评价系数。由于栽培种在评价时难以真正说明其稀有程度,不能反映该地区珍稀濒危植物的分布情况。根据评价结果,按照综合评价系数值的大小得出金佛山自然保护区珍稀濒危植物的优先保护序列,排在前面的表示该种植物应优先进行保护。其顺序为:银杉、珙桐、巴东木莲、银叶桂、独花兰、银杏、杜仲、连香树、水杉、伯乐树、青檀、鹅掌楸、金钱槭、金佛山兰、峨眉黄连、福建柏、银鹊树、篦子三尖杉、云南山茶花、木瓜红、黄杉、厚朴、天麻、紫斑牡丹、槿棕、穗花杉、柔毛油杉、凹叶厚朴、华榛、红豆树、珊瑚菜、白辛树、黄牡丹、黄连、胡桃、长瓣短柱茶、延龄草和八角莲。

3. 金佛山珍稀濒危植物与植被的关系

金佛山自然保护区以裸子植物为主形成的亚热带针叶林,多数是常绿阔叶林受人为破坏后的次生类型。金佛山自然保护区亚热带针叶林的建群种为马尾松,但随着海拔及岩性等因素不同,马尾松常与其他建群种形成不同的共建种群落,如马尾松和柏木的混交林,也有纯的马尾松林,还有以银杉为主的混交林。尤其是银杉林群落应高度重视,银杉在第三纪时的地球上曾有过较广泛的分布,现在处于濒临灭绝的边缘。在金佛山自然保护区,银杉主要分布在东南的中长岗和西部北坡的老梯子,由于银杉数量少,种子产量不多,繁殖困难,容易遭到绝灭。因此,应加大力度进行研究,以期能通过人工繁殖,繁衍后代。金佛山自然保护区其他的珍稀濒危裸子植物多分布在针阔叶混交林中。

被子植物是本区各种植物群落的重要成分。常绿阔叶林和常绿阔叶落叶混交林是较为重要的两种植被类型。组成常绿阔叶林的主要有山毛榉科、樟科、杜英科、山矾科、山茶科、紫金牛科、杜鹃花科和忍冬科等种类。常绿阔叶落叶阔叶混交林在此区分布较为广泛，以榆科、小檗科、桦木科、槭树科、蔷薇科和山毛榉科等种类为主。本区中的绝大多数珍稀濒危植物分布于这两类群落中，如华榛、连香树、青檀、杜仲、银叶桂、金钱槭、伯乐树和珙桐等。此外，在山地矮林和灌丛中也分布有少量的珍稀濒危植物。金佛山自然保护区的珍稀濒危植物分布于各种植被类型中，要保护各种珍稀濒危植物，就应首先保护好其生存的自然环境和各种生物群落。

4. 珍稀濒危植物的保护利用对策

植物濒危的原因是多方面的，有自然历史的原因，有物种本身的原因，还有人类的影响。人为因素可以概括为两个方面：一是过度地采收利用，许多植物是很有价值的药用植物、花卉植物、木材植物以及重要的工业原料植物，如杜仲、天麻等植物，由于过分采收，其天然分布的已不多见。二是生境遭到破坏，每种植物都要求它所需要的相应环境，环境遭到破坏，它实际上也就失去了立足之地。近年来，金佛山加大了旅游业开发力度，生态环境遭到一定程度的破坏，环境保护已显得十分紧迫。金佛山自然保护区的珍稀濒危植物种类较多，但是一些种类个体数量较少，分布区狭小，容易遭到灭亡的威胁。因此，加强对金佛山珍稀濒危植物资源和物种多样性的保护，是环境保护的重要课题。第一，做好就地保护工作，加强自然保护区的建设和资源的有效管理，保护好濒危植物的生存环境。第二，积极开展人工繁育和迁地保护工作。第三，通过各种途径的宣传教育，增强人们的生态意识，真正达到保护和永续利用珍稀濒危植物的长远目标。

(二) 动物资源

金佛山自然保护区有兽类150多种，鸟类114种，爬行类19种，两栖类14种。国家一级保护动物有金丝猴、金钱豹、华南虎、龟纹豹、黑叶猴和云豹；国家二级保护动物有猕猴、穿山甲、林麝、大灵猫、小灵猫、白冠长尾雉、红腹角雉和黑熊。保护区内中国特产动物种类较多，如金丝猴、白冠长尾雉、红腹锦鸡、酒红朱雀和红点齿蟾等。

(三) 旅游资源

金佛山系大娄山东段支脉的突异山峰，地貌奇特，瀑布、流泉、溪流密布，海拔2000米以上的亚高山溶洞群世所罕见。金佛山自然保护区是中国为数不多的集生物多样性丰富、自然景观奇特于一体的自然保护区，在保护、科研和合理利用等方面都有很高的价值。

四、长江上游珍稀、特有鱼类自然保护区

为维护长江上游鱼类种群的多样性和长江上游自然生态环境，合理持续地利用渔业资源，补救因水电工程建设和经济建设等人为因素对自然生态系统造成的影响，及时拯救长江上游濒危鱼类，按照国务院批准的《长江流域综合利用规划简要报告》和水利部制定的《长江三峡水利枢纽初步设计报告》，2000年4月，国务院〔2000〕30号文件批准建立长江上游合江至雷波段珍稀鱼类国家级自然保护区。2005年4月，国务院国办函〔2005〕29号文件对保护区范围做了调整，并更名为长江上游珍稀、特有鱼类自然保护区。

调整后保护区江段总长度为1162.61千米，总面积为33174.213公顷，涉及云南、贵州、重庆和四川3省1市。主要包括金沙江向家坝坝轴线下1.8千米至重庆市马桑溪长江江段353.16千米，岷江月波至岷江河口90.1千米，赤水河源至赤水河河口628.23千米。其中，核心区10803.5公顷，缓冲区15804.6公顷，实验区6566.1公顷。

保护区建设主要工作有：宣传渔业法律法规和自然保护区管理办法；按照科学发展观，搞好渔业水域生态环境保护，构建人与自然和谐共处的环境；建设长江上游国家级自然保护区珍稀、特有鱼类驯养救护中心，建设珍稀、特有鱼类放流站。2006年11月24日，国家渔政指挥中心在宜宾举行长江上游珍稀、特有鱼类国家级自然保护区资源和环境综合调查启动仪式，标志着保护区工作正式拉开帷幕，将加速保护区建设进程，促进长江上游渔业资源保护工作的开展，对当地经济建设有积极作用。

第三节 重庆市自然保护区建设

一、重庆市自然保护区建设概况

自 1998 年以来,重庆市加快了自然保护区的建设步伐,自然保护区的数量和面积总体呈增长趋势。国家级自然保护区从无到有,市级自然保护区迅速增加,从不足 10 个增加到 30 个以上,自然保护区总量从 11 个增长到 52 个,面积增加了 4 倍以上,自然生态和生物多样性得到积极保护。"九五"期间,重庆市大力加强各类自然保护区建设,推动实施《重庆市自然保护区发展规划》。建成城口大巴山、武隆白马山省级自然保护区以及奉节天坑地缝、沙坪区龙头山、巴南区安澜、酉阳县大板营、綦江老瀛山、巫山梨子坪、渝北玉峰山、武隆天生桥等县级自然保护区 19 个。

"十五"期间,自然保护区建设稳步推进,生物多样性保护力度加大,一批珍稀濒危物种和典型生态系统得到有效保护。全市自然保护区总数达到 49 个,面积 85.8 万公顷,占全市辖区面积的 10.41%。

"十一五"期间,自然保护区继续保持迅速发展。截至 2008 年,自然保护区总面积达到 9168 千米^2,占全市辖区面积的 11.13%,比"十五"期间面积增加了 2.43%。其中,国家级自然保护区 4 个,面积为 2186 千米^2;市级自然保护区 21 个,面积 3843 千米^2;区县级 27 个,面积 3138 千米^2。

二、重庆市自然保护区建设发展情况

1994 年以前:自然保护区总数为 8 个。其中:省级自然保护区 1 个,市级自然保护区 2 个,县级自然保护区 5 个,总面积达 58833.5 公顷,占全市辖区面积的 0.714%。

1998 年:自然保护区总数为 11 个。其中:省级自然保护区 1 个,市级自然保护区 2 个,县级自然保护区 8 个,总面积达 180511.9 公顷,占全市辖区面积的 2.19%。

1999 年:自然保护区总数为 16 个。其中:省级自然保护区 3 个,县级自然保护区 13 个,总面积达 249802.4 公顷,占全市辖区面积的 3.03%。

2000 年:自然保护区总数为 33 个。其中:国家级自然保护区 1 个,省级自然保护区 4 个,县级自然保护区 28 个,总面积达 795795.4 公顷,占全市辖区面积的 9.66%。

2001 年:自然保护区总数为 40 个。其中:国家级自然保护区 2 个,省级自然保护区 7 个,县级自然保护区 31 个,总面积达 804604.4 公顷,占全市辖区面积的 9.76%。

2002 年:自然保护区总数为 44 个。其中:国家级自然保护区 2 个,省级自然保护区 13 个,县级自然保护区 29 个,总面积达 828976.34 公顷,占全市辖区面积的 10.06%。

2003 年:自然保护区总数为 46 个。其中:国家级自然保护区 3 个,包括缙云山国家级自然保护区、大巴山国家级自然保护区和金佛山国家级自然保护区。市级自然保护区 14 个,包括四面山自然保护区、华蓥山自然保护区、大风堡自然保护区、白马山自然保护区、王二包自然保护区、阴条岭自然保护区、安澜鹭类自然保护区、雪宝山自然保护区等。县级 29 个,包括金刀峡自然保护区、茅庵自然保护区等,总面积达 817900 公顷,占全市辖区面积的 9.93%。

2004 年:自然保护区总数为 49 个,其中:国家级自然保护区 3 个,市级自然保护区 18 个,区县级自然保护区 28 个。总面积达 86.14 万公顷,占辖区面积的 10.45%。其中涪陵区大木山、綦江县老瀛山由县级自然保护区晋升为市级自然保护区,丰都县蓝天湖自然保护区为 2004 年新纳入统计晋升的市级自然保护区,市级自然保护区增加为 18 个;相应地,县级自然保护区减少为 27 个,加上云阳县七曜山自然保护区纳入统计,县级自然保护区共 28 个。

2005 年:重庆市自然保护区共计 49 个,其中国家级自然保护区 3 个,市级自然保护区 19 个,

区县级自然保护区 27 个,总面积 85.8 万公顷,占辖区面积的 10.41%。按照渝林护〔2005〕9 号文件《关于涪陵大木山市级自然保护区总体规划的批复》,涪陵区大木山市级自然保护区总面积不变,但是核心区、缓冲区、实验区面积由 437 公顷、1786.8 公顷、1.24 万公顷调整为 4398.1 公顷、2910.2 公顷和 7321.9 公顷。按照渝府〔2003〕289 号文件,雪宝山自然保护区面积由 4.27 万公顷调整为 31902.5 公顷(核心区 12020 公顷、缓冲区 9260 公顷、实验区 10622.5 公顷)。以上调整使得自然保护区总面积由 2004 年的 861378.4 公顷,占辖区面积的 10.45%,变为 2005 年的 85.8 万公顷,占辖区面积的 10.41%。2005 年 4 月,市政府批复云阳县七曜山自然保护区晋升为市级自然保护区,使得市级自然保护区增加为 19 个,区县级自然保护区为 27 个。

2006 年:重庆市自然保护区共计 50 个,总面积 91.31 万公顷。其中国家级自然保护区 4 个,面积为 21.86 万公顷,新增长江上游珍稀、特有鱼类自然保护区,面积 3.32 万公顷(在渝 147 千米,面积 1.03 万公顷,长江上游珍稀、特有鱼类自然保护区由四川省、重庆市、贵州省、云南省共管),重庆市农业局建立长江上游珍稀特有鱼类保护区重庆保护区管理局,编制为与市渔政管理处一套班子、两块牌子,人员编制 27 人,涉及江津、永川、巴南、大渡口地区。市级自然保护区 20 个,面积 38.52 万公顷,新增太阳山市级自然保护区;区县级自然保护区 26 个,面积 30.92 万公顷。按主管部门划分,环保部门主管 3 个,面积 37791 公顷;林业部门主管 42 个,面积 83.06 万公顷;农业部门主管 2 个,面积为 3.52 万公顷;水电、建委部门分别主管 2 个,面积为 9500 公顷;县旅游部门主管 1 个,面积 100 公顷。2006 年 1 月,市林业局批复同意酉阳县大板营、渝北区华蓥山、綦江老瀛山 3 个市级自然保护区总体规划,保护对象不变,其面积有所变化:大板营自然保护区由总面积 2.04 万公顷变为 3.08 万公顷,增加 1.04 万公顷;华蓥山自然保护区由 7180 公顷变为 4555.8 公顷,下降 2624.2 公顷;老瀛山自然保护区面积未变。2006 年按照渝府〔2006〕155 号文件,对雪宝山自然保护区的范围、面积再次进行了调整,雪宝山自然保护区面积由 3.19 万公顷调整为 2.35 万公顷,核心区由 1.2 万公顷调整为 7254 公顷,缓冲区由 9260 公顷调整为 5056 公顷,实验区由 1.06 万公顷调整为 1.11 万公顷。

2007 年:自然保护区总数为 51 个。其中,国家级自然保护区 4 个,面积为 21.86 万公顷;市级自然保护区 20 个,面积 38.06 万公顷;区县级自然保护区 27 个,面积 31.38 万公顷;总面积达 91.3 万公顷,占全市面积的 11.08%。新建长溪河鱼类自然保护区 83 公顷;忠县天池市级自然保护区降为县级自然保护区,面积 4667 公顷。其中环保部门主管 3 个,面积 37791 公顷。这些自然保护区保存了重庆市一些典型、特有生物物种资源及其种群和生境,生物多样性丰富,对重庆市经济、社会的可持续发展发挥了积极的作用。

2008 年:自然保护区总数为 52 个,总面积达 91.67 万公顷。其中,国家级自然保护区 4 个,面积为 21.86 万公顷;市级自然保护区 21 个,面积 38.43 万公顷;区县级自然保护区 27 个,面积 31.38 万公顷。占全市辖区面积的 11.13%。新建开县彭溪河市级湿地自然保护区,面积 3683 公顷。其中环保部门主管 3 个,面积 37791 公顷。

2009 年:自然保护区总数为 49 个,总面积达 82 万公顷。其中,国家级自然保护区 4 个,面积为 21.86 万公顷;市级自然保护区 22 个,面积 39.32 万公顷;区县级自然保护区 23 个(撤销 3 个,晋级 1 个),面积 20.82 万公顷。

2010 年:自然保护区总数 58 个,面积 89.23 万公顷,占全市面积的 10.83%。其中,国家级自然保护区 4 个,市级自然保护区 21 个。

第三章　森林公园建设

第一节　国家森林公园

一、森林公园建设概况

重庆市地处长江上游,位于三峡库区,长江干流自西向东横穿境内,其生态区位十分重要。海拔 73.1~2796.8 米,导致重庆市垂直差异大、气候变化复杂,因而植物种类繁多,仅高等植物就有 5000 余种,其中,珍稀濒危植物达 120 多种;野生动物 650 多种,属国家一级保护的野生动物 10 余种。森林公园是生态旅游的重要载体,是生态环境建设和自然保护事业的重要组成部分。1998 年天然林资源保护工程(以下简称"天保工程")试点启动后,重庆市林业发展迎来了一个转折点:全市范围全面停止商品材采伐,进入全面保护森林资源的新阶段。重庆市天保工程建设取得了丰硕的成果,有效控制了森林木材资源消耗,森林实现了快速增长。

天保工程启动后,重庆市停止了商品材采伐,农村自用材消耗大大降低。重庆市 1997 年采伐限额为 310 万米^3,到 2000 年就减少到 65 万米^3。并且,关闭林区内木材加工厂(点)900 多家,取缔木材交易场所 38 个。全市累计减少森林蓄积消耗 1250 万米^3。森林蓄积量由工程实施前的 7446 万米^3,增加到 2010 年的 12000 万米^3,增长了 61%。天保工程公益林建设等林业重点工程加快了森林面积的增长速度,重庆市森林面积由 172.9 万公顷增加到 263.3 万公顷,增长了 52%,森林覆盖率由 20.98% 提高到 32%,增加了 11.02 个百分点。

建立了有效的管护组织体系,森林保护工作得以加强。按照天保工程要求,重庆市各区县全面落实森林管护措施,一个强有力的森林保护网络体系正在形成。江津区将森林管护划分为 207 个责任区,责任区内聘用管护人员 511 人,每人签订一份管护责任合同,管护人员培训后持证上岗,建立管护日志。天保工程实施以来,全区无重大森林火灾,无重大森林病虫害,无重大乱砍滥伐,林区秩序稳定良好。城口县将天保工程建设任务分解,将 19 万公顷林地的管护任务分解到 26 个责任单位,成立由县长任组长的天保工程建设领导小组,统筹组织协调工程的具体建设实施;妥善分流因实施天保工程而产生的富余人员,确保林区社会秩序稳定;规划落实了 1 万公顷天保工程公益林建设任务,促进林地植被迅速恢复。至 2010 年,林区砍柴放牧的情况得到有效控制,森林停止采伐后得到有效的休养生息,封山育林建设成效明显。重庆市已有 15374 名管护人员从事森林管护,实现了森林管护全覆盖。

同时,森林公园和风景名胜区的建设也发展迅速。截至 2008 年,森林公园总数达到 69 个,面积超过 16 万公顷,其中,国家级森林公园 23 个,市级森林公园 46 个;风景名胜区总数达到 35 个,面积 4782.3 千米^2,占全市面积的 5.8%。

二、国家级森林公园简介

1. 仙女山国家级森林公园(2008 年)

在"千里乌江"与"万里长江"的交汇地——仙女山国家级森林公园,既有风光旖旎的草场,又有葱郁繁茂的林木。而芙蓉江两岸茂密的原始森林,更是以其古朴苍劲、神奇变幻、绿意盎然的自然风光和山野情趣久负盛名。

公园位于重庆市武隆县乌江北岸,面积5070公顷。园内地势平缓,丘陵起伏,森林草原分布错落有致,气候湿润,四季无夏,凉爽宜人。仙山觅春、层林滴翠、秋霁晓雾、林海梦雪各具特色,通天塔日出、云海、仙女池垂钓、巴人村探秘、原始森林等景观各有情趣。其夏季的草原风光、冬季的北国风光被誉为"山城夏宫,南国牧园"。

2. 金佛山国家级森林公园(2008年)

金佛山国家级森林公园位于重庆市南川区南部,面积6085公顷。金佛山为川东地区佛教圣地,拥有保存完好的原始森林,具有自然界稀有的植物种类,银杉、方竹、大叶茶、杜鹃王树和古银杏被誉为"金佛山五绝"。因植物种类丰富,金佛山国家级森林公园享有"植物王国"之美誉。金佛山国家森林公园还有雄、秀、险的群峰,神秘莫测的各种喀斯特溶洞,奇特罕见的各种气象景观,历史价值很高的人文景观和许多优美的民间传说。森林公园集山、水、林、泉、溶洞、雾、雪、霜为一体,景观极佳。

3. 小三峡国家级森林公园(2008年)

小三峡国家级森林公园的面积为2000公顷,位于重庆市巫山县大宁河下游,"巫山小三峡"由龙门峡、巴雾峡、滴翠峡三段峡谷组成。峡内有峻岭奇峰、云雾缭绕、激流险滩、飞瀑清泉、钟乳倒悬,以及谜存千古的巴人悬棺、船棺,令人难解的古栈道、石孔等精品景观,旅游漂游区令游人荡游其间,乐趣悠悠。

4. 双桂山国家级森林公园(2008年)

双桂山国家级森林公园位于重庆市丰都县城西北隅,与名山相望。双桂山因北宋嘉祐年间,大文豪苏东坡三父子到此游双桂山观白鹿,咏下著名的《仙都山鹿》而得名。双桂山于1992年被林业部批准为国家级森林公园。它是全国比较典型的一处小型国家级森林公园。

双桂山海拔最高处为401米,森林公园占地约100公顷。山上有100多个品种的树木50余万株,其中有珍稀树木20余种。双桂山国家级森林公园主要有鹿鸣寺、苏公祠、恩来亭、护国寺、良缘亭、贺龙阁、孔庙等20多处景观。鹿鸣寺位于山腰东部,为纪念苏轼登游此地而建,南山腰有玉鸣泉。恩来亭位于山腰迎宾门上端,为纪念周恩来总理1958年3月来丰都视察而修建。护国亭紧临恩来亭,系刘伯承1916年护国讨袁战斗遗址。良缘亭位于山顶东端,为纪念国画大师齐白石与丰都籍女士宝珠结缘而建。贺龙阁是为怀念贺龙1923年任川东边防军警备旅长时驻防丰都而建。孔庙位于双桂山上,系山上主要建筑之一,其左边有唐吴道子所画线雕石刻碑,右边建有镇邪楼。

5. 茂云山国家级森林公园(2008年)

茂云山国家级森林公园位于重庆市彭水苗族土家族自治县西南部,地处武陵山脉与大娄山脉交汇的褶皱地带,属于"乌江画廊"中下段。森林公园辖长溪河游览区、摩围山游览区、芙蓉江(彭水段)游览区,最低海拔211米,最高海拔1676米,森林覆盖率达91%。

茂云山国家级森林公园内自然景观独特,山势迤逦,奇峰怪石,千姿百态,有景点30余处。游人可上飞云口观祥云升腾,入地下森林笑谈坐井观天,过船厂沟森林浴场清心洗肺,到豹嘴岩看旭日磅礴东升,在天鹅池上轻舟荡漾,于打靶场上一试身手,烧烤场细品野味,听画眉轻吟,看灵猴嬉戏。茂云山国家森林公园以林海之雄、峡谷之幽、绝壁之险、溶洞之奇、植物之稀、动物之趣吸引游客。

6. 东山国家级森林公园(2008年)

东山国家级森林公园位于重庆市梁平县境内,面积3780公顷,主要景观有城南雾色、菩萨顶日出、大水杉、金竹园、天鹅抱蛋、余家寨水库等,风景秀丽,气候宜人,是休闲、避暑、科普考察的理想场所。

7. 黔江国家级森林公园(2008年)

黔江国家级森林公园位于重庆市黔江区,面积12800公顷。森林公园以奇、秀、险闻名,山峰秀美,怪石林立,古树参天,物种资源丰富,是保护较好的绿色基因库。同时,这里又是远近闻名的佛道教圣地,与贵州省梵净山齐名,是一个集民族风情、佛道教文化和自然风光为一体的旅游风景区。

8. 青龙湖国家级森林公园(2008年)

青龙湖国家级森林公园位于重庆市璧山县境内,面积5236公顷。森林公园内九女峰、天马山、鸡公岭、狮子岩峰峦叠嶂,怪石嶙峋,青龙湖碧波荡漾,玉女潭水质清澈,溪涧、泉水蜿蜒甘甜,古老寨、铁围寨、天台寺遗址、宝田寺遗址、青龙宝塔显示出青龙湖雄厚的历史文化沉积。青龙湖国家级森林公园黛山秀水、野趣盎然,享有"川东小九寨"的美誉。

9. 武陵山国家级森林公园(2008年)

武陵山国家级森林公园地处重庆市涪陵区国有大木林场,距重庆市主城区180千米,距涪陵市区64千米,2001年建园,面积1633.33公顷。武陵山国家级森林公园海拔980~1620米,北到长江,西临乌江,山上森林茂密,峰峦叠嶂,具有中国少有的千顷柳杉林之奇、"鸟鸣谷"之幽、"揽月峰"之雄、"千尺崖"之险、"常春谷"之野。春可赏花,夏可避暑,秋可观果,冬可滑雪,林海茫茫,花果累累,奇峰异洞,风光旖旎,令人神往。

10. 雪宝山国家级森林公园(2008年)

雪宝山国家级森林公园旅游资源丰富,海拔460~2626米,有15万亩保存最原始、最完美的亚高山草甸,溪泉瀑布众多,气候独特,人文景观丰富,具有原始、古朴、粗犷、奇异的特点。雪宝山国家级森林公园以广阔壮美的森林、种类繁多的生态景观为主体,以险峻雄浑的山岳和奇险悠长的峡谷为骨架,以南国最原始最优美的草甸景观、神奇多姿的泉瀑、天象为特色,兼有浓厚的文化底蕴、古雅的民风,以及科学考察和科普教育等多种功能,是一个生态多样、特色突出的复合型国家级森林公园。

11. 红池坝国家级森林公园(2008年)

红池坝国家级森林公园位于长江三峡库区的重庆市巫溪县境内,拥有南国最大的亚高山草场,还有红、黑、青3个奇特的水池。红池水如霞,黑池水如墨,青池水如靛,舀起池水却清澈透明,红池坝因此得名。堪称世界之谜的夏冰洞更是奇特诱人,夏天洞外炎炎烈日,洞内却悬冰挂柱,寒气逼人;冬天洞外冰天雪地,洞内却冰消雪散,暖气融融,堪称中华一大"奇观"。

红池坝国家级森林公园面积24200公顷。它以美丽壮阔的森林景观为主体,峰峦叠嶂的山岳景观和奇险幽峻的峡谷景观为骨架,南国最大的亚高山草场景观和神奇绝景的夏冰洞为特色,兼有瑰丽奇特的天象景观、水体景观和悠久的历史文化。

12. 铁锋山国家级森林公园(2008年)

铁峰山国家级森林公园位于重庆市万州区北部。森林公园距万州区15千米,属城郊型森林公园。森林公园总面积9100公顷,森林覆盖率为95%,园内森林密布,动植物资源丰富。

铁峰山国家级森林公园有着丰富的佛教文化、优美的森林风光,是自然景观与人文景观融为一体的自然生态旅游区。以马尾松、杉木、水杉等为主的人工林挺拔浓郁,以小叶青杠、刺栲、贞楠、三角枫等为主的亚热带常绿落叶阔叶林分布错落有致,森林景观四季多变。集雄、险、奇、峻、美于一体的高大山峰,山势陡峭,云遮雾罩,奇花如绣,绿草如茵。

铁峰山国家级森林公园内分金狮岭、凤凰山、铁佛寺、贝壳山4个景区。主要的自然景点有千峰耸翠、朝天门日出、凤凰岭云海、天鼓迎风、石公石母、五池连珠等。园内名胜古迹历史悠久,人文景观丰富。凤仪禅院始建于明代,是渝东名刹,著名的佛教圣地;养儿窝摩崖石刻历经数百年沧桑仍保存完好。丰富的佛教文化,优美的森林风光,自然景观与人文景观融为一体,交相辉映,甚为壮观。

13. 玉龙山国家级森林公园(2008年)

玉龙山国家级森林公园位于重庆市大足县境东南边陲,系华蓥山支脉巴岳山背斜地带,距成都250千米,至重庆82千米,离县城23千米,仅27千米便与成渝高速路相连,森林公园总面积3517.39公顷。森林公园属亚热带湿润性季风气候区,最高海拔934米,森林覆盖率达92%。森林公园由四大景区组成:黑竹林沟原始次生林风景区、三清洞风景区、禅乐竹海风景区、龙水湖风景区,共37个景点。森林公园内动植物种类繁多,有国家二级重点保护植物——桫椤。园内还有古木参天的原始次生林;有保存完好的三清洞亚热带常绿阔叶林;有占地近百公顷的茶山风光;有婀娜多姿的禅乐竹海;有垂直挺拔、青翠欲滴的松涛林;有如火如荼的杜鹃林;有神奇怪异的七个坡森林迷宫;有形态逼真的老鹰岩、坛子石、一线天;有神秘莫测的朱家沟、大兰坳溶洞;有路转峰回、绝壁一线的九倒拐,吸引着人们去感受大自然的粗犷神奇,鬼斧神工。

14. 歌乐山国家级森林公园(2008年)

歌乐山国家级森林公园位于重庆市沙坪坝区,距重庆市中心16千米。以山、水、林、泉、洞、云、雾等自然景观和"清丽、幽深、古朴、旷达"的风格而被誉为"山城绿宝石",素有"天然大氧吧"的美誉。

歌乐山因"大禹会诸侯于涂山,召众宾歌乐于此"而得名,有马蹄井、龙泉井、聪明泉、巴文化雕塑长廊等众多融入神话传说且充满灵气的巴渝人文景点;有"歌乐灵音""云顶烟云""狮峰幽岩"等几十处秀美清幽的自然景观,历来为巴渝游览胜地。历代迁客骚人、达官名士多会于此,探幽揽胜。抗战时期,郭沫若、冰心、老舍、臧克家等曾在山上留下众多名文佳句,蒋介石、林森、冯玉祥等也在山上设有官邸,并留下大量题刻,歌乐山因此具有丰富的历史文化内涵。

作为中国首个森林体育公园,歌乐山国家级森林公园近年推出了歌乐飞降、歌乐攀岩、欢乐林、圆圆林森林攀爬、空中探险迷宫、森林越野卡丁车、越野山地自行车、红岩险道等众多体育休闲项目。歌乐山国家级森林公园还建成了重庆市第一个歌乐山陪都文化陈列馆,将体育健身、娱乐休闲与丰富的文化融为一体,展现出歌乐山体育休闲旅游的无穷魅力。

15. 大圆洞国家级森林公园(2008年)

大圆洞国家级森林公园位于重庆江津市境内,距江津城区67千米,距重庆主城区118千米,交通便捷。公园面积3459公顷,与江津四面山国家级风景名胜区和四川省佛宝国家级森林公园相邻。

大圆洞国家级森林公园属中亚热带常绿阔叶林区,森林公园内动植物资源丰富,森林覆盖率达95.4%。森林公园内有维管束植物1000多种,野生动物150多种。其中有国家重点保护的植物资源如桫椤、鹅掌楸、福建柏、中华双扇蕨等30余种;国家重点保护的脊椎动物如云豹、猕猴、林麝、大灵猫、红腹锦鸡等10余种。

大圆洞国家级森林公园森林景观丰富多彩。森林公园内以马尾松、柳杉、台湾杉、枫香和栾树为主的森林林冠整齐。森林公园内有高大苍劲的人工林,有以常绿阔叶树为主的茂密葱盈、堆绿耸翠、色彩斑斓的天然次生林。森林公园内四季风光如画、绚丽多姿。

16. 九重山国家级森林公园(2008年)

九重山国家级森林公园位于重庆市最北端的城口县,毗邻川东北、陕东南,距城口县城22千米。园区内最高海拔2471米,最低海拔705米,相对高度1766米,总面积10089公顷,森林覆盖率达85%。森林公园东南有省道与高速公路、襄渝铁路、长江三峡相连。

九重山国家级森林公园"处处有花草,无处不风景,四季可游憩,无时不俊美"。森林公园内地质形迹典型,地貌类型众多。九重山峰聚簇连,众多高峡窄谷幽深神秘、雄奇险秀,撼人心魄。卧龙草场广阔无边,绿草成茵,野趣盎然。48个青草塘蜿蜒起伏,长达20余千米。

九重山国家级森林公园内气候温和,雨量充沛,日照充足,是同纬度地带生物多样性最显著的地区之一。公园内森林景观原始壮阔,垂直带谱极为明显,优越的自然环境孕育了极为丰富的动植物资源。森林公园内现已知的野生动物有248种,属国家一级保护的有林麝、豹、金雕3种;属国家二级保护的有黑熊、斑羚、红腹锦鸡、大鲵、中华虎凤蝶等19种。红腹锦鸡、大鲵、黑熊等更为常见。野生植物有177科、566种,其中属国家一级保护的有银杏、红豆杉等4种;属国家二级保护的有秦岭冷杉、巴山榧等45种。

17. 茶山竹海国家级森林公园(2008年)

茶山竹海国家级森林公园位于重庆市永川城北2千米处,面积1.17万公顷,年平均气温14℃,公园内森林覆盖率达97%,空气质量达到国家一级环境空气质量,是理想的"天然氧吧",森林公园2000公顷茶园和3000多公顷天然竹林交相辉映,茶连竹,竹连茶,人称"茶山竹海",这里盛产的"永川秀芽""渝都毫茶""渝州毛峰"等名茶驰名中外。

茶山竹海国家级森林公园地处箕山山脉,箕山前山高后山低,逶迤起伏,形如腾飞巨龙,民间传说在三国时就有"蜀汉飞龙"之说,"箕"乃星名,属四灵二十八宿中东方苍龙七宿之一,据传箕山是蜀汉丞相诸葛亮赐名,距今已有1779年的历史。箕山现存双府院、仙人洞、天堡寨、天子殿、古墓等历史遗迹29处,其中道观寺庙遗址有青龙寺、萱花寺、白云寺、朝天寺、天台寺、莲花寺等14处。森林公园内有渝西第一峰——薄刀岭、国画大师陈子庄艺术陈列馆、茶圣陆羽浮雕艺术墙、重庆茶叶研究所,以及西南地区首家以弘扬、宣传民族茶文化为宗旨的综合性旅游服务设施——中华茶艺山庄等。森林公园风光独特,吸引了众多的影视剧组前来取景,著名导演张艺谋拍摄的大片《十面埋伏》就是以此作为国内唯一的外景地。

18. 重庆南山国家级森林公园(2008年)

重庆南山国家级森林公园位于重庆市主城区与茶园新城区之间、重庆市南岸区境内,是城市中的森林公园。它是以森林景观为主体,包括其他自然景观、人文景观和人为活动等多种景观资源为补充的风景资源体系。

重庆南山国家级森林公园山岭纵贯屏列,峡谷险峻幽深,岩溶地貌遍布;长江三面环绕,森林堆绿耸翠,花卉草木争奇斗艳,宫观古刹巍峨,历史遗迹众多,抗战文化深厚,巴渝文化独特,都市高楼鳞次栉比,山城夜景辉煌美丽。重庆南山国家级森林公园是重庆市主城区的绿色屏障、天然氧吧、山城花冠、避暑胜地和都市生态旅游的明珠。

19. 黑山国家级森林公园(2008年)

黑山国家级森林公园由黑山谷景区、黑山景区、沙坝景区、狮子槽景区等组成,总面积2667.7公顷。黑山森林公园资源保存良好,植物多达1800余种,动物多达333种,森林覆盖率高达90.31%,且依海拔高低垂直分布着灌木林(草丛)、针叶林、针阔混交林、阔叶林和常绿阔叶林,景观丰富多样,有高山峡谷、山泉溶洞、古崖墓群、古生物化石以及古夜郎文化等,是重庆少有的生态旅游休闲度假胜地。

20. 黄水国家级森林公园(2008年)

黄水国家级森林公园位于重庆市石柱县城东北部的七曜山。森林公园地处巫山沉积岩中山地貌,最高海拔1934米,最低为800米,平均海拔1000米。森林公园拥有"中国一号水杉母树"、云南豹等多种珍稀动植物。公园植被丰富,地势险要,道路幽深,古木参天,野生猴头菇、香菇、板栗等随处可见。公园内海拔高低悬殊,垂直气候差异大,最适宜夏季避暑、疗养。黄水国家级森林公园与以原始森林著称的大风堡自然保护区、风光秀美的千野草场和游草河风景区同处于石柱县黄水镇,近年来又兴建了万胜坝水库,更为森林公园增添了灵气。

21. 桥口坝国家级森林公园(2008年)

桥口坝国家级森林公园位于重庆市巴南区境内,森林公园总面积7690公顷,由云篆山、桥口坝、澜安、圣灯山4个景区组成。

桥口坝国家级森林公园海拔为 200～1064 米,山峰海拔一般为 500～800 米,与河槽谷底的高差为 150～300 米,造就了许多奇异的山岳、槽谷景观。森林公园内比较典型的地貌类型有背斜翼部低山地貌、向斜低山坪顶地貌和高丘地貌。森林公园有精巧奇异的山岳,高峻雄浑的峰岭,浩瀚茂密的林海,奇特珍稀的古树名木,形象生动的山石,温泉、平湖、溶洞、白鹭,梯田和田园,沧桑不朽的巴国宗教文化。

22. 观音峡国家级森林公园(2008 年)

观音峡国家级森林公园位于重庆市区西北、北碚区中部,地处四川台—川东南坳褶带—重庆—华蓥山复式背斜主支观音峡背斜南段。森林公园总面积 1615 公顷。

森林公园由分布于嘉陵江观音峡两岸的张飞岭、鸡公岭和凤凰岭 3 个景区组成,有自然景点 10 个,人文景点 11 个。森林公园内森林壮美,季相多彩,修竹万竿,古木苍劲,猕猴啼峡,白鹭翔集;长岭横亘峰峦耸翠,观音峡谷雄奇险秀,岩溶地貌景观荟萃,奇岩怪石形象生动;嘉陵大江经两山,山涧溪流飞瀑泉,龙驹平湖写诗意,山塘散布似翡翠;张飞道、天府寨、珠现门等历史文化遗迹众多,龙车寺、道明寺、观音阁等宗教文化遗存丰富,并有朝阳桥、襄渝铁路大桥、遂渝高速铁路桥等建筑。

23. 天池国家级森林公园(2008 年)

天池国家级森林公园位于重庆市忠县县城以西 20 千米处的扬眉山上,海拔 1092 米,因地形如池,故名天池。1891 年,法国天主教会在天池山上建教堂、办教会学校,建有足球场、跑马场、游泳池等活动场所。天主教堂于 1986 年修葺一新。

天池国家级森林公园是一片大森林,面积近千公顷,有松树、杉树、柏树和多种珍稀古树以及成片的白夹竹林等。林中有山羊、野兔、白鹤、山鸡等飞禽走兽。1992 年,天池森林公园被批准为省级森林公园。2007 年 12 月,通过中国森林风景资源评价委员会专家实地考察和评审,并经国家林业局审定,天池山森林公园晋升为国家级森林公园。

第二节　重庆市市级森林公园

1. 重庆市玉峰山森林公园

玉峰山森林公园位于渝北区东南部,铜锣峡背斜低山上部,属亚热带常绿阔叶天然林区。森林公园与渝邻高速路、渝涪高速路和 210 国道、319 国道相通。森林公园中心距重庆市渝北区政府所在地即两路城区(重庆江北国际机场所在地)和重庆市主城中心均只有 20 多千米。森林公园是以国有玉峰山林场为依托,1995 年经重庆市林业局批准成立。由玉峰山林场经营管理,森林公园与林场实行两块牌子、一套班子的管理体制,主管部门是市、区林业行政部门。玉峰山森林公园以充满神奇传说的"渝北第一峰"——玉峰山著称。玉峰山"峰含玉润、蔚然深秀",立于铜锣峡背斜山脉众山之巅,内有人文古迹天城寨、永佛寺和渝州古道,有枫叶湖、玉泉湖、龙胆潭等原始山泉,有数处天然温泉。森林公园以奇峰林海和人文古迹为特色,是重庆市主城区和近郊域内人们回归大自然,避暑休闲、度假娱乐、开展森林生态旅游的理想场所。

2003 年和 2005 年,重庆市渝北区政府两次对玉峰山森林公园规模进行了调整。规划范围向东拓展到石坪朝阳河以东地段的玉峰山镇香溪村、龙门村,总规模为 2359 公顷。

为了加强对玉峰山森林公园开发建设的管理,重庆市渝北区委、区政府作出了《关于开发建设重庆市玉峰山森林公园若干问题的意见》和《关于进一步加强重庆市玉峰山森林公园开发建设管理工作的意见》。1997 年,重庆市渝北区政府成立了重庆市渝北区玉峰山森林公园开发建设指挥部,负责森林公园开发建设的统一管理工作。2002 年 6 月,指挥部更名为重庆市渝北区玉峰山森林公园开发建设管理委员会。渝北区政府授权管委会对森林公园实施统一规划、统一征用和租用土(林)地、统一基础设施建设、统一招商引资、统一管理的"五统一"的开发建设管理综合协调服务工作。

玉峰山森林公园海拔270~848.8米,森林覆盖面积1200公顷,是重庆近郊覆盖面积最大、植被保护最好的森林公园。森林拥有植物326种,野生中草药、野菜近200种。丛林中虎豹虽已绝迹,但仍有野兔、松鼠、锦鸡、杜鹃等多种野生动物,年平均气温17℃,常年气温比市区气温低约5℃。

玉峰山山上尚存光绪年间用条石修砌的3000余米的古长城、天城寨、人和古城门。城墙随山势而建,最高处有5米。

2. 重庆市华蓥山森林公园

华蓥山森林公园位于四川盆地川东平行岭谷区华蓥山中段西麓,总面积8091.25公顷,地跨重庆市北碚区、渝北区以及四川省广安市、岳池县、邻水县,包括双河镇、天池镇、溪口镇、天池林场、东方红林场部分及瓦店乡等范围。森林公园东靠邻水,南接重庆市渝北区,西与襄渝铁路毗邻,北与广安市接壤。境内最高海拔1704米(高登山),最低海拔206.7米。森林公园交通便捷,从森林公园安丙墓景点出发,东上201国道仅30分钟,西下广渝高速公路,到重庆市仅1.5小时,经广邻高速公路到广安市仅15分钟,到华蓥城区仅10分钟。铁路襄渝线纵贯南北,有三级、四级车站各两个。

华蓥山森林公园的旅游资源丰富,景观类型包括地貌、森林、水体、天象及人文景观等。其中地貌景观包括岩景、溶洞景观和峡谷景观三大类型。森林景观以水杉山庄最为典型,该山庄周围有近千公顷以上的天然白夹竹林、阔叶林及杉木、马尾松林,并有近千株高达20余米的珍稀树种——水杉及国内稀有竹种——白夹竹变种,这些林木构成了一个良好的自然生态群落。水景主要为瀑布和天池景观,其中玛硫岩瀑布高达126米,丰水季节瀑布宽6~12米。天池湖是川东最大的高山喀斯特天然湖泊,位于海拔640多米处,湖面面积250余公顷。天象景观包括佛光、日出、云海、圣灯等。该公园的人文景观也很丰富,主要有安丙墓、华蓥山游击队纪念馆及宝鼎景区的宗教人文景观等。华蓥山森林公园是进行爱国主义教育、自然风光游览、历史文化赏析、休闲度假和运动娱乐的理想场所。

3. 重庆市凉风垭森林公园

凉风垭位于重庆邮电大学东边,因一年四季凉风不断得名。凉风垭处于春天岭步道与白耳山步道之间,是昔日通往巴县、南川的石板古道上的一座有名的山垭,山势雄伟,道路两旁有浓荫蔽日的黄葛树掩映。

凉风垭森林公园于1994年经重庆市林业局批准成立,主要景点包括人头山、白耳山、大堡山等,占地面积140余公顷。

4. 重庆市南泉森林公园

南泉森林公园始建于1992年,隶属巴南区南泉林场,地处花溪镇、南泉镇,原有面积200公顷。已建成的景区包括建文峰森林游乐区、会仙楼森林度假区。南泉森林公园将在现有规模的基础上扩容至570余公顷。新规划的九盘沟森林观光区、白羊寺森林疗养区和管理服务区主要位于花溪镇境内,北起尖山子,南至一碗水,东西与南泉国有林场接壤。

5. 重庆市东泉森林公园

东温泉森林公园于2000年经重庆市林业局批准立项建设,总面积2133公顷,位于巴南区东泉镇境内,森林公园内温泉开发已初见成效,各项旅游基础设施较为完备。

6. 重庆市滚子坪森林公园

滚子坪森林公园位于重庆市江津区西南面渝川接合部的塘河镇境内,面积约2500公顷,距重庆主城区100千米,渝合高速公路可直达。森林公园最高海拔916米,四周均为悬崖峭壁,集山、水、林、洞、瀑为一体,融雄、秀、幽、险、奇于一坪,气候凉爽,风光绮丽。

森林公园内主要有倒流水、九重天、水口庙等16挂瀑布。

滚子坪森林公园有鸳鸯湖、太平湖、塘河。

滚子坪森林公园内最优美的地方是九龙溪,因其溪旁有九龙洞而得名。溪上有水口庙、望龙、姐妹、九重天、狮子岩、先锋岩、烧香岩等9挂瀑布。溪畔有白云寺、九龙洞、夫妻松、烧香古庙。

滚子坪森林公园西部边缘、面积66公顷的溪谷间成片生长着2000余株桫椤,是重庆市最大的原始桫椤群落。

滚子坪森林公园竹类繁多茂盛,素有"川东竹海"之称,有楠竹、水竹、花竹、黑竹、棕竹、罗汉竹等。

7. 重庆市云雾坪森林公园

云雾坪森林公园位于重庆市江津区西部石门镇境内,与永川区云雾山相连接。森林公园约2000公顷,主峰分男女石笋,雄伟壮观。离江津区、永川区40千米,离成渝铁路茨坝站3千米,是休闲度假、生态观光旅游的好地方,也是佛教、道教、儒教三教合一的宗教重地。

云雾坪森林公园内石笋山风景秀丽,森林公园内有庙阴寺、九龙寺、弥陀寺、宝峰寺并与大佛寺、千佛寺、护佛寺、护国寺相连,壮观雄奇,还有佛观寺、在兴寺、壁佛寺、老君庵掩隐在青松翠柏之中。森林公园内现存有"拥护毛主席朱总司令"的石刻和红军活动遗址,该地曾涌现出了一批与李大钊一起就义的以吴平地为代表的党的优秀儿女。

8. 重庆市临峰山森林公园

临峰山森林公园位于重庆市江津区德感境内,距江津城区10千米,距重庆市区40千米,位于华蓥山系余脉,海拔400~600米,景区内植被保护完好,拥有森林面积2000余公顷,森林公园内主要有马尾松、云杉、红豆、楠竹等10多个生态树种和猕猴等野生动物,还有丰富的地热水资源。

森林公园的临峰湖景区,森林面积110多公顷,初步建成了水上乐园等设施。森林公园的桃花山景区紧靠临峰湖,面向长江,有森林面积200余公顷。

9. 重庆市黄瓜山森林公园

黄瓜山森林公园地处重庆市永川区南部,因形如一黄瓜得名。黄瓜山森林公园海拔600米左右,森林覆盖面积80%,国有林场近千公顷,是全国农业生态旅游示范点之一。黄瓜山上年平均气温要比永川城区低2℃~3℃,比重庆主城区低4℃~5℃。黄瓜山山势雄伟,地貌奇特,其中的白岩槽、象鼻嘴、踏蹄沟、虎头山等独具奇、险、秀、美、幽之特色。

黄瓜山森林公园自然环境优美,气候温和,已经建成了春可赏花、夏可品果的3300多公顷的成片梨园。

10. 重庆市白塔坪森林公园

白塔坪森林公园位于重庆市九龙坡区金凤镇,系缙云山山脉中段。东与含谷镇、白市驿镇交界,南与走马镇接壤,西与璧山县毗邻,北与沙坪坝区相邻,距重庆市主城区20多千米。

白塔坪森林公园主要景点有龚二老爷庙、古寨寨门与古城墙、白塔遗址、蛮子洞、卧象山、天印石、自虎崖、羌活谷和云台亭。白塔坪森林公园山峦重叠,群峰俊秀,绿树成荫,有百余种植物争奇斗艳,野趣横生。植被丰富,山茶树尤其多。

11. 重庆市西温泉森林公园

西温泉森林公园位于重庆市铜梁县巴岳山山麓,这里峰峦高峻,竹树葱茏,藤蔓丛生,重重叠叠,满眼绿屏翠嶂,也称西温泉山。西温泉森林公园坐落在温汤峡峡谷西口,有一眼常年喷涌不绝、日出水量2000余吨的温泉。因泉水温暖如汤,早先人称汤泉,称峡谷为汤峡,称峡口为汤峡口。抗日战争时期,因此泉在陪都重庆市西边,始称西温泉。西温泉水质良好,含硫、钙、钾、镁等多种元素,属硫黄矿泉;水温常年在35℃左右,适宜温浴消乏和游泳健身。西温泉山的温汤峡,距重庆市区仅60千米,是国道319线上风景最清幽最具特色的一段,既有群山叠嶂、陡崖峭壁、茂林修竹之善,又有重庆四大名泉中海拔最高的西温泉。

12. 重庆市楠木院森林公园

楠木院森林公园位于重庆市长寿区东侧,距长寿城区约10千米,渝涪高速路可直达。因有古庙和遍山楠木,故依景取名楠木院,有"小竹海"之称。楠木院里始建于唐代的鹿困寺,历经唐、宋、元三代五百余载,至明代重修,更名为观音寺,清光绪年间修葺扩建,因森林演变为楠木林冠,便得名楠木院。

1997年4月,经重庆市批准,建立省级楠木院森林公园。公园规划总面积760多公顷,森林资源十分丰富,气势壮观,风景秀丽,有常绿叶林460多公顷,楠竹林330多公顷,梨园66公顷,森林覆盖率达80%。有乔、灌、草、藤等植物760种,既有活化石之称的银杏、水杉、楠木等,又有胸径达100厘米的参天古树,还有91种珍稀动物和5个天然溶洞。

楠木院原为木质结构,设有大佛、山王、关帝殿等殿,房屋达100多间,故民间将小山的谷、东林寺的佛、楠木院的屋并称为寺庙三绝。

13. 重庆岚峰森林公园

岚峰森林公园位于重庆市荣昌县南部古佛山林区,距荣昌县城16千米。林区面积500余公顷,海拔460~600米,最高点三层岩711.3米。林区森林植被丰富,树木繁多,有大面积成片的松树林、杉树林、楠木林等乔木林。山中有泉水、流水、池塘、水库,山水辉映,山峦起伏,沟谷纵横,风光秀丽。

14. 重庆市楠竹山森林公园

楠竹山森林公园位于重庆市南川区东北面,公园距离南川区城区20千米,规划总面积为866.67公顷,其中旅游核心地段为160多公顷。平均海拔591~900米。楠竹山融"幽、秀、静"一体。

楠竹山森林公园有松林120多公顷,楠竹林30多公顷,橄榄园和百花园10余公顷,活立木共24121.864 $米^3$,楠竹蓄积量1964吨。楠竹山森林公园有得天独厚的旅游资源,全山起伏、纵横16峰,森林公园内有林海、百花园、橄榄园、动物园、竹海、竹海山庄、人工小湖、息心亭等旅游设施,有上百种植物。

15. 重庆市宝鼎森林公园

宝鼎山森林公园位于重庆市垫江县高安镇与沙河乡交界处,距垫江县城30多千米。山势呈东北—西南走向,海拔1063米,系大巴山支脉。

宝鼎山主峰四周诸峰环绕,林木苍翠,风光幽深。唐代及明清修建的光祖寺、八角亭、大殿、普贤殿、老君殿、送子殿、大佛殿、十二殿、大雄宝殿等,全系木石结构,造型美观。八角亭是宝鼎山的最高处,登临可望丰都、梁平、长寿等县境。东侧的悬崖,可观日出。下有小洞,相传为雷祖禅师"羽化登仙"之地。远处有南京塘,塘水清冽刺骨,四季不涨不涸。

16. 重庆市明月山森林公园

明月山森林公园位于重庆市垫江县西北部边缘,东起西山大堰,西至明月山分水岭,与四川大竹县、邻水县接壤,南至五洞镇,北与沙坪镇接壤。景区涉及太平、五洞、桂溪、新民4个乡镇,东西长28千米,南北宽4千米。森林公园分为明月湖风景区、钟嘴寨风景区、牡丹花海风景区、生态农业园区和卧龙盐浴风景区。明月湖以湖泊、峰石为主体景观,以明月湖的"秀"和峰顶山、石人山的"幽"而著称,兼有源远流长的佛教文化。钟嘴寨以奇峰险崖、丛林古寨为主体景观,有钟嘴寨、黄龙洞、盐溪古碑、江华山等景点。太平牡丹花海以牡丹为主体景观,兼有瀑布、峰崖、溪湖等自然景观,有牡丹花海、太平湖、楠竹山、感应寺等景点。卧龙盐浴风景区以溶洞、古寨等自然、人文景观为主,有枇杷洞、帽合寨、十里竹廊等景点。生态农业区位于渝巫路和渝万高速路区域,有油菜花大观园、三合水库度假村等主体景观。

17. 重庆市南天门森林公园

南天门森林公园位于重庆市渝北区西北部兴隆镇和茨竹镇交界处,处于华蓥山支脉龙王洞背斜低山中段,海拔700~1000米。距重庆江北国际机场32千米,距市区50千米,是重庆市近郊森林覆盖面积较大且植被保存较好的森林公园之一。南天门森林公园总面积1500公顷,拥有320种森林植物,森林覆盖率达90%以上。森林公园四季特点明显,春可观花、夏可避暑、秋可采果、冬可赏雪。核心区总面积有1000多公顷,其中有原始森林200多公顷,梨园近1000公顷。有霞光彩虹观光项目、天生桥观光项目、日出云海观光项目、天然石画观光项目等。

18. 重庆市泉活森林公园

泉活森林公园位于重庆市万州区城郊。距万州区主城区13千米,属山岳型森林公园。泉活森林公园占地面积为330公顷,海拔885米。森林公园内交通方便,比万州区主城区的平均气温低5℃左右。公园内有马尾松、黑松等森林植物135种,有珍稀濒危保护植物27种。

19. 重庆市乌龙池森林公园

乌龙池森林公园位于重庆市万州区盐井沟旅游开发区,距万州区主城区约40千米,距长江10千米,属山岳型森林公园。乌龙池森林公园面积为350公顷,海拔1123米,森林公园内异峰突起,怪石嶙峋,山势峻峭。森林公园东及东南林缘多悬崖峭壁,怪石千姿百态。鳄鱼石惟妙惟肖,栩栩如生,乌龙池中央的镇龙石恰似泰山压顶,稳镇恶龙,人头寨、乌龙洞、八仙桌等自然景观神奇优美。公园内森林覆盖率达95%,有马尾松、刺杉等针叶树种和枫树、榆树等植物278种,其生物形态各具特色,其中最大的一棵古板栗,树胸径在60厘米以上,最大的一棵枫树,枝叶亭亭如盖。森林公园有鹿、山鸡等动物30种。

20. 重庆市梨子坪森林公园

梨子坪森林公园地处渝东门户——重庆市巫山县境内,与小三峡国家级森林公园相邻,距巫山县城45千米,总面积1388公顷,平均海拔1800米,年平均气温18.4℃,有满山的日本落叶松、大片草地,森林覆盖率达95%以上。

梨子坪森林公园青山连绵,巍峨挺拔,群峰林立,沟壑纵横。日出则气势恢宏,蔚为壮观,日落则层林尽染,流光溢彩。晴则蓝天白天,日月同辉,雨则风起云涌,滚滚如潮。春则万紫千红,夏则青翠欲滴,秋则满目金黄,冬则银装素裹。漫步其间,或茂林修竹,或山花烂漫,或枯藤老树,或小桥流水,或怪石嶙峋,或别有洞天,或雀鸟惊飞,或幽幽鹿鸣……置身其中,如梦如幻,如痴如醉,宛若天堂。

21. 重庆市马鞍山森林公园

马鞍山森林公园距重庆市潼南县城32千米,地处塘坝、胜利、新胜3镇交界处,是潼南县独有的天然国有森林。森林公园面积300公顷,森林面积81.8公顷。以柏木、麻栎、香樟等组成的典型的针阔混交林,集原始林、天然次生林、人工林为一体。森林公园内有百年古树、古庙宇遗址。马鞍山海拔只有417米,垂直高差只有150米,是典型的亚热带湿润季风气候,具有秋短夏长、雨热同季、无霜期长的特点。

第四章　风景名胜区建设

重庆是国家级历史文化名城。早在公元前12世纪就由巴人建立了以部落联盟为基础的奴隶制王国,1937年抗日战争全面爆发后又成为"陪都",其悠久的历史,丰富多彩的自然景观和人文景观,独特的山城风貌,构成了众多的风景名胜区。其特点和优势可概括为类型全,级别高,质量好,数量多,各具特色,自成体系,初步形成一个含有丰富历史文化内涵的亚热带山城风景名胜区系列。其中不乏世界级的风景名胜如古钓鱼城遗址、大足石刻。在众多的风景名胜区中,奇峰、秀水、险峡、幽林、茂竹、溶洞、飞瀑、怪石、珍泉等有机结合,融为一体;古墓、古桥、古寺庙、古寨、古镇、古石刻、古建筑等比比皆是,交相辉映。从具有丰富的动植物资源、被称为亚热带植物基因库、素有小峨眉之称的缙云山到700多年前挽救欧亚战局并震惊世界的古钓鱼城战场。重庆风景名胜区既有集山、水、林、泉、瀑、峡、洞等为一体的壮丽的自然景色,又有熔巴渝文化、民族文化、移民文化、三峡文化、陪都文化、都市文化于一炉的浓郁的文化景观。

重庆市共设立风景名胜区35处,总面积4793.8千米^2,占全市辖区面积的5.8%。其中,国家级风景名胜区6处,面积2241.8千米^2;市级风景名胜区29处,面积2552千米^2。

第一节　国家级风景名胜区

1991—2010年,国务院共批准重庆市设立6处国家级重点风景名胜区,包括长江三峡(重庆段)国家级重点风景名胜区、缙云山—钓鱼城国家级重点风景名胜区、天坑地缝国家级重点风景名胜区、金佛山国家级重点风景名胜区、四面山国家级重点风景名胜区、芙蓉江国家级重点风景名胜区,其面积为2241.8千米^2。

一、长江三峡(重庆段)国家级重点风景名胜区

长江源远流长,是中华民族的摇篮。长江是中国第一大河,世界第三大河。其最为奇秀、最为壮观的风景,当属渝鄂两省交界处的三峡。长江三峡风景名胜区于1982年被国务院命名为首批国家级重点风景名胜区。重庆段包括奉节白帝城、瞿塘峡、巫山巫峡、神女溪、大宁河小三峡、马渡河小三峡、大昌古镇、巫溪庙峡、忠县石宝寨、丰都名山和雪玉洞、涪陵白鹤梁等景区,规划面积1095.67千米^2。

(一)白帝城和瞿塘峡景区

白帝城和瞿塘峡景区:白帝城位于距重庆市奉节县城永安镇4千米的长江瞿塘峡上口与草堂河汇合处北岸的半岛上,山顶海拔248米。白帝城水路距重庆主城区446千米,是市级文物保护单位,由白帝城文物管理所管理。三国时期章武元年(221年),刘备伐吴兵败,退白帝城,临终,"白帝托孤"发生于此。三峡库区形成后白帝城成为孤岛,白帝城占地面积3.8万米^2,其中建筑占地面积7500米^2,今存寺庙系清康熙后重修,有明良殿、武侯祠、碑林、出土文物陈列室等。殿宇掩映于葱茏林木之中。

瞿塘峡紧邻白帝城,峡长8千米,连同白帝城,景区面积800公顷。白盐山耸立江南,赤甲山雄踞江北,隔江对峙如门,绝壁如削,气势雄伟磅礴,众称夔门。其势"西控巴渝收万壑,东连荆楚压群山""众水聚涪万,瞿塘争一门"。峡内有滟滪堆、铁锁关、孟良梯、悬棺葬、众多题刻和大溪文化遗迹。由于三峡水位上升,题刻多淹没水下,部分题刻被切割后于异地保存。赤甲山上建有夔门古象化石馆,陈列有200万年前的类象剑齿象化石和距今5000~7000年的老关庙遗址文化,还有铁锁关遗址。

瞿塘峡下峡口南岸墨溪河口名大溪镇(巫山县辖),发掘出5300~6400年前的大溪文化遗址,清理墓葬208座,出土文物1257件。在墨溪河支流边的庙宇镇(巫山县辖)发掘出龙骨坡古猿人遗址,距今约204万年,是我国6个巨猿化石点的最北点,被命名为"龙骨坡文化"。

巫峡景区位于长江巫山县城下游,巫山县水路距重庆主城区481千米。巫峡长42千米,峡谷奇峰削壁,群峦叠嶂,挺拔秀丽。由3台(楚阳台、授书台和龙台)、8景(南陵春晓、夕阳返照、宁河晚波、清溪渔钓、澄潭秋月、秀峰禅刹、女观贞石和早云暮雨)、12峰组成大峡谷画廊。雄峰列居两岸,南北各6峰(北岸登龙峰、圣泉峰、朝云峰、神女峰、松峦峰、集仙峰;南岸飞凤峰、静坛峰、翠屏峰、起云峰、聚鹤峰、上升峰)。其中神女峰海拔1112米,最为俏丽,神女石柱高约6.4米,乘船人多翘首以盼。另外朝云峰海拔1324米,登龙峰海拔1215米。白帝城和瞿塘峡景区于1982年被公布为国家级重点风景名胜区长江三峡的景区之一。另外,大宁河小三峡为重庆市市级风景名胜区,紧临巫峡。

(二)云阳张桓侯庙景区

张桓侯庙景区原位于重庆市云阳县云阳镇长江南岸的飞凤山麓,与旧县城隔江相望,是为纪念三国名将张飞而立的祠宇,为国家重点文物保护单位,由张飞庙文物管理所管理。1982年被公布为长江三峡风景名胜区的景区之一。水路距重庆主城区362千米。庙宇建于1700年前,经历宋、元、明、清历代修葺扩建。因处于三峡库区淹没线下,2003年照原样搬迁至新县城双江镇长江南岸,建筑面积1400多米^2,有正殿、旁殿、结义楼、望云轩、助风阁、杜鹃亭、得月楼等建筑,殿内有张飞塑像,收藏诗画3万余件,还有碑刻等文物。

(三)忠县石宝寨景区

石宝寨景区位于重庆市忠县石宝镇长江北岸,1982年被公布为国家级重点风景名胜区长江三峡风景名胜区的景区之一,由石宝寨文物管理所管理。石宝寨公路距忠州镇38千米,水路距重庆主城区260千米。石宝寨为一块巨石临江耸立,孤峰突兀,山顶海拔238米,长江枯水位118.6米,相对高差119.4米,高50米,四壁如削,形似玉印,名玉印山,山顶建筑占地1200米^2。传说它是女娲炼石补天遗留下来的一块五彩石,称为石宝。明末谭宏起义会据此险要地势为寨,故名石宝寨。清康熙年间,能工巧匠在玉印山南侧依山而建楼阁12层,通高56米。楼阁全木结构,其中9层依岩附势,建筑精巧。明万历年间在山顶建天子殿。殿宇临崖筑墙,巍峨壮观。三峡库区形成后,石宝寨由护堤包围,形成孤岛,护堤建成后,石宝寨仍将屹立江中,似江中盆景,魅力无限,风姿更靓丽。

(四)丰都县名山景区

名山景区位于重庆市丰都县长江北岸的名山镇东北隅,景区面积2.5千米^2,包括名山和双桂山片区,水路至重庆主城区172千米。名山山顶海拔287.2米,因北宋文豪苏轼诗"平都天下古名山"而得名。名山茂林修竹,孤山耸翠,殿堂庙宇顺山脊而建,鳞次栉比,飞檐流丹,古色古香,塑众多神像(最多时庙宇75座,神像1980尊)。汉唐以来,名山逐渐被传为鬼国京都和阴长生、王方平得道成仙的地方。1982年被国务院公布为国家级重点风景名胜区长江三峡风景名胜区的景区之一。名山景区由名山风景区管理委员会协调统一管理。

与名山对峙的双桂山,海拔401米,由通仙桥连接名山,山上建有苏公祠、来苏坊、丰都孔庙、鹿鸣山庄、道子堂、护国亭等仿古建筑,还建有阴司街坊、土地庙、财神庙、城隍庙、麻姑洞、神道和鬼国神宫。

(五)白鹤梁景区

白鹤梁景区位于重庆市涪陵区城北长江江心,是一块长约1600米、宽16米的天然巨型石梁。石梁仅冬春枯水期露出水面。相传唐时尔朱真人在此修炼,后得道,乘鹤仙去,故名。

石梁上刻有自唐广德元年(763年)至当代的石刻题记164段,其中水文题记108段;石鱼图14尾,其中作水文标志者3尾。题刻、图像断断续续地记录了1200余年间72个年份的历史枯水位情况,对研究长江中上游枯水规律、航运以及生产等,均有重大的史料价值。1974年在巴黎召开的国际水文工作会议上,中国代表团以"涪陵石鱼题刻"为题,向大会提交报告,白鹤梁的科学价值遂得到世界公认。

白鹤梁上还有黄庭坚、朱熹、庞公孙、朱昂、王士祯等历代文人墨客的诗文题刻,篆、隶、行、草皆备,颜、柳、黄、苏并呈,有较高的艺术价值,故有"水下石铭"之美誉。

白鹤梁已被定为全国重点文物保护单位。三峡工程建成后,白鹤梁被淹没,国家已于1993年立项,将其建为大型水下博物馆。

白鹤梁上的石鱼石刻,有着重要的科研和史料价值,又有独特的艺术价值,历来为世人所重视。它既是长江枯水位的历史记录,又有"石鱼出水兆丰年"和"年年有余(鱼)"之意。因此,古人在白鹤梁上刻有"枯水季节,若石鱼出水面,则兆年丰千年如许"的题记。

二、缙云山—钓鱼城国家级重点风景名胜区

缙云山国家级重点风景名胜区位于重庆市北碚区境内,嘉陵江小山峡之温塘峡西岸,距重庆市中心区45千米,海拔350~951米,为华蓥山腹式背斜山脉一个分支的一段。缙云山奇峰耸翠,林海苍茫,风景秀丽独特,名胜古迹众多,素有"川东小峨眉"之称。1982年被国务院审定为全国首批44个国家级重点风景名胜区之一。

(一)缙云山景区

缙云山景区位于重庆市北碚区缙云山山脉,核心景区的缙云寺距北碚城区13千米,景区面积93千米^2。1982年,国务院公布缙云山为首批国家级重点风景名胜区之一。2001年被公布为国家级自然保护区。1954年设立管理机构,今由缙云山自然保护区管理局管理。缙云山雄峙于嘉陵江温塘峡西岸,拥朝日、香炉、狮子、聚云、宝塔、猿啸、莲花、玉尖和夕照9峰,横亘数十里。缙云山曾被古人赞誉为"山如碧玉水如黛,云在青天月在松""不负蜀中好山水,大峨眉又小峨眉"。景区群峰耸立、峥嵘排空,古树参天,云雾缭绕,林海苍苍茫茫,万木荫翳。缙云山有维管束植物198科、140032多种,国家级珍稀保护植物24种,模式标本植物16种,有红豆杉、银杏、桂花、鸽子花(珙桐)、树蕨等古树名木。据1981年西南师范大学调查,缙云山黛湖有古藻类植物2科、19属、105种,占我国古藻类植物的70%。缙云山景区的人文景观有始建于南朝宋景平元年(423年)的缙云寺、白云寺、大隐寺、石华寺、复兴寺、转龙寺、绍龙寺、温泉寺,还有井、碑、亭、洞、寨、石刻、石坊、塔等景观。上山有旅游公路和索道。

(二)北温泉景区

北温泉景区位于重庆市北碚区北泉镇温塘峡两岸,是1982年国务院公布的缙云山风景名胜区的一部分。距重庆市主城区350多千米。北温泉以其秀美、幽静被誉为"巴渝十二景"之一。景区面积61.3公顷,中心游览区面积为13公顷,景区景观资源丰富,融温泉文化、石刻文化、抗战文化、宗教文化和优美的自然景观于一体,精巧雅致,其"山岳江河,温泉峡谷,溪流瀑布,丛林古刹,奇葩异卉",展示了巴山蜀水幽、险、雄、奇的特色,是重庆市城郊著名的综合型风景名胜区。峡谷西岸有温泉多处,南朝宋景平元年(423年)始有温泉寺,1927年被卢作孚先生创建为温塘公园。景区集山、水、泉、林、峡、洞于一体,有步移景换之妙。抗日战争时期,内迁文化机构及名人多驻于此。

景区内主要的景观有:温塘峡、北泉飞瀑、温泉寺、石刻园、五龙壁泉、行知桥、历史名楼(数帆楼、柏林楼、磬室、竹楼、农庄)、流翠园等。

1. 温塘峡:温塘峡横贯北泉景区,其全长2.7千米,两岸悬岩耸翠,幽邃峻峭,峡岸之畔,泉涌汤腾,峡间江流湍急,滚滚奔腾,江面舟楫往来,渔帆点点。山风江月,美不胜收。

2. 北泉飞瀑:北泉飞瀑俗称"飞泉",在北温泉乳花洞旁的岩巅。清澈的泉水从石孔喷薄而出,似串串银珠,顺陡岩上悬垂的黄葛树根飞泻而下。飞花珠溅,蟠龙舞动,雾霭蒙蒙,如天工巧匠点绣在银帘上的图画。

3. 温泉寺:温泉寺创建于南朝宋景平元年(423年)。南齐中时代,庙宇辉煌,石雕甚众。明成化年间,温泉寺重新进行了修建。现存的温泉寺为明、清两代建筑,共有四殿,由北向南,依次为关圣殿、接引殿、大佛殿、观音殿,纵贯全境。

4. 石刻园:石刻园在温泉寺右后侧山麓,园内现保存有16尊宋代摩崖罗汉、7块明代诗碑和历代石像、石雕、石刻。"文革"中这些罗汉的头部被凿毁。现存的罗汉,头部系重新雕刻或修补复原,可谓古身今面。

5. 五龙壁泉:五龙壁泉建于1989年,位于温泉寺以西,青石砌成,长24米,高3米。壁雕5条飞龙,龙首头角峥嵘,从青石壁中直探而出,张牙舞爪,气度威猛,听锣鼓雷鸣,口中一齐喷出泉水,直泻清池,形成一幅立体五龙行雨图。

6. 行知桥:行知桥建于1989年,位于五龙壁泉池边,为一座仿宋青石拱桥,小巧而精致,掩映于青青翠竹之中,别有情调。它是为纪念人民教育家陶行知先生在此办学而命名的。

7. 历史名楼:

(1)数帆楼:数帆楼建于1930年,该楼依山临江,凭栏眺望,可见江中点点白帆,而故名数帆楼。此楼石墙、木楼、瓦顶,一楼一底,建筑面积共365米^2。抗战时期,周恩来、朱德、董必武、吴玉章、刘伯承等老一辈革命家和蒋介石等国民党政要曾在此下榻。黄炎培有诗云:"数帆楼外数风帆,峡过观音见两三。未必中有名利客,清幽我亦泛烟岚。"

(2)竹楼:竹楼建于1936年,由著名爱国实业家卢作孚先生募捐建造。该楼两层,占地141米^2,建筑面积284米^2,竹墙、竹柱、木楼、小青瓦屋面。中华人民共和国成立前,曾是北碚图书馆的分馆。中华人民共和国成立后取名为北泉图书馆。1983年维修时改为砖混结构,仿竹木造型。2002年,室内提标改造后做宾馆用。抗战时著名剧作家阳翰笙在此改编了抗日作品《塞上风云》《日本间谍》,夏衍在此创作话剧《水乡吟》,还根据《复活》构思改编了五幕六场同名话剧。

(3)农庄:农庄位于大型浮雕《温汤史歌》北侧。建于1927年,土木结构、草顶,占地面积120米^2。因系当年驻合川军阀陈书农捐款修建,故名农庄。中华人民共和国成立初,贺龙元帅曾在此休养。1966年改建为砖混结构,建筑面积980米^2。李井泉、叶剑英、李鹏、布什等中外政要曾先后在此下榻。李鹏总理在此还挥笔题词:"建设北温泉,造福于人民。"

(4)柏林楼:柏林楼位于进公园大门左侧,1935年由民生公司捐款修建,土木结构,建筑面积892米^2。1986年仿原样重建时改为砖混结构,做旅馆用。

(5)磬室:磬室在北温泉公园乳花洞下端的嘉陵江畔,背靠江岩,面向五潭映月,三面岩石壁立,一面临山。室筑其上,别致险峻,幽静奇特。因坐落之石壁如磬,又有江水击石,声鸣若磬而得名。磬室为1929年民生公司股东的优先股捐资修建。1937年底,国民政府主席林森游览北温泉公园,看中磬室,定为"主席避暑山庄"。现做旅舍用。

北温泉景区内还有乳花洞、北宋石刻、温泉寺三大殿、抗战建筑、接待设施、温泉浴泳设施等。由北温泉风景区管理处负责管理。

(三)钓鱼城景区

钓鱼城景区位于重庆市合川区城东钓鱼山上,距重庆市主城区89千米,为宋蒙(元)战争遗址,在世界历史中具有重要地位。1996年被公布为第四批国家重点文物保护单位,1982年被国务院公布为缙云山—钓鱼城国家级重点风景名胜区的一部分。钓鱼城景区由钓鱼城管理处管理,面积2.5千米^2。钓鱼城横枕嘉陵江、涪江和渠江汇流处,扼三江咽喉,最高海拔391米,地势险要。700多年前的南宋晚期,四川制置使兼重庆府知事的余玠为抗击蒙古(元)军队的进攻,采纳播州(今遵义)冉氏兄弟的建议,聚集合州5县军民筑城于钓鱼山上,屯兵积粮,以做重庆屏障,1243—1279年,南宋合州10余万军民在王坚、张珏等守将的率领下,凭借天险,"春则出屯田野,以耕以耘;秋则运粮运薪,以战以守",经历200多次激烈战斗,抵御了蒙(元)倾国之师,创造了"以山地修筑防御工事,坚持抵抗战争36年"这一古今中外战争史上罕见的奇迹,取得了击毙蒙哥汗(元宪宗),迫使蒙古帝国从欧亚战场全面撤军的辉煌胜利。钓鱼城从此在世界中古史上赫然树立了"延续宋祚、缓解欧亚战祸和阻止蒙古向非洲扩张"的不朽丰碑。

钓鱼城是创造古代战争史奇迹的军事要塞,是改写世界中古历史的英雄名城。从历史的角度看,钓鱼城是迄今我国保存最完好的古战场遗址;从艺术或科学的角度看,钓鱼城是中国古代战区筑城防御建筑体系的光辉典范。在钓鱼城2.5千米^{2}的一级保护区内,现存8千米城墙、8道外城门,以及炮台、墩台、栈道、暗道出口、水军码头、兵工作坊、帅府、军营、校场、皇宫、天池、泉井、脑顶坪(蒙哥中炮风处)、马鞍山(蒙哥中飞丸处)等南宋军事及生活设施遗址。钓鱼城战争遗址能够保存至今,堪称历史长河中的又一伟大奇迹。众多的国内外专家学者来钓鱼城实地参观考察后赞叹:钓鱼城遗址是珍贵的、不可再生、不可复制、不可移动的人类文化遗产,同时又为国内外已有世界遗产中所缺少的品类的代表。钓鱼城距合川市区仅5千米路程,2003年修通嘉陵江大桥,公路直达钓鱼山侧。

钓鱼城具有丰富的历史内涵。从钓鱼山到钓鱼城,经历了无数个朝代的更替。千余年的发展历程,在这方神奇的土地上形成了别具特色的钓鱼城文化。唐代悬空卧佛、千佛崖、弥勒站佛、护国寺、忠义祠、三圣岩等,不论是气势恢宏的古代建筑、精湛超群的石雕技艺,还是遒劲酣畅的摩崖碑刻,无不是对传统历史文化的记忆,犹如向当今游人展示历史文化魅力的艺术长廊,深受中外游客喜爱。

钓鱼城自然景观壮美。城内远古遗迹钓鱼台、800年古桂树、天泉洞、薄刀岭、三龟石、鱼城烟雨、鱼山八景驰名巴蜀。

历代以来,无数名人雅士以不到钓鱼城为憾事,纷至沓来。他们满怀激情,泼墨古战场,"歌鱼山胜概,颂千古英雄",为钓鱼城增添了丰富的历史文化内涵。迄今,钓鱼城不仅拥有石曼卿、文天祥、刘克庄、王休、杨升庵、张佳胤、罗憎、沈怀瑗、陈毅、郭沫若、周谷城、张爱萍、刘白羽等名家的吟咏,还保留着抗日战争时期,蒋介石、何应钦、张治中等国民党党政军要人的摩崖题记。1987年4月22日,李鹏、邹家华同志在参观考察中还欣然提笔,为钓鱼城题写了"横扫欧亚无敌手,一代骄子折钓鱼"和"万古千秋"的题词。

钓鱼城所在地的钓鱼山及20余千米^{2}的周边地区,丘山起伏,绿树葱茏,地形地貌保持完好,且无工矿对水体、大气污染之忧。在古城上极目远眺,群山逶迤,江流蜿蜒,山林野趣,田园风光历历在目。中外游人对钓鱼城"方山丘陵、平行陵谷"的地貌特征和"三江汇流的地理环境,真正的天、水、山、城合一"的自然生态环境更是赞不绝口。

钓鱼城具有厚重的历史文化内涵、丰富的旅游资源和良好的自然生态环境,是独具"战、雄、险、奇、秀、幽、古"特殊风貌的游览胜地。

钓鱼城所在地的合川区是重庆北部的区域中心城市。渝(重庆)合(川)高速、合(川)武(四川省武胜县)高速、渝(重庆)南(四川省南充市)高速、国道212线和遂(四川省遂宁市)渝(重庆)快速铁路构成了四通八达的交通网络。钓鱼城与合川市区的交通联系以陆路交通为主,水路交通居次。从合川市中心驱车到钓鱼城,经合阳嘉陵江大桥、钓鱼城大道至钓鱼城山下,或往北,可由后山公路直抵钓鱼城；或向南，经前山公路到半边街停车场，整个行程约5千米，行车10分钟即可抵达。现在，合川市中心的塔耳门广场边上，设有到钓鱼城的公共汽车站。从合川小南门码头至钓鱼城的水上路程有7千米，目前每日有两班合（合川）—北（碚）过境客轮及不定时的游艇往返其间。钓鱼城已具备了良好的内外旅游交通环境，到钓鱼城旅游是非常方便的。

三、天坑地缝国家级重点风景名胜区

天坑地缝国家级重点风景名胜区位于长江南岸的重庆市奉节县兴隆镇境内。长江支流大溪河流经景区。2004年1月被公布为国家级重点风景名胜区。天坑地缝风景名胜区位于奉节县城南岸70多千米处，北靠闻名世界的长江三峡，与瞿塘峡紧密相连，与驰名中外的大宁河、小三峡隔江相望，南依恩施土家族苗族自治州，与国家级著名风景名胜区张家界相通，距209国道仅46千米，西距利川、万州、318国道100余千米，东接巫山大庙龙坪古人类文化遗址，整个风景名胜区处在由九盘河和迷宫河相会形成的"V"字形流域里，地跨东经108°53′~109°11′，北纬31°30′~31°40′，东西长约24.25千米，南北宽约14千米，辖桃源河、九盘河景区，迷宫河、旱夔门、神仙洞景区，天坑、地缝景区，茅草坝景区和龙桥河景区等。天坑地缝风景名胜区，面积455.7千米^2，海拔1200~2000米。风景名胜区喀斯特地貌发育，天坑、地缝、乳头山（峰丛）奇观罕见。风景名胜区中的小寨天坑是世界最大漏斗，实为水文系统中地下河的一个天窗。坑口最高海拔1331米，最低海拔1188米。小寨天坑为双层结构，最大深度是662米，最小深度511米。上部为椭圆形大坑，直径为537~626米，深320米；下部约成矩形的竖井，深342米，口径：南北向为357米，东西向为268米；坑底有一斜坡礓面。天坑的总容积11934.8万米^3。四面绝壁，如斧劈刀削，完全圈闭，站在坑底抬头仰望，犹如坐井观天。地缝长37千米，其深度达200多米，最窄处只有几米，进入谷地，犹如一线天，阴幽神秘。

现已查明天坑地缝国家级重点风景名胜区有维管束植物244科、1285种，其中有国家一级保护植物水杉，二级保护植物莲香树、银杏、柃春木、胡桃、杜仲等13种，三级保护植物8种，植被覆盖率达80%以上。珍稀动物有国家一级保护动物金丝猴1种，二级保护动物大鲵、水獭、大灵猫、云豹、金鸡、穿山甲、林麝等15种，三级保护动物14种。由于独特的地理、地貌条件，天坑地缝国家级重点风景名胜区生长着许多独特的野生动物，如阴河里的洋鱼、玻璃鱼；地缝深处暗河里的白色蝌蚪；深洞穴里的白色蟋蟀、飞鼠等。

四、金佛山国家级重点风景名胜区

金佛山是国家级重点风景名胜区、国家级森林公园、国家级自然保护区、国家首批科普教育基地，以其生物多样性和独特的喀斯特地貌而被列入申报世界自然遗产预选名单。

金佛山人称金山，古称九递山，由金山、柏枝、箐坝三座大山组成，总面积1300千米^2，核心景区面积441千米^2。因其处于特殊的地理位置，富有茂密罕见的原始植被、众多的珍稀动植物、挺秀的山势峰形、奇特的洞宫地府、多变的云雪霞雾以及珍贵的文物等，素被誉为蜀中四大名山之一。金佛山位于重庆市南川区，属大娄山脉北部尽端，距南川城区15千米，距重庆主城区129千米。金佛山主峰风吹岭海拔2251米，是大娄山脉最高峰。金佛山地处北亚热带，特有植物异常丰富，"活化石"银杉就有2000多株，其他如水杉、珙桐、槿棕、笼子三尖杉、金佛山兰等也很多。金佛山的物种非常丰富，共计大型真菌61科、185属、584种，高等植物302科、5655种（属国家保护植物298种，其中：一级保护植物16种、二级保护植物260种、三级保护植物22种），其中模式植物471种、古生植物250种、金佛山特有植物129种。金佛山海拔1400米以上的森林覆盖率达90%以上。这里有世界上独有的方竹林6700公顷，多达30余种高山杜鹃满山遍野，竞相开放，古生大茶树、野生古银杏、杜鹃王展现出金佛山的壮阔与灵秀。

金佛山共有动物314科、1762种（脊椎动物103科、477种，无脊椎动物211科、1285种），其中

国家重点保护动物53种,占全国保护重点保护动物的44.2%,最珍稀的有华南虎、金钱豹、云豹、灰金丝猴、白颊黑叶猴等。

金佛山的喀斯特地貌特征突出,险峰、陡崖、石笋、溶洞众多。其中溶洞系统,已探测部分长达17千米;金佛洞的面积约90000米^2,洞内有全国最大的地下采硝工场;古佛洞达46000米^2,可容纳10万人之众;洞穴群形成年代均在20万年以上,最早形成年代超过了35万年。

金佛山的人文景观有南宋抗蒙(元)名城龙岩城,抗日战争时期蒋介石、宋美龄、孔祥熙的疗养地遗址三泉等。

五、四面山国家级重点风景名胜区

四面山系地质学上所谓的"倒置山",因山脉四面围绕,故名。四面山位于重庆市江津区南端,东经106°17′~106°31′,北纬28°31′~28°40′,南临贵州省习水县,西靠四川省合江县,属云贵高原大娄山脉向北延伸的余脉,丹霞地貌特征突出,最高峰蜈蚣岭海拔1709米,最低海拔560米,占地240千米^2。风景名胜区中心的四面山镇距江津区几江镇92千米,距重庆市主城区138千米。风景名胜区以原始森林为基调,众多溪流、湖泊、瀑布点染于苍山绿树之间,丹霞地貌丰富且自然,目不暇接的动植物更为风景名胜区增添盎然生机。1994年,四面山风景名胜区被国务院公布为国家级重点风景名胜区,规划面积213.7千米^2,属亚热带常绿阔叶林区,其中原始森林280千米^2,被植物学家称为"难得的天然物种基因库","镶嵌在地球同纬度上的绿色明珠",是地球同纬度仅存的一块面积最大、保护最好的亚热带常绿阔叶林带。风景名胜区内有维管束植物119科、1500多种,珍稀濒危植物19种,其中刺桫椤是3.5亿年前的史前残遗植物。动物207种,其中国家级重点保护动物16种,省级保护动物8种。风景名胜区有自然与人文景观100多处,其中有大小湖泊8个,瀑布100余处,落差80米以上的瀑布8处。瀑布倾泻激荡,掀起满天烟雾,轰然鸣响,数里之外也能感受到其威势。风景名胜区中的望乡台瀑布落差152米、宽40米,居我国高瀑之首;水口寺瀑布高94米,悬挂在一个天然洞穴之下,景象奇特;鸳鸯瀑布比翼齐飞,撩人遐思,南瀑落差110米,西瀑落差90米。风景名胜区内的洪海湖,湖水晶莹清澈,静如明镜,蜿蜒于深山峡谷、莽莽森林之中。荡舟湖上,心旷神怡。风景名胜区的人文景观有新石器时代末期的灰千岩岩画、宋代三教合一的朝源观、清代古寨江家寨和文家寨、飞龙庙,以及古碑等10余处。

四面山风景名胜区的主要景点有大窝铺、八角尖、坪山、吊桥、花果山、水帘洞、骆驼山、象鼻岭、猴子山、老虎嘴、倒流水、和尚山、摩天岭等。

六、芙蓉江国家级重点风景名胜区

芙蓉江国家级重点风景名胜区位于重庆市武隆县江口镇乌江支流芙蓉江下游,主要由芙蓉洞和芙蓉江峡谷构成,面积152.8千米^2。芙蓉江风景名胜区于2002年被国务院公布为国家级重点风景名胜区。芙蓉江风景名胜区距武隆县城约20千米,距重庆市主城区约143千米。风景区融山、水、洞、林、泉、峡为一体,集雄、奇、险、秀、幽、艳于一身,是一个以碳酸盐岩溶地貌为特征,以观光游览和野生动物保护为主,兼具水上运动和科考活动的江峡型国家级重点风景名胜区。

芙蓉江风景名胜区以中山峡谷地貌为主,山势陡峭,河谷深切,具有显著的山原地貌特征,喀斯特地貌发育,在风景名胜景区已发现溶洞2000多处,区内的芙蓉洞为一大型石灰岩洞穴,洞内次生化学沉积形态多达70余种,几乎包括了当今世界已有的科学分类和被命名的全部类型,被国际洞穴协会主席安迪评价为"世界最好的游览洞穴"。芙蓉洞全长2392米,各类次生化学沉积形态琳琅满目。芙蓉洞发现于1993年,其后在1994年、1996年、2001年,中、英、美、爱尔兰等国地质专家联合探险、考察,为其丰富罕见、幽长奇异、神秘莫测的景致所折服。中国洞穴研究会会长朱学稳教授称之为"一座斑斓辉煌的地下艺术宫殿,内容丰实的洞穴科学博物馆"。洞中"珊瑚瑶池""生命之源""巨幕飞瀑""犬牙晶花""石花之王"为五大绝景。2003年在芙蓉江下游江口处建成堤坝,形成长 35 千米的峡谷湖泊。两岸植被茂盛,景色秀丽,奇峰、深涧、飞瀑、险滩、涌泉、珍稀动植物美不胜收。芙蓉江景区的植被覆盖率高,亚热带次生原始森林密布,珍贵物种随处可见。芙蓉江野生动物繁多,成群的野鸭、鸳鸯嬉戏于江中,时有白鹤访临,金雕、岩雕在空中盘旋,常有珍稀动物如黑叶猴、红腹锦鸡、麝、穿山甲等出没。

芙蓉江风景名胜区地处中亚热带,气候温暖湿润,动植物种类繁多,其中有国家一级保护动物如黑叶猴、华南虎、豹、云豹、金雕以及国家二级保护动物等 14 种。

第二节 市级风景名胜区

2006 年,武隆县政府和县风景名胜区管理局在着力做好世界自然遗产申报工作的同时,组织专家对后坪天坑风景名胜区资源进行调查,历经数月,编制了《后坪天坑风景名胜区资源调查报告》,先后通过市级专家和行政评审,被重庆市政府批准为市级风景名胜区。重庆市政府以渝府〔2008〕33 号文件批准了潭獐峡市级风景名胜区总体规划,至此,重庆市 29 个市级风景名胜区总体规划经市政府批准的已有 17 个。重庆市市级风景名胜区的总面积达到 2552 千米^2,武隆地区也成为世界自然遗产名录"中国南方喀斯特"的地区之一。

一、后坪天坑风景名胜区

后坪天坑风景名胜区位于重庆市武隆县东北部的后坪乡,总面积 38 千米^2。风景名胜区内分布 5 个天坑群,全部为地表水冲蚀型喀斯特漏斗及洞穴系统,发育于奥陶系石灰岩中,其中天坑、落水洞、岩溶泉、峡谷、石林、石柱、化石洞穴、地下河等景观奇特,是喀斯特地质构造的典型代表,国内外罕见,具有世界遗产价值。国内外专家曾多次考察,给予高度评价。风景名胜区中天坑深 200~420 米,口部直径 80~380 米,洞壁绿树掩映,悬瀑飞泻,蔚为壮观。风景名胜区内资源比较集中、丰富、稀有,森林植被和野生动物的栖息环境完好,生态系统及水文系统保护完整,基本处于原始状态,适宜科研、探险和旅游。

武隆县政府和风景名胜区主管部门正在加紧编制后坪天坑风景名胜区总体规划,加强管理制度和基本设施建设,协调好景区内各单位和居民的关系,为促进地方经济发展发挥积极作用。

二、大足石刻风景名胜区

大足石刻是唐末、宋初时期的宗教摩崖石刻,以佛教题材为主,尤以北山摩崖造像和宝顶山摩崖造像最为著名,是中国著名的古代石刻艺术。大足石刻风景名胜区位于重庆市大足县境内,包括宝顶、北山、南山、龙水湖景区,面积 84 千米^2,因大足石刻而闻名于世。1961 年,北山和宝顶石刻被公布为国家重点文物保护单位。1999 年被公布为市级(省级,以下含义均同)风景名胜区。1999 年,大足石刻被联合国教科文组织列入世界文化遗产。大足石刻风景名胜区现由大足石刻风景名胜区管理委员会实施统一管理。大足县城距宝顶 16 千米,距北山 2 千米,距龙水湖 20 千米,距重庆市主城区 162 千米。

大足全县分布石刻 74 处、6 万余尊。大足石刻最早源于唐永徽元年(650 年),大规模开凿于晚唐景福元年(892 年)以后,盛于宋。大足石刻规模之大、造诣之深、内容之丰富,足与敦煌、云冈、龙门并驾齐驱。大足石刻以宝顶和北山最集中,宝顶保存佛龛有 31 处编号,崖壁长约 500 米,石刻 1 万余尊。北山摩崖造像位于重庆市大足县城北 1.5 千米的北山,长 300 多米,最初开凿于晚唐景福元年(892 年),历经后梁、后唐、后晋、后汉、后周至南宋 1162 年完成,历时 270 年。北山保存佛龛有 290 处编号,石刻 1 万余尊。龙水湖景区 533.3 公顷,位于玉龙山西麓,其中湖泊 300 公顷,大小岛屿 108 个,于 1959 年筑坝而成。

三、定明山—运河风景名胜区

定明山—运河风景名胜区位于重庆市潼南县城梓潼镇境内,距重庆市主城区150千米,距成都市286千米,面积55千米^2。1999年被公布为重庆市市级风景名胜区,由定明山—运河风景名胜区管理委员会管理。定明山—运河风景名胜区由4部分组成。其中大佛寺景区2千米^2,有国内最大的摩崖饰金大佛"八丈金仙"(高27米,佛头始凿于唐咸通年间,佛身成于宋绍兴二十年即1150年,1956年被公布为省级文物保护单位),有国内最大的摩崖石刻"佛"字[高8.85米,宽5.75米,成于清道光二十年(1840年)],有国内最早使用全琉璃顶的古建筑"大佛殿",有我国古代四大回音建筑之一的"石蹬琴声"(建于明宣德年间),有全国罕见的天然回音壁"海潮音",有亚洲最大的恐龙化石,有杨闇公陵园和杨尚昆陵园等景点。其中双江古镇景区,面积1.5千米^2,2003年被批准为国家历史名城。双江古镇建于清初,有保存完好的杨尚昆、杨闇公旧居及民居群,还有抗日战争时期国民党陆军机械化学校、白崇禧将军楼、蒋介石行辕等旧址。

人工运河景区,有1979年建成的15.5千米长的人工运河(发电引水渠)、涪江大坝、船闸、十里桃林等景点。青云湖景区位于小渡镇,有库容1560万米^{3}的人工湖泊、龙门瀑布、清代石刻、石奎阁、青云坊、张良墓、"天下第一廉吏"张鹏翮墓等。

四、巴岳山—西温泉风景名胜区

巴岳山—西温泉风景名胜区于重庆市铜梁县云雾山和巴岳山境内,面积51千米^2,距重庆市主城区60千米。1999年被公布为市级风景名胜区。由巴岳山—西温泉管理委员会实施统一管理。

西温泉在云雾山背斜峡谷中,渝遂公路穿过,温泉日出量2800米^3,水温32℃,抗战时期就闻名于世。风景名胜区中还有竹林、瀑布、溶洞等自然景观;有铁围寨、烈士陵园、林森和白崇禧山庄遗址、白崇禧母亲墓、中华女子赈济社址等人文景观。

巴岳山距铜梁县城巴川镇5千米,巴岳山主峰香炉峰海拔778米,为"重庆小十景"之一。主要景观有茶园、古树名木、巴岳寺遗址(毁于20世纪七八十年代)、玄天宫、三丰洞、慧光寺、天灯石、棋盘石、飞来石、黄桷门等。

铜梁县城巴川镇曾出土大量旧石器、化石,为更新世纪晚期"铜梁文化"。明代兵部尚书张佳胤父母合葬墓中随葬的石刻仪仗俑,属国家一级文物。邱少云烈士纪念馆是国家爱国主义教育基地。风景名胜区中铜梁龙文化闻名全国。2000年在巴岳山下钻出了新的温泉,日出水量5000米^3,水温42℃。

五、青龙湖风景名胜区

青龙湖风景名胜区位于重庆市璧山县大路镇境内,2000年被公布为市级风景名胜区。青龙湖风景名胜区规划面积26.9千米^2,海拔400~800米,以森林、湖泊为主要特色。青龙湖风景名胜区距重庆市主城区60千米,距璧山县城29千米。青龙湖风景名胜区的自然景观主要有青龙湖(15.3公顷)、五虎闹山、三江湖、九女出浴等;人文景观主要有铁围寨、古老寨、宋街遗址、玄光房(明墓群)等。

青龙湖风景名胜区以青龙湖和始建于宋代的铁围寨、古老寨为中心,有青龙戏水、烟笼九女、金坛虎啸、金田螺鸣等12景和天堂湖、五虎石、笑佛石等72小景。可分为古老城旅游风景区、历史文化古迹区、自然风光区、生态观光区和休闲娱乐区。

(1)古老城旅游风景区:重庆市古老城风景区坐落于山清水秀的璧山县,毗邻闻名遐迩的璧山青龙湖风景名胜区。景区内风景秀丽,气候宜人(气温常年保持在17℃左右),旅游资源极其丰富。景区内修建有星级宾馆、餐厅、会议室,各种娱乐场所和配套设施一应俱全,是休闲旅游、度假娱乐的最佳选择。

(2)历史文化古迹区:历史文化古迹区是重庆市继合川钓鱼城之后的又一古战场遗迹,古迹区中有南宋抗元古城、古哨楼、炮台、宋代街市遗迹、古栈道、宋大帅府和女儿营遗址等几十处古遗迹。

（3）自然风光区：自然风光区中波光粼粼的姊妹湖、情人湾，曲径通幽的竹林小径，巍然壮观的金坛台，惟妙惟肖的金龟石，还有鬼斧神工般的巫画崖……旖旎风光美不胜收。

（4）生态观光区：生态观光区中有近百公顷茶林、果园和黄花任人采摘。

（5）休闲娱乐区：包括狗儿沟野生狩猎场、烧烤场、跑马场、射击场、射箭场、球场。

不容错过的青龙湖三绝三奇：

青龙湖"三绝"中第一绝是"双头蛇"。1999年春，青龙湖游乐中心经理张嘉木从农民手中购得一条"双头蛇"。"双头蛇"学名为"黑眉锦蛇"。这种蛇原产福建武夷山区，历来十分稀少，能在巴渝地区发现，更为罕见。青龙湖由于气候湿润、阴凉，适合蛇生存和繁衍，因此珍品、奇品不少，现在青龙宝塔中陈列有54千克重的大蟒，以及罕见的白蛇及变色龙等稀有爬行动物。

第二绝是树根龙。青龙宝塔中陈列有两根情态各异、惟妙惟肖的树根龙。一根叫"飞天龙"，另一根叫"回首龙"。"飞天龙"跃跃欲飞，是世上罕见的珍品。这两根树根龙，曾在铜梁中国龙灯艺术节展出，中央电视台第四套节目中做了报道。香港游客在青龙湖观赏了"飞天龙"后，十分喜爱，出15万港币想买下，但作为青龙湖的一绝，张经理婉言谢绝了。

青龙湖第三绝是"初春蕨鸥"。乘船游湖可以看到成片的冷蕨，这是青龙湖的一个独特景观，被誉为"绿色瀑布"。最好看的时候是初春，冷蕨发出来的嫩芽冲天而出，刚刚张开的叶子一排一排整齐地排列，犹如一群群海鸥，也像春天归来的燕子，游客见了惊叹不已，有人给它取了一个好听的雅名：初春蕨鸥。

青龙湖三大奇特景观：青龙抬头、且听龙吟和双狮鸣螺。

青龙湖第一奇是"青龙抬头"。青龙湖的得名是因为有16座黛色小山峦组成的青龙山蜿蜒直下湖中吸水。而伸入湖水中的那座小山峦，左右各有一块桌面大的圆石头，宛若龙头的双眼，这就是青龙的龙头。干旱年景，湖水下落，龙的"双眼"显出水面，这就是罕见的"青龙抬头"奇景。看到这种景观的时候，必定是大旱之年。

青龙湖第二奇是"且听龙吟"。青龙山的对面，有一农家院，院前有一棵罗汉松，顶部未经人工修饰自然天成一个龙头。据说这棵罗汉松已有600年了。当地人世代把它作为"风水树"，备加爱护，罗汉松才长成了两人合抱的长寿树。罗汉松像一条巨龙在呼风唤雨，保一方风调雨顺，当地人称它为青龙古松。每到夜深人静时分，可听见此树发出"呼呼"声，因此又有文人雅士给罗汉松取名为"且听龙吟"。

青龙湖的第三奇是"双狮鸣螺"。距铁围寨东南4千米处的金田寺，山门前有一对栩栩如生的石狮，身上雕刻了生动的童男童女，各怀抱一个海螺。令人称奇的是这一对海螺都能吹响，声音可传2.5千米以外，因此被称为"金田双螺"或"双狮鸣螺"。据说能吹响海螺的人能长命百岁。传说归传说，能吹响的人必是中气十足、身体健康的人士，当然能长寿。谁想预知自己是否长寿，可去一试。

青龙湖"三奇"与铁围晚霞、天马长啸、九女出浴、古寨遗韵、五虎闹山并称为青龙湖"八景"。

六、南山—南泉风景名胜区

南山—南泉风景名胜区位于重庆市城区东铜锣山脉背斜南岸区和巴南区境内，是重庆城东部的绿色屏障。南山镇距解放碑18千米，南泉镇距解放碑24千米，景区总面积92.5千米^2，规划面积74.98千米^2。原为1989年四川省公布的省级风景名胜区，1999年被确认为市级风景名胜区。

南山风景名胜区雄峙于长江之滨，最高峰海拔660米，有南山植物园、黄山景区、三块石、涂山寺、老君洞、老君坡古驿道、澄鉴亭、一棵树观景阁和台、文峰塔、涂山石刻、大金鹰等景点。南山植物园已建蔷薇园、梅园、兰园、茶花园、盆景园、金鹰园等，规划还将建设三峡珍稀植物园、楠木园、杜鹃园、湿生植物园、棕榈园、观赏温室等。风景名胜区的人文景观有相传大禹娶涂山氏,后人于涂山建禹王祠,后改为涂山寺,石壁上巨大的"涂山"二字犹存。抗日战争时期蒋介石别墅"云岫楼"、美国大使马歇尔草亭、孔园、宋庆龄"云峰楼"、苏联大使馆、印度使馆、法国领事馆和德国使馆等主要遗址保存维护完好,并向游客开放。南山以马尾松林为主要植被,经过多年人工培育,阔叶树种增多,林相得到改造,是重庆城的绿色屏障。为加强生态林保护,南岸区设立风景名胜区管理委员会负责统一管理。景区内宾馆、农家乐众多。黄山植物园总体规划于2000年已经市人民政府批准,黄山抗战文化保护区正筹划建设中。

南泉风景名胜区因温泉而闻名。南泉风景名胜区内山峦高耸,松柏森森,其十二景等众多景点主要分布于花溪河两岸。南泉风景名胜区的人文景观主要有建文峰、林森公馆、孔园、仙女洞、小泉宾馆、奇石馆、清代民居彭瑞川庄园等。

七、歌乐山风景名胜区

歌乐山风景名胜区位于重庆市沙坪坝区歌乐山镇和山洞镇境内,1999年被公布为市级风景名胜区,面积57千米^2,是重庆西部的绿色屏障,歌乐山主峰云顶寺海拔688米,距沙坪坝中心约7千米,距解放碑约17千米。

云顶寺景区面积14千米^2,其中森林12.6千米^2,20世纪40年代从美国引进的湿地松已成片成林,试验培育成功的水杉已成大树。云顶寺遗址建有长110米、高5.7米的巴族文化浮雕长廊。林园景区在山洞附近,1939年建有林森、蒋介石官邸。1945年重庆谈判时,毛泽东和蒋介石在此会谈,其遗址保存完好,歌乐山烈士陵园景区在山麓东侧,是"中美合作所集中营"旧址,白公馆、渣滓洞、杨家山等囚室保存(或恢复)完好,今为革命教育基地。景区建有索道连接白公馆和云顶寺。景区内还建有红岩广场、"中美合作所集中营"陈列馆、红岩魂群雕、烈士陵园、烈士雕塑等。烈士英灵掩映于绿树花草丛中,彰显烈士精神永垂不朽。

云顶寺景区由歌乐山森林公园管理,烈士陵园景区由烈士陵园管理处管理,林园景区由部队学校管理。歌乐山建设管理办公室负责统一管理工作。

八、黑石山—滚子坪风景名胜区

黑石山—滚子坪风景名胜区位于重庆市江津区白沙镇境内,1999年被公布为市级风景名胜区,由黑石山、滚子坪、大圆洞、塘河水系四大景区100余个景点组成。黑石山—滚子坪风景名胜区为丹霞地貌,海拔244~1267米,面积125千米^2。白沙镇距江津区几江镇46千米,距重庆市主城区91千米。滚子坪风景名胜区的森林覆盖率达86.7%。黑石山—滚子坪风景名胜区有奇石400余处,以黑石山景区最著名。人文景观以黑石山景区为主,存宝峰寺、川主庙、聚奎书院,有陈独秀、冯玉祥、梁漱溟、白屋诗人吴芳吉、邓少琴、张采芹等名人活动遗迹、旧址,古墓、古寺、古寨、古栈道、古石刻、古场镇等散布于景区各处。

黑石山—滚子坪风景名胜区是以山、水、林、瀑、洞为一体的自然风景名胜区。在125千米^{2}的区域内,悬岩兀立,奇石争雄;近14000公顷水域使35挂瀑布(其中高过100米的瀑布有倒流水、小观音岩、金扁担、大石门4处)、19泓湖泊(湖泊主要有高洞湖、鸳鸯湖、天堂湖、几江湖等,总面积60公顷)25条溪河常年流水潺潺、碧波荡漾;金钱豹、大小灵猫、毛冠鹿、猕猴等16种动物与桫椤、福建柏、银杏、鹅掌楸等1000余种植物朝夕相伴。近百公顷荔枝园果红叶绿,令人流连;建于1884年的塘河古镇素有"小重庆"之称;黑石三绝——540多座大小各异的黑石、800多株古樟树、5000多只白鹤令人叹为观止;而"聚奎三杰"——白屋诗人吴芳吉、史学家邓少琴、国画家张采芹更使黑石山名噪大江南北。经过多年的开发建设,黑石山—滚子坪风景名胜区的功能日益完善,日接待能力达到1000人。

九、黑山—石林风景名胜区

黑山—石林风景名胜区位于重庆市万盛区南天乡和景星乡境内,1999年被公布为市级风景名胜区,面积 101.14 千米²,包括黑山、石林、鲤鱼河和温泉景区,海拔 270 米,其中黑山鸡公岭海拔 1973 米,樱花(南桐)温泉景区海拔 270 米。万盛城区距重庆市主城区 134 千米。

黑山鲤鱼河景区,面积 69.5 千米²,其主要景点有狮子槽踏雪、原始森林、鲤鱼河峡谷等,景区森林覆盖率 98%。

石林景区,规划面积 20 千米²,其主要景观有香炉山、石扇、石鼓、石林胜景、万马奔腾、情侣石等,是形成于奥陶纪的古老石林,更有被誉为溶洞之珍品的天门洞。

九锣青景区,规划面积近 10 千米²,有石桥长径、枪台云烟、天狼栈道、象山睡佛等景观。

黑石山—滚子坪风景名胜区还有铜鼓滩漂流景区,面积 3 千米²,漂程 11.2 千米。樱花温泉,规划 4 千米²,温泉流量 2 吨/秒,水温 38℃~45℃。

十、东温泉风景名胜区

东温泉风景名胜区位于重庆市巴南区东泉镇,东距重庆市主城区 60 千米,因有温泉而名,面积 58.7 千米²。

这里山清水秀,与西南北泉相呼应,列重庆四泉之首。东温泉风景名胜区内山、水、泉、林、洞、峰、峡、瀑、岛等自然景观一应俱全,楼、台、亭、阁、古寺等历史遗迹遍布,尤以丰富的地热资源独领风骚。

东温泉风景名胜区包括东泉、五布、姜家、天赐等镇。因天赐良机,浓墨重彩,巧妙地构成了醉人的东温泉风景名胜区二十四景,即亚洲奇观/天然桑拿浴——热洞、依山傍水/古佛洞天、神奇梦幻/仙女洞庭、休闲纳凉/打儿奇洞、碧波清澈/龙泉翠流、目不暇接/珍珠喷泉、心旷神怡/袖珍飞瀑、眼花缭乱/龙眼泉涌、牵动情肠/送子幽泉、一劳永逸/温泉沐浴、民俗一绝/露天裸浴、东方奇树/十八半等,另有关津峡口、半岛览胜、翠云阁楼、摸岩栈道、钟山飞阁、五布河泛舟等景观。东温泉风景名胜区已发现大小温泉 48 处,位于五步河两岸,每日温泉总流量为 5660 吨,其中主泉每日流量为 1296 吨,水温一般为 29℃~43℃,最高达 48℃。风景名胜区的古佛洞分前洞和后洞,前洞长 70 余米,后洞长 130 余米,2 洞可容 300 余人纳凉。风景名胜区的热洞,始终保持 40℃。东温泉风景名胜区还有漂水飞瀑、狮子蓬莱岛、木耳山森林等自然景观。东温泉风景名胜区的人文景观十分丰富。相传古时,鲁班的弟子曾在此建造木井,钟子期、俞伯牙曾在此相会,明代以来的庙宇还存有大量遗迹。孙中山大元帅府秘书长杨沧白先生之墓还有一段神秘的故事。人文景观还有白沙寺、沧白陵园、抗战内迁复旦中学遗址、抗战新村遗址等。

十一、统景风景名胜区

风景区内有溶洞 70 余处,洞内钟乳石瑰丽多姿,各具其趣。猴子洞长 2000 米,洞内石柱林立、充满野趣;杨家洞螺旋而下,深达 105 米,洞内石钟乳密如星辰,荧光闪烁;下感应洞长达 537 米,洞内阴河潺潺,令人神往;如佛洞全长 668 米,传说有烟雾从洞内喷出,其形似在莲蓬上打坐的如来,洞中有一天然钟乳石形似如来,守候洞口,如佛洞便由此得名,洞内犹如迷宫世界,透露出鬼斧神工。

步入景区,踏竹篁幽径,攀金、银塔山,听松涛阵阵;拾级而上,寻古寨遗址,瞰天池绿波,统景风光尽收眼底,一览无余。温塘河有温塘峡、鸡公峡和老鹰峡,三峡约 3000 米,可行船。荡舟温塘河,两岸绝壁对峙,河水弯弯,山重水复,茂林修竹,如入"武陵仙景"。人们在纵情山水之余,还能侃建文帝避难时"跨越时空的爱恋";听采生与七仙女的传说故事,谈女娲炼石补天体恤子民的义举。

风景区集山、水、林、泉、峡、洞、瀑、古寨于一体,以温泉著称,流量大、类型多、水温高、水质优为特色。温塘河两岸出露大小温泉 25 处,其中温泉坝有温泉 10 处,水温 47℃以上,最高可达 62℃,最大日流量 3 万吨。建有温泉城 1.7 万米²。

十二、张关—白岩风景名胜区

张关—白岩风景名胜区位于重庆市渝北区张关和白岩镇境内,2002年被批准为市级风景名胜区,规划面积49.14千米^2。张关距重庆城区53千米,白岩距重庆73千米。景区分布在明月山脉背斜谷地,南北长23千米,东西宽0.5~3千米,由白岩景区和张关景区两部分组成。

张关景区由溶洞片区、御临河片区、泫恋洞片区、张家洞片区组成;白岩景区由天险洞景区、仙女洞片区和白岩梁子片区组成。该风景区喀斯特地貌发育,洞穴景观奇特,既有旱溶洞,也有水溶洞。现已开发的张关水溶洞长4.9千米,分为11个景观区、近70个景点,地下暗河可行舟2.7千米,长度超过辽宁本溪2.1千米。

据《江北县志》载"欲取江州(今重庆),必先夺张关",可见其地理位置之重要。相传三国名将张飞曾亲自镇守张关,并留下了许多可歌可泣的传奇故事;元末明初,明玉珍在重庆都称帝,国号大夏,曾派兵把守张关,后来被朱元璋所灭,其子辗转去到高丽,历经数百年繁衍,已形成数万之众,是今朝鲜颇有影响的明氏大家族,几年前,其后代曾来渝北寻根访祖;近代军阀杨森、刘湘也曾在此摆设战场,许多战争痕迹,现仍历历在目。云霞岭上的张关古寨,坐落在崇山峻岭之中,悬崖峭壁之上,险峻而逸丽。

十三、长寿湖风景名胜区

长寿湖风景名胜区位于重庆市长寿区长寿湖镇境内,距重庆市主城区约100千米,距长寿区凤城镇20千米,规划面积245.2千米^2,1992年被公布为县级风景名胜区,1999年被公布为市级风景名胜区,是新评"巴渝十二景"之一的"长湖浪屿"。长寿湖是1958年建成的人工湖泊,水域面积65.5千米^2,库容9亿米^3,是我国西南地区最大的人工湖。湖内200多个大小岛屿星罗棋布,湖湾岛汊交织,浅滩成片,岛、岸之上林、泉、瀑、岩、洞浑然天成,寺、庙、观、亭、寨异彩纷呈。形成岛屿200余个,其中浴宾岛紧邻大坝,建有水上活动中心和度假宾馆;安顺岛和高峰岛建有果园、花园及游览服务设施。堤坝前建有纪念公园,塑"周总理来到长寿湖"群雕1座;堤坝全长3.8千米,主坝长1014米,坝底宽98米,顶宽8米,高52米。长寿湖工程为中华人民共和国成立以来第一个五年计划国家重点工程。其余景观有东林寺、三涨水、黑龙洞、赵云寨等。景区由长寿湖旅游风景区管委会统一管理。

十四、小溪风景名胜区

小溪风景名胜区位于重庆市涪陵区梓里乡境内的乌江西岸与支流小溪的交汇处,面积50千米^2,1995年被公布为四川省风景名胜区,1999年被确认为重庆市级风景名胜区。小溪风景名胜区距涪陵城区12千米,319国道经过景区,景区海拔170~717米,小溪全长33千米,两岸重峦、奇峰、悬崖、森林、瀑布、溪涧、湖潭等自然景观融为一体,森林覆盖率达90%。小溪风景名胜区有巴王洞等3大溶洞及天生桥等岩溶景观。巴先王在川东建的第一个国都在梓里,1972年,小田溪墓群发掘出了编钟等文物,小溪风景名胜区的其他人文景观也十分丰富。

十五、天生三桥风景名胜区

天生三桥风景名胜区位于重庆市武隆县东北黑桃乡、白果乡、火炉镇境内,面积50千米^2。天生三桥于2002年被公布为市级风景名胜区。2004年经国土资源部被公布为"武隆国家岩溶地质公园"。天生三桥风景名胜区距武隆县城20千米,南距仙女山15千米。天生三桥风景名胜区内喀斯特地貌发育,有天生三桥景区、白果峡景区、三潮圣水景区,植被覆盖率达90%。

天生三桥风景名胜区在1.2千米范围内有气势磅礴的3座天生桥。天龙桥,桥面海拔1130.9米,桥面距桥底230.3米,桥拱高165.7米,桥体厚55.4米,桥跨度72.8米。青龙桥,桥面海拔1165.3米,桥面距桥底250.3米,桥拱高90.6米,桥体厚160.8米,桥孔不规则,平均宽35.4米。黑龙桥,桥面1099.1米,桥面距桥底246.2米,桥拱高97.3米,桥体厚149.6米,跨度东侧口宽

48.7米,西侧口宽10米。3座桥下溪水流淌,蔚为壮观。

白果峡景区的白果峡,全长2千米,深切地底250余米,陡崖间露出一线天色,另有2座小天生桥,还有飞天悬瀑、地峡云雾、龙洞、地下河滩、深潭等景观。三潮圣水景区有"三潮圣水"间歇泉,3处深100~200米、直径800~1000米的喀斯特漏斗,还有寨子洞、古银杏2棵(雌树胸径1米)、连理柏、古墓等。到风景名胜区的公路畅通,景区内已建游客接待中心,有观光索道和观光电梯进入景区,生活服务设施基本具备。

十六、乌江百里画廊风景名胜区

乌江百里画廊风景名胜区位于重庆市酉阳土家族苗族自治县乌江与阿蓬江流域的龚滩镇、罾潭乡、万木乡、后垭乡、清泉乡、沿岩乡。境内北接重庆市乌江峡谷,南邻梵净山国家级自然保护区。景区北部距乌江入长江处的涪陵铜鼓滩163千米,可达重庆市主城区和长江三峡;南部距思南县51千米。由景区经411省道至梵净山自然保护区有120千米,经326国道东出可至张家界,西出可达革命历史名城遵义。轮船上经贵州德江、思南、凤冈、石阡等县可抵余庆县大乌江镇码头,下经重庆酉阳、彭水、武陵等县可达涪陵铜鼓滩入长江,全程462千米,其中和平镇至大乌江镇218千米,至涪陵244千米。规划面积约217.6千米^2(其中酉阳120千米^2、贵州沿河县97.6千米^2)。乌江百里画廊风景名胜区于2002年被公布为市级风景名胜区。龚滩镇距重庆市主城区308千米,距酉阳县城65千米,距彭水40千米。风景名胜区内以喀斯特地貌为主,海拔263~1240米,景区内乌江段长60千米,阿蓬江段长39千米。其峡谷风光和古镇风光构成了独特的景观特色。

风景名胜区乌江段有龚滩峡、土坨子峡、白芨峡、荔枝峡、斧劈峡,山清水秀。其峡谷多陡峭、狭窄,峭壁如削,集雄、奇、险、秀于一体,及造化之浓缩,犹如画廊展示,有"船在水中行,人在画中游"之说,有"除却扬子三峡美,更有乌江多奇观"的美誉,故称乌江山峡百里画廊。阿蓬江全段都是大峡谷,两岸奇石壁立,奇石、溶洞、泉水散布其中,著名景观有万木石林、石柱门、大风洞、梯子洞、间歇泉等。乌江百里画廊风景名胜区的人文景观主要有龚滩古镇,其建筑独特,如三抚庙、三教寺、王爷庙、文昌阁、西秦会馆、古桥等,古井、古树、古牌坊、古碑、古纤道、古码头等别具风趣。乌江百里画廊风景名胜区内有云豹、猴、灵猫等国家二、三级保护动物,野生植物有306科、1162多种。

十七、小南海风景名胜区

小南海风景名胜区位于重庆市黔江区西北部的小南海镇境内,与湖北省咸丰县毗邻,距重庆市主城区28千米,东为二仙岩,南为八面山,西为鸡公山,北为绿井山,面积约30千米^2。

小南海湖系清咸丰六年元月初八(1856年6月10日),当地一场突如其来的6.25级地震,滚石形成一个长1170米、底部宽1040米、高67.5米的天然大坝,堵塞板夹溪集水而形成的一个天然湖泊,面积2.87千米^2,湖面长5千米,最宽处1千米,平均水深30米,最深处52米,蓄水量达7020万米^3。地震虽然已过150余年,但其留下的滑塌面、滚石等遗址仍保存着较为原始的状态,大、小垮岩及其他滚石堆积体清晰如初,"国内仅有,世界罕见",是现代地震现场对比研究不可多得的场所。2001年和2003年,分别被国家地震局和国土资源局命名为"国家级地震遗址保护区""全国防震减灾科普宣传教育基地"和"国家地震遗址公园"。

小南海风景名胜区湖光山色,环境优美,景致迷人。小南海四周秀峰环立,湖内碧水绿岛。牛背岛面积124.6亩,为第一大岛,因其形状如一水牛沐浴湖中时露出水面的背而得名。朝阳岛因岛上曾建有朝阳寺庙而得名,又因形如蝴蝶也被称为"蝴蝶岛",岛上有朝阳寺、"三英祠"遗址和"义渡古碑"等碑碣景观,朝阳寺为清乾隆二十九年(1764年)间黔江知县杨云彩积善重建,为四合大院,有房屋60多间,内供奉着南海观音及二十四诸天神、十八罗汉等。"三英祠"为辛亥革命胜利后,为纪念黔江庚戌起义失败遭杀害的温朝钟、王克明、黄玉山三烈士而修建的纪念馆,今仅存遗址。

小南海水资源丰富,周围溪流众多,主要有板夹溪、白鹤溪、啸溪沟、清溪沟、白矾溪等,积雨面积 97.3 千米^2,小南海树种繁多,有珙桐、水杉、银杉、银杏、鹅掌楸等珍稀植物,湖中盛产白鲢、鳊鱼、红鲤鱼和武昌鱼等鱼类。

小南海风景名胜区于 1991 年被四川省批准为省级风景名胜区,1999 年被公布为市级风景名胜区,为国家地质公园。

十八、黄水风景名胜区

黄水风景名胜区位于重庆市石柱土家族自治县黄水镇境内,面积 117.5 千米^2。2000 年被重庆市人民政府命名为市级风景名胜区。黄水镇距石柱县城南宾镇 60 千米,距重庆市主城区 260 千米。黄水风景名胜区是以天然森林景观为主体,集溪、湖、土家民俗文化于一体的山岳型风景名胜区。黄水风景名胜区最高海拔 1934 米,最低 750 米,平均海拔 1600 米,年平均气温 12.1℃。黄水是全国有名的黄连之乡,有中国一号水杉(胸径 1.6 米)、红豆杉、珙桐、云豹等国家保护动植物。黄水风景名胜区中的大风堡原始林区有 1500 公顷。

风景名胜区主脉地势险要,高低悬殊,垂直气候差异大,常年云雾缭绕,云山雾海颇为壮观,置身其间,宛如腾云驾雾,驶入天宫。黄水风景名胜区内有黄水最大的人工湖,呈阶梯分布。还有安子沟水库、油草河,水库库容 163 万米^3,有 48 条湾汊,如水上迷宫,星罗棋布的小岛点缀碧波之间,被誉为小蓬莱。风景名胜区里有独具特色的土家吊脚楼,迎宾咂酒、土家情歌对唱、摆手舞等民俗风情表演将让人流连忘返。

黄水风景名胜区景区内重岩叠嶂,奇山异水随处可见,有马老城、大风堡原始林区、出鱼洞、十二花园姊妹山等绮丽景观。主要森林景观有:一是具有当代"活化石"之称的中国一号水杉母树。水杉母树在黄水镇横庙村,是国家林业局挂牌的中国"一号水杉",其胸径 1.6 米,树高 45 米,已具有 300 多年历史,虽经沧桑,仍旁枝斜逸,蔚为壮观。该树是世界上珍贵的树种,受到中外专家学者和游人的青睐。1992 年,邮电部使用水杉母树形象印制了一套水杉邮票发行全国。1972 年,周恩来总理将从该树上精选的 2 千克种子作为礼品送给朝鲜金日成主席,水杉已在朝鲜土壤上生根发芽成长,维系着中朝两国人民之间的深厚友谊。二是横店木森林浴场,面积 180 公顷,多为 10 米以上的松、柳、杉林,在此进行森林浴,可调理情趣,修身养性。三是大风堡原始林区。大风堡原始林区面积 1500 公顷,林海绿浪中涌出的峰顶为石柱最高点。大风堡是树的海洋,花的世界,兽的王国,鸟的乐园。冬季大雪纷飞,林海银装素裹,分外妖娆。林海树种繁多,古树参天,如北风呼啸,林涛阵阵。春天来临,万绿丛中,鲜花竞放。林中豹、獐、猴、猥、狐、狼等走兽时常出没,竹鸡、喜鹊、子规、画眉、布谷、相思鸟、红腹锦鸡等飞禽常来常往,百兽穿梭,千鸟齐鸣。

石柱黄水风景名胜区集森林休憩、消闲、避暑、旅游、度假及土家民俗风情欣赏于一体,是游人度假、休闲、科考、探险的胜地。

其中核心保护区划定为油草河、大风堡和万胜坝水库共 36.6 千米^2,以及中国一号水杉母树保护区 0.9 千米^2。

十九、㽏井沟风景名胜区

㽏井沟风景名胜区位于重庆市忠县城区和㽏井沟镇,2000 年被重庆市人民政府命名为市级风景名胜区,面积 191 千米^2,忠州镇距重庆市主城区 237 千米。该风景区有㽏井沟古文化遗址、巴蔓子墓、巴王台、巴王庙、屈原塔、宝子塔、白公祠、皇华城、金龙峡、杨子崖、中坝遗址、无名阙、丁房阙、宣公墓、古汉墓群、太宝祠等众多景点。㽏井沟分布古文化遗址 11 个,考古发掘出大量文物,如古人类生活遗址、古陶器等。中坝岛是长江上的一块小岛,面积 5 公顷,海拔 136~146 米,蕴藏着从新石器时代到秦灭巴蜀以后各个时期的文化积存,被评为"1998 年全国十大重大考古发现之一"。㴩井沟风景名胜区出土的忠县汉阙是国宝,现存于重庆中国三峡博物馆,是重庆中国三峡博物馆的镇馆之宝。

二十、明月山风景名胜区

明月山风景名胜区位于重庆市垫江县西部太平、五洞、新民、桂溪等镇境内,明月山背斜及山麓海拔400~700米,风景名胜区面积118.1千米^2。明月山风景名胜区距垫江县城桂溪镇10千米,距重庆市主城区120千米。明月山风景名胜区于2002年被重庆市人民政府命名为市级风景名胜区。风景名胜区内山、水、林、泉、洞、花兼具,古寨、古庙、碑刻俱全,尤以太平牡丹花海和楠竹山生态林景区名声远播。明月山风景名胜区内牡丹种植面积2000多公顷,品种20多种。森林覆盖率62%。

明月山风景名胜区划分为五个片区,即明月湖风景片区、钟嘴寨风景片区、太平牡丹花海风景片区、生态农业园片区、卧龙盐浴风景片区。明月湖风景片区以湖泊、峰石为主体景观,以"秀、幽"为主要特色。明月湖山水的"秀",峰顶山、石人山的"幽",同时兼有源远流传的佛教文化。钟嘴寨风景片区以奇峰险崖、丛林古寨为主体景观,以"奇、险"为主要特色,有钟嘴寨、黄龙洞、盐溪古碑、江华山等景点。太平牡丹花海风景片区以牡丹花为主体景观,兼有瀑布、峰崖、溪湖等自然景观,有牡丹花海、太平湖、楠竹山、感应寺等景点。卧龙盐浴风景片区以溶洞、古寨等自然、人文景观为主,有枇杷洞、帽盒寨、十里竹廊等景点。

二十一、百里竹海风景名胜区

百里竹海风景名胜区位于重庆市梁平县西北竹山镇和七桥镇境内,竹山镇距梁平县城梁山镇47千米,风景名胜区面积119千米^2,其中竹林71.8千米^2,绵延约百里。1999年,百里竹海风景名胜区被重庆市人民政府命名为市级风景名胜区。百里竹海风景名胜区共有40多处自然与人文景点,还有国家和省级重点保护植物、古树名木和珍稀动物。竹类品种有白夹竹、寿竹、斑竹、毛金竹、苦竹、水竹、慈竹、伞把竹、大琴丝竹等30多个品种。竹类品种之多和优质竹蓄积量之大,为重庆市之最。

百里竹海位于南北两列平行延伸的山脊槽谷地,宽1~6千米的山坡内,竹林覆盖,绵延百里,蔚为壮观。森林覆盖率为56%。

百里竹海风景名胜区的自然景观主要有狐狸嘴、五狮朝圣、恐龙戏珠、二龙抢宝、蝴蝶双飞等。竹海南端有明月湖,北端有竹丰湖,水面各有1千米^{2}左右。明月湖背靠大山,湖中笔架山岛,面积2.5万米^2,湖中建有吟诗亭、梁祝亭等,湖边有天生洞;竹丰湖则清幽静寂,竹海葱茏。两湖都是游览赏景的好地方。

百里竹海风景名胜区内的溶洞有峰龙洞、观音洞、山龙洞、锣鼓洞、南昌洞等。瀑布有珠帘瀑布等,珠帘瀑布高25米,宽20米。

百里竹海风景名胜区有维管束植物135科、363属、492种,其中蕨类植物18科、28属、42种,裸子植物7科、11属、15种,被子植物110科、324属、435种,其中木本植物约70科280种。珍稀树种有水杉、银杏、篦子三尖杉、杜仲、厚朴、红豆木等6科、6属、6种。名木古树有35科、48属、58种。在老鹰窝有一株多花含笑,胸径1.6米,高10余米,是市级珍贵古树。

百里竹海风景名胜区的野生动物资源丰富,有36科、115种,其中兽类11科、13种,鸟类25科、102种。属国家和省级重点保护的兽类有6科、6种,鸟类有11科、23种,还有大量蝴蝶和爬行类动物。

百里竹海风景名胜区的人文景观主要有红军时期的纪念地和待修复的古寺庙等。

二十二、青龙瀑布风景名胜区

青龙瀑布风景名胜区位于重庆市万州区甘宁镇境内,距万州城区34千米,面积60.13千米^2,

其中中心游览区 8.31 千米^2。青龙瀑布风景名胜区的地貌属山岭重丘型，多陡崖峭壁，海拔 280～670 米。1995 年，青龙瀑布风景名胜区被四川省公布为省级风景名胜区，1999 年被重庆市人民政府命名为市级风景名胜区。

甘宁河全长 70 千米，纵贯青龙瀑布风景名胜区景区段 12 千米后，注入长江。青龙瀑布风景名胜区上游的甘宁水库库容 3360 万米^3。青龙瀑布位于甘宁河中部，瀑宽 105 米，高 64.5 米（贵州黄果树瀑布宽 86 米，高 68 米），瀑声如雷，阳光下，彩虹斑斓，蔚为壮观。瀑布下有石崖水帘洞，其中一洞面积 3000 米^2，另一洞面积 1000 多米^2，可容千人。瀑布上有桑园翠竹，沿岸有镇水宝塔、溪光寺、毛家寺、永正寺、天宫堂、建丰书院等遗址和古建筑，更有三国时期东吴大将军甘宁之墓。青龙瀑布风景名胜区的灌峰景区有灌峰水库和灌峰书院，白云洞景区有金竹沟水库、白云洞和何其芳故居。甘宁河下游有仙女滩瀑布和鲸鱼滩瀑布，其中下游 8 千米因长江回水灌入，可行船。

二十三、龙泉风景名胜区

龙泉风景名胜区位于重庆市万州区长滩镇、茨竹乡、油沙乡境内，面积 74 千米^2。2000 年，龙泉风景名胜区被重庆市人民政府命名为市级风景名胜区。龙泉风景名胜区距万州城区 22 千米，距重庆市主城区约 300 千米，距湖北省利川市 120 千米，318 国道穿越景区。磨刀溪流经景区 15 千米，形成峡谷景观，其中上龙门峡 3 千米，景色迷人，景区内有天坑、地缝、溶洞、瀑布；下龙门峡 4 千米，景区内有山泉、飞瀑、流水潺潺，林木滴翠。上、下龙门峡无人居住。景区的外坝温泉即月亮湾温泉，常年水温 31.4℃，日流量 497 米^3。龙泉风景名胜区的人文景观有羊渠县城遗址、长滩古镇、演绎台、虹溪书院遗址、生基坪汉墓群、惠民桥、天子城、观音寺石刻、长安寨和坦子山古战场遗址，以及天庆寺、永乐寺、红莲寺、石龟寺、北京寺、东林寺、清凉寺、莲花寺、关庙、真武洞、玉皇阁、三清殿、文坛、清代盐井等。

二十四、潭獐峡风景名胜区

潭獐峡风景名胜区位于重庆市万州区梨树乡和地宝乡境内，2002 年 7 月被重庆市人民政府命名为市级风景名胜区，面积 76 千米^2，森林覆盖率 70%。潭獐峡风景名胜区地处七曜山脉轴背斜褶皱和方斗山脉轴背斜褶皱之间，泥溪河（上游名为石龙河，为磨刀溪的一支流）流经景区，形成百里大峡谷，其中 24 条支峡谷总长 70 多千米，峡谷水系发育良好。梨树乡距万州城区 70 千米，距重庆市主城区约 340 千米。景区东部地宝乡与云阳县接壤。潭獐峡风景名胜区的海拔普遍为 550～1000 米，其中谭家山寨最高，海拔 1340 米。泥溪河流经景区，峡谷长 42 千米，其中有潭獐峡、将军峡、天王峡、桃园峡、地缝峡和海螺峡等。潭獐峡谷长 16 千米，内有 48 个大潭，8 处瀑布，6 处地下水出露，溪水经云阳县境汇入长江。潭獐峡风景名胜区的珍稀植物有巨型牛麻藤、古银杏、古风香树、古桂花、古双柏树、古稀金钱松、红豆树等。潭獐峡风景名胜区的王二包森林区，最高海拔 1737 米，森林区有维管束植物 173 种，野生动物 30 多种。潭獐峡风景名胜区的人文景观有峡谷古道、桃园栈道、裴家祠堂、张家祠堂、观音堂等遗址等。

二十五、歇凤山风景名胜区

歇凤山风景名胜区位于重庆市万州城区西北郊铁峰山脉背斜中部的狭长地带，包括歇凤岭、大垭口、贝壳山、凤凰山 4 部分，面积 97 千米^2。2004 年 12 月被重庆市人民政府命名为市级风景名胜区。大垭口距万州城区最近，约 25 千米，万州至重庆市主城区高速公路约 290 千米，水路约 327 千米。景区峰峦起伏，曲折蜿蜒，森林覆盖率 90%，景区主峰铁峰山最高海拔 1319 米。景区自然景点有众多奇峰、奇石、奇崖、洞穴、裂缝、山涧、湖池等。歇凤山风景名胜区的人文景点有凤仪禅院、古钟楼、茶店寺、铁佛寺、太白寺、将军墓、歇凤古道、石刻、四十八槽根据地等。

二十六、大宁河小三峡风景名胜区

大宁河小三峡风景名胜区位于重庆市巫山县长江支流大宁河流域，风景区面积 370 千米^2，大宁河注入长江巫峡上口。2000年,大宁河小三峡风景名胜区被重庆市人民政府命名为市级风景名胜区。巫山镇距重庆主城区水路481千米。大宁河发源于大巴山南麓,全长250千米,下游120千米可通航。巫山县境内的龙门峡、巴雾峡和滴翠峡全长50千米,巫溪县境内有庙峡、剪刀峡和荆竹峡。峡中碧水奔流,奇峰耸立,林木葱茏,猿声阵阵,野趣横生。大宁河小三峡风景名胜区的人文景观有古巴人悬棺、古栈道、大昌古镇等。大宁河支流马渡河下游有三撑峡、秦王峡、长滩峡,三峡全长20余千米,谓之小小三峡。小小三峡河道狭窄,天开一线,两岸悬壁对峙,奇峰多姿,山水相映,集幽、秀、奇、险、翠、怪、美于一身。三峡库区形成后,绿水如镜,港湾曲折,新村点点,更凸显高峡出平湖的美丽景色。

二十七、红池坝风景名胜区

红池坝风景名胜区位于重庆市巫溪县西北边缘的龙台乡、高楼乡境内,距巫溪县城85千米,海拔1800~2500米,最高海拔2634米,年平均气温7.6℃,规划面积357.8千米^2。1996年,红池坝风景名胜区被四川省公布为省级自然风景名胜区,1999年被重庆市人民政府命名为市级风景名胜区。红池坝高山草场古称万顷池,由多个岩溶槽谷平坝组成。槽谷底部地形辽阔平坦,夏季绿草如茵,繁花似锦,冬季银装素裹,一派北国风光。其中浩瀚辽阔的亚高山天然草场94.7千米^2,海拔1700米左右,由红池坝、天子山、西流溪3大块草场组成,是全国首屈一指的亚高山草场,有天然牧草19科、66种。红池坝风景名胜区里有3个水池,让人奇怪的是虽然相隔不远,却天然不同,3个池子的水分别是红、青、黑3种不同的颜色,红池水如霞,青池水如靛,黑池水如墨,现名"红池坝"便是由红池得名。在距草场不远处还有闻名中外的世界"绝世奇观"、中国十大奇洞之一——夏冰洞。夏冰洞洞口海拔2200米,深10米,宽8米,洞口宽5米,高3米。每逢盛夏,洞中滴水成冰,满目冰川、琳琅满目、姿态万千,而待数九隆冬,洞内却冰融水暖、细流涓涓,胜似温泉,至今仍是一个谜。这里还是4条河流的发源地,"四异之水源于此",南到云阳的汤溪河、大宁河的源头——西溪河、大宁河主要支流——后溪河、仁河这4条流向不同的河流均发源于此。盛夏,红池坝茫茫草原、姹紫嫣红,夏冰洞苍翠欲滴,最高温度仅约10℃,是难得的避暑胜地;秋天,天高气爽、蜂飞蝶舞,在此可纵马驰骋;冬天一派银装素裹,北国风光,是滑冰、滑雪的理想地方。风景名胜区的扎鹿盘岩石圈,四壁如缸,占地1.3万米^2。风景名胜区有石林5千米^2。风景名胜区团城峡谷景观,长10余千米,被相对高差2000余米的群山环抱,北面山上有2个巨型穿山洞(其中天星桥长40米、宽15米、深150米)。红池坝风景名胜区的高山楼原始林区林海茫茫,有成片或散生的杜鹃、腊梅林等,林草覆盖率达85%,珍稀植物有国家一级保护植物水杉,二级保护植物银杏、篦子三尖杉、光叶珙桐、鹅掌楸、香果树、杜仲等。红池坝风景名胜区有国家重点野生保护动物虎、苏门羚、金丝猴、豹、獐、大灵猫、小灵猫、林麝、水獭、穿山甲、大鲵、小鲵、青鹿、金鸡、鸳鸯等,在龙潭河畔有眼镜蛇、大蟒蛇等。

"故居在池旁,有平田万顷,多花果园林之胜。"红池坝人杰地灵,历史悠久,是战国名人"春申君"黄歇的故居。据明代四川学子曹雪铨所著《巴蜀名胜集》记载,战国时期,现在的巫溪为庸国属地,公元前600多年被秦、楚、巴三国联合所灭,并瓜分属地,巫溪为秦楚交界处,黄歇便是现红池坝人士,他曾拜官楚国宰相25年,救赵拒秦、攻灭鲁国,使楚国一度强盛,故被考烈王封为"春申君",封于江东。江东位于今上海、苏州一带。上海黄浦江又名春申江,上海简称"申"都是以春申君封地而得名。红池坝风景名胜区的人文景观还有天子城、银厂坪、春申君故居、饶家寨、中南大庙遗址等。景区因四季和垂直气候差异形成多种美丽景色。巫溪县风景管理所负责景区统一管理。红池坝畜牧场场部有200个床位的接待能力。

二十八、古剑山—清溪河风景名胜区

古剑山—清溪河风景名胜区位于重庆市綦江县古南、永新和中峰镇境内,距重庆主城区50分

钟车程,面积109.9千米²。1992年,景区被公布为县级风景名胜区,2005年,被重庆市列入"渝南山林自然生态游"风景名胜区之一。2006年1月,古剑山—清溪河风景名胜区被批准为市级风景名胜区。古剑山—清溪河风景名胜区有自然和人文景点58个,其中一级景点8个,二级景点18个,三级景点32个。其景观在市内具有明显的典型性和稀有性。古剑山—清溪河风景名胜区生态系统良好,森林覆盖率较高,溪流污染小,湖泊清澈,生物多样性得到合理保护,古寺得到恢复,男性生殖器图腾石刻具有独特性并有一定学术研究价值。古剑山—清溪河风景名胜区包括古剑山森林公园(市级)、长田山森林公园(市级)、净音寺、清溪河、生殖崇拜遗址、西山湖、蟠龙峡谷等景区。

古剑山为古剑山—清溪河风景名胜区的核心景区,相传于明万历年间建东岳庙时,掘基得古剑、古镜各一,故山以古剑名之。古剑山,山势雄伟、奇峰突兀、自成孤峰、凌空屹立、状似公鸡,故又名鸡公嘴。古剑山位于县城古南镇南12千米,最高海拔1151米,三面悬崖,缘石径曲折而升,松柏繁茂,绿树成荫,风光灿烂,景色宜人。1990年被重庆市政府命名为"巴渝小十景"之一的"古剑鸡鸣",周围悬崖100米许,有"舍身崖"之称。古剑山山麓有一高约30米的云中石笋,以及棋盘石等,山麓"石径通天",萦绕上顶,峰回路转,古木参天,沿路有佛像石刻,登顶极目,县城、田畴风光尽收眼底。古剑山附近石砾中海生物化石具有古地质研究价值。山上山下的人工湖泊,是人定胜天的印证。

净音寺坐落于山势最雄浑开阔处,香火不断,善男信女百里之外慕名而来,故有"鸡公嘴的菩萨——应远不应近"之语。古剑山—清溪河风景名胜区有舍身崖、石径通天、石马、顽猴石、公鸡石、摸儿洞、撑岩、棋盘石、云中石笋、禅洞等景观。

风景名胜区的长田林海与清溪河毗邻,植物品种繁多,上百年从未被采伐过,是綦江目前保存最完好的"植物基因库"。长田林海有九十九座山,山体突兀,周围70余千米²,崇山峻岭,地形独特,森林浩渺。青龙嘴翘首林海,红寨门直插云霄,有形神逼真的月亮石、盘龙石、骏马石、乌龟石。长田林海被誉为重庆最大的"自然氧吧天堂",是寻幽探险、休闲静心、消夏避暑的好去处。

清溪河,古名奉恩溪,发源于贵州习水茂密的原始森林,是綦江县境内最优美的河流之一。清溪河经贵州、江津四面山及綦江中峰、永新至清溪口汇入綦河,流域长约80千米,在綦江县境内有38千米。清溪河上游段峡谷幽深,清溪河两岸绿竹扶疏,清幽惬意,白鹤翱翔,山水太极神图,蕴含无限玄机;下游段水流平静,曲折通幽,两岸绿竹茂密,田畴果园依稀,景色多姿。清溪平滩沟古镇,斗拱飞檐、古朴宁静。清溪河流域是古代僰人生息繁衍的地方,在清溪河岸古驿道旁有先人为求子、祈福而留下的几千根男性生殖器石刻、石雕,上有求子得灵等字迹,清晰可辨,其以雄壮、挺拔、恢宏、逼真、罕见、奇特而闻名全国乃至全球,被称为神秘的"东方十字架",其历史传说、典故趣事神奇诱人,是古僚人、濮人及古代巴人大融合时期的文化缩影。蟠龙峡谷位于清溪河上游,是国家投资达38亿元的蟠龙抽水蓄能电站所在地,长约3千米。峡谷石红水碧,森林茂密,峡谷幽深,岩壁陡峭,空气清新,夏可消暑、冬可踏雪,景色优美。

二十九、九重山风景名胜区

九重山风景名胜区位于重庆市城口县南,与庙坝、蓼子、明通、周溪、双河等镇、乡为邻,面积47.05千米²。2006年1月,九重山风景名胜区被批准为市级风景名胜区。九重山,因有九重而名,最高峰海拔2471米。九重山风景名胜区有景点57个,其中一级景点13个,二级景点18个,三级景点26个。该风景名胜区是以自然景观为主,兼具大巴山文化内涵的山岳型风景名胜区,具有较好的生态、观赏、科普和文化研究价值。风景名胜区景区内山峰、峡谷、瀑布、溶洞、鱼泉、溪流和高山草场奇特,有大片原始次生林,森林覆盖率高。九重山气候温和,雨量充沛,日照充足,优越的自然环境孕育了极为丰富的动植物资源。九重山是同纬度地带生物多样性最显著的地区之一。物种丰富,初步查明有维管束植物173科、2132种,其中国家一级保护植物6种,二级保护植物191

种;野生动物139科、1002种,其中国家一级保护动物4种(云豹、金猫、豹、林麝),二级保护动物55种(斑羚、黑熊、大鲵、苍鹰、秃鹰、鸳鸯等)。九重山风景名胜区的人文景观有红军指挥部遗址、苏家纸厂、古栈道等。

九重山风景名胜区内地质形迹典型,地貌类型众多,犹如一座巨大的地质博物馆。风景名胜区内森林景观原始壮阔,垂直带谱极为明显,优越的自然环境孕育了极为丰富的动植物资源。九重山三大景区景色各异,自然天成。景区之一的九重山,峰聚壑连,众多高峡窄谷幽深神秘,雄奇险秀,撼人心魄。堪称大巴山一绝的白龙峡瀑布,气势磅礴,最为壮观。在九重山观日出,旭日东升之色、远山如黛之景尽收眼底;观奇雾,有如入仙境,令人流连忘返。景区之二的卧龙草场,广阔无边,绿草成茵,野趣盎然。景区之三的48个青草塘,蜿蜒起伏,长达25余千米,草塘四周,绿树成荫。最为著名的是杜鹃草塘,长着上万株杜鹃,最壮观的一颗千年杜鹃王,呈半球状覆盖地上,需15人合围。杜鹃王周围有天然蕨类植物镶边,看上去胜过园艺师的精心打造。九重山本地丰富多彩的民间文艺、古朴典雅的民俗风情更体现了大巴山人纯朴憨厚的地域人格。

第五章 生态工程与生态恢复

生态学的基本观点是把生物与环境看成是一个不可分割的体系。在这个体系中,生物与环境是互相制约和协调的。生态工程则是把生态学原理应用于生态系统中的共生与再生产等功能,结合系统工程的最优化方法,发挥生产潜力,防止环境污染,保护和改善生态环境,以实现经济、社会和环境持续协调发展。2008年,重庆市生态环境保护和建设取得了显著成效,三峡库区生态环境质量局部有所改善,公众的生态环境保护意识不断提高,但历史性的脆弱的生态环境背景、长期过载的人口压力、无节制的开发和滞后的治理,使得三峡库区的环境问题变得更加严重。加上大型水库的修建必然会对所在区域的生态系统产生全面而深刻的影响,受影响区域的生态系统会反过来影响库区的生态环境安全,进行生态工程建设与生态恢复是必要的。

2000年,国家完全停止生态公益林的采伐,正式启动了天然林资源保护工程(以下简称天保工程)。实施天保工程,是中国政府推行可持续发展战略的重大举措。重庆市于同年宣布停止采伐天然林,践行天保工程。到2010年,长江上游林区的生态环境得到快速恢复和发展,使人口、经济、资源和环境之间的矛盾基本解决。

第一节 生态环境建设

为保护和建设好生态环境,实施可持续发展战略,国家从1998年开始,在重点地区实施生态环境建设工程,连续颁发了《中共中央国务院关于灾后重建、整治江湖、兴修水利的若干意见》〔1998〕15号、《国务院关于印发全国生态环境建设规划的通知》(国发〔1998〕36号),对全国生态环境建设做出了总体部署。国家从1998年开始到2010年上半年通过发行国债,投入生态环境保护和建设资金195亿元。其中,用于重点地区生态环境综合治理工程的有50亿元,启动了21个省区市的

376个县;用于天然林保护、退耕还林还草和防护林工程的有118亿元(含以工代赈退耕还林还草资金10亿元);用于水土流失治理工程的有27亿元。国家实施西部大开发战略,把加强生态环境保护和建设作为西部大开发的根本和切入点,重庆市生态环境保护和建设迎来了新的发展机遇。

重庆市位于长江上游、三峡工程库区,已被国务院列为全国生态环境建设重点地区。

重庆市40个区(市)县被纳入了全国天然林保护规划,39个区(市)县被列入了全国退耕还林还草和生态环境建设综合治理区规划,30个区(市)县开展了长江上游水土流失重点防治工程,38个区(市)县开展了"长防林"工程。1998—2010年,安排重庆市生态环境建设中央国债资金9.08亿元,其中安排国家生态环境建设重点县综合治理工程3.82亿元,重庆市40个区(市)县中启动了26个县;安排天然林保护、退耕还林还草、防护林工程、"长防林"工程3.96亿元(含以工代赈资金4910万元);安排水土流失治理"长治"工程1.3亿元。中央投资力度和实施范围是中华人民共和国成立以来最大的,一些生态环境建设项目,国家安排给重庆的资金,位居全国前列,体现了国家对重庆市生态环境建设的关心和支持。

狠抓落实,建立健全各项制度,全市生态环境建设逐步走上规范化、制度化、科学化、法制化管理轨道,受到国家有关部门的充分肯定。

一是组织领导落实。按照国家有关要求,1999年,市委、市政府成立了全市生态环境建设和保护领导小组,并在市计委下设办公室,对全市生态环境保护和建设的重大问题进行决策和协调。各区(市)县也成立了相应的领导机构和办事机构。各级党委和政府高度重视生态环境建设工作,将其列入党委、政府议事日程。各级计划部门认真履行统筹规划、综合平衡和组织协调职能,加强项目全过程管理;农业、林业、水电、城乡建设、环保、市政、园林、规划等部门加强技术指导和行业把关;财政、科技、国土、移民、工商、税务等部门都积极支持生态环境建设工作。项目乡镇积极组织群众投工投劳,建设、监理单位严格工程质量管理,形成了层层有领导班子,各级有办事机构,有专人负责的组织指挥系统,从上到下一抓到底的建设体系。

二是规划设计落实。全市生态环境建设有了一个跨世纪的行动纲领和基本指南。市计委会同市有关部门历经两年,编制完成了《重庆市生态环境建设规划》,1999年,市政府已正式批准实施该规划。该规划对今后50年全市生态环境建设的指导思想、基本原则及战略目标、重大工程项目、区域布局等做出了总体部署,是重庆市自中华人民共和国成立以来在生态环境建设方面,战略性、指导性和综合性最强的一个总体规划,国家计委已将其纳入全国生态环境建设规划。在该规划的指导下,市计委还牵头组织编制了生态环境建设"十五"计划和2010年规划(审议稿),以及研究起草了《中共重庆市委重庆市人民政府关于加强生态环境保护和建设的决定》,把总体规划确定的目标、任务分解落实到"十五"和2010年,以及市委、市政府的决定中,以便各级、各部门认真组织实施。在编制规划的基础上,市计委会同市有关部门严格组织编制年度投资计划、分县实施方案和作业设计,把建设任务落实到乡镇村社和山头地块上,严禁项目地块顶替、重复,确保按计划完成各项任务。

三是管理制度落实。根据国务院国发〔1999〕36号文件、《国家生态环境建设项目管理办法》,市计委会同市农林水各有关部门制定了《重庆市生态环境建设项目管理办法(试行)》《重庆市生态环境建设技术规程(试行)》,以及审计监察、检查考核、工程监理、资金管理、竣工验收、建后管护六大制度实施细则(试行)。各区(市)县也参照制定了相应的管理办法、技术规程及六大制度实施细则,全市生态环境建设有了统一、规范的技术支撑体系、质量标准体系、管理制度体系和政策法规体系。

四是奖惩落实。项目安排、投资计划等与各区(市)县工程实施情况挂钩,对个别挤占、挪用资金或工程质量有隐患的区(市)县,不仅勒令归还资金,完善工程质量管理,而且扣减1/3左右的投资甚至撤走生态环境建设项目;对领导重视,群众投劳有保证,配套资金落实,资金管理做到专款专用,基本建设程序完善,工程质量优良的区(市)县,不仅在生态环境投资上予以适当倾斜,而且在其他项目和基建投资的安排上也予以倾斜。按照国家有关要求,市计委会同市有关部门对1998年生态环境建设综合治理工程进行了省(市)级竣工验收,不仅把验收结果作为2000年项目、投资安排的重要依据,而且评比一、二、三等奖,市里拿出部分资金给予奖励。

五是配套政策措施落实。自1998年重庆市实施生态环境建设以来,各重点县紧紧抓住机遇,在全力搞好生态环境建设的同时,结合实际,积极摸索出一些好的做法。其中,云阳县宣传组织发动效果好,书记、县长深入千家万户,组织召开现场动员大会,任务落实到山头地块上,农民投劳有充分保证,在探索坡耕地综合治理、集中连片治理和实施退耕还草等方面取得实效;奉节县组织投劳方式有特色,采取每亩坡耕地治理农户先垫支300~500元,投劳收回垫支款,继续承包综合治理后的土地,群众积极性高;巫山县在三峡库区长江沿岸实行规模化、规范化植树造林和封育治理,建设"百里生态长廊",绿化三峡两岸,为建立长江沿岸绿色通道工程起到很好的示范带动作用;江津区、铜梁县、长寿区、潼南县、巴南区等在坡耕地治理中因地制宜地建设土坎梯田,由于配套实施了坡面水系和生物措施,运行效果较好,没有发现垮塌、损毁现象,单位造价上却比石坎梯田降低1~2倍;永川区、北碚区制定优惠政策,采用业主制,引导私营企业、农民致富能手投资生态环境建设,缓解了建设资金不足的问题;开县组织农户收益较高、粮食问题基本解决的乡镇进行退耕还林试点,山顶布设防护林(柏树、松树),山腰布设经果林(林粮间作),荒山荒坡进行封育,试点效果较好;合川区坚持统筹规划、集中布局、综合治理、科学配置植树造林、退耕还林、坡耕地治理,在嘉陵江、涪江沿岸根据生态条件,从江边到坡地因地制宜地分层布设:常年水位以下为第一层,栽植巴茅,固土、固沙、耐淹没,常年洪水位以上、10年一遇洪水位以下为第二层,栽植毛竹、水杉,防治水土流失,耐阴耐湿,形成沿江绿色屏障,10年一遇洪水位以上为第三层,营造常绿经果林和生态防护林,形成层次分明的沿江绿色生态保护体系。

为推动生态环境建设,各区(市)县还积极探索实施了一些好的做法。

为了鼓励农民投入,实行"三不变""五优先"政策。"三不变",即25°以下坡耕地综合治理后,耕地面积和产量一般将增加10%~15%,为了鼓励农民投工投劳和现金投入,坚持土地承包权不变,粮食定购任务和农民负担不变,统筹提留不变;"五优先",即项目区优先安排工程资金,优先安排各种新技术项目,优先提供良种良苗,优先供应农用物质,优先发放扶贫贷款。

在落实目标责任制上,实行"五定一奖惩"制度。即定责任人、定任务、定资金、定质量、定工期,奖励先进、惩罚落后。

在工程质量上建立县、乡技术质量检查组,实行"四统一""五不准"和"两个结合"。"四统一",即统一规划设计,统一技术、质量标准,统一安全规范,统一检查督促;"五不准",即无设计不准施工,开挖不合格不准运进石料,所购材料、种苗、设备不合格不准使用,工程质量不合格不予验收,验收不合格不予补助;"两个结合",即工程监理与生态办巡回检查相结合,资金拨付与工程进度和工程质量相结合。

在项目布局上,坚持集中连片、综合治理,多个项目打捆安排,围绕生态环境建设统筹安排其他农林水重大基础设施项目。以县为单位,以小流域片区为基本单元,山水田林路气综合治理,工程措施、生物措施、农耕措施科学配置,先易后难,形成规模,逐步推进,治理一片,建成一片,发挥效益一片,项目区生存环境、生活环境及广大农民群众的精神面貌都有较大变化。如石柱县龙沙河生态环境建设综合治理示范园区,把农业综合开发、"长防林"工程、"长治"工程、扶贫和以工代赈、农业产业化项目等多个项目集中安排,集中资金,综合治理,示范带动效果较好,克服了过去农林水项目各自为政、小型分散、难于形成规模的弊端。

采取生动活泼的形式,搞好宣传发动,积极组织群众投工投劳。各区(市)县充分利用广播、电视、报纸、专栏、大小会议及赶场天,进行宣传发动,组织群众投工投劳,大搞劳动积累,既在一定程度上缓解了资金不足的矛盾,又使参加投劳的农民群众获得部分收益。

第二节 天然林资源保护

一、天然林资源保护建设成就

重庆市地处长江上游,位于三峡库区,长江干流自西向东横穿境内,其生态区位十分重要。1998年天保工程试点启动后,重庆市林业发展迎来了一个转折点。全市范围全面停止商品材采伐,进入全面保护森林资源的新阶段。1998—2010年,重庆市天保工程建设取得了丰硕成果。

有效控制森林木材资源消耗,森林面积实现了快速增长。天保工程启动后,重庆市停止了商品材采伐,农村自用材消耗大大降低。重庆市1997年采伐限额为310万米^3,到2000年就减少到65万米^3。关闭林区内木材加工厂(点)900多家(处),取缔木材交易场所38个。全市累计减少森林蓄积消耗1250万米^3。森林蓄积量由工程实施前的7446万米^{3}增加到2010年的12000万米^3,增长61%。天保工程公益林建设等林业重点工程加快了森林面积的增长速度。重庆市森林面积由172.9万公顷增加到263.3万公顷,增长52%,森林覆盖率由20.98%提高到32%,提高11.02个百分点。

建立了有效的管护组织体系,森林保护工作得以加强。按照天保工程要求,重庆市各区(市)县全面落实森林管护措施,逐步建立森林保护网络体系。江津区将森林管护划分为207个责任区,责任区内聘用管护人员511人,每人签订一份管护责任合同,管护人员培训后持证上岗,建立管护日志。天保工程实施以来,全区无重大森林火灾,无重大森林病虫害,无重大乱砍滥伐,林区秩序稳定良好。城口县将天保工程建设任务分解,将19万公顷林地的管护任务分解到26个责任单位,成立由县长任组长的天保工程建设领导小组,统筹组织协调工程的具体建设实施;妥善分流因实施天保工程而产生的富余人员,确保林区社会秩序稳定;规划落实了1万公顷天保工程公益林建设任务,促进林地植被迅速恢复。至2010年,林区砍柴放牧情况得到有效控制,森林停止采伐后得到有效的休养生息,封山育林建设成效明显。重庆市已有15374名管护人员从事森林管护,实现了森林管护全覆盖。

"九五"期间,重庆市大力实施天然林保护计划,对森林、灌木林和未成林造林地实行了全面管护,推进了退耕还林还草试点工作;实施了草种草籽基地、南方草山草坡开发和草叶技术服务体系等重点工程建设。同时积极开展以县为单位,以小流域为基本单元,实行山、水、田、林、路统一规划,生物措施、工程措施和保土耕作措施有机结合的水土流失综合治理工作。通过努力,截至2000年,全市完成营造林25.66万公顷,其中成片造林14.93万公顷,封山育林10.73万公顷;完成退耕还林还草任务4.58万公顷。有林地面积达到177.92万公顷,森林覆盖率达24%,与1998年相比,提高3.02个百分点。草地资源215.8万公顷,占辖区面积的26.19%,全市累计改良草地3万公顷,建设草地5.67万公顷,牧场草地面积达到23.86万公顷,占辖区面积的2.9%。面积较大的成片天然草地集中在巫溪红池坝、大官山,武隆仙女山,城口黄安坝,黔江旗号岭,石柱大麻坪,万州七曜山等地,最大的草地巫溪红池坝和武隆仙女山草地的面积均在14万公顷以上。累计初步治理水土流失面积1.63万千米^2,水土流失面积4.35万千米^2,占辖区面积的52.8%,年均土壤侵蚀量1.98亿吨。这一时期,森林资源较少,天然林资源保护得到加强,草地资源开发潜力较大,水土流失仍然十分严重的特点突出。

"十五"期间,继续以天保工程和退耕还林工程为主要手段进一步保护和培育森林,草地资源开发潜力大,水土流失仍然比较严重。截至2005年,全市林业用地面积407.87万公顷,其中退耕还林42.07万公顷,其他林业用地365.8万公顷;森林面积247.33万公顷;森林覆盖率30%,比

"九五"末期提高6个百分点;活立木总蓄积量超过1.2亿米^3,比"九五"末期新增近50%;全市草地资源215.8万公顷,占辖区面积的26.19%,可利用面积186万公顷。面积较大的成片天然草地主要集中在巫溪红池坝、大官山,武隆仙女山,城口黄安坝,巫山十里坪、朝阳,丰都三坝,彭水毛尖山,奉节茅草坪,开县兵营坝,酉阳菖蒲盖、鸡公岭,黔江旗号岭、麒麟盖,石柱大麻坪和万州、云阳等地的七曜山。草原虫、鼠害发生次数有所增加,鼠害发生面积达1.05万公顷,虫害发生面积达1.11万公顷。

全市水土流失面积35641.87千米^2,占辖区面积的43.25%。其中,轻度侵蚀11423.42千米^2,占流失面积的32.05%;中度侵蚀12078.9千米^2,占流失面积的33.89%;强度侵蚀10267.51千米^2,占流失面积的28.81%;极强度侵蚀1657.89千米^2,占流失面积的4.65%;剧烈侵蚀214.15千米^2,占流失面积的0.6%。年平均土壤侵蚀模数3754.6吨/千米^2,年土壤侵蚀总量1.34亿吨。

"十一五"期间,至2008年末,全市林业用地面积407.87万公顷,比1998年增加105.23万公顷;森林面积280万公顷,比1998年增加107.8万公顷;森林覆盖率34%,比1998年提高13.02个百分点;活立木总蓄积量1.2亿米^3。

将具有重要生态功能的林区、草原划为禁垦区、禁伐区或禁牧区。抓好森林资源管护责任制,加快公益林培育步伐,把生态脆弱、水土流失严重和具有重要生态功能地区的森林划为生态公益林。全面落实239万公顷森林资源的管护任务和工作制度;切实保护好各类水源涵养林、水土保持林、防风固沙林、特种用途林等生态公益林;加大火烧迹地、采伐迹地的封山育林育草力度;完成31.41万公顷的公益林建设任务;加强森林防火等基础设施建设。禁止天然林采伐和重点生态保护区森林的商业性采伐,切实管护好重点生态保护区和一般生态保护区的现有森林、灌木林和未成林造林地资源。

二、天保工程建设改革

随着天保工程的深入实施,为适应社会主义市场经济建设,满足社会对林业生态和经济效益的需求,天保工程建设区的广大群众迫切要求对森林进行分类经营,进一步把森林保护好、经营好,获取更大的效益。重庆市紧紧抓住集体林权制度改革、全面落实林权的契机,首先在天保工程(自治区、直辖市)中及时启动森林分类经营工作。这项政策突破了现行天保工程的区划界限、管理办法和政策措施,展现了新的发展活力。在天保工程建设中要实现森林分类经营,具体应做好几方面工作。

1. 开展确权发证工作

2005年,重庆市人大常委会通过《关于进一步完善林权制度加快林业发展的决定》,部署用2年时间,完成确定林业产权归属和颁发林权证工作。2007年,重庆市林业局也将"制定实施《重庆市国家公益林管理办法》和《重庆市人工商品林管理办法》,继续开展人工商品林采伐试点,进一步规范森林资源流转行为,积极培育林业生产要素市场,探索林业投(融)资体系建设,组建林业担保公司,开展林权抵押贷款、森林保险和人工商品林采伐权拍卖试点工作"列为工作目标。重庆市是以集体林为主的城市,集体林占全市林业用地面积的92%。早在20世纪80年代初,林业"三定"(稳定山林林权、划定自留山、确定林业生产责任制)已普遍把山林承包到户,大部分实现了分山到户。此次林改主要是完善历史遗留下来的权属不清问题和完善林权变化带来的权属不清问题,根据20多年来林区林农人口变迁等因素,按照一定程序重新确权发证。这样做不仅稳定了林业"三定"确权成果,又明确了林地经营主体。全市已发放的林权证面积近400万公顷,占全市应发证面积的98%。国有林地发证任务全面完成。确权发证为开展森林分类经营工作奠定了重要基础。

2. 科学区划"三种"类型森林

重庆市把实施森林分类经营作为林改的重点,明确林地的经营主体和经营方向。核实地块和面积,并按照"三定"发的林权证进行登记造册和制图,做到证、册、图、表与实地一致。森林分类经营同时涉及集体林和国有林,根据重庆市生态区位、生态现状等情况,对部分区域和经营单位的公益林比重提出要求。如在三峡库区的公益林不得少于林地总面积的70%;公益型国有林场的公益林不得少于林场经营总面积的70%;主城区的公益林不得少于林地总面积的60%;渝西地区的公益林不得少于林地总面积的40%;等等。经过区划界定,全市区划总面积402.7万公顷。其中,重点公益林124.2万公顷,占30.84%;一般公益林158.1万公顷,占39.26%;商品林120.4万公顷,占29.9%。国有林地面积33万公顷,划作公益林面积28.4万公顷,占其林业用地的86.06%。集体林地面积369.8万公顷,划作商品林面积115.8万公顷,占全市商品林业地的96.2%。总体来看,国有林大部分作为公益林,而商品林主要是集体林和私有林。

3. 明确森林分类经营政策

根据森林分类区划,不论经营主体是谁,均享受市政府规定的统一政策。重点公益林管护资金由天保工程管护资金集中起来统一使用,每亩补助标准为3元。商品林管护,由林主自行负责,政府不再给予管护补助。在划定重点公益林时,必须征得林权权利人同意,只准进行抚育和更新性质的采伐。全部划为公益林的农户,经批准可依法适量采伐自用的薪材及生产生活必需的自用材。一般公益林允许林主按有关规定和技术规程,进行抚育间伐、更新采伐。商品林经营者可根据市场需求组织生产,依法以有偿转让、出租、抵押、折价入股等形式转给其他经济实体或个人。改革后,全市森林管护资金总量将由天保工程的5028万元增加到6480万元,森林管护面积将由天保工程的238.8万公顷(仅补助有林地、灌木林地和未成林造林地)增加到282.4万公顷,实现了管护面积全覆盖。

4. 推进森林分类经营实施

首先,森林分类区划后,以村为单位,进行公示,接受社会监督。黔江区在森林分类区划中建立分户森林资源档案,既有文字图册档案,又有微机档案,全区整理汇总资料档案84卷;酉阳县黑水镇把登记造册的公益林和商品林,小班公示到村,分户公示到组,群众一目了然。其次,以天保工程现有管护队伍为基础,落实公益林管护责任人,签订管护承包责任合同。再次,积极促进森林资源流转,制定重庆市森林资源流转管理办法。重庆市林业局已于2006年在巫山县首次召开森林资源流转现场拍卖会,2007年又在万州区首次开展林木采伐权的流转。据不完全统计,通过承包、转让、租赁、拍卖、联营等形式,全市已流转森林资源2464宗,流转面积27.3万公顷,流转金额超过2亿元,开始呈现出林地和森林向有能力经营的大户流转的趋势,社会资金流向林业经营的数量在增加。

实行森林分类经营是建设现代林业的客观要求,也是调整天保工程实施思路和完善政策的方向所在。国家将重庆作为天保工程实施森林分类经营的试点区,允许重庆市根据森林分类经营的要求,调整天保工程政策,对接森林分类经营政策。下一步可以考虑由重庆市人民政府报请国务院审批,国家对重庆市天保工程的考核和管理按森林分类经营政策进行。而且,今后国家对天保工程的其他政策支持,同时把重庆市列入。这项改革全部到位后,天然林的长效保护机制和森林的科学经营机制也就形成了。

率先在重庆市启动天保工程重点公益林补偿政策。实施森林分类经营,为了加强对重点公益林的有效保护,可考虑在中央财政现给重庆市每年天保工程管护费5028万元的基础上,补充一部分资金,使之达到重点公益林每亩补助5元的标准,与森林生态效益补偿基金政策接轨,以此也可推动天保工程其他相关省区的改革。

继续加强对天保工程建设管理模式的研究。天然林保护涉及林业资源、水资源、野生动物保护等一系列环境问题,而全国现有的天保工程主要是由政府集中管理,这种管理模式易出现不同主体之间利益划分的不一致性,不能从根源上解决天然林保护与保护地经济发展的矛盾。可以考虑学习和借鉴西方发达国家在林业管理上采用的多级治理模式,结合重庆市本地实际,为中国的天保工程建设和管理探索出一条新的道路。

第三节　退耕还林工程

随着全国经济的不断发展,人类施加给自然环境的压力越来越大,逐渐超过了自然生态系统的承载能力,导致环境问题日趋严重。2002年1月,在经历了3年由点到面的试点工作之后,退耕还林工程在全国正式全面展开,其范围从以西部为主的20个省(市、区)的200多个县进一步扩展到全国25个省(市、区)的1897个县。到2003年底,退耕还林工程已覆盖全国2万多个乡镇,10万多个村,6000多万农户。至2004年,全国5年累计完成退耕还林任务1332.58万公顷,林草覆盖率平均每年增加两个多百分点,720多万公顷坡耕地和沙化耕地得到有效治理,输入江河的泥沙量明显减少。

重庆库区地处中国地势的第二阶梯,是中下游地区的生态屏障。多年来,这一地区经济发展滞后,人口增长过快,在生存的压力下,广大山区毁林开荒、陡坡种植,造成水土流失严重、地力衰退、土地贫瘠,生态环境质量严重下降。据国土资源部统计,全国25°以上的坡耕地达610万公顷,其中70%以上集中于西部地区。长江上游地区25°以上的陡坡耕地共有180多万公顷,水土流失面积达35.2万千米^2,三峡库区重庆段就高达20多万公顷。这不仅使这一地区的发展面临着日益加剧的不可持续的严重危机,而且严重危及三峡工程和整个长江流域经济、社会的可持续发展。据重庆市对不同土地(林地、草地、园地、耕地)入江泥沙量的调查,从坡耕地进入长江的泥沙量占整个入江泥沙量的78.29%,成为水土流失的第一位原因。要解决库区水土流失,实现库区农林经济的可持续发展,进而保障三峡工程的安全运营和促进长江中下游经济、社会的发展,退耕还林、封山植树是关键。退耕还林工程能涵养水源,保持水土,滞洪补枯,减少长江洪峰流量。据研究,1公顷水土保持林涵养水源的能力能达到1200~3400米^3,重庆市33万公顷陡坡地全部退耕还林后可涵养水源3.96亿~11.22亿米^3,相当于数十座特大型水库的蓄水量。退耕还林既能改善农业生态环境,又能提高人口环境容量——三峡库区坡耕地退耕还林、综合治理后1千米^{2}面积上可增加人口容量29人,从而为库区移民安置创造了有利条件。

1998年,重庆市就启动了第一个市级林业工程——长江干流生态林工程。2000—2003年,重庆在库区的云阳县、万州区、开县等区县开展了退耕还林工程试点工作,共实施退耕还林71.73万公顷,其中三峡库区45.47万公顷,占2/3以上;退耕地造林23.17万公顷;荒山荒地造林24.29万公顷,涉及185.9万农户。重庆市退耕还林工程自2000年开展试点、2002年全面启动实施到2007年为止,已涉及全市39个区(市)县、920个乡镇、269万农户(占重庆市乡村户数的38%)、965万人(占全市乡村人口的40%);完成退耕还林44万公顷,取得了阶段性成果,为生态建设做出了重大贡献。

一、退耕还林工程阶段性成果

重庆市退耕还林启动实施7年来,重庆市及三峡库区的生态环境质量得到极大改善,农村产业结构也利用退耕还林的机遇得到了优化,农民生活及地方经济都有了不同程度的提高。

(1)生态环境质量得到改善。

国家环境监测公报显示,"十五"期间,三峡库区水土流失减少23.9%,长江输沙量从1999年的4.04亿吨减少到2004年的1.29亿吨,土壤侵蚀模数由工程实施前的5000吨/千米^2·年降低到2000吨/千米²·年。万州水文站监测,工程实施后,初步治理水土流失面积1万千米²。2006年,全市林业用地面积达到409.9万公顷,比"九五"期末增加44.1万公顷;森林面积达到263.67万公顷,比"九五"期末增加72.87万公顷。工程区的生态状况初步好转,生物多样性日渐增多,空气质量日益好转,保护动物如白鹭、野猪、猕猴等的种群数量在一些地方有了大幅度增加。退耕还林综合治理生态环境问题效果明显,工程区的水土流失及土地沙化得到有效控制,生态环境明显改善。

(2)退耕农民收入有了提高。

重庆市退耕还林接受中央财政直接补到退耕农户的资金16.11亿元,受益退耕农户人均收入增加167元,退耕还林后续产业人均增收84元。退耕后收入有所增加的退耕农户占73%以上。退耕还林后,虽然农民的耕地面积减少,但农业生产要素却重新配置,耕地增加投入,带来粮食单产的增长,所增加的粮食产量大于退耕还林所减少的土地的粮食产量。

二、退耕还林存在的问题

(1)效益问题。栽植经济林的退耕地大部分都是原来种植粮食的熟地,土质条件都较好,农民希望通过退耕还林获得较高的经济效益是可能的。但从实际情况来看,退耕还林的经济效益未能得到有效发挥。到2006年底,已经产生经济效益的退耕地不到完成面积的1%。

(2)剩余劳动力转移问题。实施退耕还林后,随着耕地面积的减少,劳动强度的降低,农村劳动力出现剩余。到2005年底,退耕出现剩余劳动力317万人,政府通过发展二、三产业和推进城镇化建设,已转移剩余劳动力225万人,但还有92万剩余劳动力没有从农村中转移出来,转移剩余劳动力的任务还比较艰巨。从农民纯收入的构成看,剩余劳动力外出务工,促进了家庭收入的较快增长,也是重庆农民收入增加的重要支柱。但从实际情况看,单靠外出务工不能从根本上解决农村剩余劳动力的转移问题。

三、退耕还林工程后续发展对策

退耕还林后续发展应包括林业生态、林业经济、退耕农民经济水平等三方面的继续发展。虽然已出台的相关文件解决了退耕还林后续发展的现实问题,为退耕还林后续发展奠定了一定基础,但要真正实现退耕还林后续发展,还主要靠退耕农民自己的发展。退耕农民的发展需要政府引导、政策支持、市场带动以及技术支持等多方面力量的协作。退耕还林后续发展应同基本农田建设、农业结构调整、土地整理、农村劳动力转移、培育区域性特色产业等结合起来,才能从根本上提高退耕区农民自身的发展能力。因此,根据中央政府关于退耕还林、生态重建的方针和重庆市退耕还林工程的现状及其存在的主要问题,可以采取以下措施推进重庆市退耕还林工程的后续发展。

(1)健全监管考核机制,加强退耕还林监督执法工作。退耕还林后续发展是由中央政府提供政策,地方政府执行政策,而真正的操作者是广大的退耕农户。对退耕农户的支持和帮助,是政府及各有关部门应承担的退耕还林后续发展的职责和任务。政府部门需要制定其有关职责的考核指标体系,实施对各有关部门的政绩考核。同时,特别要注意加强对退耕还林的监督执法工作。要落实退耕还林工程监理制,以加大工作检查力度,变过去的结果管理为过程管理,变事后监督为全过程监督。另外,对有关退耕还林的经费要加强管理,确保真正用在退耕还林工程及促进退耕农民"造血"功能的提高上。只有这样,退耕还林工程才可真正得到实现和巩固。

(2)建立技术保障机制。退耕还林后,农业结构发生了变化,相应的农业生产技术结构也应变化。退耕农民的文化和科学素质普遍较低,严重缺乏经营林业及其相关产业所需的经验和技术。因此,建立有效合理的技术保障机制对于提高退耕农民经营林业及其相关产业的能力具有非常重要的意义。首先,要加强专业人员的培养。对乡镇技术人员、专业协会技术人员和农村技术带头人要进行专门培养,不断扩大技术服务队伍。其次,要加强对退耕农户的培训。退耕还林是一项带有很强公益性的事业,各级政府有义务对广大退耕农民免费进行培训,全面提高其相关技能水平,使他们懂科学管理和市场经营。再次,要加强技术平台的建设。应鼓励科研院所、大专院校、各级技术服务机构和广大社会技术人员积极参与到退耕还林工程中来,为后续发展提供新途径。最后,要加强信息平台的建设。要充分利用现代网络技术,为退耕还林的后续发展建立起技术和市场咨询服务信息平台。

(3)发展生态旅游。退耕还林后,良好的生态环境为旅游业的发展提供了条件。通过生态旅游,可以增强旅游者保护环境的意识;可以提高农民退耕还林的短期收益和积极性;可以促进城乡交流互动和促进农村经济发展;可以就近就便地解决农村剩余劳动力转移问题和促进农业产业结构调整。重庆直辖以来,交通的飞速发展,已经为生态旅游的开发创造了发达的交通条件。随着城镇化进度加快,城市人口增多,到农村、森林旅游的需求也越来越多,这为发展生态旅游提供了市场。发展生态旅游拉动餐饮、商业、食品加工等相关产业的发展,将增加退耕农民的收入来源和收入数目,并减轻政府负担,促进退耕还林后续发展。政府要做好的事是要合理规划生态旅游,不能进行对生态环境有影响的其他开发。

(4)完善采伐利用政策。在树木的最佳轮伐期,可以结合树木生长规律和经济效益进行适度合理的开发利用。农民对退耕还林地开展抚育管理、加快林木生长的目的之一就是增加收入。按照分类经营、分类指导的原则,对工程区进行生态重要性和经营目标的分区,在保证不破坏林地生态功能的前提下,依据分区对退耕还林所形成的林地林木资源分别采取严格保护、限制性利用、自主性利用的政策。在此基础能上,制定具体的林木采伐的实施方法和技术规定,保证采伐利用的各项相关政策措施落到实处。

(5)建立退耕还林激励机制。①建立林地产权流转机制。在明确林地产权的基础上,由水土保持部门、国土部门和林业部门共同协作,建立起退耕还林产权转让市场,使林地可以依法继承、转让、租赁、入股、拍卖、抵押等。②建立林产品价格机制,把一切林产品都列入"林价"中计入成本,用经济的手段调控退耕还林。国家在实施退耕还林时,应把"林价"引入林权价格中,它有利于天然林保护,提高退耕还林的经济和社会效益,从而使退耕还林走上以市场动力牵引的可持续发展之路。③建立林木分类经营机制,实施市场化的"动态"分类经营政策。将《水土保持法》《森林法》中的防护林、特种用途林划为生态林,将用材林、经济林、薪炭林划为商品林。退耕还林经营者对商品林可以依法多种经营。

(6)拓展产业开发模式。退耕还林后续产业包括林业产业和与其有相关性的非林业产业。林业产业主要指林产品的生产和加工。要特别注意发展林产品加工业,林业产值的增加主要靠林产品加工增值,并且要综合应用林副产品,使林业资源得到充分利用。非林业产业主要是与林业产业相配套的第三产业(如商业、服务业等)。在发展林业商业、服务业的同时,促进林业的发展,可促进退耕农民的就业,增加农民收入。发展退耕还林后续产业,劳动力供给的数量和质量要与之相适应。各级政府要重点在农业技术服务、市场营销、劳务输出等方面给予农民智力支持,增强农民进入市场的本领,提高农村劳动力要素价格,拓宽农民增收渠道,使农民摆脱对土地的过分依附。

(7)继续规划好退耕还林的可持续发展模式。要继续加强水土保持林、水源涵养林、经济林、防护型用材林、防护型薪炭林等林型的规划和建设,注意因地制宜,不能搞一刀切,更不能蜂拥而上地只建设经济林。要灵活执行退耕还林政策,根据各区县的地形和水热特征,积极进行退耕还草、退耕还林。

第四节 园林绿化

自直辖以来,重庆市园林绿化工程获得了很大成就。直辖之初,截至1998年,重庆市建成区绿化总面积4979公顷,建成区绿化覆盖率19.9%,人均公共绿地2.29米^2,绿地率17.9%。全市仅有52个建成公园,总面积667公顷,有14个在建公园和8个部分建成的公园,其中主城区有29个公园,面积486.2公顷。总体来说,存在城市绿地面积少、水平低、分布不均及绿地系统不完善、绿地体系功能脆弱等一系列问题。

"九五"期间,通过开展园林绿化"三创"活动和小城镇绿化建设,新建园林式单位、园林式小区、园林市街,完成市街立体绿化示范工程和绿化整治工程,建成包括小游园、小旅店、小景点的"百花园",加强公园景点改造、全民义务植树等,人均公共绿地、建成区绿化覆盖率、绿地率等指标都得到一定程度的提升,人均公共绿地达到2.37千米^2,建成区绿地率18.16%,建成区绿化总面积60.92千米^2,建成区绿化覆盖率20.13%。

"十五"期间,全市围绕改善生态环境和创建"山水园林城市"的总体目标,贯彻落实全国城市绿化会议精神,大力创建国家园林城市,通过完善公园基础设施建设、加强公园景点改造、大力实施景观整治、增加城市绿地、推进公园规范化管理和创建达标等工作,城市绿地总量的增长幅度较大,城市中心区绿地有所增加,园林创建工作成效明显。截至2005年,城市建成区园林绿地18813.28公顷,公共绿地5205.68公顷,城市公园133个,面积达到2495.89公顷。城市建成区绿地率19.6%,比"九五"期间增加1.44个百分点;绿化覆盖率21.6%,比"九五"期间增加1.47个百分点。城镇人口人均公共绿地4.11米^2,非农业人口人均公共绿地6.37米^2。主城建成区园林绿地11554.17公顷,公共绿地3030.57公顷,公园61个,面积1254.8公顷,城镇人口人均公共绿地5.45米^2,非农业人口人均公共绿地8.48米^2。

"十一五"期间,通过抓重点项目、样板工程、城市干道绿化和生态林建设,加强绿化建设、城市绿化管理、公园基础设施建设等手段,大力创建国家园林城市,推进城市森林工程建设,加大园林绿化建设力度,增加城市绿化总量,提升绿化档次和城市景观,重庆市基本达到国家园林城市要求。截至2008年,全市城市建成区园林绿地28859公顷,公园绿地10504公顷,绿化覆盖面积31820公顷,比1998年增加5.39倍;城市建成区绿地率33%,比1998年提高近一倍,比"十五"期间提高13.4个百分点;绿化覆盖率达到35.9%,比"十五"期间提高14.3个百分点;人均公共绿地9.63米^2,是1998年的4.2倍;城市公园达到169个,面积3954公顷,比1998年也得到了很大幅度的提高。

其中,主城建成区园林绿地达到15624公顷,公园绿地5875公顷,绿化覆盖面积17119公顷,城市公园87个(面积2351公顷),城市建成区绿地率34.9%,绿化覆盖率38.2%,人均公共绿地达到10.75米^2,和1998年相比呈现出显著的改善。同时,部分区县通过多年的建设成为国家级园林建设的先锋,2008年,渝北区、南岸区成为国家园林城区,大足县成为国家园林县城,九龙坡区西彭镇建成国家园林城镇。

第五节 水土保持和水土流失治理

2000年以来,重庆市重点实施了水土流失综合治理、退耕还林、地质灾害治理、生物多样性保护、自然保护区建设、生态示范创建等一系列生态环境保护和建设重大工程,生态环境恶化的趋势得到一定程度的遏制。

"十五"期间,重庆市通过"长治"工程、库周绿化带建设、农业综合开发、国土整治、退耕还林、植树造林等综合措施,共治理水土流失面积12587千米^2,占重庆市辖区面积的15.28%,占重庆市水土流失面积的31%。

重庆市水利部门坚持水土保持"四沿"发展战略,以生态建设为核心,以小流域治理为单元,在"长治"工程、水保国债项目的带动下,以基本农田、坡面水系建设为重点,全面加快了水土流失治理和综合防治的步伐。累计治理水土流失面积4490千米^2(其中"长治"工程治理3043千米^2,中央债券水保项目治理1447千米^2),占全市治理面积的35.67%,比"九五"期增长近40%。

重庆市水土保持总投入达8.56亿元,创历史最高水平。仅水利部门的水保投入就达4.54亿元,是"九五"时期的1.46倍,比直辖前全市水保总投入还要多。同时,重庆市政府出台《重庆市已成大中型水利、水电工程水土流失防治经费使用管理办法》,规定已成大中型水利、水电工程的管理或经营单位,应从年度收取的水费、电费中提取1%作为专项资金用于本库区及其上游水土保持防护和治理项目的建设。该办法于2005年7月1日正式施行。这一政策的出台,使重庆市建立水土保持生态补偿机制的工作跨入了全国先进行列,为重庆市多渠道筹集水土保持资金开辟了一条重要渠道。

通过五年努力,重庆市重点治理区的水土流失得到初步控制,生态环境和农业生产条件得到明显改善,土地利用结构和农业产业结构日趋合理,环境容量扩大,群众生活水平和生活质量有较大提高。2010年,全市水土流失面积从直辖前的5.2万千米^{2}下降到4万千米^2。重庆市已治理完工的小流域中,坡耕地减少45.4%,基本农田增加25%,林(草)用地由治理前的27.5%提高到56.5%,森林覆盖率由治理前的18.5%提高到26.4%,治理区土壤侵蚀量比治理前减少69.5%,每年减少土壤侵蚀量达4000多万吨。治理区粮食人均增产125千克,人均增收350元左右。同时,重庆市先后有5个区县、14条小流域被水利部、财政部授予"十百千"工程示范县和示范小流域称号,有9个区县被长江上游水土保持委员会授予"长治"工程"样板县"称号,涪陵、万州、渝北和永川4个城市被水利部命名为全国水土保持生态环境建设示范城市。

实施水土保持和水土流失治理工程。坚持预防为主、保护优先、因地制宜的方针,积极开展综合治理,充分发挥生态的自我修复能力。至2010年,坡耕地综合治理43万公顷,新增治理水土流失面积1.5万千米^2,全市平均土壤侵蚀模数低于75吨/千米^2,水土流失治理率达到27%,水土流失率控制在30%以下。

(1)重点工程建设。

沿江工程:主要是对长江干流(重庆段)600米范围内的综合治理。

沿路工程:主要是对重庆市范围内的现有高速公路沿线的综合治理,主要包括成渝、渝黔、渝合、渝涪、长万等高速公路。

沿城工程:主要是对三峡库区万州、开县、巫山等15个区县(含主城区)的县级及以上城镇周边3~5千米范围内的综合治理。

沿水库工程:主要对长寿湖、龙水湖等31个重点水库集雨区优先实施综合治理。

退耕还林还草工程:根据重庆市各区域的土地利用情况、地质情况、生态环境以及地区食物保障情况与就业潜力,合理布局陡坡耕地退耕还林工程,因地制宜地制定实施措施,有计划、分步骤地按照先易后难的原则,分批分期还林工程。2006—2010年,重庆市完成退耕还林面积55万公顷,其中退耕地造林26万公顷,荒山荒地造林29万公顷。2008年完成水土流失重点区域(三峡库区、水土流失重点预防区)和各自然保护区所有陡坡耕地的退耕还林工程。到2010年,完成25°~

30°坡耕地的退耕还林。

(2)水土流失预防保护措施。在治理措施上,坚持以小流域为单元的综合治理,山水田林路统一规划,工程措施、林草措施和保土耕作措施优化配置,形成综合防治体系;搞好坡改梯、退耕还林和灌排兼备的坡面水系工程;在农牧交错区,重点搞好小型水利工程建设和大面积的封育保护。

在市、区(县)、镇(乡)、村四级建立护林组织,制定有关制度和乡规民约,落实管护人员,依法制止乱砍滥伐行为。认真贯彻《重庆市水土保持"三区"划分通告》,搞好预防保护规划,明确项目区预防保护的范围。水土保持治理工程和设施建设经水行政部门完成后,交由当地政府和村社负责后期管护,并分别制定相应的管护制度。加强水土流失监测,建设动态监测网络。

(3)加强管理。进一步明确重点预防保护区、重点监督区、重点治理区等水土流失重点防治区的水土保持和水土流失治理措施,采取封山禁牧、封育轮牧、舍饲养畜等措施,充分依靠大自然的力量,加快植被恢复和生态系统改善。乌江、大宁河及双江上游等重点预防保护区以保护自然植被、防止乱砍滥伐为主,同时做好局部水土流失严重地区的治理;长江、嘉陵江干流三峡库区等重点监督区重点做好水土保持监督管理工作,防止造成新的水土流失;长江干流、嘉陵江中下游等重点治理区以治理水土流失、改善生产条件和生态环境为主,同时做好预防保护和监督管理工作。

明确水保工程所有权,拍卖使用权,搞活经营权,放开建设权,建立良性循环机制。加强法制宣传与执法体系建设。建立健全水土保持监控体系,加大水土保持监督执法力度,防止人为造成新的水土流失,坚决制止毁林、毁草、陡坡开荒等破坏水土保持的行为。严格执行开发建设项目水土保持方案报批制度、环境影响评价制度和"三同时"制度,落实水土保持方案。

(4)加大投入。多渠道筹措资金,建立稳定的投入保障机制,争取国家更多更大的投入,争取水利建设基金、农业综合开发资金、扶贫资金等,加大对水土保持投入的力度。

第六节 三峡库区消落带治理

消落带又称消落区、涨落带或消涨带等,一般指因水位周期性变化而形成的一段特殊区域。它是水、陆生态系统的交错地带,对水、陆生态系统具有双重影响。根据三峡工程运行方案,为了使三峡水库长期保持绝大部分有效库容,水库将采取"蓄清排浑"的运行方案,即在每年6月至9月汛期,长江上游来沙量最大之前,将水库水位降至最低的145米,并开闸放水排沙,而在汛期后(10月)输沙量和径流量小的枯水期开始蓄水,将水位升至最高的175米,以拦蓄清水,发挥水库效益。三峡水库建成后,将在库区两岸形成两条平行、全长600千米以上、水位涨落高差达30米、与天然河流消落带涨落呈季节相反的消落带。

三峡库区消落带在生态系统的稳定性、抗外界干扰能力、对生态环境变化的敏感性及生态环境改变速率上,均表现出明显的脆弱特性,同时,也是一种多功能资源。作为水库的一部分,消落带存在大量水生植物,对抑制洪水,防止暴雨及水流冲刷库岸造成水土流失有很大的作用,退水后,又具有开发利用价值。因此,三峡库区消落带既有多功能的资源特性,又是一个生态脆弱带。加强对消落区的生态保护与利用,是三峡工程正常发挥其效益的前提和基础,也是解决开发移民、实现库区可持续发展的必要条件。

一、三峡库区重庆段消落带基本情况

三峡工程重庆库区淹没涉及18个区(市)县,各项淹没实物综合指标占全库区的80%以上。静态移民72万人,动态移民103.97万人,占全库区移民总数的85%。三峡工程正常蓄水175米时,淹没重庆库区面积862千米^2,其中陆域面积471千米^2。淹没涉及10个县城,101个集镇,直接

淹没人口 719348 人,其中城镇 418083 人,农村 301265 人。淹没房屋 2929.22 万米^2,淹没耕地 302156 亩,淹没工矿企业 1378 个。

三峡库区消落带以重庆段为主,涉及巫山、巫溪、奉节、云阳、开县、万州、忠县、丰都、石柱、涪陵、武隆、长寿、渝北、巴南、江北、南岸、渝中、沙坪坝、北碚、九龙坡、大渡口和江津等 22 个区县,总面积 291.1 千米^2。其中又以涪陵以下 8 个区县(巫溪除外)的消落带面积较大,其总和占重庆市消落带面积的 79.79%,其中消落带面积居前 3 位的是开县(43.53 千米^2)、涪陵区(39.36 千米^2)和云阳县(33.36 千米^2),3 个区县的消落带总面积占三峡库区重庆段消落带面积的 39.95%。三峡库区长江、嘉陵江干流长度合计 645.29 千米,消落带面积 147.11 千米,占三峡库区重庆段消落带面积的 50.54%。三峡库区两岸大小支流、港汊 164 条,消落带面积合计 144 千米^2,占三峡库区重庆段消落带面积的 49.46%,与干流消落带各占一半,其中长度在 8 千米以上的 9 条主要支流的消落带面积 95.31 千米^2,占支流消落带面积的 66.19%。

三峡库区重庆段消落带可根据不同指标分成多种类型。例如,按地表物质类型可分为基岩型、松散堆积物质和人工建筑弃土型;按原土地利用类型可分为城市废弃土地型、农业用地型、荒地滩涂型;按消落带涨落深度可分为微淹型(<5 米)、浅水型(5~10 米)、中度水深型(10~20 米)和深水型(20~30 米);按地貌形态类型可分为河漫滩型、平坝阶地型、浅丘坡型、峡谷陡崖型等。根据生态环境和可开发利用综合指标,可分为以下 6 个类型。(1)峡谷陡坡薄层土型消落带。此消落带主要存在于砂岩、碳酸盐岩分布地区,谷坡陡峻,一般大于 30°甚至更大。消落带狭窄,大部分地段覆盖有瘠薄的土层,植被稀疏,缺乏开发利用价值,应以防护为主。其存在的主要问题是滑坡。(2)峡谷陡坡裸岩型消落带。主要分布在河流切穿背斜核部区段,如巫峡等,岩坡陡峻,坡度一般大于 30°。消落带狭窄,大部分地段基岩裸露,仅局部有瘠薄的土层,植被稀疏,缺乏开发利用价值。其存在的主要问题是崩塌。(3)中缓坡坡积土型消落带。此类型消落带分布广,但集中出现在向斜低山、丘陵地段,如万州至云阳两岸的大部分地段,地表坡度一般小于 30°,消落带宽度在 60~120 米,土层厚薄不均,以紫色土为主。已有部分地段开垦成梯田,土壤熟化程度高,在成库前是重要的旱作区和以柑橘为主的经果林基地。其存在的突出问题是土壤侵蚀严重和滑坡、泥石流等地质灾害。(4)开阔河段冲积土型消落带。该消落带也称河流阶地、平坝型消落带,主要分布在向斜丘陵谷地中的开阔地区和盆地,如开县的澎溪河、普里河流域等,土壤类型为冲积土、紫色土和水稻土。该处为所在区县一、二等耕地的集中分布区和粮食稳产高产区,也是今后消落带土地开发的重点区域。(5)城镇河段废弃土地型消落带。该消落带也可称为失稳库岸重点治理型消落带,又分两亚类:一类是开阔型城镇消落带,如开县等;另一类是边坡型城镇消落带,如涪陵、万州、云阳等。其重点问题是沿岸污染防治和边坡失稳的工程治理。(6)支流尾闾型消落带。其主要分布在各支流受三峡水库回水影响的尾部区段,该消落带呈现出"涨水一片,消落一线"的特征,是污染物和泥沙淤积的主要场所,是典型的水陆生态系统过渡地带,生态系统的敏感度高、脆弱性强。不过,此处被水淹没的时间短、深度较小,故种植一些挺水植物如芦苇等有助于改善此处的生态环境。

二、库区消落带主要面临的生态环境问题

(一)环境污染

三峡水库建成以后,库区消落带的污染问题显得尤为突出,主要表现为岸边形成污染带和水陆交叉区的环境污染。前者主要是由于库区水位调节时由 175 米缓慢下降到 145 米,消落带的水流会随之变成缓流和滞流,上游排放的污染物,如难以分解的塑料制品、易分解但会污染水体的动植物尸体等会滞留在库岸,在消落带处形成严重的岸边污染带;后者由于消落带连接着水域与陆地的环境系统,在水位周期涨落的影响下,消落带将成为生态系统中物质、能量输送和转化的活跃

地带,消落带的生态系统就将受到来自水陆两个层面的交叉污染。水陆交叉区的环境污染具体又包括液体污染、固体污染及酸沉淀。

(1)液体污染。库区消落带存在的液体污染归纳起来主要有四种来源。一是高水位时上游和两岸生活污水、生产废水的排入,在退水过程中逐步存留在消落带;在低水位时,两岸生活污水、生产废水流经并部分直接沉积在消落带。在2001年仅三峡库区重庆段,废水、污水排放量达$9.9×10^8$吨,化学需氧量排放总量$20.4×10^4$吨,其中城市生活污水中氨氮、总磷分别排放$1.07×10^4$、$0.18×10^4$吨,城市生活垃圾产生量$183.4×10^4$吨。城市污水集中处理率7.4%,生活垃圾无害化处理率仅7.3%。2003年,长江流域工业废水和城市污水年排放量约$250×10^8$吨,其中重庆市污水排放量达$11.4×10^8$吨,90%未经处理直接排入长江,使沿江500多座城市的饮用水供给受到威胁。二是两岸含有大量营养元素的农业废水的排放和库区消落带被淹土地营养元素的浸出。据前几年重庆市环科院测算,两岸农田地表径流入库污染负荷总量达$2494×10^4$吨,其中悬浮固体$2410×10^4$吨,化学需氧量$62.4×10^4$吨,生化需氧量$57.8×10^4$吨,总氮$12.7×10^4$吨,总磷$0.66×10^4$吨。大量营养元素进入库区水体,极易引起局部水域爆发藻类水华。三是消落带土地开垦过程中产生的农业生产废水(非点源污染)直接存留在消落带。2002年、2010年,库区重庆段水体的主要污染源为农田径流污染和农村生活污水污染,其中农田径流污染的化学需氧量、氨氮、总磷的贡献率分别是59.95%、76.64%、85.86%。四是消落带季节性养殖投入。未被利用的大量饲料对水质、水体富营养化有很大影响。

(2)固废污染。据重庆市环保局2002年报告,三峡库区重庆段工业固体废弃物年产量就达$800×10^4$吨;到2001年底,历年堆积未处理(填埋)的工业固体废物为$1500×10^4$吨以上。2000年,重庆市库区工业固体废物产生量为$1304.84×10^4$吨,工业固体废物排量为$238.42×10^4$吨。而且,这些废物有增多的趋势。这些固体废物大多堆积在消落带周围或河道边,一经暴雨冲刷,将对消落带造成严重污染。此外,三峡库区重金属污染也呈上升趋势。三峡库区土壤中重金属镉、砷的含量明显增加,汞、铬、铜、铅、锌等在库区的累积增加,若不及时控制住污染源,情势将恶化。

(3)酸沉淀。重庆市作为三峡库区唯一的特大城市,也是中国酸雨危害最严重的地区之一,为酸沉降敏感区。重庆市主城区每年的二氧化硫排放量就达$26.325×10^4$吨,降水pH均值为4.9。这些偏酸性的降水也大多流经消落带入库,对消落带湿地生态系统特别是对土地质量和生物多样性构成威胁。

(二)疫病隐患

三峡库区为多种传染病、自然疫源性疾病、地方病(如肝炎、结核、痢疾、霍乱等)的高发区。当消落带的污染问题比较严重时,污染物在低水位或高水位情况下都难以被分解和处理,导致各种相关的病原体微生物的滋长和致病菌的传播。并且,在夏季高温高湿的情况下,污染严重的消落带各种病菌散播,异味、恶臭散发,可能为自然疾病、虫媒与介水传染病的传染源扩散及病媒生物的滋生创造条件,很容易引起大规模的疫情发生和流行,对人们造成严重的危害。其中,特别值得一提是血吸虫病。三峡库区位于湖北、四川两大血吸虫病流行区之间,四川钉螺与湖北钉螺(血吸虫的中间宿主)在温度11℃~29.5℃、空气湿度64.1%~85.4%、土壤湿度11.6%~19%、pH6.3~6.5的环境中均可生存繁殖,成活率与繁殖高峰持续4~6个月。因此,在库区水位和生境发生改变后,经过漫长时间,钉螺将以各种方式扩散到适宜的区域定居,在条件具备的情况下可形成新的流行区,这对人口众多的三峡库区将构成巨大威胁。

(三)水土流失和泥沙淤积

三峡水库属于河道型水库,两岸沟壑纵横、地势陡峻(坡度15°以上面积占土地总面积的74%),相对高差大,水土流失严重。消落带地表坡度在15°以上的区域,其面积占整个消落带总面积的54.2%。库区蓄水后,在降水和库区水位周期性涨落的作用下,除了局部为"平川坝地型"的消落带河段外,大部分"山地型"的消落带河段的土壤重力侵蚀和冲刷作用将加剧。三峡库区的森林覆盖率仅为21.7%,沿江两岸不足5%;水土流失面积5.1×10^4千米^2,流失面积占全市辖区面积的61.89%;年侵蚀量达1.48×10^8吨,土壤侵蚀模数平均为3000吨/千米$^2 \cdot$年;入江泥沙年均3500×10^4吨。2000年,库区水土流失面积就达65%,其中中度和强度侵蚀面积占70%以上,每年进入江河的泥沙量总计1.4×10^8吨。每年因水土流失造成的土地石漠化面积达1333千米^2,其中巫山、云阳及奉节一些沿江地段的石漠化已显见。三峡库区多数区县为以农业为主体的经济贫困落后地区,耕地面积少,后备宜农荒地资源贫乏,人均耕地750～1050米^2(就地后靠的移民区域还会降低)。库岸主要为农耕地,长期复种深耕造成表层土质疏松,土壤稳固性差,而且在水体长时间的侵蚀、剥离、冲刷作用下,表层土壤流失尤为严重。进入水体的泥沙,不仅填塞而减少水库的库容量,而且威胁三峡工程的正常运行,将减少其使用寿命。

(四)地质灾害

三峡库区为基岩山区,矿产资源匮乏,地质环境脆弱。其消落带岩石由除石炭系、白垩系和第三系外的古生代志留系至第四系碎屑岩、碳酸盐岩和松散堆积物组成。碳酸盐岩仅见于长江及其支流背斜轴部,大面积分布的是砂岩、泥岩及其风化残坡积、重力堆积和冲洪积物质。松散堆积物分布最广,一般多在0～80米。库岸中土质岸坡140千米(占库岸总长的4.69%),结晶岩岸坡32千米(占1.06%,主分布于坝址),碳酸盐岩岸坡454.5千米(占15.19%,主分布于三峡库段),碎屑岩岸坡2368.6千米(占79.06%,主分布于秭归和重庆东部库段)。除开县等局部地区比较平缓外,大部分消落带河段地形陡峻,河岸地层稳定性差,加上库区沿岸人多地少、人类活动频繁,是地质灾害多发区。三峡库区核心区的万州、酉阳、巫山、奉节等10多个区县分别有滑坡4074处、崩塌580处、泥石流101处,整个三峡河谷中泥石流河段达271处。三峡水库建成后,高水位时绝大部分的老滑坡体的中前部将浸泡在水中,滑移面受水的浸润,黏着力降低,在水位下降时老滑坡体因失去水的浮托而复活;另外,消落带水位的周期性涨落将会诱发新的滑坡、崩塌和泥石流,严重威胁库岸人民的生命财产安全和库区安全。

(五)植被消亡,生态系统受损,景观破坏

三峡水库蓄水运行后,库区消落带持续5～6个月,消落带由原来的陆生生态系统演变为季节性湿地生态系统,导致该区域光照、压力、氧含量等环境参数剧变,对植物的光合作用、呼吸作用、生长发育、繁殖及物候等产生巨大的甚至制约性的作用。一方面会出现一些新的物种或发生物种变异;另一方面是原来适应陆生环境的物种尤其是植物将逐步消亡,而适应水生环境的物种又因消落带的季节性出露水面(陆地环境)而成活率低。因此在消落带及其支流回水影响区的浅平地方,可能只有少量的湿生和水生植物群落生长。整个消落带的植物种类将较以前的陆生环境大为减少,生态系统结构和功能简单化,生态系统的稳定性降低,脆弱性增强。在丧失植被而裸露的消落带,随着环境负荷量的积累,极可能出现难以逆转的环境恶化问题。

此外,三峡水库蓄水运行加上历史性的过度垦伐和城镇、道路及其他产业等建设,导致消落带植被日渐稀疏,呈现似"荒漠化"现象,从而原有的为世人所称奇的三峡景观廊道受到影响,结构缺损的消落带与陆域和水库形成明显反差。旅游景区的重新分布和特色变化也给旅游资源的开发和利用带来新挑战。

三、消落带生态环境保护与调控对策

(一)做好消落带生态环境保护与利用规划

首先,应对不同蓄水位(145米、155米、175米等)条件下消落带的形态、范围、空间分布、生态环境问题,不同季节干湿交替的界线及变动情况等开展调查研究。然后,根据不同地域消落带的

自然地理特征、生态环境问题和三峡水利工程安全运行的要求,制定消落带生态环境保护与利用规划,划分功能区如水质保护区、河湾段生态渔业区、开阔河滩段季节性种植区、陡峭消落带地段禁垦区、失稳库岸段尤其是城镇地段如万州区高笋塘段工程治理与监测区等。最后,依据以上工作对三峡库区消落带土地资源利用,以及生态与环境保护和治理提供指导。

(二)合理利用消落带土地资源

三峡库区蓄水位落差大,每年5月底至9月底可季节性利用土地面积达300千米^{2}以上,利用期长达120天以上。而且,水库消落带土地出露期与库区5月底至9月底的光热雨资源集中期基本同步,是生物生长繁殖最活跃的阶段,更有利于作物栽种。合理利用库区消落带土地资源,进行季节性作物栽种,除了在经济上有巨大收益外,对库区周围生态环境的保护和美化也起着相当大的作用。此外,在三峡库区消落带区域内可以合理开发渔业资源。根据消落带水、陆交替的时期、频率和区域范围,渔业利用可采取坝拦或网栏养殖,饲草种植和草、鱼轮作等主要方式。在水位涨落周期中,渔业还可与农耕结合起来——在水位上升阶段建栏养殖鱼类,发展渔业;当水位周期性降低后,在该地区改为农业耕作。由于先前鱼类的养殖,大量鱼类粪便及一些微生物分解的有机营养物质将成为这片土地的天然肥料,这就给耕作提供了更好的种植条件,促进了植物的健康发展,从而进入良性循环。不过,消落带土地资源的开发利用必须以不危害库区生态安全为前提。首先,要限制土地利用的地域范围,除较平坦开阔的消落带(如开县、巫山县大宁河坝区等)地段及部分河湾段尤其是有支流汇入处之外,其他地段的消落带原则上应禁止使用。其次,对于季节性利用的消落带,要尽量使用免耕法,避免或减少因土层扰动而加剧土壤冲刷、淘挖。再次,要分带利用,在消落带上依次布局生态防护林缓冲带(水位175~185米处),不仅起到防护、拦挡地表泥沙和污染物入库的作用,也可以保护和加固库岸,此外还可改善库区的旅游景观;在185米以上地段,因地制宜地布局生态经济果林或生态景观林,可在确保增加农民收入的情况下,美化库区景观,为库区旅游业的持续发展创造条件。

(三)积极调整和升级库区两岸农村产业结构

第一,要加强小城镇建设,大力发展旅游业、生态农业及其加工业等,取代传统的耕种业,以减少滞留消落带或经消落带入库的泥沙和非点源污染物;第二,积极利用复合生态技术,结合三峡库区的实际情况,采用林—农、林—果、林—牧生态保护模式,如库区是柑橘生产的主要区域,则将柑橘带的规划与库区生态环境保护结合起来,可以取得生态、经济、社会效益三赢的结果;第三,重视利用坡地农业技术,不仅能遏止土壤侵蚀,还能改善农业生产基础条件,增强农业发展后劲。

(四)加大消落带生态环境的治理力度,建设良好示范

消落带的生态与环境问题不仅直接威胁库区两岸人民的生命财产安全与经济发展,还影响到三峡水库的安全运行乃至长江中下游沿岸的可持续发展。因此应从"三峡水电建设基金"中抽取一定比例的资金作为依托,国家和有关部门(如水利部、移民局、国家西部开发办公室等)及长江中下游受益省市进行配套投入,就库区消落带的主要生态与环境问题,按轻重缓急,分期分批进行治理。例如,为应对三峡库区周围经常发生的坍塌、泥石流等地质灾害,可以运用工程原理加固堤防。除此之外,生物手段的应用也是一重要方式——植物的生长与根系的固着,是保持土壤坚固、防治水土流失的最好方法,在保持生态系统正常循环中也起着相当重要的作用。要卓有成效地治理大型工程的生态环境,必须将生物措施与工程结合起来,二者分别起到40%和60%的作用。又如对于库区严峻的污染问题,首先就是要控制好污染源。其次,要大力宣传和提高公民本身的道德素质,在河流两岸生活的居民要自觉禁止向河水中倾倒垃圾和废水,这也是改善自身周围的生活环境的一个直接方式。同时,还应提高游客的环境保护意识。另外要全力消除消落带土壤中的重金属污染,也要注意防止病菌、有害微生物的不断蔓延,避免流行性疫情的发生。

此外,在加大消落带生态环境的治理力度的同时,还须在不同类型的典型地域(如河湾段、开阔河滩段、支流库尾段、陡峭消落带地段等)建立消落带生态环境开发利用、保护与治理示范点,最终使库区消落带湿地生态系统步入良性循环。

(五)加强攻关研究,建立消落带生态环境监测、预警和综合管理等信息系统

就一些消落带生态环境保护和治理的关键科技问题进行研究。如不同蓄水位条件下消落带土地优化利用技术和模式,消落带生态环境容量及其提高途径,消落带生态环境治理、恢复、重建的模式与保护对策,消落带病原体或致病菌的主要类型、成因、变异及其迁移规律与阻隔途径,消落带污染物的类型、沉积特征、迁移规律及其影响机理,消落带库岸再造过程与机理,消落带主要地质灾害的时空分布特征、趋势及治理途径,消落带生态系统健康评价及监测调控,消落带生物多样性的配置技术,病害物种入侵的阻隔途径,等等。同时,还应就库区消落带可能出现的重大环境污染、主要地质灾害、重点(关键)流行性疫病、病害物种的入侵等生态环境问题建立预测预警与调控管理系统,如消落带地质灾害的监测和预警系统,重点流行性病疫的监测、预报和应急系统,消落带生态系统评价、监测、预警及调控系统,消落带综合管理信息系统,等等。

第七节 重点资源开发生态环境保护

各类自然资源的开发,必须遵守相关的法律法规,依法履行生态环境影响评价手续;资源开发重点建设项目,应编报水土保持方案,否则一律不得开工建设。重点资源开发生态环境保护包括以下几个方面:

(1)土地资源开发利用的生态环境保护。建设项目确需占用生态用地的,应严格依法报批和补偿,并实行"占一补一"的制度,确保恢复面积不少于占用面积。加强对交通、能源、水利等重大基础设施建设的生态环境保护监管,建设项目选址、选线和施工场地设置要科学选比,尽量减少占用林地、草地和耕地,防止水土流失和土地沙化。

(2)矿产资源开发利用的生态环境保护。严禁在生态功能保护区、自然保护区、风景名胜区、森林公园内采矿。严禁在崩塌滑坡危险区、泥石流易发区和易导致自然景观破坏的区域采石、采砂、取土。矿产资源开发利用必须严格规划管理,开发应选取有利于生态环境保护的工期、区域和方式,把开发活动对生态环境的破坏减少到最低限度。矿产资源开发必须防止次生地质灾害的发生。在沿江、沿河、沿湖、沿库、沿海地区开采矿产资源,必须落实生态环境保护措施,尽量避免和减少对生态环境的破坏。已造成破坏的,开发者必须限期恢复。已停止采矿或关闭的矿山、坑口,必须及时做好土地复垦。

(3)旅游资源开发利用的生态环境保护。①旅游生态环境保护规划。编制旅游发展总体规划时,应有旅游生态环境保护的专章,合理划定功能分区,明确生态环境保护的目标和措施,科学确定旅游区的游客容量,合理设计旅游线路,使旅游基础设施建设与生态环境的承载能力相适应。各类旅游地在实施旅游发展总体规划时,必须将生态环境保护的内容予以具体化,并具有可行性。②旅游生态环境保护和污染治理。积极倡导生态旅游,加强环境保护基础设施建设,防治烟尘、污水、垃圾、噪声污染。加强对自然景观、景点的保护,限制对重要自然遗迹的旅游开发,从严控制重点风景名胜区的旅游开发。旅游开发建设、资源利用和旅游活动中,必须采取切实措施对野生动物及其栖息地、野生植物及其生境、水源涵养林、湿地等予以保护。创建一批具有辐射示范作用的生态环境保护示范景区。③旅游开发建设环境管理。旅游地内的一切开发建设活动必须严格执行环境影响评价和"三同时"制度,对可能造成生态影响的开发建设活动,必须制定切实可行的措

施,对生态环境予以保护、恢复或重建。对旅游地中生态环境脆弱和敏感的区域,要实行轮休或封闭式的保护。旅游地开发建设施工期间要加强环境监管,防止因施工造成环境污染和生态破坏。加强对旅游地的生态环境质量监测,建立环境监测制度,逐步建立旅游地环境质量公示制度。④矿山废弃地必须恢复环境。开展矿山恢复与土地复垦,实施不同类型区的生态恢复和重建示范工程。以生态系统理论为指导,改变单纯的废弃矿山土地复垦的观点,采用工程技术、生物技术和生态农艺技术相结合的方法,开展重点闭坑矿山受破坏土地的复垦、生态恢复和重建。渝东北和渝东南的矿山废弃地的远景利用以农业为主导,向生态农业方向发展;渝中平行岭谷区和渝西丘陵区的矿山废弃地的恢复治理,以城郊或采矿现场的基本建设利用为辅,以建设与采矿业或居民生活相配套的基础设施为主,使其成为结构协调(城乡、产业、空间单元)、功能完善(环境、文化、生产)的区域景观生态系统。加强监督管理。严格矿山闭坑工作的审查与管理。实行矿山开采全过程的生态监控,建立健全矿山生态监督管理体制、生态治理责任制和责任过错追究机制,建立矿山生态环境管理信息系统和预警系统。对处于三峡库区长江干流及嘉陵江、乌江、大宁河等主要支流沿岸可视范围(或500米范围)内的各类采矿场,依法予以关闭,并责成相关企业进行生态环境恢复治理,保护库岸的生态安全。政府提供优惠政策,根据"谁破坏、谁治理、谁受益"的原则,鼓励矿山企业增加生态保护的资金投入。对利用先进技术复垦、开发废弃矿坑和塌陷地的,可优先享受复垦土地的使用权,对矿山生态保护及恢复工作做得好的矿山企业,实行减收矿产资源税等优惠政策。

第四篇 环境管理

第一章 环境管理机构

第一节 环境管理体制

环境管理是现代行政管理的重要内容之一。20世纪80年代,中国在经济实力不足、环境保护投资有限的情况下,把强化环境管理作为环境保护工作的中心环节。环境管理体制也随之不断健全、完善。重庆市政府高度重视环境管理体制建设,成立了非常设的协调机构——环境保护委员会,由一位副市长任主任。市环保局系市政府的重要职能部门,主管全市环境保护统一监督管理工作。21个区(市)县也分别设置环境保护局。各级环保局均设有直属的环境监测和环境监理机构,相当部分大中型企业也设有环境监测机构。健全环保机构,强化环境管理,对环境保护事业发展和污染控制推进起了重大作用。

直辖以来,市环保局按照区域生态系统管理方式,逐步理顺部门职责分工,增强环境监管的协调性、整体性。建立健全国家监察、地方监管、单位负责的环境监管体制。地方政府对本行政区域的环境质量负责,监督下一级政府的环保工作和重点单位的环境行为,并建立相应的环保监管机制。法人和其他组织负责解决所辖范围有关的环境问题。建立企业环境监督员制度,实行职业资格管理。县级以上地方政府加强环保机构建设,落实职能、编制和经费。进一步总结和探索设区城市环保派出机构监管模式,完善地方环境管理体制。各级环保部门严格执行各项环境监管制度,责令严重污染单位限期治理和停产整治,负责召集有关部门的专家和代表提出开发建设规划环境影响评价的审查意见。完善环境犯罪案件的移送程序,配合司法机关办理各类环境案件。

直辖以来,按照环保部门统一监督管理的职能,市环保局主动协调市级有关部门,并经市政府同意,建立了联合执法监督检查、案件查处移送、市区联动查处环境违法行为、新闻媒体监督曝光和督查督办机制,建立了党政一把手环保实绩考核、目标任务督查考核、领导小组会、工作调度会、环境质量形势分析会、联合执法、案件移送、环境新闻通报以及开展环境友好型企业创建、企业环境信用等级评价等工作制度,促进了各项工作的圆满完成。

2009年,市环保局由主管全市环境保护工作的市政府直属机构升格为市政府重要组成部门,标志着重庆市环保部门的规格提高,在经济、社会发展决策和环境监督管理中将发挥越来越大的作用,也标志着重庆市的环境管理发生了质的变化。

第二节　重庆市环境保护委员会

重庆市环境保护委员会(以下简称市环委会)在2006年6月的性质表述是市政府在环境保护方面高层次的议事决策机构(之前的表述是议事和协调机构)。其主要职责是:(1)组织贯彻国家有关环境保护方针、政策和法规;(2)研究、审议重庆市环境保护的重大政策、规定和措施;(3)统筹、协调、推动全市的环境保护工作,研究解决重大环境问题;(4)研究审定全市环境保护规划、计划;(5)监督检查市政府有关部门、各区县人民政府及其有关部门贯彻执行环境保护法律法规和政策,履行环境保护职责,完成环境保护工作特别是"蓝天""碧水""绿地""宁静"四大行动等情况;(6)组织对环境保护方面重大问题的调研;(7)履行市政府授予的其他职责。市环委会办公室为市环委会的办事机构,负责处理日常事务工作。其主要职责是:(1)负责市环委会工作制度的起草工作;(2)参与研究、拟定全市环境保护的重大政策、规定和措施,负责起草环境保护年度工作计划,分解年度工作目标任务;(3)具体组织、协调全市的环境保护工作,督促检查各成员单位贯彻执行市环委会各项决议、完成环境保护工作的情况,协调处理有关问题;(4)组织环境保护有关行动、工程年度绩效评估;(5)负责与市环委会各成员单位和委员的联系,筹备市环委会各项会议,安排其他重要活动;(6)负责市环委会及各成员单位有关工作信息的收集、整理、反馈,按照有关规定予以发布;(7)完成市环委会交办的其他事项。市环委会办公室设在市环保局,办公室主任由市环保局局长兼任。市环委会工作规则:(1)市环委会原则上每季度召开一次全体委员会议,每月召开一次"四大行动"调度会。如遇特殊情况需要研究和审议重大问题,由办公室主任向市环委会主任、副主任报告,经主任同意后增加召开全体委员会议。(2)市环委会会议议事、决策实行民主集中制。会议在市环委会主任或副主任主持下,各委员充分发表意见,开展民主讨论,最后由主持人集中、决策。(3)市环委会会议议题由市环委会办公室草拟,报市环委会主任或副主任审定。市环委会办公室负责会议组织等工作。(4)市环委会实行联络员制度,各成员单位确定一名联络员,负责与市环委会办公室的日常联络,并及时提供本部门、本单位的环保工作信息和建议。市环委会办公室根据工作需要,不定期召开联络员工作会议。(5)市环委会成员单位应认真贯彻执行市环委会做出的各项决议,并及时报告执行情况。各成员单位应在当年12月底前报送本年度的工作总结和下一年度工作计划。由市环委会办公室汇总提交市环委会审议。(6)市环委会文件须经主任或主任授权副主任签发。(7)市环委会工作经费由市政府核拨。工作经费主要用于聘请专家、咨询、调研、各种会议、办公室日常开支和其他必要的开支等。(8)市环委会办公室负责市环委会有关档案的整理和保管,负责将市环委会有关会议决议及会议情况(可公开部分)向新闻媒体通报。

市环委会由市政府有关委、办、局、直属机关单位的领导成员组成。主任由市政府领导成员兼任,副主任、委员由成员单位主任、副主任、局长、副局长或同级行政领导兼任。

市环委会自1984年3月成立以来,随着市政府领导成员的变化进行调整。1991—2010年,对市环委会领导成员进行调整。

1989年2月至1993年9月,由副市长秦昌典兼任主任,市城乡建委、市计委、市经委、市科委和市环保局、市国土局领导兼任副主任,市农委、市经贸委、市规划局等22个政府部门的领导兼任委员。

1993年9月27日,市政府对市环委会成员进行调整。

　　主　任　唐情林　市政府副市长
　　副主任　于学信　市政府副秘书长

	顾庭勇	市城乡建委副主任
	郭长生	市计委副主任
	吴连帆	市经委副主任
	叶光政	市科委副主任
	高益信	市农委副主任
	吉光树	市环保局局长
委　员	江孝龙	市教委副主任
	黄恩惕	市经贸委副主任
	史锦杰	市财办主任
	胡正荣	市外办副主任
	唐昌清	市城管办副主任
	何海忠	市公安局副局长
	刘继盛	市司法局副局长
	崔伟民	市财政局副局长
	岳光军	市劳动局副局长
	陈　鸿	市工商局副局长
	胡晓明	市税务局副局长
	徐泽辉	市国土局副局长
	苟华忠	市技术监督局总工程师
	陈材倜	市规划局副局长
	林君宴	市城建局局长
	田伯勋	市公用局副局长
	刘楚雄	市园林局副局长
	丁　权	市机械局副局长
	曹和才	市轻工局局长
	龚继震	市交通局副局长
	戴盛国	市林业局副局长
	林厚超	市医药局副局长
	陈祖华	市农机水电局副局长
	辜文育	市农业局副局长
	黄培中	市乡镇企业局副局长
	谭德树	市纺织局局长
	万　林	市广播电视局副局长
	胡怀林	市气象局副局长
	居中柱	市法制局副局长
	钟延年	市旅游局副局长
	李德训	重庆港航监督局副局长
	李祥龙	市卫生局副局长
	安传礼	市化工局副局长
	陈喜良	市煤炭工业公司副经理
	曹元山	市建材局副局长

　　　　王兆泉　西南兵工局副局长
　　　　周卫国　重庆日报社副社长
　　　　李　欣　人民银行市分行副行长
市环委会在市环保局下设办公室,负责处理日常工作,办公室主任由市环保局局长吉光树兼任。
1998年1月,市政府成立第一届环委会。
主　任　甘宇平　市政府副市长
副主任　唐情林　市政府市长助理
　　　　雷尊宇　市政府副秘书长
　　　　吉光树　市环保局局长
　　　　顾庭勇　市建委副主任
　　　　郭长生　市计委副主任
　　　　吴　冰　市经委副主任
　　　　叶光政　市科委副主任
委　员　蒋国昌　市教委副主任
　　　　高进进　市商委副主任
　　　　钱兆钢　市外经委副主任
　　　　张　敏　市政府法制办主任
　　　　张东辉　市政府外事办副主任
　　　　高益信　市政府农办助理巡视员
　　　　陈焕奎　市公安局副局长
　　　　黄秉来　市监察局副局长
　　　　刘继盛　市司法局副局长
　　　　马千真　市财政局副局长
　　　　岳东旭　市劳动局副局长
　　　　陈材倜　市规划局副局长
　　　　田伯勋　市公用局副局长
　　　　刘旭东　市市政管理局副局长
　　　　蒙进礼　市交通局总工程师
　　　　叶学文　市水利电力局副局长
　　　　景可嘉　市农业局农艺师
　　　　郑文鼎　市林业局副局长
　　　　李自治　市文化局副局长
　　　　熊艳华　市广播电视局副局长
　　　　何爱华　市卫生局局长助理
　　　　孙　波　市工商局副局长
　　　　龙世程　市土地房屋管理局副局长
　　　　苟华忠　市技术监督局总工程师
　　　　赵吉林　市乡镇企业局副局长
　　　　詹天强　市医药管理局副局长
　　　　欧会书　市移民局副局长
　　　　刘楚雄　市园林局局长

杨光榆　市旅游局副局长
　　任信谦　市高级人民法院副院长
　　阎庆民　人行市分行副行长
　　毕文然　西南兵工局副局长
　　潘友元　重庆铁路分局副局长
　　向　东　重庆海关副关长
　　仲德昌　市商检局局长
　　罗启学　重庆卫生检疫局局长
　　沈贵平　重庆港航监督局副局长
　　秦亮蒿　重庆经济技术开发区管委会副主任
　　王小若　重庆高新技术开发区管委会主任
　　申学勤　市气象局副局长
　　李华年　重庆日报社社长

市环委会下设办公室,办公室设在市环保局内,具体负责市环委会的日常工作。办公室主任由市环保局局长吉光树兼任。

2001年10月,由于市政府领导成员的分工发生变化,市环委会主任由副市长黄奇帆担任。

2003年,市政府对市环委会成员进行调整。

主　任　赵公卿　市政府副市长
副主任　何智亚　市政府副秘书长
　　　　张绍志　市环保局局长
委　员　胡际权　市计委副主任
　　　　马明媛　市经委副主任
　　　　彭智勇　市教委副主任
　　　　张　文　市科委副主任
　　　　王华刚　市公安局副局长
　　　　杜黎明　市监察局副局长
　　　　刘　伟　市财政局副局长
　　　　胡绪清　市国土房管局副局长

2004年,市政府为加强重庆市环境保护工作,根据工作需要,调整市环委会成员。

主　任　赵公卿　市政府副市长
副主任　何智亚　市政府副秘书长
　　　　曹光辉　市环保局局长
委　员　欧阳林　市发展改革委副主任
　　　　马明媛　市经委副主任
　　　　彭智勇　市教委副主任
　　　　张　文　市科委副主任
　　　　张志维　市公安局副局长
　　　　杜黎明　市监察局副局长
　　　　刘　伟　市财政局副局长
　　　　欧顺清　市国土房管局副局长
　　　　乔明佳　市建委副主任

梁晓琦　市规划局副局长
王志飞　市市政委副主任
唐伯明　市交委副主任
祝良华　市水利局副局长
王义北　市农业局副局长
范光明　市商委副主任
田大光　市卫生局副局长

2006年6月，市政府对市环委会成员进行调整。

主　任　王鸿举　市委副书记、市政府市长
副主任　余远牧　市政府副市长
委　员　程志毅　市政府副秘书长
　　　　周茂武　重庆警备区副司令员
　　　　李昌伦　市监察局局长
　　　　杨庆育　市发展改革委主任
　　　　马明媛　市经委副主任
　　　　彭智勇　市教委主任
　　　　张　文　市科委副主任
　　　　张志维　市公安局副局长
　　　　刘　伟　市财政局副局长
　　　　张定宇　市国土房管局局长
　　　　于学信　市建委主任
　　　　蒋　勇　市规划局局长
　　　　郭汝齐　市市政委主任
　　　　丁　纯　市交委主任
　　　　朱宪生　市水利局局长
　　　　王　越　市农业局局长
　　　　秦文武　市商委主任
　　　　屈　谦　市卫生局局长
　　　　王显刚　市移民局局长
　　　　曹光辉　市环保局局长
　　　　周朝东　市工商局局长
　　　　张　洪　市林业局副局长
　　　　张宗清　市质监局局长
　　　　王爱祖　市旅游局局长
　　　　刘　涛　市农办主任
　　　　李殿勋　市政府法制办主任
　　　　马发骧　市中小企业局局长
　　　　余守明　市园林局局长
　　　　王银民　市气象局局长
　　　　陈　勇　重庆海事局局长
　　　　雷亨顺　重庆大学教授

龙腾锐　重庆大学教授
魏世强　西南大学教授
陈　年　西南大学教授

2012年2月，市政府对市环委会成员进行调整。

主　任　黄奇帆　市政府市长
副主任　凌月明　市政府副市长
成　员　崔　坚　市政府副秘书长、市国资委主任
　　　　欧顺清　市政府副秘书长
　　　　刘国正　市政府副秘书长
　　　　周茂武　重庆警备区副司令员
　　　　杨庆育　市发展改革委主任
　　　　刘　伟　市财政局局长
　　　　吴　冰　市经济信息委主任
　　　　彭智勇　市教委主任
　　　　周　旭　市科委主任
　　　　程志毅　市城乡建委主任
　　　　滕宏伟　市交委主任
　　　　夏祖相　市农委主任
　　　　周克勤　市商委主任
　　　　徐海荣　市监察局局长
　　　　张定宇　市国土房管局局长
　　　　曹光辉　市环保局局长
　　　　扈万泰　市规划局局长
　　　　郭汝齐　市市政委主任
　　　　朱宪生　市水利局局长
　　　　汪　俊　市文化广电局局长
　　　　屈　谦　市卫生局局长
　　　　王显刚　市移民局局长
　　　　王元楷　市工商局局长
　　　　张宗清　市质监局局长
　　　　肖健康　市安监局局长
　　　　唐英瑜　市统计局局长
　　　　吴　亚　市林业局局长
　　　　王爱祖　市旅游局局长
　　　　唐建华　市政府法制办主任
　　　　马发骧　市中小企业局局长
　　　　余守明　市园林局局长
　　　　陈　勇　重庆海事局局长
　　　　王银民　市气象局局长
　　　　何　力　市政府督查室主任
　　　　高晓东　市公安局副局长

黄　红　市环保局副局长
陈德敏　重庆大学教授
龙腾锐　重庆大学教授
魏世强　西南大学教授
陈　年　西南大学教授

市环委会办公室设在市环保局，负责市环委会日常工作。办公室主任由市环保局局长曹光辉兼任，副主任由市环保局副局长黄红兼任。

第三节　重庆市环境保护局

重庆市环境保护局（简称市环保局）于1974年11月21日建立，其办公地点经3次搬迁。建立之初在市科技局内，1975年5月迁入市劳动人民文化宫内，1980年10月迁至人民路212号，2006年6月18日搬迁至渝北区冉家坝旗山路252号新建办公楼内办公。重庆直辖后，市环保局按照区域生态系统管理方式，逐步理顺部门职责分工，增强环境监督的协调性、整体性。

2009年，按照市政府办公厅《关于印发重庆市环境保护局主要职责内设机构和人员编制规定的通知》规定，市环保局由主管全市环境保护工作的市政府直属机构转变为市政府组成部门。

1992年，市环保局是重庆市人民政府对本辖区环境保护工作依法实施统一监督管理的行政主管部门，也是重庆市环境保护委员会的办事机构，在市政府领导下，负责组织、协调、监督、指导本市的环境保护工作。

主要职能是：（1）监督检查国家和地方环境保护方针、政策、法律、法规、规章以及标准在本市的贯彻执行。（2）拟订本市环境保护法规、规章和标准，根据职权和授权制定有关法规的实施细则和规范性文件，并组织实施。（3）制订并组织实施本市环境保护规划、计划，参与制订本市经济社会发展规划（计划）、城市总体规划、国土规划和区域开发规划，促进环境保护与经济建设、城乡建设的协调发展。（4）监督管理废水、废气、固体废弃物、噪声、振动、放射性和电磁波辐射等污染的防治工作，组织实施排污许可证制度和限期治理制度，协调指导环境综合整治工作。（5）组织对建设项目（新建、扩建、改建项目和技术改造项目，以及一切可能对环境造成污染和破坏的工程建设和自然资源开发项目）的环境保护管理工作，监督实施环境影响评价制度和环保设施与主体工程同时设计、同时施工、同时投产使用制度。（6）领导环境监督执法工作，组织环境监察执法队伍，依法征收排污费。依法对辖区内污染源排放污染物的情况和污染治理设施的运转情况组织现场监督检查，查处违反环境保护法规的行为以及污染事故，调解处理污染纠纷。（7）接待人民群众有关环境保护的来信来访和公开电话；受理和裁决不服下级人民政府环境保护行政主管部门的具体行政行为而提起的行政复议案件；办理市人大、市政协交办的有关环境保护的提案。（8）组织制订环境保护产业（包括环境保护工业、环境工程与软件服务业、自然生态保护产业三大门类）的发展规划，协调各有关部门发展环境保护产业，受国家环境保护局（经国家技术监督局认可）委托组织建立环保产业的质量标准体系和质量测试检验机构，指导实施质量监督管理。（9）综合协调本市自然环境保护工作，统筹规划本市自然保护区，负责向市人民政府提出自然保护区的审批意见，协同资源管理部门对资源的开发利用实施相关的监督。（10）组织开展环境调查和环境监测工作，领导市级环境监测网，负责环境科技管理，组织环境科学研究和环境科技成果的鉴定、筛选、交流和推广应用。（11）负责环境统计，编报本市环境质量报告书，发布本市环境质量公报和环境统计公报。（12）组织开展环境保护的宣传教育活动，普及环境科学和环境法律知识，组织环境保护工作人员的业务培训和继续教育,监督指导环境保护报刊工作。(13)贯彻执行内部审计制度,对本市排污费的征收、管理、使用和局机关及下属单位的财务收支及其经济活动进行内部审计监督。(14)指导区县环境保护部门、各有关部门的环保机构以及其他环境监督管理部门的业务工作。(15)负责本系统的体制改革、队伍建设、行政监察、廉政建设和思想政治工作。(16)组织开展本市在环境保护方面的国际合作和交流等外事活动。

由于1989年初,市环保局被重庆市编制委员会作为市第一个机构改革试点单位,经过4年多试点,市编委于1993年5月在1991年内设机构的基础上,核定内部机构设置为9个处室,即办公室、法规标准处、综合计划处(挂审计室牌子)、建设项目环境管理处、污染管理处、科技监测处、环保产业协调处、宣传教育处、组织人事处(挂市监察局驻市环保局监察室牌子)。暂定人员编控数为70名,其中定正、副局长职数4名,正、副处长(主任)职数13名,工勤人员按编控数总额的10%配备。

1997年,市政府办公厅《关于印发市环境保护局职能配置、内设机构和人员编制方案的通知》规定,市环保局强化的职能有完善促进环境保护与经济、社会协调发展的宏观调控机制,增强对全市环境保护的综合协调能力;加强环境保护法制建设,完善地方环境保护立法,加大监督执法力度;加强工业污染防治、城市环境保护和自然生态环境保护;推进环境保护科技进步,推动环境保护产业发展;加强环境保护宣传教育工作,提高全市人民的环境意识;加强环境保护的国际合作与交流。转移或下放的职能有:有关环境污染控制的日常具体性工作和生态环境建设的具体管理工作;固体废弃物污染环境的日常性具体管理工作;计算机的网络管理服务及环境监测、监理等信息工作;机关后勤服务工作。主要职责有16条,设置12个职能处室和机关党委。市环保局机关行政编制为83名。其中局长1名,副局长3名;机关党委书记、纪检组组长按市委有关规定配备;正、副处长职数22名(含机关党委专职副书记1名)。

市环保局机关后勤服务中心为市环保局直属事业单位,核定事业编制10名(财政拨款8名、自收自支2名)。

2000年8月,市政府办公厅《关于印发重庆市环境保护局职能配置、内设机构和人员编制规定的通知》规定,市环保局是主管全市环境保护工作的市政府直属机构。对职能进行调整。划出的职能:将制定环境保护产业政策和发展规划的职能交给市经委,市环保局参与有关工作。划入的职能:市农业局承担的农村环境保护职能。增加的职能:(1)核安全监督管理职能;(2)生物技术环境安全职能;(3)组织协调环境保护国际条约在本市的履约活动。转变的职能:强化环境保护规划、计划、法规、规章的制定,建立健全环境管理制度,弱化对具体项目的审批、许可证发放、排污费征收等职能。下放的职能:(1)将区(市)县政府批准立项的建设项目的环境保护审批职能下放区(市)县环保部门;(2)将环境监理具体业务管理工作下放到重庆市环境监理大队;(3)将本市跨地区、跨流域的环境污染纠纷的调处工作下放重庆市环境监理大队;(4)将环境监测机构资质审查等事务性工作下放到重庆市环境监测中心;(5)将环保产品认定、环境标志产品(无公害产品)认证、承担环境污染治理工程单位的资质审查等事务性工作下放到重庆市环境保护协会;(6)将局机关的安全、保卫、消防及其他后勤服务工作下放到局机关后勤服务中心。

主要职责有14条,设置12个职能处室。

市环保局机关行政编制为66名(含纪检监察单列编制2名),离退休工作人员专项编制1名。其中局长1名,副局长3名;纪检组组长和机关党委书记按市委有关规定配备;正、副处长职数26名(含机关党委专职副书记1名)。

市环保局机关实有人数控制在72人内,2002年12月31日前减到编制限额内。

保留市环保局机关后勤服务中心,为市环保局直属处级事业单位,核定事业编制9名(含财政全额拨款事业编制7名),其中处级领导职数2名。

为加强与国家环保总局的业务联系,进一步理顺处室职责,2005年5月13日经局党组研究,决定对机关部门处室职责进行调整。

(1)办公室(宣传教育处):

划出职责:"拟定本局年度工作计划及工作总结"划转综合处;"组织协调环保系统对口支援有关事宜"划转计财处。

划入职责:承办市环委会办公室的日常具体工作;承办市环委会领导交办的工作,督办市环委会决议事项,协调处理有关问题;管理市环委会、市环委会办公室印章。

新增职责:负责组织实施全市环境保护新闻发言人制度。

(2)政策法规处:

新增职责:负责规范政务管理和政务信息公开工作。

(3)计划财务处:

划入职责:组织协调环保系统对口支援有关事宜。

(4)环境综合整治处:

划出职责:"负责拟定污染物排放总量控制计划,并监督实施""负责本市环境功能区达标管理工作"划转污染控制处;将"承办市环委会办公室的日常具体工作""承办市环委会领导交办的工作,督办市环委会决议事项,协调处理有关问题""管理市环委会、市环委会办公室印章"划转办公室。

划入职责:拟定本局年度工作计划及工作总结。

新增职责:牵头负责发展循环经济、推进新型工业化有关工作。

(5)建设项目环境管理处:

新增职责:负责将清洁生产要求纳入建设项目环境影响评价和"三同时"管理制度,监督新建、扩建、改建和技术改造项目采用清洁生产工艺。

(6)水环境保护处(三峡重庆库区水环境保护办公室):

新增职责:负责水产养殖污染控制工作。

(7)污染控制处:

划入职责:负责拟定污染物排放总量控制计划,并监督实施;负责本市环境功能区达标管理工作。

新增职责:牵头负责清洁生产有关工作;归口管理排污许可证制度的实施,负责排污许可证的会商、会审、会签等事项。

(8)辐射与放射环境管理处:

新增职责:参与拟定本市有关核安全管理的规划、计划,经批准后指导实施;负责辐射环境监测工作;负责辖区内涉及核安全、辐射、放射污染的建设项目的环境影响评价、竣工验收审批工作;负责核安全及辐射环境事故应急工作。

(9)自然生态保护处:

新增职责:负责本市畜禽养殖污染控制工作;组织拟定小城镇环境保护规划,经批准后组织实施。

此外,对12个处室,市纪委、市监察局派驻市环保局纪检组、监察室、机关党委和副总工程师重新明确了职责。

2009年,市政府办公厅《关于印发重庆市环境保护局主要职责内设机构和人员编制规定的通知》规定,市环保局主要职责是:

(1)贯彻执行环境保护法律、法规、规章、标准和方针政策;起草环境保护地方性法规、规章和标准,根据职责和授权拟订有关法规的实施细则和规范性文件。(2)牵头开展环境保护政策研究;拟订并组织实施环境保护规划;组织拟订并监督实施重点区域、重点流域污染防治规划和环境保护专项规划;组织拟订环境功能区划和生态功能区划;参与拟订重庆市主体功能区划。(3)牵头协调重大环境污染事故和生态破坏事件的调查处理;建立健全突发环境事件的应急预警机制,协调解决跨流域、跨地区的环境污染纠纷;负责环境保护行政稽查;组织开展环境保护执法检查。(4)承担从源头上预防、控制环境污染和环境破坏的责任;受市政府委托,对经济和技术政策、发展规划以及经济开发计划进行环境影响评价,对涉及环境保护的地方性法规草案提出环境影响方面的意见,组织审查开发建设规划环境影响评价,监督管理对环境有影响的建设项目执行环境影响评价制度和"同时设计、同时施工、同时投产使用"的"三同时"制度,按照规定审批建设项目环境影响评价文件。(5)负责环境污染防治的监督管理。对大气、水体、噪声、固体废物、土壤和光、恶臭以及机动车等的污染防治和生态环境保护实施统一监督管理;组织实施化学品环境管理;组织拟订主要污染物排放总量控制实施办法,督查、督办、核查各区县污染物减排任务完成情况;依法开展强制性清洁生产审核工作,组织开展排污权交易(试点)工作,组织实施排污申报、排污许可、排污收费和限期治理制度;组织指导城镇和农村的环境综合整治工作。(6)组织开展生态环境质量调查,进行生态环境质量分析和评估,监督对生态环境有影响的自然资源开发利用活动、生态环境建设和生态破坏恢复工作;指导、协调、监督各类自然保护区、风景名胜区、森林公园的环境保护工作,负责向市政府提出市级以上自然保护区设立、变更、撤销的审查意见,组织协调生物多样性保护,协调和监督野生动植物保护、湿地环境保护工作;监督生物技术环境安全,牵头生物物种工作;指导协调农村生态环境保护工作。(7)负责核安全和辐射安全的监督管理。监督管理放射源安全,电磁辐射、核技术应用、伴有放射性矿产资源开发利用中的污染防治工作;组织开展核与辐射环境监测工作;参与核事故应急处理,负责辐射环境事故应急处理工作。(8)负责环境监测网络、环境统计和环境信息系统的建设和管理;组织开展环境质量监测、污染源监督性监测和突发性环境污染应急监测,组织对环境质量状况进行调查评估和预测预警;建立环境质量发布制度,组织编报环境质量报告书;统一发布环境状况公报、环境综合性报告和重大环境信息。(9)提出环境保护领域固定资产投资规模和方向、财政性资金安排的意见,并会同有关部门做好组织实施和监督工作;组织开展环境科学研究和新工艺、新技术工程示范;参与指导推动循环经济和环保产业发展有关工作;参与应对气候变化工作。(10)组织拟订和实施环境保护督查制度,组织实施环境保护目标责任制,监督检查环境保护目标任务完成情况,负责组织实施城市环境综合整治定量考核制度;组织开展环境保护模范城市创建,指导生态示范区与生态农业建设。(11)组织开展生态文明建设和环境友好社会建设宣传教育工作;组织、指导和协调环境保护宣传教育工作;推动社会公众和社会组织参与环境保护。(12)制订并组织实施环境保护国际合作交流计划;组织协调有关环境保护国际条约的履约工作。(13)承办市政府交办的其他事项。

2009年,市环保局内设机构及职能:

(1)办公室(应急管理办公室):

①组织拟订局机关工作制度并监督实施。综合协调局机关日常工作。②拟订本局年度工作计划及工作总结。牵头承办市政府对本局年度工作目标的考核工作,汇总、分解局机关及直属单位年度工作目标任务。③组织办理局系统重要事项及上级交办事项的督查、督办工作。④组织起草本市环境保护综合性会议文件;审核其他重要文件。⑤对以局名义发出的文件核稿、送签、编号,并组织复印、盖章、保管和销毁等工作。⑥负责本市环保大会、环保工作会、区县环保局长会和局务会、局领导碰头会、业务办公会、局务虚会的组织工作,并对上述会议决议事项的落实情况进行督查。⑦负责接收、整理、保管、利用、统计和销毁局机关档案。⑧负责局系统机要、保密和国家

安全工作,管理市环境保护局印章。⑨组织办理公文、函电、人大代表建议及政协委员提案。⑩管理局机关环境信访工作;拟订环保系统信访管理规章制度并监督实施;组织办理群众来信、来访。⑪负责局机关政务值班管理工作。⑫负责环境污染事故和环境污染事件后方协调及信息审核报送工作。⑬负责管理环保政务信息工作,收集、整理、编发、报送环保政务信息。⑭负责局机关电子政务管理工作,组织开展政务公开工作;负责政务接件大厅的管理工作;联系市环境保护信息中心。⑮组织协调重要公务接待工作。⑯组织环保系统史志编纂工作,编写环保大事记,组织完成有关环境年鉴的撰稿工作。⑰指导环保系统的档案、保密、信访等工作。⑱指导局系统的安全、保卫工作。⑲完成局领导交办的其他工作。

（2）环境规划处:

①牵头建立、完善全市环境保护规划体系;负责拟订并组织实施环境保护规划管理的规章制度及技术规范。②组织编制全市环境保护规划,拟订市级环境保护规划的阶段性实施方案。③牵头编制市级重点区域、流域、行业的污染防治规划以及饮用水水源地保护、自然保护区发展等专项规划。④牵头组织审查、审批跨区域、流域专项规划,自然保护区保护规划以及其他专项规划。负责区县级环境保护规划的论证和备案工作,指导区县环境保护规划管理工作。⑤牵头协调有关部门、行业规划与环境保护规划的关系。⑥参与本市国民经济和社会发展规划及城乡总体规划、土地利用总体规划等其他专项规划的编制。⑦组织编制本市环境功能区划和生态功能区划,参与编制重庆市主体功能区划。⑧参与规划环境影响评价专章、专篇的审查工作。⑨牵头组织环境保护项目库建设工作。⑩开展本市环境容量、自然禀赋研究,协调环境保护和经济发展关系,指导工业布局、产业布局优化升级;参与宏观决策的有关工作。⑪监督检查本市环境保护规划以及污染防治、生态保护等专项规划的执行情况,负责组织市级环境保护规划实施的绩效评估工作,并提出建议意见。⑫负责组织市级环境保护规划、环境功能区划和生态功能区划的修编(订)、变更相关工作,参与环保专项规划的修编工作。⑬承办市级环境保护规划及其专项规划统一发布的具体工作。⑭负责本处业务档案的整理、立卷、归档工作。⑮完成领导交办的其他工作。

（3）计划财务处:

①拟订并监督实施本局环保资金管理、资产管理、内部审计和财务管理等规章制度。②负责统筹制定环保资金的年度安排计划和中长期保障计划并监督实施。③负责受理本局管理的市级环保专项资金的立项申请,并组织进行审查,经报批后下达年度资金计划,并监督实施。④组织申报国家环保专项资金,并监督实施。⑤组织局系统申报国家和市级基本建设资金,并监督实施。⑥负责有关环保资金的使用和管理,负责有关环保项目的财务验收工作。⑦牵头编报和执行局系统年度部门资金预决算;负责局机关的会计核算工作;指导、监督局属单位的财务管理工作。⑧负责局系统国有资产管理工作。⑨负责本局基本建设项目的前期工作,并组织监督实施。⑩牵头接受财政、审计部门的检查和审计;组织开展局系统内部审计工作。⑪牵头管理局系统政府采购工作。⑫指导、监督区县排污费的使用管理工作。⑬组织协调环保系统对口支援有关工作。⑭负责本处业务档案的整理、立卷、归档工作。⑮完成局领导交办的其他工作。

（4）政策法规处:

①组织拟订本市贯彻执行国家环境保护方针政策、法律法规的实施意见。②组织开展环境保护政策研究,提出环境保护政策建议;组织草拟有关本市环境保护的综合性决议、决定、报告。③参与拟订生态补偿政策及财政、税收、信贷、保险、证券、价格、贸易等领域的环境经济政策。④参与拟订并组织实施地方性环境保护立法规划、计划。⑤负责本市环境保护综合性法规、规章及有关规范性文件的起草、论证和送审工作;负责本市环境保护专项法规、规章的初审和送审工作。⑥负责局系统及区县有关环境保护规范性文件的合法性审核,负责市环保局规范性文件的报送、备

案、登记等工作。⑦组织征求局系统对有关法律、法规、规章草案的修改意见。⑧负责办理有关环境保护法律、法规、规章的解释工作。⑨负责办理有关法律、法规、规章和规范性文件的清理、公布和汇编工作。⑩负责履行局行政复议机构职责。负责与本局行政行为有关的行政复议及诉讼工作；办理应由本局受理的行政复议案件及行政赔偿案件。⑪组织建立本市的环境保护行政执法责任制，拟订相关考核办法并监督实施。⑫组织开展局系统行政执法人员执法资格培训，负责局系统行政执法人员执法证件、标志的管理。⑬组织承办本市环境保护综合性执法检查的具体工作。⑭指导本市环境保护普法工作。⑮负责本处业务档案的整理、立卷、归档工作。⑯完成局领导交办的其他工作。

(5) 组织人事处：

①承办局党组日常事务。起草局党组年度工作计划和总结；负责局党组（扩大）会议的组织安排和记录工作。②管理局系统党的建设及思想政治工作；组织拟订环境保护行政管理体制改革方案，并组织实施；组织对局属单位的体制改革方案进行初审并提出审批建议；指导区县环境保护机构改革工作；负责局系统年度目标任务考核工作。③承办本市环境保护系统干部双重管理的具体工作；指导区县环境保护部门干部队伍规范化建设工作。④管理局系统干部人事工作；负责局机关人事调配、工资管理和公务员考录、考核、奖惩等工作；负责局系统干部的选拔、任免、交流、培训、考核、奖惩等工作；办理直属单位的人员调配手续，指导直属单位工作人员的招聘等工作；管理、协调局系统专业技术人才引进、专业技术人员的技术职称评聘、军队转业干部和退伍军人的安置等工作。⑤负责局机关离退休干部管理工作，指导直属单位的离退休干部管理工作。⑥按干部管理权限，办理请假、休假、疗养、借调、政审以及辞职、退职、离休、退休和呈报审批等手续，会同有关处室做好局机关职工的福利工作。⑦负责局系统的统一战线工作，指导局系统的工会、共青团、妇联、老协等工作。⑧管理局机关计划生育工作和所在地区人民代表换届选举等工作，并指导直属单位的相关工作。⑨按干部管理权限管理局系统干部的人事档案，负责档案的安全、保密、保护和使用。⑩管理中共重庆市环境保护局党组印章和重庆市环境保护局钢印。⑪负责本处业务档案的整理、立卷、归档工作。⑫完成局领导交办的其他工作。

(6) 科技标准处（总工程师办公室）：

①贯彻实施国家和本市有关环境保护科技、标准和环保产业的法规、政策；拟（修）订并组织实施本市环境保护科技、环保产业、环境标准方面的管理规定。②拟订并组织实施本市环境保护科技发展规划、计划；参与制定本市环保产业政策和发展规划。③拟订并组织实施地方环保标准、技术规范和污染防治技术政策；督促实施环境保护科技攻关和新工艺、新技术示范工程项目，并组织验收。④建立并管理环境保护专家库。⑤负责本市污染治理设施营运资质证书的管理；规范环境保护治理设施营运市场。⑥负责环保科技、环保产业、环境标准的调查统计工作和数据更新工作。⑦参与循环经济促进工作；组织国家生态工业园区和环保工程技术中心、重点实验室和科普基地的申报、创建。⑧参与应对气候变化的相关工作。⑨参与拟订环保科技体制改革方案，参与指导环境科技体制改革工作。⑩联系和指导市环境科学学会、市环保产业协会的有关工作。⑪负责本处业务档案的整理、立卷、归档工作。⑫完成局领导交办的其他工作。

(7) 污染物排放总量控制处：

①贯彻执行国家和本市有关污染物总量控制的法律、法规、政策和标准；拟订污染物排放总量控制的行政规章和规范性文件并组织实施；拟订并组织实施主要污染物排放总量控制计划。②督促指导区县污染物总量控制工作；对区县、有关市级部门和单位污染物总量减排工作实施通报、预警、督办、核查核算和考核；协助执行"区域限批"制度。③组织实施废水、废气、噪声等的排污申报登记、排污许可制度；负责市级及其以上重点监控企业的确定和调整工作。负责市级排污费征收

企业排放污染物许可证的核发工作。④负责市级以上建设项目新增主要污染物排放总量指标的审核工作。⑤负责组织开展排污权交易工作,对排污权交易机构实施业务指导。⑥负责环境统计工作,提供和核定重要文件、材料中的环境统计数据;组织编写本市环境状况公报。⑦负责节能减排财政和价格补贴的核准工作,负责燃煤电厂脱硫投运率的核定工作,负责污水处理厂水质的核定工作。⑧督促实施污染物减排项目并组织验收。⑨负责污染源普查工作和数据更新。⑩协调市环境监察总队查处涉嫌违反污染物总量减排及限期治理管理规定的案件。参与污染物减排监测和监察系数的核定。⑪承办市政府减排办公室的日常工作。⑫负责本处业务档案的整理、立卷、归档工作。⑬完成局领导交办的其他工作。

(8) 环境影响评价处:

①贯彻执行国家和本市有关环境影响评价的法律、法规和规章;拟订本市有关环境影响评价管理的行政规章和规范性文件,经批准后组织实施;参与论证法规草案中涉及环境影响评价的相关章节。②负责本市环境影响评价工作的监督管理,建立完善环境影响评价管理的日常监督管理制度。③负责本市规划环境影响评价工作的综合管理,对市政府及其有关部门审批的有关规划、政策、计划的环境影响评价文件组织审查,并提出审查意见。④按管理权限受理建设项目环境保护申报并审批环境影响评价文件。⑤负责对本市辖区内环保部审批的建设项目环境影响评价文件实施初步审查。⑥组织实施"区域限批"制度。⑦负责本市环境影响评价机构资质和环境影响评价人员职业资格的管理,对本市环境影响评价机构资质申请、变更等进行初步审查,对本市环境影响评价机构编制的环境影响评价文件和环境影响评价人员从业情况进行日常监督检查和考核;组织开展环境影响评价人员业务培训工作。⑧监督指导区县环保部门的环境影响评价管理工作。⑨协调市环境监察总队查处涉嫌违反环境影响评价管理规定的案件。⑩组织本市环境影响评价管理方面的调查统计和资料汇总工作,编制有关报表,更新相关数据。⑪负责本处业务档案的整理、立卷、归档工作。⑫完成局领导交办的其他工作。

(9) 建设项目环境管理处:

①贯彻执行国家和本市有关建设项目环境保护"同时设计、同时施工、同时投产使用"(以下简称"三同时")制度的法律、法规和规章;拟订本市有关建设项目"三同时"管理的行政规章和规范性文件,经批准后组织实施;参与论证法规草案中涉及环境保护"三同时"管理的章节。②负责本市建设项目环境保护"三同时"的监督管理,建立完善建设项目环境保护"三同时"的监督管理制度。③负责市环保局审批项目的环境保护设施设计备案、施工期环境监理、试生产(预验收)及竣工环保验收审批。④负责本市辖区内环保部审批项目的环境保护设施设计备案及试生产(预验收)审批并参与竣工环保验收,或受部委托开展部批项目的相关工作。⑤监督指导区县环保部门的建设项目环境保护"三同时"管理工作。⑥组织开展建设项目环境影响后评价工作。⑦对建设项目执行环境保护"三同时"制度的情况实施现场检查,协调市环境监察总队查处涉嫌违反建设项目环境保护"三同时"管理规定的案件。⑧组织开展本市建设项目环境保护"三同时"管理方面的调查统计和资料汇总工作,编制有关报表,更新相关数据。⑨负责本处业务档案的整理、立卷、归档工作。⑩完成局领导交办的其他工作。

(10) 环境监测处:

①贯彻执行国家环境监测制度的法律、法规和规章;拟订本市环境监测发展规划、管理制度、工作方案和技术规范,经批准后组织实施。②建立市级环境监测网络,组织实施环境质量监测、污染源监督性监测、环境应急及预警监测、环境质量调查评估和预测预警。③组织实施环境监测报告制度,组织编制《重庆市环境质量报告书》,组织发布环境监测及时信息和预警信息。④监督实施环境监测质量管理制度,建立环境监测质量管理运行机制;负责本市环境监测机构能力认定和

环境监测人员持证上岗考核。⑤拟订环境监测能力建设计划,并批准后实施。⑥指导区县环境监测业务工作和环境监测站能力建设,协调指导其他部门和驻渝环境监测机构的工作。⑦建立环境监测业务培训、技术成果评定、工作考核及奖励机制,根据本市地域和重点项目需要组织开展环境监测技术研究。⑧负责本处业务档案的整理、立卷、归档工作。⑨完成局领导交办的其他工作。

(11)污染防治处(水环境保护处):

①贯彻执行国家和本市污染防治法律、法规、政策和标准;组织拟订大气、水体、噪声、固体废物、土壤、光和机动车等的污染防治管理规定,经批准后组织实施。②组织实施限期治理和停产治理制度,对污染企业的关、停、并、转、迁提出建议意见。③监督污染治理项目并组织验收。④组织开展强制性清洁生产审核工作;协调有关部门推行清洁生产。⑤组织实施城市环境综合整治定量考核制度;负责城市环境综合整治定量考核工作;拟订跨界水体断面水质考核监督管理规定,经批准后组织实施。⑥牵头指导环境保护模范城市创建工作。⑦牵头负责企业上市和上市企业再融资的环境保护核查工作。⑧负责本市环境功能区达标管理工作;指导烟尘控制区、噪声达标区、基本无煤区、无煤区、安静居住小区等创建工作。⑨协调市环境监察总队查处涉嫌违反污染防治管理规定的违法案件。⑩参与拟订重点流域、区域污染防治规划,统筹协调重点流域、区域污染防治工作。⑪负责饮用水水源保护区的划分与调整;参与拟订饮用水水源地保护规划,对饮用水水源地保护实施统一监督管理。⑫协调土壤污染防治工作。⑬指导区县环保部门的污染防治工作。⑭承办市三峡库区水污染防治领导小组办公室的日常工作。⑮负责本处业务档案的整理、立卷、归档工作。⑯完成局领导交办的其他工作。

(12)自然生态保护处:

①组织实施生态环境质量调查和评估工作,推动和指导本市生态监测评估网络建设,推进以生态质量监测体系为核心的生态质量管理体系建设。②检查和协调指导各类自然保护区、风景名胜区、森林公园的环境保护工作;监督检查和协调指导生物多样性保护、野生动植物保护、湿地保护工作。③拟订生物多样性保护规划,经批准后组织实施;监督指导资源开发利用中的生态环境保护工作。④组织实施自然保护区状况评估和能力建设项目;负责市级自然保护区评审委员会的日常工作,对市级以上自然保护区设立、变更、撤销提出审查建议。⑤负责监督生物技术环境安全,承担生物物种资源的保护和管理工作;负责生物物种资源保护与管理联席会议的日常工作。⑥负责农村环境保护工作,组织指导农村环境综合整治工作、农村面源污染防治工作、畜禽和水产养殖污染防治工作,参与水土流失和石漠化综合防治工作。⑦指导生态区、生态县、生态示范区及环境优美乡镇和生态村的创建并组织考核评审;编制中心镇环境保护规划并监督实施。⑧指导生态农业建设;监督有机食品发展工作,指导有机食品生产基地建设;监督农药、化肥、农膜使用的环境安全管理工作。⑨监督实施农村环保项目和自然生态环保项目并组织验收。⑩参与林业、农业、畜牧业、城镇建设、土地利用等可能对生态环境造成影响和破坏的规划和建设项目的环境管理;参与重大生态环境污染和破坏事件的调查处理。⑪负责农村土壤环境监督管理工作,组织编制农村土壤环境功能区划和农村土壤污染防治规划;监督农村土壤污染修复工作。⑫牵头协调统筹城乡环境保护工作。⑬参与拟订全市生态功能区划;协助开展长江生态屏障建设;协助编制消落带生态保护规划、库区景观生态与生物多样性保护规划。⑭参与国家级山水园林城市创建,参与森林工程建设。⑮负责本处业务档案的整理、立卷、归档工作。⑯完成局领导交办的其他工作。

(13)核与辐射安全管理处:

①贯彻执行国家和本市有关放射性污染和电磁辐射污染防治及核安全监督管理的法律、法规、政策和标准,并参与有关法规、标准、规范的论证。②拟订重庆市放射性污染和电磁辐射污染防治的行政规章、规范性文件。③负责对本市核安全及核技术应用、电磁辐射、伴生放射性矿产资

源开发利用中的污染防治工作实施统一监督管理。④负责监督核技术利用、伴生放射性矿产资源开发利用和电磁辐射建设项目执行环境影响评价制度、环境保护"三同时"制度。⑤负责监督产生放射性污染、电磁辐射污染的单位执行限期治理和排污许可制度；负责放射源转让、转移活动的审批和备案工作。⑥监督实施核与辐射污染治理项目并组织验收。⑦负责编制核与辐射事故应急预案，组织辐射事故应急和调查处理；参与核事故应急处理工作。⑧组织开展核与辐射安全监督检查，查处违反核与辐射环境管理规定的案件。⑨组织开展辐射环境监测和重点辐射源的监督性监测；组织编制辐射环境质量报告书。⑩负责本处业务档案的整理、立卷、归档工作。⑪完成局领导交办的其他工作。

（14）综合整治处：

①组织开展全市环境综合整治工作，指导区县完成环境综合整治任务。②拟订改善本市大气、水体、生态和声环境质量等重大行动的阶段性工作方案，经批准后组织实施。③拟订重庆市年度环境保护工作要点。④参与拟订涉及改善环境质量的环境保护重大政策措施。⑤建立和完善改善本市环境质量的长效机制。⑥组织对重点污染源（区域）的日常巡查，督促相关问题的整改。⑦组织开展区域环境综合整治联防联控，督促改善城乡环境质量的示范性、控制性项目。⑧承办市政府环境保护工作调度会暨环境质量分析会、专题会和协调会等；推进解决环境综合整治中的重点、难点问题。⑨承办重庆市环境保护委员会办公室的日常工作，管理重庆市环境保护委员会印章。⑩承办重庆市环境保护委员会全体成员会议，承办重庆市环境保护委员会领导交办的工作，督办重庆市环境保护委员会决定事项，协调处理有关问题，督促检查各成员单位落实重庆市环境保护委员会议定事项的情况。⑪负责本处业务档案的整理、立卷、归档工作。⑫完成局领导交办的其他工作。

（15）宣传教育和国际合作处：

①贯彻执行国家和本市有关环境保护宣传教育和国际合作与交流的法律、法规、政策和外事纪律；拟订全市环境保护宣传教育规划、计划、纲要和局系统外事、外经工作的规章制度，经批准后组织实施。②组织、指导和协调全市环境保护宣传教育工作；组织开展生态建设和环境友好型社会建设的宣传教育工作。③协调市级有关部门开展环境宣传教育工作。④组织实施环境保护新闻发言人制度；负责组织环境保护新闻发布工作。⑤协调新闻媒体对全市重要环境保护活动和重大环境事件进行采访报道，审核重大活动的新闻稿件。⑥建立和实施生态环境质量发布制度，承办全市环境状况公报、环境综合性报告和重大环境信息统一发布的具体工作。⑦指导环境保护宣传舆论工作，以及重庆市环境保护公众信息网、重庆环境网网上舆情及新闻发布工作，收集、分析和报送环境舆情信息。⑧组织开展推动社会公众和社会组织参与环境保护的工作。⑨拟订本市环境保护国际合作与交流的规划和年度计划，经批准后组织实施；负责局系统的国际合作交流和港澳台事务，统一对外联系。⑩组织指导环保系统引进外资、技术和智力工作，承办引进的前期准备、谈判、签约及外文函电、资料的翻译等工作；负责管理局系统国际及地区间的国际合作项目。⑪协调本市利用外资，引进技术、智力项目中有关环境保护方面的管理，指导环保产业对外科技合作，负责汇总信息和对外联络工作。⑫管理局系统的外事活动，办理局机关人员的因公出国手续，指导环保系统涉外事务。⑬协调本市举办的国际及地区间的环境保护活动。⑭组织和管理环境保护国际公约在本市内的履约活动；协调与履约有关的利用外资项目。⑮协调友好城市环境保护国际合作，开展国内外有关环保的技术合作、学术交流活动。⑯负责本处业务档案的整理、立卷、归档工作。⑰完成局领导交办的其他工作。

（16）环境督查处（重庆市环境保护督查办公室）：

①拟（修）订环境保护督查制度、工作规范，经批准后组织实施。②组织拟（修）订党政一把手

环保实绩考核办法和考核方案;承办党政一把手环保实绩考核具体工作。③拟订并报批本市年度环境保护工作目标任务和突出环境问题整改任务分解方案。④组织对市级有关部门、有关单位和区县政府履行环境保护职责以及贯彻执行环境保护方针政策、法律法规和规章的情况进行督查。⑤组织对市级有关部门、有关单位和区县完成环境保护目标任务、解决突出环境问题的情况进行督查。⑥组织对上级机关和领导有关环境保护决策、部署及批示的贯彻落实情况进行督查。⑦牵头拟订全市环保系统年度目标任务、年度目标考核管理办法及实施方案;承办全市环保系统年度目标考核工作。⑧负责对全市环保系统执行环境保护法律、法规、规章制度,推进和完成环境保护工作目标任务,依法履行环境监督管理职责的情况进行督查。⑨负责及时反馈督查、考核的有关信息,提出处理问题和问责、责任追究或表彰奖励的建议。⑩负责本处业务档案的整理、立卷、归档工作。⑪完成局领导交办的其他工作。

(17) 机关党委:

①负责在局机关宣传和执行党的路线、方针、政策,贯彻上级党组织关于加强党的建设的部署和要求,研究制定局机关党委工作计划并组织实施。②负责局机关思想建设、作风建设和基层党组织建设工作。③承担局系统党风廉政建设办公室日常工作,组织开展局系统行政效能监督检查工作。④负责安排局机关和党组"中心组"的政治理论学习,负责局机关的精神文明建设,协调直属单位的精神文明建设工作。⑤负责局机关工、青、妇等群团组织工作。⑥牵头协调局系统的扶贫帮困工作。⑦负责局系统的党务统计工作,并按信息系统管理的要求更新数据库。⑧负责机关党委业务档案的整理、立卷、归档工作。⑨完成上级机关党工委和局党组交办的其他工作。

市环保局派出机构——重庆市环境保护局经济技术开发区分局和高新技术产业开发区分局,由渝编〔2002〕34号文批准成立,机构规格为处级,其主要职责任务:贯彻执行国家关于环境保护的方针、政策、法律、法规、标准;负责编制并协调实施开发区环境保护规划、计划,对开发区国民经济和社会发展规划、计划,城市总体规划,土地利用、区域开发规划,提出环境保护政策建议;负责开发区管委会批准立项和市环保局委托审批的建设项目的环境管理工作,对环保部和市环保局审批的建设项目进行日常监督管理;负责开发区的环境污染防治工作;配合开发区管委会开展环境综合整治工作;会同开发区有关部门做好生态保护工作;负责征收开发区内排污单位的排污费;负责对开发区内的环境违法案件进行调查并提出处理意见;负责调查处理开发区内的环境污染事故、纠纷;负责承办人大、政协有关开发区环境保护的建议、提案;负责处理有关开发区环境保护的群众来信、来访以及"12369"的投诉举报;协同开发区管委会开展其他环境保护工作;完成市环保局交办的其他环境保护工作任务。

市环保局派驻机构为中共重庆市纪委、重庆市监察局派驻重庆市环境保护局纪检组、监察室。按照2005年《中共重庆市委、重庆市人民政府转发〈中共重庆市纪委、中共重庆市委组织部、重庆市机构编制委员会办公室、重庆市监察局关于对派驻纪检监察机构实行统一管理的实施意见〉(试行)的通知》和2006年《中共重庆市纪委、重庆市监察局印发〈关于统一管理的派驻纪检监察机构业务工作管理暂行办法〉的通知》规定,中共重庆市纪委、重庆市监察局派驻市环保局纪检组、监察室履行纪律检查和行政监察两项职能,其主要职责包括:监督检查驻在部门及所属系统贯彻执行党的路线方针政策,遵守国家法律、法规,执行市委、市政府决定和命令的情况;监督检查驻在部门党组和行政领导班子及其成员维护党的政治纪律、贯彻执行民主集中制、选拔任用领导干部、贯彻落实党风廉政建设责任制和廉政勤政的情况;经批准,初步核实驻在部门党组和行政领导班子及其成员违反党纪政纪的问题;参与调查驻在部门党组和行政领导班子及其成员、市管干部违反党纪政纪的案件;按照有关规定,调查驻在部门及所属系统党员干部违反党纪政纪的案件及其他重要案件,对违反党纪政纪的人员进行处理;协助驻在部门党组和行政领导班子组织协调驻在部门及所属系统的党风廉政建设和反腐败工作;受理对驻在部门党组织、党员和行政监察对象的检举、控告,在职权范围内受理驻在部门党员和行政监察对象不服处分的申诉;承办市纪委、市监察局交办的其他事项。

2010年年末,市环保局机关行政编制为134名,其中局长1名,副局长4名,正、副处长职数40名。

1991—2010年,市环保局历届领导班子成员任职情况(见表4-1)。

表4-1　　　　　　　**重庆市环保局(1991—2010年)历届领导任职情况表**

职务	姓名	任职时间
党组书记、局长	林定恕	1985年9月至1992年6月
党组书记、局长	吉光树	1992年6月至2000年5月
党组书记、局长	张绍志	2000年5月至2004年5月
党组书记、局长	曹光辉	2004年5月—
副局长	刘万敏	1983年9月至1992年6月
副局长	徐淑碧(女)	1985年9月至2004年9月
副局长	周百兴	1985年9月至2000年5月
副局长	吉光树	1991年1月至1992年5月
副局长	喻登荣	1991年12月至2000年5月
副局长	张光辉	1992年9月至2000年5月
副局长	王力军	2000年5月至2010年10月
副局长	曹光辉	2000年6月至2004年5月
副局长	陈万志	2000年11月至2007年1月
副局长	张勇	2000年12月—
副局长	黄红(女)	2004年5月—
副局长	张智奎	2004年5月—
副局长	沈金强	2007年4月至2009年2月
纪检组长	徐淑碧(女)	1995年11月至1998年7月(兼)
纪检组长	江时玉(女)	1998年7月至2003年9月
纪检组长	廖肇禹	2003年9月—
党组成员、局长助理	杨伟智(副厅级)	2005年1月—
党组成员、局长助理	唐德刚(副厅级)	2005年11月—
党组成员、监察总队队长	唐幸群(女,副厅级)	2006年8月—
党组成员、总工程师	温汝俊(副厅级)	2008年6月—
巡视员	吉光树	2000年5月至2001年10月
巡视员	周百兴	2000年5月至2001年6月
巡视员	张光辉	2000年5月至2002年12月
巡视员	喻登荣	2000年5月至2003年1月
巡视员	徐淑碧(女)	2004年5月至2004年9月

续表

职务	姓名	任职时间
副巡视员	杨泽俊	1993年8月至1995年6月
副巡视员	王明吉	2000年3月至2004年12月
副巡视员	江时玉（女）	2003年9月至2006年3月
副巡视员	涂传益	2006年7月至2008年11月
副巡视员	覃天英	2006年7月—
副巡视员	许布策	2009年7月—

第四节　区县（自治县）环境保护局

一、区环境保护局

万州区环境保护局

万州区环境保护局的前身为四川省万县地区环境保护局,成立于1978年7月。

1990年9月,撤销四川省万县地区城乡建设环境保护局,重新建立四川省万县地区环境保护局（副县级）,归口建委,同时撤销环保办公室。次年2月核定行政编制8名,从地区建委行政编制中划拨解决。初为事业单位性质,1991年9月,核定为国家机关。1993年2月,随撤地设市更名为四川省万县市环境保护局。1998年6月,四川省万县市环境保护局随重庆直辖更名为重庆市万州移民开发区环境保护局和重庆市万州区环境保护局（两块牌子、一套班子）,同时被确定为正县级行政单位,负责指导龙宝、天城、五桥环境保护局的环保工作,代重庆指导忠县、开县、云阳、奉节、巫山、巫溪6县环境保护局的环保工作。2000年7月,重庆市万州移民开发区环境保护局随重庆市万州移民开发区的撤销而消失,结束代行指导使命,原6县环境保护局的工作改由重庆市环境保护局直接指导。重庆市万州区环境保护局仍负责指导龙宝、天城、五桥移民开发区环境保护局的工作。2001年11月机构改革时,核定重庆市万州区环境保护局机关行政编制13名,机关后勤服务人员事业编制3名。局内设办公室、开发监督、宣教法规、污染管理、自然生态保护5个职能科室。

2005年4月,万州区行政体制调整,龙宝、天城、五桥3个移民开发区环保局随3个移民开发区的撤销而消失,其人、财、物全部归并入重庆市万州区环境保护局。2010年5月由太白岩107号搬至周家坝天城大道778号办公。至2010年底,重庆市万州区环境保护局实有行政编制人员24人,其中机关后勤服务人员2名。内设7个职能科室:办公室、总量减排科、组织人事科、污染防治科、环评科、宣教法规与考核督查科、农村环境保护科。

黔江区环境保护局

2000年6月,撤销重庆市黔江开发区、黔江土家族苗族自治县,相应撤销了重庆市黔江开发区环境保护局、黔江土家族苗族自治县环境保护局。2001年4月9日,根据重庆市委、市政府批准的《重庆市黔江区党政机构设置方案》和黔江区委、区政府《关于重庆市黔江区党政机构设置方案的实施意见》,设置重庆市黔江区环境保护局,系主管全区环境保护工作的区政府组成部门。同年5月,区政府将二环路综合楼八楼400余m^2划拨给区环保局机关办公。2006年2月,黔江区环境保护局新办公楼（位于城西九路66号）竣工投入使用,面积2000米^2,局机关、区环境监察大队、环境监测中心站合署办公。

2010年5月,对职责进行调整,明确主要职责为13条。核定行政编制数17名,其中局长1名、副局长3名,纪检组组长按区委规定配备,正、副科长职数8名。机关后勤服务人员事业编制数2名。设置办公室、政策法规科、污染防治科、总量减排科、农村环境保护科、建设项目环境管理科、监察室7个内设机构。

涪陵区环境保护局

涪陵区环境保护局属涪陵区政府组成部门,是主管全区环境保护和环境监测的专门机构。1991年,由于涪陵属于地级市,设立的是涪陵地区环境保护局,内设办公室、开发科、污染防治科、综合科、科研监测科,下设涪陵地区环境科研监测所、涪陵地区环境监理站2个事业单位。1992年4月,撤销涪陵地区环境科研监测所,设立涪陵地区环境保护科研监测所、涪陵地区环境保护监测站,一套机构、两块牌子。1996年,由于撤地设市,内设机构调整为办公室、综合科、污染管理科、开发管理科、科研监测科,下设涪陵市环境保护监测站、涪陵市环境监理站2个事业单位。1997年重庆成为直辖市,涪陵由市改区,环境保护局更名为重庆市涪陵区环境保护局,其内设机构保持不变,下设事业单位名称调整为重庆市涪陵区环境保护监测站、重庆市涪陵区环境监理站。2001年,全区行政机构进行了第一次"三定"工作,区环境保护局内设科室调整为办公室、组织人事教育科、政策法规科、环境综合整治科、污染管理科、开发管理科和自然生态保护科。下设事业单位无变化。2002年12月,重庆市涪陵区环境监理站更名为重庆市涪陵区环境监察支队,其他不变。2009年,全区行政机构进行了第二次"三定"工作,区环境保护局内设科室调整为办公室、组织人事科、考核督查科、污染防治科(挂放辐射管理科牌子)、污染物总量减排科、行政审批科、生态环境保护科,下属事业单位不变。2010年,重庆市涪陵区环境保护监测站更名为重庆市涪陵区环境监测中心。

渝中区环境保护局

1979年12月,成立市中区环境保护领导小组,下设办公室,归口科委直属领导。1984年1月,成立市中区环境保护局。渝中区环境保护局是渝中区政府组成部门,2010年,局机关设综合科、污染防治科、环境管理科。渝中区环境保护行政执法大队(与渝中区环境监察支队两块牌子、一套班子)、渝中区环境监测站为局属事业单位,其中,渝中区环境保护行政执法大队为参照《公务员法》管理的事业单位,下设综合监察科、应急信访科、宣教信息科。

职能职责(2010年):

(1)贯彻执行环境保护法律、法规、规章、标准和方针政策。

(2)拟订环境保护发展规划并监督实施,承担环境保护监管的责任。

(3)负责牵头协调和处理辖区较大的环境污染事故和生态破坏事件,建立健全突发环境事件的应急预警机制;承担环境保护行政执法职责;组织实施排污收费制度。

(4)参与规划环境影响评价专章、专篇的审查工作;监督对环境有影响的建设项目及资源开发项目执行环境影响评价和"三同时"制度。

(5)负责环境污染防治的监督管理。对大气、水体、噪声、辐射、固体废物等的污染防治,生物技术环境安全和生态环境保护实施统一监督管理;落实主要污染物排放总量控制及减排目标任务。

(6)组织实施环境保护目标责任制、城市环境综合整治定量考核、环境统计工作。

(7)负责辖区环境信息系统的建设和管理;负责环境监测工作;组织编报辖区环境质量报告书和工业污染源状况报告。

(8)组织开展环境保护宣传教育工作;推动社会公众和社会组织参与环境保护。

(9)指导和协调区内各单位、各街道办事处的环境保护工作。

(10)承办区委、区政府及上级主管部门交办的其他事项。

大渡口区环境保护局

大渡口区环境保护局成立于1983年。1990年,区环境保护局内设办公室。1999年7月设立环境管理综合科,未增编,人员内部调剂。2001年11月新一轮机关改革,再次确认区环境保护局成为区政府组成部门,内设办公室、综合管理科2个职能科室,机关行政编制增至6名,机关后勤服务人员事业编制1名。2006年11月,经区编委会同意,增设污染控制科,增核科级领导职数1名。2009年12月,增设生态保护科,机关行政编制增至8名,工勤人员编制1名。截至2010年底,大渡口环境保护局区内设科室增至4个;下属单位有3个:大渡口区环境保护行政执法大队、大渡口区环境应急管理办公室、大渡口区环境宣教信息中心。

江北区环境保护局

1984年3月26日,撤销重庆市江北区环境保护办公室,设立重庆市江北区环境保护局。截至2010年2月底,江北区环境保护局的内部机构设有办公室、综合科。同时下设江北区环境监察支队(环境监理所)、江北区环境监测站2个事业机构,1个专业学术团体——重庆市江北区环境科学技术学会。2001年机构改革,仍设置重庆市江北区环境保护局。江北区环境保护局是全区环境保护工作的政府工作部门。

江北区环境保护局在2010年1月以前行政编制为6名,其中正、副局长职数由区委另行规定,正、副科级领导职数3名,机关后勤服务人员事业编制1名。2010年2月,下设5个科室、2个直属事业单位。总编制为78名,行政编制为10名。

沙坪坝区环境保护局

沙坪坝区环境保护局的前身是沙坪坝区环境保护办公室。1984年2月21日,由办公室升格为区环境保护局,同年11月14日,设综合管理科、秘书科2个内设科室,下属沙坪坝区环境监理所、沙坪坝区环境监测站2个事业机构。2000年8月18日,区环境监理中队与区环境监理所实行一套班子、两块牌子,不增加编制和人员经费。

2001年,沙坪坝区环境保护局设办公室、环境综合管理科、建设项目环境管理科3个内设科室,机关行政编制为12名,其中局长1名,副局长3名(其中1名兼纪检组组长),正、副科长(主任)职数5名,机关后勤服务人员事业编制2名。

2002年6月4日,沙坪坝区环境监理中队更名为沙坪坝区环境监察中队(后又更名为"支队")。2008年6月5日,区环境监察支队升为副处级。

2010年,沙坪坝区环境保护局内设机构增加到5个,局机关行政编制18名,其中局长1名,副局长3名,科级职数7名,机关后勤服务人员事业编制2名。

九龙坡区环境保护局

九龙坡区环境保护局成立于1984年,是九龙坡区政府组成部门。2010年,局机关内设办公室、环境评价督查科(行政审批科、核与辐射安全管理科)、污染防治科、综合管理科。区环境保护局下属九龙坡区环境监察支队、九龙坡区环境监测站2个事业单位,其中,区环境监察支队为参照《公务员法》管理的事业单位。区环境保护局有编制79名,其中机关行政编制12名,机关后勤服务人员事业编制2名,参公编制30名,事业编制25名。

2010年,区环境保护局的主要工作职能是:贯彻执行环境保护法律、法规、规章、标准和方针政策,根据职责拟订辖区有关环境保护的规范性文件;牵头开展环境保护政策研究;拟定并组织实施全区环境保护规划;建立健全突发环境事件的应急预警机制;组织调查和处理全区重大环境污染事故和生态破坏事件;组织开展环境保护执法检查活动。承担从源头上预防、控制环境污染和环境破坏的责任;受区政府委托对本区经济和技术政策、发展规划以及经济开发计划进行环境影响评价,监督管理对环境有影响的建设项目及资源开发项目执行环境影响评价制度和"同时设计、同时施工、同时投产"的"三同时"制度。负责全区环境污染防治的监督管理。对辖区大气、水体、噪声、固体废物、土壤和光、恶臭以及机动车等的污染和生态环境保护实施统一监督管理;组织拟订全区主要污染物排放总量控制实施办法,落实污染物减排任务;依法开展强制性清洁生产审核工作,组织实施排污申报、排污许可、排污收费和限期治理制度。组织开展全区生态环境质量调查,进行生态环境质量分析和评估,组织协调生态多样性保护;指导协调农村生态环境保护工作。负责辖区核安全和辐射安全的监督管理。监督管理放射源安全、电磁辐射、核技术应用、伴有放射性矿产资源开发利用中的污染防治工作;组织开展核与辐射环境监测工作;参与核事故应急处理,负责辐射环境事故的应急处理工作。组织开展环境质量调查和监测工作;组织编报本区环境质量报告书,发布全区环境质量状况和重大环境信息。组织实施环境保护目标责任制,组织实施城市环境综合整治定量考核制度;指导生态示范区和生态农业建设。组织、指导和协调环境保护宣传教育,推动社会公众和社会组织参与环境保护;参与指导推动发展循环经济和环保产业有关工作;参与应对气候变化工作。承办区政府和上级业务主管部门交办的其他事项。

南岸区环境保护局

南岸区环境保护局成立于1983年12月。1991年,南岸区环境保护局内设科室有综合科(办公室)、监理所、监测站,主要职能职责是建设项目审批、征收排污费、污染治理和环境监测。共有人员38名(其中:局长1名,副局长1名,含街镇环保员9名)。1993年6月11日,成立南岸区环境监理中队,街镇环保员全部进入监理中队。2001年11月,南岸区环境保护局机关内设机构为办公室、环境管理科。南岸区环境监理中队更名为南岸区环境监察支队,撤销南岸区环境监理所建制,职能分别划入区环境保护局和区环境监察支队,其人员并入区环境监察支队。2004年11月,设立南岸区环境保护行政执法大队,撤销南岸区环境监察支队。2008年9月,区环境保护局内设机构增加环境污染控制科,环境管理科更名为环境综合整治科。2010年1月,区环境保护局有内设机构3个,即办公室、环境综合整治科、环境污染防源控制科;下属事业单位2个,即南岸区环境保护行政执法大队(参公单位)和南岸区环境监测站;共有人员46名(其中:局长1名,副局长2名)。

北碚区环境保护局

北碚区环境保护局的前身为北碚区环境保护办公室,由北碚区科委分管。1984年2月,北碚区环境保护局成立,归口城乡委。1991年,区环境保护局设有行政秘书科、综合环境管理科、环境监理所、环境监测站4个内设机构,有在职职工25名。2001年,北碚区环境保护局行政机关编制10名,其中局长1名,副局长1名,科级职数3名,机关后勤服务人员事业编制1名。2002年6月,北碚区环境监测站增挂北碚区环境科研监测所牌子。2005年5月,在各镇街设立了环境保护工作站,具体明确了19个镇街环保工作站1~2名专兼职的编制和人员。2008年11月,成立北碚区辐射环境监督管理站,为正科级全额拨款事业单位,核定事业编制1名。2010年3月,区环境保护局内设科室和人员编制进行了调整,规定内设局办公室、总量环评科、综合管理科3个科室,机关行政编制10名。2010年8月,局机关增设污染防治科(挂农村生态环保科牌子)和固废管理科,环境监测站增加编制至23名,环保行政执法大队增加编制至22名。

渝北区环境保护局

渝北区环境保护局始建于1985年。1991年,区环保局内设2科1室。2010年,区环保局从组建之初的8人发展到正式干部职工64人。环境保护局内设办公室、规划督查科、建设项目管理科、污染防治与总量控制科、生态环境保护科,下设环境监察支队、环境监测站和环境宣教信息中心3个事业单位。其中环境监察支队属副处级单位,下辖3个大队。在干部职工队伍文化结构上,大学本科占72%、大专占19%、高中占9%,有副高级工程师5名、工程师4名、助理工程师2名。局机关有行政编制13名,其他事业编制1名。

渝北区从1995年开始创建国家环境保护模范城区,坚持"环保优先、生态立区"发展战略,在取得全国卫生城区的基础上,结合创建全国文明城区,深入持久地开展国家环境保护模范城区的创建工作。一是始终坚持严格环境准入,注重经济建设与环境保护协调发展,先后搬迁环保企业30多家,杜绝了污染企业进入空港工业园区、现代农业园区、台商工业园区等开发区。二是认真开展环境综合整治工作,先后对城市市政环保基础设施进行了升级改造,有效地综合治理了双龙湖、宝圣湖等城区湖库。三是认真开展了"四大行动",着力解决了群众反映的突出环保问题,不断改善了宜居环境,环境质量名列全市前茅。通过不懈努力,渝北区于2004年成功建成国家环境保护模范城区,在中国西部属第一。

渝北区环境保护局分别于2000年、2006年荣获国家人力资源部、国家环境保护部授予的全国环保系统先进集体。2010年,在全国第一次污染源普查工作中,渝北区荣获国务院第一次全国污染源普查工作领导小组、环保部、国家统计局、农业部授予的先进集体称号。

万盛区环境保护局

万盛区环境保护局的前身为万盛区环境保护办公室,1983年底,撤销区环境保护办公室,成立南桐矿区环境保护局,为正处级行政单位。1993年4月,因南桐矿区更名为万盛区,南桐矿区环境保护局随即更名为万盛区环境保护局。至2010年底,局内设机构有3个(即办公室、综合科、污防科),局下属事业单位有2个(即环境监察支队和环境监测站)。

1991年至2010年,在全局职工的努力之下,监管工作取得好的成绩,排污费由1996年的141.17万元增加到2010年的493.82万元;矿井废水治理取得一定成效,为结束万盛矿井废水直排的历史奠定了基础;有效治理了孝子河流域(万盛段)的水污染,为广大百姓营造了较为舒适的生活居住环境;于2009年实现国家环境监察标准化建设(西部地区)一级标准;区环境保护局在全市环保系统目标考核中多次获得优秀奖,荣获重庆市2008年度减排先进集体、重庆市第一次全国污染源普查工作先进集体、全国第一次污染源普查先进集体。

2006年至2010年,城区环境质量持续改善。空气质量达二级的周数由2006年的29周上升到39周。地表水和饮用水满足水域功能的比例均为100%,总体稳定在Ⅲ类水质以内,水环境质量良好。到2010年,全面完成了创建市级卫生城市环保资料的审查工作、创建市级文明城区的各项工作,以及创建市级园林城区的资料上报工作。重点开展中高考期间的噪声专项执法行动,积极推进噪声达标区建设工作,噪声达标区覆盖率达到100%。同时,环评执行率达100%,"三同时"执行率100%。宣传方面,开展了以"低碳减排、绿色生活"为主题的"6·5"世界环境日宣传活动。积极开展区级绿色学校和绿色社区的创建工作,为人人参与环保、支持环保营造了良好的舆论氛围。

巴南区环境保护局

1980年6月,巴县环境保护办公室成立属局级单位。1984年4月,成立巴县环境监测站。1989年9月,巴县环境保护办公室撤销,成立独立建制的巴县环境保护局。1989年6月,成立巴县环境监理所,为局直属管理的事业单位。1994年12月,巴县环境保护局更名为巴南区环境保护局,为正处级单位。环境保护局内设机构2个,即办公室和环境管理开发科,下设2个直属事业单位,分别为环境监理所、环境监测站。2003年1月,区环境监理所更名为巴南区环境监察支队。2005年6月,纳入参照国家公务员管理。2008年,区环境监察支队编制数达到30名,区环境监测站编制数达到30名。2010年,环境保护局内设机构增至5个,即办公室(监察室)、行政审批服务科(建设项目环境管理科)、环境综合整治科(农村环境保护科)、污染物总量减排科(核与辐射安全管理科)和环境督查科,行政编制增至16名,全局行政和事业单位编制总数增至78名。2010年11月,区环境监察支队由原科级事业单位升格为副处级事业单位,下设3个内设机构,即办公室、应急办公室、执法科。

长寿区环境保护局

长寿区于1979年设立长寿县环境保护办公室,隶属科委。于1983年成立长寿县环境保护局。于2002年撤县设区成立长寿区环境保护局。

2010年,局党组班子共7人。局内设1室3科,即办公室、规划与建管科、污染防治与总量控制科(固废管理科)、农村环境保护与宣教科(法制科),下辖环境监察支队(副处级,参公管理)、环境监测站2个事业单位。有编制82名(实有在编63人,临聘19人)。其中行政编制11名,实有11人;机关工勤编制1名;参公事业编制40名,实有31人;事业编制30名,实有21人。在编人员年龄结构:全局平均年龄37.6岁,35岁以下32人,占总人数的50.8%;36～40岁8人,占总人数的12.7%;41～50岁17人,占总人数的27%;50岁以上6人,占总人数的9.5%。文化结构:研究生9人,占总人数的14.3%;大学本科47人,占总人数的74.6%;大学专科6人,占总人数的9.5%;中专1人,占总人数的1.6%。高级工程师5人,工程师12人,助理工程师4人。

江津区环境保护局

1990年3月成立环境保护局后,下设办公室、建设项目管理股(1993年3月更名为综合科,2010年3月更名为环境宣教和督查科)。1998年后,局内设机构逐渐增多,共有10个局属二级机构。2007年1月,江津撤市建区,江津区环境保护局升格为正处级单位。2010年,江津区环境保护局内设办公室、行政审批服务科、环境宣教和督查科、污染防治科、自然生态保护科、群众工作科。下属机构有环境监察支队、环境监测分中心。环境监测分中心定编30名,在编人员27人,能对水、气、声、生物4大类100项环境监测项目进行监测,并承担万盛、綦江的环境应急监测工作。监测仪器设备不断更新和增加,已建成自动空气监测站3个,配备应急监测车等车辆、各类监测仪器设备264台套,完好率100%。

2006年12月,江津市委、市政府决定江津创建重庆市(省级)环境保护模范城区。根据市政府安排,2010年6月起,参与重庆市创建国家级环境保护模范城市工作。在江津区委、区政府领导下,通过区各相关部门和单位的不懈努力,"创模"工作取得可喜成绩,区域环境质量得到很大改善,生态环境建设与环保工作大大向前推进,人民群众真正得到实惠。

合川区环境保护局

1991年12月,合川县环境保护局设立秘书科、综合科、计划财务科3个内设机构。1992年8月,合川县环境保护局更名为合川市环境保护局。1996年10月,合川市环境科学学会经合川市民政局登记成立。1998年11月,成立合川市环境保护局纪律检查组。2001年5月,合川市政府批准,同意将合川市环境保护局环境监理具体业务管理工作下放给环境监理所。局新增生态环境保护、农村环境保护、生物技术环境安全、核安全监督管理职能。市环境保护局设办公室、环境管理科、宣教法制科。行政编制10名,事业编制3名,局长1名,副局长2名,科长职数3名。2005年8月,合川市环境监察大队列入依照国家公务员制度管理范围。2006年11月,合川撤市设区,合川市环境保护局更名为重庆市合川区环境保护局,合川市环境监察大队更名为重庆市合川区环境监察大队,合川市环境监测站更名为重庆市合川区环境监测站。2007年4月,环境保护局内设科室(下属事业单位)增加环境管理科副科长、法制科副科长、环境监察大队副大队长、环境监测站副站长各1名。环境监察大队编制增加8名,环境监测站编制增为17名。2008年10月,环境保护局环境监察大队升格为环境监察支队,设支队长1名,副支队长3名。内设监察一科、监察二科、监察三科、综合科、综合处置科(挂辐射环境监督管理科牌子)5个机构,各科设科长1名。环境监察支队编制为28名,环境监测站编制为25名。2010年,区环境保护局设置内设机构4个,分别为局办公室、综合管理科(环境影响评价和规划科、自然生态保护科)、污染防治科(污染物排放总量控制科)、法规宣教信息科。

永川区环境保护局

1991年,永川县环境保护局没有内设机构,局领导对工作人员只明确了工作职责。下属机构有监测站、环境监理所。1992年6月永川撤县设市,永川县环境保护局更名为永川市环境保护局。局长1名,副局长2名,调研员2名。1993年永川市环保局内设3科1室,即宣教科、综合科、财务科、办公室。2001年,综合科更名为建设项目管理科,增设污管科。2005年,建设项目管理科更名为行政审批科,污管科更名为综合科,增设信访稽查科。2008年,信访稽查科更名为群众工作科。2010年,增设生态科。

局下属事业单位:

(1)永川区环境监察支队:

1986年成立永川县环境监理所,人员编制5名。1993年,成立永川市环境监理中队。2001年,更名为永川市环境监察大队,机构为正科级,大队领导职数为3名,人员编制18名,下设3个环境监察中队。2004年,大队完成国家二级标准化建设,编制人数达到19名,实有人员达到20名。中队长3名,监察人员14名,具有大专以上学历17人,占85%,参加岗位培训19人,持证上岗率占95%。2007年4月27日,环境监察大队升格为环境监察支队,人员编制由19名增至29名。实设4个监察大队,分城区大队和一、二、三大队,其中,城区中队为自设大队。

(2)永川区环境监测站:

1984年8月成立的全额拨款事业单位。2007年,重庆市环保局确定其为6大区域性中心城市环境监测站之一,是重庆市环境监测站建设标准中的二级三类站。设有站长1名,副站长2名,内设综合室、质控室、分析室、监测一室、监测二室5个科室。人员编制及结构:全站实有编制数27名,在编人员23名,在岗人员19名,全站研究生文化程度4人,本科文化程度11人,专科4人。在岗人员中高级工程师1人,工程师7人,助理工程师5人。全站平均年龄32岁,其中50岁以上1人,41~50岁2人,31~40岁7人,21~30岁9人。

(3)辐射放射及危废管理站:

2009年4月,成立永川区辐射放射危废管理站,正科级事业单位,配编1名。

南川区环境保护局

南川区环境保护局的前身是南川县环境保护办公室,1990年1月更名为南川县环境保护局。1994年8月18日,南川撤县设市,更名为南川市环境保护局。2007年,南川撤市设区,4月2日,设置南川区环境保护局,内设6个职能科室:办公室、环境综合管理科、环境污染控制科、建设项目环境管理科、自然生态保护科和宣传教育法规科。

2010年3月12日,南川区环境保护局下设8个职能科室:办公室、环境综合管理科、环境污染控制科(污染物总量减排科)、建设项目环境管理科、环保项目管理科、自然生态保护科(农村环境保护科)、宣传教育法规科、辐射环境管理科(危化品与固体废物管理科)。

南川区环境监察支队是南川区环境保护局管理的财政全额拨款副处级参公管理事业单位。

南川区环境监测站(挂南川区环境宣传教育中心牌子)为区环境保护局管理的直属事业单位,财政全额拨款,规格为正科级。

南川区环境科学研究所为区环境保护局管理的直属事业单位,财政全额拨款,规格为正科级。

双桥区环境保护局

1990年5月,成立双桥区环境保护局,挂靠在区城乡建委内。配副局长1名,工作人员1名。1999年5月,双桥区环境保护局单列,直属于双桥区政府,独立行使环保主管部门的职能职责,局长1名,工作人员4名。2008年3月,局长1名,增加副局长领导职数1名,工作人员2名,2010年机构未变。

环境保护局下属机构:

(1)环境监察支队:

1990年,双桥区环境监理所挂靠原双桥区环保办,有工作人员1名。1993年11月,双桥区编委批准成立双桥区环境监理中队,与环境监理所合署办公,一套人马、两块牌子,为事业单位。2002年,双桥区环境监理中队更名为双桥区环境监察支队,工作人员3名,至2010年未变。

(2)环境监测站:

1993年11月,双桥区编委批准成立双桥区环境监测站,配编4名,为事业单位。至2010年机构未变,人员由3名变为4名。

二、县(自治县)环境保护局

綦江县环境保护局

1988年12月3日,綦江县环境保护局在原县环境保护办公室的基础上成立。2010年,县环境保护局设立5个内设机构:办公室、污染防治和总量减排科、综合整治和政策法规科、建设项目和辐射管理科、农村环境和生态保护科。2011年12月,因区划调整,綦江县环境保护局更名为綦江区环境保护局。

綦江县环境保护局下属单位:

(1)綦江县环境监测站:

1984年9月27日正式宣布成立綦江县环境监测站,与环境保护局办公室合并办公。2011年12月,因区划调整,綦江县环境监测站更名为綦江区环境监测站。

(2)环境监察支队:

1993年,成立环境监理中队,负责对企业、事业单位和个体经营者进行现场检查、监督管理和排污收费。2004年,监理中队升格,成立了环境监察大队。2011年12月,因区划调整,綦江县环境监察大队更名为綦江区环境监察支队。

潼南县环境保护局

潼南县环境保护局的前身为潼南县环境保护办公室,1989年成立潼南县环境保护局,1993年设置环境监理中队,2002年成立环境监察大队。

2010年3月,根据中共重庆市委办公厅、重庆市人民政府办公厅《关于潼南县人民政府机构改革方案的通知》和中共潼南县委、潼南县人民政府《关于潼南县人民政府机构改革的实施意见》文件精神,设立潼南县环境保护局,为县政府工作部门,设6个内设机构,分别为综合科、监察室、环境污染防治科、建设项目环境管理科、污染物总量减排科、农村环境保护科;下设环境监察大队、环境监测站。潼南县环境保护局机关行政编制8名,其中,局长1名,副局长2名,科长(主任)6名;机关后勤服务事业编制1名。实有局长1名,党组书记1名,副局长3名,纪检组组长1名,科长(主任)6名,机关后勤服务事业编制1名。

铜梁县环境保护局

铜梁县环境保护局于1989年12月,从城乡建设环境保护委员会分出并成立局。1990年3月正式挂牌,开展工作。铜梁县环境保护局是县政府主管全县环境保护和生态建设的职能部门,主要拟定环境保护规划,组织对本县重大经济和技术政策、发展规划及重大经济开发计划等进行环境影响评价,监督对环境有影响的建设项目及资源开发项目执行环境影响评价制度和"三同时"制度的情况;监督实施排污申报制度、排污许可证制度、排污收费制度和限期治理制度,负责协调解决跨地区、跨流域的重大环境问题;负责全县环境监测网络和环境信息系统的建设和管理;组织、指导和协调全县环境保护宣传教育,推动公众和非政府组织参与环境保护。2010年,铜梁县环境保护局内设办公室、建设项目综合管理科、污染控制与总量减排科、生态环境管理科4个科室和铜梁环境监察大队、铜梁县环境监测站2个事业单位,共有人员编制57名,实有40人。其中大学33人,专科6人,平均年龄约39岁。

大足县环境保护局

大足县环境保护局成立于1985年。局办公地址在大足县棠香街道五星大道283号。2001年9月12日,大足县机构编制委员会根据《中共重庆市委、重庆市人民政府关于重庆市区县(自治县、市)机构改革的意见》,核定大足县环境保护局编制12名,其中局长1名,副局长3名,正、副科长职数4名。机关后勤服务人员事业编制2名。2010年,大足县环境保护局行政编制为18名。其中局长1名,副局长3名。内设5个职能科室:办公室、行政审批科(综合管理科)、宣教法制科、污染防治科(大足县总量减排办公室)、自然生态科。下设2个直属事业单位:环境监察大队、环境监测站。全局编制57名,其中机关20名、监察大队20名、监测站15名;实有在职在编人员54名,其中局机关22名、监察大队19名、监测站13名;党员50名。有退休职工8名。

荣昌县环境保护局

1991年,荣昌县环境保护局在职职工24名,其中局长、副局长各1名。1993年10月10日,荣昌县环境监理中队正式成立,与荣昌县环境监理所实行两块牌子、一套班子。2002年,县环境保护局内设办公室、环境综合科、宣教法制科3个职能科室,环境监察中队更名调整为环境监察大队。2005年,荣昌县环境监察大队调整为正科级参公事业单位。2007年9月,县环境保护局内设机构调整为局办公室、建设项目环境管理科、污染控制科、宣教法制信息科4个职能科室。2008年6月,荣昌县环境监测站改为全额拨款事业单位。

2010年6月,县环境保护局内设机构调整为局办公室、污染防治科、自然生态保护科、综合管理科、建设项目管理科、污染物总量减排科,下属2个事业单位即环境监察大队、环境监测站。在职职工42名。

璧山县环境保护局

璧山县环境保护局的前身为璧山县环境保护办公室。1990年4月9日成立璧山县环境保护局,列入县政府序列。1994年,璧山县环境保护局由璧山县新生路23号搬迁至璧山县金剑路150号。1991年,璧山县环境保护局内设人事秘书股、综合业务股。2010年,有在职干部职工共49人,内设机构5个,分别为办公室、污染物总量减排科、建设项目环境管理科、污染防治管理科、农村生态科,局机关监察室按照有关规定设置。下属2个事业单位,璧山县环境监测站和璧山县环境监察大队。

2010年县政府机构改革中,明确璧山县环境保护局为主管全县环境保护工作的县政府工作部门。主要职责是:拟定环境保护规划;承担从源头上预防、控制环境污染和环境破坏的责任;负责环境污染防治的监督管理;组织开展生态环境质量调查,进行生态环境质量分析和评估,监督对生态环境有影响的自然资源开发利用活动、生态环境建设和生态破坏恢复工作;指导协调农村生态环境保护工作;牵头协调环境污染事故和生态破坏事件调查处理,建立健全突发环境事件的应急预警机制,协调解决跨流域、跨地区的环境污染纠纷;组织实施环境保护目标责任制,管理环境综合整治及其定量考核工作;负责全县环境统计工作;指导和创建本辖区环保标志、无公害标志产品,监督环保标志和无公害产品的生产;负责核安全和辐射安全的监督管理;负责环境污染治理单位资格的审查;负责本辖区内市政府确定的主要污染物总量减排任务;依法办理县政府批准立项的符合县审批权限的建设项目环境保护的有关手续;组织拟订和实施环境保护督查制度,组织实施环境保护目标责任制,监督检查环境保护目标任务完成情况。

梁平县环境保护局

1977年前,梁平县未设立环境保护机构,环境保护工作由县增产节约办公室负责。此办撤销后,由县计划委员会综合管理。

1977年,设立梁平县环境保护办公室,办公地点在县计委。

1979年,更名为梁平县人民政府环境保护办公室,有专职人员1名。

1984年1月,设立梁平县城乡建设环境保护委员会环境保护办公室,有专职人员2名。

1986年12月,首届梁平县环境保护委员会成立,县环境保护委员会下设的办公室与县人民政府环境保护办公室合署办公,管理形式延续到1995年环境保护局成立。下属事业单位:1984年6月成立梁平县环境保护监测管理站,同年12月落实事业编制20名。1987年4月,梁平县环境监测管理站分为梁平县环境监测站、梁平县环境监理站,两块牌子、一套班子。

1995年3月,成立梁平县环境保护局,撤销梁平县人民政府环境保护办公室。县环境保护局内设政秘股、法规宣教股、环境管理股。

2001年,机构改革核定行政编制7名,核定局机关事业编制1名,2004年,局机关行政编制增加到8名。2003年,县级事业单位改革,分设县环境监测站,定编8名,设立县环境保护执法大队,定编7名。2007年,县环保执法大队更名为县环境监察大队,编制增加到15名。2009年,县环境监测站事业编制增加到20人。

2010年,局内设:办公室、环境督察室、建设项目管理(行政审批)科;下属单位:梁平县环境监测站、梁平县环境监察大队。

城口县环境保护局

1985年,成立城口县城乡建设环境保护局,履行建设、环保双重行政职能,设环境保护股。下设环境监测站,编制7名,执行环境监督管理职能。

1988年8月,城口县城乡建设环境保护局更名为城口县建设委员会,同时撤销环境保护股,设立城口县环境保护办公室作为城口县环境保护工作的办事机构,为县政府的职能部门,编制3名,在建委划拨。1992年,环境监测站更名为环境监测管理站,执行监测、监理职能。

1994年12月,撤销城口县环境保护办公室,建立城口县环境保护局,机构级别为正局级单位,列入政府序列,独立行使法律赋予的职责,统一管理本辖区内的环境保护工作。县环境监测站划归环境保护局直接管理。1998年7月,县环境监测站与环境监理站分设,分别执行环境监测、监理的职能,机构分设后编制名额、经费渠道仍按原规定不变。至1998年,环境保护局与建委一直实行两块牌子、一套班子的办公模式。

1999年3月,环境保护局局机构单列,资产从建委中适当分割,财务独立并纳入财政预算。4月,内设置办公室,负责机关的收发、文秘、档案及内部事务、上下联系、人事财务管理等工作;负责环境监测监理工作的业务指导及有关法规宣传等工作。2001年6月19日,县环境监理站更名为县环境监察大队,更名后的职责、编制、经费渠道仍按原规定执行。2001年9月,县环境保护局成为政府组成部门并扩编局机关编制5名,其中公务员编制4名,工勤人员编制1名,并设正、副局长各1名。内设机构为办公室和业务综合科,内设科室领导职数按1正1副配备。局机关下辖1队1站,即环境监察大队和环境监测站,核定全额拨款事业编制8名。2004年5月,城口县环境监察大队核定全额拨款事业编制增至9名。

2010年末,城口县环境保护局内设:办公室、农村环保科、污染防治科、建管科、综合科、总量减排科。下属单位:县环境监测站、县环境监察大队。局领导职数1正3副,事业编制35名,其中参公事业编制15名(包括工勤人员编制1名)。

丰都县环境保护局

丰都县环境保护局位于丰都县三合街道商业2路321号,该局成立于1984年10月,是丰都县人民政府主管环境保护工作的职能部门,履行环境监管职能,负责环境管理、污染控制、生态保护、环保宣传、排污收费等工作。

2010年,丰都县环境保护局属县政府组成部门一级正科级单位,内设办公室、污染防治科、总量控制科、行政许可服务科、综合管理科;行政编制12名,后勤编制1名,领导职数4名,于2009年配置了纪检组长;在职10人。

环境监察大队:2002年由自收自支事业单位变更为全额拨款的一类事业单位,2004年由丰都县环境监理站更名为丰都县环境监察大队,2009年升格为副科级参公事业单位,编制22名,领导职数4名,在职16人。

环境监测站:2002年由自收自支事业单位变更为全额拨款的一类事业单位,编制30名,领导职数3名,在职22人。

2003年,丰都县三合街道、名山街道和28个乡镇分别设立了村建环保监督管理站,有人员78名。实行县乡共管,人财物由当地政府管辖,县环境保护局负责业务指导和考核。

垫江县环境保护局

1989年11月26日,垫江县环境保护局成立,同时撤销原垫江县环境保护办公室。垫江县环境保护局是主管全县环境保护的工作部门,隶属于垫江县人民政府。局机关内设机构为秘书组、法制宣传教育组、业务组。

1993年5月,县环境保护局内设机构更名。秘书组更名为秘书股,法制宣传教育组更名为法制宣传教育股,业务组更名为综合开发股。

1995年3月,明确了县环境保护局的机构性质为政府行政部门,经费预算管理方式为全额拨款。县监理站、监测站机构性质为事业,经费预算形式为全额拨款。

2001年8月,全县实行机构改革,县环境保护局为正科级政府机构工作部门,核定行政编制10名,机关后勤服务编制1名。内设机构为3个职能科室:办公室、综合管理科、规划发展科。

2008年5月,县环境保护局设立行政许可服务科,撤销规划发展科,将规划发展科职能划入综合管理科。

2010年4月,环境保护局内设机构5个职能科室:办公室、行政许可服务科、农村环境保护科、主要污染物总量减排和法制科、污染防治科。下属单位:县环境监测站、县环境监察大队。

武隆县环境保护局

武隆县环境保护局成立于1990年3月,内设秘书股、管理股、环境监测站、环境监理站,有职工17人,办公地驻县城上油房沟。1998年8月,县环境保护局内设科室调整为办公室、开发管理科,下属事业机构为环境监测站、环境监理站,有职工19人。2001年12月,县环境保护局内设办公室(挂纪检监察室牌子)、政策法规宣教科、综合管理科,下属事业单位为环境保护监测站、环境保护监理站。2002年3月,环境保护监理站更名为环境监察大队。2005年5月,县环境保护局增设行政许可科(建设项目管理科)。2007年增设污染物控制科,2008年增设污染物总量减排科,2010年增设农村环境保护科。2010年,共有人员编制53名,实际在编45人。环境监察大队编制为18名,环境监测站编制为20名。内设局办公室、建设项目管理科(行政许可科)、污染物总量减排科、农村环境保护科、污染防治科。有武隆县环境监察大队(副科级)、武隆县环境监测站(股级)2个事业单位,均为财政全额拨款。

忠县环境保护局

忠县环境保护局成立于1995年7月,是对全县环境保护实施统一监督管理的政府组成部门,独立行使法律赋予的职责,统一监督管理全县的环境保护工作。2008年5月从忠县忠州镇体育路19号迁至忠州镇州屏环路19号办公。根据2010年《忠县人民政府办公室关于印发忠县环境保护局主要职责、内设机构和人员编制规定的通知》规定,忠县环境保护局行政编制10名,其中领导职数4名,内设办公室、政策法规科、环境综合整治科(挂污染物总量减排科牌子)、建设项目环境管理科,下辖忠县环境监察大队(参公事业单位)、忠县环境监测站。

开县环境保护局

开县环境保护局是开县人民政府的环境保护行政主管部门,于1995年9月在原县环境保护办公室的基础上正式挂牌成立,属事业单位编制。1997年3月与城建委分设,纳入政府序列,成为独立行使职责的政府一级机构,标志着开县环保事业走向新的起点。2010年,下设5科1室即党政办公室(环境保护应急管理科)、法制宣传教育科、建设项目环境管理科、污染物排放总量控制科(固体废物和辐射环境管理科)、污染防治科(水环境保护科)、农村环境保护科。有行政编制人员

13名,机关后勤服务人员事业编制2名。直属事业单位两个:开县环境监察大队,有在编人员21名;开县环境监测站,有在编人员29名。1991—2010年,开县环境保护工作取得了污染治理的新突破;水环境质量达标率成绩显著;大气污染治理取得新进展;村庄环境综合治理建设项目通过验收并进一步拓展。

云阳县环境保护局

1995年5月,撤销云阳县环境保护办公室,成立县环境保护局。成立之初在云阳镇十字街4号县建委综合办公楼第三、四层楼内办公,2001年5月迁至云阳县双江镇望江大道1026号办公。

1995年云阳县环境保护局正式成立后,未正式定编,全局干部职工13名,其中设局长1名,局内设办公室,另设环境监测站和环境监理站,为局属事业单位。1997年4月,明确云阳县环境保护局为正科级单位,列为政府组成部门,并逐步充实人员。2001年12月,"三定"方案确定局机关行政编制8名,其中局长1名,副局长2名,正、副科长(主任)职数3名,机关后勤服务人员事业编制1名。内设1室1科。

2006年,设立11个片区环境保护管理所,定编21名,为县环境保护局派出机构。

2010年,云阳县环境保护局内设办公室(挂宣教法规科牌子)、建设项目管理科(挂自然保护科牌子)、污染控制科。

奉节县环境保护局

1978年,奉节县环境保护办公室成立,归口于县计委。1983年和1989年先后划入县建设环境保护局、县建委。1984年成立县环境监测站,定编8名。1989年成立环境监理站,定编4名。1993年10月,各区设立兼职环保人员。1995年3月设立奉节县环境保护局,列入县政府序列,为正科级环境保护行政主管部门,核定事业编制14名(含两站),同时撤销县环境保护办公室,局和两站三块牌子、一套班子。1995年10月13日,奉节县环境保护局正式挂牌成立。县环境保护局决定从1996年5月1日起,县环境监测站、环境监理站相对独立运行,按下属事业单位管理,理顺了内部机构。1998年3月成立中共环境保护局党组。1998年12月,各区成立环境监理所。1999年底,环境保护局实有在编6人,监测站5人,借用12人。2001年12月,环境监理站更名为环境监察大队。2010年,奉节县环境保护局实有在编10人,监测站12人,监察大队11人,借用2人。

巫山县环境保护局

巫山县环境保护局位于巫峡镇净坛二路361号,成立于1995年3月。2010年,内设4科1室:污染防治科、污染物总量减排科、建设项目环境管理科、农村环境保护科、办公室。下设环境监察大队、环境监测站。

主要工作职能:强化辖区环境保护的宏观调控和执法监督,完善促进环境保护与经济、社会协调发展的宏观调控机制,增强对全县环境保护的综合协调能力;加强工业污染防治、城市环境保护和自然生态环境保护;推进环境保护科技进步;推广环境保护产业发展;组织环境宣传教育工作,提高全民环境意识。

从1996—2005年,由该局牵头,进行了为期10年的国家生态示范区创建,并通过国家验收,为三峡库区打造了第一张"生态名片";该局全力配合,成功创建了小三峡5A景区、国家卫生县城。

局全体干部职工的工作准则是争做生态建设守护人,勇当环境保护排头兵,在全力开展"碧水、蓝天、绿地、宁静"行动的同时,全力维护广大群众的环境利益。

巫溪县环境保护局

巫溪县环境保护局的前身是1982年12月1日成立的巫溪县环境保护办公室,隶属于县计委领导,1983年合入巫溪县建委。1994年12月13日成立巫溪县环境保护局,并撤销巫溪县环境保护办公室,隶属于县政府,设正、副局长各1名。内设办公室、法制监察股、科教宣教股、环境管理股,并建立下属事业单位即巫溪县环境保护执法监察队,将原隶属于县建委会的巫溪县环境监测站和巫溪县环境监理站划归巫溪县环境保护局管理。

2010年,巫溪县环境保护局内设办公室、污染防治科、建设项目环境管理科、农村环境保护科、总量减排科。行政编制6名,设局长1名,副局长2名,内设机构领导职数按1名配备。下属单位:县环境监察大队,按参照公务员序列管理,2010年,通过国家环境监察标准化建设西部三级标准验收;县环境监测站,业务受重庆市环境保护监测中心指导,1999年,第一次取得重庆市质监局实验室资质认证。

石柱县环境保护局

石柱县环境保护局是贯彻执行环境保护法律、法规、规章、标准和方针政策,制定石柱县环保相关规划,全面开展环境监察执法、环境监测、建设项目环境管理、生态环境保护及大气、水、噪声、固体废物等污染防治工作的县政府工作部门。2010年,县环境保护局内设办公室、污染防治科(污染物排放总量控制科)、建设项目环境管理科(行政许可服务科)、宣教法规科、自然生态保护科;下设环境监察大队、环境监测站2个事业单位。全局编制45名,在编在岗干部职工37名。

1991—2010年,全县坚持"生态立县、环境优先"的发展理念,坚持环保工作党政一把手"亲自抓、负总责",狠抓环境管理,扎实推进污染防治、总量减排、"十二五"环保规划、创市级环境保护模范县、铅锌矿污染整治、饮用水水源保护等重点环保工作,有效解决突出的环境问题,切实改善城乡环境质量,促进环境保护与经济建设协调发展。

秀山土家族苗族自治县环境保护局

秀山的环保工作起步于20世纪80年代初期,1982年只是县计委下属的环保办,1984年成立秀山土家族苗族自治县环境保护局。1994年,职工人数有14名。1997年6月前,县环境保护局业务属原四川省环境保护局指导,重庆市直辖后,归属重庆市环境保护局管理指导。

2010年,秀山县环境保护局内设科室4个:局办公室、建管科、生态科、污防科;下设机构2个:环境监察执法大队、环境监测站。局机关人员25名(含7名局领导班子成员),环境监察执法大队12人,环境监测站9人。共有办公面积850余米^2,其中局机关和环境监察执法大队410米^2,环境监测站440米^2,共有8台车辆,其中环境执法用车5辆。环境监察执法大队已通过二级标准化建设验收,基本达到一级标准化建设水平;环境监测站已通过三级站建设验收。

酉阳土家族苗族自治县环境保护局

1991年,酉阳自治县环境保护办公室为酉阳自治县建委的一个科室。1998年隶属于县建委,为该委下属二级机构。2001年,在全县机构改革中,撤销县环境保护办公室,成立酉阳土家族苗族自治县环境保护局,为县政府工作机构,内设办公室、综合科2个科室,下属县环境监察大队、环境监测站2个事业单位。2010年,局内设机构增为4个:办公室、建管科、污防科、生态科,局下属事业单位有2个:环境监察大队、环境监测站。

至2010年,县城空气质量达到二级(良好)的天数为309天,地表水水质全部达到Ⅲ类以上标准,饮用水水质达标率达100%,乡镇集中式饮用水水源地水质达标率达100%;各类噪声指标均在控制范围内;生态环境质量继续保持优良,全县森林覆盖率达到40.56%。重点开展中高考期间的噪声专项执法行动,积极推进噪声达标区建设工作,噪声达标区覆盖率达到100%。同时,环评执行率达100%,"三同时"执行率达100%。宣传方面,开展了以"低碳减排、绿色生活"为主题的"6·5"世界环境日宣传活动。积极开展区级绿色学校和绿色社区的创建工作,为人人参与环保、支持环保营造了良好的舆论氛围。

彭水苗族土家族自治县环境保护局

1991年1月,设立彭水苗族土家族自治县环境保护办公室,为副局级环境保护行政机关,归口挂靠县建委管理。其主要工作是：检查、督促各部门执行国家环境保护方针、政策、法律和法令，拟定地方环境保护标准、规范；组织环境监测，制订本地区的环境规划、设计并督促实施；加强环保法制建设，控制环境污染和自然恶化，做好环境保护工作。1996年7月，成立彭水苗族土家族自治县环境保护局。1997年4月，成立彭水苗族土家族自治县环境保护局，仍为副局级环境保护行政单位，归口挂靠县建委管理，核定人员编制15人，其中事业人员编制14人。

1999年3月，县环境保护局由原副局级机构升格为正局（科）级单位，明确为县政府局级环境保护行政主管部门，归口县计划经济委员会管理。县环境保护局内设3个股，即秘书股、综合业务股、监测监理股。

1999年12月，建立中共彭水苗族土家族自治县环境保护局党组，加强党对环境保护工作的领导。2000年1月，建立中共彭水苗族土家族自治县环境保护局支部委员会。2005年8月，建立中共彭水苗族土家族自治县纪律检查委员会驻县环境保护局纪检组，专事环境保护局党的纪律检查工作。2010年，县环境保护局内设办公室、污染防治科、农村环境保护科、总量减排科、建设项目管理科。机关行政编制9名，局长1名，副局长2名，纪检组组长1名。下属单位3个：县环境监测站、县环境监察大队、县辐射环境监督管理站。

第二章　环境规划

环境规划是环境保护工作的重要组成部分，也是环境管理的超前手段之一。从"七五"到"十一五"，重庆市环境保护规划从无到有，走过了一个又一个坚实的台阶，实现了环境保护规划的跨越式发展。在这个进程中，通过"碧水""清新""固废""生态""能力"和"装备"六大环保工程的实施，2010年，环境质量和生态状况明显改善，预计到2020年，把重庆打造成"西部领先、全国一流"的环保城市。

第一节　综合性规划

一、国民经济和社会发展中的环境保护规划

"七五"之前，全市基本上没有编制市级环境保护专题规划。

"八五"期间（1991—1995年），全市开始编制市级环境保护专题规划，但基本上限于环境保护局内执行。

"九五"期间（1996—2000年），适逢重庆升为直辖市，市环保局会同市计委、市经委，印发了《重庆市环境保护"九五"计划和2010年远景目标纲要》，包括《重庆市"九五"期间主要污染物总量控制计划》《重庆市环境保护"九五"期间污染治理项目计划》，最后报请市政府审批，要求各区县（市）政府和市政府有关部门结合实际，认真组织实施；制定相应的指标和管理办法，建立定期公布制度；期间污染治理项目计划的有关项目要按照固定资产项目管理程序，优先列入市各有关部

门和各区县基本建设、技术改造的"九五"计划及年度计划;国务院以国函〔1999〕9号文件,原则同意《长江上游水污染整治规划》;1999年,市政府也以渝府〔1999〕109号文件,原则同意《长江上游(重庆部分)水污染整治规划》;市环保局会同市计委下发了关于印发《长江上游(重庆部分)水污染整治规划》的通知,要求万州及黔江开发区管委会、各区县(市)政府、市级各有关部门,结合本部门、本地区实际,认真组织实施,确保水污染整治规划目标的实现。

"十五"期间(2001—2005年),市政府审定通过《重庆市国民经济和社会发展第十个五年计划生态环境建设和保护重点专题规划》,要求各区县(市)政府和市政府有关部门从全市实际出发,按照各自职责,精心组织好"十五"生态环境规划的实施。市生态环境建设和保护领导小组办公室要搞好统筹规划、综合平衡和组织协调,加强规划实施的跟踪检查和落实工作。2002年,市政府审定通过《重庆市国民经济和社会发展第十个五年计划环境保护重点专题规划》。根据规划,"十五"期间将重点实施"碧水"工程、"清新"工程、"固废"工程、"生态"工程、"能力"工程和"装备"工程六大环保重点工程。2003年对规划执行进行了中期评估:"碧水"工程、"清新"工程和"固废"工程总体上进展比较顺利,而"生态"工程、"能力"工程和"装备"工程总体进展滞后。

"十一五"期间(2006—2010年),市政府审定通过《重庆市国民经济和社会发展第十一个五年规划环境保护和生态建设重点专项规划》。根据规划,到2010年,在保持国民经济平稳较快增长的同时,全市重点地区的环境质量得到改善,基本遏制生态环境恶化趋势。在上游来水水质达标的前提下,长江、嘉陵江、乌江干流水质总体保持稳定并力争有所提高;城市环境空气质量明显改善,主城区环境空气质量基本达到二级标准;农村环境质量局部有所改善;生态建设取得实效,水土流失状况有所改善,重点生态功能区、自然保护区等生态功能有所恢复;生态环境监测预警体系逐步完善。同时,市环保局对各规划的执行力度加大,并对部分规划的执行情况进行了中期评估。

二、城市总体规划中的环境保护规划

(一)在《重庆市城市总体规划(1996—2020年)》中所涉及的环境保护规划

环保目标:2000年,环境污染和生态破坏基本得到控制,主城区的环境质量基本保持稳定,一批城镇和区域的环境质量有所改善,部分地区的生态环境有所好转,逐步使环境与经济、社会发展相对协调。2020年,城市环境质量得到明显改善,主要指标达到国家控制标准,全市建成一批环境清洁、优美的城镇,为实现环境质量全面改善,城乡环境清洁、优美、安静和生态良性循环的远景目标奠定坚实基础。

(1)大气质量:自然保护区、风景浏览区在远期达到国家一级标准;主城区达到国家二级标准。

(2)水源水质:2000年,主城区两江主要控制断面水质达Ⅲ类水域标准,饮用水水源水质达标率为91%;2020年,主城区两江主要控制断面水质达Ⅱ类水域标准,饮用水水源水质达标率为93%。

(3)环境噪声:建成区区域环境噪声及市区交通干线噪声达到国家标准。

(4)辐射污染:控制电磁辐射污染,实行有关防护规定和卫生安全标准。

(5)固体废弃物:实现无害化处理、综合利用和卫生填埋,并达相应国家标准。

优化城市布局,控制开发强度,限制开发用地规模,合理利用城市环境容量。实行以调整工业布局、调整能源消费结构、加强城市基础设施建设和工业污染防治为主要内容的城市环境综合整治,提高生活空间环境质量。

(1)加速产业结构和工业布局调整是改善城市环境质量的重大举措。旧城区污染严重的工业企业应逐渐外迁并结合技术改造进行污染防治,污染严重且效益差的企业要逐步关、停、并、转(其逐年实施的名单见环保规划专题文件);已建成区不再布置新的工业项目;近郊拓展区可布置一些对环境无污染的工业项目;其他门类工业以及乡镇企业根据不同情况合理布置在外围组团及其他城镇群,并严格执行"谁污染谁治理"及"三同时"原则,严禁污染大气、土壤、两江和次级河流。

(2)调整能源消费结构,开发清洁能源并提高其在能源结构中的比重;加大煤电转换比例,通过调整,2020年全市能源消费结构以电力为主,达到73%;大力推行清洁燃煤技术,对高硫煤进行科学的综合处理和利用。对工业集中片区改变分散供热方式,实行热电联产,集中供热。通过以上措施,降低酸雨浓度及频率,改善全市大气环境质量。

(3)现有工业企业应结合技术改造,推行清洁生产技术,加强污染防治。

(4)对城市废气、废水、废渣、噪声、电磁波进行监控并有效治理和处置。

(5)提高城市绿化覆盖率,大力增加城市公共绿地面积,加强防护绿带的建设,不断增强环境的承载能力。

环境卫生:近期,主城区达国家级卫生城市标准;远期,主城区达现代化城市环卫设施标准。

(1)基本控制垃圾、粪便对环境的污染;实行垃圾袋装分类收集、运输、处理和利用;环卫清扫作业机械化率达80%;垃圾收运机械化率、无害化处理回收率达100%;粪便无害化处理率达100%。

(2)近期,在都市圈内改造4个垃圾综合处理场、2个填埋场、2个焚烧处理场、1个特种垃圾处理场,新建4个垃圾综合处理场,垃圾处理能力达3750吨/日。远期,在都市圈内兴建2个综合处理场,将都市圈的大部分垃圾集中用先进工艺进行处理,总处理能力达5500吨/日。

(3)都市圈内将设垃圾站789座、公厕2260座,建设11个集中粪便处理场。

(4)都市圈内设7个车辆清洗场,日清洗能力16500辆。

(5)加强两江水面环境卫生管理,都市圈各区设1~2个环卫专用码头,环卫专用船舶装载量为30吨级和50吨级两种,规划停泊数为3~4档。

重庆市的绿化要从大环境概念出发,以市域大绿化为背景,以建立生态型的都市圈为目标,在都市圈范围内,构成4个层次的绿化体系:

(1)第一层为主城内的绿地系统,包括街头绿地、防护绿地、公共绿地,形成点、线、面相结合,垂直绿化与平面绿化相结合的核心区绿化体系。

(2)第二层包括主城东、西两山的"绿色屏障",南、北两端的绿化工程,构成"两山屏障,南北浅围"的环主城生态绿化圈。

(3)第三层为外围组团与绿野相间的复合生态系统,外围组团呈散点布局,绿色空间与之交融共存。

(4)第四层以缙云山山脉与明月山山脉为依托,构成"东西两山,南北导流"的都市圈外部生态环境。

除4个层次以外,利用重庆多山多水的特点,结合长江防护林工程和水土保持工程的建设,普遍植树造林,提高森林覆盖率。2020年,全市森林覆盖率达25%。

主城区要重点解决公共绿地少、小、差,分布不均和指标过低的突出矛盾。建设洪恩寺、平顶山、珊瑚、双山、花溪等一批骨干公园和大量街头绿地及小游园。规划2000年,主城公共绿地面积要由339.8公顷增加到1365.8公顷,人均公共绿地达到5.7米^2,绿化覆盖率30%,绿地率25%;2020年,公共绿地面积将达到4432.3公顷,人均公共绿地12米^2(加上社区内人均绿化2米^2,共14米^2),绿化覆盖率40%,绿地率大于30%。主城各组团的中心绿地要严格控制;长江、嘉陵江以及花溪河等次级河流两岸建江河防护绿带;公路、铁路和城市主要干道两侧要根据不同情况设置宽度不等的绿化带;大型公建、主要商业区、城市出入口、大型立交周围要留出绿化空间。

保护好主城东西两侧铜锣山和中梁山的森林资源,新建和扩建南山、南泉、山洞和歌乐山等地区的郊野公园,加快主城北部"长江水天城"、江北农场公园、重庆市植物园、铁山坪森林公园、广阳坝体育旅游岛以及渝北万亩果林地的建设,建设方城南部金鳌寺、白居寺和云篆山公园,逐步形成环主城的绿圈。

外围组团的绿化按照园林城市的标准形成科学的绿地系统;有条件的组团应在外围形成绿圈,不得与主城或其他组团连成一片;没有条件形成绿圈的组团,应结合果园、农田、林地和蔬菜基地,划出一定的隔离绿带,维护各外围组团相对独立的形式。市域主要城镇完善各自的城市绿地系统,并辐射就近的一般城镇,共同组成市域大绿化体系。

风景名胜区须贯彻"严格保护,统一管理,合理开发,永续利用"的方针。风景名胜区的规划要以保护生态环境和生物多样性为基本任务,2000年前完成缙云山—钓鱼城、四面山2个国家级风景名胜区,大足石刻、统景、南山—南泉3个省级风景名胜区和东温泉、万盛石林等11个市级风景名胜区的总体规划和主要景区规划。风景名胜区的建设要贯彻风景资源永续利用的原则,严禁在风景区中心游览区内修建与风景旅游无关的项目,服务设施原则上不设在景区内。近期加快建设风景区的内外交通和基础设施,扩大旅游面积(规划中心浏览区面积1200公顷),增加一级、二级和三级景区景点数量,加强管理,创建文明游览区;远期建成景观优美、特色明显、设施齐备的完整的风景名胜区体系。

充分利用重庆市文物古迹丰富、风景名胜众多、历史悠久、文化荟萃、风貌独特的资源优势,加快旅游事业的发展,建立和完善重庆市域范围的旅游景区和景点,设计良好的旅游线路,进而与周边地区和长江三峡的旅游资源相结合,形成以重庆为中心的川东南黔北旅游区和以重庆为起点的长江三峡旅游带。

(1)在市域范围内,划分市中心陪都文化与山城风貌旅游区,渝东温泉、湖泊和民俗旅游区,渝南山林峡谷旅游区,渝西石刻风景旅游区,渝北恐龙、民俗旅游区和缙(云山)钓(鱼城)古战场、小三峡风景旅游区6个旅游区域。组织4条旅游环线,若干条以主城为起点和终点的旅游专线,满足市内居民休闲度假、国内外游客旅游观光的需要。

(2)加快旅游设施的配套建设,扩建航空港,加快朝天门客港的建设,兴建旅游专用码头,新建、改建和扩建一批旅游宾馆,开发建设具有民族特色和地方特色的旅游商品生产基地,建设大规模的旅游商品市场和旅游购物中心,形成食、住、行、玩、购一体化的旅游体系。

(二)在《重庆市城乡总体规划(2007—2020年)》中所涉及的环境保护规划

1. 生态环境保护目标

规划到2010年,生态环境监测预警体系基本建立,生态环境保护和建设初见成效,生态恶化的趋势得到有效控制。城市空气环境质量基本达到二级标准;加快推进生态建设重大工程,森林覆盖率达到36%,水土流失治理率达到47%。二氧化硫、化学需氧量的排放量分别控制在73.7万吨、23.9万吨以内。三峡库区水污染得到初步治理,环境质量得到明显改善,长江、嘉陵江、乌江干流水质保持总体Ⅱ类,主要次级河流水质达到水域功能标准。大力推动生态建筑,减少自然资源损耗,提高资源回收循环利用率;加强水土保持执法,严格执行开发建设项目水土保持方案制度。

规划到2020年,生态步入良性循环,环境质量进一步改善,城市环境空气质量全面达到二级;森林覆盖率达到45%,水土流失得到基本治理;地质环境安全监测体系健全,生物多样性得到保护。三峡库区水环境质量全面提高,在上游来水水质保证Ⅱ类的前提下,长江总体达到Ⅱ类,嘉陵江、乌江入长江干流水质达到Ⅱ类,次级河流全面达到水域功能标准。

2. 生态环境保护措施

加强生态建设、植树造林、退耕还林还草、水土流失治理、地质灾害治理,注重生物资源保护,维护生物多样性,提高森林覆盖率;积极发展生态农业,有效控制化肥、农药使用量;大力推广生态建筑,减少自然资源损耗,提高资源回收循环利用率。

一小时经济圈生态功能区重点解决次级河流污染问题和都市区的水环境、大气、固体废弃物污染。东北部生态功能区重点建设环三峡库区生态绿化带,加强沿江城镇市政基础设施建设,全面推进三峡库区城镇生活污水处理厂和垃圾处理场建设,实现绿色航运。积极推广生态农业,减轻农村地区的面源污染,加大人畜粪便的无害化处理。东南部生态功能区重点加强森林、河流的生态保护,积极发展特色资源产业和生态型旅游业,限制高污染和高资源消耗行业的发展,强化对矿产资源的保护性开发,严防废水、废渣和粉尘对城镇周边和乌江水域环境造成重大危害,推进实施矿区生态恢复和重建工程。

3. 三峡库区生态环境保护

重点建设三峡库区生态功能保护区,加快三峡库区周边绿化带建设,启动消落区生态环境综合整治工程,大力推进库区天然林保护、退耕还林(草)防护林体系建设,积极开展以水土流失治理为重点的综合整治和以生态脆弱区、生态敏感区域为重点的生态移民。

4. 生态脆弱治理区生态环境保护

对喀斯特地区和渝西方山丘陵水土流失区等生态脆弱重点治理区,积极调整产业结构,控制城镇建设用地规模,对人口规模和生产活动进行合理引导,限制开发强度和密度。合理选择城镇和基础设施建设用地,防止城镇建设和区域性基础设施建设对生态的破坏,严禁污染工业进入,做好防护工程和生态补偿、生态修复工作。

5. 生态建设、环境保护与绿地系统建设

原则与目标:坚持生态保育、生态恢复与生态建设并重的原则,建设山水园林城市,不断提高生态环境质量,增强可持续发展能力,实现经济社会、人口、资源与环境的协调发展。以大气污染防治,保护饮用水水源,改善长江、嘉陵江及次级河流水质为重点,建成国家级生态园林城市和国家环境保护模范城市,成为我国西部地区和长江上游的环境保护示范区。

规划至2010年,生态环境恶化趋势得到初步遏制:城市环境质量得以改善,长江、嘉陵江水质总体保持Ⅲ类,主要次级河流满足水域功能断面比重达到55%,集中式饮用水水源地水质达标率达到100%;空气质量满足二级标准频率达到80%,二氧化硫、化学需氧量的排放量分别控制在10.3万吨、26.2万吨以内;区域环境噪声平均值控制在55分贝以内,道路交通噪声平均值控制在66分贝以内;主要污染防治指标达到国家标准,初步建成国家环境保护模范城区。

规划至2020年,工业污染得到全面控制,城市和农村环境污染得到有效治理,生态逐步得到修复,城市环境质量全面改善,满足全面建设小康社会的要求,实现经济与环境的协调发展,初步建成生态型城市。

景观生态功能规划:保护和建立多样化的生态环境系统,保持山水格局的连续性和自然性。划定生态功能区,合理确定城市建设空间。建立森林生态屏障,设立自然保护区、风景名胜区、野生公园和生态农业区,将长江、嘉陵江及其支流和湿地、山岭山脊等外围大片绿地以及区内的绿地、绿岛串联起来,形成网络型生态绿地系统。

生态控制区:在都市区景观生态功能格局中的重要位置设立生态控制区,主要功能为生态环境保护、景观培育、减灾防灾、观光旅游、科考探险、自然和文化遗产保护等。规划设立静观—古路、统景、明月山、嘉陵江小三峡、北碚—西永、白市驿、两路、金鳌寺、云篆山、广阳岛和樵坪山等生态控制区。严格控制生态控制区内的城市建设活动,严格组团隔离绿带和山坡绿地。

生态廊道:主城区的生态廊道主要包括山脊生态廊道、水域生态廊道、交通绿色廊道。主城区内山脊一级生态廊道包括缙云山、中梁山、铜锣山、明月山等山体;主城区内山脊二级生态廊道包括龙王洞山、北部中央山脊线、渝中半岛中央山脊线、南部中央山脊线、桃子荡山等。水域一级生态廊道为长江、嘉陵江;水域二级生态廊道为御临河、五布河、梁滩河、一品河、黑水滩河、后河、花溪河。规划依托高速公路和铁路干线形成环状加放射状的交通绿色廊道。

生态廊道的控制:长江、嘉陵江(常年水位线)在城市建成区内两侧各20~30米,在非建设区段两侧各为20~50米;御临河、五布河、梁滩河、一品河、黑水滩河、后河、花溪河等二级支流的干流,在城市建成区内两侧各20米,在非建设区段两侧各为20~50米(常年水位线),该区域内要保护原有的状况和自然形态,对已有人为破坏的必须进行生态恢复,禁止破坏生态环境的开发建设行为。高速公路、铁路在城市建成区内两侧各控制20~30米的防护绿地,在非建设区段两侧各为50米防护绿地。

6. 生态环境保护

建立城乡一体的生态空间结构。结合自然环境特点,建立由森林生态屏障、绿化隔离带、城镇绿地系统、绿色通廊组成的生态框架。

调整产业布局及结构。根据环境功能分区,合理制定环境产业政策,对不符合功能要求的工业进行调整,搬迁环境污染安全隐患企业,严禁新建不符合环境功能区要求的产业。工业园区内鼓励发展低能耗、低污染的产业,大力发展循环经济,严格限制会产生大量水、气污染物和固体废弃物的工业。全面调整畜禽养殖业和水产业布局,控制养殖规模,主城为禁养区,关闭、搬迁已有畜禽养殖场;适度发展郊区养殖业,根据实际情况划定养殖区。

加大水土流失治理。以坡耕地治理和植被的自我修复为重点,综合治理水土流失,严格执行开发建设项目水土保持方案制度。保护植被,防止人为水土流失,恢复生态。大力发展生态绿化和建设生态型梯田,建设项目应环保施工,施工后应进行生态恢复。

7. 环境污染治理

环境污染防治目标。坚持保护优先、预防为主、防治结合,源头治理与末端治理相结合的原则。环境污染防治的目标是:2020年工业废水排放达标率达100%,城市生活污水集中处理率(二级)达到90%左右,规模化养殖场和集中式养殖小区畜禽粪便综合利用率达90%,污水排放达标率达到80%;工业废气达标率达到95%,汽车尾气年检首检达标率达到98%,汽车尾气路检达标率达到90%,城市居民气化率达到99%;主次干道、窗口地区、繁华地区冲洗保洁面积达90%,机械化吸尘作业率达90%,内环以内道路使用改性沥青路面比例达85%;固体废物综合整治目标:工业固体废弃物综合利用率达到80%,城市生活垃圾无害化处置率达到98%,危险废物安全处置率达100%,船舶垃圾集中处置率达100%。

环境功能区区划。水环境功能分区。长江、嘉陵江干流都市区段水质适用地面水环境质量标准Ⅲ类;除梁滩河适用地面水环境质量标准Ⅳ类外,都市区其他主要次级河流均适用地面水环境质量标准Ⅲ类。

大气环境功能分区。缙云山、圣灯山等自然保护区及渝北统景、南山—南泉风景名胜区适用国家一级大气环境质量标准;大渡口区所辖重钢厂区、沙坪坝区所辖石井道适用国家三级大气环境质量标准;都市区其余地区适用国家二级大气环境质量标准。

噪声环境功能分区。居住文教区、大型宾馆、医院、疗养院、度假区等适用国家区域噪声标准Ⅰ类;居住、商业、工业混杂区适用国家区域噪声标准Ⅲ类;主要交通道路两侧10米以内(地形坡度大于15°时为15米)适用国家区域噪声标准Ⅲ类;特色工业园区适用国家区域噪声标准Ⅲ类。

环境污染防治措施。加强水环境综合整治,切实控制水污染,提高水环境质量。建立饮用水源保护机制,加强饮用水源保护,调整自来水厂布局,设立水厂水源卫生防护地带;保护长江、嘉陵江、湖泊水库的水质,对污染严重的次级河流实行综合整治,重点整治桃花溪、清水花溪河、大溪河、梁滩河、盘溪河、磨滩河、一品河、御临河等次级河流;完善城市水集中处理系统,有计划地建设一批城市污水处理厂,同时配套建设、改造排水管;加强城镇生活垃圾无害化处理,大力推进生活垃圾处置、利用设施的建设和改造,建设影响环境的生活垃圾临时堆存点,建设重庆市危险废物处置与交换中心;控制畜禽养殖与水产养殖污染,划定禁养区和限养区,控制养殖规模和方式。

加强大气污染综合防治。调整能源结构,积极发展清洁能源,严格控制燃煤污染;在划定的秸秆禁烧区内禁止秸秆燃烧,推行秸秆气化集中供气工程;加强工业污染治理,推进大气污染企业关闭搬迁工作,推进重点工业污染源的技术改造,加强重庆电厂、重庆九龙电力公司、华能珞璜电厂等火电厂脱硫脱氮设施的建设及运行;强化机动车尾气污染控制;清理整顿采石场区,逐步关闭主城内水泥厂和采石场区;加强道路扬尘、建筑施工扬尘等扬尘污染控制;严格控制餐饮业油烟气污染。

加快噪声达标区建设,综合防治噪声污染。加快道路网建设,改善路面状况,加强交通管理,严格执行城区禁鸣规定,减少交通噪声;推进安静居住小区建设,降低社会生活噪声、工业噪声和建筑施工噪声对人民生产、生活的影响。

其他污染防治。加强工业企业固体废弃物的管理和综合利用。加快危险废物处置场建设,集中处置危险废物,建立和完善全市医疗废物处置体系,推进区县医疗废物集中处置网络建设,加强危险废物、医疗废物专业化收运系统建设。推行清洁生产,积极发展无渣、少渣工艺。重视对各种射频发射装置的辐射环境质量监督和电磁污染防治,按国家有关强制性标准规定,重点抓好大功率无线发射装置的领域准入管理和日常技术监督,工业、科研、医疗、家庭电磁设备技术达标,防止电磁泄漏。采用多种措施,减少光污染,防治化学污染、室内污染、生物污染和外来物种入侵。

8. 生态绿地建设

主要包括郊野公园、风景名胜区、自然保护区和生态农业区。

郊野公园。在重要山体地段、河流上游水源保护区、风景林地、重要湿地和组团隔离地带,设立一批郊野公园,包括森林公园、风景林地、湿地、组团隔离带和水源保护区等,形成主城内面积最大的生态绿地。

风景名胜区。严格保护风景名胜区的自然与文化遗产,保护原有景观特征,维护生物多样性和生态良性循环,防止污染和其他公害,加强植被和景观培育,防止人工化、城市化、商业化倾向。在保护的前提下,促使风景名胜区的资源得到永续利用。

自然保护区。规划保留现有的缙云山自然保护区、华蓥山自然保护区、安澜自然保护区等市级以上自然保护区;开展资源调查,确定新的自然保护区;对现有的市、区级自然保护区进行资源评价,确定其保护级别,强化保护力度。

生态农业区。在东、西部谷地及郊区保留生态农业区,积极发展生态农业、都市农业,改善自然环境,维护生态平衡。

9. 城市绿地规划

规划原则与目标。按照城乡结合、大中小结合、点线面结合、多样性结合、发展与巩固相结合的原则,形成结构合理、布置均匀、方便市民生活、多层次、立体化、独具山城特色的城市园林绿地系统。结合城市建设用地山地多的特点,将城镇建设用地中或临近城市建设用地的、能发挥城市公共绿地功能的山地,规划为其他绿地。规划至 2010 年,主城区达到国家园林城市标准;规划至

2020年,森林覆盖率达40%,城市绿地率38%,绿化覆盖率42%,人均公园绿地15米^2,人均绿地达到35米^2。

公园绿地。旧城区重点解决公园绿地少、小、差,分布不均和指标过低的突出矛盾。建设鸿恩寺公园、北部植物园、白居寺公园、二郎渝高公园、玉龙公园、双山公园等一批骨干公园和大量街头绿地及小游园。各组团中心必须按国家规定指标配套建设绿地。新区要按国家园林城市标准的上限进行配套绿地建设。

居住区公园的一般规模应在1.5公顷以上,最大服务半径为1000米;居住小区公园绿地规模约为1公顷,最大服务半径为500米;新规划居住区公园绿地面积应不低于2米^2/人,公园绿地指标不足的居住区应通过改造达到1~2米^2/人。

防护绿地。铁路两侧设置20~50米的防护绿带;高速路两侧设置26~50米的防护绿带;工业区与生活区之间设置20米以上的防护绿带;长江、嘉陵江及其支流两岸应根据不同情况设置宽度不等的防护绿带。

生产绿地。保留现有生产绿地。按照市场化运作的要求,在组团隔离绿带及城郊,鼓励发展花卉苗木生产。

附属绿地。加强居住区绿化,重点解决旧城区居住区绿地率过低的问题,通过改造,力争绿地率达到25%,新建居住区的绿地率不低于30%。加强机场、码头、火车站、汽车站等城市窗口单位的环境绿化和美化;学校、医院、机关团体、部队等单位的绿地率不低于35%;交通枢纽、仓储设施等的绿地率不低于25%;积极推行屋顶绿化、垂直绿化,提高单位面积的绿化效益。

第二节 环境要素专项规划

一、生态功能保护区规划

生态功能是指生态系统及其生态过程所形成或维持并能促进人类生存和发展的自然环境条件与效用,主要包括水源涵养、洪水调蓄、水土保持、污染净化、防风固沙、生物多样性维持等功能。在《全国生态功能区划》中,把三峡库区列为对国家生态安全具有重要作用的水源涵养重要生态功能区,划分重庆市生态功能区,对确保长江中下游社会、经济的持续、快速、健康、协调发展具有重要意义,关系到三峡库区乃至国家的生态安全。

重庆市委、市政府根据三峡库区及其影响的自然环境和社会、经济发展的特征,紧密结合不同区域社会、经济发展的目标及其对生态功能的要求,以地形、地貌特点作为主要划分标准,结合三峡库区今后蓄水淹没的特殊性及其消长特点,同时兼顾行政边界的基本完整,将三峡库区生态功能保护区划分为三个功能区,即盆周中低山水土保持(水源涵养与生物多样性保育)区、平行岭谷丘陵面源污染重点监督区、三峡水库环库水质保护区。

(一)生态功能保护区建设与管理的总体要求

一是对全市三峡库区生态功能保护区内现有的30多个自然保护区以及保护地、森林公园等生态状况良好、生态功能正常的重点区域,采取严格的保护措施,防止发生新的人为破坏和退化。其中生物多样性丰富,具有典型性、完整性的山地生态系统,建立以水土保持、水源涵养和生物多样性保护为核心的自然保护区。

二是对区域内生态环境脆弱的山地、丘陵、峡谷森林、草地生态系统,一旦损坏便不易恢复的生态系统,应划定禁伐、禁牧、禁垦区,采取合理的管护措施,促进生态系统的自然恢复,强化水土保持与水源涵养功能。

三是对区内尤其是三峡库区消落带,长江、嘉陵江、乌江干流沿岸,坡地农田开垦区等水土流失严重和地质灾害频发区,建立水土流失重点监督与执法机构,开展以水土保持为核心的生态恢复与重建,逐步恢复其生态功能。

四是减轻不合理的开发方式对山地、丘陵和三峡水库消落带等脆弱生态系统的冲击和压力,推动生态功能区内生态环境与社会经济的协调发展,在充分考虑三峡库区移民安置与经济、社会发展的需要和生态环境承载能力的基础上,调整产业结构布局,大力发展绿色食品、有机食品和无公害食品,开展生态旅游,加快生态农业和现代化农业建设步伐,积极寻求替代产业,改变粗放式经济增长方式,发展生态经济,实现可持续发展。

(二)生态功能保护区的分区建设与管理

根据三峡库区生态功能保护区的功能区划和区内经济、社会发展的实际需要,针对3个生态功能区的主要生态问题和功能特点做如下分区规划。

1. 盆周中低山水土保持(水源涵养与生物多样性)区

主要包括三峡库区东北、东南、西南和南部的中低山地区,如大巴山、巫山、武陵山和金佛山中低山区,包括巫溪、巫山、石柱、武隆、黔江、彭水全境和开县、云阳、奉节、万州、丰都、涪陵、南川、万盛、綦江、江津的部分地区,面积30845千米^2。主要植被为常绿阔叶林和天然草坡,为全市天然林的主要分布区,属全市森林覆盖率较高的地区,具有较好的水土保持、水源涵养功能。其生物多样性相对丰富,有国家一、二级保护动植物数十种,全市陆生珍稀动植物几乎全部集中于该区,基本上属于中国自然保护区区划中的中南西部山地丘陵区。

主要生态环境调整:本区地质构造复杂,山高、谷深、坡陡,降雨集中,属全市最主要的暴雨区,水土流失较为严重,水土流失面积17916千米^2;地质灾害频繁,以滑坡、崩塌及泥石流最为突出,地质灾害敏感区面积约3300千米^2。交通不便,地方经济发展滞后,在山洞中居住的人口仍有一定比例。农业耕作方式落后,刀耕火种、掠夺经营较为普遍,对森林、草地植被的损毁严重,尤其值得注意的是,植被破坏后,不但严重削弱了本区的水源涵养功能,而且加剧水土流失,土地石化、沙化,留下裸岩石山,生态环境难以恢复,导致各类保护动植物的栖息环境急剧萎缩,甚至加速物种灭绝的速度。

主要保护目标:建立水土保持生态功能保护区,调整山地森林、草地的植被结构,通过生态移民,防止人为破坏森林和毁林开荒,保护脆弱山地常绿阔叶、落叶林森林生态系统和生物多样性,保护、完善山地水土保持、水源涵养功能,控制水土流失,减少进入三峡水库的泥沙。

主要措施:(1)合理规划、统筹安排,生态移民与保护区建设相结合;(2)加大退耕还林、还草和天然林保护的力度;(3)调整、完善森林植被的结构,强化植被的水土保持和水源涵养功能;(4)严格管理保护区,保护生物多样性;(5)加强地质灾害的监测与预报,做到地质灾害的生物防治与工程防治相结合;(6)建立巫溪阴条岭、白果山、江津四面山、石柱大风堡、武隆白马山、黔江小南海、奉节小寨7个自然保护区。

2. 平行岭谷丘陵面源污染重点监督区

该生态功能保护区在地貌上主要指渝中平行岭谷丘陵、低山区,背斜成山,向斜成岭。包括长寿、垫江、梁平、忠县、巴南、重庆市区、云县、开县、綦江大部和奉节、万州、南川、万盛、江津的部分地区,面积23978千米^2,地形以丘陵、低山为主,土壤以紫色土、黄壤为主,背斜低山植被条件较好,有少量成片次生林,区内的河谷、平坝及浅丘地带,水热条件优越,适宜水稻、蔬菜和油料等粮经作物种植,是全市最重要的粮食、经济作物生产地。

主要生态环境问题:森林植被退化明显,因人口稠密,中、深丘陵的坡地几乎全部被开垦为农耕地,坡耕地面积大,土地耕垦过度,顺坡种植普遍,水土流失严重。本区水土流失面积为22089千米^2,中度、强度侵蚀区占78%,背斜低山坡陡,一旦开垦,水土流失难以控制,裸岩荒山、迹地比比皆是,地质灾害也十分敏感,面积达1500千米^2。河谷、平坝和向斜丘陵农业发达,但农业生产过分依赖化肥的投入,大量富营养物质随径流、泥沙进入三峡水库,此外,长江干支流的塘库、河湾肥水养鱼对水库水质造成严重威胁。

主要保护目标:重点监督水土流失强度与特点,因地制宜地开展生态农业建设与示范,农业结构调整,退耕还林还草,有效恢复植被,提高水土保持能力,保护耕地,遏制土地退化的趋势,控制土壤侵蚀与农业非点源污染,减少入库泥沙与非点源富营养物质。

主要措施:(1)调整农业产业结构,建立农林牧复合生态农业系统;(2)背斜低山加大退耕还林力度,植被保存较好的低山开展水土流失预防;(3)改变耕作方式,以横坡种植代替顺坡种植,建立旱坡地立体种植和多熟带状轮作体系;(4)改良中低产旱坡地;(5)建立坡地集雨、沉沙、排灌等体系;(6)建立坡地林、灌、草植物篱;(7)调整施肥结构,控制化肥、农药施用,建立绿色农产品生产基地,发展有机、无公害食品;(8)建立忠县精华、开县一字梁等自然保护区;(9)水土保持系统工程的建设。

3. 三峡水库环库水质保护区

该区主要位于三峡水库环库区,根据环库地形、地貌和未来水库水位的消长及对三峡水库水质的影响特点,三峡水库环库水质保护区包括3个部分。其一为环库库岸水土保持防护林带,是指三峡水库周边、长江干流沿岸特别是长江峡谷两岸自上而下垂直200~500米目视所及的库岸林带,面积约5627千米^2,以长江防护林为主体,结合今后在这一区域新建的水库库岸防护林体系,形成长江沿岸超过600千米的林带,主要功能为水土保持和维护库岸稳定。其二为水库消落带人工湿地系统,是指因三峡工程采取"蓄清排浑"的运行方式,即在汛期(6月至9月)将水库水位降至145米并开闸放水排沙,而在汛期后(10月)开始蓄水,并在10月底蓄水至正常高水位175米,从而在1年内形成垂直落差约30米的两条水位消落带,长江干流两岸最大面积可达446千米^2,其中50~100千米^{2}可能成为永久性淹水的沼泽地,300~400千米^{2}成为季节性水旱生态系统,加之与位于长江支流河溪低洼地带的水田、塘库,连成一片,形成巨大的消落带人工湿地生态系统,面积约为684千米^2,主要功能是拦蓄泥沙、过滤污染物质。其三是城镇与水库的隔离带,因城镇排放污水对水库水质的重大影响,建立城镇与水库的生态隔离带,面积约60千米^2,主要功能为净化城市污水,保护长江水质。由上述三部分构成的三峡水库环库泥沙与污染物质调控的水质保护区的总面积为6371千米^2。

主要生态环境问题:三峡水库环库带内发育有地质灾害507处,对库区生态环境、入库泥沙及库周城镇、交通干线和人民群众的生命安全造成巨大威胁;不合理的开发利用造成库岸稳定性下降,加剧水土流失;库周大量的生活、生产污水携带大量的污染物质、营养物质通过消落带进入水库,特别是城镇污水量大、污染物含量高,对三峡水库的水质影响大,加之消落带季节性农业种植、库湾人工水域养殖业(如肥水养鱼)过度发展,产生的大量富营养物质对库区水质造成巨大的潜在威胁;同时人为活动破坏现有人工湿地(水库、池塘)生态系统的完整性,导致湿地面积锐减,湿地生态片断化、破碎化和岛屿化,水土保持功能减弱,污染物质净化功能弱化,加剧库区的污染物质负荷与危害程度,不利于长江及三峡水库的水质保护。

主要保护目标:恢复保护沿江两岸的森林植被,开展滑坡、危岩、崩塌、泥石流敏感区的重点监测与防治,保护水库库岸的稳定性,控制土壤侵蚀和入库泥沙,建设长江沿岸"山川秀美",恢复"两岸猿声啼不住,轻舟已过万重山"的景观;建设人工湿地水质净化系统,调节、阻滞、存蓄、降解富营养物质,并保持水土,作为库岸与三峡水库之间的生态缓冲带,以及控制三峡水库泥沙、富营养及污染物质的最后一道生态屏障,保护水质;建立城镇污水的沉降与处理系统,结合生态措施,强化对城镇污水的净化。

主要措施:(1)退耕还林、还草;(2)加强林业管理,禁止不合理的工程活动,封山育林,增大天然林保护力度;(3)建立三峡水库人工湿地、长寿湖湿地自然保护区;(4)开展低效林改造,改造长防林结构,完善乔灌草森林结构,完善库岸防护林带建设;(5)严格控制消落带的开发利用,合理布局、规划水域养殖业,做好人工湿地生态系统的保护与管理;(6)消落带人工湿地沉水植物、挺水植物、灌木和森林的种植;(7)加速城镇污水的工程处理能力建设,加强对城镇污水排放的监管,建设城镇与水库间的生态隔离带;(8)发展生态旅游。

(三)重点建设任务

1. 生态功能保护管理

主要目标:通过有效的保护管理,使三峡库区生态功能保护区的管理逐步迈入科学化、信息化、规范化的轨道,使保护区建设健康、有序地开展。生态功能保护区内生态环境恶化的趋势基本得到遏制,并逐渐得以恢复,保护区内水土流失预防、水质保护与生物多样性保育等生态功能不断增强,促进区域生态平衡,保障三峡库区和长江中下游的生态安全。

主要内容:

(1)自然保护区建设规划。在现有自然保护区的基础上,通过升级、新建,建立巫溪阴条岭、白果林、石柱大风堡、武隆白马山、开县一字梁、奉节小寨、黔江小南海、江津四面山、三峡水库人工湿地9个国家级自然保护区。另外建立13个省级、13个县级自然保护区,总面积5501千米^2,占库区总面积的9%。

对现有自然保护区加强管理能力建设,加大投资力度,提高管理和管护水平,重点加强国家级和省级自然保护区的管理。

(2)水土流失预防、监督与治理规划。依据三峡库区水土保持的主导功能,结合水土流失强度差异,分别实施预防保护、重点监督和综合治理。盆周山地山高坡陡,人口密度相对较低,植被覆盖率较高,生物多样性丰富,水土保持功能良好,但生态环境脆弱,通过限制不合理的开发与生产活动,进行水土流失预防,预防保护区面积20769.88千米^2,占库区总面积的33.98%;重点监督丘陵低山人口稠密、坡耕地耕垦频繁、水土流失敏感地区,防止水土流失加重;以小流域为单元,山水田林路统一规划,生物措施、工程措施、保土耕作措施合理布局,建立坡面综合防护体系,结合农业结构调整,建设经济林果和经济作物基地,并选择一批不同地貌类型、交通方便的地区,开展小流域水土保持生态园区建设。治理水土流失面积27508千米^2,占库区总面积的45%。

通过水土流失预防、重点监督和综合治理,中度以上水土流失面积减少50%以上,年均减少土壤侵蚀量约6000万吨。

(3)人工湿地建设与保护规划。消落带是库区泥沙、富营养物质进入水库的最后一道屏障,对于库区水土保持功能的发挥及水质保护十分重要。通过库周湿地生态系统建设,并与人工水域(池塘与水田)有机结合,合理利用与保护,建立约30万公顷的消落带人工湿地生态系统,拦蓄泥沙与污染物质;在城镇与三峡水库之间建立以库岸防护林、密集型灌草植被和人工湿地为基础的生态隔离带,在城镇污水治理的基础上,蓄存、降解城镇污染物质;建立三峡水库人工湿地自然保护区。通过上述以人工湿地为核心的生态带建设,建立库周泥沙屏障和污染物质人工净化系统,使三峡库区年均入江的氮、磷、钾减少50%以上,库区水质达到国家地表水环境质量Ⅱ类标准以上。

(4) 农村面源污染控制规划。库区面源污染主要来源于化肥污染和畜禽粪水。控制面源污染的关键在于控制水土流失,提高水、肥利用率,降低高残留农药施用,积极推广生物农药的使用,大力发展绿色食品和有机农业,开展无公害农产品基地建设和生态农业示范,同时治理畜禽养殖污染。

畜禽养殖污染主要从两个方面进行治理。一是对分布于主城区近郊区县的78家规模化猪、鸭、牛养殖场的粪便进行治理,项目日处理能力为2500吨。二是养殖规模较小以及散养的畜禽粪便通过发展农村沼气池进行处理,项目规划建设沼气池40万口,减排大量的畜禽粪便。加强农村秸秆综合利用,发展节柴灶40万户,改善农村环境质量,减轻农村生态环境的压力。

(5) 退耕还林还草与天然林保护规划。对库区25°以上坡耕地在试点的基础上有计划、有步骤地实施退耕还林还草。沿大江大河、骨干公路、铁路,以及森林资源相对丰富的林区的坡耕地,边远山区人均耕地较多的坡耕地展开;开展盆周山地的天然林保护,对成片林地、草地实施保护工程,防止人为砍伐和过度放牧。

退耕还林还草工程规模为332.7万公顷,2001—2020年完成。其中,"十五"期间年退耕还林还草133万公顷;2006—2010年66.7万公顷;2011—2020年133万公顷。

(6) 库岸防护林规划。库区自巫山到江津沿淹没线以上两岸地带,建设宽200~500米的环库生态防护林,保障库岸生态安全。环库生态防护林以库岸防护林、长江防护林为基础,与堤防工程、地质灾害防治工程有机结合,同时还与城市(镇)规划布局相衔接,对长江、嘉陵江、乌江等沿江城市江段进行综合整治,建设三峡水库环库生态防护林100万公顷。

(7) 工程建设劣地的生态恢复与重建规划。基础设施建设和大型工矿建设不可避免地毁坏植被、开挖大量土石方,不少工程的水土保持措施不力,大量废弃土石方和废渣随意堆放,不但造成环境破坏,而且水土流失严重,损毁农田。加大矿山及其他工程建设废弃地的植被恢复力度,开展损毁耕地土地生产力修复与复垦,恢复被毁植被,减少入库泥沙与污染物质,实现生态平衡。

(8) 地质灾害危险区工程治理与生态修复规划。对三峡库区及水库库周的地质灾害敏感地带进行重点监控,同时开展工程治理与生态修复。坚持以防为主、防治与避让相结合、护岸与防灾相结合、突出重点、综合治理的原则,在全面进行地质灾害详查的基础上,对危岩、滑坡、崩塌、泥石流等地质灾害进行重点监控与综合防治。规划重点治理灾害点300余处。

(9) 管理机构与组织规划。设立三峡库区生态功能保护区市、区县二级领导小组,领导小组下设办公室,办公室挂靠环保部门。市、区县设立生态监测中心、分中心和生态监测站。领导小组及其下设办公室均为兼职机构,生态监测中心、分中心和生态监测站为实职机构,中心、分中心设主任、副主任各1名,中心成员5~8名,分中心成员3~5名,监测站设站长1名,成员3名。

领导小组负责组织、协调、监督辖区生态功能保护区的建设工作,制定相关政策、法规、决定,办公室负责具体落实、监督工作;中心负责整个保护区的日常管理、工作组织与实施,并对分中心、生态监测站的工作进行监督检查,同时完成数据汇总、分析;分中心负责重点片区工作的实施与管理,并对片区数据进行收集、整理与初步分析;生态监测站负责本辖区内生态功能保护区的具体管护工作和生态环境的监测工作。

自然保护区建设项目见表4-2,生态功能保护与管理工程项目见表4-3,主要畜禽养殖污染治理企业见表4-4。

表 4-2　　　　　　　　　　　全市生态保护区自然保护区建设项目

区县		项目名称	所在流域	项目性质	投资（万元）	主要保护对象	建设面积/千米²	建设时限/年
总计		国家级9个,省级13个,县级13个			38800		5501	
其中：2005年前		国家级3个,省级5个,县级5个			12700		1863	
国家级	巫溪县	阴条岭自然保护区	长江	升级	2000	珙桐等常绿阔叶林	300	2005
	江津区	四面山自然保护区	长江	升级	2000	亚热带常绿阔叶林	224	2005
	石柱县	大风堡自然保护区	长江	升级	1000	水杉等珍稀植物	200	2005
	库区	三峡水库人工湿地自然保护区	长江	新建	5000	雁鸭、鹤类等水禽和湿地生态系统	1200	2010
	黔江区	小南海自然保护区	乌江	升级	3000	地质遗迹	150	2010
	巫溪县	白果山自然保护区	长江	升级	3000	亚热带常绿阔叶林、熊、豹等珍稀动植物	120	2010
	开县	一字梁自然保护区	长江	新建	1000	亚热带常绿阔叶林、豹、熊、豺	200	2010
	奉节县	天坑地缝自然保护区	长江	升级	3000	地质遗迹、亚热带常绿阔叶林	400	2020
	武隆县	白马山自然保护区	乌江	升级	1000	亚热带常绿阔叶林、银杉等珍稀动植物	72	2020
省市级	巫山县	五里坡自然保护区	长江	升级	1300	常绿阔叶林、草场	60	2005
	黔江区	马喇自然保护区	乌江	新建	1250	原始森林、草地	50	2005
	万州区	七曜山自然保护区	长江	升级	1250	草甸、古生物化石	150	2005
	涪陵区	大木山自然保护区	长江	升级	1000	亚热带常绿阔叶林、珍稀动植物	146	2005
	彭水县	茂云山自然保护区	乌江	升级	500	森林及野生动植物	100	2005
	万州区	龙泉沟自然保护区	长江	新建	1500	亚热带常绿阔叶林、石林	100	2010
	巫溪县	黑水河自然保护区	长江	新建	1600	亚热带常绿阔叶林、熊、大鲵	150	2010
	长寿区	长寿湖自然保护区	长江	新建	1600	水禽及人工湿地生态系统	40	2010
	涪陵区	大山堡自然保护区	长江	新建	500	亚热带常绿阔叶林、云豹、金雕、秃杉	57	2010
	忠县	精华自然保护区	长江	升级	1000	珍稀植物（红豆杉、鹅掌楸）	40	2010
	北碚区	嘉陵江小三峡自然保护区	嘉陵江	升级	200	胭脂鱼、长吻鮠	29	2020
	奉节县	茅坪坝自然保护区	长江	新建	1500	草场、珍稀动植物	400	2020
	忠县	天池自然保护区	长江	新建	1200	珍稀动植物	180	2020

续表

区县		项目名称	所在流域	项目性质	投资(万元)	主要保护对象	建设面积/千米²	建设时限/年
区县级	长寿区	长寿湖湿地自然保护区	长江	升级	300	亚热带常绿阔叶林	60	2005
	渝北区	放牛坪自然保护区	长江	新建	750	珍稀动植物	150	2005
	丰都县	世坪自然保护区	长江	新建	300	珍稀动植物	60	2005
	忠县	巴云山自然保护区	长江	新建	250	森林及野生动植物	130	2005
	黔江区	仰头山自然保护区	乌江	新建	800	水杉、珙桐、银杏、云豹等	233	2005
	奉节县	尖山自然保护区	长江	新建	100	森林生态	40	2010
	万州区	大垭口自然保护区	长江	新建	50	森林生态	20	2010
	万州区	走马自然保护区	长江	新建	100	森林生态	40	2010
	涪陵区	永胜自然保护区	长江	新建	200	野生珍稀动植物	120	2010
	巴南区	桥口坝自然保护区	长江	新建	100	野生珍稀动植物	50	2020
	巴南区	东泉自然保护区	长江	新建	100	野生珍稀动植物	40	2020
	涪陵区	黄草自然保护区	长江	新建	250	野生珍稀动植物	130	2020
	江津区	云雾坪自然保护区	长江	新建	100	野生珍稀动植物	60	2020

表4-3　　　　　　　　　生态功能保护与管理工程项目主要任务

序号	项目名称	实施范围	规模	项目主要内容	投资概算(万元)	效益分析	建设期/年
1	山地水土保持与水源涵养保护工程	重庆市三峡库区中低山	24249千米²	巫山县、巫溪县、黔江区、彭水县、南川区等地实施生态移民约9万人	6050	减少人为水土流失面积12250千米²,保护森林、草地等植被,预防新的水土流失	5
2	自然保护区建设工程	重庆市三峡库区生态区中低山	5066.7千米²	建立35个自然保护区,其中国家级9个,省级13个,县级13个,保护生物多样性	38800	有效保护自然生态环境,保护52种国家级珍稀濒危植物、56种动物	20
3	消落带人工湿地生态系统建设与保护工程	三峡库区云阳以上至江津的三峡水库水位消落带	人工湿地30万公顷;水田、两季田、池塘65万公顷	人工湿地生态系统、库岸防护林、水田与池塘建设	28300	每年减少5000万吨入江泥沙,分别减少30万吨、20万吨、70万吨氮、磷、钾	10
4	畜禽养殖场粪便污染治理工程	渝中平行岭谷丘陵区	25720千米²	对规模畜禽养殖场的畜禽粪便进行治理,日处理能力达2500吨	1950	年处理畜禽粪便88万吨,减排化学需氧量2640吨、总氮5280吨、总磷1760吨	20

续表

序号	项目名称	实施范围	规模	项目主要内容	投资概算(万元)	效益分析	建设期/年
5	农村能源建设工程	重庆市三峡库区生态功能保护区中低山		建沼气池40万口,40万户建节柴灶	24550	年利用秸秆及粪便2920万吨,解决140万农村人口的能源需求,年节约薪柴146万吨	10
6	水土保持工程	整个生态功能保护区	60596千米²	盆周山地陡坡耕地退耕还林、还草,平行岭谷丘陵区水土保持综合治理	水利部门已有经费安排	减少水土流失面积27508千米²,土壤流失量每年减少5000吨	20
7	工程建设劣地的生态恢复与重建工程	基础设施建设、工矿废弃物和松散物堆积地	260千米²	矿山废弃地复垦、工程建设松散堆积物植被恢复及工矿废弃生态屏障带	企业经费安排	恢复植被、控制水土流失和污染物质进入库区,恢复耕地的生产力	5
8	天然林保护与退耕还林工程	盆周山地、平行岭谷丘陵区和三峡水库两岸		陡坡耕地退耕还林、还草,天然林保护与森林结构调整	林业部门已有经费安排	森林覆盖率增至45%,林种结构趋于优化	20
9	三峡水库环库库岸生态防护林工程	三峡库区巫山至江津沿淹没线以上两岸地带	600千米²	水土保持林建设、长防林结构调整与优化		建设两岸长600千米、宽300~500米的防护林带	5
10	地质灾害危险区工程治理与生态修复工程	库周、盆周山地、平行岭谷丘陵区的地质灾害危险区	7327千米²	工程治理、退耕还林、还草、植被恢复、重点监测	国土部门已有经费安排	治理约300处地质灾害,恢复植被300万千米²,减沙500万吨	20
	合计	—	—	—	99650		

表4-4　　　　三峡库区生态功能保护区畜禽养殖污染治理企业

区县	企业名称	养殖种类	存栏数量(头)	处理能力(吨/天)
江津区	重庆市江津第一养殖场	猪	660	80
万州区	万州区种畜场	猪	400	50
万州区	郝真理养殖场	猪	2500	200
巴南区	重庆市种畜场	猪	800	100
巴南区	重庆大正养殖有限公司	猪	18500	1000
涪陵区	涪陵区种畜场	猪	400	50
涪陵区	天龙公司五马养殖基地	猪、狗	1000	100
涪陵区	农科所养殖场	猪	1000	100
九龙坡区	九龙镇新农养殖场	猪	450	50
九龙坡区	白市驿福利酿造厂养猪场	猪	440	50

续表

区县	企业名称	养殖种类	存栏数量(头)	处理能力(吨/天)
九龙坡区	西彭镇小可食品厂养殖场	猪	700	80
九龙坡区	白市驿五里村养猪场	猪	840	100
大渡口区	苏和轩养殖场	猪	900	100
渝北区	罗碛镇养殖场	猪	740	100
丰都县	丰都县顺达畜禽良种有限公司	猪	900	100
北碚区	北碚国光养殖场	猪	700	100
合计	—	—	30930	—

2.基础设施与科技支撑能力建设

主要目标：

加强基础设施能力建设，不断提高保护区生态环境监测、管理、管护水平，防止生态破坏现象的继续发生，逐渐减少生态系统受到的干扰，提高管理、维护与生态监测能力，以及数据交换、共享能力，建立区域生态安全的保障基础。围绕三峡库区生态功能保护区建设与保护，利用现代信息化技术手段，建立重庆市综合性生态环境监测中心及网络系统，建立黔江、万州、涪陵、巫山4个生态环境监测分中心及另外6个面源污染和水土流失监测站、4个生态系统监测站、3个生物多样性观测站，构成生态环境监测网络，使三峡库区生态功能保护区的水土流失、水质、生物多样性保护、地质灾害得到有效监控；同时完善重庆市监理总队、各区县监理大队的监察、执法管理设备、设施，提高生态环境监理能力；在生态环境监测能力建设的基础上，通过科学研究和生态监测，揭示三峡库区生态功能的作用机理及其变化规律，摸清人为活动对生态环境影响的机制及其响应，建立生态环境预警体系，加强生态保护技术、生态恢复技术及生态破坏整治技术的研究，提高生态功能保护与治理的科技支撑能力。

主要内容：

(1)监测、管理能力建设规划。

生态监测中心。建立集科研、宣教、办公等多项功能于一体的生态监测综合中心，面积3000米^2，配备相应的水电设施。

分中心与监测、监控站。在黔江、涪陵、万州、巫山建立分中心，在其他各区县建立监测管理站，分中心面积500米^2，监测管理站面积200米^2，配备相应的配套水电设施。

生态环境监理体系。完善现有生态环境监理体系，配备必要的现代化的执法监督、管理的设施与设备，强化生态功能保护的监督与管理能力。

交通、通信设施。市领导小组办公室及中心各配备巡护、监测用越野车1辆，电话2部，各分中心、站配备巡护、监测用吉普车、摩托车各1辆，电话1部，部分站根据交通条件配备水域巡护艇，监理总队配备摄像、照相器材和越野车、船只，监理大队配备相应的人员和设备。

保护设施。设置保护区边界、区界性界桩5000个(约1个/千米)，生态功能解说标牌500个，区碑70个。

(2)科研监测规划。

生态功能研究。开展三峡库区生态功能保护区生态系统健康与诊断、生态系统服务功能价值、生态系统脆弱性与人类活动对脆弱生态系统的影响机制和应变，以及策及库区水土保持、水质保护等生态功能作用机制等方面的研究，建立生态功能评价体系，评估生态功能保护区建设的综合效益。

农业非点源污染机理与调控机制研究。开展氮、磷等营养物质迁移、转化的过程与环境效应，以及坡地管理控制营养物质流失与减量施肥技术、河流自净功能等方面的研究。

人工湿地结构、功能及其优化的研究。消落带人工湿地在库区蓄水后客观存在的水域生态系统，库水消长对人工湿地生态系统的影响，人工湿地的作用机制、结构功能及其人为活动的影响均不清楚，因而影响人工湿地生态系统的科学设计与建设的相关研究应尽快开展。

生物多样性研究。在全面调查三峡库区生态功能保护区的物种的基础上，建立三峡库区生态功能保护区生物多样性编目与信息系统。选择库区的江津四面山常绿阔叶林、南川金佛山银杉、石柱黄水水杉、巫溪大官山等开展定位监测，研究山地生物多样性结构与功能、生物多样性的经济价值、珍稀濒危物种的现状及致危机制、人类活动对生物多样性的影响及其响应、气候变化对生态多样性的影响等。

生态监测。选择巫山、巫溪、南川、黔江等的自然保护区和北碚、长寿、涪陵、万州、开县、云阳等的水土流失重点监督区，建立有关水文、泥沙、气候、生物多样性、面源污染、湿地生态等的长期定位监测网络，并建立预警系统。

生态技术研究。针对库区坡地水土流失严重、人地矛盾尖锐等问题，研究适合于三峡库区的坡地水土保持、生态农业、退耕还林、无公害化农业、湿地建设、生物多样性保护、生态恢复与重建及生态破坏整治技术体系。

科研设施规划。建立三峡库区生态功能保护区植物博物馆、科技展览、电化教育、计算与生态监测管理综合中心1个，分中心4个，生态监测管理站18个，购置相应的科研与监测用仪器设备和设施。

生态监测、管理与科技支撑能力建设项目见表4-5。

表4-5　　　　生态功能保护区科研与生态监测能力建设工程投资概算

	项目名称	项目进展	投资(万元)	建设内容	完成年度(年)
	合计	—	32680	—	—
	其中：2005年前	—	22050	—	—
1	三峡库区生态功能保护和生态监测中心	规划	10000	建立全库综合性生态环境监控监测中心、监测信息网络和传输系统中心、快速流动监测和应急反馈系统枢纽、重点污染源在线监测和监控系统	2001—2005
2	环境管理能力建设	规划	7050	完善重庆市生态环境监测、保护区管理信息系统和自身能力建设	2001—2005
3	重庆市三峡库区生态功能保护区生态环境监测网络	规划	10630	建立涪陵、万州、黔江、巫山4个生态环境监测分中心，建立北碚、长寿、忠县、云阳、开县、梁平6个面源污染和水土流失监测站，建立江津、武隆、彭水、奉节4个生态系统监测站和石柱、南川、巫溪3个生物多样性观测站	2005—2020
4	重庆市三峡库区生态功能保护区科学技术研究	规划	5000	生态保护区功能与库区环境容量变化、人工湿地生态系统的结构与功能优化、非点源污染调控措施与生态农业技术及绿色产业关键技术、生物多样性保护技术等方面的研究	2002—2005

3. 产业结构调整与生态产业发展

主要目标：

围绕主导生态功能的保护，结合保护区的实际情况，针对影响生态功能发挥的限制因素，调整产业结构，发展清洁、高效的生态产业，在保护和恢复生态功能的基础和前提下，发展生态产业和生态经济。

主要内容：

(1) 资源开发与环境保护规划。切实加强对各类自然资源开发活动的监督管理，如各类资源开发和工程建设，如城镇建设、交通建设及工矿建设等工程，以及植树造林、水土保持等生态建设工程，都必须依法履行环境影响评价；加强重要生态功能用地的保护，冻结征用具有重要生态服务功能的天然林、水土保持林用地和地质灾害重点监控区的土地，严格控制人工湿地的开发与利用。

(2) 农业产业结构调整规划。农业产业结构调整，要有利于改善生态环境，并利用生态环境促进区域可持续发展。在生态功能保护区建设中，逐步形成与生态环境相协调的农业生产结构和生产方式。从传统的低投入、高消耗、低产出、低效益的粗放型、原料型增长方式转向低投入、少消耗、高产出、高效益的集约型增长方式，促进生态环境保护与经济产业的协调发展。

改变传统的坡地以粮为纲的单一生产结构，推行农林牧复合农业结构，主动适应可持续发展要求，发展绿色农业、生态农业，建成高效生态农业区及观光旅游区，丘陵平坝区要建成优质农产品生产加工基地，中低山区要建成名特产品综合开发基地，推动三峡库区生态经济区绿色产业带建设。

大力发展草食型、节粮型畜牧业，优化畜群结构，提高畜产品品质，同时与退耕还林、还草及生态移民、易地扶贫相结合，推动山区脱贫与生态环境保护。

(3) 生态旅游规划。三峡库区生态功能保护区的旅游资源丰富，紧靠"黄金水道"，依托长江水道，沪蓉、渝万高速公路和渝怀铁路。通过以国家森林公园、地质遗迹、野生动植物为核心的生态观光、旅游和绿色、特色土特产品采购，发展地方经济，保护生态环境，实现生态环境与经济发展的协调。生态产业工程项目见表4-6。

表4-6　　　　　　　　　　生态产业工程项目的主要任务

序号	项目名称	实施范围	规模（千米^2）	项目主要内容	投资概算（万元）	效益分析	建设期（年）
1	生态农业示范区建设	重庆市三峡库区平行岭谷丘陵农区	24249	生态农业技术与示范，水土保持，退耕还林、还草，农业生产结构调整	18250	减少人为水土流失面积12250千米^2，保护森林、草地等植被，预防新的水土流失	5
2	无公害农产品生产基地	渝中平行岭谷丘陵区	25720	生态农业，水土保持，退耕还林、还草，产业结构调整，绿色产业	26500	减少水土流失面积15258千米^2，分别减少10万吨、30万吨、50万吨氮、磷、钾	20
3	三峡库区生态旅游	自然保护区、森林公园、三峡库区	26300	生态旅游规划、设施建设和管理	旅游部门经费安排	景观美化、生态保护与旅游开发协调发展	5

4. 社区共管

主要目标：

通过社区共管，依靠社会各种途径和形式，开展环境保护的宣传教育，提高广大群众和干部对生态功能保护区的认识，逐步增强生态环境保护观念，并自觉地投身于生态功能保护区建设中，加强环境优美小城镇示范作用，使区域内生态功能得以恢复和正常发挥，生态环境得以不断改善，区域社会、经济不断发展，生态环境的承载能力得到提高，以此推动保护区事业的发展和提高社区人民的生活水平。

主要内容：

(1) 政府引导。在保护区内，政府加强政策、法律地位的管理，按照保护区的功能定位与管理定位，在自然保护区，水土流失预防、监督区，生态恢复区，引导广大群众按区域的功能特点，开展不同的生产生活方式，规范行为。

同时通过产业结构调整，发展生态产业，控制人口数量与分布等多种方式，促进区域生态功能的保护与恢复，以及经济的不断增长和人民生活水平的提高。

(2) 聚落生态示范区建设。在库区广泛开展以生态农业、水土保持综合治理、植被恢复与重建为核心的生态聚落建设示范，建立生态示范村和环境优美小城镇，加强生态示范区基础设施与管理能力建设，提高人们的环保意识，调整产业结构，提高区域的经济发展水平，提高人民的生活水平，增强区域的综合实力，建立不同类型的生态示范区模式，辐射推广至相关地区，促进区域的可持续发展。

(3) 宣传教育规划。面向社会、面向保护区及其周边地区的群众，面向参观、考察、旅游等人员，面向保护区的领导者及全体管理人员，通过电视、广播、报纸等新闻媒介，科技论著、成果、科普著作及宣传牌、宣传品等各种形式，广泛宣传三峡库区生态功能保护区的重要意义及科学研究与生态价值。宣传水土流失预防与监督、水质和生物多样性保护的重要意义、保护区丰富的自然资源与景观资源及其价值；宣传保护区生态保护与资源可持续利用对促进周边地区改善环境、发展经济的重要性；宣传国家及市有关保护环境的法律、法规，加大科普工作的宣传力度；宣传生态和环境保护是每个公民的权利、义务和责任。提高公众的环境保护意识等。培训有关人员水土保持、水质保护、生物多样性、湿地及环境保护的基本知识、保护技术，有关保护区的法律、法规和政策，现代保护区的管理理念与方法，等等，提高保护区管理人员的管理水平和科技水平。

二、大气污染防治规划

大气污染防治规划是指重庆市在2005—2007年实施"蓝天行动"绩效评估的基础上，对"蓝天行动"的目标、范围和措施进行修订，对行之有效的做法予以保留，编制成《重庆市主城"蓝天行动"实施方案(2008—2012年)》(以下简称《方案》)。实施时段为2008—2012年。其主要内容有：

(一) 规划范围

全市大气污染防治的主要方案为"蓝天行动"，2008—2012年"蓝天行动"实施范围为主城2737千米^{2}及渝北、江津的部分区域，共包括126个街道(镇)，总体分为A类重点控制区和B类一般控制区。

1. A类重点控制区

结合建制调整和新增控制区域，共包括主城9区93个街道(镇)。具体范围包括：

渝中区(12个)：七星岗、解放碑、两路口、上清寺、菜园坝、南纪门、望龙门、朝天门、大溪沟、大坪、化龙桥、石油路等街道。

大渡口区(6个)：新山村、跃进村、九宫庙、茄子溪、春晖路等街道和八桥镇。

江北区(10个)：观音桥、华新街、大石坝、五里店、石马河、江北城、寸滩、铁山坪、郭家沱等街道和鱼嘴镇。

南岸区(11个)：南坪、花园路、龙门浩、海棠溪、铜元局、弹子石、南山等街道和南坪、涂山、鸡冠石、长生桥等镇。

沙坪坝区(19个):沙坪坝、小龙坎、渝碚路、磁器口、童家桥、石井坡、詹家溪、歌乐山、山洞、新桥、天星桥、土湾、井口等街道和覃家岗、井口、歌乐山、虎溪、西永、陈家桥等镇。

九龙坡区(11个):杨家坪、谢家湾、石坪桥、黄桷坪、中梁山、石桥铺、渝州路等街道和九龙、华岩、西彭、白市驿等镇。

北碚区(8个):天生、朝阳、北温泉、东阳、龙凤桥等街道和童家溪、施家梁、歇马等镇。

渝北区(12个):人和、龙溪、大竹林、鸳鸯、回兴、双凤桥、双龙湖、天宫殿、翠云、龙山、龙塔等街道和礼嘉镇。

巴南区(4个):李家沱、鱼洞等街道和花溪、南泉等镇。

2. B类控制区

除A类控制区之外的其他区域,包括大渡口区、江北区、沙坪坝区、九龙坡区、渝北区、巴南区、北碚区、江津区等的33个镇。具体范围包括:

大渡口区(2个):建胜镇、跳磴镇。

江北区(2个):复盛镇、五宝镇。

南岸区(3个):峡口镇、迎龙镇、广阳镇。

沙坪坝区(6个):中梁镇、凤凰镇、回龙坝镇、曾家镇、土主镇、青木关镇。

九龙坡区(7个):铜罐驿镇、陶家镇、巴福镇、石板镇、含谷镇、金凤镇、走马镇。

北碚区(2个):蔡家岗镇、歇马镇。

渝北区(5个):王家镇、木耳镇、悦来镇、玉峰山镇、天堡寨镇。

巴南区(4个):一品镇、南彭镇、惠民镇、界石镇。

江津区(2个):珞璜镇、马宗镇。

(二)规划目标

1. 总体目标

通过控制城市扬尘污染、控制燃煤及粉烟尘污染、控制机动车污染、建立和完善保障机制等措施,使2012年主城空气质量优良天数达到305天,在47个环保重点城市中的排名稳定在40~42位,基本达到国家对重点城市空气质量的要求;其他区县城区重点控制二氧化硫和烟粉尘排放,建成区大气环境质量基本达到国家二级标准。

2. 主城空气质量目标

根据主城空气质量现状、经济发展水平以及对未来污染物排放的预测,"蓝天行动"年度目标确定为:主城空气质量优良天数2008年达到282天,2009年达到290天,2010年达到300天,2011年达到302天,2012年达到305天。

3. 主城"蓝天行动"目标分解

为确保主城空气质量目标的实现,根据各区近3年主城空气质量状况和今后5年主要污染源变化情况,分别制定了主城9区和经开区、高新区2008—2012年的空气质量目标(见表4-7)。

表4-7　　2008—2012年主城各区空气质量目标任务分解

区县	2008年		2009年		2010年		2011年		2012年	
	满足优良天数/天	优良天数的比例/%	满足优良天数/天	优良天数的比例/%	满足优良天数/天	优良天数的比例/%	满足优良天数/天	优良天数的比例/%	满足优良天数/天	优良天数的比例/%
主城区	282	77.3	290	79.5	300	82.2	302	82.7	305	83.6

续表

区县	2008年		2009年		2010年		2011年		2012年	
	满足优良天数/天	优良天数的比例/%	满足优良天数/天	优良天数的比例/%	满足优良天数/天	优良天数的比例/%	满足优良天数/天	优良天数的比例/%	满足优良天数/天	优良天数的比例/%
渝中区	279	76.2	288	78.9	300	82.2	302	82.7	305	83.3
大渡口区	240	65.6	250	68.5	288	78.9	290	79.5	293	80.1
江北区	275	75.1	285	78.1	296	81.1	298	81.6	301	82.2
沙坪坝区	260	71.0	271	74.2	288	78.9	290	79.5	293	80.1
九龙坡区	260	71.0	271	74.2	288	78.9	290	79.5	293	80.1
南岸区	288	78.7	297	81.4	307	84.1	309	84.7	312	85.2
北碚区	306	83.6	308	84.4	310	84.9	312	85.5	315	86.1
渝北区	306	83.6	308	84.4	310	84.9	312	85.5	315	86.1
巴南区	294	803	300	82.2	307	84.1	309	84.7	312	85.2
经开区	294	80.3	300	82.2	307	84.1	309	74.7	312	85.2
高新区	294	80.3	300	82.2	307	84.1	309	84.7	312	85.2

（三）主城区"蓝天行动"

1. 主城区"蓝天行动"实施方案

（1）控制城市扬尘污染：

①控制运输车辆冒装渣土、带泥上路和沿途撒漏污染。②加强建筑渣土消纳场扬尘污染控制管理。③加强城市道路冲洗和清扫保洁。④严格控制各类施工扬尘污染。⑤提高城区道路铺装沥青路面的比例。⑥加强工业堆场扬尘污染控制管理。⑦控制裸露地面扬尘和保护城市生态。

（2）控制燃煤及粉（烟）尘污染：

①控制已有重点燃煤设施二氧化硫污染。②大力推进实施污染企业环保搬迁。③严格执行企业和产业环保准入规定，严控新污染源。④建设无煤社区和基本无煤场镇。⑤加强煤炭质量监管和电煤供应调配。⑥加强重点燃煤企业环保设施运行管理。⑦工业氮氧化物污染控制。⑧加强餐饮油烟及其他废气整治。⑨实施和修订有关地方标准及规章。

（3）控制机动车排气污染：

①严格机动车生产、销售、登记、维修和报废管理。②执行在用机动车排气定期检测规定。③实行机动车环保标识管理和机动车限行规定。④推广使用国Ⅲ用油，开展城区加油站、油库的污染防治工作。⑤开展非道路移动发动机污染防治。⑥建立环保—公安机动车管理网络数推平台。⑦实施交通畅通工程，鼓励使用低排放车辆。

（4）建立和完善保障机制：

①组织保障。②资金保障。③制度保障。④科研和监测保障。

2. 主城区年度工作任务和目标任务分解

2008—2012年，"蓝天行动"分4个时段实施。2008年完成"蓝天行动"第4阶段目标任务（见表4-8）。2009年完成第5阶段目标任务（见表4-9）。2010年完成第6阶段目标任务（见表4-10）。2011—2012年完成第7阶段目标任务（见表4-11）。

表 4-8　　　　　　　　　2008 年主城"蓝天行动"工作目标任务分解表

序号	项目	项目名称	内容	实施范围	牵头单位	主办单位	协办单位
1	蓝天目标	主城及各区空气质量目标	2008 年主城空气质量优良天数达到 282 天。主城各区空气质量优良天数分别达到：渝中 279 天，大渡口 240 天，江北 275 天，沙坪坝和九龙坡 260 天，南岸 288 天，巴南、经济开发区和高新区 294 天，北碚和渝北 306 天	A 类、B 类控制区	市环保局	主城各区政府及经济开发区、高新区管委会，市经委，市建委，市市政委，市交委，市国土房管局，市公安交管局	市科委，市园林局，市水利局，市气象局
2	控制城市扬尘污染	控制运渣车辆带泥上路和撒漏污染	修订并完善主城区建筑渣土密闭运输技术规范	A 类控制区所有道路、B 类控制区主次干道	市质监局	市经委，市市政委，市交委	市环保局
			严格执行渝府令第 188 号和渝府令第 164 号。严格完善并落实《建筑渣土准运证》制度		市市政委	主城各区政府及经济开发区、高新区管委会，市建委，市国土房管局	市交委，市环保局
			加强对工地运渣车辆的日常管理和执法检查，严禁车辆带泥上路、冒装撒漏污染城市道路		市市政委	主城各区政府及经济开发区、高新区管委会，市公安交管局	市建委，市国土房管局
		加强建筑渣土消纳场扬尘控制管理	严禁在主城中心城区设立建筑渣土消纳场，规划和建设标准化建筑渣土消纳场，制定建筑渣土消纳场扬尘控制技术规范，建筑渣土消纳场执行施工工地扬尘管理规定	A 类、B 类控制区	市市政委	主城各区政府及管委会，市规划局，市建委	市环保局，市公安交管局
		加强城市道路冲洗和清扫保洁	道路冲洗面积占总面积的 75%，在城市道路环卫作业严格遵守《道路环卫作业扬尘控制技术规范》，A 类区一级、二级道路每天冲洗 1 次，洒水 2 次，三级、四级道路每周冲洗 1 次，洒水 2～3 次；B 类区主干道提高机扫率和冲洗次数；窗口地区、繁华地区路段机械化清扫每天 1 次，洒水冲洗频率每天 3 次	A 类、B 类控制区	市市政委	主城各区政府及经济开发区、高新区管委会	—
		严格控制各类施工扬尘污染	工程施工严格执行渝府令第 188 号有关规定，执行各部门制定的扬尘控制行业技术规范。加强对施工单位扬尘污染控制措施的落实情况进行监督，实行奖惩制度和加强宣传教育	A 类、B 类控制区	—	主城各区政府及经济开发区、高新区管委会，市市政委	市建委，市环保局

续表

序号	项目	项目名称	内容	实施范围	牵头单位	主办单位	协办单位
2	控制城市扬尘污染	严格控制各类施工扬尘污染	施工单位向该工程项目监管的有关主管部门报送控制扬尘方案并签订施工扬尘污染防治责任书。在施工过程中产生扬尘较重的环节和时段要控制扬尘污染并推行湿法作业	A类、B类控制区	市建委	主城各区政府及经济开发区、高新区管委会	市环保局
			在重点施工工地设置降尘缸,加强施工降尘监控,建立主城重点工地的监管信息系统	A类、B类控制区	市环保局	市建委,市市政委	
		提高城区道路铺装沥青路面的比例	完成新建、扩建和翻修道路铺装沥青80千米,沥青面积占道路总面积达到70%	A类、B类控制区	市市政委	市建委,主城各区政府及经济开发区、高新区管委会	市规划局,市交委
		加强工业堆场扬尘污染控制管理	开展工业裸露堆场和仓库控制扬尘示范,落实覆盖措施	A类控制区	市环保局	主城各区政府及经济开发区、高新区管委会,市经委	市国土房管局
		加强主城"四山"屏障保护	严格执行《重庆市"四山"地区开发建设管制规定》,加强缙云山、中梁山、铜锣山、明月山的森林、绿地资源保护	B类控制区	市规划局	市林业局	市园林局,市环保局
		增加城市裸地绿地面积	新增绿化面积150万米^2,城市人均公共绿地面积达7.2米^2,城市建成区绿地率达25%,绿化覆盖率达32%	A类、B类控制区	市园林局	主城各区政府及经济开发区、高新区管委会	市林业局,规划局
		清理整治采(碎)	限制开采区内不再审批新建采石场,完成禁止开采区非法采石场清理工作,完成渝北区等采石场的清理整治	A类、B类控制区	市国土房管局	市建委,渝北区、巴南区、九龙坡区、北碚区政府	市环保局
		保护城市公共湿地	编制主城湿地保护规划,对现有湿地实行保护。对造成环境污染和生态破坏的湿地实施生态恢复	A类控制区	市林业局	市水利局,市农委,市规划局	市环保局
3	控制燃煤及粉烟尘污染	控制现有重点燃煤企业污染	严格落实国办发〔2007〕53号文件精神,编制机组发电序位表,合理调度电力资源,关闭6台共4.35万千瓦小火电机组	A类、B类控制区	市经委	市电力公司	市环保局
			20万千瓦及以上燃煤机组烟气脱硫设施和污染源在线监测系统稳定运行,执行《重庆市火电行业大气污染物排放标准》		市环保局	市经委,市电力公司	

续表

序号	项目	项目名称	内容	实施范围	牵头单位	主办单位	协办单位
3	控制燃煤及粉烟尘污染	控制现有重点燃煤企业污染	完成主城区9户企业燃煤工业锅炉、窑炉的污染治理	A类、B类控制区	市环保局	有关区政府和集团公司	市经委
		大力推进污染企业环保搬迁	完成主城区15户污染企业的环保搬迁,推进重钢集团、长安集团公司等企业的环保搬迁	A类控制区	市经委	有关区政府,有关集团公司,市环保局	市国土房管局
		执行环保准入规定	新建、扩建、改建项目要遵循《重庆市工业项目环境准入规定》的相关要求。发展循环经济,推行清洁生产	A类、B类控制区	市经委	市发改委,市规划局	市环保局
		建设无煤社区和基本无煤场镇	A类控制区40%的居民社区建成"无煤区",B类控制区20%的场镇建成"基本无煤区",巩固已有"基本无煤区",提高城镇居民气化率。加大对非法制煤点和燃煤销售点的查处力度	A类、B类控制区	市环保局	主城各区政府及经济开发区、高新区管委会,市经委	市工商局,市商委,能源供应部门
		加强煤炭质量监管和电煤调度	实施"南煤北调""东煤西调""淡储旺耗",研究引进山西、内蒙古低硫燃煤,主城区重污染季节要加强煤炭洗选和优质煤储备,建立煤炭和天然气质量的例行监测和公告制度	A类、B类控制区	市经委	市质监局	市能源集团
		加强企业环保设施监督管理	2008年底前完成以蒸吨计10吨/时及以上的燃煤锅炉的在线监测系统安装,火电机组脱硫设施检修要停运机组或降低负荷,加强周边电厂二氧化硫排放监控	A类、B类控制区	市环保局	市经委	市电力公司
		控制氮氧化物污染	启动九龙发电厂烟气脱氮示范项目前期工作	A类控制区	市环保局	市经委	市电力公司
		实施地方标准	颁布并实施《重庆市钢铁行业大气污染物排放标准》《重庆市水泥行业大气污染物排放标准》和《重庆市燃煤电厂大气污染物排放标准》	A类、B类控制区	市环保局	市质监局	市经委

续表

序号	项目	项目名称	内容	实施范围	牵头单位	主办单位	协办单位
4	机动车排气污染控制	加强餐饮及其他焚烧物废气整治	加强餐饮油烟污染防治，禁止露天焚烧秸秆、垃圾等产生有毒有害烟尘和气体的废弃物，推行绿色销毁行政罚没物品	A类、B类控制区	市环保局	市工商局,市市政委,市公安局	
		严格机动车生产销售登记报废管理	严格执行《重庆市机动车排气污染防治管理办法》，严格机动车在登记、维修和报废等方面的管理规定	A类、B类控制区	市公安交管局	市交委,市环保局	市经委,市科委
		机动车排气定期检测和环保标识管理	A类、B类控制区在用机动车应当每年进行1次排气污染检测，本市登记在用机动车，经排气污染定期检测合格的，根据排气污染水平核发环保分类标识，实行分类管理	A类、B类控制区	市环保局	市公安交管局	市质监局
		推广机动车国Ⅲ排放标准用油	加快国Ⅲ排放阶段汽油的推广使用，开展城区加油站及油库的污染防治工作，开展车用燃料质量的定期检测和公布	A类、B类控制区	市质监局	市环保局,市商委	市经委
		建立网络数据平台和非移动发动机污染防治	启动组建环保—公安机动车管理网络数据平台，各部门定期将新车登记、路检、年检等信息发布到网络，研究非道路移动发动机污染物排放特征和排放水平	A类、B类控制区	市环保局	市公安交管局	市交委,市科委
		实施畅通工程和鼓励使用低排放车辆	主城区新增出租车和公交大客车必须使用CNG等清洁能源，组织实施"公交周及无车日"活动，加快推进轨道交通1号线、3号线建设，发展城市快速公交，鼓励使用电动车	A类控制区	市交委	市公安交管局,市经委,市建委,市科委	市环保局
5	建立和完善保障机制	组织保障	完善"蓝天行动"领导小组和"蓝天行动"督察组工作机制；成立"蓝天行动"综合执法组；各区政府及管委会以及各市级部门要明确责任，确保"蓝天行动"各项措施落实到位	A类、B类控制区	市政府督察室	主城各区政府及经济开发区、高新区管委会,市级有关部门	市监察局

序号	项目	项目名称	内容	实施范围	牵头单位	主办单位	协办单位
5	建立和完善保障机制	资金保障	安排"蓝天行动"年度资金计划,完善资金预算、拨付和审计机制,开展2005—2007年"蓝天行动"3年表彰工作	A类、B类控制区	市财政局	市环保局,市人事局	市审计局
		制度保障	层层落实目标责任制,完善督察督办和联合执法制度,完善考核制度,建立奖惩制度	A类、B类控制区	市政府督察室	主城各区政府及经济开发区、高新区管委会,市级有关部门	市监察局
			完善工作调度会和环境质量分析会制度、空气质量预警及应急机制、公众参与和舆论监督制度	A类、B类控制区	市环保局	主城各区政府及经济开发区、高新区管委会,市级有关部门	市气象局
		开展大气污染防治科研和监测	开展机动车污染道路分担率研究;继续开展主城尘源解析和尘污染特征研究,完善主城降尘监测网络,加强降尘的网格化监测和数据分析;开展二氧化硫削减技术研究	A类、B类控制区	市环保局	市科委,市财政局	市气象局

表4-9　　　　　　　　2009年主城"蓝天行动"工作目标任务分解表

序号	项目	项目名称	内容	实施范围	牵头单位	主办单位	协办单位
1	蓝天目标	主城及各区空气质量目标	2009年主城空气质量优良天数达到290天。主城各区空气质量优良天数分别达到:渝中288天,大渡口250天,江北285天,沙坪坝和九龙坡271天,南岸297天,巴南、经济开发和高新区300天,北碚和渝北308天	A类、B类控制区	市环保局	主城各区政府及管委会,市经委,市建委,市市政委,市国土房管局,市公安交管局	市交委,市园林局,市水利局,市气象局
2	控制城市扬尘污染	控制运渣车辆带泥和撒漏污染	严格执行渝府令第188号和渝府令第164号,实行《建筑渣土准运证》制度,加强对工地运渣车辆的日常管理和执法检查,严禁车辆带泥上路、冒装撒漏污染城市道路	A类控制区所有道路、B类控制区主次干道	市市政委	主城各区政府及经济开发区、高新区管委会,市建委,市国土房管局,市交委	市环保局
		建筑渣土消纳场扬尘控制管理	严禁在主城中心城区设立建筑渣土消纳场,实施建筑渣土消纳场扬尘控制技术规范。建筑渣土消纳场执行施工工地扬尘管理规定	A类、B类控制区	市市政委	主城各区政府及经济开发区、高新区管委会,市规划局,市建委	市环保局,市公安交管局

续表

序号	项目	项目名称	内容	实施范围	牵头单位	主办单位	协办单位
2	控制城市扬尘污染	加强城市道路冲洗和清扫保洁	道路冲洗面积占总面积的80%,实行全天候保洁,A类区一级、二级道路每天冲洗1次,洒水2次,三级、四级道路每周冲洗1次,洒水2~3次;B类区主干道路段逐渐提高机扫率和冲洗次数,机械化清扫频率每天1次,洒水冲洗频率每天3次	A类、B类控制区	市市政委	主城各区政府及经济开发区、高新区管委会	—
		严格控制各类施工扬尘污染	工程施工严格执行扬尘控制行业技术规范,加强对施工单位扬尘污染控制措施的落实情况进行监督,实行奖惩制度和加强宣传教育	A类、B类控制区	—	主城各区政府及经济开发区、高新区管委会,市市政委	市建委,市环保局
			施工单位向负责该工程项目监管的有关主管部门报送扬尘污染防治方案并签订施工扬尘污染防治责任书。在施工过程中全面加强扬尘污染控制,强制推行湿法作业		市建委	主城各区政府及经济开发区、高新区管委会	施工单位
			研究制订施工工地大气颗粒物排放收费方案。在重点施工工地设置降尘缸,加强施工降尘监控,完善主城重点工地的监管信息系统	A类、B类控制区	市环保局	市建委,市市政委	—
		道路铺装沥青路面	完成新建、扩建和翻修道路铺装沥青路面100千米。沥青面积占道路总面积的比例达到80%	A类、B类控制区	市市政委	主城各区政府及经济开发区、高新区管委会	市建委,市交委
		加强工业堆场扬尘控制管理	进一步实行工业裸露堆场和仓库扬尘污染控制管理,落实覆盖措施	A类控制区	市环保局	市经委	市国土房管局
		加强主城"四山"屏障保护	完善并执行《重庆市"四山"地区开发建设管制规定》,加强缙云山、中梁山、铜锣山、明月山的森林、绿地资源保护,禁止占绿、毁绿等违法行为	B类控制区	市规划局	市林业局	市园林局,市环保局
		增加城市裸地的绿地面积	新增绿化面积不少于100万米^2,城市人均公共绿地面积达到7.6米^2,绿地率达到28%,绿化覆盖率达34%	A类、B类控制区	市园林局	主城各区政府及经济开发区、高新区管委会	市林业局,市规划局

续表

序号	项目	项目名称	内容	实施范围	牵头单位	主办单位	协办单位
2	控制城市扬尘污染	整治采(碎)石场	对已关闭采石场进行危岩治理、土地复垦及植被恢复工作,加快规划和建设规模化、工厂化和符合环保要求的采(碎)石场	A类、B类控制区	市国土房管局	市建委,有关区政府	市环保局
		保护城市公共湿地	对现有自然湿地实行保护,加大对破坏湿地行为的查处力度,对造成环境污染和生态破坏的湿地实施生态恢复	A类控制区	市林业局	市水利局,市农委,市规划局	市环保局
3	控制燃煤及粉烟尘污染	严格控制现有燃煤设施二氧化硫污染	严格落实国办发〔2007〕53号文件精神,编制机组发电序位表,合理调度电力资源,关闭小火电机组10万千瓦	A类、B类控制区	市经委	市电力公司	市环保局
			完成华能珞璜电厂1~4号机组烟气脱硫设施的维修和技术改造,完成重庆天府矿业有限责任公司磨心坡发电厂等6户企业主城区燃煤工业锅炉、炉窑的污染治理		市环保局	市经委,有关区政府	市电力公司
		污染企业环保搬迁	完成主城污染企业的环保搬迁任务13户,推进重钢集团、长安集团、嘉陵集团、建设集团、重啤集团公司的环保搬迁	A类控制区	市经委	相关区政府和控股集团公司	市环保局,市国土局
		严格环保准入规定	新建、扩建、改建项目要遵循《重庆市工业项目环境准入规定》,鼓励企业开展节能降耗、清洁生产,创建环境友好型企业	A类、B类控制区	市经委	市发改委,市规划局	市环保局
		建设无煤区社区和基本无煤场镇	A类控制区50%的居民社区建成"无煤区",B类控制区30%的场镇建成"基本无煤区",巩固已有的"基本无煤区",提高城镇居民气化率。加大对非法制煤点和燃煤销售点的查处力度	A类、B类控制区	市环保局	主城各区政府及经济开发区、高新区管委会,市经委	市工商局,市商委,能源供应部门
		加强燃煤质量监管和电煤调度	继续实施"南煤北调""东煤西调""淡储旺耗",新建火电厂要引进山西、内蒙古低硫燃煤,实施煤炭和天然气质量的例行监测和公告制度	A类、B类控制区	市经委	市质检局	市能投集团

续表

序号	项目	项目名称	内容	实施范围	牵头单位	主办单位	协办单位
3	控制燃煤及粉烟尘污染	燃煤企业环保监管	对水泥、冶金和垃圾焚烧等重点污染源进行在线监测系统安装；加强燃煤企业的试运行、检修和污染控制过程的管理。燃煤电厂出现超标摊放后，要进行"减时压产"，加强周边电厂二氧化硫排放监控	A类、B类控制区	市环保局	市经委	市电力公司
		控制工业氮氧化物	完成7台以蒸吨计20吨/时及以上燃煤锅炉低氮燃烧改造，实施九龙发电厂烟气脱氮示范项目前期工作	A类控制区	市环保局	相关区政府,市经委	市电力公司
		修订地方规章	修订《重庆市控制燃煤二氧化硫污染管理办法》	A类、B类控制区	市环保局	市政府法制办	
		加强餐饮及其他废气整治	加强餐饮油烟污染防治，禁止露天焚烧秸秆、垃圾等产生有毒有害烟尘和气体的废弃物，推行绿色销毁行政罚没物品	A类、B类控制区	市环保局	市工商局,市市政委,市公安局	
4	机动车排气污染控制	严格机动车生产销售登记报废管理	严格执行《重庆市机动车排气污染防治管理办法》，严格机动车在登记、维修和报废等方面的管理规定	A类、B类控制区	市环保局	市交委,市公安交管局	市经委,市科委
		实行机动车排气定期检测和环保标识管理	A类、B类控制区在用机动车应当每年进行1次排气污染定期检测。本市登记在用机动车，经排气污染定期检测合格的，根据排气污染水平核发环保分类标识，并实行分类管理和部分路段限行	A类、B类控制区	市环保局	市公安交管局	市交委
		开展燃油检测工作	开展城区加油站及油库燃油蒸发的污染防治工作,开展车用燃料质量的定期检测和公布	A类、B类控制区	市质监局	市环保局,市商委	市经委
		开展非道路移动发动机污染防治	研究非移动发动机污染物排放特征和排放水平，逐步开展中心城区及重点区域的柴油工程机械排气污染控制工作	A类控制区	市环保局	市公安交管局	市科委
		建立网络数据平台	初步建成组建环保—公安机动车管理网络数据平台,各部门定期将新车登记、路检、年检等信息发布到网络	A类、B类控制区	市环保局	市公安交管局	市交委

续表

序号	项目	项目名称	内容	实施范围	牵头单位	主办单位	协办单位
4	机动车排气污染控制	实施交通畅通工程,使用低排放车辆	主城区新增出租车和公交大客车必须使用CNG等清洁能源,建成轨道交通3号线。发展城市快速公交,继续组织实施"公交周及无车日"活动,城区开展电动车推广示范	A类控制区	市交委	市经委,市建委,市公安交管局	市环保局
5	建立和完善保障机制	组织保障	完善"蓝天行动"领导小组和"蓝天行动"督察组工作机制;成立"蓝天行动"综合执法组;各区政府及管委会以及各市级部门要明确责任,确保"蓝天行动"各项措施落实到位	A类、B类控制区	市政府督察室	主城各区政府及经济开发区、高新区管委会,市级有关部门	市监察局
		资金保障	安排"蓝天行动"年度资金计划,完善资金预算、拨付和审计机制	A类、B类控制区	市财政局	市环保局	市审计局
		制度保障	层层落实目标责任制,完善督察督办和联合执法制度,完善考核制度,建立奖惩制度	A类、B类控制区	市政府督察室	主城各区政府及经济开发区、高新区管委会,市级有关部门	市监察局
			完善工作调度会和环境质量分析会制度、空气质量预警及应急机制、公众参与和舆论监督制度	A类、B类控制区	市环保局	主城各区政府及经济开发区、高新区管委会,市级有关部门	市气象局
		开展大气污染防治科研和监测	开展主干道及两侧机动车污染分担率的研究;研究主城大型锅炉氮氧化物控制技术及开展示范工程建设;研究非移动发动机排放污染及防治技术	A类、B类控制区	市环保局	市科委,市财政局	市气象局

表4－10　　2010年主城"蓝天行动"工作目标任务分解表

序号	项目	项目名称	内容	实施范围	牵头单位	主办单位	协办单位
1	蓝天目标	主城区及各区空气质量目标	2010年主城空气质量满足优良天数达到300天。主城各区空气质量满足优良天数分别达到:渝中300天,江北296天,大渡口、沙坪坝和九龙坡288天,南岸、巴南、经济开发区和高新区307天,北碚和渝北310天	A类、B类控制区	市环保局	主城各区政府及经济开发区、高新区管委会,市经委,市建委,市政委,市交委,市国土房管局,市公安交管局	市科委,市园林局,市水利局,市气象局

续表

序号	项目	项目名称	内容	实施范围	牵头单位	主办单位	协办单位
2	控制城市扬尘污染	控制运渣车辆带泥和撒漏污染	全面建立《建筑渣土准运证》制度,建筑渣土运输车实行定线路、定时间、定渣场等管理措施,加强对工地运渣车辆的日常管理和执法检查,严禁车辆带泥上路、冒装撒漏污染城市道路	A类控制区所有道路、B类控制区主次干道	市市政委	主城各区政府及管委会,市建委,市国土房管局	市交委,市环保局
		控制建筑渣土消纳场扬尘污染	严禁在主城中心城区设立建筑渣土消纳场,规划和建设标准化建筑渣土消纳场,实施建筑渣土消纳场扬尘控制技术规范,建筑渣土消纳场执行施工工地扬尘管理规定	A类、B类控制区	市市政委	主城各区政府及管委会,市规划局,市建委	市环保局,市公安交管局
		加强城市道路清洗和清扫保洁	道路冲洗面积占总面积的90%,A类区一级、二级道路每天冲洗1次。洒水2次,三级、四级道路每周冲洗1次,洒水2~3次;B类区主干道逐渐提高机扫率和冲洗次数,窗口地区、繁华地区路段机械化清扫频率每天1次,洒水冲洗频率每天3次,并实行全天候保洁	A类、B类控制区	市市政委	主城各区政府及管委会	—
		严格控制各类施工扬尘污染	工程施工严格执行渝府令第188号的有关规定,同时执行各自主管部门制定的扬尘控制行业技术规范,加强对施工单位扬尘污染控制措施的落实情况进行监督,实行奖惩制度和加强宣传教育	A类、B类控制区	施工方行政主管部门	主城各区政府及管委会	施工单位
			施工单位向政府主管部门报送扬尘污染防治方案并签订施工扬尘污染防治责任书。在施工过程中产生扬尘较重的环节和时段要加强扬尘污染控制并强力推行湿法施工作业	A类、B类控制区	市建委	主城各区政府及管委会	施工单位
		道路铺装沥青路面	A类控制区全部道路和B类控制区建成区一级、二级道路新建、扩建和翻修必须使用沥青。沥青道路面积占总面积的85%	A类、B类控制区	市市政委	市建委,市交委,主城各区政府及管委会	市规划局

续表

序号	项目	项目名称	内容	实施范围	牵头单位	主办单位	协办单位
2	控制城市扬尘污染	加强主城"四山"森林保护	全面落实"四山"(缙云山、中梁山、铜锣山、明月山)范围内的森林、绿地资源保护,严格落实禁建区和限建区的日常监管	B类控制区	市规划局	市林业局	市园林局,市环保局
		增加城市绿地	新增绿化面积100万米²,城市人均公共绿地面积达8米²,城市建成区绿地率达31%,绿化覆盖率达到36%	A类、B类控制区	市园林局	主城各区政府及管委会	市林业局,市规划局
		保护城市公共湿地	对现有自然湿地实行保护,对造成环境污染和生态破坏的湿地实施生态恢复	A类控制区	市林业局	市水利局,市农委,市规划局	市环保局
3	控制燃煤及粉烟尘污染	严格控制现有重点燃煤设施二氧化硫污染	优先使用水电、天然气等清洁能源,合理调度电力资源,关闭11台小火电机组,共12.75万千瓦	A类、B类控制区	市经委	市电力公司,有关区县政府	市环保局
			主力火电厂执行《重庆市火电行业大气污染物排放标准》,燃煤火电机组烟气脱硫设施和污染源在线监测系统稳定运行,完成主城区5户企业燃煤工业锅炉、窑炉的限期污染治理		市环保局	市经委,市电力公司	—
		大力推进污染企业搬迁	完成24户主城污染企业的环保搬迁任务,完成重庆钢铁、长安汽车、嘉陵、建设、重啤5家(集团)公司的环保搬迁任务	A类控制区	市经委	相关区政府和控股集团公司	市财政局,国土局等
		完成节能减排任务	新建、扩建、改建项目要遵循《重庆市工业项目环境准入规定》,A类、B类控制区单位国内生产总值能耗比2005年降低20%以上,A类、B类控制区二氧化硫排放量比2005年降低12.57%以上	A类、B类控制区	市环保局	市发改委,市经委	市规划局
		建设无煤社区和基本无煤场镇	A类控制区60%的居民社区建成"无煤区",B类控制区40%的场镇建成"基本无煤区",巩固已有的"基本无煤区",提高城镇居民气化率。加大对非法制煤点和燃煤销售点的查处力度	A类、B类控制区	市环保局	主城各区政府及经济开发区、高新区管委会,市经委	市工商局,市商委,市能源供应部门

续表

序号	项目	项目名称	内容	实施范围	牵头单位	主办单位	协办单位
3	控制燃煤及粉烟尘污染	加强燃煤质量监管和电煤调度	实施"南煤北调""东煤西调""淡储旺耗",新增火电机组全面引进山西、内蒙古等地低硫燃煤,全面实施煤炭和天然气质量的例行监测和公告制度	A类、B类控制区	市经委	市质检局	市能投集团
		加强企业环保监管	完成对水泥、冶金和垃圾焚烧等重点污染源的在线监测系统的安装;加强对燃煤企业的试运行、检修和污染控制过程的管理,燃煤电厂出现超标排放后,要进行"减时压产",加强对周边电厂二氧化硫排放的监控	A类、B类控制区	市环保局	市经委	市电力公司
		工业氮氧化物污染控制	完成九龙发电厂烟气脱氮示范项目建设,20万千瓦及以上火电机组启动实施烟气脱氮,完成9台以蒸吨计10吨/时及以上燃煤锅炉低氮燃烧改造项目	A类、B类控制区	市环保局	相关区政府,有关控股集团公司	市电力公司
		加强餐饮及其他废气整治	进一步加强监管,降低餐饮油烟污染,禁止露天焚烧秸秆、垃圾等产生有毒有害烟尘和气体的废弃物。推行绿色销毁行政罚没物品	A类、B类控制区	市环保局	市工商局,市公安局	市市政委
4	机动车排气污染控制	机动车生产销售登记报废管理	严格机动车在登记、维修和报废等方面的管理规定,开展中心城区及重点区域的柴油工程机械排气污染控制工作	A类、B类控制区	市环保局	市交委,市公安交管局	市经委,市科委
		机动车排气定期检测和环保标识管理	A类、B类控制区在用机动车应当每年进行1次排气污染检测。本市登记在用机动车,经排气污染定期检测合格的,根据排气污染水平核发环保分类标识,实行分类管理,A类控制区部分路段限行	A类、B类控制区	市环保局	市质监局,市公安交管局	市交委
		开展燃油污染防治和检测工作	开展城区加油站及油库的污染防治工作,开展车用燃料质量的定期检测和公布工作	A类、B类控制区	市质监局	市环保局,市商委	—

续表

序号	项目	项目名称	内容	实施范围	牵头单位	主办单位	协办单位
4	机动车排气污染控制	建立网络数据平台	完善环保—公安机动车管理网络数据平台,各部门定期将新车登记、路检、年检等信息发布到网络	A类、B类控制区	市环保局	市公安交管局	市交委
		实施畅通工程和使用低排放车辆	主城区新增出租车和公交大客车必须使用CNG等清洁能源,加快推进轨道交通建设,发展城市快速公交,加强"公交周及无车日"的组织实施,主城窗口、繁华地区鼓励使用电动车	A类控制区	市交委	市公安交管局,市经委,市建委	市环保局
5	建立和完善保障机制	组织保障	完善"蓝天行动"领导小组和"蓝天行动"督察组工作机制;各区政府及管委会以及各市级部门要明确责任,确保"蓝天行动"各项措施落实到位	A类、B类控制区	市政府督察室	市政府督察室,各区政府及管委会	市区级相关部门
		资金保障	安排"蓝天行动"年度资金投入,完善资金预算、拨付和审计机制	A类、B类控制区	市财政局	市审计局	各级行政管理部门
		制度保障	层层落实目标责任制、工作调度会和环境质量分析会制度、督察督办和联合执法制度	A类、B类控制区	市政府督察室	主城各区政府及管委会,市级部门	市监察局
			完善考核制度、空气质量预警及应急机制、公众参与和舆论监督制度	A类、B类控制区	市政府督察室	主城各区政府及管委会,市级部门	市科委
		开展大气污染防治科研和监测	开展下一个"蓝天行动"方案编制的前期相关研究,为下一个"蓝天行动"方案的编制提供技术支撑;研究编制下一个"蓝天行动"实施方案	A类、B类控制区	市环保局	市科委	市气象局,市财政局

表4-11　　　　　　　　2011—2012年主城"蓝天行动"工作目标任务分解

序号	项目	项目名称	内容	实施范围	牵头单位	主办单位	协办单位
1	蓝天目标	空气质量目标	2011年、2012年主城空气质量优良天数分别达到302天、305天。主城各区完成相应的空气质量目标	A类、B类控制区	市环保局	主城各区政府及经济开发区、高新区管委会,市经委,市建委,市市政委等	市交委,市气象局等

续表

序号	项目	项目名称	内容	实施范围	牵头单位	主办单位	协办单位
2	控制城市扬尘污染	控制车辆带泥上路和撒漏污染	建立较为完备的控制车辆带泥上路和撒漏污染制度,城区基本消除车辆带泥上路、冒装撒漏污染城市道路的现象,规划和建设标准化建筑渣土消纳场,中心城区全面禁止设置建筑渣土消纳场	A类控制区所有道路、B类控制区主次干道	市市政委	主城各区政府及管委会,市建委,市国土房管局	市交委,市环保局
		加强城市道路冲洗和清扫保洁	进一步完善城市道路环卫作业扬尘控制技术规范。A类区道路定期洒水和冲洗;B类区主干道全面实现机扫率和冲洗次数最优化	A类、B类控制区		主城各区政府及经济开发区、高新区管委会	—
		控制施工扬尘污染	基本实现"文明施工",施工扬尘明显减轻		市建委	市交委,主城各区政府及经济开发区管委会	市规划局
		道路铺装沥青路面	主城道路全部铺装沥青路面		市市政委		
		工业堆场扬尘控制	工业裸露煤堆、灰堆、矿堆和仓库基本实现覆盖,扬尘得到控制		市环保局	市经委	市国土房管局
		保护绿地和生态	巩固国家园林城市,继续提高城市绿化和保护湿地		市林业局	主城各区政府及经济开发区、高新区管委会	市园林局
3	控制燃煤及粉烟尘污染	控制燃煤污染	发展天然气、水电等清洁能源,合理调度电力资源。继续加强燃煤质量监管和电煤调度,研究中心城区火电厂环保搬迁措施	A类、B类控制区	市经委	市电力公司	市环保局
		推行清洁生产	燃煤企业全面完成脱硫设施建设和污染源在线监测系统管理,燃煤电厂出现超标排放后,要停运机组或进行"减时压产"。规模以上企业通过节能减排基本建成资源节约型和环境友好型企业	A类、B类控制区	市环保局	主城各区政府及经济开发区、高新区管委会	市经委
		推广清洁能源	基本实现清洁能源全覆盖,A类控制区内,80%的街道(镇)建成"无煤区",B类控制区继续提高城镇居民气化率,60%的场镇建成"基本无煤区"	A类、B类控制区	市环保局	主城各区政府及经济开发区、高新区管委会	市工商局,市市政委

续表

序号	项目	项目名称	内容	实施范围	牵头单位	主办单位	协办单位
3	控制燃煤及粉烟尘污染	控制氮氧化物污染	全面实施20万千瓦及以上火电机组烟气脱氮项目	A类、B类控制区	市环保局	市电力公司	市经委
		加强餐饮及其他废气整治	餐饮油烟污染得到基本控制，禁止露天焚烧秸秆、垃圾等产生有毒有害烟尘和气体的废弃物。行政罚没物品，全面实行绿色销毁	A类、B类控制区	市环保局	市工商局，市公安局	市市政委
4	机动车排气污染控制	机动车排气污染管理	A类、B类控制区在用机动车全面开展排气污染定期检测。开展中心城区柴油工程机械排气污染控制，继续实行和完善机动车环保标识管理制度，严格执行分类管理和部分路段限行的规定	A类、B类控制区	市环保局	市交委，市公安交管局	市经委，市科委
		车用燃料质量管理	继续开展城区加油站及油库的污染防治工作，以及车用燃料质量的定期检测和公布工作	A类、B类控制区	市质监局	市环保局，市商委	市经委
		鼓励低排放车辆	主城区新增出租车和公交大客车必须使用CNG等清洁能源，继续推进轨道交通建设，发展城市快速公交，广泛倡导"公交周及无车日"活动，在城区大力推广电动车	A类控制区	市公安交管局	市交委，市经委，市建委	市环保局
5	建立和完善保障机制	管理措施	继续完善"蓝天行动"的组织、资金和制度保障，确保"蓝天行动"各项措施落实到位	A类、B类控制区	市政府督察室	各区政府及经济开发区、高新区管委会	市区级相关部门
		开展大气污染防治科研和监测	继续加强环境科研和监测能力建设，加强改善空气质量的关键技术研究，提高实施"蓝天行动"的科技含量	A类、B类控制区	市环保局	市科委	市气象局，市财政局

（四）其他城区大气污染控制

严格控制酸雨控制区内二氧化硫排放总量。关停污染严重的小火电。酸雨控制区内限制新建燃煤电厂，靠近都市发达经济圈的外围区域不得新建电厂，所有燃煤电厂必须配套脱硫设施。对位于城市规划区范围内的燃煤电厂、水泥、冶金等重点污染源以及大于以蒸吨计10吨/时的燃煤锅炉实施在线监控。加强煤质监控，推广精煤、洗煤和配煤，在大气污染物扩散条件不好的地区限制使用高硫煤。结合全市天然气管网规划建设，有燃气管网的街道（镇），餐饮业、食堂炉灶、茶水炉及工业锅炉等改用天然气等清洁能源；无使用清洁能源条件的郊区城镇，燃煤设施必须使用低硫煤或洁净煤。

重点整治尘污染严重的行业。在城市规划区范围内不新建、扩建水泥厂等尘污染严重项目，逐步淘汰高能耗、重污染的水泥生产工艺，推行新型干法水泥工艺。鼓励城区工业重点污染源"退城进园"。"十一五"期间，所有的水泥厂、电厂、工业锅炉安装高效除尘设备，实现工业烟（粉）尘稳定达标排放。

大力推进城区烟尘控制区建设。严格按照烟尘控制区建设要求，随着建成区面积的扩大，继续巩固并分步建设市级烟尘控制区。实施城市扬尘控制示范工程。加强城区道路扬尘治理、建筑和市政工程建设中的环境管理，通过创建绿色文明施工工地、强化监督等措施，使施工工地二次扬尘得到有效控制。

加强重点城市机动车排气污染控制。涪陵、万州、黔江、合川、永川、江津6个区域性中心城市逐步采取简易工况法检测尾气，推行机动车环保分类标识管理。到2010年，汽车年检首检达标率达到95%，路检达标率达到90%。

（五）规划执行与变更

1. 规划执行

2005年全市实施《方案》以来，主城全年满足环境空气质量优良天数的比例直线上升。2007年空气质量优良天数的比例达到79.2%（289天），比2004年上升12.8个百分点（见图4-1），比2000年上升28.1个百分点。《方案》修订后，2008年保持增长势头，优良天数比例达到81.1%，远远超过77%的既定目标。2005—2007年全市主要污染物二氧化硫、工业烟尘、工业粉尘在总量上削减不明显。2008年，《方案》修订后，三者总量有了较大幅度的削减。与2000年相比，二氧化硫、工业烟尘、工业粉尘分别降低了6.79%、52.69%、30.35%。与2004年相比，二氧化硫、工业粉尘、工业烟尘分别降低了2.17%、30.25%、19.39%（见图4-2），且全民单位产值大气污染物排放量在几年间一直呈直线下降（见图4-3），主城空气质量显著改善。然而，整体上全市空气质量在全国的排名仍然靠后，主城空气污染仍然处于较高水平，加之全市因工业发展、地形、气候等导致酸雨pH逐年下降，酸雨频率不停地增加。2007年，主城片区降水pH平均为4.53，酸雨频率为66.9%，比2004年频率提高23个百分点（见图4-1），比2000年的pH降低0.13，频率提高22.4个百分点。2008年，主城片区降水pH平均为4.53，酸雨频率更提升为78%，比2004年的频率提高34.1%，比2000年频率提高33.5个百分点。这就需要在以后的方案中加强落实。

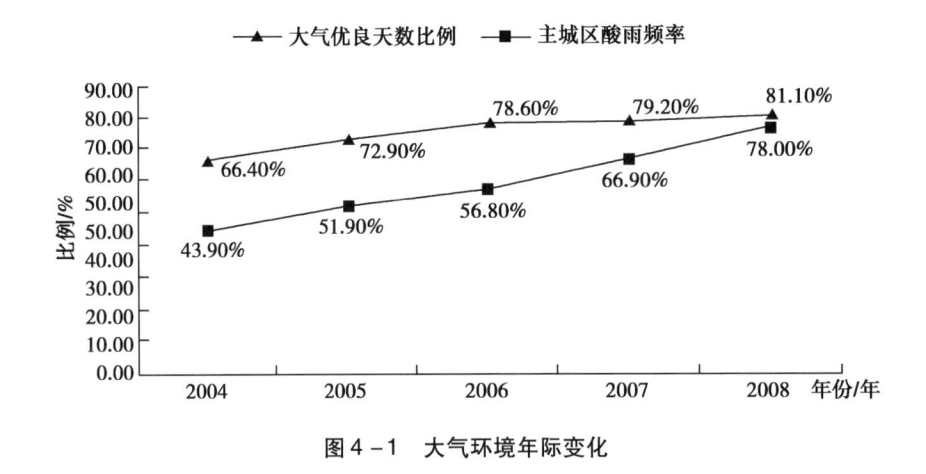

图4-1 大气环境年际变化

图 4-2 大气污染物排放年际变化

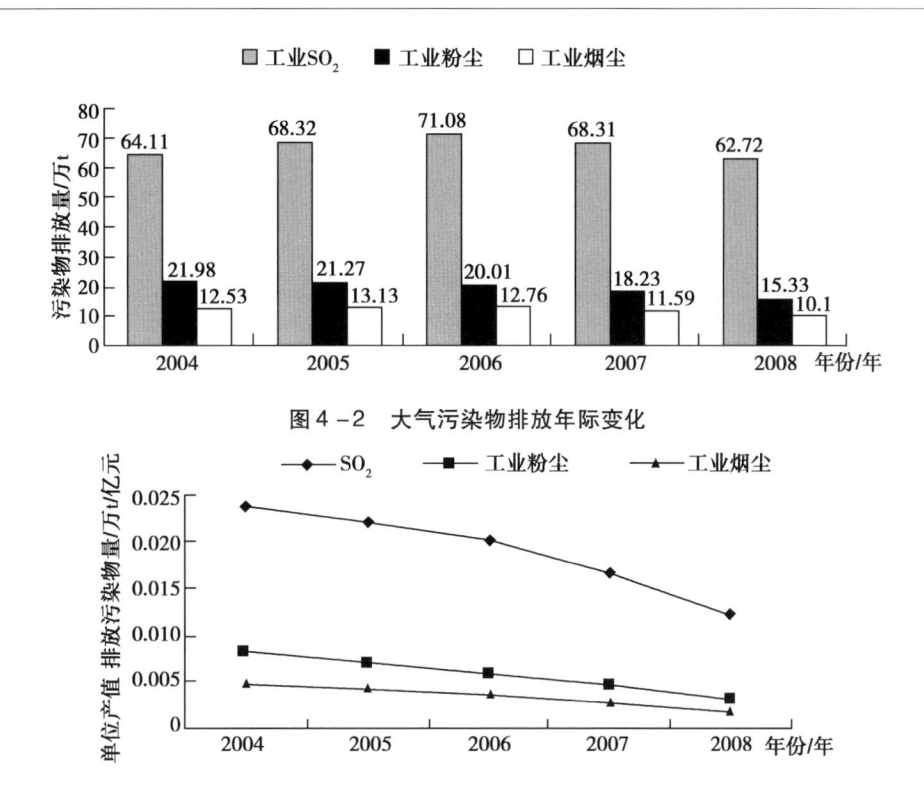

图 4-3 全民单位产值大气污染物排放量年际变化

2. 规划变更

2007年,由市环保局对近3年实施"蓝天行动"的情况开展绩效评估,对主城各区和市级有关部门开展调研,赴成都、长沙、兰州等城市考察,采用先进的大气扩散模型对污染物预测排放量、环境容量和控制措施预期效果进行了预测,在此基础上,组织了修订《方案》的起草。并在专家论证,征询主城九区政府和市级有关部门意见,上报市政府审议的基础上形成了最终的修改方案。

(1)实施范围的调整:

修订《方案》的实施范围是《重庆市城乡总体规划(2007—2020)》确定的主城的16个组团和8个功能区,面积仍约2737千米^2,包括126个街道(镇),比原方案增加7个街道(镇),仍分为A类和B类两个控制区。其中A类控制区为重点控制区,包括主城9区的93个街道(镇),比原方案增加13个街道(镇);B类控制区为一般控制区,包括除A类控制区外的33个街道(镇),比原方案减少6个镇。

(2)蓝天目标的提升:

主城空气质量满足优良天数(占全年比例)比原方案略有调整,即2008年、2009年和2010年分别达到282天(77.3%)、290天(79.5%)和300天(82.2%),提出通过实施一系列工程和监管措施,使2010年全市空气质量优良天数在全国47个环保重点城市中稳定在40~42位,基本实现主城空气质量达标。

为确保主城"蓝天行动"总体目标的实现,结合主城各区后3年主要污染源变化及前3年空气质量状况,分别对主城各区2008—2010年的蓝天目标进行了调整,增加幅度为0~28天。

(3)主要内容的精简紧凑:

《方案》内容包括控制城市扬尘污染、控制燃煤及粉烟尘污染、控制机动车污染、建立和完善保障机制4部分,将原方案"保护和建设城市生态环境"部分并入"控制城市扬尘"部分,将"完善监控手段和加强环境科研"部分并入"建立和完善保障机制"部分,比原方案(6部分)重点更加突出、结构更加紧凑。

三、水污染防治规划

水污染防治规划是指重庆市在2005年"碧水行动"实施的基础上,根据国家新修订的《水污染防治法》《三峡库区及其上游水污染防治规划》及节能减排综合性工作方案,总结全市多年来改善水环境质量的新经验,而制定的《重庆市"碧水行动"实施方案(2008—2012年)》,规划时段为2008—2012年。

(一)规划范围

"碧水行动"实施范围为全市所辖行政区域,根据不同指标控制划分为不同实施区域。长江、嘉陵江、乌江(以下简称"三江")干流及其主要次级河流是指河流流经重庆段的干流。主城区是渝中、大渡口、江北、沙坪坝、九龙坡、南岸、渝北、巴南、北碚等9个区和北部新区所辖区域。三峡库区是万州、涪陵、长寿、江津、武隆、丰都、石柱、忠县、开县、云阳、奉节、巫山、巫溪等13个区县所辖区域。其他区县是黔江、万盛、双桥、永川、合川、南川、璧山、铜梁、潼南、大足、荣昌、綦江、梁平、垫江、彭水、城口、酉阳、秀山等18个区县所辖区域。

(二)规划目标

1. 水环境质量目标

"三江"干流水质目标。在上游干流入境水质满足Ⅱ类水质标准的前提下,2008—2012年,"三江"干流总体满足Ⅱ类水质标准,长江出境和嘉陵江、乌江入长江断面均满足Ⅱ类水质标准。

次级河流水质目标。全市次级河流监测断面水环境功能区达标率2008年达到70%,2009年达到72%,2010年达到75%,2011年达到78%,2012年达到80%上。

集中式(500人以上)饮用水水源地水质目标。主城区集中式饮用水水源地水质达标率2008年起达到100%。区县城区集中式饮用水水源地水质达标率2008年达到96%,2009年达到98%,2010年起达到100%。建制镇集中式饮用水水源地水质达标率2008年达到70%,2009年达到72%,2010年达到75%,2011年达到80%,2012年达到85%。乡村集中式饮用水水源地水质达标率2008年达到60%,2009年达到65%,2010年达到70%,2011年达到72%,2012年达到75%。

2. 污染物总量控制目标

化学需氧量、氨氮、总磷5年累计削减目标分别为14.82万吨、2.8万吨和0.98万吨。其中化学需氧量、氨氮、总磷2008年分别削减3.04万吨、0.53万吨和0.19万吨;2009年分别削减2.94万吨、0.53万吨和0.19万吨;2010年分别削减2.84万吨、0.54万吨和0.2万吨;2011—2012年分别每年削减3万吨、0.6万吨和0.2万吨。

3. 主要控制指标

城镇生活污水集中处理目标。全市城镇生活污水集中处理率2008年达到72%,2009年达到75%,2010年达到80%,2011年达到83%,2012年达到85%。主城建成区、三峡库区区县政府所在地城镇生活污水集中处理率2008年达到75%,2009年达到80%,2010年达到85%,2011年达到88%,2012年达到90%。其他区县政府所在地城镇污水集中处理率2008年达到65%,2009年达到70%,2010年达到75%,2011年达到78%,2012年达到80%。建制镇生活污水处理率2008年达到5%,2009年达到10%,2010年达到20%,2011年达到30%,2012年达到40%。

城镇生活垃圾无害化处理目标。全市城镇生活垃圾无害化处理率2008年达到75%,2009年达到80%,2010年达到85%,2011年达到88%,2012年达到90%。主城建成区城镇生活垃圾无害化处理率2008—2010年均达到90%,2011—2012年均达到92%。三峡库区区县政府所在地城镇生活垃圾无害化处理率2008年达到90%,2009年达到92%,2010—2012年均达到95%。其他区县政府所在地城镇生活垃圾无害化处理率2008年达到65%,2009年达到75%,2010年达到80%,2011年达到83%,2012年达到85%。建制镇生活垃圾无害化处理率(含转运)2008年达到10%,2009年达到20%,2010年达到30%,2011年达到40%,2012年达到50%。

工业废水处理目标。全市工业企业废水处理达标率2008年达到98%以上,2009年达到99%以上,2012年达到100%。

养殖场污染处理目标。全市规模化养殖场污染处理率2008年达到50%,2009年达到55%,2010年达到60%,2011年达到65%,2012年达到80%。全市畜禽养殖禁养区内的养殖户关闭搬迁的目标为2008年完成20%,2009年累计完成60%,2010年累计完成100%。在畜禽养殖限养区、适养区内的养殖专业户和散养户进入畜禽养殖小区的比例为2008年达到3%,2009年达到6%,2010年达到15%,2011年达到25%,2012年达到35%。

(三)主要工程措施

1. 饮用水水源保障工程

(1)优化布局保护城镇集中式饮用水水源。
(2)大力保护农村集中式饮用水水源。
(3)综合整治饮用水水源保护区内的污染源。
(4)建设饮用水水源预警与应急体系。

2. 城镇生活污染整治工程

(1)加快城镇生活污水整治和污泥处理工程。
(2)推进建设农村简易生活污水处理设施。
(3)大力推进城乡生活垃圾处置工程。
(4)深化医疗污染综合整治。
(5)强化运行管理。

3. 工业污染防治工程

(1)调整产业结构和布局。
(2)强化工业污染防治和推进清洁生产。
(3)强化企业排污的监督管理。

4. 农村面源污染防治工程

(1)加强养殖污染防治。
(2)开展农村面源污染防治。

5. 船舶污染防治工程

(1)禁止污水未处理、废弃物未接受处置的船舶进入主城区江段水域。
(2)制订船舶污染应急方案。

6. 次级河流污染综合整治工程

(1)综合整治次级河流水污染。
(2)开展跨界次级河流断面水质考核和实行污染补偿政策。
(3)实行重点次级河流水环境综合整治"目标责任制"。
(4)科学整治和开发次级河流。

7. 环境监控与风险防范工程

(1)水环境监控系统建设。建设水环境监控和预警信息平台。加强饮用水水源地水环境自动监测和污染源在线监控能力建设,按《创"西部领先全国一流"环境监测能力建设方案》的要求建设39个重点饮用水水源,16个跨省界断面自动监测系统和水质自动报警系统,并与"12369"中心联网,对突发污染事故快速报警。2008年对105家国控重点企业限期安装污染源自动监控系统,2009年对100家国控和市控重点企业限期安装污染源自动监控系统,2010年完成所有国控和市控重点企业污染源自动监控系统的安装工作。2008年起,对新建项目废水排放量在500吨/天以上的企业安装污染源自动监控系统。推进生态监测能力建设项目,2010年完成库区2个富营养化长期观测站和4个有机物、水生生物重点监测站建设,完善有机物和水生生物监测能力。

(2)环境监管和风险防范能力建设。推进环境监测和监察机构的标准化建设,完成所有区县环境监测站和环境监察机构的标准化建设验收。建成长寿化工园区有机物自动监控站。推进建制镇一级环保机构建设和人员配备工作,力争重点建制镇有环保机构和专职环保工作人员。加强环境监测信息化建设,建立市和区县两级环境监测数据库,实现环境监测数据的自动传输和动态更新,实现环境监测信息的动态展示,逐步开展网上政务公告、申报、投诉、举报、信访等业务,提高水环境监测的服务效能和水平。

全面推进环境应急分中心建设,到2012年基本建成万州、涪陵、黔江、合川、永川、江津和长寿环境应急分中心。建成水环境动态预警系统,实现水环境质量和污染事故的预警预报。建立健全环境应急监督管理工作的长效机制,妥善处置辖区内的环境污染事故,有效保证区域环境安全。

(四)环境科技和政策措施

1. 制定污染物排放地方标准及水环境质量监测规范

根据重点行业污染物特征和环境容量的要求,进一步完善全市重点污染行业的污染物排放标准。研究制定《重庆市食品工业水污染物排放标准》《重庆市医药工业水污染物排放标准》《三峡库区富营养化评价方法及评价标准》等地方标准。制定《重庆市畜禽养殖污染防治管理办法》《重庆市中小型集中式饮用水源技术规定》。编制《三峡库区富营养化监测技术规范》《重庆市农村简易污水处理技术规定》《重庆市镇乡生活垃圾压缩中转技术规定》和《重庆市小城镇生活污染治理技术指南》。

2. 推进市场化运营管理和环境科技创新研究

加快推进环境基础设施的市场化运营。按照"污水处理厂厂区运行与管网建设、维护分离,垃圾处理场场区运行和收运系统分离"的原则,合理划分运营单位和地方政府的职责和义务。开展对污水和垃圾处理市场化配套扶持政策的研究。2010年,开展生活污水处理厂和生活垃圾处理场的运营单位的社会公开招标试点工作。

开展重点水域生态安全评估、三峡库区水体安全控制与治理技术研究、三峡库区水环境预警实施方案、三峡水库水污染防治与水体控制技术及工程示范、三峡库区水体安全控制与治理技术研究、三峡库区库底沉积物对水环境的影响、水体中有机物污染对人体健康影响和防护措施等研究,为环境管理提供理论支持。开展水体氮磷污染控制技术、水库消落带生态恢复与综合整治技术与示范、小城镇生活污水处理工艺和技术示范、污泥处置技术、农村面源污染防治关键技术、规模化畜禽养殖污染治理工艺与技术示范工程等方面的关键技术研发,为水环境保护提供技术支撑。

(五)保障措施

1. 组织保障

(1)切实加强领导。

(2)进一步落实责任。

2. 资金保障

初步测算,2008—2012年实施"碧水行动"污染防治和整治工程项目总投资约163.8亿元(见表4-12)。实施"碧水行动"将按照"谁污染谁治理"的原则,资金投入以企业和业主为主。充分运用市场机制、完善激励政策以及加重处罚不法排污企业等措施,确保资金需求。在争取国家投入的基础上,市、区财政适当给以资金补助或以奖代补,重点安排水污染特别严重的、影响面广的示范性、控制性工程。市政府和各区县政府要结合实施方案,分级建立"碧水行动"专项资金投入机制,积极争取国家补助及时到位,建立地方配套资金投入机制,确保年度目标顺利实现。

表4-12 "碧水行动"方案投资估算和环保资金筹措表　　　单位：亿元

项目	项目内容	总投资	资金筹措			投资说明及建议
			国家	市财政	其他	
饮用水水源保障工程	建成鲤鱼塘大型水库，"泽渝"一期15座中型水库和铜罐驿、松溉、长江提水工程，重点推进大足县玉滩水库、巴南区观景口水库和"泽渝"二期16座中型水库及一批小型水利工程和595个建制镇的饮用水水源供水保障工程项目建设	38.0	18.0	3.6	16.4	加大对列入国家投资计划的项目的资金投入力度，争取将项目列入中央国债计划和三峡库区水利专项资金计划等投资补助项目。增大市、区县两级财政投入，出台优惠政策搭建融资平台，落实地方自筹资金
城镇生活污染整治工程	建设城市生活污水处理厂和生活垃圾处理场以及污泥处置设施，建设新型压缩垃圾中转站和农村生活垃圾收运—处理系统，完成医院医疗废物处理设施建设	53.5	40.5	0	13.0	生活污水、生活垃圾处理、库底清理和污泥处置项目等按照国家有关规划和市政府有关要求组织实施，争取国家资金支持，其余的资金由区县政府或业主解决
工业污染防治工程	淘汰落后工艺和设备，推进新型工业化项目，推进清洁生产，发展循环经济，推进工业水污染防治等	20.5	2.8	0.5	17.2	从工业发展资金中每年安排一定比例的资金；每年从排污费中按一定比例安排用于污染治理；争取国家节能减排专项资金用于工业治理污染
船舶污染防治工程	实施船舶废弃物接收工程、船舶生活污水集中治理工程、化学品船舶洗舱基地项目，加强船舶污染应急能力建设等	10.1	7.1	0	3.0	部分资金争取国家三峡库区水污染防治支持，其余资金由业主解决
次级河流污染整治工程	基本完成12条次级河流水环境综合整治重点项目	24.1	14.1	0	10.0	包括流域内生活污染整治和河道清淤等内容，争取国家三峡库区水污染专项资金，其余资金由政府或业主解决
农村面源污染防治工程	支持规模化养殖场建设沼气工程，实现畜禽养粪污无害化处理和资源化利用。建设农业面源污染综合防治示范区和无公害、绿色、有机食品生产基地	10.4	5.1	0.6	4.7	从国家和市级农业发展资金中安排部分资金用于规模化养殖污染防治重点项目和农村沼气池建设，其余资金由业主负责
环境监控与风险防范工程	建设水环境监控体系，完善水环境监管能力，建立水环境风险防范工程和水环境管理信息系统	5.0	1.6	3.4	0	每年从环保专项资金中安排部分资金用于支持环境监控与风险防范工程。争取国家资金支持，其余资金由区县政府负责
环境科技和政策措施	开展环境科学基础研究、环境科学技术攻关和环境管理研究	2.2	1.0	1.2	0	从国家水污染防治专项、市科技三项费和市环保专项资金中安排一定比例资金予以资助
合计		163.8	90.2	9.3	64.3	

3.制度保障

一是完善工作调度会和水环境质量分析会制度。市政府和各区县政府要定期召开调度会和专题会,检查各项措施的落实情况,分析水环境质量状况,解决工作中的难点和重点问题。

二是制定污水排污权交易和流域水污染补偿制度。结合国家水污染物总量减排的要求,对于新增水污染物项目的地区,可从有环境容量和排污指标的区域通过污水排污权交易,以付费取得排污指标,获得排污权。贯彻重点次级河流水污染补偿制度,上游地区对下游实行生态补偿。

三是建立完善"目标责任制"和水环境质量目标考核制度。在市领导和区县主要领导中实行"目标责任制",对河流水质负责,研究解决重大问题,协调推进受污染的次级河流的综合整治工作。建立水质考核评估制度,对"碧水行动"实施情况于2010年开展中期评估,2012年开展终期考核。水质考核结果要作为区县政府党政一把手环保考核和总量减排考核的内容。对实施"碧水行动"成绩显著的单位和个人,市政府给予表彰和奖励;对工作不力或未能完成目标任务的单位和个人依法追究责任,对水污染控制不力的要启动行政问责制。

四是完善督察督办和联合执法机制。市"四大行动"督察组对典型水污染问题实行污染源督察督办、集中曝光和挂牌督办,对水污染违法行为依法实施处罚,对涉嫌构成犯罪的,依法移送司法机关。相关部门和单位要定期开展水污染源的日常巡查、联合执法、上下联动、案件移送和跟踪整改,重点保障饮用水水源和三峡库区的水质安全。

五是完善公众参与和舆论监督制度。聘请市人大代表、市政协委员、专家和市民作为"碧水行动"特约监督员,参与督促检查。开展多种形式的宣传教育活动,新闻媒体要加大宣传报道力度,报道项目进展,跟踪重点难点问题,在全市营造实施"碧水行动"的浓厚舆论氛围。

(六)年度工作任务和目标任务分解

年度工作任务和目标任务分解见表4-13至表4-16。

表4-13   2008年"碧水行动"工作目标任务分解表

序号	项目名称	项目内容	主要措施	牵头单位	主办单位	协办单位
1	饮用水水源保障工程	优化布局保护城镇集中式饮用水水源	完成三峡工程175米运行对库区饮用水水源影响的调查和对策研究,完成全市建制镇集中式饮用水水源地水质现状调查	市环保局	各区县政府	市发改委、市卫生局、市市政委、市水利局
			完成编制《重庆市城市饮用水安全保障规划》	市发改委	市市政委	市环保局
			实施御临河龙兴水厂、五布河木洞水厂和黑水滩河复兴自来水厂等3个受175米蓄水影响的次级河流水源的调控措施。启动库区一级支流回水区受富营养化影响的丰都县安宁村、忠县黄金镇、忠县涂井乡、云阳县堰坪乡、开县赵家镇、开县汉丰镇、开县白鹤镇(2个)、巫山县大昌镇等10个饮用水水源地的搬迁,原规划在支流回水区新建的涪陵区中峰乡、云阳县渠马镇和黄石镇的水厂另行规划选址	市移民局	有关区县政府、市水利局	市国土房管局、市水利局、市环保局、市规划局

续表

序号	项目名称	项目内容	主要措施	牵头单位	主办单位	协办单位
1	饮用水水源保障工程	优化布局保护城镇集中式饮用水水源	主城不再新建或扩建小型水源地,在主城区水量和水质有保障的区域规划大型水厂。优化水厂的取水方式,根据水深条件采取江心取水或傍河井间接取水	市市政委	市水利局、市发改委	市环保局、市规划局、市水务集团
			建成"泽渝"一期长寿区范家桥、石柱县万胜坝、黔江区城北、巴南区丰岩4座中型水库,加快建设开县鲤鱼塘、大足县玉滩、巴南区观景口大型水库。开工建设"泽渝"二期中的渝北观音洞、万盛青山湖、璧山三江等11座中型水库和一批小型水利工程。完成78个建制镇的饮用水水源供水保障工程项目,解决300万建制镇居民的饮水安全问题	市水利局	有关区县政府	市市政委、市卫生局、市环保局、市扶贫办
2	城镇生活污染整治	医疗污染综合整治	完成50张病床以上的医院的废水治理。完成万州、涪陵、黔江医疗废物处置设施的选址、可行性研究和环境评价等前期工作	市环保局	有关区政府	市发改委、市卫生局
			完成三峡工程175米蓄水库底固体废物清理,完善三峡库区漂浮物清理工作机制,提高机械装备水平和打捞效率。妥善处理打捞上岸的藻类或漂浮物,避免二次污染	市市政委	有关区县政府	市环保局、市移民局、市环卫集团
		强化运行管理	建立污水和垃圾处理设施运行评估制度,当年建成运行的县城污水处理厂收集率不低于60%,投运3年后收集率不低于75%。建制镇污水处理设施收集率不低于30%,投运3年后的收集率不低于50%。渝西等缺水地区要建立城镇污水处理厂中水回用系统	市市政委	各区县政府、市水务集团、市水投集团	市环保局
			督促完成城市生活污水处理厂在线监控系统建设,与市环保部门和市政部门联网并监督正常运行	市环保局	市水务集团、市水投集团	市财政局、市市政委
			规范城镇污水垃圾处理收费标准,加大城市生活污水和生活垃圾处理费的足额征收力度,扩大征收覆盖面,确保污水处理和生活垃圾处理设施的正常运行	市市政委	各区县政府	市发改委、市财政局
3	工业污染防治工程	调整产业结构和布局	加大对造纸、酿造、印染、制革、医药、选矿以及各类化工等行业落后生产能力的淘汰力度。淘汰不符合国家产业政策的工业企业和落后的生产能力、工艺、设备与产品	市经委	有关区县政府	市环保局

续表

序号	项目名称	项目内容	主要措施	牵头单位	主办单位	协办单位
3	工业污染防治工程	调整产业结构和布局	严格执行《重庆市工业项目环境准入规定》，新建工业企业原则上要进入工业园区。新建工业项目必须同步完成主要污染物减排指标替代置换项目。对超过主要水污染物排放总量控制指标的企业和区域，暂停审批新增重点水污染物排放总量的建设项目的环境影响评价文件。完成渝西地区水环境容量核定，重新核定都市区的水环境容量	市环保局	各区县政府	市发改委、市经委、市国土房管局、市规划局
			对重庆民丰化工有限责任公司、重庆天厨味精厂、重庆中南橡胶有限公司、太极集团重庆塑料四厂、重庆健康口腔护理用品股份有限公司、重庆水泵厂有限责任公司、重庆水泵三厂、重庆汽车轴承厂、重庆标准件厂、重庆华展金属材料改制有限公司、重庆华达纸制品有限公司、重庆华江印务有限责任公司、重庆华剑印务有限公司、重庆通用工业(集团)有限责任公司、重庆长丰麻纺织厂、重庆市北碚化工厂、白猫(重庆)日化有限公司、重庆金猫纺织金属器材有限公司、三峡涂料工业集团等19家环境污染企业实施环保搬迁	市经委	有关区县政府、有关控股集团公司	市环保局
		推进清洁生产和循环经济	推进重点污染行业强制性清洁生产审核，完成61家企业的清洁生产审核。完成《重庆市"十一五"主要污染物总量减排实施方案(2007—2010年)》中的2008年的工业企业污水治理项目	市环保局	各区县政府	市经委
			推进北部新区和长寿化工园区循环经济工业园试点工作，大力发展循环经济工业园区，推进工业园区污染集中治理设施建设，新建的工业园区应配套建设污染集中治理设施，建成万州盐气化工、南岸茶园和江津德感等工业园区的废水集中处理设施	市经委	有关区县政府	市环保局、市发改委
		工业污染防治措施	开展工业及资源开发利用专项规划、区域开发规划和工业园区建设规划等规划的环境影响评价	市环保局	市规划局	市发改委、市经委
			完成纳入《三峡库区及其上游水污染防治规划(修订本)》的2008年的工业水污染治理项目	市经委	有关区县政府、有关集团公司	市环保局

续表

序号	项目名称	项目内容	主要措施	牵头单位	主办单位	协办单位
3	工业污染防治工程	工业污染防治措施	定期公示重点企业的排污状况,实行环境信用等级评价管理制度。强化上市企业的环保核查,对于水污染不能达标排放或不能达到总量控制要求的,不得通过上市环境保护审核,并及时披露上市公司的处罚信息。积极推行绿色信贷政策,在水污染事故高发区域和企业开展环境污染责任保险试点,限制污染企业的融资来源,积极防范信贷风险	市环保局	各区县政府	市经委、市国资委、市发改委、重庆银监局、重庆保监局、重庆证监局
		强化企业排污管理	完成涉及水污染物排放的第一次全国污染源普查工作,推进重点排污企业安装在线监控装置,初步建立污染源动态数据库,完善市及区县联网	市环保局	各区县政府	市经委、市统计局、市市政委、市农委
4	农村面源污染防治工程	加强养殖污染防治	开展畜禽养殖污染调查,制定《重庆市畜禽养殖业污染防治实施方案》和《重庆市畜禽养殖禁养区内畜禽养殖场清查搬迁和关闭工作实施方案》。完成禁养区内20%的畜禽养殖场的清查、搬迁和关闭工作,优先清查、搬迁和关闭饮用水水源保护区内的养殖场	市农委	各区县政府	市市政委、市环保局
			优先开展饮用水水源地上游、不达标次级河流流域、三峡库区重点区域以及畜禽养殖密度较高地区的养殖污染整治。规模化养殖场污染处理率达60%,建成20个养殖小区。推进建设10个畜禽污染综合治理示范项目,养殖场粪便治理设施17个,建设农村户用沼气池10万口。严格水产养殖许可证管理	市农委	各区县政府	市市政委、市环保局
		农村面源污染防治	实施农业土壤测土配方施肥,采取灌排分离等措施,改善耕地水肥保有条件。促进缓释可控化肥和以秸秆、畜禽粪便、污泥为原料的有机(复合)肥的生产、使用,完善有机肥的生产性财政补贴政策。开展农产品基地土壤污染调查及监测,推进有机食品、绿色食品和无公害食品基地建设	市农委	各区县政府	市环保局
			积极鼓励推广使用高效、低毒、低残留农药,积极引导和鼓励农民使用病虫草害综合防治、生物防治和精准施药等技术。禁止已明令淘汰的高毒残留农药的生产、销售和使用,开展执法收缴的高毒农药的无害化处置	市农委	各区县政府	市经委、市公安局、市供销社、市环保局

续表

序号	项目名称	项目内容	主要措施	牵头单位	主办单位	协办单位
5	船舶污染防治工程	防治船舶污染	启动主城区、涪陵区、万州区等地船舶废弃物接收处置工程前期工作	市市政委	市交委	市环保局
			对逆水航程在4小时以上且100客位以上的客船和600总吨以上的机动货船安装一体化生活污水处理设备,对其船舶安装污水储存设施,收集后交岸上处理	市交委	各区县政府	重庆海事局、市港航局、市交通行政执法总队
		执法监管	严格检验船舶防污设施设备,强化危品水陆运输管理,加强船舶污染控制的区域协调,控制旅游业和船舶污染,加强对餐饮船舶的排污监管	市交委	各区县政府	市环保局、重庆海事局、市港航局
6	次级河流综合整治工程	综合整治次级河流	完成清水溪流域综合整治二期工程。启动梁滩河、苎溪河流域综合整治工程以及桃花河、御临河、濑溪河、澎溪河、龙溪河、小安溪流域综合整治项目的前期工作	市发改委、市环保局	有关区县政府	市水利局
			实施澎溪河增殖放流示范工程,放流鱼苗120万尾	市农委	有关区县政府	
		跨界断面考核和污染补偿	制定《重庆市跨界次级河流污染补偿暂行办法》	市环保局	市水利局	市发改委、市财政局
			完善跨区县界次级河流断面水质考核标准,做好跨界断面水质年度目标考核试点工作	市环保局	市质监局、市水利局	市政府督察室
		实行"目标责任制"	研究制定"目标责任制"相关规定,负责次级河流水环境综合整治项目	市发改委	市环保局	市政府督察室
7	环境监控与风险防范工程	水环境监控系统建设	启动39个重点饮用水水源、16个跨省界断面自动监测系统和水质自动报警系统,并与环保热线12369中心联网。启动库区2个富营养化长期观测站和4个有机物、水生生物重点监测站建设	市环保局	有关区县政府	市科委
			对105家国控重点企业限期安装污染源自动监控系统。对新建项目废水排放量在500吨/天以上的企业安装污染源自动监控系统	市环保局	各区县政府	市经委
		环境监管能力建设	开展富营养化跟踪监测,完善有机物、永生生物监测能力,完成5个区县环境监测站的标准化建设。推进水环境自动监测站的建设,新建长寿化工园区有机物自动监控站。推进实施三峡库区水环境监测能力建设项目和监测预警体系建设项目	市环保局	有关区县政府	市发改委
			启动建制镇一级环保机构建设和人员配备工作,力争实现重点河流沿线建制镇有环保机构和专职环保工作人员	市编办	各区县政府	市环保局

续表

序号	项目名称	项目内容	主要措施	牵头单位	主办单位	协办单位
7	环境监控与风险防范工程	应急风险防范能力	推进万州、涪陵、黔江、合川、永川、江津和长寿应急分中心建设，健全全市环境应急监督管理工作机制，妥善处理辖区内的环境污染事故，保障区域环境安全	市环保局	各区县政府	—
8	环境科技和政策措施	制定排放标准及监测规范	开展制定《重庆市食品工业水污染物排放标准》《重庆市医药工业水污染物排放标准》《三峡库区富营养化评价方法及评价标准》等标准的前期工作。启动《重庆市中小型集中式饮用水水源技术规定》《三峡库区富营养化监测技术规范》《重庆市小城镇污染治理方法指南》《重庆市镇乡污水简易处理技术规定》的前期工作	市环保局	市建委、市农委、有关企业、市质监局	市经委
		环境科技创新技术研究	开展污水垃圾处理市场化配套扶持政策、三峡水库水污染防治与水华控制技术及工程示范、三峡库区库底沉积物对水环境的影响、水体中有机物污染对人体健康影响和防护措施等研究。开展水体氮磷污染控制技术、水库消落带生态恢复与综合整治技术与示范、小城镇生活污水处理技术、污泥处置技术、农村面源污染防治关键技术等研究。完成三峡库区水体安全控制与治理技术、重点水域生态安全评估等研究	市科委	市环保局	市市政委
9	监督检查与宣传教育	开展专项检查	开展定期和不定期检查，每半年公布各区县政府和市有关部门"碧水行动"目标任务的完成情况。督察和评估结果纳入区县政府考核指标体系的内容中	市政府督察室	市环保局	市监察局
		加强宣传教育	开展多种形式的宣传教育活动，在全社会形成"碧水行动"的良好舆论氛围	市环保局	市文化广电局	—
10	目标任务	责任分解	市政府将水环境质量目标及工作任务分解到各区县政府和市级有关部门。各区县政府要把年度目标任务和重点工程项目纳入本地区的重点工作。市政府有关部门要根据各自的职能分工，切实加强对碧水行动实施的指导与支持	市政府督察室	各区县政府	市级有关部门

表4-14　　　　　　　　　　　　　2009年"碧水行动"工作目标任务分解表

序号	项目名称	项目内容	主要措施	牵头单位	主办单位	协办单位
1	饮用水水源保障工程	优化布局，保护城镇饮用水水源	完成修订《重庆市主城区供水规划》，完成《重庆市主城区长江、嘉陵江两江联网调控供水规划》	市发改委	市水利局、市市政委、市规划局	市环保局
			推进丰都县安宁村、忠县黄金镇、忠县涂井乡、云阳县堰坪乡、开县赵家镇、开县汉丰镇、开县白鹤镇、巫山县大昌镇等10个饮用水水源地的搬迁	市移民局	有关县政府	市国土房管局、市水利局、市环保局
			继续关闭或迁出水质风险等级或富营养化风险等级高以上、受有毒污染风险等级中高以上，以及日取水量在1.5万吨以下的南岸区鸡冠石镇五马供水站等10个主城区水厂及主城区外受三峡工程175米蓄水影响的10个库区支流回水区水源地；限制重庆民丰化工有限责任公司、重庆天友乳品公司、重庆前进化工有限公司3个企业自备水厂的使用功能	市市政委	有关区县政府、市经委	市水利局、市环保局、市水投集团、市水务集团
			完成实施主城区御临河的龙兴水厂、五布河的木洞水厂和黑水滩河的复兴自来水厂3个因受175米蓄水影响的次级河流水源的调控措施。完成原规划在支流回水区新建的涪陵中峰乡、云阳渠马镇和黄石镇的水厂的选址工作	市移民局	有关区县政府	市规划局
			推进开县鲤鱼塘、大足县玉滩、巴南区观景口等"泽渝"一期大中型水库的建设。推进"泽渝"二期中的渝北区观音洞、万盛区青山湖、璧山县三江等11座中型水库和一批小型水利工程的建设。完成120个建制镇的饮用水水源供水保障工程项目，解决140万建制镇居民的饮水安全问题	市水利局	有关区县政府	市市政委、市卫生局、市环保局
		保护农村集中式饮用水水源	启动建制镇人口在500人以上的集中乡镇饮用水水源保护区的规划、界碑设置，开展日常监测、取缔排污口等工作。全市乡村集中式饮用水水源水质达标率达到65%	市环保局	有关区县政府	市卫生局
			开展500人以上的农村集中式饮用水水源的调查和保护工作，全市乡村集中式饮用水水源水质达标率达到60%	市环保局	有关区县政府、市水利局	市卫生局

续表

序号	项目名称	项目内容	主要措施	牵头单位	主办单位	协办单位
1	饮用水水源保障工程	整治现有饮用水水源保护区内的污染源	编制并实施《重庆市中小型水库饮用水水源地水质保护技术规范》	市环保局	市水利局	市卫生局
			推进水土镇水厂、北碚区水厂、铜罐驿提水工程和西彭水厂、和尚山水厂保护区范围内工业废水的截流	市市政委	主城各区政府	市环保局、市水务集团
			在饮用水水源保护区周边建造湿地、水源涵养林,限制种植等,防止水污染物直接排入饮用水水体	市林业局	各区县政府	市水利局
			推进高家花园水厂等7个重点水源保护区内趸船、经营性餐饮娱乐船舶的搬迁工作	市交委	有关区政府	市环保局、市市政委
			推进老旧管网的改造,加强污染治理设施的监督管理。禁止在饮用水水源保护区新建与水源保护无关的设施	市市政委	各区县政府	市水务集团、市规划局、市环保局
			建立城镇供水水质监测站,落实城镇供水监测机构和监测设备	市市政委	市质监局	市财政局
			完成建制镇饮用水水源保护区界碑设置工作。推进饮用水水源保护区内的污染源的清理整治工作,推进建制镇集中式饮用水水源地水质在线监测等信息系统的建设工作	市环保局	有关区县政府	市发改委、市市政委、市水利局
			严格限制在长江、嘉陵江主城区江段及其上游沿江建设可能对饮用水水源带来安全隐患的化工、造纸、印染等工业项目,禁止建设存在重大环境安全隐患的工业项目和可能在饮用水水源保护区及其上游排放剧毒物质和持久性有机污染物的工业项目	市环保局	主城区政府、市经委	市发改委、市规划局、市国土房管局
			推进主城区两江市政生活污水排污口截流至污水处理厂,红工水厂保护区内协和渣场渗滤液接入市政管网。启动同兴水厂、悦来水厂、红工水厂、水土水厂、北碚水厂、茄子溪水厂等水源保护区内搬迁8个畜禽养殖场和取缔5个畜禽散养点的前期工作	市市政委	有关区政府、市水务集团	市环保局
				市农委	有关区政府	市环保局、市市政委
			开工建设日供水能力为20万吨的井口水厂一期工程,改造主城区自来水老旧管网50千米。禁止在饮用水水源保护区新建与水源保护无关的设施。完善城镇供水水质监测网络,建立城镇供水水质监测站,落实城镇供水监测机构和监测设备	市市政委	各区县政府、市水务集团	市规划局、市环保局、市财政局、市质监局

续表

序号	项目名称	项目内容	主要措施	牵头单位	主办单位	协办单位
1	饮用水水源保障工程	建设预警与应急体系	制定《集中式饮用水水源污染事故预警和应急制度》，完成县城以上集中式饮用水水源地水质在线监测等信息系统的建设，完成饮用水水源风险评估	市环保局	有关区县政府	市市政委、市公安局
			实施主城区长江、嘉陵江两江联网调控供水规划，推进实施主城区范围内供水两江互济。加快推进主城区应急备用水源工程建设。推进区县应急备用水源工程建设	市水利局	各区县政府	市发改委、市规划局、市环保局
			推进主城区应急备用水源工程建设。启动其他区县应急备用水源工程建设	市水利局	有关区县政府、市发改委	市环保局、市规划局、市国土房管局
2	城镇生活污染综合整治工程	加强城镇污水垃圾整治工程	编制《重庆市城镇污水处理设施建设规划》和《重庆市小城镇生活污染治理技术指南》	市市政委	市建委	市规划局、市环保局
			主城区整治改造下水道50千米，建成主城排水工程三级管网100千米。新建或改造7座新型压缩垃圾中转站	市市政委	主城各区政府、北部新区	市水务集团
			完成彭水、茶园新区、西永3地污水处理厂建设，完成30个建制镇污水处理设施建设，完成40个建制镇垃圾处理项目建设。推进主城区唐家沱污水处理厂三期扩建工程建设，新增日处理污水能力10万吨。推进建设乡镇简易污水处理设施	市建委	有关区县政府	市发改委、市市政委
		城镇生活污水整治工程	完成主城区排水B干管滴水岩至朝天门段散排污水口的整治，主城区整治改造下水道50千米，建成主城区排水工程三级管网100千米，确保其他污水处理厂的正常运行	市市政委	主城有关区政府、北部新区	市发改委、市环保局、市水务集团
			建设西永微电子园、茶园新区的城市污水处理厂。建成投运璧山县、荣昌县、万州区（中明坝）、双桥县、綦江县、丰都县北岸、西阳县、秀山县、城口县、潼南县的10座污水处理厂。彭水县污水处理厂完成主体工程建设。完成10个建制镇污水处理设施建设。开展唐家沱污水处理厂三期扩建工程、鸡冠石污水处理厂三期工程以及北碚蔡家污水处理厂等项目建设的前期工作	市建委	各区县政府、市水务集团、市水投集团	市发改委、市市政委、市环保局
				市发改委	有关区县政府	市国土房管局、市规划局、市水利局、市环保局
		污水处理厂污泥处置工程	建成唐家沱污水处理厂污泥处理主体工程，推进其他污水处理厂的污泥处置工作。启动污水处理厂污泥资源化示范工程，开展园林绿化、水泥窑并行处理污泥等多种污泥综合利用措施的示范及推广	市市政委	市水务集团、市科委	市经委、市市政委、市园林局、市环保局

续表

序号	项目名称	项目内容	主要措施	牵头单位	主办单位	协办单位
2	城镇生活污染综合整治工程	城乡生活垃圾处置工程	开展万州区城市生活垃圾处理二期工程等项目建设的前期工作	市发改委	有关区县政府	市国土房管局、市规划局、市市政委、市环保局
			永川区、合川区、荣昌县、璧山县、垫江县、城口县、秀山县、酉阳县的8座垃圾处理场和主城、长寿危险废物处置场建成并投入运行。建设30个建制镇垃圾处理项目，建成九龙坡区陈庹路、大渡口区豹子沟、巴南区花溪镇、北碚区龙凤桥街道、渝北两路城区的5座新型压缩垃圾中转站	市建委	有关区县政府、市市政委	市国土房管局、市规划局、市环保局
		推进城镇污水处理厂污泥处置工程	唐家沱污泥处理中心建成投用。建成鸡冠石污水处理厂污泥处理中心和污泥资源化示范工程，推进其他污水处理厂污泥处置工程和资源化示范工程。启动建设三峡库区和影响区污水处理厂污泥处置工程	市市政委	市发改委、市环保局	市水务集团、市水投集团、市科委
		深化医疗污染综合整治	完成20张病床以上的医院的废水治理。推进万州区、涪陵区、黔江区医疗废物集中处置设施建设。启动主城医疗废物集中处置设施改造	市环保局	有关区县政府、市发改委	市财政局、市卫生局
			完成城市污水处理厂在线监控系统建设，与市环保部门和市政部门联网运行	市环保局	市市政委	市水务集团、市水投集团
			推进污染处理设施建设与运营市场化	市发改委	有关区县政府	市财政局、市市政委
		强化运行管理	完成重庆万里蓄电池有限责任公司、重庆盟时达蓄电池厂、重庆北碚嘉欣塑料制品有限公司、重庆川江电机厂、重庆川江电机厂大川机电公司、重庆海浪科技实业(集团)有限公司、重庆海浪生物乳业股份有限公司乳品分公司、重庆制线厂、重庆力丰特殊钢轧钢厂、重庆庆兰实业有限公司、重庆利兰斯机电有限公司、重庆前卫仪表厂、重庆零一精密机械有限公司、重庆长江造型材料有限责任公司、重庆凯尔动力机械有限公司、重庆啤酒股份有限公司石桥铺厂区、重庆新源兴药业有限公司、重庆博森电气(集团)开关有限公司、重庆博森电气(集团)高压电气公司、重庆博尔斯泰汽车配件有限公司、重庆富友全鑫包装有限公司等21家环境污染安全隐患重点企业的搬迁	市经委	主城各区政府、有关控股集团公司	市环保局

续表

序号	项目名称	项目内容	主要措施	牵头单位	主办单位	协办单位
2	城镇生活污染综合整治工程	推进清洁生产	推进重点污染行业强制性清洁生产审核,完成20家企业的清洁生产审核	市环保局	有关区县政府	市经委
3	工业污染防治工程	强化工业污染防治措施	推进工业园区污水集中治理设施建设,新建的工业园区应配套建设污水集中治理设施,开展工业集中区的污水集中整治示范工程	市经委	有关区县政府	市环保局
			强化资源开发利用规划、区域开发规划和工业园区建设规划的环境影响评价	市环保局	有关区县政府	市规划局
			完成纳入《三峡库区及其上游水污染防治规划(修订本)》的2009年工业污水治理项目	市经委	有关区县政府、有关集团公司	市环保局
		强化企业排污的监督管理	完成《重庆市"十一五"主要污染物总量减排实施方案(2007—2010年)》中的2009年工业污水治理项目。推进重点排污企业安装在线监控装置,实现市及区县联网	市环保局	各区县政府	市经委
			实行节能减排行政首长负责制,对未完成减排目标的地区和单位取消评优评先的资格并追究责任。对未完成总量减排的区县实行区域限批	市环保局	市政府督察室、市监察局	市经委
			修订《重庆市环境保护奖励与处罚办法》。加大重点污染源监督性监测和环境监察力度,开展环境执法专项行动,确保治理设施正常运行	市环保局	市政府法制办	市经委
4	农村面源污染防治工程	防治养殖污染	完成全市畜禽养殖污染调查,将畜禽养殖污染物排放纳入全市环境统计工作中	市环保局	各区县政府	市农委
			完成禁养区内60%的畜禽养殖场的清查、搬迁和关闭工作,规模化养殖场畜禽养殖污染处理率达到62%,建成养殖小区40个,建设户用沼气池10万口	市农委	各区县政府	市环保局
		农村面源污染防治	继续改善耕地水肥保有条件,促进以秸秆、畜禽粪便、污泥为原料的有机(复合)肥的生产和使用,推进有机食品、绿色食品和无公害食品基地建设	市农委	各区县政府	市环保局
			开展面源污染防治立法调研,编制并实施《重庆市农村面源污染防治指导意见》	市农委	市政府法制办	市环保局
			继续推广使用高效、低毒、低残留农药,全面禁止已明令淘汰的高毒高残留农药的生产、销售和使用,完成执法收缴的高毒农药的无害化处置	市农委	各区县政府	市经委、市公安局、市环保局、市供销社

续表

序号	项目名称	项目内容	主要措施	牵头单位	主办单位	协办单位
5	船舶污染防治工程	防治船舶污染	推进主城鸡冠石、万州青草背、涪陵盘蛇子、江津川顺等化学品洗舱基地的前期工作。督促港口经营、水路运输等单位制定船舶污染应急方案,启动船舶突发污染事故应急设备库的建设	市交委	有关区政府、市交委	市环保局、重庆海事局、市港航局
			推进建设主城区、涪陵、万州、郭家沱、黄旗、红溪沟等船舶废弃物接收处置站	市市政委	市交委	市发改委、市环保局
		监管和执法	加强船舶污染控制的区域协调,控制旅游业的船舶污染,加强对餐饮船舶排污的监管。制定船舶污染排放地方标准	市交委	各区县政府	市环保局、重庆海事局、市港航局、市质监局
6	次级河流水污染综合整治工程	次级河流水污染综合整治	实施桃花河、御临河、澎溪河、龙溪河、小安溪、濑溪河流域综合整治工程	市发改委、市环保局	有关区县政府	市规划局、市水利局
			启动建设大宁河、梅溪河、澎溪河回水区水华控制示范工程	市科委	市环保局	—
			继续实施澎溪河等增殖放流示范工程,放流鱼苗120万尾	市农委	有关县政府	
		跨界断面考核和污染补偿	启动梁滩河跨界断面污染补偿试点工作	市环保局	有关区政府、市发改委	市水利局、市财政局
			制定《重庆市次级河流跨界断面水质考核管理办法》,将23个跨区县界次级河流断面水质纳入36个区县政府年度环保目标考核工作中	市环保局	有关区县政府、市水利局	市政府督察室
		实行"目标责任考核制"	纳入国家三峡库区规划的8条次级河流水环境综合整治实行"目标责任制",由市领导、区县主要领导负责"目标责任考核",推进次级河流水环境整治工程	市发改委	市环保局、市水利局、市农委	市市政委、市建委
7	环境监控与风险防范工程	水环境监控系统建设	推进39个重点饮用水水源、16个跨省界断面自动监测系统和水质自动报警系统的建设,并与环保热线12369中心联网。推进库区2个富营养化长期观测站和4个有机物、水生生物重点监测站建设	市环保局	各区县政府	市财政局
			完成100家国控和市控重点企业限期安装污染源自动监控系统的目标。对新建项目废水排放量在500吨/天以上的企业安装污染源自动监控系统	市环保局	各区县政府	市经委

续表

序号	项目名称	项目内容	主要措施	牵头单位	主办单位	协办单位
7	环境监控与风险防范工程	环境监管能力建设	继续开展库区富营养化跟踪监测，完成6个区县环境监测站的标准化建设验收。推进水环境自动监测站的建设。完成长寿化工园区有机物自动监控站建设。实现环境监测数据的自动传输和动态更新，实现环境监测信息的动态展示，提高环境监测的服务效能和水平。推进建制镇一级环保机构建设和人员配备工作	市环保局	有关区县政府	市编办
		环境风险防范能力建设	完成万州、涪陵、黔江、合川、永川、江津和长寿应急分中心建设，妥善处置辖区内的环境污染事故，有效保证区域环境安全	市环保局	有关区县政府	市发改委、市财政局
8	环境科技和政策措施	制定标准和规范	完成制定《重庆市食品工业水污染物排放标准》《重庆市医药工业水污染物排放标准》《三峡库区富营养化评价方法及评价标准》等地方标准。编制完成《三峡库区富营养化监测技术规范》《重庆市小城镇污染治理方法指南》《重庆市镇乡污水简易处理技术规定》	市环保局	市建委、市农委、市质监局、市市政委	市经委
		治污设施市场化运营管理	合理划分运营单位和地方政府的职责和权限，推进对污水和垃圾处理市场化配套扶持政策的研究，推进治污设施的市场化运营	市市政委	各区县政府	市发改委、市财政局、市环保局
		环境科技创新技术研究	推进三峡水库水污染防治与水华控制技术及工程示范、三峡库区库底沉积物对水环境的影响、水体中有机物污染对人体健康影响和防护措施等研究。加强水体氮磷污染控制技术、水库消落带生态恢复与综合整治技术与示范、小城镇生活污水简易处理技术、污泥处置技术、农村面源污染防治关键技术等专题研究	市科委	市环保局、市发改委	市卫生局、市农委、市移民局、市市政委
9	监督、检查与宣传	开展专项检查	坚持完善督察督办制度，开展定期和不定期的多种形式的检查。每半年公布各区县"碧水行动"目标任务完成情况，督察和评估结果纳入考核指标体系	市政府督察室	市环保局	市监察局
		加强宣传教育	开展多种形式的宣传教育活动，在全社会形成"碧水行动"舆论氛围	市环保局	市文化广电局	
10	目标任务	责任分解	市政府将"碧水行动"年度目标任务分解到有关区县政府和市级有关部门。各区县政府要层层分解目标任务到有关部门和乡镇	市政府督察室	各区县政府	市级有关部门

表 4－15　　　　　　　　　　　2010 年"碧水行动"工作目标任务分解表

序号	项目名称	项目内容	主要措施	牵头单位	主办单位	协办单位
1	饮用水水源保障工程	优化布局城镇集中式饮用水水源	启动规模化供水工程和"两江互济"工程,在主城区建设日供水百万吨级专业水厂,重整组合小规模自来水厂和沿江取水口。实施主城区长江、嘉陵江两江联网调控供水规划,推进实施主城区范围内供水两江互济	市发改委	市市政委	市水利局、市水务集团
			全面完成三峡库区一级支流回水区受富营养化影响的丰都县安宁村、忠县黄金镇、忠县涂井乡、云阳县堰坪乡、开县赵家镇、开县汉丰镇、开县白鹤镇(2个)、巫山县大昌镇等10个饮用水水源地的搬迁	市移民局	有关区县政府	市国土房管局、市水利局、市环保局
			全面关闭南岸区鸡冠石镇五马供水站等10个主城区水厂及10个库区支流回水区饮用水水源地;全面限制重庆东风化工厂水厂、重庆天友乳品公司、重庆前进化工有限公司3个企业自备水厂的饮用水水源功能	市市政委	有关区政府、市水利局	市经委、市水利局、市环保局、市水务集团
			推进开县鲤鱼塘、大足玉滩、巴南观景口等"泽渝"一期大中型水库建设。加快推进"泽渝"二期中的渝北区观音洞、万盛区青山湖、璧山县三江等11座中型水库和一批小型水利工程的建设。完成162个建制镇的饮用水水源供水保障工程项目,解决200万建制镇居民的饮水安全问题	市水利局	各区县政府、市发改委	市卫生局、市环保局
		保护农村饮用水水源	继续实施500人以上的农村饮用水水源的保护工作,全市乡村集中式饮用水水源水质达标率达到70%	市水利局	有关区县政府	市卫生局、市环保局
		整治现有饮用水水源保护区内的污染源	完成主城区饮用水水源保护区范围内的市政排污口排放的生活污水截流至污水处理厂,红工水厂保护内协和渣场渗滤液接入市政管网,完成水土水厂、北碚水厂、铜罐驿提水工程和西彭水厂、和尚山水厂等水源保护区范围内工业废水的截流	市市政委	有关区政府、市环保局	市经委、市水务集团
			完成同兴水厂、悦来水厂、红工水厂、水土水厂、北碚水厂、茄子溪水厂等水源保护区内8个畜禽养殖场的搬迁工作和5个畜禽散养点的取缔工作	市农委	有关区政府	市环保局
			启动高家花园水厂等7个水源保护区内趸船、经营性餐饮娱乐船舶的搬迁工作	市交委	有关区政府	市工商局、市环保局

续表

序号	项目名称	项目内容	主要措施	牵头单位	主办单位	协办单位
1	饮用水水源保障工程	整治现有饮用水水源保护区内的污染源	加快推进老旧管网的改造。禁止在饮用水水源保护区新建与水源保护无关的设施	市市政委	各区县政府	市规划局、市环保局
			加强城镇供水水质管理,完善城镇供水水质监测网络,建成城镇供水水质监测站	市市政委	各区县政府	市卫生局、市财政局
			完成建制镇以上集中式保护区界碑设置和饮用水水源保护区内的污染源清理整治工作,实行建制镇集中式饮用水水源地水质月监测和公示工作	市环保局	各区县政府	市市政委、市水利局
		饮用水水源预警与应急体系	建立城乡饮用水水源污染事故预警系统和应急体系,推进建制镇以上集中式饮用水水源地水质在线监测等信息系统的建设工作	市环保局	有关区县政府	市市政委
			加快推进主城区和其他区县应急备用水源工程建设。加强备用水源地保护,划分备用水源地水源保护区并强化保护备用水源	市水利局	各区县政府	市发改委、市环保局
2	城镇生活污染整治工程	加强城镇生活污水整治工程	主城区整治改造下水道60千米,建设主城排水三级管网68千米。长江、嘉陵江主城区段全面实现污水截流,不再直排两江	市市政委	主城有关政府、北部新区	市发改委、市水务集团、市环保局
			完成唐家沱、鸡冠石污水处理厂扩建工程。完成14个建制镇的污水处理设施建设,全面建成三峡修编规划中74个重点镇的污水处理设施。建成50个镇乡简易污水处理设施	市建委	有关区县政府	市发改委、市环保局、市水务集团、市水投集团
		城镇污水处理厂污泥处置	完成三峡库区及影响区污水处理厂污泥处理中心建设,推进其他污水处理厂污泥处置工程。全面推广污水处理厂污泥资源化示范工程	市市政委	市发改委、市科委	市园林局、市环保局、市水务集团、市水投集团
		大力推进城乡生活垃圾处置工程	建成主城区第二垃圾焚烧厂和万州区生活垃圾处理项目二期工程,完成60个建制镇的垃圾处理项目建设	市建委	各区县政府	市发改委、市市政委、市环保局
			完成11个建制镇的垃圾处理项目,全面建成三峡修编规划中71个重点镇的垃圾处理设施。新建或改造8座新型压缩垃圾中转站	市市政委	有关区县政府	市市政委、市环保局
		深化医疗污染综合整治	推进20张病床以下的所有医疗机构的污水处置。完成万州区、涪陵区、黔江区医疗废物处置设施建设和主城医疗废物集中处置设施改造	市环保局	有关区县政府	市卫生局、市财政局、市建委

续表

序号	项目名称	项目内容	主要措施	牵头单位	主办单位	协办单位
2	城镇生活污染整治工程	强化运行管理	全面实现城市生活污水处理厂在线监控系统与市环保部门、市政部门联网，并监督其正常运行	市环保局	各区县政府	市市政委、市水务集团、市水投集团
			继续推进城镇污水、垃圾处理设施建设与市场化运营	市市政委	市发改委	市环保局
3	工业污染防治工程	调整产业结构和布局	对重庆长江轴承工业有限公司、重庆奇佳机械设备制造有限公司、重庆前进化工有限公司、重庆市八四五化工有限责任公司、重庆市北碚区新颖纸箱厂、重庆创恒建筑工程有限公司、国营八四五厂劳动服务公司、重庆市北碚灯塔电子仪器厂、重庆川东化工有限责任公司、重庆钢铁集团钢管有限责任公司、重庆无缝管件厂、重庆东华特殊钢有限责任公司、重庆制钳厂、重庆华孚工业股份有限公司、重庆市花溪化工厂、重庆小泉化工厂、重庆亚威精细化工公司、重庆联环蓄电池隔板责任公司、重庆山峰凸轮公司等19家环境污染安全隐患重点企业实施搬迁	市经委	有关区县政府、有关控股集团公司	市环保局
		推进清洁生产和循环经济	完成20家重点污染企业的强制性清洁生产审核，推进重点排污企业安装在线监控装置，完善市、区县、企业联网，并接受公众查询	市环保局	有关区县政府	市经委
			积极引导循环经济的有序发展。推进工业园区和工业集中区的生态化改造，逐步提高资源利用率，减少污染排放。新建和环保搬迁企业一律进入特色工业园区	市经委	各区县政府	市发改委、市环保局
		强化工业污染防治措施	全面完成三峡修编规划涉及的86个工业企业废水治理项目	市经委	有关区县政府、有关控制集团公司	市环保局
			加大对重点污染源的监测和监察力度，确保治理设施正常运行。切实发挥减排效益	市环保局	各区县政府	市经委、市国资委
			实行总量减排行政首长负责制，对未完成"十一五"减排目标的地区和单位实行区域、流域限批	市政府督察室	各区县政府	市经委、市环保局
4	农村面源污染防治工程	加强养殖污染防治	完成禁养区内100%的畜禽养殖场的清查、搬迁和关闭工作。规模化养殖污染处理率达64%，建设养殖小区80个，建设农村户用沼气池10万口	市农委	各区县政府	市环保局

续表

序号	项目名称	项目内容	主要措施	牵头单位	主办单位	协办单位
4	农村面源污染防治工程	加强养殖污染防治	完成将畜禽养殖排放污染物纳入化学需氧量总量控制管理的试点工作	市环保局	有关区县政府	市农委
			开展饮用水水源地上游、不达标次级河流流域、三峡库区重点区域以及畜禽养殖密度较高地区的养殖污染整治工作	市农委	各区县政府	市市政委、市环保局
		开展农村面源污染防治	全面实施《重庆市农村面源污染防治指导意见》，结合社会主义新农村建设和农村小康环保行动，开展清洁家园、清洁田园、清洁水源示范建设工程	市农委	各区县政府	市环保局
5	船舶污染防治工程	防治船舶污染	推进建设船舶突发污染事故应急设备库。完成主城区、涪陵区、万州区等地的船舶废弃物接收工程和主城鸡冠石、万州区青草背、涪陵区盘蛇子、江津区川顺等化学品洗舱基地建设项目建议书	市交委	有关区政府、重庆海事局、市港航局	市发改委、市市政委、市环保局
		监管和执法	严格督促进入大型饮用水水源保护区的船舶落实污染应急方案和预案，强化危险品的水陆运输管理和船舶污染控制的区域协调，控制旅游业船舶污染，加强对餐饮船舶排污的监管	市交委	各区县政府、重庆海事局、市港航局	市环保局、市交通行政执法总队
6	次级河流水污染综合整治工程	次级河流水污染综合整治	全面完成清溪河、梁滩河、苎溪河流域综合整治项目，启动九龙坡区大溪河、巴南区花溪河和一品河流域综合整治工程，同时启动纳入《三峡库区及其上游水污染防治规划》的龙河等11条次级河流综合整治后续项目的前期工作	市发改委、市环保局	有关区县政府	市规划局、市水利局
			继续实施澎溪河增殖放流示范工程，放流鱼苗120万尾	市农委	有关县政府	—
			基本完成大宁河、梅溪河、澎溪河回水区水华控制示范工程	市科委	市环保局	—
		跨界断面考核和污染补偿	全面实施次级河流跨界断面水质考核，纳入党政一把手环保实绩考核和总量减排考核内容中	市环保局	市政府督察室	市水利局
			全面实施梁滩河流域跨界断面污染补偿工作，启动小安溪、濑溪河流域跨界断面污染补偿工作	市环保局	有关区县政府、市发改委	市水利局、市财政局、市统计局
		实行"目标责任考核制"	纳入国家三峡库区规划和主城区劣五类水体的10条次级河流的水环境综合整治实行"目标责任制"，由市领导和区县主要领导负责水环境综合整治示范项目	市发改委	有关区县政府、市环保局	市市政委、市建委、市农委、市水利局

续表

序号	项目名称	项目内容	主要措施	牵头单位	主办单位	协办单位
7	环境监控与风险防范工程	水环境监控系统建设	推进39个饮用水水源自动监测站和16个跨省界断面自动监测站建设,开展库区富营养化长期跟踪监测,完善有机物、水生生物监测能力	市环保局	有关区县政府	市科委、市财政局
			对100家国控重点企业限期安装污染源自动监控系统。对新建项目废水排放量在500吨/天以上的企业安装污染源自动监控系统	市环保局	各区县政府	市经委
		环境监管能力建设	完成6个区县环境监测站标准化建设,完成长寿化工园区有机物自动监控站建设。实现环境监测数据的自动传输和动态更新。实现环境监测信息的动态展示,提高环境监测的服务效能和水平	市环保局	有关区县政府	市财政局
		环境风险防范能力建设	建立健全全市环境应急监督管理工作的长效机制,妥善处置辖区内的环境污染事故,有效保障区域、流域特别是三峡库区的水环境安全	市环保局	各区县政府	市级有关部门
8	科研与政策措施	制定法规	完成修订《重庆市三峡库区流域水污染防治条例》	市政府法制办	市环保局	市水利局、市市政委
		市场化运营	开展生活污水处理厂和生活垃圾处理场的运营单位的社会公开招标运营工作	市发改委	市市政委	市环保局
		科学研究和创新技术	完成污水和垃圾处理市场化配套扶持政策的研究、三峡库区水环境预警实施方案、三峡水库水污染防治与水华控制技术及工程示范、三峡库区库底沉积物对水环境的影响、水体中有机物污染对人体健康影响和防护措施等研究	市科委	市环保局	市发改委
9	监督、检查与宣传	开展专项检查	完善督察督办制度,开展定期和不定期的多种形式的检查。2010年完成对《重庆市"碧水行动"实施方案》执行情况的中期评估	市政府督察室	市环保局	市监察局
		加强宣传教育	开展多种形式的宣传教育活动,在全社会形成"碧水行动"的良好舆论氛围	市环保局	市文化广电局	—
10	目标任务	责任分解	市政府将"碧水行动"年度目标任务分解到有关区县政府和市级有关部门。各区县政府要层层分解目标任务到有关部门和乡镇	市政府督察室	各区县政府	市环保局

表4-16　　2011—2012年"碧水行动"工作目标任务分解表

序号	项目名称	项目内容	主要措施	牵头单位	主办单位	协办单位
1	饮用水水源保障工程	保护城镇饮用水水源	在主城区基本形成规模化供水工程和"两江互济"工程,基本实现主城区长江、嘉陵江两江联网调控供水,两江互济	市发改委	市市政委	市水利局、市水务集团
			关闭井口镇水厂等11个水厂,全面限制江合煤矿焦化厂、重船厂等7个企业自备水厂的功能	市市政委	有关区县政府	市经委、市环保局、市水利局、市水务集团
			全面完成"泽渝"一期中的开县鲤鱼塘、大足县玉滩、巴南区关颈口3座大型水库建设。重点推进"泽渝"二期中的渝北区观音洞、万盛区青山湖、璧山县三江等16座中型水库的建设进度。完成235个建制镇的饮用水水源供水保障工程项目,解决360万建制镇居民的饮水安全问题	市水利局	各区县政府	市市政委、市卫生局、市环保局
		保护农村饮用水水源	全市农村集中式饮用水水源水质达标率2011年达到72%,2012年达到75%	市水利局	有关区县政府	市卫生局、市环保局
		整治现有饮用水水源	结合实施森林工程,在饮用水水源保护区周边建造湿地、水源涵养林等防止水污染物直接排入饮用水水体	市林业局	各区县政府	市水利局、市环保局
			完成高家花园水厂等7个重点水源保护区内的趸船、经营性餐饮娱乐船舶的搬迁	市交委	有关区县政府	市市政委、市环保局
			全面完成老旧供水管网的改造,结合城镇污水处理厂运行状况开展设备维护,确保稳定运行	市市政委	各区县政府	市水务集团、市水投集团、市环保局
		建设饮用水水源预警与应急体系	完善饮用水水源污染事故预警系统和应急体系,县城以上集中式饮用水水源地水质实现在线监测信息系统建设工作,形成全市联网、公告	市环保局	有关区县政府	市市政委
			基本完成主城区应急备用水源工程建设。加快推进其他区县应急备用水源工程建设	市水利局	各区县政府	市发改委、市规划局、市市政委
2	城镇生活污染整治工程	城镇生活污水整治工程	在主城区和建成区扩展区域配套建设三级管网270千米。完善其他污水处理厂的污泥处置工作。新建或改造15座新型压缩垃圾中转站,推进距离县城较远乡镇的垃圾处理项目建设	市市政委	各区县政府	市水务集团

续表

序号	项目名称	项目内容	主要措施	牵头单位	主办单位	协办单位
2	城镇生活污染整治工程	镇乡生活污染处理设施建设	建成100个建制镇污水处理设施和100个重点镇垃圾处理设施,建设100个镇乡简易污水处理设施,改善农村镇乡水污染,减轻次级河流水污染的问题	市建委	有关区县政府	市市政委、市环保局
		医疗污染综合整治	全面完成医疗机构污水处置。完成渝西南地区医疗垃圾集中处置设施建设的选址、调研和环评等前期工作,完成渝西南地区医疗废物集中处置设施建设	市环保局	有关区县政府	市发改委、市卫生局
		强化运行管理	全面推行污水处理设施营运市场化,督促城市生活污水处理厂正常运行	市发改委	市市政委	市环保局、市水务集团、市水投集团
3	工业污染防治工程	调整产业结构和布局	对重庆嘉溢华科技实业有限公司、西南制药一厂、重庆青阳药业有限公司、重庆东联化工有限公司、重庆大新药业股份有限公司、重庆西南合成制药有限公司、重庆方渝化工机械有限公司、重庆方诚物业管理有限公司、重庆前进营养食品有限公司、重庆方鑫精细化工有限公司、重庆方恒化工厂、重庆长江制药厂、重庆光宇摩托车制造公司、重庆南松医药科技公司、重庆力宏精细化工公司、重庆海联精细化工公司等16家环境污染安全隐患重点企业实施搬迁	市经委	有关区县政府、有关控股集团公司	市环保局
		强化工业污染防治措施	推进重点污染行业完成40家清洁生产强制性审核。所有重点排污企业安装在线监控装置,加大重点污染源监督性监测和环境监察力度	市环保局	各区县政府	市经委
			基本完成建设全市45个特色工业园区污水集中治理设施并投入运行	市经委	各区县政府	市环保局
4	农村面源污染整治工程	防治养殖污染	禁止在饮用水源地上游、不达标次级河流流域、三峡库区重点区域开展养殖。2012年规模化养殖场(区)污染处理率达70%,2011—2012年建成养殖小区180个,完成农村户用沼气池20万口	市农委	各区县政府	市市政委、市环保局
		农村面源污染防治	结合社会主义新农村建设、农村小康环保行动和统筹城乡环保工作,全面开展清洁家园、清洁田园、清洁水源建设工程	市农委	各区县政府	市水利局、市环保局
5	船舶污染整治工程	加大船舶污染防治力度	完成船舶突发污染事故应急设备库的建设。完成万州青草背作业区、涪陵盘蛇子、主城鸡冠石、江津川顺等地化学品洗舱基地的建设	市交委	重庆海事局、市港航局	市发改委、市市政委、市环保局

续表

序号	项目名称	项目内容	主要措施	牵头单位	主办单位	协办单位
5	船舶污染整治工程	加大船舶污染防治力度	主城区、涪陵区、万州区、郭家沱、黄旗、红溪沟等船舶废弃物接收处置站建成投用	市市政委	市交委	市环保局
6	次级河流水环境综合整治工程	次级河流水污染综合整治	全面完成桃花河、御临河、濑溪河、澎溪河、龙溪河、小安溪、大溪河、花溪河、一品河流域综合整治工程，再启动开展2条功能区水质不达标次级河流的专项整治	市发改委	有关区县政府	市水利局、市环保局
		跨界断面考核和污染补偿	全面实施污染严重的次级河流域跨界断面污染补偿工作	市环保局	有关区县政府	市财政局、市水利局
			严格实行次级河流跨界断面水质考核，纳入党政一把手环保实绩考核和总量减排考核内容，未达标的实行"流域限批"或"流域限建"	市环保局	市政府督察室	市水利局
		实行"目标责任考核制"	继续实施市领导、区县主要领导跨界次级河流水污染整治的"目标责任考核"，领导对治理项目和河流水质负责	市发改委	市环保局、市水利局	市市政委、市建委、市农委
7	环境监控与风险防范工程	水环境监控系统建设	按《创"西部领先全国一流"环境监测能力建设方案》的要求完成39个饮用水水源自动监测站和16个跨省界断面自动监测站建设。对新建项目废水排放量在500吨/天以上的企业安装污染源自动监控系统	市环保局	各区县政府	市科委、市经委、市财政局
		环境监管能力建设	全面完成6个区县环境监测站标准化建设验收，长寿化工园区有机物自动监控站建设、环境监察机构标准化建设。实现环境监测数据的自动传输和动态更新	市环保局	各区县政府	市财政局
		水环境风险防范能力建设	完成万州区、涪陵区、黔江区、合川区、永川区、江津区和长寿区应急分中心所需仪器设备的购置。建成水环境动态预警系统，实现水环境质量和污染事故的预警预报	市环保局	各区县政府	市发改委
8	环境科研和政策	环境科技创新技术研究	完成水体氮磷污染控制技术、水库消落带生态恢复与综合整治技术与示范、小城镇生活污水简易处理技术、污泥处置技术、农村面源污染防治关键技术等研究	市科委	市环保局	市市政委、市农委
9	督察与宣传	开展专项检查	完善督察督办制度，开展定期和不定期多种形式检查。2012年底对《重庆市"碧水行动"实施方案》的执行情况进行绩效评估，启动新一轮工程措施	市政府督察室	市环保局	市监察局
		加强宣传教育	开展多种形式的宣传教育活动，在全社会形成"碧水行动"的良好舆论氛围	市环保局	市文化广电局	

续表

序号	项目名称	项目内容	主要措施	牵头单位	主办单位	协办单位
10	目标任务	责任分解	市政府将"碧水行动"年度目标任务分解到有关区县政府和市级有关部门。各区县政府要层层分解目标任务到有关部门和乡镇	市政府督察室	各区县政府	市环保局

四、噪声污染控制规划

噪声污染控制规划是指重庆市在2006年开始执行的《重庆市"宁静行动"实施方案》。其规划时段为2006—2010年。

（一）规划范围

"宁静行动"的实施范围为渝中区、大渡口区、江北区、南岸区、沙坪坝区、九龙坡区、北碚区、渝北区、巴南区和经开区、高新区及其他31个区县的城市建成区。

（二）规划目标

1. 总体目标

通过实施"宁静行动"，建立起政府领导、环保部门统一监管，相关部门齐抓共管，多方联动、全民参与的监督管理体系，各功能区基本达到国家标准限值，工业噪声、建筑施工噪声、交通噪声、社会生活噪声污染得到有效控制，城市声环境质量有所改善，噪声扰民问题明显缓解，为人民群众营造舒适、安静的生活环境和工作环境，保障广大市民的身体健康。通过实施各项措施，使市民的满意度逐步提高，市民投诉逐步减少。

2. 质量目标

2010年，区域环境噪声平均值达到国家要求，主城区和其他区县城区≤56分贝。2010年，交通干线噪声平均值达到国家要求，主城区和其他区县城区≤68分贝。

3. 创建目标

城市环境噪声功能区达标率逐年提高。2010年，主城区小时达标率昼间不低于85%，夜间不低于50%，其他区县城区小时达标率昼间不低于88%，夜间不低于80%。提高城市建成区环境噪声达标区覆盖率。全市2010年达到60%，每年提高4.5%；主城区2010年为65%，每年提高5.3%；其他区县2010年为54%，每年提高3.7%。2010年，全市新建环境噪声达标区面积270千米^2，平均每年增加54千米^2。推进"安静居住小区"建设，五年累计建成120个市级"安静居住小区"。

4. 指标分解

"宁静行动"目标任务主要指标分解见表4-17。

表4-17　　　　　2006—2010年全市噪声污染防治主要指标分解

目标类别	指标任务	实施地点	2006—2007年	2008—2010年
质量目标	区域环境噪声平均值（dB）	主城区	≤56	≤56
		其他区县	≤56	≤56
	交通干线噪声平均值（dB）	主城区	≤68	≤68
		其他区县	≤68	≤68

续表

目标类别	指标任务	实施地点		2006—2007年	2008—2010年
创建目标	功能区小时达标率(%)	主城区	昼间	82	85
			夜间	45	50
		其他区县	昼间	85	88
			夜间	75	80
	环境噪声达标区覆盖率(%)	全市建成区		46	60
		主城城区		49	65
		其他区县城区		43	54
	新增噪声达标区面积(千米²)	全市建成区		54	162
	市级"安静居住小区"建设(个)	全市		30	90

(三)工程措施与建设方案

"宁静行动"实施方案主要从源头控制、传播途径控制、噪声敏感目标(指医院、学校、机关、科研单位、住宅等需要保持安静的建筑物)保护等方面着手,采用管理措施和技术措施,加强工业噪声、建筑施工噪声、交通噪声、社会生活噪声污染防治,并通过建设"安静居住小区"和环境噪声达标区,逐步改善城市声环境质量。

1.合理规划布局,调整城市环境噪声功能区

根据城市的建设和发展规模,结合城市总体功能布局和城区用地功能区划,按照国家《城市区域环境噪声标准》和《城市区域环境噪声适用区划分技术规范》要求,对城市区域环境噪声标准适用区域划分进行调整,报市政府备案。

遵循"闹静分隔"原则和"土地合理使用和功能分区"原则,将噪声污染防治纳入城市建设规划,按照0类区(疗养区等特别需要安静的区域)、1类区(居住文教区)、2类区(居住、商业、工业混杂区)、3类区(工业区)、4类区(交通干线两侧),合理规划建设布局。

合理布局道路网,尽量避开环境噪声敏感点。城市道路规划应充分考虑城市功能要求。在道路选线的设计上,根据环境评价结果合理布局道路网,应尽量避开噪声敏感建筑物。新城建设时,应明确沿城市交通干道路10米内原则上不得规划建设学校、医院、民用住宅等噪声敏感建筑物,道路红线外10~30米范围内尽量安排非噪声敏感建筑物(如超市、餐饮、娱乐、办公等)。旧城改造中,道路拓宽改造应充分考虑噪声对噪声敏感目标的影响,根据环境影响评价和监测结果,建设声屏障等降噪设施。

科学设置道路噪声隔离防护范围。按照《城市区域环境噪声适用区划分技术规范》(GB/T 15190—1994),若临街建筑以高于三层楼房以上(含三层)的建筑为主,将第一排建筑物面向道路一侧的区域划为4类标准适用区域;若临街建筑以低于三层楼房建筑(含开阔地)为主,将道路红线外一定距离内的区域划为4类标准适用区域。相邻区域为1类标准适用区域时距离不少于40米,相邻区域为2类标准适用区域时距离不少于25米,相邻区域为3类标准适用区域时距离为不少于15米。

在规划道路与噪声敏感目标之间确难以满足噪声防护距离时,要求采取降噪措施保护噪声敏感目标。高速路、城市快速干道与临街噪声敏感建筑物间的距离不能满足功能区要求时,应安装声屏障或设置绿化隔离带,并要求民用建筑物在设计时对声环境要求高的如住宅卧室、医疗病房、学校教室等不宜布局在临路一侧,同时应考虑安装隔声窗等以降低交通噪声的影响,使其满足噪声功能区的要求。

房地产开发建设项目应开展居住环境适宜性等级评定,开发商在售房前(环境保护预验收时)必须具有有关部门认定的声环境状况监测报告和居住环境适宜性等级评定结果,并予以公示,保证消费者的知情权和维护环境权益。

2. 工业噪声污染防治

(1)严格控制新污染源。

禁止在0类区和1类区新建、扩建、改建产生环境噪声污染的工业企业。禁止在居民住宅楼内开办产生环境噪声污染的机动车修配厂、加工厂、印刷厂等。严格限制在2类区新建、扩建、改建产生环境噪声污染的工业企业。

新建工业项目要求厂界噪声达标排放。对新建、扩建、改建的项目要严格将防治噪声污染纳入环境影响评价和"三同时"内容。对可能产生环境噪声污染的新建项目,必须经环评审查同意选址建设,工商部门方可办理营业执照,未办理环保手续的工业企业,工商部门不得办理营业执照。项目竣工验收时必须出具工业厂界噪声达标排放的相关材料。

(2)加快推进污染企业搬迁,加强对现有污染源的治理和监管。

现有工业污染源必须按照全市有关要求,严格执行排污申报和排污许可证制度,严格执行工业企业厂界噪声标准,对超标企业依法实施治理、限产、搬迁、关停。对位于人口稠密区、噪声不达标、居民反应强烈的噪声污染工业企业,各区县政府制订并实施搬迁计划和限期治理计划。到2010年,要完成主城区第二批工业噪声污染安全隐患企业的搬迁(见表4-18和表4-19),各区县要完成一批噪声污染企业的限期治理和关闭、搬迁工作。对在限期治理期间不能完成的,由当地县级以上人民政府依法实施停产治理。

表4-18　　　　　　　　全市"宁静行动"实施方案噪声污染整治项目表

序号	单位名称	所在区县	污染类别	整治措施	实施年限
1	重庆渝中区永森汽修厂	渝中区	工业噪声	限期搬迁	2007年
2	重庆家佳玺装饰材料有限公司	渝中区	社会生活噪声	限期治理	2007年
3	华渝宾馆	渝中区	社会生活噪声	限期治理	2008年
4	大渡口区竹叶阿里巴巴歌城	大渡口区	社会生活噪声	限期治理	2007年
5	大渡口区阳明歌城	大渡口区	社会生活噪声	限期治理	2007年
6	重钢股份公司炼铁厂1350米^{3}高炉	大渡口区	工业噪声	限期治理	2008年
7	重庆市润达建材有限公司	大渡口区	工业噪声	限期治理	2007年
8	重庆市大渡口区建筑砂石二分厂	大渡口区	工业噪声	限期治理	2007年
9	重庆市大渡口区砂石厂	大渡口区	工业噪声	限期治理	2007年
10	重庆金客来公司建材分公司	大渡口区	工业噪声	限期治理	2007年
11	船堤娱乐部	江北区	社会生活噪声	限期治理	2007年
12	重庆长江鼓风机有限公司	江北区	工业噪声	限期治理	2007年
13	重庆明珠机电有限公司	江北区	工业噪声	限期治理	2007年
14	中国十八冶江北混凝土工程公司	江北区	工业噪声	限期治理	2007年
15	天涯舞厅	江北区	社会生活噪声	限期治理	2007年
16	华能重庆燃机厂	江北区	工业噪声	限期治理	2008年

续表

序号	单位名称	所在区县	污染类别	整治措施	实施年限
17	重庆朝阳河页岩砖厂	江北区	工业噪声	限期治理	2007年
18	重庆隆生饮料有限责任公司	江北区	工业噪声	限期搬迁	2008年
19	重庆永光饮食娱乐有限公司—永安娱乐城	沙坪坝区	工业噪声	限期治理	2007年
20	重庆红旗钢圈有限公司	沙坪坝区	工业噪声	限期搬迁	2007年
21	重庆红旗弹簧有限公司	沙坪坝区	工业噪声	限期搬迁	2007年
22	重庆华东特殊钢有限责任公司	沙坪坝区	工业噪声	限期搬迁	2010年
23	重庆创精温锻成型有限公司	沙坪坝区	工业噪声	限期搬迁	2010年
24	迪情动感吧	九龙坡区	社会生活噪声	限期治理	2007年
25	曼哈顿娱乐有限公司	九龙坡区	社会生活噪声	限期治理	2007年
26	兆巍矿山机械厂	九龙坡区	工业噪声	限期治理	2007年
27	重庆菲力克橡胶股份有限公司	九龙坡区	工业噪声	限期搬迁	2007年
28	万丰新锐车轮有限公司	九龙坡区	工业噪声	限期治理	2007年
29	重庆红岩汽车弹簧厂	九龙坡区	工业噪声	限期治理	2008年
30	重庆电机厂冲剪车间	九龙坡区	工业噪声	限期治理	2009年
31	天上人间歌城	高新区	社会生活噪声	限期治理	2007年
32	重庆啤酒二厂	高新区	工业噪声	限期治理	2007年
33	高新区自来水加压站	高新区	社会生活噪声	限期治理	2008年
34	南岸区精益仪表厂	南岸区	工业噪声	限期治理	2007年
35	重庆扳钳工具三厂	南岸区	工业噪声	限期治理	2007年
36	重庆五环制桶有限公司	南岸区	工业噪声	限期治理	2007年
37	重庆万里汽车配件厂	南岸区	工业噪声	限期治理	2007年
38	重庆市中德物资有限公司	南岸区	工业噪声	限期治理	2007年
39	东尼夜总会	南岸区	社会生活噪声	限期治理	2007年
40	赤道演义	南岸区	社会生活噪声	限期治理	2007年
41	金台夜总会	南岸区	社会生活噪声	限期治理	2007年
42	南岸风暴歌城	南岸区	社会生活噪声	限期治理	2007年
43	重庆市赛桦机械厂	南岸区	工业噪声	限期治理	2007年
44	重庆市南岸区飞龙机械制造有限公司	南岸区	工业噪声	限期治理	2007年
45	金泰宾馆	南岸区	社会生活噪声	限期治理	2007年
46	经开区长安新桥工厂	经开区	工业噪声	限期治理	2007年
47	北碚川仪歌城	北碚区	社会生活噪声	限期治理	2007年
48	重庆市北碚区迪浪歌城	北碚区	社会生活噪声	限期治理	2007年
49	北碚区旺角酒吧	北碚区	社会生活噪声	限期治理	2007年
50	北碚区骏丰机械厂	北碚区	工业噪声	限期治理	2007年

续表

序号	单位名称	所在区县	污染类别	整治措施	实施年限
51	重庆木材有限责任公司北碚钢模站	北碚区	工业噪声	限期治理	2007年
52	重庆银达光电有限公司	北碚区	工业噪声	限期治理	2007年
53	重庆北碚国通锻造有限公司	北碚区	工业噪声	限期治理	2008年
54	重庆华国玻璃模具制品有限公司	北碚区	工业噪声	限期治理	2008年
55	重庆永发摩托车配件有限公司	北碚区	工业噪声	限期治理	2009年
56	渝北区龙溪街道莉莉玛莲KTV歌城	渝北区	社会生活噪声	限期治理	2007年
57	正大歌城	渝北区	社会生活噪声	限期治理	2007年
58	长安华都假日酒店	渝北区	社会生活噪声	限期治理	2007年
59	重庆市渝北制冷设备厂	渝北区	工业噪声	限期搬迁	2007年
60	重庆汪泉混凝土有限公司	渝北区	工业噪声	限期搬迁	2008年
61	回兴汇凯钢构公司	渝北区	工业噪声	限期搬迁	2008年
62	重庆渝江机械设备有限公司	渝北区	工业噪声	限期搬迁	2009年
63	重庆山峰凸轮有限公司	渝北区	工业噪声	限期搬迁	2009年
64	巴南区泰切机械厂	巴南区	工业噪声	限期治理	2007年
65	重庆巴南区新星橡胶厂	巴南区	工业噪声	限期治理	2007年
66	重庆雅仕汽车配件制造有限责任公司	巴南区	工业噪声	限期治理	2007年
67	重庆忠德锻压有限公司	巴南区	工业噪声	限期治理	2007年
68	重庆红美金属冲压厂	巴南区	工业噪声	限期搬迁	2008年
69	重庆必胜钢模有限公司	巴南区	工业噪声	限期搬迁	2008年
70	重庆威泰工贸公司	巴南区	工业噪声	限期搬迁	2008年
71	重庆机床厂	巴南区	工业噪声	限期治理	2008年
72	重庆玉宇纺织有限公司	巴南区	工业噪声	限期治理	2008年
73	重庆光宇摩托车公司	巴南区	工业噪声	限期治理	2009年
74	重庆南桐矿业有限责任公司干坝子洗选厂	万盛区	工业噪声	限期治理	2007年
75	重庆方盛电力有限责任公司	万盛区	工业噪声	限期治理	2007年
76	重庆南桐矿业有限责任公司电厂	万盛区	工业噪声	限期治理	2008年
77	綦江县兰桂坊歌城	綦江县	社会生活噪声	限期治理	2007年
78	重庆綦江汽车半轴厂二分厂	綦江县	工业噪声	限期搬迁	2007年
79	文化路娱乐场所	潼南县	社会生活噪声	综合整治	2007年
80	康安小区娱乐场所	潼南县	社会生活噪声	综合整治	2008年
81	铜梁县兰桂坊歌城	铜梁县	社会生活噪声	限期关闭	2007年
82	铜梁县荣茂织布厂	铜梁县	工业噪声	限期关闭	2007年
83	铜梁县翠英织布厂	铜梁县	工业噪声	限期关闭	2007年
84	重庆益星食品公司	铜梁县	工业噪声	限期搬迁	2009年

续表

序号	单位名称	所在区县	污染类别	整治措施	实施年限
85	江苏旋力集团重庆制管有限公司	大足县	工业噪声	限期搬迁	2009 年
86	县城丧事一条龙服务公司	璧山县	社会生活噪声	限期搬迁	2007 年
87	璧山县客运公司车站	璧山县	社会生活噪声	综合治理	2008 年
88	璧城街道皮鞋城一区、二区、三区的鞋楦厂	璧山县	工业噪声	限期搬迁	2009 年
89	江津江河道采砂船	江津区	工业噪声	限期治理	2007 年
90	蜀景花园大酒店	江津区	社会生活噪声	限期治理	2007 年
91	富丽宫歌城	江津区	社会生活噪声	限期治理	2008 年
92	滨江路娱乐场所	江津区	社会生活噪声	综合整治	2008 年
93	合川区滨江鱼一条街	合川区	社会生活噪声	综合整治	2007 年
94	重百永川商场	永川区	社会生活噪声	限期治理	2007 年
95	国家粮库打米房	永川区	工业噪声	限期治理	2008 年
96	清桥树卡厅	南川区	社会生活噪声	限期治理	2007 年
97	南宾娱乐城	南川区	社会生活噪声	限期治理	2007 年
98	福地娱乐城	南川区	社会生活噪声	限期治理	2007 年
99	四方娱乐城	南川区	社会生活噪声	限期治理	2007 年
100	东方红预制场	南川区	工业噪声	限期搬迁	2007 年
101	万州区千里光娱乐有限公司	万州区	社会生活噪声	限期治理	2007 年
102	万州区江南机械厂铸造车间	万州区	工业噪声	限期治理	2007 年
103	万州区渝鑫石材厂	万州区	工业噪声	限期治理	2008 年
104	万州区尼斯酒店	万州区	社会生活噪声	限期治理	2008 年
105	涪陵三爱海陵有限公司	涪陵区	工业噪声	限期治理	2008 年
106	涪陵涪银塑料有限公司	涪陵区	工业噪声	限期治理	2010 年
107	圣保罗歌城	黔江区	社会生活噪声	限期治理	2007 年
108	黔龙印务	黔江区	工业噪声	限期治理	2007 年
109	黑山木材加工厂	黔江区	工业噪声	限期治理	2007 年
110	张桂质预制场	黔江区	工业噪声	限期治理	2008 年
111	栅山盛炎砖厂	黔江区	工业噪声	限期治理	2008 年
112	梁平县曼哈顿歌城	梁平县	社会生活噪声	限期治理	2007 年
113	梁平县允一页岩砖厂	梁平县	工业噪声	限期治理	2007 年
114	双桂路 194 号洗车场	梁平县	社会生活噪声	限期治理	2007 年
115	重庆泰山电缆公司	梁平县	工业噪声	限期治理	2008 年
116	动感地带娱乐城	城口县	社会生活噪声	限期治理	2008 年
117	万紫千红歌厅	城口县	社会生活噪声	限期治理	2008 年
118	城口县百步梯锰业有限公司	城口县	工业噪声	限期搬迁	2009 年
119	城口县海翔冶金公司	城口县	工业噪声	限期搬迁	2010 年
120	席都大酒店	垫江县	社会生活噪声	限期治理	2007 年
121	新华大酒店	垫江县	社会生活噪声	限期治理	2007 年
122	垫江县娱乐城	垫江县	社会生活噪声	限期治理	2007 年

续表

序号	单位名称	所在区县	污染类别	整治措施	实施年限
123	垫江鼎发实业有限公司	垫江县	工业噪声	限期治理	2007 年
124	重庆气矿二作业区	垫江县	工业噪声	限期治理	2007 年
125	重庆垫江富源化工有限公司	垫江县	工业噪声	限期治理	2007 年
126	新美陶瓷有限责任公司	垫江县	工业噪声	限期治理	2008 年
127	德赛化工有限责任公司	垫江县	工业噪声	限期治理	2008 年
128	重庆卧龙化工有限责任公司	垫江县	工业噪声	限期治理	2009 年
129	重庆鼎泰拓源氧化铝有限公司	武隆县	工业噪声	限期治理	2007 年
130	铝开发有限责任公司	武隆县	工业噪声	限期治理	2007 年
131	日月大酒店	忠县	社会生活噪声	限期治理	2007 年
132	重庆天然气净化厂忠县分厂	忠县	工业噪声	限期治理	2008 年
133	清溪丝绸厂	忠县	工业噪声	限期治理	2009 年
134	佛山新美陶瓷有限公司	开县	工业噪声	限期搬迁	2007 年
135	龙城 KTV	云阳县	社会生活噪声	限期治理	2007 年
136	金碧辉煌歌城	云阳县	社会生活噪声	限期治理	2007 年
137	云阳县三峡风大酒店	云阳县	社会生活噪声	限期治理	2008 年
138	云阳云春酒店	云阳县	社会生活噪声	限期治理	2008 年
139	云阳县扬子江棉厂	云阳县	工业噪声	限期治理	2009 年
140	海韵大家乐歌舞厅	奉节县	社会生活噪声	限期治理	2007 年
141	富帮汽车维修中心	奉节县	工业噪声	限期搬迁	2008 年
142	巫溪县东方之珠	巫溪县	社会生活噪声	限期治理	2007 年
143	英皇 OK 厅	巫溪县	社会生活噪声	限期治理	2007 年
144	石柱土家族自治县针织厂	石柱县	工业噪声	限期搬迁	2007 年
145	重庆明达鞋业股份合作公司	石柱县	工业噪声	限期搬迁	2007 年
146	石柱土家族自治县全峰预制厂	石柱县	工业噪声	限期治理	2008 年
147	重庆祥飞石柱丝织有限公司	石柱县	工业噪声	限期搬迁	2009 年
148	秀山县东方之珠	秀山县	社会生活噪声	限期治理	2007 年
149	世纪经典娱乐场所	秀山县	社会生活噪声	限期治理	2007 年
150	香格里拉茶都	秀山县	社会生活噪声	限期治理	2007 年
151	四达机械厂	酉阳县	工业噪声	限期搬迁	2007 年
152	科龙机械厂	酉阳县	工业噪声	限期治理	2008 年
153	桥兴机械厂	酉阳县	工业噪声	限期治理	2009 年
154	江宏机械厂	酉阳县	工业噪声	限期治理	2010 年
155	金世豪情娱乐场所	彭水县	社会生活噪声	限期治理	2007 年
156	中铁三局铁科公司	彭水县	工业噪声	限期治理	2007 年

表4-19　　　　　"十一五"期间主城区第二批工业噪声污染安全隐患企业

企业名称	搬迁时间
重庆市水泵厂有限责任公司(含重庆水泵三厂)	2007年
重庆鸽牌电线电缆有限公司(含重庆鸽牌电线电缆有限公司电瓷厂)	2007年
重庆标准件厂	2007年
重庆华展金属材料改制有限公司	2007年
重庆标准件材料改制厂	2007年
重庆华达纸品有限公司	2007年
重庆轴承工业公司(含重庆汽车轴承厂、重庆机床配件厂、重庆轴承保持器厂、重庆昌泰达铁路轴承有限责任公司)	2008年
重庆通用工业(集团)有限责任公司	2008年
重庆华润徽章有限责任公司	2008年
重庆市客车总厂(含重庆恒通客车有限公司)	2008年
重庆川江电机厂	2009年
重庆制线厂	2009年
重庆力丰特殊钢轧钢厂	2009年
重庆铝制品加工厂	2009年
重庆长江轴承工业有限公司	2010年
重庆奇佳机械设备制造有限公司	2010年
重庆钢铁集团钢管有限责任公司(含重庆无缝管件厂)	2010年

造成环境噪声污染的设备的种类、数量、噪声值和防治设施有重大改变的，必须及时申报，并采取相应的污染防治措施。

(3)淘汰落后的工艺和设备,鼓励使用低噪声的技术和设备。

淘汰落后的生产工艺和设备。不得引进不符合我国环境保护规定的技术和设备,禁止生产、销售和进口不符合国家、行业、地方规定的噪声标准的产品。鼓励采用低噪声的新技术、新工艺、新设备,采取吸声、消声、隔声、隔振和阻尼减振等治理措施,减轻对噪声环境的影响。

3.建筑施工噪声防治

(1)建筑施工单位积极采取措施降低噪声污染。

(2)将建筑噪声控制纳入环境和排污申报内容。

(3)实施建筑工程施工的许可管理。

(4)建立环保信誉档案。

4.交通噪声污染防治

(1)道路交通噪声控制:①加强道路规划与对道路建设的噪声污染防治;②加强对噪声敏感建筑物的防护;③加强机动车噪声污染控制;④道路干线噪声污染控制。

(2)铁路噪声污染控制。

(3)船舶噪声污染控制。

(4)城市轨道交通噪声污染控制。

(5)航空噪声污染控制。

5. 社会生活噪声污染防治

(1) 加强对营业性文化娱乐场所的噪声污染防治。

(2) 加强对商业经营和小型加工企业等的噪声污染监管。

(3) 加强社区复合型噪声污染监管。

(4) 社会生活噪声控制标准分类执行。

6. 加强噪声污染监管和达标区创建工作

(1) 加强噪声污染监督管理。

(2) 积极开展环境噪声达标区和安静系统工程建设。

7. 保障措施

(1) 组织保障。

(2) 制度保障。

(3) 资金保障。

(4) 法规及技术保障。

(5) 加强宣传教育。

8. 年度工作任务和目标分解

2006—2007年、2008—2010年，"宁静行动"工作任务和目标分解见表4-20、表4-21。

表4-20　　　　　　　　2006—2007年全市"宁静行动"工作目标任务分解表

	工作任务	工作内容	牵头单位	责任单位
制订方案	制订全市"宁静行动"实施方案	开展全市污染现状调查，编制实施方案，征求区县意见、市级有关部门意见，召开专家评审会，报市政府常务会议后印发实施	市环保局	市政府办公厅
	各区县制订"宁静行动"方案	各区县按照市政府要求编制辖区"十一五"期间"宁静行动"实施方案	市环保"四大行动"推进组	各区县人民政府
合理规划布局，调整噪声功能区划	调整城市区域环境噪声标准适用区域划分	各区县城市区域内交通干线两侧区域噪声功能区调整，报市政府备案；对各区县城市区域内环境噪声适用类别已不适应现状功能的区域进行噪声功能区调整，报市政府备案	市环保局	各区县人民政府
	将控制噪声污染纳入城市规划建设内容	将城市声环境功能区划纳入城市规划编制内容	市规划局	各区县人民政府、市环保局
	将噪声污染防治列入居住适宜性评价内容	将噪声污染防治纳入房地产开发建设项目的居住适宜性评价内容，发布声环境质量等适宜性等级评定结果	市环保局	市规划局、市国土房管局、市建委
	加强新建道路规划建设的管理	加强道路规划管理，合理选线，避免噪声敏感建筑物；加强道路两侧防护距离内区域以及防护距离外相邻区域的规划建设管理，不宜建设噪声敏感建筑物	市规划局	市环保局、市国土房管局、市建委、市交委
	落实不同噪声功能区之间的过渡带的建设要求	不同噪声功能区之间设置适当的过渡带，提出相应的建设要求，规划建设中严格明确道路两侧的防护距离		

续表

	工作任务	工作内容	牵头单位	责任单位
合理规划布局，调整噪声功能区划	加强规划、设计时对噪声敏感建筑物的防护	加强对噪声敏感建筑物的防护，合理设计建筑布局，规划设计噪声防护措施	市规划局	市环保局、市国土房管局、市建委、市交委
工业噪声污染防治	加强新建工业企业噪声污染控制	新建工业企业厂界噪声达标排放	市环保局	市经委、市发展改革委、各区县人民政府
	加强现有噪声污染企业的整治	各区县开展工业噪声污染源调查，制订噪声污染企业限期治理和搬迁计划；完成39户噪声污染企业的限期治理任务	市环保局	市经委、各区县人民政府
		完成区县13户噪声污染企业的关闭和搬迁任务	市环保局	市环保局、各区县人民政府
		完成重庆水泵厂有限责任公司等8户市政府批准的主城区第二批企业的搬迁任务	市经委	市环保局、市国土房管局、有关区政府
	淘汰落后的工艺和设备，鼓励使用低噪声的技术和设备	按照国家要求，严格淘汰噪声污染严重的落后工艺和设备，鼓励采用低噪声的新技术、新工艺、新设备	市经委	市环保局、市工商局、各区县人民政府、市科委
建筑噪声污染防治	制定建筑施工噪声污染防治技术规范	制定并出台建筑施工噪声污染防治技术规范	市环保局	市建委
	督促建筑工地采取措施降低噪声污染	建筑施工单位采用低噪声机具，排放噪声达到场界噪声标准，合理布设机具作业位置，施工时采用降噪措施，高噪声机具封闭运行，合理安排作业时间等。将噪声污染防治纳入工程预算并督促实施	市建委	各区县人民政府、市环保局
	高、中考期间建筑噪声监管	开展高、中考期间噪声整治专项行动，为考生营造安静的学习、生活和休息环境	市环保局	各区县人民政府、市教委
	建立建筑工地现场值班制度	督促建立建筑工地现场作业值班制度，加强对建筑工地噪声污染的现场管理，加强施工现场人为噪声、建材装卸噪声等的监督管理	市建委	各区县人民政府、市环保局
	建立建筑施工噪声管理责任制	督促施工单位建立建筑施工噪声管理责任制，安排专人落实噪声污染防治责任，建立建设单位的环保信用档案	市建委	各区县人民政府、市环保局
	将噪声污染防治纳入建筑文明工地评比内容	将建筑工程噪声污染防治执行情况纳入建筑文明工地评比内容	市建委	各区县人民政府
交通噪声污染防治	噪声防护距离在城市道路规划建设中的落实	落实各种类型城市道路规划建设中的噪声防护距离	市规划局	各区县人民政府、市环保局
	城市道路铺装改性沥青路面	主城区主次干道新建、扩建、翻修道路改性沥青路面面积占道路总面积的比例达到60%	市市政委	市建委、市交委

续表

	工作任务	工作内容	牵头单位	责任单位
交通噪声污染防治	城市道路铺装改性沥青路面	其他区县政府结合实际情况制订本地区改性沥青道路建设计划	市市政委	各区县人民政府
	现有城市道路敏感路段调查、认定	根据噪声污染投诉并结合现场监测对主城区道路敏感路段进行调查、认定	市环保局	市市政委、主城各区人民政府
	道路隔声屏建设	制订现有主城区敏感路段声屏障建设计划，完成建设计划的40%	市市政委	市交委、市建委、市环保局
	绿化防护带建设	结合实施《重庆市创建国家园林城市实施方案》，对主城内环线以内城市交通干线进行防护绿化带建设	市园林局	主城各区人民政府，经开区、高新区管委会，市城投公司，市市政委
		开展主城内环线防护绿化带日常维护	市交委	主城各区人民政府，经开区、高新区管委会
	临街住宅隔声窗建设	主城道路两侧噪声敏感建筑物进行装通风隔声窗建设示范；主城区道路两侧新建噪声敏感建筑物隔声窗建设	市建委	主城各区人民政府
	商品房销售环境信息发布制度	启动商品房销售环境信息发布制度，逐步要求房地产开发商在销售住宅时，对房屋的声环境状况进行公示	市环保局	市建委、市国土房管局、各区县人民政府
	划定机动车禁鸣区，加强禁鸣标识建设	除主城以外其他区县建成区划定机动车禁鸣区	各区县人民政府	各区县人民政府
		优化完善城市禁鸣区警示标识设置，禁鸣区内主要路口、路段设置机动车禁鸣标识	市公安交管局	各区县人民政府、市市政委
	禁鸣区内违章鸣号专项整治	开展城市禁鸣区机动车乱鸣笛专项整治行动	市公安交管局	市环保局、各区县人民政府
	公交车站场调整	对位于噪声敏感建筑物附近的公交车站场进行调整	市交委	各区县人民政府
	内环线内重型、大型货车的管理和调度	制定出台内环线内重型、大型货运车的行进线路、时间、速度限定的规范性文件	市公安交管局	各区县人民政府、市交委、市市政委
	建筑运渣车夜间运输的管理	对建筑运渣车夜间运输的运行线路、运行时段的统一备案和管理	市市政委	主城各区人民政府，经开区、高新区管委会，市公安交管局
	铁路两侧敏感目标的保护	开展主城区铁路沿线两侧敏感目标的调查、认定，铁路两侧学校、医院等敏感目标逐步安装隔声窗，建设绿化隔离带等，对敏感目标进行保护	成都铁路局重庆办事处	各区县人民政府、市环保局
	调整铁路限制鸣笛区域	重新调整重庆新老枢纽、区县城区铁路范围内的铁路机车限制鸣笛区域，修订《城区限制铁路机车(轨道车)鸣笛办法》	成都铁路局重庆办事处	市环保局

续表

	工作任务	工作内容	牵头单位	责任单位
交通噪声污染防治	制定船舶噪声污染控制技术规范	制定、出台船舶噪声污染控制技术规范,并督促实施	市交委	重庆海事局、市环保局
	加强主城港区船舶鸣笛管理	规范主城港区航行的船舶的鸣笛行为,船舶在重庆港区禁止使用高音量喇叭,禁止在主城港区试鸣汽笛,尽可能减少习惯性鸣笛,查处船舶违规使用声响设备的行为		
	主城港区航班的合理调度	合理调整主城港区客船的发班时间,减少夜间船舶流量		
	改造噪声不达标船只	对于主辅机噪声超过规定标准的船舶进行限期改造示范工作		
	禁止挂浆机船的航行	逐步淘汰和禁止挂浆机船在主城港区内航行和作业		
	渔船夜间作业的管理	划定渔船夜间作业区,高家花园大桥至黄花园大桥的嘉陵江段严禁夜间作业,加大监督巡查	市农委	市环保局
	采运砂船作业管理	采运砂船实行作业许可制度,主城港区禁止夜间作业,各砂石作业点的作业机俱使用岸电	市水利局	市交委、重庆海事局、市环保局
	机场周围航空噪声的防治管理	机场附近WECPNL为75~85dB范围内敏感建筑物的噪声污染防治,安装隔声窗,使用隔声材料等	市民航局	市环保局
社会生活噪声污染防治	开展噪声联合执法	建立跨部门的联合执法检查制度,环保、公安、工商、文化等部门要定期或不定期地联合开展综合整治,重点解决突出的社会生活噪声污染问题	市环保局	市公安局、市文化广电局、市工商局、各区县人民政府
	营业性文化娱乐场所噪声污染专项整治	开展营业性文化娱乐场所噪声污染专项整治	市公安局	市环保局、市文化广电局、市文化市场执法总队、市工商局、各区县人民政府
	商业活动和公共场所噪声污染专项整治	对商业经营活动中使用高音广播喇叭或者其他高音响器材招揽顾客、公共汽车用高音喇叭揽客、在城市市区使用影响生活环境或危害居民健康的高音广播喇叭和其他高音响器材等行为进行专项整治	市公安局	市环保局、市文化广电局、市文化市场执法总队、市工商局、各区县人民政府
	城市居住区小型加工企业专项综合整治	环保、工商部门对城市居住区小型加工企业开展噪声污染专项整治行动	市环保局	各区县人民政府、市工商局
	加强空调室外机噪声污染监管	规范空调室外机安装预留位置设计,加强噪声污染监督管理	市建委	市环保局、各区县人民政府
加强监管和创建	噪声监管能力建设	建立噪声监测网络,建设噪声监测预警体系	市环保局	各区县人民政府
	环境噪声达标区建设	40个区县制订噪声达标区建设方案,全市新建108千米^{2}的噪声达标区	市环保局	各区县人民政府
	制定社区安静公约	引导、鼓励社区制定社区安静公约,规范社区行为	各区县人民政府	各区县人民政府

续表

	工作任务	工作内容	牵头单位	责任单位
加强监管和创建	安静居住小区建设	启动安静居住小区创建,建成30个市级安静居住小区	市环保局	各区县人民政府
保障措施	搭建公众参与平台	搭建公众参与平台,建立公众参与和监督噪声污染防治工作的机制,认真落实完善信访、举报和听证会制度	市环保局	各区县人民政府
	噪声污染投诉受理	"12369"环境投诉热线受理噪声污染投诉	市环保局	各区县人民政府
		"110"联动受理噪声污染投诉	市公安局	市环保局、市工商局、市文化广电局、市建委、市交委、重庆海事局
	制定社会生活噪声管理办法	制定并出台社会生活噪声管理办法	市政府法制办	市公安局、市环保局
	制定社会生活噪声的控制标准和监测方法	制定全市的社会生活噪声的控制标准和监测方法	市环保局	市政府法制办
	建立城市声环境质量评估体系	研究建立城市声环境质量评估体系	市环保局	市建委、市科委
	噪声污染特征研究	全市道路噪声防护距离研究,对全市各类交通噪声的发生机理、传播方式、时空特性、控制方法和控制目标等进行研究,提出针对性控制对策	市科委	市环保局、市建委
	噪声污染防治技术研究	声屏障、低噪声路面、隔声窗等噪声污染防治技术研究,噪声污染防治技术筛选		
	开展交通噪声污染控制技术研究	开展全市地面交通噪声污染控制技术研究	市环保局	市建委、市科委
	噪声污染防治宣传、教育	加强对机动车驾驶员、建筑施工队伍、工业企业、娱乐场所工作人员噪声污染防治的宣传和教育。增强企业和个人的自律意识和社会责任感	市环保局	市公安局、市建委、市文化广电局、市教委
		继续推进环保世纪行活动,开展"世界环境日"等一系列环境保护宣传活动	市环保局	市文化广电局、市新闻单位、各区县人民政府
		在大、中、小学校开设噪声污染防治教育活动	市教委	市环保局、各区县人民政府
	开展专项检查,分解年度目标	根据年度工作重点分解"宁静行动"年度目标,定期或不定期开展专项检查	市政府督察室	市政府办公厅、市环保局

表4-21　　　　　　　　　2008—2010年全市"宁静行动"工作目标任务分解表

	工作任务	工作内容	牵头单位	责任单位
控制新污染源	将噪声污染防治列入居住适宜性评价内容	继续将噪声污染防治纳入房地产开发建设项目的居住适宜性评价内容,发布声环境质量等适宜性等级评定结果	市环保局	市规划局、市国土房管局、市建委
	新建道路及两侧建设的管理,落实不同噪声功能区之间的过渡带的建设要求	继续加强道路规划管理,合理选线,避免噪声敏感建筑物;加强道路两侧防护距离内区域以及防护距离外相邻区域的规划建设管理,不宜建设噪声敏感建筑物;不同噪声功能区之间设置适当的过渡带,提出相应的建设要求,规划建设中严格明确道路两侧的防护距离;加强对敏感建筑物的防护,合理设计建筑布局,规划设计噪声防护措施	市规划局	市环保局、市国土房管局、市建委、市交委
工业噪声污染防治	加强新建工业企业噪声污染控制	新建工业企业厂界噪声达标排放	市环保局	市经委、市发展改革委、各区县人民政府
	加强现有噪声污染企业的整治	完成28户噪声污染企业的限期治理任务	市环保局	市经委、各区县人民政府
		完成区县17户噪声污染企业的搬迁任务	—	市环保局、各区县人民政府
		完成重庆轴承工业公司等17户市政府批准的主城区第二批企业的搬迁任务	市经委	市环保局、市财政局、主城各区人民政府
	鼓励工业企业使用低噪声的技术和设备	按照国家要求,严格淘汰噪声污染严重的落后工艺和设备,鼓励工业企业采用低噪声的新技术、新工艺、新设备	市经委	市环保局、市工商局、各区县人民政府、市科委
建筑噪声污染防治	督促建筑工地采取措施降低噪声污染	建筑施工单位采用低噪声机具,排放噪声达到场界噪声标准,合理布设机具作业位置,施工时采用降噪措施,高噪声机具封闭运行,合理安排作业时间等。将噪声污染防治纳入工程预算并督促实施	市建委	各区县人民政府、市环保局
	高、中考期间建筑噪声监管	开展高、中考期间噪声整治专项行动,为考生营造安静的学习、生活和休息环境	市环保局	各区县人民政府
	加强建筑工地现场噪声管理	督促施工单位规范建筑工地噪声污染现场管理,加强施工现场人为噪声、建材装卸等噪声的监督管理,继续健全环保信用档案,开展文明工地评比	市建委	各区县人民政府、市环保局
交通噪声污染防治	将定置噪声纳入在用车年检内容	对主城区在用车进行噪声年检,对不满足要求的车不得发放年检合格证,并要求限期治理	市公安局	市环保局
	城市道路铺装改性沥青路面	主城区主次干道新建、扩建、翻修道路改性沥青路面面积占道路总面积的比例达到85%	市市政委	市建委、市交委
	低噪声路面示范工程	对内环线以内交通干线的敏感路段推广建设低噪声示范路段	市市政委	市建委、市交委
	道路隔声屏建设	完成主城区敏感路段声屏障建设计划的60%	市市政委	市建委、市交委

续表

	工作任务	工作内容	牵头单位	责任单位
交通噪声污染防治	绿化防护带建设	全面完成主城内环线以内城市交通干线两侧绿化防护带建设；加强主城内环线绿化防护带的日常维护	市园林局	主城各区人民政府，经开区、高新区管委会，市城投公司，市市政委
			市交委	主城各区人民政府，经开区、高新区管委会
	临街住宅隔声窗建设	主城区道路两侧新建噪声敏感建筑物隔声窗建设	市建委	主城各区人民政府
	商品房销售环境信息发布制度	全面实施房地产开发商对商品房声环境信息的发布、公示	市环保局	市建委、市国土房管局、各区县人民政府
	加强机动车禁鸣管理	严格查处在城市禁鸣区违章鸣号的车辆，对违章车辆进行处罚	市公安交管局	市环保局、各区县人民政府
	内环线内重型、大型货车的噪声管理	对内环线内重型、大型货运车的行进线路、时间、速度的管理和调度	市公安交管局	各区县人民政府、市交委、市市政委
	铁路两侧敏感目标的保护	在实施敏感目标保护不能解决铁路噪声污染问题的特殊敏感路段实施封闭建设工程等措施	成都铁路局	各区县人民政府、市环保局
	主城港区船舶鸣笛监管	船舶在重庆港区禁止使用高音量喇叭，禁止在主城港区试鸣汽笛，尽可能减少习惯性鸣笛，查处船舶违规使用声响设备的行为	市交委	重庆海事局、市环保局
	改造噪声不达标船只	对于主辅机噪声超过规定标准的船舶进行限期改造和治理		
	禁止挂桨机船的航行	全面禁止挂桨机船在主城港区内航行和作业		
	采运砂船作业管理	采运砂船严格实行作业许可制度，主城港区禁止夜间作业	市水利局	市交委、重庆海事局、市环保局
社会生活噪声污染防治	开展噪声联合执法	建立社会生活噪声综合执法长效机制	市公安局	市公安局、市环保局、市文化广电局、市文化市场执法总队、市工商局、各区县人民政府
	继续加强对营业性文化娱乐场所噪声污染的整治	继续加强对营业性文化娱乐场所噪声污染的综合整治	市公安局	市环保局、市文化广电局、市文化市场执法总队、市工商局、各区县人民政府
	继续加强对商业活动和公共场所噪声污染的整治	继续加强对商业经营活动中使用高音广播喇叭或者其他高音响器材招揽顾客、公共汽车用高音喇叭揽客、在城市市区使用影响生活环境或危害居民健康的高音广播喇叭和其他高音响器材等行为的整治	市公安局	市环保局、市文化广电局、市文化市场执法总队、市工商局、各区县人民政府

续表

	工作任务	工作内容	牵头单位	责任单位
社会生活噪声污染防治	住宅区固定噪声源专项整治行动	对住宅区室外冷却塔、变压房、空调室外机等固定噪声源进行专项整治,减轻噪声扰民	市环保局	各区县人民政府
	完善社区复合型噪声污染监督管理	完善社区宠物乱鸣叫,快递公司、托运部门、报刊发行点、牛奶配送点等在夜间营运中因装卸、搬运货物发生碰撞、摩擦而产生的噪声,丧事、家庭装修以及小区健身活动、家庭娱乐产生的噪声等复合型噪声污染监督管理	市公安局	各区县人民政府
加强监管和创建	噪声监管能力建设	优化、完善噪声监测网络,建设噪声监测预警体系	市环保局	各区县人民政府
	环境噪声达标区建设	全市新建162千米^{2}的噪声达标区	市环保局	各区县人民政府
	安静居住小区建设	全市建成90个市级安静居住小区	市环保局	各区县人民政府
保障措施	搭建公众参与平台	继续完善公众参与和监督噪声污染防护工作的机制,全面落实信访、举报和听证会制度	市环保局	各区县人民政府
	修订全市环境污染防治办法	重新修订和完善全市环境噪声污染防治办法	市政府法制办	市环保局
	噪声污染特征研究	全市道路噪声防护距离研究,对全市各类交通噪声的发生机理、传播方式、时空特性、控制方法和控制目标等进行研究,提出针对性控制对策	市科委	市环保局、市建委
	噪声污染防治技术研究	声屏障、低噪声路面、隔声窗等噪声污染防治技术研究,噪声污染防治技术筛选		
	噪声污染投诉受理	"12369"环境投诉热线受理噪声污染投诉	市环保局	各区县人民政府
		"110"联动受理噪声污染投诉	市公安局	市环保局、市工商局、市文化广电局、市建委、市交委、重庆海事局
	噪声污染防治宣传、教育	加强对机动车驾驶员、建筑施工队伍、工业企业、娱乐场所工作人员噪声污染防治的宣传和教育。增强企业和个人的自律意识和社会责任感	市环保局	市公安局、市建委、市文化广电局、市教委
		继续推进环保世纪行活动,开展"世界环境日"等一系列环境保护宣传活动	市环保局	市文化广电局、市新闻单位、各区县人民政府
		在大、中、小学校开设噪声污染防治教育活动	市教委	市环保局、各区县人民政府
	开展专项检查,分解年度目标	根据年度工作重点分解"宁静行动"年度目标,定期或不定期开展专项检查	市政府督察室	市政府办公厅、市环保局

(四)规划执行与变更

1. 规划执行

通过"宁静行动"的实施,开展机动车违章鸣号专项整治,在用机动车定值噪声纳入了机动车年检范围。在嘉陵江主城段集中开展了船舶噪声治理专项检查活动,对噪声超标的船舶进行了整改。开展了娱乐场所和城市居住小区小型加工企业专项综合整治,以及高考、中考期间噪声污染专项整治,对全市声环境功能区划进行了调整。2008年,全市已累计建成环境噪声达标区532.84千米^2,环境噪声达标区覆盖率72.8%,共建成市级安静居住小区50个。2008年,主城区声环境质量良好,基本解决了噪声扰民问题。区域环境噪声平均值为54.4分贝,比规划前的2005年降低0.3分贝;网格噪声达标率为94.5%,比2005年提高3.3%(见图4-4);道路交通噪声平均值为67.7分贝,比2005年下降0.2分贝,超过70分贝的干线长度仅占17%。其余区县城区区域的环境噪声也控制良好(见图4-5)。

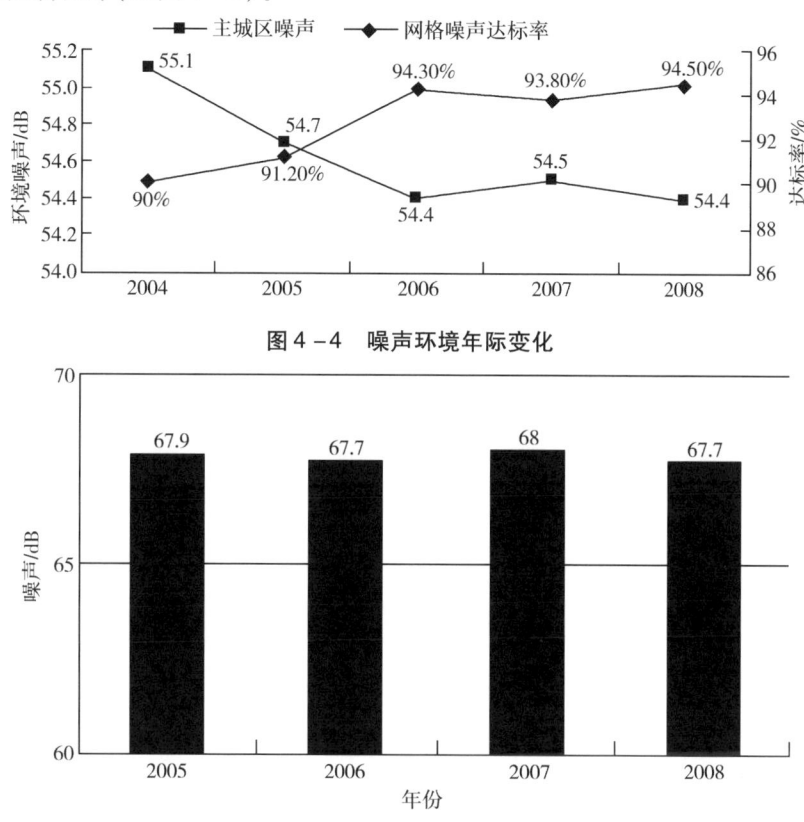

图4-4 噪声环境年际变化

图4-5 主城区道路交通噪声平均值年际变化

2. 规划执行存在的问题

总体上讲,"宁静行动"已经取得了初步的进展,通过各类治理措施的实施,使噪声污染情况得到了一定程度的好转。但是仍存在一些问题。

(1)节假日噪声投诉严重。

从投诉时间上看,节假日噪声投诉比平时大幅度增加,表明节假日噪声扰民现象严重。2007年春节期间,噪声投诉大幅度增加。市环保举报热线从2月17日至2月24日,共受理群众投诉65件,其中噪声污染投诉占了大部分,共25件,与2006年相比,噪声污染投诉增加了78.6%,成为节日环保投诉的热点。因此,要进一步加强在节假日对噪声的控制和管理。

(2)社会生活噪声和交通噪声污染形势仍然严峻。

从噪声源构成上看,影响全市声环境质量的主要声源是社会生活噪声和交通噪声。尽管采取了一些措施,但是文化娱乐场所、船舶、机动车、火车噪声扰民仍是市民反映最为强烈的问题。

由于环保部门主要负责固定声源产生的噪声的治理工作,而生活中的偶发性噪声和机动车、聚会时高音器材噪声则由公安部门管理,船舶、火车、飞机的噪声分别由海事、铁道、航空部门管理,因此,对噪声污染的处理,须尽快建立跨部门的综合执法机制,建立跨部门的联合执法检查制度,环保、公安、工商、文化等部门要联合开展综合整治,以便各类噪声都能得到有效控制。

(3)噪声污染仍是投诉率最高的因子。

随着人民生活水平的提高及人权自主意识的提升,对噪声的要求更加严格,但娱乐活动场所的增多加大了噪声的污染力度及范围。2008年,噪声的投诉率仍居污染投诉因子的榜首。

五、固体废物污染控制规划

(一)规划范围及规划对象

规划范围及对象:在全市辖区内,按全市及都市发达经济圈、渝西经济走廊和三峡库区生态经济区进行规划。规划对象包括一般工业固体废物、危险废物、医疗废物、城镇生活垃圾与污水处理厂活性污泥等。

(二)规划时段

"十一五"期间至2020年。规划基准年为2003年。

(三)规划战略思路

加快经济结构战略性调整,培育和建立循环经济产业体系,走新型工业化道路;以提高资源综合利用率、降低消耗、推行清洁生产、倡导绿色消费为战略重点,促进资源循环利用,减少固体废物产生排放量;突出固体废物污染源头预防为主(优先)。

以可再生资源综合利用为核心,以发展壮大资源和固体废物"回收—流通—再生资源化"利用产业为突破口。

集中力量建设一批固体废物净化处理系统工程,保障现阶段难以资源化利用的固体废物得到安全、无害化处理。

加大固体废物污染控制资金投入,大力推进固体废物再资源化利用和安全无害化处理的市场化进程。

加强固体废物再资源化利用和安全无害化处理关键技术的引进、消化、吸收、创新研发及推广利用,强化固体废物污染控制的技术支撑。

制定并实施控制固体废物污染的经济激励和惩罚政策,完善固体废物污染控制标准和法规,加强执法监督,实行目标责任制,强化管理,依法控制固体废物污染。

加强宣传教育培训,提高固体废物污染控制观念意识,壮大污染控制人才队伍。

(四)规划总体目标和指标

在"十一五"(2006—2010年)期间,完善全市统一的固体废物管理机构,固体废物管理法规体系和固体废物监测、监督体系基本建立,在经济结构调整中逐步实施新型产业替代传统产业,推行清洁生产,促进固体废物的减量化、资源化、无害化处理,建设一批工业固体废物、危险废物、医疗废物、城市生活垃圾等利用处置重点项目,提高工业固体废物、城市生活垃圾的处置、利用率,危险废物和医疗废物基本实现集中无害化处理,固体废物环境质量得到基本改善。

2011—2020年,建立一套完整的适应市场经济体制的法规体系和监督管理体系,完成新型产业替代传统产业的基本任务,企业基本实现清洁生产,工业固体废物和生活垃圾基本被综合利用或无害化处置,危险废物和医疗废物全部集中安全处置,从根本上改善全市固体废物环境质量,实现经济与环境的协调发展。

按照国家"十一五"规划的要求和全市固体废物"十一五"期间至2020年规划的目标,结合全市固体废物现状和预测的结果,并保持与"十五"计划相衔接,提出全市及三大经济区工业固体废物、危险废物、医疗废物、城市生活垃圾和污水处理活性污泥等"十一五"期间至2020年的规划控制指标(见表4-22)。

表4-22　　　　　　　　　　　全市固体废物利用率、处置率指标

序号	指标名称	2010年	2015年	2020年
1	工业固体废物综合利用率(%)	80	85	90
2	工业固体废物排放量(万t/a)	150	130	100
3	危险废物集中处置率(%)	75	100	100
4	医疗废物集中处置率(%)	100	100	100
5	城镇生活垃圾无害化处置率(%)	85	90	95
6	城市污水处理污泥处置率(%)	85	90	100
7	长江、嘉陵江、乌江船舶垃圾集中处置率(%)	95	100	100

(五)三大经济区规划目标和指标

根据《重庆市国民经济和社会发展第十个五年计划纲要》及构建三大经济圈规划结果,全市三大经济区分为都市发达经济圈、渝西经济走廊、三峡库区生态经济区。三大经济区的自然环境、经济发展水平及经济结构、未来发展规划重点、环境质量状况等有较大差异,在规划固体废物污染控制上,三大经济区也应有差别。因此,必须按市委、市政府对三大经济区社会及国民经济发展的战略定位,提出各自的固体废物污染防治规划目标、重点、领域和重点项目、实施时段、主要措施。

1. 都市发达经济圈的规划目标及指标

坚持可持续发展战略,以固体废物、危险废物、医疗废物、城镇生活垃圾和污水处理厂活性污泥等综合治理为重点,以实行固体废物资源化、减量化、无害化处置为中心,实施一批重点治理工程项目和科研项目。力争在2010年年初见成效,有效遏制固体废物污染加重的趋势;2020年实现固体废物资源化、减量化、无害化的战略目标。各规划水平年指标见表4-23。

表4-23　　　　　　　　2010年、2020年都市发达经济圈各规划年控制指标

指标	2010年	2020年
工业固体废物处理利用率(%)	85	95
工业固体废物排放量(万t/a)	50	30
危险废物集中处置率(%)	100	100
医疗废物集中处置率(%)	100	100
城镇生活垃圾无害化处置率(%)	90	100
城市污水处理污泥处置率(%)	85	100
长江、嘉陵江船舶垃圾集中处置率(%)	90	98

2. 渝西经济走廊的规划目标及指标

坚持可持续发展战略,以工业固体废物、危险废物、医疗废物和城市生活垃圾综合治理为重点,以实行固体废物资源化、减量化、无害化处置为重要手段,实施矿山、冶炼、电力、化工等行业固体废物重点治理工程,加大城镇生活垃圾填埋场的建设力度。到2010年年初见成效,固体废物排

放达到规定指标,历年堆存固体废物部分被利用或被规范化处置,城镇生活垃圾填埋场建设基本完成并投入运行,固体废物污染加重的趋势得到有效控制。2020年基本实现工业固体废物资源化、减量化、无害化处理,危险废物、医疗废物达到规定的集中无害化处置目标,历年堆存固体废物大部分被利用或被规范化处置,城镇生活垃圾清运、无害化处理达到规定指标。具体指标见表4-24。

表4-24　　　　　　2010年、2020年渝西经济走廊各规划年控制指标

指标	2010年	2020年
工业固体废物处理利用率(%)	80	85
工业固体废物排放量(万t/a)	60	55
危险废物集中处置率(%)	100	100
医疗废物集中处置率(%)	100	100
城镇生活垃圾无害化处置率(%)	90	95
城市污水处理污泥处置率(%)	85	90
长江、嘉陵江船舶垃圾集中处置率(%)	95	98

3. 三峡库区生态经济区的规划目标及指标

坚持可持续发展战略,以对固体废物、危险废物、医疗废物、城镇生活垃圾、船舶生活垃圾和江面漂浮物的综合治理为重点,以实行固体废物资源化、减量化、无害化处置为中心,实施一批防治固体废物污染的重点治理工程项目。到2010年初见成效,有效遏制固体废物污染加重的趋势,确保三峡水库水质达标和航运及发电安全。2020年基本实现固体废物资源化、减量化、无害化的战略目标。具体指标见表4-25。

表4-25　　　　　　2010年、2020年三峡库区生态经济区各规划年控制指标

规划年	2010年	2020年
工业固体废物处理利用率(%)	85	90
工业固体废物排放量(万t/a)	25	20
危险废物集中处置率(%)	100	100
医疗废物集中处置率(%)	100	100
城镇生活垃圾无害化处置率(%)	95	100
城市污水处理污泥处置率(%)	95	100
长江、乌江船舶垃圾集中处置率(%)	95	98

(六)工程措施与建设方案

固体废物污染防治规划战略重点

根据全市固体废物污染防治现状与规划的主要目标、要求,必须采取以下重大举措,切实抓出成效,取得明显效果。

(1)大力培育和发展循环经济,积极推行清洁生产。

(2)加快固体废物的减量化、资源化进程。

(3)集中无害化处置危险废物、医疗废物和生活垃圾。

(4)发展壮大资源和固体废物回收再利用产业。

(5)继续实施关、停、并、转措施。

(6)重点控制的行业及固体废物。

(7)固体废物污染防治工程和科研项目规划。

①固体废物污染防治工程项目规划;②固体废物污染防治重大科研项目规划。

(七)三大经济区的固体废物污染防治

(1)都市发达经济圈的固体废物污染防治。主要工程和措施:实施"退二进三"和人口建筑密度疏解工程;建立可持续发展的集约经济增长方式,发展高新产业;深入实施"清洁能源"工程;建立健全废物回收网络系统,规范回收市场;集中处置危险废物、医疗废物和城镇生活垃圾;实施的重点工程与科研项目。

(2)渝西经济走廊的固体废物污染防治。主要工程和措施:加大产业结构与布局调整力度;大力发展高新产业;矿山生态环境恢复重建工程;集中处置危险废物、医疗废物与城镇生活垃圾;实施的重点工程和科研项目。

(3)三峡库区生态经济区的固体废物污染防治。主要工程和措施:加大经济结构调整力度,积极推行清洁生产;抓紧治理城镇生活垃圾和危险、医疗废物;全面治理船舶流动污染源与清理江面漂浮物;加强矿山管理,改善矿山生态环境质量;实施的重点工程与科研项目。

(八)规划执行与变更

1. 规划执行情况

按照规划方向,通过几年的建设,截至2008年,全市已累计建成城市垃圾处理场32个、小城镇垃圾处理设施16个,日均处理能力10380吨,年处理率达79.1%。其中,工业固体废物在处置量、综合利用量上都发生了飞跃式的提高。2008年工业固体废物产生量2310.69万吨,综合利用1850.57万吨,处置量73.24万吨,排放量148.84万吨,贮存量271.23万吨,产生总量较2000年多了900多万吨,但最终排放量却减少近90万吨,且其综合利用率离2010年的目标仅差0.9%。危险废物产生量8.08万吨,综合利用量6.77万吨,处置量2.08万吨,贮存量0.12万吨,产生总量较2000年少了23.7万吨,且其处置率达到98.7%,离2010年的目标仅1.3%的差距。城镇生活垃圾产生量338万吨,比2000年增加76万吨,但79.1%达到无害化处理。

2. 固体废物管理工作完成情况

修订了《重庆市环境保护条例》,赋予环保部门对非法转移危险废物实行查封暂扣的权力,并对违法经营危险废物又无法查实违法所得的规定了处罚金额,增强了对危险废物的管理力度,提高了执法效果,使全市固体废物环境管理上了一个新台阶。

加大了执行固体废物环境保护法律、法规的力度。认真贯彻执行《中华人民共和国固体废物污染环境防治法》《重庆市长江三峡库区流域水污染防治条例》《危险废物转移联单管理办法》《危险废物经营许可证管理办法》《医疗废物管理条例》《危险化学品安全管理条例》等国家法律、法规和条例,使全市固体废物和危险废物的管理逐步法制化、规范化。完成医疗废物申报登记。2006年,又将危险废物转移、固体废物跨省转移上升为行政许可制度。这一制度的实施,确保了全市各级环保部门对危险废物转移全过程的监管,有效地杜绝了危险废物在转移过程中的污染。2008年,全市开展了医疗废物申报登记试点工作。全市所有列入《卫生机构(组织)分类与代码》(WS 218—2002)的医疗废物产生单位和30%以上的小型医疗废物产生单位(如诊所、诊室)以及医疗废物集中处置单位,全部进行申报登记。同年,重庆市作为全国危险废物产生单位建立台账试点城市之一,筛选了医药化工、摩托车制造、汽车制造、有色金属压延加工、危险废物集中处理行业的25家企业作为危险废物管理台账试点单位。通过试点,初步建立了全市的危险废物管理台账模式,积累了工作经验,达到了试点目的。2009年,在总结一期台账试点工作的基础上,结合2007年第一次全国污染源普查结果,全市全面开展危险废物产生单位建立台账工作,深化了危险废物环境管理。

加强工业企业原址污染场地环境监管,积极推进污染搬迁企业原址土壤风险评估与修复治理工作,编制《重庆市场地土壤污染风险评估技术指南》和《重庆市搬迁企业污染土壤修复监督及验收技术指南》,新修订的《重庆市环境保护条例》将污染场地治理修复纳入管理范畴。与国土、规划部门建立联合监管机制。2007—2009年底完成了95家污染搬迁企业的原址土壤污染风险评估,已开展4个污染场地的治理修复。

根据斯德哥尔摩公约和蒙特利尔保护臭氧层公约,全面推动持久性有机污染物(POPs)和消耗臭氧层物质(ODS)的淘汰、削减与控制。2006—2009年,完成POPs基础调查和更新调查,并率先在全国完成生产、流通、使用领域淘汰杀虫剂类POPs的安全集中收储,建成运行ELISA(伊莉莎)技术二噁英筛查实验室,形成国家二噁英西南监测中心和快速筛查实验室定性定量评估体系,为二噁英快速、批量检测分析和二噁英环境管理提供了经济技术可行条件及机制。编制全市POPs污染防治"十二五"规划,确定POPs污染防治指导思想、战略目标、主要任务、重点项目、保障措施等近期以及中长期目标,各项履约工作进展顺利,成果明显。

3. 固体废物综合利用、危险废物处置等重大项目执行

截至2009年底,主城区、长寿区危险废物处置场已建成,各单项工程的验收工作基本完成,并获准试运行。其中,主城区危险废物处置场项目占地18.7公顷,总投资17167.4万元,年处置危险废物3.06万吨;长寿区危险废物处置场项目占地12.85公顷,总投资15494万元,年处置危险废物2.09万吨,且其水处理、固化设施和安全填埋场已投入试运行,2010年,初焚烧设施投入试运行。

通过多次与环保部协调沟通,主城区、万州区、涪陵区、黔江区4个医疗废弃物处置设施布点方案得到了国务院批准。截至2009年底,主城区医疗废弃物处置设施项目已通过环保验收;万州区医疗废弃物处置设施项目可研报告通过环保部技术复核审查,并已报送国家发改委纳入投资计划,预计2010年可开工建设;涪陵区、黔江区医疗废物处置设施项目均已完成可研及环评报告编制,其他前期工作也均在有序推进中。

2008年,开展了对全市碳酸锶行业的固体废物污染专项整治工作,对15家关闭企业、6家碳酸锶生产企业、3家碳酸锶深加工企业开展全面调查,并对渣场废渣、渣场周边土壤等进行了采样监测,依据检查和监测结果进行评估,提出了"一厂一策"的固体废物管理要求和整治方案,有效地改善了全市碳酸锶行业的污染现状。

根据国家环保总局和国家发改委对铬盐搬迁工程"以新带老"的环境保护要求,市环保局督促原农化集团进行了搬迁后遗留铬渣及老污染治理的方案研究、编制工作,并实施全过程环境监管,制定了《关于重庆农化(集团)股份有限公司铬渣老污染综合治理环境监督管理工作方案》,建立健全了铬渣污染综合整治过程中的各项环境管理制度、措施及进度要求。截至2009年,项目已累计综合利用铬渣(含新渣)、含铬废渣及铬污染土壤共计约60万吨。整个综合整治项目在稳步推进中。

三峡水库库底清理是三峡工程建设的重要内容,固体废物清理又是其中的重要组成部分,直接关系到三峡库区及下游的水环境质量、水库发电、航运安全和重大疫情控制。全市三、四期库底固体废物清理范围涉及万州区、涪陵区等16个区县,清理对象为生活垃圾、工业固体废物、危险废物、废放射源,市环保局负责牵头库底固体废物清理工作。三、四期库底固体废物清理工作共清理固体废物157.45万吨,其中生活垃圾97.03万吨,一般工业固体废弃物60.01万吨,危险废物4097.49吨,废放射源3枚。

根据国家环保总局开展污染源普查工作的要求,2008年,市固废中心在市普查办的指导下开展全市工业固体废物、危险废物污染源的普查工作,编制了《重庆市工业固体废物、持久性有机污染物、含多氯联苯电容器(变压器)、消耗臭氧层物质污染源普查工作实施方案》,对69家市直管企业和30家区县重点固体废物污染源单位开展入户调查;对大宗、典型固体废物做成分分析、危险

性鉴别并进行监测;指导各区县对辖区内污染源单位开展筛选和调查工作;结合工业污染源普查,选取了21个年代久远、堆存量大、成分复杂、环境影响大的重点(典型)污染源和大型渣场进行治理或综合利用的前期专项调查研究,提出了固体废物的处置方案和土壤修复建议,形成了21个专项研究报告。普查成果不仅为全市的固体废物管理提供了基础数据,同时也为全市的固体废物环境管理、利用处置及被污染土壤的修复提供了科学依据。

4. 规划变更

固体废物规划变更主要集中在危险废物和医疗废物处置设施建设上。2004年,国务院批准的《全国危险废物和医院废物处置设施建设规划》(以下简称《规划》)确定在主城区、长寿区、万州区、涪陵区各建1个危险废物和医疗废物集中处置设施。经请示,2005年,国家环保总局同意全市先开展主城区、长寿区两个危险废物处置场的建设,其中涪陵区与长寿区危险废物处置场合并建设,万州区危险废物处置点保留,待条件具备后再进行建设。《规划》实施过程中,按照《规划》中地级市应建设医疗废物处置设施的精神,结合全市行政区划沿革、人口及医疗机构分布,以及地形地貌和道路交通条件等实际情况,市环保局向国家环保总局提出医疗废物处置设施布点调整的请示。经多次协调沟通,2009年11月,环保部会同国家发改委报国务院批准后,原则同意将全市医疗废物布点调整为主城区、万州区、涪陵区和黔江区4个点。

六、电磁辐射环境污染控制规划

辐射污染,给职业接触者和公众带来潜在的威胁。辐射环境的安全问题已引起政府和人们的极大关注。市环保局在调查了解重庆市电磁辐射、电离辐射水平和放射源情况的基础上,对市辐射环境保护做出了近期、远期、远景展望等规划。

全市电磁辐射环境质量状况保持稳定,处于较低水平。根据全市辐射环境监督管理站《2008年度辐射环境质量报告》,全市有放射源应用单位157家,在用放射源1350枚。全市有电磁辐射源应用单位268家,在用电磁辐射设备25493台套,其中在用110千伏及以上变电站233座,输电线路559条,各类通信基站23961台套。辐射环境质量状况良好,主城区环境地表γ辐射剂量率平均值为62纳戈/时,环境综合电场强度平均值为0.34伏/米,与往年相比无显著差异,处于正常水平。气溶胶、沉降物、土壤、三江重庆段及自来水中总仪、总β、铀、钍、镭-226、钾-40、锶-90、铯-137等放射性指标均处于正常水平。

(一)规划范围及时限

在全市辖区内,按全市及都市经济发达圈、渝西经济走廊和三峡库区生态经济区进行规划。

规划对象为一般工业固体废物、危险废物、医疗废物、城镇生活垃圾与污水处理厂污泥等。

规划时限为近期:2004—2010年;远期:2011—2020年;远景展望规划到2050年。

(二)规划目标

规划期内将完成科学的电磁辐射能、电离能利用设施单位的合理布局和管理服务体系建设,建立电磁辐射污染源、电离辐射源管理数据库;完善登记审批监管制度,配备先进的日常、应急监测和处理设施、技术装备;建立核废料处理处置设施;实现全市辐射环境管理的现代化、科学化、规范化。

2010年,全市辐射环境满足国家标准,适宜一切人群长期居住、工作、生活的安全区域达92%;不适宜做居民住宅、学校、医院但可建造工厂、机关的,可能对长期居住的一切人群引起潜在性不良反应的中间区域控制在5%;对人体可带来有害影响,禁止建造居民住宅及人群经常活动的一切公共设施或者限制辐射时间的危险区域控制在3%。2020年,全市辐射环境安全区域达96%,中间区域控制在3%,危险区域控制在1%。

(三)辐射防护规划项目

1. 电离辐射防治工程项目与技术筛选

(1)防治指导原则与方针。

放射性污染治理必须遵守辐射防护三原则,即实践的正当性原则、辐射防护的最优化原则和个人剂量限制的原则。方针是以防为主,防、治结合。

在采取治理行动之前,应经过正当性论证,确认此举利益大于代价;最优化原则是考虑到经济和社会因素条件下,使辐射照射过程保持在可合理达到的尽量低的水平;个人剂量限制是最优化过程的约束条件,它是不允许接受的剂量范围的下限,而不是允许接受的剂量范围的上限。

(2)放射性"三废"的处理和控制。

放射性"三废"的处理和控制是对放射源从物质流污染途径上进行防治的手段之一。主要表现在伴生放射性矿物资源开发与应用及开放型放射性同位素应用,因为这些应用实践中均有放射性"三废"产生和排入环境,对这类放射性"三废"应根据其特点采取适当的对策,即应分别按照其核素种类、化学状态、排放活度、物质形态等特性,采用永久贮存、静置衰变、稀释排放、浓缩减容、化学浓集、固化存放等措施。

严格执行污染集中治理的原则,凡符合国家规定的中低放废物与非放射源应送城市废物库集中贮存,所以规划建设中的危险废物库是很有必要的,甚至以后随着发展需要再规划一个相当容量的废物库;严格控制排放标准,任何向环境排放的放射性污染物,均应事先经过一定的处理使之符合国家规定的排放标准后才允许排放。

这是针对射线装置、密封源、加速器等所言,这类放射源对环境的污染是以输出有害能量流的形式构成的。

治理能量流的最有效办法是采用物质屏蔽的办法,因根据放射源所发出的射线类型、特性,选择不同的屏蔽材料,任何有 γ 辐射或 X 射线、将污染环境的设施在运行前均要进行屏蔽设计,经监测检验,周围环境达标后才能投入运行;机房布局应科学、合理,机房与源室应远离生活区,其四邻亦不宜作为工作室。

重庆的工业探伤设备是能量流污染的主要杀手之一,其中固定式探伤设备也存在泄漏超标的问题,加强外墙的屏蔽防护应予落实。对于开放式的探伤设备应给予更多的注意。据估计,此类探伤机出束口前方50米处的空气照射量率仍比本地值高100倍以上,因此,工作期间务必严格执行规章制度,切实搞好"警灯、警铃、警界"的装置,严防公众误入工作控制区产生误射事故。对于开放探伤机,在流动工作中,X 射线机的型号和工作方式每次变动时,都应重新确定安全距离。

为解决行李及货物安检 X 射线装置的能量流污染问题,应在作业场所设置相互隔离的控制室与探伤室,并使旅客与行李分流,使作业人员与旅客都可避开探伤机的照射。

重庆 X 射线装置的应用,应随着经济的发展、财力的增强,及时淘汰泄漏严重、质量差、故障多的陈旧设备,以策安全。

对于密封放射源,为防止其放射性污染,应定期检查源的密封屏蔽状况,加强对退役及报废密封源的管理。

(3)对于室内放射性污染的对策。

大量使用花岗岩石材的建筑物乃至花岗岩人防工程开发应用的影视厅、歌舞厅,不可避免地存在室内氡及其子体浓度偏高的问题。

环保部门应结合国内外情况,规定适当标准,作为干预行动的依据。所谓干预行动,并非采用拆除或禁用的简单做法,而是实施技术改造。如采用防氡材料、油漆或改善通风条件等以协调解决,同时禁止将所含天然放射性核素比活度超过 GB 6566—1986 规定限值的材料用于居室装修,协调其他有关部门进行抽样检验和开展相关监测甚至专项行动,并向公众宣传有关危害。

(4)管理措施。

①建立健全放射性管理的规章制度。②加大执法力度,确保放射性管理措施落实。③尽快妥善处置放射源和放射性"三废"。④建立放射性污染源管理数据库。⑤加强和完善环境放射性监

测工作。

2. 电磁辐射项措施

从现实出发,面对电磁辐射这一公害,必须加强环境保护工作,也只有把环境保护工作和经济发展有机结合起来,走可持续发展道路才是上策。既支持电磁辐射相关单位的事业的正当发展,又要保护好环境,保护好人群健康,以达到可持续发展的目的。为此,必须制定一系列防治对策,加强对电磁辐射的管理,其最终目的是实现社会、经济的可持续发展。其应遵循的原则为:保护人体健康、保护生态环境;推动技术进步,即提供性能更好、更安全的产品;促进经济发展,即加快产业发展,促进世界经济贸易的往来。

(1)健全法规、标准和有关制度。

对电磁辐射进行管理,必须依据相关法律、法规。《中华人民共和国环境保护法》在第二十四条明确提出电磁辐射对环境的污染和公害,这是进行电磁辐射管理的法律依据。应这一依据,制定电磁辐射有关法规、管理条例、标准、监测方法等。同时,要加强管理制度的完善,做到有法可依,有制度可循。

(2)建设高素质专业队伍。

对于重庆这样一个地广人多、发展迅速的大城市来说,在面临着电磁辐射污染日益严重的形势下,建立健全有较高素质的专业队伍就显得特别重要。

从过去的经验看,职业电磁辐射方面的问题由卫生部门、职业病防治机构去监测管理;环境电磁辐射方面的问题由环境保护部门监测管理。各自取得了长足进展,但还很不够,队伍还比较薄弱,所应有的手段、技术、方法与仪器设备等多数较匮乏,人员素质有的较低,远不能适应实际工作的需要。在不少地区、部门尚无专人管理,有不少的是兼管,这就显得力不从心。一方面加强在职培训,对已经从事这方面工作的人员进行继续教育和在职培训,提高专业水平,可由政府或职能部门协同有条件的大学、研究机构组织实施,使得这部分专业人员的知识、技术不断更新,掌握最新技能与方法,提高服务与管理水平;另一方面,吸收培养高素质专业人才。

(3)建立电磁辐射建设项目环境影响评价及审批制度。

建立电磁辐射建设项目环境影响评价和审批制度的目的是通过评价、审批、验收,可以避免项目建设的盲目性,减少或避免电磁辐射体可能带来的污染。其最终目的是促进电磁辐射事业的发展,同时达到保护好环境和保护好人群健康的目的。

这项制度所规定的,必须经评价、审批、验收的,与电磁辐射有关的范围是:广播电视系统电磁辐射设施及设备;通信系统电磁辐射设施及设备;工业、科教、医疗卫生系统射频电磁辐射设施及设备;交通运输系统电磁辐射设施及设备,包括轻轨、电气化铁道、地下铁道、有轨电车、无轨电车、磁悬浮列车等;电力系统电磁辐射设施及设备,包括高压输电线路、电缆、送变电站等。

上述五大系统的电磁辐射项目都应向主管部门申请,除按规定拥有豁免水平以上电磁辐射设备外,其他都应办理审批手续。其中大型电磁辐射体还要进行环境影响评价和组织验收,达到合格要求才能准许立项修建或使用。为了更好地把关,其中大型项目,如200千米以上广播电视项目等应由环境保护部组织评审验收,一些中、小型项目可分别由市组织评审验收。上述五大系统项目,依项目大小均要进行由中央、地方政府职能部门组织的评审与验收,中、小型项目也要进行登记与审批,以便管理。这种制度应由政府及其职能部门组织实施,是强制性的、必须遵守的制度。如有工作需要,各级政府可以组织有关专业人员成立评审组,在政府领导下去完成评审与验收工作,这也是可行的。

(4)建立以监督为主的科学管理体系。

电磁辐射环境管理,指的是完整而有效的科学管理体系的建立与健全,要想实现科学管理,应当做到:①监督管理;②建立档案和数据库;③电磁辐射区域控制与绿化。

(5)实施电磁辐射区域控制。

在一个城镇的建设、改建、扩建中,都应将上述五大系统的电磁辐射设施及设备的整个布局考虑周到、规划好。这样就会减少一些由于规划不周、布局不合理所造成的污染,如大功率的无线电发射台、广播电视发射塔均应尽量设置在远郊区,附近不应有居民区、学校等;电视发射塔还应有一定高度,它不宜设置在高层建筑物的顶部,更不宜设置在居民稠密区内;电视塔发射的直射波,场强最大值在距发射方向数百米内,如增加发射塔高度,改变发射仰角,可使周围居民不处在发射波主瓣的辐照之下,以减轻对近距离处的污染。所以一定要将工业区、居民区等功能分区规划好,其中实施电磁辐射区域控制就会收到较好效果。当进行城镇规划、实施电磁辐射区域控制时,可参考国家标准《环境电磁波卫生标准》(GB 9175—88),标准中规定了安全区与中间区。

一级标准:为安全区,指在此环境电磁波强度下长期居住、工作、生活的一切人群(包括婴儿、孕妇和老弱病残者),均不会受到任何伤害的区域;新建、改建或扩建电台、电视台和雷达站等发射天线,对其覆盖区内居民的辐射强度,必须符合一级标准,即按安全区的要求进行建设。

二级标准:为中间区,指在此环境电磁波强度下长期居住、工作和生活的一切人群(包括婴儿、孕妇和老弱病残者),可能产生潜在性不良反应的区域;在此区内可建造工厂和机关,但不许建造居民住宅、学校、医院和疗养院,已经建造的必须采取适当的防护措施。

超过二级标准的地区,对人体可带来有害影响,在此区内可进行绿化或种植农作物,但禁止建造居民住宅及人群经常活动的一切公共设施,或者限制辐射时间。

除参考《环境电磁波卫生标准》(GB 9175—88)外,还要参考国家《建设项目环境保护管理条例》(国务院1998年第253号令)中的有关规定。电磁辐射项目建设应在选址时实行区域控制,将电磁波辐射可能严重污染的区域与民居分开。如实属无条件实行区域控制的情况,应当控制一定的安全距离。如移动通信基站的建设,基站发射天线要高于20米,并且天线最大辐射方向的30米范围内应无居住区;广播、电视发射塔天线最大辐射方向100米内应无居住区。

(6)提倡绿化。

种植植物、绿化环境是人类改造自然,美化、净化环境的有力武器。绿化对粉尘、某些毒物、噪声等污染物都有良好清除作用,绿化作为电磁辐射的防护手段也不可低估。植物,尤其是高大的树木、茂密的花丛,对电磁辐射能量有较好的吸收作用。特别是林木,当电磁波在空中传播时,遇到林木之后,由于树干、树枝和植物叶子的表面粗糙不平,并且多茸毛,因此它们对电磁波有很好的吸收作用。有些树叶与树干能分泌出某些油脂或黏液,它们是良好的电磁波吸收体。有人估算,在工业电磁辐射区域与居民区,电磁波通过这种树林带后,电磁场强度将大幅度衰减,效果明显。因此,从防止电磁辐射污染的角度出发,也应提倡植树造林、绿化环境。应在各个区域之间,特别是工业区和住宅区之间植树造林,营造美丽而自然的吸收屏障,这样可起到有效地防止电磁辐射污染的作用。

(四)核安全及电磁辐射污染防治项目

1.辐射废料库

2004年,全市废放射源约有498枚。按照生产总值增加值预测,以及单位产值放射源预测,2010年约产生废放射源800枚。

按照核放射性废物实行分类管理、区域处置的原则,中、低水平放射性废物须建立区域性处置场进行安全处置。对于核技术应用中产生的放射性废物,采取建立城市放射性废物库进行集中管理的办法,建成覆盖全市范围的集中辐射废物库1座,收贮废放射源和放射性废物。

由于核废料的特殊性,核废料处置投入大,技术复杂,处置场选址难度大,且贮存时间长,安全防范要求高,其具体选址应经过严格的环境评价和安全评价后确定。

2. 辐射废料安全收运系统

对于辐射废料应采用特种集装箱运输，公路运输可采用 10~25 吨集装箱，铁路运输可采用 75~100 吨集装箱。集装箱应采用特种钢板、铅板和其他防止辐射外泄的专用钢板层层压铸制造。专用集装箱的设计和制造以及质量监督检验必须得到核安全主管部门的批准。

加强对辐射废料收集、运输、贮存的全过程管理，具体措施：辐射废料的收集、运输单位必须采用资格认证制度，熟悉注意事项和法律责任；操作人员和管理人员必须拥有上岗证书、技术培训证书。辐射废料的运输线路必须事先上报，经过分析和各种风险评估后才能获得批准实施。运输车辆必须有鲜明的识别颜色和警示标志。部署应急的措施计划，以及反恐和事故风险的演练计划。

3. 应急监测体系

为适应突发性辐射污染事故应急处理的需要，辐射环境主管部门应建设现代化的监测与应急处理体系，应配备先进的监测设备、放射防护用品及应急车辆，以便一旦有突发性环境辐射事件时，能采取快速有效的防护措施，尽可能控制事件的发展，最大限度地减少事件造成的危害和后果，保障公众生命安全与环境安全，维护社会稳定。

4. 辐射环境管理信息系统和污染源数据库

建立辐射环境管理信息系统和污染源数据库，包括全市辐射污染源类型、数量、方位分布、特征数据等名录清单；编制信息系统与数据库软件，便于查询、输入和输出；建立管理与决策支持系统。

5. 监测网络建设

（1）常规监测。

环境电磁辐射监测工作，是电磁辐射环境管理的重要手段。根据国家《电磁辐射防护规定》（GB 8702—88），要求对超过豁免水平的电磁辐射体，其拥有者必须对辐射体所在场所以及周围环境的电磁辐射水平进行定期的监测，并将监测结果向所在地区的环保部门报告。同时要求各地环保部门必须对辖区内豁免水平以上的电磁辐射所在的工作场所以及周围环境的电磁辐射水平，实施监督性监测和环境评价监测，对电磁辐射事故和民事纠纷实施监测和其他有关监测，从而为环境电磁辐射管理提供依据。全市已建成了环境电磁辐射监督监测的专门机构，对电磁辐射的污染源进行常规的监测，但设备和人员力量尚不能满足环境电磁辐射应急处理需要和环境电磁辐射事故重点监测需要等，只能依靠市内外其他单位进行监测。这给电磁辐射管理，特别是给电磁辐射事故的即时处理带来极大的困难，致使电磁辐射的管理往往处于被动状态。为扭转这种被动局面，建议市环保局加快建设全市环境辐射监测监督站，配备开展工作急需的场所及仪器设备等，使全市的电磁辐射环境监测工作尽早开展起来，并逐步完善。

根据《辐射环境监测技术规范》（HJ/T 61—2001）和《辐射环境保护管理导则——电磁辐射监测仪器和方法》（HJ/T 10.2—1996），结合全市的实际情况，将全市主城区和各邻近城区划分为等大（1 千米×1 千米）的正方格，即网格。具体在监测实施中，对网格中心不宜测量的（如河流、道路中央、工厂区内等），可将测点移到距离中心点最近的可测量位置上进行测量，但要注明移动原因。另外，对于重点污染源和污染单位应重点建立监测电位和监测档案。

（2）应急监测。

结合突发性辐射污染事故应对体系和应急预案，对可能出现的电磁辐射、电离辐射突发性污染事故进行应急监测。建立应急监测小组，包括相应的管理、监测人员，配备专门的事故处理车辆、监测仪器，制定完善的应急监测程序和制度。另外，可紧密结合常规监测对重点污染源分布区域进行督察监测。

6. 突发性污染事故应对体系

为了有效应对并及时控制核事故和辐射事故，以及核和辐射恐怖事件，防止事态扩散，避免或减少因核和辐射事故及恐怖事件造成的人员伤亡和财产损失，保证全市政治、经济、社会安全，保障广大人民群众的生命与健康,维护社会稳定和经济发展,促进核能和平利用和核应用技术的可持续发展,必须建立突发性辐射污染事故应对体系。

本着避免或减轻辐射对公众造成的伤害和其他损失的原则,应该建立相应的组织机构、预警与监测系统,完备的应急响应和处置程序,以及完善的宣传保障措施等。在处置核事故中要以人命救助为主,高效及时,救人排险,最大限度地减少事故对人民生命带来的威胁和危害,尽快消除事故后果,将事故损失减小到最低程度,保护公众,保护环境。

7. 辐射环境管理机构

全市辐射环境原先并没有统一由某个部门和机构进行管理,特别是放射源方向,还涉及公安、卫生等相关部门。同时,随着全市辐射污染源的发展和人们对辐射环境安全的认识越来越深入,辐射环境管理总体局面比较复杂,管理难度较大。根据全国辐射环境管理机构的发展趋势,结合全市的实际情况,市环保局又成立了全市辐射环境监督管理站。市环保局辐射处、辐射站将对全市的辐射污染源进行统一管理,维护全市辐射环境的安全。特别是完成了电离辐射环境管理的职能划转,建立了专门的电磁辐射、电离辐射管理部门,组建了专门的管理技术人员队伍,配备了辐射环境监测设备和车辆。辐射环境有其特殊性,统一管理的同时还需要其他部门和各行业主管部门的配合、支持。

(五)规划实施措施

(1)制定规划实施细则。

(2)严格登记审批,强化管理监督。

(3)完善规划实施制度,加强执法力度。

(4)加强宣传教育,提高公众的健康意识。

(六)规划执行与变更

1. 电磁辐射设备(设施)建设使用

2004—2009年,全市的电磁辐射设备(设施)保持持续、快速、健康发展,几年来共审批电磁辐射设备(设施)类建设项目环境影响评价报告书(表)409件,其中输变电项目273件、移动通信129件(2850个基站)、雷达站7件;竣工环境保护验收149件。调整电磁结构布局,使其日趋合理:全市2020年的电网规划已经市政府批准,变电站和输电线路的选址已合理布置;主城变电站规划设计为户内式变电站;移动通信基站建设已趋于小功率多点布局,使移动通信信号得到有效覆盖。

2. 电磁辐射环境管理工作稳步推进,服务水平不断提升

随着"执政为民,服务发展"活动的深入开展,电磁辐射环境监督管理工作人员在转变思想、更新服务观念上取得了显著成效,树立了优质高效的服务理念。

建立了首问首接、一次性告知、限期办结、外出告示和"AB角"制,落实了工作人员挂牌服务、办事指南等便民措施。

对涉及不同部门的审批事项及时主动协调,及时移交其他相关部门,通过沟通协调,与环评处(前身为建管处)建立了项目审批协调机制,针对不同类型的项目明确了审批和会签程序。

为进一步推进基础设施建设,促进全市经济的健康快速发展,建立完善与规划、电力、通信、广播行业的定期协调和沟通机制、输变电项目选址环保提前介入控制机制、输变电设施环保审批公示机制、协调处理群众投诉工作协调和沟通机制及电网建设宣传工作机制。

加强电磁辐射环保宣传工作。积极与宣教和宣传部门等配合,做好电磁辐射社会宣传工作,并作为学习实践科学发展观的主要内容,取得了良好的社会效果。

3. 电磁辐射设备(设施)管理数据库建立完善

按照国家环保总局办公厅《关于在部分省市开展电磁环境污染源申报登记试点工作的通知》,市环保局主动申请,于2005年8月至11月在全市范围内组织开展了电磁环境污染源申报登记工

作。通过开展电磁环境污染源申报登记工作,摸清了全市电磁环境污染源的现状,建立了电磁环境污染源管理数据库。这次电磁环境污染源申报登记工作,为全市电磁环境监督管理工作打下良好的基础。

2006年12月5日,国家环保总局办公厅下达《关于开展电磁辐射设备(设施)申报登记工作的通知》。在贯彻执行通知精神的专题培训会时,市环保局作为先进代表在会上介绍了全市组织开展电磁环境污染源申报登记工作的好经验。从2007年开始,市环保局将电磁辐射设备(设施)申报登记工作纳入排污申报登记的整体工作体系中。通过2008年的污染源普查,全市电磁辐射设备(设施)管理数据库已建立完善。

2008年,全市有电磁辐射设备(设施)的单位共268家(见表4-26)。其中,广播电视类28家,占10.5%;通信、雷达及导航类8家,占3%;医、工、科类230家,占85.8%;交通系统类2家,占0.7%。有输电线路系统设备的单位共3家。在用的电磁辐射源设备共24645台套。其中,广播电视类125台套,占0.5%;通信、雷达及导航类24020台套,占97.5%;工、科、医类466台套,占1.9%;交通系统设备类34台套,占0.1%。在用电磁辐射源总功率共79716245瓦。其中,广播电视类255015瓦,占0.3%;通信、雷达及导航类461230瓦,占0.6%;工、科、医类1.7×10^7瓦,占21.3%;交通系统设备类6.2×10^7瓦,占77.8%。在用的输电线路系统设备,110千伏以上的变电站有233座,总功率为2.07×10^{10}瓦。其中,110千伏变电站有183座,占78.5%;220千伏变电站有41座,占17.6%;500千伏变电站有9座,占3.9%。110千伏以上的输电线路559条,总长度10674.544千米。其中,110千伏输电线路412条,长度5284.28千米,占总长度的49.5%;220千伏输电线路有128条,长度3474.751千米,占32.6%;500千伏输电线路19条,总长1915.513千米,占17.9%。

表4-26　　　　　　　　　**全市主要电磁辐射设备及输电线路系统设备**

类型	数量	地点
电视发射装置	4台套	大坪佛图关60号
调频广播发射装置	6台套	大坪佛图关60号
中短波广播发射装置	2台套	沙坪坝区联芳花园240号
短波通信发射台	2台套	合川、巫山
雷达站	17个	江北机场、陈家坪等
微波中继站	35个	已停用,作为国家战备应急通信站址保留
卫星地面站	7个	南岸区黄桷垭
移动通信基站	23961个	全市9013个基站
寻呼通信台	—	—
110千伏变电站	183座	
110千伏输电线	412条	
220千伏变电站	41座	
220千伏输电线	128条	
330千伏变电站	—	
330千伏输电线	—	
500千伏变电站	9座	
500千伏输电线	19条	
工、科、医电磁设备	466台套	—

4.电磁辐射站能力建设

年,全市辐射站有业务用房1200米^2,其中实验用房近500米^2。实验室按标准化设计和建设,设有前处理室、放化室、个人剂量室、γ能谱室、液闪室、低本底α/β监测室、标准物质室、现场仪器室和样品贮存室等具有独立功能的实验场所,能独立完成辐射环境质量监测的全部项目。

5.电磁辐射设备(设施)监督管理

树立公开透明的办事形象,为切实推进政务公开,督促行政审批部门依法履行职责,方便公众及时获取有关辐射建设项目行政审批的情况,在通信、电力、广播、雷达等辐射建设项目管理上不断强化,依法严格执行建设项目环评审批、"三同时"管理制度,确保电磁辐射环境安全。严格按《重庆市环境保护局环境信息公开目录》等有关要求,对电磁辐射设备(设施)类建设项目环评审批、竣工环境保护验收的情况定期和不定时地实行政务公开。

加强了人员培训,建设高素质管理队伍。对电磁辐射环境监督管理人员组织参加国家和市培训达数十起,到外地考察学习5次,参加培训学习的人员共有300多人次,重庆市环境保护局和区县环境保护局、涉及电磁辐射设备(设施)的大型企业都有专门负责的监督管理人员。2010年,全市从事电磁环境监督、管理、监测的人员共约120人。

严格执行电磁辐射设备(设施)类建设项目的环境影响评价及审批制度。市环保局加强了电磁辐射设备(设施)类建设项目的环境影响评价制度执行的力度,凡是要新建、扩建、改建电磁辐射设备(设施)都必须要经过环境影响评价,从事电磁辐射设备(设施)类建设项目的环境影响评价的单位都必须具备专业资质,人员必须拥有专业证书;审查审批有专家意见或评估报告;建立了电磁辐射设备(设施)类建设项目的环境影响评价报告书(表)和竣工环境保护验收评审专家库。全市新建的电磁辐射设备(设施)项目,环境影响评价的执行率在96%以上,项目包括了广播电视设备、通信、电力、交通、工医科等。2010年来,环境保护部审批在渝的电磁辐射设备(设施)类建设项目环境影响评价17件,竣工环境保护验收5件。

6.重大环境安全隐患清除

2004—2009年,开展了"清查放射源,让百姓放心"专项行动、垫江辐照场放射源安全隐患处置工作、西农辐照装置辐射污染处理、全市放射性废物暂存库废旧放射源清理等一系列重大辐射安全隐患处置工作,彻底地消除了这些重大辐射环境安全隐患,保障了全市辐射环境的安全。并按照重庆市辐射环境监督管理站《突发辐射环境事件应急预案》和重庆市人民政府办公厅《重庆市核安全事故灾难应急预案》的要求,做好应急准备和监测工作,每年进行一次放射事故应急演练。每天安排4名监管人员和1名驾驶员作为应急小组成员,24小时应急值班。发生的所有放射事件和事故都得到了及时监测和处理。

七、生态保护与建设规划

由于重庆市所处的地理环境以及历史、人口、资源、发展模式多种因素的影响,致使生态环境恶化的基本因素仍然存在,全市生态环境仍面临着非常严峻的形势,生态环境破坏趋势尚未得到有效遏制。森林覆盖率不高,林种结构单一,生态系统功能日趋退化,三峡库区森林覆盖率距国家要求2020年达到45%还有一定差距。水土流失和石漠化较为严重,全市水土流失面积4万千米^2,其中中度以上侵蚀强度面积约占71%;土地石漠化总面积约0.92万千米^2,其中中度以上石漠化面积约占70%。生物物种资源保护乏力,自然保护区面积占辖区面积的比例比全国平均水平低近4个百分点,生物多样性锐减,外来物种入侵日趋加重,生物安全受到严重威胁。矿山开发破坏严重,全市矿山占用、破坏和影响土地32万公顷,污染影响土地近12万公顷,其中仅有2.8%的土地得到治理恢复。城市生态绿化水平依然较低,城市建成区绿化覆盖率比全国平均水平低8个百分点,人均公共绿地面积仅为全国平均水平的68%。全市经济、社会的快速发展,城镇化、工业化进程的加快,给全市生态环境保护与建设提出了更高的要求。未来几年是全市交通、水利、能源等基础设施建设快速发展的重要时期,资源环境开发利用强度不断加大,如果不切实加强生态环境保护,将有可能对资源和生态环境造成不可逆转的破坏,制约经济、社会的可持续发展。为此市政府制定实施"绿地行动"等生态保护与建设计划,以提高生态环境对持续发展的支撑能力,全面改善全市生态环境质量。

规划时段为 2006—2010 年;规划范围为全市行政区域范围,面积为 8.24 万千米^2。

(一)规划目标

1. 总体目标

到 2010 年,全市生态环境恶化趋势得到基本遏制,部分地区生态环境质量得到改善。建立生态环境统一监管体系、重要生态功能保护区、自然保护区等,确保生态功能基本稳定,生物物种资源得到有效保护,生态修复面积不断增加,矿山环境明显改善,村镇环境质量有所改善,人居环境质量不断提高,影响经济、社会发展特别是严重危害人民健康的突出问题得到有效解决,为人们在良好的环境中生产、生活提供坚实的生态保障。

2. 具体目标

新增治理水土流失面积 12500 千米^2;保护天然林资源 238.8 万公顷,新增森林面积 66.67 万公顷,全市森林覆盖率达到 36%,森林生态系统的结构和功能得到改善;基本完成城市周边和高速公路两侧可视范围内的荒坡绿化,城市建成区绿地率达到 31% 以上,绿化覆盖率达到 36%,人均公共绿地面积 7.5 米^2,2008 年重庆建成国家园林城市;新建 3 个国家级生态示范区,10 个生态环境保护示范景区,15 个环境优美小城镇;新建 240 个无公害农产品、绿色食品和有机食品基地;矿山生态破坏和环境污染得到控制,矿产资源开发生态破坏的恢复治理率、土地复垦率、重大矿山地质灾害的治理率分别达 25% 以上;建成全市生态环境统一监督管理体系。

表 4-27　　　　　　　　　"十一五"生态建设主要控制指标

指标	指标属性	2005 年	2010 年			
			全市	一小时经济圈	渝东北地区	渝东南地区
森林覆盖率(%)	预期	30	36	32	42.6	40
新增治理水土流失面积(千米^2)	预期	2201	5000	2500	1500	1000
矿产资源开发生态恢复率(%)	预期	—	25	25	25	30
自然保护区覆盖率(%)	预期	10.83	11	6	13	13

3. 主要指标分解

森林覆盖率:2006 年达到 32%,2007 年达到 33%,2010 年达到 36% 以上。

城市绿化覆盖率:2006 年达到 25%,2007 年达到 30%,2010 年达到 36% 以上。

城市人均公共绿地面积:2006 年达到 5.5 米^2,2007 年达到 6.5 米^2,2010 年达到 7.5 米^2 以上。

治理水土流失面积:2006 年治理 2500 千米^2,2007 年累计治理 5000 千米^2,2010 年累计治理 12500 千米^2。

生态环境保护示范景区:2006 年建成 2 个,2007 年建成 2 个,2010 年累计建成 10 个。

环境优美小城镇:2006 年建成 2 个,2007 年建成 3 个,2010 年累计建成 15 个。

矿产资源开发生态恢复率:2006 年达到 8%,2007 年达到 13%,2010 年达到 25% 以上。

(二)政策手段与工程措施

1. 建设生态功能保护区

启动实施生态功能保护区示范项目。重点建设渝东北山地生物多样性保育区、渝东南岩溶脆弱生态保护区等市级生态功能保护区,实施限制性开发区的环境监管。将都市区内具有重要生态功能的缙云山、中梁山、铜锣山、明月山地区建成生态屏障保护区,遵循保护优先原则,对开发建设实施管制,按照市级重要生态功能保护区的要求进行监管。

加强湿地生态系统保护。启动建设长江三峡、长寿湖、澎溪河和大洪湖等湿地自然保护区以及三峡库区野生动植物栖息地恢复重建示范工程。重点推进消落区生态环境综合整治工程,通过采取湿地生态系统保护和建设、水位调节坝生态库、旅游景区防护、流域污水及固体废物治理、防护林隔离绿化带、疫情预警等综合措施,对消落区重点区域、区段逐步实施整治。加强城市湿地保护,防治湿地污染和湿地破坏,划分城市湿地禁建区,落实城市总体规划中城市湿地生态保护用地,严禁随意填占溪、河、渠、塘、水库。

2. 加大森林植被保护和建设力度

以综合生态效益维护为重点,继续推进天然林资源保护、退耕还林、天然草原恢复与建设等生态建设重点工程,保护和恢复生态系统功能。

天然林资源保护工程。全面落实天然林资源管护任务,重点管护好生态保护区的林地资源,切实保护好各类水源涵养林、水土保持林、特种用途林等生态公益林。"十一五"期间,完成规划区内现有森林资源的管护,建设公益林27.7万公顷。

退耕还林工程。在保证粮食安全的前提下,合理规划布局,对自然保护区陡坡耕地优先安排实施。加强对退耕地的管理,开展退耕还林效益监测试点。对毁林、毁草开垦的耕地和造成的废弃地,限期退耕还林。"十一五"期间,争取完成退耕地造林、荒山造林、封山育林86.7万公顷。

三峡水库周边绿化带建设。力争2007年前全面完成造林绿化和基本农田建设8.82万公顷,到2010年库周绿化屏障基本形成。

长江防护林二期建设工程。采取封山育林育草、林种替换优化等措施,推进低质低效林分改造59万公顷,稳定林区生态系统,提高森林生产力,增强森林生态功能。继续开展"保护母亲河"行动,建设防护林体系和农田林网。

草地保护与建设工程。开展草种繁育基地、天然草原保护、地方草种资源保护和草原围栏、禁牧等重点工程建设,完成人工种草及草地改良2.67万公顷,建设草种资源保护区0.13万公顷。

3. 开展水土流失综合治理

大力实施水土流失综合治理工程。着力推进重点区域水土保持工程建设,重点对长江、嘉陵江、乌江(重庆段)及其重要的一级支流两岸600米以内的范围、大中型水库的集雨区和水库大坝以下500米以内的流域范围、库区沿江城区以及城镇周边3000～5000米所涉及的范围、市内高等级公路两侧300米以内的范围实施水土流失综合治理。加快三峡移民迁建工程水土流失治理以及次级河流水土流失治理,启动水土保持利用世界银行贷款工程,加强水土流失动态监测和监管。"十一五"期间,力争完成50个小流域的水土流失综合治理,新建5个水土保持生态园区和3条生态示范小流域,对2个大中型水库开展水土保持面源污染防治,完成水土流失治理面积8000千米^2,项目区水土流失治理率达到60%以上。

启动实施岩溶地区石漠化防治工程。开展全市石漠化现状调查,编制石漠化防治规划。加强岩溶地区石漠化生态环境监控,重点实施渝东南地区的岩溶生态系统石漠化防治工程,以岩溶流域为单元,建立以生物多样性为基础的混农林复合型综合治理模式,通过封山管护、封山育林、人工造林等综合治理措施,恢复和增加林草植被;通过实施生态移民,增强森林自然恢复能力。"十一五"时期,力争治理岩溶地区石漠化面积80万公顷,石漠化面积扩大的趋势得到基本遏制。

4. 加强生物多样性保护和生物安全管理

加快自然保护区建设。修编完善全市自然保护区规划,在尚未得到有效保护的典型生态系统、国家重点保护野生动植物集中分布区域及自然遗迹地,优先建立自然保护区。提高国家级、市级自然保护区的管护能力,加强自然保护区基础设施建设,增强自然保护区的监测、研究水平,促进自然保护区实现由"数量型"向"质量型"转变。对现有的自然保护区进行动态管理,建立警告、升降级制度。探索自然保护区生态移民,在自然保护区核心区和缓冲区,实施生物多样性保护和生态搬迁扶贫示范工程。"十一五"期间,争取新建和升级自然保护区12个。

强化生物物种资源保护和利用管理。开展生物物种资源调查,编制全市生物物种资源保护和利用规划。建立珍稀物种、特有物种等生物资源信息库以及基因资源库,加强野生动植物就地保护和迁地保护,重点实施金钱豹、金丝猴、黑叶猴、崖柏、红豆杉等珍稀濒危野生动植物拯救保护工程,建立野生金荞麦、野生青蒿、野生大豆等野生植物原生境保护区;建立都市发达经济圈生物多样性就地保护基地。

开展有害生物入侵监管。调查市内有害或潜在有害入侵物种的基本情况,建立外来入侵物种的数据库。开展全市范围内外来有害入侵物种的专项整治,基本清除市内已经国家确认的外来有害入侵物种。加强病原微生物实验室建设以及生物安全管理,逐步开展生物技术安全风险评估,防范转基因生物流动带来的风险。

5. 强化重要资源开发区的环境监管

加强矿山生态保护和恢复治理。全面开展矿山地质环境调查和评价,严格矿山地质灾害评估和环境影响评价制度,推行矿山清洁生产。编制矿山生态环境专项整治规划,划定禁止开采区、限制开采区。禁采区内严禁新建开采项目,对禁采区内的采矿点依法关闭、取缔。加强矿山开采的生态监控,对矿山、采石场等资源开发区、地面塌陷区、大型项目建设区的裸露工作全面实施生态恢复,重点治理采矿塌陷地和已毁山体。对渝东北和渝东南、渝中平行岭谷区和渝西丘陵区的矿山废弃地实施矿山地质环境恢复治理,完成3~5处大中型矿区的主要矿山地质环境恢复治理工程,建立1~2个矿山地质公园。到2010年,矿产资源开发生态破坏的恢复治理率达到25%以上,土地复垦率达25%,重大矿山地质灾害的治理率达25%以上。

加强重点景区环境综合整治。加强景区的环境管理体系建设,鼓励旅游景区进行ISO 14001认证。大力发展生态旅游,继续开展旅游生态环境保护示范景区活动,争取建成10个生态环境保护示范景区。从严控制自然保护区实验区的旅游开发。加强风景名胜区建设。

6. 加强城市园林绿地系统建设

着力推进城市生态林和风景园林绿地建设,加快创建山水园林城区(市、镇),逐步构建起城市公园、滨江及交通走廊、脊形绿地、绿化隔离带、环城绿色屏障相结合的"园—廊—脊—带—环"型城市绿地体系和山水园林城市基本框架。"十一五"时期,力争新建园林式单位50个,将主城区建成为国家园林城市。

加快城市生态林建设。着力推进环都市区和中央发达经济圈、城市组团绿化隔离带、都市发达经济圈中央山脊、城市中心区、滨河区、城市干道绿化带6大城市生态林建设工程。主城区重点保护真武山脉(含南山)、铜锣山脉(含铁山坪)、中梁山脉(含歌乐山)的现有生态林,加快1.7万公顷绿色屏障和中央龙脊生态林建设。

加快城市公共绿地建设。重点推进城市生态公园、社区花园建设,实施以坡地绿化、垂直绿化和屋顶绿化为主的山地城市特色绿化工程,逐步构筑布局合理、功能健全的城市公园体系。"十一五"时期,力争建设城市生态公园124个(其中主城区新建16个、扩建14个,其他区县各新建或改造1~2个综合公园),社区公园200个,完成特色绿化250万米^2。

(三)规划执行与变列

在规划制定实施后,生态保护建设紧紧围绕环境保护中心工作,与农村环境保护一致,结合机构改革,加强生物多样性保护、农村生态环境保护的职责,认真履行职能,在生态环境质量监测评估体系建设、生物多样性保护、生态示范创建等方面取得了新的进展,各年度目标任务推进顺利,已完成全部既定工作。

1. 全市生态环境质量监测评估体系和三峡库区生态保护建设顺利推进

为建设以生态质量监测体系为核心的生态质量管理体系,组织编制了《重庆市生态质量监测评估指标体系(试行)》,并开展了40个区县的生态质量评估;结合执行欧盟项目,初步构建了全市生态监测"一个中心站,五个子站"的框架,开展了能力评估和人员培训,并将长江上游生态屏障建设内容编入三峡库区后续支持政策规划。

2. 自然保护区建设和综合监管得到加强

为加强生物多样性就地保护工作,按照法律法规履行统一监督管理的职责,召开了全市市级以上自然保护区综合管理工作会,基本摸清了保护区的保护现状和机构人员情况以及保护区存在的主要问题。严格对自然保护区的设立、调整、撤销的管理,同时为保护区服务。完成了大巴山、五里坡、阴条岭、大风堡4个自然保护区的范围、面积及功能区调整的评审,以及批准建议意见的上报工作;完成了五里坡、阴条岭晋升国家级,茂云山晋升市级自然保护区的评审、意见上报以及环保部评审意见整改要求完成工作情况的上报;完成了玉峰山、龙头山、天生三桥、黑山4个区县级自然保护区的备案管理,并完成了玉峰山、龙头山、天生三桥的备案上报。加大自然保护区建设的指导和管理。完成了五里坡、雪宝山、阴条岭市级生态能力建设补助资金项目的验收(委托区县验收);批复了长溪河、澎溪河、武陵山、大木山市级自然保护区2008年市级生态能力建设项目,就建设任务、项目管理、项目建设时间及验收等做出明确要求,并加强了指导和监督工作;加大了自然保护区建设的投入和管理规范。2009年组织老瀛山、白马山、大板营、七曜山、王二包市级自然保护区申请市级财政区域污染防治资金125万元,用于自然保护区生态能力建设。制定了重庆市环境保护局生态保护项目申报及验收规程、自然保护区生态能力建设项目资金管理规范。严格执法,加强对保护区内开发建设项目的环境管理。将保护区管理机构不落实和保护区突出环境问题纳入对主管部门和有关区县党政一把手的年度考核内容。

3. 切实加强了生物多样性保护和生物安全管理

(1)推进长江上游生态屏障生物多样性保护和物种资源评估示范。获得环保部全国生物多样性评价试点城市资金,以全市的区县级行政区域为单元,收集物种丰富度、生态系统类型多样性、植被垂直层谱的完整性、物种特有性、外来物种入侵度、物种受威胁程度等指标的数据,评估各区县的生物多样性现状。项目工作进展顺利,2009年底完成。

(2)启动欧盟项目之重庆特有濒危物种调查。结合全市已经开展的物质资源调查和编目工作实效,推进全市生物多样性保护和资源详查。

(3)完成全市生物物种资源调查和编目。编制了《重庆市生物物种资源保护和利用规划》,开发了重庆市生物物种资源库,为社会提供全市生物物种资源及保护利用的信息。

(4)编制《重庆市生物多样性保护策略和行动计划》。作为争取中央对三峡库区后续政策支持的重要内容,结合欧盟项目实施,完成了《重庆市生物多样性保护战略和行动计划》初稿编制,正在征求相关部门的意见。欧盟生物多样性保护项目成效显著,在欧盟的中期评估中被评为优秀。

4. 进一步加强对旅游生态、库区消落区的环境保护工作的指导

积极配合市旅游部门,部署了创建市级生态环境保护示范景区工作,参与了对绿色旅游饭店创建工作的技术指导和业务培训。推动有关部门开展消落区示范项目建设、植被构建、生态修复和安全评估。已配合移民局争取到专项资金,在三峡库区几个点开展消落区生态恢复示范。

5. 对资源开发项目的监督和管理

一是积极配合市级有关部门和局内相关处室对市级重点工程开展前期工作,服务大局,服务发展;二是对可能产生生态环境破坏的项目,加强管理与监督,把好生态保护关;三是对已经产生生态环境破坏的项目,督促业主进行生态修复与治理。市国土房管局已完成万盛区东林煤矿、南桐煤矿、刘家河河床,北碚区天府煤矿,永荣矿务局韦家沟煤矿5个矿山治理项目。

6.生态得到明显改善

(1)增加了城区园林绿化覆盖率。2008年全市城市园林绿地28859公顷,绿化覆盖面积31820公顷,城市建成区绿地率33%,绿化覆盖率35.9%,比2000年分别增加14.63、25.57个百分点。人均公园绿地9.63米^2,比2000年人均增加7.21米^2。城市公园169个,面积3954公顷,比2000年增加119个,面积增加3121.94公顷。

(2)保护了农耕地和农业生态系统。随着工业的发展、建设占地、生态退耕、农业结构调整、灾毁耕地等,农业耕地逐年减少,2008年,全市耕地总资源仅为223.59万公顷,较2000年减少28.71公顷。通过指导农户科学合理使用农用化学投入品,开展高毒高残留农药专项整治行动,并对无公害、绿色、有机农产品进行推广,农业环境质量总体较好,符合国家农业生产环境质量标准。对12个区县基本农田土壤的定点监测表明,环境质量均属安全级,符合国家农业环境技术条件。但同时因为渔业、畜禽的集约化养殖及种植业的发展导致出现了严峻的农业面源污染形势。规模化养殖场导致局部环境负荷增大,全市畜禽养殖排放污染物8568.48万吨,畜禽粪尿排入环境的化学需氧量污染负荷为28.7万吨。全市氮肥、磷肥、钾肥的单位面积施用量分别为223.71、77.46、21.15千克/公顷,农膜使用量为3.09万吨,农药施用量为2.1万吨。

(3)培育了森林与草地。2008年,全市林业用地面积407.87万公顷,森林面积280万公顷,森林覆盖率34%,林业用地面积、森林面积、森林覆盖率分别比2000年提高37.15%、57.37%和10%。2008年,全市天然草地资源215.8万公顷,占辖区面积的26.2%,而2000年牧草地面积仅为23.86万公顷,占辖区面积2.9%。

(4)建设了自然保护区和保护了生物多样性。全市自然保护区52个,面积9131.37千米^2。其中国家级自然保护区4个,市级自然保护区21个,县级自然保护区27个。整体比2000年多21个,国家级自然保护区就多3个。全市风景名胜区35个,其中国家级风景名胜区6个,市级风景名胜区29个。森林公园69个,比2000年增加20个,其中国家级森林公园23个,市级森林公园46个。全市有高等植物6227种,被列入《中国植物红皮书》和《国家重点保护野生植物名录》的国家保护植物有133种,全市有野生动物4993种,被列入《中国濒危动物红皮书》和《国家重点保护野生动物名录》的保护动物有82种,比2000年分别增加81种和26种。

八、农村环境保护规划

由于重庆生态环境脆弱,能源、产业结构没有得到根本性改变,加之全市具有典型的城乡二元结构特征,环境保护工作过去较长时期内的主要任务是防治工业污染和城市污染,长期积累的生态环境的深层次问题集中显现,尤其是农村的生态恢复和保护任务十分繁重,主要表现在:农村饮用水水源的水质安全不能得到保障;农村和小城镇生活污染突出,环保基础设施相当落后;农村面源污染日益突出;农村畜禽养殖污染问题日益突出;生态环境脆弱;生物多样性受到威胁;农村环境监管薄弱;等等。

按照统筹城乡发展和建设社会主义新农村的要求,转变重城市轻农村环境保护的局面,加大农村环境保护力度,全面实施农村小康环保行动计划,改善农村环境质量,着力推进环境友好型的农村生产生活方式,以"千村推进、百村示范"为重点创建环境优美乡镇和生态文明村,促进社会主义新农村建设。2007年,市政府制定了农村环境保护规划,规划时段近期为2008—2012年,中远期为2013—2020年。规划范围:全市除渝中区外的其他39个区县的农村。

(一)规划目标

1.总体目标

根据市委市政府对"一圈两翼"的发展战略定位,统筹兼顾优化生态保护、污染治理结构,合理配置相关资源,解决突出生态环境问题,缓解人地矛盾,提高森林覆盖率,有效控制农村地区环境污染的趋势,基本解决农村"脏、乱、差"问题,农村生活与生产环境得到切实改善,完善创新生态环境保护的政策、体制和机制,开拓生态环境保护工作新局面,为建设社会主义新农村和全面建设小康社会提供生态环境安全保障,同时也为全国开展统筹城乡生态环境保护工作提供借鉴的经验。

2. 近期目标

到2012年,解决1066.74万农村人口的饮水安全问题,农村生活污水处置率、生活垃圾处置率分别达到25%、8%,农民生活与生产环境有所改善;森林覆盖率达到38%;生物物种资源得到有效保护;完成生态和扶贫移民35.6万人;化肥使用量削减8%,逐步减少农药的使用量;开展全市土壤污染调查,进行典型场地污染土壤的修复与综合治理示范;畜禽养殖污染得到有效控制;生态示范系列创建活动广泛开展;农村环境监管能力得到加强,初步建立起适应城乡一体化的环境保护工作机制;公众生态文明程度有所提高。

主要指标分解见表4-28。

表4-28　　　　　　　　　　主要指标分解

指标		2008年	2009年	2010年	2011年	2012年
农村饮水不安全人口解决率/%		36	52	68	84	100
生活污水处置率/%	集镇	10	20	30	40	50
	农村	5	10	15	20	25
生活垃圾处置率/%	集镇	8	10	12	14	16
	农村	4	5	6	7	8
化肥使用量削减率/%		4	5	6	7	8
畜禽养殖粪便综合处理利用率/%	规模化养殖场	60	65	70	75	80
	散户	20	25	30	40	50
森林覆盖率/%		34	35	36	37	38
生态和扶贫移民/人		7.12万	7.12万	7.12万	7.12万	7.12万
农民户用沼气使用率/%		13	14	15	16	17

3. 中远期目标

到2020年,解决农村人口的饮水安全问题,农村人居环境和生态状况明显改善,农业和农村面源污染得到较好控制,森林覆盖率进一步提高,基本完成生态和扶贫移民任务,农村环境监管能力和公众环境保护意识明显提高,城乡环境和生态质量达到全面建设小康社会的生态环境目标要求,统筹城乡环境保护工作的机制趋于完善,农村生态环境与经济、社会协调发展。

(二)管理方式与工程手段

1. 农村饮用水保护

实施农村饮用水水质保障工程和水源地保护工程。根据饮水人数的规模分类实施建制镇、集镇、乡村居民点、散居农户饮水水质保障工程。加强水源地保护,实施水源地划定工程、水源涵养工程、水源地水环境保护工程。

(1)饮用水水质保障工程。

①建制镇、集镇饮水水质保障工程。②乡村居民点饮水水质保障工程。③散居农户饮水水质保障工程。

（2）水源地保护工程。

①水源地划定工程。②水源涵养工程。③水源地水环境保护工程。

2. 农村生活污染整治

建立城乡环境基础设施共享机制，充分发挥城市环境基础设施的服务功能。通过实施生态家园富民工程、农村康居工程、集中居民区污水治理工程、农村生活垃圾整治工程，解决农村人畜粪便、生活污水、生活垃圾、基础设施和能源结构问题。

（1）农村生活污水治理工程。

对于城市周边地区的农村生活污水，依托已建成的城市污水处理厂，加快推进城乡生活污水治理管网建设。完善主城区二、三级排水管网，并与主城区范围内的次级河流水污染综合整治相衔接，确保流域范围内的生活污水得到有效处理。

加快县城污水处理厂及其配套管网的建设。2008年底建成璧山、荣昌、万州（申明坝）、綦江、双桥、酉阳、秀山、城口、丰都北岸、潼南等10座污水处理厂。已建成的污水处理厂尽快完善二、三级管网建设，新建污水处理厂必须同步配套建设二、三级管网，提高污水处理厂的污水收集率。确保污水处理厂在建成投产当年污水收集率达到60%，建成投产3年污水收集率达到75%。

小城镇居民生活污水的治理，按照《三峡库区及其上游水污染防治规划（修订本）》，2010年前建设74个小城镇污水处理项目；未纳入规划的人口在5000人以上的城镇，其生活污水治理项目争取被纳入下一阶段的《三峡库区及其上游水污染防治规划》。

在集镇和人口相对集中的农村地区，以农村生活污水处理设施示范工程为模式，推广小型实用污水处理系统，因地制宜建设投资省、运行成本低、管理简单的污水处理设施。2012年前，建成500个简易污水处理厂。

在人口分散农村地区，结合生态家园富民工程，加快沼气池建设，推行生物方式治理废水，鼓励还田。

（2）农村生活垃圾整治工程。

加强对居民的宣传教育，从源头上减少生活垃圾的产生量，对已产生的生活垃圾分类处置，可资源化利用的尽量回收，剩余的无害化处置。

小城镇居民生活垃圾的治理，按照《三峡库区及其上游水污染防治规划（修订本）》，2008年底完成合川、垫江、璧山、永川、荣昌、城口、秀山和酉阳等8座垃圾处理场建设；2010年前建设71个小城镇垃圾处理项目。2012年前，建成150个简易垃圾处理场。

打破行政区域界线壁垒，在垃圾处理场40千米半径范围内的，采取村收集、镇运输的方式，就近纳入城镇垃圾处理场服务区域。

对于不在垃圾处理场服务范围内人口相对集中的农村地区，推行乡村物业管理模式，设置垃圾定点收集站。结合农村康居工程，集中建立堆沤池。

对于人口相对分散的农村地区，建立生活垃圾堆放点，推行生物方式处理生活垃圾、农业生产废弃物。有机物生物垃圾制成肥料，建立生物循环系统。结合生态家园富民工程和农村"一池三改"工程，大力促进以秸秆、畜禽粪便为原料的有机（复合）肥生产、使用，加快沼气池建设。其余无机废弃物，就地填埋。

（3）综合整治城乡危险废物污染。

开展全市集镇级以上医院废水治理达标行动，2010年前，所有集镇级以上医院的废水必须全部治理达标。按照相对集中处置的原则，妥善处置医疗废物。2012年建成主城区、万州、涪陵、黔江以及渝西南医疗废物集中处置设施。

加强对废旧家电、废旧轮胎等固体废物的收存、资源综合利用。以全市新农村建设"千百工程"确定的示范村为重点，建设村级危险废物收集点，主要收集农村报废农药、农药瓶（袋）等农药包装物和农村卫生机构产生的过期药品、试剂等医疗废物,以及废电池、废旧家电等电子废物,送交有危险废物处理资质的单位进行安全处置。

(4)生态家园富民工程。

通过生态富民工程建设,建设农村户用沼气,对人、畜禽粪便,部分生活垃圾和生活污水等进行无害化处理,在解决农村居民生活能源问题的同时,显著改善他们的生活环境和卫生条件。

以"一池三改"为主要建设内容,每户农户建一座沼气池,并配套实施改厨、改厕、改圈,有条件的地方还与改路、改水、改院坝等便民设施相结合,使农村沼气从单纯的获取能源发展成为废弃物处理和生物质能多层次综合利用,形成"猪—沼—果"等多种能源生态农业模式,成为新农村建设的一项重要内容。

(5)农村康居工程。

在全市开展农村康居工程建设。将农村环境保护纳入村落规划进行统一规划,引导居民适度集中居住,改善居住环境。以"村容村貌"为切入点,开展村庄周围、道路两旁、河道两岸和庭院绿化;整治村庄河道、污水沟、污水塘等水体,实施村庄集中居住区河道清淤、河道护岸工程;平整村庄道路,实现村庄主干道基本硬化,配设主干道照明设施。

3. 农村面源污染防治

(1)农村面源污染防治。

根据环保、农业部门的土壤污染调查结果,在综合评价的基础上,科学划分农村面源污染敏感区和农药、化肥重点控制区。制定完善农药、化肥施用技术规范。

大力推广实施以秸秆还田、饲料利用、燃料利用、工业利用、免耕及少耕为主的沃土工程,提升土壤有机质;推广测土配方施肥、平衡施肥技术;鼓励发展施用有机肥、缓释可控肥。到2010年,推广测土配方施肥66.67万公顷以上。

控制农药污染。在农村推广农技员制度,明确农技员职责。禁止已明令淘汰的高毒高残留农药的生产、销售和使用;加快流通领域持久性有机污染物农药的清理与无害化处理进程;制定鼓励政策,促进低毒高效生物农药的生产与推广使用,促进以生态方式、物理方式灭害杀虫的技术研究与推广实施。

控制化肥污染。推广生态平衡施肥技术,鼓励使用有机肥、缓释可控化肥,对有机肥生产企业给予政策扶持和财政补贴。

控制农膜污染。优先使用易回收利用、易处置或者在环境中易消纳的农用薄膜,注意最大限度地回收利用,不能继续使用的农膜作为垃圾归入田间垃圾池或生活垃圾桶。

大力发展以绿色食品、有机食品为主的绿色农业,开展无公害农产品生产示范基地建设。2008—2012年,新建240个无公害、绿色、有机食品生产基地;2013—2020年建设无公害、绿色和有机食品生产基地240个。

(2)土壤污染防治。

开展全市土壤污染现状调查。掌握全市土壤污染的现状和分布,建成全市土壤样品库,对重点地区按不同土地利用类型评价土壤环境质量,评估土壤污染风险,划分土壤环境安全等级。

开展土壤污染综合整治示范。对持久性有机污染物和重金属污染超标的土壤实行综合治理,重点整治城区近郊重点区域的农田土壤污染,争取国家支持自2008年至2012年每年开展一种类型的土壤污染整治示范工程,2013—2020年建设8~10个土壤污染防治与修复示范工程。

重点加强工业用地和工业园区周边土壤污染的监管。禁止将有毒、有害废物用作肥料或用于造田,严禁危险废物占用、污染耕地。强化城市建设用地和废弃污染场地的环境监管,组织开展搬迁企业原工业场地再利用土壤环境质量评价及风险评估。钢铁和化工等工业用地、固体废物堆放场、军事基地等,在转换土地用途前,必须进行土壤污染风险评估,开展区县工业固体废物堆放场污染状况调查,并分批进行整治。

建立土壤污染监控体系。开展土壤农药、化肥残留动态监控,特别加强对无公害食品、绿色食品、有机食品种植基地土壤污染状况的监控,逐步实施定期监测制度。

4. 畜禽养殖污染整治

开展畜禽养殖专项治理,实施养殖区综合整治工程和污染治理工程。按照养殖区划分,开展禁养区、限养区、适养区整治。根据养殖规模,分规模化养殖场、示范养殖小区、农户散养实施污染治理工程。

(1)养殖小区示范建设与污染综合整治。

开展养殖小区示范,实行养殖规模化和小区化。试点养殖小区内实行污染综合整治,废水分片区收集,沼气化处理,种养结合,管网还田,沼气规模化,集中供沼气,粪便集中收运,有机肥生产。

限养区养殖小区和适养区养殖小区建设污染治理设施,实施规范化治理。

(2)规模化养殖场污染整治。

禁养区规模化养殖场和经营性非规模化养殖场逐步实行关闭、搬迁。限养区通过限制发展,不新建、扩建养殖场。适养区实施养殖场的污染专项治理,逐步实现规模化养殖场污染达标排放。

在土地宽广,有农地、林地可做畜禽粪污消纳场的规模化养殖场,把综合利用与处理技术结合起来,实施"种养结合,有机肥生产,沼气规模化,管网还田,集中供沼气"的综合治理模式。在城市近郊、经济发达、土地紧张、没有足够的农田消纳粪污或进行自然处理的地区,对畜禽粪便污水进行集中处理。大型规模化养殖场可单独建设粪污集中处理工程,也可由相邻规模化养殖场共建共用粪污集中处理设施。

(3)农户散养污染整治。

通过产业引导,限制禁养区发展畜禽养殖业。对限养区和适养区养殖户进行指导,实施生态富民工程。经营性散养养殖户进入示范养殖小区。

实施以"一池三改"为主要内容的生态家园富民工程,确保散养畜禽粪便户户还田,改善农村环境,提高农民生活质量。

5. 农村水环境和大气环境污染防治

(1)次级河流水污染综合整治。

按照"统一规划,上下游联动,区县负责,分步实施"的原则,采取工程措施、生态措施等综合整治措施,实施流域生活污水及垃圾处置工程、农业面源污染治理工程、河道清淤工程、生态保护和建设工程、工业废水治理工程等,积极推进具有饮用水水源功能、居住人口密集或功能丧失的次级河流的污染整治。2008年底完成清水溪水污染综合整治重点工程。到2010年,重点实施被纳入《三峡库区及其上游水污染防治规划(修订本)》的梁滩河、苎溪河等2条次级河流的水环境综合整治示范项目,启动桃花河、御临河、澎溪河、濑溪河、小安溪、龙溪河等6条次级河流的水环境综合整治前期工作。2012年,争取启动并推进被纳入《三峡库区及其上游水污染防治规划(修订本)》的11条次级河流的水环境综合整治工程后续项目。争取将污染较严重的其他次级河流纳入《三峡库区及其上游水污染防治"十二五"规划》。

(2)调整农村能源结构,防治大气污染。

优化能源结构。农村能源结构的调整因地制宜,在城镇周边或有条件的地区考虑天然气或瓦斯气的推广和供应;在养殖业集中的地区大力发展养殖废弃物沼气工程;有条件的地区大力推广沼气综合利用。推广省柴灶、户用秸秆气化炉。

建设新能源。积极开展风能、地热能等可再生能源利用示范。

综合利用农业废弃物。因地制宜地采取秸秆直接还田、通过饲养牲畜过腹还田、投入沼气池中产生沼气或生产食用菌等多种综合利用方式。

(3)农村工业污染防治。

新、改、扩建项目严格执行《重庆市工业项目环境准入规定》,建立和完善区域、流域、行业限批制度。严把农村工业企业环保审批关,严防不符合国家产业政策的落后工业转移到农村,禁止工业固体废物、危险废物、城镇垃圾及其他污染物随意向农村倾倒。

引导农村小工业进入工业园区或工业集中区。结合特色工业园区的建设,大力发展循环经济工业园区。工业园区建设应严格执行环境影响评价制度,入园企业严格执行环境影响评价和环境管理"三同时"制度,园区内实行污染物集中控制和治理,同时加强园区的生态保护和建设。

结合经济结构调整和污染物总量减排,逐步关闭工艺落后、能耗物耗高、污染严重的企业,按期淘汰落后的生产能力、工艺、设备与产品。新建项目要按照清洁生产的要求,优先采取资源利用率高、污染物产生量少的清洁生产技术、工艺和设备,从源头控制污染。

6. 农村生态建设与恢复工程

(1)生态示范系列创建。

①生态示范区。

全面开展大足县生态县建设。巩固巫山、大足、北碚等国家级生态示范区建设成果,推动丰都、武隆、石柱、南川、荣昌、奉节、巫溪、城口等8个生态(示范)区县建设。

②环境优美乡镇。

以105个中心镇为重点,大力开展环境优美乡镇创建工作,2008年完成105个中心镇环境保护规划的编制。到2012年,新建30个市级以上的环境优美乡镇。加强分类指导,加快小城镇环境规划的编制或修订工作,并按规划组织实施。推广环境优美乡镇的创建经验,优化城镇产业发展结构和布局。

③生态村。

优先在生态示范区、环境优美乡镇等地区开展生态村建设,积极开展符合区域环境规划总体要求的生态村创建规划或实施计划的编制工作。完善全市生态村考核验收标准,到2012年,累计创建150个生态村、小康村、卫生村。

④环境保护示范景区。

加强旅游环境的生态环境保护和污染防治,提升旅游景区的环保基础设施水平,加强自然景观、自然环境和生物多样性保护。完善旅游区生态环境质量评价指标体系,规范和指导各类旅游区、旅游项目的建设和经营,将生态环境保护纳入各级各类旅游规划,推进环境保护示范景区创建。到2012年,建成12个市级环境保护示范景区。

(2)森林工程。

以建设生态文明为主线,以兴林富民和统筹城乡林业发展为目标,紧紧围绕"创建森林城市,致富巴渝农村"主题,统筹兼顾,分类指导,大力开展植树造林,加快建设"林业产业发达、人居环境优良、生态系统稳定、生态文化丰富"的现代林业,力争到2012年把主城都市区建成国家森林城市,其余31个区县基本建成市级森林城市。到2017年,全市森林覆盖率达到45%。

从2008年启动实施重庆森林工程,突出"森林城市建设"和"致富农村建设"两大主题,重点加强5大工程建设:城市森林工程、通道森林工程、水系森林工程、农村森林工程、苗圃基地工程。

①城市森林工程。

主城区实施城市森林系统、公园系统、单位绿化和立体绿化,新建一批城市公园、森林公园、湿地公园、生态科普基地、义务植树基地和纪念林基地。其他区县的城市森林工程建设要依托周山头、护城河、主次干道、城市公园、主题广场和居住区重点实施。新增城市绿地1.2万公顷。建成区内的空隙地要全面绿化,危旧房拆除重建绿化面积必须达到50%以上;新建小区的绿地率不得低于35%;一年内未开工的土地必须绿化。

②农村森林工程。

该工程包括速丰林基地建设项目、低效林改造项目、绿色村镇建设项目和经济林建设项目。建设速生丰产用材林33.33万公顷,带动10个林业产业资源大县发展;改造低质低效林65.67万公顷;在非都市区以95个中心镇和3000个绿色村庄为重点,开展"绿色村镇"建设,建设农田林网2万公顷,庭院绿化2.67万公顷,生态林建设9.67万公顷;建设经济林25.34万公顷,其中,柑橘产业基地5.33万公顷,南方早熟梨基地6.67万公顷,特色水果基地6.67万公顷,干果基地6.67万公顷。

③通道森林工程。

在高速公路、国省道公路、县乡村公路、铁路两侧建设林带。工程总面积4万公顷,其中高速公路建设1.2万公顷,国省道1.07万公顷,县乡村路1.33万公顷,铁路0.4万公顷。按区域分,都市区实施1万公顷,非都市区实施3万公顷。

④水系森林工程。

在长江、乌江、嘉陵江、大宁河和绕区县城区的河道两岸以及重点水库库周建设100米宽的景观林带或防护林带。工程建设总规模4.66万公顷,其中,江河林带3.33万公顷,水库林带及堰塘绿化1.33万公顷。

⑤苗圃基地工程。

益林地工程总规模为4800公顷。其中新建大中型生态苗圃1500公顷、绿化苗圃2000公顷,改建现有生态苗圃1300公顷。其中,都市区新建生态苗圃500公顷,新建绿化苗圃500公顷,改建现有生态苗圃100公顷;非都市区新建生态苗圃1000公顷,新建绿化苗圃1500公顷,改建现有生态苗圃1200公顷。

(3)生物多样性保护。

①自然保护区标准化建设。

将尚未得到有效保护的典型生态系统、国家重点保护野生动植物集中分布区域及自然遗迹地建立自然保护区。保持已建的各级自然保护区生态系统的稳定性,严格控制调规,并按照自然保护区建设标准,实施一批工程项目建设。重点提升国家级、市级自然保护区的管护能力,加强自然保护区基础设施建设,提高自然保护区的科研、监测、宣传教育水平,促进自然保护区由"数量型"向"质量型"转变。对现有的自然保护区进行动态管理,建立警告、升降级制度。2012年前,新建或晋升自然保护区6个。探索自然保护区生态补偿的政策和机制,推动自然保护区核心区和缓冲区生态移民等示范工程。

②物种资源保护利用。

结合森林工程建设,强化"以点连线,以线连片"的生态廊道建设,改善物种资源生境,扩大物种生存空间,提高物种生存质量;开展生物物种资源调查,建立珍稀物种、特有物种等生物资源信息库以及基因资源库;加强野生动植物就地保护和迁地保护,重点实施金钱豹、金丝猴、黑叶猴、白冠长尾雉、崖柏、林麝、金佛山兰、红豆杉、红池坝红叶种质等珍稀濒危野生动植物拯救保护工程或遗传种质资源基础的建设;建立野生金荞麦、野生大豆等野生植物原生境保护区,加强对青蒿、杜仲、黄连等中药材的原生地生境保护;加强对重要鱼类特别是长江特有珍稀鱼类的保护;制定《重庆市生物多样性保护策略和行动计划》,建立生物多样性本底及监测框架体系,建立公有共享的生物多样性保护信息平台,建立生物多样性保护的政策、机制及筹资框架;加强大巴山、武陵山和都市区"四山"范围内的生物多样性保护;建立生态补偿制度,帮助生态敏感地区、生态脆弱区、自然保护区、森林公园、风景名胜区的原住民生计替代,减轻其对这些地区资源的过度利用和生态压力,提高其生活水平。

③加强外来入侵物种监管。

建立外来入侵物种监管的多部门协同行动机制和管理制度。调查市内有害或潜在有害入侵物种的基本情况，建立外来入侵物种的数据库；加强外来入侵物种的日常监管和防治，开展全市范围内外来有害入侵物种的专项整治，基本清除市内经国家确认的外来有害入侵物种；加强病原微生物实验室建设以及生物安全管理，逐步开展生物技术安全风险评估，防范转基因生物流动带来的风险。

④生态和扶贫移民。

对居住在高寒边远山区，山区和林区居住地分散、生存条件恶劣、居住地地质灾害或地方病严重、水土流失严重的地区，生态敏感区或脆弱区，自然保护区核心区和缓冲区，生态项目建设区，退耕还林政策覆盖区的农民群众，本着自愿原则，分期分批实施易地扶贫和生态移民，优先安排贫困农民异地搬迁，鼓励以自然村为单元实施整村搬迁，防止原住民因生计问题对原生生态环境的破坏，充分发挥全市强大的自然恢复力。

至2012年，全市完成生态和扶贫移民35.6万人，基本完成生态和扶贫移民任务。

⑤生态功能区建设。

根据《重庆市生态功能区划》的要求，将重点水土保持区、城市绿色生态屏障、天然林保护区、自然保护区、森林公园、风景名胜区、饮用水水源地保护区、湿地、生态严重退化区等具有重要生态功能或生态敏感区域划定为重要生态功能保护区，实施抢救性保护。

实施生态功能保护区示范项目。建设三峡库区国家级生态功能保护区、渝东北山地生物多样性保育区、渝东南岩溶脆弱生态保护区。建设缙云山、中梁山、铜锣山、明月山地区等生态屏障保护区，遵循保护优先原则，严格依法对开发建设实施管制。

加强湿地生态系统保护。建设长江三峡、乌江、嘉陵江、小江、大宁河、长寿湖、澎溪河和大洪湖等湿地自然保护区以及三峡库区野生动植物栖息地恢复重建示范工程。开展消落带生态类型、功能区划及分型分区保护模式研究，消落带污染负荷特征及其对水环境影响研究，岩溶区域消落带生态屏障构建技术研究与示范，缓坡消落带生态保护与污染负荷削减技术研究与示范，湖盆消落带湿地构建及水质改善技术研究与示范。重点推进三峡库区消落带生态环境综合整治工程，对消落带重点区域、区段逐步实施整治，建立小江流域云阳段和开县段消落带人工湿地生态保护区，建设龙水湖、小南海等湿地公园。加强城市湿地保护，划分城市湿地禁建区，落实城乡总体规划中的城市湿地生态保护用地，严禁随意填占溪、河、渠、塘、水库。

⑥水土流失综合治理。

结合水土保持"四沿"战略中的"沿（穿）城干支流、沿库"的要求，坚持"沿区县城规划区环线逐年向外实施"。以现有坡耕地和荒山荒坡为重点治理对象，以三峡库区为核心区域，因地制宜，根据山、水、田、林、路、村综合防护的原则，加强坡耕地改造，建设基本农田；结合森林工程建设，大力实施林草植被建设工程，发展水土保持经果林；强化坡面水系配套建设工程，改善农业生产条件，提升土地使用价值；实施沟道防护工程，减少入库泥沙。

落实石漠化防治规划，实施岩溶地区石漠化防治工程。加强岩溶地区石漠化生态环境监控，重点实施渝东南地区的岩溶生态系统石漠化防治工程，以岩溶流域为单元，建立以生物多样性为基础的混农林复合型综合治理模式，通过封山管护、封山育林、人工造林等综合治理措施，恢复和增加林草植被；通过实施生态移民，增强森林的自然恢复能力。于2012年前，力争治理岩溶地区石漠化面积29万公顷，基本遏制石漠化面积扩大的趋势。

⑦矿山资源开发的生态保护和恢复。

加强矿山地灾防治和矿山生态保护与恢复。全面实施矿山地质环境恢复治理保证金制度，严格执行新、改、扩建矿山环境影响评估审批制度与闭坑矿山地质环境恢复治理审批制度，严格执行矿山建设环境保护的"三同时"制度。加大全市采煤沉陷区的综合治理力度,重点解决国有重点煤矿采煤沉陷区的突出问题;按照"谁开发,谁保护;谁破坏,谁恢复"的原则,督促矿山企业依法履行治理责任。开展重点矿区矿山地质环境治理工作,建立 4 处典型矿山地质环境治理示范区,同时完成矿山地质环境恢复治理工程项目 20 个。到 2010 年,历史遗留矿山开采破坏土地整治率达到 20% 以上;新建矿山应做到边开采、边整治,破坏土地整治率达到 75% 以上;现有矿山开采破坏土地整治率达到 20% 以上。

  7. 农村环境保护监管能力建设

  (1)环境监管队伍建设。

  优化和完善区县环保部门机构设置、机制体制建设;规范各区县环境监测和环境监察机构的职能职责,配备与农村环保工作任务相适应的人员编制;加大培训、交流的力度,逐步提高农村环保工作人员的素质。

  ①环境监测队伍建设。

  增加监测人员数量,优化监测队伍的技术结构。全市环境监测人员由目前的 661 人增加到 1500 人左右,专业技术人员的比例由目前的 74.7% 提高到 85%,高、中、初级职称的比例由 1.8:4.8:3.4 提高到 2.5:5.0:2.5。

  ②环境监察机构建设。

  设置"市级—区县级—重点街道(镇、乡)级"三级环境监察机构管理体系,设立市级环境督察处,污染源较为集中及重点生态环境保护区的街道(镇、乡)设置环境监察人员,聘请重点污染源驻厂环保监督员。在乡镇建设管理办公室中赋予环保职责,在中心镇建立专职环保员,对一般建制镇设立专兼职环保员。

  (2)农村环境监测网络建设。

  在已有环境监测网络的基础上,实现监测由城市环境向农村环境延伸。建立起涵盖空气、地表水、饮用水水源地、固体废物、土壤、生态、噪声等要素的监测网络;新建 5 个农村大气环境监测点,新增 33 个面源污染监测普通站、6 个面源污染监测重点站。2012 年实现自然村以上集中式饮用水水源地水质监测全覆盖。

  加强生态监测能力建设,建设 1 个生态监测中心站和 5 个区域性子站,形成一个以 3S 技术为基础,生态遥感动态监测系统、生态地面观测系统、生态信息管理系统结合的生态监测网络,初步实现对农村生态环境的监测。

  加强农村规模化畜禽养殖场、自然保护区、基本农田和重要农产品产地等重点区域的环境监测,优化和完善农业生态环境监测体系,了解掌握农业生态环境质量状况。

  (3)环境安全预警体系建设。

  加强水、气、声环境质量自动监测网络建设,加强全市农业、林业、水利、渔业各部门的密切配合协作,建立健全农村饮用水水源、三峡库区水环境质量、次级河流水环境质量的会商制度,形成全市环境质量预警体系。建立城区大气预警系统、饮用水安全和三峡库区水环境安全预测预警系统;建立全市及三峡库区生态安全预警系统。

  (4)建立健全统筹城乡环境保护相关工作机制。

  根据国家行政体制改革的走向,通过职能和机构调整,将环保部门"对生态环境保护实施统一监督管理"的法定基本职能落到实处,贯彻执行生态优先理念。

  ①建立农村环境保护的协调机构。

  建立农村环境保护的协调机制,建立市和区县统筹城乡环保工作领导小组,加大农村环境保护的协调力度。

  ②完善农村环境保护工作的部门联动机制。

建立健全"职责明确,权责统一,环保部门牵头,多部门齐抓共管"的体制。进一步明确农村面源污染、农村生活污染、农村饮水安全、畜禽养殖污染、农业污染、生态环境保护等农村环境保护方面的部门职责,完善农村环境保护工作的部门联动机制。突破条块分割、部门分割的资源配置瓶颈,实现部门联动和公共管理资源的最有效配置。

③建立农村生态环境保护与建设筹资机制。

全面贯彻"以城带乡、以工促农"政策,建立农村环境管理和污染治理的筹资机制;加大财政资金的专项转移支付力度,明确农村环境保护的资金渠道,保障农村环境基础设施建设、污染治理和生态保护资金;提高排污费中用于农村环境污染治理的比例。

④建立农村生活污染治理的市场化机制。

从财政、税收、信贷、价格等渠道制定优惠政策,降低农村生活污染处理设施建设、运营成本,鼓励公司参加农村环境污染治理的市场运作。

⑤完善农村环境保护的培训和宣传教育机制。

以新农村建设为依托,创建农民参与环境保护的机制和平台,培养农民参与农村生态环境保护的意识与能力;结合各类项目的实施,开展多层次、多形式的农村生态环境保护知识的宣传教育;开展农村基层干部环境保护培训,提高其环境管理能力;广泛听取农民对涉及自身环境权益的发展规划和建设项目的意见,尊重农民的环境知情权、参与权和监督权,维护其环境权益。

(5)统筹城乡环境保护政策法规体系建设。

针对农村环境保护工作立法和政策空白、盲点多的实际情况,梳理不符合城乡统筹发展要求的政策法规,加快农村环境保护立法工作,建立和完善统筹城乡环境保护的有关法规政策体系。

制定《重庆市农村生态环境保护与管理办法》等法规,开展矿山、水等资源开发利用中生态环境保护的立法工作。

制定出台促进农业废弃物综合利用,鼓励畜禽粪便还田,建设有机食品、绿色食品、无公害食品基地及产品生产、销售等方面的扶持政策,完善矿山生态环境恢复补偿制度和土地复垦保证金制度的相关政策,建立和完善能源价格机制。

积极推动建立生态补偿政策。通过全球环境基金"基于重庆案例完善中国的生态补偿政策"项目的前期准备工作,选择两个区县开展流域、林地生态系统生态补偿示范,逐渐建立自然保护区、流域、矿产资源开发和区域4个领域的生态补偿政策。

(三)规划执行与变更

1.推进统筹城乡步伐

2008年,国务院批准重庆为全国统筹城乡综合配套改革试验区之后,市环保局牵头完成了"统筹城乡生态环境保护与建设的研究"专题调研,编制了统筹城乡环保工作方案,上报了市委、市政府和环保部,提出统筹城乡环保规划与环境功能区划、统筹城乡环境综合整治、统筹城乡环境监测与预警体系建设、统筹建立城乡环境保护管理体制和机制等4个工作重点,得到环保部的大力支持,环保部已经批准重庆为全国唯一的统筹城乡环保试点地区。修订了《重庆市环境保护条例》,内容涉及自然保护区管理,资源开发利用与保护,外来物种与转基因生物环境安全管理,农药、化肥、农膜、畜禽水产养殖污染防治,秸秆禁烧,发展生态农业,推广应用农村清洁能源,等等。制定了《重庆市畜禽养殖区域划分管理规定及畜禽养殖污染控制实施方案》。在全市范围划定畜禽禁养区、限养区、适养区,并要求落实各区域畜禽养殖综合管理措施,在2010年底前全面完成畜禽养殖区划管理目标。在乡镇饮用水水源地调查的基础上,出台了乡镇饮用水水源地保护区划分规定,编制了乡镇饮用水水源地环境保护规划。

2.加强农村环境综合整治

一是开展农村环境专项调查,编制相关规划、方案。全市开展了社会主义新农村建设"千村推进、百村示范工程"生态环境专项调查、全市畜禽养殖污染状况调查、农业面源污染农户典型调查等。编制了《重庆市农村小康环保行动计划》《农村面源污染防治规划》，并已将其主要内容纳入了《重庆市环境保护"十一五"规划》《重庆市畜牧业"十一五"发展规划》《重庆市国民经济与社会发展"十一五"规划》以及《重庆市统筹城乡环保工作实施方案》等。在全面实施环保"四大行动"的同时，推进农村环保工作，推进农村康居示范村建设。自2007年始，全市以"千村推进、百村示范"工程为基础，确定了100个农村康居示范村，以"村容整洁"为突破口，重点围绕改房、改水、改厕和污水、垃圾整治等环境整治建设内容，每年选取27～30个村进行环境卫生综合整治和村容村貌改造示范。现已建成大足、巫山和丰都为国家级生态示范区，目前，大足正在积极创建国家级生态县，黔江、北碚、南川、奉节、荣昌、石柱、武隆等一批区县正在创建国家级生态示范区。

3. 加强农业面源污染防治

优先开展饮用水水源地上游、功能区不达标次级河流流域、三峡库区重点区域以及养殖密度较高地区的养殖污染整治。一是已基本取缔梁滩河流域九龙坡、北碚禁养区内的养殖户，沙区区委、区政府成立畜禽养殖取缔办公室，对流域范围内的畜禽养殖户进行了核查，制定了工作方案报区委常委会，将在审查通过后实施；二是市环保局补助梁滩河流域3个区县各300万元资金，用于流域内的工业、生活、畜禽养殖污染治理，目前资金文件已下达，正待各区县申报具体项目；三是积极争取环保部畜禽养殖污染专项治理资金和市级排污费用于畜禽养殖污染专项综合整治。2009年获中央环保专项资金205万元，开展3个国家畜禽示范项目畜禽综合整治项目；获得市级环保专项资金约1200万元，开展42个畜禽示范项目畜禽综合整治项目。

4. 强化畜禽养殖污染防治

全市畜禽养殖发展十分迅猛，畜禽养殖综合规模化率已达48.2%，养殖污染越发严重。2008年环境状况公报显示，全市畜禽养殖业化学需氧量排放达28.7万吨，占全市化学需氧量排放总量的54.4%，已经成为化学需氧量主要的污染源。按市政府2007年出台的畜禽养殖区域划分管理规定、畜禽养殖区域划分及养殖污染控制实施方案，至2009年底，禁养区内的养殖场应全部完成关闭、搬迁。

为进一步加强畜禽养殖污染防治，全市还积极争取各方资金用于农村户用沼气池和规模化畜禽养殖污染综合整治。2010年，重庆市建成农村户用沼气池120万户，其中市农委安排114万户(2009年新增15万户)，市移民局安排6万户。安排国家级规模化畜禽养殖污染综合整治项目180个，补助资金18938.75万元。其中，农业部安排项目114个，补助资金14823万元；三峡建委安排项目48个，补助资金2973.75万元；环保部安排项目18个，补助资金1142万元。安排市级规模化畜禽养殖污染综合整治项目85个，补助资金2148万元。其中市环保局安排项目70个(2009年安排42个)，补助资金1773万元(2009年安排资金1200万元)；市农委安排项目15个，补助资金375万元。2009年，在畜禽养殖污染防治联合检查中，环保部、农业部和商务部在现场检查了若干规模化养殖场后，对全市实践的"种养结合，有机肥生产，沼气化，管网还田，集中供气"的思路和程序大加赞赏，并根据重庆经验修改了《畜禽养殖污染防治技术规范》。

5. 农村环境监测能力得到提升

2010年，已形成了由市环境监测中心、市辐射站和40个区县环境监测站为成员的环境监测组织体系，建立了全市水、气、声、土壤、放辐射环境监测网络，形成了环境质量评价、污染源监控和环境事故应急处置的能力。区县在岗人数超过20人以上就有万州(45人)、涪陵(24人)、永川(20人)3个区。38个区县环境监测站形成了水、气、声、生物等平均71项的监测能力，最多的是万州区，有118项。北碚、万州、涪陵、永川4个区站的监测业务用房面积在1500米^{2}以上。

从2007年起，市环保局要求区县环保局抽测乡镇饮用水水源水质，范围从重点镇逐步覆盖全部乡镇，频次自定(每年至少1次)，项目逐步增加到29项。2008年，全市39个区县环境监测站对

851个乡镇开展了乡镇饮用水水源地水质监测,共设置监测断面1019个。水质为Ⅰ~Ⅱ类(优)、Ⅲ类(良)、Ⅳ类(轻度污染)、Ⅴ类(中度污染)和劣Ⅴ类(重度污染)的断面的比例分别为53.3%、32.0%、8.9%、1.5%和4.3%;满足饮用水水源地功能要求的断面的比例达85.3%。2008年,对58条次级河流的122个断面的水质开展了监测,结果表明,水质为Ⅰ类、Ⅱ类、Ⅲ类、Ⅳ类、Ⅴ类和劣Ⅴ类的断面的比例分别为12.3%、24.6%、36.9%、14.7%、2.5%和9.0%。满足Ⅲ类的断面的比例为73.8%;满足水域功能要求的断面的比例为78.7%。对土壤进行污染调查,内容包括土壤普查、土壤背景点调查、重点区域土壤和农作物调查、重点区域放射性调查等,共布设监测点位1468个,包括767个普查点位,21个背景点位,680个重点区域点位。实施全市土壤污染状况调查、耕地土壤肥力状况调查,共布设种植业、养殖业和三峡库区农村生活污染的监测点97个。

卫生、农业、水利三部门也对农村饮用水水源地、农村土壤、次级河流等进行了实时监控。

九、环境保护能力建设规划

2005年,市环境保护方面存在着一些问题:监测机构、人员配置不适应工作要求;环境监测仪器设备配置严重不足;环境监测工作不适应环境管理需要;环境监察执法人员严重不足;环境执法装备严重不足,单位装备配置低;环境执法工作经费低;信息化、自动化建设严重滞后,环境监督管理手段落后;应急能力建设严重不足。环境保护信息化存在的主要问题是:环境保护信息化建设缺乏统一的规划和标准;环境保护业务应用系统建设滞后;信息资源整合和开发利用严重滞后;信息化建设资金与人才匮乏。

以上问题集中表现为环境保护信息质和量上的严重缺陷。一是单一性。源于环保部门的、单纯的环境管理的信息相对较多,相关部门和行业、社会、经济等方面的"大环境"信息太少。二是零散性。许多信息零星分散,未经集中整合。三是随意性。"数出多门""各自为政",难以实现信息资源的共享。四是迟缓性。信息采集传输滞后,时效性差。

鉴于以上原因,全市环境保护信息化工作还远远未能发挥其应有的作用,尚不能对环保部门统一监督管理,对全市环境与经济、社会发展的综合决策,对环境保护的公众参与提供强有力的信息支撑。

环保产业中存在的问题是:环保产业结构不合理;环保产业区域分布不够合理;自主创新能力不强,外向度不够。2004年,全市环保企事业单位中出口合同总额为305.8万美元,环保产品生产年出口合同总额仅为289万美元,其中,生产空气污染治理设备为274万美元,生产废水监测仪器为15万美元,再生资源利用为1.8万美元,环境保护技术与产品开发为15万美元。环境服务业如环境工程设计施工、环保技术服务咨询等企业仅有重庆康达环保股份有限公司、中电投远达环保工程有限公司、重庆永泰水处理系统工程有限公司、重庆四维环保有限公司等少数单位正在与国外业主洽谈或承包合同总额较小的环境服务类业务。缺乏有力的环保产业发展法规、政策体系。

2004年,市环保局出台了加强环境保护能力建设的4个规划。全市监测能力建设规划:2005—2010年;全市环境执法能力建设规划:2006—2010年;全市环境保护信息化规划:2005—2010年;全市环境保护产业发展规划:2006—2010年。

(一)规划目标

1.环境监测能力建设目标

通过加强硬件建设、队伍素质建设和监测质量管理,市环境监测中心跨入先进省级站行列,形成满足国家监测技术路线所要求的全部项目的监测能力,形成全市辐射监测网络,万州、涪陵、黔江3个片区重点站实现区域特征性污染物的监测能力,全市40个区县环境监测站实现环境常规监测能力。全市环境监测系统实现以下"三化",全面完成环境监测站标准化建设任务,推进实验室认可制度的实施。

监测体系网络化。完善全市环境质量监测、污染源监测和应急监测组织网络体系,优化环境监测点位网络布局,为明确区域环境保护目标责任提供依据。

监测领域的全面化。拓展环境质量监测要素和项目,在全面实现环境质量常规监测能力的基础上,在环境要素方面加强噪声、土壤、固废、辐射、生态监测,在监测项目方面拓展有机物和区域特征性污染物的监测能力。

监测手段自动化。大力推进环境质量连续自动监测、污染源在线监测和可移动自动监测技术的应用,提高对环境实时监控的能力。

2. 环境监察执法能力建设目标

统一规范全市环境监察机构管理,完善环境监察机构设置,建立四级环境监察体系;完善环境监察规章制度,深化政风、行风工作,努力打造一支高素质环境执法队伍;加大环境执法经费投入力度,增强环境执法装备,提高环境监察工作的信息化、自动化水平。

3. 环境保护信息化能力建设目标

(1) 总体目标。

全市环境保护信息化规划的总体目标是:建成一个技术先进、应用广泛、性能完善、安全可靠、运行高效的环境信息管理体系,形成集环保应用、数据共享和信息服务于一体的综合信息平台。为环境保护管理部门进行政务办公、业务管理和领导决策提供全方位的技术支持;为全市实施可持续发展战略提供监测、预测、决策依据;为满足社会及公众对环境信息的知情权、监督权和参与权,提供信息技术支持。

(2) 分期目标。

到2007年,构建市、区两级环境保护网络平台、信息共享平台和社会服务平台等信息化基础设施;建设环保行业信息化规范和标准体系、环境保护基础数据库、主城区环境数据自动采集系统、环境保护重点业务应用系统,实现环境保护信息资源的整合与共享,向公众提供环境信息,为提升环境管理水平、科学决策和环境事件应急指挥提供有效的信息技术支持。

到2010年,建成县级网络平台,并延伸至乡镇街道,借助电子政务网扩大互联范围,支持协同办公;完善网络和信息系统的安全体系和标准体系;扩建环境保护基础数据库;建成全市环境数据自动采集系统;完善业务应用系统和扩大应用范围;提供网上申报等信息服务。

4. 环境保护产业能力建设目标

(1) 总体目标。

大力发展环保产业,培育优势环保企业,扶持引导中小型环保企业健康发展,继续大力发展环保服务业、资源综合利用等重庆环保产业重点产业,振兴环保及资源综合利用装备制造业,积极鼓励洁净产品生产。建立社会化、多元化的环保投融资机制,运用经济手段,加快污染治理市场化进程,真正把重庆建设成为"国家环保产业发展基地"。

(2) 具体目标。

①重庆环保产业经济总量得到快速增长。

到2010年,全市环保产业销售产值由2004年的84亿元增加到400亿元,占"十一五"工业销售产值8600亿元的4.65%。充分发挥重庆老工业基地在全市环保产业发展中的作用,使环保产业成为全市新的经济增长点,为环境保护提供强有力的物质基础和技术保障。

②发挥优势,突出重点。

"十一五"期间滚动实施27项环保产业重点项目,198个子项目,投资总额229.63亿元,规划实现产值约316.4亿元。其中,环保服务业、环保产品生产、洁净产品生产共19个重点项目,66个子项目,投资127.77亿元,实现产值159.49亿元;资源综合利用5个重点项目,119个子项目,投资98.46亿元,实现产值约113.71亿元;再生资源利用3个重点项目,13个子项目,总投资3.40亿元,获年销售总额43.2亿元。

③培育一批环保产业优势企业。

发展环保产业规模经济,培育壮大一批拥有著名品牌核心技术、能力强、市场占有率高、能够提供较多就业机会的优势企业。"十一五"末形成销售产值10亿元以上环保企业7家,形成1亿~10亿元环保企业29家,形成0.1亿~1亿元环保企业150家。

④培育一批环保产业技术中心。

培育烟气脱硫,垃圾焚烧发电、填埋,城市生活污水、工业废水、船舶污水处理,空气净化及除尘、垃圾收运等环保成套设备制造和技术、工业有害废物及危险废弃物治理、环保药剂材料生产、资源综合利用、洁净产品生产、再生资源利用等10~20个环保产业技术中心。

⑤优化环保产业结构。

大力发展环保服务业(特别是环保工程设计施工)与资源综合利用等环保产业支柱产业,努力增强重大环保技术装备和材料自主生产的能力,提高洁净产品的生产能力。将环保产品生产产值占规划产值的比例由2004年的10.37%提高至14.80%,洁净产品生产产值占规划产值的比例由2004年的1.41%提高至20.95%。

⑥增加环保企业的外向度。

鼓励企业采用BOT、TOT等投资形式,投资环保产业,并立法保障环保产业投资企业的合法回报。鼓励企业走出国门,到国外承接环境工程设计施工、环保产品出口。

(二)规划建设方案

1. 环境监测能力建设

全市环境监测能力建设体系如图4-6所示。

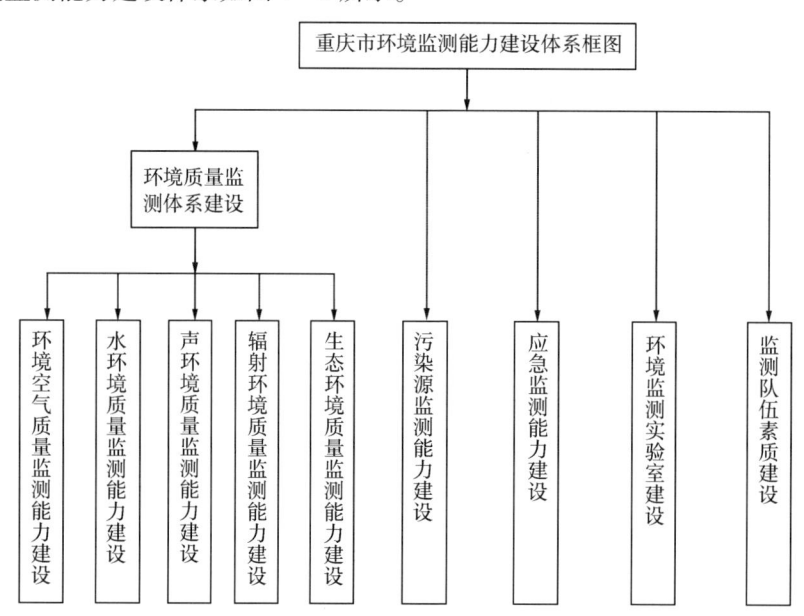

图4-6 重庆市环境监测能力建设体系框图

(1)环境质量监测体系建设。

环境质量监测体系建设的内容包括环境空气质量监测、水环境质量监测、声环境质量监测、辐射环境质量监测和生态环境质量监测能力建设。

①环境空气质量监测能力建设。

全市环境空气质量监测采用以连续自动监测技术为主导,以自动采样—实验室分析技术为基础,以可移动自动监测技术为辅助的技术路线。到2010年,全市40个区县的空气质量监测基本实现自动化;市环境监测中心和万州区、涪陵区重点站具备对环境空气中有毒有机物的监测能力。

投入经费 4966 万元。

②水环境质量监测能力建设。

全市地表水监测采用以连续自动监测技术为先导,以手工采样—实验室分析技术为主体,以移动式现场快速应急监测技术为辅助的自动监测、常规监测与应急监测相结合的监测技术路线。到 2010 年,全面实现地表水质、饮用水水源地水质 29 个基本项目的手工监测能力,市环境监测中心实现区域特征性项目的监测能力,涪陵区、万州区重点监测站实现有机物的监测能力,库区站实现深水采样、水文参数的监测能力;自动监测方面逐步实现长江、嘉陵江、乌江干流、主要次级河流入境和入江口,以及重点整治次级河流跨界断面水质的自动监测能力。投入经费 12426 万元。

③声环境质量监测能力建设。

技术路线采用以人工采样、数据处理的方法为主,运用具有自动采样功能的环境噪声自动监测仪器、积分声级计、噪声数据采集器等设备,按网格布点法进行区域环境噪声监测;按路段布点法进行道路交通噪声监测;按分期定点连续监测法进行功能区噪声监测。投入经费 348 万元。设置功能区噪声监测点约 90 个(国控 7 个、市控 83 个),交通噪声监测点约 570 个(国控 250 个、市控 320 个),区域噪声监测点约 3900 个(国控 420 个、市控 3480 个)。建噪声自动监控系统 12 个,需经费 300 万元;采用人工采样、数据处理系统,配置环境噪声统计分析仪 80 台,需经费 48 万元。

④辐射环境质量监测能力建设。

建立和完善全市辐射环境监测体系和核安全事故应急监测系统,对三峡库区水质市控及国控断面的放射性指标进行例行监测,及时收贮废放射源。分层次建设重庆市辐射站,万州区、涪陵区、黔江区辐射重点站和一般区县环保监测站,配置必要的监测设备、防护设施和应急设备。投入资金 1680 万元。其中,市辐射站仪器设备 961 万元,区县监测站 719 万元。

⑤生态环境质量监测能力建设。

分层次建设市生态环境监测中心、2 个水生生物监测重点站和 5 个陆生生态观测重点站,投入资金 2153 万元。

(2)污染源监测能力建设。

加强重点污染源在线监测控制系统建设,投入经费 4663 万元。重点污染源安装在线监测设备 200 套,新安装 102 套,其中,废水 27 套、废气 75 套,需经费 1663 万元;污染治理设施安装现场监控设备 1000 套,需经费 3000 万元。

(3)应急监测能力建设。

污染事故应急监测能力建设将分层次建设 1 个应急监测中心(重庆市环境监测中心)、3 个应急监测分中心(涪陵区、万州区、黔江区 3 个片区重点监测站)和 37 个一般应急监测站(沙坪坝区、铜梁县等 37 个区县监测站),并根据任务的重点及所辖区域的工矿企业特性和潜在突发性污染事故的污染因子配置其相应的污染事故应急监测仪器设备和通信器材。包括应急监测中心、重点站和一般站应急监测能力建设,投入经费 2628 万元。

(4)环境监测实验室建设。

实验室建设包括二噁英西南中心实验室和区县实验室建设两部分,共投资 2800 万元。其中,二噁英西南中心实验室建设 2500 万元;按照环保部环境监测站标准化建设的相关要求,全市环境监测站实验室的条件要通过达标验收,必须对部分区县实验室的建设给予适当资助,需要经费 300 万元。

(5)监测队伍素质建设。

在加强环境监测硬件建设的同时,加强全市环境监测系统手工分析、仪器分析和自动监测技术能力,制订统一监测技术方案,开展环境监测科学研究,需经费 650 万元。

(6)阶段实施计划。

全市环境监测能力建设规划按照"急用先行"的原则分两期建设。第一期为2005—2007年,主要完成市科研监测基地实验室建设,主城区空气自动站、"三江"水质自动站、水环境质量常规项目、二噁英实验室、应急监测中心和重点站建设,市辐射站和区县辐射监测能力建设,需投入经费20624万元。

第二期为2008—2010年,主要完成区县空气自动站、次级河流地表水质自动站、污染源在线监测和生态监测能力建设,需投入经费11690万元。

①第一期计划(2005—2007年)。

2005年,完成环境质量监测网络布局,建设主城区3个空气质量监测自动站和1个污染源监控站,建设2个水质自动站,建设噪声自动监测显示屏12个,市辐射站加强能力建设,安装重点污染源在线监测系统10套,配置市应急监测中心仪器等。需经费2522万元。

2006年,建设主城区3个空气自动站、10个降水自动采样系统和交通干线污染监控站,建设库区水质常规监测能力,建设水质自动站2个、水质监测重点站4个,配置噪声监测仪器80台,继续配置市辐射站仪器,安装重点污染源在线监测系统10套,治理设施现场监控系统100套,建设水生生物重点站,建设应急监测中心和重点站,建设二噁英中心实验室(国家项目),支助部分区县实验室建设。需经费14415万元。

2007年,建设主城区5个空气自动站,建设区县空气自动采样—手工分析系统47套、区县37个降水自动采样系统,补充库区深水采样仪器,建水质自动站2个,配置区县辐射监测仪器,安装重点污染源在线监测系统10套,治理设施现场监控系统100套,配置应急监测中心和重点站应急监测设备,支助部分区县实验室的建设。需经费3687万元。

②第二期计划(2008—2010年)。

建设空气有毒有机物监测中心和重点站2个、区县和农村空气自动站33个,补充区县水质监测仪器,建次级河流水质自动站12个,建设陆生生态监测中心和重点站,配置区县水生生物常规监测仪器,建设区县应急监测能力,需经费11690万元。

2.环境监察执法能力建设

(1)环境监察机构设置。

拟在2010年之前,建立全市环境监察机构四级环境监察体系:市级为环境监察总队;区级为支队;县级为环境监察大队;街道(镇、乡)级为环境监察中(大)队。探索将渝中、江北、沙坪坝、南岸、九龙坡、大渡口、北碚、渝北、巴南、长寿等的环境监察机构纳入市环保局直接管理机制。实施步骤为:

2006年开展四级环境监察体系设置的准备工作。

2007年,渝中、江北、沙坪坝、南岸、九龙坡、大渡口、北碚、渝北、巴南、长寿开展设置环境监察中队的试点工作。

2008年,万州、涪陵、万盛、黔江、江津、合川、永川、荣昌、忠县9个区县完成环境监察机构内部设置和环境监察中(大)队的设置工作。2009—2010年,双桥、铜梁等21个区县完成环境监察机构内部设置和环境监察中(大)队的设置工作。

(2)环境监察队伍建设。

按照"团结、奉献、务实、创新、勤政、廉洁"的要求,正确处理好环境执法与经济建设、中心工作的关系。用5年时间强化团结意识,打造一支上下一心、形成合力的环境监察队伍;强化服务意识,打造一支务实、勤政的环境监察队伍;强化自律意识,打造一支清正廉洁、秉公执法的环境监察队伍;强化创新意识,打造一支敢于执法、善于执法的环境监察队伍。开展环保系统"十佳环境监察队伍"和"十佳环境监察人员"评选活动,争创全市"十佳执法队伍",进一步营造"心齐、气顺、风正、劲足"的良好局面。

2006年建立和完善市局各单位之间的联系制度、执法部门之间的联系制度、上下级环境监察部门之间的联系制度;出台环保系统"十佳环境监察队伍"和"十佳环境监察人员"评选办法;2007年开展全市环保系统"十佳环境监察队伍"和"十佳环境监察人员"评选活动,塑造优秀的环境监察队伍和先进个人,典型引路,弘扬正气,形成部门与上下联动、具有合力的执法局面。

2006年完善《12369工作人员职责》和《12369热线受理流程》《一周热点难点登记制度》及《投诉回访制度》等规章制度,由件件有着落、事事有回音提升到投诉一件查处一件,查处一件落实一件,切实解决群众投诉的热点、难点问题,树立"群众利益无小事"的理念;2006—2008年完善《12369受理分中心管理办法》;2007年协助法规处、宣教处制订《重庆市环保投诉奖励办法》,推行有奖举报制度;2007年在全市范围内聘请100名环境执法监督员,2008年聘请200名。

（3）推行国家公务员制度。

2006年前完成全市环境监察队伍的"推公"工作。实施步骤如下:2006年完成万州、黔江、涪陵、渝中、南岸、渝北、江北、大渡口、巴南、双桥、长寿、南川、合川、永川、璧山、荣昌、大足、垫江、綦江、铜梁、忠县、奉节、梁平、丰都、开县、云阳、石柱、巫溪、城口、彭水、酉阳、秀山32个区县的"推公"工作。

（4）环境监察机构标准化建设。

2006年,全市完成三级以上标准化建设达标验收工作;2007—2010年,60%的区县完成一级标准化建设达标验收工作,其他区县完成二级标准化建设达标验收工作。实施步骤如下:

2006年,大渡口、双桥、铜梁、潼南、丰都、武隆、云阳、开县、奉节、巫溪、巫山、彭水、石柱、酉阳、秀山、城口16个区县完成三级以上环境监察机构标准化建设;市环境监察总队完成一级环境监察机构标准化建设。

2007年,江北、沙坪坝、南岸、九龙坡、北碚、渝北、长寿、涪陵、万州完成一级环境监察机构标准化建设。

2008年,黔江、渝中、巴南、万盛、大渡口、江津、合川、永川、南川完成一级环境监察机构标准化建设。

2009年,荣昌、大足、璧山、綦江、垫江、铜梁完成一级环境监察机构标准化建设。

2010年,梁平、忠县、巫溪、巫山、彭水、石柱、酉阳、秀山、城口、潼南、云阳、武隆完成二级环境监察机构标准化建设。

（5）环境监察自动化、信息化建设。

2006年,环境监察办公自动化建设全面使用办公自动化（OA）系统。2006—2007年建立重点污染源在线监控系统;2006年对现有"12369"热线受理软件进行更换升级;2007年,"12369"中心与原国家环保总局、现有3个"12369"分中心联网;2008年对"12369"热线受理软件进一步升级换代;2010年,"12369"中心与28个分中心联网。

①环境监察办公自动化系统。

功能需求。一是环境监察加入环保内部业务网络,通过内部电子邮件收文、发文、提交、审批,完成整个监察工作流程,实现无纸化办公。二是运用环保内部业务网络对排污收费标准、直管企业的排污收费情况、企业污染情况、环境污染案件查处等情况进行公示。三是通过市局卫星网实现与国家环保部及各省级环保厅（局）的联网,达到与国家环境监察总局及各省级环境监察部门互通信息,加快环境信息的传输、发布和共享。四是建立环境监察管理系统。环保业务管理系统主要包括污染源管理系统（排污申报和环境统计系统）、排污收费系统、环境监察系统、各类环境污染调查系统等。

实施步骤:

2006年全面使用办公自动化（OA）系统。

2007—2008年建成环境监察管理系统。

2008—2010年通过卫星网实现与国家环境监察局及各省级环境监察部门的联网。

②重点污染源在线监控系统。

功能需求。一是企业污染源管理。主要包括污染源常规信息管理，污染源动态排污数据管理，数据录入与整理。二是系统管理及系统联机帮助。负责对重点污染源进行现场监测，下级数据采集、分析，向上级部门上报数据。提高环保部门的综合反应能力，通过实时监控，及时报警，最大限度地降低污染事故的危害。提高环保部门的信息化管理水平，为各级领导和职能部门提供简便、快速的数据查询及处理策略。

实施步骤：

2006年完成全市重点污染源在线监控中心建设；基本完成重点污染源废水和废气在线监测建设。

2006—2007年建立废水自动监测点100个；2006—2007年建成重点污染源在线监测（水、大气）数据接收分析处理系统。

根据国家环保总局关于占污染负荷65%以上的重点污染源要实现污染物排放连续在线监控、其他污染源要实现多种形式的总量监控、污染治理设施运转情况监控的要求，"十五"期间，全市将建设废水自动监测点100个。对未设在线连续监测系统的废水重点污染源，在"十五"期间均应配置水质等比例自动采样器，达到污水测流等比例自动采样实验室分析混合水样的自动监控水平。

在废气自动监测点位的建设方面：根据《火电厂大气污染物排放标准》（GB 133223—1996）规定，凡1997年1月1日后新、扩、改建的火电厂，必须在烟囱或烟道上安装固定的烟囱连续排放监测系统（简称CEMS），凡在1992年8月1日至1996年底间新、扩、改建的火电厂，应逐步在烟囱或烟道上安装固定的CEMS系统。2005年前，对年排放二氧化硫1000吨以上的工业污染源进行二氧化硫在线监测。新、扩、改建项目的污染防治设施要积极创造条件安装在线监控系统，其中新扩、改建及使用单台容量等于或超过20吨/时的锅炉，须按规定安装烟尘、二氧化硫自动监测仪。

③"12369"环保举报受理系统。

功能现状及需求。全市"12369"环保举报热线于2002年6月5日正式开通。热线采用集中受理模式，现有"12369"环保举报热线受理软件具有简单实用、投入和运行费用不高的特点。2003年在万州、涪陵、黔江建成了"12369"分中心。由于未与国家环保总局联网，因而还不具备数据上传功能，另外，由于目前还未装地理信息系统和卫星定位系统，对突发事件缺乏机动性以及合理调配。

从2006年起逐步建立，2010年前增设除主城9区和已建成的3个分中心外的28个"12369"分中心。实现与国家环保总局和分中心联网，通过上网进行举报，安装地理信息系统和卫星定位系统，增强对突发事件的机动性以及合理调配能力。

实施步骤：

2006—2007年对现有"12369"热线受理软件进行更换升级，实现与国家环保总局受理中心和已建成的3个分中心联网。

2006—2007年实现网上举报（http://www.12369.org.cn），实现在重庆市环境保护（局）网上举报，实现在重庆市政府公众网上举报，通过网上进行举报，举报人可将环保事件通过"12369"中心数据平台或其他指定数据平台发往"12369"中心受理备案，按程序进行调查处理，并通过上网或电话查询处理结果。

2007年开通双桥、长寿、万盛、璧山、南川、合川、永川、江津、荣昌、大足、潼南、垫江、綦江、铜梁等区县的"12369"受理分中心。

2008年开通忠县、奉节、武隆、城口、梁平、丰都、开县、云阳、石柱、巫山、巫溪、彭水、酉阳、秀山等区县的"12369"受理分中心。

2008—2010年对"12369"热线受理软件进一步升级换代,开通使用地理信息系统和卫星定位系统。

④环境应急指挥系统。

建立对环境污染事故隐患进行调查、评价、预测的环境应急指挥信息管理系统、污染事件应急指挥信息管理系统。系统对危险品信息、风险源信息、敏感单位信息、救援单位信息、地图信息、多媒体信息、模型参数、应急处理方法、环境专家信息进行动态管理。将危险源调查数据的分析结果与对应区域内的背景信息进行关联,全面掌控危险源详细情况、敏感地区信息、发生危险的危险品详细信息,根据针对危险品的应急处理方法、应急监测分析方法、环境危害情况、危险品毒性程度等,形成相关处置预案,并得到污染事故处理专家库和历史相关案例库的信息支持等。

建立环境污染事故应急指挥信息管理系统流程。完成从事件发生到按步骤启动应急措施,到正常运行应急管理系统等的应急处理程序向导,协助管理人员快速进入对应角色,掌握突发事故的最新详细数据,提供应对事故处理的有效支持。在事件发展过程中,提供不同时间、不同测点污染物的污染情况,包括污染物浓度变化情况、相关监测点污染情况对比等,直观显示事故的最新发展过程。在GIS平台上按环境专业分类提供空气、河流、湖泊(水库)污染事故和爆炸事故4种类型的污染扩散模拟。对风险源、扩散浓度、扩散范围和敏感人群等计算和定位,以地图的方式预测污染发展趋势,为管理者提供地理方面的决策参考。

建立以下支撑系统:

建立环境中心数据库。包含全市环境背景数据库、污染源数据库、环境质量数据库、环境监测数据库、辐射环境数据库、环境法规数据库、环境科技数据库、环保产业数据库、全市环境地理信息图库等。

建立环境污染事故辅助决策系统。专家支撑系统:聘请有关资深专家、学者组成专家组,分门别类建立专家库,发挥专家处理处置应急事故的经验和参谋作用。模拟环境演变信息系统:运用模型分析、实时预警、虚拟实境、三维模拟等高新技术,建立环境统计、分析模型,最终形成环境污染事故辅助决策系统,实现事故现场空气质量和饮用水水源水质的监测预警、预报系统。

建立和完善技术支撑系统:采用先进的监测、监控、清污设备和技术,先进的交通、通信设备和技术,污染事故自动化管理、监控系统。

建立危险废物、危险化学品分布数据库:对全市存在使用和产生危险化学品、产生危险废物的企业的分布情况纳入数据库管理,针对性地建立突发事故应急措施、办法,确保处置及时、到位并及时更新信息,做到相对准确。

开通使用全市地理信息系统和全球定位系统。

重点污染源在线监测(水、大气)数据接收分析处理系统。

全市大气环境和水环境自动监测网。

⑤"12369"环保举报热线系统。

设立应急指挥中心。成立环境应急与事故调查指挥中心,负责指挥、协调、监督各环保系统内部各部门在处理突发污染事故事件过程中的行动。环境应急与事故调查指挥中心设立在市"12369"环保举报受理中心。事件响应(接警):国家环保总局指令;市政府(值班室)、110转来情况通报;"12369"环保举报热线接到群众举报;区县环保部门向"12369"举报热线进行报告;重点污染源在线监测系统污染超标严重报警。

现场调度、指挥、协调及事件追踪。当日值班局领导、总队领导、"12369"中心负责人进入环境应急与事故调查指挥中心指挥调度;通过电子大屏幕实现电视电话会议图像传输功能,实时与国家环保总局和市政府、局领导保持联系,决策统一;通过卫星定位系统和全球定位系统,确认污染事故发生地位置、主要污染源、周边地理环境及居民分布情况;环境监察队伍远程呼叫及快速反应赶赴事发现场;重点污染源在线监测系统实时提供数据采集分析;调度市环境监测中心监测人员前往现场监测;通过专家库寻找对口专家,提出污染解决方案;实现多方通话,及时向领导汇报污染状况及处理进展情况;市政府值班室、卫生、消防、安监、海事等有关部门及时通报情况;环保系统内部协调。

实施步骤:

2006年成立应急指挥中心,完成应急预警软件系统,并投入使用。

2007年建立环境中心数据库80%的内容;建成和完善技术支撑系统;建成危险废物、危险化学品分布数据库。

2008年初步形成一套统一指挥、反应灵敏、协调有序、运转高速的污染事故预警处理应急机制。

2008—2010年建立环境污染事故辅助决策系统。

3. 环境保护信息化能力建设

(1)建立全市环境保护信息网络体系。

全市环境管理网络平台由"环保内网""环保业务网(环保外网,下同)"和"互联网"三部分构成,其中,"环保内网"和"环保业务网""互联网"之间采用物理隔离,"环保业务网"和"互联网"之间采用逻辑隔离。"环保业务网"依托市电子政务网建设,分为环境管理业务专网、环境管理协作网两部分。

①环保内网(涉密网)。

按国家和市政府有关规定建设实施。

②环境管理业务专网。

以现有市环保局局域网为基础,按照"市—区县—乡镇/街道"三级管理模式进行建设。在市环保局、局属单位、区县环保局建立环保局局域网;在乡镇/街道建立环保信息点。借助市电子政务网在市、区县两级之间搭建广域网,区县环保局网络负责所属乡镇/街道信息点的接入汇集。另外,为了确保业务数据的安全可靠,在业务专网内建立一个应急备援数据中心,应急备援数据中心与数据中心通过广域网互连,实现业务数据远程复制。

市环保局以环境管理业务专网为依托,实现环境管理、环境监察、环境监测、环境监控等环境管理业务和公文处理、日常办公等政务工作的电子化、网络化,并对区县环境管理业务进行指导,汇集区县环境管理数据,形成完整、动态的环境管理基础数据库。

③环境管理协作网。

环境管理协作网是实现数据交换和协作的基础,可分为纵、横两个方向的联系。

纵向。借助建设中的国家电子政务网络体系,与环保部环保外网互联,上报环境管理数据,获取全国环境管理信息和动态,并对环保部指挥的重、特大环境事件应急指挥进行响应。向下与区县政府连接,交换环境信息。

横向。依托市电子政务网,与政府、部门和服务机构进行互联,构成环境保护信息共享数据库,对外提供环境质量数据、环境统计数据、企业环境行为信用信息等,为政府宏观决策提供支持;与部门和服务机构签订协议,根据授权共享数据资源。

④环境信息公众服务网。

环境信息公众服务网与互联网连通,是环境管理公共服务系统的基础平台,支持环境管理部门使用呼叫服务系统、门户网站系统、电子邮件系统、短信系统和触摸屏、电子显示屏等形式,向公众提供多渠道的电子化信息服务。

通过公众服务网络,可以对外发布环境保护法律法规、办事指南、环境质量状况、环境管理动态等信息,开展网上申报业务,受理公众环境投诉,宣传和普及环境保护知识,促进环境管理工作的规范和透明,提高服务水平和效率,增强公众的环境保护意识。

(2)建设和完善环境保护数据库群。

环境保护数据库群由环境保护基础数据库、共享数据库和公众服务数据库构成,其中,基础数据库包括污染控制、环境质量、生态保护、辐射环境、综合管理和空间数据6个数据库。采用数据仓库、分布式存储和3S技术,规范数据接口,实现环境信息数据实时动态加载和信息资源共享。

①污染控制数据库。

通过污染控制应用系统自动加载建设项目、排污申报、排污许可、排污收费、环境监察、污染源(工业源、非工业源、危险源、流动源)、企业环保信用等信息;通过环境统计和定期调查整理,人工录入非工业点源、农村面源、区域流域整治等数据。

②环境质量数据库。

通过数据采集和传输网络,自动加载环境空气质量、地表水水质、功能区噪声、辐射环境和重点污染源自动监测监控数据;通过监测管理应用系统自动加载常规监测数据;通过收集整理,人工录入历史积存的纸质监测数据。

③生态保护数据库。

通过遥感解析获取土地利用、森林覆盖、水土流失数据;通过调查和协议共享,获取生态环境背景、生态统计等数据,森林、草地、湿地、地质等类型的自然保护区数据,珍稀、外来物种等生物多样性数据。

④辐射环境数据库。

通过辐射环境管理应用系统加载电离辐射(放射)、电磁辐射建设项目审批及环境影响评价数据,辐射工作安全许可证数据,放射源转移审批数据,行政处罚(辐射类)数据,放射性废物收贮信息数据;通过城市环境质量(辐射环境)动态监测子系统加载重点辐射源、放射监督监测数据和辐射环境质量监测数据;通过专项调查加载辐射环境背景数据。

⑤综合管理数据库。

包括环境保护规划、功能区划、政务信息、环保法规、环境标准、总量库、项目库、专家库、知识库、分析模型等数据。

⑥空间数据库。

包括多比例尺地形图数据、多分辨率遥感数据、全球定位数据、多比例尺数字地面模型数据等。

⑦共享数据库。

存储通过协作网导入、导出的环境信息。

⑧公众服务数据库。

存储通过互联网发布和接收的环境信息。

(3)建立环境数据自动采集系统。

建立环境数据自动采集系统和传输网络,实现连续、自动、定时监测和实时传输的过程数字化,及时反映环境质量和污染源的动态变化,为宏观决策提供科学有效的数据信息和综合分析,为环境管理提供支持。包括:

①城市大气环境质量监测数据采集系统。

由主城区、万州、涪陵、黔江和其他库区、影响区、上游区区县站车载式监测仪器与信息传输系统组成。

②地表水环境监测数据采集系统。

由三峡库区流域的长江干流、嘉陵江、乌江和19条重点整治次级河流的27个水质自动监测站与信息传输系统组成。

③重点污染源监测数据采集系统。

由200家重点污染源的废水、废气在线监测仪器设备与信息传输系统组成。

④城镇污水处理厂监测数据采集系统。

由重庆主城区、区县城区55个污水处理厂和30个重点城镇污水处理厂的废水在线监控仪器设备与信息传输系统组成。

⑤生活垃圾处理场监测数据采集系统。

由三峡库区、影响区、上游区的44个垃圾处理场和沿江89个重点城镇垃圾处理场的在线监测仪器设备与信息传输系统组成。

⑥生态监测数据采集系统。

由1个生态监测体系中心、2个生态监测体系分中心、16个重点生态监测站和22个基层生态监测站与信息传输系统组成。逐步实现数据共享，同步传递监测信息，结合遥感、卫星观测，达到从点到面多角度、全方位对全市的生态环境进行监测的目的。

（4）建设环境管理业务应用平台。

按"业务原子化、流程引擎化、展示空间化"的设计理念，构建集成化、网络化的环境管理业务应用平台，实现污染控制、环境质量、生态保护、辐射环境管理，环境质量预警、环境事件应急指挥以及环境综合管理、行政办公的信息化，覆盖环境管理的主体业务。

①污染控制管理信息系统。

污染控制工作以削减污染物排放总量和实现污染物达标排放为主线，环境监督管理以"建设项目审批、排污许可"为中心，环境监察以"现场监督与执法、污染事故处理、排污费征收"为重点。污染控制管理信息系统实现污染控制业务数据和信息的全面整合，推动污染控制管理工作的规范化、系列化和科学化，整体提高污染控制监督管理的水平和效率。

包括建设项目环境管理子系统、污染物总量控制子系统、固体废物和危险化学品管理子系统、机动车排放管理子系统、环境监察管理子系统、排污对象IC卡管理子系统、污染治理项目管理子系统、企业环境行为信用管理子系统。

②环境质量管理信息系统。

利用环境常规监测和自动监测技术，对环境空气、地表水、声环境、辐射环境、污染源排放进行监控，实现环境质量监测管理和动态评价，为污染控制、环境管理和决策提供科学依据。

包括环境监测管理子系统、污染源自动监测子系统、城市环境质量（环境空气、饮用水水源、声环境、辐射环境）动态监测子系统、库区水环境质量动态监测子系统。

③生态保护管理信息系统。

系统实现全市域生态数据收集、处理和应用的信息化，全面反映生态环境状况和变化趋势。通过空间遥感、常规调查和信息共享，实现城市生态、农业生态环境动态监测；通过GIS系统表现水土流失、森林覆盖、陡坡垦殖、面源污染、矿山治理与恢复等信息；通过对自然保护区、生态示范区、生态功能区和重点资源开发监管区域等生态保护和建设项目实施效果的评价，为制定生态保护措施和调整产业政策提供依据，提升生态保护的水平，促进社会和经济的可持续发展。

④辐射环境管理信息系统。

利用信息技术，管理全市范围内放射、辐射物质的产生、流动、消亡信息，为放射、辐射物质的绝对安全、合理分布、应急处理提供数据分析依据，提升辐射环境的监管水平和应急处理能力，保障公众及环境安全。

包括辐射环境管理业务子系统、放射性物质安全监督管理子系统、辐射环境安全监督管理子系统。

⑤城市环境质量预警系统。

系统对环境质量监测数据进行分析处理,综合气象、水文、地质、经济、社会背景信息,在 GIS 和分析模型的支持下,反映环境质量的时空变化特性和规律,科学分析影响环境质量变化的原因,实现环境质量预警、预报和监控。为实施环境管理决策提供技术依据,提高城市综合污染防治能力,推动城市环境质量的全面改善。

⑥环境事件应急指挥系统。

"12369"举报热线子系统。在现有"12369"环保举报受理系统基础上,利用 GIS、GPS 信息技术,查询和显示投诉地点及周边信息,调度车辆、人员,实现"快速反应、及时处置"。

环境事件应急指挥子系统。依托 GIS、GPS 和决策支持等信息技术,利用危险源、危险品、环境事件处理方法和预案,专家库、知识库、分析模型等数据,生成环境污染事件处理与控制方案,实时预测污染发展趋势,估算受影响的人群,评价财产损失状况,为应急处理、指挥、决策、督察、督办提供支持。

⑦环境综合管理系统。

环境规划管理子系统。在基础数据库和 GIS 平台的支持下,为环境规划、功能区划、总量分配等工作提供支持,跟踪管理规划的实施。

综合查询子系统。利用基础数据库生成上报数据,组合查询环境数据;在 GIS 平台上可视化表现环境质量状况、污染治理成效等信息。

环境决策支持子系统。利用数据仓库、分析模型、知识库等技术和资源,对环境容量、排污总量和环境质量的变化趋势进行综合分析,为综合决策提供支持。

⑧行政管理系统。

建设行政办公子系统。实现公文流转、事务处理、会议管理、信息管理、催办督办、事务提醒等功能;建设文档服务子系统,实现文档的归类、分级、存储与检索功能。

(5)建设环境信息资源共享平台。

基于政务信息、应用业务信息、外部信息的元数据库管理体系和树形分类目录结构,抽取基础数据库的相关数据,在政府业务网业务数据交换中心建立交换数据库,按要求向政府提供环境信息,实现信息检索和数据挖掘;按照数据共享协议、数据交换标准和接口,在授权范围内与相关部门共享信息资源。

(6)建设环境信息公众服务平台。

构建环境信息发布机制和管理体系,通过互联网、电子显示屏、触摸屏、多媒体光盘等形式,建立环境信息公众服务和查询系统。将政府内部的办公职能面向公众延伸,逐步开展政务公告,网上申报、投诉、举报、信访等业务;提供环境质量、环境管理等信息查询服务,宣传和介绍环境保护知识;提高政府工作的透明度,树立环保部门的服务形象,培养公众的环境保护意识。

(7)建立环境信息标准规范体系。

环境信息标准规范体系建设遵循国家及环保行业相关标准和规范,参照和选用相关国际标准和先进技术标准,结合环境信息化建设的实际需要,建设适应全市环境保护信息化的标准规范体系。

①网络基础设施规范。

基础通信标准、基础通信平台工程建设标准、网络互联互通和安全保密等方面的标准规范。

②应用支撑标准规范。

信息交换平台、信息交换、电子记录管理、日志管理和数据库等方面的标准。

③应用开发标准规范。

基础信息标准、元数据标准及其代码、电子公文格式、流程控制等方面的标准规范。

④信息安全标准。

提供安全服务所需的各类标准、安全级别管理、身份鉴别、访问控制管理、加密算法、数字签名和公钥基础设施等方面的标准规范。

⑤项目管理标准。

软件工程标准、验收与监理标准、系统测试与评估标准、信息资源评价标准等方面的标准规范。

(8)建立环境信息安全保障体系。

全市环境保护信息系统是一个相对开放的系统,与直属单位、区县环保局、国家环保总局、相关政府部门、排污者、服务机构以及互联网等相连接,安全环境复杂,必须建立动态安全防护体系,从物理安全、网络安全、应用安全、数据安全以及安全管理5个方面确保系统的安全、可靠、稳定运行。

①物理安全。

建设应急备援数据中心作为备份;配备UPS系统、备用发电机(或双路电源)防止设备掉电;在中心机房配备精密空调及防火、防水、防静电、防雷击、防电磁波等设备,防止核心系统的损坏。

②网络安全。

在环保内外网之间实行物理隔离,在环保外网与互联网之间实施逻辑隔离。系统配置漏洞扫描、入侵检测、防火墙和防病毒设备和系统,实施访问控制、安全评估、DMZ划分等一系列技术和手段来保证网络系统的安全。

③应用安全。

通过CA认证、应用服务访问控制、应用服务访问审计、应用服务逐级授权等多个层次实现严格的授权和访问控制,保障应用安全。

④数据安全。

采用信息分级制度,分级储存和访问数据;采用数据加密技术实现数据的传输和存储;建立授权和审计机制,全面控制数据的采集、加工和共享过程;建立数据备份和恢复机制。

⑤安全管理。

信息系统的建设和运用离不开具体操作的人,因此,人是计算机信息系统建设和应用的主体,同时也是安全管理的对象。全市环境管理系统将采取建立安全管理机构、完善安全操作流程、安全事故奖罚等安全管理制度,建立安全考核和签订安全保密契约等工作机制,组织安全培训等措施,实施严格的安全管理。

(9)培养一支高素质的环境保护信息化队伍。

培养一支既熟悉环境管理业务,又掌握信息技术的队伍,是全市环境保护信息化建设的关键一环。一方面要针对环保信息系统的应用,开展全员培训,切实发挥环保信息系统的作用;另一方面要开展信息化技术的专业培训,培养专门人才,保证环保信息系统的正常运行和不断完善。

环保信息系统的全员培训。到2007年底,通过全员培训,使市环保局机关95%、区县环保局机关60%以上的工作人员,能够在网络环境下熟练使用计算机及环保信息系统。

环保信息系统的维护与管理培训。面向具有计算机专业知识的环保人员,结合项目建设,通过各种培训手段,培养全市环保部门信息化建设和推广的专门人才。

4.环保产业发展重点和主要任务

大力开发环保技术和产品,继续开发空气污染治理、城市及工业污染处理、固体废物处理、节能环保等技术和设备,重点发展燃煤发电厂脱硫脱硝、垃圾收运和焚烧发电、船舶污水治理、节能低污染机动车发动机及排气净化装置、电除尘和袋式除尘、污水处理鼓风曝气、生物柴油、节电节能等洁净产品、环境监测仪器等领域的技术装备,并加快其国产化。通过引进、消化、吸收,加快废旧电子产品、废旧轮胎、报废汽车、危险废物等的资源循环利用,膜法处理污水、污水污泥再利用等技术装备的开发建设。按照市场经济规律,打破部门和行业保护,鼓励污染治理设施及城市污水处理、垃圾收运、填埋工业污染处理设施等的社会化运营,天然气加气站等节能产品成套设备生产,形成环保产品、洁净产品、资源循环利用、环境服务业有机结合的环保产业体系。

(1)环保产业分类发展重点和任务。

①环保产品生产。

大力发展环保及资源综合利用装备。构建环保产品制造基地,重点发展环保技术和成套设备。重点发展大气污染治理、城市和工业污水处理、固体废物处理等环保设备,以及各种资源综合利用装备。到2010年,环保产品生产实现销售产值63.6亿元,占规划产值的14.8%。环保产品重点发展内容和任务如下:

水污染防治技术和设备。城市和工业污水处理及再生水处理利用。重点发展日处理20万吨以上城市污水处理技术和成套设备,加快发展日处理10万吨以下小城镇及小区污水处理技术和成套设备;加速研制污水处理厂以及管网、泵站的计算机集散控制系统,提高设备成套能力和制造能力,解决产品品种少、稳定性差、寿命短等缺陷;开发适用广的低速多极离心鼓风机、潜水污水泵、新型曝气机等设备。重点发展水处理单元技术和设备,提高专业化生产规模,形成产品标准化、系列化。重点发展多功能组合式水处理技术和设备;重点发展用于食品、造纸、印染、化工、医药等行业的高浓度有机废水及垃圾填埋渗滤液处理技术和成套设备;重点开发表面处理、深度处理与净化消毒、中水处理及回收利用等技术和设备;研制生产不同类型悬浮固体废水处理设备及高效低处理费用的电镀废水处理设备。其中,重庆通用集团、重庆立洋汉斯、重庆香江环保产业有限公司、重庆江北机械有限公司、重庆远达水处理公司等公司生产潜污泵和曝气机、加药机、絮凝剂、卧螺离心机、压缩机、气浮机、沉淀槽、生物填料、过滤器、次氯酸钠发生器等水处理设备4000台套,实现产值41038万元。

船舶污染治理:重点发展船舶生活污水处理和船舶油水分离装备和垃圾收运装备。到2010年,重庆康达环保股份有限公司规划年生产船舶生活污水和油水分离处理设备1200套,实现产值10000万元,利税1740万元。

大气污染防治技术和设备。烟气脱硫:重点加速燃煤电厂石膏/石灰湿法烟气脱硫技术的引进、消化、吸收和替代进口。到2005年,具备200兆瓦以上机组烟气脱硫工艺设计,发展正压、浓相等气力输灰设备系列,尽快形成除尘、脱硫和输灰的成套设备生产能力。适当发展烟气循环流化床脱硫、炉内喷钙尾部增湿活化脱硫等干法和半干法脱硫技术和装备,满足中小机组和老机组的烟气脱硫改造需要;大力发展应用于一般工业锅炉、炉窑烟气脱硫脱氮的技术设备,如旋流板塔设备、双碱法处理设备等。其中,中电投远达环保工程有限公司、华晨环保设备工程有限公司规划2010年电厂烟气脱硫工程总承包、设备制造实现产值16.5亿元。

烟气除尘:重点开发新型电除尘器和袋式除尘器,拓宽应用领域,满足高排尘行业除尘需要。电除尘器:改进极板材料性能,开发稳定可变供电装置,提高自动化监测和控制能力,适应高温、强腐蚀、高浓度、高比电阻的烟尘收集。袋式除尘器:加速开发处理能力在10万米^3/时以上、耐温250℃以上、寿命3年以上的袋式除尘器,开发燃煤火电站脱硫除尘、城市垃圾处理、燃煤工业炉窑等袋式除尘设备。改善设计,实现高滤速、低阻力,大幅度降低使用成本,进而发展200万米^3/时的袋式除尘器。积极开展高效实用的油烟净化器。其中,重庆渝江机械设备有限公司、重庆四维环保公司、重庆中建机械制造厂等公司生产各式布袋除尘器、喷雾塔、电除尘器、大气粉尘控制设备及各种空气污染处理设备1200台套,实现产值54559万元。

汽车尾气处理设备:开发汽车尾气净化器整体设计与制造;推广应用无铅汽油、电控燃油喷射、三元催化转化器、二次空气引入或废气再循环等先进技术和产品。其中,重庆海特环保技术有限公司生产汽车尾气净化三元催化剂及汽车、摩托车尾气消声器350万台套,实现产值20亿元;秦川实业集团汽车尾气污染治理设备、重庆三元星环保技术有限公司柴油车尾气净化设备等,共实现产值29亿元。

工业废气处理设备:发展高效节能催化燃烧、碳纤维回收利用及其他高效有机废气治理设备,工业有毒气体、恶臭气体的治理设备,解决垃圾焚烧尾气的控制技术和设备。

固体废弃物处理技术和设备。以开发城市生活垃圾处理设备为重点,发展垃圾无害化、减量化、资源化处理的成套设备,餐厨垃圾处理技术和设备,有毒有害物处理技术和设备;发展城市垃圾卫生填埋技术和成套设备,包括填埋专用机具、填埋气体回收利用工程成套技术装备。发展垃圾收集、分选等前处理技术和装备,城市垃圾焚烧技术和成套设备;研制和开发大型垃圾堆肥技术和装备,主要是低成本堆肥技术和装备、有机垃圾厌氧消化技术和装备。发展有毒有害废物密闭式贮运技术和设备,专用高温氧化焚烧系统成套设备和技术,以及畜禽养殖粪便处理技术和设备。

重庆三峰环境产业公司、中天环保产业集团有限公司、重庆耐德股份有限公司、重庆燎原有限公司、重庆环卫控股集团等成套设备、垃圾焚烧逆推机械炉排炉设备,以及鲁奇炉燃烧设备生产、环卫车生产等实现产量3500台套,实现产值13.4亿元。

环境监测仪器仪表。重点将自动采样、数据采集处理、远程终端控制等高新技术应用到各类环境监测仪器仪表中,增强功能,提高设备稳定性、智能化、精密度。加快发展废水、烟气排放在线监测技术和成套设备,污水、垃圾等污染治理设施的自动化控制系统。重点发展水质环境监测仪器及系统、大气环境监测仪器及系统、污染源监测仪器(汽车尾气、烟气等监测系统)、噪声监测仪器、规模化生产污染事故应急监测仪及报警器、便携式现场快速直读型测量仪等。

中国四联仪器仪表集团有限公司18000台套各类环境监测仪,实现产值3.8亿元;重庆华天环保技术有限公司生产监测仪器1万套,重庆华正水文仪器厂1200套等,以上共实现年产值6.87亿元,利税21382万元。

清洁生产、生态保护技术和设备。重点发展资源与能源利用率高、污染物产生量少的清洁生产工艺、技术和设备。包括电力行业高浓度输灰工艺、干排渣工艺;纺织行业高效印染洗涤工艺;石化行业油污水回注、油田稠油污水深度处理工艺和设备;造纸行业制浆洗涤系统闭路循环工艺和设备;冶金行业干熄焦、空气冷却工艺和设备;等等。发展无毒、无害或低毒、低害原料技术替代有毒、有害原料技术;发展农业废弃物的资源利用技术和设备。

重点发展水土保持技术和装备,积极发展节水农业、旱作农业、生态农业、植树种草等方面的技术和装备。

环保材料和药剂。增加工业滤料品种,提高产品档次,特别是开发为袋式除尘器配套的耐高温(250℃)、抗结露、长寿命的新型滤料,替代进口并扩大出口;发展汽车排气净化催化剂、微波冷启动催化剂;发展应用范围广和新型高效的絮凝剂、助凝剂、水质稳定剂、分散剂、杀菌剂、消毒剂、脱色剂等新型水处理药剂,逐步实现规模化生产;加快无磷洗涤助剂的开发与生产;发展生物膜材料,新型填料,高性能吸、隔声材料等环保材料。其中,重庆清源环保集团有限公司、重庆立洋汉斯环境工程有限公司、重庆逸境环保工程有限公司等实现年产值10000万元。

节水、节能技术和设备。重点开发应用高耗水行业的节水技术和设备。主要是电力行业高浓度输灰工艺、干排渣工艺技术和设备;纺织行业高效印染洗涤工艺、无水及节水型印染工艺技术和设备;石化行业油污水回注、油田稠油污水深度处理工艺和设备,以及再利用工艺和设备;造纸行业制浆系统闭路循环工艺、白水(中水)回收利用工艺和设备;冶金行业干熄焦、空气冷却工艺和设备。发展工业污水处理后回用于工艺水、循环水及杂用水的技术和设备,提高循环冷却水浓缩倍率及回收利用冷却水工艺和设备;发展城市污水综合回用技术和设备,以及各种节水器具,研究开发高效空冷工艺技术、微滤净化处理设备及工业冷却水的循环使用设备。

②洁净产品。

大力发展从产品设计、原料获取、生产制造、销售使用、最终废弃物处置全过程均符合特定环保要求,节约资源和能源的低公害产品。重点发展无公害食品、绿色食品、有机食品、现代中成药、生态服装、低公害生活用品、低公害包装材料和塑料替代品、无氟节能家电、低公害建筑材料和生态住宅、洁净煤和无铅汽油等清洁燃料、低毒低残留农药、无公害生物型和植物源农药、低噪声产品、不含汞电池、太阳能供暖等低公害产品和技术。

到2010年,洁净产品生产产值90亿元,占规划产值的20.94%,实现利税19亿元。其中:

节约资源型产品生产:发展散装水泥、新型墙体材料及其他节约资源型产品的新技术和新装备。

节能、低毒低害产品生产:重庆臻诚动力机械开发有限公司实施节能、低排放、低噪声的汽车、摩托车用及通机用节能环保活塞环8000万件,2010年实现产值80亿元,利税17亿元。中国四川维尼纶厂生产低毒低害VAE产品17万吨,销售产值40000万元,利税12000万元。重庆超安科技生产节能、低排放、低噪声产品及生产生物柴油10万吨,创产值40000万元,利税6800万元。重庆耐德工业股份有限公司生产低毒、低害、低排放、节能产品质量流量计,加气(油)机1800台,创产值9320万元,实现利税750万元。其他还有后勤工程学院环保科研所工程部、中国四联仪器仪表集团有限公司、重庆汉斯精细化工有限公司等生产的有机产品和节能产品,以及低毒、低害、低排放产品,创产值10520万元,实现利税1900万元。环保服务业、咨询综合利用是环保产业的支柱产业。

③环境保护服务业。

重点从以环保技术、环境影响评价和监测为主的环境服务向集环保技术、投资、管理、信息、监测、风险评估、环境影响评价等于一体、综合性的服务方向发展。重点发展环境工程设计、施工和工程总承包,以及环保技术与产品开发、环境监测服务、环保技术服务与咨询、污染治理设施运营与管理等。包括融资、设计、设备成套、安装、调试和运行服务,发展环境污染治理服务和专业化环保设施运营服务。

到2010年,规划环境保护服务业实现销售年产值91.98亿元,占规划产值的21.4%。其中:环境工程设计与施工、咨询服务、环境监测服务、环保技术与产品开发、环境贸易与金融服务等创收73.58亿元。城市污水、垃圾、工业废水环保治理设施运营收入根据全市环境保护规划,到2010年,城市污水排放量将达到14.54亿吨/年,污水处理率将达到80%。工业废水产生量达到10.79亿吨,污水处理率达到98%,垃圾产生量增长率按全市环境保护规划将增长1.54倍,考虑污水、垃圾的收集率,按75%计算,运营产值可达18.4亿元。

④资源综合利用。

资源综合利用重点发展工业"三废"综合利用、再生资源回收利用、工业废水减排及循环利用、共伴生矿产资源综合利用等。

规划2010年,资源综合利用,包括再生资源利用,共实现产值184亿元,占规划产值的42.82%,实现利税21.6亿元。其中:根据全市再生资源回收利用体系建设规划,到2010年,全市回收的再生资源总价值可达46.3亿元。

工业"三废"综合利用:发展大掺量、高附加值和低成本工业废渣建材产品技术和装备。主要是粉煤灰、煤矸厂、电厂脱硫石膏、硫酸渣等工矿废渣利用技术和产品;以煤矸石、石煤等低热值燃料为主,利用循环流化床锅炉燃烧发电技术;各种废液、废气综合利用技术和产品;造纸碱回收、酒精糟液综合利用技术;工业垃圾的资源化、无害化和减量化处理及利用技术。

工业废水减排及循环利用:规划到2010年投资19.68亿元,实施78个子项目。

共伴生矿产资源综合利用:发展金、银、钛等稀有有色金属回收新工艺;以高岭土超细、增白、改性为重点,带动铝矾土、硅藻土等综合利用技术的发展。

再生资源利用:重点发展废金属、废旧家电、废橡胶、废塑料、废玻璃、华工及造纸原料、报废汽车机械化处理等再生资源二次利用技术、工艺和装备。"十一五"期间,全市再生资源回收利用体系建成后,全市回收利用总量预测可达183.3万吨,其中废钢铁92.4万吨,废纸43.8万吨,废有色金属2.92万吨,废塑料17.5万吨,废橡胶2.9万吨,其他废弃物资5.84万吨,全市回收的再生资源总价值可达46.3亿元,年利税总额可达到2.314亿元。整个体系建设13个项目,总投资33830万元,包括再生资源回收网络,江南、北部、西部、万州、涪陵、黔江、废旧金属7个交易市场,废橡胶、废旧塑料、废纸、废铝、废旧电子5个加工利用中心。

(2)发挥优势,扶优扶强,培育重点优势环保产业企业。

到2010年,培育和支持7家年产值(收入)达10亿元的环保产业龙头企业,培育29家达亿元以上、10亿元以下的全市环保骨干企业。

①培育和支持年产值(收入)10亿元以上的环保产业龙头。

中电投远达环保工程有限公司:实施电厂烟气脱硫、脱硝、水处理工程设计、施工、节能产品生产、核废料处理、新能源环保等,实现年产值20亿元。

重庆三峰环境产业公司:引进消化垃圾焚烧发电全套工艺,以及逆推炉排炉、喷雾塔等核心部件制造技术,对垃圾焚烧发电厂进行投资、供货、技术服务、设计施工总承包及运营管理,实现年产值20亿元。

重庆康达环保股份有限公司:生产船舶生活污水和隔油分理处理成套设备,环境工程设计、施工,环境工程BOT、TOT、BT投融资和设施运营,年实现产值12亿元。

重庆海特环保技术有限公司:生产汽车尾气三元净化消声器、净化三元催化剂、摩托车尾气净化消声器350万台套,实现年产值20亿元。

重庆臻诚动力机械开发有限公司:自主开发生产的节能、低排放、低噪声汽摩用及通机用节能环保活塞环,年产8000万件,创产值年80亿元。

中国四联仪器仪表集团有限公司:生产垃圾收运系统产品,环保工程自动控制系统,气体、水质等环境监测仪器,气体分析成套系统等监测仪器20260台套,实现产值13.731亿元。

中冶赛迪工程技术股份有限公司:环境工程设计、施工150项,服务收入10亿元,环境咨询服务40项,服务收入1000万元,合计服务收入10.1亿元。

②培育和支持29家年产值上亿元至10亿元的环保产业骨干企业。

重庆绿色科新环保发展有限公司:属全市农业生态产业龙头企业,从事生态工程建设运营管理和技术服务。2010年实现年产值5000万元。

重庆彭鑫冶金有限公司:从事废铝的综合再生利用,生产合成铝、电解铝,2010年创年产值9亿元,利税8370万元。

中梁山煤电气有限公司:瓦斯气、煤矸石、矿井水、长江漂浮物、劣质煤利用,创年产值7.54亿元,利税1.35亿元。

中天环保产业集团有限公司:生产固体废弃物焚烧设备,环境工程设施、施工创年产值6.2亿元,利税5900万元。

重庆渝江机械设备有限公司:从事空气污染治理设备、袋式除尘器、电除尘器、水泥铺机的生产,环境工程设计、施工等,2010年,实现年产值2.4亿元,实现利税1725万元。

重庆水务集团:城市污水处理厂设施建设和运营。

重庆环卫集团:城市垃圾处理场设施建设和运营,餐厨垃圾处理和运营。

其他还有重庆秦川实业集团有限公司、重庆耐德工业股份有限公司、全市国升道路改性有限公司、中国石化四川维尼纶厂、重庆超安科技发展有限公司、重庆华天环保技术有限公司、重庆渝永电力股份有限公司、重庆三元星环保技术有限公司、重庆泰克环保工程设备有限公司、重庆长寿化工有限责任公司、重庆渝江机械设备有限公司、重庆长江环保建设有限公司、重庆汽车压缩机厂有限公司、重庆财信企业集团有限公司、重庆通用工业集团有限公司、中国人民解放军后工环保科研所工程部、重庆立洋汉斯环境工程有限公司、重庆市环境保护工程设计院有限公司、国营建安仪器厂、重庆华晨环保设备有限公司等23家。

（3）大力推进科技创新，培育和发展一批环保产业技术中心。

烟气脱硫技术中心：中电投远达环保工程有限公司引进日本、奥地利烟气脱硫技术，并拥有真空胶带机专利，将以上技术、专利投入应用，培育和发展电厂烟气脱硫技术中心。

垃圾焚烧发电技术中心：重庆三峰环境产业有限公司引进消化了德国马丁垃圾焚烧发电逆推式炉排炉和烟气喷淋塔制造技术，培育和发展垃圾炉排炉焚烧发电技术中心。

污水处理技术中心：重庆康达环保股份有限公司从事工业废水、城市生活污水治理10余年，具有综合污水处理的专业技术，并引进消化了日本大晃机械工业株式会社船舶污染和含油废水治理成套设备制造技术，培育和发展康达环保股份有限公司水处理和船舶污染治理成套设备制造技术中心。

生态工程技术中心：重庆绿色科新环保发展有限公司建设和运营占地33.3公顷的玉峰山生态园工程，拥有生态工程建设运营管理技术，培育和发展生态工程技术中心。

固废焚烧炉制造企业技术中心：中天环保产业（集团）有限公司引进德国鲁奇炉固体废物焚烧制造技术，培育和发展固废焚烧炉制造技术中心。

垃圾收运成套设备制造技术中心：重庆耐德工业股份有限公司引进消化了芬兰、荷兰、日本等国的垃圾收集、压缩、运输系统设备制造技术，培育和发展垃圾收运成套设备制造技术中心。

城市垃圾填埋处理和运营技术中心：重庆市环卫控股（集团）有限公司建设和运营了2500吨/天的垃圾填埋处理场，具有城市垃圾填埋处理技术。培育和发展城市垃圾填埋处理和运营技术中心。

城市污水处理厂建设运营技术中心：重庆市水务控股（集团）有限公司具有建设和运营城市污水处理厂的技术能力，培育和发展重庆水务集团为城市污水处理厂建设运营技术中心。

除尘设备制造企业技术中心：重庆渝江机械设备有限公司自主开发和吸收国内外先进除尘技术的能力，已能提供在专用生产线上生产的各型极板和极线，具有先进的生产技术和装备。重庆四维环保设备厂拥有耐高温、高湿、高浓度袋式除尘技术。培育和发展渝江机械设备有限公司、重庆四维环保设备厂除尘设备制造技术中心。

机动车尾气治理企业技术中心：重庆海特环保技术有限公司汽车尾气净化器等已被科技部、国家环保总局授予"国家重点新产品"，并具有60余名技术研发人员，培育和发展海特汽车尾气净化产品制造技术中心。

机动车节能环保企业技术中心：重庆臻诚动力机械开发有限公司自主研发取得了多种专利，生产汽车、摩托车用及通机用节能环保活塞环专利技术，已被投入生产和市场，并将取得巨大的经济效益，培育和发展臻诚动力机械开发有限公司汽、摩节能环保产品技术中心。

天然气利用企业技术中心：重庆气体压缩机厂，天然气加气站成套设备制造已形成能力，培育和发展天然气企业技术中心。

此外，还应在其他如环境工程技术，环保材料、药剂，城市污染、工业污染治理核心技术，关键设备制造能力等方面确立全市的环保产业自主创新技术中心。

（三）规划执行与变更

1. 提高了环境监测能力建设

"十一五"环境监测能力建设规划项目经费32314万元。2006年至2009年，已投入经费29366

万元(其中中央专项15959万元,市财政10907万元,区县财政2500万元。不含污染源自动监测设备投入,已申报的国家环境监测监察用房建设项目补助和17个县级站标准化建设设备补助项目)。2010年,各级财政还要投入。从经费投入看,将超额完成规划。

40个区县形成实验室监测分析能力平均79项,较"十五"末增加了20项。市监测中心形成监测能力400项,较"十五"末增加193项。基本实现市监测中心跨入先进省级站行列,形成满足国家监测技术路线所要求的全部项目的监测能力,6个片区中心实现区域性特征污染物的监测能力,40个区县站实现环境常规监测能力的规划目标。

全市已建成空气自动站46个(规划46个),降水自动采样系统47套;已建、将建水质自动站14个(10+4,规划17个);建成主城功能区噪声自动监测站21套(规划是购置仪器);建成二噁英实验室,部分区县实验室完成建设和改造;完成含废水117套、废气116套(规划水27家、气75家)的污染源在线监测系统,基本形成环境监测信息系统。

构建了由一个应急监测中心和6个应急监测分中心组成的全市应急监测网络。为40个区县配备了监测车。为库区9个区县配备了监测船、便携式分析设备及水上救生设备等应急监测设备,为市监测中心配备了流动监测车,建成了集应急监测、监督性监测、在线比对监测等多功能现场监测为一体,平战兼顾的流动实验室。

2. 增强了环境执法能力建设

全市环境执法能力建设"十一五"规划制定以来未进行修编。2006年以来,全市环境监察队伍按照全市环境保护的中心工作和市环保局目标任务,紧密围绕主城区大气污染防治和三峡库区水环境保护两大重点,加大环境执法力度,严厉打击环境违法行为,环境监察各项工作取得了新的进展。"十一五"规划实施情况和存在的问题情况如下:

(1)执法能力规划实施情况。

①队伍建设得到进一步加强。

机构人员。"十一五"规划中,市环境监察总队和24个区县环境监察机构应实现一级标准化建设目标,16个环境监察机构应实现二级标准化建设目标,40个区县完成中(大)队机构设置。

规划实施至2010年,全市41个环境监察机构已全部完成"推公"工作,依照国家公务员制度进行管理,并有14个环境监察机构升格为副局级单位。全市环境监察岗位总编制数1905人[其中市级和区县级环境监察机构总编制数为916人,街道(镇、乡)级环保员989人],实际在岗人数610人[其中市级和区县级环境监察机构591人,街道(镇、乡)级环保员19人]。2006年,市环境监察总队通过国家一级标准化建设达标验收;截至2009年底,40个区县中已有26个区县完成国家一级标准化建设达标验收工作,到2010年底,全市70%的区县将达西部一级,剩余30%的区县将达西部二级。

硬件装备。"十一五"规划投入资金15209.65万元用于重庆环境监察能力建设,通过积极争取中央、市级财政支持以及区县企业自筹等多种方式筹集资金,截至2009年底累计投入建设资金8839万元。全市41个环境监察机构拥有办公用房11461米^2,执法车辆和应急车辆192辆,摄像机、照相机、烟气黑度计、声级计、酸度计、录音笔、水质快速测定仪等取证设备1471台套,传真机、计算机、电话、打印机等办公设备1892台套。

业务培训。各级环境监察队伍坚持进行职业道德教育,以及工作纪律、环保业务学习,提高执法人员的事业心、责任感和集体荣誉感。通过学习培训,执法人员全面系统地学习了环境保护法律法规,掌握了环境执法程序及执法技巧,熟悉掌握了污染企业的生产工艺、产污、排污环节及其污染物排放规律和排污量,提高了执法人员现场执法水平,全面提升了队伍素质,加强了队伍建设。

②环境监察执法工作进展顺利,信息化建设初显成效。

建成"12369"环保举报受理热线,2010年来共受理群众投诉近18万件,其中市环境监察总队直接处理6万件,区县环保部门和其他相关部门处理12万件,使一批群众关心的环境热点、难点问题得到了切实解决,做到了群众投诉"件件有回复,事事有回音"。

建成环境应急指挥系统,加强了环境污染事故应急处置的信息化建设,对易发生污染事故的单位建立了污染源及污染事故隐患动态档案。从2006年以来,全市各级环保部门已成功处置了"开县高桥镇井漏事件""泸州发电厂柴油泄漏""铜梁久远河煤焦油泄漏"等107起环境突发事件,获得了环保部和市政府的好评。

建成排污收费软件系统,进一步规范了排污费申报、核定、征收工作。2006年1月1日至2009年9月30日,全市共征收排污费14.78亿元。

建成行政处罚系统,按照市政府的统一部署,在监察、司法、工商、安监等部门的积极参与和大力配合下,全市上下深入开展了环保专项行动。2006—2010年,市级共发出环境保护行政处罚3045件,罚款实际收缴入库1.12亿元,对未依法履行的行政处罚决定向法院申请强制执行321件。

严格按照国家污染源自动监控建设规范,积极推进企业现场端和市区两级监控中心建设,完成了《重庆市污染源自动监控管理办法》《重庆市污染源自动监测监控系统运行维护管理规范》等办法和规范性文件的起草工作。2010年,全市已实现国家自动监控中心、升级改造后的重点污染源监控市级监控中心与新建的7个区级自动监控分中心三级联网,并且已完成188家重点企业自动监控系统的建设,并与环保部门联网。同时,在线监测系统已开始应用于企业违法排污行为查处和排污费征收,2006年以来,已根据在线监测数据对20家企业的139次超标排污行为做出351次行政处置,对33家企业征收了排污费。

(2)存在的问题。

全市环境监察机构建立四级完备的环境监察体系。由于区县机构调整,设置乡镇一级环境监察机构一部分区县尚未完全完成。

"十一五"规划中计划将渝中、江北、沙坪坝、南岸、九龙坡、大渡口、北碚、渝北、巴南、长寿等的环境监察机构纳入市环保局直接管理机制,由于条件不成熟尚未完成。

3. 环保信息化逐步建立完善

方案实施以来,全市在全国率先成立了重庆市环境监察总队,并先后组建了信息中心,市环保局经开区、高新区分局,市辐射环境监督管理站,市固体废物管理中心,"12369"环保举报受理中心,环境工程评估中心和汽车尾气污染管理中心,在万州、涪陵和黔江成立了"12369"环保举报受理中心分中心,渝北、北碚、黔江和奉节等部分区县的重点乡镇设立了环境保护站。市环境监察总队被市政府授予"2003—2004年度重庆市十佳执法机构"的荣誉称号,并升格为副厅局级的环境执法单位。"12369"环保举报受理中心被评为全市青年文明号,并被团中央评选为全国青年文明号。此外,市环保局已基本实现了无纸化办公,全市环保系统实现了联网运行,通过开发系列应用软件,全市环保信息化得以逐步建立并完善。

4. 环保产业稳步发展

在充实政府专业环境监管队伍的同时,也激励社会环保产业的发展,使得环保事业社会化、多元化,全民为环保负责。1999年,全市环保企事业单位150余家,从业人员33600多人,环保产业产值2.6亿元;2008年,全市环保企事业单位增至729家,从业人员5万余人,环保产业产值达到100多亿元。

第三章　环境标准

环境标准(environmental standards)是为了防止环境污染,维护生态平衡,保护人群健康,对环境保护工作中需要统一的各项技术规范和技术要求所做的规定。具体来讲,环境标准是国家为了保护人民健康,促进生态良性循环,实现社会、经济发展目标,根据国家的环境政策和法规,在综合考虑本国自然环境特征,社会、经济条件和科学技术水平的基础上规定环境中污染物的允许含量,污染源排放污染物的数量、浓度、时间和速度,以及监测方法和其他有关技术规范。环境标准具有法律效力,同时也是进行环境规划、环境管理、环境评价和城市建设的依据。

第一节　地方污染物排放标准

除认真贯彻执行国家相关环境标准以外,市环保局和市质量技术监督局根据重庆市的实际环境问题,积极推进制定了《重庆市产业环境准入标准》等地方标准,引导全市经济结构和产业布局优化调整。针对重庆市主城区大气污染较重、渝西地区水资源缺乏和三峡库区水环境敏感的实际情况,制定实施包括资源能源利用和污染物排放效率等在内的环境准入制度,严格控制发展资源能源利用效率低、排放效率低的产业。2010年,已制定实施了《重庆市产业环境准入标准》《重庆市锶盐工业污染物排放标准》《重庆市燃煤电厂大气污染物排放标准》和《重庆市水泥工业大气污染物排放标准》等一系列地方标准,详见表4-29。以此引导、促进经济结构和产业布局优化调整,促进产业升级。同时,为促进解决现实问题和"十二五"期间的环境问题,完善环境管理规范化体系,推进环境质量的进一步改善,市环保局于2009年10月29日发出关于征集重庆市环境保护地方标准需求的函,指示各区县环保局结合实际情况,认真研究,将制订地方环境保护标准的需求和建议反馈给市环保局。通过制定并实施严于国家标准的地方标准,严格环境准入,从严控制新上工艺落后、能耗高、污染重的项目,引导、促进经济结构和产业布局的优化调整。

表4-29　　　　　　　　　　重庆地方污染物排放标准

序号	内容	出台时间
1	重庆市产业环境准入标准	2006年
2	重庆市锶盐工业污染物排放标准(DB50/247—2007)	2007年1月1日发布,2007年2月1日实施
3	重庆市燃煤电厂大气污染物排放标准(DB50/252—2007)	2007年12月20日发布,2008年7月1日实施
4	重庆市水泥工业大气污染物排放标准(DB50/251—2007)	2007年12月20日发布,2008年7月1日实施
5	《点燃式发动机在用汽车稳态工况法排气污染物排放限值》(DB50/344-2010)	2010年1月15日发布,2010年3月1日实施
6	《压缩式发动机在用汽车加载减速法排气烟度排放限值》(DB50/345-2010)	2010年1月15日发布,2010年3月1日实施

第二节　标准化工作规范

市环保局于2001年实施标准化工作规范,至2010年开展了以下工作:

2001年,组织了1期重庆市环保系统ISO14000体系培训班;在重庆市经济技术开发区举办了政府管理人员ISO14000体系知识讲座;参与ABB公司ISO14000体系认证工作。

2002年,组织制定并发布《重庆市饮用水源保护区划分技术规范(试行)》。

组织开展全市饮用水水源保护区现状调查与划分工作,配合市政府颁布了《重庆市饮用水源保护区划分规定》《重庆市城市区域环境噪声标志适用区域划分规定》《重庆市地面水域适用功能类别划分》《重庆市水域适用功能类别划分》《重庆市环境污染物排放物料衡算技术方法(试行)》。

编制《环境标准工作手册》第一、二册。

2003年,开展了医院废水、固废等污染物处理标准、技术规定等的公示宣传工作。

2004年,举办全市环境标准培训班,就执行《地表水环境质量标准》《生活垃圾填埋污染控制标准》《生活垃圾焚烧污染控制标准》《城镇生活污水处理厂污染物排放标准》等环境标准过程中存在的问题进行了释疑解难。

制定了《重庆市城镇生活污水分散式处理设施运行管理技术规程》。

2005年,(1)开展地方标准的制定工作。已启动重庆市建设工地扬尘污染物排放标准及测量方法的制定工作,重庆市火电冶金建材行业及其他工业炉窑大气污染物排放标准制定的基础研究工作。重庆市锶盐工业污染物排放标准研究工作已完成征求意见稿。

(2)修订的《重庆市城市区域环境噪声标志适用区域划分规定》已完成市政府备案并下发各区县。开展《重庆市地面水域适用功能类别划分》调整的前期准备工作。

(3)完成了环境标准管理的日常工作。根据国家环保总局要求,组织对15项国家环境标准、技术规范征求意见稿进行了研究,征求了有关部门和单位的意见,提出了修改建议。

(4)根据国家环保总局发布的《现行国家环境保护标准目录》和《现行环境保护行业标准目录》,收集了所有标准的电子版本以及国家环保总局近年来对标准的修改和解释文件等,形成了较为完整的环境标准信息体系。同时组织编印《环保标准工作手册》(第三册),收录了国家环保总局自2003年11月以后批准发布的国家环境标准以及国家环保总局近年来对有关省、市、自治区在执行环境标准中相关问题的复函等。

⑤组织开展国家新颁布的环境标准以及与重庆市环境管理密切相关的环境标准的培训,提高基层管理人员及排污单位对环境标准的认识和理解。

2006年,地方标准制定工作。完成了《重庆市锶盐工业污染物排放标准》制定工作,已上报政府批准发布。《重庆市建设工地降尘排放标准及测量方法》《重庆市燃煤行业大气污染物排放标准》和《重庆市造纸工业污染物排放标准》已完成标准文本及编制说明。

2007年,加强环境标准日常管理。

一是组织制定地方标准。完成了《重庆市锶盐工业污染物排放标准》的发布和备案工作,该项标准已被总局列入2008年国家标准制订计划,市环科院已展开研究;《重庆市燃煤电厂大气污染物排放标准》《重庆市水泥工业大气污染物排放标准》获市政府批准,已完成发布、备案工作;"重庆市榨菜行业污染物排放标准前期调研"已完成验收;"重庆环保信息化建设业务数据编码及报件数据分层技术规范""重庆市点燃式发动机汽车污染物遥感测量方法及限值前期调查研究"已完成年度研究任务。二是汇总印发《重庆市乡镇集中式生活饮用水源保护区划分方案》《重庆市地表水域适用功能类别划分调整方案》和《重庆市城市区域环境噪声标准适用区域划分调整方案》。三是制定《重庆市环境保护功能区划分调整方案》。计划2008年调整空气质量功能区划,2009年调整地表水功能区划。四是对23项国家环境标准和技术政策的征求意见稿提出了修改建议。

2008年,组织开展空气质量功能区划分工作,形成了划分方案送审稿,报市政府批准,印发各区县和有关市级部门、单位。组织制定国家标准《锶盐工业污染物排放标准》,市环科院正按计划开展相关研究。对12项国家环境标准和技术政策的征求意见稿提出了修改建议。收集整理了35项国家新发布的环境标准,并转发相关各处室、单位遵照执行。

2009年,加强环境标准体系建设。

通过制定与实施《重庆市工业企业环境准入规定》《重庆市锶盐工业污染物排放标准》《重庆市水泥工业大气污染物排放标准》《重庆市燃煤电厂大气污染物排放标准》等地方标准和规定,推动了相关行业的持续健康发展。组织制定重庆市《点燃式发动机在用汽车简易工况法排气污染物排放限值》和《压缩式发动机在用汽车加载减速法排气烟度排放限值》等地方标准,市政府已批准执行。正进行《重庆市锶盐工业污染物排放标准》上升为国家级标准的组织起草工作。

2010年,加强国家环境标准的宣贯和培训,完善地方环境标准体系。

(1)发布重庆市《点燃式发动机在用汽车稳态工况法排气污染物排放限值》(DB50/344—2010)和《压燃式发动机在用汽车加载减速法排气烟度排放限值》(DB50/345—2010)两项地方标准;启动《重庆市大气污染物综合排放标准》和《重庆市化工园区水污染物排放标准》两项标准的制定工作,已完成标准初稿;《重庆市餐饮船舶生活污水污染物排放标准》已通过专家审查,完成网上公示。

(2)完成56项国家标准和技术政策在市环保局系统的征求意见工作。

(3)收集整理了2009年12月底以前国家修订或新出台的环境标准,编印完成《环境标准汇编》(第四册)。

第四章　排污费征管与使用

排污收费制度是对排污者排入环境的污水、废气、固体废物和放射性废物等各类污染物,按一定标准或规定收取一定数额费用的制度。排污费分为污水排污费和污水超标排污费、废气排污费、工业固体废物或者危险废物排污费、超标准噪声排污费。缴纳排污费后并不免除排污者的治理责任。排污收费制度具有法律强制性,排污单位必须按期缴纳,逾期不缴者,每天征收滞纳金0.1%;拒缴者,环保部门可处以罚款,并可申请法院强制执行。排污收费制度贯彻对新污染源征收从严的原则,新建项目排污超过标准的,实行加倍收费。对缴纳超标排污费后仍达不到排放标准的排污单位,从开征的第3年起,每年提高征收标准5%,即实行累进制收费。排污费可计入成本,但滞纳金、提高征收标准费、加倍收费等不得计入成本。征收的排污费纳入预算内专项资金管理,实行专款专用,主要用于补助重点排污单位治理污染及环境综合治理。排污收费制度是促进产业结构调整优化、倒逼污染企业关停并转迁、实施节能减排技术改造、强化污染控制最重要的经济手段,是衡量环境监管执法力度的重要标志,是遏制污染物排放的经济杠杆。排污收费是一种对排污单位的"内在约束力",与传统的行政手段"外部约束力"相比,具有促进环保技术创新、增强市场竞争力、降低环境治理与行政监控成本等优点。

1991—2010年,重庆市环保部门认真执行并不断拓展、创新排污收费制度,先行试点实施排污收费,从按浓度收费转变为按总量收费,率先提高排污费征收标准等,为全国排污收费制度创造了一个又一个先例。这些制度创新也为污染治理、产业结构调整、节能减排和环保部门自身建设、环保事业发展提供了资金保障。

第一节 排污费征收

1979年9月13日《中华人民共和国环境保护法(试行)》颁布,做了如下的规定:"超过国家规定的标准排放污染物,要按照排放污染物的数量和浓度,根据规定收取排污费。"市政府根据国家有关环保法律法规的规定,于1980年先行试点实施排污收费。1982年以后按照国家统一的《征收排污费暂行办法》执行。直辖之前1982—1992年的11年间,征收范围由863户扩展到3677户,年征收金额由843.21万元增加到4142万元。全市累计征收排污费2.84亿元,其中1986—1992年征收2.26亿元。排污收费强化了对排污单位的监督,促进了现有企业治理污染的积极性。同时排污费作为污染治理专项资金,以拨款或低息贷款方式支持了工业污染治理和环境综合治理,并为环保部门的业务建设如基层环保人员经费、科研、环保宣传教育,以及监测设备购置等硬件建设等提供了资金保障。实践证明,排污收费制度是控制工业污染的一项重要的经济政策,是现行的各项环境政策中影响最广泛、控制力度最大的政策。

重庆市在直辖前,对排污费的征收不够规范。环保部门由于对污染源缺乏科学的监测手段,说不清楚企业的污染排放情况,在核定企业排污费时,显得底气不足。同时,由于缺乏规范的征收程序,存在协商收费、人情收费,足额全面征收排污费十分困难。直辖以后,重庆市逐步增强了环境监测监管的能力,完善了《排污费核定通知书》《排污费核定说明》等文书的格式和内容,将核定排污费的依据、征收标准、核定方法、申请复核的途径和期限等内容,清楚地反映在文书中,环境监察部门收得清楚,排污单位缴得明白,全面足额增收排污费,促进了污染治理。同时,通过严格实行排污费集体研究核定制度,严格执行排污费的减、免、缓程序,有效避免了人情收费、协商收费。1991—1999年,重庆市排污费征收情况见表4-30。

表4-30　　　　　　　　　1991—1999年重庆市排污费征收情况表

年份(年)	排污费征收总额(万元)	年份(年)	排污费征收总额(万元)
1991	3443	1996	4600
1992	4142	1997	6023.7
1993	4234.6	1998	7598
1994	4130.5	1999	7890
1995	4393.5		

说明:此表数据出自《重庆年鉴》(1991—1999)环境保护目

2000年以后,由于环境影响评价制度和"三同时"制度的严格执行,有效控制了新增污染源,同时,由于强化了环境保护管理,强制淘汰或限期治理了一批不符合环境保护要求的企业,缴纳排污费的单位数量减少。另外,因为排污费征收总额由浓度控制向总量控制的转变,加上环境经济政策的不断创新,排污费征收总额仍然保持高速增长的趋势。"污染者负担"和"强化环境管理"等环境保护管理政策和排污收费等环境保护经济政策收效明显。直辖10年,全市共计征收排污费15.26亿元,其中,2006年征收排污费34796万元,是1996年排污费征收额的7倍。

第二节 排污费管理和使用

直辖后,重庆市对排污费的使用逐渐规范。直辖前至直辖初期,环保部门所有的开支基本上都是依靠征收的排污费。新的排污费征收使用条例实施以后,市环保局会同市财政局进一步规范了排污费的用途,采取收支两条线的管理方式,所有排污费进入财政专户,由财政部门和环保部门统一安排用于污染防治,环保部门所需经费由财政部门列入预算。2000—2010年,全市通过安排污染专项资金、无息贷款等方式,将收到的排污费绝大部分用在了污染治理上,增强了企业加强污染治理的积极性和主动性,提高了重庆市的污染防治水平,解决了一大批人民群众关心的突出的环境问题。2000—2010年,排污费收入及使用情况见表4-31。重庆市关于排污费征收的行政规章制度见表4-32。

表4-31　　　　　　　　2000—2010年重庆市排污费收入及使用情况表

指标	2000年	2001年	2002年	2003年	2004年	2005年	2006年	2007年	2008年	2009年	2010年
缴纳排污费单位数(个)	10676	11995	9509	10592	13444	12361	11120	9716	9901	9913	7446
排污费征收总数(万元)	8549.0	13103.2	12147.3	14065.9	18337.1	29445.3	34823.0	41730.0	45932.0	42541.0	42388.0
污水(万元)											
废气(万元)											
固体废物(万元)											
噪声(万元)											
排污费使用总额(万元)	7280.0	11999.4	11440.6	10549.8	9071.6	18336.9					

表 4-32　　　　　　重庆市关于排污费征收的规章制度

序号	内容	执行时间
1	《排污费征收标准及计算方法》	
2	《排污费征收使用管理条例》(国务院令第369号)	2003年7月1日
3	《排污费征收标准管理办法》	2003年7月1日
4	《排污费资金收缴使用管理办法》	2003年7月1日
5	《关于排污费征收核定有关工作的通知》	2003年4月15日

第五章　建设项目环境保护管理

建设项目环境保护管理政策很多(见表4-33),但主要是对新建、扩建、改建等开发建设项目和企业技术改造项目,实行环境影响评价制度和"三同时"制度。这两项管理制度的实施,保证了"预防为主、防治结合"方针在建设项目中得以贯彻落实,对控制新污染并带动老污染治理,收到了明显成效。重庆于1977年开始对工业基本建设项目实行"三同时"制度,20世纪80年代初开始推行环境影响评价制度。随着环境管理的加强,两项制度不断得到完善和规范化,实施范围逐渐扩大到工业技术改造项目和对环境有明显影响的非工业建设项目。

表 4-33　　　　　　　　建设项目环境保护管理文件

序号	内容	主要目的	施行时间
1	《中华人民共和国环境影响评价法》(中华人民共和国主席令第77号)	为了实施可持续发展战略,预防因规划和建设项目实施后对环境造成不良影响,促进经济、社会和环境的协调发展	2003年9月1日
2	《建设项目环境保护管理条例》(中华人民共和国国务院令第253号)	为了防止建设项目产生新的污染、破坏生态环境	1998年11月29日
3	《国家计委、国家环境保护总局关于规范环境影响咨询收费有关问题的通知》	为规范建设项目环境影响咨询收费行为,维护委托方和咨询机构的合法权益,提高建设项目环境影响咨询工作质量,促进建设项目环境影响咨询业的健康发展	2002年1月31日
4	《建设项目竣工环境保护验收管理办法》(国家环境保护总局令第13号)	为加强建设项目竣工环境保护验收管理,监督落实环境保护设施与建设项目主体工程同时投产或者使用,以及落实其他需配套采取的环境保护措施,防治环境污染和生态破坏	2002年2月1日

续表

序号	内容	主要目的	施行时间
5	《专项规划环境影响报告书审查办法》（国家环境保护总局令第18号）	为规范对专项规划环境影响报告书的审查，保障审查的客观性和公正性	2003年10月8日
6	《环境影响评价审查专家库管理办法》	为了加强对环境影响评价审查专家库的管理，保证审查活动的公平、公正	2003年9月1日
7	《关于加强建设项目环境影响评价分级审批的通知》（环发〔2004〕164号）	为适应社会主义市场经济和国家投资体制改革的需要，进一步规范建设项目环境影响评价分级审批管理，提高办事效率	2004年12月2日
8	《重庆市人民政府批转市环保局关于开展规划环境影响评价工作的实施意见的通知》（渝府发〔2005〕40号）	为贯彻落实科学发展观，实施可持续发展战略，建立和完善环境与发展综合决策机制，避免因规划实施不慎对环境造成的不良影响	2005年4月26日
9	《关于执行〈建设项目环境影响评价资质管理办法〉有关问题的通知》（环办〔2005〕126号）	为切实加强新形势下环境影响评价机构管理，保证环境影响评价资质审查的严肃性和有效性	2005年11月23日
10	《关于防范环境风险加强环境影响评价管理的通知》（环发〔2005〕152号）	为贯彻《国务院关于落实科学发展观加强环境保护的决定》，落实国务院领导关于深刻总结松花江污染事件经验教训，对新上项目严把环境影响评价关的指示精神，从源头防范环境风险，防止重大环境污染事件对人民群众的生命财产安全造成危害和损失	2005年12月16日
11	《建设项目环境影响评价资质管理办法》（国家环境保护总局令第26号）	为加强建设项目环境影响评价管理，提高环境影响评价工作质量，维护环境影响评价行业秩序	2006年1月1日
12	《环境影响评价公众参与暂行办法》（环发〔2006〕28号）	为推进和规范环境影响评价活动中的公众参与，根据《环境影响评价法》《行政许可法》《全面推进依法行政实施纲要》和《国务院关于落实科学发展观加强环境保护的决定》等法律和法规性文件有关公开环境信息和强化社会监督的规定而制定	2006年3月18日
13	《建设项目环境保护分类管理名录》（2007年本）	根据《环境影响评价法》第十六条和《建设项目环境保护管理条例》第七条的规定而制定，是对2002年10月13日发布的《建设项目环境保护分类管理名录》（国家环境保护总局令第14号）的修订	—
14	《重庆市建设领域环保行政审批制度改革实施办法（试行）》	为了优化重庆市的投资环境，提高环保行政审批效率	2006年1月1日

续表

序号	内容	主要目的	施行时间
15	《建设项目环境影响评价行为准则与廉政规定》	为规范建设项目环境影响评价行为,加强建设项目环境影响评价管理和廉政建设,保证建设项目环境保护管理工作廉洁高效依法进行	2006年1月1日
16	《国家环境保护总局建设项目环境影响评价文件审批程序规定》	为规范国家环境保护总局建设项目环境影响评价文件审批行为,提高审批行为的科学性和民主性,保护公民、法人和其他组织的合法权益	2006年1月1日
17	《重庆市工业项目环境准入规定》	为合理利用环境容量资源,促进全市产业结构调整,统筹环境保护与工业发展	2008年3月10日
18	《建设项目环境影响评价文件分级审批规定》	为进一步加强和规范建设项目环境影响评价文件审批,提高审批效率,明确审批权责	2009年3月1日

第一节　环境影响评价制度

环境影响评价制度是指对规划和建设项目实施后可能造成的环境影响进行调查、分析、预测和评估,提出预防或者减轻不良环境影响的对策和措施,并进行跟踪监测的方法与制度。它是实现经济建设、城乡建设和环境建设同步发展的主要法律手段,有助于实施可持续发展战略,预防因规划和建设项目实施后对环境造成的不良影响,促进经济、社会和环境的协调发展。建设项目不但要进行经济评价,而且要进行环境影响评价,科学地分析开发建设活动可能产生的环境问题,并提出防治措施。通过环境影响评价,可以为建设项目合理选址提供依据,防止由于布局不合理给环境带来难以消除的损害;通过环境影响评价,可以调查清楚周围环境的现状,预测建设项目对环境影响的范围、程度和趋势,提出有针对性的环境保护措施,为建设项目的环境管理提供科学依据。

直辖以来,市环保局根据《建设项目环境影响评价资质管理办法》的有关规定,定期将各季度的环境影响评价文件编制质量考核结果向公众通报。并对环评文件质量总体保持在优良水平的单位予以通报表彰;对环评文件质量不合格、未通过专家审查的单位予以通报批评。

1998—2010年,全市严格建设项目的环评审批,审批建设项目1.97万个,环评执行率为99.7%。这些通过环评审批的项目的计划投资为4937亿元,其中环保计划投资为256.5亿元,占项目总投资的5.2%。通过环境影响评价否决了300多个不符合国家产业政策和环境保护要求的建设项目,有力地推动了产业结构的调整和经济增长方式的转变。通过强化验收管理,全市完成竣工环境保护验收项目9331个,竣工项目总投资1025亿元,其中环保设施投资40.6亿元,占项目总投资的3.96%。通过严格执行"三同时"制度,配套落实污染治理措施,削减主要污染物化学需氧量24.5万吨/年,二氧化硫3.52吨/年,有效防止了经济高速发展可能带来的环境污染和生态破坏。重庆市2000—2008年建设项目环境影响评价基本情况见表4-34。

表4-34　　　　　重庆市建设项目环境影响评价基本情况(2000—2008)

基本情况	2000年	2001年	2002年	2003年	2004年	2005年	2006年	2007年	2008年
当年办理设立的建设项目数(个)	3721	—	—	3800	3805	4514	4086	4274	3980
向环保部门履行申报手续项目数(个)	—	—	—	—	—	4514	4086	4274	3980
环境影响评价制度执行率(%)	91.4	99.7	100	100	98.7	100	100	100	100

全力推进规划环评,积极参与宏观决策。市政府印发实施了规划环境影响评价实施意见,对规划环境影响评价提出了明确的要求。由市政府办公厅牵头,会同市发展改革委、市经委、市规划局、市国土房管局、市农业局、市林业局、市水利局、市环保局等有关部门推进规划环评工作;要求各区县政府及市级有关部门在编制综合规划、专项规划和指导性规划时,必须按规定进行环境影响评价。2008年,重庆市水利发展、三峡库区移民等7个"十一五"专项规划,《城市总体规划》《重庆市土地利用总体规划》《涪陵区城区详细控制规划》等20多个规划编制了规划环评篇章或说明。铁路枢纽东南环线规划、轨道交通规划、大宁河水电开发规划、云阳长滩河开发规划等4个专项规划也编制了环境影响报告书。

另外,还加大了工业园区的环境保护力度。市政府将工业园区环评文件审批作为设立园区的前置条件,为保证园区的可持续发展打下了基础。重庆市已有经国家核准的特色工业园区31个,在设立时均开展了区域规划环评,论证了选址布局的合理性,提出了污染防治措施,明确了产业发展政策。入驻园区的建设项目都较好地执行了环境影响评价制度。针对园区开发可能带来的环境问题,各园区规划了2040千米的污水管网,2010年,已建成464千米,完成投资4.4亿元。多数园区规划建设污水处理厂或利用现有城镇污水处理厂集中处理废水,既避免了低水平重复建设和重污染项目进入园区,又实现了污染物集中控制。重庆市有资质的规划环评单位情况,分别见表4-35和4-36。

表4-35　　　　　　　　　　　重庆市规划环评单位

批次	规划环评单位名称
第一批	重庆市环境科学研究院、中冶集团重庆市钢铁设计研究总院、中煤国际工程集团重庆设计研究院
第二批	重庆解放军后勤工程学院、重庆交通科研设计院
第三批	重庆市规划设计研究院、重庆大学、西南大学、重庆市土地勘测规划院
第四批	重庆市水利电力建筑勘测设计研究院、重庆渝佳环境影响评价有限公司、机械工业第三设计研究院

表4-36　　**重庆市建设项目环境影响评价持证单位（以资格证书编号排序）**

序号	证书编号	单位名称	评价范围		单位地址
			报告书类别	报告表类别	
1	国环评证甲字第3101号	中国人民解放军后勤工程学院环境保护科学研究所	甲级：化工石化医药；交通运输；乙级：轻工纺织化纤；冶金机电；采掘；社会区域	一般项目环境影响报告表	渝中区大坪长江二路174号，400016
2	国环评证甲字第3102号	重庆交通科研设计院	甲级：交通运输；社会区域；乙级：输变电及广电通信	一般项目环境影响报告表；特殊项目环境影响报告表	南岸区四公里街377号，400067
3	国环评证甲字第3103号	重庆市环境科学研究院	甲级：化工石化医药；建材火电；社会区域；乙级：冶金机电；农林水利；交通	一般项目环境影响报告表	江北区大石坝冉家坝旗山路252号，401147
4	国环评证甲字第3104号	中冶赛迪工程技术股份有限公司	甲级：冶金机电；交通运输；乙级：建材火电；社会区域	一般项目环境影响报告表	渝中区双钢路1号，400013
5	国环评证甲字第3105号	中煤国际工程集团重庆设计研究院	甲级：采掘；交通运输；乙级：冶金机电；农林水利；社会区域	一般项目环境影响报告表	渝中区长江二路177-8号，400016
6	国环评证乙字第3101号	机械工业第三设计研究院	乙级：轻工纺织化纤；冶金机电；社会区域	一般项目环境影响报告表	九龙坡区渝州路17号，400039
7	国环评证乙字第3102号	中国医药集团重庆医药设计院	乙级：轻工纺织化纤；化工石化医药；社会区域	一般项目环境影响报告表	渝中区大坪正街8号，400016
8	国环评证乙字第3103号	重庆大学	乙级：化工石化医药；冶金机电；采掘；社会区域；输变电及广电通信	一般项目环境影响报告表；特殊项目环境影响报告表	沙坪坝区沙坪坝正街174号，400044
9	国环评证乙字第3104号	重庆化工设计研究院	乙级：轻工纺织化纤；化工石化医药；建材火电；社会区域	一般项目环境影响报告表	九龙坡区石桥铺长石村9号，400039
10	国环评证乙字第3105号	重庆市万州区环境保护科研所	乙级：化工石化医药；社会区域	一般项目环境影响报告表	万州区太白岩107号，404000
11	国环评证乙字第3106号	重庆市环境保护工程设计研究院有限公司	乙级：轻工纺织化纤；交通运输；社会区域	一般项目环境影响报告表	江北区建新北路130号，400020

续表

序号	证书编号	单位名称	评价范围		单位地址
			报告书类别	报告表类别	
12	国环评证乙字第3107号	重庆工商大学环境保护研究所	乙级：化工石化医药；冶金机电；社会区域	一般项目环境影响报告表	渝中区长江一路1号两路口中华广场22-2,400015
13	国环评证乙字第3108号	重庆市涪陵区环境保护科研所	乙级：轻工纺织化纤；交通运输；社会区域	一般项目环境影响报告表	涪陵区兴华中路28号,408000
14	国环评证乙字第3109号	重庆市黔江区环境科学研究所	—	一般项目环境影响报告表	黔江区城西办事处新华西路,409000
15	国环评证乙字第3111号	丰都县环境科学研究所	—	一般项目环境影响报告表	丰都县三合镇商业二路321号,408200
16	国环评证乙字第3112号	奉节县环境保护科技服务中心	—	一般项目环境影响报告表	奉节县新县城永安镇永安路68号,404600
17	国环评证乙字第3113号	开县新源环境科技开发中心	—	一般项目环境影响报告表	开县新城开州大道西段,开县环保局内401室,405400
18	国环评证乙字第3116号	重庆市渝北区空港环境影响评价有限公司	—	一般项目环境影响报告表	渝北区双凤路15号,401120
19	国环评证乙字第3117号	铜梁县净源环保科技开发有限公司	—	一般项目环境影响报告表	铜梁县巴川镇明月街48号,402560
20	国环评证乙字第3118号	重庆市长寿区九天环境影响评价有限公司	—	一般项目环境影响报告表	长寿区凤城街道向阳路2号时代天骄18-12号,401220
21	国环评证乙字第3120号	重庆市江津区能源环保技术服务公司	—	一般项目环境影响报告表	江津区几江镇街道办事处百货巷,402260
22	国环评证乙字第3122号	重庆智力环境开发策划咨询有限公司	乙级：建材火电	一般项目环境影响报告表	渝中区大坪长江二路121号30-8,400015
23	国环评证乙字第3123号	重庆市南川区环境科学研究所	—	一般项目环境影响报告表	南川区东城街道办事处城北支路11号,408400

续表

序号	证书编号	单位名称	评价范围		单位地址
			报告书类别	报告表类别	
24	国环评证乙字第3124号	重庆国咨环境影响评价有限公司	乙级:社会区域	一般项目环境影响报告表	渝中区北区路73号,400010
25	国环评证乙字第3125号	重庆德和环境工程有限公司	乙级:社会区域	一般项目环境影响报告表	江北区黄泥塝红黄路93号阳光丽景A座13-6号,400020
26	国环评证乙字第3126号	酉阳土家族苗族自治县环境科学研究所	—	一般项目环境影响报告表	酉阳县钟多镇桃花源街26号,409800
27	国环评证乙字第3127号	武隆县乌江环保咨询有限责任公司	—	一般项目环境影响报告表	武隆县巷口镇芙蓉中路6号,408500
28	国环评证乙字第3128号	重庆渝佳环境影响评价有限公司	乙级:采掘;社会区域:农林水利	一般项目环境影响报告表	渝中区中山一路97号15-3,400010
29	国环评证乙字第3129号	忠县巴王环境咨询服务中心	—	一般项目环境影响报告表	忠县忠州镇巴王支路31号二楼,404300
30	国环评证乙字第3130号	重庆市固体废物管理服务中心	—	一般项目环境影响报告表	渝中区人民路212号,400015
31	国环评证乙字第3132号	重庆市宏伟辐射防护技术服务有限公司	乙级:社会区域;输变电及广电通信	一般项目环境影响报告表;特殊项目环境影响报告表	渝北区旗山路250号附18号,401147
32	国环评证乙字第3133号	重庆创辉煌环境影响评价有限公司	—	一般项目环境影响报告表	江北区渝北三村30号红鼎国际名苑A座10-4,400020
33	国环评证乙字第3134号	重庆天谷环保工程有限公司	—	一般项目环境影响报告表	渝北区人和镇洪湖东路55号财富中心6幢1楼,401121
34	国环评证乙字第3135号	重庆浩力环境影响评价有限公司	—	一般项目环境影响报告表	渝中区大坪大黄路78号渝中名郡一号楼28-6,400016

续表

序号	证书编号	单位名称	评价范围		单位地址
			报告书类别	报告表类别	
35	国环评证乙字第3136号	重庆宁灵环保技术开发有限公司	—	一般项目环境影响报告表	九龙坡区杨家坪天宝路116号润安大厦B栋16-5,400050
36	国环评证乙字第3137号	重庆地质矿产研究院	乙级:社会区域;采掘;农林水利	一般项目环境影响报告表	渝中区长江二路177-9号,400016

1997—2008年,"三同时"制度和环境影响评价制度的执行率不断提高,具体情况如图4-7所示。

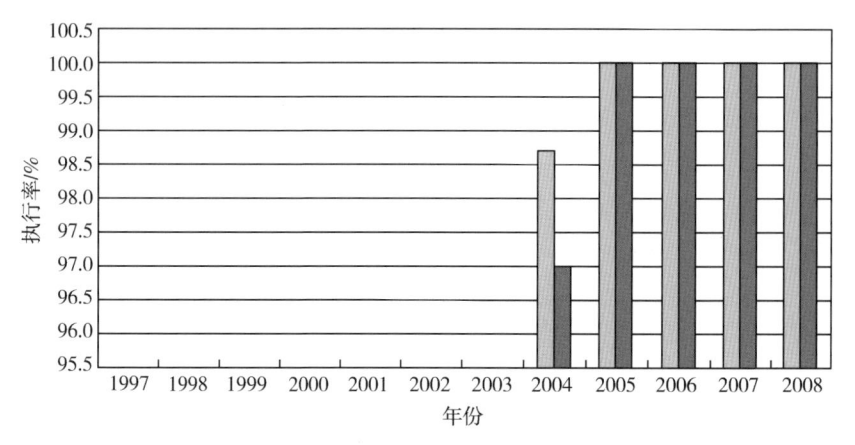

图4-7 1997—2008重庆市环评制度和"三同时"制度执行情况

第二节 "三同时"制度

"三同时"制度是指一切新建、改建和扩建的基本建设项目(包括小型建设项目)、技术改造项目、自然开发项目,以及可能对环境造成损害的其他工程项目,其防治污染和其他公害的设施及其他环境保护设施,必须与主体工程同时设计、同时施工、同时投产使用。"三同时"制度是国家根据国情而首创的。它是总结国家环境管理的实践经验,为中国法律所确认的一项重要的控制新污染的法律制度。"三同时"制度最早规定于1973年的《关于保护和改善环境的若干规定》。1979年的《环境保护法(试行)》和1989年的《环境保护法》在规定环境影响评价制度的同时,重申了"三同时"制度,强调把"三同时"和环境影响评价结合起来,才能做到合理布局,最大限度地消除和减轻污染,真正做到防患于未然。

1991—2010年,为进一步做好重庆市建设项目环境管理,确保建设项目"三同时"制度得到落实,切实纠正建设项目环境管理中"重审批、轻监管"的现象,促进重庆市经济又好又快地发展,市环保局要求各区县环保部门从以下几个方面进一步加强建设项目"三同时"管理工作。

1. 加强并规范执行建设项目"三同时"管理制度

严格执行环境保护设施设计备案制度:编制环境影响报告书或报告表,并需要配套建设污染防治设施或生态保护设施的建设项目,均应当要求建设单位于开工前将环境保护设施的设计图说报环保部门备案;环保设施的设计图说应报备案而未报送的,环保部门应当依法查处并责令建设单位限期补报;环境保护设施的设计图说原则上须通过专业评估机构组织的专家评估,并出具专家审查意见作为备案审批的依据。

建立健全建设项目环境管理台账制度:严格执行建设项目跟踪检查制度;建立建设项目环境管理台账制度;定期报送《建设项目环境管理台账(试行)》。

规范建设项目试生产及竣工验收管理:严格按照国家及重庆市相关规定开展建设项目试生产或竣工验收;环保设施与主体工程同步建成且符合环评文件及其批复和环保设计要求,且采取了必要的风险防范措施的,方可批准投入试生产;超过试生产期仍未申请竣工验收的,限期办理竣工验收手续,限期仍未办理的,及时依法查处;对环评批复中关于"以新带老""区域替代"、总量控制等要求,必须在主体工程验收时认真核实后同步验收;对未经环保验收擅自投运或环保验收不合格的企业,不得再批准其新扩改建项目环评;在建设、试运行过程中出现与环境影响评价结论重大不符的负面环境影响的,应限期开展环境影响后评价,并作为环保验收审批的依据;对环评批复要求开展施工期工程环境监理的建设项目,应要求建设单位提供施工期环境监理报告;建设项目竣工环境保护验收监测报告和调查报告,须由具有相应资质和能力的机构承担,并对结论负责。

2. 加强重点行业环境管理

开展了重点行业清查,依法查处违法建设项目78个,对其中的22个水电项目进行了公开曝光和处理,掀起了重庆市的"环评风暴";规范了碳酸锶开发、水电建设、锰矿开采等建设项目的环境保护管理行为,特别是对列入国家环保总局挂牌督办的铜梁造纸项目、秀山电解锰项目加强了监督和指导的力度,收效明显;开展了项目"三同时"清查,在开展1998—2002年建设项目环境保护"三同时"专项清查活动中,共清查了15137个项目,对其中258个违规项目进行了整改;开展建设项目环境风险排查,全市共排查项目191个,完善了环境风险应急预案和风险防范措施,增加环境风险防范投资5733万元,降低了建设项目的环境风险,提高了防范环境风险能力;及时向市政府提出了主城区污染企业搬迁选址布局意见,促进了主城区49家污染企业的合理搬迁,在搬迁的同时做到了产业升级和产品换代,为都市区产业转型提供了发展空间。

3. 开展了环境风险排查

对重庆全市2001—2010年已批复的拟建、在建和建成的化工石化和涉及危险化学品、易燃易爆物品、危险废物等有环境安全隐患的建设项目,认真开展了环境风险排查工作。督促指导企业建立完善环境安全预案和相关制度,依法解决企业在环境安全方面存在的突出问题。为防止重大污染事件和环境突发事件的发生,全市各区县环保部门从2002—2010年,每年都对辖区内危险化学品的生产、经营、储存、使用企事业单位认真开展环境安全专项检查工作,督促受检企事业单位制定并完善危险化学品污染环境应急预案,落实相关环境风险防范措施和设施,提高防范环境污染和快速处置污染事件的能力。特别是邻近人口稠密区、饮用水水源保护区等环境敏感地区的拥有重大危险源的企事业单位,对这些单位防范可能发生的危险化学品污染事件的措施设施以及应急预案进行"专家会诊",提出具体整改措施,加以落实。各级环保部门对检查中发现的违法行为和环境安全隐患,责令相关企事业单位立即停止违法行为,进行限期整改,消除环境安全隐患。

4. 全面开展建设项目环境保护清查核实工作

市环保局组织对全市1991—2010年审批但未验收的建设项目进行清查,建立建设项目环境管理台账,并依据台账对建设项目进行分类处理。

5. 建立完善沟通及统计上报机制

建立建设项目环境管理沟通联系平台;加强和规范建设项目"三同时"管理统计上报工作。

2000—2010年重庆市建设项目"三同时"执行基本情况见表4-37。

表4-37　　　　　2000—2010年重庆市建设项目"三同时"执行基本情况

基本情况	2000年	2001年	2002年	2003年	2004年	2005年	2006年	2007年	2008年	2009年	2010年
当年应执行"三同时"项目数(个)	—	—	—	—	—	1798	2417	2318	1377	1691	2356
实际执行"三同时"项目数(个)	—	—	—	—	—	1798	2417	2318	1377	1691	2356
"三同时"合格项目数(个)	—	—	—	—	—	1798	2384	2318	1377	1691	2356
"三同时"执行合格率(%)	95.7	99.9	100	100	100	100	98.6	100	100	100	100

第三节　建设项目环境影响评价分级审批管理

建设项目环境保护分级管理,其实质是指建设项目环境影响评价分级审批管理。此工作的开展见于2005年5月市环保局、市发改委联合下发的《重庆市建设项目环境影响评价分级审批名录(试行)》(以下简称《名录》)中。根据国家发改委、国家环保总局《关于加强建设项目环境影响评价分级审批的通知》,结合重庆市建设项目环境管理工作实际,制定了该《名录》。

《名录》规定了9条:

(1)所有建设对环境有影响的项目,不论投资主体、资金来源、项目性质和投资规模,均应当依照《环境影响评价法》和《建设项目环境保护管理条例》的规定进行环境影响评价,并向有审批权的环境保护行政主管部门报批环境影响评价文件。

(2)实行审批制的建设项目,建设单位应当在报批可行性研究报告前完成环境影响评价文件的报批手续;实行核准制的建设项目,建设单位应当在提交项目申请报告前完成环境影响评价文件的报批手续;实行备案制的建设项目,建设单位应当在办理备案手续后至项目开工前完成环境影响评价文件的报批手续。

(3)由国家、市和区县(自治县、市)政府及有关部门审批、核准和备案的建设项目,其环境影响评价文件原则上分别报送国家环保总局、市环保局和区县环保局审批。各类建设项目的环境影响评价文件的审批权限按照本名录执行。

(4)未列入本名录的建设项目,其环境影响评价文件由区县(自治县、市)环保局确定审批。

(5)涉及市(省)级及以上自然保护区、风景名胜区等环境敏感区的建设项目的环境影响评价文件,由市环保局确定审批。

(6)对于北部新区、经济技术开发区、高新技术产业开发区范围内的建设项目,除国家明文规定由国家环保总局和市环保局审批外,其他建设项目由经济技术开发区、高新技术产业开发区环保分局审批。

(7)国家明令淘汰和禁止发展的、不符合产业政策的建设项目的环境影响评价文件,各级环保护行政主管部门一律不得审批。

（8）上级环境保护行政主管部门对下级环境保护行政主管部门超越法定职权、违反法定程序做出的环境影响评价审批决定，有权予以撤销。

（9）本分级审批名录将根据国家规定和本市实际适时调整。对于个别项目的调整由市环保局会同市发改委确定。

整个《名录》包括大项目25类共98种，国家环保总局、市环保局、区县环保局3个层次进行审批。

2006年12月，市环保局做出《关于进一步下放环境管理权限的通知》，其中有下放建设项目环境保护审批权：（1）市级审批项目中，除辐射类项目和电镀、化工、造纸、医药等可能造成严重环境污染、生态破坏（涉及市级以上自然保护区，下同）以及存在严重环境风险的项目以外的建设项目，其环境影响评价文件审批权和建设项目竣工环境保护验收权下放万州区、涪陵区、黔江区、江津区、合川区、永川区6个区域性中心城市的环保局行使；除有大气、水和噪声严重污染以及存在严重环境风险的项目以外的建设项目，其环境影响评价文件审批权和建设项目竣工环境保护验收权下放主城各区环保局行使；除存在较大环境风险、水环境污染严重和对生态破坏大的项目以外的建设项目，其环境影响评价文件审批权和建设项目竣工环境保护验收权下放其他区县环保局行使。具体权限的调整见《重庆市建设项目环境保护审批权限调整名录》（表4-38），未列入该名录的建设项目原则上由区县环保局负责审批。

（2）市环保局审批环境影响评价文件的建设项目，环境污染和生态影响可以控制的，可以委托其项目所在地的区县环保局进行项目试生产审批和建设项目竣工环境保护验收。

2006年进行调整后，到2010年未发生变化。

表4-38　　　　　　　　　重庆市建设项目环境保护审批权限调整名录

项目类别	需报国家环保总局审批项目	市环保局审批项目	区县环保局审批项目		
			六个中心城市	主城九区	其他区县
一、农林水利					
1. 农业综合开发	5亿元及以上	—	其他	其他	其他
2. 垦荒（土地整治）	—	—	全部	全部	全部
3. 植树造林	5亿元及以上	—	其他	其他	其他
4. 林业综合开发	5亿元及以上	—	其他	其他	其他
5. 养殖场	—	—	全部	全部	全部
6. 水产养殖	—	—	全部	全部	全部
7. 水库	跨省河流上的水库，库容1000万米^{3}及以上	跨区县的	其他	其他	其他
8. 灌区、引水、小型农田水利设施	涉及跨省水资源配置调整；跨流域调水；10亿元及以上	涉及跨区县水资源配置调整	其他	其他	其他
9. 堤防	—	—	全部	全部	全部

续表

项目类别	需报国家环保总局审批项目	市环保局审批项目	区县环保局审批项目		
			六个中心城市	主城九区	其他区县
二、煤炭					
1. 矿区及矿井	国家规划矿区内的煤炭开发	9万吨/年以上	除国家审批外	9万吨/年及以下	9万吨/年及以下
2. 选煤厂	—	—	全部	全部	全部
3. 煤炭液化	50万吨/年及以上	其他	—	—	—
4. 煤层气开采	—	—	全部	全部	全部
三、电力蒸汽热水					
1. 火力发电	全部	—	—	—	—
2. 水力发电	在主要河流上建设的,总装机容量25万千瓦及以上	涉及市级以上自然保护区;总装机1万千瓦以上,25万千瓦以下	除国家审批外	总装机1万千瓦及以下	总装机1万千瓦及以下
3. 抽水蓄能	全部	—	—	—	—
4. 核力发电及核力供热	全部	—	—	—	—
5. 热电站	除燃煤以外热电站	—	—	—	—
6. 输变电工程及电力供应	330千伏及以上	110千伏及以上,330千伏以下			
7. 供热、蒸汽、热水生产供应	—	主城九区燃煤锅炉;其他区县65吨/小时及以上燃煤锅炉	全部	除燃煤锅炉外	其他
四、石油天然气					
1. 石油勘探、开采	年产100万吨及以上新油田开发	其他	除国家审批外	—	—
2. 天然气勘探、开采	年产20亿米³及以上新气田开发	年产20亿米³以下新气田开发(单井项目除外)	除国家审批外	单井勘探、开采	单井勘探、开采
3. 石油、天然气输送	跨省干线输油管网项目;跨省或年输气能力5亿米³及以上输气管网	跨区县的	其他	其他	其他
4. 油库	国家原油存储设施	主城九区总容量10万米³及以上	除国家审批外	其他	其他

续表

项目类别	需报国家环保总局审批项目	市环保局审批项目	区县环保局审批项目		
			六个中心城市	主城九区	其他区县
5.液化石油气接收、存储设施	进口液化石油气	2万米^{3}及以上	除国家审批外	其他	其他
6.天然气、煤气生产供应	—	天然气脱硫,煤气生产	除国家审批外	其他	其他
五、铁路					
1.铁路	跨省或100千米及以上新建、增建	跨区县的	其他	其他	其他
六、公路					
1.公路	国道主干线;西部开发公路干线;国家高速公路网;跨省的	跨区县的	其他	其他	其他
2.桥梁、隧道工程（含引桥及连接线）	跨长江(通航段)的独立公路桥梁;跨省的独立隧道	跨区县的	其他	其他	其他
七、水运					
1.码头及通航建筑物	新建港区和年吞吐能力200万吨及以上煤炭、矿石、油气专用泊位;集装箱专用码头;千吨级以上通航建筑物	吞吐量100万吨和100万标准箱以上码头;危险化学品码头	除国家审批项目和危险化学品码头外	—	其他
2.航道疏浚及水运辅助工程	—	跨区县的,主城九区涉及饮用水水源的	其他	其他	其他
八、民航					
1.民航工程	新建机场;总投资10亿元及以上扩建机场项目;扩建军民合用机场	其他	其他	—	—
九、钢铁					
1.炼铁、炼钢、轧钢	新增生产能力	其他	除国家审批外	—	—
2.铁合金冶炼	—	全部	全部	—	—
3.铁矿	探明储量5000万吨及以上	其他	除国家审批外	—	—

续表

项目类别	需报国家环保总局审批项目	市环保局审批项目	区县环保局审批项目		
			六个中心城市	主城九区	其他区县
十、焦化					
1.焦化	新建及新增年生产能力100万吨及以上焦炭生产项目；总投资5亿元及以上煤焦油综合加工	其他	—	—	—
十一、有色金属					
1.有色金属冶炼及压延	新增生产能力的电解铝；新建氧化铝；总投资5亿元其他有色金属冶炼；日采选黄金矿石500吨及以上	其他	除国家审批外	—	—
2.有色金属矿	总投资5亿元及以上有色金属矿山开发	总投资5亿元以下，1000万元以上的有色金属矿山开发；涉及市级以上自然保护区的	除涉及市级以上自然保护区外的	其他	其他
十二、建材					
1.水泥制造	日产5000吨及以上水泥熟料生产	其他	除国家审批外	—	—
2.石灰制造,砖瓦和轻质建筑材料制造	—	—	全部	全部	全部
3.玻璃制造	—	日产500吨及以上	全部	—	其他
4.玻璃、陶瓷、石棉制品,石棉、云母等耐火材料,矿物纤维及其制品,烧结砖	—	—	全部	全部	全部
5.采(碎)石场、水泥粉磨站、水泥搅拌站	—	主城九区的	全部	—	全部
6.石灰石、高岭土矿	—	—	全部	全部	全部
7.其他非金属矿	—	—	全部	全部	全部
十三、稀土					
1.稀土	矿山开发、冶炼分离和总投资1亿元及以上深加工	—	其他	其他	其他
十四、石化					

续表

项目类别	需报国家环保总局审批项目	市环保局审批项目	区县环保局审批项目		
			六个中心城市	主城九区	其他区县
1.石油、天然气加工	新建炼油及扩建一次炼油	其他	—	—	—
2.乙烯	新建乙烯及改扩建新增能力超过年产20万吨乙烯	其他	—	—	—
十五、化工					
1.化学原料及制品	新建PTA、PX、MDI、TDI项目，PTA、PX改造能力超过年产10万吨，铬盐、氰化物生产，新建农药，总投资10亿元及以上氯乙烯、聚氯乙烯、纯碱、甲醇、二甲醚	其他	—	—	—
十六、化肥					
1.化肥	年产50万吨及以上钾矿肥生产；总投资10亿元以上合成氨、尿素、磷肥生产	其他（除单纯混合、分装）	单纯混合、分装	单纯混合、分装	单纯混合、分装
十七、医药					
1.化学药品制造、中药制剂、生物制品	总投资5亿元及以上化学制药	其他	单纯药品分装、复配，中成药饮片加工	单纯药品分装、复配，中成药饮片加工	单纯药品分装、复配，中成药饮片加工
十八、轻工纺织化纤					
1.造纸及纸制品	年产10万吨及以上制浆	年产10万吨以下制浆及造纸	—	—	—
2.变性燃料乙醇	全部	—	—	—	—
3.粮食及饲料加工	—	—	全部	全部	全部
4.植物油加工	—	—	全部	全部	全部
5.制糖	—	—	全部	全部	全部
6.屠宰	—	年屠宰20万头（或200万只）及以上	全部	其他	其他

续表

项目类别	需报国家环保总局审批项目	市环保局审批项目	区县环保局审批项目		
			六个中心城市	主城九区	其他区县
7.肉禽类及水产品加工	—	—	全部	全部	全部
8.乳制品加工	—	—	全部	全部	全部
9.粮食及农副产品发酵	总投资5亿元及以上	—	其他	其他	其他
10.味精、柠檬酸、氨基酸制造	—	除六中心城市外的	全部	—	—
11.聚酯	日产300吨及以上	其他	其他	—	—
12.合成纤维、黏胶纤维	总投资5亿元及以上	其他	其他	—	—
13.人造板制造	—	—	全部	全部	全部
14.皮革、毛皮、羽绒	—	制革、毛皮鞣制	其他	其他	其他
15.橡胶、塑料制品	—	—	全部	全部	全部
16.纺织	—	含洗毛、染整、脱胶工段的纺织	其他	其他	其他
十九、烟草					
1.卷烟	烟用二醋酸纤维素及丝束	—	其他	其他	其他
二十、机械					
1.机械制造	新建汽车整车；新建10万吨级以上造船设施（船台、船坞）	总投资2亿元及以上；含电镀工序的	除电镀外	其他	其他
2.金属制品	—	含电镀工序的	除电镀外	其他	其他
二十一、电子					
1.电子及通信设备制造	总投资10亿元及以上的液晶显示器、芯片、彩管、玻壳制造	总投资2亿元及以上,10亿元以下；电池生产	除国家审批外	其他	其他
二十二、城建					
1.自来水生产和供应	跨省日调水50万吨及以上城市供水	主城九区	除国家审批外	—	全部
2.城市道路	—	跨区的	其他	其他	其他

续表

项目类别	需报国家环保总局审批项目	市环保局审批项目	区县环保局审批项目		
			六个中心城市	主城九区	其他区县
3.城市轨道交通,高架路及桥梁	城市快速轨道交通;跨长江(通航段)城市桥梁、隧道	跨区县的轨道交通、高架路、桥梁、隧道	其他	其他	其他
4.人防工程	—	—	全部	全部	全部
5.固体废物处置	放射性废物库建设;列入国家规划的危险废物处置设施	危废处置、垃圾焚烧	其他	其他	其他
6.城镇河道、湖泊整治	—	跨区的	其他	其他	其他
7.城市污水集中处理	—	主城区的	全部	—	全部
8.房地产开发	—	涉及辐射、化学品和重金属污染的企业原址土地开发;涉及市级以上自然保护区的	其他	其他	其他
9.仓储	—	有毒有害及危险品仓储	全部	其他	其他
10.缆车、索道建设	—	—	全部	全部	全部
二十三、社会事业					
1.旅游	国家重点风景名胜区、国家自然保护区、国家重点文物保护单位区域内总投资5000万元及以上的旅游开发和资源保护设施;世界自然、文化遗产保护区内总投资3000万元及以上	涉及市级以上自然保护区的	其他	其他	其他
2.洗车业,汽车维修,加油、加气站	—	—	全部	全部	全部
3.洗染、沐浴业	—	—	全部	全部	全部
4.火葬场、公墓	—	—	全部	全部	全部
5.学校	—	—	全部	全部	全部

续表

项目类别	需报国家环保总局审批项目	市环保局审批项目	区县环保局审批项目		
			六个中心城市	主城九区	其他区县
6.宾馆、图书馆、展览馆、博物馆、影剧院、音乐厅、游乐场、公园	大型主题公园	—	全部	全部	全部
7.医院	—	涉及辐射的	其他	其他	其他
8.疗养院	—	—	全部	全部	全部
9.专科防治所(站)	—	—	全部	全部	全部
10.餐饮业	—	—	全部	全部	全部
11.体育场、体育馆、高尔夫球场、赛车场	F1赛车场	高尔夫球场	除国家审批外	其他	其他
12.废旧品拆解、利用与处置	—	—	全部	全部	全部
二十四、开发区					
1.区域开发	—	市级以上园区;市政府审批的区域开发	其他	其他	其他
二十五、其他					
1.广播电台,差转台	总功率1000千瓦及以上	其他	—	—	—
2.电视塔台	200千瓦及以上	其他	—	—	—
3.核设施、绝密工程、核技术应用、伴生放射性矿物资源开发利用	核设施、绝密工程等特殊性质的;放射性废物库建设	其他	—	—	—
4.无线通信	—	全部	—	—	—
5.转基因技术、生物技术	新物种引进、推广和转基因产品生产;涉及三、四级生物安全实验室建设	其他	—	—	—

第六章 污染源监督管理

第一节 限期治理制度

限期治理制度是环境管理中的一项重要的法律制度,指对长期超过标准排放污染物、污染严重、群众反映强烈而又不进行治理的单位,规定一定期限,强令其在此期限内完成治理任务。2010年,随着城市环境综合整治的开展,限期治理的对象已从控制点源污染,扩展到控制一个城市、一条河流或某个行业的主要污染问题。这样将限期治理与城市环境综合整治、污染集中控制结合起来,有利于从总体上改善环境质量状况,取得综合性效果。

重庆市于1983年开始实施限期治理制度。2010年,重庆市执行的是2009年6月11日经环境保护部2009年第一次部务会议审议通过的《限期治理管理办法(试行)》。

为了强化限期治理制度,对不能稳定达标或超总量的排污单位实行限期治理,治理期间应予限产、限排,并不得建设增加污染物排放总量的项目;逾期未完成治理任务的,责令其停产整治。其具体程序是:(1)部分针对污染源做出的限期治理决定,在做出前需由环保部门对污染源进行现场检查;(2)限期治理决定做出后,对相对人执行这一决定的情况,环保部门还需进行监督检查;(3)对在限期内完成治理任务的单位,环保部门审查后报做出限期治理决定的人民政府批准,向其颁发限期治理合格证;(4)对逾期没有完成限期治理任务的单位,由环保部门对其处以罚款或由人民政府依法责令其停业关闭。限期治理决定应以限期治理决定书的形式,由做出限期治理决定的机关向被限期治理的单位发布。

第二节 排污许可证制度

重庆市是全国首批推行排污许可证制度的城市之一,在实施过程中,结合市情特点,取得了一定成效。

直辖以来,重庆市严格实施排污许可证制度。全市排污许可证制度经历了一个从试点到全面实施的过程,最初以浓度控制为主,逐渐由单一的浓度控制向浓度控制与总量控制相结合过渡,最后在实践过程中逐渐得到完善。

2001年,重庆市出台了《重庆市排放污染物许可证管理办法》《重庆市排放污染物许可证核发操作流程》等,对许可证核发的程序和办法进行规范。加强了对区县排污许可工作的指导,强化了对许可证证后管理的力度,对持临时排污许可证的单位的限期治理完成情况加强了跟踪管理,对逾期未完成限期治理任务的、临时许可证时间累计超过许可证管理时限的排污口,依照许可证管理办法有关条款注销临时许可证。根据新的总量控制管理要求,对目标总量和许可总量有明显差距的企业,在核发许可证时充分考虑企业的各个排污环节,将未核发许可证的排污点源、散排点纳入污染源档案管理之中,加强许可证管理的条块结合,强化片区责任人的参与度。

2001—2010 年,重庆全市共向 6601 家企业核发了许可证或临时许可证,其中餐饮娱乐服务业核发企业 3274 家,共核发排污口(点)11887 个。其中有废水排放的企业 5245 家,发证的排污口 5285 个;有废气排放的企业 2284 家,发证的排污口 3111 个;有噪声排放的企业 1289 家,发证的厂界噪声点 1360 个。2003 年以来,全市许可证管理从重点源管理入手,逐步扩展到所有工业排污企业、非工业(包括医院、宾馆、餐饮娱乐服务业等)排污企业,从重点污染源—工业源—非工业源—服务业,进行了全面的推进,已基本实现"全覆盖"。在全面发放排污许可证的同时,通过规整排污口与排污许可证相结合、排污收费与排污许可证相结合、现场监督检查与排污许可证相结合等方式,加强了证后监管。通过征收排污费的经济手段和行政处罚的法律手段,将排污许可证运用于环境监督管理工作中,确保了环境监督管理工作的顺利实施。

通过执行排污许可证制度:一是强化了排污单位的持证排污意识,增强了排污单位保护环境的法律责任;二是为在线监测、排放强度、总量监管等量化管理做了基础准备;三是掌握了排污状况,从排放量、排放去向、排放强度、环境污染贡献等方面进行了全面的掌握;四是为污染源限期治理提供了依据,实行了不达标排放的污染源进行限期治理、限产停产直到关闭的管理流程。

至 2010 年时,重庆市排污许可证管理仍存在"重许可、轻监管"或"只许可、不监管"的现象。能否真正通过排污许可证控制污染排放总量,达到改善环境质量的目标,加强排污许可证后的监管显得尤为重要。

第三节　辐射安全许可制度

2003 年,中央机构编制委员会在《关于放射源安全监管部门职责分工的通知》中明确环保部门为核安全主管部门,负责放射源的生产、进出口、销售、使用、运输、贮存和废弃处置安全的统一监管。2005 年 12 月 1 日,国务院《放射性同位素与射线装置安全和防护条例》开始实施。2004 年 6 月 30 日,重庆市辐射环境监督管理站正式组建,并依法履行辐射环境监管的职能职责。重庆市在 2004 年 7 月顺利完成了与卫生行政部门的辐射安全监管职能划转工作。

2004—2010 年,根据要求,重庆市环保局不断完善辐射安全许可、放射性同位素转让审批与转移备案等制度。制定了核技术类建设项目环境影响评价审批程序及专家审评管理办法、辐射安全许可证和放射性同位素转让审批流程等程序规定。同时,对建设项目环评与"三同时"制度执行情况,以及辐射安全许可、放射性同位素转让审批与转移备案等工作均实行了政务公开。

在规范、执行辐射安全许可证制度上,做了四个方面的工作:

一是加大许可证核发工作力度,将所有核技术利用单位纳入监管范围。通过许可证审查工作,发现并消除安全隐患,提高许可证申请单位的辐射安全防护意识和水平,对满足辐射安全与防护要求的核技术利用单位审查颁发许可证。以创模工作为契机,协同市卫生局,联合下发了《关于加强放射诊疗单位辐射安全许可工作的通知》,进一步加大许可证核发工作力度。截至 2010 年,全市辐射安全许可证持证率达到并保持 100%。

二是强化监督管理,严格执行辐射安全许可制度,规范许可程序,提高审批工作效能。进一步规范、完善许可审批制度,制定印发了《重庆市辐射安全许可证延续管理办法》,拟定了《重庆市辐射安全许可管理规定(试行)》,制定了《核技术利用辐射安全监管系统使用管理办法(暂行)》。在项目审查中,严格按照有关法律法规及国家标准要求,进一步规范程序、优化办事流程,采取便民服务措施、提高服务质量,简化程序、减少审批时间、提高效能。建立委托许可考核办法,督促、指导区县环保部门开展许可证审核、颁发及许可管理相关工作。

三是积极组织开展辐射管理业务和辐射工作人员培训。先后多次召开全市核技术利用辐射安全监管业务培训会,将相关许可事项向区县环保局监督员做了详细的讲解;召开全市辐射监管工作会议,对区县环保局监督员进行了辐射环境管理业务培训和核技术利用辐射安全监管系统培训;组织各类各项辐射安全防护培训(2004—2010年共约50期、5000余人次),提高了辐射工作人员和监管人员的辐射安全意识与管理水平。

四是加大执法力度,有力推进许可证的颁发工作。按照国家的统一部署,市和区县环保部门按照分级审批、管理要求,加大监督检查力度,进一步清理核技术利用单位存在的问题,并督促其整改落实,按要求申办辐射安全许可证,有力地推动了许可证的颁发工作。对于不能满足要求或未在规定期限内申办许可证的单位,依法责令停止违法行为,并提出限期整改要求。

第七章　污染物排放总量控制

第一节　"一控双达标"工作

"一控双达标"是国家在"九五"计划期间确定的中国主要的环境保护目标。经过艰苦的奋战,到2000年底,重庆市以总量控制计划全面完成,地面水环境质量达标,主城区空气质量有明显改善,5169家企业99.8%达标,90家国家考核的重点企业92.2%达标的成绩,宣告了"一控双达标"任务在重庆市基本完成。从2000年下半年的工作局面和效果来看,可以说,重庆在西部地区已经甩掉了落后帽子。

回过头来看,重庆市2000年环境保护"一控双达标"工作也有不尽如人意的地方。例如,达标成果比较脆弱,巩固成果的工作量大。但是2000年企业治理污染的广度和深度、全市环境保护的投资力度、全市各级政府和各级主管部门的动员程度,都是重庆市环保史上任何一个时期远远不能相比的,更是重庆市环境保护历史上一次名副其实的跨越式发展。

就"一控双达标"任务的本意而言,重庆还是一种低水平的不完全的达标。

第二节　主要污染物总量减排

重庆市在1996年就组织开展了污染物排放情况的调查、测算,确定了重庆市"九五"污染物排放总量控制计划,并报经国家环保局批准下达。1997年,重庆成立直辖市,原四川省管辖的万县市、涪陵市、黔江地区纳入重庆市管辖范围,重庆市将国家环保局下达的原重庆市的排污量和四川省下达的原万县市、涪陵市、黔江地区的排放量,作为全市实施污染物排放总量控制的目标依据。1998年,按照新的管理体制,重庆市将全市的污染物排放总量分解落实到了24个区县,对市级部门和主要大型企业的排污总量也提出了要求,并确定了一批污染治理项目作为实施保障。市政府常务会议审议批准实施了《重庆市"九五"期间主要污染物排放总量控制计划》及其配套的《重庆市"九五"期间污染治理项目计划》,明确了重庆市12种主要污染物的排放量和削减量。各区县对市里下达的污染物排放计划指标进行了分解,具体落实到辖区内的重点污染大户,并加强监督管理,严格控制污染物排放量。各工业主管部门在制订行业发展"九五"计划时,按照污染物排放总量控制要求,落实了全市污染物排放总量控制计划中本行业的控制指标。总量控制计划实施以后,重庆市的主要污染物排放量得到明显的削减和控制。但由于当时没有成熟的管理经验,没有操作性强的管理制度及管理方法,加上没有规范的监测手段和监测技术,很难准确掌握污染物的总量和污染物的削减量。

"十一五"期间,根据国家要求,到2010年,重庆市化学需氧量和二氧化硫排放量分别为23.9万吨和73.7万吨,分别比2005年削减11.2%和11.9%。市委、市政府除了将主要污染物的减排目标任务纳入《重庆市国民经济和社会发展第十一个五年规划纲要》外,还将单位GDP能源消耗降低率、万元工业增加值二氧化硫和化学需氧量排放率以及城市污水垃圾处理率等作为约束性指标纳入了规划纲要。市政府印发了《重庆市"十一五"化学需氧量、二氧化硫总量控制计划》,要求各区县相应地将总量控制工作纳入本地区经济社会发展"十一五"规划,把总量指标分解到具体的排污单位,并落实削减任务,通过年度计划的制订,落实项目和资金,确保实现计划目标。

按照国家环保总局提出的总量分配原则,重庆市于2006年建立了各区县排污总量控制的排放台账、削减台账、增加台账和指标台账,并以凭证式管理的方式建立网络系统,适时收集总量的存量、项目新增量、削减量及非正常排放等情况,配置相应的分类统计功能,随时掌握和调度总量控制情况。同时,根据各区县环境质量状况、环境容量、经济发展水平、削减能力、工业园区和行业特征等情况进行综合平衡,将全市的目标任务分解下达到各区县政府,区县将减排的任务落实到排污单位。市委、市政府将污染减排目标完成情况作为对区县党政一把手环保实绩考核"一票否决"的内容,市政府分管领导每季度组织召开工作调度会,督促检查工作落实情况。此外,市政府制定了《重庆市主要污染物总量控制管理办法》《重庆市主要污染物排放总量统计细则》,明确了有关部门和单位的职责,以及总量减排任务的分解、统计、检查、公布、考核等要求。在建设项目新增排放总量指标审批方面,新增排放总量指标必须在区县完成年度削减计划的前提下,符合区域总量控制的要求。区域剩余总量指标不足时,必须在通过污染治理置换出足够的指标量后,方能批准建设。

为了削减主要污染物排放总量,市和区县都制订了削减计划,狠抓污染物排放量大的治理项目的实施。通过加快城市生活污水处理厂及其管网建设,加快火电厂脱硫设施及其在线监测装置的建设,削减污染负荷。在加强工程措施削减的同时,进一步向管理要效益,通过推进重点污染源在线监测和全面实施排污许可证制度,强化环境监管,促使电厂通过订购符合设计要求的电煤和提高烟气脱硫设施的脱硫率,达到减排的效果,促使污水处理厂和其他工业企业通过提高设施的稳定运行率,减少化学需氧量的排放量。通过上述措施,在2010年超额完成了国家环保部下达的总量削减目标任务。

第三节　排污权有偿使用和交易

2006年,市委、市政府联合出台《关于加强环境保护若干问题的决定》,提出建立健全排污权交易制度的思路,随后由市环保局牵头,对排污权交易进行了积极探索和研究,并在2009年初启动了试点筹备工作。8月,在市政府第47次常务会议上,审议并原则通过了《重庆市主要污染物排放权交易试点方案》，重庆市排污权交易试点工作正式启动。

2009年10月，根据《市机构编制委员会关于设立重庆市主要污染物排放权交易管理中心的批复》，批准成立重庆市主要污染物排放权交易管理中心。该机构为市环保局管理的正处级事业单位，核定事业编制8名，其中单位领导职数2名（1正1副），经费渠道为财政全额拨款。重庆市主要污染物排放权交易管理中心的宗旨是：为污染物排放权交易提供服务，促进环境质量改善。主要职责任务是：承担排污许可和主要污染物排放交易总量的技术核算，主要污染物排放权交易资格和交易真实性的核实等工作。

2009年12月，《重庆市人民政府关于重庆联合产权交易所股份有限公司加挂重庆环境资源交易中心牌子的批复》，同意重庆联合产权交易所股份有限公司加挂"重庆环境资源交易中心"牌子。该中心属企业性质，接受重庆市主要污染物排放权交易管理中心的指导，承担排污权交易的组织工作。同月，重庆市主要污染物排放权交易启动仪式在重庆联合产权交易所举行，环保部和市政府的相关领导参加了启动仪式。在启动仪式上，西部地区首笔排污权交易通过竞拍的方式完成。重庆化工园区开发建设有限责任公司等5家企业，共竞得87吨的化学需氧量排放权和1189吨的二氧化硫排放权，成交总额为805.5万元。

2010年8月，在试点的基础上，通过广泛调研和充分借鉴其他省市的经验，重庆市人民政府办公厅印发《重庆市主要污染物排放权交易管理暂行办法》，对排污权交易的范围及原则、交易主体及条件、交易的方式及程序、交易管理及职责等方面进行了规定，初步构建了排污权交易政策框架。

2010年10月，市环保局印发了《重庆市主要污染物排放权交易审核办法（试行）》和《重庆市主要污染物排放权储备管理办法（试行）》。重庆联合产权交易所印发了《重庆市主要污染物排放权交易规则及程序规定（试行）》，采用网络竞价、多次报价、每场交易只产生一个买受人的方式组织交易活动。

2010年11月，市环保局会同市物价局联合发布了《重庆市物价局重庆市环保局关于制定主要污染物排放权基准价格的通知》，确定了重庆市主要污染物排放权交易基准价为化学需氧量6800元/吨、二氧化硫4880元/吨。同时，市环保局组织各区县环保局、环境影响评价单位等相关部门举办了全市主要污染物排放权交易工作技术培训会，为重庆市全面实施排污权交易工作在思想认识和技术操作上扫清了障碍。

2010年11月23日，在政策制度、组织机构、操作规程、技术储备等工作初步完成的基础上，市环保局颁布实施了《重庆市环境保护局关于切实加强主要污染物排放权交易工作的通知》，规定自2010年12月1日起，全市所有新建、改建和扩建工业建设项目所需新增主要污染物指标必须通过排放权交易获得，标志着重庆市主要污染物排放权交易工作在全市范围内全面开展。12月，完成了在全市范围内全面实施排污权交易后的第一笔交易，经过65次报价，涪陵区葵花药业集团（重庆）有限公司以1.66万元/吨的价格竞得7吨的化学需氧量排放权，成交金额为11.62万元，交易的增值额度为9600元，增值率达到了137%。

"十一五"期间，重庆市围绕"西部领先，全国一流"的环保工作目标，在西部率先全面实施了排污权交易工作。

第八章　环境保护工作长效机制

2000年，市委办公厅、市政府办公厅发出《关于进一步建立和完善我市环境保护工作长效机制的意见》，从环保工作机制、环保机构和队伍、环保监管能力三方面加强环境保护工作。

在环保工作机制建设方面，进一步强化综合决策、工作协调、督查督办、考核奖惩等工作，建立和完善环境保护长效机制。

在环保机构和队伍建设方面，从适应新形势下环保工作的需要出发，按照统筹城乡环境保护工作的新要求，从市、区县和乡镇等层面考虑，进一步健全环保机构，加强环保干部队伍建设。

在环保监管能力建设方面，多渠道筹集资金，推进重庆市环境监测预警体系和环境监察执法体系建设，强化全市环境监测、科研、监察、信息等环保监管能力建设。

第一节　环境保护目标责任制

环境保护目标责任制是中国环境管理中的一项重大举措。它是通过签订责任书的形式，具体落实地方各级政府、有关部门的行政首长和有关污染单位的法人代表对环境质量负责的行政管理制度。规定了一个区域、一个部门乃至一个单位环境保护的主要责任者和责任范围，运用目标化、定量化、制度化的管理方法，把贯彻执行环境保护这一基本国策作为各级领导的行为规范，推动环保工作的全面、深入发展，是责、权、利、义的有机结合，从而使改善环境质量的任务能够得到层层分解落实，达到既定的环境目标。

重庆市从1989年起，全面推行环境保护目标责任制。同年8月1日，重庆市副市长秦昌典代表市政府同四川省政府签订《重庆市人民政府1989—1992年环境保护目标责任书》。1990年6月，南桐区、双桥区的区长及江北县、巴县、长寿县、綦江县、永川县、大足县、荣昌县、江津县、合川县、璧山县、铜梁县、潼南县的县长也分别签署了环境保护目标责任书，以后各区县、各部门又采取签订责任书的形式把目标、任务分解落实到乡镇、街道和重点排污单位。

1991年，根据重庆市长期以来各区县长、市级有关主管部门负责人签订的环保目标责任书的规定，当年应完成环境综合整治项目48项，实际完成64项，其中未到期提前完成的有25项。

1992年，该届政府市长与各区县长、市级有关主管部门负责人签订的环保目标责任书共37份，应完成环境综合整治项目247项，实际完成205项，实现了该届政府任期内的环境保护目标。

之后直到1999年，市政府每年都推行了环保目标责任制。2000年开始变为党政一把手环保实绩考核。

第二节 环境保护推进机制

环境保护推进机制始见于2010年7月市环保局在创建国家环境保护模范城市中开展的一项工作,也称为重庆市创建国家环境保护模范城市工作推进机制。

2010年7月2日,市环保局为保障重庆市创建国家环境保护模范城市(以下简称创模)工作顺利推进、有序开展,制定了《重庆市环境保护局系统创建国家环境保护模范城市工作推进机制》,并下发至机关各处室、局属各单位及市环保局经开区、高新区分局。在创模中,因市创模领导小组办公室设在市环保局,具体承办全市创模日常工作,所以市环保局便成立了创模工作指挥部,由局长曹光辉任指挥长,其他局领导任副指挥长,机关各处室及局属单位主要负责人任指挥部成员。指挥部下设6个专项工作组,既要负责牵头完成和协调推进部门工程项目和考核指标,又要参与统筹推进全市创模各项工作任务。其中工程推进组显得尤为重要,为此,市环保局将工程推进组划为工程1至7组,组长由7位局领导分别担任,负责处理推进工程中方方面面的工作。

同年8月12日,市创模领导小组全面开展并有序推进全市创模工作,特制定《重庆市创建国家环境保护模范城市工作推进机制》,下发至主城九区及长寿区、江津区、合川区、璧山县政府,以及两江新区管委会、北部新区管委会、市级有关部门和有关单位,形成了"党委、政府领导,人大、政协监督,环保部门牵头,相关部门配合,社会广泛参与"的创模工作推进格局。

第三节 环境保护参与机制

环境保护参与机制的核心是环保公众参与。后第八篇第五章有专述,这里只介绍重庆环保公众参与的概况。

截至2010年,重庆市在市级部门及各区县政府层面开展的学习培训、绿色学校和绿色社区评选等活动,以及成立的绿色环保志愿者协会、环保协会、环保学会等非政府组织,提高了公众参与环保的积极性。

一、公众参与地方立法

至2010年,重庆市制定的在本辖区范围内施行的与公众参与环境保护有关的地方性法规、规章和政策性文件主要有:《重庆市环境保护条例》《重庆市环境保护局环境信息公开指南》《重庆市环境保护局环境信息公开目录》《重庆市行政决策听证暂行办法》《重庆市实施行政许可听证暂行办法》,以及重庆市批转的《市环保局关于开展规划环境影响评价工作的实施意见的通知》等。

从这些法律、法规、规章施行的效果来看,既有值得肯定和借鉴的经验,也有亟须进一步改善的地方。

重庆从以人为本和执政为民、建设和谐社会的高度,重视立法过程中的公众参与。重庆市每一项地方立法项目,都要经过起草部门征求意见环节、政府法制部门征求意见环节,如果是地方法规还要包括市人大立法机构征求意见环节。每一个环节都要征求四个方面的意见:一是区县的意见,二是部门的意见,三是专家的意见,四是公众及管理相对人的意见。征求意见通常采取咨询会、听证会、互联网调查等形式。

每个征求意见的主体所表达的对法规的期盼在总体思路上不会有实质上的区别,但是在侧重点上往往有很大的不同。区县一般会从本地区实际情况及发展需要的角度出发,部门主要从各自职能职责的角度出发,专家则侧重于从理论分析及利益关系平衡的角度出发,市民和管理相对人则比较看重自身的实际利益是否受到保障或者是否会受到损害等。

2005年在制定《重庆市主城尘污染防治办法》时,在召开区县、部门及专家论证会后,起草领导小组认为这个办法在部门职责、管辖范围、具体措施等方面尚不成熟,而且这个办法的许多具体措施直接涉及广大市民的切身利益,因此决定召开一次立法听证会以及在政府网站上公布了办法的草案,全面公开征求市民意见,并通过媒体公布了时间地点及参加方式。这次听证会出席的市民代表有20多位,市内各大媒体均前来报道。听证会上,市民代表发言非常积极,所陈述的内容集中在要求加强对餐饮油烟废气污染扰民、建筑工地施工扬尘扰民和"熏腊肉"等民俗民风行为污染扰民的管理上,其中对餐饮油烟废气污染扰民的反应最强烈。此外,通过政府网站提交的修改意见也达数百条,其中70%的内容也是关于餐饮油烟废气污染扰民的。经过这次听证会和网上征求意见后,《重庆市主城区污染管理办法》终于得以顺利出台,其中餐饮油烟污染防治的管理力度得到加强。

为公众参与立法提供机会和平台,不仅提高了立法的质量,使重庆出台的管理方法和内容更科学、合理,而且减少了执法成本,提高了执法效率以及公众守法的自觉性和积极性。

二、政府信息公开

"重庆环境保护"政府公众信息网从栏目设计、信息公开范围、信息获取方便程度、互动工具等多个方面实现"信息公开、在线办事、公众参与"三大目标,成为重庆市政府公开环境信息的主渠道,受到网民和各界的好评。在2007年度重庆市政府公众信息网站考评中获得第2名的好成绩,此外也获得国家环保总局组织的省级环保局(厅)政府网站绩效评估第9名的成绩。该网站之所以在本市和在全国获得好评,主要基于以下的原因:

一是制定《重庆市环境保护局信息系统使用管理办法》和《重庆市环境保护局信息上网发布管理办法》,建立了规范的信息采集、审核、发布和更新机制。二是围绕政务公开,编制《重庆市环境保护局环境信息公开目录》和《重庆市环境保护局环境信息公开指南》,将重庆市环保系统9类共72项政府信息纳入主动公开范围。三是进一步完善政务公开体系,开设"环保网上政务大厅",方便公众及时查阅办件进程,加强与公众的交流互动,丰富和完善政府公众信息网建设。四是围绕环保中心工作,制作"直辖十年看环保"、《重庆市环境保护条例》宣传、重庆市污染源普查等环保特色专题栏目,增强环保工作的透明度,保障公众的知情权、参与权。五是开设"环评"公众参与、公开信箱、信访投诉、咨询建议等互动平台,广泛听取群众意见、受理群众投诉、接受群众咨询。此外,市环保部门按照《重庆市环境保护局环境信息公开目录》的要求,以公共场所大型展示屏、政务大厅触摸屏、显示屏、政府公众信息网站等作为信息公开平台,公布环境信息、办事程序、办事依据、办事要求、行政审批事项结果等。

三、认真接待和处理投诉、信访,维护公众环境权益

对环境问题的投诉,除通过政府网站外,公众还可通过拨打"12369"环保举报热线来实现,所有热线拨打者都会留有记录,接线员及时将相关投诉转交市环保局有关职能部门限期处理,并在一定时限内将处理结果反馈给投诉者。

信访是沟通政府与市民的平台,市信访办重视环保方面的来信来访。2010年,信访办征集市民建议,其中有100多条与环境保护相关。市信访部门开展了为重庆环境保护建言活动,邀请人大、政协、高校、学者、民间人士等各方代表参与,之后政府采取了很多措施来改善环境质量,群众比较满意。市环保局也有专人负责公众来信来访,收集公众意见,解决实际问题。

四、领导干部考核

自 2000 年起,重庆把环保指标纳入领导干部考核体系,其中公众意见是考核的内容之一。考核方法包括发放问卷收集民意、人大、政协代表评议,等等,内容涉及对本市水、空气、垃圾、湖泊、噪声、城镇绿化及政府对环保工作的重视程度等方面的满意度。为确保民意的代表性、公正性和真实性,从 2006 年开始,重庆对考核方法做了改进,请独立的专业中介机构来组织民意调查,了解公众意见。包括对 25 位人大代表和 25 位政协委员的访谈以及用科学的抽样方式随机进行公众电话问卷调查。

五、非政府组织参与状况

伴随着改革开放和公众环境意识的提高,中国的环保非政府组织越来越活跃,但是,有影响力的并不是很多。令人欣喜的是,成立于 1995 年的重庆绿色志愿者联合会(绿联会)是全国著名并有相当影响力的组织之一。

自成立以来,绿联会主要从事环境保护类实地考察、公众教育、环境维权、政策倡导等相关工作。绿联会在参与环境决策方面的主要案例有:长江上游川西天然林保护行动、保护自然保护区核心区免修公路索道、帮助地方村民抗污维权等。绿联会在积极参与环境决策方面具有比较积极的影响力。

更难能可贵的是,绿联会是全国范围内最早也是数量极少的由民间发起并获得国家民政部门注册的环保非政府组织。绿联会之所以能诞生在重庆并开展了十几年的公益活动,应该说与发起者吴登明先生的努力有直接关系。但是,与其他地区的环保非政府组织的"艰难经历"不同的是,绿联会从登记注册到活动开展,始终获得市环保局和民政局的大力支持。市环保局作为绿联会的业务主管部门,在如何处理与环保非政府组织的关系,如何开展业务指导方面积累了宝贵经验,有必要在全国范围内推广。

从绿联会的运转机制来看,目前存在的主要问题有:缺少长期稳定的资金渠道、内部管理机制尚待健全、高质量的专业人才缺乏等。绿联会所面临的这些困难也是中国环保非政府组织普遍存在的问题,有待于政府在资金和业务指导方面予以支持。

六、媒体参与状况

环保世纪行是重庆市重要的有组织的媒体参与环保的活动。2003 年至 2007 年,按照全国人大环资委和中华环保世纪行组委会的统一部署,重庆环保世纪行活动坚持围绕全市环保中心工作,在市人大、市政府的重视和领导下,世纪行活动组织机构上了新层次,制度建设有了新体系,经费保障有了新突破,新闻采访工作富有成效,宣传活动影响不断扩大。据不完全统计,5 年来,重庆环保世纪行活动共组织开展环境警示教育图片巡回展、科学发展观与环境保护巡回宣讲活动,以及"关注库区水环境""渝西地区锶盐污染""百万市民看环保"等重大新闻采访报道、社会宣传活动 10 多项,中国环境报、重庆日报、重庆电视台、重庆电台、重庆晚报等 10 多家中央和市级新闻媒体,100 多个区县及市级有关部门,全市近 50 万人次参加了活动,发表环保方面的文章 2000 多篇条,依法建议和督促近 100 个突出环境问题加快解决。环保世纪行活动在促进媒体广泛参与,提升记者的环境意识、关注环保问题的水平、报道能力等方面起到重要的推进作用。

七、企业信息公开

2010 年,重庆市的企业信息公开尚处在起步阶段,依照国家法律需公开环境信息的企业包括直管企业中污染物排放超标和总量排放超标,以及在生产过程中使用和产生有毒有害物质的企业,重、特大突发环境污染事故或事件企业,拒不执行已生效环境行政处罚企业,等等。

第四节 环境保护考核奖惩机制

一、党政一把手环保实绩考核

2000年，重庆市率先在全国开展党政一把手环保实绩考核，2000—2009年连续10年对区县党政一把手进行考核。10年中，通过将环保与党政领导干部实绩挂钩，形成了"落后者追赶、居中者奋进、先进者领跑"的局面，极大地推动了环保工作的开展。

为落实中央提出的环境保护工作党政一把手"亲自抓，负总责"制度，市委、市政府于2000年制定了《重庆市区县（市）党政一把手环保实绩考核暂行办法》，对区县环保实绩进行考核。2003年，市委、市政府在该办法的基础上，结合"十五"期间考核工作经验，制定了《重庆市党政一把手环保实绩考核办法》，该办法在实施了3年之后，2006年，市委常委会审议通过《重庆市党政一把手环保实绩考核办法（试行）》，进一步完善了考核制度。考核增设了"一票否决"条款，明确规定未完成市委、市政府生态建设与环境保护"民心工程"目标任务等4种情形不能被评定为实绩好，在考核中弄虚作假等5种情形一律被评定为实绩差。民主测评和民意调查由考核工作领导小组办公室或其委托的专业调查机构通过信函、电话、入户调查或现场发放问卷等方式进行，并适当提高社会评议结果的权重。考核结果经市委常委会审议通过后，由市委办公厅、市政府办公厅通报，并在市内主要媒体上公布。环保实绩考核结果作为市委对区县和市级有关部门领导班子和领导干部考核的重要内容，环保实绩较差的区县和市级有关部门，由市委、市政府予以通报批评，其党政一把手向市委、市政府写出书面检查，并不得在当年有关评优创先活动中获得表彰奖励，连续两年环保实绩较差的，由市委或市政府领导对党政一把手进行诫勉谈话。

至2009年，环保实绩考核办法五易其稿，通过不断完善考核措施，强化考核的实际效果，极大程度地增强了党政领导的环保意识和法制观念，在加强环保机构、建立目标责任制、解决突出环境问题、改善环境质量等方面发挥了重要作用，有力地推进了环境保护工作，得到了国家有关部门的充分肯定。通过5次修订考核办法，增强了环保实绩考核的可操作性和科学性。在2000年第一次开展考核时，当时的7项指标主要考核一把手部署环保工作、执行环保法律法规、环境保护投入等情况。2003年第一次修改时，除了把市级有关部门纳入考核范围，还将解决突出环境问题列入了考核重点。2004年又增加了环境与发展综合决策。2006年12月30日，第三次修订的《重庆市党政一把手环保实绩考核办法（试行）》出台。这次修订中引入了分类考核、难度系数和民意调查等，进一步强调考核的可操作性和科学性。为把考核真正落实到党政一把手头上，2006年重庆新出台的考核办法明确了由市委、市政府成立考核工作领导小组，分管环保工作的副市长任组长，并设置了党政一把手必须完成的硬性指标量化考核。同时，考核结果要经市委常委会审议通过，并作为对党政领导班子政绩考核的重要依据，以此增加一把手环保工作的压力。2008年，第五次修订，进一步强化了考核结果运用。

通过开展党政一把手环保实绩考核，党政领导的观念得到很大转变，抓环保工作由被动变为自觉，加强了环保机构的建设，促使各区县都不同程度地加强了环保机构的建设。重庆市40个区县环保局在2006年均达到一级局建制，人员编制大幅增加。各区县也相继在乡镇建立环保机构或设立专兼职环保员，环保工作顺利地由城市拓展到农村。2007—2010年，重庆市环保实绩考核情况见表4-39。

表 4-39　　　　　　　　　　　　　重庆市环保实绩考核结果

年度	考核对象	实绩考核结果
2007	40 个区县（自治县）	实绩好(90 分以上)的区县 19 个:北碚区、渝北区、南岸区、合川区、永川区、双桥区、江津区、涪陵区、长寿区、大足区、巴南区、綦江县、江北区、九龙坡区、万州区、云阳县、奉节县、黔江区、彭水县 实绩较好(80~90 分)的区县 21 个:万盛区、渝中区、大渡口区、荣昌县、璧山县、南川县、铜梁县、沙坪坝区、潼南县、巫山县、忠县、丰都县、开县、梁平县、城口县、巫溪县、垫江县、秀山县、武隆县、石柱县、酉阳县
2007	17 个市级部门	较好地完成了市委、市政府下达的环保工作目标任务,考核结果纳入市级党政机关目标管理绩效考核
2008	40 个区县（自治县）	实绩好的区县 27 个:北碚区、渝北区、合川区、万州区、永川区、江北区、巴南区、涪陵区、南岸区、江津区、大渡口区、黔江区、南川区、九龙坡区、万盛区、云阳县、荣昌县、巫山县、璧山县、忠县、双桥区、彭水县、綦江县、奉节县、城口县、石柱县、丰都县 实绩较好的区县 11 个:渝中区、沙坪坝区、梁平县、开县、武隆县、秀山县、酉阳县、垫江县、巫溪县、大足县、铜梁县 实绩较差的区县 2 个:长寿区、潼南县
2008	25 个重点市级部门及单位	实绩好的市级部门和单位 19 个:市发展改革委、市科委、市财政局、市国土房管局、市建委、市规划局、市市政委、市交委、市水利局、市农委、市文化广电局、市卫生局、市环保局、市工商局、市林业局、市园林局、北部新区、市轻纺集团、市能投集团 实绩较好的市级部门和单位 6 个:市经委、市公安局、市国资委、市化医集团、市水务集团、市水投集团
2009	40 个区县（自治县）	实绩好的区县 37 个:北碚区、渝北区、渝中区、沙坪坝区、合川区、万州区、永川区、江北区、巴南区、涪陵区、南岸区、江津区、大渡口区、黔江区、南川区、九龙坡区、万盛区、长寿区、云阳县、荣昌县、巫山县、璧山县、忠县、双桥区、綦江县、奉节县、城口县、石柱县、丰都县、梁平县、开县、武隆县、垫江县、巫溪县、大足县、铜梁县、潼南县 实绩较好的区县(自治县)3 个:酉阳县、彭水县、秀山县
2009	25 个重点市级部门及单位	实绩好的市级部门和单位 21 个:市城乡建委、市发改委、市科委、市财政局、市国土房管局、市规划局、市市政委、市交委、市水利局、市农委、市文化广电局、市卫生局、市环保局、市工商局、市林业局、市园林局、北部新区、市轻纺集团、市能投集团、市经委、市水务集团 实绩较好的市级部门和单位 3 个:市公安局、市水投集团、市国资委 实绩一般的市级部门和单位 1 个:市化医集团
2010	40 个区县（自治县）	一等奖:渝北区、北碚区、南川区、江津区、荣昌县、璧山县、云阳县、武隆县、石柱县 二等奖:江北区、九龙坡区、沙坪坝区、黔江区、涪陵区、万州区、铜梁县、綦江县、巫溪县、丰都县、城口县、忠县 进步奖:酉阳县、彭水县
2010	北部新区和 36 个市级部门及单位	市委宣传部、市发展改革委、市环保局、市经济信息委等 36 个市级部门和单位的考核结果全部为实绩好

二、环保系统工作目标考核

为规范环境保护工作目标管理,树立环保部门勤政、廉洁、高效、务实的新形象,确保全市环保工作目标任务的顺利完成,2000—2006年,市环保局先后印发了《重庆市环境保护系统目标考核办法(试行)》《重庆市区县(自治县)环境保护工作目标考核管理办法》,加强对各区县环保局的工作目标考核。

环保系统工作目标考核坚持突出重点、注重实绩,因地制宜、分类指导,实事求是、客观公正,以及平时检查与年终考核相结合、物质奖励与精神鼓励相结合的原则。考核指标分为业务目标和保证目标。业务目标,主要是指由市环保局下达的体现环保行政管理职能的工作目标;保证目标,主要是指确保环保工作政令畅通的工作目标。考核的主要内容包括:环境污染控制、自然生态保护、建设项目环境管理、环境监察、环境监测、环境宣传教育及环境管理基础工作、保证工作等。市环保局在每年的第一季度向各区县环保局下达当年度的环保工作目标任务。各项考核指标的具体内容、分值及计分要求,根据每年度的主要环保工作任务由当年下达的工作目标考核方案确定。

市环保局对各区县环保局的重点目标任务执行和完成情况适时进行抽查或督查。每年12月底前,各区县环保局要按照当年下达的目标考核方案,对目标任务完成情况进行自查,并将自查报告报送市环保局。每年1月,市环保局组织考核组对上年度的目标任务完成情况分组进行现场检查考核,并由各考核组提出现场考核的初步意见。年度考核结果由局务会审定,以排名方式予以通报。

第九章　区域环境管理

区域环境管理是以行政区划为归属边界,以特定区域为管理对象,以解决该区域内的环境问题为内容的一种环境管理。可分为城市环境管理、农村环境管理、流域环境管理、开发区环境管理等。

第一节　流域环境管理

流域是一个完整的社会—经济—自然复合生态系统,流域管理体制合理与否直接关系着流域的可持续发展。所谓流域环境管理是以特定流域为管理对象,以解决流域环境问题为内容的一种环境管理。根据流域的大小不同,流域环境管理可分为跨省域、跨市域、跨县域、跨乡域的流域环境管理。重庆市作为长江上游重要污染控制区、三峡库区生态敏感区,是一个自然资源有限、人地关系高度复合、生态环境脆弱的区域。

三峡库区是中国乃至世界最为特殊的生态功能区,其水土保持、水质保护和生物多样性维持等功能对于投资庞大的三峡工程的长期安全运行、长江中下游的防洪与生态安全具有特殊的、重要的战略意义。而三峡库区重庆段覆盖了大部分三峡库区范围,其面积约占整个三峡库区面积的85.6%,同时长江干流自西向东横穿三峡库区重庆段,全长683.8千米,北有嘉陵江、南有乌江汇入,形成不对称的、向心的网状水系,由此则凸显出其重要的生态地理位置。三峡库区重庆段位于长江上游下段,东起巫山县,西至江津区,南起武隆县,北至开县,地理范围在北纬28°28′~31°44′、东经105°49′~110°12′之间。东南、东北与鄂西交界,西南与川黔接壤,西北与川陕相邻,是长江上游主要的生态脆弱区之一。因此三峡库区重庆段的生态环境建设如何,关系到全国社会、经济发展的全局,也备受国际国内广泛关注。1998年3月10日,中共中央总书记江泽民在九届全国人大一次会议重庆代表团第四次全体会议上,要求重庆加强生态环境建设,实现可持续发展,并强调,从长江上游地区经济、社会发展的长远利益出发,从三峡水库的功能发挥和长期安全出发,从子孙后代的生存繁衍出发,要大搞植树造林,要加快长江上游林业生态工程建设;要好好规划,分步实施,要年复一年、锲而不舍地干下去,任何时候都不能疏忽和倦怠;要经过10年、20年、50年的持续奋斗,彻底改变长江上游地区的生态环境面貌,做到青山常在,绿水长流。同年12月13日,国务院批复了重庆市城市总体规划调整方案,要求切实注意保护和改善生态环境,大力加强城市环境的综合整治,要认真解决三峡库区开发性移民中的生态环境问题。1999年,市政府重视和加强环境保护工作,加大工作力度,先后印发了《重庆市生态环境建设规划》,批准了《重庆市2000年工业污染源达标排放和城市环境功能区达标工作方案》《重庆市酸雨控制区二氧化硫污染综合防治规划》和《重庆市自然保护区发展规划》,并启动了一批生态建设和污染治理工程。同年1月25日,国务院批复了长江上游水污染整治规划,为了落实国务院对三峡库区重庆段水污染整治工作的要求,重庆市政府于6月16日还批准实施了《长江上游(重庆部分)水污染整治规划》,明确提出了控制目标、治理方案和保证措施,为实施长江上游水污染治理奠定了坚实基础。另外,在国务院召开的三峡工程移民工作会议上,国务院总理朱镕基提出必须实行政策上的两个调整,即调整和完善移民政策、调整企业的搬迁政策,这也有助于三峡库区的生态环境保护和建设。2000年,在国务院三峡建设委员会第九次全体会议上,朱镕基对加强三峡库区环境保护做了重要指示,他指出:"我们要极其重视三峡库区的生态环境保护问题,要及时制定规划,认真加以实施,强化监督机制,经常检查督促,绝不能等到水库蓄水了再强调环境保护,现在就要抓紧工作。"他同时要求国家计委牵头,有关部门参加,修订和完善现有的库区环境保护和生态建设规划,并尽快制定具体的实施计划,抓紧实施,还强调"生态环境保护问题实际上关系着库区的可持续发展问题,要调整、关闭那些污染严重的企业,这对库区经济社会的协调发展也是极大的推动"。2001年,按照国务院三峡工程移民暨对口支援工作会议"快调查、快规划、快立项、快审批、快实施"的要求,又编制并实施了《重庆市三峡库区水污染防治规划》,规划项目绝大部分被列入国务院批准的《三峡库区及其上游水污染防治规划(修定本)》(以下简称《规划》)。2005年,市政府继续实施《规划》,顺利完成了《规划》的修编工作,审议通过了"碧水行动"实施方案,各项年度目标、任务顺利进展。

次级河流综合整治工作也取得进展。铜梁县巴川河、璧山县璧南河城区段的综合整治工程取得阶段性成果,流域环境面貌焕然一新。万盛区孝子河的综合整治工程在2000年9月30日前使流域内的污染源的主要污染物达标排放。2001年,桃花溪流域综合整治正式启动,清水溪流域综合整治也制定了行动方案。2002年,桃花溪整治工程落实资金4亿多元,部分项目开工建设;清水溪流域综合整治被列入西部环境保护国债项目,争取到2800万元国债资金;长寿湖网箱养殖全部被取缔。2003年,梁滩河、御临河、璧南河、桃花河污染综合整治工作启动;小安溪流域加强对两岸工业污染源的监督检查,开始对碳酸锶厂实施整治;小江、花溪河、琼江河综合整治开展了规划和前期准备工作。2004年,桃花溪流域综合整治完成一期工程,启动二期工程,清水溪一期污水截流干管工程开工,完成梁滩河、御临河、桃花河项目的前期工作和濑溪河、大溪河、花溪河、澎溪河流域的水污染综合整治规划,其余10条次级河流也开展了规划编制等前期工作。

第二节 开发区环境管理

重庆开发区于1993年4月经国务院批准设立,是中国西部地区第一个国家级开发区,由北部园区(北部新区经开园)和南部园区两大部分组成。

开发区内的项目往往由投资渠道确定,造成区内项目门类多,污染因子复杂,治理困难。大多数开发区都是以城市或工业基地为基础发展起来的,致使工业区、商业区、居住区混杂,功能分区不明确,易出现污染扰民事件。开发区内供水、供气、供电、道路等基础设施建设迅速,但污水处理厂、垃圾处理场等环保基础设施建设严重滞后,极大地影响了环境质量。这些都给开发区的环境管理工作带来了许多困难。

在开发区的环境管理上,重庆市环保行政主管部门积极介入,成立了上级环保行政主管部门派出的开发区环境管理机构。如经济技术开发区、高新技术产业开发区分别设置了重庆市环境保护局经济技术开发区分局、重庆市环境保护局高新技术产业开发区分局,隶属于市环保局管理。这两个开发区都开展了区域环境影响评价,按照分级审批的原则,开发区环保分局对申报的建设项目都进行了严格的环保审批和监督管理,建设项目环境影响评价和"三同时"制度的执行率均达到了100%,收到了良好的效果。对于开发区区域环境影响评价未包括的建设项目,严格按《建设项目环境保护分类管理名录》确定的环境影响评价形式进行,严格论证其与开发区区域环境影响评价的相互关系,同时对开发区区域环境影响评价的相关内容和结论进行修正、完善,并利用开发区区域环境影响评价中的现场监测数据及部分评价专题内容。

重庆特色工业园区是各区县结合地域资源优势和产业特色,经市政府命名的以工业、企业为主体的市级产业园区。建设特色工业园区是重庆市委、市政府加速推进全市城镇化、工业化进程,推动工业经济跨越式发展,尽快把全市建成长江上游经济中心的重大举措,也是全市实施"大城市带动大农村"战略、加快产业结构调整、扩大城镇就业渠道和农村劳动力向非农产业有序转移、促进对外开放和招商引资、培育新的经济增长点的重要载体,是构建区域经济发展的新格局,是促进全市经济可持续发展的重要组成部分。重庆特色工业园区自2002年底建立以来,经济发展保持了高速增长,2003年园区工业产值143.6亿元,2004年达到320亿元,工业产值翻番,2010年,重庆特色工业园区工业总产值达到5500亿元。其中九龙工业园区、茶园工业园区、空港工业园区、建桥工业园区、江津工业园区、晏家工业园区、花溪工业园区、同兴工业园区、港城工业园区和万州工业园区是十强园区;"一圈"优秀园区有西彭工业园区、璧山工业园区、涪陵工业园区;渝东北优秀园区有开县工业园区、垫江工业园区、忠县工业园区;渝东南优秀园区有石柱工业园区、酉阳工业园区;发展速度优秀园区有合川工业园区、云阳工业园区;招商引资优秀园区有重庆西永微电园、正阳工业园区、涪陵工业园区、永川工业园区;土地集约利用优秀园区为重庆(长寿)化工园区、西彭工业园区。

重庆特色工业园区的经济发展保持了高速增长,但同时特色工业园区的生态环保问题应引起高度重视。据资料显示,2007年,重庆市环保部门对34个区县的44个特色工业园区的检查发现,污水处理设施建设滞后、园区企业"环评"手续不齐全、排污不达标等环保问题突出。除8个园区建有集中式污水处理设施外,其他工业园区尚未建设集中式污水处理设施,有近79家企业因环保不过关而受到了环保部门处罚。

为进一步加强特色工业园区的环境管理,重庆市明确规定了相应的措施要求。一是在发展重庆特色工业园区时,充分考虑到整个城市未来的发展、资源的优化配置和生产力的合理布局,考虑到土地资源和水资源的合理利用、环境保护和生态平衡,运用工业生态学原理,采用生态化布局和规划,增强园区产业之间的关联度、产业链与共生性。二是大力倡导园区内企业进行产品的耦合共生,提高资源利用率,同时通过副产物和废弃物的循环利用,降低园区的环境负荷,减少企业的废物处理成本和部分原料成本,提高企业的经济效益,化解环境污染和经济发展的矛盾,达到资源、环境和经济发展的多赢。三是发挥政府对循环经济和生态园区发展的政策导向机制,激励和刺激生态经济园区的发展。通过政府采购计划拉动生态园区循环经济的需求,并影响社会公众,同时运用经济激励手段,激发民间自愿行动,来推动循环经济和生态园区的顺利发展。

第三节　工业企业环境管理

工业企业的环境管理是环保部门的主要职责,直辖以来,重庆市各级环保部门严格执行建设项目环境影响评价和"三同时"制度,坚决制止低水平重复建设,严把建设项目环境审批关和环保设施竣工验收关,坚决控制新污染,做到增产不增污、增产减污,同时,强化了污染限期治理,加快老污染治理步伐,督促重点污染源按期达标。此外,配合经济和行业主管部门,坚决关停一批能耗物耗高、产品无市场、扭亏无望、污染严重的企业,依法强制淘汰小火电、小水泥、小炼钢、小炼油、小玻璃等落后工艺和设备,大力支持无污染、轻污染的高新技术产业的发展,督促布局不合理的污染企业搬迁,调整生产力布局。

重庆是一座老工业城市,发展压力大,环境保护压力更大。为了鼓励企业推行清洁生产,减少资源消耗,减少污染物排放,2005年,重庆市启动了"环境友好企业"创建活动,并每年表彰一批在环境污染防治、清洁生产、资源能源综合利用等方面成绩突出的企业,授予重庆市"环境友好企业"称号,给予一定的环境经济优惠政策,鼓励其进行绿色生产。通过创建"环境友好企业",树立一批经济效益突出、资源合理利用、环境清洁优美、环境与经济协调发展的企业典范,促进企业开展清洁生产,深化工业污染防治,走新型工业化道路。开展"环境友好企业"创建活动对全市促进工业可持续发展具有深远的意义。在首批创建评选活动中,重庆市共有70余家企业报名参加。经过企业申报、区县推荐、专家审核和公示,5家企业从最终参评的14家企业中脱颖而出,获得了重庆市首批"环境友好企业"称号,它们是:西南铝业(集团)有限责任公司、重庆朝阳气体有限公司、重庆电池总厂、重庆金益烟草公司和重庆拉法基水泥有限公司。这5家企业包含了化工、烟草、有色金属、水泥、电池等行业,都是重庆市比较有代表意义的传统产业。它们通过大力推行清洁生产和通过ISO 14001环境管理认证,积极发展循环经济,实现了污染物排放量与生产成本的同步降低,经济效益在同行业中名列前茅,而且综合能耗、水耗和主要污染物排放量也处于同行业领先或先进水平,并能积极参与环保公益活动,实现了经济与环保的双赢。对获得"环境友好企业"称号的企业,重庆市给予相关优惠政策,如在正常的环境监察中减少检查次数或免于检查;优先安排环保资金扶持企业治理污染;优先对上市企业进行审核;优先安排环保科技项目;优先审批新、改、扩建项目;等等。

实践证明,保护环境和发展经济并不绝对矛盾。重庆市"环境友好企业"是2010年重庆市设立的企业环保最高荣誉。获得重庆市"环境友好企业"的单位坚持走科技含量高、经济效益好、资源消耗低、环境污染少、人力资源优势得到充分发挥的新型工业化道路,大力发展循环经济,持续改进环境行为,发挥了很好的模范带头作用。例如,西南铝业(集团)有限责任公司高度重视环保工作,将发展循环经济,推行清洁生产作为经济发展方向,通过创建"环境友好企业"活动,企业成为经济效益良好、资源合理利用、环境清洁优美、环境与经济协调发展的新型工业企业。重庆朝阳气体有限公司切实地把环境理念、环境管理活动贯穿于工艺设备持续改造过程中,通过实施一系列声环境综合治理,使噪声源的噪声得到有效控制。同时积极开展节能降耗、推进污染物达标排放、建立严格的环境管理制度,做到了污染治理与生产成本的同步降低,实现了经济与环保的双赢。重庆电池总厂通过实施环境治理搬迁,结合企业进步技术,建成了布局合理、环境优美的现代化工厂,通过自主创新,研制出先进的糊式无汞电池生产工艺并向全国电池行业推广。该企业倡导"预防为主,从源头上消除污染""环境保护只有起点、没有终点,只有更好、没有最好"等环保理念,积极参与社会公益活动。重庆金益烟草公司地处经济发展相对滞后的渝东南少数民族地区,始终将重视、保护、不断改善环境作为一项重要工作来抓。他们提出了"我们创造环境、我们保护环境、我们享受环境"的理念,并把它贯穿到全公司生产环节的各个领域。拥有重庆地区最大的熟料带窑外分解窑的干法水泥生产线的重庆拉法基水泥有限公司,以大力推进清洁生产为抓手,自觉实施清洁生产审核,严格执行"环评"和"三同时"制度,坚持走可持续发展道路,以创建环境友好企业为契机,实现了环保效益、经济效益和社会效益"多赢"。

第十章 环境资金投入

环境保护投资是指为保护资源和控制环境污染所支出的资金总额,它反映了环境保护在整个国民经济中占有的地位和作用,它是在国民经济和社会发展中,社会各有关投资主体从社会积累基金中和各种补偿基金、生产经营基金中,支付用于防治污染、保护和改善生态环境的资金,包括城市环境基础设施建设投资、工业污染防治投资、工业污染治理设施运行维护费用、环境管理能力建设投资,它也是环境保护与国民经济其他各部门在分配环节上进行综合平衡后的定量结果。一般来说,环境污染和资源破坏对经济、社会的危害越大,人体健康及国民收入所受到的损失也越大,环境保护投资也相应越多。环境保护投资包括环境污染治理投资、环境管理与污染防治科技投入两部分。其中环境污染治理投资包括:工业污染源污染治理投资、建设项目"三同时"环保投资和城市环境基础设施建设投资。环境管理投入包括各级环保行政主管部门、有关行业部门环境管理机构和各类环境保护事业单位的环境管理能力建设投入。污染防治科技投入包括污染防治基础科学研究、应用技术开发和环境软科学研究等方面的投入。重庆市环境保护投资包括:一是城市环境基础设施投资,具体有城市污水处理厂、垃圾处理场、园林绿化、燃气工程、排水工程等方面的投资;二是工业污染源治理项目投资,具体有工业污染源治理(项目)投资和"三同时"项目环保投资;三是环境管理能力建设投资;四是工业污染治理设施(工业企业治理设施)运行费用等方面。

改革开放后,重庆市委、市政府逐年加大对环境污染防治的直接投入,为环境保护提供了重要的物质保障。"八五"期间,全市环保投入一直处于增加状态,全市环境保护投入占GDP的比例平均为0.65%;"九五"期间,全市环境保护投入累计为65.8亿元,占GDP的比例平均达到0.9%;"十五"期间,全市环境保护投入累计为228.44亿元,占GDP的比例平均达到2%;2008年,全市环境保护投入126.42亿元,占当年GDP的2.5%,达到了国家环境保护模范城市环境保护投资指数不低于1.7%的要求,同时环保投入较1997年增长9.1倍,年均以23.3%的速度递增(见图4-8)。

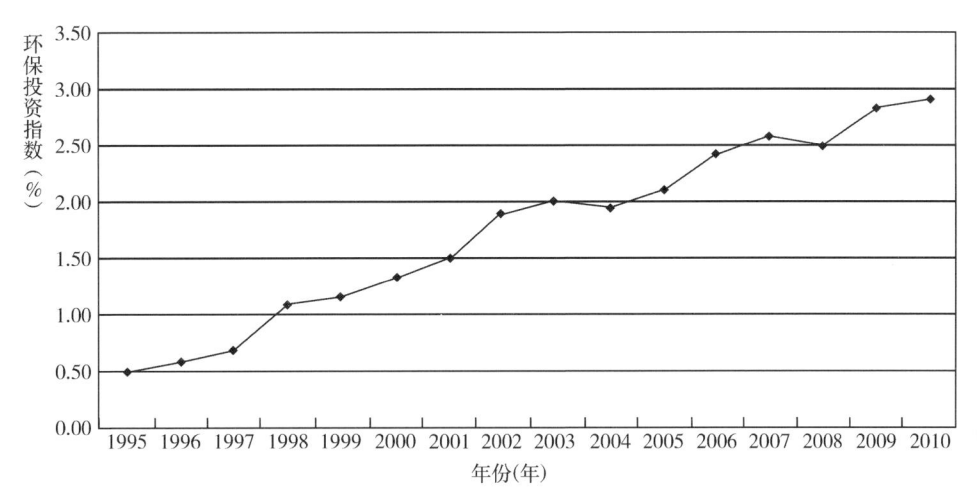

图4-8 重庆市环境保护投资指数变化情况

其中城市污水处理厂、垃圾处理场、园林绿化、燃气工程等城市环境基础设施建设投入78.24亿元,工业污染源治理投入27.68亿元,工业企业污染治理设施运行费用18.93亿元,环境管理能力建设投入1.57亿元(见表4-40)。

表4-40　　　　　　　　　　　重庆市环境保护资金投入情况

项目	2010年	2009年	2008年	2007年	2006年	2005年	2004年	2003年	2002年
1. 环境保护投资总额(亿元)	231.8	189.55	126.42	108.20	84.65	65.14	50.88	44.72	36.78
1.1 城市环境基础设施投资(亿元)	158.10	120.57	78.24	65.70	52.34	41.10	31.42	31.91	24.92
1.2 工业污染源治理项目投资额(亿元)	50.06	41.94	27.68	23.56	16.63	12.43	9.87	6.99	6.61
1.2.1 工业污染源治理投资(亿元)	17.54	6.98	9.74	10.01	5.80	—	—	—	—
1.2.2 "三同时"项目环保投资(亿元)	32.52	40.96	17.94	13.55	10.83	—	—	—	—
1.3 环境管理能力建设投资(亿元)	21.56	1.87	1.57	1.62	0.99	1.19	0.61	0.44	0.34
1.4 工业企业治理设施运行费用(亿元)	21.56	19.17	18.93	17.33	14.69	10.42	8.98	5.38	4.91
2. 环境保护投资占GDP比重(%)	2.93	2.9	2.50	2.60	2.40	2.10	1.91	1.99	1.87

第十一章　环境信访、统计和档案

第一节　人大建议、政协提案办理

市环保局接受市人大、政协的工作监督,每年都会在"两会"期间收到人大代表建议和政协委员的提案。属于市环保的职能职责,市环保局组织专人认真办理,限期上报办理结果,办理率达100%。

1991年,市环保局受理市人大建议、市政协提案16件,件件有回复。

1993年,市环保局受理市人大建议、市政协提案22件,件件有回复。

1994年,市环保局办理市人大、市政协"两会"建议,提案50案件。

1995年,市环保局保质保量地办理了市人大、市政协"两会"的质询案、提案和议案共81件。

1997年,全年共受理市人大、市政协关于环保方面的建议、提案、议案331件,做到件件有着落。

1998年,全年共办理市人大建议、市政协提案62件,办理率100%,满意率98%。

1999年,承办市人大、市政协"两会"建议,提案386件,全部按时办结。

2000年,全市环保部门共接受和办理关于环保方面的市人大建议、市政协提案398件,办理率100%,其中市环保局办理市人大建议、市政协提案共86件。

2001年,全市环保部门共受理市人大建议、市政协提案518件,办理率100%,其中市环保局办理135件。

2002年,"两会"期间,市环保局共办理建议、提案101件,其中市人大建议43件,市政协提案58件,于4月底提前办毕,办理率100%,满意率98%,对3件办理不满意的建议,组织力量进行重新办理。

2003年,"两会"期间,市及各区县环保部门共接受建议、提案460余件,其中市环保局办理70件,办理率100%,一次满意率在98%以上。

2004年,市环保局共办理市人大、市政协"两会"建议、提案73件(其中市人大建议33件,市政协提案40件),办理率、满意率均为100%。

2005年,"两会"期间,市环保局共办理市人大建议、市政协提案130件,办理率和满意率均为100%。

2006年,全市环保系统办理市人大建议、市政协提案453件。

2007年,全市环保系统办理市人大建议258件,市政协提案295件,满意率98%。

2009年,市环保局办理104件市人大建议和市政协提案,反馈意见满意率和基本满意率为100%。

2010年,市环保局办理126件市人大建议和市政协提案,满意率和基本满意率100%。

第二节　环境信访和环境投诉

市环保局在20世纪90年代就设置了环境信访专职人员(归属办公室),负责市委、市政府领导和市委、市政府信访部门批转的来信处理,接待来访的群众。2001年,开设"信访领导接待日",每周固定一日,由局领导公开接待来访群众,交办环境保护方面的投诉信件。2002年,市环保局开通"12369"环保举报热线,环保举报受理中心设在市环境监察总队,主要有投诉受理、处理及举报查询、统计分析等功能,后逐渐成为群众反映环保方面情况的主渠道。

1991年,由市长公开电话交办事宜17件,群众信访151件,回复率均为100%。

1993年,受理市长公开电话交办事宜和群众来信来访202件次,做到件件有着落。

1994年,解决群众投诉、信访、纠纷329件次。

1995年,全年解决群众投诉、信访、纠纷958件次。

1996年,共办理群众来信来访和公开电话1128件次,接待群众来访27批68人次。其中,承办市政府值班室、市委信访办、市人大等有关部门交办信件150件。

1997年,全市共收到反映污染问题的群众来信4205件,其中水污染有624件,大气污染有1747件,噪声污染有1550件,固体废物污染143件,其他141件,当年处理来信3237件,处理率为77%。全年共接待群众来访910批2338人次,其中水污染154批,大气污染355批,固体废物污染36批,噪声污染355批,其他10批,当年处理来访910批次,处理率100%。

1998年,全年处理来信来访1703件次,回复率95%以上。

1999年,处理来信、电话投诉7280件,接待群众来访人员1410批2378人次,做到事事有结果、件件有回音。

2000年,全市环保部门共受理环境污染的信访投诉8792件,接待群众来访1670批3000余人次。其中市环保局接待群众来访91批250人次,处理来信投诉2197件。

2001年,全市环保部门受理群众关于环境污染信访投诉1.08万件,接待上访群众2937批3800余人次。其中市环保局受理信访投诉3339件,接待上访群众122批345人次。

2002年6月5日,市环保局开通"12369"环保举报热线,全年办理投诉8388件。

2003年,全市环保系统共受理群众信访、投诉3.5万件(其中"12369"环保举报受理中心受理1.9万件),接待上访群众3400批次,都及时进行了交办和处理。

2004年,市环保局受理人民来信458件,接待来访群众76批213人,所有案件办理率100%,一般信访回复率95%,专项办理率100%。"12369"环保举报受理中心共受理群众投诉19381件,全部办理。

2005年,市环保局共受理群众来信650件,接待来访群众101批173人次,信访回复率为100%。"12369"环保举报热线受理群众投诉2.1万件,办结率达95%。

2006年,市环保部门共受理群众来信4.47万件,接待来访群众2858批4555人次,"12369"环保举报热线受理群众投诉2.2万件,均办毕。

2007年,市环保局接待来访群众88批212人次,处理来信1057件,"12369"受理环保投诉2.85万件。

2008年,"12369"环保举报受理中心受理群众投诉2.14万件,均妥善处理。

2009年,市环保局接待来访群众59批176人次,受理来信、来电1508件次。"12369"环保举报受理中心受理群众投诉2.14万件。对群众反映强烈且长期未得到解决的环境问题挂牌督办,实行信访积案领导包案制,化解了一批问题。

2010年,全年受理群众投诉3.69万件,对86件群众投诉的环境热点难点案件进行重点督查督办,实行局领导包案处理,深入基层带案下访,有效化解了一批环境热点难点问题。

第三节　环境统计

环境统计是环境保护的一项重要的基础性工作。环境统计数据是制定环境保护政策、编制环境保护规划、实施污染物总量控制、加强环境管理的重要依据。

做好环境统计工作,有利于掌握污染源分布、排放等情况,是环境保护科学决策的重要支撑。市环保局一直重视环境统计工作:一是完善组织机构,成立领导小组;二是健全统计制度,结合工作实际不断充实完善统计工作制度;三是加强能力建设,不断提高统计人员工作条件以及信息化水平,各级环保部门每年均召开环境统计培训会议,不断提升基层环保及有关企业环境统计人员的业务素质。

一、环境统计工作变化情况

1991—2010年,环境统计工作发生了重大变化:调查范围调整。1997年重庆成为直辖市,管辖行政区域有所调整,相应的环境统计调查范围发生变化。1991—1997年,重庆环境统计调查范围为21个区县(包括市中区、大渡口区、江北区、沙坪坝区、九龙坡区、南岸区、北碚区、南桐矿区、双桥区、长寿县、巴县、綦江县、江北县、江津县、合川县、潼南县、铜梁县、永川县、大足县、荣昌县、璧山县),1998—2007年,重庆环境统计调查区域为42个区县(包括经济技术开发区和高新技术产业开发区),至2010年,环境统计调查范围为38个区县,万盛、双桥两个经开区以及北部新区。统计数据精准化。国家统一对重点行业企业如火电厂、水泥厂、造纸厂、污水处理厂(场)等的污染治理设施运行及排放情况进行核查核算。为进一步准确掌握工业企业污染排放情况,不断提高环境统计数据的质量,充分利用国家核查核算成果,至2010年,环境统计数据与主要污染物总量减排数据实现无缝衔接。

二、重庆环境统计产品

1991—2010年,重庆环境统计所编印的资料如下:

1.《环境统计资料汇编(1995—2000)》

2001年,由各区县环保局上报统计报表,经筛选整理、反复核实后汇编形成《重庆市环境统计资料汇编(1995—2000)》。该汇编重点反映"九五"期间全市和各区县"三废"排放及污染物治理情况、环境保护事业发展情况。

2.《环境统计资料汇编(2001—2005)》

2006年,在全市40个区县环保局以及2个开发区环保分局上报环境统计年报的基础上,经认真整理、勘误核实后汇编而成《重庆环境统计(2001—2005)》。该汇编以2005年统计数据为重点,分析了"十五"期间全市污染物排放及治理情况、环境保护制度执行情况等。

3.《重庆市第一次全国污染源普查公报》

在国务院第一次全国污染源普查领导小组的统一部署和重庆市委、市政府的领导下,重庆市自2008年起历时近3年,按时高质量地完成了第一次全国污染源普查工作。制定了62个"四无行业"(无监测报告、无产排污系数、无法物料衡算、无环评验收资料),开发了产排污系数核算系统,并于 2010 年发布《重庆市第一次全国污染源普查公报》。

第四节　环境保护档案

档案工作是环保事业中不可或缺的重要组成部分,随着全市环保事业的不断发展,档案工作也随之得到较快发展并起着越来越突出的作用。截至 2010 年底,市环保局综合档案室有档案资料 10011 卷又 17666 件。其中,文书档案 2315 卷又 17666 件,建设项目环境管理档案 3933 卷、基建档案 76 盒、科研档案 356 卷、会计档案 2511 卷(盒、册)、声像档案 244 张(盘)、实物档案 148 件、资料 428 册(卷)。1991 年,参加全国环保档案工作评比,重庆市档案局名列前 10 名;2008 年,市环保局机关档案工作晋升为重庆市一级标准;2010 年,市环保局被评为全国环保系统档案工作先进集体。

市环保局高度重视档案工作。一是领导干部带头学法守法。组织副处以上干部认真学习《中华人民共和国档案法》《中华人民共和国档案法实施办法》《重庆市实施〈中华人民共和国档案〉办法》等法律法规,提高全体人员的档案意识,引导广大环保干部深刻认识档案工作的重要性。二是把档案工作纳入年度目标考核。把立卷归档落实到岗位,树立"积累、管理档案人人有责"的观念。三是档案管理网络已经建成。1991—2010 年的 20 年间,逐渐形成以一位副局长为领导,一位办公室主任分管,档案室具体承办,各业务部门兼职人员配合的档案管理工作体系。四是能力建设常抓不懈。仅 2006—2007 年,市环保局就先后派出专兼职档案工作人员 8 人次,参加国家环保部、市档案局等组织的各级各类培训,为市环保系统建立起一支熟悉档案、接受档案工作的档案人员队伍打下了坚实的基础。

制度建设完备健全。为了更好地适应环保工作的开展,明确环保档案工作的职责和任务,使各级环保部门对文件材料的形成、积累、收集、整理有据可依,先后建立健全了一系列档案工作制度,包括《机关档案工作管理办法》《档案利用制度》《档案人员岗位责任制》《文件归档制度》《档案保密制度》《档案保管制度》等,印发了《重庆市环境保护局机关文件材料归档范围和文书档案保管期限规定》,逐步实现环保档案管理工作的制度化、规范化、标准化。

硬件建设上档升级。档案室共有档案库房、查阅利用室、办公用房共 3 间,面积 180 平方米。库房内配置了密集架 28 列,可以满足局档案库房的要求;同时,配有计算机、打印机、复印机、缝纫机、打孔机、空调、防磁柜、除湿机、吸尘器、灭火器等设施设备,使档案集中统一管理、利用安全有保障。

信息化建设上台阶。2007 年,市环保局购买了文档一体化管理软件网络版;2008 年,局信息中心将整理好后的档案进行数字化处理,基本实现了快速机检及部分全文检索的功能,档案利用更加快捷高效,档案管理纳入了机关办公自动化系统。2006 年,全局实现办公自动化;2008 年,已把数字化处理后的档案信息挂接到了 OA 系统上,方便了相关职能部门对档案信息的适时利用,档案信息化建设取得了实质性进展。

业务建设独具特色。一是污染源普查档案"顶层设计"合理。2006 年 10 月,国家正式启动污染源普查工作,市环保局和档案行政管理部门提前介入,将档案工作列入污染源普查"准备阶段"的重点工作内容之一。重庆市污染源普查办公室与市档案局联合下发了《关于加强污染源普查档案工作的通知》,对档案管理的职责分工,档案的整理归档方法、完成时限、移交程序等进行了明确和细化,并编制了《污染源普查档案工作经费编制指南》作为附件一并下发,切实保障了档案工作与污染源普查工作同步进行、同步完成、同步验收。二是市区两级推进互动。2007年,重庆市在市区两级档案行政管理部门的配合下,按时高质地完成了建档、收集、整理、归档、开发利用等各项任务,做到了污染源普查档案收集齐全、整理规范、检索完备、管理有序,受到了国家验收小组的高度评价,为重庆市第一次全国污染源普查顺利通过国家验收奠定了坚实的基础。三是创新试点工作被推广。2007年4月,国家将重庆市渝北区作为全国唯一一个污染源普查综合试点单位(包含所有类型污染源的普查试点),由此开始,重庆市部分区县在污染源普查档案工作上从组织机构、人员配备、材料分类收集等方面进行了大胆的探索与创新,形成了一套行之有效的管理模式和方法,此经验为后来其他各区县的污染源普查档案工作所借鉴。全国污染源普查档案培训会前夕,国家环保总局办公厅领导专程到重庆市沙坪坝区污普办进行了污普档案管理调研,对沙坪坝区污染源普查档案工作给予肯定,并在全国培训会上推广了沙坪坝区的经验。

第十二章　环境信息化建设

市环保局开展环境信息化工作始于1996年,当年设置信息中心作为局机关的一个内设处室,依托日元贷款重庆环境示范城市项目开展信息化工作。2003年4月,市编办批复成立重庆市环境保护信息中心,明确为局直属正处级事业单位,经费渠道为财政全额拨款,人员编制10名。宗旨和主要职责任务是为环保事业的发展提供信息服务,包括管理和维护环保信息网络系统、收集和处理环保信息和数据、承担数据库建设与维护、承担环保信息技术交流等工作。2009年8月,按照《重庆市环保局机关"三定"实施方案》,新增了"拟订环境保护信息建设规划、建设和管理环境保护信息系统"的职责。同年11月,成立重庆市环保局环境信息化建设领导小组,由局长任组长,副局长任副组长,机关各处室、经开区、高新区分局,局属各单位相关负责人为成员。

资金投入情况。市环保局以业务专项、信息化项目、国际合作等多渠道解决信息化经费,将数据采集、系统运维等纳入日常经费。到2010年底,直接投入的信息化经费达5624万元,其他能力建设(国际合作、监测能力、监察能力等项目)涉及的信息化经费达4983万元,共计10607万元。

2010年,市环境保护信息中心有在编人员10名,其中高级职称3名,中级职称6名。内设办公室、综合科、数据科。

第一节　基础能力建设

一、基础网络建设

1996—2010年,重庆市环保局通过世界银行贷款、日元贷款等国际合作项目和三峡库区水环境安全监管信息系统、区县局及直属单位网络系统、污染源监控分中心建设、部分区县环保局信息化能力建设、重庆市环境统计能力建设设备采购、环保基地楼宇网络基础设施、数据中心机房改造等重大项目和工程的实施,先后完成了重庆市环保局、局直属单位和部分区县环保局的网络建设,基本具备全市信息化工作能力。

依托重庆市党政网实现了重庆市环保局与区县环保局的公文交互和信息上报,通过公共网实现重庆市重点污染源自动监控、环境质量自动监测站的数据和图像传输。市环保局已基本建立连接市、区县两级,涵盖重点污染源和环境质量自动监测站的环保主干网络,建成市局网络中心和数据中心,并同步建立信息安全、运维保障等技术支撑体系,为环境信息化的发展提供了基础和保障。

二、基础设施建设

2005—2006年,市环保局利用世界银行贷款资金,通过重庆市环境监测科研基地综合楼楼宇管理系统和环境监测信息管理系统等项目建设,对市环保局机关、监察总队、监测中心的计算机网络系统主干设施和计算机办公设备进行了全面升级替换,并建设了综合楼计算机网络综合布线、安防、门禁、会议管理、停车库管理、"12369"投诉受理系统等设备设施。市环保局及主要局属单位内网系统硬件平台及楼宇管理系统实现了全面升级换代。

2009年,重庆市环保局在环保局综合楼负一楼新建面积134米^2、设计先进的新机房,并对原机房网络系统实施了整体搬迁。项目中实施了土建、装修、配电、消防、空调新风、防雷接地、综合布线等一系列工程,并配置了60千伏安UPS、精密空调、机房环境监控、KVM等设施。市环保局网络中心机房的容量得到了较大扩展,系统运行保障功能显著提升。

三、信息安全建设

2010年,市环保局采取多项措施强化网络安全管理。一是与重庆网安计算机技术服务中心签订环保信息系统安全技术保障服务,将网络安全评估、漏洞扫描、风险评估、紧急事件响应、网络安全技术支撑等工作委托专业机构服务,并建立信息安全应急事件7×24小时快速响应服务机制,进一步加强了网络安全体系建设;二是完善数据安全管理制度,将数据按照重要程度分级管理,对核心数据和重要数据采用加密巡检频率、定期进行备份还原测试等手段加强安全管理;三是细化网络安全管理岗位职责,将网络安全管理岗位落实到人;四是建立网络运维月报制度,定期反映网络运行维护中发现的问题及安全隐患;五是优化数据存储及备份策略。

第二节 信息资源建设

市环保局开展数据大收集、大整理工作,建立了环保主体业务的数据体系,制定了环境空间数据图层规范,出台了基础数据库建设标准规范。通过十几年来的持续投入建设,截至2010年,已建成基于重庆市8.24万千米^{2}的1∶10000基础地图(含高程模型),是包含全市环境敏感点、质量监测点、功能区划、保护区、饮用水水源、工业园区、污染源(排污口、危险源、处置设施等)、城市基础设施和社会经济等300余种专题的基础数据库。市环保局通过制定实施数据建设技术规范、数据管理工作规范,不断强化信息部门的数据管理职责水平。在整合业务系统审批成果、环境质量和污染源自动监测系统等数据的基础上,实现GIS平台与业务系统的无缝连接,全面应用于建设项目审批流程带图运行、日常监管、环境应急和综合数据统计分析等业务中,随需查看环境管理对象的污染状况等,形成了以"图表融合、数据分级、信息分层"为特点的"数字环保一张图"信息应用模式。2010年,重庆市环境基础数据库入库数据类别有23个大类211个子类,数据存储量达190GB。

第三节　应用系统建设

一、办公系统建设

2002—2005年，启用环保部下发的基于Domino架构的OA系统，初步实现了局机关收发文的电子化流转。

2006年，建成局机关全员参与的基于B/S架构的OA系统，具备以办理事件为中心，突出效能管理，推行"信息找人"模式等特点，实现了统一门户的"单点登录、全网访问"。2009年，通过GDC（公文交换中心）实现了局系统（局机关与全部局属单位、分局）的协同办公，实现与全市40个区县环保局的公文传输交互。

从2006年系统上线至2010年底，办公自动化系统从局机关推广至全局系统，办公自动化系统的使用人数从143人上升到658人，参与达155万余人次，流转公文和事务达15余万个。

二、业务系统建设

市环保局整合环保政务、业务流程，建立了"统一门户、事件关联、信息找人、效能监管"的应用模式，实现单点登录、全网访问，使政务与业务系统无缝连接、有效协同。一是按统一接办件入口、规范业务流程和行政效能监察的要求，建成和应用了建设项目管理系统、排污许可证管理系统、固危废转移许可证、转移联单管理系统、辐射安全许可管理系统等业务审批系统；二是围绕环境监管要求，集成CTI、GIS、视屏矩阵及多媒体技术，建成和应用了"12369"环保举报热线、环境事件应急指挥系统、现场监察管理系统、环保行政执法系统；三是按照环境管理要求，建设和应用了总量台账管理系统、限期治理管理系统、综合数据查询系统；四是基于SCADA等技术，建成重点污染源在线监控系统，具备在线监测、设施设备监控和视频监控多种远程监管手段，兼容国内外多种监测设备和各种传输网络，实现数据过滤、审核、补全和发布的流程化管理功能。

第四节　政府网站建设

一、建设历程

1998年，开通"重庆环境保护"政府公众信息网，实现环境保护信息的对外发布。

2006年，全新改版"重庆环境保护"政府公众信息网。围绕政府网站"信息公开、公众参与、在线服务"三大定位，实现了由静态网站向动态网站、由单向信息发布网站向双向互动服务办事网站的转变，成为重庆环境信息权威发布的窗口、政务公开的平台。

2007—2010年，每年对"重庆环境保护"政府公众信息网进行升级维护。

二、制度建设

2007年，市环保局印发《重庆市环境保护局环境信息公开指南》和《重庆市环境保护局环境信息公开目录》推进环境信息公开。

2008年，市环保局印发《重庆市环境保护局政务信息和环境新闻发布工作规程》。

2009年，市环保局印发修订后的《重庆市环境保护局环境信息公开指南》和《重庆市环境保护局环境信息公开目录》。

2009年，市环保局印发《重庆市环境保护局政府信息主动公开制度》《重庆市环境保护局政府信息依申请公开制度》《重庆市环境保护局环境保护政府公文公开管理制度》《重庆市环境保护局环境保护政府信息公开保密审查制度》《重庆市环境保护局环境保护政府信息公开工作年度报告制度》《重庆市环境保护局环境保护政府信息公开考核制度》《重庆市环境保护局政府网站管理办法》《重庆市环境保护政府网站信息保障分工表》等10余项规章制度，进一步推进了信息公开及网站管理建设工作。

2010年，市环保局印发《重庆市环境保护局关于进一步加强全市环保系统政务公开工作的通知》。

三、建设情况

市环保局严格按照公开目录对9大类73项环境信息进行公开，建设并完善网上政务大厅，开辟集"办事指南、在线申报、状态查询、结果反馈、表格下载"等于一体的"在线办事"专区，为公众、企业提供了"一站式"和"一体化"服务。开辟集"领导信箱、投诉举报、咨询建议、网上调查、在线访谈、视频报道"等于一体的"政民互动"专区，进一步保障了公众的知情权、参与权与监督权。截至2010年底，网站开设有主栏目30余个，子栏目300余个，共整理发布信息3万余条，累计访问量达70万人次，为环境管理者、社会公众提供了多渠道、全方位的"一站式"信息服务。

四、获奖情况

2006—2010年连续5年获得"重庆市政府部门公众信息网站建设管理先进单位"称号。

2007—2010年连续4年获得"环保部省级环保厅（局）优秀政府网站"称号。

第五节　重大项目

一、日元贷款重庆环境示范城市项目——重庆市重点污染源自动监控系统工程（1998—2008年）

从1998年立项至2008年完成全部子项目建设，实现对23家重点污染企业50个排污口主要污染物的远程连续自动监测；对15家重点污染企业21套污染治理设施的运行状况进行远程实时监控；对3家重点污染企业的污染物排放和治理设施运行情况进行远程视频监控。软件方面实现了在线监测数据、在线监控信息和视频监控图像的集成展现；硬件方面建设了监控中心大屏和会议展示系统等。通过建设音视频系统、会议系统和移动视频监控系统等，建成"平战结合"的应急处置系统，实现视听结合的应急监控指挥及与相关应急系统的联动。总投资为5313.97万元，通过实施本项目，建立了重庆市重点污染源自动监控系统，提升了重庆环境监测、环境信息管理和环境管理工作的能力，为治理环境污染提供了真实、可靠的决策依据。

二、世界银行贷款重庆城市环境项目——重庆水环境监测能力建设子项目（2005—2006年）

2005—2006年，市环保局利用世界银行贷款资金，通过重庆市环境监测科研基地综合楼楼宇管理系统和环境监测信息管理系统等项目建设，对市环保局机关、监察总队、监测中心的计算机网络系统主干设施和计算机办公设备进行了全面升级替换，并建设了综合楼计算机网络综合布线、安防、门禁、会议管理、停车库管理、"12369"呼叫中心系统等设备设施。项目总投资1000余万元，通过该项目建设，市环境保护局及主要局属单位内网系统硬件平台及楼宇管理系统实现了全面升级换代，显著提升了相关基础支撑能力。

三、重庆市环保信息化一期建设（2004—2008年）

建成基于重庆市8.24万千米^{2}的1∶10000基础地图，包含了全市环境敏感点、质量监测点、功能区划、保护区、饮用水水源、工业园区、污染源、城市基础设施和社会经济等300余种专题数据，基本实现了全市环保业务数据的汇集,形成了以"图表融合、数据分级、信息分层"为特点的"数字环保一张图"信息应用模式。实现环评、"三同时"及排污许可、辐射管理、固废管理等9大业务应用的流程电子化,建成局系统办公自动化系统和"重庆环境保护"政府公众信息网。通过该项目建设,环境信息化基础能力、应用能力显著提高,切实为环保主体的业务工作提供了重要支撑。"重庆环境保护"政府公众信息网每年在环保部和市政府网站的年度考核中均名列前茅。

四、重庆市第一次全国污染源普查数据处理项目(2008年)

在重庆市污普办的统一领导下,对区县数据的录入、审核、编辑、汇总、上报等工作进行指导和监督,开发利用普查数据。通过对污染源普查数据进行校验、关联及匹配,融合丰富市局基础数据库信息;通过统一污染源企业编码,规范排污申报数据唯一性,初步建立了污染源动态数据库的共享和更新机制。截至2008年底,新增和核准3万余家一般工业源、6000余家重点工业源和200余家集中式治理设施地址的空间数据,整合120万条污染源基础信息,按时完成了污普数据上报工作。

五、国家环境信息与统计能力建设项目(2007—2010年)

该项目由环保部信息中心总体牵头建设,各地方环保局提供配套支撑。项目自2007年启动,建设内容分为标准规范、业务专网、减排综合数据库、减排业务应用系统、安全体系、运维体系建设6个方面。项目总投资1170.79万元,将为市环保局及重庆市19个区环保局建设网络与安全基础设施,为市环保局建设总量减排、环境统计相关业务软件系统和数据交换平台,并开展相关人员培训等配套工作。本项目的建设内容划分为30个项目分包进行采购,涉及地方的项目分包约20个。2010年,完成与市环保局及各区环保局相关的3个子项即"线路租赁3包""网络系统建设(国家包)""网络系统建设(地方3包)"的建设工作。该项目的实施进一步提升了市环保局系统信息化硬件的基础能力。

六、重庆市部分区县环保局信息化能力建设项目(2008—2009年)

该项目为配合"国家环境信息与统计能力建设项目"实施的重庆市地方信息化配套建设项目(第1批)。本期项目中,市环保局统一实施了部分市环保局直属单位及部分区县环保局等单位(共计16个)的计算机基础网络系统建设,为每个单位配置了服务器、交换机、路由器、服务器机柜等设备设施;各单位还完成了相关机房工程、网络布线等配套建设工作。

七、"12369"投诉受理及应急指挥系统建设(2009—2010年)

"12369"投诉受理系统整合了信访和投诉受理业务,实现了图上快速定位甄别、知识库学习和辅助、案件办理电子监察、智能辅助热难点案件评估和包括市环保局各处室、各直属单位及40个区县用户在内的全业务流程电子化,在受理、回复、回访和投诉人查询4个环节采用人工、语音和短信3种方式收集群众满意度,增强了"12369"中心的服务能力和信息收集整理能力,为提高群众满意度提供了坚实的信息技术支撑。建成的应急指挥系统以"平战结合、先进实用"为建设指导思想,将环境基础数据库、重点污染源在线监控、环境质量在线监测及重庆市地理信息系统公共服务平台等系统进行了集成整合。其中应急模块按照应急管理"一案三制"的基本要求,紧紧结合重庆市环境应急管理、应急演练、日常办公等实际工作需要,以"实现应急管理看得到、听得到、能调动"为基本目标,以"五个一"(即一张网、一张图、一个表、一个流程和一个体系)建设为总体技术路线,在2010年12月16日"部市联合环境应急演练"中取得了良好的应用效果。

第十三章　环境技术管理

第一节　重庆市环境工程评估中心

重庆市环境工程评估中心成立于2005年底，属市环保局管理的自收自支正处级事业单位，成立之初的宗旨是：为建设项目环境保护提供技术服务。2010年1月1日，重庆市固体废物管理服务中心和重庆市辐射技术服务中心有限公司划归评估中心管理，实行环境技术咨询业务整合。2010年9月，市编办批准增加评估中心职责任务，评估中心的宗旨调整为：为环境保护提供技术服务。至此，评估中心发展成为一个综合性的环境技术咨询机构。根据工作需要，设置了行政部、综合部（兼总工办）、评估一部、评估二部、评估三部、咨询一部、咨询二部、咨询三部等8个内设机构。有职工70名，其中博士2名，硕士18名。中心聚集了大量的专业技术人才，其中，拥有环境监理工程师17名，清洁生产审核师16名，国家环评工程师15名，核安全工程师和注册投资咨询工程师各2名，注册环保工程师和设备工程师各1名，以及辐射监测人员10名。

一、制度建设

评估中心逐步建立了较完整的评估质量保证体系。相继出台了《重庆市建设项目环境影响技术评估程序规定》《重庆市建设项目环境影响评价报告质量评定办法》《重庆市建设项目环境影响技术评估报告编制规范》等20多个规范性文件。在评估中心内部建立了项目负责人草拟、评估部门负责人审查、综合部复查、总工程师审核、中心主任（副主任）签发的5级质量控制体系，并全面推行分类评估制度、集体审查会制度、质控会议制度、质量分析会制度、内部考核制度等"5项制度"，从而使评估工作不断规范，评估质量日趋提高。

二、专家库建设与管理

自中心成立以来，评估中心不断面向社会广泛征集、吸纳各类专家。经过多次筛选和不断优化，2010年，重庆市环境技术评估专家库已吸纳240名知名专家，涵盖了环境影响、工艺技术、环保治理、清洁生产、技术经济等各类领域，所有专家全部由市环保局颁发聘书。

为了科学、有效、规范地管理专家，充分发挥专家的技术优势，市环保局专门研究出台了《重庆市环境技术评估专家库管理办法》。根据该办法，一方面，中心致力于培养高水平、高素质的专家队伍，加强专家特别是专家组组长的业务培训、经验交流以及职业道德教育，尽量统一专家评审尺度，同时，推动专家待遇的提高，并定期开展优秀专家评选活动。另一方面，中心严格把握对专家的综合考核，对专家库实行动态管理。经过多年培养和精心管理，环境技术评估专家库已经成为重庆市环境技术咨询的重要支撑力量，自建库以来累计为上万个项目的建设提供了技术咨询，为重庆市环保事业和经济发展做出了较多的贡献。

三、环评机构管理

评估中心为了推动重庆市环评质量的全面提高,采取了多种手段和措施。一是抓好环评人员培训。组织形式多样的学习培训活动,邀请国家级专家来渝讲课,围绕地下水评价、大气新规则、风险评价、公众参与等专题研究讨论,参加环保部组织的规划环评、环评工程师培训,前往兄弟省市学习交流,累计组织了30余次学习活动,开拓了环评技术人员的视野,提高了其环评理论水平。二是严格环评质量考核。坚持技术评估、专家打分和季度通报三结合制度,要求环境影响报告书由市环境工程评估中心组织专家审查,并予以打分考核,每季度由市环保局通报环评工作质量考核结果,累计评估1800份环评文件,通报批评了60余份不合格环评文件。坚持进行年度、季度环评文件抽查工作,累计由市环境工程评估中心从区县审批项目和环评单位业绩清单中随机抽取近400份环评文件,委托专家进行复核打分,对不合格环评文件通报批评,对优秀环评文件予以表彰,评选24份优秀环评文件,表彰24位先进环评技术人员。2009年以来,全市环评文件合格率由2009年的91%提升至2010年的98%左右。三是加强环评业务指导。针对环评质量存在突出问题的,及时约谈机构负责人和环评人员,加强沟通、交流与指导,有时还上门现场指导,督促环评机构建立内部质量保证体系。四是着力环评信息宣传。通过召开定期环评机构座谈会、编印《重庆市环境影响技术评估动态》、建立环评QQ群等多种形式,建立畅通的信息交流渠道与平台,让环评人员及时更新环评与管理相关信息。

四、队伍建设

为了适应不断变化的形势和任务需求,评估中心一直在内部管理、队伍建设方面狠下功夫。积极健全内部管理制度,不断完善党组织工作机制,注重发挥工会的纽带作用,努力打造学习型单位,大力开展"执政为民,服务发展""深入贯彻落实科学发展观""创先争优"等活动,并结合工作实际,积极实施了"四个基本素质(忠诚、团结、勤奋、廉洁)、四种基本能力(驾驭全局、沟通协调、开拓创新、自我约束)"征文评选、"评估会议主持词"演讲比赛以及"严守质量无诉讼、作风无投诉、廉政无案件三条职业底线"教育活动等多个富有评估特色的实践活动。出台了《评估中心职工教育培训管理暂行办法》,激励职工立足岗位、刻苦钻研,努力提高专业技能和技术水平。同时,中心全面推进党风廉政建设,专门制定《评估中心系统廉洁从业"十不准"》,层层签订"党风廉政建设责任书",定期召开干部廉政谈话会议,帮助职工增强拒腐免疫力。通过不断的努力,各方面工作均得到上级部门的充分肯定,获得了"重庆市直机关创先争优先进党支部"和市直机关工会"合格职工之家"光荣称号。

第二节 环境技术评估专家库管理

重庆市环境工程评估中心自2005年成立后一直重视专家队伍建设。2007年聘请的第一批专家共105名,以环境影响专家为主,主要为建设项目的环境影响评价提供咨询服务;2008年聘请的第二批专家共62名,除环境影响专家外,还包括了部分工艺专家、资金专家,以满足不断增长的环境技术评估工作的需要;2010年建立的重庆市环境技术评估专家库,对152名第一批、第二批专家进行了续聘,并对第三批88名专家进行入库。至此,重庆市环境技术评估专家库已经发展成为拥有环境影响专家、工程专家、工艺专家、资金专家等在内共计240名专家的专家库,专家库中所有专家均由市环保局颁发聘书。专家库建立后,为强化专家队伍管理,针对专家管理相对宽松、专家使用相对灵活的实际情况,按照依靠而不依赖专家的工作理念,评估中心积极探索管理方式。一是在2010年,印发《重庆市环境技术评估专家库管理办法》,对专家的审查和聘用、管理和使用、专家的权利和义务、奖励和处罚等做了相应的规定。二是建立区县环保局使用专家情况报备制度,多方面了解专家使用情况。三是建立日常考核制度,每次技术评估会都对专家的履职情况进行记录。四是对专家库实行动态管理。对优秀专家进行奖励,对不称职的专家将记录在案、予以通报,直至停止其聘用资格。

第三节 环境影响评价机构管理

  2010年,重庆市有环评单位40家,其中甲级5家,乙级35家(编制环境影响报告书15家、编制环境影响报告表20家),被列入国家推荐规划环评单位名单的有8家,从业专职技术人员617人(环评工程师261人、持上岗证人员356人),年编制环境影响评价文件约2500份,合格率稳定在98%以上,环评文件编制质量总体良好,为贯彻落实环境影响评价制度,防止新的环境污染和生态破坏,实现经济又好又快发展做出了积极贡献。

  重庆市环评机构不断完善和强化内部管理,建立健全了各项规章制度,自觉遵守资质管理规定,环评文件质量总体良好,环评单位积极探索、勇于创新,如重庆市环科院参与编制完成了成渝经济区战略环评报告;解放军后勤工程学院环保科研所的高浓度含铬废水资源化处理方法获得国家发明专利;中煤集团重庆设计研究院的多项环评文件获得部级表彰;重庆大学、重庆工商大学环保研究所发表了大量环评论文等,促进了环评事业发展。同时,全市积极推进环评机构改制工作,环科院、所全部参加了环评机构改制试点,其中酉阳县环科所参加了第一批改制试点;重庆市环科院及万州区、涪陵区、黔江区、丰都县、南川区环科所参加了第二批改制试点,为深化环评制度和环评市场建设做出了贡献。

  2010年,重庆市在环保部的领导下组织开展了环评机构专项执法检查活动,通过自查、现场检查、抽查三个阶段的工作,发现环评机构也存在一些缺点和问题。

  一是发展不平衡。一些环评单位的能力建设不足,存在技术力量弱、办公场所狭小、缺乏监测分析设备等问题。从环评机构成立先后看,20世纪80至90年代成立的老环评单位好于其后的新环评单位;从地域分布看,主城区的环评单位好于区县的环评单位;从单位性质看,科研院所、学校等事业单位和大型国企好于民营企业。

  二是人员素质需提高。环评人员的工作能力和业务水平良莠不齐,一些环评人员虽然取得了环评工程师证书和环评岗位证书,但工作经历简单、缺乏工作经验、法规政策意识不强,导致环评文件编制质量波动、工程分析不到位、环保对策措施缺乏可操作性。

  三是内部管理需规范。一些环评机构的内部管理还不规范,一些环评机构虽然建立了质量管理制度,但贯彻落实有差距,对报环保部审批的环评文件把关严,报市环保局审批的次之,报区县环保局审批的就马马虎虎;一些环评机构不重视档案管理工作,不擅于从历史工作中总结经验并予以改进,屡次出现环评质量问题;一些机构内部分设部门太多,环评技术力量分散,环评质量参差不齐;一些单位存在挂靠行为,表现在未与建设单位直接签订环评合同;一些单位对公众参与不重视,网上公示信息张冠李戴,影响环评公信力。

  四是分支机构管理需加强。2010年,有10余家外埠环评单位在重庆市设立了分支机构或办事处,开展建设项目环境影响评价工作。部分外埠环评单位由于技术骨干远在外地,加之对重庆市环境特点不熟悉等原因,环评质量不稳定,时常出现不合格现象,需要加强日常监督管理。

五是环评效率和质量还不能满足经济社会发展的要求。一些好项目,迟迟不能办理完善环评手续,影响了项目进度;一些环评脱离实际,预测结果与实际不符,环保对策措施缺乏可操作性,增加了"三同时"监管难度。

环评机构管理主要体现在以下三方面:

一是严格进行环评资质管理,严把资质准入关。市环保局对于环评资质的申请、晋升级别、调整范围、延续期限等,均安排专人前往环评机构现场检查核实,对不符合条件的单位,请其整改完善后,再向环保部申请环评资质,确保环评机构的资质范围与技术能力相符。严格按资质范围承担业务。重庆市严禁环评机构超越资质证书的级别和业务范围承揽环评业务,对于超越资质范围编制的环评文件,评估中心不组织专家进行审查,环保部门不予审批,对于违规的环评机构严肃查处;对审批了超证环评文件的环保局,予以通报批评,并在年度系统目标任务考核中扣分。严禁借用资质证书。重庆市要求有相应评价范围的环评机构与建设业主直接签订环评合同,禁止治理单位、设计单位、无相应评价范围的环评机构与业主签订环评合同后,再将项目环评任务转包给其他环评机构,以防止资质证书的借用、挂靠现象。对外埠环评机构实行备案管理。重庆市要求外埠环评机构将资质证书、环评人员、工作业绩、联系方式等情况报环保部门备案,并纳入日常监督考核体系,一视同仁管理。

二是注重环评人员培养,组织形式多样的学习培训活动。邀请国家级专家来渝讲课,围绕地下水评价、大气新导则、风险评价、公众参与等专题研究讨论,参加环保部组织的规划环评、环评工程师培训,前往兄弟省市学习交流。至2010年,累计组织了30余次学习培训活动,开拓了环评技术人员的视野,提高了其环评理论水平。落实环评技术人员责任。要求环评文件必须由具有相应资质的环评工程师主持编制,并亲笔签名和在技术审查会议上汇报环评主要内容,接受专家询问,若发现环评文件编制人员不符要求,则取消环评审查会或不予受理审批,增强了环评技术人员的责任感。建立完善专家管理办法。重庆市出台了《环境技术评估专家库管理办法》,分3批将255名优秀的环评工程师和技术人员聘为专家,定期对专家进行培训、考核和调整,对优秀环评专家予以奖励,调动了专家工作的积极性,增强了环评技术人员的荣誉感。

三是确保环评质量稳定,坚持技术评估、专家打分和季度通报三结合制度。重庆市要求环境影响报告书由市环境工程评估中心组织专家审查,并予以打分考核,每季度由市环保局通报环评工作质量考核结果,对不合格环评文件的编制单位、项目负责人等进行实名通报批评,要求环评单位书面汇报整改情况,要求环评机构负责人和项目负责人到市环保局面谈,从而督促环评单位整改提高环评质量。

开展环评文件抽查。重庆市坚持进行年度、季度环评文件抽查工作,2009—2010年,累计由市环境工程评估中心从区县审批项目和环评单位业绩清单中随机抽取近400份环评文件,委托专家进行复核打分。对不合格环评文件通报批评,杜绝环评单位的侥幸心理,督促区县环保局提高审批质量;对优秀环评文件予以表彰,评选24份优秀环评文件,表彰24位先进环评技术人员,通过树立典型、鼓励先进,促进全市环评水平的提高。以"环评质量年"活动为抓手,提升全市环评质量。加强行业规范与引导。重庆市通过定期召开环评机构座谈会、发行《重庆评估动态》、开通环评QQ群等方式搭建学习交流平台,研讨环评技术和管理问题,传递最新的环评信息,规范环评市场,形成良性竞争氛围,保障环评市场的健康发展。重庆市充分发挥评估中心的技术引导作用,开展了"大气环境防护距离技术规范""化工园区风险防范措施及环境管理对策""工业园区规划环境影响评价技术指南及技术审核要点""3G通信基站电磁辐射近区场预测模式""重庆污染场地环境风险评估参数选择适用性""城市污水处理厂污泥固化处理及综合利用"等研究工作,制定了《重庆市建设项目环境保护设计备案技术管理办法(试行)》《重庆市建设项目环境保护设计备案质量评定办法(试行)》《重庆市建设项目环境影响评价公众参与技术指南》,解决了环评重点难点问题,统一了环评及评审尺度,为保障环评质量打下了扎实基础。

第四节　环境保护设计单位管理

重庆市环境保护工程设计院有限公司的前身为重庆市环保技术装备服务公司,成立于1984年,隶属于市环保局,1987年更名为重庆市环境保护工业公司,1990年与重庆市环境评价中心合并为重庆市环境保护工业设计所,1995年6月更名为重庆市环境保护工程设计研究院,为自收自支的事业单位。根据市政府关于科研机构体制改制的文件精神,于2002年5月经批准改制为重庆市环境保护工程设计研究院有限公司,由市环保局和25名自然人出资组建。

环保设计研究院公司下设设计一所、设计二所、应用技术研究所、评价室、CRI项目部、综合管理部门、市场开发部及技术拓展部等部门,至2009年12月31日时,有职工近80人。

该公司主要从事环境保护事业技术服务(含环境工程设计、环境影响评价、承担环境治理工程),环保技术咨询服务,环保设备制造、销售、维护。

2010年8月,市环保局根据中央规定"党政机关不准经商办企业"的精神,经市财政局同意,将在该公司持有的1.1%的股权,无偿划转到局属市环境工程评估中心经营管理,至此,市环保局与重庆环境保护工程设计研究院有限公司正式脱钩。

第五篇　环境监测

第一章　环境监测机构

环境监测是环境管理的重要组成部分,是一项重要的基础性、公益性事业。经过30多年的有益探索,重庆市形成了较为完备的环境监测机构和法规技术体系,为实现环境保护的历史性转变奠定了坚实基础。

第一节　市级环境监测

全市环境监测工作实行分级管理。市环保局设环境监测处(科),负责全市环境监测管理工作。市环保局直属事业单位市环境监测中心和市环科院,实行"一套人马、两块牌子",为重庆市环境监测业务技术中心。区县环境监测站负责实施本辖区环境监测工作,万州、涪陵、黔江、江津、永川、合川等6个区域性中心城市的环境监测站负责所在片区区县环境监测技术管理、业务指导和培训等工作。

一、环境监测管理机构

1975年重庆市环保局成立后,一直内设科技监测处(科),负责环境监测管理工作。1991—2010年,科技监测处在环境监测规范化管理中建章立制、分级管理、强化领导、分类指导,做了大量工作。2009年,市政府批准重庆市环保局新的"三定方案",明确了市环保局设立环境监测处,人员编制6名。环境监测处的职能是:制订全市环境监测发展规划、计划、管理制度和规范性文件;建立市级环境监测网络,组织开展环境质量监视性监测、污染源监督性监测、环境应急与预警监测和信息发布;负责组织本市环境监测机构和人员能力认定并颁发合格证书;协调指导区县环境监测工作,监督环境监测质量管理制度的实施;等等。区县环保局负责组织本辖区环境监测管理工作,管理本辖区环境监测机构,监督本辖区环境监测质量管理制度的实施,等等。

二、环境监测机构

至2009年,重庆市建立了由重庆市环境监测中心、重庆市辐射环境监督管理站和40个区县环境监测站组成的环境监测组织体系。其中有41个属全额拨款事业单位,一个属参公单位(重庆市辐射环境监督管理站)。截至2009年,全市(含市监测中心和市辐射站)环境监测人员编制数为957名,在岗862人。

1. 重庆市环境监测中心

重庆市环境监测中心、重庆市环境科学研究院的前身成立于1976年4月,是重庆市环保局直属事业单位,全市环境监测的技术中心、网络中心、数据中心、质控中心和培训中心。实行"一套人员、两块牌子"的管理体制。

主要职能是为环境保护提供监测保障;承担环境质量监测、污染源监测、突发性环境污染事故应急监测和相关服务性监测;负责环境监测网的建设维护;指导区县环境监测业务工作;开展环境监测技术培训和交流;开展环境科学研究,促进环境保护事业发展;承担环境科研项目和环境科学技术研究;开展环境工程的设计和技术开发以及环境科技咨询和交流等工作。

机构沿革:

1976年4月,成立重庆市环境保护监测站。

1982年4月,更名为重庆市环境科研监测所。

1990年7月,分开挂牌为重庆市环境监测中心站、重庆市环境科学研究所,实行"两块牌子、一套人员"的管理体制。

1998年12月,原重庆市环境监测中心站、重庆市环境科学研究所、重庆市污染源监督监测站被撤销,设立重庆市环境监测中心、重庆市环境科学研究院,为"一套人员、两块牌子"的管理。

2010年,内设24个科室,其中5个管理科室:行政办公室(人事科)、党委办公室、财务科、总务科车辆管理办公室,10个监测科室:技术业务管理科(总工办)、质量管理室、信息综合室、化学仪器分析室、现场监测一室、现场监测二室、应急监测室、自动监测室、验收监测室、室内监测室,9个科研科室:科技环评管理科、环境评价一所、环境评价二所、基础与生态研究所、环境规划研究所、水环境研究所、大气环境研究所、环境咨询与工程技术中心、编辑部。

截至2010年底,中心(院)共利用国家、市级和自有资金进行仪器设备配置、信息网络等监测能力建设。其中应急专用车6辆(含车上配置的设备)、应急监测船2艘、应急监测仪器设备256台套;空气自动监测站20套、水质自动监测站22套、噪声自动监测站21套;现场监测仪器设备413台套;国家二噁英实验室仪器设备95台套,常规监测实验室食品设备153台套。

实验室监测能力、应急和流动监测能力、自动监测能力、信息管理能力全面提升,监测领域涵盖环境空气、降水、地表水、集中式饮用水水源地、噪声、固体、生物和废水、废气、室内空气、降尘等方面;监测项目达254项(监测因子400余项),监测因子已覆盖国家现行的各类环境质量标准和污染源综合排放标准,以及重庆市特有污染源排放的特征污染因子。

作为全国环境监测网的骨干中心,重庆市环境监测系统的"技术中心、网络中心、数据中心、质控中心和培训中心"。监测中心工作主要涉及五个方面:一是按照国家和市环保局环境管理需求开展水、气、声、土壤、生态等环境要素的环境质量监测和重点污染源监督性监测;二是根据企业和群众委托为社会提供服务性监测;三是根据环境管理的需要开展专项监测;四是根据工作职责完成一些专项工作;五是对全市监测系统进行监测技术指导培训和监测质量管理。

截至2010年底,共签订科研项目合同167项,其中市环保局科研项目72项、市科委25项、"十一五"国家水专项10项、"十二五"国家水专项2项、市建委17项、环境监测总站12项、国际合作项目3项、国家三建委3项、环保部等其他项目共23项。科研经费共计约7700万元。具备国家资质认定、甲级环境影响评价、上市公司环保核查、环境污染治理、工程监理、清洁生产审核等资质。

至2010年底,重庆市环境监测中心、重庆市环境科学院共发表学术文章400余篇,其中三大检索刊物19篇,国内核心刊物约190篇,发表学术专著8部。荣获重庆市科技进步三等奖5项、二等项1项,环保部科技二等奖2项、三等奖3项,重庆市自然科学三等奖1项,培训研究生30余名。重庆市环境监测中心、重庆市环境科学研究院总编制201名,在职183人,离退休92人,聘用劳务派遣人员67人;管理人员16人,专业技术人员163人,其中高级职称58人,中级职称73人;本科以上学历79人,其中博士6人,硕士58人。

2.重庆市辐射环境监督管理站

(1)机构与人员发展情况。重庆市辐射环境监督管理站(以下简称"市辐射站")于2003年底经重庆市机构编制委员会批准设立[《市机构编制委员会关于同意设立重庆市辐射环境监督管理站的批复》(渝编〔2003〕109号)],是重庆市环境保护局管理的处级事业单位,参照《公务员法》管理。主要负责全市电磁辐射环境与放射环境的监督管理、技术监测;放射性废物库的日常运转和管理维护;放射源的监督管理;辐射事故的应急和调查处理;辐射与核安全专业技术人员培训等工作。

市辐射站建站之初有6名事业编制,至2008年,编制增加到25名。市辐射站设站长1名,副站长2名,副总工程师1名,并内设综合科、核安全科、电磁辐射科、执法监督科、监测科、质量保证室共6个科室。在业务上接受环保部核安全司、环保部核与辐射安全中心和重庆市质量技术监督局的指导,质量保证体系已通过省级资质认定。

(2)辐射监测能力基本情况。市辐射站建站于重庆市人民路212号。拥有仪器设备价值800多万元,包括高纯锗伽马谱仪、低本底液闪谱仪、Farmer2670剂量仪、热释光剂量仪、便携式剂量计和能谱仪、低本底α/β放射性检测仪、综合电场测量仪、选频测量仪、无线电干扰测量仪等一大批监测仪器设备,共有70多台套。重庆市辐射站有业务用房1200米^2,其中实验用房近500米^2,实验室按标准化设计和建设,设有前处理室、放化室、个人剂量室、γ能谱室、液闪室、低本底α/β监测室、标准物质室、现场仪器室和样品贮存室等具有独立功能的实验场所,能独立完成辐射环境质量监测的全部项目。

第二节　区县环境监测站

到1997年,全市建立了40个区县环境监测站,编制总数457名、在岗人数364人(区县环境监测站设置情况见表5-1至表5-4)。2007年,国家环境保护总局发布《环境监测管理办法》和《全国环境监测站建设标准》,对县级以上环境监测站的职责和建设标准做了要求。《全国环境监测站建设标准》对省、市、县三级环境监测机构的人员标准及机构、监测经费、监测用房、基本仪器配置、应急监测仪器配置和专项仪器配置均做了规定,以指导和规范全国各级环境监测机构的能力建设。2007年后,重庆市区县环境监测机构按建设标准要求,逐步增加人员编制,配置各类仪器设备,逐步向标准化迈进,各监测站发展迅速。至2007年,全市区县监测站人员编制达607名、在岗人数达519人。2008年总编制数增加至672名,在岗人数增至562人。2008年,重庆市环境保护局依据《全国环境监测站建设标准》,结合重庆市实际,发布了《重庆市环境监测站建设标准》。《重庆市环境监测站建设标准》中一级站标准高于国家标准;二级站划分为三类,编制数要求分别不少于80名、60名、30名,二、三类低于国家标准;三级站编制数不少于20名,高于国家标准。按这个标准要求,2009年,全市各区县监测站的人员编制数较大幅度增加,达到731名,在岗人数为620人。

表 5－1　重庆市各区县环境监测仪器设备情况表

单位：台套

仪器设备\年份	渝中区	沙坪坝区	江北区	大渡口区	南岸区	北碚区	九龙坡区	巴南区	渝北区	永川区	合川区	江津区	万盛区	万州区	涪陵区	黔江区	双桥区	长寿区	南川区	綦江县
1997年	38	128	85	56	60	50	92	18	30	0	55	75	76	60	70	10	8	22	6	63
1998年	41	131	85	57	63	60	92	18	31	0	60	78	82	78	76	10	8	30	7	63
1999年	47	134	85	57	75	72	98	19	33	0	65	82	90	81	78	15	8	32	8	68
2000年	47	134	85	57	110	88	126	19	34	0	70	86	98	90	80	15	23	33	10	79
2001年	60	134	101	59	92	88	181	20	42	0	80	92	96	197	85	15	23	38	11	79
2002年	63	136	104	51	97	88	186	20	65	0	90	95	116	232	85	18	23	39	14	97
2003年	71	145	131	66	103	88	192	23	71	0	100	99	116	247	90	18	23	42	16	97
2004年	72	157	145	68	119	88	198	23	79	0	110	104	116	265	92	24	23	73	18	142
2005年	74	157	201	116	125	38	203	23	85	0	120	106	124	292	90	24	23	80	18	154
2006年	122	157	204	135	119	38	209	27	97	120	160	108	124	303	95	60	24	97	18	228
2007年	122	180	190	162	116	38	209	30	103	146	200	227	148	324	112	60	25	104	20	231
2008年	158	180	195	199	118	141	212	30	103	193	240	269	170	332	130	80	25	121	25	249
2009年	206	184	220	225	121	165	253	35	161	200	250	298	195	343	170	100	121	135	25	260

续表

仪器设备年份	潼南县	铜梁县	大足县	荣昌县	璧山县	梁平县	城口县	丰都县	垫江县	武隆县	忠县	开县	云阳县	奉节县	巫山县	巫溪县	石柱县	秀山县	酉阳县	彭水县	小计
1997年	20	100	125	90	95	28	9	15	39	3	0	8	15	35	18	12	30	8	12	10	1674
1998年	24	100	125	90	102	28	11	20	39	4	0	10	15	35	29	19	30	8	12	10	1781
1999年	26	100	125	100	106	32	15	20	39	8	0	13	15	35	29	19	30	8	12	10	1889
2000年	28	100	125	110	109	32	15	27	44	10	0	15	42	35	34	19	30	8	12	11	2090
2001年	28	100	125	110	115	54	18	31	44	10	0	35	53	35	35	19	30	8	12	11	2366
2002年	30	132	125	110	118	54	18	33	44	10	0	38	58	35	39	21	30	8	15	11	2548
2003年	32	132	125	110	126	60	18	39	44	15	0	45	67	35	47	22	30	10	15	16	2726
2004年	38	132	125	110	129	66	28	39	49	20	0	50	73	35	56	22	30	10	15	16	2959
2005年	38	132	125	170	154	66	28	40	49	21	0	72	78	84	56	22	32	10	16	60	3306
2006年	39	135	125	170	159	70	45	40	59	37	65	72	108	84	58	22	32	36	20	61	3882
2007年	41	135	125	175	178	72	50	49	63	60	65	92	113	87	62	22	35	36	20	63	4290
2008年	63	143	255	175	193	85	119	59	79	69	50	110	126	87	62	27	51	36	70	65	5094
2009年	94	198	289	220	217	95	119	68	128	92	70	156	157	105	117	51	65	36	70	130	6144

表 5-2　重庆市各区县环境监测站业务用房情况表

单位：米²

面积 年份	渝中区	沙坪坝区	江北区	大渡口区	南岸区	北碚区	九龙坡区	巴南区	渝北区	永川区	合川区	江津区	万盛区	万州区	涪陵区	黔江区	双桥区	长寿区	南川区	綦江县
1997 年	450	1200	510	540	614	407	420	600	300	400	800	400	450	1534	400	200	45	400	197	360
1998 年	450	1200	510	200	614	407	420	600	300	400	800	400	450	1534	400	200	45	400	197	360
1999 年	450	1200	510	200	614	407	420	600	300	400	800	400	450	1534	400	200	45	400	197	360
2000 年	450	1200	510	200	614	407	420	600	300	400	800	400	450	1534	400	200	45	400	197	360
2001 年	450	1200	720	200	614	407	420	600	300	400	800	400	450	1534	400	200	45	400	197	360
2002 年	450	600	720	200	614	407	420	600	650	400	800	400	450	1534	630	400	45	400	197	360
2003 年	450	600	720	200	614	407	420	600	650	400	800	400	450	1534	630	400	45	400	197	360
2004 年	450	600	720	200	614	407	420	600	650	400	800	400	450	1534	630	400	45	400	197	360
2005 年	450	600	720	665	614	120	420	600	650	400	800	400	450	1534	630	600	130	1000	197	360
2006 年	500	600	720	665	624	120	585	600	1200	1700	800	400	450	1534	1154	0	130	1000	197	360
2007 年	500	600	720	665	624	120	625	600	1200	1700	800	720	450	1534	1154	0	130	1000	197	390
2008 年	500	600	1020	665	624	1500	625	600	1200	1700	800	720	450	1534	1154	0	130	1000	660	390
2009 年	500	600	1020	665	644	1500	625	600	1200	1700	800	720	450	1534	1154	0	224	1000	660	460

续表

面积\年份	潼南县	铜梁县	大足县	荣昌县	璧山县	梁平县	城口县	丰都县	垫江县	武隆县	忠县	开县	云阳县	奉节县	巫山县	巫溪县	石柱县	秀山县	酉阳县	彭水县	小计
1997年	400	1000	630	500	680	150	50	210	320	260	300	100	140	0	300	200	670	240	180	160	16717
1998年	400	1000	630	500	680	150	50	210	320	260	300	100	140	0	300	200	670	240	180	160	16377
1999年	400	1000	630	650	680	150	50	210	320	150	300	100	140	0	300	200	670	240	180	160	16767
2000年	400	1000	630	650	680	150	70	210	320	150	300	100	140	650	300	200	670	80	180	160	17277
2001年	400	1000	630	650	680	150	70	210	320	150	300	100	600	650	300	200	670	80	180	160	17947
2002年	400	1000	630	650	680	150	70	700	320	150	300	100	600	650	300	200	670	80	150	160	18237
2003年	400	1000	630	650	680	250	70	700	320	150	300	100	600	650	300	200	670	80	150	160	18387
2004年	400	1000	630	650	680	250	70	700	320	150	300	350	600	650	1200	200	670	80	150	160	19742
2005年	1000	1000	630	650	680	300	70	700	320	500	300	350	600	650	1200	200	670	80	160	243	21293
2006年	1000	1500	630	650	680	350	70	700	500	500	300	350	600	800	1200	200	670	430	160	243	24542
2007年	1000	1500	1300	650	680	375	70	700	500	500	300	600	600	800	1200	200	670	430	160	243	26207
2008年	1000	1500	1300	650	680	500	900	700	500	500	1500	600	600	800	1200	200	670	430	550	680	31032
2009年	1000	1500	1300	650	1400	500	900	860	500	500	1500	600	600	800	1200	1188	670	430	550	1200	33904

表 5-3　重庆市区县环境监测站人员编制情况表

单位:名

编制年份	渝中区	沙坪坝区	江北区	大渡口区	南岸区	北碚区	九龙坡区	巴南区	渝北区	永川区	合川区	江津区	万盛区	万州区	涪陵区	黔江区	双桥区	长寿区	南川区	綦江县
1997 年	10	15	16	12	19	10	14	9	10	10	12	10	12	30	15	10	4	20	15	15
1998 年	10	15	16	12	19	10	14	10	12	10	12	10	12	30	15	10	4	20	15	15
1999 年	10	15	16	12	19	10	14	11	12	10	12	10	12	30	15	10	4	20	15	15
2000 年	10	15	16	12	19	10	14	12	12	10	12	10	12	30	15	10	4	20	15	15
2001 年	10	15	16	12	19	10	14	12	12	10	12	18	12	30	15	10	4	20	15	15
2002 年	10	15	16	12	19	10	14	16	12	10	13	18	12	30	15	10	4	20	15	15
2003 年	10	15	16	12	19	10	14	16	12	10	13	18	12	30	15	10	4	20	15	15
2004 年	10	15	16	12	19	10	14	16	12	10	13	18	12	30	15	10	4	20	15	15
2005 年	10	16	16	12	19	10	14	17	12	10	13	25	12	50	15	30	4	20	15	15
2006 年	10	16	16	12	19	10	14	17	12	10	30	25	12	50	15	30	4	20	15	15
2007 年	10	18	16	12	19	15	20	30	12	25	30	30	12	50	15	30	4	20	18	19
2008 年	10	18	16	14	19	15	20	30	12	25	30	30	14	54	27	30	5	20	18	19
2009 年	10	18	21	14	19	15	20	30	12	25	30	30	14	54	27	30	5	20	18	19

续表

编制年份	潼南县	铜梁县	大足县	荣昌县	璧山县	梁平县	城口县	丰都县	垫江县	武隆县	忠县	开县	云阳县	奉节县	巫山县	巫溪县	石柱县	秀山县	酉阳县	彭水县	小计
1997年	11	13	11	15	25	8	4	10	14	6	11	8	6	8	7	7	6	5	6	8	457
1998年	11	13	11	15	25	8	4	10	14	6	11	8	6	8	7	7	6	5	6	8	460
1999年	11	13	11	15	25	8	4	10	14	6	11	8	6	8	7	7	6	5	6	8	461
2000年	11	13	11	15	25	8	4	10	14	6	11	8	6	8	7	7	6	5	6	8	462
2001年	11	13	11	15	25	8	4	10	14	6	11	8	6	8	7	7	6	5	6	8	470
2002年	11	13	11	15	25	8	4	10	14	6	11	8	6	8	7	7	6	5	10	8	479
2003年	11	13	11	15	25	8	4	10	14	6	11	8	6	8	7	7	8	5	10	8	481
2004年	11	13	11	15	25	8	4	10	14	6	11	8	6	8	7	7	8	10	10	8	486
2005年	11	13	11	15	25	8	4	10	14	6	11	8	10	8	7	7	8	10	10	8	507
2006年	11	13	11	15	25	8	4	10	14	8	11	8	10	8	7	7	8	10	10	8	539
2007年	11	13	15	17	25	14	10	15	14	15	11	16	10	8	15	7	8	10	10	8	607
2008年	19	13	15	17	25	14	10	15	14	15	11	16	10	8	15	7	8	10	10	8	672
2009年	19	30	15	17	25	14	10	20	14	15	16	16	10	13	15	7	8	10	17	9	731

表 5－4　重庆市区县环境监测站在岗人员情况表

单位：人

在岗人数\年份	渝中区	沙坪坝区	江北区	大渡口区	南岸区	北碚区	九龙坡区	巴南区	渝北区	永川区	合川区	江津区	万盛区	万州区	涪陵区	黔江区	双桥区	长寿区	南川区	綦江县
1997年	7	10	12	7	10	7	10	9	10	10	8	9	12	29	32	9	2	10	15	16
1998年	7	12	11	8	10	9	7	10	11	10	8	11	12	29	31	9	1	10	15	15
1999年	8	13	11	8	10	8	8	11	12	10	9	11	12	28	22	11	1	10	15	15
2000年	9	13	11	7	10	8	8	12	11	10	9	15	12	28	21	12	1	12	15	16
2001年	9	13	11	6	12	8	9	12	11	10	9	15	12	27	21	12	1	12	15	16
2002年	9	14	11	6	12	12	9	16	11	10	12	19	12	26	23	11	3	12	15	16
2003年	9	15	13	7	12	10	9	16	11	10	13	21	12	26	23	11	3	12	15	17
2004年	7	17	13	6	12	8	10	16	11	11	13	21	12	25	23	11	3	14	15	19
2005年	9	17	15	9	12	8	10	17	11	11	13	21	12	48	22	11	3	14	18	21
2006年	9	16	16	11	12	5	10	17	11	13	16	25	12	46	22	15	3	14	18	21
2007年	9	18	15	9	12	10	10	17	11	22	21	25	12	46	24	15	3	16	18	21
2008年	10	18	16	9	12	11	10	17	10	21	27	28	12	45	27	16	3	16	18	23
2009年	10	18	17	9	13	11	13	17	10	21	27	28	14	48	27	16	5	17	18	22

续表

在岗人数\年份	潼南县	铜梁县	大足县	荣昌县	璧山县	梁平县	城口县	丰都县	垫江县	武隆县	忠县	开县	云阳县	奉节县	巫山县	巫溪县	石柱县	秀山县	酉阳县	彭水县	小计
1997年	11	8	9	13	8	5	2	9	7	4	7	7	3	5	7	5	6	5	5	4	364
1998年	13	8	9	14	8	5	3	10	7	4	7	8	3	5	7	5	6	5	5	4	372
1999年	13	8	9	14	9	5	3	10	7	4	7	9	5	5	7	5	6	5	5	4	373
2000年	13	8	9	14	12	5	3	12	7	4	9	10	5	5	7	5	6	4	5	4	387
2001年	14	8	9	14	12	5	3	12	7	4	10	10	6	5	7	5	6	4	6	3	391
2002年	14	8	9	14	14	5	3	10	7	4	12	11	7	8	7	5	6	4	7	3	413
2003年	14	13	9	14	15	6	3	11	7	6	11	12	7	8	7	5	8	4	7	3	434
2004年	14	13	9	14	15	6	3	11	8	6	11	12	7	8	7	5	8	4	7	3	439
2005年	16	13	9	14	18	6	3	11	9	5	10	13	7	8	7	5	8	4	7	5	478
2006年	18	13	9	14	22	6	3	11	9	6	9	15	10	9	7	5	5	4	7	8	493
2007年	18	13	9	15	23	5	3	11	9	8	8	15	10	9	10	5	5	10	6	9	519
2008年	17	13	9	16	25	13	6	14	10	13	7	15	10	9	10	5	9	10	5	9	562
2009年	17	30	9	17	25	13	9	14	10	13	9	16	10	12	15	5	11	10	5	9	620

第二章　环境质量常规监测管理

第一节　环境质量常规监测

一、大气环境监测

重庆直辖以来,环境质量监测工作不断发展,监测领域由主要监测水、气、声发展到包括放辐射、土壤、生态、固体等各环境要素;监测网络逐步扩大;监测范围由城市发展到城镇;监测技术由手工监测为主发展到手工监测、自动监测并重,环境质量稳步改善。至2008年,主城区空气综合污染指数降为2.65,全年空气质量满足二级天数的比例由"十五"期间的64.1%上升到81.1%。

(一)"九五"期间大气环境质量监测点位布设

重庆主城环境空气监测以自动监测为主,1997年至1999年均设自动监测点5个;2000年增加至7个[增加高家花园、人和(两路)两个点],其中国控点6个,市控点1个(观音桥)。远郊区县环境空气监测均为手工监测。全市设环境空气清洁对照点1个,即北碚区缙云山(见表5-5)。

表5-5　　　　　　　重庆市"九五"期间大气环境质量监测点位变化情况　　　　　　　单位:个

点位		1997年	1998年	1999年	2000年
主城	地面自动监测	解放碑、天星桥、南坪、杨家坪、观音桥	同1997年	同1998年	国控点:解放碑、天星桥、南坪、杨家坪、高家花园、人和(两路);市控点观音桥
	手工监测	—	—	12	
郊区	近郊*	70	72	41	41
	万州、涪陵、黔江	18	18	18	18
	远郊#	—	24	33	33
	对照点	北碚缙云山			
备注	带*包括以下区县:北碚区、渝北区、巴南区、长寿县、合川市、永川市、江津市、璧山县、铜梁县、潼南县、大足县、荣昌县、綦江县和万盛区等14个区县。郊区环境空气监测均采用手工监测。 带#指远郊,1997年远郊未开展空气质量监测;1998年包括以下区县:石柱县、南川市、武隆县、丰都县、垫江县、云阳县、开县7个城市远郊区县,采用手工监测;1999年和2000年包括以下区县:万州区、涪陵区、黔江区、开县、忠县、云阳县、奉节县、巫山县、垫江县、丰都县、武隆县、南川市、石柱县、梁平县、酉阳县、巫溪县、彭水县17个区县。				

(二)"九五"期间大气环境质量监测项目及技术方法

"九五"期间,全市大气环境质量监测项目逐年变化(见表5-6)。1999年增加一氧化碳项目,2000年增加硫酸盐化速率,取消一氧化碳。

表5-6　　　　　　　重庆市"九五"期间大气环境质量监测项目变化情况

年份	1997年	1998年	1999年	2000年
监测项目	二氧化硫、氮氧化物、总悬浮颗粒物和降尘	二氧化硫、氮氧化物、总悬浮颗粒物和降尘	二氧化硫、氮氧化物、总悬浮颗粒物、一氧化碳、降尘	二氧化硫、氮氧化物、总悬浮颗粒物、降尘、硫酸盐化速率

"九五"期间,大气环境质量监测项目有二氧化硫、二氧化氮、氮氧化物、总悬浮颗粒物、降尘和硫酸盐化速率。除降尘和硫酸盐化速率的监测频率为连续采样一月后分析外,其余自2000年起采用连续采样实验室分析,每月采样不少于12天(总悬浮颗粒物不少于5天)。

(三)"十五"期间大气环境质量监测点位布设

"十五"期间,全市设空气质量监测点83个。其中主城9区(即渝中区、大渡口区、江北区、沙坪坝区、九龙坡区、南岸区、北碚区、巴南区和渝北区)设有自动监测点位11个,其中国控点有6个:解放碑、天星桥、南坪、杨家坪、高家花园和人和(两路),市控点有5个:观音桥、新山村、渔新街、天星路,其中新山村、渔新街、天星路3个点于2003年7月开始运行,人和(两路)监测点于2005年运行,清洁对照点设在北碚区缙云山。同时,2001—2003年另设空气质量连续监测点11个。其余区县(本报告以下简称郊区县)城镇设有空气监测点61个,监测项目为二氧化硫、二氧化氮和总悬浮颗粒物,部分区县监测了可吸入颗粒物、气温、气压、风向和风速等。

全市设降尘监测点66个,其中除城口县、合川市、彭水县、巫山县、武隆县和永川市先后各设置3个降水监测点外,万州区、涪陵区、璧山县、长寿区、大渡口区、江津市、南川市、黔江区、沙坪坝区、石柱县、巫溪县、酉阳县、渝中区和云阳县各设2个降水监测点,其余19个区县(双桥区除外)在各县城设1个降水监测点,另外市环境监测中心设1个监测点。66个降水测点中,江北观音桥、沙坪坝天星桥、北碚、巴南鱼洞镇以及大足县龙岗镇5个点是主城片区国控降水监测点。66个降水监测点中,除主城片区1个国控点及万州、涪陵城区6个监测点在全年逢雨必测外,其余测点在1、4、7、8、10月逢雨必测。重庆市"十五"期间大气环境质量监测点位变化情况见表5-7,主城大气环境质量自动监测点位见表5-7。

表5-7　　　　　　重庆市"十五"期间大气环境质量监测点位变化情况　　　　　　单位:个

点位			2001年	2002年	2003年	2004年	2005年
空气质量	主城自动监测点	国控点	解放碑、天星桥、南坪、杨家坪、高家花园、人和(两路)				
		市控点	观音桥	观音桥	观音桥、新山村、鱼新街和天生路	观音桥、新山村、鱼新街和天生路	观音桥、新山村、鱼新街、天生路、人和(两路)
	主城手工监测点		30				
	郊区县手工监测点		64(31个县)	61(32个县)	61(32个县)	61(32个县)	61(32个县)

续表

点位		2001 年	2002 年	2003 年	2004 年	2005 年
	对照点	北碚缙云山				
降尘	主城 9 区	20(含国控点 6 个)	20(含国控点 6 个)	20(含国控点 6 个)	20(含国控点 6 个)	20(含国控点 6 个)
	31 个郊区县	76	63			
	对照点	北碚缙云山				
降水		40	41	41	53	66
备注		1. 主城区 9 区包括渝中区、大渡口区、江北区、沙坪坝区、九龙坡区、南岸区、北碚区、巴南区和渝北区。2. 主城 9 区即渝中区、大渡口区、江北区、沙坪坝区、九龙坡区、南岸区、北碚区、巴南区和渝北区在各自区内另设空气质量连续监测点 11 个。3. 降水国控点包括观音桥、天星桥、北碚、巴南鱼洞、大足龙岗、万州区监测站和龙宝测点、涪陵区环保局和林科所测点。					

(四)"十五"期间大气环境质量监测项目及技术方法

"十五"期间,按照国家环保总局的要求,2001 年起,大气环境质量自动监测取消总悬浮颗粒物,增加可吸入颗粒物 PM_{10},重庆市大气环境质量监测项目变化情况见表 5-8。

表 5-8　　　　　　　重庆市"十五"期间大气环境监测项目变化情况

年份	2001 年	2002 年	2003 年	2004 年	2005 年
自动监测项目	二氧化硫、一氧化氮、二氧化氮、可吸入颗粒物、臭氧、气象参数	同 2001 年	同 2001 年	同 2001 年	同 2001 年
手工监测项目	二氧化硫、二氧化氮和总悬浮颗粒物,部分区县监测了气温、气压、风向和风速、降尘	同 2001 年	同 2001 年	同 2001 年	同 2001 年
备注	2005 年,环境空气质量监测必测项目为二氧化硫、二氧化氮、可吸入颗粒物和降尘四项,选测项目有一氧化氮、臭氧、一氧化碳及气温、气压、湿度、风速、风向等气象参数。				

"十五"期间,全市累计获得空气质量监测数据 36 万余个、降尘监测数据 7000 余个。

2007 年,主城区环境监测的点位新增加了沙坪坝区的虎溪空气质量监测点和高新区的礼嘉空气质量监测点,同时原先反映江北区空气质量的观音桥监测点在 2007 年 11 月转移到唐家沱。重庆市主城区空气质量自动监测点增加到 13 个,其中国控点有 12 个,分别是解放碑、南坪、杨家坪、高家花园、人和、礼嘉、茶园、虎溪、唐家沱、两路、天生路和鱼洞,1 个市控点(新山村),在北碚区缙云山有 1 个对照点。其余点位以及监测的项目和监测方法并没有发生变化。

表 5-9　　重庆市"十一五"期间空气、降水质量监测点位一览表

行政区划	区县	监测项目	点位名称	位置(所在的镇、街道名称)	经、纬度及海拔高度	功能区	采样仪器所在处建筑物高度(米)
500101	万州区	大气、降尘、降水	高笋塘	高笋塘街办	N:30°48′45″ E:108°22′07″ 海拔:370 米	二类	20
		大气、降尘	百安坝	百安坝街办	N:30°45′30″ E:108°26′24″ 海拔:370 米	二类	21
		大气、降尘	周家坝	周家坝街办	N:30°50′35″ E:108°22′08″ 海拔:343 米	二类	40
		降水	龙宝	龙都街办	N:30°46′04″ E:108°24′13″ 海拔:251 米	二类	25
		降水	熊家	熊家镇	N:30°54′19″ E:107°23′69″ 海拔:397 米	二类	9
500102	涪陵区	大气、降尘、降水	气象台	敦仁办事处	N:29°42′43″ E:107°23′69″ 海拔:265 米	二类	10
		大气、降尘	三机关区人大	荔枝办事处	N:29°41′97″ E:107°22′44″ 海拔:420 米	二类	25
		降水	林科所	荔枝办事处	N:29°42′13″ E:107°23′58″ 海拔:290 米	二类	20
500103	渝中区	大气、降尘	解放碑	解放碑街道	N:29°34′ E:106°34′ 海拔:250 米	二类	20
		大气、降尘、降水	七星岗	七星岗	N:29°33′40″ E:106°33′78″ 海拔:275 米	二类	20
500104	大渡口区	大气、降尘、降水	新山村	行政中心	N:29°29′22″ E:106°28′73″	二类	40
		大气、降尘	建胜	凤阳村	N:29°25′72″ E:106°27′89″	二类	14

续表

行政区划	区县	监测项目	点位名称	位置(所在的镇、街道名称)	经、纬度及海拔高度	功能区	采样仪器所在处建筑物高度(米)
500105	江北区	大气、降尘、降水	观音桥	观音桥街道	N:29°35′11″ E:106°34′43″ 海拔:230米	二类	20
		大气、降尘	唐家沱	唐家沱镇	N:29°36′33″ E:106°38′20″ 海拔:352米	二类	15
		大气、降尘	鱼嘴	鱼嘴镇	N:29°36′37″ E:106°45′12″ 海拔:313米	二类	13
500106	沙坪坝区	大气、降尘、降水	高家花园	渝碚路	N:29°34′34″ E:106°27′41″	二类	15
		大气、降尘	虎溪	虎溪镇	N:29°32′46″ E:106°27′02″ 海拔:314米	二类	20
500107	九龙坡区	大气、降尘、降水	杨家坪	杨家坪街道	N:29°30′05″ E:106°30′19″ 海拔:263米	二类	20
		大气、降尘	白市驿	白市驿镇	N:29°28′45″ E:106°21′33″ 海拔:263米	二类	16
		大气、降尘	陶家	陶家镇	N:29°18′61″ E:106°21′24″ 海拔:277米	二类	14
		大气、降尘	西彭	西彭镇	N:29°30′05″ E:106°30′19″ 海拔:298米	二类	18
500108	南岸区	大气、降尘、降水	南坪	工商大学	N:29°30′56″ E:106°34′28″ 海拔:311米	二类	18
		大气、降尘	茶园	长生镇	N:29°29′31″ E:106°38′76″ 海拔:290米	二类	15
500109	北碚区	大气、降尘	蔡家	蔡家镇	N:29°44′38″ E:106°29′34″ 海拔:376米	二类	15
		大气、降尘、降水	天生	天生街道	N:29°49′60″ E:106°29′53″ 海拔:247米	二类	5
		大气、降尘、降水	缙云山	澄江镇	N:29°44′00″ E:106°29′00″ 海拔:910米	一类	5

续表

行政区划	区县	监测项目	点位名称	位置(所在的镇、街道名称)	经、纬度及海拔高度	功能区	采样仪器所在处建筑物高度（米）
500110	万盛区	大气、降尘、降水	监测站	万东北路	N:28°57′46″ E:106°56′17″ 海拔:321米	二类	22
		大气、降尘	东林	清溪桥	N:28°56′50″ E:106°55′06″ 海拔:321米	二类	10
500111	双桥区	大气、降尘、降水	双桥区环保局	双路镇双龙西路	N:29°29′18″ E:105°46′16″ 海拔:380米	二类	18
500112	渝北区	大气、降尘、降水	两路	渝北监测站办公楼顶	N:29°42′96″ E:106°27′24″ 海拔:343米	二类	15
		大气、降尘	人和	人和镇	N:29°38′74″ E:106°31′10″ 海拔:330米	二类	14
		大气、降尘	礼嘉	礼嘉镇	N:29°42′55″ E:106°29′17″ 海拔:314米	二类	13
500113	巴南区	大气、降尘、降水	鱼洞	鱼洞鱼新街	N:29°22′56″ E:106°31′10″ 海拔:257米	二类	27
		大气、降尘	界石	界石镇	N:29°25′71″ E:106°34′22″ 海拔:413米	二类	15
500114	黔江区	大气、降尘	区政府	城西办事处行署街	N:29°32′21″ E:108°45′96″ 海拔:608米	二类	15
		大气、降尘、降水	区环保局	城东办事处河滨东路北段	N:29°32′01″ E:108°46′56″ 海拔:606米	二类	25
		降水	平坝中学	舟北镇路东居委	N:29°31′45″ E:108°49′47″ 海拔:632米	一类	25
500115	长寿区	大气、降尘、降水	监测站	凤城街道骑鞍桥	N:29°50′29″ E:107°04′34″ 海拔:300米	二类	20
		大气、降尘	晏家川维厂	晏家街道川维电影院	N:29°48′03″ E:107°00′54″ 海拔:285米	三类	20

续表

行政区划	区县	监测项目	点位名称	位置(所在的镇、街道名称)	经、纬度及海拔高度	功能区	采样仪器所在处建筑物高度（米）
500222	綦江区	大气、降尘、降水	县环保局	古南镇菜坝居	N:29°01′45″ E:106°39′05″ 海拔:222 米	二类	20
		大气、降尘	县人民医院	古南镇沱湾居	N:28°01′07″ E:106°09′19″	二类	35
500223	潼南县	大气、降尘、降水	环保局	江北新城	N:30°11′70″ E:105°50′33″ 海拔:298 米	二类	22
		大气、降尘	监测站	文化路	N:30°10′92″ E:105°48′68″ 海拔:270 米	二类	11
500224	铜梁县	大气、降尘、降水	监测站	巴川镇藕塘湾	N:29°50′53″ E:106°02′46″ 海拔:267 米	二类	20
		大气、降尘	国土局	巴川镇中兴路	N:29°50′21″ E:106°03′11″ 海拔:270 米	二类	30
500225	大足县	大气、降尘、降水	监测站	龙岗街道办事处	N:29°42′18″ E:105°43′04″	二类	15
		大气、降尘	龙岗一小	龙岗街道办事处	N:29°42′05″ E:105°42′47″	二类	20
500226	荣昌县	大气、降尘、降水	县环保局	昌元镇花园街	N:29°24′19″ E:103°35′43″	二类	16
		大气、降尘	县工人俱乐部	昌元镇东益当	N:29°24′47″ E:103°35′56″	二类	12
500227	璧山县	大气、降尘	部队	77136 部队		二类	10
		大气、降尘、降水	监测站	环保局	N:29°35′20″ E:106°13′40″	二类	28
500228	梁平县	大气、降尘、降水	监测站	梁山镇双桂路	N:30°40′24″ E:107°47′33″ 海拔:450 米	二类	16
		大气、降尘	县政府	梁山镇东正街	N:30°40′47″ E:107°47′58″ 海拔:450 米	二类	20

续表

行政区划	区县	监测项目	点位名称	位置(所在的镇、街道名称)	经、纬度及海拔高度	功能区	采样仪器所在处建筑物高度(米)
500229	城口县	大气、降尘、降水	县政协办公楼	葛城镇土城路	N:31°56′60″ E:108°47′58″ 海拔:780米	二类	20
		大气、降尘	新城财税所	葛城镇东大街	N:31°56′55″ E:108°39′52″ 海拔:776米	二类	20
500230	丰都县	大气、降尘、降水	环保局	办公楼顶楼	N:29°52′16″ E:107°43′26″ 海拔:185米	二类	24
		大气、降尘	城一校	教学楼顶楼	N:29°52′11″ E:107°44′15″ 海拔:200米	二类	18
500231	垫江县	大气、降尘	福利院	桂溪镇人民路	N:30°19′90″ E:107°20′66″	二类	15
		大气、降尘、降水	监测站	桂溪镇桂西大道	N:30°19′90″ E:107°20′66″	二类	10
500232	武隆县	大气、降尘、降水	县政府办公区	办公楼顶楼	N:29°19′53″ E:107°45′35″ 海拔:230米	二类	30
		大气、降尘	老城区	油房沟	N:29°19′53″ E:107°44′53″ 海拔:230米	二类	18
500233	忠县	大气、降尘、降水	监测站	忠州镇体育路18号	N:30°17′26″ E:108°01′54″ 海拔:225米	二类	18
		大气、降尘	小区移民局	忠州镇新华路3号	N:30°18′12″ E:108°02′15″ 海拔:260米	二类	18
500234	开县	大气、降尘、降水	新城监测站	东西大道	N:31°10′43″ E:108°24′78″	二类	27
		大气、降尘	新城环保局	平桥小区	N:31°14′32″ E:108°26′92″	二类	27
500235	云阳县	大气、降尘	政协楼	双江镇杏家湾	N:30°55′60″ E:108°41′35″ 海拔:252米	二类	28
		大气、降尘、降水	环保局宿舍楼	双江镇望江大道	N:30°56′06″ E:108°41′54″ 海拔:344米	二类	26

续表

行政区划	区县	监测项目	点位名称	位置(所在的镇、街道名称)	经、纬度及海拔高度	功能区	采样仪器所在处建筑物高度(米)
500236	奉节县	大气、降尘、降水	环保局大楼	永安镇永安路	N:31°05′23″ E:109°21′56″ 海拔:376米	二类	32
		大气、降尘	县政府大楼	永安镇县政路	N:31°01′24″ E:109°27′51″ 海拔:382米	二类	25
500237	巫山县	大气、降尘	行政大楼	广东路	N:31°04′64″ E:109°52′47″	二类	28
		大气、降尘、降水	环保局	静坛路	N:31°04′64″ E:109°52′47″	二类	26
		降水	早阳小学	巫峡镇		二类	12
500238	巫溪县	大气、降尘、降水	环保局	城厢镇宁河街	N:31°24′01″ E:109°37′65″	二类	21
		大气、降尘	巫溪中学	城厢针先锋路	N:31°23′61″ E:109°36′58″	二类	18
500240	石柱县	大气、降尘、降水	环保局	办公楼顶楼	N:30°08′36″ E:108°25′49″	二类	24
		大气、降尘	礼塘坝			二类	
500241	秀山县	大气、降尘、降水	环保局监测站	中和镇朝阳路		二类	12
		大气、降尘	县政府大楼	东风路		二类	15
500242	酉阳县	大气、降尘、降水	环保局	钟多镇桃花源路	N:28°51′21″ E:108°45′51″ 海拔:674米	二类	27
		大气、降尘	气象站	钟多镇和平路	N:28°50′12″ E:108°45′50″ 海拔:675米	二类	15
500243	彭水县	大气、降尘、降水	监测站	汉葭镇高家台街	N:29°17′49″ E:108°09′50″ 海拔:357米	二类	10
		大气、降尘	县政府	汉葭镇绸缎街	N:29°17′50″ E:108°09′41″ 海拔:271米	二类	25

续表

行政区划	区县	监测项目	点位名称	位置(所在的镇、街道名称)	经、纬度及海拔高度	功能区	采样仪器所在处建筑物高度(米)
500381	江津区	大气、降尘、降水	监测站	几江街道办事处	N:29°16′98″ E:108°15′19″ 海拔:212米	二类	12
		大气、降尘	江津市市人大	几江街道办事处	N:29°17′54″ E:106°15′37″ 海拔:205米	二类	12
500382	合川区	大气、降尘、降水	监测站	合川市南办处	N:29°58′53″ E:106°15′54″ 海拔:246米	二类	6
		大气、降尘	合川城北中学	合川市合阳办事处	N:29°59′50″ E:106°14′44″ 海拔:228米	二类	20
500383	永川区	大气、降尘、降水	监测站新楼	望城东路	N:29°21′23″ E:105°55′03″ 海拔:375米	二类	15
		大气、降尘	渝西广场	重百三楼顶	N:29°21′13″ E:105°53′27″ 海拔:375米	二类	16
500384	南川区	大气、降尘、降水	监测站	东城街道办事处城北支路	N:29°09′41″ E:107°05′57″ 海拔:555米	二类	15
		大气、降尘	人民医院	南城街道办事处	N:29°09′27″ E:107°05′26″ 海拔:563米	二类	20

二、水环境监测

(一)长江、嘉陵江、乌江监测

1.监测断面及频次

1997—2008年,长江、嘉陵江、乌江(简称"三江")重庆段监测断面为17~27个,历年监测断面设置情况见表5-10。由于监测方案的调整,各年的断面不完全相同,为了便于叙述和比较,故将距离较近的断面进行了整合,并标注了不同年份监测的断面。2002年起,将长江朱沱、寸滩、清溪场、晒网坝和培石,嘉陵江利泽和大溪沟,乌江麻柳嘴8个断面设置为国控断面。监测是在每个断面左、中、右3条垂线上采集水面下0.5米处水样,全年按枯(2月)、平(5月)、丰(8月)3个水期开展监测,每个水期采样2次,间隔1~3天。1997—2002年,除嘉陵江城区段的磁器口和大溪沟断面全年按枯、平、丰3个水期各监测4次,全年共测12次外,"三江"其他断面在枯、平、丰水期各监测2次,全年共测6次;2003—2008年,除8个国控断面每月监测1次(2、5、8月监测2次),全年共测15次外,其他断面在枯、平、丰水期各监测2次,全年共测6次。

表 5－10　　1997—2008 年长江、嘉陵江和乌江断面布设情况

河流名称	断面名称	所在区县	1997	1998	1999	2000	2001	2002	2003	2004	2005	2006	2007	2008
长江	朱沱（白沙）	永川区（江津区）	白沙√	白沙√	白沙√	朱沱√	朱沱√	朱沱√	朱沱√	朱沱√	朱沱√	朱沱√	朱沱√	朱沱√
	铜罐驿（黄谦）	九龙坡（江津区）	黄谦√	黄谦√	黄谦√	黄谦√	黄谦√		铜罐驿√	铜罐驿√	铜罐驿√			
	丰收坝	大渡口										√	√	√
	黄桷渡（望龙门）	南岸区（渝中区）	望龙门√	望龙门√	望龙门√	望龙门√	望龙门√	望龙门√	望龙门√	望龙门√	望龙门√	黄桷渡√	黄桷渡√	黄桷渡√
	寸滩	江北区或南岸区	√	√	√	√	√	√	√	√	√	√	√	√
	鱼嘴	江北区										√		
	扇沱（黄草峡）	长寿区	黄草峡	黄草峡	黄草峡	黄草峡	黄草峡	黄草峡	黄草峡	黄草峡	黄草峡	扇沱	扇沱	扇沱
	鸭嘴石		√	√	√	√	√	√	√	√	√			
	红光桥（自来水点）	涪陵区			自来水点√	自来水点√	自来水点√	红光桥√	红光桥√	红光桥√	红光桥√			
	清溪场（美女碛）		美女碛	美女碛	美女碛	清溪场	清溪场	清溪场	清溪场	清溪场	清溪场	清溪场	清溪场	清溪场
	大桥（米市圈）	丰都县		米市圈	米市圈	米市圈	米市圈	米市圈	米市圈	米市圈	米市圈	大桥√	大桥√	大桥√
	苏家（九条河）	忠县				九条河	九条河	九条河	九条河	九条河	九条河	苏家	苏家	苏家
	连二碛				√									
	桐园（沱口）	万州区	沱口√	沱口√	沱口√	沱口√	桐园√	桐园√	桐园√	桐园√	桐园√			
	红沙碛		√	√										
	晒网坝		√	√	√	√	√	√	√	√	√	√	√	√
	苦草沱（下岩寺）	云阳县						下岩寺√	下岩寺√	下岩寺√	下岩寺√	苦草沱√	苦草沱√	苦草沱√
	盐码头			√	√									
	白帝城	奉节县		√	√	√	√	√	√	√	√	√	√	√
	培石（流石）	巫山县	流石√	流石√	流石√	培石√	培石√	培石√	培石√	培石√	培石√	培石√	培石√	培石√
嘉陵江	利泽	合川区	√											
	北温泉（北碚）	北碚区	北碚√	北碚√	北碚√	北碚√	北碚√	北温泉√	北温泉√	北温泉√	北温泉√	北温泉√	北温泉√	北温泉√
	磁器口	沙坪坝	√	√	√	√	√	√	√	√	√	√	√	√
	大溪沟	渝中区	√	√	√	√	√	√	√	√	√	√	√	√

续表

河流名称	断面名称	所在区县	1997	1998	1999	2000	2001	2002	2003	2004	2005	2006	2007	2008
乌江	万木（龚滩大桥）	酉阳县							龚滩大桥 √	龚滩大桥 √	龚滩大桥 √	万木 √	万木 √	万木 √
	鹿角（万足）	彭水县					万足 √	万足 √	万足 √	万足 √	万足 √	鹿角 √	鹿角 √	鹿角 √
	外河坝							√						
	共和						√	√	√	√	√			
	锣鹰											√	√	√
	白马（武隆）	武隆县	武隆 √	武隆 √	武隆 √	武隆 √	白马 √	白马 √	白马 √	白马 √	白马 √	白马 √		
	麻柳嘴	涪陵区	√	√	√	√	√	√	√	√	√	√		
监测断面数（个）			17	20	23	23	26	25	27	27	27	22	21	21

注：2007年起，乌江麻柳嘴断面水质监测采样位置移至白马渡口。

2. "三江"水质监测项目

1997—2000年，监测项目有水温、pH、总硬度、溶解氧、高锰酸盐指数、化学需氧量、生化需氧量、非离子氨、亚硝酸盐氮、硝酸盐氮、挥发酚、氰化物、砷化物、总汞、六价铬、铜、铅、锌、镉、石油类、氟化物、大肠菌群（2000年改为粪大肠菌群）、凯氏氮、阴离子表面活性剂、总磷、总氮、电导率等27项。2001—2008年，监测项目有流量、水温、pH、溶解氧、高锰酸盐指数、化学需氧量、生化需氧量、挥发酚、氰化物、砷化物、氨氮、汞、六价铬、铜、铅、锌、镉、石油类、氟化物、粪大肠菌群、硒、硫化物、阴离子表面活性剂、总磷、总氮、电导率等26项。

3. 水质评价方法

1997—2000年，采用《地表水环境质量标准》（GB 3838—88）Ⅲ类水质标准进行超标统计，水质评价方法采用环境质量分级的W值法。

2001年，采用《地表水环境质量标准》（GHZB 1—1999）Ⅲ类水质标准进行超标统计，并计算各污染指标的污染分担率及断面综合污染指数。水质评价选取pH、溶解氧、高锰酸盐指数、生化需氧量、氨氮、亚硝氮、硝酸盐氮、挥发酚、氰化物、砷、汞、六价铬、铅、镉、石油类等15项，按单项指标均值，分别与GHZB 1—1999标准对照，确定该项目的水质类别，同时以单项指标污染最重的来确定断面的水质类别。

2002—2008年，采用《地表水环境质量标准》（GB 3838—2002）Ⅲ类水质标准进行超标统计，并计算各污染指标的污染分担率及断面综合污染指数。水质评价2002—2003年选取pH、溶解氧、高锰酸盐指数、生化需氧量、氨氮、化学需氧量、总磷、铜、锌、挥发酚、氰化物、砷、汞、六价铬、铅、镉、石油类、阴离子表面活性剂、硫化物、氟化物等20项。根据国家环保总局环函〔2003〕2号文要求，2004—2008年选取pH、溶解氧、高锰酸盐指数、生化需氧量、氨氮、汞、铅、石油类和挥发酚等9项，用单项指标均值分别与GB 3838—2002标准对照，确定该项目的水质类别，以单项指标污染最重的来确定断面的水质类别。1997—2008年"三江"重庆段各断面水质评价结果见表5-11，超标项目情况见表5-12。

表 5-11　　1997—2008 年长江、嘉陵江和乌江水质类别评价结果

河流名称	断面名称	1997	1998	1999	2000	2001	2002	2003	2004	2005	2006	2007	2008
长江	朱沱（白沙）	Ⅲ	Ⅲ	Ⅲ	Ⅱ	Ⅱ	Ⅱ	Ⅱ	Ⅱ	Ⅱ	Ⅱ	Ⅱ	Ⅲ
	铜罐驿（黄谦）	Ⅲ	Ⅳ	Ⅳ	Ⅲ	Ⅳ		Ⅲ	Ⅲ	Ⅲ			
	丰收坝										Ⅱ	Ⅱ	Ⅱ
	黄桷渡（望龙门）	Ⅲ	Ⅲ	Ⅴ	Ⅲ	Ⅳ	Ⅱ	Ⅱ	Ⅲ	Ⅲ	Ⅱ	Ⅱ	Ⅱ
	寸滩	Ⅲ	Ⅲ	Ⅲ	Ⅲ	Ⅳ	Ⅲ	Ⅲ	Ⅲ	Ⅱ	Ⅱ	Ⅱ	Ⅱ
	鱼嘴										Ⅲ	Ⅱ	Ⅱ
	扇沱（黄草峡）	Ⅲ	Ⅳ	Ⅳ	Ⅳ	Ⅱ	Ⅱ	Ⅱ	Ⅱ	Ⅱ	Ⅱ	Ⅲ	Ⅱ
	鸭嘴石	Ⅱ	Ⅱ	Ⅳ	Ⅲ	Ⅱ	Ⅲ	Ⅱ	Ⅱ	Ⅱ	Ⅱ	Ⅱ	Ⅱ
	红光桥（自来水点）			Ⅳ	Ⅲ	Ⅱ	Ⅱ	Ⅱ	Ⅲ	Ⅱ	Ⅱ	Ⅱ	Ⅱ
	清溪场（美女碛）	Ⅱ	Ⅱ	Ⅳ	Ⅲ	Ⅱ	Ⅱ	Ⅱ	Ⅱ	Ⅱ	Ⅱ	Ⅱ	Ⅱ
	大桥（米市圈）		Ⅲ	Ⅲ	Ⅲ	Ⅳ	Ⅲ	Ⅱ	Ⅱ	Ⅱ	Ⅱ	Ⅱ	Ⅱ
	苏家（九条河）			Ⅲ	Ⅱ	Ⅱ	Ⅱ	Ⅲ	Ⅲ	Ⅱ	Ⅱ	Ⅱ	Ⅱ
	连二碛			Ⅳ	Ⅲ	Ⅱ	Ⅲ	Ⅱ	Ⅲ	Ⅱ			
	桐园（沱口）	Ⅱ	Ⅱ	Ⅳ	Ⅳ	Ⅲ	Ⅲ	Ⅲ	Ⅱ	Ⅱ			
	红沙碛	Ⅲ	Ⅱ	Ⅳ	Ⅳ								
	晒网坝	Ⅱ	Ⅱ	Ⅳ	Ⅳ	Ⅲ	Ⅳ	Ⅱ	Ⅱ	Ⅱ	Ⅱ	Ⅰ	Ⅰ
	苦草沱（下岩寺）				Ⅱ	Ⅳ	Ⅲ	Ⅲ	Ⅲ	Ⅲ	Ⅲ	Ⅲ	Ⅲ
	盐码头		Ⅰ	Ⅱ	Ⅱ	Ⅱ	Ⅲ	Ⅱ	Ⅲ	Ⅲ			
	白帝城		Ⅱ	Ⅳ	Ⅳ	Ⅱ	Ⅲ	Ⅱ	Ⅱ	Ⅱ	Ⅱ	Ⅰ	Ⅱ
	培石（流石）	Ⅲ	Ⅲ	Ⅳ	Ⅱ	Ⅱ	Ⅱ	Ⅱ	Ⅱ	Ⅱ	Ⅰ	Ⅰ	Ⅱ
嘉陵江	利泽	Ⅲ	Ⅱ	Ⅱ	Ⅱ	Ⅱ	Ⅱ	Ⅱ	Ⅱ	Ⅱ	Ⅱ	Ⅱ	Ⅱ
	北温泉（北碚）	Ⅲ	Ⅲ	Ⅲ	Ⅲ	Ⅳ	Ⅲ	Ⅲ	Ⅲ	Ⅲ	Ⅱ	Ⅱ	Ⅱ
	磁器口	Ⅲ	Ⅲ	Ⅳ	Ⅲ	Ⅱ	Ⅱ	Ⅱ	Ⅱ	Ⅱ			
	大溪沟	Ⅲ	Ⅳ	Ⅳ	Ⅲ	Ⅱ	Ⅱ	Ⅲ	Ⅲ	Ⅲ	Ⅱ	Ⅱ	Ⅱ

续表

河流名称	断面名称	1997	1998	1999	2000	2001	2002	2003	2004	2005	2006	2007	2008
乌江	万木（龚滩大桥）							Ⅲ	Ⅰ	Ⅰ	Ⅰ	Ⅱ	Ⅱ
	鹿角（万足）					Ⅱ	Ⅱ	Ⅰ	Ⅰ	Ⅱ	Ⅰ	Ⅱ	Ⅱ
	外河坝					Ⅱ	Ⅱ	Ⅰ	Ⅰ	Ⅱ			
	共和					Ⅱ	Ⅱ	Ⅰ	Ⅰ	Ⅱ			
	锣鹰										Ⅰ	Ⅱ	Ⅱ
	白马（武隆）	Ⅱ	Ⅱ	Ⅱ	Ⅱ	Ⅱ	Ⅱ	Ⅱ	Ⅱ	Ⅱ	Ⅱ	Ⅰ	Ⅱ
	麻柳嘴	Ⅱ	Ⅱ	Ⅲ	Ⅱ	Ⅱ	Ⅲ	Ⅱ	Ⅱ	Ⅱ	Ⅱ	Ⅱ	Ⅱ

表5-12　　1997—2008年长江、嘉陵江和乌江超标项目统计表

超标污染物	1997	1998	1999	2000	2001	2002	2003	2004	2005	2006	2007	2008
粪大肠菌群*	●	●	●	●	●	●	●	●	●	●	●	●
化学需氧量	○	●	●	●	●	●	○		○			
石油类	○	○	●	●	○		○					
非离子氨	○	●	●	●	●							
氨氮					●		○					
总磷	●	●	●	●	●	●	○	○	○			○
凯氏氮	○	●	○	○								
亚硝氮	○	○	○									
挥发酚	○											
pH		○										
铅					○							
高锰酸盐指数		○										
生化需氧量		○	○	○								
六价铬		○	○									
汞			○									
测值超标项目数（个）	8	11	10	9	6	3	5	2	3	1	1	2
均值超标项目数（个）	2	5	5	5	5	3	1	1	1	1	1	1

注：*：1997—1999年为大肠菌群；○：表示测值出现超标；●：表示年均值出现超标。

4."十一五"期间"三江"和主要次级河流监测断面

"十一五"期间，加强对"三江"和主要次级河流监测断面的监测，监测情况见表5-13。

表 5-13

重庆市"十一五"期间"三江"和主要次级河流监测断面一览表（按流域区别）

河流名称	江系	水质现状	水质目标	断面名称	断面属性	断面位置	监测断面所有地区
长江			Ⅱ	朱沱	入境断面（国控）	永川朱沱镇	永川
			Ⅲ	丰收坝	主城背景断面	大渡口石盘村	大渡口
			Ⅲ	黄桷渡	控制断面	南岸黄桷渡	南岸
			Ⅲ	寸滩	控制断面（国控）	江北寸滩街道	江北
			Ⅲ	鱼嘴	控制断面	江北鱼嘴镇	江北
			Ⅲ	扇沱	控制（饮用水）断面	长寿扇沱	长寿
		Ⅱ	Ⅲ	鸭嘴石	控制断面	涪陵鸭嘴石	涪陵
		Ⅲ	Ⅲ	清溪场	控制断面（国控）	涪陵清溪镇	涪陵
		Ⅲ	Ⅲ	丰都长江大桥	控制（饮用水）断面	丰都长江大桥	丰都
		Ⅲ	Ⅲ	苏家	控制（饮用水）断面	忠县城区苏家	忠县
		Ⅲ	Ⅲ	晒网坝	控制断面（国控）	万州枇杷坪街办驸马村	万州
		Ⅲ	Ⅲ	苦草沱	控制（饮用水）断面	云阳苦草沱	云阳
		Ⅲ	Ⅲ	白帝城	控制断面	奉节白帝城	奉节
		Ⅱ	Ⅱ	培石	出境断面（国控）	巫山培石乡	巫山
嘉陵江	长江	Ⅲ	Ⅲ	利泽	入境断面（国控）	合川利泽镇	合川
				北温泉	主城背景断面	北碚澄江镇	北碚
				大溪沟	入江断面（国控）	渝中大溪沟街道	渝中
				梁沱	回水断面	沙坪坝梁沱	沙坪坝区
乌江	长江	Ⅱ	Ⅱ	万木	入境断面	酉阳万木镇	酉阳
			Ⅲ	鹿角	跨界断面	彭水鹿角镇	彭水
				锣鹰	跨界断面	武隆江口镇锣鹰	武隆
				白马	入江断面	武隆白马镇	武隆
				麻柳嘴	回水断面（国控）	涪陵敦仁办事处	涪陵
濑溪河	沱江—长江	Ⅳ	Ⅲ	关圣新堤	入境断面	大足中敖镇关圣村六组	大足
				界碑	跨界断面	大足珠溪镇沙坝村	大足
				高洞电站	出境断面	荣昌清江镇高洞电站	荣昌
窟窿河	濑溪河—沱江—长江			三驱	入境断面	大足三驱镇	大足

续表

河流名称	江系	水质现状	水质目标	断面名称	断面属性	断面位置	监测断面所有地区
临江河	长江	Ⅳ	Ⅳ	柏林	出境断面	永川临江镇柏林场	永川
				朱羊溪	入江断面	江津朱羊溪镇	江津
大陆河	长江			四明取水点	入境断面	永川朱沱镇四明村	永川
塘河	长江			白沙	入江断面	江津白沙镇	江津
璧南河	长江	Ⅳ、Ⅲ	Ⅳ	何家桥	背景断面	璧山璧城街道马家桥村	璧山
				两河口	跨界断面	璧山广普镇	璧山
				油溪	入江断面	江津油溪镇	江津
一品河	长江	Ⅲ	Ⅲ	一品镇抽水站	控制断面	巴南一品镇	巴南
				渝胡桥	入江断面	巴南鱼洞街道	巴南
				鱼胡桥	回水断面		巴南
花溪河	长江	Ⅲ	Ⅲ	南湖出口	背景断面	巴南南彭镇	巴南
				石龙桥	入江断面	巴南花溪镇	巴南
				市敬老院	控制断面	巴南花溪镇	巴南
				石龙桥	回水断面		巴南
五步河				箭桥电站	入江断面	巴南木洞镇	巴南
				箭桥电站	回水断面		巴南
孝子河				红岩	跨界断面	万盛金桥镇三台村	万盛
蒲河	綦江—长江	Ⅲ	Ⅲ	温塘	入境断面	綦江永城镇后山村	綦江
綦江河	长江	Ⅲ	Ⅲ	石门坎	入境断面	綦江安稳镇大茅坡村	綦江
				北渡（左、右）	控制断面	綦江古南镇花坝村	綦江
				石关村	入江断面	江津珞璜镇	江津
				石关村	回水断面		江津
大溪河	长江	Ⅲ	Ⅲ	弯河嘴	跨界断面	九龙坡西彭镇	九龙坡
				万善桥	入江断面	九龙坡铜罐驿镇	九龙坡
				万善桥	回水断面		九龙坡
御临河	长江	Ⅲ	Ⅲ	黄印	入境断面	渝北黄印场前	渝北
				御临镇	入江断面	渝北御临镇下游1000米	渝北
				江口	回水断面	御临镇至入江口的回水区	渝北

续表

河流名称	江系	水质现状	水质目标	断面名称	断面属性	断面位置	监测断面所有地区
淮远河	小安溪—涪江—嘉陵江	Ⅲ	Ⅲ	观音桥	背景断面	大足拾万镇	大足
				玉峡渡口	跨界断面	土桥高坡村二组	大足
				众志桥	入小安溪断面	二坪镇四合滩村四社	铜梁
小安溪	涪江—嘉陵江	Ⅲ	Ⅲ	双河水库	背景断面	永川永荣镇	永川
				双河口桥	跨界断面	永川板桥镇	永川
				段家塘电站	跨界断面	铜梁永清乡泥溪村四社	铜梁
				临渡	入涪江断面	合川临渡镇	合川
琼江	涪江—嘉陵江	Ⅲ	Ⅲ、Ⅱ	光辉断面	入境断面	堤坝上游1000米	潼南
				中和	跨界断面	铜梁中和乡	铜梁
涪江	嘉陵江—长江	Ⅱ	Ⅲ	玉溪断面	入境断面	潼南玉溪中学上游100米	潼南
				太和	跨界断面	合川太和镇	合川
				大桥	入江断面	合川涪江一桥二桥之间	合川
璧北河	嘉陵江—长江	Ⅳ	Ⅲ	五一堰	背景断面	璧山大路镇宝光村三社	璧山
				平滩	跨界断面	北碚澄江镇	北碚
				官斗石桥	入江断面	北碚澄江镇	北碚
渠江	嘉陵江—长江	Ⅲ	Ⅲ	码头	入境断面	合川码头镇	合川
				官渡	入江断面	合川官渡镇	合川
梁滩河（下游名为磨滩河）	嘉陵江—长江	Ⅳ	Ⅳ、Ⅲ	五星桥	背景断面	九龙坡白市驿镇	九龙坡
				童善桥	跨界断面	沙坪坝西永镇	沙坪坝
		Ⅵ	Ⅵ	西西桥	跨界断面	北碚歇马镇	北碚
				龙凤河口	入江断面	北碚龙凤桥镇	北碚
黑水滩河	嘉陵江—长江	Ⅱ、Ⅲ	Ⅲ	水土	入江断面	北碚水土镇	北碚
后河	嘉陵江—长江	Ⅲ	Ⅲ	仁睦	背景断面	渝北多宝河入东方红水库前	渝北
				跳石	入江断面	渝北悦来跳石桥前	渝北
桃花溪	长江	Ⅲ	Ⅲ	沙河桥	背景断面	长寿葛兰镇沙河村8组	长寿
				抽水站	入江断面	长寿凤城街道桃花村	长寿
					回水断面		长寿

续表

河流名称	江系	水质现状	水质目标	断面名称	断面属性	断面位置	监测断面所有地区
龙溪河（上游梁平、垫江名为高滩河）	长江	Ⅳ、Ⅲ	Ⅱ、Ⅲ	山叉沟	背景断面	梁平明达镇龙马村	梁平
				普顺	跨界断面	垫江普顺镇	垫江
				六剑滩	跨界断面	长寿云合镇青云村4组	长寿
				长寿湖	湖出口断面	长寿长寿湖镇	长寿
					回水断面		长寿
大洪河	长江	Ⅲ	Ⅲ	黎家乡码头	入境断面	四川邻水九龙镇黎家乡九村2组	长寿
				洪湖电站	出口断面	长寿洪湖镇宫坪村大王家湾	长寿
回龙河	龙溪河—长江	Ⅳ	Ⅱ	大河桥	跨界断面	梁平回龙镇寒岭一组	梁平
桂溪河	龙溪河—长江	Ⅳ	Ⅳ	关门桥	入龙溪河断面	垫江桂溪镇	垫江
卧龙河	龙溪河—长江	Ⅳ	Ⅲ	五洞	入龙溪河断面	垫江五洞镇	垫江
大沙河	龙溪河—长江	Ⅱ	Ⅱ	汪家	入龙溪河断面	垫江砚台镇	垫江
凤嘴河	乌江—长江	Ⅲ	Ⅲ	岭坝	背景断面	南川南平镇岭坝村	南川
				鱼跳	跨界断面	南川骑龙乡柏林村	南川
大溪河	乌江—长江	Ⅲ	Ⅲ	平桥	跨界断面	平桥镇（曹家建桥）	武隆
				鸭江	入江断面	鸭江镇（鸭江电站）	武隆
半溪河	凤嘴江—乌江—长江	Ⅲ	Ⅲ	新电影院	控制断面	南川南城街道办事处	南川
梅江河	沅江—长江			官舟	背景断面	秀山官舟乡	秀山
				石堤大桥	出境断面	秀山石堤镇	秀山
花垣河				茶洞	出境断面	秀山茶洞	秀山
小河	沅江—长江			小河	控制断面	酉阳小河镇	酉阳
龙潭河	梅江河—沅江—长江	Ⅲ	Ⅲ	杨家坝	背景断面	酉阳泔溪镇	酉阳
				妙泉入口	跨界断面	秀山妙泉乡	秀山
阿蓬河	乌江—长江	Ⅱ	Ⅲ	湾塘	入境断面	黔江舟白镇	黔江
				两河	跨界断面	黔江两河镇两河居委	黔江
				红花村	入江断面	酉阳龚滩	酉阳

续表

河流名称	江系	水质现状	水质目标	断面名称	断面属性	断面位置	监测断面所有地区
黔江河	阿蓬江—乌江—长江			城北	背景断面	黔江城东办事处城北居委	黔江
				柏子桥	背景断面	黔江城西办事处迎宾居委	黔江
				下坝	入阿蓬江断面	黔江城东办事处下坝居委	黔江
郁江	乌江—长江			中井	跨界断面	彭水郁山镇中井村	彭水
				郁江桥	入江断面	彭水汉葭镇石嘴居委	彭水
芙蓉江	乌江—长江	Ⅱ	Ⅱ	江口	入江断面	武隆江口镇三河口	武隆
黎香溪	长江	Ⅲ	Ⅲ	黎香溪	入江断面	涪陵蔺市镇	涪陵
				两汇镇	回水断面		涪陵
清溪沟	长江			拖板桥	回水断面		涪陵
碧溪河	长江			百汇镇	回水断面		涪陵
麻溪河	乌江—长江	Ⅲ	Ⅲ	麻溪河	入江断面	涪陵天台乡、卷洞乡	涪陵
渠溪河	长江	Ⅲ	Ⅲ	渠溪河	入江断面	涪陵珍溪镇	涪陵
				涪丰公路大桥	回水断面		涪陵
				东风大桥	背景断面	丰都双龙乡	丰都
龙河	长江	Ⅲ	Ⅲ	磨刀溪	背景断面	石柱沙子镇	石柱
				湖海场	跨界断面	石柱石星乡	石柱
				金竹滩	入江断面	丰都三合镇	丰都
				安宁回水	回水断面	丰都双路镇	丰都
赤溪河	长江			高跳登	回水断面		丰都
黄金河	长江			卫星桥	入江断面	忠县黄金镇	忠县
				老龙滩大桥	回水断面	忠县誊井镇佑溪村	忠县
汝溪河	长江	Ⅲ	Ⅲ	高洞梁	入江断面	忠县涂井乡龙滩村	忠县
				龙滩大桥	回水断面	忠县涂井乡龙滩村	忠县
东溪河	长江	Ⅲ	Ⅲ	红旗桥	入江断面	忠县东溪镇兴旺村红旗桥上游	忠县
				磊河	回水断面	忠县东溪镇兴旺村	忠县
玉溪河	长江			老大桥	回水断面		忠县
南河	澎溪河—长江	Ⅳ	Ⅲ	巫山乡	入境断面	开县巫山乡玉兰街8号	开县

续表

河流名称	江系	水质现状	水质目标	断面名称	断面属性	断面位置	监测断面所有地区
东河	澎溪河—长江	Ⅲ	Ⅲ	津关乡	背景断面	开县郭家镇津关村	开县
苎溪河	长江	Ⅲ	Ⅲ	高梁	入江断面	万州高梁镇	万州
				关塘口	回水断面	万州高笋塘街办	万州
				南门口	回水断面	万州枇杷坪街办	万州
五桥河	长江	Ⅲ	Ⅲ	交警大队	入江断面	万州五桥街办联合村	万州
				沱口养老院	回水断面	万州五桥街办	万州
石桥河（何溪河）	长江	Ⅲ	Ⅲ	老娃洞	入江断面	万州瀼渡镇双鸡村	万州
				河溪口	回水断面	万州瀼渡镇河溪村	万州
瀼渡河	长江	Ⅲ	Ⅲ	逍遥庄	入江断面	万州瀼渡镇碑牌村	万州
				瀼渡大桥	回水断面	万州瀼渡镇连泉村	万州
磨刀溪	长江	Ⅲ	Ⅲ	长滩	入境断面	万州长滩镇龙谭村	万州
				向家	跨界断面	万州向家乡福桥村	万州
				东井电站	入江断面	云阳外郎乡东井村	云阳
				普安渡口	回水断面	云阳普安乡马鞍村	云阳
澎溪河	长江	Ⅳ	Ⅲ	乌扬大坝	背景断面	开县汉丰镇	开县
				高阳渡口	跨界断面（回水断面）	云阳高阳镇	云阳
汤溪河	长江	Ⅲ	Ⅲ	田坝电站	跨界断面	云阳上坝乡季湾村	云阳
				江口	入江断面	云阳江口镇江口村	云阳
				汤溪河大桥	回水断面	云阳南溪镇火脉村	云阳
长滩河	长江	Ⅲ	Ⅲ	黄荆沟	入江断面	黄荆沟	云阳
				长滩桥	回水断面	长滩桥	云阳
朱衣河	长江	Ⅲ	Ⅱ	朱衣镇	入江断面	奉节朱衣镇女儿桥上游	奉节
				清水镇	回水断面	奉节清水镇下游	奉节
大溪河	长江	Ⅲ	Ⅲ	鹤峰乡	入江断面	奉节鹤峰镇上游约2千米	奉节
				龙头山	回水断面	巫山大溪乡	巫山
梅溪河	长江	Ⅲ	Ⅲ	瓦塘河电站	跨界断面	巫溪朝阳乡瓦塘河电站拦水坝	巫溪
				罗汉大桥	入江断面	奉节石岗乡罗汉大桥上游约2千米	奉节
				康乐镇下游	回水断面	奉节康乐镇	奉节

续表

河流名称	江系	水质现状	水质目标	断面名称	断面属性	断面位置	监测断面所有地区
草堂河	长江	Ⅲ	Ⅲ	草堂大桥	入江断面	奉节前进乡草堂大桥上游约4千米	奉节
				白帝镇	回水断面	奉节白帝镇下游	奉节
大宁河	长江	Ⅱ	Ⅱ	两河交汇处	跨界断面	巫溪城厢镇	巫溪
				大昌	回水断面	巫山大昌镇	巫山
神女溪（官渡河）	长江			净坛峰	入江断面	巫山官渡镇	巫山
				倒车坝	回水断面	巫山官渡镇	巫山
抱龙河	长江	Ⅲ	Ⅱ	红岩河	入江断面	巫山抱龙镇	巫山
				葡萄坝	回水断面		巫山
三溪河	长江	Ⅲ	Ⅱ	三溪电站	入江断面	巫山三溪乡	巫山
				边渔溪	回水断面	巫山三溪乡	巫山
柏杨河	大宁河—长江	Ⅱ	Ⅱ	马莲溪大桥	入大宁河断面	巫溪城厢镇	巫溪
任河				发源地	背景断面	高观镇东升村青龙峡	城口
				水寨子	出境断面	左岚乡水寨子	城口
朝阳河	长江			锅底凼	跨界断面	江北铁山坪街道	江北
				陈家沟	回水断面	江北铁山坪街道	江北

(二)次级河流监测

1. 次级河流水质监测断面、频次及监测项目

1997—2008年，重庆次级河流监测断面为120～178个，历年监测河流断面设置情况见表5-14。按枯(2月)、平(5月)、丰(8月)3个水期开展监测，全年共6次，每次在中泓(50米宽以下断面)或左、右(50～100米宽断面)水面下0.5米处采样。

1997—2000年，监测项目有水温、pH、悬浮物、总硬度、溶解氧、化学需氧量、生化需氧量、高锰酸盐指数、非离子氨、挥发酚、亚硝酸盐氮、总汞、六价铬、铅、镉、石油类、大肠菌群、总磷、总氮等19项。2001—2005年，全市次级河流水质每年均监测的项目有pH、水温、溶解氧、化学需氧量、高锰酸盐指数、生化需氧量、氨氮、挥发酚、汞、铅、石油类、粪大肠菌群、总磷、总氮。在此基础上，2001—2002年还包括悬浮物、总硬度、非离子氨、亚硝氮、六价铬、镉；2003年还包括氰化物、砷化物、铜、锌、硒、氟化物、硫化物、阴离子表面活性剂；2004—2005年还有电导率。此外，根据《地表水环境质量标准》和有关规定，各区县对选测项目进行了监测，选测项目有浑浊度、凯氏氮、流量、硫酸盐、氯化物、锰、镍、全盐量、色度、水深、铁、透明度、细菌总数、硝酸盐、叶绿素a。2006—2008年，《重庆市"十一五"环境质量监测工作方案》规定的监测项目有流量、水温、pH、溶解氧、高锰酸盐指数、化学需氧量、生化需氧量、挥发酚、氨氮、汞、石油类、总磷、总氮、电导率、粪大肠菌群、铅等16项，有的河流断面增测了六价铬、铜、锌、镉、硒、硫化物、阴离子表面活性剂、氟化物、氰化物、砷化物、锰等。

表 5-14　　1997—2008 年次级河流水质监测断面设置

年度(年)	1997	1998	1999	2000	2001	2002	2003	2004	2005	2006	2007	2008
监测河流(条)	57	56	64	68	68	68	71	70	68	58	58	58
监测断面(个)	130	142	153	160	170	169	178	172	166	122	120	122

2. 次级河流水质监测超标项目统计

1997—2008 年次级河流水质年均值超标项目统计见表 5-15。

表 5-15　　1997—2008 年次级河流水质年均值超标项目统计

超标项目	1997年	1998年	1999年	2000年	2001年	2002年	2003年	2004年	2005年	2006年	2007年	2008年
高锰酸盐指数	√	√	√	√	√	√	√	√	√	√	√	√
化学需氧量	√	√	√	√	√	√	√	√	√	√	√	√
石油类	√	√	√	√	√	√	√	√	√	√	√	√
粪大肠菌群*	√	√	√	√	√	√	√	√	√	√	√	√
生化需氧量	√	√	√	√	√	√	√	√	√	√	√	√
挥发酚	√	√	√	√	√	√	√	√	√	√	√	√
溶解氧		√	√	√	√	√	√	√	√	√	√	√
总磷		√	√	√	√	√	√	√	√	√	√	√
氨氮						√	√	√	√	√	√	√
汞	√		√	√		√		√	√			
非离子氨	√	√	√	√	√							
亚硝酸盐氮	√	√	√	√								
氰化物	√	√	√	√	√	√	√					
六价铬	√	√	√	√	√	√	√	√		√		
铅	√			√		√						
镉				√	√							
氧化物							√		√			
pH		√			√							
锰									√	√		
镍										√		
硝酸盐						√						
砷					√							
阴离子表面活性剂					√		√	√				
硫酸盐						√	√					
硫化物							√					
锌							√					
超标项目数(个)	12	12	13	15	18	15	16	12	11	13	9	9

注：*：1997—1999 年为大肠菌群。

(三)库区一级支流水质监测断面及监测项目

为及时、准确掌握三峡库区支流回水区水质变化情况,按照国家环保总局和市环保局要求,2004年起,重庆市库区有关区县环境监测站对辖区内的一级支流进行了水质预警和应急监测。预警监测为在每条河流回水区的上游设1个断面,中段设1~2个断面,每年3至10月的10日前采样监测1次,监测项目为14~21项,并且每月须对回水区至少开展3次不定期巡查;应急监测为"水华"出现就必须立即开展应急监测工作,直至"水华"结束,监测项目为8~11项。2004—2008年库区一级支流监测河流断面和项目数情况见表5-16。

表5-16　　　　　　　2004—2008年库区一级支流水质监测情况

年度(年)	2004	2005	2006	2007	2008
监测河流(条)	13	13	23	33	32
监测断面(个)	26	26	46	68	65
监测项目(个)	14	14	14	14~19	21

水质营养状况评价采用总氮、总磷、透明度、高锰酸盐指数和叶绿素 a 等 5 项指标进行(见表5-17)。

表5-17　　　　　2004—2008年库区一级支流水质和营养状况统计(比例%)

水质和营养状况级别	2004年	2005年	2006年		2007年		2008年	
			上游	中段	上游	中段	上游	中段
Ⅰ~Ⅱ类	61.5	92.3	68.2	62.5	60.7	60 0	74.1	71.0
Ⅲ类	30.8	—	18.2	16.7	17.9	15.0	14.8	18.4
Ⅳ类	—	—	9.1	8 3	17.9	20.0	7.4	5.3
Ⅴ类	7.7	3.8	—	4.2	—	5.0	—	—
劣Ⅴ类	—	3.8	4.5	8.3	3.6	—	3.7	5.3
贫营养	3.8	19.2	4.5	4.2	—	—	—	—
中营养	50.0	65.4	81.8	41.7	85.7	75.0	88.9	65.8
轻度富营养	38.5	7.7	9.1	37.5	7.1	17.5	7.4	26.3
中度富营养	7.7	3.8	4.5	12.5	71	7.5	3.7	2.6
重度富营养	—	3.8	—	4.2	—	—	—	5.3

(四)饮用水水源地水质监测

1997—2000年,重庆市自来水公司对城区所属的水厂水源点取水口开展监测,分别监测12~13个水源点取水口。2001年起,重庆市逐步开展饮用水水源地水质监测工作,重庆市环境监测中心和北碚区环境监测站对主城区范围内12个水源地水质进行了监测。2002年,重庆市环境监测中心和10个区县环境监测站在全市设置饮用水水源地水质监测断面21个,其中大溪沟、梁沱和和尚山断面为国控断面,其余断面均为市控断面。2003年起,全市39个区县开始逐月监测饮用水水源地水质,设置监测断面(点位)60个,2004年监测断面为67个。2005年设置监测断面61个,国控断面调整为长江丰收坝、和尚山、江津大桥、黄桷渡、嘉陵江梁沱、北温泉、东渡口及龙溪河烟坡共8个饮用水水源地水质断面。2006年设置监测断面54个,2007年和2008年监测断面均为55

个(见表5-18)。

表5-18　　　　　　　　　2001—2008年饮用水水源地水质监测情况

监测区域	测点个数(个)							
	2001年	2002年	2003年	2004年	2005年	2006年	2007年	2008年
主城区	12	13	9	19	19	10	10	10
郊区县	0	8	51	48	42	44	45	45
全市	12	21	60	67	61	54	55	55
国控点	3	3	3	3	8	8	8	8

从2001年起,饮用水水源地水质监测频率为每月上旬监测1次,监测项目31项,2003年起减少了非离子氨、亚硝酸盐氮、凯氏氮3项,监测项目及频率见表5-19。从2008年起,国控点8个饮用水水源地每年开展1次饮用水水源地全水质分析,项目包括《地表水环境质量标准》(GB 3838—2002)中的基本项目29项及特定项目80项,共109项。2008年8月起,国控断面每月监测《地表水环境质量标准》(GB 3838—2002)项目(29项)及表3中前35项,共64项。

1997—2000年用《生活饮用水卫生标准》(GB 5749—85)进行超标统计,2001年用GHZB 1—1999 Ⅲ类水标准进行超标统计。从2002年起用《地表水环境质量标准》(GB 3838—2002)进行超标统计,水质类别评价因子选择标准中规定的25项:pH、溶解氧、高锰酸盐指数、生化需氧量、氨氮、总磷、铜、锌、氟化物、砷、汞、六价铬、铅、镉、硒、铁、锰、氰化物、挥发酚、石油类、阴离子表面活性剂、硫化物、硫酸盐、氯化物、硝酸盐。评价方法为:断面水质类别是根据评价时段内该断面水质评价项目及选择参评的项目中类别最高的一项来确定,即污染最重的项目所达到的水质类别即为该断面的水质类别。水质类别结果可判定饮用水水源保护区水质是否满足水域功能要求。

表5-19　　　　　　　　　饮用水水源地水质监测项目及频率

	监测项目	监测频次	备注
必测项目 (10项)	水温、pH、总磷、高锰酸盐指数、溶解氧、氟化物、挥发酚、石油类、粪大肠菌群、氨氮	每月监测1次	
选测项目	硫酸盐、总氮、生化需养量、氯化物、铁、锰、硝酸盐氮、铜、锌、硒、砷、镉、六价铬、铅、汞、阴离子表面活性剂、氰化物和硫化物	每年1月、7月各监测一次	凡超过地表水Ⅱ类标准的项目,每月监测并报告

三、长江、嘉陵江底泥监测

(一)长江、嘉陵江底泥监测情况

1997—2005年,对重庆主城区长江望龙门、寸滩及嘉陵江磁器口、大溪沟4个断面的底泥进行了监测,2006年起,长江新增加了丰收坝和黄桷渡2个断面,嘉陵江增加了北温泉1个断面。1997—2000年,主要监测项目有pH、铜、锌、铅、镉、汞、砷、氟、水分等9个项目;2001年起,监测项目增加了镍1项,减少了水分1项;2004年,起增加了水分、总氮、总磷、六六六、滴滴涕等指标,每个断面设左、右2个采样点,每年枯水期监测一次。

采用GB 15618—1995土壤环境质量Ⅱ级为评价标准,选取铜、锌、铅、镉、汞和砷6项指标为评价参数(镍因为监测年份少未被纳入),评价方法用单项污染指数和均值综合污染指数法进行评价。

(二)长江、嘉陵江底泥监测结果

1. "九五"期间长江、嘉陵江底泥监测结果

"九五"期间的监测结果表明,"两江"底泥pH均呈碱性、范围为7.45~9.33,砷含量范围为4.94~14.7毫克/千克,汞含量范围为0.023~0.535毫克/千克,铜含量范围为15.68~78.3毫克/千克,铅含量范围为8.01~68.3毫克/千克,锌含量范围为72.75~283毫克/千克,镉含量范围为0.123~1.14毫克/千克,氟含量范围为20.7~344.8毫克/千克。重金属采用GB 15618—1995土壤环境质量Ⅱ级为评价标准,均为未污染和轻污染。砷、汞、铅3项指标为未污染;铜和锌在长江的望龙门左岸监测点为轻污染,污染指数均为0.6,其余各监测点为未污染;镉在嘉陵江大溪沟左岸为未污染,其余各监测点为轻污染,污染指数为0.6~1。

"九五"期间,长江和嘉陵江底质均值各项指标均能达到GB 15618—1995土壤环境质量Ⅱ级标准范围,重金属含量属正常值范围。从底质酸度条件上看,由于长江、嘉陵江底质pH均呈碱性,同一监测点的地表水也为碱性,因此,在水体环境和底质均为碱性的条件下,底质中重金属暂时不具备大量溶出污染水体的内部和外部条件。但从1996—2000年底质的监测结果中发现,重金属是影响长江、嘉陵江底质环境质量的主要因子,除嘉陵江的大溪沟两岸未超过GB 15618—1995土壤环境质量Ⅱ级标准外,其余在嘉陵江的磁器口、长江的2个监测点的两岸均出现不同程度的超标。

2. "十五"期间长江、嘉陵江底泥监测结果

"十五"期间,长江、嘉陵江底泥监测各项目的5年均值均低于GB 15618—1995土壤环境质量Ⅱ级标准。各年中,也只有镉和铜在个别年份、部分断面中出现超标(镉在2002年的长江望龙门断面左、右测点,寸滩断面左、右测点;2004年的寸滩断面左、右测点,嘉陵江大溪沟右测点;2005年的望龙门断面左、右测点出现超标。铜在2002年的望龙门断面右测点,寸滩断面左、右测点出现超标)。结果统计表明:长江、嘉陵江底泥中pH范围为7.13~9.06(呈偏碱性)、铅含量范围为7.9~125毫克/千克、铜含量范围为16.6~115毫克/千克、锌含量范围为29.7~216毫克/千克、镉含量范围为0.031~1.06毫克/千克、砷含量范围为4.13~12.6毫克/千克、汞含量范围为0.04~0.846毫克/千克(见表5-20)。

表5-20　　　　　2001—2005年长江、嘉陵江底泥监测结果统计　　　　　单位:毫克/千克

项目	长江											
	望龙门(左)						望龙门(右)					
	2001年	2002年	2003年	2004年	2005年	平均	2001年	2002年	2003年	2004年	2005年	平均
铅	77.5	13.9	64.2	41.7	39.9	47.4	62.6	27.0	125.0	61.3	32.2	61.6
铜	50.5	67.1	74.7	45.7	64.0	60.4	26.6	106.0	56.3	53.9	52.1	59.0
锌	126.0	81.7	200	96.2	88.4	118.5	68.8	128.0	178.0	91.0	84.8	110.1
镉	0.168	0.62	0.472	0.563	0.772	0.519	0.031	0.93	0.32	0.479	0.705	0.493
砷	6.84	4.94	7.62	6.04	941	6.97	121	9.06	11.00	4.56	7.03	8.75
总汞	0.126	006	0.238	0.321	0.552	0.259	0.139	0.06	0.239	0.154	0.846	0.288
项目	寸滩(左)						寸滩(右)					
	2001年	2002年	2003年	2004年	2005年	平均	2001年	2002年	2003年	2004年	2005年	平均
铅	61.9	40.4	28.1	83.0	37.7	50.2	64.0	28.2	29.9	56.0	34.4	42.5
铜	49.1	115.0	43.2	61.5	53.0	64.4	48.9	11.5.0	43.0	41.0	75.5	64.7
锌	115.0	124.0	114.0	134.0	86.8	114.8	94.8	144.0	121.0	111.0	86.0	111.4

续表

长江

项目	望龙门(左)						望龙门(右)					
	2001年	2002年	2003年	2004年	2005年	平均	2001年	2002年	2003年	2004年	2005年	平均
镉	0.143	0.86	0.222	0.916	0.526	0.533	0.12	1.06	0.162	0.66	0.487	0.498
砷	10.10	9.13	9.24	8.06	6.65	8.64	12.60	7.66	10.10	6.08	8.02	8.89
总汞	0.122	0.06	0.111	0.273	0.836	0.280	0.112	0.05	0.114	0.104	0.842	0.244

嘉陵江

项目	磁器口(左)						磁器口(右)					
	2001年	2002年	2003年	2004年	2005年	平均	2001年	2002年	2003年	2004年	2005年	平均
铅	55.3	10.0	24.0	23.4	8.6	24.3	58.0	7.9	22.7	21.4	10.7	241
铜	28.0	21.4	31.4	19.7	47.1	29.5	44.8	25.8	27.8	16.6	52.1	33.4
锌	86.7	50.5	216.0	54.9	53.8	924	82.2	29.7	143.0	52.8	47.2	71.0
镉	0.134	0.200	0.228	0.207	0.135	0.181	0.140	0.210	0.104	0.195	0.188	0.167
砷	12.2	5.41	6.67	6.11	4.48	6.97	8.45	4.13	12.2	4.75	5.19	6.94
总汞	0.103	0.05	0.403	0.197	0.093	0.169	0.108	0.040	0.406	0.072	0.388	0.203

项目	大溪沟(左)						大溪沟(右)					
	2001年	2002年	2003年	2004年	2005年	平均	2001年	2002年	2003年	2004年	2005年	平均
铅	70.3	17.1	20.5	24.3	17.3	29.9	52.7	16.9	21.5	84.2	16.2	38.3
铜	19.5	70.6	21.7	27.1	40.6	35.9	25.2	40.8	22.0	36.8	23.6	29.7
锌	160.0	97.7	138.0	73.4	68.8	107.6	83.1	88.2	1.870	109.0	66.8	106.8
镉	0.157	0.520	0.152	0.316	0.450	0.319	0.117	0.480	0.140	0.712	0.187	0.327
砷	8.80	8.06	5.96	5.37	5.02	6.64	10.60	5.96	7.47	6.79	7.31	7.63
总汞	0.110	0.050	0.561	0.331	0.771	0.365	0.066	0.060	0.591	0.439	0.432	0.318

3. 2006—2008年长江、嘉陵江底泥监测结果

2006—2008年监测结果表明：长江、嘉陵江底泥质地均呈偏碱性，其中长江底泥pH在8.16~8.88之间，嘉陵江底泥pH在7.92~8.42之间，均为正常值范围。在监测的铅、锌、镉、汞、铜、砷、六六六、滴滴涕等8个指标中，"两江"底泥中的含量值均低于GB 15618—1995土壤环境质量Ⅱ级标准，其各项指标测值也均无超标情况(见表5-21)。

表5-21　　　　2006—2008年长江、嘉陵江底泥监测结果统计　　　　单位：毫克/千克

项目	长江											
	丰收坝			黄桷渡			望龙门			寸滩		
	2006年	2007年	2008年	2006年	2007年	2008年	2006年	2007年	2008年	2006年	2007年	2008年
铅	39.4	112.5	38.6	43.8	58.8	49.4	42.7	52.2	47.1	28.2	48.4	40
锌	107	225	138.5	105.5	143	150.5	125	29.5	167	70.2	107.4	155
镉	0.065	0.118	0.153	0.051	0.051	0.173	0.051	0.077	0.186	0.053	0.098	0.159
总汞	0.261	0.214	0.015	0.104	0.05	0.023	0.072	0.027	0.032	0.106	0.08	0.024
铜	36.45	111.2	56.2	37.25	44.4	65	45.8	15.48	68.1	27.3	7.58	39.4
砷	5.39	18.4	5.42	7.04	8.38	5.44	6.28	9.16	6.06	5.54	7.83	4.58

续表

项目	嘉陵江								
	磁器口			北温泉			大溪沟		
	2006年	2007年	2008年	2006年	2007年	2008年	2006年	2007年	2008年
铅	19.2	42.3	13.3	10.89	44.4	10.2	31.6	52.2	1.31
锌	57.3	36.7	33.4	24.2	22.2	34.5	83.2	52.2	34
镉	0.053	0.09	0.033	0.052	0.084	0.041	0.053	0.09	0.037
总汞	0.178	0.028	0.014	0.057	0.036	0.013	0.12	0.046	0.012
铜	129	16.8	7.79	4.24	15.9	8.28	18.05	13.4	11.86
砷	5.74	6.3	3.34	3.18	6.42	3.67	7.83	5.52	3.31

2006—2008年评价结果表明:长江、嘉陵江7个断面左岸和右岸底泥的单项污染指数和均值综合污染指数都很小,长江底泥的综合污染指数在0.15~0.61之间,嘉陵江底泥的综合污染指数在0.06~0.19之间。按土壤综合污染指数分级,除2007年长江丰收坝左岸底泥为轻污染外,其余"两江"各断面底泥的P均小于0.5,都属于未受到污染。由此说明长江、嘉陵江底泥中重金属含量对水体基本上无污染(见表5-22)。

表5-22　　　　　　　　　2006—2007年长江和嘉陵江底泥监测结果评价(P)

			项目	铅	锌	镉	总汞	铜	砷	综合P	评价
长江	丰收坝	2006年	左	0.11	0.34	0.09	0.26	0.36	0.21	0.23	未污染
			右	0.12	0.38	0.13	0.27	0.37	0.22	0.25	未污染
		2007年	左	0.35	0.83	0.2	0.23	1.37	0.67	0.61	轻污染
			右	0.29	0.67	0.19	0.2	0.85	0.8	0.5	未污染
		2008年	左	0.07	0.3	0.13	0.009	0.4	0.15	0.18	未污染
			右	0.15	0.06	0.38	0.021	0.72	0.28	0.27	未污染
	黄桷渡	2006年	左	0.13	0.36	0.08	0.16	0.37	0.27	0.23	未污染
			右	0.12	0.35	0.09	0.05	0.37	0.29	0.21	未污染
		2007年	左	0.17	0.44	0.02	0.04	0.5	0.37	0.26	未污染
			右	0.17	0.51	0.16	0.06	0.39	0.3	0.27	未污染
		2008年	左	0.09	0.35	0.15	0.008	0.49	0.16	0.21	未污染
			右	0.19	0.66	0.43	0.038	0.81	0.27	0.4	未污染
	望龙门	2006年	左	0.12	0.42	0.09	0.04	0.45	0.26	0.23	未污染
			右	0.13	0.42	0.08	0.1	0.47	0.24	0.24	未污染
		2007年	左	0.01	0.38	0.15	0.02	0.26	0.38	0.2	未污染
			右	0.17	0.48	0.11	0.03	0.05	0.35	0.2	未污染
		2008年	左	0.13	0.47	0.23	0.021	0.53	0.18	0.26	未污染
			右	0.14	0.64	0.39	0.044	0.83	0.31	0.39	未污染

续表

		项目	铅	锌	镉	总汞	铜	砷	综合P	评价
嘉陵江	寸滩	2006年 左	0.08	0.21	0.09	0.06	0.27	0.2	0.15	未污染
		右	0.08	0.25	0.09	0.15	0.27	0.24	0.18	未污染
		2007年 左	0.11	0.33	0.15	0.11	0.08	0.32	0.18	未污染
		右	0.16	0.39	0.18	0.05	0.07	0.3	0.36	未污染
		2008年 左	0.09	0.36	0.17	0.009	0.44	0.15	0.2	未污染
		右	0.13	0.37	0.36	0.039	0.74	0.21	0.36	未污染
	磁器口	2006年 左	0.05	0.2	0.09	0.11	0.12	0.23	0.13	未污染
		右	0.06	0.18	0.09	0.25	0.14	0.23	0.16	未污染
		2007年 左	0.12	0.13	0.13	0.03	0.19	0.25	0.14	未污染
		右	0.12	0.12	0.71	0.03	0.15	0.25	0.14	未污染
		2008年 左	0.04	0.13	0.05	0.01	0.08	0.14	0.08	未污染
		右	0.03	0.1	0.06	0.018	0.07	0.13	0.07	未污染
	北温泉	2006年 左	0.03	0.09	0.09	0.1	0.05	0.13	0.08	未污染
		右	0.03	0.07	0.09	0.01	0.04	0.12	0.06	未污染
		2007年 左	0.12	0.07	0.13	0.04	0.14	0.24	0.12	未污染
		右	0.13	0.08	0.15	0.03	0.17	0.27	0.14	未污染
		2008年 左	0.03	0.11	0.06	0.015	0.08	0.13	0.08	未污染
		右	0.02	0.12	0.08	0.011	0.09	0.134	0.08	未污染
	大溪沟	2006年 左	0.1	0.28	0.09	0.16	0.18	0.31	0.19	未污染
		右	0.08	0.27	0.09	0.09	0.18	0.32	0.17	未污染
		2007年 左	0.15	0.18	0.17	0.04	0.11	0.22	0.15	未污染
		右	0.15	0.17	0.13	0.05	0.16	0.22	0.15	未污染
		2008年 左	0.04	0.12	0.07	0.011	0.16	0.126	0.09	未污染
		右	0.04	0.1	0.05	0.012	0.07	0.138	0.07	未污染

四、噪声监测

直辖以来，分别对主城、近郊、远郊各区县开展了环境噪声监测，结果见表5-23。

(一)区域环境噪声监测

1."九五"期间区域环境噪声监测

"九五"期间区域环境噪声监测点位设置。1997—2000年，区域环境噪声监测在主城区均设512个网格，网格尺寸为500米×500米，覆盖面积128千米^2。

在郊区县的设置情况每年不同。1997年，近郊区县城镇共设网格620个，覆盖人口89.28万人，远郊区县城镇共设网格387个，覆盖人口9.1万人。1998年，近郊区县城镇共设网格624个，覆盖人口92.44万人。1999年，近郊区县城镇共设网格1370个，覆盖人口111.47万人；远郊区县城镇共设网格1126个，覆盖人口84.72万人。2000年，近郊区县城镇共设网格1497个，覆盖人口119.52万人，远郊区县城镇共设网格1422个，覆盖人口87.75万人。

表 5-23　　　　　　　　　1997—2008 年全市区域环境噪声监测结果　　　　　　　单位:dB

年份(年) \ 监测结果	主城平均	近郊区县平均	远郊区县平均	全市城镇
1997	55.7	61.6	59.5	—
1998	56.1	60.8	—	—
1999	56.8	59.9	61.1	—
2000	56.9	57.7	61.4	—
2001	55.9	57.9	60.1	—
2002	55.9	56.4	60.6	57.6
2003	54.9	58.0	57.6	
2004	55.1	57.3	56.9	
2005	54.7	56.7	55.5	
2006	54.4	55.1	54.6	
2007	54.5	54.2	54.4	
2008	54.5	53.7	54.1	

2."十五"期间区域环境噪声监测

"十五"期间区域环境噪声监测点位设置。2001 年,部分区县对区域环境噪声网格重新进行了划分。主城区区域环境噪声网格按 500 米×500 米重新划分后确定了监测网格 661 个(比 2000 年增加了 149 个),覆盖建成区面积 165.25 千米^2。在郊区县城镇共设 3106 个网格,覆盖城镇建成区面积 179.94 千米^2。2002—2003 年,区域环境噪声在主城区、郊区县的网格设置沿用 2001 年的网格。

2004—2005 年,区域环境噪声监测在主城区的网格设置仍然沿用 2001 年的网格,但在郊区县的设置有不同变化。2004 年,郊区县城镇设网格 3169 个,覆盖城镇建成区面积 193.79 千米^2;2005 年,郊区县城镇共设置监测网格 2986 个,覆盖人口 248.63 万人。

3.2006 年以来区域环境噪声监测

2006 年以来区域环境噪声监测点位设置。2006—2008 年,在主城区均设置区域环境噪声网格 420 个,覆盖建成区面积 420 千米^2。2006 年是在 5 月、7 月和 10 月上旬各监测一次,2007 年和 2008 年,每季度第一个月上旬监测一次。在郊区县的设置情况均不同,2006 年,郊区县城镇共设 3154 个网格,覆盖城镇建成区面积 203.4 千米^2,2007 年,郊区县城镇共设 3185 个网格,覆盖城镇建成区面积 235.6 千米^2,2008 年,郊区县城镇共设 3160 个网格,覆盖城镇建成区面积 239.44 千米^2。

(二)道路交通环境噪声监测

1."九五"期间道路交通噪声监测

"九五"期间道路交通噪声监测点位设置。1997—2000 年,主城区交通道路噪声监测路段数量和监测总长度相同,分别为 148 个路段和 262.8 千米。1997 年,除了开展表 5-24 所列的内容外,还对万县、涪陵和黔江城区的道路交通噪声进行了监测,共监测 25 个路段。1997—2000 年,郊区县交通道路噪声监测路段数量和总长度逐年增加(见表 5-24)。

表5-24　　　　　　　　　1997—2000年全市道路交通噪声监测情况

监测情况 年份（年）	主城		近郊区县		远郊区县	
	路段（个）	总长（千米）	路段（个）	总长（千米）	路段（个）	总长（千米）
1997	148	262.8	108	89.94	25	38.68
1998	148	262.8	113	94.6	115	81.56
1999	148	262.8	123	119.5	128	101.4
2000	148	262.8	137	137.3	137	137.3

2."十五"期间道路交通噪声监测

"十五"期间道路交通噪声监测点位设置。2001—2005年，在主城区设置交通道路噪声监测点为212个路段，监测路段总长度每年略有不同。郊区县城镇所设交通干线噪声监测点的数量和长度逐年增加，2001—2003年为278个，监测路段长度为273千米；2004年，郊区县城镇共设测点366个，监测路段长度为466.2千米；2005年，郊区县监测道路总长度为283.7千米（见表5-25）。

表5-25　　　　　　　　　2001—2005年全市道路交通噪声监测情况

监测情况 年份（年）	主城		郊区县	
	路段（个）	总长（千米）	路段（个）	总长（千米）
2001	212	331.3	278	273
2002	212	330.8	278	273
2003	212	330.8	278	273
2004	212	336.8	366	466.2
2005	212	340.3	232	283.7

3.2006年以来道路交通噪声监测

2006年，主城区道路交通噪声设监测点276个，监测路段总长度为418.98千米，郊区县城镇共设测点367个，监测路段长度为472千米。

2007年，主城区道路交通噪声设监测点276个，监测路段总长度为456.16千米，郊区县城镇共设测点371个，监测路段长度为478.3千米。

2008年，主城区道路交通噪声设监测点269个，监测路段总长度为450.53千米，郊区县城镇共设测点378个，监测路段长度为504.27千米。

2006年至2008年，全市各城镇道路声环境质量总体较好。

直辖以来，主城区、郊区县道路交通噪声监测结果见表5-26。

表5-26　　　　　　　　1997—2008年全市道路交通噪声监测结果　　　　　　　　单位：dB

监测结果 年份（年）	主城平均	近郊区县平均	远郊区县平均	全市城镇
1997	69.0	72.5	—	
1998	68.6	74.4	74.7	—

续表

年份(年) \ 监测结果	主城平均	近郊区县平均	远郊区县平均	全市城镇
1999	69.1	72.5	74.1	—
2000	69.9	70.2	74.2	—
2001	67.4	69.0	75.5	—
2002	67.6	67.5	73.1	—
2003	67.5	69.0	69.0	68.2
2004	68.1	68.0	68.0	68.3
2005	67.9	69.2	69.2	68.4
2006	67.7	67.8	67.8	67.8
2007	68.0	66.8	66.8	67.4
2008	67.7	65.9	65.9	—

(三)功能区环境噪声监测

1. "九五"期间功能区噪声监测

"九五"期间,每年在主城区设7个监测点,代表4个类别的功能区。同时,在不同区县也设置监测点,1997年,万县、涪陵在各自城区进行了功能区噪声监测。1998年,远郊11个区县城镇进行了功能区噪声监测。1999年,近郊13个区县城镇设功能区噪声监测点26个,远郊15个区县城镇设功能区噪声监测点40个。2000年,近郊和远郊一般每个区县在2类区和4类区设置监测点1个。

2. "十五"期间功能区噪声监测

"十五"期间,每年在主城区设7个国控监测点,代表建成区4个类别的功能区。同时,在郊区县设置监测点,2001年,28个郊区县城镇设功能区噪声监测点66个。2002年至2004年,29个郊区县城镇设功能区噪声监测点77个。2005年,郊区县城镇设功能区噪声监测点77个。

3. 2006年以来功能区噪声监测

2006年至2007年,每年在主城区设7个国控监测点,代表建成区4个类别的功能区。同时在郊区县设置监测点,2006年,郊区县设监测点68个,2007年,郊区县设监测点69个。2008年,主城区功能区环境噪声监测按2007年调整点位开展,设置监测点21个,代表建成区4个类别的功能区,郊区县设监测点69个。直辖以来,全市功能区环境噪声监测结果见表5-27。

表5-27　　　　　　　1997—2008年全市功能区环境噪声监测结果　　　　　　　单位:dB

年份(年) \ 监测结果	主城昼夜平均	近郊区县昼夜平均	远郊区县昼夜平均	全市城镇昼夜平均
1997	51.4	—	65.5	—
1998	53.3	—	61.9	—
1999	53.8	64.9	69.7	—
2000	55.9	60.3	65.5	—
2001	54.3	60.4	65.5	—

续表

监测结果 年份（年）	主城昼夜平均	近郊区县 昼夜平均	远郊区县 昼夜平均	全市城镇 昼夜平均
2002	54.3	58.1	63.7	—
2003	55.4	58.6		58.0
2004	55.3	58.5		57.8
2005	57.6	57.5		57.7
2006	57.2	56.9		57.3
2007	56.5	55.0		56.5
2008	55.5	54.4		—

五、辐射环境监测

（一）"九五"期间辐射、放射环境

1999—2000年，对全市辐射和放射环境状况分别进行了调查。

1999年，根据对重庆移动通信公司和中国联通公司重庆分公司共计840个具有6种地形和人文环境特征的手机900兆赫兹GSM网基站的回顾性环境影响评价，得出如下主要结论：发射功率为42，增益为9和12的两种天线造成的环境电磁波近场最大距离约为2.5米；远场天线主瓣轴线方向最大功率密度出现在当天线增益为12，天线高度为10米时，其数值为9.5微瓦/厘米^2；在距基站20米外，任何一环境位置的电磁波功率密度都能满足8微瓦/厘米^{2}的评价标准要求；900兆赫兹GSM网基站投入运行后，对重庆环境的电磁辐射影响是可以接受的，不会对周围公众的健康造成危害。

至2000年底，完成城区高压送、变电系统室内110千伏变电站环评，得出电场强度和磁场强度以及电磁波功率密度均不会对环境造成污染的结论。开展了室外110千伏以上送、变电系统环评。启动了广播发射台、雷达、电视发射台、特种无线电台等强电磁波发射系统和轻轨、干线电气化铁道等工频强辐射系统的环评工作，工业、科学、医疗设备的电磁能应用等辐射情况调查也开展起来。

（二）"十五"期间辐射、放射环境

重庆市从2002年起对主城区的环境地表γ辐射剂量率和电场强度进行监测。首先在2002年布点598个，对主城区的环境地表γ辐射剂量率和电场强度进行普查；2003年优化布点，把点位确定为105个；2005年再次优化布点，把点位确定为24个，并在当年增加了1个γ辐射剂量率连续监测和γ辐射剂量率累积监测点、24个空气中氡浓度监测点、7个地表水和1个饮用水中放射性监测点、9个土壤中放射性监测点。

1. 辐射环境监测点位布设

（1）环境地表γ辐射剂量率。2002年，重庆市环境监测中心开始进行辐射环境质量监测，在主城区设监测点598个，监测项目是环境地表γ辐射剂量率。

2003年，在主城9区设监测点105个，监测项目是环境地表γ辐射剂量率。

2004年6月30日，重庆市辐射环境监督管理站（以下简称市辐射站）成立，辐射环境质量监测由重庆市辐射环境监测管理站承担，在主城9区设监测点105个，监测点位与2003年一致，监测项目是环境地表γ辐射剂量率。

2005年，市辐射站在2004年主城9区105个监测点位的基础上重新优化为主城9区和重庆经济技术开发区、重庆高新技术产业开发区及北部新区共24个监测点位，开展了环境地表γ辐射剂量率监测。

2002—2005 年监测布点情况见表 5-28。

表 5-28　　　　2002—2005 年重庆市环境地表 γ 辐射剂量率监测点位表

年份	地区	设点数(个)	点位名称
2002 年	重庆市主城区	598	
2003 年至 2004 年	渝中区	12	红岩革命纪念馆、五一技校、重庆电视台、下徐家坡、鹅岭公园、水果批发市场、急救中心、会仙楼地王广场、长运九码头、渝中区委、市三院、渝州汽车总厂
	沙坪坝区	22	第二棉纺厂、土湾车站、地质仪器厂、沙坪坝、市七中、农药厂、嘉陵集团、磁器口、沙坪公园、西南医院、井口镇、双碑、重特钢、童家桥、精神病医院、上桥、玉清寺、石堰村、渣滓洞、田坝、中梁山、三道拐
	高新区	7	石桥铺转盘、重庆饮料厂、建筑机械厂、西南服装厂、重庆啤酒厂、汽车研究所、科园四路路口
	大渡区	18	长征机械厂、伏牛溪车站、银都大厦、西南建材市场、打锣田、大渡口区区政府、四号电站、茄子溪、重钢六厂、重钢集团、重钢大门、石棉厂、有机化工厂、调运处、敬老院、唐家湾、何家湾、玻纤厂
	江北区	18	肥皂厂、江北农场、墨水厂、石马河、通用集团、南桥寺、石子山、长安一厂、天原化工厂、渝州大学、渝通宾馆、江北一院、观音桥农贸市场、松龙驾校、鲤鱼池停车场、五里店转盘、交通机械配件厂、航道船舶修理所
	经开区	2	电子 24 所、四公里立交
	南岸区	11	长江电工厂、后堡 47 栋、扬子江假日饭店、六公里、泉水山庄、重庆卷烟厂、制药七厂、省二监狱、重庆邮电学院、南山公园、区政府
	巴南区	11	大江工业集团、市养鸡场、鱼洞镇、渝钛白、红光加油站、农科所、马王坪正街、蓄电池厂、无线电四厂、南温泉广场、学堂嘴
	九龙坡区	4	厨房设备厂、毛线沟、重庆发电厂、杨家坪
2005 年	渝中区	2	渝中区委、鹅岭公园
	沙坪坝区	2	磁器口、西南医院
	高新区	2	重庆饮料厂、科园四路路口
	大渡口区	2	大渡口区政府、重钢集团
	江北区	2	渝通宾馆、江北一院
	经开区	2	电子 24 所、四公里立交
	南岸区	2	扬子江假日饭店、泉水山庄
	巴南区	2	鱼洞镇、南温泉广场
	九龙坡区	2	杨家坪、重庆发电厂
	北部新区	2	维格公司、海王星大厦
	北碚区	2	西南大学、北温泉
	渝北区	2	冉家坝环保局办公楼前、空港工业园区

(2) γ辐射剂量率连续监测和γ辐射剂量率累积监测情况。2005年,布设γ辐射剂量率连续监测和γ辐射剂量率累积监测点1个,地点在重庆市渝中区重庆市辐射环境监督管理站楼顶。

(3) 空气中氡浓度监测情况。2005年,空气中氡浓度监测为主城9区和重庆经济技术开发区、重庆高新技术产业开发区及北部新区共24个监测点位(见表5-29)。

表5-29　　　　　　　　　　　重庆市2005年空气中氡监测点位表

年份	地区	设点数(个)	点位名称
2005年	渝中区	2	渝中区委、鹅岭公园
	沙坪坝区	2	磁器口、西南医院
	高新区	2	重庆饮料厂、科园四路路口
	大渡口区	2	大渡口区政府、重钢集团
	江北区	2	渝通宾馆、江北一院
	经开区	2	电子24所、四公里立交
	南岸区	2	扬子江假日饭店、泉水山庄
	巴南区	2	鱼洞镇、南温泉广场
	九龙坡区	2	杨家坪、重庆发电厂
	北部新区	2	维格公司、海王星大厦
	北碚区	2	西南大学、北温泉
	渝北区	2	冉家坝环保局办公楼前、空港工业园区

(4) 地表水放射性监测。2005年,重庆市开始对长江、嘉陵江、乌江重庆断面进行水放射性监测,布设主要江河水系监测断面7个,其中长江入境处、重庆市主城区上游及下游各1个断面、嘉陵江入境处1个断面,主城区2个断面,乌江设了1个断面,监测断面情况见表5-30。

表5-30　　　　　　　　　重庆市2005年主要江河水系监测断面分布表

年份	水系	所在地区/城市	河流	点位数	断面名称
2005年	长江	大渡口区	长江	1	丰收坝水厂
	长江	江北区	长江	1	寸滩水文站
	长江	永川市	长江	1	朱沱水文站
	嘉陵江	合川市	嘉陵江	1	利泽水文站
	嘉陵江	沙坪坝区	嘉陵江	1	磁器口
	嘉陵江	渝中区	嘉陵江	1	大溪沟
	乌江	武隆县	乌江	1	白马镇

(5) 饮用水放射性监测。2005年,在市辐射站实验室布设饮用水放射性指标监测采样点1个。

(6) 土壤放射性监测。从2005年开始进行土壤放射性监测,设监测点11个,原则上在主城区每个区设1个监测点,具体布点情况见表5-31。

表 5-31　　　　　　　　　　　　　　重庆市 2005 年土壤监测点位表

年份	地区	设点数(个)	点位名称	年份	地区	设点数(个)	点位名称
2005 年	渝中区	1	鹅岭公园	2005 年	九龙坡区	1	重庆发电厂
	沙坪坝区	1	西南医院		北部新区	1	海王星大厦
	高新区	1	科园四路路口		北碚区	1	西南大学
	经开区	1	电子 24 所		渝北区	1	冉家坝市环保局办公大楼
	巴南区	1	南温泉广场		—	—	—

(7)电磁辐射监测。2005 年,优化布点方案后,主城区电磁环境质量监测共布设监测点 24 个。具体布点情况与环境地表 γ 辐射剂量率相同(见表 5-28)。

2.辐射环境质量监测项目及频率

辐射环境质量监测项目及频率(见表 5-32)。

表 5-32　　　　　　　　　　　　重庆市辐射环境质量监测项目及频率

环境要素	监测对象	监测类型或分析核素	点位数					采样频度
			2001 年	2002 年	2003 年	2004 年	2005 年	
环境 γ 辐射水平	γ 辐射剂量率	连续监测					1	1 次/5min
	γ 辐射剂量率	瞬时测量			105	105	24	1 次/0.5a
	γ 辐射剂量率	累积测量					1	1 次/季
空气	氡浓度	氡浓度					24	1 次/a
水	地表水	总 α、总 β					7	1 次/0.5a
	饮用水						1	1 次/0.5a
土壤	表层土壤	总 α、总 β、^{232}Th、^{236}Ra、^{40}K、^{137}Cs					9	1 次/a
环境电磁辐射	综合电场强度(0.1~3000MHz)	综合电场强度			105	105	24	1 次/a

(三)2006 年以来辐射环境监测

(1)2006 年辐射环境监测布点情况。为保持监测点位的连续性和数据的可比性,2006 年,重庆市环境地表 γ 辐射剂量率、空气中氡浓度、环境电磁辐射监测点位仍采用 2005 年点位。对 γ 辐射剂量率连续监测的点位为 1 个,设在市辐射站办公大楼楼顶。在长江、嘉陵江、乌江设 7 个地表水放射性监测断面,其中长江在重庆入境处、主城区上游、主城区下游设置了 3 个监测断面,分别位于永川区朱沱水文站、大渡口区丰收坝水厂、江北区寸滩水文站。嘉陵江在重庆入境处、主城区设置了 3 个监测断面,分别位于合川区利泽水文站、沙坪坝区磁器口、渝中区大溪沟。乌江在武隆县白马镇设置了 1 个断面。饮用水放射性指标监测布设采样点 1 个,点位在市辐射站实验室。土壤放射性监测点 14 个。

2006 年,重庆市辐射环境质量监测项目及频率见表 5-33。

表 5-33　　　　　　　　　　　2006 年重庆市辐射环境质量监测项目及频率

环境要素	监测对象	监测类型或分析核素	采样频度
环境 γ 辐射水平	γ 辐射剂量率	连续监测	1 次/5min
	γ 辐射剂量率	瞬时测量	1 次/0.5a
空气	氡浓度	氡浓度	2 次/a
水	地表水	总 α、总 β、^{226}Ra、^{232}Tn、^{40}K	1 次/0.5a
	饮用水		1 次/0.5a
土壤	表层土壤	总 α、总 β、^{238}U、^{232}Th、^{226}Ra、^{40}K、^{137}Cs	2 次/a
环境电磁辐射	电磁辐射（0.1~3000MHz）	电场强度功率密度	2 次/a

（2）2007 年辐射环境监测布点情况。重庆市环境地表 γ 辐射剂量率、空气中氡浓度、环境电磁辐射监测，2007 年增加了万州晒网坝（国控点）点位，除此之外，为保持监测的连续性和数据的可比性，2007 年采用 2006 年、2005 年点位。

对 11 个点位的环境地表 γ 辐射剂量率进行了累积监测，分别是渝中区鹅岭公园、沙坪坝区西南医院、高新区重庆饮料厂、大渡口区重钢集团、江北区江北一院、南岸区泉水山庄、巴南区鱼洞镇、北碚区西南大学、九龙坡区杨家坪、渝北区维格公司、万州区晒网坝。

对重庆市 γ 辐射剂量率连续监测及空气中氚、气溶胶、沉降物放射性监测的点位布设为 1 个，设在市辐射站办公大楼楼顶。

2007 年，市辐射站对长江、嘉陵江、乌江重庆断面进行放射性监测，布设监测断面 10 个，长江新增涪陵区江北街道、万州区晒网坝、巫山县碚石镇等 3 个断面，其他点位与 2006 年相同。饮用水放射性监测点位也与 2006 年保持一致。

2007 年的土壤放射性监测在 2006 年的基础上，增设江北区江北一院、万州区晒网坝 2 个点位，土壤放射监测点增加到 16 个。

2007 年，辐射环境质量监测项目及频率见表 5-34。与 2006 年比较，2007 年监测 γ 辐射剂量率累积剂量，空气中氚比活度，气溶胶和沉降物中的总 α 和总 β，地表水和饮用水中^{238}U、^{236}Ra、^{137}Cs、^{90}Sr 等项目。

表 5-34　　　　　　　　　　　重庆市辐射环境质量监测项目及频率

环境要素	监测对象	监测类型或分析核素	采样频度
环境 γ 辐射水平	γ 辐射剂量率	连续监测	1 次/5min
	γ 辐射剂量率	瞬时测量	1 次/0.5a
	γ 辐射剂量率	累积剂量	2 次/a
空气	氡浓度	氡浓度	2 次/a
	空气中氚	空气中氚比活度	1 次/0.5a
	气溶胶	总 α、总 β	1 次/0.5a
	沉降物	总 α、总 β	1 次/0.5a
水	地表水	总 α、总 β、^{238}U、^{232}Th、^{236}Ra、^{40}K、^{137}Cs、^{90}Sr	1 次/0.5a
	饮用水		1 次/0.5a

续表

环境要素	监测对象	监测类型或分析核素	采样频度
土壤	表层土壤	^{238}U、^{232}Th、^{226}Ra、^{40}K、^{137}Cs、^{90}Sr	1 次/a
环境电磁辐射	电磁辐射（0.1~3000MHz）	电场强度功率密度	2 次/a

所监测各区域原野环境地表γ辐射剂量率存在一定的差异，范围值在 49~80 纳戈/时。这是由于不同天然本底水平和人类活动影响所致，全市年平均值为 63 纳戈/时，与 2006 年平均值（76 纳戈/时）相比在正常的波动范围内。

（3）2008 年辐射环境监测情况。2008 年，重庆市环境地表γ辐射剂量率、空气中氡浓度、环境电磁辐射、γ辐射剂量率累积监测、γ辐射剂量率连续监测，空气中氚、气溶胶、沉降物放射性监测，地表水和饮用水放射性监测，土壤放射性监测等监测点位和 2007 年保持一致，监测项目及频率也和 2007 年相同。

第二节 环境质量监测报告制度

环境监测报告制度包括：环境监测数据资料管理、环境质量监测报告制度、污染源监测报告制度等。

重庆市各级环境保护行政主管部门所属市级环境监测站，区县环境监测站，各行业环境监测站，各企事业单位环境监测站、室（以下分别简称为市级站，区县站，行业站，企事业站、室），都必须遵照制度进行监测报告。

一、环境监测数据资料管理

各级各类环境监测站（各级环境监测站系指市级站、区县站；各类环境监测站系指行业站和企事业监测站、室）报出的监测数据，必须严格履行审核手续。市级站实行三级（分析人员、室主任、业务主管站长）审核；区县站实行两级（分析人员、业务主管站长）审核；其他环境监测站、室，可根据实际情况实行三级或两级审核。

各级各类环境监测站应按档案制度的有关规定，将各类监测数据资料整理归档，并严格按照国家保密制度划定密级进行管理。各级环境监测站向外部提供监测数据资料，必须按国家环境保护局规定的程序，严格履行审批手续。

环境监测数据资料是环境监测站的重要监测技术成果，任何个人均无权独占。未经单位许可，个人不得发表、引用尚未正式公布的监测数据资料。

环境监测数据是编制各类监测报告的基础资料，各级环境监测站必须按时向上一级环境监测站报出各类监测数据报表。重庆市环境监测中心站（以下简称市中心站）是全市环境监测数据中心，重庆市各级各类环境监测站必须按本制度要求，及时向市中心站报出各类监测数据报表。市中心站应按有关技术规定的要求，加强监测数据资料管理。

二、环境质量监测报告制度

环境质量监测报告，系指水质、大气、降水、噪声、生物、土壤等例行监测数据报表及综合评述。综合评述报告的形式为环境监测简报、环境监测季报、环境监测年鉴以及环境质量报告书等。

(一)环境质量监测数据报表报出时间要求

(1)大气、水质、交通噪声、功能区噪声例行监测数据报表,各区县站应于监测当月的20日前报市中心站,市中心站汇总处理后输入数据库;市控以上测点监测数据报表,市中心站应于次月5日前报出;大气自动监测数据报表,市中心站应于监测次月5日前报出。

(2)降尘、碱片、降水例行监测数据报表,各区县站应于监测的次月5日前报市中心站,市中心站汇总处理后输入数据库;市控以上测点监测数据报表,市中心站应于监测次月5日前报出。

(3)环境噪声普查监测数据报表,各区县站应于监测当年的8月底前报市中心站,市中心站汇总处理后输入数据库;全市及各区县环境噪声统计报表,市中心站应于当年10月底前报出。

(4)土壤、生物例行监测数据报表,市中心站应于监测当年的10月底前报出。

(5)国控、市控测点例行监测数据报表,市中心站应按国家环境保护局和市环境保护局的有关规定按时报出。

(6)各区县环境监测年报表,应随当年最后一次监测数据报表一同报出;全市环境监测年报表,市中心站应按国家环境保护局和市环境保护局的有关规定按时报出。

(7)为实施"环境目标责任制""城市环境综合整治定量考核""建设项目环境影响评价"等管理制度及有特殊规定的环境质量监测数据报表,各级环境监测站应按同级环境保护局的规定,按时报出。

(二)环境监测简报

(1)环境监测简报是按月份编制的反映监测工作情况、环境质量状况、发生污染事故情况的报告。一月一报,每月5日前报出。报告格式见《重庆市环境监测数据填报技术规定》。

(2)市中心站负责编制重庆市环境监测简报。主送重庆市环境保护局,抄报国家环境保护局及中国环境监测总站。

(3)各区县站负责编制各区县环境监测简报。主送各区县环境保护局及市中心站,抄报市环境保护局。

(4)各行业环境监测站负责编制本部门的环境监测简报。主送其行政主管部门的环境保护机构及市中心站。

(三)环境监测季报

(1)环境监测季报是按季度编制的反映当季市控以上测点的监测工作概况,环境质量监测结果、结论,城市环境综合整治定量考核进展情况,环境质量主要问题及污染事故监测情况的报告。一季一报,于每年1、4、7、10月的25日前报出,报告格式按国家规定办理。

(2)市中心站负责编制重庆市环境监测季报。主送市环境保护局,抄报国家环境保护局、中国环境监测总站。

(四)环境监测年鉴

(1)环境监测年鉴是环境监测数据的系统汇编,也是环境管理所必需的基础资料。其基本内容为:监测工作的基本情况(人员、仪器设备的统计数据,测点统计数据,重大监测工作和监测科研活动统计数据,污染事故监测统计数据,等等),各环境要素例行监测原始数据和统计值,编制原则见《重庆市环境监测年鉴编写技术规定》。

(2)重庆市环境监测年鉴由市中心站负责编制,主送市环境保护局,抄报中国环境监测总站。

(3)各区县的环境监测年鉴,由各区县站负责编制,主送各区县环境保护局,抄报市中心站。

(4)环境监测年鉴一年汇编一集,每年8月底前完成上年环境监测年鉴的编制。

(五)环境质量报告书

(1)环境质量报告书是环境监测工作的综合成果,是环境管理和决策的重要依据之一。重庆市环境质量报告书的编制原则、内容及格式见国家《环境质量报告书编写大纲》和《环境质量报告书编写技术规定》。各区县的环境质量报告书的编写内容及格式见《重庆市环境质量报告书编写大纲》和《重庆市环境质量报告书编写技术规定》。

（2）重庆市环境质量报告书的编制工作，由市环境保护局组织领导，协调有关部门提供数据资料协同编写，市中心站执笔主编，报送市人民政府以及国家环境保护局。

（3）各区县的环境质量报告书，由区县环境保护局组织领导，协调有关部门提供数据资料协同编写，区县站执笔主编，报送区县人民政府及市环保局。

（4）环境质量报告书一年一小编，五年一大编。一年本于次年6月底前报出（其简本——环境质量简报，应按时提交人代会审议），五年本于次年8月底前报出。

三、污染源监测报告制度

污染源监测报告，系指对《重庆市污染源监测管理办法》规定的污染源进行监测的数据报表及综合评述。综合评述报告的形式为：污染源动态分析报告、污染源监测专题报告等。

（一）污染源监测数据报表报出时间要求

（1）各级环境监测站对各类固定、流动污染源排污情况及治理设施运行达标情况进行监视性监测的数据报表，必须于监测的次月15日前报同级环境保护局，各区县站应同时抄报市中心站（报表格式由市中心站统一设计）。

（2）重庆市污染源监测网络其他成员单位对自身排污状况、治理设施运行达标情况定期监测或抽测的监测数据报表，必须于监测的次月15日前报环境保护主管部门，同时抄报市中心站和当地区县环境监测站（报表格式由市中心站统一设计）。

（3）市中心站每季汇总一次上述全市污染源监测数据，并于1、4、7、10月的15日前报市环境保护局。

（4）各级环境监测站进行污染事故监测的数据报表，须于监测分析工作结束后24小时内报同级环境保护局，各区县还应同时抄报市中心站。

（5）其他污染源监测专题报告的监测数据报表，随专题报告一起报出。

（二）污染源动态分析报告

（1）污染源动态分析报告是反映污染物排放变化趋势和治理设施运行达标情况的综合报告，是污染源监测的重要成果。编写格式见《重庆市环境监测数据填报技术规定》，一年编报一集，于次年1月15日前报出。

（2）各级环境监测站应运用辖区重点污染源监测数据及治理设施监测数据，编制本地区的重点污染源动态分析报告，报同级环境保护局以及上一级环境监测站。

（3）各行业站、企事业站亦应编写本部门污染源动态分析报告，报环境保护主管部门，同时抄报市中心站和当地区县站。

（三）污染源监测专题报告

（1）污染源监测专题报告，系指为特定目的而进行监测的污染源综合分析报告，它是污染源监测的重要成果，是强化环境管理的直接依据。编写格式见《重庆市环境监测数据填报技术规定》，一事一报。

（2）各级环境监测站为排污收费、"三同时"等各类验收，实施排污许可证制度，开展锅炉、窑炉除尘效率、烟尘排放年检。汽车尾气年检、路检、抽检等污染源监测专项报告，应于监测次年1月15日前报同级环境保护局，各区县站还应同时抄报市中心站。

（3）污染事故监测专题报告，应于监测分析工作结束后1周内，报同级环境保护局，各区县站还应同时抄报市中心站。

第三章　污染源和污染事故监测

第一节　污染源监督监测

污染源指污染物产生的来源。污染物既来源于自然界的正常运行和特殊变迁,也来源于人类的社会经济活动。污染源可以按不同行业分为工业源、交通源、农业源和生活源;也可以按环境要素分为大气源、水体源和土壤源;还可以按空间分布分为点源、面源和线源,或固定源和流动源。根据管理的需要可以应用不同的分类方式。

1991—2010年,重庆市污染源监测概况:

1991年,重庆市完成污染源监测数据1.8万个。

1992年,全市对污染源的调查准备工作完成后,开始了研究范围内(8区县)的调查工作及污染物排放系数监测工作。年初已将市控、省控、国控重点污染源监测任务下达给2个市级站及20个区县监测站,其中市控220家、省控61家由区县站承担,国控40家由市级站和区县监测站共同承担。市环保局确定的国控重点污染源为70家,按时收集、审核、汇总送四川省中心站。当年完成监测数据3.8万个。

1993年,完成污染源监测数据3.6万个。

1994年,重庆市环境科研监测所完成市环保局下达的重点污染源企业监督性监测任务。废水监测6个企业,全年进行2次采样(上、下半年各1次),共24个项目,193个排污口,数据量5110个。其中重庆造纸厂、重庆长风化工厂、重庆长江橡胶厂等因停产,重庆轮胎厂因循环水无排放,没监测。废气监测应完成43个企业,实际完成44个企业(其中重庆化工厂锅炉房停产,西南合成制药厂改烧天然气未监测,受市监理大队委托3个企业),全年进行一次监测共11个项目,83个烟道(囱)和4个环境点,数据量2870个。根据重环发(1994)12号文关于"城市环境综合整治定量考核"监测任务的补充通知要求,对市中区、南岸区、江北区、沙坪坝区等7个城区按各类炉、窑总数的5%进行烟尘浓度抽测,共完成78个烟囱,69个企业,1278个数据量。全年完成污染源监督监测数据1.2万个。

1995年,以保护饮用水水源为重点,加大了对水污染源的监测力度。长江、嘉陵江重庆城区江段饮用水水源保护已被纳入政府日程,对主要工业、生活废水污染源提出重点监测,限期治理。

1997年,重庆市直辖,加强了对废气、废水和噪音污染源的监测,全年共获监测数据35万个。

1999年,完成主城区区级50张病床以上的医院的病菌病毒污水排放及其处理情况的调查和监测。

2001年,在开展污染源监视性监测等工作的基础上,新开展电磁辐射和放射性污染源监测。

2002年,重庆市环境监测中心和31个区县环境监测站对622家废气污染源的锅炉354台、窑炉567台和工业尾气排放管345根进行了1349次监督性监测,其中超标污染源350家,超标率

56.3%。共获得监测数据7354个,超标数据1906个,数据超标率为25.9%。其中市环境监测中心对89家废气污染源进行了340次监督性监测,污染源超标率为43.8%,数据超标率为10.9%。

监测废气污染源较多的区县是沙坪坝区、南岸区、大足县、綦江县、北碚区和忠县,其和占全市监测企业总数的48.7%。获得监测数据较多的区县是沙坪坝区、北碚区、綦江县、大足县、江北区和南岸区,其和占全市废气监测数据总数的48.6%。

锅炉烟尘监测:全年监测锅炉354台,锅炉烟尘达标率为43.2%,监测蒸吨<1吨/时的锅炉有29台、1~10吨/时锅炉有29台、>10吨/时的锅炉有57台,烟尘达标率分别为24.1%、39.2%和71.9%。监测锅炉较多的区县分别是南岸区、北碚区、綦江县、永川市和荣昌县,其和占监测锅炉总数的40.8%。

窑炉烟尘监测:全市共监测窑炉567台,窑炉烟尘达标率为52.2%。监测窑炉较多的区县分别是綦江县、大足县、合川市、黔江区、北碚区、长寿区和沙坪坝区,其和占监测窑炉总数的62.3%。

2002年,全市监测的622家废气污染源共排放废气1161.6亿标准米^3,主要排放烟尘15477.5吨、二氧化硫42767.9吨、氮氧化物7481.6吨、一氧化碳892吨和粉尘1959.4吨。污染物排放量最多的地区是九龙坡区和江津市,污染物排放最多的行业是电力、蒸汽、热水生产及供应业、化学工业,最大的污染源是重庆九龙电力股份有限公司。

2002年,重庆市环境监测中心和33个区县环境监测站对994家废水污染源进行了1512次监督性监测,超标污染源696家,超标率为70%;全年共获得监测数据26489个,数据超标率为23.1%;监测项目29个,获得监测数据较多的项目有化学需氧量、悬浮物、pH、色度、动植物油和生化需氧量,6个项目的监测数据之和占监测数据总数的70.2%;数据超标率较大的项目是总锰、总磷、氟化物、化学需氧量、悬浮物和pH,超标数据之和占全部超标数据的56.6%;污染物浓度超标最严重的项目为粪大肠菌群(最大值超标47999倍),其次是色度、化学需氧量、总铜。

监测废水污染源较多的区县是南岸区、沙坪坝区、北碚区、渝北区、渝中区、綦江县,其和占监测总数的49.5%。获得监测数据较多的区县是北碚区、南岸区、沙坪坝区、江北区、綦江县,其数据量之和占监测数据总量的49.3%;数据超标率较大的是南川市,超标率为71.2%,其次是丰都县、城口县和潼南县,超标率均在45%以上。

市环境监测中心对主城区7家大酒楼、宾馆餐饮业排放的废水进行了监测。获得监测数据210个,其中超标数据45个,超标率为21.4%。在监测的pH、悬浮物、化学需氧量、氨氮、动植物油、阴离子表面活性剂、总磷7个项目中,除pH、氨氮和阴离子表面活性剂3个项目未超标外,其余4个项目均有不同程度的超标;超标率较大的项目为总磷,超标率为66.7%,其次为化学需氧量(40%)、悬浮物(40%)和动植物油(10%)。

2002年,全市监测的994家废水污染源共排放废水24313.57万吨,排放各类污染物约15.35万吨。其中悬浮物5.22万吨,占污染物总量的34%;化学需氧量8.95万吨,占污染物总量的58.3%;生化需氧量0.52万吨;氨氮0.48万吨;氟化物0.11万吨;动植物油343.19吨;总磷198.94吨。污染物排放量较大的区域是渝北区、巴南区、九龙坡区、长寿区和万盛区,其和占污染物排放总量的80.1%。污染物排放量较大的行业是医药工业、磷肥工业、化学工业和矿业,其和占污染物排放总量的61.6%。

2002年,重庆市环境监测中心和29个区县环境监测站对1132家噪声污染源进行了监测。超标污染源有903家,超标率为79.8%。获得监测数据2500个,数据超标率为65.9%;其中昼间和夜间监测数据超标率分别为62.7%和73.1%。噪声污染源昼间范围为38.3~92分贝,夜间范围为38.6~85.6分贝。噪声源以工业噪声、建筑施工噪声、社会生活噪声为主。

监测噪声污染源较多的区县是江北区、渝北区、沙坪坝区、北碚区、綦江县和南岸区,其和占监测总数的59.5%。噪声污染源除江津市、双桥区、垫江县和开县完全达标外,其余各区县的噪声污染源均有不同程度的超标,大渡口区、忠县、黔江区、潼南县、合川市、城口县、经开区和高新区的噪声污染源超标较严重,昼间超标率为100%,其次是璧山县和丰都县,超标率均达到90%以上。

监测的1132家噪声污染源中主城区有713家,超标565家,超标率为79.2%。昼间和夜间噪声数据超标率分别为56%和68.3%,低于全市统计水平。

1998—2002年污染源监测情况见表5-35。

表5-35　　　　　　　　　　1998—2002年污染源监测情况表

要素	指标	1998年	1999年	2000年	2001年	2002年	2002年比2001年增减(%)
废气污染源	污染源超标率(%)	74.3	46.0	45.6	52.9	56.3	3.4
	全部监测数据超标率(%)	22.3	14.4	24.5	25.0	25.9	0.9
	SO_2浓度污染源超标率(%)	10.6	11.0	66.2	40.5	45.0	4.5
	锅炉烟尘排放达标率(%)	22.7	50.1	68.7	52.4	43.2	-9.2
	窑炉烟尘排放达标率(%)	33.3	65.7	78.6	49.6	52.2	2.6
废水污染源	污染源超标率(%)	87.4	88.0	78.9	68.4	70.0	1.6
	全部监测数据超标率(%)	34.5	32.4	27.0	20.6	23.1	2.5
	COD浓度污染源超标率(%)	69.0	67.5	55.2	28.0	49.3	21.3
厂界噪声	污染源超标率(%)	84.6	78.7	89.8	82.0	79.8	-2.2
	全部监测数据超标率(%)	74.7	73.6	80.4	75.2	65.9	-9.3

2003年,开展三峡库区蓄水前抢救性监测和生态环境调查、污染源调查工作。制定重点污染源在线监测系统技术规范和管理办法。

2004年,三峡库区重庆段首批建设的17座污水处理厂有10座的在线监测装置安装到位。

2005年,排污单位安装了污染源自动监测装置。为强化对重点污染源的监督管理,根据《排污费征收使用管理条例》《重庆市环境保护条例》《重庆市长江三峡库区流域水污染防治条例》等法律法规,结合重庆实际,市环保局出台了《重庆市污染源自动监控装置运行管理办法》。

2007年,开展第一次全国污染污染源普查工作,全市到位普查经费3297万元,招募专、兼职工作人员748名,选聘、培训普查指导员2675名、普查员11516名。初步统计,全市共有普查对象约28万个,其中工业源4万余个,生活源6万余个,集中式污染治理设施171个,农业源17万个。对398家重点企业进行了4个季度的普查监测,采集数据近9万个。渝北区开展了全国污染源普查综合试点工作,为全国开展污染源普查提供了经验,全面完成准备阶段的工作任务。

2008年,在全国污染源普查中,重庆市完成全市30529家工业企业、50115个生活污染源、175个集中式污染治理设施和176771个农业污染源的入户调查、数据核实、录入和对比分析等各项工作,并于12月向国家上报了数据。

2009年,完成了第一次全国污染源普查工作,顺利通过国家验收。此次普查污染源约12万个,其中工业源3.05万个,农业源3.93万个,生活污5.01万个,集中式污染治理设施178个。基本掌握了全市各污染源的空间分布及产排污情况。

2010年,全面完成国家和本市环境质量监测、污染源监督性监测任务。重庆市代表队参加环保部、人力资源和社会保障部、中华全国总工会共同主办的第一届全国环境监测专业技术人员大比武,获团体二等奖,列4个直辖市和西部地区之首。

第二节　环境污染事故应急监测

重庆作为全国著名的老工业基地,直辖以来经济高速发展,环境突发性事件也时有发生。为提高全市应对突发性环境污染事件的应急监测能力,确保相关部门能在紧急情况下迅速反应、准确监测、及时预测评估,建立了环境应急监测组织和技术保障体系。

一、应急监测组织保障体系

重庆市环境监测中心于2004年10月在全国率先建立了独立的应急监测机构——重庆市环境监测中心应急监测室,专职应急监测员12人。通过各种培训了解应急监测新知识、新技术,不断提高应急响应能力,形成了一支作风正、懂业务、技术精的应急监测队伍。

为了有效地进行各项应急监测工作,市环保局制定了《重庆市环境保护系统突发环境事件应急处理暂行办法》《重庆市环境保护局突发环境事件应急预案》《重庆市环保局处置化学恐怖袭击事件应急实施方案》《重庆市突发环境污染事故应急监测预案》等一系列相关制度,形成了一个分工明确、责任到人、统一协调和常备不懈的应急监测保障体系。

2005年制定实施的《重庆市突发环境污染事故应急监测预案》(以下简称《应急监测预案》),对组织机构及职责、应急监测程序、应急监测演练等做了规定,指导全市环境应急监测工作。

(一)环境污染事故分级

《应急监测预案》明确,突发环境污染事故分为特别重大环境事故(Ⅰ级)、重大环境事故(Ⅱ级)、较大环境事故(Ⅲ级)和一般环境事故(Ⅳ级)四级。

一般突发性环境污染事故(Ⅳ级蓝色预警):导致下列情形之一的,死亡2人以下,因环境污染造成纠纷,引起一般群体性影响。

较大突发性环境污染事故(Ⅲ级黄色预警):导致下列情形之一的,死亡3~9人,造成中毒(重伤)50人以下,因环境污染造成区域纠纷,使当地经济、社会活动受到影响。

重大突发性环境污染事故(Ⅱ级橙色预警):导致下列情形之一的,造成死亡10~29人,中毒(重伤)50人以上100人以下,区域生态功能丧失或濒危物种生境受到污染,因环境污染使当地经济、社会活动受到较大影响。

特大突发性环境污染事故(Ⅰ级红色预警):导致下列情形之一的,死亡30人(含)以上,或中毒(重伤)100人以上,因环境事件需疏散、转移群众10万人以上,区域生态功能严重丧失或濒危物种生境受到严重污染,因环境污染使当地正常的经济、社会活动受到严重影响。

(二)环境应急监测组织机构

(1)应急监测指挥机构。污染预警监测日常工作指挥机构为重庆市应急监测网络中心(重庆市环境监测中心)。

重、特大突发性环境污染事故的应急监测现场指挥机构,由市应急监测组和市应急监测专家组组成。

一般、较大突发性环境污染事故的现场指挥机构,由区县环保局启动应急预案,组织形成。

(2)环境应急监测网络。重庆市环境应急监测网络以市环境监测中心为网络中心,以万州区、涪陵区、黔江区、江津区、永川区、合川区的环境监测站为环境应急监测分中心,由各区县环境监测站组成应急监测的直属网络,由其他各行业的监测站组成应急监测的补充网络,并接受国家环境污染事故应急监测中心的指导。网络构架见图5-1。

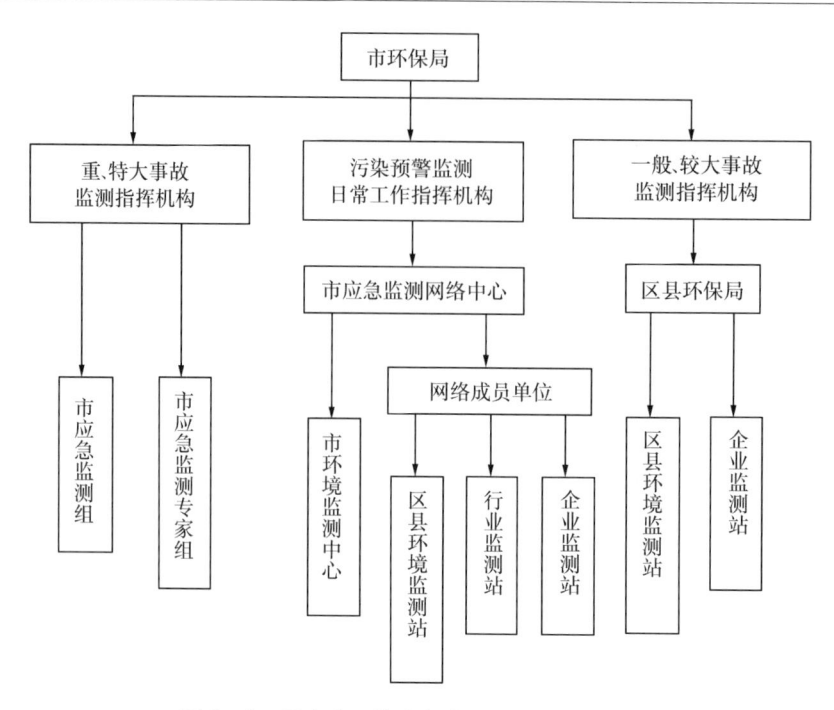

```
                        ┌──────────┐
                        │  市环保局  │
                        └────┬─────┘
         ┌───────────────────┼───────────────────┐
    ┌────┴─────┐      ┌──────┴──────┐      ┌─────┴─────┐
    │重、特大事故│      │ 污染预警监测 │      │一般、较大事故│
    │监测指挥机构│      │日常工作指挥机构│    │监测指挥机构 │
    └────┬─────┘      └──────┬──────┘      └─────┬─────┘
         │              ┌────┴────┐               │
     ┌───┴───┐       ┌──┴──────┐                ┌─┴──────┐
     │       │       │市应急监测│                │区县环保局│
     │       │       │网络中心  │                └─┬──────┘
  市应急  市应急        └──┬──┘                    │
  监测组  监测          ┌──┴───┐              ┌────┼────┐
          专家组         网络成员单位           区县  企业
                     ┌───┬───┬───┐          环境  监测
                    市   区县  行业 企业      监测站  站
                    环境  环境 监测 监测
                    监测  监测 站   站
                    中心  站
```

图5-1 重庆市环境应急监测网络构架示意图

(三)环境应急程序

(1)重、特大突发性环境污染事故应急监测程序。由市环保局牵头组织,市应急监测组统一调度和指挥,市应急监测专家组负责技术咨询。市环境监测中心、各区县环境监测站、相关行业和企业监测站共同完成应急监测,必要时,由中国环境监测总站指挥监测。

(2)一般、较大突发性环境污染事故应急监测程序。由事故发生地区县环保局指定并组织实施,由所属区县环境监测站负责监测。事故发生单位和相关行业监测站按各自职责,分工负责,紧密配合,迅速有效地开展应急监测工作。分析项目超出其分析能力时,委托有监测能力和资质的单位承担超出能力项目的监测工作。

(3)监测站内、外应急监测工作流程。监测站内、外部应急监测工作流程见图5-2、图5-3。

(四)应急监测能力建设

市环保局组织编制了《重庆市"十一五"环境监测能力建设规划》《重庆市环境监测预警体系建设项目可行性研究报告》《重庆市统筹城乡环境监测能力建设方案》《三峡库区(重庆段)水环境监测能力建设项目可行性研究报告》《三峡库区水环境质量动态监控预警体系建设方案》等,并积极推进项目审批和实施。截至2008年,全市环境监测在用仪器设备总值约为23199万元,较2005年的7339万元增加2.2倍,大大加强了监测装备水平和能力。市监测中心形成了水、气、声、生物、固体等共293项的监测能力,较2005年增加86项;38个区县环境监测站形成了水、气、声、生物等平均71项的监测能力,较2005年平均增加10项。监测因子实现了从常规、无机扩展到特征、有机,监测空间范围从点扩展到面,监测手段实现了全市40个区县环境空气自动监测、主城区功能区环境噪声自动监测、重点饮用水水源地包括有机物在内的20多个项目自动监测、环境空气中有机物自动监测、环境空气激光雷达监测,建成了集应急监测、监督性监测、在线比对监测等多功能现场监测为一体、平战兼顾的流动实验室。主要体现在以下几个方面:

(1)实验室分析设备。配置了三重四级杆气质谱联用仪、100米光程的傅立叶红外气体测试仪、X射线荧光分析仪、电感耦合等离子发射光谱—质谱仪等大型分析设备,建立了二噁英西南分中心,监测因子从常规、无机扩展到特征、有机。

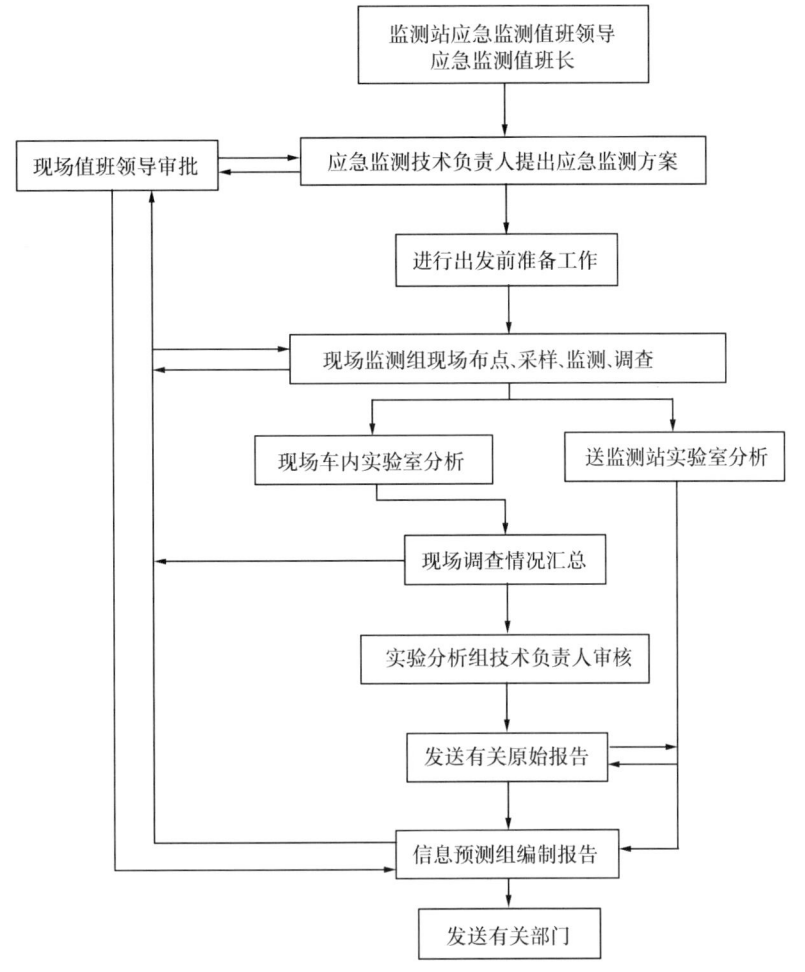

图 5-2　监测站内部应急监测工作流程示意图

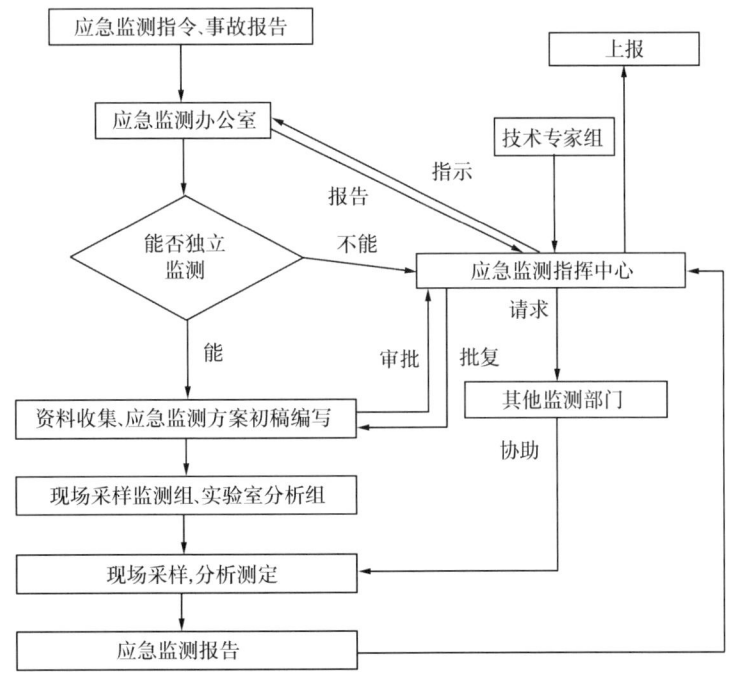

图 5-3　监测站外部应急监测工作流程示意图

(2) 环境质量自动监测。主城大气自动监测站扩展到 15 个，新建了 31 个区县自动监测站，实现了全市 40 个区县空气质量日报。构建了包括无机常规因子和有机因子的大气超级站和水质超级站，以及道路交通环境空气监测站和次级河流流动水质监测站；水自动监测站扩展到 9 个，实现了入境断面和重点饮用水水源地水质监测周报；建设了主城区噪声自动监测站 21 个，实现主城功能区环境噪声自动监测。实施环境空气激光雷达监测，实现监测空间范围从点扩展到了面。

(3) 应急监测。构建了由 1 个应急监测中心和 6 个应急监测分中心组成的全市应急监测网络，为 40 个区县配备了现场监测车，为库区 9 个区县配备了监测船及便携式气相色谱仪、便携色质联用分析仪、便携式测油仪、便携式重金属测定仪、水上救生设备等应急监测设备，为市监测中心配备了流动监测车，建成了集应急监测、监督性监测、在线比对监测等多功能现场监测为一体、平战兼顾的流动实验室。

(4) 污染源监测。安装运行了含废水 117 套、废气 116 套的污染源在线监控系统，为监测中心配置了全市特征污染物监测仪器，为区县配置了本辖区特征污染物监测仪器，基本形成了全市辖区内特征污染物监测能力。

二、应急监测技术保障体系

2006—2007 年，重庆市环境监测中心应急监测室完成了《重庆市环境污染事故应急监测处置技术预案》文本的编写，形成以监测为依托，明确环境污染事故应急监测中的组织网络和协同作战的工作流程。明确资源保障需求，完成了《应急监测设备调用及化危品处置查询系统》和《重庆市环境应急监测管理系统》两套信息系统的建立，形成了一个强大的环境应急监测辅助体系。

三、2003—2010 年应急监测情况

2003 年，启动了开县川东北气矿"12·23"天然气井喷事故应急监测，为抢险救援、灾民安置和返乡工作的决策提供依据。

2004 年，加强环境污染应急监测工作，完成"4·16"天源化工总厂液氯泄漏、达州红岩化工厂氰化物泄漏等 30 余次污染事故的应急监测。

2005 年，加强环境污染应急响应能力建设，进一步完善《重庆市重特大环境污染和生态破坏事故灾难专项应急预案》《重庆市核安全事故灾难专项应急预案》。建立污染源及污染事故隐患动态档案，搭建以"12369"环保举报热线为基础的环境应急指挥平台。

2006 年，市环保局牵头完成环境监测预警体系建设可行性研究报告，指导相关企业建立完成环境应急预案和环境突发事件应急机制，制定了《重庆市环境保护系统突发环境事件应急处理暂行办法》，从机构与职责、现场处置、监测应急保障、信息报告、奖励与处罚等方面对环境应急进行规范。

2007 年，建立了核安全及辐射事故应急监测机制，提高了重庆市核安全及辐射事故的处置和响应能力。

2008 年，重庆市环保部门开展抗震救灾期间环境应急监测工作、三峡工程试验性蓄水期间水质加密监测工作。

2009 年，重庆市建立健全全市、区县、企业三级环境安全防范网络，应急监测、处置和善后体系，强化环境预案管理和应急演练工作，整合"12369"投诉平台应急指挥平台和污染源在线监控平台，环境应急指挥和现场处置能力得到加强。

2010 年，在万州区、涪陵区、长寿区、合川区、江津区设立 7 个环境应急指挥分中心。同时，成立市环境应急专家队、环境应急保障服务队、环保专业救援队。制定了市级、区县级、工业园区和重点环境风险防范单位的四级环境应急预案，建立了区县政府间、重点部门间环境应急联运机制和协作机制。举行了环保部、重庆市 2010 年次生突发环境事件应急联合演练，得到国务院应急办、环保部及市委、市政府的充分肯定。

第四章 环境监测网络

伴随重庆环保事业的发展,重庆环境监测网络体系形成,建立了全市水、气、声、土壤、放辐射环境监测网络,形成了环境质量评价、污染源监控、环境事故应急处置的能力。重庆市直辖后,据统计,2008 年的常规监测系统中,食品设备价值 13951 万元,环境质量自动监测设备约 7200 万元,环境监测业务用房 38133 米^2;逐步形成了由市环境监测中心和 40 个区县监测站组成的水、大气和声环境监测网络体系。至 2009 年,水、大气、声环境监测网络涉及的环境监测人员编制为 932 名,在岗人员为 795 名。

第一节 水、大气和声环境监测网络

重庆市直辖后,由于市行政区域变化及三峡库区蓄水等因素,市环保局组织对全市水、大气和声环境监测点进行重新设置,形成了由"十五"到"十一五"期间较为合理、完善的监测网点。

一、"十五"期间重庆市水、大气和声环境监测网点布设

(一)水环境质量监测点

"十五"期间,重庆市在"三江"重庆段共设置 27 个水质监测断面(其中 2001 年、2002 年分别为 26 个、25 个),其中国控断面共 8 个(长江、嘉陵江、乌江分别为 5 个、2 个、1 个)。次级河流水质监测点见表 5-36。

表 5-36　　　　　　　　2001—2005 年次级河流水质监测点情况

年度	2001 年	2002 年	2003 年	2004 年	2005 年
监测河流(条)	68	68	71	70	68
监测断面(个)	170	169	178	172	166

从 2001 年起,重庆市开展饮用水水源地水质监测工作,在主城区设置饮用水水源地水质监测断面 12 个。2003 年 7 月起,全市所有区县逐月监测饮用水水源地水质。2001—2005 年,重庆市饮用水水源地水质监测点情况见表 5-37。

表 5-37　　　　　　　　2001—2005 年饮用水水源地水质监测点情况

监测区域	测点个数(个)				
	2001 年	2002 年	2003 年	2004 年	2005 年
主城区	12	13	9	19	19

续表

监测区域	测点个数(个)				
	2001年	2002年	2003年	2004年	2005年
郊区县	0	8	51	48	42
全市	12	21	60	67	61
国控点	3	3	3	3	8

（二）大气环境质量监测点

2001—2005年，全市设空气质量监测点83个。其中主城9区设有自动监测点位11个，国控点6个，市控点4个，清洁对照点设在北碚区缙云山。监测项目有二氧化硫、一氧化氮、二氧化氮、可吸入颗粒物、臭氧、一氧化碳，另外还监测了气温、气压、湿度、风速、风向等部分气象参数。同时，2001—2003年另设空气质量连续监测点11个。其余区县城镇设有空气质量监测点61个。

（三）声环境质量监测网点

2001—2005年，重庆市均开展了道路交通噪声、区域环境噪声和功能区噪声监测，其监测网点情况分别见表5-38、表5-39、表5-40。

表5-38　　　　　　　2001—2005年全市道路交通噪声监测网点情况

监测区域	监测路段个数(个)					监测路段总长度(千米)				
	2001年	2002年	2003年	2004年	2005年	2001年	2002年	2003年	2004年	2005年
主城区 (国控点)	236 (212)	236 (212)	236 (212)	237 (212)	237 (212)	352.3 (331.3)	351.9 (330.8)	351.6 (330.7)	361.1 (336.8)	361.3 (340.3)
郊区	236	229	207	225	232	223.9	227.0	229.8	271.4	283.7
全市	472	465	443	462	469	576.2	578.9	581.4	632.5	645.0

表5-39　　　　　　　2001—2005年全市区域环境噪声监测网点情况

监测区域	监测网格个数(个)					覆盖面积(千米^2)				
	2001年	2002年	2003年	2004年	2005年	2001年	2002年	2003年	2004年	2005年
主城区 (国控点)	973 (661)	973 (661)	973 (661)	972 (661)	992 (661)	192.2 (165.3)	192.2 (165.3)	199.2 (165.3)	197 (165.3)	197 (165.3)
郊区	2794	2745	2760	2812	2986	153	152.6	156	152	163.1
全市	3767	3718	3733	3784	3978	345.2	344.8	348.2	349	360.1

表5-40　　　　　　　2001—2005年全市功能区噪声监测网点情况

监测区域	功能区测点个数(个)					功能区覆盖面积(千米^2)				
	2001年	2002年	2003年	2004年	2005年	2001年	2002年	2003年	2004年	2005年
主城区 (国控点)	18 (7)	19 (7)	19 (7)	19 (7)	19 (7)	203.89 (125.07)	199.72 (125.07)	182.94 (125.07)	182.93 (125.07)	182.93 (125.07)

续表

监测区域	功能区测点个数（个）					功能区覆盖面积（千米^2）				
	2001年	2002年	2003年	2004年	2005年	2001年	2002年	2003年	2004年	2005年
郊区县	65	64	67	66	67	136.99	134.92	147.22	170.87	173.97
全市	83	83	86	85	86	340.88	334.64	330.16	353.80	356.90

二、2010年重庆市水、大气和声环境监测网点布设

2010年，地表水例行监测共设置121个断面，其中"三江"重庆段设置23个监测断面，53条次级河流设置98个监测断面。

2010年，在38条库区一级支流回水区设置45个监测断面。全市共设置城镇集中式饮用水水源地监测断面56个，其中主城区10个（国控点5个），郊区县46个（国控点2个）。2010年，全市开展了乡镇饮用水水源地普查监测，设置监测断面1170个。根据环保部办公厅文件要求，2010年还对"锰三角"地区进行了专项监测，在4条河流、1个水库处设置7个监测断面。

2010年，重庆市主城区设有空气质量自动监测点位15个，郊区县城镇设有空气质量自动监测点位40个。

2010年，主城区共设置21个功能区环境噪声监测点，全部采用自动监测，覆盖面积383.15千米^2，郊区县功能区环境噪声监测覆盖面积211.5千米^2。

2010年，主城区区域环境噪声监测共设置1000米×1000米网格420个，覆盖人口342.1万人，郊区县城镇区域环境噪声监测网格3205个，覆盖人口351万人。

2010年，主城区共设置道路交通噪声监测路段269个，长度为450.5千米，郊区县城镇共设置道路交通噪声监测路段378个，总长度为472.1千米。

第二节 土壤和生态环境监测网络

一、土壤环境监测网络

由于各区县监测站的土壤分析能力较弱，土壤环境监测力量以市环境监测中心为主，区县环境监测站配合，还未形成较为完善的土壤环境监测网络，也未开展常规的例行土壤环境监测。

根据国家环保总局《关于开展全国土壤污染状况调查的通知》环发〔2006〕116号要求，重庆市在2006年8月至2009年10月期间，开展重庆市土壤污染状况专项调查工作。

此次普查，在全市8.24万千米^{2}范围内以网格法系统开展土壤环境现状调查。结合土地利用类型和土壤类型，开展基于土壤环境风险的土壤环境质量评价，反映主要污染物的污染特征与分布规律。

重庆市土壤污染状况调查分为土壤质量调查、背景点调查、重点类型调查和土壤放射性调查，共有监测点位1566个，其中土壤质量调查766个，背景点调查21个，重点类型调查680个，土壤放射性调查点位99个。分析测试项目包括重金属、农药残留、有机污染物及其浸出态、理化指标等120余项，获得监测数据107195个，建立土壤污染调查样品库，含1600个样品，建立土壤污染调查数据库及信息系统，制作土壤调查专题图册1册，200余幅图件，编写土壤调查技术报告1册。

二、生态状况监测网络

重庆市生态状况监测能力较薄弱，2010年还未形成较为完善的生态状况监测网络。

自2005年起,为落实国家环境保护总局关于全国环境保护工作要点和全国环境监测工作要点,推动生态监测与评价工作,重庆市开始开展生态状况监测工作。生态状况监测以市环境监测中心为主导力量,区县监测站配合开展地面核查工作。

生态状况监测工作采取以卫星遥感监测为主,辅以地面核查的技术手段。利用TM影像、遥感影像为信息源,采用中国科学院的土地利用/土地覆盖类型分类体系,进行重庆市土地利用/土地覆盖类型的判读解译、动态变化分析。同时,根据重庆市环境状况,利用全市的环境监测数据,对重庆市的水环境质量和环境空气质量等进行综合分析,按照《生态环境状况评价技术规范》要求,对全市生态环境质量进行综合评价。

第三节 辐射环境监测网络

为落实《中华人民共和国放射性污染防治法》,做好辐射环境监测工作,国家环境保护总局于2007年建立国家辐射环境监测网。该网络包括全国辐射环境质量监测、重点监管的核与辐射设施周围环境监测、核与辐射事故应急监测,主要设置重点城市辐射环境重点监测站,重点核设施周围核环境安全预警监测站点,重要流域、国际河流、饮用水、地下水、海水等水体监测点,空气、陆地、土壤、生物样和口岸辐射监测点以及电磁辐射监测点等站点。

根据《国家辐射环境监测网站点布设原则与要求》(国环辐监〔2006〕21号),通过专家研究论证,国家辐射环境监测网国控点在重庆设置了4个辐射环境自动监测站,11个陆地辐射监测点,6个水体监测点,6个土壤监测点,2个电磁点。

重庆直辖之初至2003年,辐射环境监测主要由重庆市环境监测中心承担。2003年,重庆市辐射环境监督管理站成立后,全市辐射环境监测职能转到市辐射环境监督管理站,各区县监测站同时承担相应的监测业务。

全市辐射环境质量监测国控点包括:自动监测站1个,主要承担连续γ辐射剂量率、气溶胶、沉降灰、空气中的氚等项目的采样监测工作;陆地γ辐射剂量率和γ辐射累计剂量综合点位共11个,分布于渝中区、江北区、南岸区、九龙坡、大渡口区、沙坪坝区、渝北区、巴南区、北碚区及万州区;土壤国控点共6个,分布于渝中区、九龙坡区、沙坪坝区、渝北区、巴南区、北碚区;水体国控点4个,分布于渝中区、大渡口区、江北区、武隆县;环境电磁辐射新增国控点2个,分布于渝中区和沙坪坝区。

辐射环境质量监测市控点包括:陆地γ辐射剂量率和γ辐射累计剂量市控综合点位共14个,分布于渝中区、江北区、南岸区、九龙坡区、大渡口区、沙坪坝区、渝北区、巴南区、北碚区;土壤市控点共9个,分布于渝中区、九龙坡区、大渡口区、南岸区、江北区、渝北区;水体市控点6个,分布于为合川区、沙坪坝区、永川区、涪陵区、万州区、巫山县。

第五章　环境监测质量控制

第一节　持证上岗和能力认定

根据国家《环境监测人员持证上岗考核制度》(环发〔2006〕114号文件)和《重庆市环境监测质量管理规定》(渝环发〔2008〕28号文件),结合重庆市实际,2008年,市环保局印发《重庆市环境监测人员持证上岗考核办法》(渝环发〔2008〕102号文件)。该办法明确了相关部门的职责,市环保局负责组织环境监测人员持证上岗考核工作,负责审批及颁发上岗合格证。重庆市环境监测中心是重庆市环境监测人员持证上岗考核的主考单位,负责制订考核计划、组建考核组、审核《监测人员持证上岗考核报告》,并将考核结果报重庆市环保局审批。持证上岗考核内容包括基本理论、基本技能、样品分析和监测报告的编写等4个方面。基本理论考试原则上采取闭卷形式进行;基本技能考核采用现场考查实际操作、查看有关分析监测报告和现场问答等方式进行;样品分析考核包括自认定考核和样品分析现场考核;监测报告的编写考核采用现场样品分析完成后编制监测报告的方式进行。该办法要求,初次申请持证的新进人员、上岗合格证有效期满需换证的人员、已取得上岗合格证并拟新增持证项目的人员均需参加持证上岗考核。

2008年2月,市环保局印发《重庆市环境监测机构能力认定准则》(渝环发〔2008〕32号文件),以规范环境监测机构能力认定,确保环境监测质量。该准则明确了市环保局和市环境监测中心的相关职责,规定能力认定评审分为申请、自认定考核、现场评审、审批颁发等4个程序,环境机构能力认定内容包括机构人员、监测仪器设备、实验室条件、质量保证和业务管理等5个方面。为增强能力认定的可操作性,同年还印发了《重庆市环境监测能力认定评审细则(试行)》(渝环〔2008〕96号文件),该细则对环境监测机构能力认定5个方面的内容进行了细化,共60条。

市环境监测中心于1999年首次通过国家环境保护总局组织的持证上网考核,至2010年底,先后接受并通过国家级持证上岗考核5次。1999年通过重庆市质量技术监督局组织的计量认证检查,2001年通过国家质量技术监督局组织的质量认证检查。此后,市生态环境监测中心按期向国家认监委申请资质认定,2001—2010年,先后4次通过国家级资质认定。

市辐射站于2005年3月通过首次计量认证。2009年,该站完成了新一轮的实验室资质认定复查换证工作,取得了3大类、43个项目的计量认证资质。2011年,监测人员全部通过持证上岗考核,持有合格的监测上岗证。

重庆市自2008年实施持证上岗和能力认定制度以来,全市各区县环境监测站的监测能力和监测质量逐步提升。

第二节　实验室质量控制

做好实验室质量控制的几项制度：

一是建立并不断完善质量管理体系。为更好地适应《实验室资质认定评审准则》要求，要编制质量手册、程序文件、作业指导书等质量管理体系文件，形成一套较为完整的监测质量管理体系。按照质量管理体系的规定，认真做好实验室、仪器设备、标准物质、化学试剂的管理，严格执行各项记录及报告审核程序、合同评审程序、监督程序、内部审核和管理评审程序等。当组织机构和人员变更以及标准、方法、仪器等更新时，按质量体系文件管理要求，及时组织人员修订体系文件，标准或方法变更后及时到市质监局备案。

二是抓好内部审核和管理评审，保证质量管理体系持续改进。各实验室要配备内审员，内配质量监督员，分别负责质量管理体系的内部审核和监督检查工作。每年按照内审中查出的不符合项进行及时纠正。

三是开展能力验证及实验室间比对。为加强质量管理，保证体系文件的有效性、符合性和适用性，保证监测数据公正、准确、可靠，每年都组织开展能力验证及实验室间比对等质量控制活动。组织开展内部人员或仪器比对、质控样考核、平行样测定等质控活动，做到质控活动的计划性、经常性和广泛性，保证质量管理体系的运行获得满意结果。

四是做好仪器设备量值溯源和维护管理工作。各实验室每年制定并实施仪器设备检定计划，对用于监测的仪器设备均按照法定检定周期进行计量检定，确保计量器具合格。对正常使用的监测仪器，按照规定进行期间核查或制作质量控制图，以保证仪器工作状态的稳定。加强仪器设备的日常维护管理，认真做好使用维护记录，确保所有在用仪器的完好正常。

五是仪器设备管理制度健全，档案资料完备。制定仪器设备购置计划、检定计划、维护保养计划、设备维修记录、设备报废等一套完整的管理制度，档案资料齐全。所有监测仪器设备都经过有资质的检定单位的检定或校准，并在检定有效期内和仪器完好的状态下使用，实现了三色标志管理。每台仪器都有使用记录、作业指导书，并定期对仪器进行运行检查和保养维护工作。每年的监测报告、人员培训记录和合同都进行了归档整理，监测报告还录制了光盘并进行分年保存。

六是收集大量的监测方法和监测标准。严格按照实验室评审准则要求，收集新标准，取代废弃标准，保证监测数据和分析方法的有效性，所有标准均做了标准查新。

七是样品管理严格。严格按照规定的方法采样、保存、运输，并做好编码进行管理，有专门的样品保管员和样品保管室，严格按照质量手册和程序文件对样品的流转进行严格管理。

八是内部质量控制有效。环境监测通过平行样、加标样等方式对实验室分析进行质量控制。监测人员全部通过持证上岗考核，持有合格的监测上岗证。监测原始记录清楚，质控数据合格。监测数据严格实行三级审核制度，经校对、审核，最后由授权签字人审定合格后报出。

九是强化人员培训工作。每年要制定切实可行的人员年度培训计划，按计划认真组织实施，年底进行总结。

2010年底，全市40个区县（双桥区除外）环境监测站均通过了"双认证"，从而各区县的监测质量保证工作也都得到了很大的提高。

由于各级环保局对"双认证"工作的高度重视，20个监测站实验室条件均得到较大改善，使实验室的规范化工作上了一个大台阶，绝大多数的实验室窗明几净，仪器、设备安置合理、规范、整洁，原始记录整洁、规范、签字齐全，结论明确，质控记录清楚。实验用水、标准溶液和仪器、设备的严格管理,为监测工作提供了有力的保证。

2010年,全市各区市县监测站实验室质控率为22.1%,但污染源监测中的质量保证工作仍是一个薄弱环节。全市外控项目8个,40个区县站全年外控平均合格率为85.2%,合格率在85%以上的有南岸区、潼南县、江津区、大足县等12个监测站,其中江北区监测站全年外控合格率为100%,有2个站的合格率不足60%。

第六章 环境监测能力建设

第一节 实验室分析能力建设

实验室建设包括市环境科研监测基地实验室建设和区县实验室建设两部分。2007年共投资5300万元,其中,市环境科研监测基地实验室建设投资5000万元。按照国家环保总局环境监测站标准化建设的相关要求,全市环境监测站实验室条件要通过达标验收,必须对部分区县实验室建设给予适当资助。

2008年,重点推进统筹城乡环境监测与预警体系建设。启动建设区县及主城大气自动站、主城饮用水水源地及声环境监测站,加强区县应急监测能力建设。

2008年,根据市发展改革委员会文件要求,按照"填平补齐"的原则,区县38个环境监测站配置地表水常规监测、应急监测、水华监测仪器和数据处理设备(见表5-41)。新建实验室建筑面积18980平方米,其中,改造面积13530平方米,新建面积5450平方米。

表5-41　　　　　　重庆市三峡库区水环境监测能力建设仪器配置表　　　　　　单位:台套

工程或费用名称	监测中心	万州	涪陵	巫山	巫溪	奉节	云阳	忠县	丰都	长寿	开县	石柱	武隆	渝北	渝中	江北	大渡口	沙坪坝	南岸	合计
水常规监测仪器设备	156	66	67	48	47	46	46	49	50	42	39	46	47	18	42	39	36	14	15	—
应急监测仪器设备	17	16	17	13	12	13	13	14	14	17	12	12	12	14	13	14	15	14	13	—
水华监测仪器设备	10	10	9	6	4	4	4	4	4	4	4	4	2	4	4	4	4	4	4	—
数据处理与传输设备	35	17	17	9	9	9	9	9	9	9	9	9	9	17	17	17	17	17	17	—

续表

工程或费用名称	九龙坡	巴南	北碚	江津	黔江	万盛	双桥	合川	永川	南川	荣昌	璧山	大足	潼南	铜梁	綦江	梁平	垫江	彭水	合计
水常规监测仪器设备	16	38	37	60	46	43	49	50	54	45	39	42	48	46	44	41	46	49	41	1747
应急监测仪器设备	13	14	14	16	15	13	12	15	15	14	10	11	12	11	11	11	12	12	12	508
水华监测仪器设备	4	4	4	6	4	44	6	4	4	4	4	4	4	4	4	4	4	4	4	177
数据处理与传输设备	17	17	17	17	17	17	9	17	17	17	9	9	9	9	9	9	9	9	9	512

2008年，重庆市环境监测实验室配置了三重四级杆气质谱联用仪、100米光程的傅立叶红外气体测试仪、X射线荧光分析仪、电感耦合等离子发射光谱—质谱仪等大型分析设备，进一步提升了监测中心有机物和重金属的监测能力。建成并运行国家二噁英监测中心西南分中心，提升了POPs环境监测能力和水平。在全国率先实现对地表水和饮用水水源的109项全分析。实验室监测项目覆盖重庆市适用排放标准和环境质量标准的监测因子，实现从手工到自动、从常量到痕量的转变。启动库区水生生物现状调查与监测和典型行业重点污染源二噁英排放状况调查，逐步开展卫片解译工作。

2009年，由重庆市承建的国家二噁英监测中心西南分中心竣工并开始运行。该中心完全按照二噁英实验室的国际标准进行设计和施工，拥有现代化的技术装备，具备对大气、水、废水、飞灰、土壤、生物等各类样品中二噁英进行监测分析的能力。

"十一五"环境监测能力建设规划项目经费32314万元。2006—2009年，已投入经费29366万元，其中中央专项15959万元，市财政10907万元，区县财政2500万元。不含污染源自动监测设备投入，已申报国家环境监测监察用房建设项目补助和17个县级站标准化建设设备补助项目。

40个区县形成实验室监测分析能力平均79项，较"十五"末增加20项。市监测中心形成监测能力400项，较"十五"末增加193项。基本实现市监测中心跨入先进省级站行列，形成满足国家监测技术路线要求的全部监测项目的监测能力，6个片区中心实现区域性特征污染物的监测能力，40个区县站实现环境常规监测能力的规划目标。

第二节　环境监测技术装备能力建设

直辖以来，重庆市在环境监测技术装备能力建设、环境质量分析评价能力建设和环境监测标准化管理等方面做了大量工作，取得明显成效。

一、环境监测技术装备能力建设

重庆直辖以来，国家不同层面对环境监测能力建设的投入不断加大。

由于直辖后重庆主城区扩大，为客观、科学地反映主城区的空气质量状况，为市政府治理环境污染决策提供科学依据，1999年，根据市环保局决定，在原有5个空气质量自动监测站（观音桥、渝中、南坪、杨家坪、沙坪坝）的基础上，再新增设3个空气质量自动监测站（重大、缙云山、渝北）。经过艰苦的选址、建站和设备的安装调试，1999年11月26日正式投入试运行。为加强对重点流域省界断面水质变化和污染物出境总量的监控,1999年,国家环保总局决定在长江干流川渝交界的永川市朱沱镇设立水质自动监测站,并委托重庆市环保局和市监测中心建设和管理,1999年11月初开展仪器设备的试运行。朱沱水质自动监测站的建成,标志着重庆市水环境监测工作迈上新的台阶。

2000年,开展东亚酸雨监测网站野外监测点建设,完成缙云山点位的站房建设。3月24—26日,国家环保总局专家组对朱沱自动监测水站进行试运行验收,对该站的土建及设备仪器进行全面考察,对重庆市环保局、市环境监测中心做出的大量工作给予充分肯定。

2001—2003年,市环保局组织编制重庆市环保能力建设项目(世行贷款)技术规格书和技术报告,参与评标和谈判工作。2003年,利用世界银行贷款,投入1000多万元,引进法国先进技术,建设了一套崭新的空气质量自动监测系统(1个中心站、11个子站),覆盖主城9个行政区,并于是年7月1日起正式发布9区空气质量日报。同年,组织建设渝北、黔江空气质量自动监测站。

2004年,市环保局组织实施涪陵、黔江、渝北、南川、合川等6个环境空气自动站的建设及试运行,完成乌江入境断面水质自动站站房建设,进入设备招标,为进一步提升我市的环境监测能力,启动《重庆市环境监测能力建设规划》的编制工作。

2005年,完成《2005—2010年重庆市环境监测能力建设规划》和《重庆三峡库区水环境动态监控及预警系统建设项目建议书》的编制,实施乌江万木、嘉陵江金子断面水质自动站建设和4个主城区空气质量自动监测系统建设。

2006年,着重推进"十一五"监测能力发展规划的实施。完成库区水环境监测能力建设项目及重庆市环境监测预警体系建设项目及科研有关工作。完成黔江等4个区县的中央专项资金配置仪器设备政府采购工作,完成万州等6个区县的中央专项资金配置仪器设备申报工作,获专项资金1000万元。开展自动监测站的建设,完成嘉陵江入境断面合川金子水质自动站的建设,涪江入境断面潼南玉溪镇水质自动站、渠江入境断面合川码头镇水质自动站建成投入试运行,新建虎溪、白市驿、经开区3个大气自动站并投入试运行。

2007年,加强环境监测预警体系建设,提升全市的环境监测能力。组织编制了2006年中央专项资金6个区县、市财政资金8个县的监测设备采购项目清单、技术规格书,完成约1400万元的招标采购工作。提出2007年市环境监测中心及万州、涪陵、黔江、永川、合川、江津等6个分中心应急监测能力建设和19个区县常规监测设备补充配备计划(市财政补助约3000万元),完成首批招标采购任务。组织6个区县按要求申报2007年中央专项资金监测能力建设项目,获1300万元资金支持。组织建设唐家沱、茶园大气自动站及主城区5个噪声功能区自动监测点、合川渠江码头镇水质自动监测站。主城区饮用水水源地丰收坝、梁沱2个自动站已完成定点,进入设备采购阶段,和尚山、大溪沟2个站已进行技术规格书编制。启动库区水环境监测能力建设项目(2007年7000万元)设备采购,组织专家编制采购设备清单和技术规格书。

2008年,重点推进统筹城乡环境监测与预警体系建设。编制了《重庆市统筹城乡环境监测与预警体系建设方案》和《重庆市2008—2010年环境监测能力建设方案》,争取监测能力建设计划资金约2.2亿元,其中,库区能力建设项目1.4亿元、中央资金2581万元、市财政资金5578万元,主要用于库区水环境监测能力建设、区县环境空气自动站建设和重点饮用水水源地自动站建设等,组织完成约6000万元的仪器设备采购。启动建设区县及主城大气自动站,主城饮用水水源地及声环境自动监测站,加强区县应急监测能力,包括大气自动站建设,主城外31个区县的40个空气自动站的仪器设备完成采购招标和现场勘察选址。提高重点饮用水水源地水质自动监测能力,建成丰收坝、梁沱饮用水水质自动监测站,和尚山、大溪沟饮用水水质自动监测站完成设备采购,并开展站房建设。加快噪声自动监测站的建设,16个噪声自动监测站的设备采购已完成竞争性谈判。为加强区县监测能力建设,组织编制2007年中央专项资金6个区县监测设备采购项目清单、技术规格书,完成约1503万元的招标采购工作,并组织专家编制完成了"库区水环境监测能力建设项目"约2000万元设备采购清单和技术规格书。

二、环境监测能力建设成效

截至2008年,全市环境监测在用仪器设备总值约为23199万元。其中,常规监测系统约13951万元,环境质量自动监测约7200万元,应急监测约2048万元。常规监测系统中,市环境监测中心约3468万元,辐射站约606万元,区县监测站约9877万元。

全市环境监测业务用房总面积为39334米^2。其中,市环境监测中心6764米^2,辐射站1200米^2,区县31370米^2,区县站平均为1012米^2。

至2009年,重庆市环境监测能力建设取得显著成效。

建成国家二噁英监测中心西南分中心,监测因子逐年增加,实验室监测项目为400项,覆盖重庆市适用排放标准和环境质量标准的监测因子。

建成集应急监测、监督性监测、在线比对监测等多功能现场监测为一体、平战兼顾的流动实验室。流动和应急监测实现由实验室向现场快速监测的转变,现场监测实现由定性为主向半定量为主的转变,基本实现环境质量流动监测。

建成较为完善的环境空气、水质和噪声自动监测网络。构建了包括无机常规因子和有机因子的大气超级站和水质超级站。空气质量自动监测站覆盖全市各区,扩展到55个,实现了全市40个区县的空气质量日报。水质自动监测站扩展到12个,实现了入境断面和重点饮用水源地水质监测周报。建设21个主城区噪声自动监测站,实现主城功能区环境噪声自动监测。建成环境质量自动监测(控)网络平台,实现全市范围内全部空气自动监测站、水质自动监测站、噪声自动监测站信息的统一采集、监控、管理和展示。

建立环境监测和科研基础数据库,构建区县环境监测站与监测中心之间的网络平台,实现环境监测数据实时传输、信息共享和综合利用,大大地提高了工作效率。

第三节　环境质量分析评价能力建设

直辖以来,重庆市环境质量分析评价能力建设大体经历了三个阶段:1998—1999年为初始阶段,2000—2007年为发展阶段,2008年以后为深化阶段。

一、初始阶段(1998—1999年)

1998年开始,为提高监测数据的支撑作用,逐步加强环境质量分析评价能力建设。这年,开展了主城区空气质量周报的月度和季度评述,全年完成主城区空气质量周报的月度和季度评述11期、空气质量周报评述2期,完成"主城区空气质量手工监测与自动监测结果对比分析"和"空气质量周报一年分析"。

1999年,进一步完善空气质量分析评价工作,对空气质量进行周报、月报、季报评述,共完成21期。同时,开展《主城区交通干线两侧空气质量对比实验监测报告》《重庆市环境质量状况十年趋势分析》《重庆市环境质量状况分析(20年)》等报告的编写,为环境管理提供了更有效的技术支持。

二、发展阶段(2000—2007年)

至2002年,环境质量分析评价能力进一步提升,编写完成《2002年1—5月重庆市环境质量状况分析》《2002年1—7月主城区空气质量状况分析》《2002年1—10月重庆市环境质量状况分析》《重庆市饮用水源水质状况及污染原因分析》等材料,为环境管理和决策提供了有效的技术支撑。

2005年,按照国家环保总局和重庆市环保局的要求,进一步加强环境质量综合分析工作。上半年,开展每月环境质量分析,下半年重点开展主城区空气质量分析。开展三峡库区一级支流回水区富营养化跟踪调查分析,组织编制《三峡库区蓄水以来干流及支流水质状况的报告》《重点流域水质水情报告》《1月至10月全市环境状况报告》《三峡库区水质状况报告》《空气质量状况分析》等分析材料,为领导决策提供参考。

三、深化阶段(2008年以后)

为提高环境监测为环境管理服务的时效性、前瞻性,结合"蓝天行动""碧水行动"等环境管理需要,针对未来一周、一月或一年以上的短期和中长期环境质量变化趋势,市环保局组织对空气质量现状及变化趋势进行周评述,对重点流域开展基于现状负荷的水质动态分析,为环境管理提供及时有效的技术支撑。主要包括以下几类分析材料:

(一)主城区空气质量周评述及展望

每周一期的《主城区空气质量周评述及展望》材料,在对上一周空气质量状况和污染原因进行简要评述的基础上,重点对下一周主城区空气质量进行基于气象扩散条件的预测,有利于市局及主城各区环保局为中长期的空气质量达标制定相关措施。形成的《空气质量周评述及展望》《季度环境质量状况分析》成为"四大行动"调度会的主要参阅材料之一。

(二)主城区空气质量动态分析

对空气质量重污染时段、重污染区域,尤其是主城区空气质量的持续性超标进行了有针对性的原因分析。

(三)水质污染状况分析

按要求对水环境重污染区域、重污染时段进行调查和分析。如2009年,对长江干流清溪场、麻柳嘴断面氨氮浓度升高的原因进行了较为深入的分析;开展对长寿湖、酉阳县龙潭镇饮用水污染原因的调查、分析工作。

第四节 环境监测站标准化建设

直辖以来,重庆市各级环境监测站标准化建设经历了两个阶段:第一阶段为2002—2006年,为起步阶段;第二阶段为2007年后,为发展阶段。

一、起步阶段(2002—2006年)

为规范环境监测站的能力建设,提高环境监测综合能力和整体水平,2002年,国家环保总局第四次局务会议讨论通过《环境监测站建设标准(试行)》。8月22日,向全国环保系统印发《环境监测站建设标准(试行)》(环发〔2002〕118号文件)。该标准为基本配置标准,主要包括人员编制及结构、业务经费、工作用房、仪器设备等内容。该标准将原一、二、三、四级环境监测站调整为总站、一级站、二级站、三级站,即一级站为各省、自治区、直辖市设置的环境监测中心站,由总局批准的各专业环境监测中心站及国家各部门设置的行业监测总站;二级站为各省辖市、地区、盟(州)及直辖市所辖区设置的环境监测站;三级站为各县(市)旗及地级城市所辖区设置的环境监测站。该标准中各级监测站的人员编制是按照职责和实际工作需要来确定的,同级监测站的人员数量因不同地区的经济或人口总量的不同而有所差别。各级监测站要依据该标准,按照"因需设岗、按岗设编"的原则确定本站人员编制,形成合理的人员规模和结构。2003年4月11日,国家环保总局办公厅向各省下发《关于上报环境监测站标准化建设实施方案和达标计划的通知》(环办函〔2003〕158号文件),要求各级环境监测部门按照《关于印发〈环境监测站建设标准(试行)〉的通知》(环发〔2002〕118号文件），认真组织和落实环境监测站标准化建设，制定环境监测站标准化建设实施方案的达标计划并在6月30日前上报总局。

根据国家环保总局《关于上报环境监测站标准化建设实施方案和达标计划的通知》要求，重庆市环保局认真组织，编制了《重庆市环境监测站标准化建设实施方案》和《重庆市环境监测站标准化建设达标计划》，于2003年8月1日下发各区县环境监测站（渝环发〔2003〕118号文件），按时于6月30日前上报国家环保总局。《重庆市环境监测站标准化建设实施方案》将全市环境监测站分为一、二、三级站，重庆市环境监测中心为一级站；区（市）环境监测站（除双桥区外）为二级站，其中，万州区、黔江区、涪陵区环境监测站为一类二级站，渝中区、大渡口区、江北区、沙坪坝区、九龙坡区、南岸区、北碚区、万盛区、渝北区、巴南区、长寿区、江津市、合川市、永川市、南川市等15个区（市）环境监测站为二类二级站；綦江县、潼南县、铜梁县、荣昌县、大足县、璧山县、梁平县、城口县、丰都县、垫江县、武隆县、开县、忠县、云阳县、奉节县、巫山县、巫溪县、石柱县、彭水县、酉阳县、秀山县等21个县（自治县）和双桥区环境监测站为三级站。该实施方案对重庆市各级环境监测站的人员编制、结构标准、监测业务经费、用房标准、基本仪器设备配置标准做了规定。《重庆市环境监测站标准化建设达标计划》按照分类指导、先易后难、逐年分解、分步实施的原则，制定了分步达标计划。2003年，各区县环保局完成所属环境监测站建设标准和实施方案的编制。

2003—2004年，完成全市环境监测人员编制与结构标准配置，落实环境监测业务经费。2003年，实现万州区、涪陵区、江北区、沙坪坝区、九龙坡区、南岸区、巴南区、合川市、綦江县、铜梁县、荣昌县、璧山县、丰都县、云阳县、奉节县等15个区（市）县的工作用房达标，落实其余区县的监测用房计划。2004年实现市环境监测中心和渝北区工作用房达标，实现市环境监测中心和万州区、涪陵区、渝北区、沙坪坝区和忠县仪器设备配置达标，完成其余区县环境监测站仪器设备的部分配置。2005年，实现黔江区、大渡口区、北碚区、万盛区、双桥区、渝北区、长寿区、江津市、永川市、南川市、潼南县、大足县、梁平县、城口县、垫江县、武隆县、开县、忠县、巫山县、巫溪县、石柱县、彭水县、酉阳县、秀山县等24个区县（自治县、市）的工作用房达标，实现仪器设备配置全部达标，按《重庆市环境监测站标准化建设实施方案》要求全面达标，并通过国家环保总局验收。

为全面提高环境监测站的综合能力和整体水平，2004年1月15日，国家环保总局印发《关于对全国环境监测站标准化建设进行验收的通知》（环办〔2004〕4号文件），制定了《环境监测站建设达标验收办法（试行）》和《环境监测站建设达标验收内容及考核评分办法》，要求自2004年起，依据《关于印发〈环境监测站建设标准（试行）〉的通知》，对全国环境监测站标准化建设进行验收。根据《关于对全国环境监测站标准化建设进行验收的通知》要求，结合《重庆市环境监测站标准化建设实施方案》和《重庆市环境监测站标准化建设达标计划》，2004年7月29日，重庆市环保局印发《重庆市环境监测站标准化建设达标验收办法》（渝环〔2004〕66号文件），要求各区县环境监测站认真组织，积极推进达标验收工作，对通过验收的环境监测站将授予"重庆市环境监测系统达标监测站"称号和证书。

重庆市环境监测站标准化建设工作启动后，最早通过达标验收的区县站是南岸区环境监测站，该站于《重庆市环境监测站标准化建设达标验收办法》印发的同年（2004年）即通过达标验收。市环境监测中心，长寿区、綦江县、永川区、九龙坡区、大渡口区、渝中区、彭水县、黔江区、云阳县、奉节县等环保局，高度重视达标创建工作，积极争取政府和编制、人事、财政等部门的支持，以《重庆市环境监测站标准化建设实施方案》为标准，认真落实机构编制、人员配置、业务经费、业务用房和仪器设备，在抓硬件建设的同时，注重加强基础技术工作，加强人员素质培养，积极推进环境监测站走上规范化、科学化的道路，全面提升环境监测综合能力和技术水平。2006年，市环境监测中心，长寿区、綦江县、永川区、九龙坡区、大渡口区、渝中区、彭水县、黔江区、云阳县、奉节县等环境监测站通过重庆市环保局的达标验收，被授予"重庆市环境保护系统达标监测站"称号。

二、发展阶段(2007年后)

2007年4月,国家环保总局发布《全国环境监测站建设标准》(环发〔2007〕56号文件),以指导和规范全国各级环境监测机构能力建设,推进先进的环境监测预警体系建设。依据《全国环境监测站建设标准》,结合重庆实际情况,2008年4月22日,重庆市环保局印发《重庆市环境监测站建设标准》(渝环发〔2008〕52号文件)。该标准规定了全市环保系统环境监测机构编制、人员结构、监测经费、监测用房、仪器设备配置等标准。该标准规定全市环境监测站建设标准实行分级设置,一级标准适用于重庆市环境监测中心,二、三级标准适用于区县环境监测站,二级标准又分为一类、二类、三类。各级环境监测站可制订计划,分级别和等次建设达标。与2003年印发的《重庆市环境监测站标准化建设实施方案》比较,《重庆市环境监测站建设标准》将二级标准由2类划分为3类,各指标标准更高。

人员编制与结构标准:2008年标准中,各级各类监测站的人员编制明显增加,增加幅度最大的是一类二级监测站,增幅为50%;专业技术人员的比例提高,高、中、初级技术人员的比例无明显变化。

监测业务经费标准:2008年标准,监测业务费、自动监测系统运行费均高于2003年标准;2008年标准增加了仪器设备购置费和仪器设备维护费,用于指导各级监测站开展仪器设备购置和维护工作。

监测业务用房标准:2008年标准对实验室用房提出了要求,实验室用房建设更加规范;2003年标准中,未将监测业务用房划分为实验室用房和行政办公用房,也未对用房要求设置标准。

基本仪器设备配置标准:2008年标准对一级站的基本仪器配制要求是167台套,2003年标准对一级站的基本仪器配置要求是123台套。

2008年,按照《重庆市环境监测站建设标准(试行)》,对北碚区、大足县和璧山县等3个环境监测站进行验收,北碚区环境监测站通过二级二类站标准验收,大足县和璧山县环境监测站通过三级站标准验收。

第七章 环境监测技术及成果

第一节 环境监测领域及技术手段

重庆市环境监测技术发展以《先进环境监测预警体系建设实施方案》和《国家环境监测技术路线》为指导,经过多年的不懈努力,无论是在监测领域覆盖范围、监测手段、应急监测能力和监测信息化水平,还是环境监测科研方面,都大幅度提升。

至2008年,重庆市环境监测领域涵盖了环境空气、降水、地表水、集中式饮水水源地、噪声和振动、固体(土壤、底质、植物、生物残留体、固体废物、煤质)、生物、辐射和废水、废气、室内空气等方面的监测工作。监测工作的类别涉及环境质量监测、污染源监测、验收监测、污染事故应急监测等。

一、环境应急和流动监测

配备多种先进的现场监测仪器设备,全面提升了监测中心在污染源、环境质量等方面的现场监测能力。增购了环境监测车和监测采样船,改善了监测中心的环境监测交通状况,填补了空白。建成了集应急监测、监督性监测、在线比对监测等多功能现场监测为一体、平战兼顾的流动实验室。环境应急和流动监测能力实现由实验室向现场快速监测的转变,现场监测实现由定性为主向半定量为主的转变,实现对环境的现场快速监测和流动车载监测。

二、实验室监测分析

配置了三重四极杆气质谱联用仪、100米光程的傅立叶红外气体测试仪、X射线荧光分析仪、电感耦合等离子体发射光谱仪、电感耦合等离子发射光谱—质谱仪等大型分析仪器设备,进一步提升了监测中心有机物和重金属的监测能力。建成并运行国家二噁英监测中心西南分中心,提升了POPs环境监测能力和水平。在全国率先实现对地表水和饮用水水源的109项全分析。实验室监测项目覆盖重庆市适用排放标准和环境质量标准的监测因子,实现从手工到自动、从常量到恒量的转变。启动库区水生生物现状调查与监测和典型行业重点污染源二噁英排放状况调查,逐步开展卫片解译工作。

三、环境质量自动监测

建成较为完善的环境空气、水质和噪声自动监测网络。率先在全国建设覆盖全市40个区县城镇的空气质量自动监测网络并实现了空气质量日报,初步建成并运行空气质量自动监测超级实验室。建成国内第一个地表水(饮用水水源地)水质自动监测超级站,水质自动监测站扩展到9个,实现了入境断面和重点饮用水水源地水质监测周报。建设了主城区噪声自动监测站21个,实现主城功能区环境噪声自动监测。实施环境空气激光雷达监测,实现监测空间范围从点扩展到面。正在建设中的环境质量自动监测(控)网络平台,可实现全市范围内全部空气自动监测站、水质自动监测站、噪声自动监测站等的信息统一采集、监控、管理和展示,更好地发挥数据统计分析功能,解决数据分散、信息零散、质量现状分析不全面的问题。

四、环境监测信息化建设

建设集空气、水质、功能区噪声为一体的自动监控市级平台,对进入重庆市的主要河流断面实施水质自动监测和视频监控,实现了水环境监管"数图"一体化,强化了断面管理的实时性和直观性。以三峡库区水环境监测能力建设项目为依托,开展全市40个区县监测站的信息化建设,形成高效畅通的传输网络,提高了区县监测站数据上报的时效性,推动了全市环境监测信息资源的集成共享,全市基础数据库和分析系统的建设,为提高环境管理服务的能力和水平打下了坚实的基础。

第二节 环境监测科研

主要开展了环境监测技术规范、环境标准、环境质量监测与综合分析、环境质量调查与评价等监测科研工作,夯实了环境监测工作。

一、环境监测技术规范及标准研究

承担了中国环境监测总站下达的"环境质量常规监测数据管理系统数据传输方式规范化研究""优控污染物的监测技术系统""国家环境监测背景点位设置研究",市环保局支持的"重庆市环境准入规定研究""锶盐工业污染物排放标准"和"三峡库区(重庆段)富营养化监测技术规范"

等一系列课题研究,制定了全国性的方法标准《环境监测分析方法与监测技术体系建设》中的14个项目的标准分析方法,以及全国性技术规范《酸沉降监测技术规范》、重庆市地方标准《重庆市锶盐工业污染物排放标准》、重庆市地方性技术规范《三峡库区(重庆段)富营养化监测技术规范》等一系列技术规范和标准。

(一)《酸沉降监测技术规范》

本规范具体到监测点位的选定原则、采样器的要求、分析方法的要求、采样及分析过程的要求及质量控制、数据的处理等。规范执行后,在全国范围内统一了酸沉降监测的方法,使各地的监测数据更具有科学性、准确性及可比性,对统一及规范全国各地的酸沉降监测起到了重要的作用。

(二)《重庆市锶盐工业污染物排放标准》

本标准的编制实现了国内外锶盐行业污染控制标准零的突破。标准编制说明详细介绍了重庆市锶盐工业的发展状况和地理分布状况。通过对典型企业的个案分析,剖析了重庆市锶盐生产工艺、排污特征和污染治理措施的现状。在缺乏文献资料的情况下,通过实地监测,得出大量的各类污染源的污染物排放数据;通过对锶盐工业的生产工艺和污染治理的技术经济可行性分析,说明了制定标准的可行性和必要性,并提出了标准的控制因子和控制限值的依据。

标准文本中提出控制的污染因子得当,控制指标基本符合重庆市锶盐生产企业的实际情况和锶盐行业技术进步及污染控制技术进步的趋势,为促进企业技术进步、节能降耗、削减污染提供了技术支撑,为锶盐工业环境管理提供了技术依据。该标准已于2007年1月1日正式实施。

(三)重庆市燃煤电厂、水泥工业大气污染物排放标准

本研究在充分考虑了重庆市火电、水泥及钢铁行业的技术经济现状,在进行了充足的论证的基础上,编制完成《重庆市火电厂大气污染物排放标准》《重庆市水泥工业大气污染物排放标准》《重庆市钢铁行业大气污染物排放标准》3个标准文本及其编制说明。《重庆市火电厂大气污染物排放标准》《重庆市水泥工业大气污染物排放标准》2个标准已颁布实施。

(四)重庆市环境准入规定

本研究按照重庆市"三大经济区"的划分原则,根据各区域的资源环境禀赋、环境特征、环境保护目标、工业经济发展目标,分别用环境经济水平分析、总量控制、环境容量分析3种方法,综合确定"三大经济区"2010年的环境控制限值(即污染物排放总量)。根据各行业的排污强度特征及先进工艺的排放水平,确定各区域和各行业2010年的环境准入限值(即万元工业增加值的综合能耗、新鲜水用量、大气污染物、水污染物排放限制值)。本研究以各区域环境控制限值和各行业环境准入限值为核心,建立了重庆市环境准入制度。该制度的建立能够协调重庆市的资源利用、环境保护及社会、经济可持续发展的目标,使环境保护真正成为社会、经济可持续发展与资源可持续利用的根本保障,具有显著的经济和环境效益。本研究的主要内容已以《重庆市工业项目环境准入规定》的形式,于2007年12月经市人民政府第116次常务会议审议通过,已在全市实施。

(五)重庆市主城区环境空气质量预报系统研究

本研究对空气质量预报要求的3种污染物(二氧化硫、二氧化氮和可吸入颗粒物)的现状及其变化规律分别进行了深入细致的分析,内容丰富,应用性强。其建立的污染物浓度预报模型中,详细分析了逐步回归模型、差分替代模型和自回归模型的优化过程,预报结果的拟合情况,论证了各模型的优缺点(适用范围)。模型确定过程中采用了多至上千个样本,保证了结果的可靠性、稳定性。本研究成果已被应用于重庆市主城区空气质量预报实际工作中,重庆市主城区空气质量每日预报结果在中央一台晚间"环境气象服务"中发布,同时在重庆卫视、重庆电视第四频道、《重庆晨报》、重庆人民广播电台发布,产生了良好的社会效益。

(六)重庆市餐饮业废水中污染物排放系数研究

本研究以2003年、2004年为主要研究年份,选取重庆市主城区餐饮业为研究对象,通过对历

史和现状资料的收集、餐饮业废水排放现状调查,对餐饮业进行了合理分类,确定了餐饮业废水中的主要受控污染物。结合全市餐饮业的实际情况,采用随机抽样和选择行业中有代表性的测点相结合的方式,对火(汤)锅、中餐、面食和西餐茶楼等各类餐饮单位废水中的主要受控污染物进行了监测。以现状监测数据为主、历史监测数据为辅,对抽样监测结果进行汇总分析,推算制定出重庆市餐饮业废水中主要污染物的排放系数,各类餐饮业废水中主要污染物的当量系数、当量系数负荷比。本研究成果为重庆市餐饮业废水排污管理决策提供了有力的科学依据。

二、环境质量监测及综合分析

2008—2009年,开展了环境质量监测及综合分析工作。

(一)大气环境质量监测及综合分析

针对全市道路隧道多的特点,开展了一次隧道内空气质量的研究性监测,为未来实施隧道空气质量的监管奠定了基础。按照《环境空气质量标准》(GB 3095—1996)开展了二次空气成分的全分析,为政府全面了解和掌握空气质量提供了强有力的支撑。开展其他特定区域空气质量监测及综合分析、主城区加油站和加气站空气质量监测及分析、大气环境质量综合分析及研究、$PM_{2.5}$组成分析、灰霾观测及成因研究等课题,进一步增加了大气环境质量综合分析的深度。

(二)水环境质量监测及综合分析

利用第一次全国污染源普查数据,对库区主要一级支流污染负荷进行初步核算,为下一步库区水污染防治措施的制定提供了基础数据。对2004年至2009年库区一级支流"水华"事件进行了全面的梳理和总结,为系统分析成库以来库区"水华"的发生及变化趋势提供了第一手数据。对"三江"7个断面(重点饮用水水源地和地表水)2001年以来的底泥重金属监测数据进行了汇总及变化趋势分析,为全市重要水体底泥重金属污染状况的全面评估奠定了基础。

三、环境质量调查与评价

(一)大型商场空气质量调查及评价研究

本研究选择重庆市不同类型的大型商场,在不同时间和不同商品经营区域,调查商场中的甲醛、苯、甲苯、二甲苯、TVOCs、二氧化碳、细菌总数、一氧化碳、二氧化硫、氮氧化物、PM_{10}、温度、相对湿度和新风量等,根据调查结果,依据现行的各类相关标准,对商场内的空气质量进行了科学的评价,提供了重庆市大型商场的空气质量现状调查报告。对重庆市各类大型商场的空气质量进行了IAQ评价并提出相应的对策。本研究对全市不同类型的大型商场中的空气质量现状,以及不同商品区域、不同经营风格的商场中的污染物分布规律,各类污染物的影响因素等研究具有重要的科学意义。研究成果为日后制订相关的国家或地方标准提供了大量的基础数据,具有十分重要的环保和社会效益,为相关管理部门规范商场管理,以提高其空气质量提供了相应对策。

(二)三峡库区(淹没区)土壤重金属背景值调查

本研究在重庆市16个区县,沿长江干流和主要次级河流淹没带及其附近(10千米以内)的农业土壤、林、果、荒地上进行。主要监测项目为铜、铅、锌、镉、镍、铬、汞、砷等指标,运用系统聚类方法对库区淹没区进行分类,运用模型计算淹没区土壤受淹后土壤重金属的溶出状况。本研究对比中科院以及其他科研机构对三峡库区淹没区的土壤研究有以下特点:研究范围广(涉及整个库区),样品具有较高代表性,提供了国内关于三峡库区淹没区土壤重金属调查最完整的资料。

(三)乌江流域"黑潮"问题研究

本研究在大量现场调查、观测和监测分析的基础上,提出上游水库富营养化,造成藻类大量繁殖,当地藻类优势种为适宜动水环境的绿藻和硅藻,在流入河道后受到两岸污染源的营养补充,藻类进一步繁殖增生,造成乌江水体大面积变黑是乌江"黑潮"的实质,从水文、气象、水质及污染来源等多方面分析了乌江"黑潮"发生的原因、规律以及对三峡水库水质的影响,对三峡水库成库后乌江"黑潮"的发展趋势做出了预测。

其创新点是利用监测数据,分析了三峡库区大中型水库及自然状态次级河流水体中总磷、透明度与叶绿素 a 的关系,并建立了大中型水库水体中总磷、透明度与叶绿素 a 的关系式,以此关系定量分析了三峡水库成库后敏感水域发生"水华"的可能性和程度。以乌江河道为例,利用一维数学模型,预测了三峡水库成库前后,上游发生和不发生"水华"的条件下,河口段水体藻类生长的情况。

研究成果为社会各界了解乌江"黑潮"的实质以及政府部门治理乌江富营养化、遏制"黑潮"危害提供了科学依据,对加强库区次级河流的富营养化防治、保护三峡水库水质安全具有重要意义。

(四)污染源治理设施产排污系数测算

2006 年,全国开展包括城镇生活源、工业源和农业源在内的全国第一次污染源普查工作。2007 年,受国家环境保护总局华南环境研究所的委托,市环境监测中心承担了"生活源与集中式治理设施产排污系数测算"专项子课题的研究工作,包括除印染业外的其他 5 个大项(居民小区、三产服务业、医院、污水处理厂和垃圾填埋场)、10 个小项(餐饮业、居民小区、垃圾填埋场、美容美发、污水处理厂、洗染业、洗浴业、医院、住宿业和洗车业)的实测工作,监测范围包括大、中、小(主城区、万州区和荣昌县)3 种城市类型,共计 236 家监测单位(其中餐饮业 57 家、居民小区 17 家、垃圾填埋场 4 家、美容美发 38 家、污水处理厂 3 家、洗染业 20 家、洗浴业 39 家、医院 24 家、住宿业 24 家和洗车业 10 家),是全国本专项工作承担任务最多的省、市之一。

第六篇　环境保护法制建设

重庆市直辖以来,在全面认真贯彻落实国家环境保护法律法规的基础上,结合本地区经济发展与环境保护要求,进一步建立健全了地方环境法规制度,为地方依法管理环境提供了有力的法律保障。重庆市制定了一系列保护法规。

第一章　环境保护法规

第一节　地方法规制定

直辖以来,重庆市在大气污染防治、噪声污染防治、固体废物污染防治等方面相继颁布实施了一些地方性法规,为环境管理工作提供了有力的法制保障。

《重庆市环境保护条例》自1998年7月1日正式施行以来,在强化环境监督管理,促进污染防治、环境综合整治和生态保护方面,发挥了重要的作用。但是随着经济和社会事业的发展,原条例已不能适应新形势下重庆市环境保护工作的需要。主要是一些条款与环境保护的一些新的上位法的规定不尽一致,加之随着全面落实科学发展观和构建社会主义和谐社会各项工作的深入开展,不少新问题、新措施、新理念都迫切需要反映到环境保护立法中去。重庆市人大、重庆市政府在广泛调研、反复论证、综合各方意见的基础上,数易其稿,历时6年多,修订后的《重庆市环境保护条例》(以下简称《条例》)于2007年5月18日经重庆市第二届人民代表大会常务委员会第三十一次会议通过,于2007年9月1日正式施行,1998年7月1日起施行的《重庆市环境保护条例》同时废止。新通过的《条例》共9章116条,该条例全面贯彻环境保护的有关法律法规和国家有关政策,坚持法制统一原则,进一步细化、完善了各项环境保护法律制度与措施,融实体性规定与程序性规定为一体,切实增强法规的可操作性,在全国处于领先水平。新《条例》从重庆市环境保护工作实际出发,对环境保护规划与环境功能区划、环境监督管理、污染防治、生态环境保护、环境监测及现场检查、环境风险防范与应急处置等做出了具体规定,可操作性更强,是一部具有重庆市地方特色的综合性环境保护条例。

《重庆市长江三峡库区流域水污染防治条例》,于 2002 年 1 月 1 日起施行。

第二节　行政规章

1991—2010 年,重庆市政府制定的行政规章主要有:

《重庆市环境噪声标准适用区域划分规定》(渝府令第 39 号),于 1992 年 3 月 1 日起施行。

《重庆市饮用水环境保护区污染防治管理办法》(渝府令第 33 号),于 1992 年 6 月 5 日起施行。

《重庆市环境噪声污染防治管理办法》(渝府令第 75 号),于 1995 年 8 月 20 日起施行。

《重庆市控制燃煤二氧化硫污染管理办法》(渝府令第 91 号),于 1996 年 7 月 1 日起施行。直辖后,对该管理办法进行了修订,以渝府令第 23 号发布,自 1998 年 7 月 1 日起施行,原管理办法同时废止。

《重庆市环境保护行政处罚程序规定》(市人民政府第 72 号令),于 2000 年 3 月 1 日起施行,2010 年 3 月 9 日废止。

《重庆市人民政府关于控制主城区采(碎)石场和小水泥厂尘污染的通告》(市政府第 121 号令),于 2002 年 1 月 1 日起施行。

《重庆市环境噪声污染防治办法》(市政府第 126 号令),于 2002 年 3 月 10 日起施行,2013 年 5 月 1 日废止。

《重庆市机动车排气污染防治管理办法》(市政府第 127 号令),于 2002 年 4 月 1 日起施行,2010 年 3 月 15 日废止。

《重庆市人民政府关于进一步控制主城区尘污染的通告》(市政府第 152 号令),于 2003 年 5 月 1 日起施行,2005 年 10 月 1 日废止。

《重庆市城市水域垃圾管理规定》(市政府第 159 号令),于 2004 年 3 月 1 日起施行。

《重庆市人民政府关于对主城区易撒漏物质实行密封运输的通告》(市政府第 164 号令),于 2004 年 7 月 1 日起施行。

《重庆市主城区尘污染防治办法》(市政府第 188 号令),于 2005 年 10 月 1 日起施行,2013 年 8 月 1 日废止。

第三节　规范性文件

1991—2010 年之中,重庆市制定的规范性文件主要有地方规范性文件和市环保局规范性文件两种:

一、地方规范性文件

1992 年 8 月 26 日,市政府出台《重庆市烟尘控制区管理办法》,于 9 月 1 日起施行。

1996 年 4 月 29 日,市政府发布《扩大机动车禁鸣区域的通告》,于 5 月 20 日起施行。

1996 年 8 月 23 日,市政府发布《控制机动车排气污染的通告》,于 9 月 10 日起施行。

1996 年 12 月 19 日,市政府出台《关于加强环境保护工作若干问题的决定》。

2002 年 9 月 20 日,市政府发布《关于禁止销售和使用含磷洗涤剂的通告》。

2004 年 2 月 20 日,市委办公厅印发《重庆市党政一把手环保实绩考核办法》的通知。

2005年2月1日，市政府发布《重庆市餐饮企业污水主要污染物排放抽样测算量系数（试行）》的通告。

2005年4月26日，市政府批转市环保局《关于开展规划环境影响评价工作的实施意见的通知》。

2005年11月28日，市政府发布《关于加强餐饮业含油废水废渣管理的通告》。

2007年11月17日，市政府出台《重庆市饮用水源保护区划分规定》。

二、市环保局规范性文件

1991年7月11日，市环保局下发《重庆市环境噪声达标区建设规划实施意见》。

1992年7月9日，市环保局下发《重庆市排污费征收、解缴和使用管理考核评奖办法》，于5月1日起执行。

1993年5月20日，市环保局印发《重庆市污染源监测管理办法》，自公布之日起执行。

1994年4月1日，市环保局印发《重庆市排污征收管理若干问题的规定》的通知。

1999年1月1日，市环保局下发《重庆市地面水域适用功能类别划分规定》《重庆市区域环境噪声标准适用区域划分规定》。

2006年12月29日，市环保局印发《重庆市环境保护局关于规范危险废物收集经营许可证申请、审批及管理事项的通知》。

2007年5月29日，市环保局印发《重庆市环境保护局关于城市区域环境噪声标准适用区域划分规定调整方案的通知》。

2009年10月20日，市环保局印发《重庆市环境保护局关于调整部分地表水域功能类别的通知》。

2010年5月20日，市环保局印发《重庆市环境保护局关于全市企业环境及安全主体责任实施意见的通知》。

第二章　环境保护执法

第一节　重庆市环境监察总队

重庆市环境监察总队是保护生态环境安全、维护群众环境权益的一支专门力量，其宗旨是为保护环境、维护人民群众的环境权益提供监察保障。主要职责任务为：依法接受市环保局委托，对排污单位和个人经营者执行环境保护法律法规的情况实施监督检查；征收排污费；调查处理重大环境污染事故、纠纷；实施行政处罚；受理环境事件公众举报；承担环境污染与生态破坏事故的应急指挥和调度；对各区县环境监察工作进行指导、监督；组织环境监察人员业务培训；等等。

一、机构编制

重庆市环境监察总队的前身为环境污染检查管理处，经市编委批准，由重庆市环境保护局于

1980年设立。

1985年4月,更名为重庆市环境排污监理处,编制22名;1992年,增挂重庆市环境监理大队牌子,编制增至30名。

2001年4月,监理大队更名为监察总队,编制由30名增至50名。

2003年1月,监理处更名为环境监察处。

2005年6月,市环境监察处(市环境监察总队)增挂重庆市"12369"环保举报受理中心牌子,编制由50名增至68名。

2006年7月,总队由处级升格为副厅级,内设机构为6个,为办公室、环境应急与事故调查处、法规处、稽查处、监察一处、监察二处。

2009年11月,总队增加4名事业编制(由68名增为72名)。

2010年6月,环境应急与事故调查处增挂自动监控设备管理处牌子,事业编制由72名增至75名,处级领导职数由13名增至14名。

2010年,总队内设处室,分别为办公室、环境应急与事故调查处、投诉受理处、自动监控设备管理处、法规处、稽查处、监察一处、监察二处。全队有编制75名,实有人员106人(聘用42人),其中副厅局级1人、正处级5名、副处级9人;本科以上学历占90%,其中博士1人、研究生9人。

二、获奖情况

1994年10月,谢鸣虎被国家环监局评为全国排污收费先进个人(1979—1994年)。

2002年10月,总队被国家环保总局评为全国环境监察先进集体,总队长唐幸群被评为全国环境监察先进工作者。

2005年1月,总队被国家环保总局评为全国打击环境违法行为先进单位。

2005年3月,总队被市政府评为2003—2004年度重庆市十佳行政执法机构。

2006年3月,总队被共青团中央评为青年文明号。

2006年4月,总队被国家人事部、环保总局评为全国环境保护系统先进集体。

2006年7月,总队被市政府评为重庆市"十五"期间环境保护先进集体。

2007年7月,总队被市政府评为2005—2006年度重庆市十佳行政执法机构。

2008年5月,总队被国家环保部、发改委、监察部、工商总局、司法部、安全监管总局、电监会评为全国环保专项行动先进集体,唐幸群、李毅伟被评为先进个人。

2008年7月,总队被环保部评为抗震救灾先进集体。

2008年12月,总队被市政府评为2007—2008年度重庆市依法行政(政府法制)工作先进单位。

2009年,总队漆林、李振兴、谢鸣虎、何立辉、卢镇龙、申蓉、张之国被环保部评为1979年至2009年排污收费奉献者。

2010年2月,总队龚宇被市委、市政府授予"重庆市人民满意的公务员"荣誉称号。

2010年5月,总队被市政府评为第一次全国污染源普查先进集体。

第二节 环保执法检查

1993年,市政府批转市环保局《关于加强环境保护执法检查严厉打击违法活动的通知》,在全市范围内开展了一次较广泛而深入的环保执法检查活动。这次执法检查着重检查了各区县政府和市政府各有关部门贯彻执行《环保法》和《野生动物保护法》的情况。这次检查的做法:一是各区县政府和市政府各有关部门按照各自的职责和市政府的要求认真组织进行自查,有13个区(市)

县的人大、政府、政协等几大班子的领导参加了检查活动,不少地方不仅检查了厂矿企业,还检查了街道、乡镇政府执行"两法"的情况。二是市政府召开了自查情况汇报会,汇报会由副市长唐情林主持,市人大、市政府、市政协的有关领导出席了会议,有6个区(市)县政府和5个市政府的有关部门在会上做了汇报发言,市级有关领导和国家环保局副局长张坤民到会讲了话。三是由唐情林和市人大常委会副主任陈之惠分别率领两个检查团,重点对3个区(市)县、8个部门和单位进行了现场执法检查。在执法检查活动中,对违反环保法律法规责令停止生产的有16家,搬迁的有5家,处以罚款的有94家,处以加倍征收排污费的有47家,限期治理或限期整改的有32家,解决134件扰民严重的污染问题。此外,市及区(市)县环保部门还开展了经常性的执法检查。据不完全统计,全市做出行政罚款处理的有106件,罚款金额19.31万元,市环境局还查处群众信访投诉202件(次)。

1994年4月,市环境局制定了《重庆市环境保护局环境保护执法有关问题的内部规定》,下发市环境监理处和局各处室贯彻执行。5月,市人大和市政府联合召开了全市环境保护执法检查动员大会,对在全市范围内开展环保执法检查活动进行了动员和部署,并明确这次执法检查着重是检查各区(市)县政府和市政府各有关部门贯彻执行《环境保护法》和《野生动物保护法》的情况,检查分为自查、抽查、总结三个阶段。为了确保这次检查活动的正常进行,重庆市还成立了环保执法检查工作办公室,负责指导和协调全市环保执法检查日常工作。

各区(市)县人大和政府及市政府各有关部门做了认真的组织准备和周密安排,力求检查工作扎扎实实取得成效。市环保局专门召开两次区县环保局长会议,了解有关情况,制定检查实施方案,针对重点问题做出部署;市林业局也多次研究,就野生动物保护的执法检查工作进行了部署;工商、公安等有关部门积极参与,增加了执法检查力量;新闻单位密切配合,做了大量的宣传报道。经检查,各区(市)县和市政府有关部门都制定了检查实施方案,并由区(市)县人大和政府及市政府有关部门的负责人亲自带队对本辖区和本系统的环保执法情况进行了重点抽查,9月中旬,各区(市)县人大和政府及市政府各有关部门均写出了自查汇报材料上报市人大和市政府。

在区(市)县自查的基础上,9月上旬,市组织了重点抽查活动。这次活动是重庆市环境保护事业开创二十年来进行的第一次高规格、大范围的环保执法检查。市人大副主任陈之惠、副市长兼市环委会主任唐情林、副市长周建中等亲自带队,市人大有5位委员、市政协有4位常委、市环委会有4位副主任参加了这次检查活动。环保执法检查共分成3个分团,重点检查了沙坪坝、北碚、永川、合川、铜梁、大足、江北、荣昌等8个区(市)县政府和市医药局、重庆钢铁集团公司、重庆特钢集团公司、缙云山国家级风景名胜区以及10余个工厂。通过听取汇报和进行现场检查,并采取了边检查、边宣传、边处理、边纠正、边整改的方法,切实抓住了几个典型问题,力争起到"解决一个,带动一片"的作用。

全年,全市共查处环境违法案件116起,其中,责令停产、搬迁的企业和项目有28个,被罚款的有84户,罚款金额达17万元。全市共查处捕杀、买卖、经营野生保护动物案件350起,被罚款的有400户(人),被刑事处罚的有8人。

1997年,重庆市在连续四年开展环保执法检查的基础上,以落实《国务院关于环境保护若干问题的决定》为重点,对取缔、关停的15类污染严重企业进行全面复查,有效地防止了被取缔、关停企业的死灰复燃。查处了铜梁共和煤矿土焦厂、开县造纸厂等几个典型问题,起到了"解决一个,带动一片"的作用。同时,配合国家监察部、环保总局完成了在重庆市的执法检查任务,对永川花桥乡土炼焦、忠县造纸厂和东风化工厂的严重污染问题进行了处理。根据国家限令,按期于4月30日前完成了涪陵新光造纸厂、长寿安定造纸厂、万州万元造纸厂停止化学制浆的任务,并制定了替代、转产或搬迁的方案。全市共取缔、关停15类污染严重企业466家,占应取缔、关停总数的 99%。

1999 年,市环保局在争取领导支持、改善执法环境方面做了大量的工作。万州区从建立制度入手,通过政府发文,做出"环保执法工作由一把手亲自抓,分管领导具体抓,环保部门统一监督管理,有关部门分工负责"的规定,将环保工作与各部门业务工作一起布置、一起检查、一起考核,从而实现了任务、机构、人员、职责"四落实"。涪陵区、渝北区等环保局以推行执法责任制为契机,对环境违法行为调查程序中的环境违法案件审理程序进行规范,合理划分其内设机构职能,建立起既互相配合又互相监督的环境执法管理机制。按照市环保局的统一部署和要求,各区(市)县环保局制作了《办事指南》,将环保执法程序向社会公开,其执法人员一律实行挂牌上岗,亮证执法。为做到环保执法行为的规范化,一些地方还聘请法律顾问解决执法中遇到的疑难问题。有的在取证或送达法律文书时,请律师、公证人员、公安干警一同前往,减少或避免了被处罚单位的无理纠缠,提高了行政处罚效率。

1997 年至 1999 年上半年,重庆市共取缔、关停企业 1086 家,其中取缔、关停严重污染环境的"15 小"企业 546 家,占应取缔、关停"15 小"总数的 99.6%,责令限期治理企业 540 家。

2000 年 5 月至 11 月,由市人大常委会主任王云龙为组长的环保专项执法检查领导小组围绕贯彻《国务院关于环境保护若干问题的决定》,检查了区(市)县人民政府和市级有关部门"一控双达标"(即 2000 年底污染物排放实现总量控制、所有工业污染源达标排放和重点城市环境功能区质量达标)、清洁能源工程建设、医院废水治理等专项工作的开展情况。整个检查分 5 个阶段进行:一是动员部署,主要是成立执法检查领导小组和工作机构,进行广泛的宣传发动,形成声势;二是自查自纠,要求各地进行自查,对发现的问题采取有效措施进行整改,并向市执法检查领导小组办公室报送自查纠正书面报告;三是阶段性督查,责成市监察局、市环保局对各地进展情况进行督查,并对督查中发现的政令不畅、失职渎职等行为进行严肃处理;四是重点抽查,由市执法检查领导小组组织 3 个检查小组对区(市)县进展情况进行重点抽查;五是总结分析,由市执法检查领导小组向市人大常委会书面报告执法检查情况。

"十五"(2001—2005 年)期间,市环保局在规范执法行为做了大量工作:

根据行政许可法规定,对环境保护行政许可审批项目进行了认真清理,凡是环境保护的审批、许可、收费、处罚等执法行为,都坚持依照法律法规的规定施行。环境保护监督管理职责通过"三定"进行分解,一一落实到各领导岗位、内设机构和各执法岗位,并按照权责明晰、效率优先、奖惩分明的原则建立和实施行政执法责任制。针对市环保局实施的建设项目环境影响评价文件的审批、建设项目环境保护竣工验收、防治污染设施拆除或者闲置的审批、排污许可证的核发、固体废物转移审批、危险废物经营许可证的核发、在用机动车排放污染检测机构资质核准、辐射安全工作许可证的核发、放射性同位素与射线装置转移备案等行政许可事项,从许可依据、实施机关、许可凭证、受理条件、需要提交的资料、办理程序等方面进行了程序规范,编制了详细的流程图、内部审批表、申请表格和许可凭证样本。严格实行政务公开,行政许可、审批、收费、处罚依据、程序、责任处室和办理结果,一律实行阳光作业。统一设立了政务接件大厅,实行一个窗口对外、接办件分离和承诺服务等制度。同时,强化内部监督,由纪检监察室负责对本系统的行政执法活动进行日常监督检查,受理、查处有关举报、控告。

"十五"期间,全市共查处环境违法案件 7000 余件,其中市级查处 2800 余件。市级查处的环境违法案件由过去的每年数十件增加到 800 余件。在市级查处的案件中,提起复议的有 200 余件,诉讼的有 20 余件,无一例被撤销或败诉。

2006 年,市环保局开展了行政执法"五清理、四规范"工作,对环保行政执法主体、执法依据、执法权责、执法文书、执法人员进行了全面清理,清理结果已通过市政府审查并在市政府公众信息网和市环保局外网上对社会公布。在清理的基础上,市环保局对行政执法主体、执法程序、执法文书和执法用语进行了规范,重点规范了执法程序和执法文书,在行政执法中实行"查处分离"制度,避免了处罚的随意性和不客观性;在执法文书的规范工作中,借鉴了民事判决书的模式,对环保行政处罚决定书进行了完善,增强了行政处罚的透明度和说服力。全年,行政处罚案件无撤销、败诉案件。

2006年,全市共出动执法人员33708人次,检查企业14420家,7个市级环境违法挂牌督办案件进展顺利。全市查处环境违法案件1755余件,因不服行政处罚而提起的行政复议及行政诉讼的案件分别为28件和6件,较去年同期有所减少。已审结的22件复议案件和3件诉讼案件均无被撤销或变更案件。

2007年8月,市环保局根据国家环保总局下发的项目建设方案和实施方案,结合重庆市的实际,制定了《环境监察执法标准化建设实施方案》。

2010年,市环保局在行政执法方面做了三件事。一是规范行政执法主体,明确执法机构、执法岗位和执法人员的职责,局系统151名执法人员全部通过市政府法制办组织的行政执法人员综合知识考试。二是清理行政处罚依据,特别是对带有行政处罚裁量权规定的执法依据进行了全面清理,涉及环保行政处罚事项的法律8部、行政法规8部、地方性法规1部、国务院部门规章10部、市政府规章5部,涉及法条164条。三是制订环境行政处罚程序规定,制订《重庆市环境行政处罚程序规定》,全面规范处罚立案程序、证据采集程序、内部审核程序、处罚告知程序、处罚决定送达及执行程序等,建立健全行政处罚查处分离、行政处罚回避、行政处罚听证等相关制度,确保行政处罚流程清楚、步骤明确、环节到位、取证规范、方法适当、期限严格。截至2010年12月17日,市环保局共立案516件,促进了一大批突出环境问题及环境热点、难点问题的妥善解决。

2010年11月30日,市环保局还向各区县环保局、市环保局北部新区分局下发了《关于深入开展环境安全大宣传大排查大整改大执法专项行动工作的通知》。

第三节　环保专项行动

重庆市2001年开始实施整治违法排污企业、保障群众健康环保专项行动。2001年5月23日,国家环保总局、国家经贸委、监察部、国家林业局召开电视电话会议,决定开展"严肃查处环境违法行为专项行动",重庆市环保、经委、林业、监察等部门密切配合,迅速行动,紧紧围绕巩固"一控双达标"、主城区"清洁能源工程"建设结果,从重、从快查处了一批环境违法行为。自此,环保专项行动连续开展了10年。至2010年,参与专项行动的部门已有市环保局、市发展改革委、市经济信息委、市城乡建委、市农委、监察局、市司法局、市国土房管局、市市政委、市卫生局、市工商局、市质监局、市安监局、市电力公司等14个部门,每年由市政府办公厅发布工作方案,成立了专项行动领导小组,办公室设在市环保局。

2001—2010年,主要开展了如下重点工作:查处重污染行业偷排污染物和擅自停运污染治理设施;查处"15小"死灰复燃问题;查处生态破坏的行为;查处建设项目违法行为;对城市污水处理厂、垃圾处理场以及畜禽养殖业开展专项检查;开展矿山生态环境保护专项行动;电解锰、碳酸锶、土炼焦等区域性边片污染反弹案件查处;开展饮用水水源保护专项执法;开展电镀行业污染专项整治;开展环境安全大检查;开展工业园区污染检查整治;开展钢铁、水泥、电石、电解铝、炼焦、铁合金、铬盐等重点行业专项行动,对涉铅、涉砷、造纸、电解锰、减排、"两高一资"行业及重金属排放企业、沿江沿河化工石化企业进行整治;对影响群众健康的突出环境问题、环境违法行为进行挂牌督办等。

在环保专项行动中,还开通了"12369"环保举报热线。按照国家环保总局的统一要求,为了快速、及时受理和解决群众投诉,提高办事效率,严肃查处环境违法行为,加强社会监督,鼓励公众参与环保监督管理,改善环境治理,重庆市于2002年全面开通了"12369"环保举报热线。环保举报投诉中心设在市环境监察总队,主要有投诉受理、处理,举报查询,统计分析,紧急报告,应急指挥等功能,并已逐步发展成为群众反映环保问题的主渠道。

第四节　环境风险防范

2010年,重庆市开展了石油加工、炼焦及核燃料加工业,化学原料及化学制品制造业,医药制造业等3个行业的普查,环保部根据普查结果确定了重庆市274家较大以上风险的企业名单,作为重点防范对象。

第五节　环境应急

2001—2010年,市环保局应急管理和机构建设情况:

环境应急管理工作机制建设。一是重点加强对全市危化品单位的监管,提高企业风险防范意识和突发事件应急能力;二是市环保局与科研院所合作,开展危化品企业环境风险评估试点工作,并准备形成环境风险评估报告的编制指南,为下一步开展危化品企业环境风险评估工作提供指导;三是市环保局一直将建立危险废物和危化品突发环境事件的应急协调机制作为重点工作来抓,在进一步明确职责的基础上,市环保局以"12369"中心为平台建立了与市安监、市交通、市公安、市消防等部门的应急联动机制;四是以环保部西南环保督查中心为纽带,建立了跨省、市流域断面突发水环境污染事件应急联动、协作机制。

应急管理体系建设。重庆市环保应急管理工作坚持预防为主的方针,强化环境应急管理,以开展环境安全隐患排查和整改落实检查为抓手,督促企业落实环境安全主体责任,完善应急预案各项措施,有效减少了较大以上突发环境事件的发生,确保了重庆市的环境安全。

环境应急能力建设。通过持续投入,"12369"由单一的环保举报热线在2010年时升级为集"环境受理维权、监控预警、应急处置"三大平台、与执法监督有机结合的"四位一体"的综合指挥系统,并实现了与7个区域分中心和事故现场应急指挥车的远程互动指挥、实时图传,基本形成全市统一高效的环境应急决策指挥网络。在2010年时,重庆市应急管理已形成日常预警和战时响应两套较为完整的体系。在日常管理中,市环保局已将全市40个区县的空气环境质量、246个地表水监测断面、202家重点污染源的实时在线监控系统纳入应急指挥平台,随时对环境质量及企业污染物排放数据变化趋势进行分析,对可能出现的异常情况进行预警;在应急响应时,全市43辆应急监测车、18艘应急监测艇、3000余套应急监测装备可随时投入到应急第一线,12项水华、29项水质、42项空气和废气、10项土壤重金属因子可实现现场快速监测,同时,还可以通过无线网络将现场数据传输到指挥中心,并运用数据模型模拟现场污染的发展趋势,为应急处置研判决策提供支撑。

环境应急机构、队伍、预案建立及宣传教育。市环保局已在万州、涪陵、黔江、江津、合川、永川、长寿挂牌成立7个环境应急指挥分中心,同时,还指导各区县环保局积极争取编制和财政支持,设立独立的环境应急管理机构。截至2010年,合川、涪陵、长寿、江津、黔江5个分中心及北碚等28个区县环保局成立了编办批准的环境应急管理机构,机构设置率达82.5%。市环保局积极推动环境应急服务队伍和救援队伍的社会化和专业化建设。按照市政府有关应急队伍建设的要求,重庆市应急救援环境服务队编制了《重庆市环境应急救援服务专业救援训练大纲》和发展规划。市环保局登记在案的相关环境应急预案共793个,其中市级预案25个(市政府发布2个,市环保局发布7个,市直管企业制定的16个),区级预案768个(区县政府发布59个,区县环保部门发布83个,企业发布526个,乡镇饮用水水源地预案100个),应急预案初步实现电子化、动态化、精细化管理。从2009年起,全市40个区县逐年定期开展环境应急演练不少于1次,市、区县两级环保部门每年在"防灾减灾宣传周""6·5"世界环境日等特定日期开展环境安全风险防范知识宣传及培训活动。

第六节 环境污染事故调查与处理

2007—2010年,全市共发生突发环境事件101件(2007年24件、2008年21件、2009年32件、2010年24件),除2009年铜梁县发生1起较大突发环境事件以外,其余均为一般突发环境事件,未发生重大和特别重大突发环境事件。

一、南岸弹子石下水道"12·1"爆炸事故调查处理

1990年12月1日17时43分,南岸区弹子石转盘至重庆羽毛厂之间的城市下水道发生严重爆炸事故,共计造成38人受伤(其中23人住院,重伤4人),直接经济损失及抢险救灾费用达91.06万元。经调查,确认弹子厂下水道"12·1"爆炸事件是由于工业废水中苯、甲苯等易燃易爆物质在下水道特定的地形构造、结构条件下,挥发积聚达到爆炸浓度遇火源造成的。上述物质的主要来源为西南制药二厂,因而应对爆炸事故承担主要责任。但未发现突发性违章排放问题。根据《中华人民共和国环境保护法》第四十一条,《重庆市环境保护条例》第二十三条、五十三条的规定,经市环保局研究决定:鉴于西南制药二厂未如期完成污水限期治理任务的原因复杂,不予追究其行政责任,但应追究其损害赔偿责任,故责成该厂一次性赔偿、补偿直接经济损失和抢险救灾调查费用47万元,西南制药二厂污水改道治理工程限期于1991年底完成。

二、重庆搪瓷总厂环境污染事故调查处理

该厂排放含氟废气造成与附近的江北县龙溪镇龙脊村二、三、六社的纠纷长达1年余。1992年5月18日,由市环保局牵头,在搪瓷总厂召开解决纠纷的会议,参加的单位有:市环保局、江北区环保局、江北县环保局、龙溪镇政府、搪瓷总厂等负责人。大家进行了认真研究和讨论,取得共识,形成会议记录:

(1)龙脊村与搪瓷总厂发生的环境污染纠纷,应本着以事实为依据、以法律为准绳的原则,在共同协商、公平合理、尊重事实、弄清事实的基础上,按法律程序正确地反映和处理纠纷问题。

(2)社员认为农作物被厂方的氟污染了,必须以组织出面,由龙溪镇政府确定专人及时向厂方反映。厂方要确定专人接待,收集情况,确保信息反映渠道的畅通。

(3)双方都有权利和义务共同到现场勘查,调查取证。其方法为实地丈量污染面积、记载植物品种、摄影拍照等。参加调查人员做好调查笔录,互相在调查笔录上签字。

(4)每月25日上午9时,由龙溪镇政府牵头召集龙脊村干部(二、三、六社社长)和厂方代表(贺村主任家集中)到二、三、六社对所在范围内的农作物生长情况进行一次实地观察(遇节假日顺延1天)。在1个月中,当出现了成片大面积的农作物被污染,村干部或龙溪镇政府应向县环保局汇报,同时通知厂方,再确定 1 个时间,由江北县环保局牵头,江北区环保局参加,召集厂方和村干部到现场勘查,按有关程序办理。

(5)被污染农作物的面积较小或零星而轻微,由镇政府确定 1 名村干部到实地实事求是地记录下来,备查厂方也可到实地勘查,做好记录。双方各自记录植物出现的异常情况,不下结论,经纠纷双方的请求,由环保部门进行处理,在处理时,可以双方的原始记录为参考。

(6)由市环科所在厂区外的西侧和东侧布设 2 个小扇形共 14 个监测点,进行一段时间的监测工作,解决双方争议大、无法统一意见等问题。用一定的监测手段,以科学数据来做出精确的结论。村、社干部要向社员做好宣传教育工作,保护好监测标记,不得破坏,否则影响监测效果。

(7)在周围其他村社,若出现类似污染纠纷,参考上述决定进行。

三、重庆嘉陵化工厂发生环境污染事故的调查处理

1995 年 3 月 22 日,市环保局接到群众举报反映嘉陵化工厂排放氯气。局执法人员赶赴现场进行调查时,发现该化工厂氯乙酸车间氯乙酸尾气(氯化氢气体)第二级冷凝吸收装置的塑料管 3 月 20 日就发生了破裂。由于嘉陵化工厂对生产设备、污染治理设施的运行管理、监督巡查不善,未向环保部门报告,也未及时修复和更换破裂的塑料管,致使氯化氢气体泄漏外排,持续两天多,严重影响了周围居民的生活环境。局执法人员当即要求该厂开展污染事故隐患的检查,发现问题,及时整改。4 月 5 日,市环保局向嘉陵化工厂等 66 家重点污染企业下达了《关于开展环境污染事故隐患检查的通知》。5 月 4 日 18 时 20 分左右,嘉陵化工厂氯乙酸车间氯乙酸尾气石墨吸收塔清水泵突然损坏,该车间紧急处置措施不当,启用的备用泵其阀门不起作用,致使整套尾气吸收装置停止运行,大量氯化氢气体直接外排长达一个半小时,未立即向环保部门报告,严重污染了董家溪地区居民的生活环境,群众反映十分强烈。经现场调查证实,该厂在 3 月 20 日污染事故发生后,仍不按市环保局《关于开展环境污染事故隐患检查的通知》要求进行全面检查,再次发生了环境污染事故。嘉陵化工厂的上述行为违反了《中华人民共和国环境保护法》第二十四条、《重庆市环境保护条例》第三十九条的规定。经市环保局研究决定,对重庆嘉陵化工厂处以行政罚款并停业检查。

四、大足县雍溪镇玉峡村与铜梁县精细化工厂环境污染纠纷的调查处理

大足县雍溪镇玉峡村第 7 村民组、第 9 村民组及玉峡水电站控告铜梁县精细化工厂生产废水对其水稻、人畜饮用水、渔业、蓄水堰蓄水功能及发电量造成损失,要求赔偿一案,市环境监理大队于 1995 年 1 月组织大足县环保局、铜梁县环保局联合调查,对铜梁精细化工厂的基本情况、相邻污染源、玉峡小溪及其两岸的污染现状及造成的损害做了全面的调查。1996 年 2 月 8 日和 3 月 5 日,市环境监理大队、大足县环保局又对玉峡小溪进行了现场调查。调查证实:铜梁县精细化工厂在生产过程中产生的含钙质高浓度悬浮物偏碱性废水对周围环境污染的问题确实客观存在,但损害现象仅表现为对玉峡小溪和玉峡水电站蓄水堰的淤积及对发电功能的影响。玉峡水电站蓄水堰内的淤积物,铜梁县精细化工厂所排放的灰浆占主要成分;其次为洗矿泥渣、流失土和河流自然淤积物,铜梁县精细化工厂应对该水电站蓄水堰的淤积负主要责任。玉峡村第 7 村民组和相邻几个村民组的稻田、鱼塘未发现可见性损害,在种农作物生长正常。至于渔业、养殖业(耕牛)、水稻、人体健康问题,群众未能提供相应的原始资料和证据,现场调查亦未发现任何可见性损害。

根据"以事实为依据、以法律为准绳"的原则,为公正处理此次跨县环境污染纠纷,1996 年 3 月 8 日,重庆市环保局委托市环境监理大队在铜梁县土桥镇召开协调会,参加会议的有大足县环保局、大足县雍溪镇政府、雍溪镇玉峡村第 7 村民组和第 9 村民组代表、铜梁县环保局、铜梁县土桥镇政府、铜梁县精细化工厂代表。由于双方意见分歧较大,调解无效,在尊重调查事实和调查结论、充分听取各方意见的基础上,根据《重庆市环境保护条例》第十条第六项和第五十三条的规定,决定处理如下：

（1）铜梁县精细化工厂应对玉峡水电站蓄水堰的淤积负主要责任。鉴于其造成的经济损失难以计量和核实，铜梁县精细化工厂酌情补偿玉峡水电站12000元，用于清淤及补偿电量减少造成的经济损失。

（2）大足县雍溪镇玉峡村第7村民组和第9村民组所称水稻、养殖业、人体健康受到污染损害等问题，鉴于无依据和证据，不予主张。

（3）大足县雍溪镇玉峡村第7村民组和第9村民组邀请专门的技术部门对玉峡小溪水质、水稻等农作物受污染问题进行专项鉴定。

（4）责成铜梁县环保局切实加强对铜梁县精细化工厂的环境管理，加强对其排污状况和治理设施的现场监督检查。

五、重庆川庆化工厂排放废水的调查处理。

违法事实：该单位因废水设施达不到治理要求、以不正当方式排放污染物、违反停产治理决定等环境违法行为受到多次行政处罚；其厂区内排污管网混乱，污染物跑、冒、滴、漏现象严重；污染物处理设施达不到治理要求，生产废水未经处理直接排入长江，被中央电视台曝光，造成恶劣的社会影响；2007年5月24日，其生产废水直接溢流外排，且压滤废水通过收集池底暗管直接外排，其浓度严重超过国家规定排放标准，对水环境造成严重污染和危害。

处理情况：纳入2007年市级挂牌督办案件，对该单位实施停产治理。一是理清、完善排污管网，实现清污分流；二是完善2-萘酚废水治理设施，确保污染物处理设施稳定运行，污染物稳定达标排放；三是完善在线监测设置，与市环保局联网，经市环保局专项行动领导小组办公室组织验收合格后方能恢复生产。

六、2007年涪陵区闽发金属制造有限公司环境污染调查处理。

违法事实：该公司自2004年3月竣工以来，一直未办理试生产手续，未执行建设项目环境管理"三同时"制度，擅自生产；经监测，其生产过程中产生的废气、噪声超过国家标准；现有的环保治理设施不能达到污染治理要求。

处理情况：依法对其上述环境违法行为进行处罚；停止其试生产，在配套建设的污染治理设施未建成并经区环保局审批同意前不得投入生产。

第七节　环境保护行政诉讼

1991—2010年的环境行政诉讼案件共21件，其中2006年行政诉讼7件，2007年5件，2008年2件，2009年5件，2010年2件，无行政诉讼败诉情况发生。

典型案例：2007年重庆民丰化工有限公司诉讼案。

2007年5月1日至3日，市环保局对重庆民丰化工有限公司进行了检查，发现重庆民丰化工有限公司通过使用活动挡板改变废水排放方式，将高浓度含铬废水直接排出厂区外。5月1日至3日，市环保局在重庆民丰化工有限公司化工片区生产废水总排口和集水池的外排废水中共采集19次水样，监测显示：重庆民丰化工有限公司外排废水中总铬浓度均超过国家规定排放的标准，其中总铬最高达389毫克/升，超过排放标准的258倍。2007年5月30日至6月12日，市环保局进一步查明重庆民丰化工有限公司在2004年4月至2007年5月3日，长期对环保部门隐瞒了其使用活动挡板改变污染物排放方式的行为，规避治理污染和缴纳排污费责任。2007年8月6日，市环保局依据《中华人民共和国行政处罚法》第二十三条和《重庆市环境保护奖励与处罚办法》第十六条的规定,对重庆民丰化工有限公司罚款 10 万元,并责令其改正环境违法行为,含铬废水必须经处理达标后通过法定的污染治理设施口排放。

重庆民丰化工有限公司对该行政处罚不服,提起诉讼。

市环保局应诉答辩称:(1)重庆民丰化工有限公司使用活动挡板改变废水排放方式,将不允许直接外排的高浓度含铬废水直接排出是违法行为。(2)重庆民丰化工有限公司污水治理项目(含采用了活动挡板)未通过市环保局预验收。(3)所排高浓度含铬废水对环境污染严重。(4)重庆民丰化工有限公司长期隐瞒实际情况,以不正当方式排放污染物,为主观故意违法。(5)市环保局调查取证、做出处罚程序合法。(6)市环保局以前对重庆民丰化工有限公司的行政处罚是针对其他不同的违法行为,不违反"一事不再罚"原则。

诉讼结果:该案经重庆市渝北区人民法院审理,认为市环保局渝环罚字〔2007〕433 号行政处罚决定认定事实清楚,证据充分,适用法律正确,处罚程序合法,依法予以维持。

第七篇　环境保护科技与产业

第一章　环境科学研究

第一节　环境科研机构

重庆直辖以来,环境科学研究事业得到长足发展。环境科研管理逐步完善,形成了以重庆市环境科学研究院为主要科研力量的环境科研组织体系,搭建了环境科研交流平台,即目前重庆市唯一的公开出版发行的环保科技期刊——《三峡环境与生态》。环境科研领域涵盖了环境管理调查与研究、水环境保护研究、大气环境保护研究、生态环境研究、污染防治研究、环境与健康等方面。各部门开展的环境科研课题众多,并取得丰硕的成果,为重庆市环境管理和决策提供了科学依据。

环境科研是环境管理的重要技术支撑。重庆市环境保护局科技标准处是重庆市的环境科研管理机构,主要的环境科研机构是重庆市环境科学研究院,市内各高等院校也是重要的环境科研力量。

一、环境科研管理机构

1975年,重庆市环保局成立以来,在管理体制方面,重庆市环保局一直内设科技监测处,负责环境科研管理工作。2009年,市政府批准重庆市环保局新的"三定方案",明确了市环保局设立科技标准处,人员编制5名。科技标准处的主要职能是:贯彻实施国家和重庆市有关环保科技、标准和环保产业的法规、政策;拟(修)订并组织实施重庆市环保科技、环保产业、环境标准方面的管理规定;拟订并组织实施重庆市环保科技发展规划、计划,参与制订重庆市环保产业政策和发展规划;拟订并组织实施地方环保标准、技术规范和污染防治技术政策,督促实施环境保护科技攻关和新工艺、新技术示范工程项目,并组织验收;负责环保科技、环保产业、环境标准的调查统计工作和数据更新工作。

二、环境科研机构和交流平台

重庆市环境科学研究院隶属于重庆市环保局,是直接为重庆市环境管理服务的环境科研机构。1979年3月,经重庆市科学技术协会同意成立的重庆市环境科学学会,为广大环保科技工作者提供了开展学术交流与活动的组织和阵地。2008年3月,经过新闻出版总署批准,在国内外公开发行的环保科技期刊即《三峡环境与生态》成为广大环保科技工作者开展学术交流的平台。

（一）重庆市环境科学研究院

重庆市环保局成立后,即于次年着手进行监测机构的筹建工作,1976年4月,四川省革命委员会批准建立重庆市环境保护监测站。1979年,市环保局根据全国环保工作会议精神,为适应环保工作发展的需要,制订了重庆市环保科研机构建设规划,拟在重庆市环境保护监测站的基础上筹建重庆市环保科研所,规划编制70名,与监测站合署办公,"一个机构、两块牌子"。其任务主要为:组织和进行环境质量评价研究、污染物扩散和迁移转化规律研究、污染物排放标准研究、环境监测技术研究、环境科学基础理论研究,制订环境规划和环境标准,等等。

1990年,市机构编制委员会批准更名为重庆市环境监测中心站和重庆市环境科学研究所,实行"两块牌子、一套班子"的管理体制。1990年末,市环境监测中心站、市环境科学研究所有职工153人,从事科研的人数约20人。为了适应新的形势需要,1998年12月,经重庆市机构编制委员会批准（渝编〔1998〕109号文件）,撤销重庆市环境监测中心站、重庆市环境科学研究所和重庆市污染源监测监督站,设立重庆市环境监测中心、重庆市环境科学研究院,实行"两块牌子、一套班子"的管理体制,为重庆市环保局直属处级事业单位。核定事业编制211名（全额拨款191名,差额拨款20名）,其中处级领导职数4名。

2005年,位于渝北区冉家坝旗山路252号的环境监测科研基地建成,实验室经一年多的内部装修,于2007年装修完毕。2007年10月,市环境科学研究院由江北区嘉陵一村37号搬迁至渝北区冉家坝旗山路252号。至2008年,职工人数增至171人,从事科研的人员近50人。

重庆市环境科学研究院设有"四川省广岛县、重庆市广岛县酸雨研究交流中心",是"长江暨三峡生态环境监测网"的组成单位,即原国家环保局授牌"国家环境保护局长江暨三峡生态环境监测网中心站"（现为"环境保护部长江暨三峡生态环境监测网中心站"）,重庆市科委授牌"重庆市三峡生态环境研究中心""三峡库区生态环境质量与污染防治技术研究重点实验室",重庆市科委、市环保局授牌"重庆市青少年环境教育基地"等。

（二）重庆本地部分高校环境科研机构

（1）重庆大学资源及环境科学学院。2000年重庆大学、重庆建筑大学、重庆建筑高等专科学校三校合并后,组建了资源及环境科学学院。该学院下设采矿工程、环境科学、工程力学、安全工程4个系,矿山工程物理、工程力学和资源及环境工程3个研究所。至2008年,重庆大学资源及环境科学学院拥有教职工107人,其中中国工程院院士1人,教授27人,博士生导师26人,硕士生导师49人,具备强劲的科研实力。

（2）西南大学资源环境学院。其前身为西南农学院土壤农化系,建立于1952年,1994年经农业部批准更名为资源环境学院,2005年成为西南大学资源环境学院。该学院拥有省部级重点学科4个,农业部研究基地1个,农业部研究室4个,省部级重点实验室2个;农业资源利用博士后流动站2个,农业资源利用一级学科博士学位授权点1个,博士学位授权点5个;农业资源利用、环境科学与工程、林学一级学科硕士学位授权点3个,硕士学位授权点9个。学院师资力量雄厚,至2008年有在职教职工109人（其中具有博士学位的有42人）,其中博士生导师15人,硕士生导师51人,教授22人。

（3）三峡库区水环境安全与生态环境重庆市市级重点实验室。三峡库区水环境安全与生态环境重庆市市级重点实验室由重庆市科学委员会于2004年批准建设,该实验室依托重庆大学而建。

在队伍建设方面,固定配备的实验室人员达到36人,其中高级职称30人,中级职称6人;具有博士学位的25人;年龄层次结构合理,中青年人员占85%。2008年,实验室进站博士后4人,招收博士研究生29人、硕士研究生192人;出站博士后3人,授予博士学位16人、硕士学位122人。

截至2008年底,实验仪器累计达391台套,价值达到1554万元,其中单价10万元以上购置经费达到1165万元。

实验室是相对独立的科研实体，借鉴已有实验室管理的成功经验，实行由主任负责的开放公用的管理体制，充分发挥实验室的科研平台作用，达到科研资源的最大化利用。2008年6月通过重庆市科学委员会组织的专家验收。

(三)《三峡环境与生态》简介

《三峡环境与生态》是经新闻出版总署批准的集学术性、科技性和应用性于一体的国内外公开发行的环保科技期刊。该刊由重庆市环保局主管、重庆市环境科学研究院主办。该刊为双月刊，国内统一刊号为CN50-1194/X，国际标准刊号为ISSN1674-2842。

《三峡环境与生态》坚持以科学发展观为指导，宣传党和国家环境保护和生态建设的方针政策，反映环境科学理论研究成果，推广环境工程、监测、治理、管理的先进经验和技术，介绍环境保护产业发展动态，搭建环境科研学术交流平台，为促进三峡库区乃至长江中上游环境保护和生态建设工程服务。

《三峡环境与生态》面向全国各级环境保护行政主管部门、环境监测站、环境科学研究院、大型企业、高等院校等部门。该刊从多角度向读者介绍国内外环境保护的新成果、新技术和新动态，为广大环保科技工作者搭建学术交流平台。

(四)重庆市环境科学学会简介

1979年3月，经重庆市科学技术协会同意，成立了重庆市环境科学学会，挂靠重庆市环保局。重庆市环境科学学会是重庆市关于环境科学研究领域的学术团体，至2008年，学会会员500余人，单位会员30个，分别来自全市从事环境保护管理、科学研究、技术开发、产品生产的机关、企事业单位及大专院校。

学会办公室为学会日常办事机构，设置有学术工作委员会、环境宣传教育工作委员会、环境管理专业委员会、环境工程专业委员会、环境医学与卫生学专业委员会、环境生态与化学专业委员会、环境监测与信息专业委员会。

第二节 环境科研和成果

一、水环境保护

(一)水环境污染防治技术

在水环境污染防治技术研究领域，市环保局、市科委、市建委等单位领导组织重庆市环境科学研究院、重庆大学等高校和部分环保企业，着重在三峡库区的水质安全保障上下功夫开展研究工作。

针对三峡库区城镇生活用水、径流及农村面源严重污染的问题，重庆市陆续下达了"重庆主城排水系统安全与城市面源污染控制技术集成与综合示范""小城镇高效简易低耗污水处理共性关键技术研究与示范""三峡库区城市污水厂污泥减量及资源化关键技术研究与示范""城市污水氮磷营养盐污染控制新技术研究""人工湿地处理技术在重庆地区的适应性研究"等多个重点攻关项目，并取得了阶段性成果，开发出了适宜于库区小城镇污水处理的"厌氧+跌水自动曝气+改良人工快渗系统"相组合的新工艺和新装置；开发了多级人工湿地技术和具有多功能的新型复合型絮凝剂；获得了适合重庆市三峡库区中小城镇污水处理的生态处理技术的主要设计参数；研制出了适合污泥页岩陶粒的碾压练泥混合和成球(造粒)装置，生产出膨胀率大于2.0的轻质陶粒。这些项目的开展为库区小城镇提供了适合其污水排放特点、自然条件和社会、经济发展水平的污水处理技术，为三峡库区水环境保护和新农村建设起到了积极的促进作用。

针对三峡库区部分支流受流速、温度和污染物排放等方面的综合影响,以及富营养程度不断加重,相继出现"水华"现象,对当地群众的饮水安全构成威胁的问题,重庆组织市内高校和科研院所等科技力量,开展"水华"控制的相关研究,先后启动实施了"典型城市河流修复对策及治理技术研究与工程示范""富营养化的城市水体修复综合技术研究及示范""三峡库区次级河流河口及回水区域污染演化反应及其控制的试验研究"等项目,已在具有库区特色和推广应用价值的成套的城市河流(湖泊)综合治理技术方面取得阶段性成果,开发了高效、低耗的梯级渗滤人工湿地技术和多级生物膜处理技术,研发并掌握了一批监测、控制和改善水体质量的关键技术以及次级河流富营养化污染生态工程控制新技术,形成较为完善的三峡库区水体安全技术保障体系。同时,重庆还设立"三峡库区水体污染控制与治理"重大专项,开展"库区小流域污染治理技术及生态修复技术研究与工程示范"。

在污水治理适用技术研发方面,教育部直属、全国重点大学——重庆大学在这一领域独树一帜。其在城市污水处理除磷脱氮工艺、氧化沟工艺和城市生活垃圾堆肥、填埋处理工艺等领域有较深入的研究,并在国内城市污水处理技术研究领域形成了一定影响力。开展的研究项目如"中小城市高效经济的污水处理新技术""中小城镇缺氧/需氧组合式污水处理关键技术研究与工程示范""城市污水简易高效处理技术"和"城市污水简易高效处理技术"等。

"中小城市高效经济的污水处理新技术"项目研究以循环流反应器为基本池型,集成了Bardenpho工艺、UCT工艺、Vip工艺和Carrousel氧化沟工艺的特点,形成了适合中小城镇的高效、经济的单池分区污水处理新技术。该技术的主要特点是处理效果稳定可靠、工艺流程短、机械回流系统少、设备配置恰当、运行方式灵活、脱氮除磷功能强、占地少、能耗低、运行管理简便。其主要技术经济指标为:处理出水水质达到《城镇污水厂污染物排放标准》(GB 18918—2002)一级B标准,吨水占地0.4米^2,吨水电耗0.2千瓦·时,吨水投资770元(当年价格)。该技术于2000年4月通过四川省科委组织的鉴定,成果达到国际先进水平,已被应用于四川省城市污水处理示范工程(1万米^3/日)、山东龙口污水处理厂扩建工程(1万米^3/日)、河南濮阳中原油田污水处理厂扩建工程(4万米^3/日)等工程项目,取得了良好的社会、经济和环境效益。

"中小城镇缺氧/需氧组合式污水处理关键技术研究与工程示范"项目是重庆大学"十五"期间开展的重大科技攻关项目,研究主要获得了2套"缺氧/需氧组合式污水处理工艺"及其运行控制参数和技术设计导则,开发了1套围绕缺氧/需氧组合式污水处理工艺的自控软件、硬件系统及其控制平台软件和自控设备硬件集成设备,建成了1条年产2万吨的催化填料示范生产线和1条年产1万吨的新型聚铁类无机高分子絮凝剂示范生产线。其"缺氧变速酶促生物滤池短时MSBR"工艺及其自动控制系统已在渝北区城南污水厂建成的1万米^3/日示范工程中应用,与本地区建设的现有除磷脱氮污水处理工艺相比,处理能耗降低35%~40%,建设投资减少10%~15%,工程示范效果良好。"一体化(含厌氧段)催化填料曝气生物滤池"也已在城南污水厂建成1000米^3/日的示范工程,并将被应用到忠县新生镇污水处理工程(1000米^3/日)和奉节县公平镇污水处理工程(3000米^3/日)中。本项目研究成果为三峡库区中小城镇的污水处理提供了可行的低能耗高效城市污水处理技术,具有广阔的推广应用前景。

在国务院三峡建设委员会办公室和科技部的组织下,重庆大学还开展了国家级重大科研项目"城市污水简易高效处理技术"的课题研究,该课题为国家"九五"科技攻关项目。项目在城市污水厌氧处理、活性污泥法改良以及水处理材料方面共研究开发出缺氧变速酶促生物滤池+短时MSBR,酶促生物滤料生产性开发研究,高效复合式污水生物处理技术,改良序批式活性污泥法(MSBR),高效曝气氧化沟技术,隐吸双喷厌氧接触生化反应技术等5套污水处理工艺技术和一种缺氧、厌氧酶促生物填料。迄今为止,项目成果已在重庆渝北城南污水处理厂(2.5万米^3/年)、山东东阿县城市污水处理厂(4万米^3/年)及上海松江东部地区污水处理厂(7万米^3/年)等10个城市污水处理工程中得到推广应用,建成了1条年产2万吨酶促生物填料的生产线。示范工程运行实践表明:项目成果的主要特点是能耗低、运行费用省、基建投资低。在处理效果满足国家标准要求的前提下,基建投资较传统活性污泥法节约20%~30%,运行费用节约10%~40%,运行能耗大为降低,效益显著。项目成果在实际工程中的成功示范,为低能耗高效城市污水处理技术的推广应用打下了坚实的基础。

另外,重庆工商大学在油类污染防治技术方面开展研究,研发出自动高效真空滤油机和TY系列透平油专用滤油机,设备可广泛应用于电力机制、交通、冶金、矿山、铁路、农业、军工、纺织等工业领域,以及各类火力、水力、农村小水电机组、工业汽轮机组、核电站等工业设备。在确保机组安全经济运行、废透平油反复使用、节约石油资源、防治环境污染上具有较好的效益。

重庆市环境科学研究院(重庆市环境监测中心)结合自身优势,在水污染防治综合治理技术、富营养化修复技术等多个领域开展研究。

(二)水环境保护科研成果

1. 水污染防治科技成果

"嘉陵江重庆段工业污水控制行动计划"(1997—1998年,承担单位为重庆市环境科学研究院),该项目通过调查嘉陵江重庆段主要工业污水排放源,完成嘉陵江重庆段主要工业污水排放源优先治理排序名单,制订了有关企业排放主要污染物的削减计划及相应措施。该成果获"1999年度重庆市科技进步三等奖"荣誉。

"三峡水库水污染控制研究"(1997—2003年,国务院三峡办下达的科研课题,由清华大学、中国水利水电科学研究院、长江水资源保护研究所、重庆市环科院、四川大学五家单位共同承担研究完成)。其中子课题"长江重庆段黄沙溪、嘉陵江汇流口污染带水文、水质、污染源排污负荷同步观测"是进行原型污染带水文、水质同步观测,在长江尚属首次,观测结果不仅满足了二维水质模型验证的需要,同时还为其他类比排污口、污染带提供了监测方法。子课题"长江干流水库断面背景浓度及库区污染源排污负荷现状与预测研究"调查、统计、计算、预测库区内城市污水、工业废水、固体废物、船舶污水、城市和农田地表径流、土壤淹没释放等七个方面的排污负荷以及负荷的时空分布,为总课题研究提供污染源资料,所建立的污染负荷预测方法为今后的同类研究提供了借鉴,并为三峡水污染治理管理决策提供了科学依据。该课题成果获"教育部2005年科技进步一等奖"荣誉。

2005年,开展"三峡库区重庆段水环境保护行动计划研究——重庆市'碧水行动'实施方案"课题研究,在开展重庆市干支流和城市岸边水质现状调查及预测、重庆市污染物排放现状调查及预测、重庆市城市岸边水环境容量核算、三峡库区水体富营养化趋势预测等研究的基础上,结合环境保护目标、管理措施和污染防治工程,制订了重庆市"十一五"期间水环境保护的工作纲领,即《重庆市"碧水行动"实施方案(2005—2010年)》,为三峡库区水环境保护提供了技术支撑。

2007年,开展"三峡库区(重庆段)富营养化监测技术规范"研究,并在重庆地区发布《三峡库区(重庆段)富营养化监测技术规范》。

2009年,"三峡库区水环境安全预警平台建设与科学决策关键技术研究"顺利通过专家验收。该课题是重庆市科委2006年组织实施的十个重大专项之一,平台主要包括基础数据集成与共享、污染源与水质在线监控、综合信息分析、水质预警、污染事故应急决策支持、信息发布。水质预警集成预警等级分析、水质预测模型开发、GIS图形展示、预警等级综合查询等功能模块,针对不同的事件类型,从不同功能角度进行分析,结合GIS可视化模拟预警预报结果,提供全方位的河流水质预警决策信息,实现了水环境安全预警功能。该预警平台已正式运用于重庆市环保局应急处置工作中,成为三峡库区水环境安全保障的重要技术支撑。

2. 水污染防治技术产品

"中小城市高效经济的污水处理新技术"(2003年4月至2003年12月,重庆大学),该研究贯彻简易污水处理的思想,以循环流反应器为基本池型,集成了Bardenpho工艺、UCT工艺、VIP工艺和Carrousel氧化沟工艺的特点,形成了适合中小城镇的高效、经济的单池分区污水处理新技术。该成果获得"四川省科技进步二等奖"荣誉。

二、大气环境保护

(一)大气环境污染防治适用技术

直辖以来,重庆先后组织开展了多项环境污染治理适用技术研究项目。在大气环境污染防治方面,开展了"生活垃圾循环流化床洁净燃烧与二次污染物控制理论""重庆市农村能源关键技术研究与示范工程建设""新型高效规模化沼气工程""家用秸秆制气炉研制与试验示范""跨座式单轨交通关键技术研发及产业化""节能环保汽车重大专项""单一燃料压缩天然气出租车示范工程"等重大科技攻关项目研究。

针对垃圾发电的二次污染控制问题,重庆市科委下达了"生活垃圾循环流化床洁净燃烧与二次污染物控制理论"项目,研究了城镇生活垃圾(MSW)循环流化床洁净燃烧机理与二次污染物控制特性,基于MSW循环流化床燃烧的流动、传热特性,热解汽化关键参数及汽化机理,探索并得出了燃烧过程热力特性与洁净燃烧机理及其与二次污染物生成关系,燃烧产物特性生成控制与净化机理,烟气半干法净化工艺中喷雾干燥净化吸收器内气固流动机理、化学反应机理和最佳参数、相变传热机理等,为促进城市生活垃圾无害化、减量化、能源资源化处理,开发MSW循环流化床洁净燃烧技术,奠定了理论与技术基础。同时,针对垃圾焚烧发电领域缺乏核心竞争力的问题,重庆还组织实施了"垃圾焚烧发电关键技术研究及产业化"重大科技项目,重点研究生活垃圾燃烧的热力学、流场与烟气处理机理,进行模型构建与计算仿真,提出了垃圾焚烧发电关键技术,打破了国外技术壁垒;开发出拥有自主知识产权的垃圾焚烧炉、炉排、焚烧炉液压控制系统及DCS系统、烟气处理系统、净化设备等,垃圾焚烧规模从120吨/日至720吨/日,实现了垃圾焚烧发电装备的国产化,使垃圾焚烧后体积减小85%以上,重量减轻85%以上,发电装备的热效率达到80%,尾气排放达到欧盟环保标准;同时,形成适合中国及发展中国家生活垃圾成分特点的垃圾焚烧发电理论体系,制定了垃圾焚烧装备国家标准,获得垃圾焚烧处理领域发明专利8项,实用新型专利27项。

在电厂烟气脱硫技术上,中电投远达环保工程有限公司与重庆大学合作,在湿法烟气脱硫技术引进、消化、吸收的基础上,针对中国燃煤烟气条件和石灰石特性,通过关键技术的自主研发和集成创新,形成了具有自主知识产权的YD-BSP烟气脱硫成套技术与装备,已申请技术专利17项,其中发明专利7项。2007年,重庆市经委组织专家对该项目进行了鉴定,参会院士和行业专家认为,中电投远达环保工程有限公司研发的YD-BSP烟气脱硫成套技术与装备的整体技术达到国内领先水平,投资运行成本大幅度降低,其中石灰石火性在线监测技术突破了国外公司的技术壁垒,填补了国内空白,达到国际先进水平,经济效益和社会效益显著。

针对农村清洁能源技术的开发,重庆组织开展了"重庆市农村能源关键技术研究与示范工程建设""新型高效规模化沼气工程""家用秸秆制气炉研制与试验示范"等重点项目。其中"重庆市农村能源关键技术研究与示范工程建设"通过全面分析重庆农村能源资源的基本状况,开展农村能源消费预测,分离筛选了适合重庆市特点的优良甲烷低温发酵菌株,研究沼气发酵的关键影响因素及工艺流程,进行沼气发酵产物的综合利用研究,开发出具有节能、环保、安全、方便等优点的3大系列18个品种的新一代家用秸秆制气炉,填补了重庆市农村能源新技术的空白,申报专利8项,现已在全国推广2.8万台,为农村清洁能源开发利用提供了相应的技术支撑。

针对城市机动车节能、汽车污染防治技术方面,重庆市大力开展轨道交通和快速公交系统建设,同时积极开展节能环保汽车的研发工作。主要课题如"跨座式单轨交通关键技术研发及产业化""节能环保汽车重大专项"和"单一燃料压缩天然气出租车示范工程"等重大科技攻关项目研究。其中"跨座式单轨交通关键技术研发及产业化"项目由重庆市轨道交通总公司牵头,已被科技部正式列入国家科技支撑计划,项目拟在三年内实现轻轨从整车到轨道的设计生产全部"重庆造",轻轨的生产设计成本至少降低三成,同时提高能源的使用效率,减轻城市的环境污染,实现温室气体减排。目前,该项目已在整车系统集成技术研究及应用、转向架系统关键技术研发及产业化、车辆电牵控制关键部件研发、车用镁铝合金材料研发等方面取得了显著成效,填补了中国在跨座式单轨交通装备关键技术上的空白,打破了日本在单轨交通上的技术垄断,为提升我国产业核心竞争力提供了强有力的技术支撑。

"节能环保汽车重大专项"和"单一燃料压缩天然气出租车示范工程"着力突破二甲醚、生物柴油发动机等一批节能汽车核心零部件新技术,攻克重度混合动力汽车关键技术,对改善重庆市能源消费结构、降低污染发挥了重要作用。同时,重庆市科学委员会还组织长安集团、力帆集团等企业开展柴油轿车化、乙醇/天然气燃料轿车的研发,目前项目进展顺利。

另外,2007年,重庆组织申报的国家支撑计划"长江上游地区地表水水源热泵系统高效应用关键技术研究与示范"(以下简称"水源热泵"项目)和"燃煤电厂烟气脱硫脱硝脱汞关键技术研究与工程示范"(以下简称"烟气脱硫脱硝"项目)获科技部立项,分别于2008年4月16日正式实施,目前正处于研究阶段。"水源热泵"项目已在长江水温水沙动态数据库构建、集中式取水—水处理技术、取水滤床表面清淤技术、水源热泵机组防堵技术、尾水排放模拟和环境影响分析等研究方面取得了阶段性突破,首次全面获得了三峡大坝运行后长江上游地表水体水质、水沙的监测数据和分布特征,以及重要河段的河道地形图,开发了新型贴砾过滤器、引射回油泵、500千瓦高效节能地表水水源热泵机组、500千瓦地表水高温卫生热水机组,申报专利7项,其中发明专利1项,已获授权2项。研究成果已在重庆大剧院近14万米^{2}工程上得到应用,预计项目成果推广应用后每年可减排二氧化硫、二氧化碳约24万吨,每年可减少电费支出4亿元左右。示范工程空调机组产值约1063万元,产品在重庆、湖南、江苏等地应用合同额已达3000多万元。此外,项目组还建立了技术研发中心2个,产品研发基地2个。"烟气脱硫脱硝"项目将开发燃煤电厂双相整流烟气脱硫成套技术与装备、两级式烟气脱硝关键技术与装备、三段分离烟气脱汞关键技术与装备等一批技术和设备;研发具有自主知识产权的300兆瓦及以上燃煤电厂综合烟气净化集成技术与关键装备,建成300兆瓦燃煤电厂综合烟气净化节能集成技术应用示范工程。目前项目已在冷却塔排放、自支撑浆液循环、双相整流烟气脱硫、两级式烟气脱硝、烟气脱汞等关键、成套技术研发上取得了阶段性突破。完成了石灰石活性在线监测,开发了物料平衡及能量平衡计算软件包和脱硫系统辅助设计软件,确定了烟气直排、冷却塔烟气排放和循环泵射流氧化等工艺,开发出烟塔合一、脱硝催化剂采样/分析检测等装置,构建了脱硝系统物理流动模型和CFD模型,完成了脱硝和脱汞试验平台的建设。项目组已申请软件著作权2项,申请国内专利28项(其中发明专利7项),研制行业标准2项,成果应用数3项,获得省部级科技奖励1项。烟塔合一等装置已在北京热电有限公司、浙江玉环电厂、重庆合川电厂等的工程中得到了应用。脱硝CFD模型在上海高桥2×1000兆瓦烟气脱硝工程中被应用,节约建设成本730万元。

直辖以来,重庆环境科学研究院(重庆市环境监测中心)结合自身优势,在酸雨及硫污染治理技术、机动车污染治理技术、油烟治理技术等多个领域均有研究。研究并开发出生物固硫型煤关键技术、城建用有机硅改性丙烯酸聚氨酯耐酸雨涂料、臭氧涤除器、饮食业厨房油烟净化器、新型三效汽车排气催化净化器等多项大气污染治理技术,为重庆市大气环境污染治理做出了积极的贡献。

(二)大气环境保护科研成果

1. 大气污染防治科技成果

"重庆地区硫污染总量监测和总量控制"(1996—1997年,重庆市环境科学研究院),该项目采用分子扩散法,对城区、城镇、农村居民点、田野及林区等各类大气环境进行全年连续监测,获得中尺度环境大气中二氧化硫浓度分布和区域大气硫干沉降总量信息,通过开发适合本地区的区域大气硫沉降总量模式计算,掌握了重庆市区域大气硫污染现状。该成果获"国家环保总局科技成果二等奖"。

"重庆市燃用低硫煤的可行性评估"(1996年12月至1998年12月,重庆市环境科学研究院),该研究通过资料、专家咨询及市内外的实地调研,弄清楚了重庆市辖区内低硫煤的贮量、生产量及近邻省份低硫煤的贮量、生产量。提出解决重庆煤烟型大气污染的基础思路应该是大力推进煤改气,调入低硫煤和电厂烟气脱硫。其中,从外省调进燃用优质低硫煤成为提高重庆大气环境质量的主要措施。该成果获得"2000年度重庆市科技进步三等奖"。

"重庆市酸雨控制区二氧化硫污染综合防治规划"(1997—1998年,重庆市环境科学研究院),该项目在分析重庆市二氧化硫污染现状的基础上,通过方案优化组合,提出了控制目标、宏观战略性综合防治规划措施、污染控制措施综合方案、综合防治方案资金筹措、环保监督措施、经济措施和经济管理政策,为市政府进行二氧化硫污染防治决策提供了科学依据。该成果获"1999年度重庆市科技进步三等奖"。

"重庆空气重点控制有毒物质研究"(1997—1998年,重庆市环境科学研究院),该项目是在全面调查研究重庆空气中存在的有毒有害物质的基础上,建立符合中国国情和重庆地方特点的筛选体系,完成重庆空气重点控制的有毒有害物质名单和推荐重庆空气优先控制的有毒有害物质名单。该成果获"1999年度国家环境保护总局科技进步三等奖"。

"重庆市大气污染对儿童肺功能影响研究"(1994—1998年,重庆市环境科学研究院),该项目通过对空气中的污染物,特别是气溶胶污染物以及儿童肺功能的测定,找出它们之间的关系。经计算,污染点较对照点儿童肺功能的指标低3%～5%,主要是由于大气污染(气溶胶)造成的,特别是$PM_{2.5}$的细粒子造成。该成果获"1999年度重庆市科技进步三等奖"。

"重庆城区机动车排放污染及控制对策研究"(1997年12月至2000年4月,重庆市环境科学研究院、交通部重庆公路科学研究所),该课题应用先进的MOBILE5模式,在重庆首次计算得到了城区机动车排放因子,进而计算得到了重庆城区实际的机动车排放污染物总量,并对发展趋势进行了预测,为重庆机动车排放污染治理、控制对策提供了科学依据。该成果获得"2001年度重庆市科学技术三等奖"。

"重庆市主城雾害形成机理、变化规律及其大气污染的关系研究"(2001年1月至2003年3月,重庆市气象工程技术中心、重庆市环境科学研究院),该研究通过大量历史资料分析、外场加密观测、数值模拟等手段研究重庆雾的变化规律、物理化学特性及形成原因,科学回答了重庆雾是"水雾"还是"烟雾"的问题,首次合理解释了雾日减少和能见度下降的原因,基本弄清了雾中凝结核的主要来源,对复杂地形的数值模拟取得令人满意的结果,进一步加深了对各类雾形成的大气环流的认识,采用的技术方法促进了雾害预报水平的提高,提出了切实可行的雾害治理对策措施。该成果获得"2004年度重庆市科技进步三等奖"。

"重庆市'蓝天行动'实施方案"(2002年3月至2004年12月,重庆市环境科学研究院),该课题以重庆市主城规划区(约2737千米^2)为研究范围,以2003年为研究基准年,主要开展了重庆市主城大气环境质量现状分析、主城大气污染物(二氧化硫、氮氢化物和PM_{10})排放现状调查及预测、主城大气环境容量核定等基础研究工作。并在此基础上,针对主城大气环境中已经存在或可能出现的污染问题,利用容量总量控制理论,从系统角度出发,提出了"十一五"期间优化解决重庆市主城区域大气污染问题的一系列方案,即《重庆市"蓝天行动"实施方案》。该课题成果获得"2006年度重庆市科技进步二等奖""国家环保总局环保科技奖三等奖"。

2. 大气污染防治技术产品

"饮食业厨房油烟净化器研制"（1997—1998年，重庆市环境科学研究院），该项目首创单进风对称双面自激雾化结构，将同功率设备体积减小一半。在油烟净化上首创高速旋流分离、不锈钢过滤结构，既提高了净化效率，又解决了脱水问题，处于国内领先水平。该成果获"1999年度重庆市科技进步三等奖"。

3. 大气环境监测方法研究

"酸沉降监测技术规范"（2002年8月至2003年12月，重庆市环境科学研究院），该研究对监测酸沉降的全过程进行了详细的规定，具体到监测点位的选定原则、采样器的要求、分析方法的要求、采样及分析过程的要求及质量控制、数据的处理等。该成果获得"2004年度重庆市科技进步三等奖"。

三、生态环境保护

（一）生态环境研究

重庆市位于青藏高原与长江中下游平原的过渡地带，中国经济发达的东部地区与资源富集的西部地区的接合部，长江上游三峡库区及四川盆地东南部。地理位置上，重庆市位于中国地势的第二级阶梯与第三级阶梯过渡带的前缘，是典型的生态脆弱区。重庆市地处长江上游，是长江上游的重要生态屏障，三峡库区约90%在重庆市辖区，重庆市生态环境质量的好坏，对于三峡工程的长期安全运行、长江中下游的防洪与生态安全具有非常重要的战略意义。因此，在整个长江流域的经济发展和生态环境保护中，重庆市起着举足轻重的作用，对三峡库区和长江中下游地区的生态环境质量和生态安全的维护具有非同寻常的价值和意义。正是由于这样的重要性，在生态环境研究方面，重庆市近几年开展了大量的研究工作，重点集中在生态环境保护纲领，生态环境现状、影响因素及变化机理、变化趋势预测、保护办法，生物多样性保护，城市生态环境保护，农村生态环境保护，三峡库区生态环境研究，污染问题对生态环境影响研究等方面，取得了较为显著的成果。

1. 生态环境保护纲领

生态环境保护纲领性研究是指导生态环境保护工作循序渐进开展的最重要的工作之一。一直以来，在重庆市科委、重庆市环保局的支持下，重庆市科研单位持续性、阶段性地开展此项工作。

1997—1998年，重庆大学和重庆市环境科学研究院（原重庆市环科所）联合进行了重庆市生态环境保护发展战略研究，研究了重庆市主要环境问题和重庆市生态环境保护面临的困难与优势，拟定了重庆市生态环境保护发展战略和保护重点计划。

2003—2005年，重庆市环保局组织实施"重庆市生态行动计划（研究）"项目。项目划分为13个子项目，分别由重庆大学、西南大学、重庆市环境科学研究院承担，其成果为重庆市人民政府关于在重庆市开展"绿地行动"的决策奠定了坚实的基础。

为了进一步建成全市生态环境统一监管体系，提高资源的有效利用，改善生态环境质量，促进全市经济、社会与人口、资源、环境的协调发展，2006年，重庆市环境科学研究院在客观评价2000年以来重庆市生态环境保护与建设措施，系统调查与分析重庆市生态环境保护中存在的问题及其原因的基础上，结合环境保护目标、管理措施和生态保护工程，基于"重庆市生态行动计划（研究）"的成果，制订了重庆市"十一五"期间生态环境保护的工作纲领，即《重庆市"绿地行动"实施方案（2006—2010年）》，2006年3月31日由重庆市人民政府印发实施。

2008年，重庆市科委牵头进行了重庆市生态环境保护及三峡库区发展科技问题研究，在全面综述重庆市环境保护和三峡库区生态环境现状的基础上，分析了社会、经济发展和生态环境保护之间存在的矛盾以及成库后生态环境性质的演变和其治理与保护科学技术发展之间的关系，揭示了未来15年重庆市生态环境保护和三峡库区发展将面临的重大生态环境问题和该领域的科技需求，提出了重庆市生态环境保护和库区发展的中长期科技发展战略重点、发展目标和发展思路，并从六个领域分别凝练出未来15年该方向应该优先解决的重大科技问题。此项研究结果也成为指导未来一段时间重庆市生态环境保护研究工作的纲领性成果,为重庆市生态环境保护研究工作指明了发展的方向。

2. 生态环境状况、影响因素及变化机理

生态环境状况、影响因素及变化机理研究在直辖十余年里蓬勃发展。早在1999年,重庆市环境科学研究院等就开展了"重庆市生态环境问题调查及对策研究",就重庆市存在的生态环境问题进行了识别。此后的时间,对不同生态环境问题的识别在相关研究中都不断得到体现,总结来看,主要的生态环境问题包括:人口增长、资源开发、工程建设等引起的环境压力增大,水生态系统失衡,森林生态系统功能脆弱,水土流失蔓延,土地退化严重,矿山恢复工作严重滞后;珍稀野生动植物栖息地环境恶化,生物多样性受到严重威胁,外来入侵物种危害开始凸显;农村面源污染日趋严重,农村环境质量下降,生态灾害日益严重;等。这在很大程度上影响了重庆市经济、社会的可持续发展和生态环境安全。随着新方法、新技术的发展,遥感技术、生态质量评估方法等更多地被应用到生态环境保护中。从2006年开始,环保系统每年通过遥感卫星图片解译结果对生态环境质量进行评估,国土部门通过遥感解译结果分析水土流失情况。2008年,重庆师范大学结合遥感解译方法对重庆市进行了生态功能分区,2004年开展了旅游生态环境调查。2008年,重庆市环境科学研究院利用生态足迹法对重庆市生态容量进行了研究等。

在影响因素方面和机理方面,研究较多,涉及多项973课题、国家自然科学基金等,大多针对生态环境问题及现象进行。如西南大学完成了"2000年来长江上游森林分布变迁与水土流失综合研究",开展了"植物种群在重庆石灰岩地区植被恢复中的功能作用""亚高山小径竹克隆种群对林窗干扰的反应及对林窗更新的影响""缙云山自然保护区不同演替阶段群落树种幼苗对林窗环境的响应与适应""森林退化植被恢复演替过程中的稳定性及生物调控机制研究""结构损伤对植物氮镁元素分配和生长的影响""结构失衡植物的生长和资源分配""三峡库区重要次级河流藻类暴发性生长机理研究"等多项研究;重庆市环科院完成了"小南海水利枢纽对长江上游珍稀、特有鱼类国家级自然保护区影响专题研究"等。这些研究的完成,为探索生态环境问题及解决方法奠定了基础,也对政府政策的制定提供了强有力的支撑。

3. 生物多样性保护

生物多样性保护是生态系统研究关注的重点之一,研究范围涉及策略规划、物种资源及其生境变化、外来物种入侵以及投入产出分析等。

2006年,在重庆市环保局主持下,各大学及研究所以及各相关部门广泛参与的"重庆市生物多样性保护与可持续利用示范项目"获得中国—欧盟生物多样性项目(ECBP)赠款支持,成为其示范项目,一系列与生物多样性保护相关的研究项目与试点活动在此项目框架下陆续展开。其中,生物多样性保护策略和行动计划的制定(BSAP)就是一个重要的子项目,该项目通过对重庆市生物多样性与社会现状、管理体系、保护、科研与利用成果、存在的问题、关键利益相关者的分析,制订生物多样性保护的目标、策略与行动,2010—2013年优先行动及其项目计划、保护策略与行动计划的保障措施、保护策略和行动计划的监测评估等内容,构成具有实用性、较为完整和全面的生物多样性保护体系,也成为今后一段时期生物多样性保护活动的指导性成果。

而物种资源及其生境变化方面的研究则是最为活跃的内容,其中以西南大学的研究最为活跃。2003—2008年,西南大学先后完成了"重庆市林业有害植物调查项目""三峡库区濒危植物中华蚊母与疏花水柏枝抢救技术研究""珍稀濒危植物金毛狗(Cibotiumbarometz)的遗传多样性分化及生态适应机理""缙云山特有和模式植物的遗传多样性保护及生态机理研究""缙云山模式标本植物的遗传多样性及生态适应机理"等研究。此外还有"水生生物调查与评价""三峡库区水生植物群落类型及其物种多样性研究""重庆市候鸟资源及其迁徙规律研究""三峡库区形成中重要鱼类资源及产卵场调查""三峡库区土著鱼类繁育与保护技术研究""三峡水库形成对鱼类的影响及

重要鱼类的遗传标记和移养驯化""大宁河流域鱼类资源及贝氏高原鳅分子生态学研究""长江四大家鱼发生量动态及相关因子研究""三峡库区珍稀濒危植物资源信息系统建立"等。除此之外，重庆大学、重庆林业部门也都进行了部分相关研究。这些研究的完成，让人们从植物、动物等方面对重庆市生物多样性的构成有了初步的认识。

2006—2009年，为了系统了解和更新重庆市生物物种资源的情况，在重庆环保局、欧盟项目办的主持下，西南大学、重庆大学、重庆师范大学、重庆市自然博物馆等联合进行了重庆市物种资源本底调查和重庆市珍稀濒危特有物种调查，对重庆市基本物种情况及其分布以及珍稀濒危特有物种情况进行了详细的调查和研究，为以后的保护工作奠定了基础。

同时，随着物种引进的频繁，生物入侵问题也日益得到重视。西南大学做了较多的研究，如2004—2006年的"重庆市外来入侵植物调查"；2005—2007年，主持进行了三峡库区生态环境教育部重点实验室自由探索基金项目"入侵植物牛膝菊入侵机理及防治对策研究"；2006—2008年的"生物入侵的数学模型及动力学研究"；2007—2009年，开展了国家自然基金项目"金佛山自然保护区外来植物种的确定及其入侵机理"研究。

除此之外，在重庆市环保局和欧盟项目办的支持下，重庆大学和西南大学的部分专家还进行了"重庆市各区县生物多样性快速评估研究""生物多样性保护投入与产出动态研究"，从方法学和经济学的角度进行生物多样性的保护工作。

4. 城市生态环境保护

从1980年开始，重庆大学在多项国家基金的资助下，针对中国多山、多山地城市的国情和山地地域生态环境的复杂性、自然景观的多样性、民族历史文化的富集性、交通的曲折性和自然灾害的多发性等特点，经过20多年的不懈努力，提炼出山地城市生态化规划建设的系统理论与实践相结合的研究成果，获得了"国家科技进步二等奖"。研究成果将现代城市规划理论与山地学和生态学嫁接，形成了山地城市生态化规划建设理论，为指导中国山地城市规划建设的可持续发展、资源的优化配置、生态环境保育与良性发展提供了重要的理论依据与实践指导。

2002—2005年，重庆市环境科学研究院完成了建委资助项目"城市森林对重庆市主城区空气污染控制的生态学研究"，分析了重庆市城市森林建设现状，划定了主城区城市森林范围，调查分析了不同区域内城市森林的数量特征、群落结构及物种组成，并初步筛选出主城区不同区域内的优势植物物种。对优势物种的硫、氮和尘的吸收控制进行了定量测定，确定了不同植物对氮、硫、尘的吸收贡献排序。对测定结果和空气自动监测值进行统计分析，给出了不同植物与各污染物的相关性，并划分了针对不同污染物吸收控制的植物类型。项目成果可用于指导城市园林绿化和宜居城市建设，对城市森林的定量化研究进行了有益的尝试。

除此之外，部分重庆市区县就其发展还进行了相应的生态环境保护规划研究或者以生态环境保护为核心的发展规划研究，也是城市生态环境保护研究的重要组成部分。

5. 农村生态环境保护

农村生态环境保护研究重点关注农村地区生态经济发展、农村地区饮用水安全以及农业面源污染等方面。

1993—1997年，重庆市环境保护局、北京师范大学环境科学研究所、重庆市农业委员会、重庆市大足县人民政府联合进行了"重庆市大足县生态农业综合评价及生态经济研究"，通过对大足县现状调查及系统分析，研究大足县总体种植多种经营的生态类型划分及生态农业模式，确定大足县生态农业评价指标体系，并进行综合评价。在划分不同类型生态农业经济模式实验区的基础上，用对比分析方法进行不同生态模式下的费用效益分析，建立计算机辅助综合分析模型。应用宏观经济分析方法，将环境保护损失纳入国民经济核算体系。

2003年，重庆市环科院完成了"重庆农村集镇化水污染的生态风险与控制措施研究"，对直辖以来重庆市农村城镇化发展现状进行了调查和总结,讨论了重庆市农村城镇化水污染对污水受纳水体的影响、城镇化水污染的危害,并初步研究了小城镇水污染与城镇人口总数、人口密度的定量关系,结合小城镇经济发展状况和水环境现状,可预计小城镇对人口的自然承载力,为小城镇环境规划提供技术支持。

2003年,重庆市沙坪坝区环境监测站完成了《重庆市沙坪坝区畜禽养殖业调查报告》,获"重庆市环境保护局监测专题报告一等奖"。报告以沙坪坝区环保局开展的全区畜禽养殖业污染调查为基础,详细论述了沙坪坝区畜禽养殖业的现状,污染物的排放情况,污染物对水体、土壤和大气环境的影响,分析了畜禽养殖业导致环境恶化的原因,有针对性地提出了防治畜禽养殖业污染的对策建议,为沙坪坝区治理畜禽养殖业污染、保护农村生态环境质量提供了科学资料。

6. 三峡库区生态环境研究

针对三峡工程的建设对库区及流域的生态系统、地表过程和社会、经济产生的重大影响,尤其是消落带生态退化问题,重庆市研究机构在重庆市科委及其他相关国家项目的支持下开展了一系列的研究,形成了较为特色的研究体系。

1996年7月至2002年8月,重庆市环境科学研究院完成了"三峡水库对重庆库段生态环境影响及整治对策研究",并获"重庆市科学技术三等奖"。

2001年3月至2006年1月,重庆市环境科学研究院完成了"三峡库区生态环境监测、预测与生态平衡调控技术前期研究"。项目涵盖了三峡库区生态环境大系统理论框架、生态环境全局调控模式;生态环境预警模型结构、水域污染负荷预测模型、三峡库区水质模型一体化方法、水环境极限承载临界风险评估;环境状态监测与容量综合评价指标;生态环境广谱信息监测、采集和分析系统;库区人群健康、疾病调查;流域河岸消落带边坡固化植被物种及种植技术、库区环境—土地—人口—植被—经济的多维共轭互动模型体系;生态环境平衡调控应用技术、高效和可持续性发展的生态示范基地建设的可行性等七个方面的研究,对实施三峡库区的生态环境监测、研究及生态保护调控措施具有一定的指导意义。

2002—2005年,在三峡水库二期蓄水前,重庆市环境科学研究院开展了"三峡库区重庆段抢救性生态调查和标本库的建立"项目,对三峡库区重庆段的生态环境进行了全面的调查,包括:长江干流及次级河流水质状况、城镇空气及降水质量、气候及气象灾害、(水生)生物、土壤组分和地质灾害、固体废物等方面,采集制作完成了蓄水前海拔175米以下陆生和水生生物、岩石及岩芯、土壤剖面和固体废物等上千种(类)标本,出版了《三峡库区重庆段蓄水前水生浮游动植物标本图谱》,编辑了内容涵盖环境现状、污染源及移民搬迁、文物保护和生态建设等方面的声像资料,较完整地记录了库区蓄水前的生态环境背景情况。

2003—2004年,重庆市环科院完成了"三峡库区生态环境安全及生态经济系统重建关键技术研究与示范"项目,重点针对三峡库区水环境安全,研究了三峡库区局部水域的富营养化发生机制,准确地预测了富营养化产生和发展的趋势,从而找出防治富营养化的关键技术,减少富营养化的发生频率和程度,确保库区水质安全,同时有利于库区增加旅游收入,改善投资环境,促进地方经济发展。

2003—2005年,重庆市环科院完成了重庆市自然科学基金资助项目"三峡库区生态环境调查及评价",对三峡库区主要生态环境问题进行了研究,提供了水、大气、底泥等环境基础数据,对水土流失、退耕还林等方面的问题进行了探讨,并结合卫星图片对三峡库区生态环境现状进行了全面评价,有利于全面了解三峡库区生态环境的背景状况,建立动态监测系统,同时为有关部门的环境管理和决策提供了科学依据。

在消落带研究方面,重庆市科委顺利启动实施了"三峡库区库岸消落带植被构建与生态修复的关键技术研究与示范"和"香根草在三峡库区消落带边坡防护及入侵评价试验研究"两个攻关项目。针对消落带土壤结构疏松,成库后库岸水流季节性拉动,将会成为水土流失的主要地段,通过开展对消落带适生植物的筛选与优选,选择香根草等耐淹能力强、抗逆(旱、湿、寒、热、酸、碱)能力好的植物,采用生物措施,控制消落带水土流失,保持消落带库岸稳定和提高消落带生态环境质量。

在消落带观测及修复方面,2004年西南大学开展了"三峡库区消落区植被恢复和护坡效应研究";2005年,西南大学主持开展了国家自然基金面上项目"水淹发生的季节差异对三峡库区岸生植物水淹耐受性的影响"以及国家自然科学基金科学部主任基金"三峡库区消落带植物的水淹耐受机理研究"。2006年开始,西南大学先后开展国家科技支撑计划项目"三峡库区消落带生态恢复与综合整治技术与示范"中"三峡库区消落带物种筛选与植被构建"的专题研究,国家自然科学基金项目"三峡库区优良耐淹植物秋华柳和野古草的水淹耐受机理研究",新世纪优秀人才支持计划项目"三峡库区优良耐淹植物的水淹耐受能力与光合生产和碳水化合物储备的关系";2008年,西南大学开始开展"三峡库区消落带生态健康影响评价研究"。重庆大学在开县澎溪河建立了三峡库区第一个湿地生态实验站,获得了许多三峡库区初期蓄水后消落带湿地的珍贵资料,开展了一系列湿地科学研究和湿地生态产业尝试。

重庆市环境科学研究院、重庆大学、水利部中国科学院水工程生态研究所、中国科学院植物所从2008年开始联合开展国家水体污染控制与治理科技重大专项中湖泊富营养化控制与治理技术及综合示范主题,三峡水库水污染防治与"水华"控制技术及工程示范项目中的"三峡水库消落带生态保护与水环境治理关键技术研究与示范"课题的研究工作。该课题分为"消落带生态类型、功能区划及分型分区保护模式研究""消落带污染负荷特征及其对水环境影响研究""喀斯特区域消落带生态屏障构建技术研究与示范""缓坡消落带生态保护与污染负荷削减技术研究与示范""湖盆消落带湿地构建及水质改善技术研究与示范"5个子项目。从功能分区、影响研究、示范研究3个方面力求初步形成三峡水库消落带生态保护和水环境治理的关键技术体系及强化水质改善的技术体系,为三峡水库消落带生态系统治理、保护和水质改善提供科技支撑。

7. 污染问题对生态环境影响研究

污染问题对生态环境的影响研究,主要从水污染影响和大气污染影响两方面进行。

水污染方面,主要关注富营养化问题、金属污染以及持久性有机物对生态环境的影响。2001年,重庆环科院完成了"锶盐废水对生态环境的影响及资源再利用研究";2003年,重庆环科院完成"乌江流域'黑潮'问题研究""三峡库区次级河流富营养化防治研究";2004年,重庆环科院完成"三峡水库水体中营养盐与浮游生物分布特征研究",同时开展了"三峡库区(淹没区)土壤重金属背景质调查";2008年,重庆环科院完成了"三峡库区(重庆段)水域持久性毒物污染现状调查",西南大学等开展了"三峡水库水体中有毒污染物的迁移转化及其机理研究""三峡库区水体持久性有机污染物对鱼类的生理生态学的影响"等研究。

大气污染方面,主要关注酸沉降对生态环境的影响问题。重庆市酸沉降研究自20世纪80年代就得到研究学者的重视,从酸沉降来源、生态影响、损失评估、发展趋势、控制对策等多个方面对酸沉降问题进行了较为系统的研究。在对生态影响研究方面,早在1992年,重庆市环科院就完成了"典型地区酸沉降及其对敏感生态影响的长期定点观测和趋势研究",获得国家环保局三等奖。1996年,完成"酸沉降的生态影响体系研究"。2001年,完成了"春晖计划""重庆及三峡库区酸沉降敏感区域土壤风化速率研究"。2001年开始,重庆市环科院等开始参与由挪威的7个国家研究所和大学组成的挪方专家组和由中国环科院、中国林科院、中科院、北大、清华、北师大以及重庆、贵州、湖南、广东环科院组成的中方专家组共同承担的"中国陆生生态大气污染影响综合观测研究"项目(IMPACTS)。项目研究持续7年,通过将包括森林、土壤和地表水的封闭小流域作为现场研究基地,进行流域"化学生态"和"生物生态"研究,研究生态污染受害现状、生态污染受害原理、生态污染受害耐受力以及生态环境主要污染物临界负荷等。

上述7个方面的科学研究是重庆市在生态环境方面研究的重点领域,除此之外,在生态环境评价、生态环境分指标的观测体系、产业化发展规划等各方面都开展了一些研究。虽然从总体上看,重庆生态环境研究起步较晚,但随着国家和地方对生态问题和生态保护工作的重视,环保、林业、农业、城市规划乃至水利等各个行业的众多部门都在积极思考并探索实施生态评估、生态恢复和生态重建等工作,取得了丰硕的研究成果,形成了"百花齐放"的良好局面。

(二)生态环境保护科技成果

"三峡库区对重庆段生态环境影响及整治对策研究"(1996年7月至2002年8月,重庆市环境科学研究院),该课题以三峡库区重庆库段为研究范围,以生态环境的各个基础要素为研究内容,涉及水质变化、大气环境变化、鱼类生长、人群健康、城市基础设施建设以及未来的生态环境管理框架等多方面,在三峡库区生态环境现状分析的基础上,利用一维、二维水质数学模型及其他相关模型,对三峡水库蓄水后重庆库段的生态环境情况进行了预测并全面分析了三峡水库对生态环境的不利影响,在此基础上系统地提出了遏制生态环境破坏、保护生态环境的对策措施及控制技术。该成果获得"重庆市科技进步三等奖"。

"三峡库区重庆段抢救性生态背景调查和标本库的建立"(2002年4月至2005年12月,重庆市环境科学研究院),该项目对三峡库区重庆段二期蓄水前的生态环境进行了全面的调查,包括长江干流及次级河流的水质状况、城镇空气及降水质量、气候及气象灾害、(水生)生物、土壤组分和地质灾害、固体废物等方面,采集制作完成了蓄水前海拔175米以下陆生和水生生物、岩石及岩芯、土壤剖面和固体废物等上千种(类)标本,出版了《三峡库区重庆段蓄水前水生浮游动植物标本图谱》,编辑了内容消涵盖环境现状、污染源及移民搬迁、文物保护和生态建设等方面的声像资料,较完整地记录了库区蓄水前的生态环境背景情况。该成果获得"2006年度重庆市科技进步三等奖"。

四、固体废弃物处理

固体废物除直接破坏环境景观、浪费土地资源、污染土壤外,还经常间接造成水和大气环境的严重污染。因此,在重视和开展三峡库区水环境保护科学研究的同时,重庆市还加强了固体废弃物处理、处置技术研究工作的开展力度。如在国务院三峡建设委员会办公室和科技部的组织下,重庆开展了"三峡库区淹没区固体废弃物污染治理专项技术研究"项目,该项目主要研究三峡水库淹没区各类固体废弃物对长江黄金通道的水质影响以及分类处理处置专项技术的综合性应用。该项目首次系统、深入、完整地研究了三峡水库淹没区固体废弃物的污染特性以及在环境介质中的动态行为和扩散机理,首创了固体废弃物分类处理专项技术体系,建立了垃圾污染物溶出模型,弥补了国内外迄今在垃圾污染物特别是特大型库区的生活垃圾污染物溶出浸出规律和降解速率等方面研究的空白。研究成果为中国乃至发展中国家水库修建中引发的环境问题,特别是垃圾问题积累了有用的经验和可供借鉴的理论依据,为三峡工程固体废弃物库底清理与处置提供了技术规范与标准,为库区按时顺利蓄水和库区水环境安全提供了保障。项目成果获得"国家科技进步二等奖"。

同时,重庆市环保局、市科委、市建委等单位也在固体废弃物处理、处置技术领域开展了相关研究,如市建委"十五"期间组织开展的"重庆市中小城镇生活垃圾渗滤液处理技术的研究""生活垃圾卫生填埋场沉降特性研究""重庆市三峡库区沿江堆放垃圾整治实施方案"等项目,针对重庆市小城镇尤其是三峡库区的垃圾处理、处置技术开展了不同方向的深入研究。

"重庆市三峡库区沿江堆放垃圾整治实施方案"项目针对三峡水库成库后的流域环境特点,通过试验方案的设计与实施,建立了沿江垃圾污染溶出模型,得出了生活垃圾在一般河流中污染物的浸出规律,为三峡库区重庆段沿江生活垃圾的整治提供了理论依据和建设实施方案。

生活垃圾卫生填埋场的沉降问题是填埋法所涉及的主要岩土工程问题之一。"生活垃圾卫生填埋场沉降特性研究"项目针对新鲜垃圾、新填垃圾和陈垃圾土、陈垃圾场两方面开展研究,总结讨论了重庆生活垃圾的基本性质,进行了不同应力水平的室内压缩蠕变试验,建立了适合于城市生活垃圾变形特点的两种蠕变模型,并利用这两种模型进行了场地的沉降分析,同时进行了有机物含量对生活垃圾沉降影响的试验研究,对温度、压实度、覆盖层、渗滤液回灌等影响沉降的因素进行了探讨,并在此基础上提出了一些加速填埋场沉降的工程措施和方法。项目还以一旧垃圾场为试验场地,利用室内常规试验总结出陈垃圾的特性,进行了在房屋荷载作用下的沉降计算和有限元分析。项目的研究不仅可为场地最终填埋容量的估算、填埋场保护系统的设计和维护、填埋场的竖向扩容设计和场地再利用提供理论依据,还可为长生桥垃圾卫生填埋场的运行提供技术指导,具有理论上的学术价值和广泛的工程实用价值。

在固体废弃物利用技术研究上,重庆针对废旧轮胎、锰渣、餐饮废油和建筑垃圾四个具有重庆地方特点的污染问题,重庆市科委在下达的"节能与废弃物综合利用"重大科技专项中,开展废旧轮胎再制造、电解锰渣资源化与全量化利用、餐饮废油再生利用和建筑垃圾建材资源化利用四个方面的研究,实现技术的原始创新。并建设再制造汽车轮胎产能达到50万条/年示范工程、综合利用2万吨建筑垃圾示范工程、3000吨/年餐饮废油生产生物柴油中试装置,建立重金属高效回收处理装置1套,实现产值2亿元、销售收入2亿元、利润2000万元,并节约土地900亩,减排二氧化硫2100吨、二氧化碳6.5万吨,带动了重庆市特色产业的快步发展,有效推进了节能减排工作的深入开展。其中"餐饮废油综合利用"项目成为市领导关注重点,目前该项目已确定了餐饮废油的成分、净化处理技术,以及酯交换反应的离子液体催化剂的种类和生产条件,获得餐饮废油带压水解生产生物柴油的技术和工艺。由重庆武陵锰业有限公司、重庆大学和重庆科技学院共同承担的"电解锰渣资源化与全量化利用关键技术研究与示范"项目,已实现粗压渣与硫化渣分别预处理与分离,形成了清水洗渣及洗渣水循环再利用工艺、硫酸锰和硫酸铵回收工艺,提出了电解锰渣预处理与高效活化技术。研究人员在重庆武陵锰业有限公司进行了锰渣预处理的中试实验研究,取得了较好的结果,促进了重庆市电解锰企业的清洁生产。2009年4月15日至17日,"锰三角"地区的锰矿企业通过了环保部的环保检查,"锰三角"地区的锰污染治理成效获中央电视台等主流媒体的认同。环保部拟再投入1.5亿元,用于"锰三角"地区的锰矿企业进一步推进清洁生产的实施和锰渣污染治理等新技术的研发。

"煤矸石的综合利用"(1990年2月至1997年3月,重庆大学),该课题系统地分析了煤矸石的化学成分、物理化学性能,通过小试和中试,提取了一系列的化工产品,优选了各种利用方法,为煤矸石综合利用提供了科学理论、切实可行的技术措施及新的有效途径。该成果专利号为:94113062.2。

"三峡库区淹没区固体废弃物污染治理专项技术研究"(2000—2004年,重庆大学),首次准确翔实地掌握了淹没区各类固体废弃物数据,建立了垃圾水分的均衡模型、分类处理判别指标体系,揭示了固体废弃物污染物溶出降解规律,研究了社会、经济、环境效益最优的固体废弃物专项处理技术,首次开发了三峡水库淹没区固体废弃物GIS软件系统。该成果获得"国家科技进步二等奖"。

第三节 环保技术示范及推广

一、科技示范项目

1991—2010年,市环保局组织开展科研、新技术示范项目118项,财政资金共计投入6684万元,其中地方资金4672万元,申请中央资金2012万元;共计支持科研项目90项,投入资金2856万元,新技术示范项目28项,投入资金3828万元。另外,积极组织申报国家"十一五""十二五"水专项项目,共计落实重庆境内课题4个,获得支持资金6400万元。

1. 科研方面

市环保局编制了《重庆市环保科技"十二五"发展规划》,将解决当时环境管理问题的科研模式转变到解决重庆市未来发展过程中影响可持续发展和群众健康的突出环境问题,破解日益强化的资源环境约束难题。

为完善环境管理服务和管理制度,紧密围绕"四大行动"、创建国家环保模范城市等环保中心工作,组织开展了"主城区空气质量预警及控制措施研究""重庆市主城区机动车尾气污染控制研究""宜居重庆环境质量保障及对策研究""重庆市重污染企业退出机制研究"等管理研究课题。着眼于重庆市未来几年的环保重点工作,组织开展了"主城区$PM_{2.5}$来源解析研究""重庆市二噁英燃烧排放源调查""重庆市主城区气溶胶特征研究"等基础课题的研究,为解决重大环境问题、重大环境决策提供了理论支撑和依据。

2. 示范方面

在城市污水处理厂污泥处置新技术、小城镇污水处理新技术、电解锰行业污染防治新技术等方面进行了示范推广,为污染治理工作探索新途径。同时,从解决突出环境问题的关键技术入手,开展了全市小城镇污水处理技术现状调查和畜禽养殖技术调查。

推荐重庆清源环保科技有限公司"一体氧化沟+QH絮凝技术"、重庆瑞帆再生资源开发有限公司"利用冶金烧结和高炉对铬渣进行无害化处理技术"、中天环保产业(集团)有限公司"危险废物熔渣回转窑焚烧成套设备技术(RZH型)"等3项环境保护新技术,已被成功列入中国环保产业协会《2011年国家重点环境保护实用技术项目名录》。"綦江安稳镇渝阳逆向曝气污水处理新工艺示范"项目被列入《2011年国家重点环境保护实用技术示范工程名录》。

附表7-1 重庆市十一五期间所有科技示范项目汇总

单位：万元

序号	单位名称	所属区县	项目名称及建设内容	项目类别	补助金额	项目总投资	自筹	完成时间
1		市级	环境质量与地方评价体系研究		10			2006.12
2		市级	重庆市十一五环境科技发展规划		8			2006.12
3		市级	宁静行动		25			2006.6
4		市级	重庆饮用水水源地环境保护规划		50			2008.10
5		市级	造纸行业工业污染物排放标准编制		8			2006.12
6		市级	二氧化硫控制战略研究		30			2006.12
7		市级	重庆市环境污染事故应急监测处理技术预案		14			2006.1
8		市级	三峡工程175米运行对重庆主城江段水质影响分析及供水安全战略研究		110			2006.12
9		市级	14项环境监测分析技术方法建立		10			2006.11
10		市级	PM$_{10}$源解析		40			2006.6
11		市级	主城区搬迁工业企业原址土壤污染现状调查		12			2006.6
12		市级	大气质量与气象条件相关性研究		40			2006.6
13		市级	三峡库区富营养化监测及优势藻类监测技术规定研究		15			2006.10
14		市级	长江、嘉陵江重庆主城上游水环境容量研究		40			2008.5
15		市级	三峡库区水污染控制与治理——三峡库区水环境安全预警模型集群开发		35			2008.8
16		市级	重庆市畜禽养殖防治方案		2			2007.1
17		市级	三峡库区175米回水区富营养化趋势预测及控制对策研究		60			2008.5

续表

序号	单位名称	所属区县	项目名称及建设内容	项目类别	补助金额	项目总投资	自筹	完成时间
18		市级	资源环境承载力评估体系研究		2			2007.9
19		市级	重庆市点燃式发动机汽车污染物遥感测量方法及限值前期调查研究		5			2007.1
20		市级	腌渍（榨菜）行业污染物排放标准研究		5			2007.1
21		市级	直辖十年环保工业绩效评估		8			2007.5
22		市级	规划环评指标体系的构建研究		10			2008.6
23		市级	主城区道路交通噪声源解析及控制措施研究		20			2007.11
24		市级	重庆市COD减排实施方案编制		20			2007.4
25		市级	重庆市二氧化硫减排实施方案编制		30			2007.4
26		市级	重庆市酸雨和二氧化硫污染防治规划		25			2007.12
27		市级	房地产项目噪声影响预测实用技术研究		20			2009.3
28		市级	环境影响评价中污染防治措施论证技术规范研究		15			2009.3
29		市级	活化竹炭应用于小城镇污水处理的试验研究		40			2008.12
30		市级	重庆市主城区机动车尾气污染控制研究		30			2008.12
31		市级	重庆市大气环境变化趋势分析及改善对策研究		45			2009.1
32		市级	重庆市水环境变化趋势分析及改善对策研究		45			2009.1
33		市级	重庆市绿地行动修编		8			2009.12
34		市级	重庆市跨省界流域突发性水环境污染应急预案		10			2009.6

续表

序号	单位名称	所属区县	项目名称及建设内容	项目类别	补助金额	项目总投资	自筹	完成时间
35		市级	梁滩河鸭粪治理关键技术研究及鸭粪污有机肥、沼气发酵研究		45			2010.12
36		市级	重庆市污染源排放信息管理改革试点研究		15			2009.4
37		市级	重庆市环境规划管理体系研究合同		15			2008.12
38		市级	旋流加速器钢炉烟气脱硫技术研究		55			2009.12
39		北碚	北碚静观镇改良人工湿地生活污水治理示范项目		180			2009.10
40		梁平	袁驿镇生活污水处理新技术新工艺示范工程		100			2009.10
41		云阳	利用生活污泥畜禽粪便生产有机肥		86			2009.11
42		西南大学	集约化养殖场污染生态处理与利用示范工程		50			2009.11
43		南岸	南岸迎龙镇改良人工湿地生活污水处理示范项目		180			2009.8
44	重庆西格环境治理有限公司	涪陵	榨菜废水处理技术示范项目	预防控制环境污染及生态破坏的重大环保科研项目	40	120	80	2010.6.30
45	重庆嘉陵饲料厂	巴南	用吸附分享机对城市污水污泥进行深度脱水示范项目	预防控制环境污染及生态破坏的重大环保科研项目	30	55	25	2010.6.30
46	重庆松藻煤电有限公司	綦江	綦江县安稳镇渝阳逆向曝气污水处理新工艺示范	预防控制环境污染及生态破坏的重大环保科研项目	70	170	100	2010.6.30
47	重庆市环境保护局	市级	城市居民住宅区城市主干道交通噪声综合整治示范项目	区域污染防治	30	30	0	2009.12.31

续表

序号	单位名称	所属区县	项目名称及建设内容	项目类别	补助金额	项目总投资	自筹	完成时间
48	重庆市环境保护局	市级	重庆市环境污染责任保险试点工作	预防控制环境污染及生态破坏的重大环保科研项目	30	30	0	2009.12.31
49	重庆市环境保护局	市级	"十二五"规划前期研究（一期）	预防控制环境污染及生态破坏的重大环保科研项目	20	20	0	2009.12.31
50	重庆市环境科学研究院	市级	制定重庆市农村中小型人畜饮水水源保护技术规范	预防控制环境污染及生态破坏的重大环保科研项目	10	10	0	2009.12.31
51	重庆市环境科学研究院	市级	重庆市餐饮船舶污染物排放地方标准	预防控制环境污染及生态破坏的重大环保科研项目	10	10	0	2009.12.31
52	重庆市环境科学研究院	市级	重庆市温室气体排放核算及控制措施研究	预防控制环境污染及生态破坏的重大环保科研项目	15	15	0	2009.12.31
53	重庆市环境科学研究院、重庆市气象台	市级	主城区空气质量预警及控制措施研究	预防控制环境污染及生态破坏的重大环保科研项目	35	35	0	2009.12.31
54	重庆市环境科学研究院	市级	库区污水处理厂事故排放对水质影响风险评估及对策研究	预防控制环境污染及生态破坏的重大环保科研项目	15	15	0	2009.12.31
55	重庆市环境科学研究院	市级	主城区 $PM_{2.5}$ 来源解析研究（一期）	预防控制环境污染及生态破坏的重大环保科研项目	30	30	0	2009.12.31
57	秀山县环境保护局	秀山县	秀山县洪安镇场镇生活污水生态处理工程	重点污染源治理	80	168.9	88.9	2010
59	重庆市环境科学研究院	市级	中国-丹麦梁滩河污染治理试点工程项目（一期）	预防控制环境污染及生态破坏的重大环保科研项目	70	137.5	67.5	2009.12
60	重庆市环境科学研究院	市级	成渝经济区（重庆）重点产业发展战略环境评价子项目	预防控制环境污染及生态破坏的重大环保科研项目	750	1300	550	2010.6
61	重庆市环境科学研究院	市级	北部新区苯系等有机物现状调查与管理对策研究	预防控制环境污染及生态破坏的重大环保科研项目	30	30	0	2009.12

续表

序号	单位名称	所属区县	项目名称及建设内容	项目类别	补助金额	项目总投资	自筹	完成时间
62	重庆市环境科学研究院	市级	次级河流污染考核体系研究	预防控制环境污染及生态破坏的重大环保科研项目	10	10	0	2009.12
63	重庆市环境科学研究院	市级	主要污染物减排核算及绩效评估	预防控制环境污染及生态破坏的重大环保科研项目	50	50	0	2009.12
64	重庆市环境科学研究院	市级	编制重庆市三峡工程后续建设规划导则	预防控制环境污染及生态破坏的重大环保科研项目	6	6	0	2009.12
65	重庆市环境科学研究院	市级	重庆市二噁英燃烧排放源调查	预防控制环境污染及生态破坏的重大环保科研项目	128	128	0	2009.12
66	重庆市信息中心、重庆市环境科学研究院	市级	污染源普查数据综合分析及应用开发研究	预防控制环境污染及生态破坏的重大环保科研项目	20	20	0	2009.12
67	重庆市环境监测中心、西南大学	市级	土壤污染调查综合评估	预防控制环境污染及生态破坏的重大环保科研项目	30	30	0	2009.12
68	重庆市环境工程评估中心	市级	环境影响评价中公众参与有效性对策研究	预防控制环境污染及生态破坏的重大环保科研项目	15	15	0	2009.12
69	重庆市环境工程评估中心	市级	重庆市建设项目大气环境防护距离技术规范研究	预防控制环境污染及生态破坏的重大环保科研项目	15	15	0	2009.12
70	市委督查室	市级部门	党政一把手环保实绩考核办法及考核指标体系修订研究	预防控制环境污染及生态破坏的重大环保科研项目	8	8	0	2009.12
71	重庆大学	市级部门	地表湖生态污染治理示范工程	预防控制环境污染及生态破坏的重大环保科研项目	80	235	155	2009.12
72	重庆市固体废物管理中心	市级	重庆市场地污染环境风险评估技术指南	预防控制环境污染及生态破坏的重大环保科研项目	20	20	0	2009.12
73	重庆市辐射环境监督管理站	市级	重庆市电磁辐射防护技术规范研究	预防控制环境污染及生态破坏的重大环保科研项目	20	20	0	2009.12

续表

序号	单位名称	所属区县	项目名称及建设内容	项目类别	补助金额	项目总投资	自筹	完成时间
74	重庆市环境监察总队	市级	重庆市污染源在线监测管理办法和技术规范编制	预防控制环境污染及生态破坏的重大环保科研项目	20	20	0	2009.12
75	重庆市环境保护局机关	市级	重庆市主要污染物排放权立体显微镜试点方案	预防控制环境污染及生态破坏的重大环保科研项目	35	35	0	2009.12
76	忠县环保局	忠县	忠县金鸡镇人工湿地污水处理项目（县城饮用水水源保护项目）	重点污染源治理	75	190	115	2010.4
77	重庆师范大学	市级	排污权初始分配与交易方式研究	预防控制环境污染及生态破坏的重大环保科研项目	15	15	0	2010.4
78	重庆市环境监测中心	市级	编制重庆市建设项目竣工环境保护验收技术规范	预防控制环境污染及生态破坏的重大环保科研项目	15	15	0	2010.4
79	重庆市环境保护局机关	市级	重庆市重污染企业退出机制研究	预防控制环境污染及生态破坏的重大环保科研项目	15	15	0	
80	重庆市环境保护局机关	市级	环保法庭的试点研究与实践	预防控制环境污染及生态破坏的重大环保科研项目	6	6	0	
81	重庆市环境保护局机关	市级	环境公益诉讼制度研究与试点	预防控制环境污染及生态破坏的重大环保科研项目	15	15	0	
82	重庆新红利科技发展有限公司	秀山县	电解锰渣污染治理及综合利用		100			
83	重庆市环境科学研究院		重庆市创模区域（主城区）大气污染物综合排放标准研究		40	40	0	
84	重庆市环境科学研究院		重庆市创模区域（主城区）水污染物综合排放标准研究		40	40	0	
85	西南大学		重庆市农田土壤有机碳库演变格局及其驱动机制研究		45	45	0	

续表

序号	单位名称	所属区县	项目名称及建设内容	项目类别	补助金额	项目总投资	自筹	完成时间
86	开县环保局	开县	三峡库区开县汉丰湖内源污染控制技术研究		20		417	
87	巴南区二圣镇	巴南	巴南区二圣镇污水处理示范工程	重点污染源治理	150	437	646	
88	重庆长江造型材料（集团）有限公司	北碚	铝合金表面处理清洁生产技术的应用及示范	重点污染源治理	45	796	155	
89	重庆市金泰电冶科技开发有限公司	城口	高掺量催化固化技术处理冶炼废渣示范工程	重点污染源治理	100	200	225	
90	重庆市环保局	市级	重庆小城镇污水处理技术工艺应用研究	市级环保专项（第三批）	10	325	0	
91	重庆市科学技术研究院	市级	基于智能技术的环保业务模型顶层设计研究	预防控制环境污染及生态破坏的重大环保科研项目	10	10	0	
92	西南大学	市级	三峡库区农业面源污染控制的经济分析与对策研究	预防控制环境污染及生态破坏的重大环保科研项目	10	10	0	
93	重庆理工大学	市级	污染防治项目财政专项资金绩效评价研究	科研	10	10	0	2011.10

二、技术推广及应用

环境科研成果大力推广，被应用在水环境保护、大气环境保护、生态环境保护、固体废物处置及土壤修复上。必须大力开发环保技术和产品，继续开发空气污染治理、城市及工业污染处理、固体废物处理、节能环保等技术和设备，重点发展燃煤发电厂脱硫脱硝、垃圾收运和焚烧发电、船舶污水治理、节能低污染机动车发动机及排气净化装置、电除尘和袋式除尘、污水处理鼓风曝气、生物柴油、节电节能等洁净产品、环境监测仪器等技术装备，并加快其国产化。通过引进、消化吸收，加快废旧家电及电子产品处理、废旧轮胎处理、报废汽车处理、危险废物处理、膜法处理污水、污水污泥再利用等方面技术装备的开发建设。鼓励城市污水处理、垃圾收运、填埋、工业污染处理等的社会化运营，以及天然气加气站等节能产品成套设备的生产，形成环保产品、洁净产品、资源循环利用、环境服务业有机结合的环保产业体系。

重点从环保技术、环境影响评价和监测为主的环境服务向集环保技术、投资、管理、信息、监测、风险评估、环境影响评价等于一体的综合性的服务发展。重点发展环境工程设计、施工和工程总承包，以及环保技术与产品开发、环境监测服务、环保技术服务与咨询、污染治理设施运营与管理等，包括融资、设计、设备成套、安装、调试和运行服务，发展环境污染治理服务和专业化环保设施运营服务。

第二章 环保产业

第一节 环保产业发展概况

一、产业结构及经济总量

重庆市环保产业从"七五"时期开始起步，经过多年的发展，已有一定基础。全市已有环境科学研究、环境影响评价、环境工程设计、环境工程总承包以及相关产业的单位近200个。

但是，环保产业的发展受到诸多因素的严重制约，存在着许多突出的问题和困难。

根据2004年环保产业调查，一是环保产品生产基础薄弱，从事环保产品制造的单位少。从业单位和从业人员都仅占调查单位的10%左右，产业收入仅占7.83%，除空气污染治理设备相对形成规模外，其他环境工程所需的环保设备、材料大都来自江苏、浙江，这与重庆作为国家环保产业发展基地还很不相称，亟待扶持环保装备、材料的生产。二是从事低毒、低害、低排放、节能的洁净产品生产的单位仅5家，仅占被调查单位总数的1.4%，从业人员仅占1.41%，产业收入总额仅占4.36%，需进一步培育和认证。三是企业总体规模小。从事环保产业的企事业单位，年产值（收入）小于200万元的达300余家，其中年销售（经营）收入为50万元以下的企事业单位约200家，需要给予扶持和发展。四是自主技术创新能力弱。亟待自主开发和消化吸收国内外先进技术，特别是掌握核心技术和提高关键设备制造能力。

"十二五"期间,大力发展环保产业,培育优势环保企业,扶持引导中小型环保企业健康发展,继续大力发展环保服务业、资源综合利用等重庆环保重点产业,振兴环保及资源综合利用装备制造业,积极鼓励洁净产品生产。建立社会化多元化环保投融资机制,运用经济手段,加快污染治理市场化进程,真正把重庆建设成为"国家环保产业发展基地"。

至2010年,全市环保产业销售产值由2004年的84亿元增加到400亿元,占"十一五"工业销售产值8600亿元的4.65%。充分发挥重庆老工业基地在全市环保产业发展中的作用,使环保产业成为全市新的经济增长点,为环境保护提供了强有力的物质基础和技术保障。

截至2011年12月,重庆市环境保护及相关产业的企业总数为1049家,环保企业从业人员为13余万人。全市环保产业总产值达1000亿元以上,较2000年增长近100倍。

重庆市环保产业发展通过技术引进、工程示范、资本运作、技术和管理创新,取得了巨大的成就。涌现了一批"拥有自主品牌、掌握国际现代核心技术、市场占有率高、引领作用强"的环保产业龙头骨干企业。不少企业都建成了自身的环保产业基地,一大批中小环保企业迅速发展壮大。

重庆环保产业的不断壮大,有力地支持了重庆市经济、社会的可持续发展,在推进发展方式转变、调整产业结构、促进三峡库区生态环保建设等方面发挥了积极的作用,并为节能减排、城市生态环境保护和建设提供了有力的技术支撑,做出了突出的贡献。

根据国家环境保护及相关产业基本情况调查规定,将年产值200万元(含)以上的820家环保企业纳入调查范围。其中,环境保护及相关产品生产经营单位420家(环保产品生产81家、环境友好产品生产66家、资源循环利用产品生产273家),环境服务业从业单位400家。2011年,环境友好产品工业销售产值为622.7701亿元,资源循环利用产品工业销售产值为193.0497亿元。环保产品销售利润为4.545亿元,环境友好产品销售利润为22.8376亿元,资源循环利用产品销售利润为13.4238亿元,环境服务业利润总额9.729亿元。环保产品出口合同额为0.0769亿美元,环境友好产品出口合同额为32.4933亿美元,资源循环利用产品出口合同额为0.0352亿美元,对外环境服务合同额为0.5278亿美元。环保产品生产经营人均收入为60.4166万元,环境服务业人均收入为39.3709万元。环保产品生产经营人均利润为7.6231万元,环境服务业人均利润为3.7353万元。

重庆环保产业专业性强,且已具有多种专业的国际现代技术和产品,通过引进、消化、吸收国际领先技术和企业自主研发,这些技术在各专业领域或处于国际国内领先水平,或填补了国内环境污染治理的空白。拥有这些技术的企业,有的已经成为中国环保产业的骨干企业,在相关领域内发展成为国内数一数二的专业企业;有的通过技术积累,正处于飞跃性发展的进程中。这些技术和产品主要包括:生活垃圾焚烧发电炉排焚烧炉技术,烟气脱硫脱硝技术,垃圾收运、油气回收及CNG燃气技术,城市生活污水及船舶污水治理技术和产品,危险废物处置技术,机动车尾气三元催化剂开发,环境监测仪器设备制造,布袋除尘及电除尘设备制造,污染土壤修复技术,磷石膏及铬渣无害化处理技术,等,涉及水、气、声、渣专业领域的污染治理,为环境保护事业的发展壮大提供了技术支持。

同时,市环保局认真贯彻落实"环境污染治理设施的专业化、社会化运营服务"的要求,积极扶持和发展专业化的运营团队和企业,开展有关环保设施运营的培训,连续三年每年培训三四百名专业环保设施运营技术人员。到2010年,全市已有持国家环保设施运营资质的企业50余家,运营领域涉及水、气、在线监测等,不少企业已经走出重庆,在市外开展运营管理业务。

二、环保产业发展水平

经过多年的推进和建设,重庆市环保产业已处于西部领先发展水平。2012年有14家环保企业被评为中国环保产业骨干企业,在全国排名第三;有7家环保龙头骨干企业的董事长或总经理获得中国环保产业优秀企业家殊荣。远达环保、三峰环境、康达环保、中天环保、海特环保、川仪分析仪器等专业化的环保龙头骨干企业无论从技术上还是经济总量方面都处于国内领先水平。远达环保、三峰环境、康达环保还是中国环保产业协会企业副会长单位。从总体来看,重庆市环保产业已形成了以中小环保企业为基础、以实力雄厚的环保产业骨干企业为龙头、新兴环保产业企业不断兴起、产业经济总量快速增长的环保产业发展新局面。

一是环保产业经济总量快速增长。重庆市环保产业年总产值至2012年达1000亿元以上。2012年与2000年的环保总产值相比,12年间增长了50倍,远远高于重庆市GDP的增长速度。重庆市环保产业从小到大,由弱变强,正在成为重庆市经济发展的支柱产业之一。

二是建成了国内一批专门领域的环保产业龙头骨干企业。重庆市人民政府于2000年发布了《关于加快国家环保产业发展重庆基地建设的意见》,其中明确的专门领域牵头企业如今都成了重庆市的环保产业龙头骨干企业。如在烟气脱硫脱硝、垃圾焚烧发电、城镇污水处理、危险废物处置、机动车尾气净化、环境监测仪器制造、污染土壤修复等领域,重庆市环保企业都是国内佼佼者。

三是已具有多种专业的环保国际现代技术。重庆市环保产业的特点是专业性较强,技术性较高。在城市垃圾处理方面,引进了德国马丁垃圾焚烧炉制造技术且大部技术经消化吸收而国产化;在船舶污水方面,引进日本大晃机械工业株式会社船舶污染治理设备制造技术并与重庆市环保企业成立合资公司,建设了生产基地;在电厂烟气治理方面,引进日本、奥地利烟气脱硫技术和意大利烟气脱硝工艺技术以及美国烟气脱硝催化剂生产技术,建成了亚洲最大的脱硝催化剂产品的生产厂;在危险废物处置方面,引进德国危险废物焚烧成套设备工程技术,建成了多座危险废物处置场;在城镇垃圾处置方面,引进日本新明和垃圾收运、水处理设备制造、油气回收先进技术,成立了合资公司和生产基地。此外,还在环境监测仪器制造、机动车排气污染控制、高浓度工业废水处理等领域与法国、美国、德国等国的环保公司开展了技术合作。总之,重庆市环保企业积极开展国际合作,引进消化吸收国际先进的关键技术已见成效,其产品和技术被广泛应用到国内环保产业市场,有的已发展到国外市场。寻求国内外先进技术进行合资合作已成为重庆市环保产业发展的特点。

四是已具备产业发展资本运作能力。重庆市环保产业龙头骨干企业都广泛采用BOT、TOT等多种投融资形式在环保产业领域中开展资本运作,大多从事环保服务业的中小企业均具有做BT环保项目的能力。如城镇污水处理领域,重庆市环保企业已采用BOT、TOT等融资模式在国内20余个省市投资运营了日处理200多万吨的城市污水处理厂,采用BOT等多种形式投资垃圾焚烧发电、烟气脱硫脱硝项目,其业务范围辐射全国,并走出国门。

五是环保产业水平得到大幅提升。2012年与2000年相比,重庆市从事环保产业的企事业单位从141家增至1000余家,从业人员达10多万人。重庆市环保产业近年来的发展趋势和特点:其一,国有大中型企业兼营或成立独资公司从事环保产业,提升了环保产业的水平,环保企业品质发生了质的变化。其二,一批实业很强的民营企业兼营或成立具有法人资格的专营环保公司,具备强有力的投融资能力和拥有核心技术的能力。其三,中小环保企业不断崛起。重庆市大量的下岗职工、大学毕业生等,纷纷创建环保公司,提供了数万人的就业岗位,重庆市中小环保企业占环保企业总数的95%以上。其四,环保产业固定资产大幅增长。重庆市环保企业在2000年初几乎仅有少量的办公场地和生产场地,装备规模都很小,2010年,重庆市环保产业龙头骨干企业都有了自己规模宏大的产业基地,并通过投资购买环保产业的设施等增加了固定资产,有的环保企业已经或正在包装上市。

六是环保企业的行业领域、业务范围不断拓展。在行业领域上,从单纯的污染源治理拓展到环境污染治理设施运营、环保设施建设资本运作;从烟气脱硫领域深化到烟气脱硝领域;从生活垃圾、工业固废处理领域深化到核废料处理领域等。在业务服务区域上,从重庆走向全国,并跨入国际市场。在技术上,从简陋、落后的环保设备、技术,转变为大量引进国外的先进环保技术和产品,并走上专业化、国产化道路。

三、环保工程技术中心建设

重庆市环保企业在引进、吸收国内外先进环保技术的同时,联合国内相关科研机构和大专院校,积极开展技术创新,走"产学研"一体化道路,努力实现先进环保技术和设备的国产化、成套化。通过艰苦努力和扎实创建,目前已有"国家环境保护危险废物处置工程技术中心"和"国家环境保护垃圾焚烧处理与资源化工程技术中心"落户重庆市,"国家环境保护烟气脱硝工程技术中心"建设已完成创建规划编制、技术审核等前期工作,已报送国家环保部待批。此外,在环境监测仪器设备的装备制造、机动车排气污染控制、船舶污水处理、土壤修复等方面,都具备了创建环保工程技术中心的基础条件。

大力推进科技创新,培育和发展了一批环保产业技术中心,加强了环保工程技术中心建设。

烟气脱硫技术中心:中电投远达环保工程有限公司引进消化了日本、奥地利烟气脱硫技术,拥有真空胶带机专利,将以上技术专利、技术投入应用,培育和发展电厂烟气脱硫技术中心。

垃圾焚烧发电技术中心:重庆三峰环境产业有限公司引进消化了德国马丁垃圾焚烧发电逆推式炉排炉和烟气喷淋塔制造技术,培育和发展垃圾炉排炉焚烧发电技术中心。

污水处理技术中心:重庆康达环保产业(集团)有限公司从事工业废水、城市生活污水治理10余年,具有综合污水处理的专业技术,并引进消化了日本大晃机械工业株式会社船舶污染和含油废水治理成套设备制造技术,培育和发展康达环保股份有限公司水处理和船舶污染治理成套设备制造技术中心。

固废焚烧炉制造企业技术中心:中天环保产业(集团)有限公司引进德国鲁奇炉固体废物焚烧制造技术,培育和发展固废焚烧炉制造技术中心。

垃圾收运成套设备制造技术中心:重庆耐德工业股份有限公司引进消化了芬兰、荷兰、日本等垃圾收集、压缩、运输系统设备制造技术,培育和发展垃圾收运成套设备制造技术中心。

城市垃圾填埋处理和运营技术中心:重庆市环卫控股(集团)有限公司建设和运营了2500吨/天的垃圾填埋处理场,具有城市垃圾填埋处理技术,培育和发展城市垃圾填埋处理和运营技术中心。

城市污水处理厂建设运营技术中心:重庆市水务控股(集团)有限公司具有建设和运营城市污水处理厂的技术能力,培育和发展重庆水务集团城市污水处理厂建设运营技术中心。

除尘设备制造企业技术中心:重庆市渝江机械设备有限公司具有自主开发和吸收国内外先进除尘技术的能力,已能提供在专用生产线上生产的各型极板和极线,具有先进的生产技术和装备。重庆四维环保设备厂拥有耐高温、高湿、高浓度袋式除尘技术,培育和发展渝江机械设备有限公司、重庆四维环保设备厂除尘设备制造技术中心。

机动车尾气治理企业技术中心:重庆海特汽车排气系统有限公司汽车尾气净化器等已被科技部、国家环保总局列入"国家重点新产品",并具有60余人的技术研发人员,培育和发展海特汽车尾气净化产品制造技术中心。

机动车节能环保企业技术中心:重庆臻诚动力机械开发有限公司,自主研发取得了多种专利,生产汽车、摩托车用及通机用节能环保活塞环专利技术,已被投入生产和市场,并将取得巨大的经济效益,培育和发展臻诚动力机械开发有限公司汽、摩节能环保产品技术中心。

天然气利用企业技术中心:重庆气体压缩机厂,天然气加气站成套设备制造已形成能力,培育和发展天然气企业技术中心。

四、重庆市环境保护产业协会

(一)工作概况

一是第三届理事会选举产生时,重庆环保产业从业人员仅有1万余人,环保产业总产值约9亿元,专兼职环保企业约100余家,仅有个别环保企业年产值达到2000万元。该届协会在任期内,推动环保产业上了新台阶。根据市环保局委托重庆市环保产业协会对2010年环保产业及相关产业的调查统计,全市环保产业产值已达1000余亿元,增长了100余倍;环保企业1000余家,从业人员10余万人,分别增长了9倍。根据"十二五"环保产业发展规划研究,到2015年,环保产业产值可达1600亿~2000亿元,其中,年产值达10亿~100亿元的环保企业有20余家。

二是积极推动环保产业国际合作,形成一批拥有国际现代技术的、各专业领域的龙头骨干企业。重庆已具备了德国、美国、法国、日本、意大利等国的垃圾焚烧发电,脱硫、脱硝、脱硝催化剂及载体原料生产,船舶污染治理,机动车尾气净化消声,危险危物处理,垃圾收运及中转装备制造,监测仪器仪表制造等多种环保专业领域的国际现代技术和环保装备制造能力。目前,环保产业产值上亿元的环保企业有30余家,年产值1000万~10000万元的企业有100余家。2012年重庆市有14家环保企业评为中国环保产业骨干企业,在全国30多个省市中名列第三位,并有远达、康达、三峰、渝江等环保公司评为全国AAA级环保信用企业,其中,康达、远达、三峰成为中国环保产业协会副会长单位,有7名环保企业董事长、总经理成为中国环保产业优秀企业家。

三是积极承担政府委托的事项。受市环保局、市发改委、市经信委委托,完成了重庆市"十一五""十二五"环保产业发展规划研究,并获得了重庆市政府科技进步三等奖和重庆市科技成果登记。完成和承接了市环保局、市发改委、市经信委、市统计局委托的2004年度、2011年度重庆市环保产业调查,承办了环境污染治理设施运营资质单位现场操作及管理人员的组织培训等事项。参与制定修订行业标准和技术规范,承担政府委托的研究项目,评定和筛选环保技术产品,推介环保产品技术、评选优秀环保工程,为环保产业的发展出谋划策。

四是积极为会员服务和为行业服务,积极培育和团结了一批新会员。2002年,第二届理事会换届时,仅有团体会员66家。2012年,第三届理事会换届时,团体会员已发展到369家。期间,新增了30家环保企业为副会长及常务理事单位,第三届理事会有企业副会长10名,常务理事40名,理事单位73家。为了协助政府规范环保产业市场,以行业自律方式颁发了《重庆市环境污染治理资质证书》《重庆市清洁生产审核资质证书》,协助市环保局承办环境污染治理设施运营资质单位现场操作及管理人员的培训等事务,开展信息服务,出版了《重庆环保产业通讯》刊物153期,编写《重庆环保产业简报》3期,开通环保产业网站服务。开展会员维权行动,为环保企业排忧解难,帮助企业开展业务工作。

(二)组织机构

第三届理事会(2002—2012年)

2002年3月3日至2012年10月30日,183家单位会员,73名理事,常务理事40名。

名誉会长:张绍志　重庆市环保局局长
　　　　　曹光辉　重庆市环保局局长
顾　　问:吉光树　市环保局原局长
　　　　　喻登荣　市环保局巡视员
　　　　　张光辉　市环保局巡视员
会　　长:徐淑碧　市环保局副局长
副 会 长:伍源德　市计委副主任
　　　　　马泽民　市经委巡视员
　　　　　王力军　市环保局副局长
　　　　　黄　红　市环保局副局长
　　　　　董　林(雷钦平)　重庆三峰环境产业有限公司总经理

赵隽贤　重庆康达环保产业(集团)有限公司董事长
刘　艺　中电投远达环保工程有限公司董事长
罗泽秀　重庆绿色科新环保发展有限公司董事长
唐仁万　重庆市渝江机械设备有限公司董事长
敖志平　重庆海特汽车排气系统有限公司董事长
张兴庆　重庆市环卫控股(集团)有限公司董事长
李　理(赖生平　吴国防)重庆市排水有限公司董事长
彭守纯　第二届理事会副秘书长、市环保局调研员
张守任　市环保局原处长
王道福　重庆仪器仪表股份有限公司董事长
刘　娅　重庆立洋汉斯环保公司董事长
(注:括号中的人名为继任)

秘书长:张守任(兼)

第二节　环保资质认可

一、环保产品市场准入资质认可

搞好市场监督,以一系列的环保资质认可为主要手段,对环保产业市场进行监督、管理和规范、培育,让环保产业市场统一开放、公开竞争、有序运行,通过市场的发育和完善来引导和推动环保产业的发展。

搞好环保产品市场准入资质认可(环保产品认定)。

为了加强对环保产品的监督管理,保证环境保护投资的效益,国家环境保护总局于1996年4月发布了《国家环境保护局关于对环保产品实行认定的决定》。经过两年多的努力,环保产品认定工作已经在全市范围内开展起来,并逐步走上了规范化管理的轨道。环保产品认定工作的开展,对建立环保产品市场准入制度,促进环保产业市场的健康发展,引导环保产品的技术进步起到了重要作用,在国内外产生了较大的影响。

环保产品市场准入工作虽然取得了一定成绩,但也存在着很多问题。产生这些问题的原因是多方面的。既有技术方面的原因,又有行政方面的原因,为了能够较好地解决这些问题,深化环保产品认定工作,2010年,市环保局拟将对环保产品市场准入制度进行改革,并开展以下几项工作:

(1)抓紧制定环保产品认定技术条件,明确需认定的环保产品范围,2010年覆盖率超过90%。

(2)逐步将环保产品认定工作向第三方认证转移,实现与国际通行做法接轨。

(3)完善环保产品认定工作程序,加强规范化管理工作,要对从事环保产品认定工作的有关人员进行培训,以获取资格。

(4)加强全市环保产品认定工作的协调管理,加强环保产品认定工作信息的相互沟通,各地环保部门要把本地的情况及时上报,市局将对各地的情况汇总后,进行通报。

二、环境工程和总承包资质认可

国家环保局于1992年正式将环境工程设计资质管理纳入工作议程,并于1995年以15号令颁布了《环境工程设计证书管理办法》,此后,又与建设部联合下达了《关于开展环境污染防治工程专项设计证书资格评审工作的通知》。这些文件的出台使环境工程设计资质走上了规范管理的道路。至2010年,重庆市环保局评审和颁布了3批共81家单位的环境污染防治工程专项设计证书,

第四批评审审定工作正在进行中。这些单位遍及各行各业,对规范环境工程设计市场、杜绝无证设计、提高工程质量水平已发挥了重大作用。但是环境工程设计资质管理工作还存在一些问题,主要表现在与有关部门的关系不顺、申报程序繁杂和评审标准不完善等。

因此,今后应努力做好以下几方面的工作:

(1) 继续加强与有关部门的沟通、协调,明确职责定位,理顺工作关系。

(2) 修改环境工程设计证书管理办法,完善申报程序,增加有关外资企业和新成立单位的申报、评审内容;修改评审标准、检查标准和证书分级标准。

(3) 加强环境工程设计资质的规范化管理,开展环境工程设计资质管理人员培训工作。

(4) 加强自查、抽查和换证工作,对获得环境工程设计证书的单位,除每年开展自查和不定期的抽查,还将开展定期审查换证制度。全面整顿环境工程设计市场,组织有关管理人员和专家对所有获证单位进行清查和换证,经检查不合格的获证单位坚决予以吊销证书。

(5) 为了适应环境工程设计市场不同层次的需求,今后将在甲、乙级证书资质管理的基础上,扩大设计证书管理的覆盖面,尽快开展丙级设计证书资质认可工作。

三、环境保护设施运营资质认可

环境保护设施运营是指排污者(委托方)将环境污染防治设施或环境污染物委托专业的环保企业或实体(服务方)运营或处理,实行社会化有偿服务,由服务方自主经营、自担责任、自负盈亏,保证设施正常运行和污染物达标排放。开展和推行环境保护设施运营资质认可制度旨在加强对环境保护设施运行状况的监督,提高环境保护设施运行管理水平,发挥环保投资效益,促进环保设施运营的社会化、市场化、专业化和企业化,培育适应社会主义市场经济的环保产业发展新机制。

为了尽快开展这项工作,2010年,市环保局积极制订《环境保护设施运营资质认可管理办法》。但考虑到这是一项开拓性工作,打算分两步走:第一步,做好宣传,引导排污者和治污者积极自觉地参与污染防治设施的运营活动。先开展试点工作,对已基本具备条件的企业颁发试点资质证书,通过对试点工作的总结,出台并完善有关的管理办法,逐步摸索,为下一步实施规范化管理积累经验。第二步,在环境保护设施运营已经有一定规模和程度的基础上,建立环境保护设施运营规范化管理制度,在全市范围内强制开展运营资质认可工作。只有取得运营资质证书的单位,才能从事环境保护设施运营活动。这样就可以改善环境保护设施运行管理无序的状态,并使之走向法制化、规范化、有序化的轨道。

第八篇　环境宣传教育

第一章　组织机构

第一节　重庆市环境保护宣传教育中心

重庆市环境保护宣传教育中心(以下简称宣教中心)系市环保局局属正处级事业单位。其主要职责是开展环境保护宣传教育、环境保护技术培训、环境保护技术交流。在环境宣传方面,宣教中心围绕市环保局的重点工作,利用"6·5"世界环境日、"4·22"地球日等重大环境纪念日等组织宣传活动,组织以青少年为主体的长期系列环境竞赛和宣传活动。宣教中心通过《重庆环境科学》杂志向读者介绍国内外环境领域的新趋势,并与电视、广播、报刊、网络等各类媒体合作,广泛传播环境保护知识、政策、信息。

在环境教育方面,宣教中心承担由市环保局、市教委等部门共同开展的绿色学校、绿色社区(小区)创建活动。通过活动的开展,提高中小学环境教育和环境管理水平,增强师生的环境素养和实践能力,推动社区居民开展环境自治,改变传统生活方式,改善城市社区的环境质量。在能力培训方面,受环保部门委托,宣教中心承担各区县党政领导干部环保培训、环境监测站站长岗位培训及环保系统公务员培训等工作。承办环保系统干部出国培训;作为技术支持单位,协助环保局对全市污染治理设施运营培训实施管理;根据实际需要组织各级各类环保专业技术人员的培训。在环保宣传教育国际合作方面,宣教中心与国内外环保组织、研究机构、高等院校、工商企业建立广泛的合作联系,策划执行综合性环境宣传教育项目。宣教中心通过实施环境宣传和培训项目,带动地方环保宣教中心网络建设,共同致力于提高社会各界的环境意识,促进公众参与环境保护。

"十五""十一五"期间,重庆市环保系统的广大宣传教育工作者根据《全国环境保护宣传教育行动纲要》和《2001—2005年全国环境宣传教育工作纲要》的要求,积极营造保护环境的良好氛围,倡导环境文化,弘扬生态文明,增强市民的环境保护意识,有力地配合、支持了环境保护工作,为促进社会主义精神文明建设做出了应有的贡献。

第二节 《环境保护导报》社

《环境保护导报》经中共重庆市委宣传部和重庆市出版总社批准,创办于1986年1月,为重庆市环保委员会的机关报,每周1期,为四开四版,内部发行,总编辑由市环保局副局长周百兴兼任,黎毅任常务副总编辑。

《环境保护导报》创刊1年来,质量不断提高,在四川省环境保护系统和各界人士中产生了较大影响。1987年12月,四川省环保委员会为此专门行文,要求该报面向四川,扩大报道范围。云南、贵州、南宁等省市环保部门,则多次致函该报,要求扩充版面,公开发行。中共云南省委副书记聂荣贵曾为该报题词,希望《环境保护导报》能为西南地区的环保工作做出贡献。此时,该报的年发行量已达40000余份,发行面已由重庆市向外地发展。1987年,在全国首届环境报刊好新闻评比中,获好新闻奖5篇,获奖总数居全国第三位,在全国100多家同类报纸的评比中,名列第六位。

1988年5月,经国家新闻出版署批准,《环境保护导报》向全国公开发行。从此时起,该报由四川省环保委员会与重庆市环保委员会联合主办,办报方针是"立足四川,服务友邻,面向基层,面向群众,为环境保护事业服务"。开辟的主要栏目有:城市环境、生态农业、环保动态、企业环保园地、环保科技、环境瞭望、环境大观园、环境随笔、环境文摘、文化广场、生活天地、漫画窗、朝天椒、峨眉、求索等。

《环境保护导报》自创刊以来,一直由副市长、市环保委员会主任李长春任报社社长,市环保委员会副主任、市环保局局长林定恕和市环保局副局长周百兴任副社长。

1988年6月,四川省环保委员会决定,《环境保护导报》社的领导成员为:

社　　长:杜恒产(四川省建设委员会主任、省环保委员会副主任)

副社长(常务):林定恕(重庆市环保委员会副主任、市环保局局长)

副社长:潘大健(四川省环保委员会办公室主任、省建设委员会副主任)

副社长:周百兴(重庆市环保局副局长)

《环境保护导报》编辑委员会主任为杜恒产,副主任为林定恕、潘大健、周百兴、钟善修。总编辑为钟善修。

从1989年起,该报由四开四版小报扩充为对开四版大报,是当时全国的地方环境保护专业报中唯一的一张大报。报社设立了总编室、编辑部、通采部、经宣部、办公室和电脑排版服务部等,除在重庆市21个区县建立了通联站,聘任了一批专、兼职记者和通讯员外,还在四川省的自贡、内江、绵阳等地区建立了7个记者站。11个通联站,共有专、兼职和特约记者130人,通讯员600余人,基本上形成了一支热爱环保宣传事业的新闻工作者队伍和覆盖全川、辐射西南的通讯联络网络。记者站、通联站的主要任务是组织新闻报道和环境报刊的发行等工作。1989年12月,由王伟任总编辑,钟善修任中共支部委员会书记。

《环境保护导报》社在1999年根据国家新闻出版署《新闻出版署关于非新闻出版机构不得从事与报刊有关活动的通知》的精神规定正式停刊。从创刊到停刊,《环境保护导报》共出版1920期。

第三节 《重庆环境科学》杂志社

《重庆环境科学》是由重庆市环境保护局主管,重庆市环境保护局、重庆市环境科学学会联合主办的,综合性的环保科技期刊,于1979年8月创刊(创刊时刊名为《重庆环境保护》)。

《重庆环境科学》的办刊宗旨:立足重庆,面向全国,遵循为经济建设和环保事业的发展、为提高环境科学技术水平、为广大环保工作者服务,宣传和报道重庆市和全国各地有关环境科学的先进技术、经验和专论。

《重庆环境科学》的主要栏目有:环境管理、环境评价、生态经济、可持续发展、污染防治、固体废弃物处置、综合利用、环保产业、监测分析等10多个栏目。主要刊登环境污染防治和监测分析的先进技术以及三废利用科研成果,交流环境管理、环境法制建设方面的先进经验,探讨可持续发展、生态经济、城乡生态环境建设方面的理论与实践,还报道国内外环保领域的最新信息。

《重庆环境科学》的主要读者对象:可供有关环保管理部门,技术、经济、科研部门,厂矿企事业单位中从事环保管理、教学、科研和技术工作的人员,以及大专院校有关专业的师生等参阅。

《重庆环境科学》系双月刊,逢双月15日出版。

1988年1月更名为《重庆环境科学》,国内外公开发行。1988年6月起,国内统一刊号为CN 51-1166。1988年8月起,国际标准连续出版物编号为ISSN 1001-2141。

1991年,《重庆环境科学》的国内统一刊号变更为CN 51-1166/X。

1988—2008年正是重庆市经济高速发展、城市人口大量增长、能源消耗量大幅度上升的时期,也是环境保护工作面对社会生产活动和生活活动对环境的压力越来越大的挑战,开拓前进时期。在开拓前进中,《重庆环境科学》杂志在宣传环境保护方针政策,介绍环境科学技术,推动环境管理和环境建设方面发挥了积极的作用,做出了有益的贡献。

1992年,《重庆环境科学》被编入第一届全国中文核心期刊要目总览。

1996年,《重庆环境科学》被编入第二届全国中文核心期刊要目总览。

1996年,入编《中国学术期刊(光盘版)》,由清华大学中国学术期刊电子杂志社发行部发行。

1999年,《重庆环境科学》改版为国际标准16开版。

2000年,《重庆环境科学》被编入第三届全国中文核心期刊要目总览,并荣获"第一届环境保护期刊评比一等奖"。

《重庆环境科学》还相继被纳入中国科学引文数据来源期刊、中国学术期刊综合评价数据库来源期刊,被美国《科学引文索引》(SCI)收录。

2001年6月,国内统一刊号变更为CN 50-1117/X。

2003年1月,《重庆环境科学》由双月刊改为月刊,扩大了信息量,缩短了刊稿周期,共出版12期。

2003年底,根据国家报刊整顿政策,各级环保行政主管部门及其行业、学会主办的环境期刊一律停办,《重庆环境科学》也被列入政策性停刊范围。至此,《重庆环境科学》共出版25卷153期。

2004年至2008年6月,根据国家政策调整为内部出版物继续运营。

为适应重庆及三峡库区的发展要求,加强环保科技交流,提高环保整体科技水平,给环境管理人员和环保专业人员搭建一个科技交流的平台,为三峡库区乃至长江中上游环境保护和生态建设工程服务,促进社会经济全面、协调和可持续发展,因而有必要出版一份公开发行的环保科技期刊。2008年7月经新闻出版总署批准,《三峡环境与生态》正式出版发行,国内统一刊号为CN 50-1194/X,国际标准刊号为ISSN 1674-2842。《三峡环境与生态》杂志是由重庆市环境保护局主管,重庆市环境科学研究院主办的环保科技期刊。《三峡环境与生态》杂志系双月刊,逢单月28日出版。

第四节 《中国环境报》重庆记者站

《中国环境报》重庆记者站,是市环保局局属副处级事业单位,主要职责是负责本市的环境保护宣传报道工作,反映本市的环境保护情况;管理本站专、兼职记者的业务活动;组织培训通讯员队伍,建立宣传信息网络。

1984年1月初,国务院环保委员会的机关报——《中国环境报》正式创刊。创刊初期为对开四版的周报,1985年1月改为周二报,1987年1月改为周三报,在国内外公开发行,是国内极有影响的专业报纸之一。城乡建设环境保护部为此发文要求各省、市、自治区组建记者站,40万人口以上的城市环保部门,要为报社配备1名专职记者。1984年6月,市环保局决定组建《中国环境报》重庆记者站,由市环保局局长林定恕兼任站长,钟善修兼任副站长,奚元福任专职记者。其人员编制和所需经费均从市环保局的在职干部编制和事业经费中调剂解决。

1986年11月,市环保局根据国务院环保委员会《关于加强〈中国环境报〉记者站建设的通知》的精神,加强了记者站的组织建设,经与中国环境报社协商同意,《中国环境报》重庆记者站由周百兴、奚元福、黎毅、谭有智四人组成,市环保局副局长周百兴兼任站长,奚元福任副站长(专职),黎毅、谭有智任记者(专职)。市编制委员会为记者站划拨了3名人员的编制,其人员经费和记者站的业务活动经费均从市环保局的排污费提留资金中解决,中国环境报社也下拨了一个人的事业经费作为补贴。

2010年12月,《中国环境报》重庆记者站站长由宣教中心主任任忠梅兼任,有1名记者(聂廷勇)。

第二章 环境宣传

第一节 新闻宣传

1991—2010年,重庆环保新闻宣传围绕每年环保中心工作,通过报纸、电视、广播、网络等媒体,与时俱进、开拓创新,开展了卓有成效的宣传,为助推环保工作顺利开展,推进生态文明建设,促进环境质量改善,提升市民环境意识,营造了良好舆论氛围。

一是围绕中心,助推重点工作。20年来,重庆环保新闻宣传先后围绕三峡库区水污染防治、主城区"清洁能源"工程、"五管齐下"净空工程、进一步控制尘污染措施、"蓝天、碧水、绿地、宁静"四大行动、创建国家环境保护模范城市等中心工作开展了大量的环境新闻宣传,有力促进了全市环境保护各项重点工作的顺利开展,大大提升了重庆市市民的环境保护意识。

二是工作扎实,取得明显成效。据不完全统计,20年来重庆市共在中央和地方各电视台、广播、报纸、网站、杂志等刊播环境新闻达1万余条。同时创新发展自有宣传平台,通过简报、《重庆环保》内刊、官方网站等多种形式发布新闻通稿、工作动态、图片新闻、环保信息,充分保障公众知情权。2010年重庆创模期间,重庆市社情民意调查中心的调查结果显示,重庆主城区及北部新区的公众对创模的知晓度达到80%,对城市环境保护的综合满意率达72.92%,是有调查记录以来的最高值。市环保局宣教部门也多次受到市政府、市委宣传部表彰,多次在市级、国家级会议上做交流发言。

三是与时俱进,完善机制体制。制定工作规则,明确新闻信息审核发布机制,坚持宣传工作主要负责人审核把关内容、统一口径发布等原则。建立健全系列新闻协调机制,包括建立与上级主管部门、相关市级部门、中央驻渝和市内新闻单位、市环保局系统及区县环保局的沟通协调机制,畅通信息传递与工作开展。制定媒体接待办法,明确新闻媒体来访来函接待程序和职责分工,与各媒体单位建立良好合作关系。完善新闻发布机制,2006年开始环境新闻发言人培训,2008年起建立健全环境新闻发言人制度,市、区县两级明确新闻发言人,不定期召开新闻通报会,定期发布新闻通稿,市区联动发布环境新闻的格局基本形成。完善宣教队伍培训机制,定期组织对全市环保系统新闻发言人队伍、宣传信息队伍进行培训,采取"请进来"和"走出去"相结合的方式,提升环保系统新闻发布能力与水平。建立网络舆情引导机制,从2009年开始建立网络舆情监测引导队伍,在全市建立环保网评员队伍,每年定期开展培训,发表网评文章,引导和处理网络环境舆情。

第二节 社会宣传

重庆市环保社会宣传事业始创于20世纪70年代初期,以1979年《中华人民共和国环境保护法(试行)》为标志,进入了一个新的发展阶段,设立了专门的环保社会宣传机构。

1991—2010年,重庆市环保社会宣传工作在市环保局党组的领导下,紧紧围绕节能减排、环保"四大行动"、污染源普查、统筹城乡环境保护、创建国家环保模范城市等中心工作,以市环保局党组提出的全力打造"西部领先、全国一流"的重庆环保为目标,通过加强党政干部、环保从业人员和中小学环境教育培训,推进"绿色系列"创建,开展"6·5"世界环境日纪念主题活动、"科学发展观与环境保护"巡回宣讲、"直辖十年看环保、节能减排进社区"、全民低碳行动暨"城乡统筹、环保同行"环保现场宣传、百家企业环保誓言等系列社会宣传活动,不断创新宣教工作思路、形式和方法。在宣传普及环保法律法规、强化干部环境教育、引导公众参与环境保护等方面取得了一定成绩,为提高全民环境意识、增强市民环保责任、推进全市环保工作营造了良好的社会氛围。

同时对区县环保宣传工作提供技术指导,推进市内外、国内外环保社会宣传机构间的交流和合作,不断提升全市环保社会宣传水平。推动公众参与环境保护,为企业、农村、媒体、NGO、协会、社团及青少年等不同群体开展环保宣传活动提供技术支持。

第三节 专题宣传

一、环保世纪行

"重庆环保世纪行"是由重庆市人大城环委牵头,协同市委宣传部、市财政局、市环保局等40余个市级部门,以及市级有关新闻单位、国有大型企业(集团)和部分区县人大联合组织的大型环保宣传活动。重庆市从1994年开展该项活动,至2010年已16年。"重庆环保世纪行"每年围绕一个宣传主题,组织有关单位和新闻媒体记者,深入现场,调研采访报道,充分发挥其法律监督、舆论监督和社会监督作用,推动有关重大环境与资源问题及时得到政府解决。同时通过开展多种形式的社会宣传,不断增强社会公众的环境保护意识,推动环保法律法规实施,助推生态文明建设,扩大其影响力。每年,"重庆环保世纪行"还配合"中华环保世纪行"在重庆的采访活动,向全国人大环资委、国家有关部门反映"重庆市环保世纪行"活动的情况、做法、建议和要求。

据不完全统计,截至2010年,全市共有记者1000余人次参加了"重庆环保世纪行"的宣传报道,发表各类文章3000余篇条,促使政府及有关部门解决300余个环境问题,有力推动了重庆市环境与资源保护工作。"重庆环保世纪行"每年组织对参与活动的先进单位、先进个人以及电视、报纸、广播等媒体中出现的优秀环保新闻作品进行评选和表彰,以推动活动进一步深入开展。16年来,重庆环保世纪行已经成为社会公众认识、参与、关注环保的重要宣传舆论品牌。

"重庆环保世纪行"编写的简报,定期寄送给市级有关领导和环保世纪行相关成员单位,得到了市人大、市政府、市政协领导的认可和鼓励,成为反映重庆市环保工作的重要信息渠道,为上级领导和有关部门制定政策提供了参考。

二、重庆环境网

重庆环境文化网(www.cqep.org),原为重庆市环境网,由市宣教中心创办,于2003年初期被定位为能及时反映环保工作动态及政策法规的政务类网站。后在实践中结合工作需要及外界反映不断修正定位,于2005年进行彻底改版,被定位为重庆最专业的环保公众互动平台。改版后的网站除反映政务信息、工作动态之外,还着力开拓基于网络平台的环保社会宣传活动,先后在线举行了"中学生环保大使网络投票"及"重庆创模知识网络大赛",均取得佳绩,赢得了广泛的社会关注与参与。"重庆创模知识网络大赛"累计参与人数达到40余万人次,充分显示了网络平台组织公众互动性环保活动的巨大影响力,也为重庆环境网实现改版定位探索出发展方向与具体实施思路。此后,重庆环境网与本地网络巨头大渝网、华龙网合作,相继开展网络书画大赛、环保明星网络评选等一系列互动性网络活动,均获得公众极大的关注度与参与热情。重庆环境网成为重庆地区影响力最大的环保类公众互动参与平台。

三、1991—2010年,重庆市环境宣传(教育)情况

1991年,重庆市开展了大规模的环境保护文艺调演活动。全市创作演出环境保护文艺节目35台次,有274个节目通过组委会审定,其中55个节目获得演出奖,15篇作品获得创作奖,11个区县获得组织奖。南岸区选送的小品《吴几根相亲》参加全国比赛,并获得三等奖。重庆获得全国环保文艺小品比赛组织奖。此外,结合"4·22"地球日和"6·5"世界环境日,还坚持了经常性的环保宣传。全年举办环境管理、监理、统计岗位培训班13期,培训干部700人次,全市有6万多名中小学生参加了"环境与健康"征文竞赛。

1992年,为纪念《人类环境宣言》发表20周年,迎接联合国"环境与发展"大会的召开,重庆市开展了"环境与发展"宣传月活动。通过印发宣传资料和纪念封、赠送"6·5"生日贺卡、进行《地球誓词》签名,以及举办演讲比赛、展览、咨询等形式多样、内容丰富的活动,使受教育群众达302万人次。此外,还举办环境监测、监理、统计、岗位资格培训班35期,培训干部达1941人次。开展环境教育的中小学校达460所。

1993年,重庆市紧紧围绕环保工作的中心任务,以"环境与发展十大对策"为宣传重点,开展了一系列的宣传教育活动,并取得了明显进展。一是通过与《重庆日报》社、重庆人民广播电台、《环境保护导报》社等单位协调,成功地联办了"环境与发展十大对策"征文活动和经常性宣传活动。《重庆日报》相继刊发征文35篇;重庆人民广播电台播出专稿20余篇;《环境保护导报》开设专版,组织环保专家和各级领导系统地发表文章,阐述"环境与发展"的辩证关系。在这一专题宣传中,各区(市)县也积极与当地报刊、电台、电视台联合,将"环境与发展"的宣传报道推向了高潮。二是配合"全国环保执法大检查"和"中华环保世纪行"活动,将环保基本国策宣传、环保法律法规宣传引向深入。协调组织全市近20家新闻单位进行跟踪采访报道,共有60余篇稿件在各级报刊、电台、电视台被采用,其中"世纪行"考察组采写的《心忧恰似雾雨浓》《重庆酸雨堪忧》《重庆向酸雨宣战》等文章被全国多家报刊选用,并在1993年度"世纪行"活动好新闻评选中分别获一、二等奖。通过对环保执法检查和"世纪行"活动的宣传报道,重庆市的环保问题在社会上产生了极大的反响,也引起了市领导和有关决策部门的重视。三是搞好"4·22"地球日和"6·5"世界环境日的集中宣传。与《重庆晚报》社联办了环保杂文大赛,从3月至11月发稿38篇,"6·5"世界环境日举办了纪念专版,成功地用杂文形式干预了社会生活中的环境问题,受到了读者的好评;摄制并在市电视台播出了电视科教片《一条成功之路》,编辑了电视资料片《悠悠綦河情》《山城的忧患》;就环保问题组织了对市政府领导的电视采访;在"4·22"和"6·5"期间各播出一周环保"广角镜"宣传节目;在市经济电台举办了"市民与公仆"节目。各区(市)县的宣传活动亦丰富多彩,江津市组织了大规模的群众集会和3000余人参加的游行宣传、街头咨询等活动;北碚区开展了"环保杯"鼓号、队列竞赛,利用新颖的形式宣传环保基本国策。四是与团市委协调,抓好全国统一的环保法规、知识宣传教育活动。

1994年,重庆市的环境宣传教育工作在抓好经常性工作的基础上,配合执法检查,开展了"重庆环保世纪行"活动,开展了纪念重庆市环保事业开创二十周年的系列活动,在中小学环境教育全面推进方面有较大突破,形成了较强的舆论声势和轰动效应,使全市人民的环保意识普遍提高,环境保护话题成为全市的新闻热点。"重庆环保世纪行"活动共有13家市级新闻单位参加,在各种新闻媒体上开辟了"重庆环保世纪行"专栏,相继刊用稿件200余篇。为使中小学环境教育被纳入各级教育行政部门对各级学校考核的范围,市环保局、市教委联合签发了《关于在中小学实施环境教育的意见》,使中小学环境教育步入了制度化、规范化轨道。

1995年的环境宣传教育工作在抓好经常性工作的基础上,开展了"爱我重庆,共创美好家园——嘉陵集团杯环保知识竞赛""清除白色污染"、全市中小学环境征文竞赛、"重庆市中小学环境保护邮票设计竞赛"等丰富多彩的大规模宣传活动,近百万群众踊跃参加了这些活动,产生了许多好的环境文学、美术作品。此外,组织编写了初中环境教育材料,举办了环保干部岗位资格培训班和环保专业证书班。配合执法检查,继续开展了"重庆环保世纪行"采访报道活动,产生了广泛的社会影响。

1996年的环境宣传教育工作以"保护生命之水"为主题,继续开展了"重庆环保世纪行"新闻报道活动。全年在《中国环境报》《环境保护导报》《重庆日报》、重庆电视台等多家新闻媒体上刊发各类稿件414篇,重庆环境问题引起了社会各界的广泛关注。全年共组织发行《中国环境报》《环境保护导报》《重庆环境科学》等环保报刊13900多份。在"6·5"世界环境日等的环保宣传活动中,开展了大规模的宣传活动,赠送宣传资料2万多份。在第四次全国环境保护会议召开和《国务院关于环境保护若干问题的决定》发布以后,全市进一步加大了宣传力度,广泛宣传会议精神和国务院《决定》。配合重庆市第八次环境保护会议的召开,环境宣传活动达到了前所未有的高潮。

继续开展了全民环境教育活动,全市有20个区县共70所中小学的学生参加了以"水,生命之源"为主题的环境征文竞赛,举办了中学环境教育示范教学活动,全市中小学环境教育活动的普及率已达85%。为了提高各级领导干部的环境意识和环境决策能力,市环保局与市委组织部、市人事局联合发出了《关于在全市各级干部中开展环境教育的通知》,全市各级党校共举办环境知识讲座30期,参加人数达2344人次。首次开办环保干部岗位资格函授培训班,举办了各类知识班53期,首次举办了教师环保夏令营等。

1997年,围绕环保中心工作,配合重庆直辖、三峡工程大江截流、党的十五大召开、香港回归等重大事件和新闻热点,开展了及时、丰富多彩、有规模、有声势的环境宣传教育活动。一是结合纪念"6·5"世界环境日,组织开展了以"携手走进直辖市,共建生态经济区"为题的宣传月活动。二是开展了规模空前的公众环保意识调查,共收回有效问卷3328份,为提高新重庆公众环保意识探索了一条有效途径,为全市环保工作决策提供了依据。三是组织了以"关注三峡工程,情系生态环境"为题的纪念大江截流环保签名活动,各级党政领导和各界群众积极参与,共有20多万人郑重地签上了自己的名字。四是配合对"15小"企业取缔、关停情况的执法检查,继续组织开展了"重庆环保世纪行"活动。全市主要新闻单位积极参与,及时报道,发挥了新闻宣传和舆论监督的作用。环境教育以中小学教育和成人教育为重点,开展了中学环境教育示范教学、中小学生环境征文竞赛、各级党校开设环保讲座、环保干部岗位培训、业务培训等活动,取得了较好的成效。

1998年,为了宣传《重庆市环境保护条例》(以下简称《条例》),全市共进行了数十次街头宣传,发放资料10万份,悬挂标语4500幅,各新闻媒体共播发消息近百条,使市民普遍受到了一次环境保护教育。市人大常委会主任王云龙、副主任陈之惠分别发表了署名文章,对贯彻执行《条例》提出了明确要求,《环境保护导报》还开辟专栏,举办连续讲座。为了学好、用好《条例》,推动重庆市环保工作,对全市环保工作人员进行了系统培训。全年分4次对市环保局机关全体人员、下属单位、各区(市)县环保部门负责人及有关部门、大型企业的环保干部进行了集中培训,参训人员共430余人。各区(市)县也对有关人员进行了培训,培训达3000余人。《条例》的宣传培训创造了良好的执法环境,提高了环保工作人员的执法水平,收到了良好的效果。认真抓好"禁白""禁铅"等重点工作的宣传,使"禁白""禁铅"的通告精神和有关环保知识家喻户晓,极大地调动了群众参与环境保护的积极性。使群众不仅能自觉抵制"白色污染"、含铅汽油,还主动举报违法案件,积极配合"禁白""禁铅"工作,保证了这些工作的顺利进行。

1999年围绕"一控双达标"、医院病毒病菌废水治理、推广清洁燃料和创建环境保护模范区(市)县等中心工作,重庆充分发挥舆论监督作用,面向决策者、面向群众,开展一系列丰富多彩的舆论宣传活动,有效地推动了各项环保工作的实施,对树立政府为民办实事的良好形象发挥了重要作用。市环保局与《重庆日报》社、《重庆商报》社联合开展"领导干部谈可持续发展"征文、"国投证券杯"环境征文活动;与市妇联、市级机关党工委联合开展"妇女、家园、环境"大型宣传活动;举办"让环保走进生活"报告会和"记者与环境"论坛;在市民中积极倡导有利于环境的生活方式,与重庆有线电视台联办"共创洁净家园"现场直播节目;加强了与市民的沟通,继续开展"重庆环保世纪行"活动。

全市环境教育工作成效明显。创建绿色学校工作蓬勃发展,全市有20个区(市)县成立了环境教育协调委员会,建成近百所区县级绿色学校和17所市级绿色学校;建成缙云山自然保护区等5个青少年环境教育基地;同时,加强了环境教育师资教学方法研讨和培训,进一步提高了全市环境教育的水平;举办重庆市第二届中小学生"爱我长江、保护母亲河"环境征文竞赛活动,全市3000多所学校的100余万中小学生踊跃参加;与共青团重庆市委联合开展"手拉手拣回一个希望,还母亲河一片绿色"的活动;加强对重庆大学、西南政法大学等高等院校环保活动的指导,推动高校校园环境文化建设。

2000年,重庆市开展了"保护母亲河""爱我重庆,美化家园"、新《大气法》颁布等大型环境宣传教育活动,配合环保中心工作开展了以市人大环保执法检查为重点的"重庆环保世纪行"新闻宣传活动,加强对环保为民办实事、行风评议、环境空气质量日报等工作和"6·5"世界环境日、"4·22"地球日等活动的新闻宣传。全市已有140多所学校被命名为区县级绿色学校,有17所被命名为市级绿色学校,70多万名学生参加了第三届"让环保走进生活"(奥神杯)中小学环境征文活动,2万多名中小学生在缙云山自然保护区、唐家桥污水处理厂等5家市级青少年环境教育基地接受了直观、深刻的环境教育。

2001年,环保部门组织开展了世界环境日大型环境宣传周活动;配合开展了"中华环保世纪行"保护长江采访团采访活动和"绿色消费"年主题宣传活动；组织开展了重庆市第四届中小学生环境征文竞赛活动和创建绿色中小学、绿色幼儿园活动，42所中小学校申报参加第二批市级绿色学校评估，重庆西藏中学获2001年环保最高奖"地球奖"，渝北区仙桃中学获得"福特奖"。环境保护教育已被普遍纳入区（市）县党委中心组学习和各级党校干部教育培训内容。开展创建环境保护模范社区活动，在市民中大力倡导绿色文明、绿色生活，提高全民环保意识。市环保局举办全市区（市）县环保局局长研讨班、环保干部岗位培训班、环保干部研究生课程进修班等。

2002年，环保部门组织开展"6·5"世界环境日系列宣传和环境警示教育活动，启动绿色社区创建活动，表彰首批"绿色奉献者"。首次开展重庆市十大环境新闻（2001年）评选，开展面向农村的"环保知识下乡"活动；启动"环保标语口号上墙""妇女科技环保"和保护母亲河生态监护活动；开展全市第十六届中小学生环境征文竞赛活动；表彰第二批市级绿色学校和重庆市首届环境教育优秀教师、"环保小卫士"，编辑出版《中小学生环境保护知识读本》；启动绿色幼儿园、绿色中专等绿色学校创建系列活动。加强决策者可持续发展理论教育，在市委党校开设环境保护讲座，大多数区（市）县也开展了这方面的教育。年内，"重庆环保网站"开通。

2003年，开展了以"关注库区水环境，让污染远离三峡"为主题的"重庆环保世纪行"活动，围绕环保中心工作、三峡工程二期蓄水和纪念"6·5"世界环境日，开展系列环保宣传教育活动，组织了"环境警示教育图片巡回展"。建成公众环境信息显示屏。建立市环保局新闻通报制，定期通报重大环境新闻。推进绿色社区创建活动，确定了市级和区县级试点社区。编印了《重庆市绿色社区创建指南》。开展重庆市第六届中小学生环境征文竞赛活动和党政干部可持续发展教育培训，举办"区域经济与可持续发展报告会"，组织了《环境影响评价法》培训和环保干部岗位培训。

2004年，继续开展以"关注库区水环境，让污染远离三峡"为主题的"重庆环保世纪行"活动，围绕环保中心工作和纪念"6·5"世界环境日，开展系列环保宣传教育活动。"环境警示教育图片巡回展"在36个区（市）县和5所大中学校举办40多场，受众达120余万人。开展重庆市第七届中小学生环境征文竞赛活动和绿色学校、绿色幼儿园、青少年环境教育基地创建等活动。全市新建市级绿色学校55所，市级绿色幼儿园14所，青少年环境教育基地2个。开展纪念重庆市环境保护事业创建30周年系列活动。

2005年，继续开展"重庆环保世纪行"新闻宣传活动。组织开展"市长牵手环保小卫士"和"让党旗在蓝天下飘扬——重庆市党员环保知识竞赛"等"6·5"世界环境日系列宣传活动。在主城区主要道路设置环境信息显示屏13块，聘请8位知名专家和教授在全市40个区（市）县和市级有关部门开展"树科学发展观，走持续发展路"巡回宣讲活动，开办讲座73场，受众3万余人。市委组织部和市环保局联合举办党政领导干部环境保护与循环经济专题研讨班，组织学员赴加拿大系统学习3周。

2006年，开展系列环保宣传教育活动，邀请教授曲格平来渝为市委中心组做"环境形势与环境法制建设"专题报告。

2007年，重庆市开展"辉煌的10年，奋进的环保"和"直辖10年百万市民看环保"等主题宣传活动。

2008年，市环保局组织开展改革开放30年环境保护系列宣传活动。组织新闻媒体对《重庆市环境保护条例》实施1年来环保执法情况和典型案例进行报道。围绕节能减排和生态文明建设主题，开展纪念"6·5"世界环境日暨全民减排宣传周、重庆环保DV大赛、统筹城乡环境文化宣传等活动。组织以污染源普查、环境监察、辐射安全监督、绿色创建为内容和以区县环保局局长为对象的一系列培训，共举办各类培训班8期，培训1200余人次。举办大学生"拜耳青年环境特使"（重庆地区）评选、中学生"气候酷派"环保方案设计比赛等活动。协助环保部组织开展第六届"ITT杯"全国中学生水科技发明比赛，开展绿色系列创建活动，实施中国环保意识项目之重庆市社区生态文明建设与骨干培训项目。

2009年,重庆市大力倡导生态文明建设,营造全社会关心支持和参与环境保护的良好氛围。建立健全环境新闻发布机制和新闻协调机制,成立重庆市环境保护促进会。

2010年,重庆市加大环境新闻宣传力度,中央电视台《焦点访谈》《经济半小时》《今日说法》等栏目以及新华社、《人民日报》《半月谈》《中国环境报》等重要媒体多次对重庆市环保工作进行专题报道,新浪网、搜狐网等知名网站大量进行转载。加大环保社会宣传力度。开展创建国家环保模范城市主城联动宣传、巡回宣讲及展出、宣传"十进"等活动,以及环保嘉年华重庆站活动、创建国家环保模范城市网络知识竞赛、"酷中国"全民低碳行动、中国环境意识项目等活动。组织市民投票选出100名环保义务监督员,在市民与政府之间搭起了一座环保"连心桥"。深化环境教育工作,对中小学环境教育课时安排提出明确要求,启动中小学环境教育地方教材调改和中小学生创建国家环保模范城市征文比赛活动。组织环境法制工作人员培训、绿色创建培训、环保岗位培训、创建国家环保模范城市培训、经济发展与环境保护专题研讨班等培训。组织起草《重庆市全民环境教育实施意见》。

第三章　环境教育

环境教育是以保护环境为目的的教育理论、方法、手段与内容的总称,包括社会环境教育、在职环境教育和学校环境教育三个方面。其目的是借助教育手段,提高人们的环保意识,使整个社会对人类与环境的相互关系有一新的、正确的理解和态度;使人们了解环境问题的复杂性和紧迫性,激发人们关心环境、爱护环境的积极性和自觉性,增强对环境问题的责任感和迫切感;培养一批保护环境、治理污染所需要的各种专业人才。

重庆市环境教育主要经历了两个阶段,其基本情况如下:

第一阶段(20世纪80年代初至1997年)

重庆市环境教育工作起步于20世纪80年代初。初期工作主要是在部分中小学开设环境教育示范课,开展环境教育试点学校的建设,组织开展如"知识竞赛"等环境教育活动。一是确定了市一中、六中、人民小学等8所条件较好的中小学校作为首批环境教育试点学校,为全市环境教育起步总结了经验,走出了路子;二是定期开展了中小学环境征文竞赛活动,这项活动从1986年开始,一直未间断,受到师生的普遍欢迎;三是编写了环境教育教材,出版了全国第一套中小学环境教育教材;四是培养了一批环境教育的骨干教师。这些为全市环境教育工作打下了良好的基础。

第二阶段(1998—2010年)

1998年以后,环境教育在环保和教育部门的紧密配合下,取得了明显成效。一是加强了组织建设,成立了领导机构。1998年,市环保、教育部门首次联合召开了环境教育座谈会,会议决定成立以市教委主任欧可平为主任、环保局局长吉光树为常务副主任、两家单位的相关处室负责人参加的市环境教育协调委员会。会上确立了把环境教育作为推进教育改革、实施素质教育的重要内容,决定在全市广泛开展创建绿色学校和建立青少年环境教育基地的活动,1988年,市环保局、市教委发布了《关于建立青少年环境教育基地的通知》。在市领导与相关部门的带动和要求下,全市绝大部分区(市)县也建立了相应的环境教育协调机构,这为环境教育工作的扎实推进起到了保证作用。二是加强了队伍建设,培训了一批环境教育骨干教师。环保、教育部门每年定期举办大规模教师培训班,通过国际合作项目,聘请国内外经验丰富的环境教育专家进行环境教育理论和方法的讲授,此举受到学校和教师的热烈欢迎,全市经过环境教育培训的教师将达到1000余人次。沙坪坝区在环境教育特别是教师队伍建设方面走在了全市的前列,该区成立了中学和小学环境教育中心教研组,由区内各学科的资深教师担任成员。他们定期有针对性地组织环保知识的学习,探讨环境教育经验,使该区的环境教育整体水平大大提高。三是中小学环境征文广泛开展。连续15年的环境征文竞赛是中小学生学习环保知识、参与环境保护的重要形式,也成为重庆市环境教育的保留节目。每年,围绕环境征文,学生、教师、家长齐动手,通过开展环境调查、环保实践和社会活动,广大师生和家长的环保意识得到了普遍提高。2005年来,每年参与征文的学生都保持在100万人左右。四是绿色学校创建工作向纵深发展。以"学习环境知识、增强环境意识、培养环境道德、规范环境行为"为目的的绿色学校创建活动取得了积极的进展。2000年,西藏中学、西师附中、立信高级职业中学、人民小学、渝北实验小学获得了教育部、国家环保总局首批表彰的"全国创建绿色学校活动先进学校"。重庆市的环境教育工作获得国家表彰,成为全国十个受表彰的省市之一。2010年,重庆市的环境教育工作在创建绿色学校活动的带动下,出现了前所未有的、蓬勃发展的喜人局面。

第一节　党政干部环境教育

直辖以来,围绕党的十六大确定的科学发展观、循环经济理论和可持续发展理论以及构建资源节约型、环境友好型社会的学习,以党校专题讲座、专家报告会和党委中心学习组学习为主要形式,将可持续发展教育纳入党政干部培训计划,使基本国策和可持续发展理论教育在各级党政领导干部学习中得到加强。2005年,市环保局与市委组织部联合举办了"环境保护与循环经济"专题研讨班,全市38位区(市)县联系或分管环保工作的党政领导干部和市级相关部门的领导干部参加了为期一个月的学习和研讨。学员们不仅赴加拿大学习了国外先进的环境管理理念,还加深了对中国、重庆市面临的环境形势和对策的了解,并结合实际提出了推进重庆市可持续发展的建议。研讨班为区(市)县党政领导树立科学发展观、提高综合决策能力发挥了积极的作用,受到市委领导和市委组织部的高度评价。2005年,"重庆环保世纪行"组委会聘请8位知名专家到全市40个区(市)县和有关市级部门组织开展了"树科学发展观,走持续发展路"巡回宣讲活动。活动结束时,邀请到教授曲格平来渝为市委中心组做了"环境形势与环境法制建设"专题报告,时任市委书记汪洋亲自主持了报告会并做重要讲话。该项活动是继重庆市成功开展"环境警示教育图片巡回展"以来,又一项具有重大影响的大型环境宣传教育活动,全市3万余名干部群众接受了科学发展观的教育,在全市产生了积极的影响。

第二节　环保从业人员教育

直辖以来,重庆市加强了对全市环保系统干部岗位和业务技能的培训,通过举办培训班、选送到国家环保总局或其他地方代为培训等方式,提高全市环保从业人员的业务水平。1998—2010年,全市共举办各类环保专业培训班近100余期,培训人数6000余人次,为加强重庆市环保队伍建设,提高环保从业人员素质发挥了重要作用。

第三节　青少年环境教育(环境教育基础)

市环境教育协调委员会办公室先后评选命名了四批重庆市青少年环境教育基地(见表8-1)。创建绿色学校工作蓬勃发展,重庆市共建成15所国家级绿色学校,91所市级绿色学校,近400所区县级绿色学校,7个市级青少年环境教育基地(重庆鸡冠石污水处理厂、重庆市少年宫等);举办了重庆市第二届中小学生"爱我长江、保护母亲河"环境征文竞赛活动,全市3000多所学校的100余万名中小学生踊跃参加;加强对重庆大学、西南政法大学等高等院校环保活动的指导,推动高校校园环境文化建设;与市团委联合开展了"手拉手拣回一个希望,还母亲河一片绿色"的活动;积极组织参加"绿色小记者·我家乡的节能减排明星"新闻作品大赛。2007年举办中小学校环境教育骨干教师培训班;积极组织开展大学生"拜耳青年环境特使"(重庆地区)评选活动;积极举办重庆市2007年中小学教师环境教育活动方案设计竞赛活动;举办环境教育探究式示范课,进一步提高了全市环境教育水平;为进一步激发广大青少年关注环境、关心环保的热情,号召他们用实际行动支持2008年奥运会,为实现节能减排目标做出努力,开展中学生水科技发明比赛;为进一步鼓励青少年学习、讨论环境保护知识,提高青少年环境保护的意识和参与环保行动的能力,组织绿色学校中学生参加"绿色奥运·全国青少年Flash大赛"。

表8-1　　　　　　　　　　重庆市青少年环境教育基地名单

批次	具体名单
第一批(2000年1月)	重庆市排水有限公司唐家桥污水处理厂(江北区) 重庆缙云山国家级自然保护区管理局(北碚区) 中国嘉陵工业股份有限公司(集团)(沙坪坝区) 重庆市环境科学研究院(渝北区)
第二批(2004年4月)	中日合资重庆依之密活塞有限公司(渝北区,注:该企业已注销) 重庆市五云山寨学生素质教育基地(沙坪坝区) 重庆野生动物世界(永川区)
第三批(2006年12月)	重庆长生桥垃圾卫生填埋场(城口县) 重庆市大巴山国家级自然保护区管理局(南岸区) 重庆电池总厂(渝中区)
第四批(2008年12月)	重庆鸡冠石污水处理厂(南岸区) 重庆市少年宫(渝中区)

2004—2006年,重庆市认真落实《全国环境宣传教育行动纲要》精神和市教委、市环保局《关于进一步加强全市中小学校环境教育工作的意见》,在全市中小学校广泛开展以"普及环境知识,增强环境意识,培养环境道德,规范环境行为"为目的的绿色教育行动,涌现出了一批优秀的环境教育骨干教师和关注环境、关爱地球、热心环保的中小学生。为表彰先进,推动全市环境教育工作,在学校推荐、区县评选的基础上,重庆市环境教育协调委员会综合评定出50名"2004—2006年重庆市环境教育优秀教师"和49名"2004—2006年度重庆市环保小卫士"(详见表8-2、表8-3)。

表8-2　　　　　2004—2006年重庆市环境教育优秀教师名单（共50名）

序号	所在学校	教师姓名
1	万州区电报路小学校	易勇炜
2	重庆市万州第二高级中学校	李晓达
3	涪陵区荔枝希望小学校	邓 虹
4	重庆市黔江中学校	夏 宇
5	渝中区第一实验小学校	刘安民
6	江北区蜀都小学校	冯 奇
7	重庆西藏中学校	尤小红
8	重庆市辅仁学校	王明霞
9	重庆市商务学校	黄世才
10	重庆市第三十七中学校	谢 雕
11	九龙坡区天宝实验学校	钟 莉
12	重庆市高新区第一实验小学校	周平蓉
13	重庆外国语学校森林小学校	李 勇
14	重庆兼善中学	陈胜福
15	北碚区梅花山小学校	张 燕
16	万盛区实验学校	犹 慧
17	双桥区双路小学校	覃利华
18	重庆市渝北职业教育中心	江信梅
19	巴南区石龙镇初级中学校	刘光波
20	重庆市清华中学校	蒋兆频
21	长寿区第二实验小学校	樊 竞
22	重庆市江津实验中学校	黄文山
23	重庆市合川中学	廖衍尚
24	重庆市永川中学	王历辉
25	綦江县城南小学校	李 梅
26	潼南县塘坝中学	郭 渝
27	荣昌县河包镇初级中学	向开成
28	璧山县璧泉初级中学	宋 兰
29	大足县实验小学	何正权
30	铜梁县侣俸初级中学	罗怀亮
31	城口县葛城镇第二中心小学	蔡红霞
32	丰都县仁沙乡初级中学校	孙亚平
33	垫江县五洞小学校	江 桥
34	垫江县黄沙学校	章代万

续表

序号	所在学校	教师姓名
35	南川市中学校	杨小芳
36	武隆县实验中学校	文章红
37	开县南雅书香中心小学校	张 劲
38	重庆市云阳中学校	张承前
39	奉节师范学校附属小学校	吴建霏
40	梁平县梁山镇城西完全小学校	李辉均
41	重庆市忠县中学校	陶黎虹
42	重庆市巫溪县中学校	邹功庆
43	重庆市石柱中学校	罗晓波
44	彭水县新田中学校	周宏桥
45	酉阳县黑水初级中学校	胡建之
46	秀山县第一中学校	倪 红
47	重庆市巴蜀小学校	程明敏
48	重庆市第一中学校	傅申珍
49	西南师范大学附属中学校	黄仕友
50	四川外语学院附属外语学校	李恭方

表8-3　　　　2004—2006年重庆市环保小卫士名单(共49名)

序号	所在学校	学生姓名
1	重庆市万州第二高级中学校	熊琳琅
2	万州区百安移民小学校	刘钟康
3	涪陵区荔枝希望小学校	何品翰
4	重庆市黔江中学校	吴 昊
5	渝中区第一实验小学校	刘雨荷
6	重庆市第十八中学校	李泊玺
7	沙坪坝区覃家岗小学校	邓嘉韵
8	重庆西藏中学校	洛桑扎西
9	重庆外国语学校森林小学校	王许洁
10	南岸区珊瑚实验小学校	郎俊豪
11	南岸区重船学校	卿 靖
12	重庆市第九十五中初级学校	龙云汉
13	重庆市第七十九中学校	陈冬梅
14	九龙坡区西彭镇第一小学校	陈晓彤

续表

序号	所在学校	学生姓名
15	重庆市朝阳中学校	陈 澜
16	西南大学附属小学校	钟映早
17	万盛区实验学校	袁中原
18	双桥区双路小学校	刘珏池
19	重庆市清华中学校	肖 欣
20	重庆市接龙中学校	罗 扬
21	渝北区实验小学校	吴 镝
22	重庆市长寿中学校	任跃雨
23	重庆市江津聚奎中学校	肖 晔
24	永川市红旗小学校	吴 非
25	合川市五尊完全小学校	杨文萍
26	綦江县城南小学校	樊士钰
27	綦江县古南镇文龙中心小学校	朱思睿
28	潼南县梓潼镇小学校	周茂宽
29	铜梁县龙都小学校	李婷婷
30	重庆市荣昌中学校	梅 燕
31	璧山县璧泉初级中学校	王 飞
32	大足县珠溪镇中心小学校	杨哲一
33	梁平县实验小学校	石亦兰
34	重庆市丰都中学校	金 鑫
35	垫江第九中学校	刘鑫鑫
36	重庆市南川中学校	张文嘉
37	武隆县火炉镇中心学校	王 会
38	开县汉丰街道第一中心小学校	何金慧
39	忠县忠州中学校	范慧敏
40	奉节县辽宁小学校	熊筱露
41	石柱师范附属小学校	马 骋
42	彭水县汉葭镇第一完全小学校	向 星
43	酉阳县龙潭希望小学校	邢 涵
44	秀山县东风路小学校	黄 蔚
45	重庆市人民小学校	侯小濛
46	重庆市巴蜀小学校	胡励元
47	重庆市第一中学校	何海波
48	西南师范大学附属中学校	刘 星
49	四川外语学院附属外国语学校	柯 阳

第四章 绿色创建活动

第一节 绿色社区

生态环境的恶化,已日益成为制约国家经济持续发展和影响社会安定的因素。而要全面改善环境质量,仅靠政府部门的努力是远远不够的,还必须要寻找广泛的社会帮助和支持,建立一种既有公众参与又有政府法规的微观机制,而绿色社区就是一种这样的微观机制。绿色社区是指具备一定的符合环保要求的"软""硬"件设施,建立起较完善的环境管理体系和公众参与机制的文明社区。硬件建设包括:绿色建筑、社区绿化、垃圾分类、污水处理、节水节能和新能源等基础设施。软件建设包括:有一个由政府有关部门、民间环保组织、居委会和物业公司组成的联席会;有一支起骨干作用的绿色志愿者队伍;有一系列持续性的环保活动;有一定比例的绿色家庭。除了绿色建筑、社区绿化、垃圾分类、污水处理、节水、节能和新能源等硬件设施外,还要形成一种环保文化氛围,在社区居民集中地或休闲场所建立环保宣传栏,安放环保公益宣传牌,积极引导社区群众参与垃圾分类、节水节能、绿色消费等实践。创建绿色社区是贯彻落实党的十七大精神,推进精神文明和生态文明建设,提升城市形象和市民环保意识,建设资源节约型和环境友好型社会,促进经济、社会可持续发展的重要举措。开展绿色社区创建活动,旨在通过政府与民间组织、公众的合作,把环境管理纳入社区管理,建立社区层面的公众参与机制,让环保走进每个人的生活,提高居民的环保意识和文明素养,推动公众参与环境保护。自《2001—2005 年全国环境宣传教育工作纲要》提出开展绿色社区创建活动以来,许多省市进行了积极的探索和实践活动,取得了良好的效果,重庆市也不例外。2002 年 6 月 5 日第 30 个世界环境日到来之际,重庆市正式启动了"新世纪文明行动"的绿色社区创建活动,以期提高市民的环保意识,提升重庆的城市形象,实现建设"礼仪重庆、诚信重庆、知识重庆、魅力重庆"的目标。同时成立了由绿色志愿者组成的"蓝天行动队""碧水行动队""青山行动队""绿色宣传队",并围绕我市开展的净空工程、三峡库区水污染防治工作、长江防护林建设和生态农业工程以及环境文化等方面开展环保宣传。2003 年,与市委宣传部、市文明办等市级有关部门联合开展了以"保护生态环境,倡导绿色文明"为主题的绿色文明建设活动。重点开展以"参与绿色行动,建设绿色家园"为主题的绿色社区创建活动,制定和规范了全市绿色社区评审体系,加强了对各试点社区的指导,推动了全市绿色社区创建工作的顺利开展。绿色社区创建活动于 2004 年在重庆全面推开。2006 年,根据市环保局、市文明办、市市政委《关于开展绿色社区创建活动的通知》和市绿色社区创建领导小组办公室《关于对重庆市首批市级试点绿色社区创建单位进行验收的通知》的精神,重庆市首批 11 个市级绿色社区正式授牌,这些绿色社区将作为环保的"种子"带动周边市民共同开展绿色社区创建工作,同时全市也成功创建了 3 个国家级绿色社区,到 2009 年为止已取得了丰硕成果(见表 8 - 4)。在原国家环保总局、教育部和全国妇联的联合表彰中,重庆市綦江县石壕煤矿等 3 个绿色社区和永川区的丁捷婷等 3 个绿色家庭受到表彰,市环保局获得全国绿色社区创建工作组织奖。

为推进全市绿色社区创建工作的顺利开展,加强对创建工作的领导,明确创建任务,强化对创建工作的指导,在绿色社区创建过程中,成立了重庆市绿色社区创建领导小组,并由市环保局、市文明办和市市政委联合发布文件,市绿色社区创建办公室也发布了《关于进一步加强绿色社区创建工作》《重庆市绿色社区评估验收标准(试行)》等文件。

表8-4　　　　　　　　　　　　2006—2009年重庆市绿色社区(小区)名单

批次	首批	第二批	第三批	第四批
	2006年	2007年	2008年	2009年
具体名单	1.渝中区竞地城市花园 2.万州区渝东大花园社区 3.綦江县石壕煤矿社区 4.合川区国家税务局机关小区 5.荣昌县桂花社区 6.永川区胜利路社区 7.涪陵区敦仁街道高笋塘社区 8.黔江区西山社区 9.江北区大庆村社区 10.北碚区西南大学社区 11.沙坪坝区勤居村社区	1.万州区枇杷坪社区 2.大渡口区大堰社区 3.大渡口区新一社区 4.江北区洋河花园社区 5.江北区石油社区 6.沙坪坝区沙南街道社区 7.沙坪坝区欣阳社区 8.九龙坡区小湾社区 9.北碚区荷花池社区 10.北碚区奔月路社区 11.巴南区化龙桥社区 12.永川区伟映帝琴花园社区 13.綦江县重庆松藻煤电公司打通一矿社区 14.綦江县重庆松藻煤电公司矿山机械厂社区 15.璧山县红宇家苑社区 16.彭水县滨江社区	(1)绿色社区名单 1.万州区双河口街道学堂湾社区 2.万州区双河口街道螺蛳包社区 3.渝中区石油路街道明乐村社区 4.渝中区太溪沟街道双钢路社区 5.大渡口区九宫庙街道新工社区 6.江北区五里店街道五里店社区 7.沙坪坝区詹家溪街道枝元社区 8.九龙坡区谢家湾街道劳动3村社区 9.九龙坡区九龙镇九龙花园社区 10.北碚区童家溪镇天成社区 11.万盛区万盛街道新田社区 12.高新区人和街道和睦路社区 13.重庆松藻煤电有限公司金鸡岩洗选厂社区 14.大足县棠香街道报恩社区 15.城口县葛城镇南大街社区 16.丰都县三合镇南天湖中路社区 17.西南油气田公司重庆气矿垫江采输气作业区 18.巫山县巫峡镇朝云社区 (2)绿色小区名单 19.渝北区龙湖花园南苑小区 20.涪陵区长江涪陵通信管理处小区 21.高新区同创奥韵小区 22.江津区祥瑞·水木年华小区 23.永川区竣祥·红河丽景小区 24.南川区香格里拉花园小区 25.潼南县云海蓝湾小区 26.璧山县瀚恩阳光小区 27.武隆县财政局小区 28.秀山县电信小区 29.酉阳县气象局小区 30.酉阳县公安局消防大队小区 31.酉阳县国家税务局小区 32.彭水县汉葭镇鱼塘社区气象小区	1.万州区百安坝街道学府社区 2.万州区百安坝街道庆宁社区 3.黔江区城东街道阳光花园小区 4.涪陵区崇义街道蔡家坡社区 5.涪陵区敦仁街道杨家湾社区 6.渝中区石油路街道石油路社区 7.大渡口区跃进村街道堰兴社区 8.大渡口区跃进村街道东正社区 9.江北区华新街街道东方家园社区 10.沙坪坝区渝碚路街道五四村社区 11.沙坪坝区山洞街道平正村社区 12.九龙坡区九龙镇金科绿韵康城 13.南岸区铜元局街道风临洲社区 14.北碚区朝阳街道大明社区 15.渝北区回兴街道水木青华小区 16.巴南区李家沱街道融汇半岛小区 17.江津区几江镇鹏程花园小区 18.合川区南津街街道世纪花园小区 19.永川区中山路竹映三清小区 20.南川区南城街道浦江明珠小区 21.南川区东城街道国税苑小区 22.綦江县文龙街道核桃湾社区 23.潼南县梓潼街道四方花园小区 24.铜梁县巴川街道东方社区 25.大足县棠香街道五星华府 26.荣昌县昌元街道白象社区 27.荣昌县昌州街道东城花园B区 28.璧山县壁城街道天湖花园 29.城口县葛城镇河街社区 30.城口县葛城镇北大街社区 31.垫江县重庆鼎发实业股份有限公司A、B区 32.武隆县江口镇下街社区 33.云阳县双汇街道黄金包社区 34.云阳县双汇街道杏家湾社区 35.酉阳县钟多镇政协机关小区 36.彭水县汉葭镇鱼塘社区

第二节 绿色学校

绿色学校是指学校重视环境教育工作,将环境保护知识融入学校的教学活动和管理工作中,学校积极参与面向社区的环境监督和宣传教育活动,学校师生的环保意识普遍提高,有良好的遵守环境法规和环境道德的行为习惯,校园环境优美。从环境保护的角度看,学校也被看作是一个环境问题的制造者,它随时随地对环境产生不良影响,因此有必要对学校进行环境管理和规划,以实现学校的可持续发展,同时学校环境管理活动也是师生参与环境保护实践的机会和进行环境教育的资源,有着特定的教育意义。学生可以通过了解校园环境问题的产生和改善,学习环境和社会的知识,理解人与环境的关系,参与校园环境的改善,提高环境素养。开展创建绿色学校和建立青少年的环保教育基地活动,旨在加强对青少年的环境教育,增强青少年的环境意识和参与环保的能力。

1996年,国家环保局、中共中央宣传部、国家教育委员会联合发布的《全国环境宣传教育行动纲要》中提出,要在全国逐步开展创建绿色学校和创建青少年环境教育基地活动。为贯彻实施《全国环境宣传教育行动纲要》,1997年,重庆市开展了创建绿色学校的试点,1998年4月在沙坪坝区建成第一所区级绿色学校——西藏中学。同年10月17日,首次召开了重庆市环境教育高层次协调座谈会,市环保局、市教委的主要领导及相关负责人和有关处室人员参加了座谈会。会议决定:成立重庆市环境教育协调委员会,协调委员会设办公室挂靠在市环保局宣传处;在全市开展环境教育创建绿色学校和建立青少年环境教育基地等活动。全市创建绿色学校和建立青少年环境教育基地的活动,得到各区(市)县环保局、教委、学校和相关部门的积极响应。2000年11月22—23日,国家环保总局、教育部在深圳召开了全国创建绿色学校活动表彰大会。全国有105所学校受到表彰,10省市被授予优秀组织奖。重庆市的市人民小学、渝北区实验小学、西南师范大学附属中学、市西藏中学、市立信职业中学5所学校受表彰,被表彰数名列全国第二。市环保局、市教委获优秀组织奖。

到2010年为止,重庆市共建成15所国家级绿色学校,91所市级绿色学校,近400所区县级绿色学校。见表8-5。

表8-5　　　　　　　　　　　　　　　重庆市绿色学校名单

批次	第一批(17所)(2001年)	
	地区	学校名称
具体名单	渝中区	重庆市人民小学校
	九龙坡区	谢家湾小学校
	渝北区	渝北区实验小学校
	北碚区	西师附属小学校
	大足县	大足西禅中心小学校
	沙坪坝区	重庆市西藏中学校
	北碚区	西师附属中学校
	沙坪坝区	重庆市第32中学校
	合川市	重庆市合川第二中学校
	长寿县	重庆市长寿中学校

续表

批次	第一批(17所)(2001年)	
具体名单	地区	学校名称
	云阳县	重庆市云阳中学校
	丰都县	重庆市丰都中学校
	黔江区	重庆市黔江中学校
	万州区	重庆市万州中学校
	酉阳县	重庆市酉阳中学校
	沙坪坝区	重庆市立信职业中学校
	大渡口区	重庆市商务职业中学校

批次	第二批(19所)(2003年)	
具体名单	地区	学校名称
	渝北区	渝北区仙桃完全小学校
	渝中区	渝中区第一实验小学校
	永川市	永川市青城路小学校
	开县	开县汉丰镇第五小学校
	沙坪坝区	沙坪坝区歌乐山小学校
	南川市	南川市隆化镇第一小学校
	酉阳县	酉阳县龙潭希望小学校
	江津市	重庆市江津中学校
	南岸区	重庆市辅仁学校
	巴南区	重庆市巴县中学校
	万州区	重庆市万州第二中学校
	铜梁县	重庆市铜梁中学校
	忠县	重庆市忠县中学校
	南岸区	重庆开明实验学校
	奉节县	重庆市奉节中学校
	石柱县	重庆市石柱中学校
	涪陵区	重庆市涪陵第一职业高级中学校
	渝北区	重庆市女子职业高级中学校
	万盛区	重庆市万盛区职业教育中心

批次	第三批(55所)(2004年)	
具体名单	地区	学校名称
	沙坪坝区	重庆市第一中学校
	渝中区	重庆市巴蜀小学校
	渝中区	重庆市第五十七中学校
	渝中区	渝中区中山一路小学校

续表

批次	第三批(55所)(2004年)	
	地区	学校名称
具体名单	江北区	江北区蜀都小学校
	江北区	江北区加州实验小学校
	沙坪坝区	沙坪坝区莲光小学校
	沙坪坝区	重庆市第七中学校
	沙坪坝区	重庆市凤鸣山中学校
	南岸区	重庆市第十一中学校
	南岸区	重庆市第二外国语学校
	九龙坡区	重庆市杨家坪中学校
	九龙坡区	重庆市铁路中学校
	北碚区	重庆市江北中学校
	北碚区	北碚区朝阳小学校
	渝北区	渝北区华蓥中学校
	巴南区	重庆市清华中学校
	巴南区	巴南实验中学校
	长寿区	长寿区第二实验小学校
	涪陵区	重庆市涪陵第十四中学校
	涪陵区	涪陵城区第七小学校
	黔江区	黔江区实验小学校
	黔江区	黔江区平坝初级中学校
	永川市	永川市松暨职业中学校
	永川市	永川市北山中学校
	江津市	江津市聚奎中学校
	江津市	江津市西湖镇中心小学校
	江津市	江津市第五中学校
	合川市	合川市铜溪中学校
	合川市	合川市大石镇中心完全小学校
	南川市	南川市师范附属小学校
	綦江县	重庆市綦江中学校
	璧山县	重庆市璧山中学校
	璧山县	璧山县丁家镇中心小学校
	潼南县	潼南县双江初级中学校
	铜梁县	铜梁第一中学校
	荣昌县	重庆市荣昌中学校
	丰都县	丰都县虎威镇初级中学校
	丰都县	丰都县仁沙乡初级中学校
	武隆县	武隆县江口镇中心小学校
	垫江县	垫江县五洞小学校
	垫江县	垫江县澄溪小学校
	梁平县	重庆市梁平中学校
	梁平县	梁平县实验小学校
	开县	开县临江镇小学校
	开县	开县德阳初级中学校

续表

批次	第三批(55 所)(2004 年)	
具体名单	地区	学校名称
	忠县	忠县师范学校
	忠县	忠县忠州中学校
	奉节县	奉节县袁梁职业高级中学校
	奉节县	奉节县师范学校附属小学校
	云阳县	云阳县实验小学校
	城口县	城口县坪坝初级中学校
	酉阳县	重庆市酉阳第二中学校
	彭水县	彭水县中学校
	秀山县	秀山县第一中学校
批次	第四批(20 所)(2006 年)	
具体名单	地区	学校名称
	万州区	重庆市岩口复兴学校
	万州区	万州区电报路幼儿园
	涪陵区	重庆市涪陵实验中学校
	涪陵区	涪陵区荔枝希望小学校
	黔江区	黔江区石会中学校
	南岸区	重庆市盲人学校
	沙坪坝区	沙坪坝区方堰塘小学校
	北碚区	北碚区梅花山小学校
	万盛区	重庆市万盛田家炳中学校
	渝北区	重庆市渝北职业教育中心
	永川市	重庆市永川中学校
	江津市	江津市石门镇永安小学校
	潼南县	潼南县第二实验小学校
	丰都县	丰都县实验小学校
	武隆县	武隆县示范幼儿园
	垫江县	重庆市垫江中学校
	垫江县	重庆市垫江第三中学校
	梁平县	重庆市梁平红旗中学校
	开县	重庆市开县临江中学校
	酉阳县	酉阳县黑水初级中学校
批次	第五批(36 所)(2008 年)	
具体名单	地区	学校名称
	教委直属	四川外语学院附属外国语学校
	涪陵区	重庆市涪陵中学校

续表

批次	第五批(36所)(2008年)	
	地区	学校名称
具体名单	涪陵区	重庆市涪陵第五中学校
	黔江区	重庆市黔江区新华中学校
	渝中区	渝中区第二实验小学校
	渝中区	重庆市第二十九中学校
	大渡口区	重庆市钢城实验学校
	江北区	重庆市江北区劳卫小学校
	江北区	重庆市江北区洋河花园实验小学校
	沙坪坝区	重庆市第六十八中学
	九龙坡区	九龙坡区第一实验小学校
	九龙坡区	重庆市九龙坡区石坪桥小学校
	南岸区	重庆市珊瑚初级中学
	北碚区	重庆市北碚区人民路小学校
	北碚区	重庆市兼善中学校
	万盛区	重庆市万盛区实验学校
	渝北区	重庆市暨华中学校
	江津区	重庆市江津第八中学校
	綦江县	綦江县打通中学校
	铜梁县	重庆市巴川中学校
	荣昌县	荣昌县安富镇中心小学校
	璧山县	璧山县青杠实验小学校
	武隆县	武隆县火炉镇中心小学校
	忠县	忠县三汇中学校
	云阳县	云阳县沙市镇沙市小学校
	奉节县	重庆市奉节县长龙实验中学校
	巫山县	巫山县南峰小学校
	巫山县	巫山县官渡中学校
	巫山县	重庆市巫山高级中学
	石柱县	重庆市石柱民族中学校
	秀山县	秀山土家族苗族自治县龙池镇中心校
	秀山县	秀山土家族苗族自治县东风路小学校
	秀山县	重庆市秀山县民族中学校
	彭水县	彭水苗族土家族自治县桑柘中学校
	彭水县	彭水苗族土家族自治县汉葭镇森林小学校
	高新区	重庆高新技术产业开发区第一实验小学校

第五章　公众参与

解决环境问题,走持续发展之路,需要倡导公众参与环境保护。公众参与环境保护是法律赋予公民的权利,是社会文明进步的体现,是开展好环保保护工作的有效手段。随着环境法的不断完善及公众环保意识的不断提高,公众参与环境保护将成为国家重要的环境法律制度。

第一节　信息公开与信息发布

1998—2010 年,市环保局通过网络、报纸、电视、电台、电子显示屏等形式及时公开环保专项行动的进展情况,对违法排污企业进行公开曝光。开通了重庆"12369"环保举报热线,畅通了群众投诉渠道。建立了应急事故响应联动机制,并强化投诉案件的回复和督办工作。向社会各界媒体公开环保专项行动的实施步骤、打击范围、重点对象、行动目标及具体措施等。召开新闻通气会通报挂牌督办案件,邀请新闻媒体对挂牌督办案件整改落实情况进行跟踪报道。请环保执法人员到报社做客,宣讲环保知识,接受群众的咨询,回答市民关心的环保问题。积极开展企业环境行为信用等级评价工作和环境友好企业创建活动,不断加强公众参与和社会监督,为环保专项行动营造了良好的舆论氛围。

为深入贯彻落实《中华人民共和国政府信息公开条例》《环境信息公开办法(试行)》,结合市环保局机关"三定"实施方案,局政务公开领导小组办公室修订了《重庆市环境保护局环境信息公开指南》和《重庆市环境保护局环境信息公开目录》,并每年编制政府信息公开工作年度报告。报告包括"主要工作情况、政府信息主动公开情况、依申请公开政府信息情况、复议和诉讼、收费、存在的问题、改进措施"等 7 部分内容。

根据《中华人民共和国政府信息公开条例》《环境信息公开办法(试行)》和《重庆市人民政府关于贯彻〈中华人民共和国政府信息公开条例〉的实施意见》的要求,重庆市环保局通过"重庆环境保护"政府公众信息网、"12369"环保举报热线、市环保局政务接待大厅,以及新闻发布会、报纸、广播、电视等多种方式和途径,积极主动提供多渠道的环保政务信息公开服务。2008 年,市环保局主动公开环保政务信息共计 9 类 72 项 7760 条(含 2008 年 5 月 1 日以前产生的信息数),受理并办结依申请公开政务信息申请 1 件,无政务信息公开行政复议案件和诉讼案件发生。

第二节　群众监督与维权

直辖以来,环境信访、信息工作取得新的成绩。重庆市环保局和各区县环保局都坚持了 24 小时公开电话值班和 110 联动,及时处理和解决环境污染投诉和污染纠纷。2001 年,全市环保部门共接受和办理人大建议、政协提案 518 件,办理率 100%,共接受群众关于环境污染的信访、投诉

10829件,接待群众来访2937批3800余人次;市环保局接受人大建议、政协提案135件,信访、投诉3339件,接待群众来访122批345人次,都进行了及时的交办和处理;发布了《重庆市环境状况公报》;加强了政务信息工作。全年共编写《重要环境情况》27期,《环境保护信息》43期,向国家环保总局、市委办公厅、市政府办公厅报送信息150余条,均超额完成任务。

第三节 民间环保组织

总体来看,中国环保民间组织起步晚、"发育"慢。1978年5月,由政府部门发起成立的第一家环保民间组织即中国环境科学学会成立。从地区分布看,北京、广州、重庆、福州等地的环保民间组织比较活跃。

一、重庆市绿色志愿者联合会

该会于1995年在重庆市民政局登记注册。2002年,重庆市决定在主城区建30万千瓦燃煤发电厂,市民反映强烈。重庆市绿色志愿者联合会组织市民召开研讨会,建议政府停建以牺牲重庆市主城区环境空气为代价的工程。2003年底,市政府采纳了建议,停建该工程。2004年,该组织与日本日中环境教育协会合作办班培训中小学环境教育教师。2009年在一份行政复议申请书中,公开指出环境保护部对金沙江水电项目的行政处罚存在瑕疵,在事实上掩饰、放纵了某些环境违法行为。

二、济溪环境咨询中心

济溪环境咨询中心又名济溪环境交流网络,简称济溪,GSEAN,是一家为环境公益行动者提供信息交流和学习平台的环保公益组织,由一群年轻的中国环境保护志愿者于2004年12月创立,2008年11月在重庆注册为重庆济溪环境咨询中心。济溪致力于通过信息的分享和传播让更多人了解到参与环境保护的方法和途径,举办各种环保培训、论坛和宣传活动,帮助发展中的环境组织成长。济溪建立的网站和论坛已经成为中国最活跃的青年环境组织交流平台,济溪本身也成为国内最有活力和潜力的环境保护组织之一。

第六章 国际合作和交流

第一节 国际环境交流与合作

随着环保事业的稳步发展,重庆市在环保领域的国际合作与交流也异常活跃,尤其是直辖之后,重庆市积极开拓开放,加强对外交流,环保国际合作与交流日益频繁,每年都有大批外国政府和国际组织代表、民间团体和企业界人士、大学和科研机构的专家学者来渝访问、考察,寻求在环保领域的交流与合作,取得了丰硕成果,也大大提升了重庆的城市形象。与美国、日本、德国、挪威等20多个国家和地区的环保国际交流日益频繁。积极参与控制温室气体排放、生物多样性保护、持久性有机污染物控制、核安全履约等项目的谈判和合作。实施了利用世界银行贷款和中日环境示范城市等项目,引进国外先进技术和经验,提高了环保技术,装备,能力与管理水平。通过利用环保外资,拓宽环保国际合作领域,引进环保技术,开展环保国际交流以及积极履行环保国际公约。一方面通过积极借鉴国外的先进经验,促进全市环保事业健康发展;另一方面提升了全市的环保水平,同时也向世界展示了重庆环境改善方面取得的显著成效,赢得了国际赞誉。

表8-6　　　　　　　　　　　1998—2010年国际环境交流与合作情况

年份	国际合作与交流具体内容
1998年	世界银行一期贷款"重庆工业污染控制与企业改革项目"正在实施; 世行二期贷款"重庆城市环境项目"已通过世行预评估; 利用第四批日元贷款的"中日环境合作示范城市项目"中的优选项目已经两国认可; 重庆发电厂利用德国政府贷款6000万马克实施的"烟气脱硫项目"已进入安装阶段。
1999年	世行贷款重庆环保能力建设项目正在实施; 世行贷款2.5亿美元"重庆城市环境项目"已通过世行正式评估,进入谈判签约阶段; 日元贷款"中日环境合作示范城市项目"正稳步推进,优选项目中的"重庆天然气管网改扩建工程"已签约; 利用德国政府贷款实施的重庆发电厂"烟气脱硫项目"进入设备安装阶段,预计2000年将投入运行; 重庆通用机器厂利用蒙特利尔多边基金赠款263万美元开发氟氯替代产品; 日本日立造船株式会社捐赠的一套烟气脱硫装置在重庆啤酒厂20吨煤锅炉上投入运行; 利用日本国际善邻协会赠款实施的"南川雪松栽植林项目"已完成; 利用日本安田经团联自然保护基金会实施的"城口县中日环保合作生态林工程项目"已完成第一期400亩松杉林的种植。
2000年	利用德国政府贷款实施的重庆发电厂"烟气脱硫项目"正式投入运行; 世行贷款"重庆环保能力建设项目"继续实施; 世行贷款2.5亿美元"重庆城市环境项目""中日环境合作示范城市项目"2000年度77亿日元贷款、利用意大利政府贷款300万美元建设大足污水处理厂项目完成谈判签约; 继续与挪威科研机构合作开展大气污染、酸雨控制方面的研究和技术交流; 积极参与"东亚酸雨监测网项目"; 继续实施利用日本经团联自然保护基金会实施的"城口县中日环保合作生态林工程项目"。
2001年	世行贷款"重庆环保能力建设项目"实施顺利; 利用世行贷款2.5亿美元"重庆城市环境项目"和日本政府贷款70.1亿日元的"中日环境合作示范城市项目"全面展开; 利用日本政府贷款90.17亿日元实施唐家沱和鸡冠石污水处理厂二级处理的贷款协议顺利签订; 日本经团联自然保护基金会资助的"城口县中日环保合作生态林工程项目""重庆长寿日本经团联环保造林项目"继续实施。
	参与日本"北九州环境清洁倡议行动"项目、实施"东亚酸雨监测网"项目和协助亚行举办"重庆亚行机动车检测与维护技术国际研讨会"等活动; 争取日本国际协力事业团资助,完成了"环境监测设备与技术培训"及"大气酸雨污染控制技术培训"; 与日本国际善邻协会等民间团体和企业开展了"环境监测技术"及"小流域污水处理技术"交流。

续表

年份	国际合作与交流具体内容
2002 年	基本完成世行贷款"重庆环保能力建设项目",主城区环境空气质量监测能力和环境信息能力得到较大提高; 全面实施世行贷款"重庆城市环境项目"和日元贷款"中日环境合作示范城市项目"; 继续实施"日本经团联在中国合作造林工程",完成"城口县中日环保合作生态林工程项目"。 与日本合作开展生活垃圾和工业固体废物处置技术交流; 与英国开展绿色社区建设经验交流; 开展与美国在机动车尾气排放检测及维护方面的合作; 引进日本船舶污水处理技术并着手生产本地化。 先后有美国、加拿大、丹麦、日本、瑞典等国家的政府、民间和企业代表团来渝考察,寻求环保合作; 参与亚洲清洁空气行动计划等国际环保活动。
2003 年	完成世行贷款"重庆环保能力建设项目"全部建设内容并通过验收; 世行贷款"重庆城市环境项目"和日元贷款"中日环境合作示范城市项目"实施进度加快,进展顺利; 日本经团联自然保护基金会资助的"日本经团联在中国合作造林工程"继续实施。 先后有美国、英国、德国、加拿大、日本、丹麦、挪威等国家的政府、民间和企业代表团以及国际金融组织和世界银行、日本国际协力银行、中国环境国际发展与合作委员会等机构的官员及专家来渝访问考察,寻求环保合作。 利用加拿大 CIDA 赠款,与美国派森斯公司合作推进重庆市环境数据库可行性研究; 促进中日合资重庆大晃康达环保技术有限公司顺利成立,实现国外船舶污水处理技术及产品的国产化和本地化。
2004 年	日元贷款"中日环境合作示范城市项目"进一步实施,建设"重庆市重点污染源自动监控系统项目"基本完成; 世行贷款"重庆城市环境项目"中"环保科研基地"土建任务完成; "重庆环境监测管理信息系统项目"和"机构强化项目"等正在实施; 荷兰赠款项目"中国西部小城镇环境基础设施经济适用技术及示范"的小城镇污水处理项目在重庆市三峡库区展开; 利用加拿大 CIDA 赠款资金,与美国派森斯公司合作完成了重庆市机动车尾气污染控制及环境数据库建设可行性研究; 推动重庆市固体废物管理中心与法国威立雅公司和韩国梗伦公司签署了环保合作备忘录。 通过成功举办研讨会,与维也纳市建立了全面环保合作关系; 与英国、日本、美国、加拿大等国政府、机构进行了有效沟通、合作; 派出 20 多个环境代表团,前往意大利、印度、加拿大、美国、英国、澳大利亚、新西兰、法国、德国、日本、巴西、南非等地进行项目洽谈、考察和培训。 重庆市绿色志愿者联合会与日本日中环境教育协力会合作办班培训中小学环境教育教师; 市环科院与国外科研机构继续开展酸雨及空气对材料的影响和城市污染控制等方面的合作研究。
2005 年	"中日环境合作示范城市项目"实施进入尾声,基本完成"重庆市重点污染源自动监控系统项目"验收; 世行贷款"重庆城市环境项目"整体实施良好,重庆市"水环境监测能力建设项目"中的"重庆环境监测管理信息系统项目"和"机构强化项目"进展顺利; 大力推进重庆与 10 多个国家(地区)的环保节能新项目洽谈,与挪威签订了 8 个项目合作备忘录; 组织申报欧盟援助项目"生物多样性保护项目"和"循环经济项目"。 全年共接待国(境)外来访团组 42 批 130 余人次,挪威环境代表团、英国水行业协会代表团等一大批外国政府及城市、机构环保代表团相继来渝访问考察; 组织 17 批 89 人次赴国(境)外执行项目合同、考察和培训; 举办一系列影响广泛的环保经贸学术交流活动; 同时积极履行国际公约,推进英国与重庆市签订了 7 个温室气体交易项目合作协议。

续表

年份	国际合作与交流具体内容
2006年	接待了国(境)外来访团组15批80余人次； 成功举办10个大型学术交流会议； 组织出访人员22批59人次； 成功组织了区县环保局局长清洁生产培训、生态管理及可持续发展战略高级研讨班等环保培训。
2007年	开始实施欧盟生物多样性示范赠款项目； 争取了联合国开发计划署/全球环境基金生态补偿示范项目； 启动了POPs调查和履行斯德哥尔摩公约项目论证； 中国—欧盟生物多样性重庆示范项目签约启动； 利用日本政府赠款在万州区和忠县实施小城镇污水处理示范项目。
2008年	举办了"城市发展与环保中德高层论坛"等一系列高规格国际环保交流活动；组织13批45人次赴国(境)外执行项目合同、考察和培训。 在北碚区开展了全国首个中挪合作POPs地方履约能力建设示范项目； 完成了《重庆市生产和使用消耗臭氧层物质调查报告》； 继续推动全市企业参与全球温室气体CDM交易项目。
2009年	4月，派员前往意大利参加中意合作"环境管理与可持续发展"环境监测专题第一期培训； 5月，派员参加由市发改委组织的赴美国生态环境保护和鱼类保护考察的活动； 7—8月，派员参加国新办赴英国新闻发言人制度研讨交流团组； 9—10月，派员赴瑞典参加国际交流项目"公共领域内的环境治理与管理"。
2010年	4月，派员意大利监测管理培训； 5月，组团6人赴挪威参与POPs项目； 5月，派员赴美国、加拿大进行辐射设备考察； 7月，派员赴德国进行环保设备考察； 10月，赴荷兰、法国参加应急考察。

第二节　互访活动

重庆直辖以来,积极开展国际互访活动,加强环保对外交流,国际合作与对外交流日益频繁,城市环保形象也随之提升。先后有美国、加拿大、欧盟(包括西欧、中欧和北欧)、澳大利亚、日本、韩国、伊朗、印度等国家和地区的政府、民间和企业代表团以及国际金融组织和环境机构的官员及专家来渝访问考察,寻求环保合作。接待环保涉外团体和个人200余批,超过1000人次,派出数十批环境代表团共计280余人次前往中国香港、澳门及日本、印度、加拿大、美国、澳大利亚、新西兰、英国、意大利、法国、德国、巴西、南非、埃及等地就城市生活和工业污水处理、船舶污水处理、固体废弃物处理、机动车尾气污染监控、农业面源污染、生态管理战略与政策、城市环境保护及污染控制、建设项目环境影响评价、生态林业、环保产业、机关公共物业管理服务等专题进行项目洽谈、考察和培训。加强同各国驻华大使馆,英国、日本、加拿大、柬埔寨等国驻重庆(总)领事馆,美国驻成都总领事馆的联系与沟通,并通过他们与外国政府、机构和公司进行了有效沟通、合作。圆满完成了国务院国际咨询机构——中国国际发展与合作委员会官员及专家对重庆市环保情况的调研与考察的接待任务。

第三节　国际合作项目

重庆直辖以来,积极开拓开放,加强对外开放,国际合作日益频繁,开展了多项合作项目,并取得了显著成绩。如执行并完成世行贷款"重庆环保能力建设项目"(项目总投资为8503.32万元人民币,其中利用世界银行贷款516万美元);执行并完成世行贷款重庆环境监测中心"水环境监测能力建设项目"(项目总投资4317万元人民币,其中贷款387.6万美元);执行完成日元贷款"中日环境合作示范城市项目"子项目"重庆重点污染源自动监控系统建设项目"(投资6927.91万元人民币,其中利用日本政府贷款5.49亿日元)。积极参与日本"北九州环境清洁倡议行动",实施"东亚酸雨监测网"国际合作项目,获得日本国际协力银行(JICA)的资助,与日本北九州市合作开展了"建立重庆市固体废弃物处置体系调查项目";获得日本经团联自然保护基金会资助600万日元,实施完成"日本经团联在中国合作造林工程";获得英国贸易发展总署和英国使领馆的资助,与英国合作开展绿色社区建设经验交流;与美国PARSONS公司合作获得加拿大国际发展署(CIDA)赠款,用于"重庆环境数据库可行性研究项目"的实施,并大力推进与美国派森斯公司在机动车尾气排放检测与维护方面的合作;促进中日合资重庆大晃康达环保技术有限公司顺利成立,以实现国外先进船舶污水处理设备的国产化和本地化。

同时,重庆也积极吸引外资建设一大批中小规模的城市污水处理厂和垃圾处理场,并通过各种渠道引进国外技术和争取国外在设备方面的支持,已获得日本、法国等政府和机构赠送的污水处理装置、环境空气质量流动监测系统等设备。

另外,环保国际交流活动频繁,合作领域拓宽。通过参与日本"北九州环境清洁倡议行动"、实施"东亚酸雨监测网"项目和协助亚行举办"重庆亚行机动车检测与维护技术国际研讨会"等活动,宣传了重庆市大气污染控制方面的成效、经验,赢得了国际尊重;并争取日本国际协力事业团资助,完成了"环境监测设备与技术培训"及"大气酸雨污染控制技术培训";与日本国际善邻协会等民间团体和企业开展了"环境监测技术"及"小流域污水处理技术"交流。

表 8-7　2008—2012 年重庆市环保系统国际合作项目

起止时间	项目名称	项目承担单位	项目经费来源、规模及管理情况	项目主要内容	项目成果
2008—2010 年	中挪持久性污染物（POPs）履约能力建设示范项目	市固体废物管理中心	1.环保部对外合作中心开发； 2.使用挪威政府赠款389.2万挪威克朗（约63.74万美元）； 3.市固管中心管理。	1.选择 1 个示范县开展履约示范； 2.建设 2 个地方低成本 POPs 筛选实验室； 3.评估全市 POPs 排放和潜在排放源； 4.评估 POPs 对当前环境的影响； 5.建立 POPs 信息管理试点报送系统； 6.编制省级发展战略； 7.提高社会公众意识与经验推广。	项目 2013 年 4 月正式结题。此项目的开展，使重庆市成为全国首个颁布实施《（POPs）"十二五"污染防治规划》的省市；全国首个建立了二噁英生物快速筛查实验室的省市；全国首个颁布并实施地方标准——《土壤、沉积物和固体废物 二噁英类的筛查 酶联免疫生物法》的省市。
2008—2010 年	淘汰消耗臭氧层物质履约能力建设示范（一期）	市固体废物管理中心	1.环保部对外合作中心开发； 2.使用蒙特利尔公约多边基金赠款 40 万美元； 3.市固管中心管理。	1.建立区域数据库及信息系统； 2.确保实现国家阶段履约目标； 3.建立 ODS 申报登记和监管制度； 4.建立监管执法体系。	2011 年结题，项目被环保部评定为优秀。基本摸清重庆市 ODS 生产、使用、回收、利用情况现状，推动重庆市 ODS 生产、销售、维修、回收、再利用等环节的信息化建设，加强 ODS 政策法规培训，加大宣传教育力度，ODS 环境管理工作从零开始，历经由小到大，由点到面，由浅渐深，由上至下的发展过程。
2008—2010 年	中国—欧盟生物多样性项目	环保局生态处	1.环保部对外合作中心开发； 2.使用欧盟赠款 290 万美元； 3.欧盟项目办（局生态处）管理。	开展重庆市生物多样性保护主流化与能力建设。	2011 年 1 月结题，加强了重庆市生态环境保护工作力度，强化了生物多样性保护基础性工作，完成了生物物种资源调查，建立了生物物种资源数据库，开发并建立了生物多样性保护意识，提高了公众的生物多样性保护意识，获得了地方级项目中唯一的一个"突出贡献奖"。

续表

起止时间	项目名称	项目承担单位	项目经费来源、规模及管理情况	项目主要内容	项目成果
2009年3月—12月	中丹梁滩河综合整治研究项目	市环境科学研究院	1.丹麦驻渝总领馆开发；2.利用丹麦环保部赠款9.97万美元；3.市环科院管理。	完成对梁滩河污染源及其对水质影响的全面评估，通过水质模型验算和进行研究分析，提出了科学有效的污染物削减与治理方案。	梁滩河水质得到有效治理改善，并为重庆市次级河流污染治理提供示范。
2008年	含油废水应急处理设备	市固体废物管理中心	1.瑞典创新署，瑞典经济和地区成长开发署提供46.28万美元；2.由市固管中心管理。	为及时处置溢油及有机溶剂泄漏引起的突发环境污染事件，引进国外先进处置技术及设备。	已于2011年12月正式启用，进入环境应急值勤。其污水处理能力20米³/时，处理后的水质能够达到一级标准，具有处理效果好、机动灵活、性能稳定可靠、自动化程度高、操作简单、无二次污染多优点，处于同类产品全国领先水平。
2009年6月—2010年6月	主城区空气质量综合管理研究项目	市环境科学研究院	1.美国能源基金会赠款7万美元；2.由市环境科学研究院管理。	创建国家环保模范城市形势下重庆市大气环境管理战略研究。	引入国外先进的理论模型和实践经验，从而使重庆市的空气质量管理决策更加客观科学、快捷高效。2010年底已结题。
2009年8月—2012年7月	中国西南部亚热带氮饱和森林的氧化亚氮排放项目	市环境科学研究院	挪威生命科学大学提供8.3万美元，由挪威政府拨款，市环科院管理。	与挪威生命科学大学合作。	2012年12月已经结题。基本弄清以铁山坪样地为代表的第三性森林小流域中，重要的温室气体——氧化亚氮的排放特征。
2010年7月—2010年12月	城市棕地监管政策研究项目	市固体废物管理中心	1.世界银行技术援助2万美元；2.资金由世行直接拨付给项目承担单位重庆大学。	帮助重庆制定污染场地修复地方监管制度。	2011年3月顺利通过世行验收。

第七章　举办国际会议

重庆直辖以来,成功举办了一系列国际性学术会议,加强和促进了重庆环保与世界的交流与合作。具体是与国际组织、外国政府机构、非政府组织、学术机构、企业界联合举办了重庆亚行机动车检测与维护技术国际研讨会,中日环境监测设备与技术培训、大气酸雨污染控制技术培训,中日环境监测和信息传输技术、中日环境监测——TOC监测技术交流会,中日小城镇、小乡村、小流域污水处理技术交流座谈会,重庆亚行机动车检测与维护技术研讨会,中德污水治理技术和垃圾填埋场渗滤液处置技术交流座谈会,重庆—丹麦环境保护研讨会暨经贸洽谈会,重庆—南非国际电解锰业可持续发展论坛,德国环保部重庆环保工作会议,重庆—维也纳环保技术研讨会,挪威—重庆三峡环保研讨会,美国最新污水处理技术讲座,中英环保研讨会,中英节能城市研讨会/节能城市论坛,中挪环境事业研讨会,重庆—布里斯班大气污染控制研讨会,重庆市空气质量圆桌对话会议和中国履行POPs公约国家实施计划西部区座谈会等国际会议和大型学术会议(研讨会),以及"中德中环保论坛:水——生命元素""中德高层论坛""重庆—加拿大周""中欧合作城乡统筹座谈会"、第三届市长国际经济顾问团"节能减排技术推广日"、中英"城乡统筹研讨会"、中英"低碳发展周"和中日合作"节能减排会议"等系列环保主题活动。组织接待了挪威王国环境大臣哈雷德率领的挪威环境代表团。协助市政府办好各种国际会议,包括"一会一节"和以"城市·人·自然"为主题的2005年第五届亚太城市市长峰会。

通过交流与合作,促进监测、宣教、固废管理、信息化能力建设提档升位和重庆与国外环保产业的合作,使全市更加了解发达国家在环境保护上所取得的成绩,给全市提供了借鉴和参考。

表8-8　　　　　　　　　　重庆市举办的一系列国际会议

年份	一系列国际会议具体名称
1999年	重庆中德环保研讨会; 重庆中日烟气脱硫和垃圾处理技术交流会。
2000年	重庆中日大气污染监测设备及技术交流会。
2003年	重庆—丹麦环境保护研讨会暨经贸洽谈会; 重庆—南非国际电解锰业可持续发展论坛; 德国环保部重庆环保工作会议; 以"城市·人·自然"为主题,成功申办2005年第五届亚太城市市长峰会。
2004年	积极配合筹办以"城市·人·自然"为主题的2005年第五届亚太城市市长峰会;成功举办重庆—维也纳环保技术研讨会。

续表

年份	一系列国际会议具体名称
2005 年	加拿大环境保护与循环经济培训班； 挪威—重庆三峡环保研讨会； 中挪环境事业研讨会； 中英环保研讨会； 中英街城市论坛。
2006 年	丹麦—中国环保能源技术研讨会； 重庆—布里斯班大气污染控制研讨会等 10 个大型学术交流会议。
2008 年	"城市发展与环保"中德高层论坛。

专　记

一、国家环保模范城区建设

(一)渝北区建成国家环保模范城区

渝北区位于长江北岸与嘉陵江东岸的三角地带,属重庆主城区和"都市发达经济圈"范围。全区土地面积1452千米^2,辖23个镇、5个街道办事处,总人口83万人。该区于1998年启动创模工作,并于1999年建成为重庆市第一个环境保护模范区。2000年,面对新的形势和挑战,面对国家对环保工作新的要求,渝北区委、区政府决策,提出创建国家环境保护模范城区的目标。经过近7年的不懈努力,于2004年12月3日被国家环保总局命名为国家环境保护模范城区。

渝北区成功创建成国家环保模范城区后,全区发生了以下5点变化:

一是有效地改善了区域环境质量。通过创模,渝北区的天更蓝了,地更绿了,水更清了,环境质量得到根本改善。从1999年以来,全区城区空气质量达到二级及以上的天数占全年总天数的比例连续6年保持80%以上,城区所有湖库水质均达到水域功能标准。

二是增强了渝北的可持续发展能力。创模的7年,该区经济结构不断优化,经济质量和效益明显提高,综合经济实力、城市综合竞争力显著增强,各项社会事业全面进步。2002年,在重庆"都市发达经济圈"经济社会发展综合考核评价中,该区位居第一。2003年,完成渝北区生产总值67.76亿元,同比增长14.5%,增速居全市第一;地方预算内财政收入完成6.55亿元,同口径增长79.7%,增速居全市第一;全社会固定资产投资完成102.03亿元,增长26%,连续3年保持全市总量第一;实现社会消费品零售总额19.74亿元,增长16.3%,增速居全市第一;工业经济总量创历史最高水平,规模以上工业企业完成总产值75.96亿元,增长72.5%,增速居全市第一。2004年1至6月,实现地区生产总值39.31亿元,同比增长30.9%,增速比上年同期快17.1个百分点,增速位居主城9区第一;实现规模以上工业总产值69.35亿元,同比增长116.8%,增幅超过全市平均水平86.6个百分点,位居主城九区第一;完成全社会固定资产投资57.55亿元,同比增长54.7%,总量居全市第一位;全区财政收入实现了较大幅度的增长,完成地方预算内财政收入23534万元(不含北部新区),为年度预算的67.6%,超时间进度17.6个百分点,同比增长49.4%,比全市平均增幅高9.4个百分点;实现社会消费品零售总额12.1亿元,同比增长35.7%,增速位居主城九区第一;城镇在岗职工平均工资为7163元,同比增长23.6%;农民人均现金收入达1799.8元,同比增收202元,增长12.67%。渝北创模的7年,是发展最快、变化最大的7年,也是人民群众得到实惠最多的7年。

三是增强了全区人民的凝聚力和战斗力。通过创模,解决了一些关系民生民利的环境问题,改善了人民群众的生活环境,提高了广大市民的生活质量,得到了社会各界的一致赞誉,激发了全区上下共建美好家园的热情。

四是提升了渝北的知名度和影响力。创模工作的深入开展,进一步优化了渝北的人居环境和投资环境,增强了城市的吸引力和凝聚力,提升了渝北的知名度和美誉度。2003年,几大园区完成基础设施建设投资6.5亿元,创历年之最,全区共引进各类项目267个,协议总投资123.5亿元,新增投产企业35家,成功引进了泰国正大集团、安徽凯斯鲍尔等大中型项目70多个。

五是增强了市民的生态环境意识。他们坚持从娃娃抓起,从青少年抓起,从机关干部抓起,从党员团员抓起,营造出了人人关心环保、人人参与环保、人人支持环保的良好氛围。创模以来,区内已有300余人的绿色志愿者队伍。

(二)北碚区建成国家环保模范城区

北碚区地处重庆市西北郊,背靠缙云山,面临嘉陵江,东南与渝北、沙坪坝为界,西北与璧山、合川接壤,襄渝铁路、渝合高速公路、212国道和嘉陵江黄金水道穿过,是重庆进出川北的咽喉要地。全区辖17个镇街、6个开发区管委会,辖区面积755千米^2,人口65万人。辖区有重庆市主城唯一的国家级自然保护区缙云山和国家级风景名胜区缙云山、北温泉、嘉陵江小三峡、金刀峡。北碚是全国著名的风景旅游区。

北碚区于1998年开始创建市级环保模范区。在创模过程中,北碚区坚持走可持续发展之路,彻底摒弃了高能耗、高水耗、高污染、高投入、低产出的发展模式,大力实施"工业强区、科教兴区、旅游活区、生态靓区"战略,注重经济与环境的协调发展,有力地促进了全区的发展。经过4年的努力,于2003年初,被市政府命名为"重庆市环境保护模范区",创市级环保模范区获得成功。

在此基础上,北碚区委、区政府决定用3至5年时间,把该区建设成国家环保模范城区。

2003年4月24日,北碚区委、区政府召开辖区各镇人民政府、各街道办事处、各职能部门和社会单位会议,对创建国家级环保模范城区进行首次总动员。根据创国模的要求,又组织专家制定了《重庆市北碚区创建国家环境保护模范城区总体规划》《实施方案》和《重点工作计划》,并及时成立了创模指挥部,设立了创模办和7个工作组。先后两次召开全区创国模动员大会,实施目标任务分解,签订责任书等,分别从环境宣传、环境教育与卫生管理、工业污染整治、城市环境综合整治、环境基础设施建设、生态环境保护与建设、创模技术资料、创模工作督查八个方面提出具体工作目标,并通过广泛宣传、广泛发动组织全区各部门、企事业单位和全体市民参与实施,有效推进了创模工作的开展。

2006年,北碚区创模成功,被国家环保总局正式命名为"全国环保模范城区"。创建国家环保模范城区后,给北碚区带来显著变化:

一是提升了北碚区的可持续发展能力。通过创模,全区国内生产总值年增长率均保持在11.4%以上,人均GDP达到1.24万元。2004年,全区实现国内生产总值80.97亿元,完成地方预算内财政收入2.08亿元,同比增长18.5%;完成全社会固定资产投资37.58亿元,同比增长30.1%;实现规模以上工业企业总产值70.9亿元,同比增长16.5%,综合效益指数109.3%,连续3年跻身全市十强工业区县。城镇居民人均可支配收入达8991元,农民人均纯收入3280元,同比增长13.2%、14.1%。2004年地区生产总值与2002年相比增长25.4%,经济结构得到优化。2004年环保投资指数达到3.69%。城市经济、社会可持续发展的试验和示范建设走在了西部城市的前列。

二是有效地改善了区域环境质量。通过创模,集中财力,实施"蓝天、碧水、固废、宁静"等工程,强化城市环境综合整治,有效促进了污染企业对环保的重视和投入,建设了较完备的工业污染设施,大幅度削减了废水、废气、固体废物的排放,降低了噪声污染;污染物排放总量不断下降,化学需氧量和二氧化硫排放总量分别由2002年的3000吨、4838吨减少到2004年的2812吨、3933吨。2002年以来该区的API指数小于100的天数占全年天数的比例均在80%以上,环境空气质量在污染较重的重庆市及三峡库区均处于领先地位;水域功能区水质达到国家标准;城区生活垃圾无害化处理率均在88%以上;工业固体废物处置利用率均达到99%以上;危险废物连续3年实现零排放,固体废物的综合利用走在了重庆市前列;通过建设烟尘控制区,实施清洁能源工程和大气污染控制工程,使烟尘控制区覆盖率连续三年达100%;环保基础设施建设在重庆市及西南地区处于领先地位,对三峡库区的环境保护起到了良好的示范和带头作用。

三是增强了全区人民全面建设小康社会的凝聚力和战斗力。通过创模,区委、区人大、区政府、区政协历届领导高度重视环保工作和生态建设,并把创模工作纳入城市发展战略之中,以"生态北碚"理论做指导,把创模工作与"生态北碚"的战略有机结合,实现了为打造"生态北碚"、让老百姓得实惠所实施的"民心工程"和"德政工程",凝聚了人心,团结了群众,鼓舞了发展士气,充分展现了全区广大干部群众建设"国家可持续发展示范区和重庆市全面建设小康社会先行区"的综合素质和能力。通过创模有效解决了一些关注民情、关系民生、涉及民利的环境问题,使该区的卫生事业、计划生育、科教文化、城市市容环境卫生长效管理走在了重庆及三峡库区的前列。有效改善了广大群众的生活环境,提高了全区人民的生活质量,加强了党委、政府同群众的联系,锻炼了一批干部,促进了北碚区的物质文明、政治文明、精神文明建设的同步发展,促进了人与自然的和谐,得到了社会各界的一致赞誉,增强了全区人民全面建设小康社会的凝聚力和战斗力。

四是进一步扩大了北碚区在国内外的知名度和影响力。通过创模,北碚区的环境基础设施和生态建设取得了显著成效,自然保护区建设、城市园林绿化美化、生态城市建设走在了西部城市的前列,最佳人居环境变成了北碚区的重要标志,而且使北碚区的投资发展环境也得到了显著改善,引发了投资开发北碚区的热潮。3年全区共引进各类项目527个,协议总投资143.38亿元,实际到位资金60.77亿元。同时,为严格保护该区的生态环境,拒绝引进有污染的企业60多家,减少引资金额约50亿元。园区建设正在探索"生态科研城"和"生态工业园"等发展循环经济新模式,以"生态工业、生态农业、生态旅游、生态城镇、生态文化"为支撑的生态经济体系,已经成为北碚区经济、社会协调发展的强劲动力和后发优势,城市整体实力得到增强,进一步提高了北碚在国内外的知名度和影响力。

五是进一步提高了市民的环境保护意识。通过创模,建立有力的组织体系和工作机制,实施环保长效管理,北碚区自2000年以来在全市区县党政一把手环保工作考核中连续4年名列前茅;自1990年以来城市环境综合整治定量考核连续15年名列重庆市前列。全民生态环保意识得到增强,干部群众的环保素质得到增强,行政管理效能得到提高。排污许可证核发工作、环境执法管理及在线监测、监控走在三峡库区的前列,环境教育和绿色行动独具特色,走在了西部城市的前列。

二、国家级生态示范区建设

(一)大足县建成国家级生态示范区

1996年2月27日,国家环保局批准将大足县列入全国生态示范区建设试点名单后,大足县的生态示范工作开始启动。1997年1月21日,大足县环保局主持编写的《大足县生态示范区建设规划》通过了市环保局组织的专家论证。同年3月31日,大足县人大常委会做出了《关于"大足县生态示范区建设规划"的决议》。

4月16日,大足县政府向国家正式报送了《大足县生态示范区建设规划》,并同时向全县乡镇和县府部门印发此规划,开始实施国家级生态示范区创建工作。

2003年8月27日,大足县政府向市环保局提交了《大足县人民政府关于申请验收大足县国家级生态示范区的报告》。同年11月20至21日,市环保局组织有关专家和相关部门领导组成验收组,对大足县创建国家级生态示范区工作进行验收,同意通过市级验收,并上报国家环保总局予以审核验收。2004年12月30日,国家环保总局将大足县创造国家级生态示范区验收后,下发文件,决定将大足县命名为国家级生态示范区。

获得国家级生态示范区称号后,大足县仍继续努力,使国家级生态示范区建设得到长足发展。1996—2010年,累计创建市级生态村17个和县级生态村198个,其中,宝顶镇创建国家级生态镇和高升镇、拾万镇创建市级生态镇已完成待审查;高升镇双牌村等14个市级生态村已通过验收待命名;三驱镇板桥村等4个县级生态村已通过审查。他们具体做了以下工作:

村庄连片整治:2010年完成了宝兴镇金竹村、瓦窑村、虎形村,珠溪镇白马村、宝珠村、官仓村、玉河村7个村在内的整治工程,共投入资金1187万元;建成人工湿地、生化池生活污水处理设施18座,花台式人工湿地69座,配套管网42230米;配备人力手推车35辆,微型拉臂车3辆,垃圾箱78个,垃圾桶470个。

蓝天行动:开展无煤社区创建。出动执法车辆60余台次,出动执法人员120余人次,整改餐饮经营单位炉灶134台,取缔或拆除101台,成功创建了2个无煤社区和3个基本无煤场镇;城区生活用煤减少219吨,减少二氧化硫排放5.256吨;控制城区建筑施工扬尘污染,实行围墙全封闭施工;实施餐饮油烟污染专项治理,督促4家餐饮企业进行了限期整改,8家企业均安装了油烟净化器;建成机动车辆尾气简易工况法检测线,加大了"黄标车"的淘汰力度。

碧水行动:开展次级河流污染源全面排查,发现生活污水直排口30处、工业废水排放口5处,提出了限期整治或取缔的措施;投入37.2万元设置集中式饮用水水源取水点界碑89块,建立饮用水水源"一源一档"42个,制定水源地环境应急预案和水厂水质安全应急预案27个,增加对龙水等重点饮用水水源的巡查频次;续建并竣工邮亭、万古、石马、拾万、金山5座污水处理厂,新建玉龙、高升2个污水处理厂,启动铁山等5个污水处理厂,开工龙水工业园区污水处理厂;完成大足城区火烧坝等6处截污管网工程。

宁静行动:中、高考期间,共检查娱乐场所30余家,检查车辆余120台次,制止临街商业门店播放高音喇叭揽客行为和流动车辆广播宣传20余起。对噪声污染工业企业依法实施限期治理,完成恒安化工等5家噪声污染工业企业的整治工作。在城区设置车辆禁鸣标识,严格控制机动车辆鸣笛。查处违规施工工地200余起。县棠香街道办事处御墅林枫小区昼间平均噪声为54.2分贝,夜间为44.7分贝,成功创建为市级安静小区。

绿地行动:全县参加义务植树达70万人次,义务植树尽责率达95%,栽植栾树、黄葛树等各类苗木339万株。完成营造林14万亩,其中人工造林4.5万亩,封山育林1.5万亩,中幼林抚育8万亩,全县森林覆盖率达到43.1%。完成丁家坡10000 $米^2$ 中国孝文化与现代园林绿化建设,对南环二路、二环西路、五星大道、海棠新城,栽植各类时令花木等41.5万余株,新增城市绿地16万 $米^2$,城区绿地率达44.32%,绿化覆盖率48.19%,人均公园绿地18.9 $米^2$。

田园行动:实施农村环境连片整治工程。宝兴镇金竹村等7个村的整治工程已全部完工。共投入资金1187万元,建成人工湿地、生化池生活污水处理设施18座,花台式人工湿地69座,四格化粪池1020个,小型养殖废水处理设施267座,配套管网42230米,检查井291个,溢流井12个,配备人力手推车35辆,微型拉臂车3辆,垃圾箱78个,垃圾桶470个,水葫芦治理90亩。开展畜禽规模养殖污染治理。对12家存在选址不合理、无环评手续、治污设施不全等问题的规模养殖场,已责成业主限期整改。完成龙水钛林养殖场等3家规模养殖场的减排工程,启动了雍溪厚繁养殖场、季家洁标两家规模养殖场的减排工程。

(二)巫山县国家级生态示范区建设

巫山县位于重庆市东部边缘,三峡库区腹心地带,东邻湖北省巴东县,南接湖北省建始县,西靠奉节县,北依巫溪县和湖北省神农架林区。东西相距60.5千米,南北延伸78.4千米,辖区面积2957 $千米^2$,山地占96%,丘陵平坝占4%。

1996年2月,巫山县经国家环保局确定开展国家级生态示范区建设试点工作,全县经过10年努力,于2007年成功创建成国家级生态示范区。值得记叙的是建设中的规划情况。

1996—2004年,巫山县生态环境(大生态)建设工程的已建和在建项目总投资148798.6万元,其中国家投资补助109190.4万元,市级配套资金4241万元,县级配套资金5968.73万元,群众自筹和投劳折资2398万元,贷款12100万元,对口支援3650万元,融资6430万元,企业投资4820万元。规划建设任务分别是:1998—2004年,天然林保护工程38.83万亩,投资1754.6万元;2002—2004年,退耕还林67.85万亩(退耕地造林24.5万亩、荒山造林43.35万亩),投资4512.5万元;1996—2004年,"长治"(水土保持)工程429.33千米^2,投资3138.16万元;1998—2000年,生态环境综合治理171.6万亩,投资3319万元;2001—2003年,农业综合开发治理工程4.3万亩,投资2714万元;2002—2004年,市百万吨柑橘产业化0.66万亩,投资2605万元;人畜饮水工程建蓄水池36000米^3、开挖隧洞6300米、架设管道68000米,投资2110.13万元;福田河堤整治工程3850米,投资404.8万元;小石峡水力发电站2×3200千瓦,投资5300万元;县城生活垃圾处理场填埋库容130万吨,投资7753万元;交通建设与植被恢复工程5万米^2,投资890万元;市政广场建设工程20030米^2,投资2600万元;2004年,库周绿化带工程基本农田建设0.97万亩,耕还林3万亩,投资1700.4万元;二期地质灾害防治18个(工程治理16个、搬迁避让2个),库岸防护21段,投资68912万元;水库整治18.5万米^3,投资997.37万元;2004年度生态家园工程建沼气池1880口(一池三改),投资545.2万元;县城污水处理厂2万吨/日,投资9317万元;大昌镇污水处理厂0.2万吨/日,投资1414万元;大昌镇生活垃圾处理场16吨/日,投资2107万元;城市绿化60公顷,投资258.59万元;天然气建设工程长输管道和城市管网83千米,投资4500万元;官渡河流域土地复垦403公顷,投资1557万元;液化石油气工程,新建液化气2个,年耗量1500吨,投资350万元;生态农业示范基地建设工程250亩,投资221万元;"两心四馆"即青少年和宣传文化中心,图书馆、展览馆、文化馆、科普馆建设工程13460米^2,投资1500万元;"两校"游泳池建设工程4500米^2,投资210万元;"两校"(巫山县高级中学、巫山县职业技术教育培训中心)建设工程227986米^2,投资18000万元。

任务完成情况:

1996—2004年,完成生态环境建设工程项目总投资117728.8万元,占规划(下同)的79.1%。其中国家投资补助91547万元,占83.8%;市级配套2899万元,占68.4%;县级配套3428万元,占57.4%;群众自筹和投劳折资1806万元,占75.3%;贷款11600万元,占95.9%;对口支援1023万元,占28%;融资1000万元,占15.6%;企业投资4250万元,占88.2%。各项工程完成情况分别为:

1998—2004年,天然林保护工程完成38.83万亩,占规划的100%,投资1523.6万元,占规划的86.8%(下同);2002—2004年,退耕还林工程完成83.65万亩(退耕地造林30.3万亩、荒山造林53.35万亩),占123.3%,投资4444万元,占98.5%;1996—2004年,"长治"(水土保持)工程完成426.33千米^2,占99.3%,投资2279.27万元,占72.6%;1998—2000年,生态环境综合治理完成139万亩,占81%,投资2122万元,占63.9%;2001—2003年,农业综合开发治理工程完成4.42万亩,占102.8%,投资2459.95万元,占90.6%;2002—2004年,市百万吨柑橘产业化完成0.596万亩,占90.3%,投资2590万元,占99.4%;人畜饮水工程完成建蓄水池36000立方米、开挖隧洞6300米、架设管道68000米,占100%,投资2110.13万元,占100%;福田河堤整治工程完成2160米,占56.1%,投资356.79万元,占88.1%;小石峡水力发电站完成2×3200千瓦,占100%,投资5000万元,占94.3%;县城生活垃圾处理场填埋库容130万吨,占100%,投资6949万元,占89.6%;交通建设与植被恢复工程完成5万米^2,占100%,投资890万元,占100%;市政广场建设工程完成20030米^2,占100%,投资2600万元,占100%;2004年,库周绿化带工程完成3.4万亩,占 85.6%，投资 1062.95 万元，占 62.5%；二期地质灾害防治完成 18 个（工程治理 16 个、搬迁避让 2 个），库岸防护 15 段，占 84.6%，投资 59635 万元，占 86.5%；水库整治完成 18.5 万米^3，占 100%，投资 895.6 万元，占 89.8%；2004 年度生态家园工程建沼气池 351 口（一气三改），占 18.7%，投资 98.63 万元，占 18.1%；县城污水处理厂 2 万吨/日，投资 6583 万元，占 70.7%；大昌镇污水处理厂 0.2 万吨/日，全面完成，占 100%，投资 1187 万元，占 83.9%；大昌镇生活垃圾处理场完成初设等前期工作，占 25%，投资 428 万元，占 20.3%；城市绿化完成 59.91 公顷，占 99.9%，投资 773.53 万元，占 299.1%（全靠单位自筹）；天然气建设工程长输管道和城市管网 65.4 千米，占 78.8%，投资 3430 万元，占 76.2%；官渡河流域土地复垦完成河堤整治 4.7 千米，占 55%，投资 800 万元，占 51.4%；液化石油气工程，年耗量 1300 吨，占 86.7%，投资 320 万元，占 91.4%；生态农业示范基地建设工程 213 亩，占 85.2%，投资 175 万元，占 79.2%；"两心四馆"工程，完成锚杆土钉墙边坡治理，正在实施场平、抗滑桩等工程；"两校"建设工程 135346 米^2，占 59.4%，投资 8918 万元，占 49.5%；"两校"游泳池建设工程 4050 米^2，占 90%，投资 164 万元，占 78.1%。

生态示范区建成后，巫山县发生了如下变化：

通过天然林保护工程、退耕还林工程、生态环境综合治理工程、"长治"第三期和第五期小流域治理工程、库周绿化带建设工程、公路建设的植被恢复等工程的实施，增加林草植被 203.6 万亩（保存率按 80%计算），可保存林草植被 162.9 万亩（林占 75%、草占 25%），全县森林覆盖率提高了 27.5 个百分点，土壤侵蚀模数由原来的 6712.2 吨/千米^2·年降至 2468.7 吨/千米^2·年，年减少土壤侵蚀量 458.3 万吨，减少入江泥沙量 174.2 万吨。

通过农业综合开发项目，柑橘产业化建设，福田、官渡镇的河堤整治工程，水库整治工程建设，生态农业示范基地建设，使 5000 多亩良田得到有效保障，新增 2600 亩良田。新增节水灌溉面积 2.72 万亩，其中新增灌面 1.51 万亩，改善灌面 1.21 万亩。新增除涝面积 0.72 万亩，改善除涝面积 0.8 万亩。增加农田防护林 2.62 万亩。

通过县城生活污水处理厂和生活垃圾处理场、大昌镇生活污水处理厂和生活垃圾处理场、地质灾害的防治、城市绿化、市政广场、天然气和液化气、生态家园工程、人畜饮水工程、小石峡水电站、"两校"及"两校"游泳池、"两心四馆"等工程项目的实施，改善了人居环境，提高了人民的物质和文化生活水平，幸福指数得到提高。

存在的不足：

巫山县属于国家新一轮扶贫工作重点县，财政拮据，县里配套资金不能全额到位，加之各项工程实施的立地条件差（山大坡陡、土质贫瘠），国家投资补助的单位造价相对巫山偏低，便影响了工程建设进度和任务的全面完成。

建成后管理有待进一步加强，部分工程项目有重建轻管的现象，退耕还林的林粮间作现象较为突出。

三、重点企业环保搬迁

由于地理条件的原因，风速较慢，不利于空气流通，以及空气污染较重，重庆主城区曾长期名入全国十大空气污染城市之列，也是全国酸雨污染重点地区。随着城市化进程的快速推进，主城区内工业企业和社区交错发展，到 2001 年，已形成了渝中区的大黄路片区和化龙桥片区，江北区的猫儿石至江北嘴沿线片区，南岸区的烟雨路片区，沙坪坝区的井口片区，大渡口区的重钢片区和九龙坡区的重庆电厂片区等主城 7 大主要污染企业集中片区。

2002 年初，重庆市委、市政府做出重大决策，决定对主城区重点污染企业实施搬迁，下决心打一场促进节能减排的攻坚战。市政府印发《主城区五管齐下净空措施实施方案》，其中主要措施之一就是实施主城区污染企业关迁改调。为鼓励企业搬迁，市政府召开专题会议研究制定了搬迁鼓励政策，限期实施搬迁。

2010年，共有5批165户企业被纳入市政府搬迁计划范围，已完成88户企业搬迁，占搬迁总数的一半。由于篇幅有限，编者在此选编部分重点企业环保搬迁入"专记"（排名以搬迁始年为序）。

（一）重庆电池总厂环保搬迁

重庆电池总厂是一个老牌国有企业，原厂址地处渝中区，紧靠长江边，由于历史原因而形成了工厂、民居、学校、宾馆相互混杂的状况。工厂在生产过程中大量使用细度超过200目的乙炔黑、石墨粉、二氧化锰等黑色粉状物，无序排放炭黑尘、铅尘、二氧化硫、沥青石蜡烟气和含有汞、锌、锰等重金属、悬浮物的工业废水，对环境造成较大污染，周边单位和居民的意见很大，经常发生环保投诉的情况，厂区旁的红楼宾馆游泳池常因水面的炭黑尘漂浮物无法开放。加之老厂区生产布局不合理，管网零乱无序，地形高差达70多米，粉料运输依靠人抬肩扛，抛撒严重，风吹车过四处飞扬，工厂不得不常年耗用数万吨自来水冲洗厂区路面粉尘，但难以奏效，还产生大量废水直排长江。工厂现状和污染情况不仅严重破坏了库区生态环境，还使企业无法进行科学的整体规划，自主研发的糊式电池无汞技术无法实施，厂房陈旧、设备落后、劳动条件差的状况难以改变，企业技术潜力和名牌效应难以发挥，已无生存和发展空间。

2001年，市政府将电池总厂列为首批主城区的污染治理搬迁企业之一。同年9月，国家环保总局副局长王新芳来厂视察，听取项目情况汇报，11月，国务院批复《三峡库区及其上游水污染防治规划》，该厂废水治理项目名列其中。2002年1月，重庆市主城区"五管齐下"净空措施工程再次确定该厂搬离主城区。2003年7月，厂选址最后确定为渝北区空港工业园。2003年8月，工厂搬迁工程进入设计阶段。2004年4月2日，土建工程奠基，搬迁工程进入建设阶段。经过12个月的精心组织和紧张施工，工厂开始全面搬迁和设备调试。该厂于2005年5月末搬迁完毕，正式投产。

2005年8月起，工厂开始推行清洁生产，开展创建环境友好企业活动。2006年先后通过了重庆市清洁生产审核、ISO 9001、ISO 14001、ISO 14024质量，环境管理体系和环境标志产品保障体系考核评审，成为重庆市首批5家环境友好企业之一，被市政府授予"重庆市十五期间环境保护先进集体"称号，被市教委命名为"重庆市青少年环境教育基地"。

（二）重庆三峡油漆股份有限公司环保搬迁

重庆三峡油漆股份有限公司环保搬迁前位于九龙坡区石坪桥石杨路旁，属重庆市主城区。

由于公司在石坪桥厂址已生产多年，部分厂房在计划经济时代盖建，虽然有一些先进设备，产品也在不断更新，但许多设备已很陈旧，并存在安全隐患和比较严重的环境污染。公司污水中含有第一类污染物如重金属Cr^{6+}、Pb^{2+}，有毒有害的有机污染物酚、甲醛、苯等，有组织排放的工业污水虽然经污水处理厂处理后达标排放，但其中的重金属污染物和有毒有害的有机污染物以及难以降解的其他有机物仍对三峡库区水质带来污染。在生产过程中使用和储存的有毒有害物质达8800多吨，在人口密集的主城区存在严重的安全风险，已不适应市场经济发展的需要，特别是车间设置没有专业化的特点。加之涂料行业的发展速度较快，产品质量普遍提高，行业整体竞争能力和抗风险能力都在增强。特别是在同国际大公司竞争时，国内企业在资源整合、资本整合、企业整合和品牌整合中付出了高昂的代价；在能源和原材料价格不断飙升的过程中，企业的利润空间大幅下降；在国家一系列环保政策、法规、标准出台后，企业的运行成本加大。公司面临着成本加大、盈利能力下降带来的挑战。

重庆市城市总体规划关于大杨石组团的分区控规中,明确规划该公司厂区为商住、学校、医院用地。原址已不符合城市规划发展要求,必须尽快实施搬迁。

2003年,该公司实施搬迁工程,2007年底,公司整体迁往江津区德感工业园区。搬迁后的重庆三峡油漆股份有限公司,通过合理布局和技术改造,调整产品结构,整合现有资源,推行清洁生产,加强末端治理,实施工业污水零排放,使长江三峡库区水质免遭严重的污染。

(三)重庆天原化工总厂环保搬迁

重庆天原化工有限公司即搬迁前的重庆天原化工总厂,是由中国氯碱化工创始人吴蕴初先生,于1939年将上海天原电化厂内迁到重庆所建,是国内最早的氯碱企业之一,隶属于重庆化医控股(集团)公司,是原化工部22家氯碱生产重点企业之一。该厂位于重庆市江北区建新西路303号的猫儿石地区,东距观音桥商业圈不到3千米,占地面积42万米^2。因其多数设备工艺落后,设备陈旧,安全和环保都难以稳定达标。同时由于该公司的主要产品如烧碱、盐酸、液氯、甲烷氯化物等为强腐蚀、有毒、易燃易爆的危险化学品,又地处重庆市市区,也存在安全隐患。同时工业废水处理装置简陋,全为手动装置,再加之废水处理站场地有限,难以长时间稳定达标,使得排污口超标排放现象频繁发生,给地表水环境造成了一定的污染,而要从根本上解决天原化工总厂存在的主要环境问题,只有实施天原化工总厂的整体搬迁,才能解决城市建设和化学工业发展的矛盾,适应重庆市城市规划和污染治理的要求。加之,2004年4月16日发生液氯系统爆炸,损失惨重,影响极大,迫使企业停产待迁。

2004年,市委、市政府及化医(集团)公司决定将该厂搬迁到涪陵区白涛镇陈家坝。2005年,由重新组建的重庆天原化工有限公司出资16亿元启动整体搬迁工作,2007年,末该厂搬迁建成投产。

环保是企业生存发展的前提,重庆天原化工有限公司一直严格按照"三同时"及环评要求进行设计、建设和施工,确保产品项目与环保项目同步投入运行。在搬迁建设工程中,按环评及重庆市环境保护局的批复要求,该厂在污染治理及风险防范方面主要落实了以下工作:

1. 三废治理:

在厂区内全面实现了雨污分流,建成了处理能力为120万吨/年的公司废水综合处理站。各类酸碱废水及生活污水在各自界区经预处理后再送至公司废水综合处理站,处理达标后再经规整的公司废水总排口达标排放。废气因子以氯气、氯化氢为主,废氯气通过事故氯处理装置用碱吸收,氯化氢废气经多级洗涤,按规定排放高度达标排放。固废及危废全部得到妥善处置。

2. 环境风险防范工作:

(1)建立、健全了环境管理与风险防范制度,制定了环境污染事故应急救援预案并定时进行演练。

(2)在重大危险源及重要岗位安装了自动监控报警装置。

(3)在各物料罐区修建了围堰,并设置了切断设施。

(4)设置了2000米^{3}的事故废水、初期雨水收集池。

重庆天原化工有限公司搬迁后在生产规模翻倍的情况下,污水和化学需氧量的排放量却比搬迁前减少了约209万吨/年和145.8吨/年,万元产值综合能耗由搬迁前的5.2吨标煤/万元降至现在的1.2吨标煤/万元,比搬迁前降低了76.9%。

(四)重庆民丰化工有限责任公司环保搬迁

重庆民丰化工有限责任公司始建于20世纪50年代,系重庆化医控股(集团)公司下属国有独资企业,原厂址位于重庆市沙坪坝区井口镇先锋街老山沟166号,距沙坪坝区城区中心约15千米。厂址东临嘉陵江,处于重庆主城区嘉陵江上游,主要从事铬盐系列产品的生产经营。

由于历史布局不合理、工艺技术和设备落后,以及化工生产的污染特性等,导致环保问题一直困扰和制约着公司的发展。2003年8月,因历史遗留的铬渣渗水污染问题,公司被中央媒体曝光,被列为当年国内十大污染案之一,濒临破产。

按照国务院《三峡库区及其上游水污染防治规划》及重庆市政府"退二进三"的战略部署,公司着手环保搬迁和老污染治理项目的立项、选址、可研、环评等前期工作,搬迁项目于2005年2月获国家环保总局的批复,铬渣老污染综合治理可研报告于同年10月获国家发改委正式批复。

2006年6月,公司正式落户重庆市潼南县工业园区内,占地约600亩,总投资65417.85万元。仅用1年半的时间圆满完成了建设任务,于2008年10月全面进入试生产阶段。经过一年多的试生产,项目在环保治理、工艺要求、设备运行、质量控制、工程建设等方面均达到设计目标,并于2010年6月率先在全国铬盐行业中通过了国家环保部工程项目竣工环境保护验收。

民丰化工三峡库区环境治理搬迁工程年产5万吨红矾钠,项目在引进俄罗斯无钙焙烧技术的基础上,结合企业50年的铬盐生产经验和原美国阿莱德公司的铬盐生产技术,对引进的俄罗斯无钙焙烧技术进行消化吸收,使本项目在工艺技术上具备了国际先进水平。新项目建成投产后,实现了含铬废水零排放(循环使用不外排)、铬渣无害化处理和其他污染物达标排放的环境治理目标,主要污染物排放量大幅下降。

(五)太极集团重庆桐君阁药厂环保搬迁

搬迁前的桐君阁药厂地处南岸区海棠溪,随着重庆城市化进程的加快,海棠溪已成为城市开发的热点,该区周围已全面启动建设住宅小区和文体娱乐设施。地处海棠溪的环境安全隐患企业与整个城市开发态势不协调的矛盾日益凸现。2004年,市政府确定桐君阁药厂整体迁至南岸区茶园工业园区。2005年,搬迁工作开始启动,2006年立项申请,2007年初动工新建,2009年底开始试生产。在建设过程中,严格遵守有关规定,做到了同时设计、同时施工、同时投入使用的"三同时"。设计、建设有300吨/天污水处理站1座,投资350余万元,粉尘收集设施6个,于2010年3月通过了市、区环保部门的竣工验收。

在整体搬迁过程中,严格执行市、区的相关规定,按环保设施的"三同时"规定,建设了符合一级废水排放标准的废水处理站1座,处理能力为300吨/天;粉尘收集系统6套;锅炉降温除尘设施1套(1台6吨/时)。随着生产规模的扩大,环保设施的进一步完善,配置了污水在线检测设备等设施,价值200万元左右。同时检测、办理了8处排污许可证和危险废物转移许可证,并与有资质的废物处理单位签订运输处理协议。建立环保管理规章制度,规范环保设施的运行管理,加强日常监督,设施运行率达到100%,废水、粉尘、噪音检测合格率达到100%。

(六)重钢环保搬迁

重庆钢铁(集团)有限责任公司(以下简称"重钢")是一家有着近70年历史的大型国有企业,位于重庆市大渡口区内长江边,处于主城区200千米^{2}的核心区域内。

由于历史原因,重钢遗留的环境保护欠账较多,"十五"的污染治理,虽经过"八五""九五",但仍是重庆市排污量最大的企业之一,对重庆市主城区环境质量的改善构成很大压力。另外,由于重钢所处地理位置的原因,影响了企业自身的可持续发展,同时不利于大渡口区城市规划布局,对城市发展存在严重的制约。因此,实施重钢节能减排、环保搬迁工程(以下简称"搬迁工程")势在必行。几经选择,最后确立重钢迁至长寿区江南街道。

搬迁工程于2007年开始建设,2009年12月,一期工程约200万吨钢铁产能建成,2011年11月约600万吨钢铁产能建成投产。

搬迁工程变更后总投资255.45亿元,其中静态投资222.73亿元、建设期利息5亿元、流动资金27.72亿元。

搬迁工程变更后环境保护投资约 26.89 亿元，占搬迁工程静态投资的 12.07%。从环保治理设施投资的分配来看，搬迁工程后废气污染治理措施投资 14.63 亿元，废水治理 5.41 亿元，分别占环保总投资的 54.41% 和 20.12%。搬迁工程对主要污染物进行重点治理，搬迁工程实施后，大气和废水污染物的排放量大大削减，并能满足排放标准要求，达到了保护环境的目的，同时也减少了重钢排污费的缴纳金额。

环保设施投入使用后，除了可减少污染物的排放外，还可回收部分可利用资源，因此具有一定的经济效益。废物资源化利用获得的经济效益为 8.96 亿元。经计算，采取环保措施后，搬迁工程每年少缴纳的排污费为 3.44 亿元。

废物资源化利用、减少排污费创造的环境经济效益共计 12.4 亿元。经计算，搬迁工程环保设施的经济效益费用比为 1.98，即环保设施费用每投入 1 元，可产生 1.98 元的经济效益，在环保设施使用期内（15 年），其投资可得到回收。

（七）重庆农药化工（集团）有限公司环保搬迁

重庆农药化工（集团）有限公司始建于 1952 年，是中国西部唯一的大型农药生产企业和出口基地。搬迁前位于重庆市沙坪坝区井口镇经济桥 30 号。

由于历史原因，工厂原有厂址所处位置在重庆市主城区人口密集区内，不符合城市发展规划；企业排污口至嘉陵江与长江汇合口不到 27 千米，有 4 个城市生活饮用水取水口，废水排放对下游饮用水水源构成威胁，不符合重庆市饮用水水源保护规划；厂区布局不合理，产品结构及其工艺设备落后，污染严重，产生的废气、废水对周边环境造成较大污染。

2001 年，农化集团农药搬迁被列入国务院《三峡库区及其上游水污染防治规划（2001 年—2010 年）》中重庆的 6 个搬迁项目之一，同时也被市政府纳入 2008 年前迁出主城区的环保项目，后确定迁往长寿区经开区。

2008 年 3 月，新厂开始建设，2009 年 6 月，老厂区停止生产，2010 年 4 月，完成搬迁并开始试生产，整个搬迁享受中央财政专项补助资金 2966 万元。

此次搬迁是以低毒、中毒、低残留农药为主要产品，搬迁后保留了符合国家产业政策的乐果、乙酰甲胺磷、杀虫单（双）原药生产装置，新增除草剂（草甘膦）生产装置。

公司搬迁到新址后，建成了搬迁产品废水处理装置和草甘膦废水处理装置各 1 套，还建成了高浓度废水、固废处置焚烧炉装置 1 套。试车中严格执行环保管理，搬迁后的污染物产生量和排放量实现大幅度降低，相对企业搬迁前的环保情况发生了根本变化。

公司进一步规范管理危险固废，危废的产生、暂存堆放、转移、处置都严格按国家相关的法律法规执行；进一步强化对废水处理的技术整合力度，处理后的废水稳定达到园区污水处理厂的排放标准；进一步加强对废气处理的资金投入和技术提升，杜绝臭气扰民事故的发生。

附　录

一、环境保护方面的重要文件

重庆市控制燃煤二氧化硫污染管理办法

重庆市人民政府令第 23 号

第一章　总　则

第一条　为了控制燃煤二氧化硫污染,改善大气环境质量,保障人体健康,促进经济社会的可持续发展,根据《中华人民共和国大气污染防治法》及有关法规,结合重庆实际,制定本办法。

第二条　本市行政辖区内生产、加工、销售、燃用原煤的企业事业单位和个体工商户均应遵守本办法。

第三条　控制燃煤二氧化硫污染应坚持以下原则:
（一）经济效益、社会效益和环境效益相统一；
（二）统筹规划,综合治理；
（三）调整能源结构、降低能源消耗与治理污染相结合；
（四）谁污染谁治理,谁排污谁缴费。

第四条　各级人民政府应把控制燃煤二氧化硫污染纳入国民经济和社会发展计划,采取有效防治措施。

经济综合主管部门应把控制燃煤二氧化硫污染纳入管理计划和技术改造计划,并组织实施。

第五条　市及各区市县人民政府环境保护行政主管部门对控制燃煤二氧化硫污染实施统一监督管理。

第二章　控制措施

第六条　各级人民政府应结合产业调整、工业布局、城市规划,制定相关政策,鼓励改善我市燃料结构,加快天然气、煤制气、瓦斯气、洗煤、固硫型煤或其他清洁燃料的开发、生产和使用。

第七条　禁止在酸雨控制区内新建煤层含硫份大于 3% 的矿井,建成的生产煤层含硫份大于 3% 的矿井,逐步实行限产或关停。新建、改造含硫份大于 1.5% 的煤矿,应当配套建设相应规模的煤炭洗选设施。现有煤矿应按照规划的要求分期分批补建煤炭洗选设施。

第八条　能源部门应优先组织天然气、煤制气、瓦斯气等清洁燃料供应城市居民、食堂、企业事业单位和个体工商户。

第九条　禁止在城区及近郊区新建燃煤火电厂。新建、改造燃煤含硫量大于 1% 的电厂必须建设脱硫设施。现有燃煤含硫量大于 1% 的电厂应采取二氧化硫减排措施。

化工、冶金、建材等污染严重的企业及用煤单位必须依照有关环境管理的规定和要求,进行废气处理或采取改造燃煤装置、改烧清洁燃料等措施。二氧化硫排放超过国家标准的,必须进行限期治理,使二氧化硫达标排放。

第十条 人口稠密区、风景名胜区和自然保护区内,禁止企业事业单位和个体工商户直接燃用原煤,其现有燃煤装置应在规定期限内改烧天然气或其他清洁燃料。

规定期限由各级人民政府环境保护行政主管部门确定。

第十一条 禁止企业事业单位或个体工商户使用国家明令报废的燃煤设备和装置。

禁止燃煤装置改造后擅自燃用高硫煤。

第十二条 各区市县人民政府应制定规划。对城区(含县城)民用炉灶限期燃用天然气或其他清洁燃料,逐步替代直接燃用原煤。

第三章 监督管理

第十三条 各级人民政府环境保护行政主管部门对新建、扩建、改建项目的燃煤装置,应按照国家有关建设项目环境保护管理的规定审查其对环境的影响,严格执行防治污染设施与主体工程同时设计、同时施工、同时投产的制度。

第十四条 各企业事业单位和个体工商户燃用原煤排放二氧化硫,必须按照规定向当地环境保护行政主管部门申报二氧化硫排放设施(或方法)和治理设施正常作业条件下排放的二氧化硫烟气量、浓度、煤含硫量、固脱硫率等有关资料,并接受环境保护行政主管部门的监督检查。

二氧化硫烟气量、浓度、煤含硫量、固脱硫率有重大改变的,必须及时申报。拆除或闲置二氧化硫处理设施的,必须征得所在地的环境保护行政主管部门同意。

二氧化硫污染严重企业的治理设施或排污口,应安装符合规定标准的在线连续监测计量装置,并与环境保护行政主管部门监控系统联网。

第十五条 煤炭生产、加工、销售和外购煤的煤质含硫量、固硫率检验及出具检验数据报告,由重庆市环境保护行政主管部门指定具有监测资格的机构承担。

有关煤质含硫量、固脱硫率检验所发生的争议,由重庆市环境监测中心站负责鉴定和技术仲裁。

第十六条 排放二氧化硫的企业事业单位和个体工商户,应按国家有关规定缴纳排污费。

第十七条 在气象恶劣、二氧化硫废气积聚,可能给人体健康造成危害的紧急情况下,环境保护行政主管部门应立即报告同级人民政府,并采取应急措施,责成排污单位减少或停止排放二氧化硫废气。

第四章 法律责任

第十八条 对违反本办法规定,有下列行为之一的,加收二至五倍燃煤二氧化硫排污费,情节严重的,可并处5000元以上30000元以下的罚款:

(一)新建、扩建、改建项目违反国家有关建设项目环境保护管理规定的;
(二)未完成限期治理任务的;
(三)擅自拆除或闲置二氧化硫处理设施的;
(四)燃煤装置改造后擅自燃用高硫煤的;
(五)不按规定缴纳二氧化硫排污费的;

第十九条 违反本办法第十条规定的,加收二至五倍燃煤二氧化硫排污费,情节严重的,可并处10000元以上30000元以下的罚款。

第二十条 违反本办法第十一条第一款规定的,由县级以上环境保护行政主管部门责令改正,情节严重的,由县级以上环境保护行政主管部门提出意见,报请同级人民政府按照国务院规定的权限责令停业、关闭。

第二十一条　违反本办法第十四条第一款、第二款有关申报管理规定的,处警告或5000元以下的罚款。

违反本办法第十四条第三款规定的,由环境保护行政主管部门责令改正,处警告或5000元以下的罚款。

第二十二条　其他违反本办法的行为,按《中华人民共和国大气污染防治法》或《重庆市环境保护奖励与处罚办法》的有关规定处罚。

第二十三条　当事人对行政处罚决定不服的,可以依法申请复议或提起行政诉讼。

第二十四条　环境保护工作人员滥用职权,玩忽职守,给国家和人民利益造成损失的,视情节轻重,给予行政处分;构成犯罪的,移送司法机关处理。

第五章　附　则

第二十五条　缴纳燃煤二氧化硫排污费不代替烟尘超标排污费,也不免除排污单位治理污染、赔偿损失和法律、法规规定的其他责任。

第二十六条　燃煤二氧化硫排污费按照排污费管理办法,纳入财政预算管理。

第二十七条　本办法应用中的具体问题,由市环境保护行政主管部门解释。

第二十八条　本办法自1998年7月1日起施行。1996年4月1日发布的《重庆市控制燃煤二氧化硫污染管理办法》(原重庆市人民政府令第91号)同时废止。

重庆市环境噪声污染防治办法

重庆市人民政府令第126号

第一章　总　则

第一条　为防治环境噪声污染,保护和改善生活环境,保障人体健康,促进经济和社会可持续发展,根据《中华人民共和国环境噪声污染防治法》《重庆市环境保护条例》等规定,结合重庆实际,制定本办法。

第二条　本市行政区域内的环境噪声污染防治适用本办法。

第三条　区县(自治县、市)人民政府应结合城乡规划,合理进行功能区布局,充分考虑项目建设和区域开发所产生的噪声对周围生活环境的影响,消除或减轻环境噪声污染,改善本辖区声环境质量。

乡镇人民政府、街道办事处应当协同有关部门对本辖区内的环境噪声污染防治工作进行监督检查。

第四条　环境保护行政主管部门对本辖区的环境噪声污染防治实施统一监督管理,其主要职责是:

(一)拟定噪声污染防治规划和环境噪声标准适用区域划分方案,报同级人民政府批准后组织实施;

(二)向下级人民政府和同级人民政府相关部门分解下达噪声污染防治的年度目标任务,并对落实年度目标任务的情况进行检查、督促和考核;

(三)建立环境噪声监测网络并组织监测,定期发布声环境质量报告;

(四)负责对工业噪声、建筑施工噪声以及在商业、文化、餐饮、娱乐等经营活动中使用固定设备产生的噪声实施监督管理。

第五条　公安机关负责对下列噪声实施监督管理：

（一）在城镇范围内从事生产活动排放的偶发性强烈噪声；

（二）在商业经营活动中和市区噪声敏感建筑物（指医院、学校、机关、科研单位、住宅等需要保持安静的建筑物，下同）集中区域使用高音喇叭或高音响器材产生的噪声；

（三）在市区街道、广场、公园等公共场所进行娱乐、集会等活动产生的噪声；

（四）在已竣工交付使用的住宅楼内进行装修以及进行家庭娱乐、悼念等活动产生的噪声；

（五）机动车排放的噪声；

（六）其他社会生活噪声。

第六条　海事部门对船舶排放的噪声实施监督管理。

铁路、民航管理部门根据各自的职责，分别对铁路机车和航空器排放的噪声实施监督管理。

第七条　任何单位和个人都有保护声环境的义务，遵守环境道德规范，尊重他人的环境权益，并有权对造成环境噪声污染的行为进行检举和控告。

环境保护行政主管部门和有关承担噪声监督管理职责的部门，应当各自设立监督电话和举报信箱，并向社会公布，受理环境噪声污染投诉。

第八条　环境保护行政主管部门和有关承担环境噪声监督管理职责的部门对不属于自己管辖的案件，应移送有管辖权的部门管辖，并告知当事人。受移送部门不得拒绝或者再行移送，并负责将处理情况及时答复当事人。

第二章　监督管理

第九条　新建、扩建、改建项目，建设单位必须按照建设项目环境管理制度的要求向环境保护行政主管部门申报。可能产生环境噪声污染的，必须在可行性研究阶段提出环境影响报告书（表）或环境影响登记表，制定环境噪声污染防治措施，报环境保护行政主管部门批准。未经环境保护行政主管部门批准，有关部门不得批准施工许可，建设单位不得开工建设。其中，需要办理营业执照的，建设单位应当在办理营业执照前报批建设项目环境影响报告书（表）或环境影响登记表。

环境保护行政主管部门应当在收到环境影响报告书 60 日内、报告表 30 日内、登记表 15 日内，分别做出审批决定，书面通知建设单位，并不得收取任何费用。

第十条　建设项目的环境噪声污染防治设施，必须与主体工程同时设计、同时施工、同时投产使用。

建设项目在正式投入生产或使用前，以及在试生产 3 个月内，其环境噪声污染防治设施或措施必须经审批环境影响报告书（表）或者登记表的环境保护行政主管部门验收合格。对试生产 3 个月确不具备环境保护验收条件的建设项目，建设单位应当在试生产的 3 个月内，向审批环境影响报告书（表）或者登记表的环境保护行政主管部门提出该建设项目环境噪声污染防治设施或措施延期验收申请，经批准后方可继续进行试生产。未经验收或验收不合格的，环境噪声污染防治设施不得投入生产或者使用。

第十一条　从事工业生产、建筑施工以及在商业、文化、餐饮、娱乐等经营活动中使用固定设备向环境排放噪声的单位和个体工商户（以下简称排污单位），必须按照国家和市的有关排污许可管理制度的要求，申领《排放污染物许可证》和《排放污染物临时许可证》，其办理程序是：

（一）排污单位委托有法定资质的监测单位对噪声排放情况进行监测，依据监测结果填写《重庆市污染物排放申报表》，附监测报告、产生环境噪声的设备（机具）使用说明书和防治噪声污染的有关技术资料复印件，向有管辖权的环境保护行政主管部门申报；

（二）环境保护行政主管部门收到排污单位申报后 15 日内进行核定，排放噪声达标的，发给

《排放污染物许可证》；不达标但不对周围环境产生严重污染的，发给《排放污染物临时许可证》。

持《排放污染物临时许可证》的，必须在《排放污染物临时许可证》有效期内进行治理，使其噪声排放达到国家或地方规定的排放标准。限期治理后经验收合格的，由排污单位申请，环境保护行政主管部门可为其换发《排放污染物许可证》。

排污单位排放多种污染物的，噪声排放的申报、核定随水或大气污染物排放的申报、核定一并进行，并在同一个《排放污染物许可证》《排放污染物临时许可证》上进行登记。

第十二条　排污单位在排污申报内容和允许排放的噪声值发生变化时，应将可能变化的内容提前15日向环境保护行政主管部门进行变更申报，环境保护行政主管部门在受理申报后7日内做出变更批复。

变更内容涉及排污单位允许排放的噪声值发生变化的，环境保护行政主管部门应更换《污染物排放许可证》《污染物排放临时许可证》。

第十三条　晚22点至次日晨6点（以下简称夜间）因生产工艺要求或者特殊需要必须在噪声敏感建筑物集中区域内进行连续作业的，施工单位必须在连续施工3日前，按以下程序报批：

（一）施工单位到所在地环境保护行政主管部门领取《污染物排放申报表》，如实填写本次连续施工作业的原因、时段，使用机具的种类、数量以及施工场界噪声最大值（场界噪声最大值不能确定的，以施工机具说明书载明的噪声排放最大值代替），同时取得县级以上人民政府或建设等行政主管部门出具的证明，向所在地环境保护行政主管部门申报；

（二）环境保护行政主管部门在3个工作日内完成审核，对确需连续施工的，发给《污染物排放临时许可证》，或在已申领的《污染物排放临时许可证》上注明批准内容；

（三）施工单位应当在连续施工作业前将《污染物排放临时许可证》存放施工现场备查，并公告附近居民。

前款规定的审批权限由市环境保护行政主管部门规定。

第十四条　发生险情需进行夜间连续施工的，施工单位必须在采取措施的同时将夜间连续施工项目、预计施工时间向所在地环境保护行政主管部门报告。险情特别紧急的，可在险情发生后12小时内补报。

抢修、抢险作业由环境保护行政主管部门依据现场检查结果和县级以上人民政府或者有关行政主管部门的证明认定。现场检查未发现险情发生事实或施工单位未在3日内出示县级以上人民政府或者有关行政主管部门出具的险情证明的，不能认定为抢修、抢险作业。

第十五条　向环境排放噪声超过国家或地方排放标准的，必须依法缴纳噪声超标准排污费。

噪声超标准排污费根据噪声排放超标值，按国家规定的标准征收。噪声排放不便监测的，其超标值可以按市环境保护行政主管部门规定的简易办法核定。

第十六条　排污单位必须保持噪声污染防治设施的正常运转，不得擅自拆除或闲置。确因特殊情况需要拆除、闲置噪声污染防治设施或停止采用噪声污染防治措施的，必须提前15日向有管辖权的环境保护行政主管部门提出申请。环境保护行政主管部门应当自收到申请之日起15日内予以书面答复。

因事故或意外情况造成噪声污染防治设施停止使用或不能正常运行的，应立即采取措施减少或停止排放噪声，并在12小时内向前款规定的环境保护行政主管部门报告。

第十七条　环境保护行政主管部门和其他依法行使环境噪声监督管理权的部门，有权对其管辖范围内排污单位的噪声排放情况进行现场检查。被检查者应如实反映情况，提供必要的资料，不得拒绝、阻挠、延误现场检查。

行政执法人员对排污单位的噪声排放情况进行现场检查时，应出示行政执法证件。检查者应当为被检查者保守秘密。

第十八条 在噪声敏感建筑物集中区域从事生产、施工、经营等活动造成噪声污染的,环境保护行政主管部门应当要求排污单位调整作业时间、移动污染源位置或采取减轻污染的其他措施。

第十九条 在城市范围内从事生产活动确需排放偶发性强烈噪声的,必须事先向当地公安机关提出申请,经批准后方可进行,当地公安机关应当向社会公告。

在城市市区街道、广场、公园等公共场所组织娱乐、集会等活动,使用音响器材可能产生干扰周围生活环境的过大音量的,必须遵守当地公安机关的规定。

对市区内无固定场所的商业活动产生的噪声,在已竣工交付使用的住宅楼内进行室内装修、家具加工产生的噪声以及举行家庭娱乐、悼念等活动产生的噪声,公安机关应纳入社会治安内容进行综合治理。

第二十条 公安交通管理部门和海事部门应采取措施,监督在用车辆、船舶的噪声排放,不得允许排放噪声超标的机动车船入籍或投入使用。

铁路、民航等部门应分别对火车、航空器建立噪声排放管理制度,采取措施防止噪声扰民。

第三章 环境噪声污染的防治

第二十一条 禁止生产、销售不符合国家、行业、地方规定的允许噪声标准的产品。

在本市行政区域内销售和使用产生噪声的产品,应当在产品说明书和铭牌中载明使用该产品产生的噪声强度。

第二十二条 禁止在噪声敏感建筑物集中区域新建、扩建、改建产生环境噪声污染的工业企业。

禁止在居民住宅楼内开办产生噪声和振动污染的娱乐场点、机动车修配厂、加工厂、印刷厂等。

本办法实施前已经从事本条规定禁止的经营活动的,依法进行限期治理、转产或搬迁。

第二十三条 生产、经营活动中使用空调器、冷却塔、抽风机、发电机、水泵、音响以及其他产生噪声污染的设施,应当采取措施,使其场界噪声符合国家或地方规定的环境噪声排放标准。

第二十四条 除本办法第十三条、第十四条规定的情形外,在城市市区噪声敏感建筑物集中区域内,禁止晚22点至次日晨6点进行产生环境噪声污染的建筑施工作业。

第二十五条 高、中考前15日内,禁止在噪声敏感建筑物集中区域进行产生噪声污染的夜间施工作业(抢修、抢险作业除外);高、中考期间,禁止在考场周围100米区域内进行产生噪声污染的施工作业。

第二十六条 在用机动车整车噪声必须符合国家规定的噪声排放标准,不符合标准的,不准行驶;新购置或从外地迁入本市的机动车不符合标准的,不发给牌照;生产、装配、维修的机动车不符合标准的,不准出厂。

第二十七条 凡在本市行政区域内行驶的机动车(含军、警车等特种车辆及过境车),严禁使用音量超过95分贝的喇叭。本市新入户和在用的机动车,凡装有音量超过95分贝喇叭的,必须予以拆除;对未拆除的,有关部门不予核发证照。

机动车安装和使用防盗报警器,应当符合公安机关的有关规定。

第二十八条 禁止机动车在井口、上桥、庹家坳、李家沱长江大桥(九龙坡方向)、九公里(古李家沱)等本市主城区入城路口以内的区域及国道210新牌坊至双凤桥路段鸣喇叭。其他区域的禁鸣路段,由区县(自治县、市)人民政府规定。

第二十九条 禁止营运车辆使用广播喇叭招揽乘客。

第三十条 警车、消防车、救护车、工程抢险车等特种车辆安装特殊性能的喇叭和警报器,应当符合公安机关的规定,非执行任务时禁止使用。

第三十一条　设置停车场应防止机动车噪声污染，并采取有效措施使其排放的环境噪声达到功能区标准。

第三十二条　晚24点至次日晨6点禁止不符合夜航条件的运砂船和渔业船舶在黄花园大桥至高家花园大桥的嘉陵江江段行驶。

第三十三条　禁止产生环境噪声污染的航空器在市区上空超低空飞行训练或从事商业性活动。

第三十四条　居民使用家用电器、乐器进行娱乐、悼念等活动，排放的噪声不得超过城市区域环境噪声标准。

晚22点至次日晨7点禁止在住宅区内使用家用电器、乐器发出噪声扰民。

中午12点至14点和晚22点至次日晨7点禁止在噪声敏感建筑物集中区域从事产生噪声污染的室内装修、家具加工等活动。

禁止在住宅区使用广播喇叭叫买、叫卖。

第三十五条　在城市市区内禁止任何单位或个人使用影响生活环境或危害居民健康的高音广播喇叭和其他高音响器材。但属于下列情况之一者除外：

（一）抢险、抢修、救灾等紧急情况；

（二）车站、港口、码头、机场以及主要交通干道交叉口，在繁忙时刻必要的交通疏导活动；

（三）经公安机关批准的其他情况。

前款规定使用高音广播喇叭和其他高音响器材，在非紧急情况时应当尽量控制音量，减少对周围环境的噪声污染。

禁止在商业经营活动中使用高音广播喇叭或者其他高音响器材招徕顾客。

第四章　法律责任

第三十六条　违反本办法规定，有下列行为之一的，由负责审批建设项目环境影响报告书（表）或者环境影响登记表的环境保护行政主管部门依照《重庆市环境保护奖励与处罚办法》第二十条的规定处罚：

（一）未报批建设项目环境影响报告书（表）或环境影响登记表的；

（二）建设项目的环境影响报告书（表）或环境影响登记表未经批准，擅自开工建设的；

（三）建设项目投入试生产超过规定期限，建设单位未申请噪声污染防治设施竣工验收的；

（四）建设项目需要配套建设的噪声污染防治设施未建成、未经验收或者经验收不合格，主体工程正式投入生产或者使用的。

第三十七条　违反本办法规定，有下列行为之一的，由环境保护行政主管部门或有关承担环境噪声监督管理的部门责令限期改正，处警告或300元以上2000元以下的罚款，情节严重的，处2000元以上1万元以下的罚款：

（一）不按规定进行噪声变更申报或在申报时弄虚作假的；

（二）拒绝、阻挠、延误现场检查或者在被检查时弄虚作假的；

（三）在夜间连续施工作业前未按规定公告附近居民或进行虚假公告的。

第三十八条　违反本办法规定，在噪声敏感建筑物集中区域内新建、扩建、改建产生环境噪声污染的工业企业或在居民住宅楼内开办产生噪声或者振动污染的娱乐场点、机动车修配厂、加工厂、印刷厂等的，由环境保护行政主管部门责令改正，对单位处3000元以上3万元以下罚款，对个人处1000元以上5000元以下罚款。

第三十九条　违反本办法规定，有下列行为之一的，由环境保护行政主管部门依照《重庆市环境保护奖励与处罚办法》第十五条、第十九条、第二十一条的规定处罚：

（一）未取得《污染物排放许可证》《污染物排放临时许可证》而排放噪声的；

（二）不按《污染物排放许可证》《污染物排放临时许可证》的规定排放噪声的；

（三）不按《污染物排放临时许可证》的规定完成限期治理任务的；

（四）擅自关闭、拆除或闲置噪声污染防治设施的。

第四十条 违反本办法规定，晚22点至次日晨6点未经批准在城市市区噪声敏感建筑物集中区域内进行产生环境噪声污染的建筑施工作业的，由环境保护行政主管部门责令改正，处5000元以上3万元以下罚款；擅自使用打桩机、推土机、挖掘机、振捣棒和电锯等强噪声机具扰民的，或在高、中考期间违反规定进行施工作业排放噪声造成污染的，从重处罚。

第四十一条 违反本办法规定，不按规定缴纳噪声超标准排污费的，由环境保护行政主管部门依法追缴应缴纳的噪声超标准排污费，可处1000元以上应缴纳的噪声超标准排污费金额50%以下的罚款。

第四十二条 违反本办法规定，有下列行为之一的，由公安机关按照下列规定进行处罚：

（一）机动车驾驶员在禁鸣路段鸣喇叭的，依照《重庆市道路交通管理处罚条例》的有关规定进行处罚；

（二）违反规定使用音量超过95分贝喇叭的，给予警告或者处50元以上100元以下罚款；

（三）不按公安机关的规定安装和使用机动车防盗报警器的，给予警告或者处50元以上200元以下罚款。

第四十三条 违反本办法规定，警车、消防车、救护车、工程抢险车等特种车辆不按规定安装和使用特殊性能的喇叭和警报器的，由公安机关依照市政府有关规定进行处罚。

第四十四条 违反本办法规定，有下列行为之一的，由公安机关按照下列规定进行处罚：

（一）进行家庭娱乐、悼念等活动排放噪声扰民经制止仍不改正的，处200元以上1000元以下罚款，夜间排放噪声扰民的，从重处罚；

（二）中午12点至14点和晚22点至次日晨7点在噪声敏感建筑物集中区域从事产生噪声污染的室内装修、家具加工等活动经制止仍不改正的，处300元以上2000元以下罚款；

（三）在住宅区使用广播喇叭叫买、叫卖的，处20元以上100元以下罚款；

（四）在城市市区内使用影响生活环境或危害居民健康的高音广播喇叭和其他高音响器材，或在商业经营活动中使用高音广播喇叭和采用其他高音响器材招徕顾客的，责令改正，处300元以上3000元以下罚款；

（五）营运车辆使用广播喇叭招揽乘客的，处警告或者50元以上200元以下罚款。

第四十五条 违反本办法规定，运砂船和渔业船舶在禁止行驶的时段和江段行驶并超标准排放噪声的，由海事部门处2000元以上5000元以下罚款。

第四十六条 违反本办法其他规定的，由有关部门按照各自职责依法处理。

第四十七条 当事人对环境保护行政主管部门和有关承担环境噪声监督管理的部门的具体行政行为不服的，可依法申请行政复议或提起行政诉讼。

第四十八条 造成环境噪声污染危害的排污单位和个人，有责任排除危害。造成损失的，应依法向直接受到损害的单位或个人赔偿损失。

第四十九条 环境保护行政主管部门和有关承担环境噪声监督管理的部门及其工作人员玩忽职守、滥用职权、徇私舞弊的，依照有关规定予以行政处分；涉嫌犯罪的，依法追究刑事责任。

第五章 附 则

第五十条 本办法中下列用语的含义是：

（一）"环境噪声"是指在工业生产、建筑施工、交通运输和社会生活中产生的干扰周围生活环境的声音；

（二）"环境噪声污染"是指所产生的环境噪声超过《重庆市城市区域环境噪声标准适用区域划分规定》，并干扰他人正常生活、工作和学习的现象。

第五十一条　环境噪声允许标准及其检测办法，按国家和本市有关规定执行。

第五十二条　本办法自2002年3月10日起施行。

重庆市饮用水源污染防治办法

重庆市人民政府令第159号

第一条　为了防治饮用水源污染，保障人体健康，根据《中华人民共和国水污染防治法》《中华人民共和国水法》和《重庆市长江三峡库区流域水污染防治条例》等法律、法规，制定本办法。

第二条　本市行政区域内饮用水源污染防治适用本办法。

本办法所称饮用水源分为集中式饮用水源和分散式饮用水源。城镇公用自来水厂和企业自备水厂的取水水源为集中式饮用水源，其他取水水源为分散式饮用水源。

第三条　环境保护行政主管部门负责饮用水源污染防治的统一监督管理。

卫生行政主管部门负责对《生活饮用水卫生标准》执行情况的监督管理。

市政行政主管部门负责组织饮用水源保护区内生活污水和垃圾的综合整治。

水行政主管部门负责饮用水源保护区内排污口设置的监督管理。

海事部门负责饮用水源保护区内船舶污染防治的监督管理。

其他行政主管部门按照各自职责做好饮用水源的污染防治工作。

第四条　任何单位和个人都有保护饮用水源的义务，并有权检举、控告污染饮用水源的行为。

第五条　市、区县（自治县、市）人民政府应按照《重庆市饮用水源保护区划分规定》，对集中式饮用水源划定相应的水域、陆域（以下称饮用水源保护区），采取特别措施予以保护，保证饮用水源水质符合国家生活饮用水卫生标准。

主城区内公用自来水厂和服务人口在2万人以上的企业自备水厂以及区县（自治县、市）人民政府所在城镇的公用自来水厂饮用水源保护区的划定，由市环境保护行政主管部门会同有关部门拟订方案，报市人民政府批准。其他集中式饮用水源保护区由所在区县（自治县、市）环境保护行政主管部门会同同级人民政府有关部门拟订方案，报同级人民政府批准，并报市环境保护行政主管部门备案。

第六条　集中式饮用水源保护区分为地表水饮用水源保护区和地下水饮用水源保护区。其中地表水饮用水源保护区设准保护区、二级保护区、一级保护区。

第七条　在地表水饮用水源准保护区内禁止下列行为：

（一）新设置排污口；

（二）使用剧毒农药；

（三）使用有毒物捕杀水生生物；

（四）清洗船舶、车辆和装贮过有毒有害物品的容器；

（五）违反法律、法规规定的其他行为。

第八条　在地表水饮用水源二级保护区内禁止下列行为：

（一）本办法第七条（一）至（五）项所列行为；

（二）新建、扩建污染饮用水源的建设项目以及改建增加排污量的建设项目；

(三)超过国家或者本市规定的污染物排放标准排放污染物；

(四)设立装卸垃圾、油类及其他有毒有害物品的码头；

(五)设置水上经营性餐饮、娱乐设施和存放有毒有害物品的仓库、货栈。

第九条　在地表水饮用水源一级保护区内禁止下列行为：

(一)本办法第八条(一)至(五)项所列行为；

(二)排放工业污水和生活污水；

(三)堆存工业废渣、城镇垃圾及其他有害物品；

(四)新设油库以及与供水无关的码头、趸船和锚地；

(五)放养畜禽或从事水产养殖；

(六)机动船舶在湖库保护区内行驶、作业；

(七)旅游、游泳和从事其他可能污染饮用水源水体的活动。

第十条　地下水饮用水源保护区由市、区县(自治县、市)人民政府环境保护行政主管部门会同同级人民政府水利、国土资源、卫生、建设等有关行政主管部门，根据饮用水水源地所处的地理位置、水文地质条件、供水量、开采方式和污染源的分布情况提出划定方案，报同级人民政府批准。

第十一条　在地下水饮用水源保护区内禁止下列行为：

(一)利用污水灌溉农田；

(二)利用土壤净化污水；

(三)施用高残留或剧毒农药；

(四)利用储水层孔隙、裂隙、溶洞以及废弃矿坑储存石油、放射性物质、有毒化学品、农药等；

(五)利用溶洞、渗井、渗坑、裂隙排放、倾倒含病原体的污水、含有毒污染物的废水或者其他废弃物；

(六)使用无防止渗漏措施的沟渠、坑塘等输送或者贮存含病原体的污水、含有毒污染物的废水或者其他废弃物。

第十二条　本办法公布前在饮用水源保护区内已设置的排污口，由有管辖权的环境保护行政主管部门报请同级人民政府责令限期拆除或将污水引至保护区外排放。

本办法施行前在饮用水源保护区内已堆存的固体废物，由所在地区县(自治县、市)人民政府责令责任单位或有关部门限期清除。

本办法施行前在饮用水源一、二级保护区内已设置的水上经营性餐饮、娱乐设施和油库以及存放有毒有害物品的仓库、货栈，由环境保护行政主管部门或海事部门按照职责分工责令停止经营或迁移。

第十三条　建设城镇集中式供水项目，必须执行建设项目环境保护管理制度，并按规定将预防性卫生设计报县级以上卫生行政主管部门审查，其产生的污染物不得排入饮用水源保护区。

禁止在四类、五类、劣五类水域建设集中式供水项目。

第十四条　对划定的饮用水源保护区，供水单位必须按照市环境保护行政主管部门的统一规定设置界碑。

禁止任何单位和个人破坏饮用水源保护区界碑或擅自移动界碑位置。

第十五条　取水单位应当经常巡视饮用水源保护区，定时观测水质状况，及时制止污染或危害饮用水源的行为，同时向环境保护行政主管部门和其他有关部门报告，环境保护行政主管部门和其他有关部门应及时组织查处。

第十六条　乡镇人民政府应当将分散式饮用水源的设置和保护纳入村镇规划，采取措施加强水源选择、水质鉴定和卫生防护等工作，切实改善村镇饮水条件。

第十七条　分散式饮用水源取水点周围30米区域内禁止下列行为：

(一)清洗装贮过有毒有害物品的容器;

(二)使用高残留或剧毒农药;

(三)排放工业污水;

(四)修建饲养场、厕所和堆放垃圾。

第十八条　排污单位和个人在发生或可能发生污染饮用水源事故时,应当立即采取应急措施,减轻或避免危害后果,同时通报已经或可能受到水污染危害的取水单位和当地供水部门,并向当地环境保护行政主管部门或就近的海事部门报告,接受调查处理。环境保护行政主管部门或海事部门接到报告后应立即采取必要的防范措施,并向同级人民政府报告。

船舶发生事故污染饮用水源时,海事部门应当组织强制打捞清除或强制拖航,由此发生的费用由肇事船方承担。

第十九条　违反本办法规定,在地表水饮用水源准保护区内实施危害饮用水源行为的,按照下列规定处罚:

(一)新设置排污口的,按照《中华人民共和国水法》第六十七条的规定处罚;

(二)使用剧毒农药的,按照《中华人民共和国农药管理条例》第三十九条的有关规定处罚;

(三)使用有毒物捕杀水生生物的,按照《重庆市长江三峡库区流域水污染防治条例》第五十三条的有关规定处罚;

(四)清洗船舶、车辆和装贮过有毒有害物品的容器的,由环境保护行政主管部门或海事部门按照职责分工责令改正,处1000元以上1万元以下的罚款。

在地表水饮用水源一、二级保护区内实施上述危害饮用水源行为的,从重处罚。

第二十条　违反本办法规定,在地表水饮用水源二级保护区内实施危害饮用水源行为的,按照下列规定处罚:

(一)新建、扩建污染饮用水源的建设项目或改建增加排污量的建设项目,情节严重的,按照《中华人民共和国水污染防治法实施细则》第四十六条第一款的规定处罚;

(二)超过国家或者本市规定的污染物排放标准排放污染物的,按照《中华人民共和国水污染防治法实施细则》第四十六条第二款的规定处罚;

(三)设立装卸垃圾、油类及其他有毒有害物品的码头的,按照《中华人民共和国水污染防治法实施细则》第四十六条第三款的规定处罚;

(四)设置水上经营性餐饮、娱乐设施以及存放有毒有害物品的仓库、货栈的,由环境保护行政主管部门或海事部门按照职责分工责令改正,处1万元以上3万元以下的罚款。

在地表水饮用水源一级保护区内实施上述危害饮用水源行为的,从重处罚。

第二十一条　违反本办法规定,在地表水饮用水源一级保护区实施其他危害饮用水源行为的,按照《重庆市长江三峡库区流域水污染防治条例》第五十三条的规定处罚。

第二十二条　违反本办法规定,在地下水饮用水源保护区内实施危害饮用水源行为的,按照下列规定处罚:

(一)利用储水层孔隙、裂隙、溶洞以及废弃矿坑储存石油、放射性物质、有毒化学品、农药等的,按照《中华人民共和国水污染防治法实施细则》第四十七条的规定处罚;

(二)利用溶洞、渗井、渗坑、裂隙排放、倾倒含病原体的污水、含有毒污染物的废水或者其他废弃物的,按照《中华人民共和国水污染防治法实施细则》第三十九条第六项的规定处罚;

(三)使用无防止渗漏措施的沟渠、坑塘等输送或者贮存含病原体的污水、含有毒污染物的废水或者其他废弃物的,按照《中华人民共和国水污染防治法实施细则》第三十九条第七项的规定处罚。

第二十三条　违反本办法规定,建设城镇集中式供水项目未执行建设项目环境保护管理制度的,由环境保护行政主管部门按照《建设项目环境保护管理条例》的有关规定处罚。

第二十四条 违反本办法规定,实施污染分散式饮用水源行为的,当地集体经济组织有权要求停止违法行为,消除或减轻危害;拒不改正的,由环境保护行政主管部门责令改正,对个人处10元以上50元以下的罚款,对单位处1000元以上5000元以下的罚款。

第二十五条 违反本办法规定,不按规定设置饮用水源保护区界碑以及破坏饮用水源保护区界碑或移动界碑位置的,由环境保护行政主管部门责令改正,对个人处200元以上1000元以下的罚款,对单位处2000元以上1万元以下的罚款。

第二十六条 有关行政主管部门的工作人员违反本办法规定,有下列行为之一的,由其所在单位或有关机关给予行政处分;涉嫌犯罪的,移送司法机关处理:

(一)不按规定执行建设项目环境保护管理制度擅自批准污染饮用水源保护区的建设项目立项、建设或者投产使用的;

(二)不按规定责令饮用水源保护区内的排污口限期拆除或将污水引至保护区外排放的;

(三)不按规定责令责任单位或有关部门限期清除饮用水源保护区内的固体废物的;

(四)不按规定责令饮用水源一、二级保护区内已设置的水上经营性餐饮、娱乐设施和油库以及存放有毒有害物品的仓库、货栈停止经营或迁移的;

(五)不依法查处污染饮用水源行为的;

(六)发生污染饮用水源事故不及时向上级报告或者在报告中弄虚作假,致使延误事故处理,造成事态扩大的;

(七)有其他滥用职权、玩忽职守、徇私舞弊行为的。

第二十七条 当事人对环境保护行政主管部门等行政机关做出的具体行政行为不服的,可依法申请行政复议或提起行政诉讼。

逾期不申请复议或者不起诉又不履行行政处罚决定的,由作出行政处罚决定的行政机关依法申请人民法院强制执行。

第二十八条 本办法自2004年3月1日起施行。1998年6月13日发布的《重庆市饮用水源保护区污染防治管理办法》(重庆市人民政府令第25号)同时废止。

重庆市人民政府批转市环保局关于开展规划环境影响评价工作的实施意见的通知

渝府发〔2005〕40号

各区县(自治县、市)人民政府,市政府有关部门,有关单位:

现将市环保局《关于开展规划环境影响评价工作的实施意见》批转给你们,请遵照执行。

2005年4月26日

关于开展规划环境影响评价
工作的实施意见

市环保局 2005 年 4 月

为贯彻落实科学发展观,实施可持续发展战略,建立和完善环境与发展综合决策机制,避免因规划实施不慎对环境造成的不良影响,根据《中华人民共和国环境影响评价法》有关规定,现就我市开展规划环境影响评价工作提出以下实施意见:

一、环境保护行政主管部门负责规划环境影响评价工作的综合管理工作。发展改革、经贸、农业、旅游、建设、交通、财政、规划、国土房管等行政主管部门按照有关法律、法规规定及本实施意见的要求,负责规划环境影响评价有关工作。

二、市人民政府及其有关部门审批的下列规划(具体范围见附件1、2),应在规划报批前组织进行环境影响评价:

(一)综合规划。即土地利用的有关规划、区域和流域开发利用规划;

(二)专项规划。即工业、农业、畜牧业、林业、能源、水利、交通、城市建设、旅游、自然资源开发等规划;

(三)专项规划中的指导性规划(以下简称指导性规划)。

三、综合规划和指导性规划的环境影响评价,可由规划编制单位自行实施,也可委托专门的环境影响评价机构实施;专项规划的环境影响评价,由规划编制单位委托具有相应资质的环境影响评价机构实施。

四、规划环境影响评价应按照《规划环境影响评价技术导则(试行)》(HJ/T130—2003)的要求编制环境影响评价文件。其中,综合规划和指导性规划编制环境影响篇章(说明),专项规划编制环境影响报告书。

五、对可能造成不良环境影响并直接涉及公众环境权益的规划(国家规定需要保密的除外),应当在规划草案报送审批前,由规划编制单位或环境影响评价机构采取论证会、听证会、社会调查和网上征集意见等方式,征求有关单位、专家和公众对环境影响评价文件的意见,并在环境影响评价文件中附具采纳或不予采纳的说明。

六、规划环境影响评价文件完成后,若规划文本有重大调整,规划编制单位应组织编制环境影响评价补充文件。

七、对综合规划和指导性规划的环境影响篇章(说明)的审查,由规划审批机关在组织审查规划时一并进行。审查时,应有环境保护行政主管部门及有关环境保护专家参加。

市人民政府及其有关部门审批的专项规划,其环境影响报告书由市环境保护行政主管部门会同有关部门组织审查。

八、环境保护行政主管部门按照国家有关规定建立环境影响评价专家库,并从专家库中随机抽选专家参加规划环境影响评价审查,选定专家人数不得低于参加审查人数的50%。

九、环境保护行政主管部门审查专项规划环境影响报告书,应自受理之日起15日内完成,并出具书面审查意见。

十、环境影响评价文件未通过审查的,应重新开展环境影响评价;经审查提出修改意见的,应按照审查意见进行修改。规划编制单位应根据修改后的环境影响评价文件对规划草案进行修改。

十一、报批规划应备齐以下材料,否则规划审批机关不予受理:

（一）综合规划和指导性规划应报送规划文本及编制说明和规划环境影响篇章（说明）；

（二）专项规划报送规划文本及编制说明、规划环境影响报告书、环境保护行政主管部门审查意见、环境影响评价结论及审查意见采纳情况的说明。

十二、规划审批机关在审批规划时，应当将规划环境影响篇章（说明）提出的对策措施以及环境影响报告书中的环境评价结论、环境影响评价审查意见作为决策的重要依据。在审批中未采纳的意见和措施，应予以说明，并存档备查。

十三、规划实施后如出现对环境产生明显不良影响，规划编制单位应及时组织环境影响跟踪评价，并将评价结果及环境保护行政主管部门的审查意见报告规划审批机关。规划审批机关应责成规划编制单位及时采取措施，防止或减轻不良环境影响。

十四、规划的环境影响评价费用纳入规划编制经费预算。

十五、规划编制机关、审批机关、环境保护等有关行政主管部门在规划编制和审批中违反《中华人民共和国环境影响评价法》及本实施意见规定的，由监察部门追究行政责任。涉嫌犯罪的，移送司法机关处理。

十六、区县（自治县、市）人民政府审批的有关规划，参照本实施意见执行。

中共重庆市委　重庆市人民政府关于加强环境保护若干问题的决定

渝委发〔2006〕24号

为认真贯彻《国务院关于落实科学发展观加强环境保护的决定》（国发〔2005〕39号），全面落实科学发展观，加强环境保护工作，建设资源节约型和环境友好型社会，促进经济社会全面、协调、可持续发展，结合本市实际，特作如下决定：

一、用科学发展观统领环境保护工作

（一）环境形势。加强环境保护和生态建设是中央交办重庆的"四件大事"之一，市委、市政府高度重视。近年来，全市环境保护工作采取了一系列重大举措，取得了明显成效，在经济社会快速发展的情况下，全市环境质量总体保持稳定，局部有所改善。但当前的环境形势依然十分严峻：工业布局和结构不合理，粗放型经济增长方式未根本转变，局部地区主要污染物排放量超过环境承载能力；大气扩散条件差，主城区空气环境质量未达到功能区标准；三峡库区水环境保护面临许多不确定因素；环境安全隐患较多，突发环境事件时有发生；农村面源污染突出，生态环境恶化未得到有效遏制。加之环境保护机制、体制不健全，投入不足，监管力量薄弱，全社会的环境保护责任意识不强，尤其是随着工业化和城镇化进程的加快，资源、能源消耗将持续增长，环境保护面临的压力越来越大。

（二）指导思想。以邓小平理论和"三个代表"重要思想为指导，坚持以科学发展观统揽全局，坚持环境保护基本国策，坚持以人为本，坚持节约发展、安全发展、清洁发展，努力建设资源节约型和环境友好型社会，让人民群众喝上干净的水、呼吸清洁的空气、吃上放心的食物，在良好的环境中生产生活。

（三）基本原则。从重经济增长轻环境保护转变为保护环境与经济增长并重，从环境保护滞后于经济发展转变为环境保护和经济发展同步，从主要用行政办法保护环境转变为综合运用法律、经济、技术和必要的行政手段解决环境问题。

（四）环境目标。到2010年，在保持全市经济社会快速发展的同时，重点地区的环境质量得到改善,生态环境恶化趋势得到基本遏制。主城区空气质量满足Ⅱ级以上标准的天数达到290天;三峡库区长江干流水质达到Ⅱ—Ⅲ类标准;主城区饮用水源地水质达标率达到100%,其余区县(自治县、市)达到95%以上;环境噪声满足功能区要求;辐射环境质量控制在正常水平范围内;单位地区生产总值能耗比"十五"期末降低20%;主要污染物排放总量减少10%以上;森林覆盖率提高到36%。

二、采取有效措施加强环境保护

(五)切实解决突出环境问题。积极推进"蓝天""碧水""绿地""宁静"四大行动,切实解决关系人民群众切身利益的突出环境问题。

大气污染防治要以控制主城扬尘污染和防治燃煤二氧化硫污染为重点,加强各类施工工地监督管理,加大燃煤二氧化硫污染治理力度,开展基本无煤区或无煤区域建设,综合防治机动车排气污染。

水污染防治要以保护饮用水源和三峡库区水环境质量安全为重点,加强次级河流、农村面源污染综合整治及城镇生活污染、工业污染、船舶污染防治,加强有毒危险化学品管理。妥善处置危险废物和医疗废物。

噪声污染防治要以防止噪声扰民为重点,调整城市区域环境噪声标准适用功能划分规定,推进环境噪声达标区建设和"安静居住小区"建设,有效整治工业、建筑、交通及社会生活噪声污染。

生态环境保护要以促进人与自然和谐为重点,实施农村小康环保行动,创建国家园林城市,加强自然保护区管理,保护生物多样性,开展生态环境质量监测和评估,建立生态环境预警系统和生态环境统一监管机制。

辐射环境管理要以电磁辐射污染防治和放射源监管为重点,及时清理与收储废旧放射源,合理调整电磁辐射源的布局,加快建成重庆市城市放射性废物库。

(六)大力调整产业结构和布局。结合城市功能结构的调整及环境功能区要求,以严格环境准入和限期淘汰制度优化产业结构,以环境容量优化产业布局。要按照"减量化、再利用、资源化"原则,进行产品和工业园区的设计与改造,引导优势产业和龙头企业进入工业园区,促进循环经济发展。强制淘汰落后的生产能力、工艺、设备与产品,加快对能耗高、污染严重企业的关、停、并、转、迁步伐。对污染企业搬迁后的原址要进行土壤风险评估和修复。切实规范资源开发利用型行业的管理,引导电解锰、碳酸锶、氧化铝、电镀、造纸等行业的健康发展。

大力推行清洁生产。鼓励生产企业和服务业优先采用资源利用率高、污染物产生量少的清洁生产技术、工艺和设备,重点在火电、冶金、建材、造纸、印染、医药、化工等行业推行清洁生产。对污染物排放超标或超总量控制指标,使用有毒、有害原料进行生产或者在生产中排放有毒、有害物质的企业,强制实行清洁生产审核。

实行环境准入制度。市政府有关部门要根据都市圈、渝西地区、三峡库区不同的经济发展水平和环境承载能力,科学制定区域产业环境准入标准,严格限制非准入产业项目进入相应区域。

(七)严格污染物排放控制管理,实施污染物排放总量控制制度。要将主要污染物排放总量控制指标分解到区县(自治县、市),落实到排污单位。各区县(自治县、市)及排污单位要积极采取措施,控制主要污染物"增量",削减主要污染物"存量",不得突破主要污染物总量控制指标。要依靠淘汰落后生产能力腾出总量,依靠重点环保工程减排总量,依靠企业清洁生产削减总量,依靠建设项目"以新带老"消化总量。

建立污染物排放公报制度。市级有关部门要将主要污染物排放指标纳入统计内容,建立台账,定期报送,严禁弄虚作假。从2006年开始,每半年向社会公布一次各区县(自治县、市)和重点排污单位主要污染物排放情况,并严格进行监督检查。

全面实行排污许可证制度。凡是在生产、施工、经营中向环境排放污染物的排污者,必须依法向环保主管部门申请领取排污许可证。要将排污许可与限期治理、排污收费等管理措施有机结合,加强重点排污企业在线监控,禁止无证或超总量排污。

(八)严格执行环评和"三同时"制度,全面实行规划环境影响评价。各区县(自治县、市)人民政府及市级有关部门在编制综合规划、专项规划及专项规划的指导性规划时,必须按照规定进行环境影响评价。环保部门要及时召集有关部门和专家对规划环境影响评价提出审查意见。凡是违反有关规定未作评价的,规划审批机关不得审批其规划,有关部门暂停审批规划中所涉及的项目。

建立环境保护综合决策机制。各级党委和政府在研究经济社会发展重大问题时,要充分考虑环境保护问题;对环境有重大影响的决策,应当进行环境影响论证;对生态建设和治理工程,应当实行后评估。

严格执行建设项目环境影响评价制度。对建设项目实行环境影响评价"一票否决制"和审批责任"终身制"。凡是不符合环保法律法规和标准的建设项目,不得审批、核准和备案,不得批准用地,不得进行工商登记,不得给予贷款。对超过污染物总量控制指标、生态破坏严重或者尚未完成生态恢复的地区,暂停审批新增污染物排放总量和对生态有较大影响的建设项目;对不具备与排放特征污染物相应的监测能力、监控能力和环境风险防范能力的区县(自治县、市),一律不得审批新建有关项目,违法审批的,一经查实,要依法追究有关责任人的责任;对建设项目未履行环评审批程序擅自开工建设或者擅自投产的,由环保部门依法责令其停建或停产。

严格执行环境保护"三同时"制度。要完善建设项目环境保护设施"三同时"(同时设计、同时施工、同时投产使用)管理程序。凡是没有完成环境保护设施设计的不得开工建设,没有建成环境保护设施的不得批准试生产,没有达到环境保护验收条件的不得投入生产和竣工验收。要积极探索环境保护设施建设工程监理制,实行建设项目环境保护验收公示制。

(九)发展环境科技和环保产业。加强科技创新,提高环境保护水平。在科学和技术发展规划中将环保相关技术列入优先领域,将重大环保科研项目优先列入我市科技计划。要开展绿色国民经济核算体系、循环经济、环境容量与生态环境承载力、污染物排放总量控制、生态补偿机制、环境标准、规划环评技术方法、污染对人体健康影响等研究。组织对污水深度处理、持久性有机污染物控制等重点难点技术的攻关,加快高新技术在环保领域的应用,结合重庆实际研究适合小城镇水污染治理的新工艺。

发展环保产业,增强环保技术支撑能力。制定环保产业发展规划,加强政策扶持和市场监管。依托国家环保产业重庆基地建设,重点推进燃煤烟气脱硫脱硝、垃圾焚烧发电、危险废物处理、压缩天然气汽车和船舶污水处理等领域的发展。推进环保设备成套化、污染治理设施营运社会化、环境科技服务咨询市场化。要扩大国际环境合作与交流,积极引进国外先进环保技术与管理经验,提高我市环保的技术、装备和管理水平。

(十)全力保障行政区域内环境安全。各级人民政府及其有关部门和企事业单位,要建立健全环境安全监督检查、环境安全隐患报告、突发环境事件应急、环境污染和生态破坏事故报告及通报等制度。

各类企事业单位是环境安全防范的责任主体,必须落实责任,强化管理,及时排查环境安全隐患;要编制突发环境事件应急预案,加强应急处置能力建设,定期组织人员培训和进行应急处置演练;一旦发生环境突发事件,要及时启动预案,采取有效措施,减轻、控制污染。

政府有关职能部门要加强对重点排污单位的监控,加强危险废物、危险化学品、放射源等生产、运输、储存、销售、使用和处置单位的监督检查,督促企事业单位对存在的环境风险和安全隐患限期进行整改,对存在重大环境安全隐患的单位责令停产(业)整顿。有关部门在处置自然和生产安全事故时,要加强协调,综合考虑可能引发的环境安全风险,共同做好环境污染事件的预防和处置。

各级人民政府要按照有关规定,全面负责环境风险防范和突发环境事件应急处置工作,确保辖区环境安全。发生环境安全事故后,要及时组织相关部门、单位进行处置。在向上级政府报告的同时,应当及时向可能遭受污染和破坏的地区通报有关情况。

三、建立和完善环境保护的长效机制

(十一)落实环保领导责任。各级人民政府对本行政区域环境质量负责。政府主要领导和有关部门主要负责人是本行政区域和本部门环境保护的第一责任人,分管领导是重要责任人,必须确保认识到位、责任到位、措施到位和投入到位。

进一步完善党政一把手环保实绩考核制度。把环境质量改善、主要污染物总量控制、重点环保工程、环保投入等目标及任务纳入经济社会发展评价范围和干部政绩考核,增加环境保护考核绩效在经济社会发展综合考核中的比重,作为干部年度考核和任用考察的重要内容。在有关评优创先活动中,对没有完成环保目标任务的,或违反环保法律法规的,或发生污染事件处置不力的,以及环保工作受到上级有关部门通报批评的,要实行一票否决。对环保工作做出突出贡献的单位和个人应给予表扬和奖励。

实行环保工作问责制。对完成环保目标任务不好的,对突出环境问题长期得不到解决的,环境质量恶化的,干预环境执法的,因决策失误、监管不力造成重大环境污染事故和严重不良社会影响的,必须按照《重庆市政府部门行政首长问责暂行办法》和《环境保护违法违纪处分暂行规定》严肃处理。

(十二)加强环境法治建设。加快环境保护地方法规、政府规章的立法进程,健全环境保护地方标准体系。进一步完善环境监测、环境监察、许可证发放与管理、污染物总量控制、畜禽(水产)养殖污染防治、机动车污染防治、电子废弃物污染防治、生态环境保护、核与辐射安全、环境损害赔偿、公众参与等地方性法规、规章,尽快修改《重庆市环境保护条例》。抓紧制订有关污染物地方排放标准。

严格执行环境法律法规。深入开展整治违法排污行为、保障群众健康专项行动,坚决查处环境违法行为,做到查事、查人并举,法律、经济、行政手段并用。对不执行环境影响评价、违反环境保护"三同时"制度、不正常运转污染治理设施、不遵守排污许可证规定、超证超标排污、违反尘污染管理规定、在自然保护区内违法开发建设和开展旅游或者违规采矿造成生态破坏等违法行为,予以重点查处。加大对各类工业开发区的环境监管力度,对达不到环境保护要求的,要限期整改或撤销。对污染物排放不能稳定达标或超总量的排污单位,要按照规定严格实行限期治理,治理期间应予限产、限排,并不得建设增加污染排放的项目;逾期未完成治理任务的,要责令其停产整治。对造成重大环境污染事故的,要从严从重查处,污染者应承担相应的行政责任和民事责任,构成犯罪的,公安、司法机关应追究相关责任人的刑事责任。

(十三)完善环保工作机制。进一步完善党委政府领导,人大、政协监督,环保部门统一监管,相关部门齐抓共管,社会各方广泛参与的环境保护工作机制。

各级党委和政府要把环保工作摆上重要议事日程。主要领导每年至少要听取一次环境保护工作汇报,研究解决环境保护重大问题。市政府成立由市长任主任的环境保护委员会,原则上每季度召开一次全体会议,审议和研究环境保护有关的重大问题;每月召开一次"蓝天""碧水""绿地""宁静"四大行动调度会暨环境质量分析会。各级人民政府要向同级人大报告和向政协通报环保工作情况,并接受监督。人大、政协要定期或不定期组织人大代表、政协委员视察环保工作。

加强环保部门综合管理职能,统一环境规划,统一执法监督,统一发布信息。环保部门要根据国民经济发展目标和环境质量状况,组织制定和完善环境保护规划。要进一步理顺部门环保职责,建立环境多要素综合管理机制,统筹污染防治、生态保护和建设。要实行上下联动、左右联合,建立部门联合环境执法和重点案件移送督办机制。

各有关部门要认真履行环保工作职责,支持和推进环保工作,完成"蓝天""碧水""绿地""宁静"四大行动及其他各项环境保护目标任务。社会各方要强化环保责任意识,积极参与环境保护工作。

(十四)完善环保投入机制。各级人民政府要将环境保护投入作为公共财政支出的重点。各级财政要调整支出结构,保证环保投入增长幅度高于经济增长速度。基本建设投资要向环境保护倾斜。加强污染防治和生态保护项目、环境保护基础设施建设。从2006年起,以2005年市政府环保专项资金为基数,逐年递增10%作为污染防治和提升环保监管能力的资金投入。各区县(自治县、市)人民政府也要安排专项经费用于污染防治和提升本地区环保监管能力的资金投入。各级财政要将环保行政管理、监察、监测、信息、宣教等行政和事业经费纳入公共财政预算予以保证。

银行应对有偿还能力的环境基础设施建设项目和污染治理项目给予贷款扶持,各有关部门要广泛筹集环保资金,拓展环保投融资渠道,积极争取中央资金,鼓励企业增加环保投入,积极引导外资和社会资金投向环保领域,形成多元化的环保投入格局。

(十五)强化社会监督机制。实行政府环境责任和企业环境行为信息公开,定期向社会公布环境质量和重点企业的污染排放情况,建立健全公众参与监督渠道及反馈机制。建立公众听证和公示制度,让公众参与和了解环境法规政策制定、环境影响评价以及环保"三同时"验收。推动环境公益诉讼,建立和完善举报制度,为公众行使知情权、参与权和监督权创造条件。

新闻媒体要发挥宣传导向作用,把环保公益宣传作为重要任务,积极引导公众规范自身环保行为,履行保护环境的义务。要加大环境保护基本国策和环境法制的宣传力度,弘扬环境文化,倡导生态文明,以环境补偿促进社会公平,以生态平衡推进社会和谐,以环境文化丰富精神文明。各级干部培训机构要加强对领导干部、重点企业负责人的环保培训。加强环保人才培养,强化青少年环境教育。开展全民环保活动,推动生态市(区县)、环境保护模范区县(市)、生态示范区、环境友好企业、环境优美乡镇、绿色社区、绿色学校、文明生态村等创建工作。

(十六)完善环境经济政策。制定和完善有利于环境保护的政策体系。发展改革和物价部门要制定有利于环境保护的价格、产业、投资等政策,把重点环保工程纳入经济社会规划和计划。财政和税务部门要制定有利于保护环境的财税政策。

运用市场机制促进环境保护。完善城市污水和垃圾处理及放射性废物、危险废物和医疗垃圾集中处置收费制度并加大征收力度。严格执行国家规定的排污收费标准,建立排污者保护环境的激励机制和减少污染物排放的约束机制。对污染治理设施建设运营的用地、用电、设备折旧等实行扶持政策,并给予税收优惠。鼓励社会资本参与污水、垃圾处理等环保基础设施的建设和运营。推动城市污水和垃圾处理单位加快转制步伐,采用公开招标方式,择优选择投资主体和经营单位,实行特许经营,力争在2007年完成主城区污水和垃圾处理项目公开招标运营试点工作,逐步推进区县(自治县、市)城区生活污水处理厂、生活垃圾处理场和危险废物处理场公开招标运营工作。鼓励实行污染治理工程的设计、施工和运营一体化模式,鼓励排污单位委托专业化公司承担污染治理或设施运营。逐步开展二氧化硫等排污权交易试点。

按照"谁开发谁保护、谁受益谁补偿"的原则,加快建立生态补偿机制。要健全资源有偿使用制度,建立资源开发生态恢复补偿金制度,健全反映市场供求状况和资源稀缺程度的价格形成机制。进一步完善水、土地、矿产、森林等各种资源费的征收使用管理办法,提高各项资源费使用中用于生态补偿的比重。探索矿产资源开发、自然保护区内外的生态补偿和上下游地区污染赔付补偿制度。

四、加强环境保护能力建设

(十七)加强环境监管能力建设。建立先进的环境监测预警体系。要建成覆盖全市的区县(自治县、市)政府所在地大气环境质量和区县(自治县、市)行政区划交接断面水环境质量监测体系,建成以市环境监测中心为中心,万州、涪陵、黔江、永川、合川、江津为区域中心的装备现代化、队伍专业化的应急监测网络,加快建设重点污染源在线监控网络,加快生态环境监测能力和核与辐射环境监测能力建设,确保全市40个区县(自治县、市)环境监测机构具备常规监测能力和排放特征污染物监测能力。

建设完备的环境执法监督体系。要建立健全环境执法机构,加强和充实环境执法力量,重点企业应设置环境监督员;加快环境信用体系建设,搭建企业环保诚信平台;落实环境行政执法责任制,规范环境执法行为,实行执法责任追究制,加强对环境执法活动的行政监察;加强环境执法硬件建设。确保全市60%的环境监察机构达到国家一级标准化建设要求,实现重庆12369环保举报热线与国家和万州、涪陵、黔江3个分中心联网。

(十八)加强环境保护队伍建设。各级党委和政府要高度重视环境保护机构建设,强化职能,落实编制和经费。进一步充实环保工作人员特别是环境监察、监测、宣教和辐射管理工作力量。

积极探索和完善环境管理体制。加强环保部门综合管理职能,充分发挥其在环境与发展综合决策中的重要作用。完善环境保护分级管理和协作机制,加强市环保部门对区县(自治县、市)环保部门业务领导,区县(自治县、市)环保部门负责人的任免应事先征求市环保部门的意见。切实加强乡镇(街道)环境保护工作力量。环境保护任务重的乡镇应设置专门的环保工作人员。

要选派政治觉悟高、业务素质强的干部充实环保部门,加强环保部门与其他部门干部的交流。要将环境执法人员纳入公务员序列管理。要加强环保队伍管理,强化培训,提高素质,建设一支政治素质好、业务水平高、奉献精神强的环保队伍。

各区县(自治县、市)党委、政府和市级有关部门要按照本决定的精神,制订措施,抓好落实。市委督查室、市政府督查室和市监察局、市环保局要定期检查本决定的贯彻执行情况,每年向市委、市政府做出报告。

2006年7月25日

重庆市环境保护局关于印发《重庆市环境保护系统突发环境事件应急处理暂行办法》的通知

渝环发〔2006〕58号

各区县(自治县、市)环保局,市环保局经开区、高新区分局,局属各单位:

现将《重庆市环境保护系统突发环境事件应急处理暂行办法》印发你们,请遵照执行。

2006年8月28日

重庆市环境保护系统突发环境事件应急处理暂行办法

第一章 总 则

第一条 为及时有效处置突发环境事件，保障公众身体健康和环境安全，建立"职责明确、预警规范、反应快速、处置科学"的环境应急保障体系，提高对突发环境事件的应对能力，根据《中华人民共和国环境保护法》《重庆市重特大环境污染和生态破坏事故灾难应急专项预案》等法律法规规定，结合本市实际，制定本办法。

第二条 本办法适用于本市行政区域内环境保护系统应急处理突发环境事件。

第三条 本办法所称的突发环境事件分为突发环境污染事故、突发环境污染事件和突发辐射事故。

突发环境污染事故是指违反环境保护法律法规的经济、社会活动与行为，致使或可能致使环境受到污染，人体健康受到危害，社会经济与人民财产受到损失，造成不良社会影响等突发性事件。

突发环境污染事件是指因安全、交通事故以及意外因素影响或不可抗力的自然灾害等原因，诱发或可能诱发环境污染，人体健康受到危害，社会经济与人民财产受到损失，造成不良社会影响等突发性事件。

突发辐射事故是指放射源丢失、被盗、失控，或者放射性同位素和射线装置失控导致人员受到意外的异常照射。

第四条 市、区县(自治县、市)环境保护行政主管部门负责环境风险防范的综合协调、预警系统建设及运行。

市、区县(自治县、市)环境保护行政主管部门建立突发环境事件应急责任制，当日值班局领导是处理突发环境事件的第一责任人。在处理突发环境事件中，组织对事故现场及周围区域环境的应急监测；提出防止事态扩大和控制污染蔓延的建议，指导消除事故现场的环境安全隐患或生态破坏恢复工作。

市、区县(自治县、市)环境保护行政主管部门负责监督环境风险隐患单位落实环境风险防范措施。其主要内容为：

（一）督促企业进行环境风险评估，编制突发环境事件应急预案，并将评估报告和应急预案报当地环境保护行政主管部门备案；

（二）督促企业建设、完善处置突发环境事件的应急设施，配备处置突发环境事件的应急设备，储备必要的应急物资和器材，保障必要的应急经费；

（三）督促企业建立环境风险防范责任制，明确责任人，及时排查环境安全隐患，定期组织人员培训和进行应急处置演练；

（四）得知可能发生或发生环境污染事故或者其他突发性事件的信息后。督促企业必须立即启动环境突发事件应急预案，控制事态扩大，采取有效措施减轻或消除对环境的污染和危害。立即向当地人民政府及有关部门报告，并通报可能受到污染与危害的单位和居民。

第五条 市、区县(自治县、市)环境保护行政主管部门得知发生因安全、交通事故以及意外因素影响或不可抗力的自然灾害等原因诱发环境污染事件的信息后，应按以下规定移交相关部门处置，并依据职责做好有关配合工作，协助政府督促相关部门启动应急预案，确保在处置时，不得造成新的环境污染事件,确保人民群众生命财产安全。

(一)因危险废物、危险化学品等生产安全事故诱发突发环境事件的,应当移交当地生产安全监督管理部门;

(二)因船舶运输有毒有害危险品的,应当移交海事、交通行政主管部门;

(三)因车辆运载有毒有害危险品的,应当移交当地公安行政主管部门;

(四)因铁路运载有毒有害危险品的,应当移交铁道管理部门;

(五)因生产、储存、使用农药、化肥,渔业水体和非工业化人畜禽养殖污染的,应当移交农业行政主管部门;

(六)因贮存、销售危险废物、危险化学品的,应当移交商业主管部门;

(七)因城镇污水处理系统造成的突发环境事件的,应当移交市政管理部门;

(八)造成渔业水体污染的,应当移交当地渔政部门;造成饮用水源水体污染的,还应当移交当地供水部门;

(九)放射源丢失、被盗的,应当移交公安机关;造成人员伤亡的,还应当移交卫生行政主管部门。

第六条　突发环境事件应急处理。应遵循积极预防、及时控制、消除隐患的方针,坚持政府领导、部门负责、分级处置、反应快速、科学规范、统一协调的原则。

第七条　突发环境事件等级认定,执行国家环保总局有关规定,分为特别重大环境事件(Ⅰ级)、重大环境事件(Ⅱ级)、较大环境事件(Ⅲ级)和一般环境事件(Ⅳ级)四级。

第二章　机构与职责

第八条　重庆市环境应急指挥中心设在12369环保举报受理中心,下设中心控制组、现场处置组和信息报送组。发生重大或特别重大突发环境事件后,市环保局当日值班领导及有关值班人员必须立即到重庆市环境应急指挥中心,根据职责开展应急指挥工作。其主要职能是:

(一)受理群众举报、上级交办、下级报告、相关部门通报等突发环境事件信息;

(二)向事发地政府及相关部门和可能受到污染危害的政府通报突发环境事件情况;

(三)负责向市政府和国家环保总局报告突发环境事件信息,根据市政府指示发布有关信息;

(四)在市政府领导下启动环境保护部门应急预案,指挥环境保护人员现场处置突发环境事件,实施突发环境事件应急处置工作;

(五)负责市级突发环境事件的调查处理工作;

(六)参与市级突发环境事件污染损害赔偿纠纷的协调处理工作;

(七)协调指导市级突发环境事件的后评估工作,指导区县(自治县、市)级突发环境事件的后评估等工作;

(八)终止应急预案。

第九条　发生较大和一般突发环境事件后,各区县(自治县、市)环境应急指挥中心应立即根据职责开展应急指挥工作。其主要职能是:

(一)受理群众举报、上级交办、相关部门通报等突发环境事件信息;

(二)负责向当地政府及相关部门和可能受到污染危害的政府通报突发环境事件情况;

(三)负责向市环境应急指挥中心和同级政府报告突发环境事件信息,根据当地政府指示发布本级处置的突发环境事件信息;

(四)在当地政府的领导下,启动环境保护部门应急预案,指挥环境保护人员实施突发环境事件应急处置工作;

(五)服从市环境应急指挥中心指挥调度和安排,开展现场处置突发环境事件;

(六)负责突发环境事件调查处理工作;

(七)参与突发环境事件污染损害赔偿纠纷的协调处理工作;

(八)负责突发环境事件后,环境保护应急预案的后评估工作;

(九)终止应急预案。

第十条 市环保局各相关处室及局属单位按照各自职责开展突发环境事件应急处置工作:

(一)市环境监察总队负责除辐射事故及放射性污染事故、固体废物(包括危险废物和化学危险品)造成的突发环境事件以外的现场调查处理工作;

(二)市环境监测中心负责除辐射事故及放射性污染事故以外现场监测与预测工作;

(三)市辐射环境监督管理站负责组织市级处置的突发辐射事故现场监测方案的拟定、现场监测及调查处理工作;及时向现场处置指挥部报告辐射事故及放射性污染现场监测数据和处置情况;预测辐射事故及环境放射性污染发展情况,提出下一步事故处置和控制污染危害的建议;协调处理辐射事故及放射性污染当事人双方的污染纠纷赔偿事宜;提出辐射事故及放射性污染升降级或结束决策的建议;指导、支援区县(自治县、市)负责处置的辐射事故及放射性污染现场监测方案、现场监测、调查处理及污染程度预测等工作;

(四)市固体废物管理中心负责市级处置的突发环境污染事故调查处理工作;从污染控制角度指导有关单位或专业应急处置单位对突发环境污染事故中涉及危险化学品、危险废物所产生的环境污染物进行及时控制与消除;参与协调处理突发环境污染事故当事人双方的污染纠纷赔偿事宜;指导、支援区县(自治县、市)负责处置的突发环境污染事故中涉及危险化学品、危险废物所产生的环境污染物的及时控制与消除工作;

(五)建设项目管理处负责国家委托审批和市级审批的试生产项目引发的突发环境事件的处置工作;

(六)市局办公室、污染控制处、自然处、科技监测处、政策法规处、纪检监察室、信息中心、宣教中心等部门根据需要在各自职责范围内,做好突发环境事件的应急处置有关工作。

第十一条 突发环境事件发生后,市、区县(自治县、市)环境保护行政主管部门的现场处置组应设立现场调查处理组和现场监测与预测组,并按照突发环境事件应急预案,及时组织、落实各项应急措施。

区县(自治县、市)环境保护行政主管部门应于发现或得知突发环境事件后1小时内将各组成员名单传真至重庆市环境应急指挥中心。

(一)现场处置组。现场处置组由局领导或由局领导指定的其他部门的负责人担任组长,相关人员及有关专家为成员。

主要职责:执行环境应急指挥中心及有关领导的指示、命令和政府现场指挥部决定;负责环保部门现场处置的指挥、调度工作;收集、汇总突发环境事件有关信息,向政府现场指挥部提出现场处置建议及对策;负责向环境应急指挥中心报告应急处置情况;政府现场指挥部未成立前,做出突发环境事件先期处置措施的决定,控制或切断污染源,防止二次污染和次生、衍生事件发生;提出突发环境事件升降级或结束的建议。

(二)现场调查处理组。根据引发突发环境事件的缘由,按照职责由相关部门牵头(或环境应急指挥中心指定的部门牵头),该部门负责人为组长,当日应急值班人员为成员。

主要职责:负责拟定突发环境污染事故现场调查方案;开展突发环境污染事故现场调查、取证,监督、协助突发环境污染事故现场处置;向现场指挥领导小组提出下一步消除和控制污染危害的现场处理建议;提出现场处理突发环境事件升降级或结束决策的建议;执行现场处置组的决定;协调处理当事人双方污染纠纷赔偿事宜。

(三)现场监测与预测组。由市(区)环境监测中心(站)负责人为组长,当日环境监测值班人员及有关专家等为成员。

主要职责：负责拟定突发环境事件现场应急监测方案；开展现场监测工作；及时向现场处置组报告环境事件现场监测数据；预测突发环境事件发展趋势和污染物变化情况；提出下一步消除和控制污染危害的技术建议；提出突发环境事件升降级或结束决策的技术建议；执行现场处置小组的决定。

（四）突发辐射事故参照成立现场调查处理组、现场监测与预测组，并依照职责和有关特别规定开展处置工作。

第三章　接警与出警

第十二条　"重庆市12369环保举报受理中心"接线员接到群众举报、上级交办、下级报告、相关部门通报等突发环境事件信息后，应详细询问和准确记录事件发生的时间、地点、影响范围及可能造成或已造成的环境污染危害与人员伤亡、财产损失等情况，并立即向当日值班长报告。

第十三条　值班长接到突发环境事件信息后，应立即进行甄别与确认。对不能准确判断突发环境事件的，必须立即指令事发地环保部门现场核实，做好应急处理准备，并要求执法人员到达现场后，20分钟内如实报告现场情况。对事发地环保部门的报告，值班长应向事发地政府通报并核实情况。

对未造成突发环境事件的，值班长可直接解除警报，按照一般投诉处理；对可能造成或已造成突发环境事件的，值班长应立即形成书面快报向当日市环保局值班领导报告，并提出启动相应级次应急预案建议；情况特别紧急的，必须先电话报告。

第十四条　经市局值班领导同意后，值班长应立即从应急指挥系统信息库中调集相关资料，形成相应的中心控制组、现场处置组和信息报送组成员名单与联系方式和初步的现场处置方案。对因安全、交通、不可抗力及其他意外因素等引发的突发环境污染事件，应立即移交相关部门处理。并按以下规定启动预案：

（一）区县（自治县、市）环境保护行政主管部门在得知突发环境事件信息后，应当立即派人赶赴现场核实情况，对突发环境事件的性质和类别做出初步认定。对可能造成或已造成突发环境事件的，应立即启动相关突发环境事件应急预案，并按照规定向同级人民政府和市环境保护行政主管部门报告。

（二）市环境保护行政主管部门在得知突发环境事件对人群生命财产、饮用水源安全构成威胁，或者对长江、嘉陵江、乌江干流可能造成流域污染，或者可能造成跨行政区域污染的突发环境事件，对情况核实属实的，市级环境保护行政主管部门应启动应急预案，同时建议区县（自治县、市）人民政府应启动突发环境事件应急预案，并按照规定向市人民政府和国家环保总局报告。

第十五条　应急预案启动后，值班长应将应急人员名单、联系方式及初步现场处置方案在10分钟内通知现场应急人员，并发出出警指令。应急处理人员自接到出警指令20分钟内，必须完成应急设备及执法取证等所有出警准备工作，并出警；应急监测人员必须在30分钟内，完成应急监测及应急防护设备等所有出警准备工作，并出警。

第十六条　各区县（自治县、市）环境保护行政主管部门接到突发环境事件信息或重庆市环境应急指挥中心的指令后，必须立即出动环境应急人员进行现场核实和处置。并及时向值班领导和重庆市环境应急指挥中心报告情况。对未发生突发环境事件的，可解除警报；对可能或已发生突发环境事件的，立即启动应急预案，开展应急处理工作。

第四章　现场处置

第十七条　突发环境事件发生后，事发地环境保护行政主管部门应当按以下规定开展现场处置工作。

（一）采取措施或向政府提出控制或切断污染源的建议，全力控制事件态势；

（二）监督事件责任主体或其他部门启动并执行应急预案，快速组织、实施消除和减轻污染危害等措施，防止二次污染和次生、衍生事件发生；

（三）合理布控监测点位，迅速开展现场监测。重点布控突发环境事件地点及周围生活饮用水源地、人口稠密区和其他敏感区域。监测项目超出当地监测、分析能力范围时，应及时请求市环境监测中心或相邻区县环境监测站支援；

（四）协助事故责任主体及时通报可能受污染危害单位、居民或毗邻地区环境行政主管部门；

（五）根据突发环境事故现场调查情况，结合气象、水文等资料，预测突发环境事件的污染程度及发展趋势，并向政府提出现场处置建议；

（六）开展突发环境污染事故调查工作；

（七）向区县（自治县、市）人民政府政府提出终止区县（自治县、市）级应急预案的建议意见，经政府同意后向重庆市环境应急指挥中心报告，并终止区级应急预案；

（八）需要启动上一级应急预案的，区县（自治县、市）环境保护行政主管部门现场处置组提出建议，报本级人民政府同意后，立即向重庆市环境应急指挥中心报告，市环境应急指挥中心决定启动市级应急预案后，必须立即向市人民政府报告。情况特别紧急的必须先电话报告，但不得谎报。

第十八条 重庆市环境应急指挥中心启动市级应急预案，按以下规定开展工作：

（一）组织、指挥事发地环境保护行政主管部门采取有效措施或向政府或现场指挥部提出控制或切断污染源的建议，全力控制事件态势；

（二）会同事发地环境保护行政主管部门协助当地政府、监督事件责任主体或其他部门启动并执行应急预案件，快速组织、实施消除和减轻污染危害等措施，防止二次污染和次生、衍生事件发生；

（三）指导事发地环境保护行政主管部门合理布控监测点位，开展现场监测；

（四）会同事发地环境保护行政主管部门协助事故责任主体，及时通报可能受污染危害单位、居民或毗邻地区环境行政主管部门；

（五）会同事发地环境保护行政主管部门，根据突发环境事件现场调查情况，结合气象、水文等资料，预测突发环境事件的污染程度及发展趋势，并向政府或现场指挥部提出现场处置建议；

（六）会同事发地环境保护行政主管部门开展突发环境事件的调查工作；

（七）突发环境事件降级后，移交事发地环境保护行政主管部门处理；事发地环境保护行政主管部门应依法调查处理，督促事件责任主体消除事故隐患；

（八）需要国家技术支持的，向国家环保总局报告；

（九）向市人民政府政府提出终止市级应急预案的建议意见，经政府同意后向国家环境保护总局应急指挥中心报告，并终止市级应急预案。

第十九条 突发环境事件处置结束后，环境保护行政主管部门应当根据事故责任主体及相关人员的环境违法行为，依法实施行政处罚；依法应当追究行政责任的，移交监察机关处理；构成犯罪的，移交司法机关追究刑事责任。

环境保护行政主管部门可根据当事人的请求，参与当事人双方污染纠纷赔偿事宜的协调处理。调解不成的，当事人可以向人民法院起诉。

第二十条 开展突发环境事件后评估，跟踪、监测、消除突发环境事件造成的环境污染危害，并根据后评估，完善各级突发环境事件应急预案。

第五章　信息报告

第二十一条　市、区县(自治县、市)环境保护行政主管部门应建立突发环境事件报告制度,确保应急报告信息畅通。报告分为立即报告、动态报告和处理结果报告三类。

第二十二条　市、区县(自治县、市)环境保护行政主管部门报告突发环境事件应按以下规定执行:

(一)事发地环境保护行政主管部门应当在发现或得知突发环境事件1小时内,向同级政府和重庆市环境应急指挥中心初报情况;特别重大的,事发地环境保护行政主管部门还应在1小时内向国家环保总局初报情况。

重庆市环境应急指挥中心接到事发地环境保护行政主管部门初报后,在1小时内向市政府值班室报告;较大、重大和特别重大突发环境事件的,还必须在1小时内向国家环保总局报告。

(二)现场处置期间,事发地环境保护行政主管部门向同级人民政府和向重庆市环境应急指挥中心报送信息每天不少于1次。

现场指挥领导小组向重庆市环境应急指挥中心报送信息每天不少于1次。

重庆市环境应急指挥中心向市政府报告报送信息每天不少于1次,并及时向国家环境保护总局报送处置进展情况。

(三)事件处置结束后,事发地环境保护行政主管部门应在1个工作日内,向重庆市环境应急指挥中心报送处理结果报告。重庆市环境应急指挥中心应在3个工作日内向市政府和国家环境保护总局报送突发环境事件处理结果。

(四)各级环境保护行政主管部门及其工作人员对突发环境事件,不得隐瞒、缓报、谎报。

第二十三条　市、区县(自治县、市)环境保护行政主管部门应当按有关规定,及时、准确、全面地向社会发布突发环境事件的信息。新闻发布稿包括事故情况、处置措施、监测结果等,经指挥长签发后对外发布。事故原因或结果尚不清楚的环境突发事故不得对外发布(或接受采访)。

第六章　应急保障

第二十四条　市、区县(自治县、市)环境保护行政主管部门及其相关应急部门必须建立值班制度,值班人员实行24小时值班。值班表应按规定式样完整填写,并在每周星期五17时30分前报重庆市环境应急指挥中心备案。值班人员名单上报后有变化的,应在变化前一天上报。值班人员必须保持联系电话24小时畅通。

第二十五条　市、区县(自治县、市)环境保护行政主管部门应当每年向本级人民政府提出资金计划,建立应急处置专项基金。应急处置专项基金纳入预算,购置、更新应急处置专用设备及应急工作。

应急处置专项基金必须做到专款专用,并随着经济的发展应当逐年增加,以保证环境应急工作的正常运行。

第二十六条　市、区县(自治县、市)环境保护行政主管部门应按照应急预案的要求,保证应急所需设施、设备等物资的储备(配备不少于1套的现场应急设备),并定期进行维护和更新补充,保证应急使用安全、有效。

市环境保护行政主管部门现场应急设备主要包括:

(一)污染事故类现场应急设备:防化服、正压式呼吸器、气体快速监测仪、废水快速监测仪、GPS卫星定位仪、摄像机、照相机、笔记本电脑、无线上网卡、交通工具、辖区内特征污染因子的监测设备等。

(二)辐射类现场应急设备:GPS卫星定位仪、摄像机、照相机、笔记本电脑、无线上网卡、交通工具、现场辐射监测仪器等。

各区县(自治县、市)环境保护行政主管部门现场应急设备主要包括:防化服、正压式呼吸器、气体快速监测仪、废水快速监测仪、GPS卫星定位仪、摄像机、照相机、笔记本电脑、交通工具、辖区内特征污染因子的监测设备、现场辐射监测仪器等。

第二十七条　市、区县(自治县、市)环境保护行政主管部门应按照应急预案的要求,建立由环境监察和监测等有关职能部门人员组成的环境应急队伍,加强对应急人员的培训、教育和技能训练,提高应急处理能力,保证在突发环境事件发生后,能迅速出动并完成现场处置工作。

第二十八条　重庆市环境应急指挥中心建立完善一套集接警、调度、出警、处置预案、污染程度预测、环境风险评估、信息报送等应急指挥信息系统。

基础地理空间信息、环境专题空间信息、专家库信息、危险源信息、敏感点信息、应急处置方法等效数据资料进行动态管理。由监管部门负责调查、审批监管中产生的上述信息及时更新,有关信息随时更新。各区县(自治县、市)环境保护行政主管部门应当根据本地区实际,加强应急指挥信息系统建设,实现与重庆市应急指挥中心联网。

第二十九条　市、区县(自治县、市)环境保护行政主管部门应根据本地区实际,建立突发环境事件应急专家库。应急专家库包括:环境监察、环境监测、熟悉本地区污染防范特点的资深人员等。

应急专家采取聘用制,并在每年1月15日前报重庆市环境应急指挥中心备案。

第三十条　市、区县(自治县、市)环境保护行政主管部门应当不定期开展环境安全宣传工作,进行环境安全教育,普及突发环境事件应急知识和常识,增强全社会对突发环境事件的防范意识和应对能力。每年不少于一次与企业联合开展突发环境事件实战演练。

第七章　奖励与处罚

第三十一条　市、区县(自治县、市)环境保护行政主管部门对参加突发环境事件应急处理工作做出突出贡献的单位和人员,应当根据有关规定给予表彰和奖励。对因参与环境应急处理工作致病、致残、死亡的人员,按照国家有关规定,给予相应的补助和抚恤。

第三十二条　有下列行为之一,尚未造成不良后果的,由市环境保护行政主管部门予以通报批评,责令限期改正,被通报单位当年环保目标考核不得评为优秀;

(一)未按规定报送应急值班人员名单,或应急值班人员发生变化未及时报告的;

(二)未按规定履行报告职责的;

(三)未按规定立即赶赴现场的;

(四)未按规定及时采取控制措施的;

(五)未按规定履行突发环境事件监测职责的;

(六)未开展突发环境事件后评估,或未根据后评估完善突发环境事件应急预案的;

(七)违反规定对外发布信息的。

第三十三条　有下列行为之一,造成不良后果的,由市环境保护行政主管部门依照有关规定追究责任:

(一)未按规定履行报告职责,对突发环境事件隐瞒、缓报、谎报的;

(二)未按规定及时采取控制措施的;

(三)未按规定履行突发环境事件监测职责的;

(四)拒不服从应急指挥中心调度的;

(五)应急设备管理不力,影响突发环境事件现场处置的。

第三十四条　应急值班人员未按本办法规定及时赶赴现场的,当年年终考核不得评为称职;

其中造成不良后果或有两次及以上违反本办法规定的,给予行政处分。

第三十五条 违反环境保护法律、法规、规章及本办法规定,造成不良后果的,依照《环境保护违法违法违纪行为处分暂行规定》(中华人民共和国监察部国家环境保护总局第10号令)规定处理;涉嫌犯罪的,移交司法机关依法处理。

第三十六条 本办法自公布之日起生效。

附件:1. 应急专家资料表(略)
   2. 应急人员值班表(略)

重庆市人民政府办公厅关于印发重庆市电镀行业准入条件的通知

渝办发〔2007〕149号

各区县(自治县)人民政府,市政府有关部门,有关单位:

《重庆市电镀行业准入条件》已经市政府同意,现印发给你们,请认真组织实施。

2007年5月28日

重庆市电镀行业准入条件

为了引导电镀行业健康发展,抑制盲目扩张,制止低水平重复建设,促进产业结构升级,根据《中华人民共和国清洁生产促进法》和《重庆市电镀行业发展规划》,按照有利调整结构、有效竞争、降低能耗、保护环境和安全生产的原则,特对电镀行业提出如下准入条件。

一、生产企业布局

(一)在主城区及电镀企业较集中的区县统一规划建设区域性电镀工业集中加工区,引导电镀企业集中生产、集中污染治理。

(二)电镀企业原则上进入市统一规划建设的电镀工业集中加工区。

(三)在电镀工业集中加工区外新设立的重点电镀项目,总投资不得低于3000万元(因特殊要求需新建的电镀厂点,如国防军工、科研等项目除外)。

(四)电镀工业集中加工区及电镀企业应距离人口密集区、文教区等环境敏感区500米以外,且不得影响饮用水源。

(五)电镀工业集中加工区设立时须经市环境保护部门进行环境影响评价后才能建设。

二、电镀企业应达到以下条件

(一)必备条件

1. 电镀企业的选址必须符合城市总体规划、重庆市电镀行业发展规划、环境准入有关规定和产业布局的要求。

2. 生产厂房、地坪、生产设备、管网、工艺符合电镀生产和设计要求,有完善的废水、废气、废渣收集处理设施或措施,并按环境保护部门要求安装在线监测(控)设施。

3. 工商营业执照。

4. 排污许可证。

(二)基本条件

1. 厂容厂貌整齐清洁、环境绿化好。
2. 厂房建筑结构和地坪等符合电镀生产要求。
3. 工艺布局合理、无滴漏、工作环境良好。
4. 企业管理制度健全、设备完好、有完善的监督机制。
5. 有电镀技术人员,电镀工、环保操作工应持证上岗。
6. 有质量管理制度,有完整的质量管理控制和管理体系。
7. 有质量标准,有基本质量测试设备。
8. 有技术标准,工艺文件齐全、完整。
9. 镀件合格率达标。
10. 能采用新工艺、新技术、新材料,有节能降耗措施。
11. 环境保护规章制度齐全,废水、废气等达标排放,废弃物的处理符合环保要求。
12. 职业卫生规章制度齐全,职业卫生监测达标。
13. 劳动安全和消防规章制度齐全。

三、工艺与装备

(一)电镀生产企业应积极采用无铬、代铬、代镍、无氰、微生物降解除油、耗能低(如常温)等电镀新技术、新工艺。

(二)电镀企业生产设备要广泛采用电镀自动化工艺控制装置和自动化检测、检验和高稳定性、有多级逆流清洗系统的自动化、数字化电镀生产线,实现操作机械化和控制自动化。

(三)电镀生产企业必须采用工业废水回用、多级回收、逆流漂等节水型清洁生产工艺,水循综合利用率不得低于40%。禁止采用单级漂洗或直接冲洗等落后工艺。对适用镀种有带出液回收工序。

(四)电镀生产企业要严格执行建设项目环境影响评价制度和环境保护"三同时"制度,所有防治污染设施必须与建设项目主体工程同时设计、同时施工、同时投入使用。

(五)电镀生产企业须经过有关部门验收合格并按照有关规定办理《排污许可证》后,方可进行生产。

四、资源消耗

电镀生产企业在生产过程中,镀层金属原料综合利用指标应不低于以下标准:

(一)镀层金属原料综合利用指标

镀锌—锌的利用率(钝化前)≥80%;

镀铜—铜的利用率≥80%;

镀镍—镍的利用率≥92%;

装饰铬—铬酐的利用率≥24%;

硬铬—铬酐的利用率≥80%。

(二)新鲜水用量指标≤$0.3T/m^2$

五、清洁生产与环境保护

(一)电镀企业应按国家现行清洁生产电镀行业标准实施清洁生产。新建企业应达到二级以上清洁生产水平;现有电镀企业应在2008年底前达到三级以上清洁生产水平,在"十一五"末达到二级清洁生产水平。

(二)电镀企业要积极创建清洁生产企业,经过评审,凡达到国家现行电镀行业清洁生产评价体系要求的企业,授予"清洁生产企业"称号。

(三)企业废水处理工艺与设备要先进可靠,与主体生产设备同步竣工投产,连续运行。在设备发生故障或检修时要有足够的事故应急处理设施,做到不达标不外排。废水排放按照国家现行环保标准执行。

（四）企业要配备干法袋式或其他先进适用的烟气净化收尘装置。湿法净化除尘和工艺废水处理过程产生的污水,经处理后进入闭路循环利用或达标后排放。

（五）对技术落后、污染严重的生产工艺和设备实行强制淘汰,不允许采用落后的生产工艺(如含氰电镀工艺、含氰沉锌工艺、高浓度六价铬钝化工艺等)和配置耗能高、设计落后的老式生产线,切实加强资源、能源的综合利用,促进产业升级。

（六）电镀企业对电镀废渣处理要按环保部门的要求严格管理,鼓励企业对电镀废渣回收和综合利用。

六、监督与管理

（一）电镀生产建设项目的投资管理、土地供应、环境影响评价、信贷融资等要依据本准入条件。

（二）新建(改扩建)项目符合电镀行业发展规划,电镀行业发展规划由市经委组织编制,报市政府同意后发布。

（三）新建(改扩建)项目必须进行环境影响评价,并经市环保局审批。

（四）自然形成的电镀集群进行改造或扩大规模,要纳入新建项目的监管范围,未经市行业管理部门许可不得擅自改造或扩大规模。

（五）各级电镀行业管理部门要加强对电镀生产企业执行准入条件情况的督促检查,对不符合准入条件的新建(改扩建)电镀生产项目,环保部门不得办理环保审批手续,新建项目不予核准或备案。

七、附则

（一）本行业准入条件适用于全市所有类型的电镀生产企业(含专业电镀厂,各企业中的电镀车间以及电镀工业集中加工区,自然形成的电镀集群中的电镀厂、点、车间等)。

（二）本行业准入条件自印发之日起实施,由市经委负责解释。

（三）本行业准入条件将根据电镀行业发展和国家宏观调控要求进行修订。

重庆市人民政府办公厅关于印发重庆市工业项目环境准入规定的通知

渝办发〔2008〕62号

各区县(自治县)人民政府,市政府各部门,有关单位:

《重庆市工业项目环境准入规定》已经2007年12月28日市人民政府第116次常务会议审议通过,现印发给你们,请遵照执行。

2008年3月10日

重庆市工业项目环境准入规定

一、总则

（一）为合理利用环境容量资源，促进全市产业结构调整，统筹环境保护与经济发展，根据《重庆市环境保护条例》和市委、市政府关于加强环境保护若干问题的决定，制定本规定。

（二）本规定适用于本市行政区域内新建、改建和扩建的工业项目（以下简称工业项目）及其有关管理活动，编制涉及工业项目的发展规划也应遵守本规定。

（三）市环境保护行政主管部门对全市工业项目环境准入实施统一监督管理，市政府有关部门和各区县（自治县）人民政府依照各自职责协助和配合市环境保护行政主管部门做好本规定实施的监督管理。

二、环境准入条件

（四）工业项目应符合产业政策，不得采用国家和我市淘汰或禁止使用的工艺、技术和设备。

（五）工业项目清洁生产水平不得低于国家清洁生产标准的国内基本水平；"一小时经济圈"内工业项目的清洁生产水平应达到国家清洁生产标准的国内先进水平。

（六）工业项目选址应符合产业发展规划、城乡总体规划、土地利用规划等相关规划。新建工业项目原则上应进入规划的工业园区。禁止在自然保护区、饮用水源保护区、风景名胜区、森林公园、文物古迹、居住文教区等环境敏感区内建设工业项目。

（七）工业项目排放污染物必须达到国家和地方规定的污染物排放标准。

（八）工业项目选址区域应有相应的环境容量，新增排污量的工业项目必须落实污染物排放总量指标来源，不得影响污染物总量减排计划的完成。未按要求完成污染物总量削减任务的企业、流域和区域，不得建设新增相应污染物排放量的工业项目。

（九）存在环境风险的工业项目必须配套落实环境风险防范措施，制订切实可行的环境风险应急预案。禁止建设存在重大环境安全隐患的工业项目。

（十）在长江、嘉陵江都市区江段及其上游严格限制在沿江河建设可能对饮用水源带来安全隐患的化工、造纸、印染、电镀等工业项目，禁止建设可能排放剧毒物质和持久性有机污染物的工业项目。内环线以内禁止建设燃煤项目，内环线与绕城高速公路之间区域禁止建设大气污染严重的项目，都市区常年主导风上风向区域严格限制大气污染严重的项目。

（十一）"一小时经济圈"内的工业项目应符合下列污染物排放效率限值要求。

1. 都市区内工业项目每万元工业增加值排放废水中的化学需氧量不高于6.9千克、氨氮不高于1千克。其中，高新区、经开区工业项目每万元工业增加值排放废水中的化学需氧量不高于3.5千克、氨氮不高于0.5千克。

2. 万盛区、双桥区、永川区（非沿江地区）、綦江县、潼南县、铜梁县、大足县、荣昌县、璧山县和南川区工业项目每万元工业增加值排放废水中的化学需氧量不高于2.6千克、氨氮不高于0.4千克，废气中的二氧化硫不高于48.6千克、烟尘不高于12.6千克。永川区内废水排放去向为长江的工业项目，每万元工业增加值排放废水中的化学需氧量不高于19.5千克、氨氮不高于2.9千克。

3. 涪陵区、长寿区、江津区和合川区工业项目每万元工业增加值排放废水中的化学需氧量不高于19.5千克、氨氮不高于2.9千克，废气中的二氧化硫不高于30.9千克、烟尘不高于7.5千克。

（十二）梁平县和垫江县工业项目每万元工业增加值排放废水中的化学需氧量不高于2.6千克、氨氮不高于0.4千克。未列入第十一条、十二条规定的区县（自治县）不执行污染物排放效率限值。

三、管理与实施

（十三）市政府有关部门和各区县（自治县）人民政府在组织编制有关区域发展规划、城市建设规划、土地利用规划和产业发展规划时，其中涉及工业项目的内容应符合本规定要求。对不符合本规定的规划，环保部门不得同意通过规划环评审查，规划审批机关不得审批，国土部门不得供应用地。

（十四）各区县（自治县）人民政府和发展改革、经济、规划等部门应建立工业项目前期论证会商制度，与环保部门共同做好重大工业项目的环境可行性论证工作，确保项目符合本规定。

（十五）建设单位在开展工业项目前期工作时，应依法向有管辖权的环保部门报送建设项目环境保护申报表。对明显不符合本规定的工业项目，环保部门应将有关情况书面告知建设单位，建设单位应按本规定要求调整建设内容或选址。

（十六）建设单位在工业项目的环境影响评价文件中，应说明项目是否符合本规定，并就项目能达到的清洁生产和污染物排放效率水平做出承诺。对不符合本规定的工业项目，环保部门不得核发建设项目环境影响评价文件批准书，投资主管部门不得审批、核准，建设、国土、规划等行政主管部门不得为其办理相关审批手续，银行不得为项目提供贷款。

（十七）环保部门根据区域污染物排放总量控制计划、污染物排放效率限值和环境影响评价文件，在环境影响评价文件批准书中限定工业项目的污染物排放总量和相应的排放标准。

（十八）对公众反映强烈的工业项目，环保部门应组织召开论证会、听证会，广泛听取有关部门、专家和利益相关人的意见。在建设单位未提出妥善解决办法之前，环保部门不得批准项目环境影响评价文件。

（十九）拟建工业项目所在区县（自治县）对该类工业项目特征污染物不具备监测能力的，环保部门不得审批该项目的环境影响评价文件。

（二十）建设单位在项目环境保护设计过程中，应当落实本规定要求和环境影响评价文件所提出的各项环保措施。对不符合本规定的项目环境保护设计，环保部门不得同意其备案。

（二十一）建设单位在工业项目竣工环保验收申报材料中应根据试生产情况和污染物排放监测结果，测算和说明项目是否符合本规定要求。对污染物排放浓度和总量均达到环境影响评价文件及其审批要求，但因市场价格变动导致项目超过污染物排放效率限值，超标幅度不超过15%的工业项目，环保部门可以同意项目竣工验收。

四、违规处理

（二十二）未经环评审批擅自建设的工业项目，按照环境影响评价有关法律法规处理。

（二十三）工业项目污染物排放浓度或总量超过环境影响评价文件及其审批要求的，环保部门应责令建设单位限期整改或停产治理。

（二十四）工业项目的污染物排放效率超过规定限值，其标幅度不超过30%的，环保部门应责令建设单位限期整改；超标幅度超过30%的，环保部门应责令建设单位停产治理。

工业项目整改后达不到污染物排放效率限值的，环保部门应按原环评审批的相应污染物排放标准征收排污费和超标排污费。

（二十五）因建设单位自身原因导致项目超过污染物排放效率限值的，所造成的经济损失由建设单位承担。

（二十六）对未完成排污总量减排任务、工业建设项目违法现象突出的区县（自治县）和工业园区，环保部门暂停审批除循环经济和污染治理外的建设项目环境影响评价文件。

（二十七）国家行政机关工作人员，企事业单位中由国家行政机关任命的工作人员违反本规定，造成环境污染事故或重大经济损失的，由主管部门或其上级机关或者监察机关按有关规定给予处分。构成犯罪的，依法追究刑事责任。

五、其他

（二十八）火电项目清洁生产水平应达到国家清洁生产标准中的国内先进水平，不执行本规定的污染物排放效率限值。新建火电项目不得布置在主城区绕城高速公路以内的区域。

（二十九）污染物排放效率系指每万元工业增加值所排放的污染物数量。

（三十）根据我市经济社会发展和环境保护情况，适时对本规定中的污染物排放效率限值数值进行修订。

（三十一）已建成工业企业污染源治理时可参照本规定的污染物排放效率限值执行。

（三十二）本规定自下发之日起实施。

中共重庆市委办公厅 重庆市人民政府办公厅 关于印发《重庆市党政一把手环保实绩考核办法》的通知

渝委办发〔2008〕40号

各区县（自治县）党委和人民政府，市委各部委，市级国家机关各部门，各人民团体，有关大型企业：

《重庆市党政一把手环保实绩考核办法》已经市委、市政府同意，现印发给你们，请认真贯彻执行。

2008年11月17日

重庆市党政一把手环保实绩考核办法

第一章　总　则

第一条　为认真落实党政一把手对环境保护工作"亲自抓、负总责"制度，促进各级各部门各单位领导干部牢固树立科学发展观和正确政绩观，推动经济社会全面协调可持续发展，根据国务院《关于落实科学发展观加强环境保护的决定》（国发〔2005〕39号）《重庆市环境保护条例》和《中共重庆市委、重庆市人民政府关于加强环境保护若干问题的决定》（渝委发〔2006〕24号）精神以及市委关于"要十分重视环保"的要求，结合我市实际，制定本办法。

第二条　坚持以邓小平理论、"三个代表"重要思想为指导，遵循服务发展、注重实绩、科学合理、客观公正、民主公开的原则，促进经济发展方式转变，持续改善环境质量，实现经济发展与环境保护相协调，推进生态文明建设。

第三条　本办法适用于市委、市政府对各区县（自治县）和有环境保护目标任务的市级有关部门、有关大型企业党政一把手环保实绩的考核。

第二章　组织领导

第四条　市委、市政府成立党政一把手环保实绩考核工作领导小组（以下简称"考核工作领导小组"），由市政府分管环保工作的副市长任组长，市委办公厅、市政府办公厅、市委组织部、市监察局、市人事局、市环保局、市人大城环委、市政协城环委、市委督查室、市政府督查室等单位负责人为成员。

第五条　考核工作领导小组下设办公室（简称"考核办"），由市委督查室主任兼任办公室主任，市环保局局长、市政府督查室主任兼任办公室副主任。

第六条　考核办牵头负责考核工作，考核工作领导小组成员单位参加考核工作。

第三章　考核内容

第七条　区县（自治县）党政一把手环保实绩考核内容分为共同指标和分区指标。

共同指标包括工作部署、环境监管能力、环境质量、环保工作目标任务、环保约束性指标、社会评议等。

分区指标包括突出环境问题、环保投入、宜居城市环境建设等。

第八条　考核办根据市委、市政府工作重点和要求，研究制定每年度的考核内容，对市级有关部门、有关大型企业的考核内容根据部门工作特点设置。

第四章　考核方式

第九条　区县（自治县）党政一把手环保实绩考核分组进行：

第一组：万州区、黔江区、涪陵区、渝中区、大渡口区、江北区、沙坪坝区、九龙坡区、南岸区、北碚区、万盛区、渝北区、巴南区、长寿区、江津区、合川区、永川区、南川区；

第二组：双桥区、綦江县、潼南县、铜梁县、大足县、荣昌县、璧山县、梁平县、城口县、丰都县、垫江县、武隆县、忠县、开县、云阳县、奉节县、巫山县、巫溪县、石柱县、秀山县、酉阳县、彭水县。

市级有关部门、有关大型企业根据市委、市政府下达的年度目标任务确定，并分重点单位和一般单位两组进行考核。

第十条　环保实绩考核分年度进行，原则上在次年第一季度完成。

第十一条　考核办组织有关部门不定期开展日常检查，对区县（自治县）和市级有关部门、有关大型企业的重点环境保护工作任务及突出环境问题进行抽查、督办。日常检查的情况计入考核结果。

第十二条　区县（自治县）和市级有关部门、有关大型企业对照年度环境保护工作目标任务和考核指标进行自查，于次年初将自查报告报送考核办。

第十三条　区县（自治县）和市级有关部门、有关大型企业的年度检查分别进行。

对区县（自治县）的年度检查。由考核办组织市委、市政府考核组开展现场督查考核，采取听取汇报、召开座谈会、现场察看、查阅资料、交换意见等方式进行。

对市级有关部门、有关大型企业的年度检查，由考核办组织市考核领导小组成员单位负责人、环保专家及社会公众代表组成年度考核评审组进行集中检查，采取听取被考核单位负责人的环保工作陈述、考核评审组审议等方式进行。

第十四条　社会评议包括民主测评和民意调查，由考核办或其委托的专业调查机构通过信函、电话、网络、入户调查或现场发放问卷等方式进行。

民主测评的对象为：全国、市、区县（自治县）人大代表和政协委员[担任区县（自治县）级党政领导职务的人大代表和政协委员除外]。

民意调查的对象为辖区内的居民。

第十五条　环保实绩考核的相关数据来源：

（一）市委督查室提供年度环境保护工作目标任务的数据；

（二）市政府督查室提供市委、市政府生态建设与环境保护"民心工程"完成情况的数据；

（三）市环保局提供环境质量改善、污染物排放总量减排、解决突出环境问题以及环境管理有关情况的数据；

（四）市发展改革委、市经委、市建委、市规划局、市市政委、市农委、市卫生局、市统计局、市林业局、市园林局、市爱卫办等相关部门按照考核办要求提供有关生态建设和环境保护基础设施运行状况和绿色创建情况的数据；

（五）考核办提供社会评议的数据。

第十六条 考核期间，考核办在市内主要媒体上公布公开电话和网址，征求公众对区县（自治县）和市级有关部门、有关大型企业环保工作的意见，并接受公众对考核工作的监督。

第五章 结果评定

第十七条 考核结果按百分制计分。得分在90分（含90分）以上为实绩好，得分在80—90分（含80分）为实绩较好，得分在70—80分（含70分）为实绩一般，得分在70分以下为实绩较差。

第十八条 有下列情形之一的，当年度考核不能评定为实绩好：

（一）未完成市委、市政府生态建设与环境保护"民心工程"项目目标任务的；

（二）未完成市委办公厅、市政府办公厅下达的主要环境保护工作目标任务的；

（三）环境保护工作受到上级有关部门通报批评的；

（四）社会评议满意率低于80%，且位列全市最后一位的。

第十九条 有下列情形之一的，当年度考核不能评定为实绩较好：

（一）因环境污染或生态破坏问题受到国家部委挂牌督办或者市级有关部门挂牌督办未在规定期限内解决的；

（二）因环境污染或者生态破坏引起群众到国家有关部门、市委或市政府集访的，或者发生群体性事件的；

（三）突出环境问题两年（含两年）以上未得到实质性解决的；

（四）辖区内发生污染事件后因瞒报、虚报、迟报、错报、处置不力造成不良影响的；

（五）中央或市级主要媒体对环境问题曝光后仍未得到实质性解决，经查属实的；

（六）被国家和市级有关部门查实违反国家环境保护法律法规和政策的。

第二十条 有下列情形之一的，当年度考核评定为实绩较差：

（一）在考核中弄虚作假的；

（二）环境保护工作受到市政府问责的；

（三）因环境污染或生态破坏事件受到国家部委或市委、市政府通报批评的；

（四）国家部委挂牌督办的环境污染或生态破坏问题未在规定期限内解决的；

（五）没有完成主要污染物排放总量控制年度任务的；

（六）党政领导干部违反环境保护法律、法规、规章和政策并受到党纪、政纪处分或被追究法律责任的。

第六章 结果运用

第二十一条 环保实绩考核得分确定后，按照区县（自治县）分组和市级有关部门、有关大型企业分组分别排列名次。

第二十二条 党政一把手环保实绩考核结果经市委、市政府审定后，由市委办公厅、市政府办公厅通报，并在市内主要媒体上公布。

第二十三条 市委、市政府对环保实绩突出的区县（自治县）予以表彰奖励。

第二十四条 奖项设置为环境保护工作实绩一等奖、二等奖和进步奖。一等奖、二等奖根据考核得分的排序确定。

区县(自治县)第一组的前 5 名、第二组的前 4 名为一等奖。

区县(自治县)第一组的第 6—10 名、第二组的第 5—8 名为二等奖。

当年度环保实绩与上年度相比进步明显,且未评为一等奖和二等奖的区县(自治县)评为进步奖,每年原则上不超过 2 个。

第二十五条　市级有关部门的环保实绩纳入市级党政机关目标管理绩效考评,有关大型企业的环保实绩考核结果由市国资委运用,不单独设奖。

第二十六条　环保实绩考核结果作为市委对区县(自治县)和市级有关部门、有关大型企业领导班子和领导干部考核的重要内容。

第二十七条　环保实绩较差的区县(自治县)和市级有关部门、有关大型企业,由市委、市政府予以通报批评;党政一把手向市委、市政府写出书面检查,并不得在当年有关评优创先活动中获得表彰奖励。

连续两年环保实绩较差的,由市委或市政府领导对党政一把手进行诫勉谈话。

第七章　附　则

第二十八条　本办法由考核办负责解释。

第二十九条　本办法自发文之日起实施,渝委办〔2007〕184 号文件同时废止。

二、环境保护会议

1992 年 6 月 19 日至 23 日,西南五省区第八次环境保护工作协调会议在重庆雾都宾馆召开。参加会议的有重庆、成都、昆明、个旧、贵阳、南宁、桂林、拉萨等 8 个市的环保局领导。

1993 年 2 月 9 日,副市长唐情林在市政府环境保护新闻发布会上发布《重庆市环境质量状况公报》。

1997 年 4 月 19 日,三峡工程环境保护暨对口支援会议在渝召开。此次会议由国家环保局领导主持,参加会议的有国务院三峡办、建设部、交通部、国家环保局,全国 26 个省、自治区、直辖市、计划单列市公路局、环保局,以及三峡库区受援的 26 个区、市、县、政府和环保局的领导,重庆市委、市人大、市政府领导出席了会议。

1998 年 4 月 18 日至 19 日,重庆市环境保护工作会议在渝召开。会议主要传达 1998 年中央计划生育和环境保护工作座谈会精神,总结了 1997 年工作,部署 1998 年工作任务。参加会议的有全市各区(市)县政府分管领导和环保局局长,市级有关部门代表共 196 人,市人大常委会副主任陈之惠、副市长李德水、市长助理唐情林等领导出席会议并发表了讲话。

2000 年 1 月 8 日下午,市政府在市环保局召开环保工作专题会议,市委副书记、代市长包叙定,市委副书记、常务副市长王鸿举,市委副书记、副市长甘宇平,副市长吴家农,市政府秘书长刘成义,市长助理唐情林,副秘书长吴连帆、雷尊宇、傅钟鼎及 16 个市级部门的主要领导出席会议,听取了全市环保工作情况汇报,研究解决了重庆市环保工作急需解决的重大问题。会议上市委副书记、代市长包叙定做了重要讲话,提出本届政府环境保护工总体目标:"提高认识,加强领导,加大污染防治与生态环境保护力度,为子孙后代造就一个清新洁净的新重庆而努力!"会后,市政府印发了《关于环境保护工作有关问题的会议纪要》。

2001年2月12日至13日,全市环境保护工作会议在渝州宾馆新俱乐部召开。市委、市人大、市政府、市政协领导和市级有关部门分管环保工作的领导,各区县(自治县、市)政府分管环保工作的领导,环保局局长,部分市属企业主要负责人共200余人参加了会议。会议总结了全市"九五"及2000年环保工作,部署了"十五"及2001年环境保护工作,传达了全国环境保护工作会议精神,表彰了环境保护工作先进集体和个人,市委副书记、副市长甘宇平与各区县(自治县、市)政府和市级有关部门签订2001年环保目标责任书并做了重要讲话。大会由市政府副秘书长雷尊宇主持。

2002年3月1日,2002年全市环境保护工作会议在渝州宾馆召开。副市长黄奇帆主持会议,市长包叙定在会上做重要讲话,市委、市人大、市政府、市政协领导、各区县(自治县、市)政府分管领导及环保局局长、市级有关部门领导共230人参加会议。

2006年3月28日上午,全市环保工作会在渝州宾馆举行。会议总结了"十五"期间及2005年全市环境保护工作成绩,部署了"十一五"及2006年全市环境保护各项重点工作,对2003—2005年度党政一把手环保工作实绩考核先进区县和2005年度主城"蓝天行动"先进单位及先进个人进行了表彰。会议由市政府副秘书长何智亚主持,副市长余远牧出席并做重要讲话。市政协副主席夏培度及市人大城环委、市政府督查室、市高法、市检察院、市政协城环委等部门负责人应邀出席会议。各区县(自治县、市)政府分管领导、环保局局长,市级有关部门,重点企业及市环保局副处级以上领导干部参加了会议。

2008年2月13日,市长、市环委会主任王鸿举主持召开市环委会三届一次全体会议。副市长、市环委会副主任凌月明,市环委会委员,主城各区政府及北部新区负责人参加会议。会议听取了环境保护工作汇报,审议并通过了《关于进一步建立和完善我市环境保护工作长效机制的意见》《2008年环境保护工作要点》。会议要求:一要建立和完善环境保护工作长效机制;二要加大结构调整和淘汰落后产能的力度,大力推进节能减排工作;三要深入推进环保"四大行动",不断改善环境质量;四要努力创建国家园林和森林城市,提升城市形象;五要高质高效完成污染源普查工作;六要加强宣传,倡导绿色消费和生态文明。

2009年1月20日下午,2009年全市环保工作会在渝州宾馆召开。副市长凌月明出席会议并做重要讲话。市委、市人大、市政府分管领导,各区县(自治县)政府分管环保工作的领导、环保局局长,市级有关部门,部分大中型企业负责人和市环保局部分老领导、副处级以上领导320余人参加了会议。各区县(自治县)环保局纪检组组长或分管党风廉政建设工作的副局长列席了会议。市环保局局长曹光辉在会上做了题为"深入学习,实践科学发展观,努力为重庆又好又快发展提供坚实的环境支撑"的环保工作报告。会议传达了全国环保工作会议精神,向重庆市级环保模范城区九龙坡区,荣获首批"重庆市环境友好工程"称号的项目建设单位,以及北碚区第2008年度环保系统先进单位颁发了奖状。九龙坡区、涪陵区、渝北区政府分别就创建环保模范城区、总量减排和污染源普查工作进行了交流。

2009年2月4日,市长、市环委会主任王鸿举组织召开市环委会三届二次全体会议。会议听取了环境保护工作汇报,充分肯定了全市2008年环境保护各项工作取得的成绩,审议并通过了《各区县(自治县)2009年污染物总量减排目标及主城各区蓝天目标》和《加快次级河流综合整治和水环境项目建设实施意见》,明确了2009年重点抓好四项工作:一是不折不扣完成好总量减排任务;二是进一步改善人居环境质量;三是积极培育低碳经济、循环经济;四是加强生态环保保障工作。

2010年3月2日,市长、市环委会主任黄奇帆主持召开市环委会三届三次全体会议。会议听取了环境保护工作汇报,审议并通过了《重庆市创建国家环境保护模范城市工作方案》及2010年环境保护工作要点、目标任务,明确了2010年六项重点工作:完成节能减排任务,争创国家节能减排示范区;全面开展主城区次级河流水污染防治,大力建设城市污水处理三级管网;全力保障主城空气质量达标;全力保障环境安全;积极开展国家环境保护模范城市创建工作;精心谋划好"十二五"环保工作。

三、重庆市环境保护先进表彰

国家环境保护总局文件　环发〔2004〕1号
关于对重庆市环保局圆满完成
"12·23"井喷事故环境应急救援工作
予以表彰的通报

各省、自治区、直辖市环境保护局(厅),各直属部位,各派出机构:

2003年12月23日晚22时15分,中石油川东北气矿所属钻井队位于重庆市开县高桥镇晓阳村的"罗家16H"气井发生井喷,所含高浓度硫化氢气迅速扩散,导致附近高桥镇、麻柳乡、正坝镇、天和乡4个乡镇被毒气污染,受灾群众6万余人,死亡234人。

事故发生后,重庆市环保局紧急行动,组织市、县监测人员赶赴现场开展应急监测,确定污染区域,及时获取了井喷后关键的监测数据。并按照国务院及总局的部署,在12月27日11时压井完成后,又组织5个环境应急监测小组进入警戒区,连续48小时对区内的水体和大气环境进行监测,获取大量的数据,为灾民及时返乡提供了科学决策依据,取得了广大群众和事故救援指挥部的好评。

在中石油川东北气矿"12·23"井喷事故处理过程中,重庆市环保局反应迅速,其所属部门和单位,能招之即来,来之能战,做到了上下协调、行动迅速、运转高效,为事故的有效处理、处置发挥了重要作用,圆满完成了国务院和总局交给的任务。重庆市环保部门的广大干部职工,在这次应急救援工作中突出表现,充分体现了执政为民的政治责任感,反映了环保队伍特别能吃苦、特别能战斗的行业作风。总局决定,对圆满完成"12·23"井喷事故环境应急处置工作的重庆市环保局予以通报表彰,并希望各级环保部门和单位,在深入贯彻"三个代表"重要思想的活动中,认真学习他们这种勇挑重担、顽强拼搏的精神,积极进取,努力工作,把环境保护事业不断推向前进。

2004年1月5日
国家环境保护总局

中共重庆市委　重庆市人民政府
关于表彰一九九二年创建卫生城市
先进单位的决定

1990年全国开展城市卫生检查评比活动以来,全市人民在市委、市政府和各级党政的领导下,坚持以经济建设为中心,认真贯彻国务院《关于加强爱国卫生工作的决定》,把开展卫生城市和环境综合整治工作列入议事日程,作为推动两个文明建设,扩大对外开放,为人民群众办实事的大事来抓,提出了"全党动员,全民动手,全力以赴,全面达标"的奋斗目标,全市上下开展了创建卫生城市活动。1992年,党中央、国务院确定重庆为沿江开放城市之后,各级党委、政府、各个部门把工作纳入与"八五"国民经济计划同步发展的战略目标。三年来,经过坚持不懈的努力,加快了城市基础设施建设的步伐,城市管理得到加强,市容市貌明显改善,人民群众卫生、健康和环境意识不断提高,窗口单位在创建卫生城市活动中发挥了表率作用,除害防病工作取得新的进展,环境综合治理取得新的成绩,卫生县城建设取得可喜进步。

在1992年的全国城市卫生、环境综合整治检查中,我市的城市卫生和环境综合整治工作取得了显著成绩。经过全国认真的评比,在34个直辖市、省会市和计划单列市评出的24个卫生城市中,我市名列第14位,进入了卫生城市行列,在1990年的基础上上了一个新的台阶,为创建国家卫生城市奠定了基础。这是全市各级领导、干部群众共同艰苦努力的结果。

1992年8月至10月,市委、市人大、市政府、市政协领导亲自带队,组成7个城市卫生检查团和5个县城卫生检查团,对21个区(市)县进行了检查,对创卫巩固情况进行了复查,经过评比,市委、市政府决定,对1992年创卫工作有突出成绩的市中区等12个区(市)县,市城建局等54个单进行表彰和奖励,以资鼓励。

市委、市政府号召全市各区(市)县,各部门,各单位向先进区(市)县、先进单位学习,在党的十四大精神指引下,发扬成绩,戒骄戒躁,激励创新,团结奋进,真抓实干,再上新台阶,为经济建设谱写新的篇章,做出新的贡献!

中共重庆市委　重庆市人民政府
1993年1月17日

一九九二年创建卫生城市
获奖区(市)县、单位及奖励等级

一、区(市)县：

一等奖(2个)：

市中区　江北区

二等奖(7个)：

沙坪坝区　九龙坡区　大渡口区　南岸区　北碚区　巴县　江北县

三等奖(3个)：

永川县　长寿县　大足县

二、市级部门

一等奖(19个)：

重庆市城乡建委　重庆市城建局　重庆市房管局　重庆市环境保护局　重庆市公用局　重庆市规划局　重庆市建管局　重庆市交通局　重庆市工商局　重庆市第二商业局　重庆市卫生局　重庆市公安局　重庆铁路分局　四川省民航管理局　重庆港口管理局　重庆市创建卫生城市指挥部办公室　重庆市政府城管办公室　重庆市爱卫会办公室　重庆市法制局

二等奖(15个)：

中共重庆市委办公厅　重庆市人大常委会办公厅　重庆市政府办公厅　重庆市政协办公厅

中共重庆市委宣传部　重庆市政府财贸办公室　重庆市财政局　重庆市园林局　重庆市电信局　重庆市邮政局　重庆市广播电视局　重庆市供销合作社　重庆市文化局　重庆市国土局　重庆市民政局

三等奖(6个)：

重庆市教育委员会　重庆市经济委员会　重庆市第一商业局　重庆市新闻出版局　重庆市技术监督局　重庆市烟草专卖局

三、特别奖(7个)

重庆市环卫处　重庆市市政养护处　重庆市公路养护总段　重庆市卫生防疫站　重庆市健康教育所　重庆市公安局交警支队　重庆市城管监察大队

四、新闻奖(7个)

《重庆日报》社　《重庆晚报》社　重庆电视台　重庆人民广播电台　《人民卫生报》社　《中国市容报》社　重庆经济广播电台

重庆市人民政府关于对完成环保目标责任书好的区市县和单位进行表彰的决定

重府发〔1993〕26号

各区市县人民政府，市政府有关部门，有关单位：

在上届政府任期内，市长与二十一个区市县长及十六个市级主管部门的负责人签订了环境保护目标责任书。几年来，我市环境保护工作取得了较大成绩，城市环境质量有所改善，环境综合整治工作取得了明显进展，完成了一批重点工业污染防治项目。为了进一步加强环境保护工作，市政府决定对上届政府任期内完成成环保目标责任书好的责任单位给予表彰和奖励。表彰和奖励名单如下：

一等奖：江北县人民政府、北碚区人民政府、市中区人民政府、永川市人民政府、长寿县人民政府、万盛区人民政府、璧山县人民政府、南岸区人民政府、市环保局。

二等奖：九龙坡区人民政府、巴县人民政府、沙坪坝区人民政府、合川市人民政府、潼南县人民政府、荣昌县人民政府、重庆钢铁(集团)公司、市机械局、市城建局、市化工局、市经委、市医药局、市建材局。

三等奖：江北区人民政府、綦江县人民政府、铜梁县人民政府、双桥区人民政府、江津市人民政府、大渡口区人民政府、大足县人民政府、西南兵工局、市园林局、市纺织局、市轻工局、市二商局、市公安局、市公用局、市燃料公司。

市政府希望以上区市县和部门及单位再接再厉，努力工作，为我市环境保护工作作出新的贡献。

重庆市人民政府
1993年10月29日

重庆市人民政府关于表彰禁止燃放烟花爆竹工作先进集体和责任人的决定

重府发〔1995〕145号

各区、市、县人民政府,市政府有关部门,有关单位:

《重庆市禁止燃放烟花爆竹条例》正式施行以来,在市委、市人大、市政协的关心、重视下,在各级政府的组织领导和社会各界及广大人民群众的大力支持下,禁放七区和有关职能部门、单位及驻渝部队密切配合,精心组织,严格执法。从1994年10月1日起我市近郊七区彻底改变了婚丧嫁娶、开业庆典、新春佳节燃放烟花爆竹的旧习,禁放工作取得了显著成效,《条例》的实施,对于保障国家、集体和人民生命财产安全,改善环境,创建卫生城市,促进我市"两个文明"建设具有重要的意义。禁放工作的成功,维护了法律的尊严,提高了党和政府在人民群众中的威信,为依法治理城市提供了经验,受到社会各界的一致赞誉。为此,市政府决定,对渝中区政府等22个在禁放工作中做出显著成绩的单位授予先进集体称号,对上述单位的责任人予以表彰奖励。

市政府希望以上获奖的先进集体和先进个人发扬成绩,继续努力,强化管理,巩固成果,为禁放烟花爆竹工作的深入开展做出新的贡献。

附:先进集体名单

重庆市人民政府
1995年10月27日

附件:

先进集体名单

渝中区人民政府
沙坪坝区人民政府
南岸区人民政府
江北区人民政府
大渡口区人民政府
九龙坡区人民政府
北碚区人民政府
重庆警备区
市委宣传部
市总工会
市妇联
团市委
市教委
市财办
市城管办
市工商局

市环保局
市民政局
市财政局
市乡镇企业管理局
市供销社
市公安局

重庆市人民政府关于表彰环境保护"一控双达标"工作先进单位的通报

渝府发〔2002〕9号

各区县(自治县、市)人民政府,市级有关部门:

按照《国务院关于环境保护若干问题的决定》(国发〔1996〕31号)的要求,我市于2000年底基本完成环境保护"一控双达标"任务,主要污染物排放总量得到明显的削减和控制,污染大气、水体的12种主要污染物排放总量全部控制在国家下达的控制指标之内,全市纳入"一控双达标"考核的工业污染企业达标率为99.8%。2001年复查结果,纳入"一控双达标"考核的工业污染企业达标率为96.2%,主要污染物排放总量继续得到削减和控制,环境质量得到进一步改善。

在党中央、国务院和市委、市政府的领导下,全市各区县(自治县、市)政府、有关部门和企事业单位,坚持环境与经济"双赢"的工作思想,将环境保护同经济结构调整、国有企业改革和发展、技术创新等紧密结合起来,围绕改善环境质量这一根本目标,加大污染防治力度,坚持不懈、团结一致、上下配合、互相支持,圆满完成了"一控双达标"的任务。

市政府决定,对在"一控双达标"工作中做出显著成绩的63个单位给予通报表彰。希望受表彰的单位戒骄戒躁、再接再厉,为我市的环保事业做出新的贡献。

附件:重庆市环境保护"一控双达标"先进单位名单

重庆市人民政府
2002年2月27日

重庆市环境保护"一控双达标"先进单位名单

一等奖(26个)

万州区政府、黔江区政府、渝中区政府、江北区政府、沙坪坝区政府、九龙坡区政府、南岸区政府、北碚区政府、万盛区政府、渝北区政府、江津市政府、合川市政府、永川市政府、长寿县政府、铜梁县政府、荣昌县政府、璧山县政府、丰都县政府、垫江县政府、云阳县政府、奉节县政府、市经委、市监察局、市财政局、市环保局、高新区管委会

二等奖(28个)

涪陵区政府、大渡口区政府、巴南区政府、双桥区政府、潼南县政府、大足县政府、城口县政府、开县政府、忠县政府、巫溪县政府、武隆县政府、石柱县政府、市计委、市建委、市科委、市外经贸委、

市教委、市市政委、市公安局、市卫生局、市劳动保障局、市移民局、经开区管委会、市电力局、重庆煤矿安全监察局、重铁分局、市机电控股(集团)公司、市轻纺控股(集团)

三等奖(9个)

綦江县政府、梁平县政府、南川市政府、巫山县政府、酉阳县政府、彭水县政府、秀山县政府、市化医控股(集团)公司、长江农工商控股(集团)公司

中共重庆市委 重庆市人民政府关于表彰2003—2005年度党政一把手环保实绩先进单位的通报

渝府发〔2006〕8号

(2006年3月24日)

2003—2005年,各区县(自治县、市)和市级有关部门认真落实科学发展观,切实贯彻中央和全市人口资源环境工作座谈会精神,坚持环保工作党政一把手"亲自抓、负总责"制度,加强领导,狠抓落实,较好地完成了各年度的环保工作目标任务。

为了激励先进,更好地推动我市生态环境保护和建设工作,市委、市政府决定,对2003—2005年度党政一把手环保实绩先进单位进行通报表彰。这些单位是:渝北区、北碚区、黔江区、云阳县、涪陵区、巴南区、南岸区、万州区、双桥区、永川市、渝中区、合川市、九龙坡区和市发展改革委、市财政局、市公安局、市环保局、市建委、市国土房管局。

环境保护是我国的基本国策。市委、市政府希望各级、各部门以受到表彰的单位为榜样,牢固树立科学发展观和正确的政绩观,进一步落实环保工作党政一把手"亲自抓、负总责"制度,以"蓝天""碧水""绿地""宁静"四大行动为抓手,进一步加强我市环境保护和生态建设,为建设资源节约型、环境友好型社会做出新的贡献!

编后记

　　第二轮《重庆市志·环境保护志(1991—2010)》的编纂工作于2011年7月开始启动。编写小组在市生态环境局的领导下,按市编修工作要求,首先完成编纂工作方案和篇目拟定。在拟定篇目的过程中,参照其他省市的篇目,根据市生态环境局工作实际,综合归纳,精心斟酌拟出初稿,报市生态环境局初审,又经市志办领导和专家讨论修改,再报市生态环境局,最终经市志办组织专家复审后确定了篇目大纲。

　　全志严格按照"思想观点正确,体例科学严谨,资料翔实可靠,内容客观全面,特色鲜明突出,文章朴实规范,构件完整有序"的编纂要求,坚持"明鉴春秋,存史资政,彰显教化,惠及后代"的编纂原则,系统地记载全市1991—2010年环境保护的重大决策、重大活动、重要会议、重点建设项目、重大改革工程、重大科研项目和重要工作内容。

　　从2011年7月开始,编修办两位编修人员在市生态环境局档案室进行档案资料的查阅和收集,查阅了1991—2000年档案1021卷,2001—2010年档案1083卷,为弥补档案资料的不足,还查阅了1991—2011年《重庆年鉴》,摘录其中有关环境保护的内容,补充查阅了市生态环境局编印的各种书籍、文件汇编,历年工作总结、简报346件册,向40个区县生态环境部门搜集文字资料10余万字。

　　在编写过程中,编写组本着实事求是、认真负责的态度,从浩瀚纷杂的文字资料中梳理出脉络,经过甄别遴选、去伪存真及反复核查、修订,从尘封已久的历史碎片中,大致整理出《重庆市志·环境保护志(1991—2010)》的历史渊源和发展脉络。全书共8篇45章155节,另设一篇专记,约120万字。

　　该书编纂历时4年,6易其稿,3次审稿。其间,承蒙重庆市生态环境局机关各处室领导和专家、同行的大力支持和协作,得到重庆市地方志办公室领导和专家的热情指导,市生态环境局和市志办有关领导专家亲自参与该志稿的审核,并提出宝贵的修改意见。《重庆市志·环境保护志(1991—2010)》的成书凝聚了众多专家、学者的心血和汗水,是众手成书的成果,是集体智慧的结晶。我们谨致以衷心感谢!

　　由于时间跨度大,资料不全,经验不足,水平有限,书中恐有错误和遗漏之处,恳请广大读者和专家、学者不吝赐教,以便以后修订完善。

编　者

2019年10月